SpringerWienNewYork

Waldemar Hummer (Hrsg)

Neueste Entwicklungen im Zusammenspiel von Europarecht und nationalem Recht der Mitgliedstaaten

Ein Handbuch für Theorie und Praxis

SpringerWienNewYork

o. Univ.-Prof. DDDr. Waldemar Hummer
Institut für Europarecht und Völkerrecht
Universität Innsbruck, Österreich

Gedruckt mit der Unterstützung des
Bundesministeriums für Wissenschaft und Forschung in Wien

BM.W_F[a]

Printed in Germany

SpringerWienNewYork ist ein Unternehmen von
Springer Science + Business Media
springer.at

Satz/Layout: Jung Crossmedia Publishing GmbH, 35633 Lahnau, Deutschland
Druck: Strauss GmbH, 69509 Mörlenbach, Deutschland

Gedruckt auf säurefreiem, chlorfrei gebleichtem Papier
SPIN: 80012589

Bibliografische Information der Deutschen Nationalbibliothek
Die Deutsche Nationalbibliothek verzeichnet diese Publikation in der Deutschen Nationalbibliografie; detaillierte bibliografische Daten sind im Internet über http://dnb.d-nb.de abrufbar.

ISBN 978-3-7091-0236-7 SpringerWienNewYork

Vorwort

Waren es zunächst *institutionell-prozedurale* Fragen, die die Lehre des Europarechts inhaltlich dominierten, so wurden diese in den 1990er Jahren verstärkt von der Untersuchung *materieller* Binnenmarktprobleme abgelöst, die wiederum ab der Jahrtausendwende den immer wichtiger werdenden *Anwendungs-* und *Vollzugsproblemen* des Rechts der EU in den mitgliedstaatlichen Rechtsordnungen weichen mussten. Mit Fug und Recht kann man heute behaupten, dass die Vollziehung des EU-Rechts im nationalen Recht im Mittelpunkt der europarechtlichen Expertise steht.

Diesem Umstand Rechnung tragend, habe ich mich als Leiter des Schwerpunktes „Europäische Integration" der Rechtswissenschaftlichen Fakultät der Universität Innsbruck[1] Ende 2007 entschlossen, führende Theoretiker und Praktiker des Europarechts einzuladen, um diesen bis dahin in Österreich nicht näher behandelten Themenkreis umfassend zu untersuchen. Nach einer Reihe von Vorgesprächen wurde ein Konzept erstellt, das alle vollzugsrelevanten Fragen umfasste, die nach einem einheitlichen Muster aufbereitet werden sollten.[2]

Flankierend dazu wurde im Rahmen des Fakultätsschwerpunkts Mitte März 2008 ein zweitägiges Symposium zum Thema *„Die neue Union nach dem Vertrag von Lissabon"* veranstaltet, dessen Ergebnisse Mitte 2009 in Buchform vorgelegt werden konnten.[3] Diese Publikation war im gesamten deutschen Sprachraum die erste, die die neuen Rechtsfragen im Gefolge des zukünftigen Inkrafttretens des Vertrages von Lissabon (2007) in systematischer und umfassender Weise untersuchte.

Damit war der Weg frei, um sich ganz auf die *Vollzugsproblematik* zu konzentrieren, die aber gerade nicht an den Neuerungen, die durch den Vertrag

---

1 Zur Gründung und Ausrichtung dieses Forschungsschwerpunkts siehe *Hummer* (Hrsg), Europarecht in Innsbruck (2002); *Hummer*, Die österreichische Europarechtslehre und ihre Vertreter, in *Hummer* (Hrsg), Paradigmenwechsel im Europarecht zur Jahrtausendwende (2004), 389; *Hummer*, Einführung in den Forschungsschwerpunkt „Europäische Integration", in *Wachter/Burger* (Hrsg), Die Dienstleistungsrichtlinie (2008), 7.

2 Vgl dazu den Beitrag von *Hummer*, Allgemeine Einführung, nachstehend auf S 31.

3 *Hummer/Obwexer* (Hrsg), Der Vertrag von Lissabon (2009).

von Lissabon in das Recht der neuen Union gebracht wurden, ansetzt, sondern weiter nach rückwärts ausgreift. In der Vollzugsfrage geht es ja vordringlich um die Auswirkungen der Judikatur der Gemeinschaftsgerichte (EuGH, EuG) auf die mitgliedstaatlichen Rechtsordnungen. Da die bisherige Rechtsprechung der Gemeinschaftsgerichte naturgemäß auf dem alten Rechtsbestand im Rahmen der früheren EU fußt, musste daher zunächst dieser „Altbestand“ dargestellt werden, um die Einwirkung der einschlägigen Judikatur des EuGH bzw des EuG auf die nationalen Rechtsordnungen, vor allem aber auf die österreichische Rechtsordnung, zu veranschaulichen.

Dem Umstand des Inkrafttretens des Vertrages von Lissabon zum 1. Dezember 2009[4], der relativ zeitgleich mit der Fertigstellung des gegenständlichen Handbuchs erfolgte, konnte durch eine Reihe von Vorkehrungen Rechnung getragen werden. Zum einen wurde in den jeweiligen Schlusskapiteln der Beiträge versucht, entsprechende Hinweise auf die neue Rechtslage aufzunehmen. Die Autoren haben sich aber auch bemüht, die von ihnen zitierten Rechtsquellen der alten EU – dort wo es sinnvoll erschien – in ihren jeweiligen Beiträgen auf die neue Nummerierung nach Lissabon umzustellen. Zum anderen wurde in einem grundlegenden Einführungsbeitrag[5] der für die Vollzugsfrage besonders wichtige rechtsquellentypologische *Übergang* von den Rechtsakten des bisherigen *Gemeinschafts-* und *Unionsrechts* der *alten EU* in das (sekundäre) *Unionsrecht* der *neuen Union* dargestellt. Des weiteren wurde durch die Aufnahme eines eigenen Beitrags am Ende des Handbuches[6] versucht, die *vollzugsrelevanten strukturellen Neuerungen* im Vertrag von Lissabon (vertikale Kompetenzverteilung, Subsidiarität und Verhältnismäßigkeit, Rechtsetzungsverfahren, Rechtsdurchsetzung, Rechtsschutz etc) in systematischer Form geschlossen darzustellen. Last but not least ermöglichen synoptische *Übereinstimmungstabellen* zwischen dem bisherigen – von Maastricht (1992) bis Nizza (2001) – und dem nunmehrigen Vertragsregime auf der Basis des Vertrages von Lissabon (2007) im Anhang dieses Handbuchs[7] eine problemlose Zuordnung der einzelnen Fragestellungen in den jeweiligen Abhandlungen zu den aktuellen Bestimmungen der nunmehr geltenden Verträge [EUV(neu) und AEUV] auf der Basis des Vertrages von Lissabon.

Dank dieser Vorkehrungen ist es gelungen, einen nahtlosen Übergang zwischen beiden Rechtsregimen herbeizuführen, der es erlaubt, das vorliegende Handbuch auch zur Lösung von Anwendungs- und Vollzugsproblemen des

4 Vgl dazu den Beitrag von *Hummer*, Benutzerhinweise, nachstehend auf S XLIV.

5 Siehe dazu den Beitrag von *Obwexer*, Rechtsquellen des EU-Rechts, nachstehend auf S 35 ff.

6 Siehe dazu den Beitrag von *Hable*, Neuerungen im Zusammenwirken von EU-Recht und nationalem Recht nach dem Vertrag von Lissabon, nachstehend auf S 651 ff.

7 Siehe nachstehend auf S 701 ff.

neuen Unionsrechts auf der Basis des Vertrags von Lissabon ab dessen Inkrafttreten am 1. Dezember 2009 problemlos zu verwenden.

Abschließend ist noch zweifach Dank zu sagen. Zum einen dem *Jubiläumsfonds der Österreichischen Nationalbank*, der das Zustandekommen dieses Handbuchs in großzügiger Weise finanziell unterstützt hat und zum anderen den Herren Mag. *Maximilian Thurner* und *Torsten Engelage*, die bei der technischen Erstellung des Manuskripts und dessen Einrichtung für den Druck behilflich waren.

Innsbruck, im Sommer 2010 o. Univ.-Prof. DDDr. Waldemar Hummer

Autorenverzeichnis

Hofrat Dr. Christoph Brenn, LL.M., Richter des Obersten Gerichtshofs, Wien

ao. Univ.-Prof. Dr. Johann Egger, Institut für Arbeits- und Sozialrecht, Wohn- und Immobilienrecht und Rechtsinformatik, Universität Innsbruck

Univ.-Prof. DDr. Thomas Eilmansberger, MAES (Brügge), Fachbereich Arbeits-, Wirtschafts- und Europarecht, Bereichsteil Europarecht, Universität Salzburg

Mag. Dr. Angelika Hable, LL.M., Verfassungsdienst, Abt. V/3, Bundeskanzleramt, Wien

Hon.-Prof. Hofrat Dr. Meinrad Handstanger, Richter des Verwaltungsgerichtshofes, Wien

Hon.-Prof. Dr. Kurt Heller, em. Mitglied des Verfassungsgerichtshofes, Wien

o. Univ.-Prof. DDDr. Waldemar Hummer, Institut für Europarecht und Völkerrecht, Universität Innsbruck

Dr. Thomas Jaeger, LL.M. (K.U. Leuven), Wettbewerbs- und Steuerrecht, Abteilung Geistiges Eigentum und Wettbewerbsrecht, Max-Planck-Institut für Geistiges Eigentum München

Univ.-Prof. Dr. Arno Kahl, Institut für Öffentliches Recht, Staats- und Verwaltungslehre, Universität Innsbruck

Hon.-Prof. Dr. Ludwig Krämer, Fachbereich 6 Rechtswissenschaft, Universität Bremen

ao. Univ.-Prof. Dr. Verena Murschetz, LL.M. (UCLA), Institut für Strafrecht, Strafprozessrecht und Kriminologie, Universität Innsbruck

ao. Univ.-Prof. Dr. Walter Obwexer, Institut für Europarecht und Völkerrecht, Universität Innsbruck

Prof. Dr. Christoph Ohler, LL.M. (Brügge), Lehrstuhl für Öffentliches Recht, Europarecht, Völkerrecht und Internationales Wirtschaftsrecht, Friedrich-Schiller-Universität Jena *em. o. Univ.-Prof. Dr. Theo Öhlinger,* Institut für Staats- und Verwaltungsrecht, Universität Wien

WM i. A. MMMag. Dr. Rainer Palmstorfer, Fachbereich Arbeits-, Wirtschafts- und Europarecht, Bereichsteil Europarecht, Universität Salzburg

Univ.-Prof. Mag. DDr. Michael Potacs, Institut für Österreichisches und Europäisches Öffentliches Recht, Wirtschaftsuniversität Wien

Univ.-Doz. Dr. Bernhard Schima, LL.M. (Harvard), Juristischer Dienst, Europäische Kommission, Brüssel

Dr. Peter J. Thyri, LL.M. (NYU), LL.M. (Krems), Junior Partner, Schönherr Rechtsanwälte GmbH, Fachgebiet Wettbewerbsrecht, Wien

Inhaltsübersicht

Inhaltsverzeichnis

IV. Vorgaben für die Vollziehung des EU-Rechts 335

Abkürzungsverzeichnis

aA	=	anderer Ansicht
aaO	=	am angegebenen Ort
ABl	=	Amtsblatt der Europäischen Gemeinschaften/Europäischen Union
Abg	=	Abgeordnete
ABGB	=	Allgemeines Bürgerliches Gesetzbuch
Abk	=	Abkürzung, Abkommen
Abs	=	Absatz
ACEA	=	European Automobile Manufactures' Association
ADD	=	Addendum
AdR	=	Ausschuss der Regionen
AEUV	=	Vertrag über die Arbeitsweise der Europäischen Union
aF	=	alte Fassung
AHG	=	Amtshaftungsgesetz
ALDE/ADLE	=	Alliance of Liberals and Democrats for Europe
AM	=	Außenministerium, Außenminister(in), anderer Meinung
AMA	=	Agrar Markt Austria
amtl	=	amtlich
Anm	=	Anmerkung
AnwBl	=	Anwaltsblatt
ao	=	außerordentliche(r)
AöR	=	Archiv des öffentlichen Rechts
ARD	=	Arbeitsgemeinschaft der öffentlich-rechtlichen Rundfunkanstalten der Bundesrepublik Deutschland
ArbGeb	=	Arbeitgeber
ArbuR	=	Arbeit und Recht (Zeitschrift)
ArbVG	=	Arbeitsverfassungsgesetz
ArbW	=	Arbeit und Wirtschaft
ArchVR	=	Archiv des Völkerrechts
arg	=	argumentum
Art	=	Artikel
ASFINAG	=	Autobahnen- und Schnellstraßen- Finanzierungs-Aktiengesellschaft
ASoK	=	Arbeits- und SozialrechtsKartei
Ass	=	Assistent
AuA	=	Arbeit und Arbeitsrecht (Zeitschrift)
Aufl	=	Auflage

Ausg	=	Ausgabe
AußStrG	=	Außerstreitgesetz
AV	=	Vertrag von Amsterdam
AVG	=	Allgemeines Verwaltungsverfahrensgesetz
AVRAG	=	Arbeitsvertragsrechts-Anpassungsgesetz
AZG	=	Arbeitszeitgesetz
BAG	=	Bundesarbeitsgericht
BAK	=	Bundesarbeitskammer
BAO	=	Bundesabgabenordnung
BAWAG	=	Bank für Arbeit und Wirtschaft
BayVBl	=	Bayrische Verwaltungsblätter
BB	=	Betriebsberater
Bd	=	Band
Bde	=	Bände
Bespr	=	Besprechung
BFH	=	Bundesfinanzhof
BG	=	Bundesgesetz
BGB	=	Bürgerliches Gesetzbuch
BGBl	=	Bundesgesetzblatt
BGBlG	=	Bundesgesetz über das Bundesgesetzblatt
BGH	=	Bundesgerichtshof
BGHZ	=	Bundesgerichtshof in Zivilsachen
BIP	=	Bruttoinlandsprodukt
BK	=	Bundeskanzler(in)
BKA	=	Bundeskanzleramt, Bundeskartellanwalt
BlgNR	=	Beilage(n) zu den Stenographischen Protokollen des Nationalrates
BM	=	Bundesminister(in)
BMF	=	Bundesministerium für Finanzen
BMG	=	Bundesministeriengesetz
BMJ	=	Bundesministerium für Justiz
BMLuFW	=	Bundesministerium für Land und Forstwirtschaft
BMWF	=	Bundesministerium für Wissenschaft und Forschung
BR	=	Bundesrat
bes	=	besonders
bspw	=	beispielsweise
Bull	=	Bulletin
BullEU	=	Bulletin der Europäischen Union
BullPE	=	Bulletin des Europäischen Parlaments
BVA	=	Bundesvergabeamt
BVerfG	=	Bundesverfassungsgericht
BVerfGE	=	Entscheidungen des Bundesverfassungsgerichts
BVG	=	Bundesverfassungsgesetz
B-VG	=	Bundes-Verfassungsgesetz 1920 idF von 1929
BVwG	=	Bundesverwaltungsgericht
BWB	=	Bundeswettbewerbsbehörde
bzgl	=	bezüglich
BZÖ	=	Bündnis Zukunft Österreich

bzw	=	beziehungsweise
C	=	Communicatio, Cour
ca	=	circa
CAP	=	Centrum für angewandte Politikforschung
CC	=	Codice civile
CDU	=	Christliche Demokratische Union Deutschlands
CD-ROM	=	Compact Disc Read-Only Memory
CEEP	=	Europäischer Zentralverband der öffentlichen Wirtschaft
CELF	=	Centre d'Exportation du Livre Français
CEN	=	Europäisches Komitee für Normung
CENLEC	=	Europäisches Komitee für elektrotechnische Normung
CER	=	Centrum für Europarecht
CESI	=	Europäische Union der unabhängigen Gewerkschaften
CIG	=	Conférence Intergouvernementale
CLASF	=	The Competition Law Scholars Forum
CMLR	=	Common Market Law Review
COM	=	Commission
COPA	=	Ausschuss der berufsständischen landwirtschaftlichen Organisationen der EU
CSU	=	Christlich-Soziale Union in Bayern eV
d	=	der, die, das, des
DB	=	Deutsche Bahn, Data Base
dBGBl	=	deutsches Bundesgesetzblatt
ders	=	derselbe
dh	=	das heißt
DHS	=	United States Department of Homeland Security
dies	=	dieselbe(n)
Diss	=	Dissertation
Dk	=	Dauerkoeffizient
Doc	=	Document
Dok	=	Dokument
DÖV	=	Die Öffentliche Verwaltung
DRdA	=	Das Recht der Arbeit
DRiZ	=	Deutsche Richterzeitung
dt	=	deutsch(e) Sprache
DVBl	=	Deutsches Verwaltungsblatt
EA	=	Europa-Archiv
EAD	=	Europäischer Auswärtiger Dienst
EAG	=	Europäische Atomgemeinschaft
EAGV	=	Vertrag zur Gründung der Europäischen Atomgemeinschaft
EAP	=	Europäische Arbeiterpartei, Einheitlicher Ansprechpartner (Dienstleistungsrichtlinie)
EAS	=	Europäisches Arbeits- und Sozialrecht
EAVG	=	Gesetz über die Vergütung von Energieabgaben
EB	=	Erläuternde Bemerkungen
ebd	=	ebenda
EC	=	European Community

ECJ	=	European Court of Justice
ECLR	=	European Competition Law Review
ECN	=	European Competition Network
ECOFIN	=	Rat der Wirtschafts- und Finanzminister
ecolex	=	Fachzeitschrift für Wirtschaftsrecht
ECR	=	European Conservatives and Reformists
ECSA	=	European Community Shipowners' Association
ed/eds	=	edition, editor/editors
EEA	=	Einheitliche Europäische Akte
EG	=	Europäische Gemeinschaft(en)
EGB	=	Europäischer Gewerkschaftsbund
EGKS	=	Europäische Gemeinschaft für Kohle und Stahl
EGKSV	=	Vertrag über die Gründung der Europäischen Gemeinschaft für Kohle und Stahl
EGMR	=	Europäischer Gerichtshof für Menschenrechte
EGV	=	Vertrag zur Gründung der Europäischen Gemeinschaft
EIB	=	Europäische Investitionsbank
EJLR	=	European Journal Law Reform
EK	=	Europäische Kommission
EKMR	=	Europäische Kommission für Menschenrechte
EL	=	Ergänzungslieferung
ELRev	=	European Law Review
ELR	=	European Law Review
ELJ	=	European Law Journal
ELPIS	=	European Legal Practice Integrated Studies
em	=	emeritiert
EMAS	=	Eco Management and Audit Scheme
EMRK	=	Europäische Menschenrechtskonvention
EMS	=	Express Mail Service
EN	=	Englisch
endg	=	endgültig
EP	=	Europäisches Parlament
EPG	=	Europäische Politische Gemeinschaft
ERA	=	Europäische Rüstungsagentur, Europäische Rechtsakademie
Erglfg	=	Ergänzungslieferung
Erl	=	Erläuterungen
ErwG	=	Erwägungsgrund
ESVP	=	Europäische Sicherheits- und Verteidigungspolitik
ESZB	=	Europäisches System der Zentralbanken
etc	=	et cetera
ETSI	=	Europäisches Institut für Telekommunikationsnormen
ETUC	=	European Trade Union Confederation
EU	=	Europäische Union
EuG	=	Gericht erster Instanz der Europäischen Gemeinschaften
EuGöD	=	Gericht für den öffentlichen Dienst der Europäischen Union
EuGH	=	Gerichtshof der Europäischen Gemeinschaften
EuGRZ	=	Europäische Grundrechtezeitschrift
EuGVVO	=	Europäische Gerichtsstand- und Vollstreckungsverordnung
EUPM	=	Europäische Polizeimission (Bosnien und Herzegowina)

EuR	= Europarecht
EurActiv	= European Union Information Website
EuRAG	= Gesetz über die Tätigkeit europäischer Rechtsanwälte in Deutschland
EURATOM	= Europäische Atomgemeinschaft
EUROCADRES	= Vertretung der Europäischen Führungskräfte
EUV	= Vertrag über die Europäische Union
EUV(neu)	= Vertrag über die Europäische Union (in der Fassung des Vertrages von Lissabon)
EuZVO	= Europäische Zustellverordnung
EuZW	= Europäische Zeitschrift für Wirtschaftsrecht
EuZ	= Zeitschrift für Europarecht
EvBl	= Evidenzblatt
EVG	= Europäische Verteidigungsgemeinschaft
EVP	= Europäische Volkspartei
EVP-ED	= Fraktion der Europäischen Volkspartei (Christdemokraten) und Europäischer Demokraten im Europäischen Parlament
evtl	= eventuell
EVÜ	= Europäisches Schuldvertragsübereinkommen
EVV	= Vertrag über eine Verfassung für Europa (Europäischer Verfassungsvertrag)
EWG	= Europäische Wirtschaftsgemeinschaft
EWGV	= Vertrag zur Gründung der Europäischen Wirtschaftsgemeinschaft
EWR	= Europäischer Wirtschaftsraum
EWS	= Europäisches Wirtschafts- und Steuerrecht
EZB	= Europäische Zentralbank
f	= folgende
FDP	= Freie Demokratische Partei (Deutschland)
ff	= fortfolgende
FG	= Finanzgericht, Festgabe
FIDE	= Fédération Internationale pour le Droit Européen
FKVO	= Fusionskontrollverordnung
FLD	= Finanzlandesdirektion
Fn	= Fußnote
FPÖ	= Freiheitliche Partei Österreichs
FRONTEX	= Europäische Agentur für die operative Zusammenarbeit an den Außengrenzen
FS	= Festschrift
G	= Grundbetrag
GA	= Generalanwalt
GAP	= General and Persistent, Gemeinsame Agrarpolitik
GASP	= Gemeinsame Außen- und Sicherheitspolitik
GATT	= General Agreement on Tariffs and Trade
GbPb	= Grundbetrag „Pauschalbetrag“
GD	= Generaldirektion, Generaldirektor
gem	= gemäß

GESVP	=	Gemeinsame Europäische Sicherheits- und Verteidigungspolitik
GG	=	Grundgesetz
GH	=	Gerichtshof
GmbH	=	Gesellschaft mit beschränkter Haftung
GO	=	Geschäftsordnung
GP	=	Gesetzgebungsperiode
GR	=	Grundrecht(e)
GRAWE	=	Grazer Wechselseitige Versicherung AG
GRUR	=	Deutsche Vereinigung für gewerblichen Rechtsschutz und Urheberrecht
GRC	=	Charta der Grundrechte der EU
GS	=	Generalsekretär, Generalsekretariat, Gedächtnisschrift, Geprüfte Sicherheit
GSVP	=	Gemeinsame Sicherheits- und Verteidigungspolitik
GV	=	Generalversammlung
GVO	=	Gruppenfreistellungsverordnung
Gz	=	Geschäftszahl
hA	=	herrschende Auffassung
hc	=	honoris causa
HR	=	Hofrat
Hrsg	=	Herausgeber
hrsg	=	herausgegeben
ICC	=	International Criminal Court
ICTY	=	Internationaler Strafgerichtshof für das ehemalige Jugoslawien
idF	=	in der Fassung
idgF	=	in der geltenden Fassung
idR	=	in der Regel
IdS	=	in diesem Sinne
idZ	=	in diesem Zusammenhang
ieS	=	im enge(re)n Sinn
IHS	=	Institut für Höhere Studien
IJCLLIR	=	The International Journal of Comparative Labour Law and Industrial Relations
ILM	=	International Legal Materials
ILO	=	International Labour Organisation (Internationale Arbeitsorganisation)
insb	=	insbesondere
Int	=	International
IO	=	Internationale Organisation, International Organization (Zeitschrift)
iSd	=	im Sinne des, der
iSe	=	im Sinne eines/r
iSv	=	im Sinne von
iVm	=	in Verbindung mit
iwS	=	im weite(re)n Sinne
iZm	=	in Zusammenhang mit

JAP	= Juristische Ausbildung und Praxisvorbereitung
JBl	= Juristische Blätter
JCMS	= Journal of Common Market Studies
JDR	= Juristischer Dienst des Rates
JEF	= Junge Europäische Föderalisten
Jhdt	= Jahrhundert
JI	= Justiz und Inneres
JIR	= Jahrbuch für Internationales Recht
JKU	= Johannes Kepler Universität (Linz)
JRP	= Journal für Rechtspolitik
JuS	= Juristische Schulung
JZ	= Juristenzeitung
JZG	= Justizielle Zusammenarbeit in Strafsachen-Gesetz
K	= Kommission
Kap	= Kapitel
KartG	= Kartellgesetz
KFZ	= Kraftfahrzeug
KG	= Kartellgericht
KOG	= Kartellobergericht
KOM	= Kommission
KommJur	= Kommunaljurist
KSchG	= Kreditschutzgesetz
KSE-BVG	= Bundesverfassungsgesetz über Kooperation und Solidarität bei der Entsendung von Einheiten und Einzelpersonen in das Ausland
KStG	= Körperschaftssteuer-Gesetz
KV	= Kollektivvertrag
KWK	= Kraft-Wärme-Kopplung
L	= Legislatio, letzte(r)
leg cit	= legis citatae
Lfg	= Lieferung
LFU	= Leopold Franzens Universität (Innsbruck)
LG	= Landesgericht
LGVÜ	= Lugano Abkommen
lit	= litera
LV	= Lissabonner Vertrag (Vertrag von Lissabon zur Änderung des Vertrags über die Europäische Union und des Vertrags zur Gründung der Europäischen Gemeinschaft)
maW	= mit anderen Worten
mE	= meines Erachtens
MCCC	= Military Capabilities Commitment Conference
Mio	= Million(en)
MOG	= Marktorganisationsgesetz
MR	= Ministerialrat, Medien und Recht
MR int	= Menschenrechte International (Zeitschrift)
Mrd	= Milliarde(n)

MS	=	Mitgliedstaat(en)
MSchG	=	Mutterschutzgesetz
mwH	=	mit weiteren Hinweisen
mwN	=	mit weiteren Nachweisen
MWSt	=	Mehrwertsteuer
n	=	neu
NAG	=	Niederlassungs- und Aufenthaltsgesetz
NATO	=	North Atlantic Treaty Organization
nF	=	neue Fassung, neue Folge
NJ	=	Neue Justiz
NJW	=	Neue Juristische Wochenzeitschrift
No	=	Numero
Nr	=	Nummer
NR	=	Nationalrat
NVwZ	=	Neue Zeitschrift für Verwaltungsrecht
NWVBl	=	Nordrhein-Westfälische Verwaltungsblätter
NZA	=	Neue Zeitschrift für Arbeitsrecht
NZZ	=	Neue Zürcher Zeitung
o	=	ordentliche(r)
OBDK	=	Oberste Berufungs- und Disziplinarkommission
ÖD	=	Öffentlicher Dienst
OECD	=	Organization for Economic Cooperation and Development
ÖGB	=	Österreichischer Gewerkschaftsbund
OGH	=	Oberster Gerichtshof
OGHG	=	Oberster Gerichtshof-Gesetz
ÖGUT	=	Österreichische Gesellschaft für Umwelt und Technik
ÖJP	=	Österreichisches Jahrbuch für Politik
ÖJZ	=	Österreichische Juristen-Zeitung
ÖJT	=	Österreichischer Juristentag
OLG	=	Oberlandesgericht
ONP	=	Open Network Provision
ORF	=	Österreichischer Rundfunk
OSZE	=	Organisation für Sicherheit und Zusammenarbeit in Europa
OVG	=	Oberverwaltungsgericht
ÖVP	=	Österreichische Volkspartei
OZK	=	Österreichische Zeitschrift für Kartell- und Wettbewerbsrecht
Pb	=	Pauschalbetrag
PCB	=	polychlorierte Biphenyle
PCT	=	polychlorierte Terphenyle
PE	=	Presseerklärung
PJZS	=	Polizeiliche und justizielle Zusammenarbeit in Strafsachen
Pkt	=	Punkt
PNR	=	Passenger Name Records
Prof	=	Professor
Prot	=	Protokoll
PSK	=	Politisches und Sicherheitspolitisches Komitee, Postsparkasse

RA	= Rechtsanwalt
RAA	= Rat Allgemeine Angelegenheiten und Außenbeziehungen
RABITS	= Rapid Border Intervention Teams
RdA	= Recht der Arbeit
RDI	= Revue de Droit International
Rdnr(n)	= Randnummer(n)
RdW	= Recht der Wirtschaft
REV	= Revidiert
Res	= Resolution
RIW	= Recht der Internationalen Wirtschaft
RK	= Regierungskonferenz
RL	= Richtlinie
RMC	= Revue du Marché Commun
Rs	= Rechtssache(n)
Rsp	= Rechtsprechung
RV	= Regierungsvorlage
RWZ	= Zeitschrift für Recht und Rechnungswesen
Rz	= Randziffer
RZ	= Österreichische Richterzeitung
S	= Satz, Seite
SA	= Société Anonyme
SEK	= Sekretariat (der Kommission der EG)
sic	= so, wirklich so
SDÜ	= Schengener Durchführungsübereinkommen (1990)
Sk	= Schwerekoeffizient
Slg	= Sammlung (der Rechtsprechung des Gerichtshofes und des Gerichts erster Instanz der Europäischen Gemeinschaften)
SN	= Salzburger Nachrichten
sog	= sogenannt(e/r)
SPD	= Sozialdemokratische Partei Deutschlands
SPE	= Sozialdemokratische Partei Europas
SPÖ	= Sozialdemokratische Partei Österreichs
SS	= Sommersemester
StGB	= Strafgesetzbuch
StPO	= Strafprozessordnung
StV	= Studienvertretung
SVN	= Satzung der Vereinten Nationen
SWK	= Steuer und Wirtschafts-Kartei
SZ	= Sammlung Zivilsachen
T	= Tribunal
TAHM	= Tribunal ad hoc (im MERCOSUR)
TCK	= Telekom-Control-Kommission
TKG	= Telekommunikationsgesetz
TPR	= Tribunal Permanente de Revisión
TWD	= Textilwerke Deggendorf
Tz	= Tageszwangsgeld

ua	=	und andere, unter anderem
UAbs	=	Unterabsatz
uam	=	und andere mehr
UFS	=	Unabhängiger Finanzsenat
UG	=	Universitätsgesetz
UK	=	United Kingdom
UN	=	United Nations
UNICE	=	Europäische Industrie- und Arbeitgeberverbände
UniStG	=	Universitätsstudiengesetz
UNO	=	United Nations Organization
UnvG	=	Unvereinbarkeitsgesetz
UOG	=	Universitätsorganisationsgesetz
UPR	=	Umwelt und Planungsrecht
usw	=	und so weiter
uU	=	unter Umständen
uva	=	und viele andere
UVP	=	Umweltverträglichkeitsprüfung
UVS	=	Unabhängiger Verwaltungssenat
UWG	=	Unlauterer Wettbewerb-Gesetz
v	=	von
va	=	vor allem
VAEU	=	Vertrag über die Arbeitsweise der Europäischen Union
V-Ass	=	Vertrags-Assistent
VbVG	=	Verbandsverantwortlichkeitsgesetz
verb	=	verbundene
Verf	=	Verfasser(in)
VerfGH	=	Verfassungsgerichtshof
VerfO	=	Verfahrensordnung
VerwArch	=	Verwaltungsarchiv
VfGG	=	Verfassungsgerichtshofgesetz
VfGH	=	Verfassungsgerichtshof
VfSlg	=	Sammlung der Erkenntnisse des Verfassungsgerichtshofs
VG	=	Verwaltungsgericht
vgl	=	vergleiche
VKG	=	Väter-Karenzgesetz
VN	=	Vereinte Nationen
VO	=	Verordnung
VÖI	=	Vereinigung der Österreichischen Industrie
Vorb	=	Vorbemerkung
VR	=	Völkerrecht
VSSR	=	Vierteljahresschrift für Sozialrecht
VVdStRL	=	Veröffentlichungen der Vereinigung der Deutschen Staatsrechtslehrer
VvL	=	Vertrag von Lissabon
VVE	=	Vertrag über eine Verfassung für Europa
VVO	=	Verfahrensverordnung
VWG	=	Verwaltungsgericht
VwGG	=	Verwaltungsgerichtshofgesetz

VwGH	=	Verwaltungsgerichtshof
VwVfG	=	Verwaltungsverfahrensgesetz
VwSlg	=	Sammlung der Erkenntnisse des Verwaltungsgerichtshofs
wbl	=	Wirtschaftsrechtliche Blätter
WettbG	=	Wettbewerbsgesetz
WEU	=	Westeuropäische Union
WHI	=	Walter Hallstein Institut
WK	=	Wettbewerbskommission
WKO	=	Wirtschaftskammer Österreich
WM	=	Zeitschrift für Wirtschafts- und Bankrecht
wobl	=	Wohnrechtliche Blätter
WRP	=	Wettbewerb in Recht und Praxis
WS	=	Wintersemester
WSA	=	Wirtschafts- und Sozialausschuss
WTO	=	World Trade Organization
WVK	=	Wiener Vertragsrechtskonvention
WuW	=	Wirtschaft und Wettbewerb
WWU	=	Wirtschafts- und Währungsunion
WWF	=	World Wide Fund For Nature
WZ	=	Wiener Zeitung
Z	=	Zahl, Ziffer
Zak	=	Zivilrecht aktuell
ZaöRV	=	Zeitschrift für ausländisches öffentliches Recht und Völkerrecht
ZAS	=	Zeitschrift für Arbeits- und Sozialrecht
zB	=	zum Beispiel
ZBJI	=	Zusammenarbeit in den Bereichen Justiz und Inneres
ZER	=	Zeitschrift für Europarecht
ZESAR	=	Co-operative European System for Advanced Information Redistribution
ZEuP	=	Zeitschrift für Europäisches Privatrecht
ZEuS	=	Zeitschrift für europarechtliche Studien
ZfA	=	Zentralstelle für Altersvermögen
ZfP	=	Zeitschrift für Politik
ZFR	=	Zeitschrift für Finanzmarktrecht
ZfRV	=	Zeitschrift für Rechtsvergleichung
ZfV	=	Zeitschrift für Verwaltung
ZG	=	Zeitschrift für Gesetzgebung
ZHR	=	Zeitschrift für das gesamte Handels- und Wirtschaftsrecht
ZIB	=	Zeit im Bild
ZIK	=	Zeitschrift für Insolvenzrecht und Kreditschutz
Ziff	=	Ziffer
Zit	=	Zitat, zitiert
ZJS	=	Zeitschrift für das Juristische Studium
ZÖR	=	Zeitschrift für öffentliches Recht
ZPO	=	Zivilprozessordnung
ZRP	=	Zeitschrift für Rechtspolitik
ZSR	=	Zeitschrift für Sozialreform

zT	= zum Teil
ZUR	= Zeitschrift für Umweltrecht
ZustG	= Zustellgesetz
ZVB	= Zeitschrift für Vergaberecht und Beschaffungspraxis
ZWeR	= Zeitschrift für Wettbewerbsrecht

Benutzerhinweise

Einer bewährten Vorgangsweise folgend[1], soll auch diesem Handbuch gleichsam eine „Gebrauchsanweisung“ für dessen leichtere Handhabung mitgegeben werden. In ihr wird zunächst versucht, die *Rechtsquellen* des *alten* und des *neuen Vertragsregimes* miteinander in Bezug zu setzen, damit die Artikelzitate des EUV(alt) und des EGV in den einzelnen Beiträgen problemlos auf die des EUV(neu) bzw des Vertrags über die Arbeitsweise der EU (AEUV) umgestellt werden können. *Übereinstimmungstabellen* am Ende dieses Handbuchs erleichtern diesen Vorgang.[2]

Da sich das Sekundärrecht der neuen Union aus dem Recht der bisherigen drei Säulen im EU-Tempel[3] zusammensetzt, enthält es neben dem (alten) supranationalen Gemeinschaftsrecht auch (altes) intergouvernementales *Unionsrecht*. Da auch diesem gem der Erklärung (Nr 17) zum Vorrang[4] in der Schlussakte von Lissabon (2007) ebenfalls (potentiell) Anwendungsvorrang zukommt – was früher ja nicht der Fall war – musste eine entsprechende *Übergangsregelung* gefunden werden, die im nachstehend erwähnten *Protokoll (Nr 36) über die Übergangsbestimmungen*[5] niedergelegt ist.

Des weiteren bedingte das Inkrafttreten des Vertrages von Lissabon auch eine *Änderung* der Struktur des *Amtsblattes* der EU zum 1. Januar 2010. Dabei erscheint die *Unterscheidung* zwischen „*Gesetzgebungsakten*“ (L I) und „*Rechtsakten ohne Gesetzescharakter*“ (L II) sowie deren unterschiedliche Platzierung im Amtsblatt von besonderer Bedeutung.

Bezüglich aller weiteren inhaltlichen und rechtsdogmatischen Fragen, die in den nachstehenden Beiträgen nicht angesprochen werden, kann hinsichtlich der früheren Rechtslage auf das bisher einzige einschlägige europarechtliche

1 Vgl dazu schon *Hummer/Obwexer* (Hrsg), EU-Recht unter besonderer Berücksichtigung des Gemeinschaftsrechts. Basistexte zur EU-Mitgliedschaft Österreichs (1998), 17 ff.

2 Siehe dazu die Übereinstimmungstabellen am Ende dieses Handbuches auf S 701 ff.

3 Zur „Tempelkonstruktion“ siehe *Schweitzer/Hummer/Obwexer*, Europarecht. Das Recht der Europäischen Union (2007), Rdnr 51 bis 54.

4 ABl 2008 C 115, 344; ABl 2010 C 83, 344.

5 Siehe dazu nachstehend Pkt. III.

Lehrbuch mit Österreich-Bezug[6] und in Bezug auf die neue Rechtslage auf den bisher einzigen umfassend konzipierten *Sammelband* über das *Recht der EU* nach dem *Vertrag von Lissabon*[7] verwiesen werden.

I. Primärrechtsquellen

A. *Bis zum Inkrafttreten* des *Vertrages von Lissabon* (2007) am 1. Dezember 2009 fußte das Recht der (alten) EU auf folgenden *primären Rechtsquellen*:

(1) ***Vertrag von Nizza*** zur Änderung des Vertrags über die Europäische Union, der Verträge zur Gründung der Europäischen Gemeinschaften sowie einiger damit zusammenhängender Rechtsakte (2001): ABl 2001 C 80, 1 ff (berichtigt ABl 2001 C 96, 27); BGBl III Nr 4/2003;
(2) ***Vertrag über die Europäische Union*** (EUV): (konsolidierte Fassung)[8]: ABl 2002 C 325, 5 ff; ABl 2006 C 321 E, 5 ff;
(3) ***Vertrag über die Europäische Gemeinschaft*** (EGV) (konsolidierte Fassung): ABl 2002 C 325, 33 ff; ABl 2006 C 321 E, 37 ff.

B. *Nach dem Inkrafttreten* des *Vertrags von Lissabon* am 1. Dezember 2009 fußt das Recht der neuen EU nunmehr auf folgenden *primären Rechtsquellen*:

(1) ***Vertrag von Lissabon*** zur Änderung des Vertrags über die Europäische Union und des Vertrags zur Gründung der Europäischen Gemeinschaft (2007): ABl 2007 C 306, 1 ff (berichtigt ABl 2008 C 111, 56, ABl 2009 C 290, 1 ff); BGBl Nr III, 132/2009;
   a. *Protokolle*, die dem EUV, dem AEUV und gegebenenfalls dem EAGV beizufügen sind: ABl 2007 C 306, 148 ff.
   b. *Protokolle*, die dem Vertrag von Lissabon beizufügen sind: ABl 2007 C 306, 165 ff;
(2) ***Vertrag über die Europäische Union*** (EUV) (konsolidierte Fassung): ABl 2008 C 115, 13 ff; ABl 2010 C 83, 13 ff.
(3) ***Vertrag über die Arbeitsweise der EU*** (AEUV) (konsolidierte Fassung): ABl 2008 C 115, 47 ff; ABl 2010 C 83, 47 ff.
   a. *Anhänge I und II* zum AEUV: ABl 2008 C 115, 329 ff; ABl 2010 C 83, 329 ff.

---

6 *Schweitzer/Hummer/Obwexer*, Europarecht (2007).

7 *Hummer/Obwexer* (Hrsg), Der Vertrag von Lissabon (2009).

8 Unter einer „*konsolidierten*" Fassung versteht man eine nichtamtliche Fassung von Primär- und Sekundärrecht, in die (von den jeweiligen Rechtsdiensten der Organe) lediglich die bisher stattgefundenen Änderungen eingefügt wurden; unter einer „*kodifizierten*" Fassung wiederum wird eine verbindliche, authentische Fassung verstanden, die in der Regel nach der zehnten Änderung eines Rechtsaktes erfolgt und mit einer Wiederverlautbarung des einschlägigen Textes verbunden ist.

b. *Protokolle*, die dem EUV und dem AEUV angefügt sind: ABl 2008 C 115, 201 ff; ABl 2010 C 83, 201 ff.

Dazu kommen noch die (unverbindlichen) ***Erklärungen***[9] zur Schlussakte der Regierungskonferenz von Lissabon (2007)[10], die folgendermaßen unterteilt sind:

- Erklärungen zu Bestimmungen der Verträge: ABl 2008 C 115, 337 ff; ABl 2010 C 83, 337 ff.
- Erklärungen zu den den Verträgen beigefügten Protokollen: ABl 2008 C 115, 352 ff; ABl 2010 C 83, 352 ff.
- Erklärungen von Mitgliedstaaten: ABl 2008 C 115, 355 ff; ABl 2010 C 83, 355 ff.

(4) ***Charta der Grundrechte der EU***: ABl 2007 C 303, 1 ff (Erläuterungen des Präsidiums[11]: ABl 2000 C 364, 1 ff; ABl 2007 C 303, 17 ff); ABl 2010 C 83, 389 ff.

Gem Art 6 Abs 1 EUV(neu) erkennt die Union die Rechte, die in der Charta der Grundrechte der EU vom 7. Dezember 2000 idF vom 12. Dezember 2007[12] niedergelegt sind, an und stellt die Charta mit dem EUV und dem AEUV *rechtlich gleichrangig*. Obwohl damit die Charta rechtstechnisch nicht Teil der Verträge ist – so wie dies noch in Teil II des „Vertrages über eine Verfassung für Europa" (2004)[13] der Fall war – und auf sie in Art 6 Abs 1 UAbs 1 EUV(neu) nur verwiesen wird, ist sie *Teil* des *Primärrechts* und trat zusammen mit dem Vertrag von Lissabon am 1. Dezember 2009 in Kraft.

(5) ***Vertrag über die Europäische Atomgemeinschaft (EAGV)*** (konsolidierte Fassung): ABl 2010 C 84, 1 ff.[14]

---

9 Diese Erklärungen sind zwar nicht verbindlich und auch nicht Bestandteil der Verträge, sind aber – allerdings nur soweit sie zwischen allen Vertragspartnern akkordierte „Gemeinsame Erklärungen" darstellen – Auslegungshilfe hinsichtlich der Vertragsbestimmung, auf die sie sich beziehen.

10 ABl 2007 C 306, 231.

11 Den Erläuterungen des Präsidiums des Grundrechtekonvents kam bisher keine rechtliche Verbindlichkeit zu; durch Art 52 Abs 7 der Grundrechte-Charta (ABl 2010 C 83, 403) wurde ihnen aber nunmehr ein verbindlicher Charakter zugesprochen, da sie von den Gerichten der Union und der Mitgliedstaaten „gebührend zur berücksichtigen sind"

12 An diesen beiden Tagen wurde die Grundrechte-Charta von den Präsidenten der drei Organe EP, Rat und Kommission feierlich proklamiert und stellte damit eine „*Interinstitutionelle Erklärung*" dar; vgl dazu *Hummer*, Interinstitutionelle Vereinbarungen und „institutionelles Gleichgewicht", in *Hummer* (Hrsg), Paradigmenwechsel im Europarecht zur Jahrtausendwende (2004), 121 ff.

13 ABl 2004 C 310, 41 ff.

14 Vgl Fn 22.

II. Übereinstimmungstabellen

Für den Vergleich der bisherigen Nummerierung des EUV und des EGV mit dem nunmehr geltenden EUV(neu) bzw dem AEUV enthält das Amtsblatt der EU[15] entsprechende *Übereinstimmungstabellen*, die großteils auf den Übereinstimmungstabellen des Art 5 des Vertrags von Lissabon beruhen.[16] Da es aber bereits durch Art 12 des Vertrags von Amsterdam (1997)[17] zu einer (ersten) Umnummerierung der Gründungsverträge gekommen ist,[18] werden diesem Handbuch *eigene Übereinstimmungstabellen* beigeschlossen, aus denen auch die Übereinstimmung der Vertragsregime nach dem Inkrafttreten des Vertrags von Amsterdam (1997) mit 1. Mai 1999 hervorgeht.[19] Damit kann die Nummerierung der Verträge bis zum Vertrag von Maastricht (1992) kontinuierlich zurückverfolgt werden.

Es kam in diesem Zusammenhang aber auch zu Umnummerierungen der – zum Teil geänderten – *Protokolle* zum EU-Vertrag, zum EG-Vertrag und/oder zum EAG-Vertrag, die durch Übereinstimmungstabellen im Anhang zum Protokoll (Nr 1) zum Vertrag von Lissabon vorgenommen wurden.[20]

III. Rechtswirkungen des „alten" Unionsrechts

Im *Protokoll (Nr 36) über die Übergangsbestimmungen*[21], das sowohl dem EUV, als auch dem AEUV und dem EAGV[22] angefügt ist, wird hinsichtlich der *bisherigen intergouvernementalen Rechtsakte* in der *GASP* und der *PJZS* (*Unionsrecht*)[23] verfügt, dass diese solange „Rechtswirkung" behalten, bis sie

15 ABl 2008 C 115, 361 ff; ABl 2010 C 83, 361 ff.

16 Allerdings ohne die mittlere Spalte mit der vorläufigen Nummerierung des Vertrages von Lissabon.

17 ABl 1997 C 340, 1 ff.

18 Vgl dazu *Schweitzer/Hummer/Obwexer*, Europarecht, Rdnr 35.

19 Vgl dazu nachstehend im Anhang auf S 701 ff.

20 Vgl dazu die Übereinstimmungstabellen nach Art 2 des Protokolls (Nr 1) zur Änderung der Protokolle zum Vertrag über die Europäische Union, zum Vertrag zur Gründung der Europäischen Gemeinschaft und/oder zum Vertrag zur Gründung der Europäischen Atomgemeinschaft, im Anhang zum Protokoll (Nr 1), das dem Vertrag von Lissabon beigefügt ist; ABl 2007 C 306, 195 ff.

21 ABl 2008 C 115, 322 ff; ABl 2010 C 83, 322 ff.

22 Der Euratom-Vertrag (EAGV) bleibt gem Protokoll Nr 2 zum Vertrag von Lissabon (ABl 2007 C 306, 199 ff) als selbständiger Vertrag bestehen und wird nur entsprechend geändert (ABl 2010 C 84, 1 ff); siehe dazu vorstehend Pkt I.B.5.

23 Dies gilt auch für Übereinkommen, die auf der Grundlage des Art 34 Abs 2 lit d) EUV zwischen den Mitgliedstaaten im Rahmen der „Dritten Säule" der EU geschlossen wurden.

aufgehoben, für nichtig erklärt oder geändert werden (Art 9 Prot 36). Mit ihrer *Änderung* werden sie anschließend zu *(neuem) Unionsrecht*. Rechtsakte der (alten) PJZS sind für einen Übergangszeitraum von 5 Jahren eingeschränkten Anfechtungsmöglichkeiten durch die Kommission vor dem EuGH unterworfen (Art 10 Abs 1 bis 3 Prot 36). Für das Vereinigte Königreich gelten in diesem Zusammenhang Sonderbestimmungen.

IV. Änderung der Struktur des Amtsblattes

Die bisherige *Struktur des Amtsblattes der EU*, die seit dem 1. Jänner 2007 in Geltung stand[24], musste mit dem Inkrafttreten des Vertrags von Lissabon am 1. Dezember 2009 umgestellt werden. Diesbezüglich hatte das Direktorium des Amts für amtliche Veröffentlichungen der EU am 20. November 2009 eine aus den Vertretern der Juristischen Dienste der Organe bestehende Ad-hoc-Gruppe beauftragt, zu prüfen, welche Anpassungen vorgenommen werden müssen. Auf der Grundlage dieser Vorbereitungen hat der Direktor des Amts für Veröffentlichungen dem Direktorium einen Vorschlag für eine neue Struktur des Amtsblatts unterbreitet.[25]

Seit dem 1. Januar 2010 stellt sich die *Struktur des Amtsblatts* folgendermaßen dar[26]:

Amtsblatt Reihe L

L I *Gesetzgebungsakte*
- a) Verordnungen
- b) Richtlinien
- c) Beschlüsse
- d) Haushaltspläne

L II *Rechtsakte ohne Gesetzescharakter*
- a) Internationale Übereinkünfte
- b) Verordnungen
- c) Richtlinien
- d) Beschlüsse
- e) Empfehlungen
- f) Leitlinien
- g) Geschäfts- und Verfahrensordnungen
- h) Rechtsakte von Gremien, die im Rahmen internationaler Übereinkünfte eingesetzt wurden

L III *Sonstige Rechtsakte*

24 Vgl Rats-Dok 11736/2/07 REV 2.

25 Rats-Dok 17392/09 vom 14. Dezember 2009 (INF 318, JUR 545), Anlage.

26 http://eur-lex.europa.eu/de/oj/NewStructure2010.pdf

a) Europäischer Wirtschaftsraum (EWR)

L IV *Vor dem 1. Dezember 2009 in Anwendung des EGV, des EUV und des Euratom-Vertrags angenommene Rechtsakte*

Amtsblatt Reihe C

C I *Entschließungen, Empfehlungen und Stellungnahmen*
- a) Entschließungen
- b) Empfehlungen
- c) Stellungnahmen

C II *Mitteilungen*
- a) Interinstitutionelle Vereinbarungen
- b) Gemeinsame Erklärungen
- c) Mitteilungen der Organe, Einrichtungen und sonstigen Stellen der EU

C III *Vorbereitende Rechtsakte*

C IV *Informationen*

C V *Bekanntmachungen*

V. Weiterführende Links

Nachstehend sollen einige wichtige *Internet-Adressen* angeführt werden, aus denen nicht nur Entscheidungen der Gemeinschaftsgerichte, sondern auch solche österreichischer Höchstgerichte heruntergeladen werden können. Besonders informativ sind in diesem Zusammenhang die vom BKA-Verfassungsdienst regelmäßig veranstalteten Rundschreiben zu wichtigen neuen Judikaten der Gemeinschaftsgerichte – mit und ohne Bezug zu Österreich.

Rechtsprechung:[27]

Judikatur des EuGH:

http://eur-lex.europa.eu/RECH_naturel.do

http://curia.europa.eu/jurisp/cgi-bin/form.pl?lang=de (Rechtsprechung ab dem 17. Juni 1997; die frühere Rechtssprechung ist im vorstehenden Link → European Court Case zu finden)

Judikatur österreichischer Höchstgerichte: http://www.ris.bka.gv.at

Judikatur des VwGH mit Bezug zum Europarecht: www.vwgh.gv.at

Rundschreiben des BKA-Verfassungsdienst zu neuen Judikaten des EuGH: www.bka.gv.at/

27 Vgl dazu *Jus-Extra*. Leitsatz compact – CD-ROM, Ausgabe 2010 = elektronische Umsetzung der Zeitschrift Jus-Extra seit 1984 [die CD-ROM enthält alle Entscheidungen des VfGH, des VwGH (Administrativ- und Finanzrechtlicher Teil), des OGH in Zivil- und Strafsachen sowie Vorabentscheidungsverfahren des EuGH].

Sonstige nützliche Links:

Amtliche Dokumente der EU: http://europa.eu/documentation/official-docs/index_de.htm (Link zu allen amtlichen Dokumenten der EU-Institutionen)

PreLex – Werdegang der interinstitutionellen Verfahren: http://ec.europa.eu/prelex/apcnet.cfm?CL=de [mit PreLex kann man die einzelnen Etappen des gemeinschaftlichen Rechtsetzungsprozesses zwischen der Kommission und den anderen Organen verfolgen; über Hypertext Links kann man sich direkt die elektronisch verfügbaren Texte anzeigen lassen (KOM-Dokumente, Amtsblatt, Bulletin der EU, Dokumente des Europäischen Parlaments, Presseberichte etc)]

Whoiswho: http://europa.eu/whoiswho/public/ (enthält ein komplettes Namensregister der EU-Beamten sowie alle einschlägigen Dienststellen)

EU-Bookshop: http://bookshop.europa.eu/is-bin/INTERSHOP.enfinity/WFS/EU-Bookshop-Site?request_locale=EN (enthält Hinweise auf alle amtlichen Veröffentlichungen der EU)

Allgemeine Einführung

Waldemar Hummer

Inhalt

I. Einleitung

Die nachstehend in sechs Teile gegliederten[1] insgesamt *achtzehn Beiträge* dieses Handbuchs bedürfen einer allgemeinen Einführung, um damit einige wich-

1 Vgl dazu nachstehend Pkt VI.B.

tige *horizontale Aspekte* der Umsetzung und Vollziehung des Rechts der Europäischen Union (EU) in den mitgliedstaatlichen Rechtsordnungen bereits vorab abzuklären.

Zum einen geht es dabei um die ganz grundlegende Frage, welchen *Umfang* bzw welches *Volumen* dieser Vorgang der *Rechtsdurchsetzung* des EU-Rechts in den mitgliedstaatlichen Rechtsordnungen überhaupt einnimmt, dh welche praktische Bedeutung ihm überhaupt zukommt. Handelt es sich dabei um bloß punktuelle Phänomene oder geht es nicht vielmehr um einen flächendeckenden Prozess, der sogar in der Lage ist, die innerstaatlichen Rechtsordnungen der 27 EU-Mitgliedstaaten maßgeblich umzugestalten? Dieser ganz grundlegenden Frage wird in Kap II nachzugehen sein, wobei ersichtlich werden wird, dass die Europarechtler sich zwar mit den Vollzugsproblemen des Gemeinschafts- und Unionsrechts der bisherigen EU rechtsdogmatisch auseinandergesetzt haben, aber bisher nicht in der Lage waren, diese Effekte auch nur annähernd korrekt zu quantifizieren. Sie überließen diesen Part großteils den Politologen, denen aber wiederum die juristische Sachkenntnis fehlte, um ihre Untersuchungsgänge sachgerecht zu operationalisieren und nicht „Äpfel mit Birnen zu vergleichen". Das Ergebnis dieser Bemühungen um eine entsprechende Quantifizierung der europarechtlichen „inputs" in die mitgliedstaatlichen Rechtsordnungen ist dementsprechend unbefriedigend und läst im Grunde nicht einmal annäherungsweise einen in der Literatur allgemein anerkannten Prozentsatz der Durchdringung der nationalen Rechtsordnungen durch das Recht der EU zu. Das, was in diesem Zusammenhang alleine möglich ist, ist das Aufzeigen der Dichotomie in *maximalistische* und *minimalistische* Positionen, die sich in der spärlichen einschlägigen Literatur feststellen lassen. Abhilfe könnte diesbezüglich nur eine grundlegende Untersuchung dieser Thematik durch ein gemischtes Team aus Juristen und Politikwissenschaftlern schaffen, die allerdings noch aussteht. Für Österreich existierte bis vor kurzem noch keine diesbezügliche empirische Untersuchung. Kap II bemüht sich in diesem Zusammenhang, den aktuellen Stand der gegenwärtigen Diskussion um die *„Europäisierung"* der mitgliedstaatlichen Rechtsordnungen im allgemeinen und der österreichischen Rechtsordnung im speziellen in aller Kürze darzustellen.

Zum anderen muss zumindest aus juristischer Sicht das konkrete Zusammenwirken des EU-Rechts mit dem nationalen Recht der Mitgliedstaaten – hier unter exemplarischem Bezug zur österreichischen Rechtsordnung – untersucht werden, wobei an drei signifikanten Elementen der gegenständlichen Vollzugsproblematik angesetzt werden kann, nämlich

(a) dem Stand der *Richtlinienumsetzung*,
(b) der Verwendung des Instruments des *Vorabentscheidungsverfahrens* und
(c) der Verurteilung der Mitgliedstaaten in *Aufsichts-* und *Vertragsverletzungsverfahren* im Falle einer fehlerhaften Vollziehung. Diesem Aspekt ist das Kap III gewidmet.

Ganz besondere Bedeutung für das Verständnis der Vollzugsproblematik kommt aber der systematischen Darstellung aller möglichen *Vollzugstypen* sowie der mit diesen jeweils verbundenen Fragen der *Verwaltungsorganisation* bzw des *Verwaltungsverfahrens*, die während der Vollziehung des EU-Rechts im nationalen Recht auftreten können, zu, die anschließend in Kap IV abgehandelt werden.

Da sich die bisherigen Problemstellungen ausschließlich auf die Vollzugsprobleme des bisherigen *Gemeinschaftsrechts* bezogen, sind in einem weiteren Kap V die Fragen des Vollzugs des früheren *Unionsrechts* kurz darzustellen, das ja – bis es entsprechend verändert wird – seine Geltung behält.

Zuletzt ist in dieser allgemeinen Einführung noch auf die *Konzeption* und den *Aufbau* des vorliegenden Handbuchs für die europarechtliche Praxis hinzuweisen, was in Kap VI in aller Kürze geschieht.

II. Die „Europäisierung" der mitgliedstaatlichen Rechtsordnungen

A. Instrumente der „Europäisierung"

Für die „Europäisierung" der mitgliedstaatlichen Rechtsordnungen waren bisher vor allem das *primäre* und das *sekundäre Gemeinschafts-* bzw *Unionsrecht* verantwortlich. Ersteres setzte sich aus dem *EG-* bzw dem *EU-Vertrag* zusammen, letzteres war „säulenspezifisch" völlig unterschiedlich ausgestaltet: in der „Ersten Säule" benannte Art 249 EGV die gekennzeichneten Rechtssatzformen *Verordnung*, *Richtlinie*, *Entscheidung* – als verbindliche Sekundärrechtsquellen – sowie Empfehlungen und Stellungnahmen als unverbindliche Rechtsquellen. In der „Zeiten Säule" nahm Art 12 EUV diese Klassifikation folgendermaßen vor: allgemeine *Leitlinien*, *gemeinsame Strategien*, *gemeinsame Aktionen* und *gemeinsame Standpunkte*. In der „Dritten Säule" war es Art 34 Abs 2 lit a) bis d) EUV, der folgende Rechtsquellen nannte: *gemeinsame Standpunkte*, *Rahmenbeschlüsse*, *Beschlüsse* und *Übereinkommen* sowie *Maßnahmen zur Durchführung von Beschlüssen* und *Maßnahmen zur Durchführung von Übereinkommen*.[2]

Zu dieser Fülle von (supranationalem) sekundärem *Gemeinschaftsrecht* – mit unmittelbarer Durchgriffswirkung und Anwendungsvorrang[3] – und (inkorporationsbedürftigem) *Unionsrecht*[4] kamen noch die *Urteile* der Gemeinschaftsgerichte hinzu, die gem Art 228 EGV durch die Mitgliedstaaten unver-

2 Vgl dazu den Beitrag von *Obwexer*, Rechtsquellen des EU-Rechts, nachstehend auf S 69 ff.

3 Vgl dazu *Schweitzer/Hummer/Obwexer*, Europarecht. Das Recht der Europäischen Union (2007), Rdnrn 149 ff.

4 *Schweitzer/Hummer/Obwexer*, Europarecht, Rdnrn 330 ff.

züglich und ordnungsgemäß umzusetzen waren. Alles in allem wirkte eine Fülle von gemeinschaftsrechtlichem und unionsrechtlichem Rechtsgut in äußerst komplexer Form in die nationalen Rechtsordnungen ein.

Im Vergleich dazu reduziert der *Vertrag von Lissabon* (2007) – ganz im Geiste des gescheiterten „Verfassungs-Vertrags" (2004)[5] – die Typologie der gekennzeichneten Rechtsakte des neuen Unionsrechts drastisch und verankert in der Rechtsquellentypologie des Art 288 AEUV lediglich folgende drei verbindliche Rechtsaktformen: *Verordnung*, *Richtlinie* und *Beschluss*.[6] Diesen kommt, so wie dem gesamten neuen Unionsrecht, nunmehr generell Anwendungsvorrang zu.[7]

Der quantitative und qualitative *„input"* des EU-Rechts in die nationalen Rechtsordnungen der Mitgliedstaaten nahm im Zuge der Fortentwicklung der Europäischen Gemeinschaften bzw der EU kontinuierlich zu, wobei diesem Phänomen lange Zeit literarisch keine große Bedeutung beigemessen wurde.[8] Erst Ende der 1990er Jahre wurde die damit verbundene Frage der sogenannten *„Europäisierung"* der mitgliedstaatlichen Rechtsordnungen bzw des damit unter Umständen einhergehenden „Wandels der (National-)Staatlichkeit" problematisiert und empirisch zu belegen versucht. Unter „Europäisierung" wurde dabei das Ausmaß verstanden, mit dem die substanziellen Inhalte nationaler Regelungen durch Rechtsakte im Rahmen der EU determiniert werden. Dabei gehen aber die vordringlich politikwissenschaftlichen Untersuchungen von völlig unterschiedlichen Prämissen aus und liefern daher auch nur sehr beschränkt vergleichbare Resultate. Die „Europäisierung" des Rechts der Mitgliedstaaten wird in den einschlägigen Publikationen daher ganz verschieden gesehen und dementsprechend auch „berechnet".

B. Unterschiedliche Operationalisierungen

Seit der frühere Kommissionspräsident *Jacques Delors* am 6. Juli 1988 in einer Rede vor dem Europäischen Parlament prognostizierte, dass in zehn Jahren „80-Prozent der (nationalen) Wirtschaftsgesetzgebung, vielleicht auch der steuerlichen und sozialen, gemeinschaftlichen Ursprungs sein könnten",[9] wird

5 Vgl *Schusterschitz*, Rechtsakte und Rechtsetzungsverfahren, in *Hummer/Obwexer* (Hrsg), Der Vertrag von Lissabon (2009), 214.

6 Andere (*verbindliche*) Handlungsformen, wie zB völkerrechtliche Verträge und „Interinstitutionelle Vereinbarungen" (Art 295 AEUV) wurden in Art 288 AEUV nicht aufgenommen; an *unverbindlichen* gekennzeichneten Handlungsformen in Art 249 Abs 5 EGV sind noch *Empfehlungen* und *Stellungnahmen* zu erwähnen.

7 Vgl Erklärung (Nr 17) zum Vorrang in der Schlussakte von Lissabon; ABl 2008 C 115, 344; ABl 2010 C 83, 344.

8 *Hölscheidt*, DÖV 2009, 341: „Es überrascht, dass das Thema (...) in der Literatur recht stiefmütterlich behandelt wird".

9 EG-Bulletin Nr 2–367, 157 vom 6. Juli 1988; vgl *Töller*, Zeitschrift für Parlamentsfragen 2008, 5; *Schneider*, IHS Political Science Series 2001, 10.

in der Literatur über die wahre Bedeutung dieser mehr als kryptischen Aussage gerätselt. Vor allem die Frage, ob sich dieser Prozentsatz tatsächlich nur auf das *Wirtschaftsrecht* bezog oder aber als verallgemeinerungsfähig verstanden werden konnte, blieb zunächst unbeantwortet. Der *„80%-Mythos"* wurde aber immer wieder zitiert, ohne näher hinterfragt zu werden.[10] So ging der britische Politologe *Simon Hix*[11] davon aus, dass nicht nur über 80% der Normierungen in den Bereichen Waren- und Kapitalverkehr, sondern auch 80% aller sozialen, wirtschaftlichen und umweltpolitischen Regelungen auf mitgliedstaatlicher Ebene auf die EU zurückzuführen sind. Ebenso verweisen die Politikwissenschaftler *Tanja Börzel* und *Thomas Risse*[12] auf diesen Prozentsatz und behaupten, dass dieser in einigen Politikbereichen, wie zB der Umwelt- und der Agrarpolitik, noch um einiges höher liegen würde.

Im Gegensatz dazu kommen andere Politikwissenschaftler zu viel geringeren Prozentsätzen der „Europäisierung" der mitgliedstaatlichen Rechtsordnungen. So gehen *Thomas König* und *Lars Mäder*[13] von einer Bandbreite von 24 bis 32% aus, ein Ergebnis, das auch von *Annette Töller*[14] mehr oder weniger bestätigt wird, die in ihrer Studie auf 38% europarechtlichen Eintrag in die mitgliedstaatlichen Rechtsordnungen kommt. In einem erweiterten Ansatz kommt *Sven Hölscheidt*[15] ebenfalls zu einem Prozentsatz von bloß 34%.

Verantwortlich für diese Divergenzen ist die unterschiedliche *Operationalisierung* des Untersuchungsganges sowie der Messung des *„europäischen Impulses"* auf die nationalen Rechtsordnungen:

(a) Zum einen wird die Frage nach dem „gemeinschaftlichen Ursprung" nationaler Normen dahingehend verstanden, dass dabei in einer *quantitativen* Analyse festgestellt wird, wie viele primär- und sekundärrechtliche Normen gemeinschaftsrechtlicher Provenienz im Vergleich zu den nationalen Gesetzen und Verordnungen existieren und in die jeweiligen nationalen Rechtsordnungen entsprechend einwirken.

(b) Zum anderen wird in einer eher *qualitativen* Vorgangsweise versucht, darunter nur diejenigen mitgliedstaatlichen Normen zu verstehen, die mehr oder weniger direkt europarechtlich induziert sind, das heißt auf einen gemeinschaftsrechtlichen (Rechtsetzungs-)Impuls zurückgehen. Verantwortlich für einen solchen Impuls wären vor allem Richtlinien – mit einem Anteil von 44,1% am Gesamtvolumen des übernommenen EU-Rechts. Zum Vergleich: der entsprechende Prozentsatz für Verordnungen würde

10 Vgl dazu *Götz*, NJW 1992, 1850; *Schoch*, JZ 1995, 109; *Rupp*, JZ 2005, 744 uam.

11 *Hix*, The Political System of the European Union (1999), 3 ff.

12 *Börzel/Risse*, European integration online Papers 4/15 (2000), 3 ff.

13 *König/Mäder*, Politische Vierteljahresschrift 2008, 451 ff.

14 *Töller*, Zeitschrift für Parlamentsfragen 2008, 5.

15 *Hölscheidt*, DÖV 2009, 342 setzt dabei die EG/EU-Normen (10.056) mit den gesamten deutschen generell-abstrakten Normen der Periode 1949–2008 (19.451) in Beziehung.

18,5 % und von Urteilen des Gerichtshofs der Europäischen Gemeinschaften (EuGH) 5,5 % betragen.
Ein qualitativer Maßstab wird aber auch dann angelegt, wenn bei der Untersuchung der Einwirkung der europarechtlichen Vorgaben auf die mitgliedstaatliche Legislative vorrangig auf die dadurch verursachten Kosten bzw deren Einwirkung vor allem auf „Schlüsselentscheidungen" derselben – abgestellt wird.[16]

(c) Es wird in der Literatur aber auch ein *Mittelweg* gegangen und je nach europarechtlichen Rechtsnormen (Verordnungen, Richtlinien, Entscheidungen, Urteile) und deren Inzidenz in verschiedenen Sachgebieten aufdifferenziert, woraus wiederum unterschiedliche Ergebnisse resultieren.

Dementsprechend kommen die wenigen einschlägigen empirischen Studien – vordringlich bundesrepublikanischer Provenienz – zu völlig konträren Ergebnissen, die sich ganz allgemein in *maximalistische* und *minimalistische* Positionen kategorisieren lassen. Da die Frage der „Europäisierung" der mitgliedstaatlichen Rechtsordnungen beinahe ausschließlich am deutschen Beispiel untersucht wurde, sollen nachstehend die einschlägigen Untersuchungsergebnisse für die *Bundesrepublik Deutschland*[17] kurz dargestellt werden. Da solche Studien für Österreich bis vor kurzem nicht existierten, soll in diesem Zusammenhang versucht werden, die einzige nunmehr vorliegende Untersuchung im Nachhang zu den bundesrepublikanischen Ergebnissen kurz darzustellen, um sie damit mit diesen vergleichbar zu machen.[18]

C. Maximalistische Position

Ende 2009 galten in der Bundesrepublik, so wie grundsätzlich in jedem anderen Mitgliedstaat, 10.279 EU-Normen (29 völkerrechtliche Verträge, 2.036 Richtlinien und 8.214 Verordnungen),[19] denen 1.924 deutsche Bundesgesetze und 3.440 Verordnungen gegenüberstanden.[20] Setzt man nun die europäische und die deutsche Ebene gegenseitig in Beziehung, dann ergibt sich daraus – allein unter Berücksichtigung der deutschen Gesetzeslage – ein Verhältnis von 84 %, was sogar noch über dem „80-Prozent-Mythos" *Delors* liegt. Nimmt man eine

16 Vgl zB *König/Mäder*, Politische Vierteljahresschrift 2008, 454 f.

17 Vgl dazu aber auch *Sedelmeier*, Europeanisation in new member and candidate states, living Reviews in European Governance, Vol. 1 (2006) No 3, 3.

18 Vgl dazu *Hummer*, Die Europäisierung der Gesetzgebung, Wiener Zeitung vom 23. September 2009, 11.

19 *Hoppe*, EuZW 2009, 168; *Hölscheidt*, DÖV 2009, 342 zählt 10.056 EG/EU-Normen. Den Binnenmarkt alleine regeln rund 400 Verordnungen, ca 1.600 Richtlinien und mehr als 10.000 von den Europäischen Normungsinstitutionen (CEN, CENELEC, ETSI) erarbeitete technische Normen;

20 Presseaussendung von LexXpress vom 19. Januar 2010.

andere kolportierte Zahl deutscher Bundesgesetze, nämlich 2.391,[21] dann erhält man immerhin noch 81 %. Zählt man allerdings die deutschen Verordnungen hinzu, reduziert sich der Prozentsatz auf 66 %. Eliminiert man aus der Gesamtzahl der europarechtlichen Normen aber die 5.854 agrar- und fischereiwirtschaftlichen Normen, vermindert sich das Verhältnis auf – noch immer beachtliche – 65 %. Unter Berücksichtigung lediglich des „inputs" durch ausführungsbedürftige *Richtlinien* würde sich die obigen Relationen von 84 % auf bloße 70 % und von 66 % auf 46 % verringern.

Da ein Teil der deutschen Gesetze aber allein der Umsetzung von Richtlinien – und Implementierung von Verordnungen[22] – dient und damit *nicht* Ausdruck *autonomer nationaler Gesetzgebung* ist, werden diese „Umsetzungsgesetze" aus dem obigen Prozentsatz herausgerechnet. Für den Zeitraum 1977 bis 2008 lässt sich diesbezüglich ein Anteil der Bundesgesetze mit Bezugnahme auf eine Richtlinie von 640 Gesetzen feststellen, die entsprechend in Abzug zu bringen sind. Damit steigt aber der Anteil der europäischen Richtlinien (und Verordnungen) an den nationalen, autonomen Gesetzen von 65 % auf 72 %.[23]

Da aber ein Teil der deutschen Gesetze direkt auf der Judikatur der Gemeinschaftsgerichte[24] oder auf Entscheidungen der Europäischen Kommission[25] beruht, sind auch diese europarechtlichen „Vorgaben" zu berücksichtigen, ebenso wie der „vorauseilende Gehorsam" bzw die „stillschweigende" Berücksichtigung europarechtlicher Normen im Falle autonomer nationaler Rechtsetzung. Dementsprechend kommt eine der einschlägigen Studien von *Tilman Hoppe* zu dem Schluss: *„Nach alledem dürfte es durchaus realistisch sein, dass europäische Richtlinien, Verordnungen und Primärrecht einen Anteil von etwa 80 % der in Deutschland geltenden „Gesetzgebung" ausmachen"*.[26]

Auch einer Studie des deutschen Bundesministeriums der Justiz (2004) zufolge stammten in den Jahren 1998 bis 2004 mehr als 84 % aller deutschen Gesetze und Verordnungen aus Brüssel und nur noch 16 % aus Berlin.[27] Einige deutsche Politologen stellten in diesem Zusammenhang auch fest, dass die Europäisierung der Gesetzgebung des deutschen Bundestages in den letzten

21 *Hoppe*, EuZW 2009, 168;

22 Trotz ihrer unmittelbaren Wirkung gem Art 249 Abs 2 EGV setzen auch Verordnungen „europäische Impulse" für ergänzende nationale Rechtsetzung. So hat der deutsche Bundestag in der 16. Wahlperiode (2006 ff) bis Mai 2009 rund 40 Gesetze beschlossen, um Verordnungen umzusetzen; vgl *Hölscheidt*, DÖV 2009, 343.

23 *Hoppe*, EuZW 2009, 169.

24 Vgl dazu *Hölscheidt*, DÖV 2009, 344.

25 *Hölscheidt*, DÖV 2009, 341.

26 *Hoppe*, EuZW 2009, 169.

27 Zitiert bei *Herzog/Gerken*, Hat die EU zuviel Macht?; http://debatte.welt.de/kontroverse/292/hat+die+eu+zuviel+macht/pro

30 Jahren – vor allem in den Politikbereichen Umwelt und Landwirtschaft – noch über diesen Prozentsatz hinausging.

D. Minimalistische Position

Im Gegensatz dazu gelangt eine Untersuchung der beiden bundesdeutschen Politologen *Thomas König* und *Lars Mäder* über den europarechtlichen Einfluss auf die Gesetzgebung des Bundestags im Zeitraum von 1976 bis 2005 (8. bis 15. Wahlperiode), in dem insgesamt 3.097 Gesetze verabschiedet wurden, aber bloß zu einem Anteil von etwa 24 bis 32 %.[28] Lediglich zu einem einzigen Zeitpunkt (15. Gesetzgebungsperiode) und in einem einzigen Politikbereich (Umweltschutz) wurde gemäß dieser Studie ein 80-prozentiger Anteil an „Europäisierung" erreicht. Als wichtigstes Instrument der „Europäisierung" erkennt dieser Beitrag mit etwa 44 % Richtlinien, die jedoch nicht für die Steigerungen der letzten Jahre verantwortlich gemacht werden können. Seit der 14. Wahlperiode hat sich bei den „europäischen Impulsen" nämlich die Zahl der Verordnungen verdoppelt (18,5 %), ebenso wie auch die Zahl der Urteile des EuG und des EuGH (5,5 %) stark zugenommen hat.[29]

Im Unterschied zu anderen Studien wurde dabei eine *Qualifizierung* der Gesetzgebungstätigkeit nach inhaltlichem Bedeutungsgrad und monetären Implikationen vorgenommen. Dabei fiel vor allem auf, dass europäische Impulse mit durchschnittlich 24 % bei *kostenverursachenden Initiativen* und mit weniger als 15 % bei *Schlüsselgesetzen* nur relativ gering zu veranschlagen sind. Die Kosten entstehen interessanterweise auch nicht so häufig in den viel diskutierten Agrar- und Umweltbereichen, sondern vielmehr in den Bereichen der Innen- und Justizpolitik.[30]

In der Studie von *König* und *Mäser* wurde aber nur die Gesetzgebung des Bundes und nicht auch die der Länder untersucht. Des weiteren wurde in diesem Zusammenhang auch nicht berücksichtigt, dass die „Europäisierung" ja nicht nur über nationale, „europäisierte" Gesetze, geschehen, sondern auch unmittelbar, nämlich über direkt einwirkende Verordnungen und Urteile der Gemeinschaftsgerichte, stattfinden kann.

Annette Töller wiederum untersuchte die Gesetzesbeschlüsse des Bundestages, die durch „europäische Impulse" ausgelöst wurden, für den Zeitraum von 1983 bis 2005 und stellt diesbezüglich fest, dass mittlerweile etwas mehr als ein Drittel aller Gesetze (38 %) einem *„europäischen Impuls"* zufolge zustande gekommen sind. Etwa die Hälfte dieser Impulse geht von Richtlinien aus, während ein stetig steigender Anteil von Verordnungen (20 %) und Urtei-

28 *König/Mäder*, Politische Vierteljahresschrift 2008, 442.
29 *König/Mäder*, Politische Vierteljahresschrift 2008, 450.
30 *König/Mäder*, Politische Vierteljahresschrift 2008, 442.

len der Gemeinschaftsgerichte (15 %) herrührt. Die „Europäisierung" ist dabei vor allem im Umwelt- und Agrarbereich zu beobachten.

Auch eine niederländische Untersuchung ergab, dass lediglich 18 bis 27 % aller verabschiedeten holländischen Rechtsvorschriften auf die Umsetzung von Richtlinien zurückzuführen sind.[31]

E. „Europäisierung" der österreichischen Rechtsordnung

Für Österreich wurden bisher nur einige wenige Studien über die Umsetzung und Anwendung des Rechts der EU in die österreichische Rechtsordnung erstellt, die sich – als rein juristische Untersuchungen – naturgemäß auf die *rechtsdogmatischen* und *nicht* auf die *empirischen* Effekte einer solchen Einwirkung des EU-Rechts konzentrierten.[32] Empirische politikwissenschaftliche Studien fehlten bis vor Kurzem zur Gänze. Lediglich einige Studien beschäftigten sich mit den speziellen „policy consequences" für die österreichische (Innen-)Politik bzw. einzelne Wirtschaftssektoren.[33]

Ein erster quantitativer Vergleich mit den vorerwähnten Daten der Bundesrepublik ergibt folgende Situation. In *Österreich* standen im Jahr 2009 insgesamt 20.265 Rechtsvorschriften – mit 285.787 einzelnen Bestimmungen – in Geltung, die sich wie folgt zusammensetzten: 181 (Bundes-)Verfassungsgesetze, 2.949 Bundesgesetze,[34] 8.414 Verordnungen, 4.701 Kundmachungen und 3.940 völkerrechtliche Verträge.[35] Nimmt man diesbezüglich lediglich die Zahl der *Verfassungs-* und *einfachen (Bundes-)Gesetze* als Maßstab und relationiert man diese mit der oben bereits festgestellten Zahl von insgesamt

31 *Brocza*, Der 80-Prozent-Mythos: Einfluss des EU-Rechts überschätzt, Die Presse vom 30. Juni 2008.

32 Vgl zB die Beiträge von *Holzinger*, Umsetzung und Anwendung des Gemeinschaftsrechts in Österreich, in *Magiera/Siedentopf* (Hrsg), Die Zukunft der Europäischen Union (1997), 87 ff; *Öhlinger/Potacs*, Gemeinschaftsrecht und staatliches Recht[3], (2006); *Eilmansberger/Herzig* (Hrsg), 10 Jahre Anwendung des Gemeinschaftsrechts in Österreich (2006); *Hummer/Obwexer* (Hrsg), 10 Jahre EU-Mitgliedschaft Österreichs. Bilanz und Ausblick (2006).

33 Vgl zB *Falkner*, JCMS 2000, 223 ff; *Neisser/Puntscher Riekmann* (Hrsg), Europäisierung der österreichischen Politik (2002); *Falkner*, Zur „Europäisierung" des österreichischen politischen Systems, in *Dachs/Gerlich/Gottweis/Kramer/Lauber/Müller/Tàlos* (Hrsg), Politik in Österreich. Das Handbuch (2006), 82 ff.

34 Um die „Gesetzesflut" in Österreich an einem Beispiel festzumachen: Im Jahre 2005 enthielt das BGBl I zB nicht weniger als 143 Gesetze, davon eine ganze Reihe von sog „Paket-Gesetzen" mit Änderungen von über 300 Gesetzen. In Seitenzahlen gemessen, hatte das BGBl 2005 insgesamt ca 10.000 Seiten, davon 1.650 im Teil I (Gesetze), ca 3.300 im Teil II (Verordnungen) und ca 5.000 im Teil III (internationales Recht).

35 *Bundeskanzleramt* (Hrsg), Das geltende Bundesrecht „professional", CD-Rom, Verlag Österreich (Juni 2009).

10.279 EU-Rechtsakten, dann beträgt der Prozentanteil des Europarechts 77%. Zählt man aber auch die *Verordnungen* hinzu, dann erhält man eine Relation von lediglich 47%.

Berücksichtigt man hingegen lediglich den europarechtlichen „input“, der durch umsetzungsbedürftige *Richtlinien* entsteht, dann würden sich die entsprechenden Relationen von 77% auf 59% und von 47% auf 28% verändern.

Zwei nunmehr vorgelegte politikwissenschaftliche Studien[36] ergeben diesbezüglich übereinstimmend folgendes Bild: Bisher wurde der „Europäisierungsgrad“ der österreichischen Politik als sehr hoch angenommen: so erklärte *Ewald Nowotny* noch 1998, dass ca. 70% aller Bundesgesetze entweder direkt oder indirekt der Durchführung von EU-Richtlinien dienen[37]. Österreichische Abgeordnete selbst schätzten in einer persönlichen Befragung, die von *Müller ua* im Zeitraum 1997–1998 durchgeführt wurde, dass an die 70% der von Ihnen verabschiedeten Gesetzte „EU-indiziert“ seien.[38] Der damalige Leiter des Verfassungsdienstes im BKA, *Wolf Okresek*, wiederum schätzte 1998, dass ca. 60% der österreichischen Rechtsetzung durch Sekundärrecht der EU bedingt sei.[39]

Die Ergebnisse der Studie von *Jenny* und *Müller* ergeben allerdings ein gänzlich anderes Bild. 1993, dh noch vor dem österreichischen EWR-Beitritt (1994) bzw. dem EU-Beitritt (1995), betrug der „Europäisierungsgrad“ der österreichischen Bundesgesetze – allein aufgrund der Tatsache des von Österreich geübten „autonomen Nachvollzugs“ von EU-Recht – als höchste, je erreichte Quote, 45%. Im Durchschnitt der Periode von 1992 bis 2003, in der insgesamt 1.689 Gesetze erlassen wurden, betrug der Anteil der österreichischen Bundesgesetze, die sich auf EU-Recht bezogen, 27,6%, in der Periode ab der Mitgliedschaft 1995 bis 2003 aber lediglich 25%.[40] Von diesem Prozentsatz waren wiederum 41% als direkte Umsetzungs-Gesetze – in der Regel von gemeinschaftlichen Richtlinien – anzusehen.[41]

Zum Stand Juli 2003 waren lediglich 10,6% von den in Geltung stehenden *Bundesgesetzen* „europäisiert“ – in bezug auf *Verordnungen* betrug der Prozentsatz aber 14,1%.[42] Rechnet man Gesetze und Verordnungen aber zusammen, dann beträgt der Prozentsatz nachgerade 12,4%. Betrachtet man aber

36 *Jenny/Müller*, Public Administration 2010, 36; *Müller/Bovens/Grønnegaard Christensen/Jenny/Yesilkagit*, Public Administration 2010, 75ff.

37 Vgl *Wohnout*, Die Union 1999, 69ff.

38 *Müller/Jenny/Steininger uam*, Die österreichischen Abgeordneten (2001), 479.

39 *Okresek*, Schwierigkeiten bei der Anpassung der österreichischen Rechtsordnung an das Rechtssystem der EU, Vortrag anlässlich der 1998-Jahrestagung der ECSA an der WU Wien, zitiert bei *Jenny/Müller*, Public Administration 2010, 43.

40 *Jenny/Müller*, Public Administration 2010, 44f; vgl auch *Joho*, Der 80%-Mythos auf dem Prüfstand: wie europäisch ist die nationale Politik?, integration 4/09 400

41 *Jenny/Müller*, Public Administration 2010, 47.

42 *Jenny/Müller*, Public Administration 2010, 48f; *Müller/Bovens/Grønnegaard Christensen/Jenny/Yesilkagit*, Public Administration 2010, 76.

nur die sog *„Stammgesetze"* und lässt deren Novellen und spätere Änderungen außer Betracht, dann kann man feststellen, dass von den Mitte 2003 in Geltung gestandenen Stammgesetzen 41,8 % in irgendeiner Form vom EU-Recht betroffen sind. Nach Sektoren aufgegliedert, betrug der „EU-Anteil" an Stammgesetzen im Agrarsektor und verwandten Gebieten 51,7 %, gefolgt von den Bereichen des Arbeits- und Sozialrechts, des Transportsektors etc., die ähnliche Prozentsätze aufwiesen. Summiert man diese Sektoren, die man getrost als „wirtschafts- und sozialrechtliche Gesetzgebung" iSv *Delors* bezeichnen kann, dann findet man in der Periode 1992–2003 461 Stammgesetze, die vom Recht der EU betroffen sind – was etwa einen Prozentsatz von 36,3 % ausmacht. Obwohl das ein beträchtlicher Anteil ist, ist er vom „80 %-Mythos" von *Jacques Delors* aber doch noch meilenweit entfernt.[43]

F. Wandel der Staatlichkeit?

Die wenigen vorstehend dargestellten einschlägigen Studien über die „Europäisierung" der mitgliedstaatlichen Rechtsordnungen schwanken somit – je nach Zählweise – zwischen 24 % und 80 %. Setzt man dabei auch nur einen Prozentsatz von 35 bis 40 % als realistisch an, so muss man zur Kenntnis nehmen, dass damit eine signifikante Umgestaltung des Selbstverständnisses der nationalen Legislative verbunden ist, die in ihrer autonomen Rechtsetzung mehr und mehr zurückgedrängt wird. Im Gefolge der „Europäisierung" der nationalen Rechtsordnungen scheint daher einiges auf einen Wandel der (National-)Staatlichkeit der EU-Mitgliedstaaten im Sinne einer schleichenden Aushöhlung deren Gesetzgebungsautonomie hinzudeuten.[44] Des Weiteren wurde in der politikwissenschaftlichen Literatur daraus auch geschlossen, dass diese europarechtlichen Eingriffe in die nationalen Rechtsetzungsstrukturen das staatliche Gewaltenteilungssystem zulasten der Legislative und zugunsten der Exekutive umverteilen. Es verändert sich nämlich durch die „Europäisierung" die Kontrolle über die innenpolitische Agenda und die Entscheidungsprozesse, wodurch der Exekutive Vorteile bei der Informationsbeschaffung und der ideologischen Rechtfertigung von Politikinhalten in der innenpolitischen Auseinandersetzung verschafft werden würden.[45] Ganz allgemein wird dadurch aber auch der Trend zur Entparlamentarisierung gestärkt.[46]

43 *Jenny/Müller*, Public Administration 2010, 54.

44 Vgl *Risse/Cowles/Caporaso*, Europeanization and Domestic Change: Introduction, in *Caporaso/Risse* (Hrsg), Transforming Europe: Europeanization and Domestic Change (2001), 4.

45 Vgl *Moravcsik*, Warum die Europäische Union die Exekutive stärkt: Innenpolitik und internationale Kooperation, in *Wolf* (Hrsg), Projekt Europa im Übergang? Probleme, Modelle und Strategien des Regierens in der Europäischen Union (1997), 211 ff.

46 *Hölscheidt*, DÖV 2009, 345.

III. Konkretes Zusammenwirken des EU-Rechts mit der österreichischen Rechtsordnung

Was das Zusammenwirken des nunmehrigen Rechts der neuen Union mit der österreichischen Rechtsordnung betrifft, so sollen die dabei entstehenden Problemlagen an folgenden vier Fragenbereichen kurz erörtert und quantifiziert werden:

(a) *Anwendungsvorrang* des Unionsrechts,
(b) *Umsetzung von Richtlinien*,
(c) Ersuchen um *Vorabentscheidung* durch den EuGH – unter Einbezug des neuen *Eilverfahrens* für Vorabentscheidungen im Raum der Freiheit, der Sicherheit und des Rechts – sowie
(d) gegen die Republik Österreich eingeleitete *Aufsichts-* bzw *Vertragsverletzungsverfahren*.

A. Anwendungsvorrang

Mit der Aufgabe der bisherigen „Tempelkonstruktion" der EU[47] durch die Schaffung einer neuen Union mit eigener Rechtspersönlichkeit[48] – die gem Art 1 Abs 3 EUV(neu) an die Stelle der alten EG tritt[49] – wurde die bisherige Zweiteilung in (supranationales) *Gemeinschaftsrecht* der Ersten und (intergouvernementales) *Unionsrecht* der Zweiten und Dritten Säule aufgegeben und ein einheitliches (neues) Unionsrecht geschaffen, dem grundsätzlich Vorrang *ieS* (Anwendungsvorrang) zukommt, das aber auch Vorrangswirkungen *iwS* entfaltet. Dazu gehören ua die Verpflichtung zu unionsrechtskonformer Auslegung des nationalen Rechts, die Beachtung der unionsrechtlichen Rechtschutzvorgaben sowie die Staatshaftung.[50] Vom Vorrang nicht umfasst ist allerdings das alte Unionsrecht der Zweiten und Dritten Säule der EU, das aber in anwendungsbevorrangtes Unionsrecht übergeführt werden kann.[51]

Im Gegensatz zum *Vertrag über eine Verfassung für Europa* (2004)[52], der in seinem Art I-6 den Anwendungsvorrang des Rechts der neuen Union noch ex-

47 Vgl *Schweitzer/Hummer/Obwexer*, Europarecht, Rdnr 51 ff.

48 Art 47 EUV(neu).

49 Vgl *Erlbacher*, Rechtspersönlichkeit und Rechtsnachfolge, in *Hummer/Obwexer* (Hrsg), Der Vertrag von Lissabon (2009), 123 ff;

50 Vgl dazu den Beitrag von *Obwexer*, Rechtsquellen des EU-Rechts, nachstehend auf S 46 ff.

51 Vgl dazu Art 9 des Protokolls (Nr 36) über die Übergangsbestimmungen; ABl 2008 C 115, 325; ABl 2010 C 83, 325; vgl dazu vorstehend Pkt I.

52 ABl 2004 C 310, 1 ff.

pressis verbis – und damit primärrangig – verankert hatte[53], verzichtet der *Vertrag von Lissabon* – aus politischen Gründen – auf die Verankerung des Anwendungsvorrangs des neuen Unionsrechts in den Verträgen und „versteckt" dessen Erwähnung gleichsam in der *Erklärung (Nr 17) zum Vorrang* in der Schlussakte von Lissabon.[54] In dieser – rechtlich nicht bindenden – Erklärung weist die Regierungskonferenz 2007 darauf hin, dass alle Bestimmungen sowohl des primären als auch des sekundären (neuen) Unionsrechts – im Einklang mit der ständigen Judikatur des EuGH – *Vorrang* vor dem nationalen Recht der Mitgliedstaaten haben. Zur Bekräftigung wurde der Schlussakte auch noch das einschlägige Gutachten des Juristischen Dienstes des Rates vom 22. Juni 2007[55] beigeschlossen.

Vom Anwendungsvorrang ist auch die EU-Grundrechte-Charta umfasst. Der Anwendungsvorrang des (neuen) Unionsrechts gilt gegenüber dem gesamten staatlichen Recht, dh auch gegenüber dem Verfassungsrecht und auch dessen vermeintlich „zugriffsfesten" Kernbestimmungen.[56] Vom Anwendungsvorrang erfasst sind allerdings nur diejenigen Bestimmungen des Unionsrechts, denen *unmittelbare Anwendbarkeit* zukommt.[57]

Anwendungsbevorrangtes Unionsrecht geht im Kollisionsfall daher nationalem Recht vor und bedarf daher weder für seine Geltung noch für seine Anwendbarkeit im mitgliedstaatlichen Recht irgend eines staatlichen Inkorporations- bzw Vollzugsaktes.

B. Umsetzung von Richtlinien

Im Gegensatz zu anwendungsbevorrangtem unmittelbar wirksamen Unionsrecht bedarf nicht unmittelbar wirksames Unionsrecht, wie zB Richtlinien – die per definitionem nicht unmittelbar anwendbar sind – einer entsprechenden innerstaatlichen Umsetzung.[58] Frägt man nach der Rechtsgrundlage für die

53 Für die darüber entstandene Debatte um eine Gesamtänderung des B-VG in Österreich siehe *Öhlinger*, Die Ratifikation des Verfassungsvertrages in Österreich – Anmerkungen zum konstitutionellen Gehalt des Verfassungsvertrages, in *Hummer/Obwexer* (Hrsg), Der Vertrag über eine Verfassung für Europa (2007), 348 ff. Vgl auch *Hummer*, JRP 2005, 277.

54 ABl 2008 C 115, 344; ABl 2010 C 83, 344.

55 Dok 11197/07 (JUR 260).

56 Diese Rechtsansicht, die der EuGH seit der Rs 11/70, *Internationale Handelsgesellschaft*, Slg 1970, 1125 in ständiger Judikatur vertritt, wird von einer Reihe nationaler Höchstgerichte bzw Autoren relativiert. Vgl dazu *Bußjäger/Heißl*, ÖJZ 2008, 34; siehe dazu auch den Beitrag von *Hable*, Neuerungen im Zusammenwirken von EU-Recht und nationalem Recht nach dem Vertrag von Lissabon, nachstehend auf S 664 ff.

57 Vgl dazu den Beitrag von *Potacs*, Geltung des EU-Rechts in Österreich, nachstehend auf S 117.

58 Vgl dazu den Beitrag von *Ohler*, Objektive Wirkung von Richtlinien, nachstehend auf S 153 ff.

verpflichtende Umsetzung dieses Unionsrechts in den mitgliedstaatlichen Rechtsordnungen erhält man allerdings nur *europarechtlich* eine Antwort: die allgemeine Rechtspflicht ist im allgemeinen Loyalitätsgebot des Art 4 Abs 3 EUV(neu) (ex Art 10 EGV) verankert, spezielle Umsetzungspflichten wiederum, wie zB die von Urteilen des EuGH, sind in Art 260 Abs 1 AEUV (ex Art 228 Abs 1 EGV) niedergelegt. In den *Verfassungsrechtsordnungen* der Mitgliedstaaten hingegen existiert eine solche „spiegelbildliche" Umsetzungspflicht expressis verbis interessanterweise nicht,[59] wenngleich einige Verfassungen (indirekte) Hinweise darauf enthalten. So verpflichtet zB Art 23d Abs 5 B-VG die österreichischen Länder, „Maßnahmen zu treffen, die in ihrem selbständigen Wirkungsbereich zur Durchführung von Rechtsakten im Rahmen der europäischen Integration erforderlich werden".[60]

Vor allem *Richtlinien* iSv Art 249 Abs 3 EGV (Art 288 Abs 3 AEUV) bedürfen einer formellen und „außenwirksamen" Umsetzung in die österreichische Rechtsordnung, die entweder durch ein formelles Gesetz oder eine (Rechts-) Verordnung vorgenommen werden kann. Um die fristgerechte Umsetzung zu erleichtern, hat die Kommission 2005 in einer eigenen Empfehlung[61] verschiedene Maßnahmen vorgeschlagen, zu denen auch die Übermittlung von Entsprechungstabellen zählt, aus denen die jeweilige Überführung und nähere Ausgestaltung der Richtlinienvorgaben hervorgeht. Die seitens Österreich diesbezüglich getroffenen Umsetzungsmaßnahmen sind dem Generalsekretariat der Kommission zu notifizieren, wobei die Koordination vom Bundeskanzleramt (BKA) vorgenommen wird und die formelle Mitteilung im Wege der Ständigen Vertretung Österreichs bei der EU[62] erfolgt.

Um die Umsetzung von Richtlinien zu beschleunigen, wurde mit der Novelle 2003 zum Bundesministeriengesetz (BMG)[63] dem BKA eine neue Kompetenz übertragen, nämlich „auf die rechtzeitige und vollständige Umsetzung von EG-Richtlinien hinzuwirken". Die Bundesministerien und die Länder werden diesbezüglich ersucht, je eine Kontaktperson – die/den sog „*UmsetzungskoordinatorInnen*" – zu nominieren, der im jeweiligen Bereich eine entsprechende Koordinationsfunktion zukommt. Unter dem Vorsitz eines Vertreters des BKA tritt diese Gruppe regelmäßig als „*Umsetzungskommission*" zusammen.

---

59 Vgl *Hölscheidt*, DÖV 2009, 345.

60 BGBl 1930/1 idgF; vgl dazu *Bußjäger*, Die Mitwirkung der österreichischen Länder an Vorhaben im Rahmen der EU, in *Hummer/Obwexer* (Hrsg), 10 Jahre EU-Mitgliedschaft Österreichs (2006), 55 ff; *Holzinger*, Umsetzung, in *Magiera/Siedentopf* (Hrsg), Zukunft, 98.

61 Empfehlung 2005/309/EG der Kommission, ABl 2005 L 98, 47 ff.

62 Vgl dazu *Dossi/Grussmann*, Die Europäisierung der Verwaltung, in *Holzinger/Oberndorfer/Raschauer* (Hrsg), Österreichische Verwaltungslehre^2 (2006), 451.

63 BGBl I 2003/17.

Was nun die *Umsetzungsdisziplin* Österreichs im Falle von *Richtlinien* betrifft, so liegt Österreich durchaus im Mittelfeld der EU-Mitgliedstaaten. Mitte 2005 hatte Österreich von den insgesamt für Österreich in Kraft stehenden 2.587 Richtlinien 2.565 umgesetzt, was zwar einem Prozentsatz von 99,15 % entsprach, aber nur für den zehnten Rang unter den damaligen 25 EU-Mitgliedstaaten reichte.[64]

Erstmals kam es in Österreich am 19. November 2009[65] zu einer politisch bewusst angedrohten *parlamentarischen Blockade* bei der *Umsetzung einer Richtlinie* durch Vertreter der drei Oppositionsparteien FPÖ, GRÜNE und BZÖ, die unisono erklärten, die Umsetzung der „Dienstleistungs-Richtlinie"[66] durch das „Sammelgesetz Dienstleistungsrichtlinie"[67] – dessen Bestimmungen über die bundesgesetzliche Regelungskompetenz an sich landesgesetzlicher Zuständigkeiten sowie über die Einrichtung eines einheitlichen Ansprechpartners (EAP) verfassungsändernden Charakter hatten – so lange verhindern zu wollen, bis sich die Regierungsparteien SPÖ und ÖVP bereit erklären, in den „Spionage-Untersuchungsausschuss" des Nationalrates frühere oder amtierende Minister zu entsenden.[68]

Eine solche Drohung der Verhinderung der Umsetzung einer Richtlinie ist an sich europarechtlich unzulässig, da die ordnungsgemäße, vor allem aber zeitgerechte Umsetzung von Richtlinien eine gemeinschaftsrechtliche Verpflichtung darstellt, der sich die Mitgliedstaaten nicht durch parlamentarische Blockaden entziehen dürfen.[69] Um einer Aufsichtsklage durch die Kommission zu entgehen, müsste die Bundesregierung im Fall einer längeren Blockade eben nach einer (nicht verfassungsändernden) Lösung der Umsetzung einer Richtlinie suchen, für die sie im Parlament die notwendigen parlamentarischen Mehrheiten aufbringen kann.[70]

Im Bereich der Richtliniendurchführung hat der „*Vertrag über die Arbeitsweise der EU*" (AEUV) eine wichtige Neuerung gebracht. Art 260 Abs 3

64 Die Bundesrepublik hatte zum Stichtag 30. April 2008 lediglich 80 % der Richtlinien fristgemäß umgesetzt; *Hölscheidt*, DÖV 2009, 342.

65 19. November 2009, ORF-ZIB 2, Abendnachrichten.

66 ABl 2006 L 376, 36 ff.

67 32/ME XXIV. GP.

68 Die Blockade von verfassungsrangigen „Zwei-Drittel-Materien" durch die drei Oppositionsparteien wurde Ende März 2010 wieder zurückgenommen; vgl APA, Verfassungsblockade kommt ihrem Ende näher, Der Standard, vom 20./21. März 2010, 7.

69 Vgl dazu *Hummer*, Vollzug von Richtlinien, Wiener Zeitung vom 9. Dezember 2009, 11.

70 Italien versuchte, sich ähnlicher Blockadedrohungen, die des Öfteren vorkamen, durch die Erlassung des sog „*La Pergola-Gesetzes*" („Allgemeine Bestimmungen über die Beteiligung Italiens an der gemeinschaftlichen Gesetzgebung und über die Verfahren zur Durchführung von gemeinschaftlichen Verpflichtungen") am 1. März 1989 zu entziehen, was ihm des öfteren auch gelang; vgl dazu *Sandmann*, Umsetzung von Europarecht in Italien (2005), 121 ff.

AEUV führt eine völlig neue Sanktion für den Fall gewisser Verstöße im Vorfeld der Nichtumsetzung von Richtlinien gem Art 288 Abs 3 AEUV ein. Dabei können finanzielle Sanktionen gegen einen säumigen Mitgliedstaat verhängt werden, ohne dass die Vertragsverletzung zuvor durch ein Urteil des EuGH gem Art 260 AEUV festgestellt worden ist. Das Sanktionsverfahren gilt dabei aber nicht allgemein bei Verletzung der Umsetzungspflicht von Richtlinien, sondern nur bei *Verletzung* der *Mitteilungspflicht* und nur für Richtlinien, die in einem – ordentlichen (Art 294 AEUV) oder besonderen (iSv Art 289 Abs 2 AEUV) – „*Gesetzgebungsverfahren*" erlassen worden sind.[71]

Diese Abweichungen vom normalen Sanktionsverfahren des Art 260 Abs 2 AEUV sind vor allem dadurch gerechtfertigt, dass das Verfahren nach Art 260 Abs 3 AEUV auf den bloßen Formalakt der Unterlassung der Mitteilung von Umsetzungsmaßnahmen einer Richtlinie abstellt. Damit sind die finanziellen Sanktionen nicht unmittelbar auf die Umsetzung der Richtlinie an sich, sondern vielmehr auf die Unterlassung der Mitteilung von deren ordnungsgemäßer Umsetzung an die Kommission bezogen. Daher können Sanktionen in diesem Fall selbst dann verhängt werden, wenn die Umsetzung der Richtlinie zwischenzeitlich erfolgt ist und nur die Mitteilung der erfolgten Umsetzung derselben unterblieben ist. Demgegenüber schließt die fristgerechte Mitteilung von Umsetzungsmaßnahmen die Anwendung des Verfahrens gem Art 260 Abs 3 AEUV aus.

C. Einleitung von Vorabentscheidungsverfahren

Ein weiteres signifikantes Indiz für das Zusammenwirken des EU-Rechts mit der österreichischen Rechtsordnung war die Inanspruchnahme von Vorabentscheidungen durch den EuGH zur Entscheidung von Auslegungs- und Gültigkeitsfragen des Gemeinschaftsrechts gem Art 234 EGV.[72] Das Vorabentscheidungsverfahren als „judizieller Dialog" zwischen den nationalen Gerichten und den Gemeinschaftsgerichten wurde gerade deswegen eingerichtet, um wichtige (Vor-)Fragen der Vollziehung des Gemeinschaftsrechts in den mitgliedstaatlichen Rechtsordnungen zu lösen.

Da die Durchsetzung des Gemeinschaftsrechts, wie nachstehend noch zu zeigen sein wird, überwiegend in Form eines *unmittelbaren* bzw. *mittelbaren* („indirekter mitgliedstaatlicher Vollzug")[73] *Vollzugs* durch österreichische Organe erfolgt – der verwaltungsmäßig vor allem durch den VwGH gerichtsförmig kontrolliert wird – ist daher gem Art 129 B-VG vor allem dem VwGH als

71 Siehe dazu den Beitrag von *Hummer*, Finanzielle Sanktionen gegen Mitgliedstaaten bei Nichterfüllung von EuGH-Urteilen, nachstehend auf S 606f.

72 Neben dem allgemeinen Vorabentscheidungsverfahren gem Art 234 EGV bestanden noch zwei weitere „spezielle" Vorabentscheidungsverfahren gem Art 68 EGV und Art 35 EUV.

73 Vgl dazu vorstehend Pkt III.A.

letztinstanzlichem Gericht die Sicherung eines gemeinschaftsrechtskonformen Vollzugs überbunden.[74] Diese vorrangige Zuständigkeit des VwGH findet auch in der Anzahl der vom *VwGH* erbetenen Vorabentscheidungen ihren quantitativen Ausdruck.[75] In den ersten zehn Jahren der österreichischen EU-Mitgliedschaft (1995–2005) hatte der VwGH *45 Vorabentscheidungsersuchen* gem Art 234 EGV an den EuGH gerichtet.[76] Bis Ende 2007 erhöhte sich diese Zahl auf insgesamt 52 Vorlagen.[77]

Was nun ganz allgemein die Vorlagetätigkeit österreichischer „*Gerichte*"[78] betrifft, so ist zunächst festzustellen, dass nach der Judikatur des *EuGH* unter den „Gerichtsbegriff" des Art 234 Abs 2 EGV auch österreichische Verwaltungsbehörden zu subsumieren sind[79], wie zB weisungsfreie Kollegialbehörden mit richterlichem Einschlag iSv Art 133 Ziff 4 und Art 20 Abs 2 B-VG – wie zB das Bundesvergabeamt[80], das Tiroler Landesvergabeamt[81], der Wiener Vergabekontrollsenat[82] oder die Unabhängigen Verwaltungssenate (UVS)[83] bzw der Unabhängige Finanzsenat (UFS)[84]. Nach der Rechtssprechung des *VerfGH* sind aber auch der Oberste Patent- und Markensenat[85] sowie die Oberste Berufungs- und Disziplinarkommission für Rechtsanwälte und Rechtsanwaltsanwärter (OBDK)[86] „Gerichte" iSv Art 234 EGV. In diesem Sinne haben im Zehnjahres-Zeitraum 1995 bis 2005 österreichische Vollzugsorgane insgesamt *276 Vorabentscheidungsersuchen*[87] an den EuGH ge-

74 Vgl dazu den Beitrag von *Handstanger*, Vollziehung des EU-Rechts in Österreich, nachstehend auf S 123 ff.

75 Vgl dazu *Handstanger*, Verhältnis des EU-Rechts zum nationalen Recht unter besonderer Berücksichtigung des Vorrangs des Gemeinschaftsrechts, in *Hummer/Obwexer* (Hrsg), 10 Jahre EU-Mitgliedschaft Österreichs (2006), 231 ff; *Potacs,* Einfluss des EU-Rechts auf das nationale Verwaltungsrecht, in *Hummer/Obwexer* (Hrsg), 10 Jahre EU-Mitgliedschaft Österreichs (2006), 241 ff. Siehe dazu auch den Beitrag von *Handstanger*, Vollziehung des EU-Rechts in Österreich, nachstehend auf S 126.

76 EuGH, Jahresbericht 2005 (2006), 224.

77 EuGH, Jahresbericht 2007 (2008), 108.

78 Dabei kann es sich auch um erst- und zweitinstanzliche Gerichte handeln.

79 Vgl *Schweitzer/Hummer/Obwexer*, Europarecht, Rdnr 843.

80 EuGH, Rs C-44/96, *Mannesmann Anlagenbau Austria*, Slg 1998, I-73 ff.

81 EuGH, Rs C-103/97, *Köllensperger und Atzwanger*, Slg 1999, I-551 ff.

82 EuGH, Rs C-92/00, *Hospital Ingenieure II*, Slg 2002, I-5553 ff.

83 EuGH, Rs C-258/97, *Hospital Ingenieure I*, Slg 1999, I-1404 ff.

84 Als nicht-vorlagefähig wurden vom EuGH hingegen die Berufungssenate bei den Finanzlandesdirektionen (FLD), die Bezirksgerichte in Grundbuchssachen sowie die Landesgerichte bzw Handelsgerichte in Firmenbuchsachen angesehen; siehe *Schweitzer/Hummer/Obwexer*, Europarecht, Rdnr 843.

85 VfSlg 15.657.

86 VfGH 30.9.2003, B 614/01 uam.

87 Gem Erlass des BMJ vom 24. Juli 1998 (JMZ 30.033/148-I.11/1998 = JABl 1998, 19995/29) wurde eine Berichtspflicht der ordentlichen österreichischen Gerichte in Vorabent-

richtet[88] – gegenüber bloß 50 Verfahren aus Schweden und gar nur 38 aus Finnland.

Für den letzten dokumentierten Zeitraum bis Ende 2008 stellt sich die Situation folgendermaßen dar: Von den insgesamt 333 Vorabentscheidungsverfahren entfielen 4 auf den VerfGH, 71 auf den OGH, 3 auf den Obersten Patent- und Markensenat, 24 auf das Bundesvergabeamt, 57 auf den VwGH, 4 auf den Vergabekontrollsenat und 170 auf andere Gerichte.[89]

Bis zum Stichtag 1. Jänner 2010 haben allein die ordentlichen österreichischen Gerichte 157 Vorlageersuchen an den EuGH übermittelt. Davon sind bisher insgesamt 140 erledigt worden und zwar 92 durch Urteil des EuGH, 31 durch Zurückziehung, 5 durch Unzuständigkeitsentscheidung, 8 durch Unzulässigkeitsentscheidung sowie 4 durch Beschluss des EuGH gem Art 104 § 3 seiner VerfO.[90]

Was seine *Vorlagefreudigkeit* betrifft, so liegt Österreich mit diesen Daten durchaus im Spitzenfeld aller EU-Mitgliedstaaten, wobei besonders hervorzuheben ist, dass der österreichische VerfGH nicht nur das einzige Verfassungsgericht aller Mitgliedstaaten ist, das bisher überhaupt vorgelegt hat, sondern dies auch bereits in mehreren Rechtssachen gemacht hat. Der VwGH wiederum legt im EU-Schnitt überdurchschnittlich oft vor.

Als erstes *Verfassungsgericht* eines Mitgliedstaates überhaupt hat der österreichische VfGH bereits im Jahr 1999 dem EuGH ein Vorlageentscheidungsersuchen vorgelegt. Bis Ende 2007 folgten noch drei weitere Ersuchen. Lediglich das Verfassungsgericht des deutschen Bundeslandes Hessen (Staatsgerichtshof) und die belgische Cour d'Arbitrage haben als letztinstanzliche „konstitutionelle" Gerichte ebenfalls je ein Vorabentscheidungsersuchen an den EuGH gestellt.

Zum Vergleich stellt sich die *bundesdeutsche* Situation folgendermaßen dar: Der Bundesgerichtshof (BGH) ersuchte den EuGH insgesamt 120 mal um eine Vorabentscheidung, das Bundesverwaltungsgericht (BVwG) 88 mal, der Bundesfinanzhof (BFH) 250 mal, das Bundesarbeitsgericht (BAG) 17 mal, das Bundessozialgericht (BSG) 73 mal und der Staatsgerichtshof des Landes Hes-

scheidungsverfahren eingeführt, um damit alle Vorabentscheidungsersuchen dokumentieren zu können.

88 Technisch sind Vorabentscheidungsersuchen per Einschreiben unmittelbar an den EuGH (Gerichtshof der Europäischen Gemeinschaften – Kanzlei, Boulevard Konrad Adenauer, L-2925 Luxemburg; Fax: (352) 433766; e-Mail: ECJ.Registry@curia.europa.eu) zu richten.

89 EuGH, Jahresbericht 2008 (2009), 111; vgl auch den Beitrag von *Handstanger*, Vollziehung des EU-Rechts in Österreich, nachstehend auf S 126.

90 Vgl dazu den 18. Erlass des BMJ vom 4. Jänner 2010 über die von österreichischen ordentlichen Gerichten eingeleiteten Vorabentscheidungsverfahren mit Stichtag 1. Jänner 2010 (BMJ-EU15116/0001-EU/2010), 2.

sen ein mal. Das Bundesverfassungsgericht (BVerfG) tat dies bisher noch nie.[91] Andere Gerichte erbaten insgesamt 1.123 mal eine Vorabentscheidung.[92]

Seit 1996 haben die zuständigen mitgliedstaatlichen Behörden ihren Gerichten bestimmte Hinweise für die Einleitung eines Vorabentscheidungsverfahrens vor dem EuGH übermittelt. Mitte 2005 gab der Gerichtshof erstmals eigene Hinweise zur Vorlage von Vorabentscheidungsersuchen durch die nationalen Gerichte heraus, wobei er sich nach eigenen Aussagen auf diese mitgliedstaatliche Praxis stützte, da er sie als „nützlich“ empfand.[93] Bereits ein Jahr vorher, nämlich am 5. Juli 2004 hatte der Verfassungsdienst im BKA ein Rundschreiben[94] an alle einschlägigen österreichischen Gerichte und Dienststellen gerichtet, in dem er über die wichtigsten europarechtlichen Vorgaben informierte, die der EuGH in Anwendung von Art 234 EGV judiziert.

Im März 2008 ergänzte der EuGH seine Hinweise aus dem Jahr 2005 dahingehend, dass er auf die Neuerungen hinwies, die infolge des Inkrafttretens des *Eilvorlageverfahrens* für Vorabentscheidungsersuchen zum Raum der Freiheit, der Sicherheit und des Rechts seit März 2008 zu beachten sind.[95] Seit 1. März 2008 besteht gem Art 104 b VerfO/EuGH[96] bzw gem Art 23 a Satzung EuGH[97] nämlich die Möglichkeit, in den Bereichen des Titels VI EUV(alt) (Art 29 bis Art 42) bzw des Titels IV des Dritten Teils des EGV (Art 61 bis 69) beim EuGH die Durchführung eines *Eilvorlageverfahrens* unter Abweichung von den übrigen Bestimmungen der VerfO/EuGH zum Vorabentscheidungsverfahren zu beantragen. Betroffen sind damit Verfahren in den Bereichen Visa, Asyl und Einwanderung und andere Politiken betreffend den freien Personenverkehr oder polizeiliche und justizielle Zusammenarbeit in Zivil- und Strafsachen. Die Beschleunigung in diesem Eilverfahren wird neben einer Straffung des gesamten Verfahrensablaufs, des Verzichts auf Schlussanträge, einer eingeschränkten Übersetzungstätigkeit der Akten des EuGH und einer äußerst knappen Gestaltung der Verfahrensfristen erzielt, sodass als Richtwert für die Dauer eines Eilverfahrens vom EuGH drei Monate veranschlagt werden.[98] Das erste Eilvorlageverfahren vor dem EuGH war übrigens die Rechtsache *Rinau*[99].

91 Für die Gründe siehe *Warnke*, Die Vorlagepflicht nach Art 234 Abs 3 EGV in der Rechtsprechungspraxis des BVerfG (2004), 49 ff.

92 EuGH, Jahresbericht 2008, 110.

93 ABl 2005 C 143, 1.

94 Rundschreiben BKA-670.746/0009-V/A/8/2004.

95 ABl 2008 C 64, 1.

96 ABl 2008 L 24, 39.

97 ABl 2008 L 24, 42.

98 Vgl BKA-Verfassungsdienst, Rundschreiben zum Eilverfahren bei Vorabentscheidungen zum Raum der Freiheit, der Sicherheit und des Rechts, vom 26. März 2008, 2.

99 EuGH, Rs C-195/08 PPU, *Rinau*, Slg 2008, I-5271 ff.

In einer weiteren Mitteilung vom 5. Dezember 2009[100], die seine frühere vom 11. Juni 2005 ersetzt, spezifizierte der EuGH neuerlich, wie Vorabentscheidungsersuchen formuliert sein sollen, wenngleich er im Falle fehlerhaft bzw unvollständig formulierter Vorlageersuchen die Vorlagefragen ohnehin umformuliert und die entscheidenden Auslegungsfragen selbst herausschält.[101]

D. Aufsichts- bzw Vertragsverletzungsverfahren

Einen weiteren wichtigen Indikator für die Art des Zusammenspiels zwischen dem Gemeinschaftsrecht und den mitgliedstaatlichen Rechtsordnungen liefert die Anzahl der gegen einen Mitgliedstaat eingeleiteten Klagen wegen Vertragsverletzungen. Dabei sind grundsätzlich zwei unterschiedliche Verfahrensarten zu unterscheiden, nämlich das *Aufsichtsverfahren* durch die Kommission gem Art 226 EGV[102] und das *Vertragsverletzungsverfahren* gem Art 227 EGV, das durch einen Mitgliedstaat eingeleitet wird.[103] Letzteres Verfahren kommt äußerst selten vor und wird daher in diesem Zusammenhang nicht weiter dokumentiert. Bedauerlicherweise wird diese Unterscheidung in praxi dadurch verwischt, dass das „*Aufsichtsverfahren*" durch die Kommission gem Art 226 EGV als „*Vertragsverletzungsverfahren*" bezeichnet wird. Im Rahmen dieser Einführung wird die an sich korrekte Bezeichnung „Aufsichtsverfahren" für Klagen der Kommission nach Art 226 EGV grundsätzlich beibehalten.

Was das Aufsichtsverfahren betrifft, so zerfällt es wiederum in ein *erstes* und ein *zweites* Aufsichtsverfahren. Ergeht ein verurteilendes Erkenntnis des EuGH in einem (ersten) Aufsichtsverfahren gem Art 226 EGV, dann hat der verurteilte Mitgliedstaat „die sich aus dem Urteil ergebenden Maßnahmen zu ergreifen" (Art 228 Abs 1 EGV). Ergreift dieser aber innerhalb einer „angemessenen Frist" keine entsprechenden Maßnahmen, dann kann die Kommission ein zweites Aufsichtsverfahren gem Art 228 Abs 2 EGV einleiten, im Zuge dessen der EuGH als finanzielle Sanktionen einen Pauschalbetrag oder ein Zwangsgeld verhängen kann.

Mit dem Inkrafttreten des Vertrages von Lissabon wird das bisherige Aufsichtsverfahren gem Art 226 EGV ohne inhaltliche Änderungen in Art 258 AEUV verankert. Im Gegensatz dazu wird das aus Art 228 EGV in den Art 260 AEUV übernommene zweite Aufsichtsverfahren aber in zweierlei Hinsicht verschärft. Zum einen wird das vorprozedurale Verfahren bis zur Klagserhebung durch die Kommission verkürzt, und zum anderen kann die Kommission

100 ABl 2009 C 297, 1 ff; diese Mitteilung ersetzt mit dem Inkrafttreten des Vertrages von Lissabon die beiden Mitteilungen vom 11. Juni 2005 (ABl 2005 C 143, 1 ff) sowie vom 8. März 2008 (ABl 2008 C 64, 1 ff).

101 So schon seit EuGH, Rs 6/64, *Costa/ENEL*, Slg 1964, 1141 ff., 1268.

102 Vgl *Schweitzer/Hummer/Obwexer*, Europarecht, Rdnr 752 ff.

103 Vgl *Schweitzer/Hummer/Obwexer*, Europarecht, Rdnr 739.

im Falle der Nichtnotifikation einer Richtlinienumsetzung bereits bei Erhebung der ersten Vertragsverletzungsklage gem Art 258 AEUV die Verhängung einer finanziellen Sanktion gegen den säumigen Mitgliedstaat beantragen.[104]

Die Koordinierung des österreichischen Standpunktes in Aufsichtsverfahren gegenüber der Kommission obliegt dem *BKA-Verfassungsdienst*, der die Republik Österreich auch vor dem EuGH und dem EuG vertritt – und *nicht* wie im innerstaatlichen (Amtshaftungs-)Bereich der *Finanzprokuratur*.

1. Erstes Aufsichtsverfahren

Nach einer zehnjährigen Mitgliedschaft Österreichs waren im Oktober 2005 von den insgesamt 2.542 gem Art 226 EGV beim *EuGH* registrierten *Aufsichtsverfahren* lediglich *107* gegen *Österreich* gerichtet. Im Jahre 2005 wurde die Republik Österreich 10 mal wegen einer Vertragsverletzung verurteilt.

Die Gesamtzahl der im Jahr 2005 gegen die Republik Österreich laufenden einschlägigen Vertragsverletzungsverfahren durch Aufsichtsklagen gem Art 226 EGV belief sich auf 56 Verfahren, womit Österreich unter den 15 „alten" Mitgliedstaaten den siebten Rang einnahm – im Vergleich dazu liefen gegen Dänemark nur 32, gegen Italien aber 152 solcher Verfahren.[105] Österreich liegt damit – was seine Vertragstreue betrifft – durchaus im unteren Mittelfeld aller EU-Staaten. Insgesamt wurden gegen Österreich von 1995 bis Ende 2008 114 Aufsichts- bzw Vertragsverletzungsklagen eingebracht. Im Zeitraum von 2004 bis 2008 waren es insgesamt 51, von denen 14 auf 2004, 9 auf 2005, 12 auf 2006, 6 auf 2007 und 10 auf 2008 entfielen.[106] Im Jahre 2008 wurde Österreich in drei Aufsichtsverfahren/Vertragsverletzungsverfahren verurteilt.[107]

2. Zweites Aufsichtsverfahren

Bisher kam es insgesamt zu neun Verurteilungen von Mitgliedstaaten wegen Nichtbefolgung eines Urteils des EuGH in Form eines *„zweiten" Aufsichtsverfahrens* gem Art 228 Abs 2 EGV, wobei es in der Rs C-304/02, *Kommission/Frankreich*,[108] erstmals zu einer Kumulierung der beiden finanziellen Sanktionen eines *Pauschalbetrages* und eines *Zwangsgelds* gekommen ist –

104 Vgl dazu den Beitrag von *Hummer*, Finanzielle Sanktionen gegen Mitgliedstaaten bei Nichterfüllung von EuGH-Urteilen, nachstehend auf S 606 f; vgl dazu auch vorstehend auf S 16.

105 Vgl *Hummer*, Österreich in der EU (1995–2005) – Bilanz einer zehnjährigen Mitgliedschaft, in *Hummer/Obwexer* (Hrsg), 10 Jahre EU-Mitgliedschaft Österreichs (2006), 590 f.

106 EuGH, Jahresbericht 2008, 91 f und 113.

107 EuGH, Jahresbericht 2008, 99.

108 EuGH, Rs C-304/02, *Kommission/Frankreich*, Slg 2005, I-6263.

eine Praxis, die der EuGH ex nunc bei allen weiteren einschlägigen Verfahren anwenden wird.[109]

Ein einziges Mal ist Österreich in die Nähe eines *„zweiten“ Aufsichtsverfahrens* gem Art 228 Abs 2 EGV gekommen, nämlich in Sachen Hochschulzugang.[110] Ausgangspunkt dafür war die Verurteilung Österreichs durch den EuGH in seinem Urteil vom 7. Juli 2005 in der Rs C-147/03 betreffend die Voraussetzungen des Zugangs zum Hochschulstudium[111], dem Österreich nach Ansicht der Kommission nicht ordnungemäß nachgekommen ist. Dementsprechend leitete die Kommission das formelle Vorverfahren für ein zweites Vertragsverletzungsverfahren gem Art 228 Abs 2 EGV ein und richtete Ende Jänner 2007 ein Mahnschreiben an die Republik Österreich, indem sie monierte, dass Österreich mit seinem „Quotensystem“ gegen die Verpflichtung aus Art 228 Abs 1 EGV verstoßen habe.

Die österreichische Hochschulzugangsproblematik fand ihre – zumindest vorläufige – Lösung aber nicht durch eine Nicht-Verurteilung Österreichs in diesem Sanktionsverfahren, sondern durch einen befristeten Klagsverzicht der Kommission, die am 17. Oktober 2007 eine fünfjährige Aussetzung des gegen Österreich bereits laufenden Aufsichtsverfahrens gem Art 228 Abs 2 EGV angeboten hatte, die in den darauf folgenden Wochen von der Kommission auch formell beschlossen wurde[112].

IV. Die Vollziehung des Gemeinschaftsrechts – Vollziehungstypen, Verwaltungsorganisation, Verwaltungsverfahren

Um die folgenden Beiträge, die sich vorrangig mit Anwendungs- und Vollzugsproblemen des (bisherigen) Gemeinschaftsrechts auseinandersetzen, besser nachvollziehen zu können, soll in der Folge eine kurze systematische Darstellung der *Vollziehungstypen* sowie der *Verwaltungsorganisation* und des *Verwaltungsverfahrens* beim Vollzug von Gemeinschaftsrecht gegeben werden.[113]

109 Vgl dazu den Beitrag von *Hummer*, Finanzielle Sanktionen gegen Mitgliedstaaten bei Nichterfüllung von EuGH-Urteilen, nachstehend auf S 596f.

110 Vgl dazu den Beitrag von *Hummer*, Finanzielle Sanktionen gegen Mitgliedstaaten bei Nichterfüllung von EuGH-Urteilen, nachstehend auf S 608ff.

111 EuGH, Rs C-147/03, *Kommission/Österreich*, Slg 2005, I-5969 ff.

112 Vgl *Fülöp*, Regierungskonferenz 2007: Ausgangslage, Arbeitsweise, Ergebnisse, in *Hummer/Obwexer* (Hrsg), Der Vertrag von Lissabon (2009), 87; Unizugang: EU-Kommission bietet Fünfjahresfrist an, www.orf.at (17.10.2009); Chronologie: Von der Klage bis zur Verfahrensaussetzung, derstandard.at, http://derstandard.at/?url=/?id=2340923.

113 Vgl dazu *Schweitzer/Hummer/Obwexer*, Europarecht, Rdnrn 692 ff.

Mit „*Vollzug*" bzw „*Vollziehung*" des Gemeinschaftsrechts wird grundsätzlich dessen Anwendung im Einzelfall bezeichnet.[114] Die Anwendung des Gemeinschaftsrechts kann dabei zum einen durch die *Gemeinschaftsorgane selbst*, zum anderen aber auch durch die *Mitgliedstaaten* erfolgen, wobei in letzterem Fall alle drei Staatsgewalten (Legislative, Exekutive, Judikative) involviert sein können. Dementsprechend kann funktionell zwischen folgenden *mitgliedstaatlichen Vollzugsvarianten* unterschieden werden:

(a) durch den Erlass genereller staatlicher Rechtsvorschriften (*legislativer* Vollzug),
(b) durch die administrative Anwendung des Gemeinschaftsrechts im Einzelfall durch mitgliedstaatliche Behörden (*exekutiver* Vollzug) oder aber
(c) durch die Anwendung des Gemeinschaftsrechts durch die mitgliedstaatlichen Gerichte (*judikativer* Vollzug).

Aus dieser Aufgabenteilung zwischen der Gemeinschaft und den Mitgliedstaaten[115] resultieren verschiedene *Vollziehungstypen*, die sowohl die *Verwaltungsorganisation* als auch das Verwaltungsverfahren bei der Vollziehung von Gemeinschaftsrecht determinieren.

A. Vollziehungstypen

Je nach Zuständigkeit der Gemeinschaftsorgane oder der Mitgliedstaaten lassen sich in der EG verschiedene Typen der Vollziehung unterscheiden, nämlich die

(a) direkte oder gemeinschaftsunmittelbare und die
(b) indirekte oder mitgliedstaatliche Vollziehung.

Ad (a) Bei der *gemeinschaftsunmittelbaren* Vollziehung (*direkte Vollziehung*), die den Ausnahmefall darstellt,[116] wird das Gemeinschaftsrecht von den Gemeinschaftsorganen selbst vollzogen. Die direkte Vollziehung kommt immer dann zur Anwendung, wenn das Primärrecht dies ausdrücklich vorsieht oder dieses den Erlass von entsprechendem Sekundärrecht anordnet.

Gemeinschaftsintern stellen das Haushalts-, Personal- und Dienstrecht sowie die interne Organisation der Organe (sog Intendanturaufgaben[117]) die

114 Vgl *Klepper*, Vollzugskompetenzen der Europäischen Gemeinschaft aus abgeleitetem Recht (2001), 24.

115 Es bestehen aber auch Formen der Verwaltungszusammenarbeit, die jenseits der klassischen Typologie des „direkten" und des „indirekten" Vollzugs liegen, wie etwa der „*kooperative Vollzug*"; vgl dazu *Klepper*, Vollzugskompetenzen, 35.

116 Vgl auch *Pühs*, Der Vollzug von Gemeinschaftsrecht (1997), 77.

117 *Ipsen*, Gemeinschaftsrecht (1972), 9; *Rengeling*, Rechtsgrundsätze beim Verwaltungsvollzug des Europäischen Gemeinschaftsrechts (1977), 9.

Hauptanwendungsbereiche der direkten Vollziehung dar. *Gemeinschafts-extern* (gegenüber Mitgliedstaaten und Individuen) sind die wichtigsten Bereiche gemeinschaftsunmittelbarer Vollziehung das *Wettbewerbsrecht* (Art 81 ff EGV), in dem die Vollziehung teilweise der Europäischen Kommission obliegt, sowie das *Währungsrecht* (Art 105 ff EGV), das großteils von den Organen des Europäischen Systems der Zentralbanken (ESZB) vollzogen wird.

Ad (b) Bei der *mitgliedstaatlichen* Vollziehung (*indirekte Vollziehung*), die den Regelfall bei der Vollziehung des Gemeinschaftsrechts darstellt, sind wiederum zwei Fallkonstellationen denkbar, nämlich zum einen

(ba) die unmittelbare mitgliedstaatliche Vollziehung und zum anderen
(bb) die mittelbare mitgliedstaatliche Vollziehung.

Ad (ba) Bei der *unmittelbaren mitgliedstaatlichen Vollziehung* wird das Gemeinschaftsrecht direkt von den Mitgliedstaaten angewendet, vorausgesetzt, dass dieses (objektive) unmittelbare Wirkung[118] – wie zB im Fall von Verordnungen und unmittelbar anwendbarem Primärrecht – entfaltet und damit den staatlichen Verwaltungsbehörden als Rechtsgrundlage für ihr Handeln dienen kann. Die unmittelbare mitgliedstaatliche Vollziehung stellt wiederum im Rahmen der indirekten Vollziehung den Regelfall der Vollziehung von Gemeinschaftsrecht dar.

Ad (bb) Die *mittelbare mitgliedstaatliche Vollziehung* kommt dann zur Anwendung, wenn kein sekundäres Gemeinschaftsrecht existiert, das (objektive) unmittelbare Wirkung entfaltet, sodass der nationale Gesetz- oder Verordnungsgeber das Gemeinschaftsrecht – vor allem Richtlinien – mittels nationaler Vorschriften umzusetzen hat. Die nationalen Behörden wenden in diesem Fall zwar nationales Recht an, das aber gemeinschaftsrechtskonform ausgelegt und angewendet werden muss.

Im Bundesstaat Österreich muss in diesem Zusammenhang aber angemerkt werden, dass im Bereich der *„indirekten Vollziehung"* von Gemeinschaftsrecht neben dem Bund auch die *Länder* entsprechende Akteure sind, die gem Art 23d Abs 5 B-VG alle Maßnahmen zu treffen haben, die in ihrem selbständigen Wirkungsbereich zur Durchführung von Rechtsakten im Rahmen der europäischen Integration erforderlich werden. Kommt ein Land dieser Verpflichtung nicht rechtzeitig nach und wird dies von einem Gericht im Rahmen der EU festgestellt, so geht die Zuständigkeit zu solchen Maßnahmen, insbesondere zur Erlassung der notwendigen Gesetze, auf den Bund über.[119] Diese Bindung einer Devolution in der innerösterreichischen vertikalen Kompetenzverteilung zwischen Bund und Ländern an ein verurteilendes Erkenntnis

118 Vgl dazu *Schweitzer/Hummer/Obwexer*, Europarecht, Rdnr 171.

119 Vgl *Ranacher*, Die Ersatzkompetenz des Bundes zur Durchführung von Rechtsakten im Rahmen der europäischen Integration, in *Hummer* (Hrsg), Europarecht im Wandel (2003), 307 ff.

eines außerösterreichischen Gerichts ist aus föderalistischer Sicht durchaus als problematisch anzusehen,[120] nimmt in praxi aber keinen großen Raum ein, da die Länder grosso modo eine größere „Umsetzungsdisziplin" aufweisen, als dies beim Bund der Fall ist.

So hat der Bund im Gefolge eines Vertragsverletzungsurteils im Rahmen eines Aufsichtsverfahrens nach Art 226 EGV in den ersten zehn Jahren der österreichischen EU-Mitgliedschaft die ihm nach Art 23 d Abs 5 B-VG zukommende Ersatzkompetenz erst ein einziges Mal in Anspruch nehmen müssen,[121] nämlich im Falle der nicht zeitgerecht erfolgten Umsetzung der Richtlinie betreffend den Schutz der Arbeitnehmer vor biologischen Arbeitsstoffen[122] für Bedienstete des Landes Kärnten sowie der dortigen Gemeinden und Gemeindeverbände.[123]

B. Verwaltungsorganisation

Hinsichtlich der Verwaltungsorganisation, die mit der Vollziehung von Gemeinschaftsrecht verbunden ist, unterscheidet man zwischen

(a) der gemeinschaftsunmittelbaren Vollziehung und
(b) der mitgliedstaatlichen Vollziehung.

Ad (a) Die *gemeinschaftsunmittelbare Vollziehung* ist – abgesehen vom vorerwähnten gemeinschaftsinternen Bereich, der durch die jeweiligen Organe der EG vollzogen wird – im *Gemeinschaftsrecht* geregelt und im Wesentlichen bei der Kommission konzentriert. Daneben gibt es aber auch Formen dezentralisierter Vollzugstätigkeit, wie zB durch Agenturen und interinstitutionelle Ämter.[124]

Ad (b) Bei der *mitgliedstaatlichen Vollziehung* – sei sie nun unmittelbarer oder mittelbarer Vollzugstyp – richtet sich die Verwaltungsorganisation nach *nationalem Recht*, wobei die Mitgliedstaaten allerdings gem dem Loyalitäts-

120 Vgl *Öhlinger*, Bundesstaatsreform und Europäische Integration, in *Pernthaler* (Hrsg), Bundesstaatsreform als Instrument der Verwaltungsreform und des europäischen Föderalismus (1997), 48.

121 Vgl *Ranacher*, Durchführung von EU-Recht (insbesondere Gemeinschaftsrecht) durch die Länder und Ersatzvornahme des Bundes, in *Hummer/Obwexer* (Hrsg), 10 Jahre EU-Mitgliedschaft Österreichs (2006), 257 ff.

122 VO der Bundesregierung über den Schutz von Bediensteten des Landes Kärnten sowie der Gemeinden und Gemeindeverbände dieses Landes gegen Gefährdung durch biologische Arbeitsstoffe, BGBl II 2002/173; vgl *Hummer*, Umsetzung von EU-Richtlinien: Neue Mitglieder vorne, Wiener Zeitung vom 27. September 2005, 8.

123 EuGH, Rs C-11/00, *Kommission/Österreich*, Slg 2001, I-7555.

124 Vgl *Hummer*, Von der „Agentur" zum „Interinstitutionellen Amt", in *Hammer/Somek/Stelzer/Weichselbaum* (Hrsg), Demokratie und sozialer Rechtsstaat in Europa, FS Theo Öhlinger (2004), 92 ff.

prinzip des Art 10 EGV gehalten sind, für eine geordnete Vollziehung zu sorgen. Obwohl der Kommission gegenüber den nationalen Verwaltungsbehörden kein formelles Weisungsrecht zusteht, verfügt diese in diesem Zusammenhang aber sowohl über einige Mitwirkungsbefugnisse als auch über eine Reihe faktischer Einflussmöglichkeiten.[125]

C. Verwaltungsverfahren

Auch was das Verwaltungsverfahren betrifft, ist grundsätzlich zwischen den Bereichen

(a) gemeinschaftsunmittelbarer Vollziehung und
(b) mitgliedstaatlicher Vollziehung zu unterscheiden, wobei letzter Vollzugstyp wieder in die beiden Formen
  (ba) *unmittelbare* mitgliedstaatliche Vollziehung und
  (bb) *mittelbare* mitgliedstaatliche Vollziehung

unterfällt.

Ad (a) Bei der *gemeinschaftsunmittelbaren Vollziehung* richtet sich das Verwaltungsverfahren fast ausschließlich nach primärem und sekundärem *Gemeinschaftsrecht*. Im *primären* Gemeinschaftsrecht finden sich nur einige wenige Bestimmungen über das Verwaltungsverfahren, wie zB im Beihilfenaufsichtsverfahren (Art 88 EGV). Das *sekundäre* Gemeinschaftsrecht hingegen enthält eine Fülle von Verfahrensvorschriften, die sich meist verstreut in Verordnungen finden und Einzelaspekte, wie Anträge, Fristen, Anhörungen etc beinhalten. Allgemein konzipierte Verfahrensvorschriften sind eher selten, wie zB die Verordnung (EWG) 1182/71 vom 3. Juni 1971 zur Festlegung der Regeln für die Fristen, Daten und Termine.[126] Die dabei offen gebliebenen Lücken wurden durch den EuGH durch die Anwendung allgemeiner Rechtsgrundsätze (des Verfahrensrechts)[127], die auf dem Rechtsstaatsprinzip basieren[128], großteils geschlossen.

Ad (b) Bei der mitgliedstaatlichen Vollziehung ist auch hinsichtlich des Verwaltungsverfahrens zwischen unmittelbarer und mittelbarer Vollziehung zu unterscheiden.

(ba) Im Rahmen der *unmittelbaren mitgliedstaatlichen Vollziehung* richten sich Verwaltungshandeln und Verwaltungsverfahren grundsätzlich nach *nationalem Recht*, in Österreich also nach dem Allgemeinen Verwaltungsverfah-

125 Vgl *Hilf*, Möglichkeiten und Grenzen des Rückgriffs auf nationale verwaltungsrechtliche Regeln bei der Durchführung von Gemeinschaftsrecht, in *Schwarze* (Hrsg), Europäisches Verwaltungsrecht im Werden (1982), 71 f.

126 ABl 1971 L 124, 1 ff.

127 Vgl *Schweitzer/Hummer/Obwexer*, Europarecht, Rdnr 245.

128 Vgl *Schweitzer/Hummer/Obwexer*, Europarecht, Rdnr 1118.

rensgesetz (AVG).[129] Obwohl es damit an sich den Mitgliedstaaten – gemäß dem *„Grundsatz der Verfahrensautonomie der Mitgliedstaaten"* – obliegt, sowohl das Verfahren als auch die zuständigen Vollzugsorgane (Gerichte und Verwaltungsbehörden) zu bestimmen, bleiben die Mitgliedstaaten dabei aber an die folgenden gemeinschaftsrechtlichen Vorgaben des Loyalitätsgebotes des Art 10 EGV gebunden:

Zunächst haben ihre Vollzugsorgane einen *effektiven Rechtsschutz* zu gewähren, gemäß dessen das mitgliedstaatliche Verfahrensrecht die Durchsetzung subjektiver Rechte nicht „übermäßig erschweren" darf. Des weiteren haben diese das *Äquivalenzgebot* zu beachten, das besagt, dass nationale Verfahren, die den Vollzug von Gemeinschaftsrecht betreffen, nicht ungünstiger ausgestaltet sein dürfen als entsprechende Verfahren, die nur innerstaatliches Recht betreffen. Zuletzt ist aber auch noch das *Effizienzgebot* zu berücksichtigen, aufgrund dessen die Anwendung des nationalen Verfahrensrechts nicht dazu führen darf, dass die Ausübung der durch das Gemeinschaftsrecht verliehenen Rechte „praktisch unmöglich gemacht oder übermäßig erschwert wird".[130] Dazu kommt noch die Berücksichtigung der vom EuGH judikativ entwickelten Prinzipien der *Einheitlichkeit* und *größten Wirksamkeit* des *Gemeinschaftsrecht* („effet utile").

Was den genauen Schutzbereich des Grundsatzes des *„effektiven gerichtlichen Rechtsschutzes"* betrifft, herrscht in Österreich nach wie vor eine gewisse Unklarheit vor. Es steht nämlich nicht eindeutig fest, ob die bloß kassatorische nachprüfende Kontrolle des VwGH, die kein Ermittlungsverfahren kennt und lediglich eine beschränkte Ermessenskontrolle vorsieht, dieser Anforderung eines effektiven gerichtlichen Rechtsschutzes genügt. Aus diesem Grunde hat der VwGH auch nach wie vor Bedenken, ob seine beschränkte Kognitionsbefugnis in Tatsachenfragen den Anforderungen des Gemeinschaftsrechts iSe effektiven gerichtlichen Rechtsschutzes entspricht. Die bisher vom VwGH diesbezüglich eingeleiteten Vorabentscheidungsverfahren[131] haben noch keine definitive Abklärung dieser Frage gebracht. Dieses Problem wird in praxi aber dadurch „entschärft", dass es sich immer dann nicht mehr stellt, wenn zuvor ein Unabhängiger Verwaltungssenat (UVS) oder der Unabhängige Finanz-Senat (UFS) – die mit voller Kognitionsbefugnis ausgestattet sind – entschieden haben.

(bb) Ob für die *mittelbare mitgliedstaatliche Vollziehung* die gleichen Regeln gelten wie für die unmittelbare mitgliedstaatliche Vollziehung oder ob sich Verwaltungshandeln und Verwaltungsverfahren hier ausschließlich nach nationalem Recht richten (können) – da in diesem Fall die Behörden inhaltlich ja nicht Gemeinschaftsrecht, sondern nationales Recht (das das Gemeinschaftsrecht erst umsetzt bzw durchführt) anwenden – ist umstritten, im Er-

---

129 BGBl 1991/51 idF BGBl I 2004/10.

130 Vgl *Schweitzer/Hummer/Obwexer*, Europarecht, Rdnrn 716 bis 719.

131 Vgl dazu vorstehend Pkt III.B.

gebnis aber wohl zu bejahen.[132] Dabei dürfen allerdings die verbindlichen Zielvorgaben des Gemeinschaftsrechts nicht beeinträchtigt werden.

Eine schematische Darstellung der Vollziehung des *Gemeinschaftsrecht* in den mitgliedstaatlichen Rechtsordnungen würde demnach wie folgt aussehen:

Schematische Darstellung der Vollziehung des Gemeinschaftsrechts

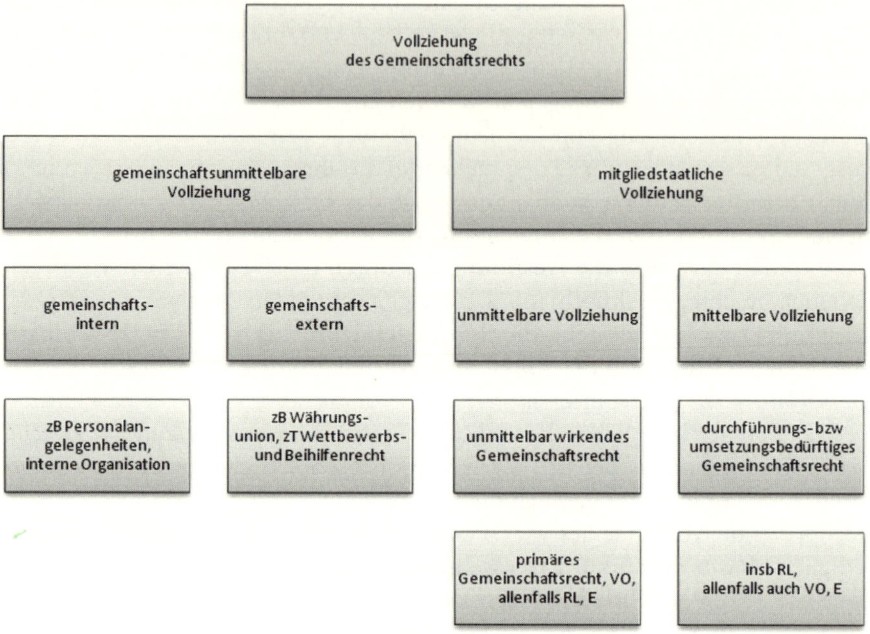

VO = Verordnung
RL = Richtlinie
E = Entscheidung

Quelle: *Schweitzer/Hummer/Obwexer*, Europarecht, Rdnr 724.

V. Die Vollziehung des (bisherigen) Unionsrechts

Das Recht der (alten) EU umfasste neben dem *Gemeinschaftsrecht* der „Ersten" Säule auch das *Unionsrecht* der *„Zweiten"* und *„Dritten" Säule* sowie des *Giebels* und des *Sockels* der Tempelkonstruktion.[133] Im Gegensatz zum supra-

132 Vgl *Schweitzer/Hummer/Obwexer*, Europarecht, Rdnr 723.

133 Vgl *Schweitzer/Hummer/Obwexer*, Europarecht, Rdnr 147, Rdnr 330 ff; vgl dazu die Beiträge von *Obwexer*, Rechtsquellen des EU-Rechts, nachstehend auf S 40 ff. und *Potacs*, Geltung des EU-Rechts in Österreich, nachstehend auf S 105 ff.

nationalen Gemeinschaftsrecht kam dem (bisherigen) Unionsrecht lediglich *intergouvernementaler Charakter* zu, sodass dieses in den mitgliedstaatlichen Rechtsordnungen weder unmittelbare Wirkung noch Anwendungsvorrang entfalten konnte. Es war im Gegensatz dazu inkorporationsbedürftig und wurde dementsprechend in der österreichischen Rechtsordnung wie *Völkerrecht* behandelt.

Das *sekundäre Unionsrecht* der alten EU war, wie vorstehend bereits erwähnt, überaus vielfältig.[134] Im Bereich der GASP konnte der Rat gem Art 12 EUV sowohl Gemeinsame *Standpunkte* als auch *Gemeinsame Aktionen* beschließen. Dazu kamen noch die *allgemeinen Leitlinien* und die *Gemeinsamen Strategien* des Europäischen Rates. In den Bereichen der PJZS konnten gem Art 34 Abs 2 EUV *Gemeinsame Standpunkte* und *Beschlüsse* sowie *Rahmenbeschlüsse* beschlossen, *Übereinkommen* der *Mitgliedstaaten* geschlossen sowie *Maßnahmen* zur *Durchführung* von *Beschlüssen* bzw von *mitgliedstaatlichen Übereinkommen* erlassen werden.[135]

Alle (verbindlichen) Rechtsakte des sekundären Unionsrechts – mit Ausnahme der vorerwähnten völkerrechtlichen Übereinkommen gem Art 34 Abs 2 lit d) EUV(alt) – wurden rechtstechnisch als *Beschlüsse* des Rates erlassen. Mit der Beschlussfassung im Rat wurde die Republik Österreich zwar unmittelbar (völkerrechtlich) verpflichtet, um innerstaatliche Geltung und Wirksamkeit zu entfalten, mussten diese Ratsbeschlüsse aber noch in die österreichische Rechtsordnung übergeführt werden. Dementsprechend musste das sekundäre Unionsrecht – so wie ein *völkerrechtlicher Organbeschluss*[136] – in die österreichische Rechtsordnung inkorporiert werden. Da aber das B-VG gerade für die Inkorporation von Organbeschlüssen keine spezielle Vorschrift enthält, ergaben sich dabei immer wieder schwierige Abgrenzungsfragen. Aber auch sonstige, allgemein mit der Übernahme von Unionsrecht in die österreichische Rechtsordnung verbundene Probleme, wie zB die Frage der rahmenbeschlusskonformen Auslegung des österreichischen Rechts,[137] harren noch einer intensiveren Aufarbeitung.

Welche der beiden Inkorporationstechniken – *Adoption* oder *spezielle Transformation*[138] – auf das jeweilige sekundäre Unionsrecht Anwendung fand, bestimmte sich primär nach dem Konkretisierungsgrad des jeweils zu

134 Vgl dazu vorstehend Pkt II.A.

135 Vgl dazu *Ermacora/Hummer*, Völkerrecht, Recht der Europäischen Union und Landesrecht, in *Neuhold/Hummer/Schreuer* (Hrsg), Österreichisches Handbuch des Völkerrechts, Bd 1 – Textteil[4] (2004), Rdnr 599 f.

136 Vgl *Ermacora/Hummer*, Völkerrecht, in *Neuhold/Hummer/Schreuer* (Hrsg), Handbuch, Rdnr 592.

137 Vgl dazu den Beitrag von *Murschetz*, Die rahmenbeschlusskonforme Auslegung des nationalen Rechts, nachstehend auf S 247 ff.

138 Vgl *Ermacora/Hummer*, Völkerrecht, in *Neuhold/Hummer/Schreuer* (Hrsg), Handbuch, Rdnr 575 f.

übernehmenden Sekundärrechtsaktes. War dieser „self-executing“, dann konnte er durch bloße Kundmachung im Bundesgesetzblatt inkorporiert werden (Adoption), anderenfalls war aber der Erlass innerstaatlicher Rechtsvorschriften für dessen (unmittelbare) Anwendung erforderlich (spezielle Transformation).[139]

Im Gegensatz zum Kollisionsfall Gemeinschaftsrecht/Landesrecht, der – wie vorstehend erwähnt – über den *Anwendungsvorrang* des Gemeinschaftsrechts zu lösen ist, waren Kollisionen zwischen (altem) Unionsrecht und nationalem Recht grundsätzlich über den *Derogationsgrundsatz* aufzulösen[140], so wie dieser eben bei Normenkonflikten zwischen Völkerrecht und Landesrecht Anwendung findet.

In der neuen Union nach dem Vertrag von Lissabon behält gemäß Art 9 des *Protokoll (Nr 36) über die Übergangsbestimmungen*[141] das alte Unionsrecht der „Zweiten“ und der „Dritten Säule“ solange seine Rechtswirkung, solange es nicht aufgehoben, für nichtig erklärt oder geändert wird[142].

VI. Das „Handbuch für die europarechtliche Praxis“

Das gegenständliche Handbuch versucht in einer eigenständigen Konzeption das Zusammenspiel von EU-Recht und nationalem Recht der Mitgliedstaaten – vor allem am Beispiel Österreichs – darzustellen. Dabei ist es vorrangig als echtes „Handbuch“ für die Praxis konzipiert, das den in der *Gesetzgebung*, der *Verwaltung* und der *Justiz* tätigen Funktionären und Beamten eine entsprechende Hilfestellung in ihrer Vollzugstätigkeit anhand der Darstellung ausgewählter Vollzugsbereiche geben soll. Dementsprechend wurde bei der Erstellung dieses Sammelbandes auch besonderes Augenmerk auf eine enge Zusammenarbeit zwischen Theoretikern und Praktikern des Europarechts gelegt.[143] Aufgrund seiner systematischen Darstellung ist das Handbuch aber nicht nur für Praktiker sondern auch für den Unterrichtsgebrauch an Universitäten und Fachhochschulen im Fach *Europarecht* geeignet.

---

139 Vgl *Ermacora/Hummer*, Völkerrecht, in *Neuhold/Hummer/Schreuer* (Hrsg), Handbuch, Rdnr 568 ff.

140 Vgl *Ermacora/Hummer*, Völkerrecht, in *Neuhold/Hummer/Schreuer* (Hrsg), Handbuch, Rdnr 594 f.

141 ABl 2008 C 115, 322 ff; ABl 2010 C 83, 322 ff.

142 Vgl dazu die Benutzerhinweise, vorstehend auf S XLIV f.

143 Vgl dazu das Vorwort, vorstehend auf S V.

A. Konzeption

In engem Kontakt mit führenden Praktikern aus Justiz und Verwaltung wurden zunächst die anstehenden europarechtlichen Probleme diagnostiziert und in der Folge sowohl von diesen als auch von Theoretikern aufbereitet. Mit diesem Wechselspiel von Theorie und Praxis war die Gewähr gegeben, dass unmittelbar praxisrelevante Probleme angesprochen und in der Folge auch im Lichte der jeweils einschlägigen herrschenden Lehre bzw der neuesten Judikatur der Gemeinschaftsgerichte gelöst werden.

Zur besseren Vergleichbarkeit der einzelnen Beiträge wurde diesen – soweit strukturell nur möglich – ein einheitliches Gliederungsschema vorgegeben, das in groben Zügen folgendermaßen lautete:

(a) Darstellung des bisherigen Sachstandes,
(b) Diskussion der neuesten Entwicklungen,
(c) Überprüfung der Auswirkungen auf Österreich und
(d) Thesenhafte Zusammenfassung der Ergebnisse.

Den jeweiligen Beiträgen wurde des weiteren – zur besseren Nachvollziehbarkeit ihres Inhalts – sowohl ein umfassendes *Literaturverzeichnis* als auch – soweit möglich – eine *Judikaturzusammenstellung* vorangestellt. Ein detailliertes *Inhaltsverzeichnis* eines jeden Beitrages erlaubt dem Leser einen raschen Einstieg in die von ihm gesuchte Problemstellung.

Die *Übereinstimmungstabellen* am Ende des vorliegenden Handbuchs[144] wiederum bieten die Möglichkeit der Nachverfolgung der Umnummerierung der Gründungsverträge vom Vertrag von Maastricht (1992) bis zum Vertrag von Lissabon (2007).

B. Aufbau

Das Handbuch umfasst aufbaumäßig *sechs Teile*, von denen erstere in der Regel von Theoretikern, letztere hingegen von Praktikern des Europarechts verfasst wurden.

In einem *ersten Teil* („*Grundlagen*") werden die Rechtsquellen des bisherigen EU-Rechts (Gemeinschaftsrecht und Unionsrecht) systematisch dargestellt, in ihren jeweiligen Geltungsvoraussetzungen untersucht und auf ihre Vollziehung in Österreich hin beschrieben. Darüber hinaus wird aber auch auf das Sekundärrecht der neuen Union nach dem Vertrag von Lissabon eingegangen.

Darauf aufbauend wird in einem *zweiten Teil* („*Innerstaatliche Rechtswirkungen ausgewählter EU-Rechtsakte*") neben der wichtigen Umsetzungsproblematik von Richtlinien ua auch die Übernahme von bisher kaum unter-

144 Vgl dazu den Anhang, nachstehend auf S 701 ff.

suchten Rechtsakten des Gemeinschaftsrechts (Rahmenvereinbarungen im Sozialbereich, Umweltvereinbarungen) und des Unionsrechts (Rahmenbeschlüsse) in die österreichische Rechtsordnung behandelt.

Ausgehend von diesen allgemeinen Rahmenbedingungen werden in einem *dritten Teil* („*Reichweite des Vorrangs des Gemeinschaftsrechts*") die zwei wichtigsten Problembereiche des Anwendungsvorrangs des (früheren) Gemeinschaftsrechts (nunmehr des Unionsrechts) im nationalen Recht Österreichs eingehend bearbeitet, nämlich zum einen die Frage des Vorrangs des Gemeinschaftsrechts gegenüber bestandskräftigen *Bescheiden* und zum anderen die des Vorrangs gegenüber rechtskräftigen *Urteilen.*

Im *vierten Teil* („*Vorgaben für die Vollziehung des EU-Rechts*") werden zunächst die allgemeinen gemeinschaftsrechtlichen Vorgaben für den nationalen Rechtsschutz und deren Auswirkungen auf den gerichtlichen Rechtsschutz in Österreich abgehandelt. Danach wird auf die besonders praxisrelevanten speziellen Fragestellungen des Zusammenwirkens von Kommission und nationalen Wettbewerbsbehörden bzw nationalen Gerichten im Kartellrecht und im Beihilfenaufsichtsverfahren eingegangen.

Der *fünfte Teil* („*Sanktionen bei Verletzung des EU-Rechts*") beschäftigt sich mit komplexen Haftungsfragen sowohl der Mitgliedstaaten – Staatshaftung und finanzielle Sanktionen bei Nichterfüllung von EuGH-Urteilen – als auch von Privaten, nämlich bei der Verletzung des gemeinschaftlichen Wettbewerbsrechts.

Im *sechsten Teil* („*Künftige Entwicklungen*") werden schließlich zum einen die neue Integrationsbestimmung des Art 50 B-VG und zum anderen die wichtigsten einschlägigen Neuerungen im Zusammenwirken von EU-Recht und nationalem Recht nach dem Inkrafttreten des Vertrages von Lissabon behandelt.

I. Grundlagen

Rechtsquellen des EU-Rechts

Walter Obwexer

Literatur: *Calliess*, Die Europäische Union nach dem Vertrag von Lissabon. Mehr Transparenz, Effizienz und Legitimation? (2010); *Obwexer*, Die Rechtsstellung Einzelner in der Union nach Inkrafttreten des Vertrags von Lissabon, ÖJZ 2010, 101; *Streinz/Ohler/Herrmann*, Der Vertrag von Lissabon zur Reform der EU. Einführung mit Synopse[3] (2010); *Everling*, Rechtsschutz in der Europäischen Union nach dem Vertrag von Lissabon, EuR-Beiheft 1–2009, 71; *Hellmann*, Der Vertrag von Lissabon. Vom Verfassungsvertrag zur Änderung der bestehenden Verträge – Einführung mit Synopse und Übersichten (2009); *Schusterschitz*, Rechtsakte und Rechtsetzungsverfahren, in *Hummer/Obwexer* (Hrsg), Der Vertrag von Lissabon (2009), 209; *Obwexer*, Gerichtsystem und Rechtsschutz, in *Hummer/Obwexer* (Hrsg), Der Vertrag von Lissabon (2009), 244; *Obwexer*, Grundfreiheit Freizügigkeit. Das Recht der Unionsbürger, sich frei zu bewegen und aufzuhalten, als fünfte Grundfreiheit (2009); *Potacs*, Subjektives Recht gegen Feinstaubbelastung? ZfV 2009, 874; *Ruffert*, Institutionen, Organe und Kompetenzen – der Abschluss eines Reformprozesses als Gegenstand der Europarechtswissenschaft, EuR-Beiheft 1–2009, 31; *Schwarze*, Der Reformvertrag von Lissabon – Wesentliche Elemente des Reformvertrages, EuR-Beiheft 1–2009, 9; *Fischer*, Der Vertrag von Lissabon. Text und Kommentar zum Europäischen Reformvertrag (2008); *Hatje/Kindt*, Der Vertrag von Lissabon – Europa endlich in guter Verfassung? NJW 2008, 1761; *Hofmann/Wessels*, Der Vertrag von Lissabon – eine tragfähige und abschließende Antwort auf konstitutionelle Grundfragen?, integration 2008, 3; *Kokott/Dervisopoulos/Henze*, Aktuelle Frage des effektiven Rechtsschutzes durch die Gemeinschaftsgerichte, EuGRZ 2008, 10; *König/Nguyen*, Der Vertrag von Lissabon – ausbildungsrelevante Reformen im Überblick, ZJS 2008, 140; *Lengauer*, Der Reformvertrag – Ein bedeutender Schritt in der Herausbildung einer Europäischen Verfassungsordnung, ZfRV 2008, 4; *Obwexer*, Der Vertrag von Lissabon, ecolex 2008, 285; *Öhlinger*, Soll über den Vertrag von Lissabon in Österreich das Volk entscheiden? ecolex 2008, 290; *Öhlinger*, Vorrang des EU-Rechts, in *Schroeder* (Hrsg), Europarecht als Mehrebenensystem (2008); *Pernice* (Hrsg), Der Vertrag von Lissabon: Reform der EU ohne Verfassung? (2008); *Schiffauer*, Zum Verfassungszustand der Europäischen Union nach Unterzeichnung des Vertrags von Lissabon, EuGRZ 2008, 1; *Schima*, Rechtsschutz, in *Eilmansberger/Herzig* (Hrsg), Jahrbuch Europarecht 2008 (2008), 37; *Terhechte*, Der Vertrag von Lissabon: Grundlegende Verfassungsurkunde der europäischen Rechtsgemeinschaft oder technischer Änderungsvertrag? EuR 2008, 143; *Mayer*, Die Rückkehr der Europäischen Verfassung? Ein Leitfaden zum Vertrag von Lissabon, ZaöRV 2007, 1142; *Obwexer*, Rechtsakte und Rechtsetzungsverfahren, in *Hummer/Obwexer* (Hrsg), Der Vertrag über eine Verfassung für Europa (2007), 147; *Schroeder*, Der Rahmenbeschluss als Rechtssatzform in den Verträgen, in *Lagodny/Wiede-*

rin/Winkler (Hrsg), Probleme des Rahmenbeschlusses am Beispiel des Europäischen Haftbefehls – Ein neues Instrument der europäischen Integration aus Sicht von Europarecht, Strafrecht, Verfassungsrecht und Völkerrecht (2007), 37; *Bast*, Grundbegriffe der Handlungsformen der EU entwickelt am Beschluss als praxisgenerierter Handlungsform des Unions- und Gemeinschaftsrechts (2006); *Handstanger*, Verhältnis des EU-Rechts zum nationalen Recht unter besonderer Berücksichtigung des Vorrangs des Gemeinschaftsrechts, in *Hummer/Obwexer* (Hrsg), 10 Jahre EU-Mitgliedschaft Österreichs. Bilanz und Ausblick (2006), 221; *Öhlinger*, Verfassungsrechtliche Grundlagen der EU-Mitgliedschaft Österreichs, in *Hummer/Obwexer* (Hrsg), 10 Jahre EU-Mitgliedschaft Österreichs. Bilanz und Ausblick (2006), 17; *Öhlinger/Potacs*, Gemeinschaftsrecht und staatliches Recht[3] (2006); *Schäffer*, Vorrang des Gemeinschaftsrechts, in *Eilmansberger/Herzig* (Hrsg), 10 Jahre Anwendung des Gemeinschaftsrechts in Österreich (2006), 29; *Brenn*, Auf dem Weg zur horizontalen Direktwirkung von EU-Richtlinien, ÖJZ 2005, 41; *Stelkens*, Die „Europäische Entscheidung" als Handlungsform des direkten Unionsrechtsvollzugs nach dem Vertrag über eine Verfassung für Europa, ZEuS 2005, 61; *Vogt*, Die Entscheidung als Handlungsform des Europäischen Gemeinschaftsrechts (2005); *Hable*, Die Schnittstelle von Handlungsformen und Kompetenzen in der Europäischen Verfassungsdebatte, JRP 2003, 198; *Hartisch*, Die unmittelbare Wirkung von Richtlinien in dreipoligen Rechtsbeziehungen (2003); *Wünschmann*, Geltung und gerichtliche Geltendmachung völkerrechtlicher Verträge im Europäischen Gemeinschaftsrecht (2003); *Obwexer*, Das Ende der Europäischen Gemeinschaft für Kohle und Stahl, EuZW 2002, 517; *Wölk*, Die Umsetzung von Richtlinien der Europäischen Gemeinschaft (2002); *Ehricke*, Vorwirkungen von EU-Richtlinien auf nationale Gesetzgebungsvorhaben, ZIP 2001, 1311; *Klagian*, Die objektiv unmittelbare Wirkung von Richtlinien, ZöR 2001, 305; *Klamert*, Die richtlinienkonforme Auslegung nationalen Rechts (2001); *Mager*, Die staatengerichtete Entscheidung als supranationale Handlungsform, EuR 2001, 661; *Öhlinger*, Die Übernahme des Vertrages von Amsterdam sowie des Rechts der „Zweiten" und „Dritten Säule" in die österreichische Rechtsordnung, in *Hummer* (Hrsg), Rechtsfragen in der Anwendung des Amsterdamer Vertrages (2001), 228 ff; *Griller*, Individueller Rechtsschutz und Gemeinschaftsrecht, in *Aicher/Holoubek/Korinek* (Hrsg), Gemeinschaftsrecht und Wirtschaftsrecht (2000), 27; *Pechstein/Koenig*, Die Europäische Union[3] (2000); *Griller*, Die Unterscheidung von Unionsrecht und Gemeinschaftsrecht nach Amsterdam, EuR-Beiheft 1–1999, 45; *Vedder*, Die Unterscheidung von Unionsrecht und Gemeinschaftsrecht nach dem Vertrag von Amsterdam, EuR-Beiheft 1–1999, 7; *Bockey*, Die Entscheidung der Europäischen Gemeinschaft (1998); *Hafner*, The Amsterdam Treaty and the Treaty-Making Power of the European Union. Some Critical Comments, in *Hafner/Loibl/Rest/Sucharipa-Behrmann/Zemanek* (Hrsg), FS Ignaz Seidl-Hohenveldern (1998), 257; *Fischer*, Die objektive Direktwirkung von EU-Richtlinien: Die Lektion aus dem Fall Wärmekraftwerk Großkrotzenburg 1995, in *Mayer* (Hrsg), Recht in Österreich und Europa: FS Karl Hempel (1997), 191; *Hummer/Obwexer*, Die unmittelbare Wirkung von EG-Richtlinien und die Haftung des Staates für Umsetzungsmängel, in *Rill/Griller* (Hrsg), Verfassungsfragen der EU-Mitgliedschaft Österreichs (1997), 21; *Münch*, Die gemeinsame Aktion als Mittel der Gemeinsamen Außen- und Sicherheitspolitik (1997); *Pernthaler*, Die neue Doppelverfassung Österreichs, in *Haller* (Hrsg), Staat und Recht: FS Günther Winkler (1997), 773; *Rüffler*, Die richtlinienkonforme Auslegung nationalen Rechts, ÖJZ 1997, 121; *Thun-Hohenstein*, Der Vertrag von Amsterdam (1997), 43; *Epiney*, Unmittelbare Anwendbarkeit und objektive Wirkung von Richtlinien, DVBl 1996, 409; *Hillgruber*, Das Verhältnis der Europäischen Gemeinschaften und der Europäischen Union zu ihren Mitgliedstaaten – staats- und völkerrechtlich betrachtet, ArchVR 1996, 347; *Ostertun*, Gewohnheitsrecht in der Europäischen Union (1996); *Obwexer/Niedermühlbichler*,

Das EU-Recht in der österreichischen Rechtsordnung, ecolex 1995, 145; *Thun-Hohenstein*, Das Verhältnis zwischen österreichischem Recht und dem Recht der Europäischen Union (1995); *Glaesner*, Willensbildung und Beschlussverfahren in der Europäischen Union, EuR-Beiheft 1–1994, 35; *Bleckmann*, Die Rechtsquellen des Europäischen Gemeinschaftsrechts, NVwZ 1993, 824; *Zahlbruckner*, Die Empfehlungen im EWG-Vertrag – Rechtswirkung und Kontrolle durch den EuGH, JBl 1993, 345; *Meessen*, Zur Theorie allgemeiner Rechtsgrundsätze des internationalen Rechts: Der Nachweis allgemeiner Rechtsgrundsätze des Europäischen Gemeinschaftsrechts, JIR 1974, 283; *Möller*, Die Verordnung der Europäischen Gemeinschaften (1967).

Judikatur: EuGH 19.01.2010, Rs C-555/07, *Kücükdeveci*; EuGH 10.12.2009, Rs C-205/08, *Umweltanwalt von Kärnten/Kärntner Landesregierung*; EuGH 03.09.2009, Rs C-2/08, *Olimpiclub*; EuGH, Rs C-445/06, *Danske Slagterier, Slg 2009, I-2119*; EuGH, Rs C-345/06, *Heinrich, Slg 2009, I-1659*; EuGH, Rs C-237/07, *Janecek*, Slg 2008, I-6221; EuGH verb Rs C-152/07 bis C-154/07, *Arcor ua*, Slg 2008, I-5959; EuGH verb Rs C-120/06 P und C-121/06 P, *FIAMM ua/Rat und Kommission*, Slg 2008, I-6513; EuGH, Rs C-2/06, *Kempter*, Slg 2008, I-411; EuGH, Rs C-91/05, *Kommission/Rat*, Slg 2008, I-3651; EuGH, Rs C-161/06, *Skoma Lux*, Slg 2007, I-10841; EuGH, Rs C-80/06, *Carp/Ecorad*, Slg 2007, I-4473; EuGH, Rs C-440/05, *Kommission/Rat*, Slg 2007, I-9097; EuGH, Rs C-432/05, *Unibet*, Slg 2007, I-2271; EuGH, Rs C-119/05, *Lucchini*, Slg 2007, I-6199; EuGH, Rs C-506/04, *Wilson*, Slg 2006, I-8613; EuGH, Rs C-234/04, *Kapferer*, Slg 2006, I-2585; EuGH, Rs C-212/04, *Adeneler ua*, Slg 2006, I-6057; EuGH, Rs C-176/03, *Kommission/Rat*, Slg 2005, I-7879; EuGH, Rs C-105/03, *Pupino*, Slg 2005, I-5285; EuGH verb Rs C-387/02, C-391/02 und C-403/02, *Berlusconi ua*, Slg 2005, I-3565; EuGH, Rs C-263/02 P, *Kommission/Jégo-Quéré*, Slg 2004, I-3425; EuGH, Rs C-201/02, *Wells*, Slg 2004, I-723; EuGH, Rs C-453/00, *Kühne & Heitz*, Slg 2004, I-837; EuGH, Rs C-93/02 P, *Biret International*, Slg 2003, I-10497; EuGH, Rs C-14/02, *ATRAL*, Slg 2003, I-4431; EuGH, Rs C-278/01, *Kommission/Spanien*, Slg 2003, I-14141; EuGH, Rs C-224/01, *Köbler*, Slg 2003, I-10239; EuGH, Rs C-171/01, *Wählergruppe Gemeinsam*, Slg 2003, I-4301; EuGH, Rs C-462/99, *Connect Austria*, Slg 2003, I-5197; EuGH, Rs C-162/00, *Pokrzeptowicz-Meyer*, Slg 2002, I-1049; EuGH, Rs C-50/00 P, *UPA/Rat*, Slg 2002, I-6677; EuGH, Rs C-413/99, *Baumbast und R*, Slg 2002, I-7091; EuGH, Rs C-424/99, *Kommission/Österreich*, Slg 2001, I-9285; EuGH, Rs C-63/99, *Gloszczuk*, Slg 2001, I-6369; EuG Rs T-54/99, *max.mobil Telekommunikation*, Slg 2001, II-313; EuGH, Rs C-443/98, *Unilever*, Slg 2000, I-7535; EuGH, Rs C-435/97, *WWF ua*, Slg 1999, I-5613; EuGH, Rs C-319/97, *Kortas*, Slg 1999, I-3143; EuGH, Rs C-224/97, *Ciola*, Slg 1999, I-2517; EuGH, Rs C-149/96, *Portugal/Rat*, Slg 1999, I-8395; EuGH, Rs C-226/97, *Lemmens*, Slg 1998, I-3711; EuGH verb Rs C-10/97 bis C-22/97, *IN.CO.GE.'90 ua*, Slg 1998, I-6307; EuGH, Rs C-170/96, *Kommission/Rat*, Slg 1998, I-2763; EuGH, Rs C-129/96, *Inter-Environnement Wallonie*, Slg 1997, I-7411; EuGH, Rs C-351/95, *Kadiman*, Slg 1997, I-2133; EuGH, Rs C-339/87, *Kommission/Niederlande*, Slg 1997, I-851; EuGH, Rs C-194/94, *CIA Security International*, Slg 1996, I-2201; EuGH verb Rs C-46/93 und C-48/93, *Brasserie du pêcheur und Factortame*, Slg 1996, I-1029; EuGH, Rs C-220/94, *Kommission/Luxemburg*, Slg 1995, I-1589; EuGH, Rs C-312/93, *Peterbroeck*, Slg 1995, I-4599; EuGH, Rs C-431/92, *Kommission/Deutschland* (Großkrotzenburg), Slg 1995, I-2189; EuGH, Rs C-355/93, *Eroglu*, Slg 1994, I-5113; EuGH, Rs C-91/92, *Faccini Dori*, Slg 1994, I-3325; EuGH, Rs C-156/91, *Hansa Fleisch*, Slg 1992, I-5567; EuGH *Gutachten 1/91* (EWR I), Slg 1991, I-6079; EuGH verb Rs C-6/90 und C-9/90, *Francovich ua*, Slg 1991, I-5357; EuGH, Rs C-131/88, *Kommission/Deutschland*, Slg 1991, I-825; EuGH, Rs C-213/89, *Factortame ua*, Slg 1990, I-2433; EuGH, Rs C-192/89, *Sevince*, Slg 1990, I-3461; EuGH, Rs 103/88, *Fratelli Costanzo*,

Slg 1989, 1839; EuGH, Rs 265/87, *Schräder*, Slg 1989, 2237; EuGH, Rs 222/86, *Heylens ua*, Slg 1987, 4097; EuGH, Rs 80/86, *Kolpinghuis Nijmegen*, Slg 1987, 3969; EuGH, Rs 239/85, *Kommission/Belgien*, Slg 1986, 3645; EuGH, Rs 168/85, *Kommission/Italien*, Slg 1986, 2945; EuGH, Rs 222/84, *Johnston*, Slg 1986, 1651; EuGH, Rs 152/84, *Marshall*, Slg 1986, 723; EuGH, Rs 294/83, *Les Verts/Parlament*, Slg 1986, 1339; EuGH, Rs 14/83, *Von Colson und Kamann*, Slg 1984, 1891; EuGH, Rs 237/82, *Jongeneel Kaas*, Slg 1984, 483; EuGH, Rs 300/81, *Kommission/Italien*, Slg 1983, 449; EuGH, Rs 104/81, *Kupferberg*, Slg 1982, 3641; EuGH, Rs 96/81, *Kommission/Niederlande*, Slg 1982, 1791; EuGH, Rs 8/81, *Becker*, Slg 1982, 53; EuGH, Rs 106/77, *Simmenthal*, Slg 1978, 629; EuGH, Rs 94/77, *Zerbone*, Slg 1978, 99; EuGH, Rs 181/73, *Haegemann*, Slg 1974, 449; EuGH, Rs 34/73, *Variola*, Slg 1973, 981; EuGH, Rs 1/73, *Westzucker*, Slg 1973, 723; EuGH, Rs 11/70, *Internationale Handelsgesellschaft*, Slg 1970, 1125; EuGH, Rs 9/70, *Grad*, Slg 1970, 825; EuGH verb Rs 106/63 und 107/63, *Töpfer/Kommission*, Slg 1965, 548; EuGH, Rs 6/64, *Costa/ENEL*, Slg 1964, 1251; EuGH, Rs 26/62, *Van Gend & Loos*, Slg 1963, 1; EuGH, Rs 25/62, *Plaumann/Kommission*, Slg 1963, 213; EuGH verb Rs 42/59 und 49/59, *SNUPAT*, Slg 1961, 109.

Inhalt

I. Bisheriger Sachstand

A. EU-Recht

Das Recht der Europäischen Union (EU-Recht) bezeichnet die Summe aller Rechtsnormen, die in den die EU begründenden Verträgen enthalten sind (primäres EU-Recht) oder auf ihrer Grundlage von den zuständigen Organen erlassen wurden (sekundäres EU-Recht).[1] Zu den die Europäische Union (EU) begründenden Verträgen zählen der Vertrag über die Europäische Union vom 7. Februar 1992 (EUV),[2] der Vertrag zur Gründung der Europäischen Gemeinschaft vom 25. März 1957 (EGV)[3] und der Vertrag zur Gründung der Europäischen Atomgemeinschaft vom 25. März 1957 (EAGV).[4]

Das EU-Recht zerfällt – entsprechend dem unterschiedlichen rechtlichen Charakter der Europäischen Gemeinschaften einerseits sowie der Gemeinsamen Außen- und Sicherheitspolitik (GASP) und der Polizeilichen und justiziellen Zusammenarbeit in Strafsachen (PJZS) andererseits – in das Gemeinschaftsrecht der Ersten Säule[5] und das Unionsrecht der Zweiten und Dritten Säule.[6] Zum Unionsrecht[7] zählen des Weiteren die Gemeinsamen Bestimmungen (Art 1 bis Art 7) sowie die (allgemeinen) Bestimmungen über die „Flexibilität" (Art 43 bis Art 45) und die Schlussbestimmungen (Art 46 bis Art 53) des EU-Vertrages.

B. Gemeinschaftsrecht

Das Gemeinschaftsrecht bezeichnet das Recht der zwei Europäischen Gemeinschaften, nämlich der Europäischen Gemeinschaft (EG) und der Europäischen Atomgemeinschaft (EAG). Zum Gemeinschaftsrecht zählte auch das Recht der Europäischen Gemeinschaft für Kohle und Stahl (EGKS), deren Bestand jedoch mit dem zeitlichen Ablauf der Geltungsdauer des Gründungsvertrages (EGKSV) am 23. Juli 2002 endete.[8]

Das Gemeinschaftsrecht umfasst formal die Gründungsverträge der beiden Europäischen Gemeinschaften einschließlich ihrer Anlagen, Anhänge und Pro-

1 Vgl *Schweitzer/Hummer/Obwexer*, Europarecht. Das Recht der Europäischen Union (2007), Rdnr 146.

2 ABl 1992 C 191, 1, idF ABl 2001 C 80, 1.

3 ABl 1964, 2414, idF ABl 2001 C 80, 13.

4 BGBl 1995/47, idF ABl 2001 C 80, 29.

5 Siehe dazu nachstehend Pkt I.B.

6 Zum Tempelmodell der EU vgl zB *Schweitzer/Hummer/Obwexer*, Europarecht, Rdnr 51.

7 Siehe dazu nachstehend Pkt I.C.

8 Vgl *Obwexer*, EuZW 2002, 520.

tokolle sowie die späteren vertraglichen Änderungen und Ergänzungen dieser Verträge (primäres Gemeinschaftsrecht).[9] Dazu kommt das auf der Grundlage der Gründungsverträge von den zuständigen Organen erlassene Recht (sekundäres Gemeinschaftsrecht)[10] einschließlich der von den Gemeinschaften abgeschlossenen völkerrechtlichen Verträge.[11] Nicht zum Gemeinschaftsrecht gehört hingegen das begleitende Gemeinschaftsrecht. Dieses steht mit dem Gemeinschaftsrecht zwar in engem Zusammenhang, ist selbst aber nicht Teil desselben.[12]

Inhaltlich ist zwischen institutionellem und materiellem Gemeinschaftsrecht zu unterscheiden. Das institutionelle Gemeinschaftsrecht umfasst jene Normen des Gemeinschaftsrechts, die den Aufbau und die Funktionsweise der Europäischen Gemeinschaften, die Rechtsquellen, die Rechtsetzung, die Vollziehung sowie den Rechtsschutz auf Gemeinschaftsebene regeln. Das materielle Gemeinschaftsrecht bezeichnet dagegen jene Normen des Gemeinschaftsrechts, welche die sachlichen Zielsetzungen der Gemeinschaften bestimmen. Dazu gehören insbesondere die Unionsbürgerschaft, die Grundfreiheiten des Binnenmarktes, das Wettbewerbsrecht, das Recht der Wirtschafts- und Währungsunion sowie verschiedene sektorielle Politiken, wie zB die Verkehrspolitik, die Umweltpolitik oder die Landwirtschaftspolitik.

1. Rechtswirkungen

Das Gemeinschaftsrecht ist als supranationale Rechtsordnung ausgestaltet. Supranationalität bedeutet dabei – in Abgrenzung zum zwischenstaatlichen (intergouvernementalen) Völkerrecht – „über der nationalen Souveränität stehend". Diese besondere Stellung resultiert aus folgenden charakteristischen Merkmalen des Gemeinschaftsrechts: (a) der autonomen Geltung, (b) der unmittelbaren Wirkung und (c) dem Anwendungsvorrang.

a. Neue und eigenständige Rechtsordnung mit autonomer Geltung

Das Gemeinschaftsrecht bildet nach inzwischen ständiger Rechtsprechung des EuGH eine neue und eigenständige Rechtsordnung, die sich wesentlich vom Recht anderer, allein vom Völkerrecht determinierter internationaler Organisationen unterscheidet.[13]

Bereits 1963 hat der EuGH in seinem Urteil *Van Gend & Loos* die Besonderheiten der mit dem EWG-Vertrag geschaffenen Rechtsordnung hervorge-

9 Siehe dazu nachstehend Pkt I.B.2.
10 Siehe dazu nachstehend Pkt I.B.3.
11 Siehe dazu nachstehend Pkt I.B.4.
12 Siehe dazu nachstehend Pkt I.B.5.
13 Zu den Strukturprinzipien des Völkerrechts vgl zB *Schweitzer/Hummer/Obwexer*, Europarecht, Rdnr 154.

hoben und daraus abgeleitet, dass „die Gemeinschaft eine neue Rechtsordnung des Völkerrechts darstellt, zu deren Gunsten die Staaten, wenn auch in begrenztem Rahmen, ihre Souveränitätsrechte eingeschränkt haben, eine Rechtsordnung, deren Rechtssubjekte nicht nur die Mitgliedstaaten, sondern auch die Einzelnen sind".[14] Diese Besonderheiten haben den Gerichtshof ein Jahr später in seinem Urteil *Costa/ENEL* veranlasst, das Gemeinschaftsrecht materiell vom Völkerrecht zu lösen und ihm als „eigene Rechtsordnung" entsprechende Eigenständigkeit zuzuerkennen. Begründet wurde dies wie folgt: „Zum Unterschied von gewöhnlichen internationalen Verträgen hat der EWG-Vertrag eine eigene Rechtsordnung geschaffen, die bei seinem Inkrafttreten in die Rechtsordnungen der Mitgliedstaaten aufgenommen worden und von ihren Gerichten anzuwenden ist. Denn durch die Gründung einer Gemeinschaft für unbegrenzte Zeit, die mit eigenen Organen, mit der Rechts- und Geschäftsfähigkeit, mit internationaler Handlungsfähigkeit und insbesondere mit echten, aus der Beschränkung der Zuständigkeit der Mitgliedstaaten oder der Übertragung von Hoheitsrechten der Mitgliedstaaten auf die Gemeinschaft herrührenden Hoheitsrechten ausgestattet ist, haben die Mitgliedstaaten, wenn auch auf einem begrenzten Gebiet, ihre Souveränitätsrechte beschränkt und so einen Rechtskörper geschaffen, der für ihre Angehörigen und sie selbst verbindlich ist."[15] Darauf aufbauend hat der EuGH im Jahre 1986 den EWG-Vertrag erstmals als „Verfassungsurkunde der Gemeinschaft" qualifiziert.[16] In der Folge hat er dies mehrfach bestätigt und 1991 in seinem (ersten) Gutachten zum Abkommen über den Europäischen Wirtschaftsraum (EWR) Folgendes ausgeführt: „Der EWG-Vertrag (stellt), obwohl er in der Form einer völkerrechtlichen Übereinkunft geschlossen wurde, nichtsdestoweniger die grundlegende Verfassungsurkunde einer Rechtsgemeinschaft dar (...)."[17]

Nach dieser inzwischen ständigen Rechtsprechung des EuGH besteht die Eigenständigkeit des Gemeinschaftsrechts darin, dass dieses „ein aus einer autonomen Rechtsquelle fließendes Recht"[18] darstellt, das selbst bestimmt, ob und inwieweit sich seine Vorschriften lediglich an die Mitgliedstaaten richten oder direkt auch Rechtswirkungen für die einzelnen Rechtsunterworfenen entfalten. Ebenso wird das Verhältnis zum entgegenstehenden innerstaatlichen Recht vom Gemeinschaftsrecht selbst bestimmt.

Die wesentlichen Merkmale der so verfassten Rechtsordnung der Europäischen Gemeinschaften sind nach inzwischen ständiger Rechtsprechung des EuGH „ihr Vorrang vor dem Recht der Mitgliedstaaten und die unmittelbare

14 EuGH, Rs 26/62, *Van Gend & Loos*, Slg 1963, 25.
15 EuGH, Rs 6/64, *Costa/ENEL*, Slg 1964, 1269.
16 EuGH, Rs 294/83, *Les Verts/Parlament*, Slg 1986, 1339, Rdnr 23.
17 EuGH, *Gutachten 1/91* (EWR I), Slg 1991, I-6079, Rdnr 21.
18 EuGH, Rs 6/64, *Costa/ENEL*, Slg 1964, 1269.

Wirkung zahlreicher für ihre Staatsangehörigen und für sie selbst geltender Bestimmungen".[19]

b. Unmittelbare Wirkung (Durchgriffswirkung)

Die unmittelbare Wirkung bezeichnet die Fähigkeit des Gemeinschaftsrechts, direkt – also ohne Dazwischentreten eines nationalen Hoheitsaktes in Form der Inkorporation (Transformation oder Adoption) – Bindungswirkung für nationale Behörden und Gerichte zu entfalten, sie bei hinreichender Bestimmtheit zu einer gewissen Rechtsanwendung zu verpflichten und außerdem unmittelbar Rechte und Pflichten für die Einzelnen zu begründen. Demnach können gemeinschaftsrechtliche Bestimmungen die unmittelbare – dh durch keine weitere staatliche Regelung zu vermittelnde – Grundlage für verwaltungsbehördliche Entscheidungen oder gerichtliche Urteile in konkreten Fällen bilden. Gleichzeitig können sich die Einzelnen auf diese Vorschriften berufen und sie vor nationalen Verwaltungsbehörden und Gerichten geltend machen.

Der EuGH hat für die Beschreibung dieser Rechtswirkungen des Gemeinschaftsrechts ursprünglich unterschiedliche Begriffe verwendet: unmittelbare Geltung, unmittelbare Anwendbarkeit, unmittelbare Wirkung. In seiner jüngeren Rechtsprechung hat sich überwiegend der Begriff der unmittelbaren Wirkung durchgesetzt. Vereinzelt werden dafür aber nach wie vor auch noch die Begriffe unmittelbare Geltung oder unmittelbare Anwendbarkeit herangezogen.[20] In Praxis und Lehre fehlt ebenfalls eine einheitliche Terminologie. So werden die genannten drei Begriffe aus der Rechtsprechung des EuGH unterschiedlich verwendet und noch dazu mit dem Begriff der Durchgriffswirkung ergänzt.[21]

Die unmittelbare Wirkung des Gemeinschaftsrechts setzt zunächst dessen innerstaatliche Geltung voraus. Daneben müssen dafür aber noch weitere Voraussetzungen vorliegen. In jedem Fall muss die relevante Bestimmung des Gemeinschaftsrechts unmittelbar anwendbar sein.

aa. Innerstaatliche Geltung

Das Gemeinschaftsrecht gilt kraft seiner Eigenständigkeit ohne Vermittlung durch einen nationalen Hoheitsakt und als solches in den Mitgliedstaaten. In der Rechtsprechung des EuGH wird dies meist mit dem Begriff der unmittelbaren Geltung umschrieben.[22] In der Lehre wird dafür auch der Begriff der au-

19 EuGH, *Gutachten 1/91* (EWR I), Slg 1991, I-6079, Rdnr 21.

20 Zur synonymen Verwendung aller drei Begriffe vgl EuGH, Rs C-162/00, *Pokrzeptowicz-Meyer*, Slg 2002, I-1049, Rdnrn 19, 25 und 30.

21 Vgl zB RV 1546 BlgNR XVIII. GP, 4; *Schroeder*, Grundkurs Europarecht (2009), 74 und 81.

22 ZB EuGH, Rs 106/77, *Simmenthal*, Slg 1978, 629, Rdnr 14/16.

tonomen Geltung verwendet.[23] Aus der unmittelbaren Geltung des Gemeinschaftsrechts folgt, dass dieses selbst bestimmt, ob und inwieweit seine Bestimmungen nur für die Mitgliedstaaten oder auch in den Mitgliedstaaten Rechtswirkungen entfalten.

Österreich hat mit dem Bundesverfassungsgesetz über den Beitritt Österreichs zur EU (EU-Beitritts-BVG)[24] seine „Rechtsordnung gegenüber der Rechtsordnung der EU in der Weise (geöffnet), wie sich dies aus deren besonderen Geltungsanspruch – der vor allem vom Vorrang und von der Durchgriffswirkung des Gemeinschaftsrechts bestimmt ist – ergibt".[25] Damit wurde die österreichische Rechtsordnung vorbehaltlos – ohne entsprechende Integrationsschranken – für das primäre und das auf dessen Grundlage erlassene sekundäre Gemeinschaftsrecht geöffnet. Demnach bestimmen sich die Wirkungen des Gemeinschaftsrechts in Österreich ausschließlich nach dessen eigenen Kriterien.[26] Das Gemeinschaftsrecht gilt daher neben dem staatlichen Recht und unabhängig von diesem. Es ist von den staatlichen Organen als solches anzuwenden. Insoweit gilt Gemeinschaftsrecht in Österreich so, wie Bundesrecht in den einzelnen Bundesländern gilt und von den Landesbehörden als Bundesrecht anzuwenden ist.[27]

bb. Unmittelbare Anwendbarkeit

Unabdingbare Voraussetzung für die unmittelbare Wirkung des Gemeinschaftsrechts ist die unmittelbare Anwendbarkeit der relevanten Bestimmungen. Diese Voraussetzung ist dann gegeben, wenn eine Norm inhaltlich geeignet ist, dem Einzelnen Rechte zu verleihen oder Pflichten aufzuerlegen und daher keiner weiteren Konkretisierung bedarf (Vollzugsfähigkeit im Sinne von self-executing). Der EuGH verlangt diesbezüglich in ständiger Rechtsprechung, dass die relevanten Bestimmungen „inhaltlich ... unbedingt und hinreichend genau" sind.[28] Der Maßstab der Unbedingtheit und hinreichenden Genauigkeit ist eine Frage der Auslegung und bestimmt sich ausschließlich nach Gemeinschaftsrecht. Dabei ist es nicht notwendig, dass die Norm dem Einzelnen ausdrücklich ein Recht zuspricht oder eine Pflicht auferlegt; entscheidend ist vielmehr, dass die Norm folgende Voraussetzungen erfüllt:

- rechtlich vollkommen ist, dh nicht mehr weiter konkretisiert werden muss;
- unbedingt ist, dh nicht von unbestimmten künftigen Ereignissen abhängt;

23 Vgl *Öhlinger/Potacs*, Gemeinschaftsrecht und staatliches Recht[3] (2006), 55.

24 BGBl 1994/744.

25 RV 1546 BlgNR XVIII. GP, 4.

26 Vgl *Griller*, Individueller Rechtsschutz und Gemeinschaftsrecht, in *Aicher/Holoubek/Korinek* (Hrsg), Gemeinschaftsrecht und Wirtschaftsrecht (2000), 60 f.

27 Vgl *Öhlinger/Potacs*, Gemeinschaftsrecht, 55. Siehe dazu auch den Beitrag von *Potacs*, Geltung des EU-Rechts in Österreich, nachstehend auf S 108ff.

28 ZB EuGH, Rs 8/81, *Becker*, Slg 1982, 53, Rdnr 25.

- in einer Handlungs- oder Unterlassungspflicht besteht, die keine weiteren Vollzugsmaßnahmen erfordert;
- den Normadressaten keinen Ermessenspielraum lässt.[29]

Diese vom EuGH entwickelten Kriterien sind zweifellos großzügiger als jene, die der VfGH in seiner Rechtsprechung zum Legalitätsprinzip des Art 18 B-VG herausgearbeitet hat. Das Gemeinschaftsrecht ist von österreichischen Organen dennoch immer dann anzuwenden, wenn es den gemeinschaftsrechtlichen Kriterien der Unbedingtheit und hinreichenden Genauigkeit entspricht, selbst wenn es im Lichte der Rechtsprechung des VfGH nicht „hinreichend bestimmt" im Sinne des Art 18 B-VG sein sollte.[30]

cc. Subjektive und objektive unmittelbare Wirkung

Die innerstaatlich geltenden und unmittelbar anwendbaren Bestimmungen des Gemeinschaftsrechts entfalten in den meisten Fällen auch unmittelbare Wirkung. Dies gilt beispielsweise für viele Bestimmungen in den Gründungsverträgen[31] und für die meisten Bestimmungen in den Verordnungen.[32] In manchen Fällen sind dafür aber noch weitere Voraussetzungen notwendig. So kommt den Bestimmungen einer Richtlinie erst dann unmittelbare Wirkung zu, wenn die Frist für die Umsetzung der Richtlinie abgelaufen ist.[33]

Entfalten Bestimmungen des Gemeinschaftsrechts unmittelbare Wirkung, so sind sie von den Behörden und Gerichten der Mitgliedstaaten grundsätzlich vom Amts wegen anzuwenden (objektive unmittelbare Wirkung).[34] Gleichzeitig kann sich der Einzelne auf derartige Bestimmungen vor den nationalen Behörden und Gerichten grundsätzlich berufen (subjektive unmittelbare Wirkung).[35]

Entfaltet eine Bestimmung des Gemeinschaftsrechts keine unmittelbare Wirkung, kann sie zwar auch „unmittelbar in jedem Mitgliedstaat" gelten, aber nicht direkt Rechte und Pflichten für die Einzelnen begründen. Dazu bedarf es gegebenenfalls noch der näheren Ausführung durch den nationalen Gesetz- oder Verordnungsgeber.

In Anwendung der vorstehenden Kriterien hat der EuGH zahlreichen Bestimmungen des Gemeinschaftsrechts unmittelbare Wirkung zugesprochen.[36]

29 Vgl zB EuGH, Rs C-413/99, *Baumbast und R*, Slg 2002, I-7091, Rdnrn 84 ff.

30 Vgl *Walter/Mayer/Kucsko-Stadlmayer*, Bundesverfassungsrecht[10] (2007), Rdnr 569.

31 Siehe dazu nachstehend Pkt I.B.2.a.

32 Siehe dazu nachstehend Pkt I.B.3.a.

33 Siehe dazu nachstehend Pkt I.B.3.b.dd.

34 Vgl zB EuGH, Rs C-2/06, *Kempter*, Slg 2008, I-411, Rdnr 45.

35 Vgl zB EuGH, verb Rs C-152b C-154/07, *Arcor ua*, Slg 2008, I-5959, Rdnr 40.

36 Zur unmittelbaren Wirkung des Freizügigkeitsrechts in Art 18 Abs 1 EGV vgl zB *Obwexer*, Grundfreiheit Freizügigkeit. Das Recht der Unionsbürger, sich frei zu bewegen und aufzuhalten, als fünfte Grundfreiheit (2009), 167 ff und 300.

Diese Bestimmungen sind „unmittelbare Quelle von Rechten und Pflichten für alle diejenigen, die sie betreffen, einerlei, ob es sich um die Mitgliedstaaten oder um solche Einzelpersonen handelt, die an Rechtsverhältnissen beteiligt sind, welche dem Gemeinschaftsrecht unterliegen".[37]

Die unmittelbare Wirkung des Gemeinschaftsrechts führt dazu, dass der Einzelne – im Unterschied zum klassischen Völkerrecht – Subjekt der Gemeinschaftsrechtsordnung wird. Denn der Einzelne ist bei der Durchsetzung seiner ihm durch das Gemeinschaftsrecht eingeräumten Rechtspositionen nicht mehr mediatisiert. Er kann vielmehr seine ihm – unabhängig von der nationalen Rechtsordnung – durch das Gemeinschaftsrecht verliehenen Rechte direkt vor den nationalen Behörden und Gerichten geltend machen und sich gegebenenfalls auch selbst mit Klagen gegen Handlungen oder Unterlassungen der Gemeinschaften an die Gemeinschaftsgerichtsbarkeit wenden. Andererseits wird er aber durch Gemeinschaftsrecht auch unmittelbar verpflichtet.

c. Vorrang vor dem Recht der Mitgliedstaaten

Der Vorrang des Gemeinschaftsrechts kommt immer dann zum Tragen, wenn Gemeinschaftsrecht und nationales Recht einander widersprechen. Die Lösung derartiger Kollisionsfälle wird nicht – wie im Völkerrecht – vom nationalen Verfassungsrecht bestimmt, sondern vom Gemeinschaftsrecht selbst geregelt.

aa. Vorrang als Kollisionsregel

Ausgehend von der Eigenständigkeit der Gemeinschaftsrechtsordnung erkannte der EuGH bereits im Urteil *Costa/ENEL* dem Gemeinschaftsrecht auch eine ganz besondere Wirkung gegenüber entgegenstehendem nationalem Recht zu und führte aus, dass dem Gemeinschaftsrecht „wegen dieser seiner Eigenständigkeit keine wie immer gearteten innerstaatlichen Rechtsvorschriften vorgehen können, wenn ihm nicht sein Charakter als Gemeinschaftsrecht aberkannt und wenn nicht die Rechtsgrundlage der Gemeinschaft selbst in Frage gestellt werden soll".[38] Damit war klargestellt, dass das Gemeinschaftsrecht im Kollisionsfall dem nationalen Recht vorgeht (Vorrang).

Hinter dieser Rechtsprechung stehen zwei grundlegende Überlegungen. Zum einen soll das Gemeinschaftsrecht als eigenständige Rechtsordnung sein Verhältnis zum nationalen Recht der Mitgliedstaaten selbst regeln und diesbezüglich nicht – wie das Völkerrecht – dem Verfassungsrecht der Mitgliedstaaten unterliegen. Zum anderen soll den Erfordernissen des im Zentrum der Gemeinschaftsaufgaben stehenden Gemeinsamen Marktes Rechnung getragen werden. Nur wenn in diesem Gemeinsamen Markt die Rechtsnormen des Gemeinschaftsrechts einheitlich zur Anwendung kommen, können Wettbe-

---

37 EuGH, Rs 106/77, *Simmenthal*, Slg 1978, 629, Rdnr 14/16.

38 EuGH, Rs 6/64, *Costa/ENEL*, Slg 1964, 1270.

werbsverzerrungen und damit – je nach Mitgliedstaat – Vor- oder Nachteile für einzelne Wirtschaftsteilnehmer vermieden werden. Daher muss das Gemeinschaftsrecht selbst seine Wirkungen in den Mitgliedstaaten regeln und Vorrang gegenüber jeder Art von nationalem Recht beanspruchen. Denn andernfalls könnte sich ein Mitgliedstaat durch den Erlass von Gesetzen oder Verfassungsnormen nachträglich seiner Verpflichtungen aus dem EG-Vertrag entziehen und damit die einheitliche Rechtsanwendung im Gemeinsamen Markt beeinträchtigen. Der Vorrang ist also ein Prinzip, welches die Grundlage der Gemeinschaftsrechtsordnung darstellt. Es wird auch als Prinzip der Sicherung der Funktionsfähigkeit der Gemeinschaften bezeichnet.

Neben diesen beiden Hauptgründen – Eigenständigkeit der Gemeinschaftsrechtsordnung und einheitliche Anwendung derselben in den Mitgliedstaaten – sah der EuGH tragende Gründe für den Vorrang des Gemeinschaftsrechts im Loyalitätsgebot des Art 10 EGV (damals Art 5 EWGV), im Diskriminierungsverbot gemäß Art 12 EGV (damals Art 7 EWGV) und in der Durchgriffswirkung von Verordnungen gemäß Art 249 Abs 2 EGV (damals Art 189 Abs 2 EWGV).

bb. Wirkungen des Vorranges

Nach inzwischen ständiger Rechtsprechung des EuGH und ganz überwiegender Auffassung in der Lehre entfaltet das Gemeinschaftsrecht Anwendungsvorrang. Demnach ist „jeder im Rahmen seiner Zuständigkeit angerufene staatliche Richter verpflichtet (...), das Gemeinschaftsrecht uneingeschränkt anzuwenden und die Rechte, die es den einzelnen verleiht, zu schützen, indem er jede möglicherweise zuwiderlaufende Bestimmung des nationalen Rechts, gleichgültig, ob sie früher oder später als die Gemeinschaftsnorm ergangen ist, unangewendet lässt."[39] Dem folgend bleibt die Existenz des nationalen Rechts im Kollisionsfall unberührt, es kommt nur nicht zur Anwendung und wird verdrängt. Beim Geltungsvorrang hingegen geht das widersprechende nationale Recht unter, wird „vernichtet".

Die Lösung von Kollisionen zwischen Gemeinschaftsrecht und staatlichem Recht über einen (bloßen) Anwendungsvorrang der ersteren Rechtsordnung ist konsequent, da zum einen das Gemeinschaftsrecht als eigene Rechtsordnung neben dem staatlichen Recht steht und die Derogationsregeln daher nicht zur Anwendung gelangen können, zum anderen der Gerichtshof selbst mehrfach darauf hingewiesen hat, dass er nicht befugt sei, im Kollisionsfall über die Nichtigkeit nationalen Rechts zu entscheiden.[40]

Im Gegensatz zum Geltungsvorrang greift der Anwendungsvorrang unabhängig vom Rang des Gemeinschaftsrechts im nationalen Recht der Mitglied-

39 EuGH, verb Rs C-10 bis C-22/97, *IN.CO.GE.'90 ua*, Slg 1998, I-6307, Rdnr 20.

40 ZB EuGH, Rs 237/82, *Jongeneel Kaas*, Slg 1984, 483, Rdnr 6.

staaten. Er setzt allerdings voraus, dass die relevanten gemeinschaftsrechtlichen Bestimmungen unmittelbare Wirkung entfalten.[41] Dem folgend sind unmittelbare Wirkung und Anwendungsvorrang untrennbar miteinander verbunden: Ohne unmittelbare Wirkung kann eine Bestimmung des Gemeinschaftsrechts auch keinen Anwendungsvorrang entfalten.

cc. Reichweite des Vorranges

Nach Auffassung des EuGH greift der Vorrang des Gemeinschaftsrechts gegenüber staatlichem Recht unabhängig von dessen jeweiligem Rang. Das Gemeinschaftsrecht geht daher nicht nur staatlichen Verordnungen und Gesetzen, sondern – ohne jeden Vorbehalt – auch staatlichem Verfassungsrecht vor. Nach ständiger Rechtsprechung des Gerichtshofes „kann es die Gültigkeit einer Gemeinschaftshandlung oder deren Geltung in einem Mitgliedstaat nicht berühren, wenn geltend gemacht wird, die Grundrechte in der ihnen von der Verfassung dieses Staates gegebenen Gestalt oder die Strukturprinzipien der nationalen Verfassung seien verletzt."[42] Daraus resultiert eine – im Gemeinschaftsrecht begründete – unbegrenzte Reichweite des Vorranges. Dieser greift nicht nur gegenüber früher, sondern auch gegenüber später erlassenem innerstaatlichem Recht.[43]

dd. Adressaten des Vorranges

Der Vorrang des Gemeinschaftsrechts ist von jenen staatlichen Organen wahrzunehmen, die das unmittelbare Wirkung entfaltende Gemeinschaftsrecht direkt anzuwenden haben. Diese Verpflichtung trifft zunächst die staatlichen Gerichte. Daneben gilt die Verpflichtung zur vorrangigen Anwendung aber auch für die Verwaltungsbehörden.[44]

Für Gerichte und Verwaltungsbehörden bedeutet der Vorrang des Gemeinschaftsrechts, dass sie im Falle einer Kollision zwischen nationalem Recht (einschließlich Verfassungsrecht) und Gemeinschaftsrecht das nationale Recht unangewendet lassen müssen, also eine Verwerfungspflicht haben. Für die Verwaltungsbehörden beinhaltet dies ein Abgehen von der Gesetzes- und Weisungsbindung der Verwaltung, was in vielen Mitgliedstaaten aus verfassungsrechtlicher Sicht auch heute noch erheblichen Bedenken begegnet und wohl nicht zuletzt deshalb immer noch ein Problem in der Praxis darstellt.[45]

---

41 Siehe dazu vorstehend Pkt I.B.1.b.cc.

42 EuGH, Rs 11/70, *Internationale Handelsgesellschaft*, Slg 1970, 1125, Rdnr 3.

43 EuGH, verb Rs C-10 bis C-22/97, *IN.CO.GE.'90 ua*, Slg 1998, I-6307, Rdnr 20.

44 EuGH, Rs 103/88, *Fratelli Costanzo*, Slg 1989, 1839, Rdnrn 28 ff; EuGH, Rs C-224/97, *Ciola*, Slg 1999, I-2517, Rdnr 30.

45 Vgl GA *Colomer*, Rs C-205/08, *Umweltanwalt von Kärnten/Kärntner Landesregierung*, Schlussanträge vom 25. Juni 2009, wonach der Gerichtshof die Tragweite des Urteils *Fratelli Costanzo* auf die Einrichtungen beschränken sollte, die berechtigt sind, ihm

ee. Vom Vorrang betroffene Rechtsakte

Der Vorrang des Gemeinschaftsrechts, der dessen volle Wirksamkeit sicherstellen soll, besteht in erster Linie gegenüber generell-abstrakten Rechtsakten (Verordnungen, Gesetzen, Verfassungsbestimmungen). Er gilt nach jüngerer Rechtsprechung des EuGH aber auch gegenüber individuell-konkreten Rechtsakten wie bestandskräftigen Bescheiden und rechtskräftigen Urteilen.

Demnach dürfen auch bestandskräftige Bescheide und rechtskräftige Urteile, die Gemeinschaftsrecht mit unmittelbarer Wirkung widersprechen, nicht mehr angewendet werden.[46] Dies führt beispielsweise dazu, dass die Nichtbeachtung eines derartigen Bescheides durch den Adressaten nicht mehr sanktioniert oder ein derartiges Urteil nicht mehr vollstreckt werden darf.

Bei individuellen Rechtsakten wird die Rechtsbereinigungspflicht[47] allerdings durch den gemeinschaftsrechtlich garantierten Grundsatz der Rechtssicherheit begrenzt. Nach ständiger Rechtsprechung verpflichtet das Gemeinschaftsrecht die nationalen Rechtsanwendungsorgane nämlich grundsätzlich nicht dazu, innerstaatliche Verfahrensregeln, die Entscheidungen bzw Urteilen Rechtskraft verleihen, unangewendet zu lassen, selbst wenn dadurch in diesen Entscheidungen bzw Urteilen enthaltene Gemeinschaftsrechtsverstöße beseitigt werden können.[48] Von dieser Regel gibt es allerdings sowohl bei bestandskräftigen Bescheiden als auch bei rechtskräftigen Urteilen eine Ausnahme.

Bei bestandskräftigen *Bescheiden* ist eine Verwaltungsbehörde gemeinschaftsrechtlich – aufgrund des in Art 10 EGV verankerten Loyalitätsgrundsatzes – verpflichtet, ihre Entscheidung zu überprüfen, um der mittlerweile vom EuGH vorgenommenen Auslegung der einschlägigen Bestimmungen des Gemeinschaftsrechts Rechnung zu tragen, wenn kumulativ vier Voraussetzungen vorliegen, nämlich erstens die Verwaltungsbehörde nach nationalem Recht befugt ist, eine bestandskräftige Entscheidung zurückzunehmen, zweitens die Verwaltungsentscheidung erst infolge eines Urteils eines höchstinstanzlichen nationalen Gerichts Bestandskraft erlangt hat, drittens das Urteil des nationalen Gerichts auf einer unrichtigen Auslegung des Gemeinschaftsrechts beruht, die erfolgt ist, ohne dass der Gerichtshof entsprechend der Vorlagepflicht in Art 234 Abs 3 EGV angerufen wurde, und viertens das betroffene Rechtssubjekt sich unmittelbar nach Kenntnis des Urteils des Gerichtshofes an

---

Vorabentscheidungsersuchen vorzulegen (Rdnr 52). Der EuGH ist diesem Vorschlag allerdings nicht gefolgt; EuGH, Rs C-205/08, *Umweltanwalt von Kärnten/Kärntner Landesregierung*, Urteil vom 10. Dezember 2009, noch nicht in der amtl Slg veröffentlicht. Vgl dazu auch den Beitrag von *Handstanger*, Vollziehung des EU-Rechts in Österreich, nachstehend auf S 128ff.

46 EuGH, Rs C-224/97, *Ciola*, Slg 1999, I-2517, Rdnr 33.

47 Siehe dazu nachstehend Pkt I.B.1.c.ff.

48 EuGH, Rs C-234/04, *Kapferer*, Slg 2006, I-2585, Rdnr 21.

die Verwaltungsbehörde gewendet hat.[49] Diese *Kühne & Heitz*-Kriterien wurden anschließend im Urteil *Kempter* in zwei Punkten präzisiert. So ist die dritte Voraussetzung immer dann erfüllt, wenn der gemeinschaftsrechtliche Gesichtspunkt, dessen Auslegung sich in Anbetracht eines späteren Urteils des Gerichtshofes als unrichtig erwiesen hat, von dem in letzter Instanz entscheidenden nationalen Gericht entweder auf Antrag einer der Parteien geprüft wurde oder von Amts wegen hätte aufgegriffen werden müssen.[50] Des Weiteren ist die vierte Voraussetzung dahin gehend auszulegen, dass einerseits die Rechtsbehelfsfristen mit der subjektiven Kenntnisnahme des EuGH-Urteils durch den Adressaten des Bescheides zu laufen beginnen und andererseits ein Überprüfungsantrag nicht unbedingt sofort zu stellen ist, sondern innerhalb einer von den Mitgliedstaaten im Einklang mit den gemeinschaftsrechtlichen Grundsätzen der Effektivität und der Äquivalenz festzulegenden angemessenen Frist eingebracht werden muss.[51]

Bei rechtskräftigen *Urteilen* müssen die innerstaatlichen Verfahrensvorschriften, aufgrund derer eine Entscheidung Rechtskraft erlangt, den gemeinschaftsrechtlichen Grundsätzen der Äquivalenz und der Effektivität entsprechen. Da derartige Verfahrensvorschriften die Effektivität des Gemeinschaftsrechts beeinträchtigen, müssen sie durch den Grundsatz der Rechtssicherheit gerechtfertigt und verhältnismäßig ausgestaltet sein.[52] Einen Sonderfall stellt diesbezüglich das Beihilfenaufsichtsverfahren dar.[53] Verletzt ein rechtskräftiges Urteil Grundsätze der Verteilung der Kompetenzen zwischen den Mitgliedstaaten und der Gemeinschaft, wonach ausschließlich die Kommission für die Beurteilung der Vereinbarkeit von Beihilfemaßnahmen mit dem Gemeinsamen Markt zuständig ist, so dürfen die auf die Verankerung des Grundsatzes der Rechtskraft abzielenden nationalen Vorschriften nicht angewendet werden.[54] Dem folgend muss auch das rechtskräftige Urteil unangewendet bleiben und allenfalls dem Gemeinschaftsrecht angepasst werden.

49 EuGH, Rs C-453/00, *Kühne & Heitz*, Slg 2004, I-837, Rdnr 28.

50 EuGH, Rs C-2/06, *Kempter*, Slg 2008, I-411, Rdnr 44.

51 EuGH, Rs C-2/06, *Kempter*, Slg 2008, I-411, Rdnrn 55 ff. Siehe dazu den Beitrag von *Kahl*, Vorrang des Gemeinschaftsrechts gegenüber „rechtskräftigen" Bescheiden, nachstehend auf S 292 ff.

52 EuGH, Rs C-2/08, *Olimpiclub*, Urteil vom 3. September 2009, noch nicht amtl in Slg veröffentlicht, Rdnrn 24 und 31. Siehe dazu den Beitrag von *Brenn*, Vorrang des Gemeinschaftsrechts gegenüber rechtskräftigen Urteilen, nachstehend auf S 303 ff.

53 EuGH, Rs C-2/08, *Olimpiclub*, Urteil vom 3. September 2009, noch nicht in der amtl Slg veröffentlicht, Rdrn 25.

54 EuGH, Rs C-119/05, *Lucchini*, Slg 2007, I-6199, Rdnr 63.

ff. Vorrang als bloße Mindestgarantie

Der Anwendungsvorrang des Gemeinschaftsrechts stellt eine „Mindestgarantie“[55] dar und enthebt die Mitgliedstaaten nicht von der Verpflichtung, das dem Gemeinschaftsrecht widersprechende – und von diesem im konkreten Anlassfall zurückgedrängte – nationale Recht dem Gemeinschaftsrecht anzupassen (Rechtsbereinigungspflicht). Die Anpassung hat durch innerstaatliches Recht zu erfolgen, „das denselben rechtlichen Rang hat wie die zu ändernden Bestimmungen“ (Grundsatz der Parallelität).[56]

Der Rechtsbereinigungspflicht unterliegen alle nationalen Rechtsakte, sowohl die generell-abstrakten als auch die individuell-konkreten. Bei bestandskräftig gewordenen Bescheiden und bei rechtskräftig gewordenen Urteilen wird die Rechtsbereinigungspflicht allerdings durch den – gemeinschaftsrechtlich garantierten – Grundsatz der Rechtssicherheit eingeschränkt. Demnach sind bestandskräftig gewordene Bescheide nur bei Vorliegen bestimmter Voraussetzungen, nämlich der *Kühne & Heitz*-Kriterien, dem Gemeinschaftsrecht anzupassen.[57] Rechtskräftig gewordene Urteile müssen dann angepasst werden, wenn die Einschränkung der Effektivität des Gemeinschaftsrechts nicht durch den Grundsatz der Rechtssicherheit gerechtfertigt werden kann und verhältnismäßig ist (allgemeine Regel) bzw wenn sie das Beihilfenaufsichtsverfahren zum Gegenstand haben und die dort vorgesehene Kompetenzverteilung zwischen den Mitgliedstaaten und der Gemeinschaft betreffen (Sonderfall).[58]

2. Primärrecht

Das primäre Gemeinschaftsrecht umfasst nicht nur die geschriebenen Gründungsverträge, sondern auch die ungeschriebenen allgemeinen Rechtsgrundsätze und das ungeschriebene Gewohnheitsrecht.

a. EG-Vertrag und EAG-Vertrag

Zum geschriebenen primären Gemeinschaftsrecht – meist als Vertragsrecht bezeichnet – zählen die Gründungsverträge der Europäischen Gemeinschaften einschließlich ihrer Anhänge, Anlagen und Protokolle sowie deren spätere Ergänzungen und Änderungen.[59]

---

55 EuGH, Rs 168/85, *Kommission/Italien*, Slg 1986, 2945, Rdnr 11.

56 EuGH, Rs 168/85, *Kommission/Italien*, Slg 1986, 2945, Rdnr 13.

57 Siehe dazu vorstehend Pkt I.B.1.c.ee.

58 Siehe dazu vorstehend Pkt I.B.1.c.ee.

59 Vgl *Schweitzer/Hummer/Obwexer*, Europarecht, Rdnr 239.

b. Allgemeine Rechtsgrundsätze

Zu den (ungeschriebenen) allgemeinen Rechtsgrundsätzen zählen jene grundlegenden Bestimmungen, die entweder der Rechtsordnung der Europäischen Gemeinschaften selbst inhärent oder den Rechtsordnungen der Mitgliedstaaten gemeinsam sind.

Die der Gemeinschaftsrechtsordnung selbst inhärenten allgemeinen Rechtsgrundsätze resultieren unmittelbar aus dem geltenden primären Gemeinschaftsrecht. Dies gilt in erster Linie für den Grundsatz der Staatshaftung bei Verletzung von Gemeinschaftsrecht[60] sowie für die Grundsätze der Äquivalenz und der Effektivität bei der Durchsetzung von Gemeinschaftsrecht.[61]

Die den Rechtsordnungen der Mitgliedstaaten gemeinsamen allgemeinen Rechtsgrundsätze sind hingegen nicht direkt aus dem primären Gemeinschaftsrecht ableitbar. Zwar verweist Art 288 Abs 2 EGV ausdrücklich auf die „allgemeinen Rechtsgrundsätze, die den Rechtsordnungen der Mitgliedstaaten gemeinsam sind"; diese Bestimmung gilt aber nur für das Amtshaftungsrecht der Gemeinschaften. Dennoch hat der EuGH die allgemeinen Rechtsgrundsätze aus den Rechtsordnungen der Mitgliedstaaten – über die Fälle der Amtshaftung hinausgehend – zur Lückenschließung im Gemeinschaftsrecht herangezogen.

Über die Methode der Ermittlung der allgemeinen Rechtsgrundsätze lässt sich weder aufgrund der Rechtsprechung des EuGH eine klare Aussage machen noch herrscht darüber in der Lehre eine einheitliche Meinung. Sicher ist, dass sie im Ansatz durch Rechtsvergleichung gewonnen werden und dabei nicht die Methode des kleinsten gemeinsamen Nenners gilt. Der Gerichtshof neigt vielmehr zu einer kritisch-wertenden Rechtsvergleichung, die zu denjenigen Lösungen tendiert, an denen sich die verglichenen Rechtsordnungen tendenziell orientieren und die gleichzeitig den Zielsetzungen der (jeweiligen) Gemeinschaft am nächsten kommen (wertende Rechtsvergleichung mit gemeinschaftlicher Zielorientierung). Dabei wird es nicht unbedingt als erforderlich erachtet, dass die so entwickelten Rechtsgrundsätze in ihrer konkreten Ausformulierung auf Gemeinschaftsebene immer in allen verglichenen Rechtsordnungen gleichzeitig vorkommen.

Ein erster Hauptanwendungsbereich für die allgemeinen Rechtsgrundsätze ist das allgemeine Verwaltungsrecht bei der Vollziehung des Gemeinschaftsrechts durch die Organe und Einrichtungen der Europäischen Gemeinschaf-

---

60 Vgl insb EuGH, verb Rs C-6 und C-9/90, *Francovich ua*, Slg 1991, I-5357; EuGH, verb Rs C-46 und C-48/93, *Brasserie du pêcheur und Factortame*, Slg 1996, I-1029; EuGH, Rs C-224/01, *Köbler*, Slg 2003, I-10239. Siehe dazu den Beitrag von *Heller*, Staatshaftung bei Verletzung des Gemeinschaftsrechts durch nationale Höchstgerichte, nachstehend auf S 491 ff.

61 Vgl zB EuGH, Rs C-2/08, *Olimpiclub*, Urteil vom 3. September 2009, noch nicht in der amtl Slg veröffentlicht, Rdnr 24.

ten sowie durch die Organe und Behörden der Mitgliedstaaten. Dafür sind im primären und sekundären Gemeinschaftsrecht nur wenige Regelungen vorgesehen. Der Gerichtshof hat diese Lücken durch die Anwendung allgemeiner Rechtsgrundsätze geschlossen, die alle im Wesentlichen auf dem Rechtsstaatsprinzip basieren. Dazu zählen beispielsweise der Grundsatz der Verhältnismäßigkeit,[62] der Grundsatz des Vertrauensschutzes,[63] der Grundsatz der Gesetzmäßigkeit der Verwaltung[64] und das Recht auf eine geordnete Verwaltung.[65]

Der zweite Hauptanwendungsbereich für die allgemeinen Rechtsgrundsätze sind die Grundrechte. Seit dem Urteil *Internationale Handelsgesellschaft* vom 17. Dezember 1970 gehört „ (...) die Beachtung der Grundrechte (...) zu den allgemeinen Rechtsgrundsätzen, deren Wahrung der Gerichtshof zu sichern hat. Die Gewährleistung dieser Rechte muss (...) von den gemeinsamen Verfassungsüberlieferungen der Mitgliedstaaten getragen sein (...)“.[66]

c. Gewohnheitsrecht

Zum ungeschriebenen primären Gemeinschaftsrecht gehört nach allgemeiner Meinung auch das Gewohnheitsrecht. Allerdings gibt es dazu weder eine gesicherte Theorie noch hat sich der Gerichtshof zu dieser Rechtsquelle hinreichend geäußert. Wird das (Gemeinschafts-)Gewohnheitsrecht als Rechtsquelle anerkannt, so sind die Grundsätze des Völkerrechts über die Entstehung von Gewohnheitsrecht[67] (entsprechend) heranzuziehen. Dem folgend ist zumindest das Vorliegen einer Übung und einer Rechtsüberzeugung erforderlich.

3. Sekundärrecht

Das sekundäre Gemeinschaftsrecht besteht aus dem von den Organen der Europäischen Gemeinschaften nach Maßgabe der Gründungsverträge erlassenen Recht. Es wird dem folgend als organgeschaffenes Folgerecht bezeichnet.

Die verschiedenen Formen des sekundären Gemeinschaftsrechts sind in Art 249 EGV und Art 161 EAGV aufgelistet. Die dort genannten Handlungsformen gelten als gekennzeichnete Rechtsakte. Daneben gibt es noch mehrere Vertragsbestimmungen, die den Erlass von sekundärem Gemeinschaftsrecht

62 EuGH, Rs 265/87, *Schräder*, Slg 1989, 2237, Rdnr 21.

63 EuGH, Rs 1/73, *Westzucker*, Slg 1973, 723, Rdnr 10.

64 EuGH, verb Rs 42 und 49/59, *SNUPAT*, Slg 1961, 172 ff.

65 EuG, Rs T-54/99, *max.mobil Telekommunikation*, Slg 2001, II-313, Rdnr 48. Siehe dazu auch den Beitrag von *Handstanger*, Vollziehung des EU-Rechts in Österreich, nachstehend auf S 141 ff.

66 EuGH, Rs 11/70, *Internationale Handelsgesellschaft*, Slg 1970, 1125, Rdnr 4. Vgl *Schweitzer/Hummer/Obwexer*, Europarecht, Rdnr 1114.

67 Vgl *Simma*, Völkergewohnheitsrecht, in *Neuhold/Hummer/Schreuer* (Hrsg), Österreichisches Handbuch des Völkerrechts, Bd 1 – Textteil[4] (2004), Rdnr 177 f.

vorsehen, ohne es einer bestimmten Form zuzuordnen. In diesen Fällen können die zuständigen Organe auch andere als die gekennzeichneten Rechtsakte beschließen. Letztere Handlungsformen werden ungekennzeichnete Rechtsakte genannt.

In Art 249 EGV und Art 161 EAGV sind folgende Rechtsakte vorgesehen:

- Verordnungen;
- Richtlinien;
- Entscheidungen;
- Empfehlungen und Stellungnahmen.

Zu den ungekennzeichneten Rechtsakten zählen zB Geschäftsordnungen, Verfahrensordnungen oder Interorganvereinbarungen. Sie beziehen sich größtenteils auf den gemeinschaftsinternen Bereich, können aber auch Außenwirkung entfalten und daher für die Einzelnen von Bedeutung sein. Dies gilt beispielsweise für die Verfahrensordnungen des EuGH und des EuG.[68]

a. Verordnungen

Gemäß Art 249 Abs 2 EGV hat die Verordnung allgemeine Geltung, ist in allen ihren Teilen verbindlich und gilt unmittelbar in jedem Mitgliedstaat.

aa. Allgemeine Geltung

Die „allgemeine Geltung" bedeutet, dass die Verordnung – im Gegensatz zu einer individuellen Geltung – eine unbestimmte Vielzahl von Sachverhalten generell und abstrakt regelt und somit Rechtssatzqualität hat. Sie erfüllt nach staatsrechtlichen Kategorien die Bedingungen eines Gesetzes im materiellen Sinn. Dies wird noch durch den Hinweis auf ihre Gesamtverbindlichkeit unterstrichen.

bb. Gesamtverbindlichkeit

Die Vorgabe „in allen ihren Teilen verbindlich" soll die Verordnung von der Richtlinie abgrenzen, die nur hinsichtlich ihres Zieles verbindlich ist.[69] Demnach bindet eine Verordnung ihre Adressaten vollinhaltlich (Gesamtverbindlichkeit).

cc. Unmittelbare Geltung

Schließlich gilt die Verordnung „unmittelbar in jedem Mitgliedstaat". Diese unmittelbare Geltung bedeutet, dass die Verordnung mit Inkrafttreten auf Gemeinschaftsebene auch in jedem Mitgliedstaat gilt, ohne dass die zuständigen

68 Die nachfolgenden Ausführungen sind – aus Gründen der Einfachheit – auf das sekundäre Gemeinschaftsrecht im Rahmen des EG-Vertrages beschränkt.

69 Siehe dazu nachstehend Pkt I.B.3.b.aa.

(Legislativ-)Organe des Staates diese Geltung angeordnet haben. Diese werden vielmehr nicht oder nur indirekt über die Mitwirkung an der Rechtsetzung auf Gemeinschaftsebene beteiligt.

Damit gelten die Verordnungen nicht nur *für* die Mitgliedstaaten (das entspricht dem herkömmlichen Typus von Beschlüssen internationaler Organisationen), sondern auch *in* den Mitgliedstaaten. Der Einzelne kann sich vor den staatlichen Behörden und Gerichten direkt darauf berufen. Letztere haben die Verordnungen als Rechtsgrundlage heranzuziehen. Diese Verpflichtung gilt allerdings nur, wenn die relevanten Bestimmungen der Verordnung unmittelbar anwendbar – dh inhaltlich unbedingt und hinreichend genau formuliert – sind. Dies ist in der Regel der Fall, es sei denn, die relevanten Bestimmungen einer Verordnung sind durch Verordnung der Kommission näher durchzuführen (Durchführungsvorbehalt zugunsten der Kommission) oder von den Mitgliedstaaten auszugestalten (Durchführungsvorbehalt zugunsten der Mitgliedstaaten).[70]

Kollidieren unmittelbar anwendbare Bestimmungen einer Verordnung mit nationalem Recht, haben sie Vorrang mit der Folge, dass das nationale Recht nicht mehr angewendet werden darf (Anwendungsvorrang).[71] Staatliche Behörden und Gerichte haben daher in Bezug auf kollidierendes nationales Recht eine Verwerfungspflicht. Verstoßen sie gegen diese Pflicht, so kann das einen Staatshaftungsanspruch auslösen.[72]

Für den Gesetzgeber bedeutet die unmittelbare Geltung von Verordnungen, dass er keine widersprechenden Gesetze erlassen darf. Tut er es trotzdem, so kommen diese wegen des Vorranges des Gemeinschaftsrechts nicht zur Anwendung (Sperrwirkung). Des Weiteren ist es dem nationalen Gesetzgeber gemeinschaftsrechtlich untersagt, gleich lautende Gesetze zu erlassen bzw eine Verordnung in nationales Recht umzuwandeln (Wiederholungsverbot).[73] Andernfalls würde nämlich die unmittelbare Geltung der Verordnung vereitelt.[74]

b. Richtlinien

Die Richtlinie ist gemäß Art 249 Abs 3 EGV für die Mitgliedstaaten, an die sie gerichtet ist, hinsichtlich des zu erreichenden Zieles verbindlich. Hingegen bleibt es den Mitgliedstaaten überlassen, die Form und die Mittel zu wählen, die sie für die Erreichung des Zieles als geeignet erachten.

70 Vgl zB Art 16 der Verordnung (EG) Nr 1082/2006 des Europäischen Parlaments und des Rates vom 5. Juli 2006 über den Europäischen Verbund für territoriale Zusammenarbeit (EVTZ), ABl 2006 L 210, 19.

71 Siehe dazu vorstehend Pkt I.B.1.c.

72 Siehe dazu vorstehend Pkt I.B.2.b.

73 Vgl EuGH, Rs 34/73, *Variola*, Slg 1973, 981, Rdnr 10.

74 Vgl EuGH, Rs 94/77, *Zerbone*, Slg 1978, 99, Rdnr 22/27.

aa. Gestufte Verbindlichkeit

Im Gegensatz zur Verordnung ist die Richtlinie nicht in allen ihren Teilen verbindlich, sondern nur hinsichtlich des festgelegten Zieles. Sie verpflichtet die Mitgliedstaaten, das vorgegebene Ziel (richtiger Ergebnis) innerhalb einer bestimmten Frist zu erreichen. Wie die Mitgliedstaaten dies sicherstellen, ist grundsätzlich ihnen überlassen. Dem folgend können sie ihrer Verpflichtung zur Umsetzung einer Richtlinie durch Gesetz, Verordnung, Satzung einer öffentlich-rechtlichen juristischen Person oder auf jede andere mögliche Weise nachkommen.

Die Einzelnen werden von den Bestimmungen einer Richtlinie grundsätzlich erst mit deren Umsetzung berechtigt und/oder verpflichtet. Daraus ergibt sich eine gestufte Verbindlichkeit.

bb. Pflicht zur normativen Umsetzung

Bei der Wahl der Form und der Mittel zur Erreichung des Zieles einer Richtlinie sind die Mitgliedstaaten nicht völlig frei. Nach ständiger Rechtsprechung des EuGH haben sie nämlich diejenigen Formen und Mittel zu ergreifen, die für die Gewährleistung der praktischen Wirksamkeit (effet utile) der Richtlinie am besten geeignet sind („Ziel-Mittel-Optiminierung").[75] Sie haben in jedem Fall alle erforderlichen Maßnahmen zu ergreifen, „um die volle Anwendung der Richtlinien in rechtlicher und nicht nur in tatsächlicher Hinsicht zu gewährleisten".[76] Zu diesem Zweck müssen sie einen eindeutigen rechtlichen Rahmen auf dem betreffenden Gebiet vorsehen, indem sie zwingende Rechtsvorschriften erlassen, die geeignet sind, eine so bestimmte, klare und transparente Lage zu schaffen, dass die Einzelnen von ihren Rechten Kenntnis erlangen und diese geltend machen können bzw über den Umfang ihrer Verpflichtungen hinreichend unterrichtet sind (Pflicht zur normativen Umsetzung).[77] Eine bloße Verwaltungspraxis, die die Verwaltung naturgemäß beliebig ändern kann und die nur unzureichend bekannt ist, genügt diesen gemeinschaftsrechtlichen Anforderungen nicht.[78] Dasselbe gilt für Verwaltungsvorschriften, wie beispielsweise einfache Rundschreiben, die keinen zwingenden Charakter haben und nur unzureichende Publizität genießen[79]. Auch die (mögliche) richtlinienkonforme Auslegung (bestehender) nationaler Rechtsvorschriften reicht für eine ordnungsgemäße Umsetzung in der Regel nicht aus.[80]

75 EuGH, Rs C-339/87, *Kommission/Niederlande*, Slg 1990, I-851, Rdnr 25.

76 EuGH, Rs C-220/94, *Kommission/Luxemburg*, Slg 1995, I-1589, Rdnr 10.

77 EuGH, Rs 239/85, *Kommission/Belgien*, Slg 1986, 3645, Rdnr 7.

78 EuGH, Rs 300/81, *Kommission/Italien*, Slg 1983, 449, Rdnr 10; EuGH, Rs 96/81, *Kommission/Niederlande*, Slg 1982, 1791, Rdnr 12.

79 EuGH, Rs 239/85, *Kommission/Belgien*, Slg 1986, 3645, Rdnr 7.

80 EuGH, Rs C-131/88, *Kommission/Deutschland*, Slg 1991, I-825, Rdnrn 55 ff.

Jede Richtlinie enthält eine Bestimmung mit einer Frist, innerhalb derer die Mitgliedstaaten die erforderlichen innerstaatlichen Umsetzungsmaßnahmen zu erlassen haben. Die Umsetzungsmaßnahmen sind der Kommission mitzuteilen, um dieser die Kontrolle der ordnungsgemäßen Umsetzung zu erleichtern. Gleichzeitig verpflichten seit etwa 1990 alle Richtlinien die Mitgliedstaaten, in den Umsetzungsvorschriften selbst oder durch einen Hinweis bei der amtlichen Veröffentlichung derselben auf die jeweilige Richtlinie Bezug zu nehmen (Zitiergebot).

cc. Sperrwirkung

Während der Frist für die Umsetzung einer Richtlinie können die Mitgliedstaaten ihre bestehenden Vorschriften aufrechterhalten oder neue erlassen, selbst wenn sie dem Richtlinienziel widersprechen. Von letzterer Möglichkeit dürfen sie nur dann keinen Gebrauch machen, wenn sie damit das Ziel der Richtlinie ernstlich in Frage stellen würden.[81] Dies würde beispielsweise dann zutreffen, wenn ein Mitgliedstaat kurz vor Ablauf der Umsetzungsfrist einer Richtlinie ein dieser widersprechendes Gesetz erlässt, das er bis zum Ablauf der Umsetzungsfrist aus verfahrensrechtlichen Gründen nicht mehr entsprechend novellieren und den Vorgaben der Richtlinie anpassen kann. Ebenso gilt, „dass die Gerichte der Mitgliedstaaten ab dem Zeitpunkt des Inkrafttretens einer Richtlinie es soweit wie möglich unterlassen müssen, das innerstaatliche Recht auf eine Weise auszulegen, die die Erreichung des mit dieser Richtlinie verfolgten Zieles nach Ablauf der Umsetzungsfrist ernsthaft gefährden würde“.[82] In beiden Fällen führt die gemeinschaftsrechtlich normierte Unterlassenspflicht zu einer präventiven Sperrwirkung von Richtlinien.

Nach Ablauf der Umsetzungsfrist ist der Erlass nationaler Bestimmungen (Gesetze, Verordnungen), die der Richtlinie widersprechen, untersagt (sukzessive Sperrwirkung). Werden derartige Bestimmungen dennoch erlassen, gehen die einschlägigen Richtlinienbestimmungen – sofern sie unmittelbare Wirkung entfalten – vor.

dd. Subjektive unmittelbare Wirkung

Im Gegensatz zur Verordnung hat die Richtlinie keine unmittelbare Geltung in den Mitgliedstaaten. Dies hat zur Folge, dass sich der Einzelne auf Rechte, die ihm eine Richtlinie gibt, grundsätzlich erst dann berufen kann, wenn der Mitgliedstaat seiner Umsetzungspflicht nachgekommen ist. Im Falle der Nichtumsetzung oder einer fehlerhaften Umsetzung kann zwar die Kommission gegen den säumigen Mitgliedstaat mit einer Aufsichtsklage nach Art 226 EGV beim

81 EuGH, Rs C-129/96, *Inter-Environnement Wallonie*, Slg 1997, I-7411, Rdnr 45; EuGH, Rs C-14/02, *ATRAL*, Slg 2003, I-4431, Rdnr 58.

82 EuGH, Rs C-212/04, *Adeneler*, Slg 2006, I-6057, Rdnr 123.

EuGH vorgehen,[83] während der Verfahrensdauer und nach Abschluss des Verfahrens bis zur Befolgung des EuGH-Urteils kommt der Einzelne aber nicht zu seinem Recht. Zudem kann die Nichtumsetzung einer Richtlinie die einheitliche Geltung des Gemeinschaftsrechts beeinträchtigen und auf diese Weise zu einer Zersplitterung des Binnenmarktes und zu damit verbundenen Wettbewerbsverzerrungen führen.

Aus diesen Gründen hat der EuGH Art 249 Abs 3 EGV dahin gehend ausgelegt, dass eine Richtlinie unter gewissen Voraussetzungen unmittelbare Wirkung entfaltet. Demnach kann sich der Einzelne direkt auf die einschlägigen Bestimmungen einer Richtlinie berufen; Behörden und Gerichte müssen die Richtlinie unmittelbar als Rechtsgrundlage für ihre Entscheidungen heranziehen.[84] Davon unberührt bleibt die weiterhin bestehende Pflicht des Mitgliedstaates zur Umsetzung der Richtlinie. Diese unmittelbare Wirkung von Richtlinien greift in erster Linie dann, wenn Einzelne sich auf ihre darin verankerten Rechte berufen (subjektive unmittelbare Wirkung).

Nach ständiger Rechtsprechung des EuGH erfordert die unmittelbare Wirkung einer Richtlinie folgende Voraussetzungen:

- Die Frist zur Umsetzung der Richtlinie ist abgelaufen.
- Die einschlägigen Bestimmungen der Richtlinie sind inhaltlich unbedingt und hinreichend genau (unmittelbar anwendbar).
- Die Richtlinie bzw die relevante Richtlinienbestimmung räumt dem Einzelnen Rechte ein.[85]

Demnach hängt die generelle Fähigkeit einer Richtlinie, unmittelbare Wirkung zu entfalten, ausschließlich von den ihr innewohnenden Eigenschaften ab. Die Rechtsgrundlage, auf welche die Richtlinie gestützt ist, spielt hingegen keine Rolle.[86] Die unmittelbare Wirkung soll verhindern, dass ein Mitgliedstaat den Eintritt der mit der Richtlinie beabsichtigten Rechtswirkungen durch Nichtumsetzung oder durch fehlerhafte Umsetzung hinauszögert oder vereitelt. Der säumige Mitgliedstaat soll für die Verletzung der Umsetzungspflicht und die damit verbundene Beeinträchtigung der verbindlichen Wirkung einer Richtlinie sanktioniert werden. Gleichzeitig soll verhindert werden, dass der Staat aus seiner Nichtbeachtung des Gemeinschaftsrechts Nutzen ziehen kann.

Auf dieser Rechtsprechung aufbauend hat der EuGH später entschieden, dass Richtlinien keine unmittelbare Wirkung entfalten, wenn sie den Einzelnen verpflichten, dh rechtlich belasten, indem sich der Staat direkt gegenüber

83 Zur neuen Rechtslage nach Inkrafttreten des Vertrages von Lissabon siehe nachstehend Pkt III.B.

84 EuGH, Rs 9/70, *Grad*, Slg 1970, 825 ff; seither ständige Rechtsprechung. Vgl zB EuGH, Rs 8/81, *Becker*, Slg 1982, 53, Rdnr 22.

85 EuGH, Rs C-319/97, *Kortas*, Slg 1999, I- 3143, Rdnr 21.

86 EuGH, Rs C-319/97, *Kortas*, Slg 1999, I-3143, Rdnr 22.

dem Einzelnen auf die einschlägigen Richtlinienbestimmungen beruft (keine unmittelbare Wirkung im umgekehrt vertikalen Verhältnis).[87]

Begründet wird dies mit dem Wortlaut des Art 249 Abs 3 EGV, wonach eine Richtlinie für „jeden Mitgliedstaat, an den sie gerichtet wird" – und nur für diesen – verbindlich ist.[88] Hinzu kommt, dass es keine Sanktion für einen Mitgliedstaat wäre, wenn er sich zu Lasten des Einzelnen direkt auf eine von ihm nicht umgesetzte Richtlinie berufen könnte.

Aus demselben Grund hat der EuGH Richtlinien auch im horizontalen Verhältnis, dh im Verhältnis der Einzelnen untereinander, eine unmittelbare Wirkung abgesprochen (keine unmittelbare Wirkung im horizontalen Verhältnis).[89] Könnte nämlich ein Einzelner gegenüber einem anderen Einzelnen sich direkt auf Bestimmungen einer Richtlinie berufen und daraus ein Recht ableiten, würde den anderen Einzelnen eine direkt aus der Richtlinie resultierende Pflicht treffen. Dies hieße, „der Gemeinschaft die Befugnis zuzuerkennen, mit unmittelbarer Wirkung zu Lasten der Bürger Verpflichtungen anzuordnen, obwohl sie dies nur dort darf, wo ihr die Befugnis zum Erlaß von Verordnungen zugewiesen ist".[90]

ee. Objektive unmittelbare Wirkung

Neben der subjektiven unmittelbaren Wirkung hat der EuGH in seiner jüngeren Rechtsprechung den Richtlinien auch objektive unmittelbare Wirkung zuerkannt. Gemeint ist damit, dass Richtlinien, die gar keine Rechte für Einzelne begründen sollen, sondern nur die Mitgliedstaaten zu einem Handeln oder Unterlassen verpflichten, Behörden und Gerichte dann binden, wenn die Umsetzungsfrist ohne Umsetzung bzw ohne ordnungsgemäße Umsetzung abgelaufen ist und die relevanten Bestimmungen unmittelbar anwendbar sind.

Dabei sind zwei Fallkonstellationen zu unterscheiden: die erste betrifft das vertikale Verhältnis des Einzelnen zum Staat, die zweite das horizontale Verhältnis zwischen Einzelnen.

Die erste Fallkonstellation – nach dem Hauptfall als „*Großkrotzenburg*"-Variante bezeichnet[91] – besteht darin, dass die zuständigen Behörden und Gerichte eines Mitgliedstaates verpflichtet sind, jene Bestimmungen einer nicht oder nicht ordnungsgemäß umgesetzten Richtlinie, die ein Handeln oder Unterlassen des Mitgliedstaates vorschreiben, nach Ablauf der Umsetzungsfrist direkt anzuwenden, unabhängig davon, ob sich ein Einzelner auf die einschlä-

87 EuGH, Rs 80/86, *Kolpinghuis Nijmegen*, Slg 1987, 3969, Rdnrn 6 ff.

88 Vgl EuGH, Rs 152/84, *Marshall*, Slg 1986, 723, Rdnr 48.

89 Zur unmittelbaren Wirkung im Dreiecksverhältnis vgl nachstehend Pkt I.B.3.b.ff.

90 EuGH, Rs C-91/92, *Faccini Dori*, Slg 1994, I-3325, Rdnr 24.

91 EuGH, Rs C-431/92, *Kommission/Deutschland* (Großkrotzenburg), Slg 1995, I-2189, Rdnr 26. Siehe dazu auch den Beitrag von *Ohler*, Objektive Wirkung von Richtlinien, nachstehend auf S 168 ff.

gigen Bestimmungen berufen hat oder nicht. Allenfalls entgegenstehendes nationales Recht wird durch die Richtlinienbestimmungen verdrängt (Ersetzungsfunktion). Aus der Erfüllung der staatlichen Verpflichtungen aus der Richtlinie kann sich eine indirekte und reflexartige Belastung Einzelner in Form negativer Auswirkungen ergeben (zB durch einen auf die Richtlinienbestimmungen gestützten Bescheid).

Die zweite Fallkonstellation – nach dem ersten Anlassfall als „*CIA*"-Variante bezeichnet[92] – besteht darin, dass eine Richtlinie, die an sich gar keine Rechte für Einzelne begründen soll, indirekte oder reflexartige Rechte für Einzelne entstehen lässt, die sich aus der Pflicht des Staates, nicht umgesetzte, aber unmittelbar anwendbare Richtlinienbestimmungen zu befolgen, ergeben. Daraus können indirekte und reflexartige Belastungen anderer Einzelner resultieren. Dies trifft in erster Linie dann zu, wenn die einschlägigen Richtlinienbestimmungen reine Verfahrensregelungen beinhalten, die nationale Vorschriften verdrängen, ohne gleichzeitig an ihre Stelle zu treten (Ausschlussfunktion). Eine direkte Verpflichtung Einzelner aus einer Richtlinie scheidet – als horizontale Direktwirkung – nach wie vor aus.

ff. Richtlinien im Dreiecksverhältnis

Werden Richtlinien, die den Mitgliedstaaten konkrete Verpflichtungen auferlegen, nicht fristgerecht oder nicht ordnungsgemäß umgesetzt, so können sich begünstigte Einzelne dem Staat gegenüber direkt auf jene Bestimmungen berufen, die unmittelbar anwendbar sind. Führt die Erfüllung der Verpflichtungen durch den Mitgliedstaat zu einer Belastung anderer Einzelner, so ist nach jüngerer Rechtsprechung des EuGH danach zu unterscheiden, ob die Belastung Einzelner in einer direkten Verpflichtung oder in bloß negativen Auswirkungen besteht. In ersterem Fall scheidet eine unmittelbare Wirkung der einschlägigen Richtlinienbestimmungen aus, in letzterem Fall kommt ihnen unmittelbare Wirkung zu. Begründet wird dies damit, dass die Bestimmungen einer nicht umgesetzten Richtlinie den Einzelnen nicht direkt verpflichten dürfen, bloß negative Auswirkungen auf die Rechte Dritter aber zulässig sind.[93]

gg. Richtlinienkonforme Interpretation

Nationale Behörden und Gerichte sind verpflichtet, das nationale Recht soweit wie möglich im Lichte des Wortlauts und des Zwecks einer Richtlinie auslegen. Diese Pflicht zur richtlinienkonformen Interpretation resultiert nach

92 EuGH, Rs C-194/94, *CIA Security International*, Slg 1996, I-2201, Rdnrn 46 ff. Vgl auch EuGH, Rs C-226/97, *Lemmens*, Slg 1998, I-3711, Rdnrn 32 ff; EuGH, Rs C-435/97, *WWF ua*, Slg 1999, I-5613, Rdnrn 68 ff; EuGH, Rs C-443/98, *Unilever*, Slg 2000, I-7535, Rdnrn 50 f.

93 EuGH, Rs C-201/02, *Wells*, Slg 2004, I-723, Rdnr 56. Siehe dazu nachstehend Pkt II.A.2.

ständiger Rechtsprechung des EuGH aus der verbindlichen Wirkung von Richtlinien gemäß Art 249 Abs 3 iVm dem Loyalitätsgebot in Art 10 EGV.[94] Lässt die staatliche Rechtsnorm in Anwendung der nationalen Interpretationsregeln mehrere Auslegungen zu, so ist diejenige zu wählen, die den Vorgaben der Richtlinie entspricht; gleichzeitig sind diejenigen Interpretationen zu verwerfen, die gegen die Richtlinie verstoßen würden.

Die Pflicht zur richtlinienkonformen Interpretation ist nicht auf das in Umsetzung einer Richtlinie ergangene nationale Recht beschränkt, sondern umfasst das gesamte nationale Recht, unabhängig davon, ob die einschlägigen Vorschriften nach oder bereits vor dem Inkrafttreten der Richtlinie erlassen wurden.[95]

Die Pflicht zur richtlinienkonformen Auslegung wird durch die im Gemeinschaftsrecht geltenden allgemeinen Rechtsgrundsätze, insbesondere durch den Grundsatz der Rechtssicherheit und das Rückwirkungsverbot, begrenzt. Demnach darf die richtlinienkonforme Auslegung nicht dazu führen, dass auf der Grundlage einer Richtlinie (unabhängig von einer zu ihrer Umsetzung erlassenen innerstaatlichen Vorschrift) die strafrechtliche Verantwortlichkeit derjenigen, die gegen die Vorschriften dieser Richtlinie verstoßen, festgelegt oder verschärft wird.[96]

Des Weiteren besteht die Pflicht zur richtlinienkonformen Auslegung des nationalen Rechts erst ab Ablauf der Umsetzungsfrist der betreffenden Richtlinie.[97] Die Gerichte und Verwaltungsbehörden der Mitgliedstaaten müssen jedoch bereits ab dem Zeitpunkt des Inkrafttretens einer Richtlinie es so weit wie möglich unterlassen, das innerstaatliche Recht auf eine Weise auszulegen, „die die Erreichung des mit dieser Richtlinie verfolgten Zieles nach Ablauf der Umsetzungsfrist ernsthaft gefährden würde".[98] Diese Unterlassenspflicht steht in enger Verbindung mit der präventiven Sperrwirkung.[99]

Die richtlinienkonforme Interpretation ist strikt von der (subjektiven und objektiven) unmittelbaren Wirkung zu trennen. Sie kommt immer zur Anwendung, auch dann, wenn keine unmittelbare Wirkung vorliegt. Dies gilt insbesondere für Richtlinien im horizontalen Verhältnis. In diesen Fällen spricht der EuGH den Richtlinien zwar für den Fall der Nichtumsetzung oder der falschen Umsetzung jede unmittelbare Wirkung ab. Eine – verpflichtende – richtlinienkonforme Auslegung kann jedoch dazu führen, dass dennoch Wirkun-

94 EuGH, Rs 14/83, *Von Colson und Kamann*, Slg 1984, 1891, Rdnr 26.

95 EuGH, Rs C-462/99, *Connect Austria*, Slg 2003, I-5197, Rdnr 38; zur neuen Rechtslage nach Inkrafttreten des Vertrages von Lissabon vgl EuGH, Rs C-555/07, *Kücükdeveci*, Urteil vom 19. Jänner 2010, noch nicht in der amtl Slg veröffentlicht, Rdnr 48.

96 EuGH, verb Rs C-387, C-391 und C-403/02, *Berlusconi ua*, Slg 2005, I-3565, Rdnr 74.

97 EuGH, Rs C-212/04, *Adeneler ua*, Slg 2006, I-6057, Rdnr 115.

98 EuGH, Rs C-212/04, *Adeneler ua*, Slg 2006, I-6057, Rdnr 123.

99 Siehe dazu vorstehend Pkt I.B.3.b.cc.

gen zwischen Einzelnen, ja sogar Belastungen für den Einzelnen, aus der Richtlinie entstehen. Dies stellt – bei genauer Betrachtung – aber keinen Widerspruch dar. Denn die Rechtsgrundlage in solchen Fällen ist nicht direkt die Richtlinie, sondern das nationale Recht, das auch ohne Richtlinie so ausgelegt werden könnte.

hh. Staatshaftung bei Nichtumsetzung

In manchen Fällen enthalten Richtlinien zwar klar bestimmbare Rechte des Einzelnen, werden aber im horizontalen Verhältnis zwischen Einzelnen in Anspruch genommen. In anderen Fällen sind die relevanten Bestimmungen nicht unmittelbar anwendbar. In diesen Fällen kommt den Richtlinien weder eine subjektive noch eine objektive unmittelbare Wirkung zu, so dass sich der Einzelne nicht auf sie berufen kann. Die Nichtumsetzung derartiger Richtlinien durch einen Mitgliedstaat führt deshalb zur Beeinträchtigung der Rechte, die das Gemeinschaftsrecht den Einzelnen gewährt.

Für solche Fälle hat der EuGH den Grundsatz der Staatshaftung entwickelt. Demnach haftet ein Mitgliedstaat unter gewissen Voraussetzungen für den Schaden, den er durch die Nichtumsetzung einer Richtlinie Einzelnen zufügt. Dieser Staatshaftungsanspruch resultiert nach ständiger Rechtsprechung des EuGH als allgemeiner Rechtsgrundsatz unmittelbar aus dem ungeschriebenen primären Gemeinschaftsrecht.

Voraussetzungen für eine Staatshaftung bei Nichtumsetzung von Richtlinien innerhalb der vorgeschriebenen Frist (nicht fristgerechte Umsetzung) sind:[100]

(1) Ziel der Richtlinie muss es sein, dem Einzelnen Rechte zu verleihen.
(2) Der Inhalt dieser Rechte muss auf der Grundlage der Richtlinie bestimmt werden können (dafür müssen die einschlägigen Bestimmungen der Richtlinie nicht zwingend unmittelbar anwendbar sein).
(3) Es muss ein Kausalzusammenhang zwischen dem Verstoß des Mitgliedstaates gegen das Gemeinschaftsrecht und dem entstandenen Schaden vorliegen.[101]

Die Staatshaftung bei einer nicht ordnungsgemäßen Umsetzung von Richtlinien ist hingegen nach den Kriterien der *Brasserie du pêcheur*-Rechtsprechung zu beurteilen.[102] Dabei ist insbesondere zu prüfen, ob ein qualifizierter Verstoß gegen Gemeinschaftsrecht vorliegt, was bei einer nicht fristgerechten Umsetzung per se anzunehmen ist.

100 EuGH, verb Rs C-6 und C-9/90, *Francovich ua*, Slg 1991, I-5357, Rdnr 40.

101 Dies ist im Falle der Nichtumsetzung einer Richtlinie bei jeder herangezogenen Kausalitätstheorie zu bejahen.

102 EuGH, verb Rs C-46 und C-48/93, *Brasserie du pêcheur und Factortame*, Slg 1996, I-1029. Siehe dazu vorstehend Pkt I.B.2.b.

c. Entscheidungen

Entscheidungen sind gemäß Art 249 Abs 4 EGV in allen ihren Teilen für diejenigen verbindlich, die sie bezeichnen. Sie besitzen demnach Gesamtverbindlichkeit und individuelle Geltung.[103]

aa. Gesamtverbindlichkeit

Die Entscheidungen sind in allen ihren Teilen verbindlich. Diese Gesamtverbindlichkeit dient zur Abgrenzung der Entscheidungen von den Richtlinien, die nur hinsichtlich des zu erreichenden Zieles verbindlich sind.[104] In ihrer Verbindlichkeit sind die Entscheidungen den Verordnungen vergleichbar.

bb. Individuelle Geltung

Die individuelle Geltung besagt, dass der Adressat (Mitgliedstaat, Einzelner, juristische Person) – vergleichbar einem Verwaltungsakt – individuell bezeichnet und individuell gebunden wird. Dies geschieht entweder durch namentliche Nennung oder durch Individualisierbarkeit. Individualisierbar ist der Adressatenkreis einer Entscheidung immer dann, wenn diese im Augenblick des Erlasses einen bestimmbaren Personenkreis betrifft, der künftig nicht mehr erweitert werden kann.[105] Dies resultiert aus Art 230 Abs 4 EGV, der die Klagebefugnis Einzelner gegen sonst nicht anfechtbare Verordnungen regelt. Dabei wird eine unmittelbare und individuelle Betroffenheit vorausgesetzt.[106]

Das Kriterium der Individualisierbarkeit dient auch der Abgrenzung zwischen Verordnung und Entscheidung. Ist nämlich der Personenkreis nicht individualisierbar, so liegt keine Entscheidung, sondern eine Verordnung vor und das den Rechtsakt erlassende Organ hat unter Umständen seine Kompetenz überschritten.

Im Rechtsquellensystem des Gemeinschaftsrechts haben Entscheidungen zwei Funktionen: Sie können zum einen als – dem nationalen Recht vergleichbare – Verwaltungsakte ausgestaltet sein, zum anderen aber auch Legislativakte darstellen. In letzterem Fall können Entscheidungen als *leges posteriores* auch Verordnungen und Richtlinien derogieren. Zwischen den Rechtsaktformen des Art 249 Abs 2 bis 4 EGV besteht nämlich keine Normenhierarchie.[107]

103 Zur neuen Rechtslage nach Inkrafttreten des Vertrages von Lissabon siehe nachstehend Pkt II.B.4.

104 Siehe dazu vorstehend Pkt I.B.3.b.aa.

105 Vgl EuGH, verb Rs 106 und 107/63, *Töpfer/Kommission*, Slg 1965, 556.

106 Vgl EuGH, Rs 25/62, *Plaumann/Kommission*, Slg 1963, 238; EuGH, Rs C-263/02 P, *Kommission/Jégo-Quéré*, Slg 2004, I-3425, Rdnr 36.

107 Zur Normenhierarchie nach Inkrafttreten des Vertrages von Lissabon siehe nachstehend Pkt II.B.6.

cc. Unmittelbare Wirkung

Entscheidungen, die sich an einen oder mehrere Mitgliedstaaten richten, entfalten eine Richtlinien vergleichbare Bindungswirkung. Abgesehen von der Gesamtverbindlichkeit der Entscheidung besteht zwischen Richtlinien und derartigen Entscheidungen kein Unterschied. Aus diesem Grund entfalten die an Mitgliedstaaten adressierten Entscheidungen unmittelbare Wirkung. Diese unterliegt den gleichen Voraussetzungen wie die unmittelbare Wirkung bei Richtlinien.[108]

d. Empfehlungen und Stellungnahmen

Empfehlungen und Stellungnahmen sind gemäß Art 249 Abs 5 EGV nicht verbindlich. Dennoch können sie sowohl rechtliche als auch politische Wirkungen entfalten.

Rechtliche Wirkungen kommen Empfehlungen und Stellungnahmen in folgenden Fällen zu:

- In manchen Fällen ist die Abgabe einer dieser Rechtshandlungen Prozessvoraussetzung (zB Art 226 Abs 1, Art 227 Abs 3 EGV).
- In anderen Fällen ist die Abgabe einer dieser Rechtshandlungen Voraussetzung für ein Handeln der Mitgliedstaaten oder der Gemeinschaftsorgane (zB Art 97, Art 134 Abs 1 EGV).
- Mitgliedstaatliche Gerichte sind verpflichtet, Empfehlungen bei ihrer Rechtsfindung dann zu berücksichtigen, wenn diese Aufschluss über die Auslegung von innerstaatlichen Rechtsvorschriften geben, die zu deren Durchführung erlassen wurden, oder wenn sie verbindliche gemeinschaftliche Vorschriften ergänzen sollen.

Neben diesen rechtlichen Wirkungen entfalten Empfehlungen und Stellungnahmen kraft der dahinter stehenden Autorität der Gemeinschaft gewisse psychologische und politische Wirkungen. Dies ist nicht zuletzt durch die allgemeine – in Art 10 EGV kodifizierte – Verpflichtung zur Vertragserfüllung bona fide mit bedingt.

e. Ungekennzeichnete Rechtsakte

Zu den ungekennzeichneten Rechtsakten zählen Handlungen, für die im primären Gemeinschaftsrecht nicht eine der genannten Formen des Art 249 EGV vorgeschrieben ist. In den einschlägigen primärrechtlichen Grundlagen ist diesbezüglich von Regelungen, Maßnahmen, Vorkehrungen etc (zB Art 12 Abs 2, Art 13, Art 26, Art 95 Abs 1 S 2 EGV) die Rede.

---

108 EuGH, Rs C-156/91, *Hansa Fleisch*, Slg 1992, I-5567, Rdnrn 12 ff; EuGH, Rs C-80/06, *Carp/Ecorad*, Slg 2007, I-4473, Rdnrn 20 f. Siehe dazu vorstehend Pkt I.B.3.b.dd.

Das primäre Gemeinschaftsrecht lässt es offen, ob die ungekennzeichneten Rechtsakte einer der in Art 249 EGV vorgeschriebenen Rechtsaktformen zuzurechnen sind oder ob es sich um eigenständige Formen des sekundären Gemeinschaftsrechts handelt. Rechtspolitisch gesehen wäre der ersten Alternative der Vorzug zu geben. Dies hängt damit zusammen, dass der Individualrechtsschutz im Gemeinschaftsrecht in Art 230 Abs 4 EGV Klagen nur gegen Verordnungen und individuelle Entscheidungen vorsieht. Würden ungekennzeichnete Rechtsakte als eigenständige Art des sekundären Gemeinschaftsrechts eingestuft, entfiele daher gegen sie jeder Individualrechtsschutz. Diese mögliche Rechtsschutzlücke wurde dadurch geschlossen, dass der EuGH in ständiger Rechtsprechung jede verbindliche Handlung eines Organs, die Einzelne unmittelbar und individuell betrifft, als anfechtbar einstuft.[109] In der Praxis wird sehr oft so verfahren, dass in den Fällen, in denen das primäre Gemeinschaftsrecht ungekennzeichnete Rechtsakte zulässt, diese in Form einer der in Art 249 EGV genannten Rechtsakte ergehen. In manchen Fällen werden aber auch ungekennzeichnete Rechtsakte wie Beschlüsse, Entschließungen, Schlussfolgerungen etc erlassen.

4. Abkommen der Gemeinschaft

Die von der Gemeinschaft mit Drittstaaten und/oder internationalen Organisationen gemäß Art 300 EGV abgeschlossenen völkerrechtlichen Verträge (Gemeinschaftsabkommen) lassen sich als atypisches sekundäres Gemeinschaftsrecht qualifizieren.

Die Gemeinschaftsabkommen sind von ihrem Zustandekommen her sekundäres Gemeinschaftsrecht. Sie haben nämlich im Primärrecht ihre Rechtsgrundlage, stehen daher im Rang unter diesem und beruhen auf Organhandeln, wenngleich letzteres nicht autonom, sondern im Zusammenwirken mit den völkerrechtlichen Vertragspartnern erfolgt (nicht autonomes Organhandeln). Hinsichtlich ihres Ranges im Stufenbau der Gemeinschaftsrechtsordnung stehen die Gemeinschaftsabkommen jedoch auf einer höheren Normenstufe als das sekundäre Gemeinschaftsrecht. Dies resultiert aus Art 300 Abs 7 EGV, wonach die Gemeinschaftsabkommen für die Gemeinschaft und ihre Organe verbindlich sind. Das sekundäre Gemeinschaftsrecht muss folglich die Gemeinschaftsabkommen beachten. Letztere sind demnach im Rang zwischen primärem und sekundärem Gemeinschaftsrecht anzusiedeln (Zwischenrang).

Gemäß Art 300 Abs 7 EGV sind die Gemeinschaftsabkommen auch für die Mitgliedstaaten verbindlich. Dies bedeutet, dass sie mit ihrem Inkrafttreten Teil des Gemeinschaftsrechts werden und als solches unmittelbar in den Mitgliedstaaten gelten.

---

109 ZB EuGH, Rs 294/83, *Les Verts/Parlament*, Slg 1986, 1339, Rdnr 23.

Ob eine unmittelbar geltende Bestimmung eines Gemeinschaftsabkommens auch unmittelbare Wirkung entfaltet, hängt – wie bei sekundärem Gemeinschaftsrecht – davon ab, ob sie self-executing-Charakter hat, also hinreichend klar und unbedingt formuliert ist. Zusätzlich ist aber erforderlich, dass es dem – sich aus der Rechtsnatur und der Systematik des Abkommens ergebenden – Willen der Vertragsparteien entspricht, dass sich Individuen auf das Abkommen berufen können.[110] Die Voraussetzungen einer unmittelbaren Anwendbarkeit richten sich bei Gemeinschaftsabkommen grundsätzlich nach völkerrechtlichen Regeln.

Die Gemeinschaftsabkommen bilden nach ständiger Rechtsprechung des EuGH einen „integrierenden Bestandteil der Gemeinschaftsrechtsordnung".[111] Das hat zur Folge, dass sie am Anwendungsvorrang des Gemeinschaftsrechts teilhaben und ihre Bestimmungen – soweit sie unmittelbare Wirkung entfalten – kollidierendes innerstaatliches Recht verdrängen.

Die Rechtswirkungen der Gemeinschaftsabkommen erstrecken sich auch auf die darin allenfalls vorgesehenen verbindlichen Beschlüsse von Vertragsanwendungsorganen. Dabei ist nach denselben Kriterien wie bei den Abkommen selbst zu ermitteln, ob einzelnen Bestimmungen eines Beschlusses unmittelbare Wirkung zukommt.[112] Ein Beispiel dafür ist der Beschlusses Nr 1/80 des Assoziationsrates EWG – Türkei vom 19. September 1980 über die Entwicklung der Assoziation. Der Assoziationsrat wurde durch das Abkommen zur Gründung einer Assoziation zwischen der Europäischen Wirtschaftsgemeinschaft und der Türkei vom 12. September 1963[113] errichtet. Nach ständiger Rechtsprechung des EuGH kommt mehreren Bestimmungen des Beschlusses Nr 1/80 unmittelbare Wirkung (und damit verbunden auch Anwendungsvorrang) zu.[114]

5. Begleitendes Gemeinschaftsrecht

Zum begleitenden Gemeinschaftsrecht gehören jene Normen, die – ohne selbst Gemeinschaftsrecht zu sein – in völkerrechtlichen Verträgen zwischen den Mitgliedstaaten enthalten sind und der Förderung der Ziele der Gemeinschaft dienen. Solche Verträge sind zB in Art 293 EGV vorgesehen. Sie können aber auch unabhängig davon abgeschlossen werden.

110 Vgl zB EuGH, Rs 104/81, *Kupferberg*, Slg 1982, 3641, Rdnrn 17 ff; zur (fehlenden) unmittelbaren Wirkung des WTO-Rechts vgl zB EuGH, verb Rs C-120 P und C-121/06 P, *FIAMM ua/Rat und Kommission*, Slg 2008, I-6513, Rdnr 111.

111 EuGH, Rs 181/73, *Haegemann*, Slg 1974, 449, Rdnr 2/6.

112 EuGH, Rs C-192/89, *Sevince*, Slg 1990, I-3461, Rdnr 15.

113 ABl 1964 Nr 217, 3685.

114 Vgl zB EuGH, Rs C-355/93, *Eroglu*, Slg 1994, I-5113, Rdnr 17; EuGH, Rs C-351/95, *Kadiman*, Slg 1997, I-2133, Rdnr 28.

Beispiele dafür sind das – auf Art 293 EGV gestützte – Übereinkommen vom 23. Juni 1990 über die Beseitigung der Doppelbesteuerung im Falle von Gewinnberichtigungen zwischen verbundenen Unternehmen[115] und das – nicht auf Art 293 EGV gestützte – Übereinkommen vom 15. Dezember 1975 über das europäische Patent für den Gemeinsamen Markt.[116]

Ob und inwieweit sich die Einzelnen auf die Bestimmungen derartiger Verträge direkt berufen können, richtet sich grundsätzlich nach Völkerrecht und nach nationalem Verfassungsrecht und hängt vom self-executing-Charakter der relevanten Bestimmungen ab.

Im Zuge des mit dem Vertrag von Amsterdam (1997) verankerten schrittweisen Aufbaus eines Raumes der Freiheit, der Sicherheit und des Rechts hat das begleitende Gemeinschaftsrecht seine Bedeutung großteils verloren. Denn seither sind die entsprechenden Regelungen entweder auf die spezifischen gemeinschaftsrechtlichen Rechtsgrundlagen in Titel IV EGV zu stützen oder im Rahmen der PJZS gemäß Titel VI EUV unionsrechtlich zu erlassen. Mit dem Vertrag von Lissabon (2007) wurde Art 293 EGV aufgehoben.[117]

C. Unionsrecht

Das EU-Recht umfasst neben dem Gemeinschaftsrecht auch das Unionsrecht.[118] Unter Unionsrecht ist das gesamte EU-Recht mit Ausnahme des Gemeinschaftsrechts zu verstehen.

Das Unionsrecht folgt nicht dem supranationalen System der Europäischen Gemeinschaften und unterscheidet sich deshalb grundlegend vom Gemeinschaftsrecht. Der Grund hierfür liegt in der besonderen politischen Sensibilität der Mitgliedstaaten in den vom Unionsrecht erfassten Materien, nämlich in der Außenpolitik sowie in der Innen- und Justizpolitik.

Das Unionsrecht wird zunächst durch intergouvernementale Entscheidungsstrukturen charakterisiert, die an klassische völkerrechtliche Verfahren anknüpfen. Rechtsakte werden im Wesentlichen durch die Regierungen der Mitgliedstaaten ausgehandelt, die Beschlussfassung erfordert in der Regel die Zustimmung aller Mitgliedstaaten. Für das Unionsrecht ist auch keine eigene Organstruktur vorgesehen. Die Mitgliedstaaten bedienen sich vielmehr der Organe der EG im Wege einer „Organleihe“. Auf diese Weise wird der einheitliche institutionelle Rahmen der EU verbürgt. Beschlüsse werden zwar vom Rat gefasst, sind aber – abgesehen von Übereinkommen der EU[119] – nicht der EU, sondern den (gemeinsam handelnden) Mitgliedstaaten zuzurechnen.

115 ABl 1990 L 225, 10.

116 Beck – Textsammlung, Europäisches Wirtschaftsrecht, Nr 510.

117 Vgl ABl 2007 C 306, 130.

118 Siehe dazu vorstehend Pkt I.A.

119 Siehe dazu nachstehend Pkt I.C.4.

Die Kommission und das Europäische Parlament haben grundsätzlich nur beratende Befugnisse, die Zuständigkeiten des Gerichtshofes sind stark eingeschränkt.

1. Rechtswirkungen

Seinem intergouvernementalen Charakter entsprechend entfaltet das Unionsrecht keine unmittelbare Wirkung und genießt keinen Anwendungsvorrang gegenüber widersprechendem nationalem Recht. Dem folgend muss das sekundäre Unionsrecht – wie Völkerrecht – in die Rechtsordnungen der Mitgliedstaaten übernommen werden, um Rechtswirkungen für die Einzelnen zu entfalten. In Österreich erfolgt die Inkorporation entweder durch spezielle Transformation oder durch Adoption. Welche der beiden Inkorporationstechniken Anwendung findet, richtet sich primär nach dem Grad der Konkretisierung des zu übernehmenden Sekundärrechtsaktes. Ist dieser hinsichtlich der zu übernehmenden Bestimmungen self executing, kann er durch (bloße) Kundmachung im Bundesgesetzblatt übernommen werden (Adoption); andernfalls ist der Erlass innerstaatlicher Rechtsvorschriften erforderlich (spezielle Transformation). Kollisionen zwischen Unionsrecht und nationalem Recht sind grundsätzlich in Anwendung der Derogationsregeln zu lösen.

Das Unionsrecht zerfällt – wie das Gemeinschaftsrecht[120] – in das primäre und das sekundäre Unionsrecht.

2. Primärrecht

Zum primären Unionsrecht zählen die Bestimmungen des EU-Vertrages betreffend die GASP (Zweite Säule, Art 11 bis Art 28 EUV) und die PJZS (Dritte Säule, Art 29 bis Art 42 EUV) sowie die Gemeinsamen Bestimmungen (Giebel des Tempels, Art 1 bis Art 7 EUV), die Schlussbestimmungen (Sockel des Tempels, Art 46 bis Art 54 EUV) und die für alle drei Säulen geltenden Vorschriften über die Verstärkte Zusammenarbeit der Mitgliedstaaten untereinander (Art 43 bis Art 45 EUV, „Flexibilität"). Dazu kommen die Protokolle, die sich auf diese Bestimmungen beziehen, sowie spätere Ergänzungen und Änderungen der gegenständlichen Bestimmungen. Zu letzteren gehören insbesondere Art 1 des Vertrages von Amsterdam (1997) und Art 1 des Vertrages von Nizza (2001).

3. Sekundärrecht

Zum sekundären Unionsrecht zählen die Handlungsformen (in) der EU im Rahmen der GASP und der PJZS, die in Art 12 bis Art 15 und Art 34 Abs 2

120 Siehe dazu vorstehend Pkt I.B.

EUV aufgezählt werden. Daraus ergibt sich – getrennt nach Bereichen – zusammenfassend folgender Katalog von gekennzeichneten Rechtsakten:

a) GASP:
   - Gemeinsame Strategien (Art 12 iVm Art 13 Abs 2 EUV),
   - Gemeinsame Aktionen (Art 12 iVm Art 14 EUV),
   - Gemeinsame Standpunkte (Art 12 iVm Art 15 EUV);

b) PJZS:
   - Gemeinsame Standpunkte (Art 34 Abs 2 lit a EUV),
   - Rahmenbeschlüsse (Art 34 Abs 2 lit b EUV),
   - Beschlüsse (Art 34 Abs 2 lit c S 1 EUV),
   - Durchführungsmaßnahmen zu Beschlüssen (Art 34 Abs 2 lit c S 2 EUV),
   - Empfehlungen zum Abschluss völkerrechtlicher Übereinkommen durch die Mitgliedstaaten (Art 34 Abs 2 lit d S 1 EUV),
   - Durchführungsmaßnahmen zu völkerrechtlichen Übereinkommen (Art 34 Abs 2 lit d UAbs 2 S 2 EUV).

Daneben sind in beiden operativen Feldern der EU aber auch andere Rechtshandlungen möglich, die als ungekennzeichnete Rechtsakte den Katalog der gekennzeichneten Rechtsakte ergänzen. Dazu zählen ua Beschlüsse, mit denen im Rahmen der GASP Grundsätze und allgemeine Leitlinien (Art 12 iVm Art 13 Abs 1 EUV) festgelegt werden.

a. Gemeinsame Strategien

Seit Inkrafttreten des Vertrages von Amsterdam (1997) kann der Europäische Rat gemeinsame Strategien beschließen (Art 13 Abs 2 EUV). Diese neue Rechtsaktform ist allerdings auf jene Bereiche beschränkt, in denen wichtige gemeinsame Interessen der Mitgliedstaaten bestehen, die von der Union durchzuführen sind. In ihnen sind jeweils Zielsetzung, Dauer und die von der EU und den Mitgliedstaaten bereitzustellenden Mittel anzugeben.

Im Gegensatz zu den allgemeinen Leitlinien, die lediglich Ziele vorgeben, sind in den gemeinsamen Strategien sowohl die Zielsetzung als auch die Dauer und die bereitzustellenden Mittel anzuführen. Die Mittel sollen sowohl von den Mitgliedstaaten als auch „von der Union" zur Verfügung gestellt werden. Soweit damit finanzielle Mittel angesprochen sind, wird wohl auf jene der Europäischen Gemeinschaften verwiesen, da die EU über keine eigenen Mittel verfügt.

Die gemeinsamen Strategien richten sich an den Rat und sind für diesen bindend. Bei ihrer Durchführung ist der Gestaltungsspielraum für den Rat enger als bei allgemeinen Leitlinien. Auf der anderen Seite verfügt der Rat – anders als bei den allgemeinen Leitlinien – dem Europäischen Rat gegenüber über ein Vorschlagsrecht, da er ihm die Verabschiedung gemeinsamer Strategien empfehlen kann, die er in der Folge dann durchführt (Art 13 Abs 3 UAbs 2 EUV). Nach dieser Bestimmung könnte der Europäische Rat zwar auch ohne Vorschlag des Rates gemeinsame Strategien beschließen, wird von dieser Möglichkeit in der Praxis jedoch wegen der komplexen Vorbereitungsarbeiten kaum Gebrauch machen.

Wichtigste Rechtsfolge einer gemeinsamen Strategie ist das Abgehen vom Einstimmigkeitsprinzip bei der Durchführung derselben. Nimmt der Rat auf der Grundlage einer gemeinsamen Strategie des Europäischen Rates entweder eine gemeinsame Aktion[121] oder einen gemeinsamen Standpunkt[122] an oder fasst er andere einschlägige Beschlüsse, dann kann er dies – entgegen dem in Art 23 Abs 1 EUV vorgesehenen Einstimmigkeitserfordernis – mit (bloß) qualifizierter Mehrheit tun (Art 23 Abs 2 erster Spiegelstrich EUV). Dem Einstimmigkeitserfordernis wurde ja bereits bei der Beschlussfassung der gemeinsamen Strategie entsprochen. Dabei ist allerdings zu bedenken, dass der Europäische Rat nicht formell (einstimmig) abstimmt, sondern nach dem „Konsensus-Prinzip" vorgeht, bei dem lediglich die Absenz einer Gegenstimme festgestellt wird.

In der Praxis wurden zB gemeinsame Strategien für Russland,[123] die Ukraine[124] und den Mittelmeerraum[125] verabschiedet. Alle drei betreffen jeweils den geografischen Nachbarschaftsraum der EU. Inhaltlich gehen sie allerdings über die GASP weit hinaus und betreffen auch Bereiche, die in die Gemeinschaftskompetenzen und in die PJZS fallen. Diesbezüglich hat der Europäische Rat in eigenen Erklärungen klargestellt, dass für Durchführungsrechtsakte, die nicht unter Titel V EUV fallen, die jeweiligen Beschlussfassungsmechanismen nach dem EG-Vertrag oder Titel VI EUV gelten. Die Verabschiedung thematischer gemeinsamer Strategien, etwa für den Bereich des Schutzes der Menschenrechte oder den Bereich der Abrüstung, wurde zwar diskutiert, bisher aber nicht realisiert.[126]

b. Gemeinsame Aktionen

Gemäß Art 14 Abs 1 EUV nimmt der Rat gemeinsame Aktionen an. Diese betreffen „spezifische Situationen, in denen eine operative Aktion der Union für notwendig erachtet wird". Gemeinsame Aktionen sind demnach anlassbezogen. In jeder gemeinsamen Aktion sind ihre Ziele, ihr Umfang, die der Union zur Verfügung zu stellenden Mittel sowie die Bedingungen und erforderlichenfalls auch der Zeitraum für ihre Durchführung festzulegen. Der Rat beschließt gemeinsame Aktionen grundsätzlich auf der Grundlage der vom Europäischen Rat festgelegten allgemeinen Leitlinien und führt mit ihnen im Speziellen ge-

121 Siehe dazu nachstehend Pkt I.C.3.b.

122 Siehe dazu nachstehend Pkt I.C.3.c.

123 ABl 1999 L 157, 1; verlängert ABl 2003 L 157, 68.

124 ABl 1999 L 331, 1; verlängert ABl 2003 L 333, 96.

125 ABl 2000 L 183, 5.

126 Vgl *Kehrer* in *Mayer* (Hrsg), Kommentar zu EUV/EGV, Art 13 EUV Rdnr 4.

meinsame Strategien[127] des Europäischen Rates durch (Art 14 Abs 3 UAbs 1 und UAbs 2 EUV).

Gemeinsame Aktionen sind für die Mitgliedstaaten bei ihren Stellungnahmen und ihrem Vorgehen bindend (Art 14 Abs 3 EUV). Diese dürfen daher keine zuwiderlaufenden Handlungen setzen oder müssen bestimmte Handlungen vornehmen. In den Fällen, in denen eine gemeinsame Aktion Embargomaßnahmen vorsieht, bindet diese gemäß Art 301 und/oder Art 60 EGV auch die Europäische Gemeinschaft. Die Rechtsverbindlichkeit gemeinsamer Aktionen bleibt selbst bei einer maßgeblichen Änderung der ihr zugrunde liegenden Umstände bestehen (Art 14 Abs 2 EUV). Die Einwendung der clausula rebus sic stantibus ist damit ausgeschlossen. Vielmehr muss der Rat die Grundsätze und Ziele der gemeinsamen Aktion überprüfen; bis zur modifizierenden Beschlussfassung bleibt sie verbindlich.

Solange der Rat keine Änderungen beschlossen hat, kann ein Mitgliedstaat – iSe „Ersatzvornahme bei Gefahr im Verzug"[128] – gemäß Art 14 Abs 6 EUV Sofortmaßnahmen ergreifen. Diese müssen jedoch erforderlich sein und die allgemeinen Ziele der gemeinsamen Aktion berücksichtigen. Ergreift ein Mitgliedstaat solche Sofortmaßnahmen, hat er den Rat umgehend davon zu unterrichten. Damit setzt er das Anpassungsverfahren gemäß Art 14 Abs 2 EUV in Gang.

Die Pflicht zur rechtzeitigen Unterrichtung gilt auch für geplante Stellungnahmen oder Maßnahmen der Mitgliedstaaten, die im Rahmen einer gemeinsamen Aktion erfolgen sollen, damit im Rat erforderlichenfalls eine vorherige Abstimmung stattfinden kann (Art 14 Abs 5 EUV). So sind etwa Ministerreisen in Krisenregionen dem Rat vorher mittzuteilen. Von der Pflicht zur vorherigen Unterrichtung ausgenommen sind Maßnahmen, die eine bloße praktische Umsetzung der Entscheidungen des Rates auf einzelstaatlicher Ebene darstellen (Art 14 Abs 5 EUV). Dazu gehören legistische oder administrative Umsetzungsakte.

Ebenso hat ein Mitgliedstaat den Rat zu befassen, wenn sich bei der Durchführung einer gemeinsamen Aktion größere Schwierigkeiten ergeben; der Rat berät darüber und sucht nach angemessenen Lösungen, die allerdings nicht im Widerspruch zu den Zielen der gemeinsamen Aktion stehen oder ihrer Wirksamkeit schaden dürfen (Art 14 Abs 7 EUV).

In der Praxis wurden bislang zahlreiche gemeinsame Aktionen erlassen. Diese betreffen schwerpunktmäßig die Bereiche Konfliktlösung und -verhütung, Förderung von Demokratie und Menschenrechten und Aufbau rechtsstaatlicher Strukturen sowie Sicherheitspolitik und Abrüstung. Beispiele dafür sind die Gemeinsame Aktion 2005/GASP des Rates vom 14. November 2005 zur Polizeimission der Europäischen Union für die Palästinensischen Ge-

127 Siehe dazu vorstehend Pkt I.C.3.a.

128 Vgl *Pechstein/Koenig*, Die Europäische Union[3] (2000), 134 f.

biete[129] und die Gemeinsame Aktion 2008/851/GASP des Rates vom 10. November 2008 über die Militäroperation der Europäischen Union als Beitrag zur Abschreckung, Verhütung und Bekämpfung von seeräuberischen Handlungen und bewaffneten Raubüberfällen vor der Küste Somalias.[130]

c. Gemeinsame Standpunkte

Der EU-Vertrag sieht sowohl in der GASP (Art 15 EUV) als auch in der PJZS (Art 34 Abs 2 lit a EUV) die Annahme gemeinsamer Standpunkte vor. Diese Rechtsakte sind von den – gleich lautenden – „gemeinsamen Standpunkten" des Rates im Rahmen der Verfahren der Mitentscheidung (Art 251 Abs 2 UAbs 2 dritter Spiegelstrich EGV) und der Zusammenarbeit (Art 252 lit a und b EGV) zu unterscheiden. Als sekundäres Unionsrecht stellen sie eine einzige Handlungsform dar. Darauf deuten auch der gemeinsame Standpunkt über die Bekämpfung des Terrorismus[131] und der gemeinsame Standpunkt über die Anwendung besonderer Maßnahmen zur Bekämpfung des Terrorismus[132] hin, die beide sowohl auf Art 15 EUV als auch auf Art 34 EUV gestützt wurden.

Im Rahmen der GASP sollen die gemeinsamen Standpunkte das Konzept der Union für eine bestimmte Frage geographischer oder thematischer Art bestimmen (Art 15 EUV). Im Rahmen der PJZS wird das Vorgehen der EU in einer gegebenen Frage bestimmt (Art 34 Abs 2 lit a EUV). Gemeinsame Standpunkte dienen dementsprechend in beiden operativen Feldern der EU dazu, eine gemeinsame politische Überzeugung und den daraus folgenden gemeinsamen Handlungswillen auszudrücken und festzulegen.

Die Bindungswirkung gemeinsamer Standpunkte ist in den einschlägigen Vertragsbestimmungen nicht ausdrücklich angeordnet. Für die GASP sieht Art 15 EUV lediglich vor, dass die Mitgliedstaaten dafür Sorge tragen, dass ihre einzelstaatliche Politik mit den gemeinsamen Standpunkten in Einklang steht. Gemäß Art 19 Abs 1 EUV haben sie in internationalen Organisationen und auf internationalen Konferenzen für die gemeinsamen Standpunkte einzutreten. Daraus wird in der Lehre mehrheitlich abgeleitet, dass die gemeinsamen Standpunkte rechtlich bindend sind und die Mitgliedstaaten völkerrechtlich zu ihrer Einhaltung verpflichten. Begründet wird dies in erster Linie mit der Zuständigkeit des Gerichtshofes, Streitigkeiten zwischen Mitgliedstaaten über die Auslegung oder Anwendung gemeinsamer Standpunkte zu entscheiden (Art 35 Abs 7 EUV), was nur bei verbindlichen Rechtsakten Sinn macht.[133] Da-

129 ABl 2005 L 300, 65, idF ABl 2009 L 330, 76.

130 ABl 2008 L 301, 33, idF ABl 2009 L 322, 27.

131 Gemeinsamer Standpunkt 2001/930/GASP vom 27. Dezember 2001, ABl 2001 L 344, 90.

132 Gemeinsamer Standpunkt 2001/931/GASP vom 27. Dezember 2001, ABl 2001 L 344, 100, idF ABl 2007 L 340, 109.

133 Vgl *Thun-Hohenstein*, Der Vertrag von Amsterdam (1997), 43.

neben wird auf die Veröffentlichung aller gemeinsamen Standpunkte im Amtsblatt der EU Teil L (Rechtsvorschriften) verwiesen, die „ein Indiz für einen Rechtsbindungswillen der Vertragsstaaten darstellt".[134] Bei jedem gemeinsamen Standpunkt wird auch angegeben, zu welchem Zeitpunkt er „wirksam" wird.[135] Nicht zuletzt führt auch das Verbot eines venire contra factum proprium, das als allgemeiner Rechtsgrundsatz des Völkerrechts auch im EU-Recht gilt, dazu, dass die Mitgliedstaaten untereinander auf die Einhaltung der von ihnen im intergouvernementalen Rahmen des Unionsrechts akkordierten gemeinsamen Standpunkte vertrauen können. In den Fällen, in denen ein gemeinsamer Standpunkt Embargomaßnahmen vorsieht, bindet er gemäß Art 301 und/oder Art 60 EGV die Europäische Gemeinschaft.

In der Praxis wurden im Bereich der GASP zahlreiche gemeinsame Standpunkte erlassen. Ihre Anwendungsbereiche betreffen Wirtschaftssanktionen, Festlegung von EU-Positionen gegenüber Drittstaaten sowie EU-Positionen zu bestimmten Themenbereichen. Beispiele dafür sind der Gemeinsame Standpunkt 2005/793/GASP des Rates vom 14. November 2005 betreffend die vorübergehende Aufnahme bestimmter Palästinenser in Mitgliedstaaten der Europäischen Union[136] und der Gemeinsame Standpunkt 2003/495/GASP des Rates vom 7. Juli 2003 zu Irak.[137] In der PJZS sind gemeinsame Standpunkte hingegen selten. So wurde beispielsweise Anfang Oktober 1997 vom Rat ein gemeinsamer Standpunkt zu den Verhandlungen im Europarat und in der OECD über die Bekämpfung der Korruption angenommen.[138]

d. Rahmenbeschlüsse

Die Rechtsaktform des Rahmenbeschlusses wurde erst mit dem Vertrag von Amsterdam (1997) eingeführt. Sie ersetzte die im Vertrag von Maastricht (1992) ursprünglich vorgesehene Rechtsaktform der gemeinsamen Maßnahme.

Gemäß Art 34 Abs 2 lit b EUV dienen die Rahmenbeschlüsse zur Angleichung der Rechts- und Verwaltungsvorschriften der Mitgliedstaaten. Sie sind damit das Instrument zur Rechtsharmonisierung in der Dritten Säule.

Im Hinblick auf ihre Bindungswirkung ordnet Art 34 Abs 2 lit b EUV an, dass Rahmenbeschlüsse für die Mitgliedstaaten hinsichtlich des zu erreichenden Zieles verbindlich sind, den innerstaatlichen Stellen jedoch die Wahl der Form und der Mittel überlassen.

---

134 Vgl *Pechstein/Koenig*, Europäische Union, 130.

135 Vgl zB Gemeinsamer Standpunkt 2003/280/GASP des Rates zur Unterstützung der wirksamen Ausführung des Mandats des Internationalen Strafgerichtshofs für das ehemalige Jugoslawien (ICTY) vom 16. April 2003, ABl 2003 L 101, 22.

136 ABl 2005 L 299, 80, idF ABl 2009 L 281, 6.

137 ABl 2003 L 169, 72, idF ABl 2009 L 62, 28.

138 ABl 1997 L 279, 1.

Demnach handelt es sich bei den Rahmenbeschlüssen um eine für die Dritte Säule adaptierte „Kopie“ der für den Gemeinschaftsbereich in Art 249 Abs 3 EGV vorgesehenen Rechtsaktform der Richtlinie.[139] Wie die Richtlinien sind die Rahmenbeschlüsse nur hinsichtlich des zu erreichenden Zieles (besser Ergebnisses) verbindlich. Die Mitgliedstaaten haben dieses Ergebnis durch entsprechende innerstaatliche Umsetzungsmaßnahmen zu erreichen, wobei ihnen hinsichtlich der Form und der Mittel Wahlfreiheit zukommt. Bei der Umsetzung von Richtlinien ist diese Wahlfreiheit nach ständiger Rechtsprechung des EuGH auf den Grundsatz der „Ziel-Mittel-Optimierung“ reduziert, wonach diejenigen Formen und Mittel zu ergreifen sind, die für die Gewährleistung der praktischen Wirksamkeit der Regelung am besten geeignet sind.[140] Ob dies auch bei der Umsetzung von Rahmenbeschlüssen gilt, ist fraglich, im Lichte der Rechtsprechung des EuGH zur rahmenbeschlusskonformen Auslegung[141] aber – trotz des bloß intergouvernementalen Charakters der gegenständlichen Rechtsaktform – wohl zu bejahen.[142]

Des Weiteren kann bei Rahmenbeschlüssen nicht davon ausgegangnen werden, dass sie mit ihrem Inkrafttreten auf Unionsebene bereits im innerstaatlichen Recht gelten und – wie Richtlinien – nur für ihre Anwendbarkeit noch der Umsetzung bedürfen. Die Rahmenbeschlüsse müssen nämlich in die jeweilige Rechtsordnung inkorporiert werden, um innerstaatliche Rechtswirkungen zu Gunsten und/oder zu Lasten der Einzelnen zu entfalten. In Österreich erfolgt die Inkorporation durch den Erlass entsprechender innerstaatlicher Rechtsakte (spezielle Transformation). Der Hauptgrund dafür liegt darin, dass die lediglich hinsichtlich des zu erreichenden Ergebnisses verbindlichen Rahmenbeschlüsse in den meisten Fällen nicht unmittelbar anwendbar sind und dementsprechend eine (bloße) Kundmachung im Bundesgesetzblatt (Adoption) ausscheidet.

Im Gegensatz zu Richtlinien entfalten Rahmenbeschlüsse keine unmittelbare Wirkung. Dies wird von Art 34 Abs 2 lit b EUV explizit – und damit auch „EuGH-fest“ – ausgeschlossen. Demnach kann sich ein Einzelner auf nicht fristgerecht und/oder nicht ordnungsgemäß umgesetzte Rahmenbeschlüsse nicht direkt berufen. Ebenso sind die innerstaatlichen Rechtsanwendungsorgane nicht verpflichtet, einen Rahmenbeschluss direkt anzuwenden.

Aus dem zwingenden Charakter der Rahmenbeschlüsse gemäß Art 34 Abs 2 lit b EUV und aus dem Grundsatz der loyalen Zusammenarbeit, der im Unionsrecht als allgemeiner Rechtsgrundsatz gilt, resultiert jedoch, dass die Gerichte (und die Verwaltungsbehörden) das nationale Recht „so weit wie möglich an Wortlaut und Zweck des Rahmenbeschlusses ausrichten (müssen),

---

139 Siehe dazu vorstehend Pkt I.B.3.b.

140 Siehe dazu vorstehend Pkt I.B.3.b.bb.

141 Siehe dazu nachstehend Pkt I.C.3.d.

142 Ähnlich *Brechmann* in *Calliess/Ruffert* (Hrsg), Kommentar zu EUV/EGV[3] (2007), Art 34 EUV Rdnr 8.

um das mit ihm angestrebte Ergebnis zu erreichen".[143] Der Grundsatz der rahmenbeschlusskonformen Auslegung darf zwar nicht zu einer Auslegung contra legem des nationalen Rechts führen. Er verlangt jedoch, dass das nationale Gericht gegebenenfalls das gesamte nationale Recht berücksichtigt, um zu beurteilen, inwieweit es so angewendet werden kann, dass kein dem Rahmenbeschluss widersprechendes Ergebnis erzielt wird. Wie die richtlinienkonforme Auslegung[144] wird auch die rahmenbeschlusskonforme Auslegung durch die im EU-Recht geltenden allgemeinen Rechtsgrundsätze,[145] insbesondere durch den Grundsatz der Rechtssicherheit und das Rückwirkungsverbot, begrenzt.[146]

Seit Inkrafttreten des Amsterdamer Vertrages (1997) am 1. Mai 1999 wurden bereits zahlreiche Rahmenbeschlüsse erlassen. Besondere Bedeutung kommt in der Praxis zwei Rahmenbeschlüssen zu, die im Gefolge der Terroranschläge vom 11. September 2001 in den USA zur Bekämpfung des Terrorismus verabschiedet wurden. Es sind dies der Rahmenbeschluss zur Terrorismusbekämpfung[147] und der Rahmenbeschluss über den Europäischen Haftbefehl und die Übergabeverfahren zwischen den Mitgliedstaaten.[148]

e. Beschlüsse

Die in Art 34 Abs 2 lit c EUV vorgesehene Rechtsaktform des Beschlusses kann vom Rat für jeden anderen Zweck erlassen werden, der mit den Zielen des Titels VI EUV in Einklang steht. Davon ausgenommen sind allerdings Maßnahmen zur Angleichung der Rechts- und Verwaltungsvorschriften der Mitgliedstaaten, die gemäß Art 34 Abs 2 lit b EUV als Rahmenbeschlüsse zu erlassen sind. Entsprechend dem allgemeinen Subsidiaritätsgrundsatz in Art 2 Abs 2 EUV kann der Rat nur dann einen Beschluss fassen, wenn das mit der Maßnahme verfolgte Ziel nicht auch einzelstaatlich aufgrund der Zielvorgabe eines Rahmenbeschlusses erreicht werden kann. Insoweit sind die Beschlüsse gegenüber Rahmenbeschlüssen subsidiär.

Zur Bindungswirkung ordnet Art 34 Abs 2 lit c EUV an, dass die Beschlüsse verbindlich sind, aber „nicht unmittelbar wirksam". Daraus folgt zunächst, dass die Beschlüsse – im Gegensatz zu den Rahmenbeschlüssen[149] – zur Gänze

143 EuGH, Rs C-105/03, *Pupino*, Slg 2005, I-5285, Rdnr 43.

144 Siehe dazu vorstehend Pkt I.B.3.b.ff.

145 Siehe dazu vorstehend Pkt I.B.2.b.

146 EuGH, Rs C-105/03, *Pupino*, Slg 2005, I-5285, Rdnrn 44 f. Siehe dazu auch den Beitrag von *Murschetz*, Die rahmenbeschlusskonforme Auslegung des nationalen Rechts, nachstehend auf S 255 ff.

147 Rahmenbeschluss 2002/475/JI des Rates vom 13. Juni 2002, ABl 2002 L 164, 3 ff, idF ABl 2008 L 330, 21.

148 Rahmenbeschluss 2002/584/JI des Rates vom 13. Juni 2002, ABl 2002 L 190, 1.

149 Siehe dazu vorstehend Pkt I.C.3.d.

und nicht nur hinsichtlich des zu erreichenden Zieles bindend sind. Ihre Verbindlichkeit wird ua dadurch bestätigt, dass sie (auch) zur „Durchführung“ bestimmt sind, was ja nur dann sinnvoll ist, wenn der durchzuführende Beschluss bindend ist.[150] Die Beschlüsse gelten allerdings – so wie die Rahmenbeschlüsse[151] – nur für die Mitgliedstaaten. In den Mitgliedstaaten entfalten sie erst mit ihrer Übernahme in die innerstaatliche Rechtsordnung entsprechende Rechtswirkungen. Die Form der Übernahme richtet sich dabei nach den verfassungsrechtlichen Vorgaben des jeweiligen Mitgliedstaates. In Österreich kann die Inkorporation jedenfalls durch spezielle Transformation erfolgen. Möglich ist aber auch eine Übernahme mittels Adoption, wenn die relevanten Bestimmungen des betroffenen Beschlusses in einem Ausmaß hinreichend bestimmt sind, das dem Maßstab des Art 18 Abs 1 B-VG (Legalitätsgebot) entspricht.

Wird ein Beschluss nicht fristgerecht und/oder nicht ordnungsgemäß in das innerstaatliche Recht übernommen, so können sich die Einzelnen nicht direkt auf die Bestimmungen des betreffenden Beschlusses berufen. Auch sind die mitgliedstaatlichen Rechtsanwendungsorgane nicht verpflichtet, den Beschluss direkt anzuwenden. Eine derartige unmittelbare Wirkung wird nämlich von Art 34 Abs 2 lit c EUV ausdrücklich – und damit auch „EuGH-fest“ – ausgeschlossen.

In der Praxis hat der Rat bereits mehrere Beschlüsse erlassen. Dazu zählen beispielsweise der Beschluss über die Errichtung von Eurojust zur Verstärkung der Bekämpfung der schweren Kriminalität[152] und der Beschluss betreffend die Ermittlung und Strafverfolgung von Völkermord, Verbrechen gegen die Menschlichkeit und Kriegsverbrechen.[153]

f. Übereinkommen der Mitgliedstaaten

Gemäß Art 34 Abs 2 lit d UAbs 1 S 1 EUV kann der Rat „Übereinkommen erstellen, die er den Mitgliedstaaten zur Annahme gemäß ihren verfassungsrechtlichen Vorschriften empfiehlt“. Demnach wird im Schoß des Rates der Entwurf eines völkerrechtlichen Vertrages erarbeitet, der den Mitgliedstaaten anschließend zur Ratifikation unterbreitet wird. Der diesbezügliche Rechtsakt des Rates kann eine Frist enthalten, innerhalb derer die Mitgliedstaaten die entsprechenden Verfahren einzuleiten haben. Insoweit ist der Rechtsakt des Rates für die Mitgliedstaaten bindend.

Für die Rechtsverbindlichkeit des jeweiligen Übereinkommens ist der Rechtsakt des Rates hingegen nicht konstitutiv. Ein Übereinkommen bindet

150 Vgl *Glaesner*, Willensbildung und Beschlussverfahren in der Europäischen Union, EuR-Beiheft 1–1994, 35.

151 Siehe dazu vorstehend Pkt I.C.3.d.

152 Beschluss 2002/187/JI des Rates vom 28. Februar 2002, ABl 2002 L 63, 1, idF ABl 2009 L 138, 14.

153 Beschluss 2003/335/JI des Rates vom 8. Mai 2003, ABl 2003 L 118, 12.

nämlich jeden Mitgliedstaat erst nach erfolgter Ratifikation. Allerdings bestimmt Art 34 Abs 2 lit d UAbs 2 EUV diesbezüglich, dass die Übereinkommen, sofern darin nichts anderes vorgesehen ist, in Kraft treten, sobald sie von mindestens der Hälfte der Mitgliedstaaten angenommen, dh ratifiziert worden sind. Sie binden dann allerdings nur die Mitgliedstaaten, die sie angenommen haben. Dabei handelt es sich um eine spezielle Form verstärkter Zusammenarbeit, die allerdings nur vorläufig ist, da das jeweilige Übereinkommen allen Mitgliedstaaten zur Ratifikation empfohlen wurde und diese auch zur fristgerechten Einleitung des dafür erforderlichen innerstaatlichen Verfahrens verpflichtet sind.

Um innerstaatliche Rechtswirkungen zu entfalten, müssen die Übereinkommen in die Rechtsordnungen der Mitgliedstaaten übernommen werden. In Österreich erfolgt diese Inkorporation entweder durch spezielle Transformation oder durch Adoption.

Diese (unionsrechtlichen) Übereinkommen unterscheiden sich von „gewöhnlichen“ (völkerrechtlichen) Verträgen va dadurch, dass sie formell nicht im gewöhnlichen diplomatischen Prozess eines mehrphasigen Vertragsabschlussverfahrens iSv Art 9 des Wiener Übereinkommens über das Recht der Verträge (1969), sondern im Schoß des Rates ausgearbeitet werden und materiell dem Kohärenz- und Kontinuitätsgebot des Art 3 EUV unterliegen. Auch dass sie durch Mehrheitsbeschluss des Rates durchgeführt werden, unterscheidet sie von sonstigen völkerrechtlichen Verträgen.

Die Wahl der Rechtsaktform durch den Rat – Rahmenbeschluss, Beschluss oder Übereinkommen – richtet sich nach folgenden Kriterien: Angleichungen der Rechts- und Verwaltungsvorschriften der Mitgliedstaaten sind grundsätzlich mittels Rahmenbeschluss vorzunehmen. Alle anderen Regelungen im Rahmen der Dritten Säule können entweder mit Beschluss oder durch ein Übereinkommen getroffen werden. Die Wahl zwischen diesen beiden Rechtsaktformen hängt in erster Linie davon ab, ob für den betreffenden Akt der Außenvertretung die einzelnen mitgliedstaatlichen Verfassungen eine Beteiligung des Parlaments verpflichtend vorsehen oder nicht. Für Österreich bedeutet dies, dass der Staatenvertreter im Rat einem Beschluss nur dann zustimmen kann, wenn für diesen Akt der Außenvertretung – wie zB im Falle eines „delegierten Staatsvertrages“ iSv Art 66 Abs 2 B-VG – keine parlamentarische Genehmigung erforderlich ist. Ist hingegen gemäß Art 50 Abs 1 Ziff 1 B-VG eine parlamentarische Genehmigung erforderlich, dann kann er nur einem Empfehlungsbeschluss zur Annahme eines Übereinkommens zustimmen.

Beispiele für Übereinkommen der Mitgliedstaaten sind das Übereinkommen über die Errichtung eines Europäischen Polizeiamts (Europol) (1995)[154] und das Übereinkommen über die Auslieferung zwischen den Mitgliedstaaten der Europäischen Union (1996).[155]

154 ABl 1995 C 316, 1.

155 ABl 1996 C 313, 11; erläuternder Bericht ABl 1997 C 191, 13.

g. Durchführungsmaßnahmen

Der Rat kann schließlich sowohl Maßnahmen zur Durchführung von Beschlüssen (Art 34 Abs 2 lit c S 2 EUV) als auch Maßnahmen zur Durchführung von Übereinkommen (Art 34 Abs 2 lit d UAbs 2 S 2 EUV) annehmen.

Für Maßnahmen zur Durchführung von Beschlüssen ist die qualifizierte Mehrheit erforderlich. Derartige Durchführungsbeschlüsse dürfen keine weitergehenden Verpflichtungen als der ihnen jeweils zugrunde liegende Beschluss enthalten, da die einzusetzenden Mittel bereits in letzterem Rechtsakt verbindlich niedergelegt sind. Ihre Bindungswirkung entspricht jener der Beschlüsse.[156] Durchführungsbeschlüsse werden in der Praxis häufig so hinreichend bestimmt sein, dass sie in Österreich adoptiert werden können.

Maßnahmen zur Durchführung von Übereinkommen bedürfen der Mehrheit von zwei Dritteln „der Vertragsparteien“. Unklar ist, ob damit alle Mitgliedstaaten (die im Rat an der Ausarbeitung des Übereinkommensentwurfes mitgewirkt haben) gemeint sind oder bloß jene, für die das Übereinkommen in Kraft getreten ist. Die Bindungswirkung derartiger Durchführungsmaßnahmen ist nicht ausdrücklich geregelt. Angesichts des Zwecks solcher Maßnahmen einerseits und des intergouvernementalen Charakters der Dritten Säule andererseits ist davon auszugehen, dass sie für die betreffenden Mitgliedstaaten völkerrechtlich bindend sind. Für ihre innerstaatliche Geltung und Anwendbarkeit müssen sie jedoch mittels spezieller Transformation oder Adoption inkorporiert werden. Als Durchführungsmaßnahmen erfüllen sie für Österreich in der Praxis häufig die hinreichende Bestimmtheit, die das Legalitätsprinzip des Art 18 B-VG für eine Adoption verlangt.

h. Ungekennzeichnete Rechtsakte

Im Bereich der GASP werden in der Praxis neben den gekennzeichneten Rechtsakten auch einige andere, vom Vertrag nicht genannte Rechtsakte verwendet. Dazu zählen insbesondere Beschlüsse des Rates.[157] Besondere Bedeutung kommt auch den Erklärungen zu, die entweder als solche des Ratsvorsitzes im Namen der EU oder als solche der EU (nach Verabschiedung im Rat) abgegeben werden.[158]

156 Siehe dazu vorstehend Pkt I.C.3.e.

157 Vgl zB Beschluss 2003/543/GASP des Rates vom 21. Juli 2003 zur Durchführung der Gemeinsamen Aktion 2002/589/GASP betreffend den Beitrag der Europäischen Union zur Bekämpfung der destabilisierenden Anhäufung und Verbreitung von Kleinwaffen und leichten Waffen in Lateinamerika und in der Karibik, ABl 2003 L 185, 59.

158 Eine Auflistung der GASP-Erklärungen findet sich auf der Website des Rates unter folgender Adresse: http://www.consilium.europa.eu/App/newsroom/loadbook.aspx?BID=73&LANG=4&cmsid=257

Eine explizite vertragliche Grundlage für diese Rechtsakte fehlt im EU-Vertrag. Implizit können sie zur regelmäßigen Zusammenarbeit der Mitgliedstaaten gemäß Art 12 Spiegelstrich 5 EUV gezählt oder unter Art 23 Abs 2 Spiegelstrich 1 EUV subsumiert werden, der auch von „anderen Beschlüssen des Rates" als den – ausdrücklich genannten – gemeinsamen Aktionen und gemeinsamen Standpunkten spricht.

Im Bereich der PJZS wird in der Praxis ebenfalls auf andere als die explizit vorgesehenen Rechtsakte zurückgegriffen. Erlassen hat der Rat bislang insbesondere Empfehlungen,[159] Entschließungen[160] und Schlussfolgerungen.[161] So wie in der GASP fehlt auch in der PJZS dafür eine entsprechende vertragliche Grundlage.

Mangels expliziter Grundlage im Vertrag ist die rechtliche Bindungswirkung der ungekennzeichneten Rechtshandlungen des Rates fraglich.[162]

4. Übereinkünfte der Union

Auf der Grundlage von Art 24 EUV und Art 24 iVm Art 38 EUV können in den operativen Feldern der GASP und der PJZS völkerrechtliche Übereinkünfte mit dritten Staaten oder internationalen Organisationen abgeschlossen werden. Diese in der jüngeren Praxis von der EU selbst abgeschlossenen Übereinkünfte sind als atypisches sekundäres Unionsrecht zu qualifizieren. Sie haben zwar im Primärrecht ihre Rechtsgrundlage und stehen daher im Rang unter diesem, werden aber von den zuständigen Organen nicht autonom erlassen, sondern im Zusammenwirken mit Dritten akkordiert und stehen unionsintern auf einer höheren Stufe als das sekundäre Unionsrecht.

Derartige Übereinkünfte binden gemäß Art 24 Abs 6 EUV nicht nur die Mitgliedstaaten, sondern auch die Organe der EU und damit wohl die EU als solche. Bei einem sog Ratifikationsvorbehalt eines Mitgliedstaates im Rat ist dieser Mitgliedstaat an die betreffende Übereinkunft nicht gebunden. Die anderen Mitglieder des Rates können jedoch übereinkommen, dass die Übereinkunft dennoch vorläufig gilt (Art 24 Abs 5 EUV). Nicht ganz klar ist allerdings, an welche Adressaten diese vorläufige Geltung einer Übereinkunft gerichtet ist. Der Wortlaut der Bestimmung in Art 24 Abs 5 EUV, wonach die

159 Vgl zB Empfehlung des Rates vom 8. Mai 2003 zu einem Modell für eine Vereinbarung über die Bildung einer gemeinsamen Ermittlungsgruppe, ABl 2003 C 121, 1.

160 Vgl zB Entschließung des Rates vom 6. Dezember 2001 betreffend ein Handbuch mit Empfehlungen für die internationale polizeiliche Zusammenarbeit und Maßnahmen zur Vorbeugung und Bekämpfung von Gewalttätigkeiten und Störungen im Zusammenhang mit Fußballspielen von internationaler Dimension, die zumindest einen Mitgliedstaat betreffen, ABl 2002 C 22, 1.

161 Vgl Schlussfolgerungen des Rates vom 8. Mai 2003: Brüsseler Erklärung zur Prävention und Bekämpfung des Menschenhandels, ABl 2003 C 137, 1.

162 Vgl *Kehrer* in *Mayer* (Hrsg), Kommentar zu EUV/EGV, Art 12 EUV Rdnr 8.

„Übereinkunft dennoch vorläufig gilt", nimmt keinen möglichen Adressaten von der vorläufigen Geltung aus. Andererseits ist in dieser Bestimmung aber vorgesehen, dass ein Mitgliedstaat, dessen Vertreter im Rat erklärt, dass in seinem Land bestimmte verfassungsrechtliche Vorschriften eingehalten werden müssen, „durch eine solche Übereinkunft nicht gebunden" ist. Der scheinbare Widerspruch in Art 24 Abs 5 EUV könnte auf zweifache Weise gelöst werden: Zum einen könnte die Bestimmung bedeuten, dass eine derartige Übereinkunft zwar den betreffenden Mitgliedstaat nicht bindet, wohl aber für die anderen Mitgliedstaaten und für die Union in ihren Zuständigkeitsbereichen vorläufig gilt. Zum anderen könnte die Bestimmung aber auch dahin gehend ausgelegt werden, dass eine derartige Übereinkunft für alle Adressaten – also die Organe der Union und alle EU-Mitgliedstaaten – vorläufig gilt, den Mitgliedstaat, dessen Vertreter im Rat erklärt hat, dass in seinem Land bestimmte verfassungsrechtliche Vorschriften eingehalten werden müssen, aber erst dann endgültig bindet, wenn die verfassungsrechtlichen Vorgaben erfüllt sind. Welche der beiden möglichen Interpretationsvarianten zutrifft, ist bislang nicht geklärt worden.

In den letzten Jahren hat die EU auf der Grundlage von Art 24 und/oder Art 38 EUV eine Reihe von Übereinkünften im eigenen Namen abgeschlossen. Dazu zählen im Bereich der GASP beispielsweise das Abkommen zwischen der EU und Bosnien und Herzegowina über die Tätigkeit der Polizeimission der EU (EUPM) in Bosnien und Herzegowina,[163] das Abkommen zwischen der EU und der Nordatlantikvertrags-Organisation über den Geheimschutz[164] sowie das Abkommen zwischen der EU und dem Internationalen Strafgerichtshof über Zusammenarbeit und Unterstützung.[165] Im Bereich der PJZS wurden zB zwei Abkommen zwischen der EU und den Vereinigten Staaten von Amerika über Auslieferung und Rechtshilfe in Strafsachen unterzeichnet.[166] Bereichsübergreifend – sowohl GASP als auch PJZS betreffend – ist beispielsweise das Abkommen zwischen der Europäischen Union und den Vereinigten Staaten von Amerika über die Verarbeitung von Fluggastdatensätzen (Passenger Name Records — PNR) und deren Übermittlung durch die Fluggesellschaften an das United States Department of Homeland Security (DHS) (PNR-Abkommen von 2007).[167]

163 Beschluss 2002/845/GASP des Rates vom 30. September 2002, ABl 2002 L 293, 1.

164 Beschluss 2003/211/GASP des Rates vom 24. Februar 2003, ABl 2003 L 80, 35.

165 Beschluss 2006/313/GASP des Rates vom 10. April 2006, ABl 2006 L 115, 49.

166 Beschluss 2003/516/EG (richtig wäre JI) des Rates vom 6. Juni 2003, ABl 2003 L 181, 25.

167 Beschluss 2007/551/GASP/JI des Rates vom 23. Juli 2007, ABl 2007 L 204, 16.

D. Verhältnis zwischen Gemeinschaftsrecht und Unionsrecht

Das Verhältnis zwischen dem Gemeinschaftsrecht und dem Unionsrecht ist in Art 47 EUV geregelt. Demnach lässt der EU-Vertrag den EG-Vertrag unberührt, soweit ersterer Vertrag nicht Bestimmungen zur Änderung des letzteren Vertrages beinhaltet. Die gegenständliche Unberührtheitsklausel, die selbst zum Unionsrecht gehört, unterliegt gemäß Art 46 lit f EUV der Zuständigkeit des Gerichtshofes.[168]

Dem folgend hat der Gerichtshof darüber zu wachen, dass die Handlungen, die von den beliehenen Gemeinschaftsorganen in der Zweiten und/oder Dritten Säule der EU erlassen werden, und die ihrer Natur nach Rechtswirkungen erzeugen können, nicht in die Zuständigkeiten eingreifen, die der EG-Vertrag der Gemeinschaft zuweist.[169] Derartige Handlungen können mit einer auf Art 230 EGV gestützten Nichtigkeitsklage bekämpft werden.[170] Stellt der Gerichtshof einen Verstoß gegen Art 47 EUV fest, erklärt er die betroffene Handlung für nichtig, selbst wenn diese als im Rahmen der GASP gefasster Beschluss ergangen ist, der an sich der Jurisdiktion des Gerichtshofes nicht unterliegt.[171]

Nach ständiger Rechtsprechung des EuGH verbietet die Unberührtheitsklausel des Art 47 EUV, Bestimmungen des EU-Vertrages heranzuziehen, um vom Gemeinschaftsrecht abzuweichen („Flucht ins Unionsrecht").[172] Es ist den Mitgliedstaaten daher nicht erlaubt, im Schoß des Rates eine Materie, für die in der Ersten Säule eine ausschließliche oder geteilte Kompetenz der Europäischen Gemeinschaft besteht, im Rahmen der Zweiten und/oder Dritten Säule zu regeln und damit die anderen Organe, insbesondere das Europäische Parlament, vom Verfahren der Rechtsetzung auszuschließen.[173] Dieses Verbot der „Flucht ins Unionsrecht" gilt aber nicht nur für den Fall einer Missachtung von Kompetenzregeln, sondern auch für eine Abweichung von den – sich vom Unionsrecht in ihrer Gewichtung und Ausrichtung unterscheidenden – Zielbestimmungen des Gemeinschaftsrechts, deren Systematik und Hierarchie sich weder die Mitgliedstaaten noch die Gemeinschaftsorgane unter Berufung auf das Unionsrecht entziehen dürfen.

Dem folgend normiert Art 47 EUV in materieller Hinsicht einen Vorrang des Gemeinschaftsrechts gegenüber dem Unionsrecht, den der Gerichtshof in

168 Vgl zB EuGH, Rs C-91/05, *Kommission/Rat*, Slg 2008, I-3651, Rdnr 31.

169 EuGH, Rs C-170/96, *Kommission/Rat*, Slg 1998, I-2763, Rdnr 16; EuGH, Rs C-91/05, *Kommission/Rat*, Slg 2008, I-3651, Rdnr 33.

170 ZB EuGH, Rs C-440/05, *Kommission/Rat*, Slg 2007, I-9097, Rdnr 74.

171 EuGH, Rs C-91/05, *Kommission/Rat*, Slg 2008, I-3651, Rdnrn 34 und 110.

172 EuGH, Rs C-170/96, *Kommission/Rat*, Slg 1998, I-2763, Rdnrn 13 ff; EuGH, Rs C-176/03, *Kommission/Rat*, Slg 2005, I-7879, Rdnrn 38 ff.

173 Vgl Mitteilung der Kommission an das Europäische Parlament und den Rat über die Folgen des Urteils des Gerichtshofs vom 13. September 2005 (Rs C-176/03, *Kommission gegen Rat*), KOM(2005) 583 endg/2 von 21. November 2005.

Anwendung seiner Zuständigkeit nach Art 46 lit f EUV – die sich auf Art 47 EUV erstreckt – auch prozessual absichern kann.[174]

II. Neueste Entwicklungen

Die neuesten Entwicklungen im Rechtsquellensystem des EU-Rechts basieren zum einen (A) auf der jüngsten Rechtsprechung des EuGH, die mehreren Sekundärrechtsakten weitergehende Rechtswirkungen zuerkennt, und zum anderen (B) auf dem Vertrag von Lissabon, der für das EU-Recht tiefgreifende inhaltliche Modifikationen brachte.

A. Neuerungen betreffend Rechtswirkungen von Sekundärrechtsakten

Die judikativen Weiterentwicklungen betreffen (1) die Rechtswirkungen nicht kundgemachter Sekundärrechtsakte und (2) die Rechtswirkungen von Richtlinien.

1. Rechtswirkungen nicht kundgemachter Sekundärrechtsakte

Nach jüngster Rechtsprechung des EuGH können gemäß Art 254 Abs 2 EGV kundmachungspflichtige EG-Rechtsakte nur Rechtswirkungen erzeugen, wenn sie im Amtsblatt der EU veröffentlicht worden sind.[175] Dies gilt in erster Linie für Verordnungen des Rates und der Kommission, aber auch für an alle Mitgliedstaaten gerichtete Richtlinien dieser Organe.

Daraus folgt, dass ein von einem Gemeinschaftsorgan erlassener Rechtsakt einer natürlichen oder juristischen Person in einem Mitgliedstaat nicht entgegengehalten werden darf, bevor diese die Möglichkeit hatte, vom betreffenden Rechtsakt durch eine ordnungsgemäße Kundmachung im Amtsblatt der EU Kenntnis zu nehmen; die Verfügbarkeit einer elektronischen Fassung im Internet reicht dafür – beim derzeitigen Stand des Gemeinschaftsrechts – nicht aus.[176] Nach dem Grundsatz der Rechtssicherheit, der als allgemeiner Rechtsgrundsatz im Gemeinschaftsrecht gilt, muss eine Gemeinschaftsregelung es den Betroffenen nämlich ermöglichen, den Umfang der ihnen auferlegten Verpflichtungen genau zu erkennen und sich darauf einzustellen.[177]

---

174 Vgl EuGH, Rs C-170/96, *Kommission/Rat*, Slg 1998, I-2763, Rdnrn 13 ff; EuGH, Rs C-176/03, *Kommission/Rat*, Slg 2005, I-7879, Rdnrn 38 ff.

175 EuGH, Rs C-161/06, *Skoma-Lux*, Slg 2007, I-10841, Rdnr 33; EuGH, Rs C-345/06, *Heinrich*, Slg 2009, I-1659, Rdnr 42.

176 EuGH, Rs C-161/06, *Skoma-Lux*, Slg 2007, I-10841, Rdnrn 45 ff.

177 EuGH, Rs C-345/06, *Heinrich*, Slg 2009, I-1659, Rdnr 44.

Der gemeinschaftsrechtliche Grundsatz der Rechtssicherheit muss auch beachtet werden, wenn die Mitgliedstaaten Maßnahmen zur Durchführung des Gemeinschaftsrechts erlassen. Dem folgend müssen nationale Maßnahmen, die in Durchführung einer gemeinschaftsrechtlichen Regelung Einzelnen Pflichten auferlegen, veröffentlicht werden, damit die Betroffenen davon Kenntnis erlangen können. Ferner müssen die Betroffenen sich in einem solchen Fall auch über die Quelle der ihnen Pflichten auferlegenden nationalen Maßnahmen unterrichten können, da die Mitgliedstaaten diese Maßnahmen in Erfüllung einer gemeinschaftsrechtlichen Verpflichtung erlassen haben.[178] Dies ist bei Verordnungen der Gemeinschaft umso mehr geboten, als es den Betroffenen gegebenenfalls möglich sein muss, von den nationalen Gerichten überprüfen zu lassen, ob nationale Maßnahmen zur Durchführung einer Verordnung mit dieser Verordnung im Einklang stehen. Dem folgend müssen nationale Maßnahmen zur Durchführung einer Verordnung auf diese Verordnung Bezug nehmen.[179] Die gegenständliche Bezugnahme (vgl Zitiergebot bei Richtlinien)[180] muss in der Durchführungsmaßnahme selbst enthalten sein; ein entsprechender Hinweis in den Erläuternden Bemerkungen reicht dafür wohl nicht aus.

Aus alledem folgt, dass eine Verordnung vor ihrer ordnungsgemäßen Kundmachung im Amtsblatt der EU Einzelnen keine Pflichten auferlegen kann. Dies gilt auch für mitgliedstaatliche Durchführungsmaßnahmen, die nicht im nationalen Publikationsorgan veröffentlicht wurden.

Nicht – zumindest nicht explizit – entschieden ist hingegen die Frage, ob Einzelne sich auf eine bereits in Kraft getretene, aber (noch) nicht im Amtsblatt der EU kundgemachte Verordnung stützen können, um daraus Rechte abzuleiten. Eine derartige Verordnung ist nach Ansicht des EuGH Bestandteil des gemeinschaftlichen Besitzstandes und insoweit für die Mitgliedstaaten bindend.[181] Daraus könnte abgeleitet werden, dass Einzelne sich dem jeweiligen Mitgliedstaat gegenüber auf dessen Verpflichtungen aus der betreffenden Verordnung und damit auf ihre daraus resultierenden Rechte – soweit diese dem Staat gegenüber bestehen – berufen können.

2. Rechtswirkungen von Richtlinien

Die neuesten Entwicklungen betreffend die Rechtswirkungen von Richtlinien beziehen sich auf deren unmittelbare Wirkung im Dreiecksverhältnis und auf die gerichtliche Geltendmachung darin verankerter Verpflichtungen.

Hinsichtlich der unmittelbaren Wirkung von Richtlinien gilt nach ständiger Rechtsprechung des EuGH, dass eine Richtlinie selbst keine Verpflichtungen

178 EuGH, Rs C-345/06, *Heinrich*, Slg 2009, I-1659, Rdnr 45.
179 EuGH, Rs C-345/06, *Heinrich*, Slg 2009, I-1659, Rdnr 46.
180 Siehe dazu vorstehend Pkt I.B.3.b.bb.
181 EuGH, Rs C-161/06, *Skoma-Lux*, Slg 2007, I-10841, Rdnr 59.

für einen Einzelnen begründen kann, sondern nur Rechte. Daher kann sich ein Einzelner nicht gegenüber einem anderen Einzelnen direkt auf Bestimmungen einer Richtlinie berufen (keine horizontale Direktwirkung).[182] Ebenso kann sich ein Einzelner nicht gegenüber einem Mitgliedstaat auf eine Richtlinie berufen, wenn es sich um Verpflichtungen des Staates handelt, die unmittelbar im Zusammenhang mit der Erfüllung einer anderen Verpflichtung steht, die aufgrund dieser Richtlinie einem Dritten obliegt.[183] Dagegen rechtfertigen bloße negative Auswirkungen auf die Rechte Dritter, selbst wenn sie gewiss sind, es nicht, einem Einzelnen das Recht auf Berufung auf die Bestimmungen einer Richtlinie gegenüber dem betreffenden Mitgliedstaat zu versagen.[184] So kann ein Wegfall eines Vorteils nicht als eine Verpflichtung für einen Einzelnen angesehen werden.

Daraus folgt, dass hinreichend genaue und unbedingte Bestimmungen einer Richtlinie nach Ablauf der Umsetzungsfrist im Dreiecksverhältnis Einzelner – Staat – Einzelner immer dann unmittelbare Wirkung entfalten, wenn die Erfüllung der Verpflichtung des Staates aus der konkreten Richtlinienbestimmung nicht unmittelbar mit der Erfüllung einer anderen Verpflichtung aus dieser Richtlinie durch den Einzelnen zusammenhängt.

Hinsichtlich der Geltendmachung von Rechten resultiert aus dem zwingenden Charakter, den Art 249 Abs 3 EGV einer Richtlinie verleiht, dass die betroffenen Personen die Möglichkeit haben müssen, mit der Richtlinie auferlegte Verpflichtungen auch durchzusetzen und auf diese Weise ihre Rechte aus der Richtlinie geltend zu machen. Dies gilt ganz besonders für Richtlinien, die dem Schutz der Gesundheit dienen.[185]

Daraus folgt zB, dass im Rahmen der Richtlinie 96/62/EG des Rates vom 27. September 1996 über die Beurteilung und die Kontrolle der Luftqualität[186] „natürliche und juristische Personen, die unmittelbar von der Gefahr einer Überschreitung der Grenzwerte oder der Alarmschwellen betroffen sind, bei den zuständigen Behörden – gegebenenfalls unter Anrufung der zuständigen Gerichte – erwirken können müssen, dass bei Vorliegen einer solchen Gefahr ein Aktionsplan erstellt wird“.[187]

182 Siehe dazu vorstehend Pkt I.B.3.b.dd.

183 EuGH, Rs C-201/02, *Wells*, Slg 2004, I-723, Rdnr 56.

184 EuGH, verb Rs C-152 bis C-154/07, *Arcor ua*, Slg 2008, I-5959, Rdnr 36.

185 EuGH, Rs C-237/07, *Janecek*, Slg 2008, I-6221, Rdnrn 37 f.

186 ABl 1996 L 296, 55; aufgehoben durch die Richtlinie 2008/50/EG des Europäischen Parlaments und des Rates vom 21. Mai 2008 über Luftqualität und saubere Luft für Europa, ABl 2008 L 152, 1.

187 EuGH, Rs C-237/07, *Janecek*, Slg 2008, I-6221, Rdnr 39. Vgl *Potacs*, ZfV 2009, 874.

B. Neuerungen durch den Vertrag von Lissabon

Der am 1. Dezember 2009 in Kraft getretene Vertrag von Lissabon (Lissabonner Vertrag, LV)[188] verfolgt das Ziel, den mit dem Vertrag von Amsterdam (1997) und dem Vertrag von Nizza (2001) eingeleiteten Prozess, mit dem die Effizienz und die demokratische Legitimität der Union erhöht und die Kohärenz ihres Handelns verbessert werden sollen, abzuschließen (Erwägungsgrund 1 LV). Dem folgend beinhaltet der gegenständliche Vertrag weitreichende inhaltliche Weiterentwicklungen der EU.[189] Bezogen auf die Rechtsquellen des EU-Rechts betreffen diese Weiterentwicklungen (1) die Neuordnung der die EU begründenden Verträge, (2) den Übergang vom Gemeinschaftsrecht zum Unionsrecht, (3) die Reduktion der Zahl der gekennzeichneten Rechtsakte, (4) die teilweise neue Rechtsaktform „Beschluss" und (5) die nunmehr der Union zuzurechnende Rechtsaktform der Übereinkunft sowie (6) eine verbesserte Hierarchisierung der Sekundärrechtsakte.

Die gegenständlichen Weiterentwicklungen stehen in engem Zusammenhang mit anderen institutionellen Neuerungen. So erhielt die mit dem EU-Vertrag (1992) am 1. November 1993 gegründete „Europäische Union" explizit den Status einer internationalen Organisation, der die Mitgliedstaaten Zuständigkeiten zur Verwirklichung ihrer gemeinsamen Ziele übertragen (Art 1 Abs 1 EUVn).[190] Diese geänderte EU – kurz als „Union" bezeichnet – ist gemäß Art 1 Abs 3 EUVn der Europäischen Gemeinschaft – nicht aber der Europäischen Atomgemeinschaft (EAG) – nachgefolgt und vollinhaltlich in deren Rechtspositionen eingetreten.

Im Gefolge der Verleihung von Rechtspersönlichkeit an die Union einerseits und der Ersetzung der Europäischen Gemeinschaft durch die Union an-

188 ABl 2007 C 306, 1, berichtigt ABl 2009 C 290, 1 und ABl 2010 C 81, 1. Vgl zB *Fischer*, Der Vertrag von Lissabon. Text und Kommentar zum Europäischen Reformvertrag (2008); *Hummer/Obwexer* (Hrsg), Der Vertrag von Lissabon (2009); *Streinz/Ohler/Herrmann*, Der Vertrag von Lissabon zur Reform der EU. Einführung mit Synopse[3] (2010).

189 Vgl zB *Calliess*, Die Europäische Union nach dem Vertrag von Lissabon. Mehr Transparenz, Effizienz und Legitimation? (2010); *Hatje/Kindt*, NJW 2008, 1761; *Hellmann*, Der Vertrag von Lissabon. Vom Verfassungsvertrag zur Änderung der bestehenden Verträge – Einführung mit Synopse und Übersichten (2009); *Hofmann/Wessels*, integration 2008, 3; *König/Nguyen*, ZJS 2008, 140; *Lengauer*, ZfRV 2008, 4; *Mayer*, ZaöRV 2007, 1142; *Obwexer*, ecolex 2008, 285; *Öhlinger*, ecolex 2008, 290; *Pernice* (Hrsg), Der Vertrag von Lissabon: Reform der EU ohne Verfassung? (2008); *Schiffauer*, EuGRZ 2008, 1; *Terhechte*, EuR 2008, 143.

190 Zum geänderten EU-Vertrag siehe nachstehend Pkt II.B.1.

dererseits wurde die bisherige Säulenstruktur der EU[191] aufgehoben. Die Union ist nunmehr sowohl für die bisherigen Regelungsbereiche der Europäischen Gemeinschaft (Erste Säule) als auch für die bislang intergouvernementalen Bereiche der GASP (Zweite Säule) und der PJZS (Dritte Säule) zuständig. Dennoch bestehen in beiden letzteren Bereichen institutionelle Besonderheiten, insbesondere bei der Rechtsetzung und im Rechtsschutz.[192]

1. Neuordnung der die EU begründenden Verträge

Grundlage der Union sind nunmehr der geänderte EU-Vertrag (EUVn) und der Vertrag über die Arbeitsweise der EU (AEUV). Letzterer besteht aus dem geänderten EG-Vertrag. Beide Verträge sind rechtlich gleichrangig (Art 1 Abs 3 EUVn). Hinzu kommt die Charta der Grundrechte der Union (GRC).[193] Diese hat den gleichen Rang wie die Verträge (Art 6 Abs 1 UAbs 1 EUVn),[194] zählt aber nicht zu den Grundlagen der Union.

Die zahlreichen – inhaltlich großteils wörtlich dem Vertrag über eine Verfassung für Europa (Verfassungsvertrag, EVV)[195] entstammenden – Änderungen des EU- und des EG-Vertrages führten in beiden Verträgen einerseits zur Einfügung vieler neuer Artikel und andererseits zur Streichung mehrerer Bestimmungen. Zum Zwecke der leichteren Lesbarkeit wurde eine Umnummerierung der Artikel, Abschnitte, Kapitel, Titel und Teile beider Verträge in ihrer geänderten Fassung vorgenommen (Art 5 LV). Diese Umnummerierung ist in den Übereinstimmungstabellen im Anhang des Lissabonner Vertrages festgelegt.[196] Daneben wurden auch manche der geänderten Protokolle zum EU-Vertrag, zum EG-Vertrag und/oder zum EAG-Vertrag umnummeriert (Art 4 Abs 1 und Prot Nr 1 LV). Die gegenständliche Umnummerierung ist in den Übereinstimmungstabellen im Anhang des Protokolls Nr 1 (Anhang Prot Nr 1 LV) geregelt.

Am 9. Mai 2008 – dem Europa-Tag des Jahres nach Unterzeichnung des Vertrages von Lissabon – wurden amtlich konsolidierte Fassungen des geänderten EU-Vertrages und des Vertrages über die Arbeitsweise der EU sowie der einem oder beiden dieser Verträge beigefügten Protokolle im Amtsblatt der EU veröffentlicht.[197] Diese Fassungen sind zwar rechtlich nicht bindend,

191 Siehe dazu vorstehend Pkt I.A.

192 Vgl *Obwexer*, ÖJZ 2010, 101.

193 ABl 2007 C 303, 1; ABl 2010 C 83, 389.

194 EuGH, Rs C-555/07, *Kücükdeveci*, Urteil vom 19. Jänner 2010, noch nicht in der amtl Slg veröffentlicht, Rdnr 22.

195 ABl 2004 C 340, 1. Vgl zB *Hummer/Obwexer*, Der Vertrag über eine Verfassung für Europa (2007).

196 Dies ist die zweite Umnummerierung der davon betroffenen Verträge; die erste erfolgte mit dem Amsterdamer Vertrag (1997) (Art 12 AV); siehe dazu die Übereinstimmungstabellen, nachstehend im Anhang auf S 701 ff.

197 ABl 2008 C 115, 1; ersetzt durch ABl 2010 C 83, 1.

erleichtern die Arbeit mit den neuen vertraglichen Grundlagen der Union in der Praxis aber wesentlich.

2. Übergang vom Gemeinschaftsrecht zum Unionsrecht

Die Rechtsnachfolge der Union gegenüber der Europäischen Gemeinschaft und die Ersetzung der Worte „Gemeinschaft …" durch „Union …" führten dazu, dass seit 1. Dezember 2009 in der Union nur noch Unionsrecht gilt. Die Unterscheidung zwischen Gemeinschaftsrecht und Unionsrecht[198] wurde aufgehoben. An die Stelle beider Rechtsordnungen ist das Unionsrecht getreten. Dabei handelt es sich um eine im Primärrecht selbst vorgesehene Bezeichnung (vgl zB Art 6 Abs 3 und Art 19 Abs 1 UAbs 2 EUVn).

Zum Unionsrecht zählen in erster Linie der EU-Vertrag und der Vertrag über die Arbeitsweise der EU; beide Verträge sind rechtlich gleichrangig (Art 1 Abs 3 S 2 EUVn). Ebenfalls zum Primärrecht der Union gehören die den Verträgen beigefügten Protokolle und Anhänge (Art 51 EUVn). Zum primären Unionsrecht zählt schließlich auch die Grundrechte-Charta.

Ergänzt wird das primäre Unionsrecht durch das auf dessen Grundlage erlassene abgeleitete Recht. Zu diesem sekundären Unionsrecht gehören die auf den EU-Vertrag und/oder den Vertrag über die Arbeitsweise der EU gestützten Rechtsakte, insbesondere EU-Verordnungen, EU-Richtlinien und EU-Beschlüsse,[199] aber auch Übereinkünfte der Union mit dritten Staaten oder internationalen Organisationen. Schließlich umfasst das (sekundäre) Unionsrecht auch das am 30. November 2009 in der Europäischen Gemeinschaft geltende (sekundäre) Gemeinschaftsrecht sowie das bis zu diesem Zeitpunkt im Rahmen der GASP und in der PJZS erlassene „alte" Unionsrecht (vgl Art 9 Prot Nr 36 über die Übergangsbestimmungen).

Gemeinschaftsrecht gibt es seit Inkrafttreten des Vertrages von Lissabon nur noch im Rahmen der EAG.

Das seit 1. Dezember 2009 geltende Unionsrecht ist – bis auf eine ausdrücklich vorgesehene Ausnahme – zur Gänze supranational ausgestaltet. Die Supranationalität resultiert aus dem Vorrang des Unionsrechts. Dabei ist – wie beim bislang geltenden Gemeinschaftsrecht – zwischen dem Vorrang ieS und dem Vorrang iwS zu unterscheiden. Der Vorrang ieS besteht im Anwendungsvorrang, wonach im Kollisionsfall die Bestimmungen des Unionsrechts mit unmittelbarer Wirkung jede wie auch immer geartete innerstaatliche Rechtsvorschrift verdrängen.[200] Der Vorrang iwS beinhaltet Elemente der „nützlichen Wirkung"

198 Siehe dazu vorstehend Pkt I.A.

199 Siehe dazu nachstehend Pkt II.B.4.

200 Siehe dazu vorstehend Pkt I.B.1.c. Vgl dazu auch den Beitrag von *Hable*, Neuerungen im Zusammenwirken von EU-Recht und nationalem Recht nach dem Vertrag von Lissabon, nachstehend auf S 664 f.

(„effet utile") des Unionsrechts und umfasst die Verpflichtung zu unionsrechtskonformer Auslegung nationalen Rechts,[201] grundlegende Rechtsschutzvorgaben (insbesondere das Recht auf effektiven gerichtlichen Rechtsschutz und die Grundsätze der Äquivalenz und der Effektivität)[202] sowie die Staatshaftung.[203]

Der Vorrang des Unionsrechts wurde mit dem Vertrag von Lissabon nicht explizit vertraglich verankert. Er resultiert lediglich implizit aus der Rechtsnachfolge der Union gegenüber der Europäischen Gemeinschaft, deren Rechtsordnung – das Gemeinschaftsrecht – diesen Vorrang hatte, sowie aus dem Ziel des Lissabonner Vertrages, den Integrationsprozess fortzusetzen. Bestätigt wird dies durch die – rechtlich nicht bindende – Erklärung (Nr 17) in der Schlussakte des Vertrages von Lissabon, in der die Konferenz darauf hinweist, dass die Verträge und das von der Union auf der Grundlage der Verträge gesetzte Recht im Einklang mit der ständigen Rechtsprechung des Gerichtshofes der EU unter den in dieser Rechtsprechung festgelegten Bedingungen Vorrang vor dem Recht der Mitgliedstaaten haben. Aus dem dieser Erklärung beigefügten Gutachten des Juristischen Dienstes des Rates geht ua hervor, dass die Tatsache, „dass der Grundsatz (des) Vorrangs nicht in den künftigen Vertrag aufgenommen wird, (...) nichts an seiner Existenz und an der bestehenden Rechtsprechung des Gerichtshofs (ändert)".

Dem folgend genießt das Unionsrecht Anwendungsvorrang. Demnach sind alle Bestimmungen des primären und sekundären Unionsrechts, die unmittelbare Wirkung entfalten, im Falle einer Kollision mit staatlichem Recht von den mitgliedstaatlichen Gerichten und Verwaltungsbehörden vorrangig anzuwenden. Dies gilt nicht nur für Bestimmungen aus den (ehemaligen) Gemeinschaftsbereichen, sondern auch für Bestimmungen im Rahmen der justiziellen Zusammenarbeit in Strafsachen und der polizeilichen Zusammenarbeit (zB EU-Verordnungen, EU-Richtlinien) und für Bestimmungen der GASP (EU-Beschlüsse mit allgemeiner Geltung bzw an die Mitgliedstaaten gerichtete EU-Beschlüsse). Ebenso umfasst sind die Rechte und Freiheiten der Grundrechte-Charta, obwohl diese nicht Teil der Verträge ist.[204] Der Anwendungsvorrang des Unionsrechts gilt gegenüber dem gesamten staatlichen Recht, also auch gegenüber dem Verfassungsrecht und sogar im Verhältnis zu den Grundsätzen bzw Strukturprinzipien einer Verfassung.

201 Vgl EuGH, Rs C-105/03, *Pupino*, Slg 2005, I-5285, Rdnrn 41 ff.

202 Vgl zB EuGH, Rs C-506/04, *Wilson*, Slg 2006, I-6813, Rdnrn 46 f; EuGH, Rs C-2/08, *Olimpiclub*, Urteil vom 3. September 2009, noch nicht in der amtl Slg veröffentlicht, Rdnr 24.

203 Vgl zuletzt EuGH, Rs C-445/06, *Danske Slagterier*, Slg 2009, I-2119, Rdnrn 19 f.

204 EuGH, Rs C-555/07, *Kücükdeveci*, Urteil vom 19. Jänner 2010, noch nicht in der amtl Slg veröffentlicht, Rdnr 51.

Daneben entfaltet das Unionsrecht auch Vorrang iwS. Demnach gelten die Verpflichtung zu unionsrechtskonformer Auslegung des nationalen Rechts, die Rechtsschutzvorgaben und die Staatshaftung nicht mehr nur in den (ehemaligen) Gemeinschaftsbereichen, sondern auch in der justiziellen Zusammenarbeit in Strafsachen und in der polizeilichen Zusammenarbeit sowie im Rahmen der GASP. Für eine der grundlegenden Rechtsschutzgarantien ist in Art 19 Abs 1 UAbs 2 EUVn sogar ausdrücklich vorgesehen, dass die Mitgliedstaaten die erforderlichen Rechtsbehelfe schaffen, „damit ein wirksamer Rechtsschutz in den vom Unionsrecht erfassten Bereichen gewährleistet ist."[205]

Nicht supranational, sondern lediglich intergouvernemental ausgestaltet bleiben die Rechtsakte der Union, die vor Inkrafttreten des Vertrages von Lissabon auf der Grundlage des („alten") EU-Vertrages angenommen wurden („altes" Unionsrecht). Diese behalten gemäß Art 9 Prot Nr 36 über die Übergangsbestimmungen nämlich so lange „Rechtswirkung", bis sie in Anwendung der Verträge aufgehoben, für nichtig erklärt oder geändert werden. Dies gilt auch für Übereinkommen der Mitgliedstaaten. Daraus folgt, dass diese Rechtsakte intergouvernemental bleiben, bis sie inhaltlich ersetzt oder geändert werden. Mit ihrer Ersetzung oder auch nur mit ihrer (bloßen) Änderung werden die gegenständlichen Rechtsakte zu Unionsrecht und erhalten die diesem zukommenden supranationalen Rechtswirkungen („vergolden" von „altem" Unionsrecht).[206]

3. Reduktion der Zahl der gekennzeichneten Rechtsakte

Mit dem Ziel, das EU-Recht zu vereinfachen, wurde die Zahl der bislang im EU-Recht vorgesehenen – insgesamt dreizehn – (gekennzeichneten) Rechtsakte um mehr als die Hälfte reduziert. Art 288 AEUV sieht nunmehr – für alle Zuständigkeitsbereiche der Union – nur noch folgende fünf (gekennzeichnete) Rechtsakte vor: Verordnungen, Richtlinien, Beschlüsse, Empfehlungen und Stellungnahmen. Diese entsprechen dem bisherigen Katalog der gekennzeichneten Rechtsakte des Gemeinschaftsrechts; an die Stelle der Entscheidung ist allerdings der Beschluss getreten, der zum einen die Entscheidung mit umfasst, zum anderen jedoch darüber hinausgeht, weil er nicht mehr an einen bestimmten Adressatenkreis gerichtet sein muss.[207]

Hinzu kommen nicht gekennzeichnete Rechtsakte, von denen manche in einschlägigen Rechtsgrundlagen ausdrücklich genannt werden. Dazu zählen insbesondere Übereinkünfte der Union mit dritten Staaten und internationalen Organisationen.[208]

---

205 Siehe dazu nachstehend Pkt III.C.

206 Vgl *Obwexer*, ÖJZ 2010, 103 f.

207 Siehe dazu nachstehend Pkt II.B.4.

208 Siehe dazu nachstehend Pkt II.B.5.

4. Beschlüsse

Gemäß Art 288 Abs 4 AEUV sind Beschlüsse in allen ihren Teilen verbindlich. Sind sie an bestimmte Adressaten gerichtet, so sind sie nur für diese verbindlich. Damit entspricht der Beschluss im Wesentlichen der Entscheidung im bislang geltenden Gemeinschaftsrecht (Art 249 Abs 4 EGV).[209] Im Unterschied zur Entscheidung kann der Beschluss allerdings nicht nur an bestimmte Adressaten, sondern auch an die Allgemeinheit gerichtet sein.[210]

Der Beschluss ist – wie die Verordnung und im Unterschied zur Richtlinie – in allen seinen Teilen verbindlich (Gesamtverbindlichkeit).

Des Weiteren kann der Beschluss entweder an die Allgemeinheit oder einen individualisierten bzw individualisierbaren Adressatenkreis gerichtet sein. In ersterem Fall kommt ihm – wie der Verordnung – allgemeine Geltung zu, in letzterem Fall ist er *nur* für die Adressaten verbindlich.

Schließlich entfaltet ein Beschluss, wenn er an einen oder mehrere Mitgliedstaaten gerichtet ist, in diesem bzw in diesen – vergleichbar einer Richtlinie – unmittelbare Wirkung.[211] Dies gilt auch für Beschlüsse im Bereich der GASP, sofern diese inhaltlich Einzelne begünstigen und die einschlägigen Bestimmungen inhaltlich hinreichend bestimmt und unbedingt sind. Die Beschränkung der Bindungswirkung nur auf die Adressaten schließt die unmittelbare Wirkung von an die Mitgliedstaaten gerichteten Beschlüssen jedenfalls nicht aus. Der EuGH hat nämlich die unmittelbare Wirkung von Entscheidungen gerade darauf gestützt, dass diese für die Mitgliedstaaten bindende Wirkung entfalten und die praktische Wirksamkeit („effet utile") einer Maßnahme gegenüber einem Mitgliedstaat abgeschwächt würde, wenn sich dessen Angehörige nicht darauf berufen könnten.[212] Beide Argumente greifen auch für Beschlüsse.

Ein Beschluss kann sowohl im ordentlichen Gesetzgebungsverfahren als auch in einem besonderen Gesetzgebungsverfahren angenommen werden. In diesen Fällen ist er als Gesetzgebungsakt zu qualifizieren (Art 289 AEUV). Ein Beschluss kann aber auch in einem anderen Verfahren angenommen werden und stellt dann einen Rechtsakt ohne Gesetzescharakter dar.[213]

5. Übereinkünfte der Union

Im Rahmen der ungekennzeichneten Rechtsakte kommt den internationalen Übereinkünften der Union mit dritten Ländern oder internationalen Organisationen (Art 216 bis Art 219 AEUV) besondere Bedeutung zu. Gemäß

209 Siehe dazu vorstehend Pkt I.B.3.c.

210 Vgl *Stelkens*, ZEuS 2005, 61.

211 Vgl – zur Entscheidung – EuGH, Rs 9/70, *Grad*, Slg 1970, 825, Rdnr 9; EuGH, Rs C-156/91, *Hansa Fleisch*, Slg 1992, I-5567, Rdnrn 12 ff.

212 Vgl EuGH, Rs C-156/91, *Hansa Fleisch*, Slg 1992, I-5567, Rdnrn 12 ff.

213 Zum Rang dieser Rechtsakte siehe nachstehend Pkt II.B.6.

Art 216 AEUV binden diese Übereinkünfte „die Organe der Union und die Mitgliedstaaten".

Ganz allgemein müssen die Übereinkünfte der Union als Organhandlungen im primären Unionsrecht ihre Rechtsgrundlage haben und mit diesem vereinbar sein. Aus der Bindung der Organe der Union an deren Übereinkünfte resultiert, dass das sekundäre Unionsrecht die Übereinkünfte der Union beachten muss. Dem folgend stehen die Übereinkünfte der Union auf einer Zwischenstufe zwischen primärem und sekundärem Unionsrecht (Mezzaninrang). Einzige Ausnahme davon bildet die Übereinkunft über den Beitritt der Union zur Europäischen Menschenrechtskonvention (EMRK). Der Beschluss des Rates zum Abschluss dieser Übereinkunft tritt gemäß Art 218 Abs 8 UAbs 2 AEUV nämlich erst in Kraft, nachdem die Mitgliedstaaten im Einklang mit ihren verfassungsrechtlichen Vorschriften zugestimmt haben. Dieser Ratifikationsvorbehalt hebt die gegenständliche Übereinkunft in den Rang von primärem Unionsrecht. Dieses darf das geltende Primärrecht aber nicht ändern (vgl Prot Nr 8 zu Art 6 Abs 2 EUVn über den Beitritt der Union zur EMRK), sondern lediglich ergänzen. Dem folgend stellt die Übereinkunft über den Beitritt der Union zur EMRK primärrechtsergänzendes Sekundärrecht dar.

Daneben sind die Übereinkünfte der Union auch für die Mitgliedstaaten verbindlich. Dies bedeutet, dass sie mit ihrem Inkrafttreten Teil des Unionsrechts werden und als solches unmittelbar in den Mitgliedstaaten gelten.

Ob eine Bestimmung einer Übereinkunft der Union auch unmittelbare Wirkung entfaltet, hängt davon ab, ob sie self-executing-Charakter hat, also hinreichend klar und unbedingt formuliert ist und ob es dem – sich aus der Rechtsnatur und der Systematik des Abkommens ergebenden – Willen der Vertragsparteien entspricht, dass sich Individuen auf das Abkommen berufen können.[214] Die Voraussetzungen einer unmittelbaren Anwendbarkeit richten sich bei Übereinkünften der Union grundsätzlich nach völkerrechtlichen Regeln. Nach ständiger Rechtsprechung des EuGH ist eine Bestimmung eines mit Drittländern geschlossenen Abkommens unmittelbar anwendbar, „wenn sie unter Berücksichtigung ihres Wortlauts und im Hinblick auf den Zweck und die Natur des Abkommens eine klare und präzise Verpflichtung enthält, deren Erfüllung oder deren Wirkungen nicht vom Erlass eines weiteren Aktes abhängen."[215]

Die Übereinkünfte der Union bilden – entsprechend der ständigen Rechtsprechung des EuGH zu den Abkommen der Europäischen Gemeinschaft – einen „integrierenden Bestandteil" des Unionsrechts.[216] Das hat zur Folge, dass sie am Anwendungsvorrang des Unionsrechts teilhaben und ihre unmit-

214 Vgl zB EuGH, Rs 104/81, *Kupferberg*, Slg 1982, 3641, Rdnrn 17 ff.

215 Vgl zB EuGH, Rs C-63/99, *Gloszczuk*, Slg 2001, I-6369, Rdnr 30; EuGH, Rs C-171/01, *Wählergruppe Gemeinsam*, Slg 2003, I-4301, Rdnr 54.

216 Vgl zB EuGH, Rs 181/73, *Haegemann*, Slg 1974, 449, Rdnr 2/6.

telbare Wirkung entfaltenden Bestimmungen kollidierendes innerstaatliches Recht verdrängen.

Von den Abkommen der Europäischen Gemeinschaft, die im Rahmen der Rechtsnachfolge auf die Union übergegangen sind (Art 1 Abs 3 EUVn), entfalten allerdings nicht alle unmittelbare Wirkung. Nach inzwischen gefestigter Rechtsprechung gehören insbesondere das WTO-Übereinkommen und seine Anhänge ebenso wie die Regelungen des GATT 1994 wegen ihrer Natur und ihrer Systematik grundsätzlich nicht zu den Vorschriften, an denen der EuGH und das EuG die Handlungen der Organe messen. Diese Regelungen begründen nämlich keine Rechte für den Einzelnen, auf die er sich vor Gericht berufen könnte.[217]

6. Hierarchisierung der Sekundärrechtsakte

Gleichzeitig mit der zahlenmäßigen Reduktion der gekennzeichneten Sekundärrechtsakte[218] wurden diese in eine klarer strukturierte hierarchische Struktur gebracht.[219]

Ausgangspunkt der (neuen) Normenhierarchie ist die Unterscheidung zwischen Gesetzgebungsakten und Rechtsakten ohne Gesetzescharakter.[220] Gesetzgebungsakte sind Verordnungen, Richtlinien oder Beschlüsse, die formal im ordentlichen oder in einem besonderen Gesetzgebungsverfahren angenommen wurden (Art 289 Abs 3 AEUV); Rechtsakte ohne Gesetzescharakter sind alle anderen Sekundärrechtsakte, insbesondere Verordnungen, Richtlinien und Beschlüsse, die nicht in einem Gesetzgebungsverfahren angenommen wurden (vgl Art 297 AEUV). Demnach werden die Gesetzgebungsakte hauptsächlich über das Rechtsetzungsverfahren definiert. Sie sollen inhaltlich die wesentlichen Vorschriften der zu regelnden Bereiche festlegen, unterliegen formal bei der Beratung und Abstimmung im Rat der Öffentlichkeit (Art 16 Abs 8 EUVn) und unterfallen der Subsidiaritätskontrolle (Prot Nr 2 über die Anwendung der Grundsätze der Subsidiarität und der Verhältnismäßigkeit).

---

217 Vgl zB EuGH, Rs C-149/96, *Portugal/Rat*, Slg 1999, I-8395, Rdnr 47; EuGH, Rs C-93/02 P, *Biret International*, Slg 2003, I-10497, Rdnr 52.

218 Siehe dazu vorstehend Pkt II.B.3.

219 Vgl *Streinz/Ohler/Herrmann*, Vertrag, 98; zur Normenhierarchie im Vertrag über eine Verfassung für Europa vgl zB *Obwexer*, Rechtsakte und Rechtsetzungsverfahren, in *Hummer/Obwexer* (Hrsg), Der Vertrag über eine Verfassung für Europa (2007), 147.

220 Mit 1. Jänner 2010 wurde auch die Struktur des Amtsblattes der EU entsprechend angepasst. So wird in der Reihe L zwischen Gesetzgebungsakten (L I) und Rechtsakten ohne Gesetzescharakter (L II) unterschieden; hinzu kommen sonstige Rechtsakte (L III) sowie vor dem 1. Dezember 2009 in Anwendung des EGV, des EUV oder des EAGV angenommene Rechtsakte (L IV); vgl dazu den Beitrag von *Hummer*, Benutzerhinweise, vorstehend auf S XLVf.

Grundsätzlich stehen die Gesetzgebungsakte über den Rechtsakten ohne Gesetzescharakter. Dies resultiert zunächst daraus, dass gemäß Art 290 Abs 1 AEUV in Gesetzgebungsakten der Kommission die Befugnis übertragen werden kann, Rechtsakte ohne Gesetzescharakter mit allgemeiner Geltung zur Ergänzung oder Änderung bestimmter nicht wesentlicher Vorschriften des betreffenden Gesetzgebungsaktes zu erlassen. Diese Rechtsakte, die gemäß Art 290 Abs 3 AEUV im Titel als „delegiert" bezeichnet werden müssen, haben ihre Rechtsgrundlage in einem Gesetzgebungsakt und stehen demnach in der rechtlichen Bedingtheit grundsätzlich unter dem Gesetzgebungsakt. Soweit der delegierte Rechtsakt jedoch in den Grenzen des Art 290 Abs 1 und Abs 2 AEUV bestimmte nicht wesentliche Vorschriften des Gesetzgebungsaktes, auf dem er beruht, ergänzt oder ändert, steht er auf derselben Stufe. Des Weiteren können Gesetzgebungsakte gemäß Art 291 AEUV durch Rechtsakte der Kommission oder in begründeten Sonderfällen des Rates näher durchgeführt werden. Diese Rechtsakte, die gemäß Art 291 Abs 4 AEUV im Titel den Wortteil „Durchführungs-„ tragen müssen, dürfen gemäß Art 291 Abs 2 AEUV lediglich einheitliche Bedingungen für die Durchführung des ihnen zugrunde liegenden Gesetzgebungsaktes festlegen, diesen aber weder inhaltlich ändern noch ergänzen. Dem folgend werden sie durch den Gesetzgebungsakt inhaltlich bedingt und stehen hierarchisch unter diesem. Darüber hinaus müssen sowohl die delegierten Rechtsakte als auch die Durchführungsrechtsakte mit dem übrigen Sekundärrecht, das nicht Rechtsgrundlage für diese Rechtsakte ist, in Einklang stehen. Andernfalls würde dieses Sekundärrecht durch den untergesetzlichen Rechtsakt geändert, was jedoch von Art 290 und Art 291 AEUV nicht vorgesehen ist.

Rechtsakte ohne Gesetzescharakter können ihre Rechtsgrundlage allerdings nicht nur in Gesetzgebungsakten, sondern auch direkt im Primärrecht haben. Rechtsgrundlagen dafür sind Bestimmungen im EU-Vertrag und im Vertrag über die Arbeitsweise der EU, die bereits die wesentlichen politischen Grundentscheidungen beinhalten (zB im Bereich des Wettbewerbsrechts Art 103 Abs 1, Art 105 Abs 3, Art 106 Abs 3 und Art 109 AEUV). Derartige Verordnungen, Richtlinien oder Beschlüsse sind – als „verfassungsunmittelbare Rechtsakte" – auf derselben Stufe wie Gesetzgebungsakte einzuordnen.[221]

Schließlich können Durchführungsrechtsakte gemäß Art 291 AEUV nicht nur zu Gesetzgebungsakten, sondern zu allen verbindlichen Rechtsakten der Union erlassen werden. Dem folgend kann ein Durchführungsrechtsakt auch auf einen delegierten Rechtsakt gestützt werden. In diesen Fällen wird der Durchführungsrechtsakt durch den delegierten Rechtsakt rechtlich bedingt und ist hierarchisch diesem untergeordnet.

Daraus resultiert für das sekundäre Unionsrecht im Wesentlichen folgender – durchaus komplexer – Stufenbau: Gesetzgebungsakte und Rechtsakte ohne Gesetzescharakter mit Rechtsgrundlage im Primärrecht haben den gleichen

221 Vgl *Hable*, JRP 2003, 203.

Rang. Diesen untergeordnet sind die Rechtsakte ohne Gesetzescharakter, nämlich die delegierten Rechtsakte und die Durchführungsrechtsakte. Davon bestehen allerdings zwei Ausnahmen: Erstens stehen delegierte Rechtsakte, soweit diese den ihnen zugrunde liegenden Gesetzgebungsakt ergänzen oder ändern dürfen – und nur insoweit – auf derselben Stufe wie der betreffende Gesetzgebungsakt. Zweitens sind Durchführungsrechtsakte, die einheitliche Bedingungen zur Durchführung eines delegierten Rechtsaktes festlegen, dem delegierten Rechtsakt untergeordnet.

Weiter verkompliziert wird der ohnehin komplexe Stufenbau des sekundären Unionsrechts dadurch, dass der Europäische Rat im Raum der Freiheit, der Sicherheit und des Rechts (Art 68 AEUV) und im Bereich des auswärtigen Handelns der Union (Art 22 Abs 1 EUVn) Beschlüsse fassen kann, die auch die Gesetzgebungsakte der Union determinieren.

Im Bereich der GASP einschließlich der Gemeinsamen Sicherheits- und Verteidigungspolitik (GSVP) sind Gesetzgebungsakte ausgeschlossen (vgl Art 25 EUVn). In diesem Bereich reduziert sich die Normenhierarchie des Sekundärrechts grundsätzlich auf zwei Ebenen: Beschlüsse und Durchführungsbeschlüsse.

Hinzu kommen in allen Politikbereichen die – als atypisches sekundäres Unionsrecht zu qualifizierenden – internationalen Übereinkünfte der Union mit dritten Staaten oder internationalen Organisationen. Diese sind zwischen dem Primärrecht und dem Sekundärrecht anzusiedeln (Zwischenrang).

III. Auswirkungen auf Österreich

Mit dem Beitritt Österreichs zur EU am 1. Jänner 1995 trat das damals geltende EU-Recht auch für Österreich in Kraft.[222]

Seither gilt das Gemeinschaftsrecht der Ersten Säule der EU[223] in Österreich als autonome Rechtsordnung, die nicht Teil der innerstaatlichen Rechtsordnung ist und letzterer im Kollisionsfall vorgeht. Dieses Gemeinschaftsrecht bindet die legislativen, exekutiven und judikativen Organe des Mitgliedstaates und stellt insoweit eine zweite Verfassung dar, die neben der nationalen Verfassung steht und im Konfliktfall sogar Vorrang genießt („Doppelverfassung").[224]

Der Verfassungsgesetzgeber wollte die Wirkungen des Gemeinschaftsrechts im österreichischen Recht an der einschlägigen Judikatur des EuGH

222 Vgl zB *Öhlinger*, Verfassungsrechtliche Grundlagen der EU-Mitgliedschaft Österreichs, in *Hummer/Obwexer* (Hrsg), 10 Jahre EU-Mitgliedschaft Österreichs. Bilanz und Ausblick (2006), 17, mwN.

223 Siehe dazu vorstehend Pkt I.B.

224 Vgl *Pernthaler*, Die neue Doppelverfassung Österreichs, in *Haller* (Hrsg), Staat und Recht: FS Günther Winkler (1997), 773.

ausrichten. Die Erläuterungen zum EU-Beitritts-BVG sehen diesbezüglich Folgendes vor:[225] „Unmittelbar anwendbaren Rechtsakten des Gemeinschaftsrechts kommt ein Anwendungsvorrang gegenüber damit im Widerspruch stehendem staatlichem Recht zu (...). Der (...) Anwendungsvorrang unmittelbar wirksamen Gemeinschaftsrechts in der österreichischen Rechtsordnung hat zur Konsequenz, dass alle innerstaatlichen Organe der Gesetzgebung und Vollziehung innerstaatliche Rechtsvorschriften – gleichviel, ob es sich um Verfassungsrecht, einfachgesetzliche Regelungen oder Verordnungen handelt – außer acht zu lassen haben, sofern sie mit unmittelbar anwendbaren Rechtsakten des Gemeinschaftsrechts in Widerspruch stehen."

Dem folgend gilt in Österreich der Vorrang für das mit dem EU-Beitritts-BVG übernommene primäre und das auf seiner Grundlage erlassene sekundäre Gemeinschaftsrecht, soweit die einschlägigen Bestimmungen unmittelbare Wirkung entfalten. Ebenso umfasst sind die späteren Änderungen des primären Gemeinschaftsrechts durch den Vertrag von Amsterdam (1997) und den Vertrag von Nizza (2001), die mit dem Bundesverfassungsgesetz über den Abschluss des Vertrages von Amsterdam[226] und dem Bundesverfassungsgesetz über den Abschluss des Vertrages von Nizza[227] übernommen wurden.

Der VfGH hat den Vorrang des Gemeinschaftsrechts vor nationalem Recht bereits früh anerkannt. So stellte er schon 1997 im Hochschulzugang-Erkenntnis fest, „dass jedes innerstaatliche Organ (...) diesen Anwendungsvorrang des Gemeinschaftsrechts beachten und gegebenenfalls die Anwendung der innerstaatlichen Norm unterlassen (muss)".[228] Zwei Jahre später hat er im Telekommunikations-Erkenntnis auch den Vorrang des Gemeinschaftsrechts vor nationalem Verfassungsrecht prinzipiell anerkannt, indem er feststellte, dass durch eine unmittelbare Wirkung entfaltende Richtlinienbestimmung Art 133 Z 4 B-VG „verdrängt wird".[229]

Auch der VwGH[230] und die ordentlichen Gerichte[231] sind den gemeinschaftsrechtlichen Vorgaben gefolgt und judizieren in ständiger Rechtsprechung den Vorrang des Gemeinschaftsrechts gegenüber staatlichem Recht.[232]

225 RV 1546 BlgNR XVIII. GP, 7.

226 BGBl I 1998/76.

227 BGBl I 2001/120.

228 VfSlg 14.886/1997.

229 VfSlg 15.277/1999.

230 Vgl zB VwSlg 7047 F/1995; VwGH 31.03.2003, Gz 2000/10/0068.

231 Vgl zB OGH 11.03.1996, 1Ob560/95; OGH 17.12.2002, 5Ob294/02z.

232 Vgl zB *Bapuly/Kohlegger*, Die Implementierung des EG-Rechts in Österreich (2003); *Handstanger*, Verhältnis des EU-Rechts zum nationalen Recht unter besonderer Berücksichtigung des Vorrangs des Gemeinschaftsrechts, in *Hummer/Obwexer* (Hrsg), 10 Jahre EU-Mitgliedschaft Österreichs. Bilanz und Ausblick (2006), 221; *Schäffer*, Vorrang des Gemeinschaftsrechts, in *Eilmansberger/Herzig* (Hrsg), 10 Jahre Anwendung des Gemeinschaftsrechts in Österreich, 29.

Das Unionsrecht der Zweiten und Dritten Säule der EU[233] verpflichtet hingegen nur den Mitgliedstaat Österreich und muss – vergleichbar dem Völkerrecht – in die nationale Rechtsordnung übernommen werden, um dort Rechtswirkungen entfalten zu können. Die Inkorporation von Unionsrecht unterliegt dabei dem nationalen Verfassungsrecht. Dasselbe gilt für die Lösung von Kollisionen zwischen inkorporiertem Unionsrecht und nationalem Recht.[234] Zu beachten ist dabei die unionsrechtliche Verpflichtung zur rahmenbeschlusskonformen Auslegung nationalen Rechts.[235]

Mit Inkrafttreten des Vertrages von Lissabon wurde der bis dahin geltende „Verfassungsverbund"[236] maßgeblich geändert. Das supranationale Gemeinschaftsrecht der Ersten Säule und das intergouvernementale Unionsrecht („alt") der Zweiten und Dritten Säule wurden zu Unionsrecht zusammengefasst. Dieses Unionsrecht wurde mit den Rechtswirkungen des Gemeinschaftsrechts ausgestattet und entfaltet demnach als supranationale Rechtsordnung unmittelbare Wirkung und Anwendungsvorrang.[237] Davon nicht umfasst sind allerdings jene Rechtsakte der Union, die vor Inkrafttreten des Vertrages von Lissabon auf der Grundlage des („alten") EU-Vertrages angenommen wurden; diese bleiben lediglich intergouvernemental ausgestaltet.

Der Vertrag von Lissabon wurde verfassungsrechtlich auf der Grundlage des – 2008 geänderten[238] – Art 50 Abs 1 Ziff 2 iVm Abs 4 B-VG genehmigt. Demnach bedürfen Staatsverträge, „durch die die vertraglichen Grundlagen der Europäischen Union geändert werden", der Genehmigung des Nationalrates und der Zustimmung des Bundesrates. Die gegenständlichen Beschlüsse erfordern jeweils die Anwesenheit von mindestens der Hälfte der Mitglieder und eine Mehrheit von zwei Dritteln der abgegebenen Stimmen.

Die Neuerungen im „Verfassungsverbund" Union – Österreich betreffen insbesondere (A) den Vorrang des Unionsrechts, (B) die Umsetzung von EU-Richtlinien und (C) die Gewährung effektiven Rechtsschutzes.

---

233 Siehe dazu vorstehend Pkt I.C.

234 Vgl *Öhlinger*, Die Übernahme des Vertrages von Amsterdam sowie des Rechts der „Zweiten" und „Dritten Säule" in die österreichische Rechtsordnung, in *Hummer* (Hrsg), Rechtsfragen in der Anwendung des Amsterdamer Vertrages (2001), 228 ff.

235 Siehe dazu vorstehend Pkt I.C.3.d.

236 Vgl *Öhlinger*, Grundlagen, in *Hummer/Obwexer* (Hrsg), 10 Jahre EU-Mitgliedschaft, 28.

237 Siehe dazu vorstehend Pkt II.B.2.

238 BGBl I 2008/2. Siehe dazu den Beitrag von *Öhlinger*, Art 50 B-VG: Die neue Integrationsbestimmung des österreichischen Bundesverfassungsrechts, nachstehend auf S 623 ff.

A. Vorrang des Unionsrechts

Seit Inkrafttreten des Vertrages von Lissabon entfaltet das gesamte Unionsrecht (mit Ausnahme des „alten" Unionsrechts)[239] Vorrang vor dem Recht der Mitgliedstaaten.[240]

Der Anwendungsvorrang (Vorrang ieS) verpflichtet die zuständigen mitgliedstaatlichen Organe dazu, alle Bestimmungen des primären und sekundären Unionsrechts, die unmittelbare Wirkung entfalten, im Falle einer Kollision mit staatlichem Recht vorrangig anzuwenden. Dies gilt für die ehemaligen Gemeinschaftsbereiche, aber auch für die Bereiche der GASP sowie für die polizeiliche Zusammenarbeit und die justizielle Zusammenarbeit in Strafsachen. Schließlich gilt der Anwendungsvorrang auch für die Grundrechte-Charta, obwohl diese nicht Teil der Verträge ist.[241] Der Vorrang des Unionsrechts gilt gegenüber dem gesamten staatlichen Recht, also auch gegenüber dem Verfassungsrecht und sogar im Verhältnis zu den Strukturprinzipien der Verfassung.

Im Rahmen des Vorrangs iwS gelten ua die unionsrechtskonforme Auslegung nationalen Rechts und die Staatshaftung nunmehr über das Gemeinschaftsrecht hinaus für das gesamte Unionsrecht und umfassen daher auch die justizielle Zusammenarbeit in Strafsachen und die polizeiliche Zusammenarbeit sowie die GASP. Der Bereich der GASP unterliegt allerdings – mit Ausnahme der Kontrolle der Unberührtheitsklausel (Art 40 EUVn) und der Überwachung der Rechtmäßigkeit restriktiver Maßnahmen gegenüber natürlichen oder juristischen Personen (Art 275 Abs 2 AEUV) – weiterhin nicht der Jurisdiktion des Gerichtshofes der EU (Art 24 Abs 1 UAbs 2 S 6 EUVn, Art 275 Abs 1 AEUV). Dem folgend kann dieser die Einhaltung des Vorrangs iwS nicht gerichtlich überwachen; dasselbe gilt für die Beachtung des Anwendungsvorranges.

B. Umsetzung von Richtlinien

Die im Gemeinschafsrecht verankerte Pflicht der Mitgliedstaaten zur fristgerechten und ordnungsgemäßen Umsetzung von Richtlinien[242] gilt seit Inkrafttreten des Vertrages von Lissabon gemäß Art 288 Abs 3 AEUV iVm Art 4 Abs 3 EUV inhaltlich unverändert für alle Richtlinien der Union (EU-Richtlinien).

Die Verletzung der Umsetzungspflicht wird nunmehr jedoch schärfer sanktioniert. Das geänderte Sanktionsverfahren sieht jetzt die Verhängung fi-

239 Siehe dazu vorstehend Pkt II.B.1.

240 Siehe dazu vorstehend Pkt II.B.2.

241 Vgl EuGH, Rs C-555/07, *Kücükdeveci*, Urteil vom 19. Jänner 2010, noch nicht in der amtl Slg veröffentlicht, Rdnr 51.

242 Siehe dazu vorstehend Pkt II.B.3.b.bb.

nanzieller Sanktionen gegen einen säumigen Mitgliedstaat vor, ohne dass die Vertragsverletzung zuvor mit Urteil des Gerichtshofes der Union festgestellt worden ist. Das insoweit verkürzte Verfahren gilt allerdings nicht allgemein bei Verletzung der Umsetzungspflicht, sondern nur bei Verletzung der Mitteilungspflicht und nur für Richtlinien, die in einem Gesetzgebungsverfahren erlassen worden sind. Gemäß Art 260 Abs 3 AEUV kann die Kommission bereits im ersten Vertragsverletzungsverfahren, wenn sie der Auffassung ist, dass ein Mitgliedstaat gegen seine Verpflichtung verstoßen hat, Maßnahmen zur Umsetzung einer gemäß einem Gesetzgebungsverfahren erlassenen Richtlinie mitzuteilen, die Höhe des von dem betreffenden Mitgliedstaat zu zahlenden Pauschalbetrags oder Zwangsgelds benennen, die sie den Umständen nach für angemessen hält. Stellt der Gerichtshof einen Verstoß fest, so kann er gegen den betreffenden Mitgliedstaat die Zahlung eines Pauschalbetrags oder eines Zwangsgelds bis zur Höhe des von der Kommission genannten Betrags verhängen. Die Zahlungsverpflichtung gilt ab dem vom Gerichtshof in seinem Urteil festgelegten Zeitpunkt.

Abweichend vom Sanktionsverfahren bei Nichterfüllung von Vertragsverletzungsurteilen des Gerichtshofes der EU, in dem die Kommission zur Verhängung der finanziellen Sanktion(en) Stellung nehmen muss (Art 260 Abs 2 UAbs 1 AEUV – arg: „benennt sie ...“),[243] obliegt es im Sanktionsverfahren bei Nichtumsetzung von Richtlinien dem Ermessen der Kommission, ob sie die Verhängung einer finanziellen Sanktion beantragt (Art 260 Abs 3 UAbs 1 AEUV – arg: „kann sie, wenn sie dies für zweckmäßig hält, ...“). Des Weiteren ist der Gerichtshof in letzterem Sanktionsverfahren an den Antrag der Kommission insoweit gebunden, als er die Höhe des von der Kommission beantragten Pauschalbetrags oder Zwangsgelds nicht überschreiten darf. Die ausdrücklich festgeschriebene Kompetenz des Gerichtshofes zur Festlegung des Zeitpunktes der Zahlungsverpflichtung steht diesem hingegen – implizit – auch im Sanktionsverfahren bei Nichterfüllung von Vertragsverletzungsurteilen zu.

Die dargestellten Abweichungen vom normalen Sanktionsverfahren sind dadurch gerechtfertigt, dass das verkürzte Sanktionsverfahren an einen bloßen Formalakt, nämlich die Mitteilung von Umsetzungsmaßnahmen, anknüpft. Dies hat zur Folge, dass die finanziellen Sanktionen nicht primär auf die Umsetzung einer Richtlinie gerichtet sind, sondern deren unterlassene Mitteilung an die Kommission zum Gegenstand haben. Demnach könnten Sanktionen selbst dann verhängt werden, wenn die Umsetzung der Richtlinie inzwischen erfolgt ist und nur die Mitteilung der Umsetzungsmaßnahmen verabsäumt wurde. Demgegenüber schließt die fristgerechte Mitteilung von Umsetzungs-

243 Vgl *Obwexer*, ÖJZ 2010, 110 ff. Siehe dazu auch den Beitrag von *Hummer*, Finanzielle Sanktionen gegen Mitgliedstaaten bei Nichterfüllung von EuGH-Urteilen, nachstehend auf S 607.

maßnahmen die Anwendung des verkürzten Verfahrens aus. Dies gilt auch in den Fällen, in denen die Kommission die mitgeteilten Maßnahmen als nicht ausreichend ansieht. Noch zu klären ist hingegen, wie im Falle einer verspäteten Mitteilung von Umsetzungsmaßnahmen zu verfahren ist, insbesondere dann, wenn diese Maßnahmen nach Ansicht der Kommission unzureichend sein sollten.

Beantragt die Kommission im ersten Vertragsverletzungsverfahren gemäß Art 260 Abs 3 AEUV gegen einen Mitgliedstaat wegen Verletzung der Mitteilungspflicht betreffend die Umsetzung einer in einem Gesetzgebungsverfahren erlassenen Richtlinie keine finanzielle Sanktion(en), so kann sie im Falle der Nichtdurchführung des eine Vertragsverletzung feststellenden Urteils des Gerichtshofes – diese Durchführung muss sofort in Angriff genommen und innerhalb kürzest möglicher Frist abgeschlossen werden[244] – gemäß Art 260 Abs 2 AEUV ein zweites Vertragsverletzungsverfahren einleiten. In diesem Fall muss sie zur Verhängung einer finanziellen Sanktion Stellung nehmen.

C. Gewährung effektiven Rechtsschutzes

Gemäß Art 19 Abs 1 UAbs 2 EUVn sind die Mitgliedstaaten verpflichtet, „die erforderlichen Rechtsbehelfe (zu schaffen), damit ein wirksamer Rechtsschutz in den vom Unionsrecht erfassten Bereichen gewährleistet ist". Diese Verpflichtung ergänzt – nunmehr neu – die traditionelle Aufgabe des Gerichtshofes der EU, nämlich die Wahrung des Rechts bei der Auslegung und Anwendung der Verträge zu sichern (Art 19 Abs 1 UAbs 1 EUVn).[245]

Damit wird zunächst klargestellt, dass der Rechtsschutz im Unionsrecht nicht nur Aufgabe der im Organ „Gerichtshof der Europäischen Union"[246] zusammengefassten Rechtsprechungsinstanzen der Union ist, sondern auch und sogar primär den Gerichten der Mitgliedstaaten obliegt (duales Rechtsschutzsystem). Gleichzeitig wird verbindlich festgeschrieben, dass die Mitgliedstaaten in ihrem Hoheitsgebiet einen adäquaten gerichtlichen Rechtsschutz garantieren müssen, um die volle Wirksamkeit des Unionsrechts zu gewährleisten.

Letztere nunmehr in Art 19 Abs 1 UAbs 2 EUVn ausdrücklich niedergelegte Verpflichtung stellt eine Kodifizierung der Rechtsprechung des EuGH zum Gemeinschaftsrecht dar.[247] Demnach hatten die nationalen Gerichte auf-

244 ZB EuGH, Rs C-278/01, *Kommission/Spanien*, Slg 2003, I-14141, Rdnr 27.

245 Vgl *Everling*, EuR-Beiheft 1–2009, 71, mwN.

246 Vgl *Obwexer*, Gerichtsystem und Rechtsschutz, in *Hummer/Obwexer* (Hrsg), Der Vertrag von Lissabon (2009), 244.

247 Vgl zB EuGH, Rs C-50/00 P, *UPA/Rat*, Slg 2002, I-6677, Rdnr 38; EuGH, Rs 222/84, *Johnston*, Slg 1986, 1651, Rdnrn 18 f; EuGH, Rs 222/86, *Heylens ua*, Slg 1987, 4097, Rdnr 14; EuGH, Rs C-424/99, *Kommission/Österreich*, Slg 2001, I-9285, Rdnr 45.

grund ihrer Mitwirkungspflicht aus Art 10 EGV den Schutz der Rechte zu gewährleisten, die den Einzelnen aus dem Gemeinschaftsrecht erwachsen.[248] Dabei war es „Sache der Mitgliedstaaten, ein System von Rechtsbehelfen und Verfahren vorzusehen, mit dem die Einhaltung des Rechts auf effektiven gerichtlichen Rechtsschutz gewährleistet werden kann".[249] Die gegenständliche Verpflichtung gilt nunmehr – auf der Grundlage von Art 4 Abs 3 EUVn – für das gesamte Unionsrecht.

Im Lichte der einschlägigen Rechtsprechung des EuGH ist Art 19 Abs 1 UAbs 2 EUVn dahingehend auszulegen, dass er – aufgrund seines offenen Wortlautes (arg: „Die Mitgliedstaaten schaffen ...") – die Legislative zur Schaffung einschlägiger Rechtsbehelfe verpflichtet und der Judikative die unionsrechtskonforme Auslegung geltender nationaler Rechtsvorschriften auferlegt.[250] Dabei haben die Mitgliedstaaten sicherzustellen, dass die von einem Rechtsakt der Union betroffenen Einzelnen nicht gezwungen werden, sich durch Zuwiderhandlung Verwaltungs- oder Strafverfahren mit entsprechenden Sanktionen auszusetzen, weil sie andernfalls keinen Rechtsbehelf hätten, mit dem sie die Nichtigkeit derartiger Rechtsakte rügen könnten.[251] Bei einer Überprüfung der Vereinbarkeit nationaler Rechtsvorschriften mit dem Unionsrecht ist es jedoch nicht erforderlich, dass das nationale Verfahrensrecht hierfür einen gesonderten Rechtsbehelf, etwa eine Feststellungsklage, vorsieht. Eine Schadenersatzklage, wie sie für die Durchsetzung von Staatshaftungsansprüchen nach Unionsrecht bestehen muss, reicht diesbezüglich grundsätzlich aus. In diesem Fall muss jedoch die inzidente Überprüfung der Vereinbarkeit des nationalen Rechts mit dem Unionsrecht unabhängig von der Würdigung der (anderen) Tatbestandsmerkmale für die Staatshaftung, nämlich des Schadens und des Kausalzusammenhangs, erfolgen.[252] Damit verpflichtet das Unionsrecht die nationalen Gerichte, den möglichen Verstoß nationalen Rechts gegen Unionsrecht selbst dann zu prüfen, wenn die Schadenersatzklage aus anderen Gründen abzuweisen wäre. Dadurch wird die Schadenersatzklage zu einer Art (inzidenter) Feststellungsklage.[253]

---

248 EuGH, Rs C-432/05, *Unibet*, Slg 2007, I-2271, Rdnrn 37 f; vgl auch EuGH, Rs C-213/89, *Factortame ua*, Slg 1990, I-2433, Rdnr 19; EuGH, Rs C-312/93, *Peterbroeck*, Slg 1995, I-4599, Rdnr 12; EuGH, Rs C-506/04, *Wilson*, Slg 2006, I-8613, Rdnrn 45 f.

249 ZB EuGH, Rs C-50/00 P, *UPA/Rat*, Slg 2002, I-6677, Rdnr 41. Vgl *Schima*, Rechtsschutz, in *Eilmansberger/Herzig* (Hrsg), Jahrbuch Europarecht 2008 (2008), 37.

250 Ähnlich *Wegener* in *Calliess/Ruffert* (Hrsg), Verfassung der Europäischen Union. Kommentar der Grundlagenbestimmungen (2006), Art I-29 EVV Rdnr 6.

251 Vgl EuGH, Rs C-432/05, *Unibet*, Slg 2007, I-2271, Rdnr 64.

252 Vgl EuGH, Rs C-432/05, *Unibet*, Slg 2007, I-2271, Rdnr 59.

253 Vgl *Kokott/Dervisopoulos/Henze*, EuGRZ 2008, 15.

IV. Zusammenfassung

Die wichtigsten Ergebnisse der Untersuchung lassen sich thesenhaft wie folgt zusammenfassen:

1. Das – bis zum 30. November 2009 geltende – EU-Recht zerfällt in das Gemeinschaftsrecht der Ersten Säule und das Unionsrecht der Zweiten und Dritten Säule der EU.
2. Das Gemeinschaftsrecht ist supranational ausgestaltet. Es stellt eine neue und eigenständige Rechtsordnung mit autonomer Geltung in den Mitgliedstaaten dar. Zahlreiche seiner Bestimmungen entfalten unmittelbare Wirkung. Diesen Bestimmungen kommt im Fall einer Kollision mit dem nationalen Recht der Mitgliedstaaten (uneingeschränkter) Anwendungsvorrang zu. Darüber hinaus genießt das gesamte Gemeinschaftsrecht Vorrang iwS. Dieser resultiert aus der nützlichen Wirkung („effet utile") des Gemeinschaftsrechts und umfasst die Verpflichtung zu gemeinschaftsrechtskonformer Auslegung des nationalen Rechts, grundlegende Rechtsschutzvorgaben (insbesondere das Recht auf effektiven gerichtlichen Rechtsschutz sowie die Grundsätze der Äquivalenz und der Effektivität) und die Staatshaftung.
3. Das Unionsrecht ist hingegen bloß intergouvernemental ausgestaltet. Seine Bestimmungen verpflichten die Mitgliedstaaten und müssen von diesen – sofern erforderlich – in die nationale Rechtsordnung übernommen werden. Diese Inkorporation richtet sich nach nationalem Verfassungsrecht. Letzteres bestimmt auch die Lösung allfälliger Kollisionen zwischen inkorporiertem Unionsrecht und nationalem Recht. Unionsrechtlich vorgegeben ist lediglich die Pflicht zu rahmenbeschlusskonformer Auslegung nationalen Rechts.
4. Mit Inkrafttreten des Vertrages von Lissabon am 1. Dezember 2009 wurde die Unterscheidung zwischen Gemeinschaftsrecht und Unionsrecht aufgehoben. Beide Rechtskreise wurden zusammengefasst und – amtlich – als Unionsrecht bezeichnet. Gemeinschaftsrecht besteht seither nur noch im Rahmen der EAG.
5. Zum (neuen) Unionsrecht zählen in erster Linie der EU-Vertrag (EUVn) und der Vertrag über die Arbeitsweise der EU (AEUV) einschließlich der diesen Verträgen beigefügten Protokolle und Anhänge (Art 51 EUVn). Zum primären Unionsrecht gehören des Weiteren die Grundrechte-Charta und die (ungeschriebenen) allgemeinen Rechtsgrundsätze. Ergänzt wird das primäre Unionsrecht durch das auf dessen Grundlage erlassene abgeleitete Recht. Zu diesem sekundären Unionsrecht gehören die auf den EU-Vertrag und/oder den Vertrag über die Arbeitsweise der EU gestützten Rechtsakte, insbesondere EU-Verordnungen, EU-Richtlinien und EU-Beschlüsse, aber auch Übereinkünfte der Union mit dritten Staaten oder internationalen Organisationen. Schließlich umfasst das sekundäre Unionsrecht

auch das am 30. November 2009 in der Europäischen Gemeinschaft geltende sekundäre Gemeinschaftsrecht sowie das bis zu diesem Zeitpunkt im Rahmen der GASP und in der PJZS erlassene „alte" Unionsrecht.

6. Das seit 1. Dezember 2009 geltende Unionsrecht ist – bis auf das „alte" Unionsrecht, das bis zu seiner Ersetzung bzw Änderung intergouvernemental bleibt – zur Gänze supranational ausgestaltet. Die Supranationalität resultiert aus dem Vorrang des Unionsrechts. Dabei ist – wie beim bislang geltenden Gemeinschaftsrecht – zwischen dem Vorrang ieS und dem Vorrang iwS zu unterscheiden. Der Vorrang ieS besteht im Anwendungsvorrang, wonach im Kollisionsfall die Bestimmungen des Unionsrechts mit unmittelbarer Wirkung jede wie auch immer geartete innerstaatliche Rechtsvorschrift verdrängen. Der Vorrang iwS beinhaltet Elemente der nützlichen Wirkung („effet utile") des Unionsrechts und umfasst die Verpflichtung zu unionsrechtskonformer Auslegung nationalen Rechts, grundlegende Rechtsschutzvorgaben (insbesondere das Recht auf effektiven gerichtlichen Rechtsschutz sowie die Grundsätze der Äquivalenz und der Effektivität) und die Staatshaftung.
7. Im Unionsrecht ist die Zahl der gekennzeichneten Rechtsakte auf insgesamt fünf reduziert: Verordnungen, Richtlinien und Beschlüsse sowie Empfehlungen und Stellungnahmen. Diese entsprechen dem bisherigen Katalog der gekennzeichneten Rechtsakte des Gemeinschaftsrechts; an die Stelle der Entscheidung ist allerdings der Beschluss getreten, der zum einen die Entscheidung mit umfasst, zum anderen jedoch darüber hinausgeht, weil er nicht mehr an einen bestimmten Adressatenkreis gerichtet sein muss. Hinzu kommen die ungekennzeichneten Rechtsakte. Zu diesen zählen ua die Übereinkünfte mit dritten Staaten und internationalen Organisationen, die künftig ausschließlich von der Union als Vertragspartei abgeschlossen werden.
8. Für die rechtlich bindenden Rechtsakte des sekundären Unionsrechts (Verordnungen, Richtlinien und Beschlüsse sowie Übereinkünfte) gilt im Wesentlichen folgender – komplexer – Stufenbau: Gesetzgebungsakte und Rechtsakte ohne Gesetzescharakter mit Rechtsgrundlage im Primärrecht haben den gleichen Rang. Diesen untergeordnet sind die Rechtsakte ohne Gesetzescharakter, nämlich die delegierten Rechtsakte und die Durchführungsrechtsakte. Davon bestehen allerdings zwei Ausnahmen: Erstens stehen delegierte Rechtsakte, soweit diese den ihnen zugrunde liegenden Gesetzgebungsakt ergänzen oder ändern dürfen – und nur insoweit – auf derselben Stufe wie der betreffende Gesetzgebungsakt. Zweitens sind Durchführungsrechtsakte, die einheitliche Bedingungen zur Durchführung eines delegierten Rechtsaktes festlegen, dem delegierten Rechtsakt untergeordnet. Über diesem Sekundärrecht stehen die Übereinkünfte der Union mit dritten Staaten oder internationalen Organisationen, die einen Mezzaninrang zwischen primärem und sekundärem Unionsrecht einnehmen.

Geltung des EU-Rechts in Österreich

Michael Potacs

Literatur: *Potacs*, Das Verhältnis zwischen der EU und ihren Mitgliedstaaten im Lichte traditioneller Modelle, ZÖR 2010, 65; *Potacs*, Die Bedeutung des Gemeinschaftsrechts für das verfassungsgerichtliche Normprüfungsverfahren, in *Holoubek/Lang* (Hrsg), Das verfassungsgerichtliche Verfahren in Steuersachen (2009), 245; *Schröder*, Neuerungen im Rechtsschutz der Europäischen Union durch den Vertrag von Lissabon, DÖV 2009, 61; *Kroker*, Die Überprüfbarkeit gemeinsamer Standpunkte im Rahmen der PJZS – effektiver Rechtsschutz in der dritten Säule der EU?, EuR 2008, 378; *Potacs/Pollak*, Gemeinschaftsrecht und EMRK, in *Bammer ua* (Hrsg), Rechtsschutz gestern – heute – morgen: FS Machacek und Matscher (2008), 843; *Seyr*, Der effet utile in der Rechtsprechung des EuGH (2008); *Weber*, Vom Verfassungsvertrag zum Vertrag von Lissabon, EuZW 2008, 7; *Öhlinger*, Die Ratifikation des Verfassungsvertrages in Österreich – Anmerkungen zum konstitutionellen Gehalt des Verfassungsvertrages, in *Hummer/Obwexer* (Hrsg), Der Vertrag über eine Verfassung für Europa (2007), 343; *Huber*, Die Rechtsakte der „Dritten Säule" im nationalen Recht, ÖJZ 2007, 404; *Jestaedt*, Der Europäische Verfassungsverbund. Verfassungstheoretischer Charme und rechtstheoretsiche Insuffizienz einer Unschärferelation, in *Calliess* (Hrsg), Verfassungswandel im europäischen Staaten- und Verfassungsverbund (2007), 93; *Wölker*, Die Normenhierarchie im Unionsrecht in der Praxis, EuR 2007, 32; *Griller*, Direktwirkung und richtlinienkonforme Auslegung, in *Eilmansberger/Herzig* (Hrsg), 10 Jahre Anwendung des Gemeinschaftsrechts in Österreich, 91; *Masing*, Vorrang des Europarechts bei umsetzungsgebundenen Rechtsakten, NJW 2006, 264; *Öhlinger/Potacs*, Gemeinschaftsrecht und staatliches Recht[3] (2006); *Schramm*, Gesamtänderung der Bundesverfassung durch EU-Verfassung?, ZÖR 2006, 41; *Adam*, Die Wirkung von EU-Rahmenbeschlüssen im mitgliedstaatlichen Recht, EuZW 2005, 558; *Baddenhausen/Pietsch*, Rahmenbeschlüsse der Europäischen Union, DVBl 2005, 1562; *Skouris*, Rechtswirkungen von nicht umgesetzten EG-Richtlinien und EU-Rahmenbeschlüssen gegenüber Privaten, ZEuS 2005, 463; *Eilmansberger*, Zur Direktwirkung von Richtlinien gegenüber Privaten (Teil I), JBl 2004, 283; *Eilmansberger*, Zur Direktwirkung von Richtlinien gegenüber Privaten (Teil II), JBl 2004, 364; *Griller*, Völkerrecht und Landesrecht – unter Berücksichtigung des Europarechts, in *Walter/Jabloner/Zeleny* (Hrsg), Hans Kelsen und das Völkerrecht (2004), 82; *Öhlinger*, Die Übernahme des Vertrages von Amsterdam sowie des Rechts der „Zweiten" und „Dritten Säule" in die österreichische Rechtsordnung, in *Hummer* (Hrsg), Rechtsfragen in der Anwendung des Amsterdamer Vertrages (2001), 223; *Raschauer*, Ultra-vires-Akte der Europäischen Gemeinschaften, ÖJZ 2000, 241; *Potacs*, Die Europäische Union und die Gerichtsbarkeit öffentlichen Rechts, GA 14. ÖJT, Band I/1 (2000), 128; *Baumgartner*, Der Rang des Gemeinschaftsrechts im Stufenbau der Rechtsordnung, JRP 2000, 84; *Griller*, Der Stufenbau der österreichischen Rechtsordnung nach dem EU-Beitritt, JRP 2000, 273; *Griller*, Die Unterscheidung von Unionsrecht und Gemeinschaftsrecht nach Amsterdam, EuR-Beiheft 1–1999, 45; *Moritz*, Zum Stufenbau nach dem EU-Beitritt, ÖJZ 1999, 781; *Annacker*, Der fehlerhafte Rechtsakt im Gemeinschafts- und Unionsrecht (1998); *Laurer*, Europarecht und österreichisches Rechtsordnung – Rechtsnormen in einem einheitlichen Stufenbau? – Ein „Vorwort", ÖJZ 1997, 801; *Eilmansberger*, Rechtsfolgen und subjektives Recht im Gemeinschaftsrecht (1997); *Hillgruber*, Das Verhältnis der Europäischen Gemeinschaften und der Europäischen Union zu ihren Mitgliedstaaten – staats- und völkerrechtlich betrachtet, ArchVR 1996, 347; *Holzinger*, Die Auswirkungen der österreichischen EU-Mitgliedschaft auf das österreichische Verfassungsrecht, JRP 1996, 160; *Griller*, Verfassungsfragen der österreichischen EU-Mitgliedschaft, ZfRV 1995, 89; *Kucsko-Stadlmayer*, Der Vorrang des EU-Rechts vor österreichischem Recht, ecolex 1995, 338; *Nettesheim*, Der Grundsatz der einheitlichen Wirksamkeit des Gemeinschaftsrechts, GS Grabitz (1995), 447; *Thun-Hohenstein*, Das Verhältnis zwischen österreichischem Recht und dem Recht der Europäischen Union (1995); *Potacs*, Auslegung im öffentlichen Recht (1994); *Mayer*, Die Theorie des rechtlichen Stufenbaus, in *Walter* (Hrsg), Schwerpunkte der Reinen Rechtslehre (1992); *Griller*, Die Übertragung von Hoheitsrechten auf zwischenstaatliche Einrichtungen (1989); *Walter*, Der Stufenbau der Rechtsordnung^2 (1974); *Öhlinger*, Der völkerrechtliche Vertrag im staatlichen Recht (1973); *Merkl*, Prolegomena einer Theorie des rechtlichen Stufenbaus, in *Verdross* (Hrsg), Gesellschaft, Staat und Recht: FS Hans Kelsen (1931), 252.

Judikatur: EuGH, Rs C-205/06, *Kommission/Österreich*, Slg 2009, I-1301; EuGH, Rs C-355/04 P, *Segi*, Slg 2007, I-1657; EuGH, Rs C-354/04 P, *Gestoras Pro Amnistia*, Slg 2007, I-1579; EuGH, Rs C-475/01, *Kommission/Großbritannien und Griechenland*, Slg 2004, I-8923; EuGH, Rs C-245/92 P, *Chemie Linz/Kommission*, Slg 1999, I-4643; EuGH, Rs C 200/92, *ICI*, Slg 1999, I-4399; EuGH, verb Rs C-10 bis C-22/97, *IN.CO.GE.90'Srl*, Slg 1998, I-6307; EuGH, Rs C-137/92 P, *Kommission/BASF*, Slg 1994, I-2555; EuGH, Rs C-74/91 *Kommission/Deutschland*, Slg 1992, I-5437; EuGH, Rs 237/82, *Jongeneel Kaas/Niederlande*, Slg 1984, 483; EuGH, Rs 106/77, *Simmenthal II*, Slg 1978, 629; EuGH, Rs 11/70, *Internationale Handelsgesellschaft*, Slg 1970, 1125; EuGH, Rs 6/64, *Costa/ENEL*, Slg 1964, 1251; EuGH, Rs 26/62, *Van Gend & Loos*, Slg 1963, 1.

Inhalt

I. Bisheriger Sachstand

A. Einleitung

Den folgenden Darlegungen ist zunächst eine Begriffsbestimmung voranzustellen: Unter *„EU-Recht“* wird hier sowohl das (ehemalige) *Unionsrecht* des EU-Vertrages (also der zweiten und dritten Säule) als auch das (ehemalige) *Gemeinschaftsrecht* des EG-Vertrages (also der ersten Säule) verstanden[1]. Davon ausgehend ist zunächst zu betonen, dass EU-Recht und staatliches Recht grundsätzlich zwei voneinander verschiedene Rechtsordnungen darstellen. So werden im EU-Recht die Bedingungen der Geltung von in seinem System erlassenen Rechtsakten festgelegt. Soweit diese der Kontrolle des EuGH unterliegen, wird damit ein Fehlerkalkül zum Ausdruck gebracht, demzufolge Rechtsakte der EU bis zu ihrer Nichtigerklärung durch den EuGH prinzipielle Gültigkeit besitzen.[2] Auch wird von der EU als prinzipielle Voraussetzung der innerstaatlichen Gültigkeit ihres Rechtssystems die Ratifikation durch die betreffenden Mitgliedstaaten vorgesehen.[3] Erst mit dem auf diese Weise erfolgten Beitritt zur EU „verschmilzt“ die Rechtsordnung der EU mit jener des betreffenden Mitgliedstaates.[4]

Dies bedeutet allerdings noch nicht, dass zwischen den beiden Rechtsordnungen völliger Gleichklang besteht. Vielmehr kommt es entscheidend darauf an, inwieweit das Recht der EU durch den staatlichen „Rechtsanwendungsbefehl“ ins innerstaatliche Recht übernommen wurde. Aus diesem Grund wird

1 Vgl dazu den Beitrag von *Obwexer*, Rechtsquellen des EU-Rechts, vorstehend auf S 40ff, 67ff.

2 Nach der Rechtsprechung des EuGH könnte etwas anderes nur gelten, „wenn der fragliche Rechtsakt mit so schweren und offensichtlichen Fehlern behaftet wäre, so dass er als inexistenter Rechtsakt qualifiziert werden könnte“; EuGH, Rs C-74/91, *Kommission/Deutschland*, Slg 1992, I-5437, Rdnr 11. Näher dazu *Raschauer*, ÖJZ 2000, 241 ff. Siehe dazu nachstehend unter Pkt III.A.2. und Pkt III.A.3.

3 Siehe dazu Art 49 EUV(alt).

4 Zur Qualifikation des Verhältnisses zwischen EU-Recht und dem Recht der Mitgliedstaaten als „monistisch“ bzw „dualistisch“ siehe aus jüngerer Zeit etwa *Griller*, Völkerrecht und Landesrecht – unter Berücksichtigung des Europarechts, in *Walter/Jabloner/Zeleny* (Hrsg), Hans Kelsen und das Völkerrecht (2004), 82 ff; *Jestaedt*, Der Europäische Verfassungsverbund. Verfassungstheoretischer Charme und rechtstheoretische Insuffizienz einer Unschärferelation, in *Calliess* (Hrsg), Verfassungswandel im europäischen Staaten- und Verfassungsverbund (2007), 93 ff; *Potacs*, ZÖR 2010, 117 ff.

in den folgenden Darlegungen zwischen dem Anspruch des EU-Rechts einerseits und seiner Übernahme in die österreichische Rechtsordnung andererseits unterschieden. Dabei wird jeweils auch noch zwischen dem *Unionsrecht* und dem *Gemeinschaftsrecht* differenziert.

B. Anspruch des EU-Rechts

1. Unionsrecht

Das Unionsrecht verpflichtet zwar die Mitgliedstaaten als solche, es beansprucht aber *keine Geltung in den Mitgliedstaaten ohne Transformation*[5] durch einen innerstaatlichen Umsetzungsakt. Das ist aus dem prinzipiell intergouvernementalen Charakter der zweiten und dritten Säule der EU zu schließen.[6] Davon zu unterscheiden ist allerdings die Frage, ob und inwieweit (transformiertem) Unionsrecht im innerstaatlichem Recht *unmittelbare Anwendbarkeit* zuerkannt werden darf. Dazu ist zunächst einmal festzustellen, dass die unmittelbare Anwendbarkeit für die Rahmenbeschlüsse und die im Rahmen des Titels VI (Polizeiliche und justitielle Zusammenarbeit) gefassten Beschlüsse im EU-Vertrag ausdrücklich ausgeschlossen wird.[7] Anderen Rechtsakten der zweiten und dritten Säule – wie etwa gemeinsamen Standpunkten, gemeinsamen Aktionen oder Übereinkommen gemäß Art 34 Abs 2 lit d) EUV[8]) – kann hingegen im staatlichen Recht unmittelbare Wirkung (durch generelle Transformation) beigemessen werden.[9]

Diesem Befund steht auch die jüngere Rechtsprechung des EuGH nicht entgegen, der zufolge seine Zuständigkeit zur Vorabentscheidung gemäß Art 35 EUV alle im Rahmen der dritten Säule erlassenen Maßnahmen des Rates (einschließlich „Gemeinsamer Standpunkte“) umfasse, „sofern sie Rechtswirkungen gegenüber Dritten erzeugen sollen“[10]. Mit dieser Wendung wird nicht zum Ausdruck gebracht, dass solche Rechtsakte ohne vorangegangene Transformation unmittelbare Wirkung in den Mitgliedstaaten entfalten.[11] Dies geht bereits unzweifelhaft daraus hervor, dass in Art 34 EUV auch Rechtsakte

5 Zum Begriff der Transformation allgemein *Walter/Mayer/Kucsko-Stadlmayer*, Bundesverfassungsrecht[10] (2007), Rdnr 214.

6 *Griller*, EuR-Beiheft 1–1999, 64 f; *Öhlinger/Potacs*, Gemeinschaftsrecht und staatliches Recht[3] (2006), 16; *Schweitzer/Hummer/Obwexer*, Europarecht (2007), Rdnr 333; *Huber*, ÖJZ 2007, 406 f.

7 Art 34 Abs 2 lit b) und c) EUV(alt).

8 Dazu näher *Potacs*, Die Europäische Union und die Gerichtsbarkeit öffentlichen Rechts, GA 14. ÖJT, Band I/1 (2000), 128 ff.

9 Siehe dazu nachstehend Pkt III.A.2.

10 EuGH, Rs C-354/04 P, *Gestoras Pro Amnistia*, Slg 2007, I-1579, Rdnrn 53 f; EuGH, Rs C-355/04 P, *Segi*, Slg 2007, I-1657, Rdnrn 53 f.

11 Siehe demgegenüber jedoch *Kroker*, EuR 2008, 383, der aus der zitierten Rechtsprechung des EuGH anscheinend schließt, dass ein als gemeinsamer Standpunkt beschlosse-

(wie der Rahmenbeschluss oder Beschlüsse) angeführt sind, deren unmittelbare Wirkung durch den Unionsvertrag ausdrücklich ausgeschlossen wird. Die dargelegte Formulierung in der Rechtsprechung des EuGH ist daher so zu verstehen, dass bestimmten Rechtsakten ihrem Inhalt nach von den Mitgliedstaaten „Rechtswirkungen gegenüber Dritten" eingeräumt werden muss (argumentum „sollen" in der zitierten Formulierung des EuGH). Dies kann – wie noch darzulegen sein wird[12] – dadurch erfolgen, dass solchen Regelungen im innerstaatlichen Recht im Wege genereller Transformation unmittelbare Wirkung zuerkannt wird.

Für solche transformierte Rechtsakte stellt sich die weitere Frage, ob sie *Vorrang* vor innerstaatlichem Recht genießen. Soweit es sich dabei um früher erlassene innerstaatliche Vorschriften handelt, ist jedenfalls einmal von einer *Derogation* nach dem Grundsatz „lex posterior derogat legi priori" auszugehen. Ist doch anzunehmen, dass nach dieser Regel auch transformierte völkerrechtliche Vorschriften entgegenstehenden früher erlassenen innerstaatlichen Bestimmungen vorgehen.[13] Es ist kein Grund zu sehen, weshalb diese Regel nicht auch im Verhältnis zum Unionsrecht zur Anwendung kommen sollte. Fraglich ist allerdings, ob Unionsrecht darüber hinaus ebenso wie das Gemeinschaftsrecht auch Vorrang gegenüber später erlassenen innerstaatlichem Recht im Sinne der Judikatur des EuGH zum Vorrang von Gemeinschaftsrecht haben kann. Dies kann mit gutem Grund für solche unmittelbar anwendbaren Rechtsakte angenommen werden, die gemäß Art 35 EUV der Vorabentscheidungskompetenz des EuGH unterliegen. Denn der EuGH hat den Vorrang von Gemeinschaftsrecht auch mit dem „Sinn und Wesen"[14] des in Art 234 EGV geregelten Vorabentscheidungsverfahrens begründet.[15] Wegen des Ausschlusses der unmittelbaren Anwendbarkeit von Rahmenbeschlüssen und Beschlüssen kämen dafür allerdings nur die in Art 35 EUV ausdrücklich der Vorabentscheidungszuständigkeit des EuGH unterworfenen Übereinkommen samt Durchführungsmaßnahmen sowie nach der dargelegten jüngeren Rechtsprechung des EuGH[16] auch (nicht in Art 35 EUV angeführte) gemeinsame Standpunkte „mit Rechtswirkungen gegenüber Dritten"[17] in Betracht.

---

ner Rechtsakt Wirkungen für den Einzelnen im Sinne einer „Durchgriffswirkung" entfalten kann.

12 Siehe dazu nachstehend Pkt III.A.2.

13 Siehe *Öhlinger*, Der völkerrechtliche Vertrag im staatlichen Recht (1973), 150.

14 EuGH, Rs 106/77, *Simmenthal*, Slg 1978, 629, Rdnr 19/20.

15 Näher dazu *Potacs*, GA 14. ÖJT, Band I/1, 133 f; *Öhlinger/Potacs*, Gemeinschaftsrecht, 18.

16 Vergleiche dazu vorstehend die Judikate in Fn 10. Siehe allerdings auch *Masing*, NJW 2006, 264 ff, der auch einen Vorrang von Rahmenbeschlüssen gegenüber nationalem (Verfassungs-)Recht annimmt.

17 Der Rechtsprechung des EuGH ist nicht klar zu entnehmen, ob es sich in einem solchen Fall noch um einen Gemeinsamen Standpunkt handelt oder ob diesfalls eine Umdeutung

2. Gemeinschaftsrecht

Der Anspruch des Gemeinschaftsrechts geht demgegenüber weiter. Vorauszuschicken ist allerdings, dass dieses Selbstverständnis des Gemeinschaftsrechts weitgehend auf der Judikatur des EuGH basiert. Bei dieser Judikatur handelt es sich zwar zum Teil um Rechtsfortbildung durch den Gerichtshof, zu der ihn allerdings das Gemeinschaftsrecht ermächtigt.[18] Aus der Perspektive des Gemeinschaftsrechts stellen somit die vom EuGH entwickelten Grundsätze verbindliche Charakteristika gemeinschaftsrechtsrechtlicher Normen dar. Für den EuGH ist entscheidend, dass vom Gemeinschaftsrecht seine Wirkungen selbst geregelt werden und es daher insoweit „von der Gesetzgebung der Mitgliedstaaten unabhängig"[19] (sog „Autonomie der Gemeinschaftsrechtsordnung") ist. Seinem eigenen Selbstverständnis nach ist daher Gemeinschaftsrecht „unmittelbare Quelle von Rechten und Pflichten für alle diejenigen, die sie betreffen, einerlei, ob es sich um die Mitgliedstaaten oder um solche Einzelpersonen handelt, die an Rechtsverhältnissen beteiligt sind, welche dem Gemeinschaftsrecht unterliegen"[20].

So ist Gemeinschaftsrecht nach der Rechtsprechung des EuGH in den Mitgliedstaaten prinzipiell ohne weiteren staatlichen Transformationsakt *unmittelbar anwendbar.* Dies bedeutet, dass gemeinschaftsrechtliche Regelungen unmittelbare (dh durch keine weitere generelle oder spezielle staatliche Regelung zu vermittelnde) Grundlage von verwaltungsbehördlichen oder gerichtlichen Entscheidungen in concreto bilden können. Die unmittelbare Anwendbarkeit gilt allerdings nicht uneingeschränkt für alle gemeinschaftsrechtlichen Bestimmungen. Voraussetzung der unmittelbaren Anwendbarkeit ist zunächst einmal, dass die betreffenden Vorschriften des Gemeinschaftsrechts unbedingt und hinreichend genau sind.[21] Bei Richtlinien kommt noch hinzu, dass sie zum einen nur dann unmittelbar anwendbar sind, wenn sie nicht fristgerecht ordnungsgemäß umgesetzt wurden.[22] Zum anderen ist die unmittelbare Anwendbarkeit von Richtlinienbestimmungen mit „Horizontal-„ oder „Drittwirkung" nach der Rechtsprechung des EuGH zu verneinen. Das ist bei Regelungen der Fall, die Einzelnen eine Verpflichtung auferlegen. Nach ständiger Rechtsprechung des EuGH kann „eine Richtlinie nicht selbst Verpflichtungen für einen Bürger

---

in einen anderen (der Vorabentscheidung des EuGH gemäß Art 35 EU-Vertrag ausdrücklich unterliegenden) Rechtsakt vorzunehmen ist; *Kroker*, EuR 2008, 383.

18 Näher *Potacs*, Auslegung im öffentlichen Recht (1994), 277 ff.

19 EuGH, Rs 26/62, *Van Gend & Loos*, Slg 1963, 1, Rdnr 10.

20 EuGH, Rs 106/77, *Simmenthal II*, Slg 1978, 629, Rdnr 14/16.

21 Dazu eingehend im Hinblick auf die verschiedenen Rechtsvorschriften der Gemeinschaft *Öhlinger/Potacs*, Gemeinschaftsrecht, 64 ff.

22 Zu den Anforderungen an die Umsetzung von Richtlinien *Öhlinger/Potacs*, Gemeinschaftsrecht, 109 ff.

begründen"[23]. Die Rechtsprechung des EuGH dazu ist allerdings differenziert.[24]

Soweit gemeinschaftsrechtliche Vorschriften unmittelbar anwendbar sind, genießen sie nach der Rechtsprechung des EuGH überdies *Vorrang* vor innerstaatlichem Recht. Dabei handelt es sich jedoch um keinen Geltungsvorrang, sondern lediglich um einen Anwendungsvorrang. Die innerstaatlichen Bestimmungen bleiben weiter in Geltung und werden durch entgegenstehendes Gemeinschaftsrecht lediglich „zurückgedrängt" (und nicht „vernichtet"). Mit den Worten des EuGH führt ein Konflikt zwischen staatlichem Recht und Gemeinschaftsrecht nicht dazu, dass die staatliche Vorschrift „inexistent ist. In dieser Situation ist das nationale Gericht vielmehr verpflichtet, diese Vorschrift unangewendet zu lassen"[25]. Sollte der Konflikt durch Änderung oder Aufhebung der Gemeinschaftsnorm wegfallen, dann wäre die staatliche Vorschrift eben wieder anwendbar. Außerdem beansprucht das Gemeinschaftsrecht auch einen Vorrang gegenüber innerstaatlichem Verfassungsrecht. Nach der Rechtsprechung des EuGH könne es etwa „die Gültigkeit einer Gemeinschaftshandlung oder deren Geltung in einem Mitgliedstaat nicht berühren, wenn geltend gemacht wird, die Grundrechte in der ihnen von der Verfassung dieses Staates gegebenen Gestalt oder die Strukturprinzipien der nationalen Verfassung seien verletzt"[26].

Schließlich ist auch noch zu erwähnen, dass gemäß Art 307 EGV völkerrechtliche Verpflichtungen, die von Mitgliedstaaten vor dem 1.1.1958 bzw vor dem Zeitpunkt ihres Beitritts abgeschlossen wurden, „durch diesen Vertrag nicht berührt werden". Nach begründeter Auffassung haben auf Grund dieser Bestimmung Gemeinschaftsvorschriften im Kollisionsfall hinter die entsprechenden völkerrechtlichen Verpflichtungen (bzw die sie ausführenden Maßnahmen) zurückzutreten.[27] Man kann daher insoweit von einem *Vorrang völkerrechtlicher Verpflichtungen* vor dem Gemeinschaftsrecht sprechen, der in Bezug auf Österreich insbesondere für das Verhältnis zwischen den Grundrechten der EMRK[28] und der EG von Bedeutung

23 EuGH, Rs C-91/92, *Faccini Dori*, Slg 1994, I-3325, Rdnr 20. Weitere Nachweise bei *Öhlinger/Potacs*, Gemeinschaftsrecht, 70 f.

24 Siehe etwa *Eilmansberger*, Zur Direktwirkung von Richtlinien gegenüber Privaten (Teil I), JBl 2004, 283; *Eilmansberger*, Zur Direktwirkung von Richtlinien gegenüber Privaten (Teil II), JBl 2004, 364; *Öhlinger/Potacs*, Gemeinschaftsrecht, 70 f; *Griller*, Direktwirkung und richtlinienkonforme Auslegung, in *Eilmansberger/Herzig* (Hrsg), 10 Jahre Anwendung des Gemeinschaftsrechts in Österreich, 97 ff; siehe auch den Beitrag von *Ohler*, Objektive Wirkung von Richtlinien, in diesem Band nachstehend auf S 165 ff.

25 EuGH, verb Rs C-10 bis C-22/97, *IN.CO.GE.90'Srl*, Slg 1998, I-6307, Rdnr 3.

26 EuGH, Rs 11/70, *Internationale Handelsgesellschaft*, Slg 1970, 1125, Rdnr 3.

27 ZB *Kokott* in *Streinz* (Hrsg), Kommentar zu EUV/EGV (2003), Art 307 EGV Rdnr 11.

28 Nicht nur die EMRK, sondern auch sämtliche Zusatzprotokolle zur EMRK wurden von Österreich vor dem EU-Beitritt ratifiziert.

ist.[29] Stehen solche Vorschriften in Widerspruch zum Gemeinschaftsrecht, dann müssen die Mitgliedstaaten gemäß Art 307 EGV „alle geeigneten Mittel" anwenden, um diese Unvereinbarkeiten zu beheben. Daher wurde Österreich in einem Vertragsverletzungsverfahren vom EuGH jüngst wegen Verstoßes gegen Art 307 Abs 2 EGV – Nichtergreifung geeigneter Maßnahmen zur Behebung der Unvereinbarkeiten zwischen den vor dem Beitritt des Mitgliedstaats zur Europäischen Union mit Drittstaaten geschlossenen bilateralen Abkommen und dem EG-Vertrag – verurteilt, weil es „gegenüber den betroffenen Mitgliedstaaten keine Schritte einleitete"[30], um die Gefahr eines Konflikts mit dem Gemeinschaftsrecht auszuräumen. Es ist fraglich, ob in einem solchen Fall der Vorrang der völkerrechtlichen Verpflichtung weiter besteht. Auf Grund der „effet utile"-Judikatur des EuGH[31] könnte man dies verneinen.

II. Neueste Entwicklungen – Vertrag von Lissabon

A. Allgemein

Nach dem Vertrag von Lissabon[32] – dem früheren „Reformvertrag" – wird nunmehr das EU-Recht in zwei Verträgen geregelt: dem *Vertrag über die Europäische Union* (EUV)[33] einerseits und dem *Vertrag über die Arbeitsweise der Europäischen Union* (AEUV)[34] (ersetzt den bisherigen EG-Vertrag) andererseits. Inhaltlich wird damit die drei Säulen-Struktur der Union aufgegeben: Die verschiedenen bisherigen Gemeinschaftspolitiken sowie die bisherige dritte Säule werden zu einem einheitlichen Unionsrecht zusammengefasst, das in seinen Wirkungen jenen der derzeitigen ersten Säule entspricht. Allerdings tritt gem Art 1 Abs 3 EUV(neu) die neue Union an die Stelle der alten EG, weshalb es künftig auch nur mehr ein „Unionsrecht" und kein „Gemeinschaftsrecht" mehr gibt. Die Rechtsakte des Unionsrechtes entsprechen aber grundsätzlich jenen, die derzeit in der ersten Säule vorgesehen sind (terminologisch treten allerdings an die Stelle der „Entscheidungen" iSv Art 249 Abs 4 EGV sog „Beschlüsse" iSv Art 288 Abs 4 AEUV). Auch würde das Unionsrecht wie derzeit das Gemeinschaftsrecht einer umfassenden Kontrolle durch den EuGH unterliegen. Das *Unionsrecht* der neuen EU entfaltet daher im staatlichen Recht grundsätzlich jene Rechtswirkungen, wie früher das *Ge-*

29 Siehe dazu *Potacs/Pollak*, Gemeinschaftsrecht und EMRK, in *Bammer ua* (Hrsg), Rechtsschutz gestern – heute – morgen: FS Machacek und Matscher (2008), 851 f.

30 EuGH, Rs C-205/06, *Kommission/Österreich*, Slg 2009, I-01301, Rdnr 42.

31 Siehe etwa jüngst *Seyr*, Der effet utile in der Rechtsprechung des EuGH (2008), 94 ff.

32 ABl 2007 C 306, 1 ff.

33 ABl 2010 C 83, 13 ff.

34 ABl 2010 C 83, 47 ff.

meinschaftsrecht. Die nachstehend dargelegten Wirkungen des Gemeinschaftsrechts im österreichischen Recht gelten daher nach dem Inkrafttreten des Vertrages von Lissabon zum 1. Dezember 2009 grundsätzlich auch für das neue Unionsrecht.

B. Gemeinsame Außen- und Sicherheitspolitik

Eine Sonderstellung würde dabei allerdings weiterhin die Gemeinsame Außen- und Sicherheitspolitik (GASP) einnehmen. Insbesondere würde sie nach wie vor intergouvernementale Züge aufweisen[35], was nämlich die Frage der Transformationsbedürftigkeit der in diesem Politikbereich zu fassenden Beschlüsse aufwirft. Ein beachtlicher Anhaltspunkt ergibt sich in dieser Hinsicht aus Art 275 Abs 2 iVm Art 263 Abs 4 AEUV, demzufolge derartige Beschlüsse beim EuGH durch Personen anfechtbar sind, die durch sie „unmittelbar und individuell" betroffen sind[36]. Damit wird wohl mit hinreichender Deutlichkeit zum Ausdruck gebracht, dass solche Beschlüsse auch ohne Transformation unmittelbare Wirkung für Rechtsunterworfene entfalten. Andernfalls wäre die Klagslegitimation davon abhängig, ob die Umsetzung in staatliches Recht durch *generelle* (eine unmittelbare Anwendbarkeit ermöglichende) oder *spezielle* (eine unmittelbare Anwendbarkeit ausschließende) *Transformation* erfolgt. Dies würde aber wohl der mit der in Rede stehenden Regelung verfolgten Zielsetzung eines effektiven Rechtsschutzes gegen Unionsrecht zuwiderlaufen, zumal nach dem Vertrag von Lissabon auch kein Vorabentscheidungsverfahren gegen im Rahmen der Gemeinsamen Außen- und Sicherheitspolitik (GASP) gefassten Akte vorgesehen ist, bei dem die Ungültigkeit solcher Beschlüsse geltend gemacht werden könnte. Daraus ist zu schließen, dass im Rahmen der GASP gefassten Beschlüsse *nicht transformationsbedürftig* wären und *unmittelbare Wirkung* (im Sinne der Judikatur des EuGH bei wohl hinreichender Bestimmtheit[37]) in den Mitgliedstaaten entfalten könnten.[38] Aus der Erklärung (Nr 17) zum Vorrang in der Schlussakte von Lissabon[39] ist überdies zu schließen, dass nach dem Willen der Vertragsparteien das gesamte „auf der Grundlage der Verträge gesetzte Recht" *Vorrang* vor staatlichem Recht genießen sollte, was daher auch die im Rahmen der GASP gefassten Beschlüsse einschließen würde.

---

35 *Weber*, EuZW 2008, 13.

36 Dazu *Schröder*, DÖV 2009, 64.

37 EuGH, Rs 106/77, *Simmenthal II*, Slg 1978, 629 Rdnr 14/16.

38 Voraussetzung dafür wäre aber wohl, dass solche Beschlüsse im Amtsblatt publiziert wurden; siehe dazu insbesondere EuGH, Rs C-345/06, *Heinrich*, Slg 2009, I-1659, Rdnr 47.

39 ABl 2010 C 83, 344.

C. Übergangsregelung

Für auf Grundlage der geltenden Verträge erlassene Rechtsakte ist in Protokoll (Nr 36) über die Übergangsbestimmungen[40] eine Übergangsregelung vorgesehen. Nach Art 9 dieses Protokolls behalten alle diese Rechtsakte weiterhin ihre Rechtswirkungen, bis sie durch Rechtsakte auf Basis des neuen Vertrages über die Europäische Union und des Vertrages über die Arbeitsweise der Europäischen Union (oder des neu gefassten Euratom-Vertrages)[41] „aufgehoben, für nichtig erklärt oder geändert werden". Dies gilt ausdrücklich auch für Übereinkommen, die auf Grundlage des EU-Vertrages zwischen den Mitgliedstaaten geschlossen wurden, womit wohl die im Rahmen der dritten Säule abgeschlossenen völkerrechtlichen Abkommen gemäß Art 34 Abs 2 lit d) EUV gemeint sind.

Art 10 des Protokolls legt überdies fest, dass die Zuständigkeiten des EuGH im Rahmen der dritten Säule für eine Dauer von fünf Jahren weiter aufrecht bleiben. Das gilt insbesondere auch für die Zuständigkeit des EuGH zur Vorabentscheidung gemäß Art 35 EUV. Nach diesem Zeitpunkt unterliegen die davon betroffenen Rechtsakte wohl der Kontrolle des EuGH nach den allgemeinen Vorschriften des Vertrages über die Arbeitsweise der Europäischen Union.[42] Dies ist aus dem Charakter dieser Vorschrift als „Übergangsregelung" sowie aus dem Umstand zu schließen, dass durch den Vertrag von Lissabon die bisherige dritte Säule der EU dem Regime der ersten Säule unterworfen wurde.

III. Auswirkungen auf Österreich

A. Übernahme in das staatliche Recht

1. Innerstaatlicher Rechtsanwendungsbefehl

Innerstaatliche Rechtsgrundlage für die Übernahme des EU-Rechts ist in Österreich in erster Linie das Beitritts-BVG aus dem Jahre 1994.[43] Mit diesem BVG wurde eine Ermächtigung zum Abschluss des EU-Beitrittsvertrages geschaffen. Zweck dieses BVG ist es, „die österreichische Rechtsordnung gegenüber der Rechtsordnung der EU in der Weise zu öffnen, wie sich dies aus deren besonderem Geltungsanspruch (...) ergibt"[44]. Diese „Öffnung" der Ver-

40 ABl 2010 C 83, 322 ff; vgl dazu den Beitrag von *Hummer*, Benutzerhinweise, vorstehend auf S XLIV f.

41 Argumentum „in Anwendung der Verträge" in Art 9 des Protokolls (Nr 36) in Verbindung mit der Begriffsbestimmung in Art 1 des Protokolls.

42 Art 251 ff AEUV.

43 BGBl 1994/744.

44 RV 1546 BlgNR 18. GP, 4.

fassung gegenüber den Anforderungen des EU-Rechts bewirkte eine Gesamtänderung der Bundesverfassung, über die gemäß Art 44 Abs 3 B-VG eine Volksabstimmung abgehalten werden musste. Auf Grund des Beitritts-BVG bestimmen sich die Wirkungen des EU-Rechtes in Österreich grundsätzlich nach Maßgabe dessen eigener Kriterien.[45]

Daraus darf aber andererseits nicht geschlossen werden, dass die Verfassung gegenüber dem EU-Recht – einschließlich der Rechtsakte von EU-Organen – überhaupt keine „Integrationsschranken" enthält. Solche Schranken bestehen zunächst im Hinblick auf künftige *Änderungen der Verträge der EU*. So wurden durch das Beitritts-BVG (und den auf seiner Grundlage abgeschlossenen Beitrittsvertrag) die Grundprinzipien der Verfassung zwar verändert bzw (nach dem Wortlaut der Erläuterungen der Regierungsvorlage zum Beitritts-BVG) „modifiziert"[46]. Der dadurch veränderte Inhalt der Grundprinzipien ergibt sich aber aus der österreichischen Verfassung in ihrem Zusammenhalt mit dem System des EU-Rechts – dessen Teilrechtsordnung das Gemeinschaftsrecht ist – im Jahre 1994.[47] Nach den Erläuterungen zum Beitritts-BVG (und damit auf Grund historischer Interpretation) bildet insoweit „der Stand der Entwicklung des Unionsrechts zum Zeitpunkt des österreichischen Unionsbeitrittes den Maßstab einer verfassungsgerichtlichen Nachprüfung künftiger Entwicklungen des Unionsrechts"[48]. In diesen Erläuterungen wird allerdings auch betont, „dass Änderungen des Unionsvertrages nicht in jedem Fall, sondern nur ausnahmsweise in Bezug auf die österreichische Bundesverfassung gesamtändernd wären"[49]. Auf die bisherigen Änderungen des Unionsrechts (einschließlich des Gemeinschaftsrechts[50]) hat dies nach herrschender Auffassung noch nicht zugetroffen, weshalb für deren Ratifikation jeweils eine „einfache" verfassungsrechtliche Grundlage (ohne Volksabstimmung)[51] als ausreichend erachtet wurde[52]. Für künftige Änderungen der vertraglichen Grundlagen der EU wurde mittlerweile eine eigene „Integrationsbestimmung"

45 In Bezug auf Gemeinschaftsrecht *Öhlinger/Potacs*, Gemeinschaftsrecht, 57.

46 RV 1546 BlgNR 18. GP, 6.

47 *Griller*, ZfRV 1995, 96.

48 RV 1546 BlgNR 18. GP, 6.

49 RV 1546 BlgNR 18. GP, 7.

50 In den zitierten Erläuterungen wird der Begriff „Unionsrecht" gleichbedeutend mit Verträge der EU einschließlich dem EGV verwendet.

51 Zu den verfassungsrechtlichen Grundlagen bisheriger Änderungen des Unionsrechts siehe *Öhlinger/Potacs*, Gemeinschaftsrecht, 57 sowie *Kokott* in *Streinz* (Hrsg), Kommentar zu EUV/EGV (2003), Art 307 EGV Rdnr 11.

52 Siehe allerdings im Hinblick auf den (nicht in Kraft getretenen) Vertrag über eine Verfassung für Europa *Schramm*, ZÖR 2006, 41 ff; *Öhlinger*, Die Ratifikation des Verfassungsvertrages in Österreich – Anmerkungen zum konstitutionellen Gehalt des Verfassungsvertrages, in *Hummer/Obwexer* (Hrsg), Der Vertrag über eine Verfassung für Europa (2007), 356 ff.

in Art 50 Abs 1 Z 2 B-VG geschaffen, auf deren Grundlage der „Reformvertrag“ – der heutige „Vertrag von Lissabon“ gem seinem Art 7[53] – von Österreich bereits ratifiziert wurde[54].

Aber auch wenn sich die Verfassung dem Unionsrecht grundsätzlich „geöffnet“ hat, so sind der Geltung von auf Basis der ratifizierten Verträge der EU gesetzten *Handlungen der EU-Organe* durch das Beitritts-BVG dennoch Grenzen gesetzt worden. Zwar gilt in Österreich das Recht der EU auf Grund des Beitritts-BVG – wie gesagt – nach Maßgabe seiner eigenen Geltungskriterien. Den Erläuterungen zum Beitritts-BVG ist freilich zu entnehmen, dass damit nicht jedes Handeln eines Gemeinschaftsorganes innerstaatlich Verbindlichkeit besitzt. Sind nämlich Handlungen von solchen Organen (nach Maßgabe von Schwere und Evidenz) grob fehlerhaft und damit (als „ultra-vires“-Akte) nach Gemeinschaftsrecht selbst ungültig (absolut nichtig), so kommt ihnen auch in Österreich keine Geltung zu.[55] Die Schranken der Geltung des EU-Rechts ergeben sich hierzulande also aus dem EU-Recht selbst. Das gilt insbesondere auch für „ultra-vires“-Akte des EuGH: Ist eine von ihm entwickelte – dem EU-Recht, insbesondere dem Gemeinschaftsrecht besonders evident und schwerwiegend widersprechende – Rechtsfortbildung von seinem Rechtsprechungsauftrag nicht mehr gedeckt, so entfaltet sie für Österreich keine Verbindlichkeit.[56] Dieser Befund wird zweifellos auch durch die späteren verfassungsrechtlichen Ermächtigungsgrundlagen zur Vertragsänderung nicht in Frage gestellt, zumal diese andernfalls wohl eine Gesamtänderung bewirkt hätten und einer Volksabstimmung zu unterziehen gewesen wären.

---

53 ABl 2007 C 306, 135.

54 Siehe RV 417 BlgNR 23. GP, 17; vgl dazu den Beitrag von *Öhlinger*, Art 50 B-VG: Die neue Integrationsbestimmung des österreichischen Bundesverfassungsrechts, nachstehend auf S 630 ff.

55 RV 1546 BlgNR 18. GP, 7: „Aus der Sicht des österreichischen Bundesverfassungsrechts bedeutet dies, dass Rechtsakte von EU-Organen, mit denen die Befugnisse, die sich aus dem mit dem Beitrittsvertrag übernommenen EU-Primärrecht ergeben, überschritten werden und die mit den Grundprinzipien der österreichischen Bundesverfassung in ihrer durch den EU-Beitritt modifizierten Fassung in offenkundigem kontradiktorischem Widerspruch stünden, insoweit als absolut nichtig und daher unbeachtlich anzusehen wären (absolute Nichtigkeit wegen schwerer und offenkundiger Fehlerhaftigkeit des Rechtsakts).“ Diese Aussage ist insoweit überzeugend, als sie für die innerstaatliche Geltung von Rechtsakten der Gemeinschaft die Schranken des Gemeinschaftsrechts für maßgeblich erklärt. Sie ist aber insoweit zumindest mißverständlich, als sie zusätzlich auch auf die (veränderten) Grundprinzipien abstellt, die aber (wie im Text dargelegt) für Vertragsänderungen von Bedeutung sind; in diesem Sinne auch *Griller*, ZfRV 1995, 100.

56 Siehe in Bezug auf die Verfassungsrechtslage in Deutschland das „Maastricht-Urteil“ des BVerfG, wo eine vom Gemeinschaftsrecht nicht mehr getragene Befugnisausübung durch Gemeinschaftsorgane (wie den EuGH) „für Deutschland keine Bindungswirkung“ entfaltet; BVerfGE 89, 155, 209 f.

2. Unionsrecht

Es wurde dargelegt, dass Unionsrecht in den Mitgliedstaaten keine Geltung ohne vorangegangene Transformation bzw Inkorporation beansprucht.[57] Vielmehr bedarf es zu seiner Übernahme in die nationale Rechtsordnung einer staatlichen Anordnung, wobei dafür grundsätzlich sowohl eine generelle als auch eine spezielle Transformation in Betracht kommen.[58] Die *generelle Transformation* (sog Adoption) des primären Unionsrechts erfolgte durch die Publikation des EU-Beitrittsvertrages sowie der Änderungsverträge der EU im Bundesgesetzblatt (BGBl). Gleiches gilt für Übereinkommen gemäß Art 34 Abs 2 lit d) EU-Vertrag, die vom Rat erstellt und danach von den Mitgliedstaaten „gemäß ihren verfassungsrechtlichen Vorschriften" angenommen werden.[59] Aber auch für die Übernahme von Akten des sekundären Unionsrechtes dürfte nach der Judikatur des VfGH eine generelle Transformation (Adoption) im Wege einer Publikation im Bundesgesetzblatt genügen.[60] Eine entsprechende Rechtsgrundlage findet sich auch in § 5 Abs 1 Z 5 des BG über das BGBl (BGBlG), wonach das BGBl zur Verlautbarung „der für oder in Österreich verbindlichen Beschlüsse von internationalen Organen" bestimmt ist, „die nicht auf andere allgemein zugängliche Weise verlautbart werden, einschließlich ihrer Übersetzung in die deutsche Sprache". Nach dem Verständnis des VfGH dürfte damit der Gesetzgeber eine Ermächtigung zur generellen Transformation geschaffen haben, wobei im BGBGBl differenziert wird: Wurden solche Beschlüsse bereits in allgemein zugänglicher Weise – wie etwa im Amtsblatt der EU – verlautbart, dann werden sie nach dieser Bestimmung auch ohne zusätzliche Publikation im BGBl (generell) transformiert. Fehlt es hingegen an einer solchen Verlautbarung, dann bedarf es zur generellen Transformation einer Veröffentlichung im BGBl. Dies könnte auch erklären, weshalb viele Beschlüsse der zweiten und dritten Säule nicht im BGBl aufscheinen.[61]

Allerdings ist zu bedenken, dass vom Unionsrecht selbst die unmittelbare Anwendbarkeit von Rahmenbeschlüssen und Beschlüssen der dritten Säule ausdrücklich ausgeschlossen wird. Diese Rechtsakte können somit nur im Wege einer *speziellen Transformation* ins innerstaatliche Recht übernommen werden, wobei die innerstaatliche Rechtslage [konkret in Bezug auf einen „Rahmenbeschluss" iSv Art 34 Abs 2 lit b EUV(alt)] auch dem Gebot der

57 Siehe dazu vorstehend Pkt I.B.1.

58 Zu diesen Begriffen siehe etwa *Ermacora/Hummer*, Völkerrecht, Recht der Europäischen Union und Landesrecht, in *Neuhold/Hummer/Schreuer* (Hrsg), Österreichisches Handbuch des Völkerrechts, Bd 1 – Textteil[4] (2004), Rdnr 574 f.

59 Siehe zB Übereinkommen über die Rechtshilfe in Strafsachen, BGBl III 65/2005.

60 Siehe VfSlg 12281/1990. Dazu etwa *Öhlinger/Potacs*, Gemeinschaftsrecht, 17.

61 Siehe jedoch *Öhlinger*, Art 9 Abs 2 B-VG, in *Korinek/Holoubek* (Hrsg), Österreichisches Bundesverfassungsrecht, 5. Lfg (2002), Rdnr 17.

unionsrechtskonformen Auslegung („rahmenbeschlusskonforme Auslegung des nationalen Rechts“[62]) unterliegt. Anderen Rechtsakten der zweiten und dritten Säule kann hingegen *unmittelbare Anwendbarkeit* im Wege genereller Transformation beigemessen werden. Die unmittelbare Anwendbarkeit bestimmt sich diesfalls nach jenen Kriterien, die auch für die unmittelbare Anwendbarkeit generell transformierter Staatsverträge in Österreich maßgeblich sind.[63] Nach der Rechtsprechung des VfGH ist demnach für die unmittelbare Anwendbarkeit entscheidend, ob die betreffenden Bestimmungen „im Zusammenhang mit der gesamten Rechtsordnung gesehen (...) die objektive Eignung zur innerstaatlichen Anwendung aufweisen, wobei es auf die Bestimmbarkeit des zuständigen Vollzugsorgans, des Adressatenkreises und der bei der Durchsetzung des Anspruches einzuhaltenden Vorgangsweise sowie auf eine ausreichende inhaltliche Bestimmtheit der Regelung ankommt“[64]. Maßgeblich für die unmittelbare Anwendbarkeit von Unionsrecht ist also, dass die betreffende Vorschrift eine am Standard des Art 18 B-VG gemessene „vollzugstaugliche“ Rechtsgrundlage bildet.[65] Die unmittelbare Anwendbarkeit von Bestimmungen des primären Unionsrechts scheidet demnach wegen ihres Charakters als Zielbestimmungen und Organisationsrecht der Union von vorneherein wohl aus.[66] Hingegen kommt eine unmittelbare Anwendbarkeit prinzipiell etwa bei gemeinsamen Aktionen sowie bei völkerrechtlichen Abkommen gemäß Art 34 Abs 2 lit d) EUV in Betracht.[67] Eine unmittelbare Anwendbarkeit kann aber auch als „Gemeinsame Standpunkte“ in der Dritten Säule gem Art 34 Abs 2 lit a EUV(alt) beschlossenen (und generell transformierten) Rechtsakten zuerkannt werden, die im Sinne der jüngeren Rechtsprechung des EuGH „Rechtswirkungen gegenüber Dritten erzeugen sollen“[68].

Was schließlich den *Vorrang* von Unionsrecht betrifft, so ist daran zu erinnern, dass ein Vorrang im Sinne des Gemeinschaftsrechts für gemäß Art 35 EUV dem Vorabentscheidungsverfahren des EuGH unterliegende Rechtsakte der dritten Säule mit gutem Grund angenommen werden kann,[69] hatte der Ge-

---

62 EuGH, Rs C-105/03 *Pupino*, Slg 2005, I-5285, Rdnr 60.

63 *Potacs*, GA 14. ÖJT, Band I/1, 127.

64 VfSlg 12281/1990.

65 *Potacs*, GA 14. ÖJT, Band I/1, 127.

66 *Potacs*, GA 14. ÖJT, Band I/1, 127.

67 *Potacs*, GA 14. ÖJT, Band I/1, 128 ff.

68 Vergleiche dazu vorstehend die Judikatur in Fn 10. Ein Nachteil genereller Transformation besteht darin, dass im Einzelfall vom Vollzugsorgan die Voraussetzungen unmittelbarer Anwendbarkeit beurteilt werden müssen, was mit Unsicherheiten behaftet sein kann. Aus diesem Grund empfiehlt sich zumindest häufig eine spezielle Transformation von Unionsrecht; so *Öhlinger*, Die Übernahme des Vertrages von Amsterdam sowie des Rechts der „Zweiten“ und „Dritten Säule“ in die österreichische Rechtsordnung, in *Hummer* (Hrsg), Rechtsfragen in der Anwendung des Amsterdamer Vertrages (2001), 236.

69 Siehe dazu vorstehend Pkt I.B.1

richtshof doch den Vorrang von Gemeinschaftsrecht auch mit dem (möglichst effektiven) Zweck des Vorabentscheidungsverfahrens begründet. Allerdings besitzen nach der Rechtsprechung des EuGH nur unmittelbar anwendbare Vorschriften des Gemeinschaftsrechts uneingeschränkten Vorrang vor staatlichem Recht (Stichwort: „*Anwendungsvorrang*"). Davon ausgehend kann daher Rahmenbeschlüssen und Beschlüssen der dritten Säule gem Art 34 Abs 2 EU-Vertrag kein Vorrang vor nationalem Recht zukommen, weil – obwohl sie der Vorabentscheidungskompetenz des EuGH gemäß Art 35 EU-Vertrag unterliegen – ihre unmittelbare Anwendbarkeit vom EU-Vertrag ausdrücklich ausgeschlossen wird.[70] Hingegen kommt ein solcher Vorrang etwa bei generell transformierten Gemeinsamen Aktionen, Übereinkommen samt Durchführungsmaßnahmen und bei als Gemeinsame Standpunkte beschlossene Rechtsakte, die im Sinne der Rechtsprechung des EuGH „Rechtswirkungen gegenüber Dritten"[71] entfalten, zum tragen.

Bezüglich der Beurteilung der *Fehlerhaftigkeit (Gültigkeit)* von Unionsrecht ist zu unterscheiden: Handelt es sich um Rechtsakte, die der Vorabentscheidungskompetenz des EuGH unterliegen, dann ist diesem auch grundsätzlich die Feststellung der Fehlerhaftigkeit vorbehalten.[72] Nur nach Maßgabe von Evidenz und Gravität mit ganz besonders schwerwiegenden Fehlern behaftete Handlungen der EU-Organe (einschließlich des EuGH) entfalten diesfalls als „ultra-vires"-Akte in Österreich keine Verbindlichkeit.[73] Denn ein Rechtsschutzmechanismus impliziert zumindest grundsätzlich, dass fehlerhafte Rechtsakte bis zu ihrer „Vernichtung" durch das Rechtsprechungsorgan Gültigkeit besitzen. Bei Rechtsakten des Unionsrechtes, die nicht der Zuständigkeit des EuGH unterliegen, wird hingegen schon bei weniger evidenten und gravierenden Rechtsverstößen eine Ungültigkeit anzunehmen sein.[74]

---

70 Art 34 Abs 2 lit b) und c) EU-Vertrag.

71 Vergleiche dazu vorstehende Judikatur in Fn 10.

72 Österreich hat sich dem Vorabentscheidungsverfahren gemäß Art 35 EU-Vertrag unterworfen; ABl 1999 L 114, 56; vgl auch BGBl I Nr 89/1999 iVm der Kundmachung BGBl III 124/2006.

73 Sollte es sich dabei um generell transformierte Akte von Unionsorganen handeln, so entfalten diese ungeachtet einer allfälligen Publikation im BGBl keine Rechtswirkungen in Österreich. Denn die in § 5 Abs 1 Z 5 BGBlG enthaltene Ermächtigung gestattet wohl nur die (generelle) Transformation jener Rechtswirkung des Beschlusses, die ihm nach internationalem Recht zukommt. Besitzt ein solcher Beschluss als ultra-vires-Akt nach internationalem Recht aber gar keine Rechtswirkung, dann wird ihm durch diese Transformationsbestimmung auch keine solche im innerstaatlichen Recht beigemessen. Vgl dazu allgemein *Annacker*, Der fehlerhafte Rechtsakt im Gemeinschafts- und Unionsrecht (1998).

74 Siehe dazu insbesondere *Griller*, Die Übertragung von Hoheitsrechten auf zwischenstaatliche Einrichtungen (1989), 453 ff.

3. Gemeinschaftsrecht

Anders als das Unionsrecht beansprucht das Gemeinschaftsrecht zunächst eine *unmittelbare Anwendbarkeit* nach Maßgabe eigener Kriterien. Dies bedeutet die Anwendbarkeit des Gemeinschaftsrechts ohne staatliche Transformation bzw Inkorporation in den Mitgliedstaaten, wenn die vom Gemeinschaftsrecht selbst festgelegten Voraussetzungen dafür gegeben sind (zB hinreichende Bestimmtheit und Ablauf der Umsetzungsfrist staatengerichteter Richtlinien). Zum anderen erhebt das Gemeinschaftsrecht den Anspruch eines umfassenden *Vorranges* der Anwendung gemeinschaftsrechtlicher Bestimmungen gegenüber staatlichem Recht. In beiderlei Hinsicht hat sich die Verfassung gegenüber dem Gemeinschaftsrecht prinzipiell voll „geöffnet". So ist auch vom VfGH anerkannt, dass Gemeinschaftsrecht selbst gegenüber Verfassungsbestimmungen prinzipiellen (Anwendungs-)Vorrang besitzt.[75] Die Beurteilung der Fehlerhaftigkeit von Handlungen der Gemeinschaftsorgane ist auch grundsätzlich dem EuGH vorbehalten.[76] Dementsprechend dürfen staatliche „Gerichte" – sowie auch andere staatliche Organe[77] – nicht selbst Handlungen von Gemeinschaftsorganen für ungültig erklären, sondern haben gegebenenfalls darüber eine Vorabentscheidung beim EuGH einzuholen.[78] Stellt allerdings eine Rechtsprechung des EuGH (zur Auslegung von Gemeinschaftsrecht oder zur Gültigkeit von Sekundärrecht) eine ganz besonders evidente und gravierende Rechtsfortbildung dar, so entfaltet sie als „ultra-vires"-Akt in Österreich keine Verbindlichkeit.

B. Stufenbau der Rechtsordnung

1. Stufenbau nach dem Erzeugungszusammenhang

Damit stellt sich die Frage, welchen Rang das EU-Recht im Stufenbau der Rechtsordnung einnimmt. Dazu ist zunächst einmal vorauszuschicken, dass der Stufenbau der Rechtsordnung nach der von der Wiener rechtstheoretischen Schule entwickelten *Stufenbaulehre*[79] zwei Erscheinungsformen aufweist: Zum einen wird bei dem Umstand angesetzt, dass positive Rechtsord-

---

75 VfSlg 15277/1999; 16107/2001; 17065/2003. Dazu *Öhlinger/Potacs*, Gemeinschaftsrecht, 82.

76 Vgl dazu den Beitrag von *Obwexer*, Rechtsquellen des EU-Rechts, vorstehend auf S 99ff.

77 *Öhlinger/Potacs*, Gemeinschaftsrecht, 190.

78 Grundlegend EuGH, Rs 314/85, *Foto-Frost*, Slg 1987, 4199, Rdnr 14.

79 *Merkl*, Prolegomena einer Theorie des rechtlichen Stufenbaus, in *Verdross* (Hrsg), FS Kelsen (1931). Siehe dazu auch *Walter*, Der Stufenbau der Rechtsordnung^2 (1974); *Mayer*, Die Theorie des rechtlichen Stufenbaus, in *Walter* (Hrsg), Schwerpunkte der Reinen Rechtslehre (1992), 37 ff.

nungen die Erzeugung ihrer Rechtsvorschriften selbst regeln. Demnach gelten Normen deshalb, weil sie gemäß einem bestimmten in der Rechtsordnung vorgesehenen Verfahren erzeugt wurden. Der Geltungsgrund von Rechtsvorschriften beruht demnach auf anderen Vorschriften derselben Rechtsordnung, weshalb man das vielfältige Rechtsmaterial in erzeugendes und erzeugtes Recht unterteilen kann (wobei auch das erzeugende Recht ein erzeugtes Recht einer anderen Rechtsordnung darstellt).[80] In diesem Sinn besteht in Rechtsordnungen eine Rangordnung von Normen nach dem Geltungsgrund, die in der Lehre als *„Stufenbau nach der rechtlichen Bedingtheit“*[81] oder als *„Stufenbau nach dem Erzeugungszusammenhang“*[82] bezeichnet wird.

Eine Rangordnung zwischen EU-Recht und staatlichem Recht ergibt sich nach diesem Stufenbaukonzept jedoch nicht. Zwar ist das EU-Recht seit dem EU-Beitritt mit dem staatlichen Recht verbunden, doch bestimmt sich die Geltung einer staatlichen Norm aus der Perspektive des EU-Rechts nach wie vor ausschließlich nach staatlichem Recht. Das betrifft insbesondere die Erlassung staatlicher Vorschriften, die in Widerspruch zu unmittelbar anwendbarem Gemeinschaftsrecht stehen. Nach dem dargelegten Selbstverständnis des Gemeinschaftsrechts bewirkt dieser Umstand keineswegs die Inexistenz solcher Bestimmungen. Diese bleiben vielmehr nach Maßgabe der staatlichen Rechtsordnung weiterhin in Geltung und werden durch das Gemeinschaftsrecht lediglich zurückgedrängt, weil der Vorrang des Gemeinschaftsrechts ein bloßer Anwendungsvorrang ist. Dies trifft dann aber auch in Bezug auf Unionsrecht zu, soweit man diesem einen Vorrang gegenüber staatlichem Recht im Sinne der Judikatur des EuGH zubilligt.[83] Da EU-Recht in Österreich grundsätzlich gemäß seinen eigenen Kriterien gilt, wird man daher sagen können: Zwischen EU-Recht und staatlichem Recht besteht keine Rangordnung nach dem „Stufenbau nach dem Erzeugungszusammenhang“. Dieser wird weder im EU-Recht durch das staatliche Recht noch im staatlichen Recht durch das EU-Recht berührt.

2. Stufenbau nach der derogatorischen Kraft

Die Stufenbaulehre systematisiert die Normen einer Rechtsordnung aber noch unter einem weiteren Aspekt. Ansatzpunkt dieser Betrachtung ist der Umstand, dass vom positiven Recht nicht nur die Erzeugung, sondern auch die spezifische Kraft seiner Normen selbst geregelt wird. Insbesondere regelt es auch selbst, inwieweit eine Norm die Wirkkraft einer anderen Norm einzuschränken, aufzuheben oder gar zu vernichten vermag. Ist eine Norm gegenüber einer

80 *Walter*, Stufenbau, in *Walter*, Schwerpunkte, 60.
81 *Walter*, Stufenbau, in *Walter*, Schwerpunkte, 60.
82 *Mayer*, Theorie, in *Walter*, Schwerpunkte, 40.
83 Siehe dazu vorstehend Pkt I.B.1.

anderen dazu in der Lage, so ist sie ihr gegenüber „höherrangig". Eine Rangordnung unter diesem Gesichtspunkt wird in der Lehre als *„Stufenbau nach der derogatorischen Kraft"*[84] bezeichnet. Schon aus dem bisher Gesagten geht hervor, dass die derogatorische Kraft verschiedene Grade annehmen kann, die von der vollständigen Aufhebung über die zeitliche Zurückdrängung bis hin zur beschränkten Beseitigung oder Abänderung reichen kann.

Unter diesem Aspekt weist jedenfalls das Gemeinschaftsrecht sehr wohl einen höheren Rang gegenüber staatlichem Recht auf. Denn staatliches Recht wird durch entgegenstehendes Gemeinschaftsrecht „zurückgedrängt", was aber nach dem „Stufenbau nach der derogatorischen Kraft" eine *Höherrangigkeit* bedeutet. Dabei ist allerdings zu betonen, dass ein solcher Vorrang nur dann zum Tragen kommt, wenn die (vom Gemeinschaftsrecht selbst festgelegten) Voraussetzungen der *unmittelbaren Anwendbarkeit* vorliegen. Das ist vor allem in Bezug auf den Vorrang von Richtlinien gegenüber Verfassungsrecht[85] von Bedeutung: Unmittelbare Anwendbarkeit von Richtlinien liegt nach der Rechtsprechung des EuGH nur dann vor, wenn aus der Sicht der Gemeinschaft keine ordnungsgemäße Umsetzung erfolgt ist. Bei einer zwar den Anforderungen des Gemeinschaftsrechts entsprechenden[86], innerstaatlich aber verfassungswidrigen Umsetzung ist dagegen keine unmittelbare Anwendbarkeit gegeben. Ein Vorrang der Richtlinie gegenüber nationalem Verfassungsrecht kommt in diesen Fällen daher schon aus diesem Grund nicht in Betracht.[87] Aus diesem Grund wurde vom VfGH auch eine Richtlinie (über den Rechtsschutz im Vergaberecht) nicht unmittelbar angewendet, deren Umsetzung im Widerspruch zur Verfassung eine Kontrolle des eigenen Wirkungsbereiches einer Gemeinde durch eine „unabhängige Instanz" erforderte. Österreich setzte diese Richtlinie durch einfaches Gesetz aus der Perspektive des Gemeinschaftsrechts korrekt (wenn auch innerstaatlich verfassungwidrig) um, womit schon deshalb[88] die Voraussetzungen einer unmittelbaren Anwendbarkeit gegenüber staatlichem Verfassungsrecht nicht gegeben waren und der VfGH die Bestimmung wegen Verfassungswidrigkeit aufhob.[89]

84 *Walter*, Stufenbau, in *Walter*, Schwerpunkte, 55.

85 Zum Vorrang von Gemeinschaftsrecht gegenüber österreichischem Verfassungsrecht siehe dazu vorstehend Fn 75.

86 Dazu eingehend *Öhlinger/Potacs*, Gemeinschaftsrecht, 109 ff.

87 So schon *Potacs*, GA 14. ÖJT, 101. Siehe weiters *Öhlinger/Potacs*, Gemeinschaftsrecht, 67 f.

88 Fraglich war überdies, ob die Richtlinienbestimmung wegen ihres organisationsrechtlichen Charakters unmittelbar anwendbar war; siehe *Öhlinger/Potacs*, Gemeinschaftsrecht, 69, Fn 141.

89 VfSlg 17001/2003. Ähnlich VfSlg 17560/2005. Siehe zur Problematik eingehend *Potacs*, Die Bedeutung des Gemeinschaftsrechts für das verfassungsgerichtliche Normprüfungsverfahren, in *Holoubek/Lang* (Hrsg), Das verfassungsgerichtliche Verfahren in Steuersachen (2009), 252 f.

Bejaht man einen *Vorrang* von *Unionsrecht*[90], so kommt auch dieser nur nach Maßgabe der vom Unionsrecht für die unmittelbare Anwendbarkeit vorgesehenen Einschränkungen – also nicht in Bezug auf Rahmenbeschlüsse und Beschlüsse der dritten Säule gem Art 34 Abs 2 EU-Vertrag – zum Tragen.

Allerdings ist wiederum zu betonen, dass dieser Höherrangigkeit des Gemeinschaftsrechts bzw Unionsrechts durchaus Grenzen gesetzt sind: Sind Rechtsakte von EU-Organen (einschließlich des EuGH) grob fehlerhaft und damit als „ultra-vires"-Akte vom EU-Recht nicht mehr gedeckt, dann entfalten sie in Österreich keine Verbindlichkeit. An der Höherrangigkeit von Gemeinschaftsrecht bzw Unionsrecht gegenüber staatlichem Recht ändert dies freilich nichts, weil es sich eben um keine gültig zustande gekommenen Rechtsakte („Nichtrecht") dieser Rechtsordnungen handelt.

C. Kontrolle

Die Kontrolle der Geltung von EU-Recht ist prinzipiell dem EuGH vorbehalten, soweit dieser dazu nach dem EU-Recht zuständig gemacht wird. Da EU-Recht in Österreich nach Maßgabe seiner eigenen Kriterien gilt, besteht dieser Vorbehalt auch hierzulande. Die Beurteilung von „ultra-vires"-Akten von Organen der EU obliegt allerdings innerstaatlichen Organen im Rahmen ihres jeweiligen Zuständigkeitsbereiches.[91] Dies sind in letzter Instanz in Angelegenheiten der Straf- und Zivilgerichtsbarkeit der OGH, in Verwaltungsangelegenheiten der VwGH und in Verfassungsfragen der VfGH. Diese Organe haben daher auch letztlich darüber zu befinden, ob eine dem EU-Recht besonders evident und schwerwiegend widersprechende Rechtsfortbildung durch den EuGH für Österreich noch Bindungswirkung entfaltet.

IV. Zusammenfassung

Die wichtigsten Ergebnisse der Untersuchung lassen sich thesenhaft wie folgt zusammenfassen:

1. Das auf Grund des EU-Vertrages erlassene Unionsrecht beansprucht ohne Transformation keine Geltung in den Mitgliedstaaten. Die Möglichkeit der Mitgliedstaaten, den Regelungen des Unionsrechts unmittelbare Anwendbarkeit zuzuerkennen, wird durch dieses selbst in Bezug auf Rahmenbeschlüsse und Beschlüsse im Rahmen der dritten Säule der EU eingeschränkt. Ein Vorrang von Unionsrecht (vergleichbar jenem von Gemeinschaftsrecht)

90 Siehe dazu vorstehend Pkt I.B.1.

91 *Griller*, ZfRV 1995, 100.

lässt sich insoweit begründen, als Rechtsakte der dritten Säule dem Vorabentscheidungsverfahren des EuGH gem Art 35 EU-Vertrag unterliegen.

2. Demgegenüber beansprucht das auf dem EGV basierende Gemeinschaftsrecht ohne Transformation unmittelbare Wirkung in den Mitgliedstaaten nach Maßgabe eigener Kriterien und uneingeschränkten Vorrang vor innerstaatlichem Recht. Allerdings besteht in gewissem Umfang auch ein Vorrang völkerrechtlicher Verpflichtungen vor Gemeinschaftsrecht.
3. Auf Grund des EU-Beitritts-BVG und den nachfolgenden verfassungsrechtlichen Ermächtigungen zur Änderung der Verträge der EU wird Unionsrecht und Gemeinschaftsrecht grundsätzlich nach Maßgabe ihres jeweiligen Geltungsanspruchs ins staatliche Recht übernommen. Unionsrecht bedarf demnach einer (generellen oder speziellen) Transformation in das staatliche Recht. Gemeinschaftsrecht gilt demgegenüber ohne Transformation und ist nach Maßgabe seiner eigenen Kriterien im innerstaatlichen Bereich unmittelbar anwendbar.
4. Gemäß dem „Stufenbau nach dem Erzeugungszusammenhang“ besteht keine Rangordnung zwischen EU-Recht und staatlichem Recht. Demgegenüber besteht nach dem „Stufenbau nach der derogatorischen Kraft“ jedoch eine Überordnung von Gemeinschaftsrecht sowie allenfalls der Vorabentscheidungskompetenz des EuGH unterliegenden Unionsrechts gegenüber staatlichem Recht.
5. Den EU-Verträgen schwerwiegend widersprechende Handlungen von EU-Organen entfalten als ultra-vires Akte in Österreich keine Rechtswirkungen. Dies gilt auch für evidente und gravierende Rechtsfortbildung durch den EuGH. Die Kontrolle solcher ultra-vires Akte obliegt in Österreich letztlich dem VfGH, VwGH und OGH im Rahmen ihres jeweiligen Zuständigkeitsbereiches.
6. Nach dem Vertrag von Lissabon wird die dritte Säule der Union mit der bisherigen ersten Säule zu einem einheitlichen „Unionsrecht“ zusammengeführt, dessen Rechtsformen und Rechtswirkungen im wesentlichen jenen der derzeitigen ersten Säule entsprechen. Die Gemeinsame Außen- und Sicherheitspolitik behält zwar intergouvernmentale Züge, doch gelten ihre Beschlüsse ohne Transformation innerstaatlich und entfalten unmittelbare Wirkung mit Vorrang vor staatlichem Recht.
7. Die auf Grund der bisherigen Verträge erlassenen Rechtsakte behalten nach Inkrafttreten des Vertrages von Lissabon ihre Rechtswirkungen bei. Im Bereich der dritten Säule bleiben für eine Übergangszeit von fünf Jahren auch die geltenden Zuständigkeiten des EuGH erhalten. Danach werden die Rechtsakte der dritten Säule den allgemeinen Zuständigkeiten des EuGH zur Kontrolle von „Unionsrecht“ unterliegen.

Vollziehung des EU-Rechts in Österreich

– dargestellt am Beispiel der Anwendung des Gemeinschaftsrechts durch den VwGH

Meinrad Handstanger

Literatur: *Zorn,* Die Verdrängungswirkung des primären Unionsrechts gegenüber belastendem nationalen Recht – am Beispiel der Besteuerung von Portfoliodividenden, in *BMF/JKU Linz* (Hrsg), GS für Peter Quantschnigg (2010), 557; *Kuras*, Auswirkungen auf die Gerichtsbarkeit durch die Bedeutungsveränderungen in der Bundesverfassung im Rahmen der europäischen „Verfassung", RZ 2009, 202; *Öhlinger*, Verfassungsrecht[8] (2009); *Potacs*, Die Bedeutung des Gemeinschaftsrechts für das verfassungrechtliche Normprüfungsverfahren, in *Holoubek/Lang* (Hrsg), Das verfassungsrechtliche Verfahren in Steuersachen (2009), 245; *Ranacher/Frischhut*, Handbuch der Anwendung des Gemeinschaftsrechts (2009); *Zorn*, Ausländische Portfoliodividenden und § 10 KStG, RdW 2009, 142; *Lehofer*, Aktuelle VwGH-Rechtsprechung zum Telekommunikationsrecht, ÖJZ 2008, 747; *Mohr*, Rechtskultur, in *Gosepath/Hinsch/Rössler* (Hrsg), Handbuch der Politischen Philosophie und Sozialphilosophie (2008); *Grussmann*, Aktuelle Entwicklungen auf europäischer Ebene und jüngste Initiativen der Europäischen Kommission, in *Reiter/Wittmann-Tiwald* (Hrsg), Goodbye Privacy – Grundrechte in der digitalen Welt (2007), 19; *Musger*, Auf dem Weg in den Europäischen Rechtsraum, in *König/Mayr* (Hrsg), Europäisches Zivilverfahrensrecht in Österreich (2007), 17; *Damjanovic/Holoubek/Kassai/Lehofer/Urbantschitsch*, Handbuch des Telekommunikationsrechts (2006), 6; *Dossi*, Staatshaftung und Bereicherungsrecht, in *Eilmansberger/Herzig* (Hrsg), 10 Jahre Anwendung des Gemeinschaftsrechts in Österreich (2006), 127; *Griller*, Direktwirkung und richtlinienkonforme Auslegung, in *Eilmansberger/Herzig* (Hrsg), 10 Jahre Anwendung des Gemeinschaftsrechts in Österreich (2006), 91; *Handstanger*, Einwirkungen auf das Verfahrensrecht, in *Eilmansberger/Herzig* (Hrsg), 10 Jahre Anwendung des Gemeinschaftsrechts in Österreich (2006), 155; *Handstanger*, Verhältnis des EU-Rechts zum nationalen Recht unter besonderer Berücksichtigung des Vorrangs des Gemeinschaftsrechts, in *Hummer/Obwexer* (Hrsg), 10 Jahre EU-Mitgliedschaft Österreichs (2006), 221; *Kuras*, Vorabentscheidungsverfahren – praktische Erfahrungen, in *Eilmansberger/Herzig* (Hrsg), 10 Jahre Anwendung des Gemeinschaftsrechts in Österreich (2006), 139; *Öhlinger*, Verfassungsrechtliche Grundlagen der EU-Mitgliedschaft, in *Hummer/Obwexer* (Hrsg), 10 Jahre EU-Mitgliedschaft (2006), 17; *Jabloner*, Das Gesetz als Problem, JBl 2006, 409; *Öhlinger/Potacs*, Gemeinschaftsrecht und staatliches Recht[3] (2006); *Schäffer*, Vorrang des Gemeinschaftsrechts, in *Eilmansberger/Herzig* (Hrsg), 10 Jahre Anwendung des Gemeinschaftsrechts in Österreich (2006), 29; *Jabloner*, Stufung und „Entstufung" des Rechts, ZÖR 2005, 163; *Schwarze*, Europäisches Verwaltungsrecht[2] (2005); *Freund*, Rahmenrichtlinie, in *Ruhle/Freund/Kronegger/Schwarz*, Das neue österreichische Telekommunikations- und Rundfunkrecht (2004), 111; *Öhlinger*, Gesetz und Richter unter dem Einfluss des Gemeinschaftsrechts. Anmerkungen zu einem Prozess der „Amerikanisierung" des europäischen Rechts, in *Peter Hänni* (Hrsg), Mensch und Staat. L'homme et l'Etat: FG Thomas Fleiner (2003), 725; *Jabloner*, Rechtskultur und Verwaltungsgerichtsbarkeit, JBl 2001, 137; *Öhlinger*, Die Transformation der Verfassung, JBl 2002, 2; *Luhmann*, Das Recht der Gesellschaft[2] (1999); *Rodríguez Iglesias*, Gedanken zum Entstehen einer Europäischen Rechtsordnung, NJW 1999, 1; *Weiler*, The Constitution of Europe (1999); *Hirsch*, Kompetenzverteilung zwischen EuGH und nationaler Gerichtsbarkeit, NVwZ 1998, 907; *Jabloner*, Die Verwaltungsgerichtsbarkeit im Lichte des Europarechts, RZ 1997, 258;

Judikatur: EuGH, Rs C-105/03, *Pupino*, Slg 2005, I-5285; EuGH, Rs C-136/03, *Dörr und Ünal*, Slg 2005, I-4759; EuGH, Rs C-224/01, *Köbler*, Slg 2003, I-10239.
VwGH: 17.12.2008, 2008/03/0116; 25.6.2008, 2007/03/0211; 17.4.2008, 2008/15/0064; 10.10.2007, 2006/03/0046; 30.5.2007, 2007/03/0029; 26.4.2007, 2007/03/0034; 28.2.2007, 2004/03/0215; 28.2.2007, 2004/03/0212; 28.2.2007, 2004/03/0210; 20.7.2004, 2003/03/0103; 29.1.2004, 99/17/0135; 15.12.2003, 99/03/0423; 20.3.2003, 2000/17/0084; 18.3.2003, EU 2003/0001, 0002 (vormals 99/21/0018, 2002/21/0067); 20.11.2002, 2000/17/0200; 6.9.2001, 99/03/0424; 30.6.1999, 98/03/0156; 23.10.1995, 95/10/0081;
VfGH: 15.427/1999; 28.1.2010, U 2369/09; 15.427/1999, 17.065/2003; 14.886/1997, 15.215/1998, 15.368/1998

Inhalt

I. Einleitung[1]: Die Kontrollfunktion des VwGH

Nach Art 130 B-VG überprüft der Verwaltungsgerichtshof bei ihm angefochtene Bescheide auf ihre Rechtswidrigkeit. Nach Rechtsprechung und Lehre umfasst dieser Prüfungsmaßstab auch die Konformität mit dem Gemeinschaftsrecht[2]. Dem Verwaltungsgerichtshof obliegt damit im Rahmen der Sicherung der Gesetzmäßigkeit der gesamten öffentlichen Verwaltung im Sinn des Art 129 B-VG auch die Sicherung der Konformität der österreichischen Verwaltung mit dem Gemeinschaftsrecht. Bei Gemeinschaftsrecht, dem unmittelbare Anwendbarkeit zukommt, handelt es sich insofern um ein Gesetz, als Maßstab der Rechtmäßigkeit von Verwaltungsakten tritt zur Gesetzmäßigkeit die Vereinbarkeit mit dem Gemeinschaftsrecht. Der Verwaltungsgerichtshof fungiert als mittelbares Gemeinschaftsorgan und gibt Beispiel dafür, dass die Durchsetzung des Gemeinschaftsrechts überwiegend durch die Organe der Mitgliedstaaten erfolgt[3].

Da der Prüfungsmaßstab des Verfassungsgerichtshofs für die Kontrolle von Bescheiden gemäß Art 144 B-VG nicht derart auf das Gemeinschaftsrecht ausgeweitet wurde, sondern auf dieses (zusammengefasst) nur so weit Bedacht nimmt, als dies aus dem Blickwinkel des Art 144 leg cit für die Prüfung der Verfassungskonformität von Bescheiden erforderlich ist[4], kommt dem Verwaltungsgerichtshof im Rahmen der funktional zwischen den beiden Gerichtshöfen des öffentlichen Rechts arbeitsteilig gewährleisteten Verwaltungsgerichtsbarkeit die Sicherstellung der Umsetzung des Gemeinschaftsrechts bei der Erlassung der individuellen Verwaltungsakte in ganz besonderer Weise zu.[5]

Die Ausdehnung des Prüfungsmaßstabs auf das Gemeinschaftsrecht kommt für den Verwaltungsgerichtshof sowohl in quantitativer als auch in qualitativer Hinsicht zum Tragen. Quantitativ schon deshalb, weil ein großer Teil des Gemeinschaftsrechts dem Bereich des öffentlichen Rechts zuzuordnen ist, das in Österreich von Verwaltungsbehörden vollzogen wird und damit

1 Der Beitrag gibt ausschließlich die Meinung des Verfassers wieder. Angesichts seiner thematischen Nähe verdankt er viel den Beiträgen des Verfassers „Verhältnis des EU-Rechts zum nationalen Recht unter besonderer Berücksichtigung des Vorrangs des Gemeinschaftsrechts" in *Hummer/Obwexer* (Hrsg), 10 Jahre EU-Mitgliedschaft Österreichs (2006), 221 ff, und „Einwirkungen auf das Verfahrensrecht" in *Eilmansberger/Herzig* (Hrsg), 10 Jahre Anwendung des Gemeinschaftsrechts in Österreich (2006), 155 ff, sowie der dort zit Literatur und Judikatur.

2 Vgl zum Folgenden *Jabloner*, RZ 1997, 258.

3 Vgl dazu etwa *Öhlinger/Potacs*, Gemeinschaftsrecht und staatliches Recht[3] (2006), 28 ff und 101 ff.

4 Zur Grenze der Kognition des Verfassungsgerichtshofes bei der Prüfung von Bescheiden in der Art und Weise, wie es das Gemeinschaftsrecht verlangt, vgl insbesondere VfSlg 15.427/1999; VfGH 28. Jänner 2010, U 2369/09.

5 Vgl dazu auch die Ausführungen nachstehend bei Pkt IV und V.

zum weitaus überwiegenden Teil zum Kontrollbereich des Verwaltungsgerichtshofes ressortiert. Es gibt kaum einen Bereich des öffentlichen Rechts, der nicht zumindest in einem bestimmten Aspekt in den Anwendungsbereich des Gemeinschaftsrechts fällt bzw. fallen könnte. Von der Bedeutung des Gemeinschaftsrechts bei der alltäglichen Falllösungspraxis zeugen nicht nur (geschätzt) mehrere tausend Entscheidungen des Verwaltungsgerichtshofes, sondern auch dessen derzeit etwa 60 an den EuGH gerichteten Ersuchen um Vorabentscheidung nach Art 234 EGV[6].

II. Zur „Öffnungsthese": Die Positionierung des Gemeinschaftsrechts beim Beitritt Österreichs zur Europäischen Union

Der Ausgangspunkt für alle Rechtsanwendungsfragen liegt bei der Art und Weise, wie der Beitritt rechtlich organisiert wurde. Zunächst ein Blick auf die zum Beitritt gegebenen rechtliche Problemstellung.

Der Beitritt Österreichs zur Europäischen Union verlangte österreichischerseits die Übernahme des sogenannten acquis communautaire, das heißt insbesondere des gesamten Gemeinschaftsrechts. Dem Recht der Europäischen Gemeinschaft kommt insofern besonderer Charakter zu, als es in den Mitgliedstaaten eigenständig – unabhängig von deren Rechtsordnungen – und zudem in weiten Teilen unmittelbar gilt, wobei es Anwendungsvorrang gegenüber den mitgliedstaatlichen (nationalen) Rechtsordnungen genießt. Das Verhältnis zwischen dem Gemeinschaftsrecht und dem nationalen Recht richtet sich nach den Strukturprinzipien des Gemeinschaftsrechts, wie sie der EuGH entwickelt hat. Gemeinschaftsrecht gilt in den Mitgliedstaaten eigenständig und unmittelbar. Ist es hinreichend bestimmt (und unbedingt) gestaltet, ist Gemeinschaftsrecht von den Organen der Mitgliedstaaten auch grundsätzlich auch unmittelbar anzuwenden, wobei ihm der Vorrang gegenüber den nationalen Rechtsordnungen zukommt.

Angesichts dieses Charakters des Gemeinschaftsrechts, von dem weite Bereiche des nationalen Rechts betroffen sind, wurde vor dem Beitritt zur EU ganz überwiegend die Auffassung vertreten, dass ein Beitritt gesamtändernden Charakter aufweist, weil davon sowohl das demokratische als auch das rechtsstaatliche und das bundesstaatliche Prinzip betroffen waren.

Um dem Gemeinschaftsrecht gerecht zu werden, wurde der Beitritt Österreichs zur EU so gestaltet, dass eine „Öffnung" der österreichischen Rechts-

6 Nach Art 234 Abs 3 EGV ist der VwGH zur Vorlage von Vorabentscheidungsersuchen verpflichtet, zumal seine Entscheidungen nicht mehr mit Rechtsmitteln des innerstaatlichen Rechts angefochten werden können; vgl dazu den Beitrag von *Hummer*, Allgemeine Einführung, vorstehend auf S 17 ff.

ordnung gewährleistet wird, um das eigenständige Gemeinschaftsrecht zum Tragen kommen zu lassen.

Dazu wurde ein Bundesverfassungsgesetz über den Beitritt Österreichs zur Europäischen Union (EU-Beitritts-BVG)[7] – das nach Art 44 Abs 3 B-VG einer obligatorischen Volksabstimmung unterworfen wurde – erlassen, um die verfassungsrechtliche Grundordnung Österreichs so zu gestalten, dass das Gemeinschaftsrecht dadurch nicht beeinträchtigt wird. Die Eigenständigkeit des Gemeinschaftsrechts wurde auch dadurch respektiert, dass eine (stufenbaumäßige) Einordnung in die österreichische Rechtsordnung nicht erfolgt; dies gilt auch für den Beitrittsvertrag Österreichs mit der EU[8].

Diese Skizze zeigt die mit dem Beitritt einhergehende Relativierung der österreichischen Rechtsordnung einschließlich des dieser zugrundeliegenden Bundes-Verfassungsgesetzes, zumal letzteres nicht beanspruchen kann, eine Geltungsgrundlage für das Gemeinschaftsrecht abzugeben. Man kann weder annehmen, dass die österreichische Rechtsordnung – insbesondere das B-VG – rechtliche Prinzipien für das Gemeinschaftsrecht statuiert, noch dass – umgekehrt – das Gemeinschaftsrecht die Grundordnung des österreichischen Bundesverfassungsrechts gestalten kann.

Ein „integrationsfester Kern" kommt – so das Verständnis der überwiegenden Lehre – nur bei künftigen Primärrechtsänderungen und bei krassen ultra-vires-Akten von Gemeinschaftsorganen zum Tragen, die außerhalb der beitrittsmodifizierten Grundprinzipien liegen[9].

III. Zwei Rechtsordnungen – eine Rechtsanwendung

A. Konsequenzen für den nationalen Richter

Für den nationalen Richter ergeben sich 3 ganz maßgebliche Gesichtspunkte:

a) Zunächst führt das Gemeinschaftsrecht zu einer beachtlichen quantitativen Vermehrung der von Gerichten anzuwendenden Normen, wobei das Gemeinschaftsrecht zudem nicht nur durch neue Gesetzgebungsakte, sondern insbesondere auch durch die Rechtsprechung des Europäischen Gerichtshofs sowie des Gerichts erster Instanz evolutiv fortentwickelt wird. Das konkrete materielle Gemeinschaftsrecht wird daher auch von jüngeren Darstellungen in der rechtswissenschaftlichen Lehre nicht immer auf seinem letzten Stand erfasst. Ferner ist die legistische Qualität des Gemeinschaftsrechts durchaus unterschiedlich. Im sekundären Gemeinschaftsrecht

7 BGBl 1994/744; vgl dazu *Schweitzer/Hummer/Obwexer*, Europarecht (2007), Rdnrn 2746 ff.

8 BGBl 1995/45; vgl dazu *Schweitzer/Hummer/Obwexer*, Europarecht, Rdnrn 2755 f.

9 Vgl etwa *Öhlinger*, Verfassungsrecht[8] (2009), Rdnrn 157 und 191.

kommt es häufig zu Novellierungen, in einzelnen Rechtsgebieten ist das Sekundärrecht auch verschachtelt konstruiert.[10] Das alles trägt naturgemäß nicht zur Übersichtlichkeit und Stringenz des Rechtsstoffes bei.

b) Eine zusätzliche Komplexität des Gemeinschaftsrechts ergibt sich dadurch, dass die Rechtstexte des Gemeinschaftsrechts in mehreren Sprachen authentisch und nach der Rechtsprechung des EuGH zur Auslegung heranzuziehen sind, wobei verschiedene sprachliche Fassungen einer Gemeinschaftsvorschrift einheitlich nach dem allgemeinen Aufbau und dem Zweck der Regelung auszulegen sind.[11] Dieser Aspekt kann zu überraschenden Ergebnissen führen.

c) Das Zusammenwirken zwischen dem nationalen Richter und dem EuGH ist für die Umsetzung des Gemeinschaftsrechts von ganz entscheidender Bedeutung.[12] Ein gemeinschaftsrechtlicher Rechtschutz wäre ohne die Anwendung des Gemeinschaftsrechts durch die Gerichte der Mitgliedstaaten – beim Vorlageverfahren, das die Gemeinschafts- und die mitgliedstaatliche Ebene verklammert, in Kooperation mit dem EuGH[13] – nicht gegeben. Ohne die Vorlage durch nationale Gerichte wäre es dem EuGH nicht möglich, seine aktive Rolle bei der Fortentwicklung des Gemeinschaftsrechts und damit der Gemeinschaft selbst auszuüben. Da das Gemeinschaftsrecht und seine richterliche Fortbildung als ein grundlegender dynamischer Faktor für die Gemeinschaft selbst gesehen werden kann[14], ist die Umsetzung des Gemeinschaftsrechts durch die nationalen Gerichte in Kooperation mit dem EuGH auch gemeinschaftspolitisch bedeutsam.

B. Asymmetrisches Verhältnis zwischen Gemeinschaftsrecht und nationalem Recht

Das Gemeinschaftsrecht einerseits und die Rechtsordnung eines Mitgliedstaats andererseits sind – wie erwähnt – grundsätzlich voneinander unabhängig. Sie basieren auf unterschiedlichen rechtlichen Geltungsgründen, das nationale

10 Vgl VwGH 30.6.1999, 98/03/0156; kritisch zur legistischen Qualität des Gemeinschaftsrechts *Öhlinger*, JBl 2002, 2 ff, insbesondere 5; *Öhlinger*, Gesetz und Richter unter dem Einfluss des Gemeinschaftsrechts. Anmerkungen zu einem Prozess der „Amerikanisierung“ des europäischen Rechts, in *Peter Hänni* (Hrsg), Mensch und Staat. L'homme et l'Etat: FG Thomas Fleiner (2003), 725 ff. Vgl zum Folgenden auch *Kuras*, Auswirkungen auf die Gerichtsbarkeit durch die Bedeutungsveränderungen in der Bundesverfassung im Rahmen der europäischen „Verfassung“, RZ 2009, 202.

11 VwGH 18.3.2003, EU 2003/0001, 0002 (vormals 99/21/0018, 2002/21/0067).

12 Vgl die Ausführungen in den Schlussanträgen des GA *Phillipe Léger* vom 8. April 2003 in der EuGH, Rs C-224/01, *Köbler*, Slg 2003, I-10239, Rdnrn 53 f.

13 Zu Abgrenzungsfragen vgl – ausgewogen – *Hirsch*, NVwZ 1998, 907.

14 Vgl dazu *Weiler*, The Constitution of Europe (1999), 188.

Recht auf dem nationalen Verfassungsrecht, das Gemeinschaftsrecht letztendlich auf den sogenannten Gründungsverträgen und Beitrittsverträgen[15].

Das Gemeinschaftsrecht und die nationale Rechtsordnung liegen allerdings nicht isoliert nebeneinander. Vielmehr können beide Rechtsordnungen nicht voneinander getrennt gedeutet werden, was zu einer (mitunter intensiven) Verzahnung zwischen gemeinschaftsrechtlichen und nationalen Normen führt.

Aus einer funktionalen Sicht stellen sachlich zusammengehörige gemeinschaftsrechtliche und nationale Rechtsvorschriften einen gemeinsam anzuwendenden Rechtsbestand dar, was dadurch unterstrichen wird, dass gemeinschaftsrechtsbezogenes nationales Recht weitgehend zur Umsetzung des Gemeinschaftsrechts erlassen wird und zum Gemeinschaftsrecht in einem Verhältnis wechselseitig koordinierter Rechtssetzung steht.

Steht unmittelbar anwendbares Gemeinschaftsrecht mit nationalem Recht in Widerspruch, gilt die Kollisionsregel, dass Gemeinschaftsrecht vorgeht, wobei das nationale Recht lediglich zurückweicht, seine Geltung aber nicht beseitigt wird.

Zwischen nationalem Recht und unmittelbar anwendbarem Gemeinschaftsrecht besteht somit ein *asymmetrisches Verhältnis* zugunsten des unmittelbar anwendbaren Gemeinschaftsrechts, was als Wirkverlust des nationalen Rechts – einschließlich des Verfassungsrechts[16] – gedeutet wird.

Die Asymmetrie kommt (wenn auch abgeschwächt) auch für Gemeinschaftsrecht zum Tragen, das die Voraussetzungen für eine unmittelbare Anwendbarkeit nicht erfüllt: Auch nicht unmittelbar anwendbares Gemeinschaftsrecht – etwa insbesondere Richtlinienrecht oder nicht unmittelbar anwendbare primärrechtliche Rechtsvorschriften – ist für die Handhabung des nationalen Rechts insofern richtungsweisend, als nationales Recht in Konformität mit dem Gemeinschaftsrecht zu deuten ist. Dazu ist – so der EuGH in seiner Rechtsprechung zur richtlinienkonformen Auslegung – der gesamte Spielraum auszuschöpfen, den die nationale Rechtsordnung für die Deutung der nationaler Rechtsvorschriften einräumt[17].

15 Vgl dazu sowie zum Folgenden etwa *Öhlinger/Potacs*, Gemeinschaftsrecht, 53 ff, sowie *Schweitzer/Hummer/Obwexer*, Europarecht (2007), Rdnrn 239 ff.

16 Vgl etwa VfSlg 15.427/1999, 17.065/2003. In der Lehre wird diskutiert, ob sich der Vorrang des Gemeinschaftsrechts auch auf die verfassungsrechtliche Grundordnung iSd Art 44 Abs 3 erstreckt, vgl dazu *Öhlinger*, Verfassungsrecht, Rdnr 160; *Öhlinger*, Verfassungsrechtliche Grundlagen der EU-Mitgliedschaft, in *Hummer/Obwexer* (Hrsg), 10 Jahre EU-Mitgliedschaft (2006), 30 ff; *Schäffer*, Vorrang des Gemeinschaftsrechts, in *Eilmansberger/Herzig* (Hrsg), 10 Jahre Anwendung des Gemeinschaftsrechts in Österreich (2006), 40 ff; Siehe dazu auch die unter Pkt VIII (Zum „doppelten“ Grundrechtsschutz) genannte Jud des VwGH.

17 Vgl nur *Schweitzer/Hummer/Obwexer* (Hrsg), Europarecht, Rdnrn 291 ff oder *Öhlinger/Potacs*, Gemeinschaftsrecht, 91 ff sowie die dort zitierte Judikatur.

Der Verwaltungsgerichtshof hat die Auffassung vertreten, dass die Ausrichtung der Deutung von österreichischen Gesetzen nicht dazu führen darf, dass den Gesetzen ein den Intentionen des Gesetzgebers entgegengesetzter Sinn verliehen oder die nationale Rechtslage in einer Art gedeutet werden wird, wie sie vom Gesetzgeber nicht erlassen wurde[18].

Nach dem Urteil des EuGH in der Rechtsache *Pupino* endet die gemeinschaftsrechtskonforme Auslegung dort, wo sie „zu einer Auslegung contra legem des nationalen Rechts" führt[19]. Zu beachten ist dabei allerdings, dass für die Auslegung von nationalem Recht, das Gemeinschaftsrecht umsetzt, eine nach nationalen Normdeutungsstandards zu beachtende Deutungsgrenze die Anwendung von Richtlinienrecht, dass die Voraussetzung für eine unmittelbare Anwendbarkeit erfüllt, nicht hintanzuhalten vermag, zumal die Judikatur des EuGH in die Richtung geht, in einem solchen Fall entweder das nationale Recht gemeinschaftsrechtskonform anzuwenden oder, wenn dies infolge einer nationalen Deutungsgrenze nicht möglich ist, das die Voraussetzungen für die unmittelbare Anwendbarkeit aufweisende Gemeinschaftsrecht unmittelbar zum Tragen zu bringen ist[20].

C. Stufenbau nach der applikatorischen Kraft

Die Asymmetrie ist auch für den hierarchischen Kontext des Rechts, den Stufenbau der Rechtsordnung, bedeutsam. Zum einen ist auszuführen, das Gemeinschaftsrecht und nationales Recht vom Erzeugungszusammenhang her betrachtet einen unterschiedlichen normativen Ursprung haben, nicht voneinander abgeleitet werden können, insofern nicht zusammenhängen und so gesehen keinen Stufenbau bilden.

Das Kollisionsregime führt zum anderen freilich dazu, dass unmittelbar anwendbares Gemeinschaftsrecht einerseits und nationales Recht andererseits miteinander in einem Stufenbau nach der applikatorischen Kraft stehen. Nach diesem Stufenbau nimmt – sieht man vom integrationsfesten Verfassungskern einmal ab – unmittelbar anwendbares Gemeinschaftsrecht die oberste Stufe

18 VwGH 23.10.1995, 95/10/0081, VwGH 6.9.2001, 99/03/0424.

19 Vgl EuGH, Rs C-105/03, *Pupino*, Slg 2005, I-5285, Rdnr 47. Der Grundsatz konformer Auslegung verlangt (so der EuGH in der genannten Rdnr 47) allerdings, gegebenenfalls das gesamte nationale Recht zu berücksichtigen, um zu beurteilen, inwieweit es so angewendet werden kann, dass kein dem Gemeinschaftsrecht widersprechendes Ergebnis erzielt wird. – Angesichts des evolutiven Charakters jeder Rechtsprechung wird das Urteil in der Rs *Pupino* möglicherweise lediglich einen vorläufigen, nicht aber einen endgültigen Schlusspunkt zu dieser Thematik darstellen, wobei gerade die Judikatur des EuGH einen ganz besonders entwickelten evolutiven Zug aufweist.

20 Vgl eingehend und kritisch *Griller*, Direktwirkung und richtlinienkonforme Auslegung, in *Eilmansberger/Herzig* (Hrsg), 10 Jahre Anwendung des Gemeinschaftsrechts in Österreich (2006), 91.

ein, alle Stufen des nationales Rechts sind dieser Stufe gegenüber anwendungsnachrangig und damit nachgeordnet. Von seinem Typus her gesehen stellt der *Stufenbau* nach der *applikatorischen Kraft* einen Unterfall des *Stufenbaus* nach der *derogatorischen Kraft*[21] dar, bei Widersprüchen des nachrangigen zum höherrangigen Recht kommt es aber nicht zur Zerstörung, sondern nur zur Verdrängung der niederrangigen Norm im konkreten Einzelfall. Der Applikationsvorrang, wie er im Gemeinschaftsrecht gehandhabt wird, kommt lediglich fallbezogen zum Tragen und ist damit nicht auf eine generelle Rechtsbereinigung (etwa durch ein spezialisertes Organ der Verfassungsgerichtsbarkeit) gerichtet. Die Fallbezogenheit bedeutet auch, dass den Applikationsvorrang jede mitgliedstaatliche Behörde wahrzunehmen hat[22].

Wenn auch das Applikationsvorrangsmodell von seiner Struktur her auf nicht unmittelbar anwendbares Gemeinschaftsrecht nicht übertragbar erscheint, hat dies nicht zur Folge, dass nicht unmittelbar anwendbares Gemeinschaftsrecht in den Stufenbau der nationalen Rechtsordnung als gegenüber der nationalen Verfassung nachrangiges Recht einzugliedern wäre. Das Strukturprinzip der Eigenständigkeit der Gemeinschaftsrechtsordnung verlangt vielmehr, auch nicht unmittelbar anwendbares Gemeinschaftsrecht aus dem Stufenbau der nationalen Rechtsordnung herauszuhalten. Im Wege der gemeinschaftsrechtskonformen Auslegung kommt es zur Überführung gemeinschaftsrechtlicher normativer Inhalte in das nationale Recht, die sich aus dem jeweils höherrangigen nationalen Recht nicht ableiten lassen. Auch nicht unmittelbar anwendbares Gemeinschaftsrecht führt so zu einer Beeinträchtigung des hierarchischen Zusammenhangs des nationalen Rechts. Nach dem Gebot der gemeinschaftsrechtskonformen Auslegung ist aus inhaltlicher Sicht ein maßgeblicher Maßstab zum Verständnis des nationalen Rechts nicht das höherrangige nationale Recht, sondern vor allem das Gemeinschaftsrecht, auch wenn dieses keinen Anwendungsvorrang genießt.

---

21 Vgl *Jabloner*, ZÖR 2005, 170. Das Strukturmodell von vorrangigem und nachrangigem Recht folgt im Übrigen einer weit zurückreichenden europäischen Rechtstradition; vgl *Cappelletti*, The Judicial Process in Comparative Perspective (1989), 120 ff; vgl dazu den Beitrag von *Potacs*, Geltung des EU-Rechts in Österreich, vorstehend auf S 119ff.

22 Eine Zentralisierung der Zuständigkeit zur Entscheidung darüber, ob dieser Vorrang im konkreten Fall zum Tragen kommt, stünde wohl mit dem Effektivitätsgrundsatz in einem Spannungsverhältnis, der auf die größte Wirksamkeit des Gemeinschaftsrechts abstellt, vgl dazu *Öhlinger/Potacs*, Gemeinschaftsrecht, 104 ff. Zum verfassungsrechtlichen Normenkontrollverfahren jüngst *Potacs*, Die Bedeutung des Gemeinschaftsrechts für das verfassungrechtliche Normprüfungsverfahren, in *Holoubek/Lang* (Hrsg), Das verfassungsrechtliche Verfahren in Steuersachen (2009), 245.

D. Föderal strukturierter Rechtsverbund

Die Asymmetrie zwischen nationalem Recht und Gemeinschaftsrecht gründet primär auf den für das Gemeinschaftsrecht maßgeblichen Prinzipien der Eigenständigkeit, der unmittelbaren Geltung und Anwendbarkeit samt Anwendungsvorrang, es wird aber noch durch andere Rechtsinstitute und Prinzipien vertieft[23].

Zu nennen sind hier insbesondere die Regelung des Art 234 EG betreffend Vorabentscheidungsansuchen an den EuGH[24], die zu einer Verklammerung der gemeinschaftsrechtlichen und nationalen Rechtsanwendung und Rechtskontrolle führen, sowie das Institut der Staatshaftung[25], das richterrechtlich als qualifizierte Verursacherhaftung geschaffen wurde.

Diese Strukturprinzipien bzw. Rechtsinstitute greifen ineinander und stützen sich gegenseitig ab. Im Ergebnis legt dieses normative Muster ein Modell nahe, wie es in Bundesstaaten für das Verhältnis der Rechtsordnungen von Oberstaat und Gliedstaaten entwickelt wurde,[26] wobei nach dem B-VG dem Bundesrecht gegenüber dem Landesrecht eine derart dominierende Position, wie sie das Gemeinschaftsrecht gegenüber dem nationalen Recht einnimmt, gar nicht zukommt.[27] Auch dies ist ein Anhaltspunkt für den grundlegenden Einschnitt, den die europäische Integration für die österreichische Rechtstradition bedeutet.

Das angesprochene asymmetrische Verhältnis bedeutet – jedenfalls für die Entscheidung einzelner Fälle – auch eine gewisse Relativierung der Sichtweise, die im Anwendungsbereich des Gemeinschaftsrechts von einer *doppelten Bindung* von nationalem Recht, das Gemeinschaftsrecht umsetzt, ausgeht, nämlich zum einen von einer Bindung an das Gemeinschaftsrecht, zum anderen von einer Bindung an den vom nationalen Verfassungsrecht gezogenen Rahmen.[28] Aus inhaltlicher Sicht dominant ist im Anwendungsbereich des Gemeinschaftsrechts das Gemeinschaftsrecht. Auch können nationale verfassungsrechtliche Vorgaben auf dem Boden des Gemeinschaftsrechts nicht dazu führen, dass anwendungsvorrangiges Gemeinschaftsrecht nicht zum Tragen gebracht wird, vielmehr ist das nationale (Verfassungs-)Recht so zu deuten,

23 Vgl *Schweitzer/Hummer/Obwexer*, Europarecht, Rdnrn 240 ff.

24 Vgl etwa *Öhlinger/Potacs*, Gemeinschaftsrecht, 182 ff.

25 Vgl etwa *Schweitzer/Hummer/Obwexer*, Europarecht, Rdnrn 936 ff; *Ranacher/Frischhut*, Handbuch der Anwendung des Gemeinschaftsrechts (2009), 217; *Dossi*, Staatshaftung und Bereicherungsrecht, in *Eilmansberger/Herzig* (Hrsg), 10 Jahre Anwendung des Gemeinschaftsrechts in Österreich (2006), 127.

26 Vgl *Öhlinger*, Gesetz, in *Peter Hänni* (Hrsg), FG Thomas Fleiner, 720.

27 Nach der Rechtsprechung des VfGH vermag Bundesrecht Landesrecht nicht zu derogieren, vgl dazu *Öhlinger*, Verfassungsrecht, Rdnr 218.

28 Vgl *Griller*, Direktwirkung, in *Eilmansberger/Herzig* (Hrsg), 10 Jahre Anwendung, 104 ff.

dass dadurch die Anwendung des unmittelbar anzuwendenden Gemeinschaftsrechts ermöglicht wird[29]. In der Judikatur des Verfassungsgerichtshofes kommt dies insofern zum Ausdruck, als dieser etwa meint, dass ein österreichisches Gesetz auf seine Verfassungsmäßigkeit geprüft werden darf, sofern es nicht evidentermaßen von unmittelbar anzuwendendem Gemeinschaftsrecht verdrängt wurde, weil dann, wenn es – obzwar vom Verfassungsgerichtshof aus verfassungsrechtlicher Sicht gut geheißen – verdrängt sein sollte, ohnehin das Gemeinschaftsrecht zur Anwendung zu kommen hat[30].

IV. Die Änderung der Perspektive bei der Falllösung

Für die Rechtsanwendung maßgeblich sind vor allem die Änderungen, die die Einbindung des Gemeinschaftsrechts in den Prüfungsmaßstab für die *Falllösungspraxis* nach sich ziehen.

A. Perspektivenwandel

Das skizzierte asymmetrische Verhältnis bringt mit sich, dass sich die Perspektive des Rechtsvollzugs zum nationalen Gesetz und zur nationalen Verfassung maßgeblich ändert. Dies führt zu einem *Wandel* der *Falllösungstechnik*, der mit der dualistisch-asymetrischen Struktur von Gemeinschaftsrecht und nationalem Recht korrespondiert.

Diese dualistische Struktur verlangt zu allererst die Lösung der Frage, welches Recht zur Anwendung zu kommen hat. Die erstinstanzliche Behörde hat nicht einfach das kundgemachte nationale Recht anzuwenden, sondern muss in einem ersten Schritt prüfen, welche Rechtsordnung – die nationale, die des Gemeinschaftsrechts, oder beide miteinander funktional verzahnt – zur Anwendung kommen soll. Ist Gemeinschaftsrecht unmittelbar anzuwenden, geht dieses dem nationalen Recht vor, die Behörde setzt sich dabei über entgegenstehendes nationales Recht hinweg. Dient nationales Recht der Umsetzung von Gemeinschaftsrecht, erspart das dem Vollzugsorgan keinesfalls die Prüfung, ob diese Umsetzung den gemeinschaftsrechtlichen Vorgaben gerecht wird[31], vielmehr ist gegebenenfalls das nicht korrekt umgesetzte Gemeinschaftsrecht unmittelbar anzuwenden.

29 Vgl *Handstanger*, Verhältnis, in *Hummer/Obwexer* (Hrsg), 10 Jahre EU-Mitgliedschaft, 230 f.

30 Siehe etwa VfSlg 14.886/1997, 15.215/1998, 15.368/1998.

31 Zur Begründungspflicht für Bescheide in solchen Anwendungsfragen vgl VwGH 20.11.2002, 2000/17/0200, VwGH 20.3.2003, 2000/17/0084.

Der Grundsatz der effektiven Umsetzung des Gemeinschaftsrechts verlangt, alle nach der nationalen Rechtsordnung zulässigen Handhaben zu ergreifen, um eine Umsetzung des Gemeinschaftsrechts sicherzustellen[32].

Dies führt bei der Lösung konkreter Fälle zu einer Perspektive, die das Zusammenwirken von Gemeinschaftsrecht und nationalem Recht von den Anforderungen des Gemeinschaftsrechts her betrachtet. Die Falllösung ist nicht vom nationalen Recht und seiner Dogmatik, sondern vom Gemeinschaftsrecht und den dort maßgeblichen dogmatischen Ansätzen her vorzunehmen. Dies gilt auch für die Argumentationsstandards, die vom EuGH für die Auslegung bzw. Anwendung des Gemeinschaftsrechts entwickelt wurden. Insbesondere ist dies bei der Vorbereitung eines Vorabentscheidungsersuchens nach Art 234 EG zu bedenken: Von nationaler Rechtsdogmatik geleitete Ersuchen zur Auslegung des Gemeinschaftsrechts laufen Gefahr, vom EuGH kontextuell nicht erfasst zu werden, was die Verwertbarkeit der Antwort des EuGH für die Falllösung beeinträchtigen kann[33]. Aus konzeptioneller Sicht dominiert damit im Anwendungsbereich des Gemeinschaftsrechts das gemeinschaftsrechtliche dogmatische System auch nationale Umsetzungsrecht.

B. Harmonisierende Sichtweise

Ferner erfordert eine effektive Umsetzung des Gemeinschaftsrechts, dass die nationalen Rechtsvorschriften mit den Normen des Gemeinschaftsrechts harmonisiert angewendet werden. Diese Harmonisierungsaufgabe stellt die nationalen Instanzen (auch rechtsmethodisch) vor besondere Anforderungen[34]. Die Leitvorstellung der Effektivität des Gemeinschaftsrechts ist für die juristische Argumentation bei der Umsetzung von Gemeinschaftsrecht von zentraler Bedeutung. Es geht dabei vor allem darum, das Gemeinschaftsrecht von seiner strukturell angelegten Funktionsweise, seiner spezifischen Finalität her zu verstehen.

Angesichts der Verflechtung von nationalem Recht und Gemeinschaftsrecht prägt bei der Umsetzung des Gemeinschaftsrechts diese teleologische Grundorientierung auch die Deutung nationaler Rechtsvorschriften. Für die nationalen Behörden geht es damit nicht um die Anwendung bloß neuen mate-

32 Zu den Grundsätzen der Umsetzung des Gemeinschaftsrechts vgl etwa *Öhlinger/Potacs*, Gemeinschaftsrecht, 104 ff; *Ranacher/Frischhut*, Handbuch, 39 ff.

33 Vgl *Kuras*, Vorabentscheidungsverfahren – praktische Erfahrungen, in *Eilmansberger/Herzig* (Hrsg), 10 Jahre Anwendung des Gemeinschaftsrechts in Österreich (2006), 139.

34 Vgl die Einschätzung bei *Öhlinger/Potacs*, Gemeinschaftsrecht, 95, mwN: Gemeinschaftsrechtskonforme Auslegung und Anwendungsvorrang verlangen „vom nationalen Rechtsanwender ein hohes Maß an phantasievoller und innovatorischer Rechtsanwendung, das weit über das traditionelle Verständnis der Rechtsanwendung als Gesetzesvollzug hinausgeht".

riellen Rechts, sondern auch um eine neue methodische Praxis. Daran lässt sich erkennen, dass die Anwendung des Gemeinschaftsrechts ein längerfristiges Lernprojekt zur Entwicklung des professionellen Vorverständnisses für die juristische Falllösungspraxis darstellt.

Die harmonisierende Zusammenschau ist letztlich ein ganz praktisches Erfordernis der Rechtsanwendung, um Friktionen bei der Rechtsanwendung möglichst hintanhalten, die sich durch Spannungsverhältnisse zwischen den beiden Rechtsordnungen infolge mangelnder Abgestimmtheit aufeinander ergeben. Zudem lässt sich die Verpflichtung zur harmonisierenden Rechtsanwendung auch aus dem Gemeinschaftsrecht – etwa der Treuepflicht der Mitgliedstaaten – ableiten.

Diese harmonisierende Betrachtungsweise kann dazu führen, dass die anzuwendende gemeinschaftsrechtliche Norm und das darauf abgestimmte nationale Recht, dass bei der Anwendung des Gemeinschaftsrechts befolgt werden muss, miteinander einen Normkomplex bilden, der sich so weder aus den Gemeinschaftsrechten noch aus dem nationalen Recht ergibt. Von da her verlangt diese Normharmonisierung durchaus Kreativität bei den normanwendenden Organen. Wenn sie auch rechtlich (wie angesprochen) im Gemeinschaftsrecht wurzelt, ist sie für das gedeihliche Funktionieren der beiden Rechtsordnungen in ihrer Zusammenschau wesentliche Voraussetzung.

Aus einer rechtstheoretischen Sichtweise lässt sich als auf beide Rechtsordnungen bezogenes rechtspraktisches Metaprinzip für die Rechtsanwendung auffassen, das für die juristische Falllösungstechnik insoweit von Bedeutung ist, als bei anwendungsvorrangigem Gemeinschaftsrecht das anzuwendende Recht von diesem her konzeptiv zu erfassen ist. Metaprinzip deshalb, weil es sich aus den Gegebenheiten beider Rechtsordnungen vor dem Hintergrund ihres Zusammenwirkens ergibt.

V. Zur „maßgeblichen Rechtslage“

Angesichts des gebotenen Rahmens können die sich für den Verwaltungsgerichtshof ergebenden konkreten Folgerungen nur exemplarisch beleuchtet werden.

Da Gemeinschaftsrecht und nationales Umsetzungsrecht miteinander ein gleichermaßen komplexes und kompliziertes Gebilde darstellen,[35] ergibt sich für den Rechtsanwender die Aufgabe, aus den beiden Rechtsordnungen samt ihren unterschiedlichen Rechtsschichten die maßgeblichen Rechtsvorschriften herauszuschälen, die – als Fallnorm – die Grundlage für die Lösung des Falles abgeben.

35 Vgl etwa *Öhlinger*, JBl 2002, 4 ff.

Da die beiden Rechtsordnungen nebeneinander stehen und nicht nach einem Ordnungsschema gemeinsam strukturiert sind, nationales Umsetzungsrecht vom umzusetzenden Gemeinschaftsrecht „überlagert" und die Anwendung des Gemeinschaftsrechts ganz maßgeblich von nicht statutarisch fixierten, sondern richterrechtlich entwickelten Prinzipien geleitet wird, erweckt das Ensemble der anzuwendenden Rechtsvorschriften den Eindruck eines schwer überschaubaren Konglomerats, dass als Patch-work bezeichnet wurde.[36]

Diese pointierte Metapher spiegelt die Herausforderungen, die das Gemeinschaftsrecht für die Rechtsanwendung – zusätzlich zu den im Kontext der nationalen Rechtsordnung schon vorhandenen Anwendungsfragen – bringt.

In der Praxis des Verwaltungsgerichtshofes sind dabei vor allem drei Spezifika des Gemeinschaftsrechts aufgefallen.

Nicht seltene Novellierungen des Sekundärrechts und dessen legistische Gestaltung lassen mitunter den Stand des Sekundärrechts nur mit nicht unerheblichem Aufwand unter Ausnutzung besonderer juristischer Erfahrung und Kenntnisse feststellen. Dazu kommt, dass bei der Anwendung von Sekundärrecht sowohl geschriebenes als auch ungeschriebenes Primärrecht zu beachten ist[37], und die evolutive Judikatur des EuGH dafür sowohl allgemeine strukturelle als auch (oft) fachbereichspezifische Vorgaben entwickelt hat, die der Text des Sekundärrechts nicht ohne weiteres vermuten lässt, was die Suche nach dem für die Falllösung relevanten Gemeinschaftsrecht um eine wesentliche Dimension bereichert.

Außerdem ist das Gemeinschaftsrecht nicht bloß in seiner Fassung in deutscher Sprache anzuwenden, vielmehr sind sämtliche sprachliche Fassungen des Gemeinschaftsrechts für seine Anwendung maßgeblich. Dass dies von praktischer Bedeutung für die Falllösung sein kann, zeigt eine Vorlage des Verwaltungsgerichtshofes an den EuGH aus dem Jahr 2003, die der Beurteilung des EuGH zugrunde liegt, dass die deutschsprachige Fassung des Sekundärrechts bei der Statuierung eines Rechtsschutzstandards (im Ergebnis) hinter den anderen Sprachfassungen zurückblieb[38]. Die Behörden, die ihre rechtlichen Beurteilungen im Anwendungsbereich des Gemeinschaftsrechts treffen, tun daher gut daran, sich bei der Erfassung von ihnen anzuwendenden Gemeinschaftsrechts sich nicht bloß auf die deutsche Sprachfassung zu beschränken.

Zu der innerhalb des Gemeinschaftsrechts gegebenen Komplexität tritt bei der Rechtsanwendung noch jene hinzu, die sich aus der Gemengelage zwischen nationalem Recht und Gemeinschaftsrecht bei der Umsetzung von Gemeinschaftsrecht ergibt. Die schon angesprochene Harmonisierungsaufgabe

36 Vgl *Jabloner*, JBl 2006, 413.

37 Für die Anwendung der gemeinschaftsrechtlichen Grundrechte vgl etwa nochmals EuGH, Rs C-105/03, *Pupino*, Slg 2005, I-5285, oder VwGH 15.12.2003, 99/03/0423.

38 EuGH, Rs C-136/03, *Dörr und Ünal*, Slg 2005, I-4759.

setzt sich bei näherer Betrachtung aus einer ganzen Reihe von gedanklichen Operationen zusammen, die auf das konsistente Zusammenfügen unterschiedlicher Rechtstexte zu einem in sich widerspruchsfreien Ganzen unter gleichzeitiger Bedachtnahme auf oft mehrere Rechtsprinzipien ausgerichtet ist. Diese Aufgabe geht über die gedanklichen Operationen, die das Erzielen eines verfassungskonformen Verständnisses der nationalen Rechtsordnung verlangt, deutlich hinaus, zumal zu den Fragen der nationalen Rechtsordnung die des das nationale Recht überlagernden Gemeinschaftsrechts treten[39], das seinerseits (wie wiederholt angesprochen) von Strukturprinzipien und Grundsätzen in hohem Maße durchdrungen ist[40].

Schließlich ist festzuhalten, dass das System des Anwendungsvorranges für sich genommen nicht zu einer Bereinigung des nationalen Gesetzesrechts führt, und die Bürger und Vollzugsbehörden daher nicht dadurch entlastet werden, dass bei Beachtung des Anwendungsvorrangs eine auch für zukünftige Fälle maßgebliche generelle Rechtslage hergestellt wird, die die Orientierung erleichtert[41]. Mit anderen Worten: Der Anwendungsvorrang des Gemeinschaftsrechts führt zu komplexen und komplizierten Rechtsfragen, die sich jedenfalls dann in jedem Anwendungsfall immer wieder von neuem stellen, wenn der nationale Gesetzgeber nicht immer wieder von sich aus die nationale Rechtsordnung mit dem Gemeinschaftsrecht in Einklang bringt. Dass eine solche Rechtsbereinigung nicht immer erfolgt, lässt sich auch aus der Rechtsprechung des Verwaltungsgerichtshofes ersehen[42].

39 Angesichts des gegenüber dem Bundesverfassungsrecht ungleich größeren Normenbestandes des Gemeinschaftsrechts gilt dies auch bei einer bloß quantitativen Betrachtung.

40 Der Vorrang des Gemeinschaftsrechts hebt sich von einem Vorrang der Verfassung deutlich ab: Zwar führt der gemeinschaftsrechtliche Anwendungsvorrang – anders als die Kontrolle der Gesetze auf ihre Verfassungsgemäßheit nach Art 140 B-VG – nicht zur Vernichtung des verdrängten nationalen (Verfassungs-)Rechts. Insofern bleibt das Gemeinschaftsrecht hinter der Wirkkraft des Verfassungsrechts gegenüber dem Gesetzesrecht zurück. Das Gemeinschaftsrecht benötigt aber zu seiner Effektuierung gegenüber dem nationalen Recht eine solche Normzerstörung gar nicht, weil anwendungsvorrangiges Gemeinschaftsrecht unmittelbar an die Stelle des (verfassungs-)gesetzlichen nationalen Rechts tritt. Eine solche Wirkkraft weist Bundesverfassungsrecht gegenüber Gesetzesrecht nicht auf.

41 Zur gemeinschaftsrechtlichen Pflicht zur Bereinigung der nationalen Rechtsordnung neben dem Anwendungsvorrang vgl *Öhlinger/Potacs*, Gemeinschaftsrecht, 88 ff.

42 Vgl beispielsweise nur VwGH 6.9.2001, 99/03/0424.

VI. Prinzip der weitestmöglichen Integrität des nationalen Rechts

Diesbezüglich sticht vor allem eine jüngere Entscheidung des VwGH aus dem April 2008 ins Auge[43].

Im gegenständlichen Fall wehrte sich das Finanzamt Linz mit einer Amtsbeschwerde gegen einen Bescheid des Unabhängigen Finanzsenats. Es ging um die steuerliche Behandlung von Dividenden ausländischer Aktien aus inländischen Investmentfonds im Betriebsvermögen von Kapitalgesellschaften. Eine in Österreich ansässige Aktiengesellschaft bezog unter anderem Erträge aus inländischen Investmentfonds, wobei letzteren Erträge auch aus Dividenden von Kapitalgesellschaften in einem anderen Mitgliedstaat der EU bzw des EWR zukamen. Diese Entscheidung ist insbesondere wegen des darin zum Ausdruck kommenden Umgangs mit dem Anwendungsvorrangs des Gemeinschaftsrechts höchst bedeutsam.

Der Unabhängige Finanzsenat stütze sich wesentlich darauf, dass die in § 10 Abs 2 des österreichischen Körperschaftsteuergesetzes 1988 (KStG) enthaltene Befreiung von Erträgen aus internationalen Schachtelbeteiligungen von der Körperschaftsteuer, die erst ab einer Beteiligung von zumindest einem Viertel der Gesellschaftsanteile greift, im Lichte des Urteils des EuGH in der Rechtssache Lenz auf Grund unmittelbar anwendbaren Gemeinschaftsrechts verdrängt sei und daher die Befreiungsregelung von Beteiligungserträgen von der Körperschaftsteuer für inländische Beteiligungen nach § 10 Abs 1 KStG „analog" anzuwenden sei.

Unter eingehendem Rückgriff auf die Judikatur des EuGH zur Kapitalverkehrsfreiheit ging der VwGH davon aus, dass der Regelung des § 10 Abs 2 KStG, nach welcher die Dividenden aus den ausländischen Minderheitsbeteiligungen uneingeschränkt besteuert werden, die Kapitalverkehrsfreiheit nach Art 56 EGV entgegenstehe. Er nahm aber das dazu im Widerspruch stehende österreichische Recht noch näher in den Blick und hielt als Grundsatz fest, dass die nationale Regelung in jener Gestalt anwendbar bleibt, in der sie nicht mehr im Widerspruch zum Gemeinschaftsrecht steht und die Verdrängung bloß jenes Ausmaß umfassen darf, das „gerade noch hinreicht, um einen gemeinschaftskonformen Zustand herbeizuführen. Dabei sind die gemeinschaftsrechtlichen Erfordernisse in das nationale Gesetz ‚hineinzulesen'". Im Lichte dieser auf die „geltungserhaltende Reduktion nationaler Normen" gerichteten Überlegungen ist daher dann, wenn mehrere unterschiedliche Varianten gemeinschaftsrechtskonformer Lösungen gemeinschaftsrechtlich zu-

43 VwGH 17.4.2008, 2008/15/0064. Vgl dazu *Zorn*, RdW 2009, 171; *Zorn*, Die Verdrängungswirkung des primären Unionsrechts gegenüber belastendem nationalen Recht – am Beispiel der Besteuerung von Portfoliodividenden, in *BMF/JKU Linz* (Hrsg), GS für Peter Quantschnigg (2010), 557.

lässig erscheinen, diejenige zu identifizieren, „mit welcher die Entscheidung des nationalen Gesetzgebers soweit wie möglich erhalten bleibt"; der Vollziehung steht es nicht offen, nach Belieben eine der mehreren gemeinschaftskonformen Lösungen zur Anwendung zu bringen, „brächte dies doch einen Eingriff der Vollziehung in den eigentümlichen der Gesetzgebung vorbehaltenden Bereich der rechtspolitischen Gestaltung mit sich".

Diese am „Vorrang des Gesetzes" als Ausfluss des Legalitätsprinzips (Art 18 B-VG) orientierten Grundsätze der Eingriffsminimierung wendete der VwGH auf den Beschwerdefall an. Konkret ginge es um die Frage, ob die „Befreiungsmethode" – der die Entscheidung des Unabhängigen Finanzsenats im Ergebnis folgte – oder die sogenannte „Anrechnungsmethode" zum Tragen kommen sollte.

Wiederum unter Verwertung von Judikatur des EuGH, der beide Methoden für gleichwertig hält, entschied sich der VwGH im Ergebnis für die „Anrechnungsmethode", weil diese der Wertungsentscheidung des österreichischen Gesetzgebers näher kommt. Mit der „Anrechnungsmethode" wird in das Konzept des österreichischen Gesetzgebers, der für Dividenden von ausländischen Beteiligungen unter der Grenze des § 10 Abs 2 KStG keine Begünstigung vorgesehen hat, in geringerem Ausmaß eingegriffen als durch die (gänzliche) Befreiung der ausländischen Erträge. Bei der „Anrechnungsmethode" wird die Steuererhebung der Höhe nach verdrängt, und zwar insoweit, als dies erforderlich ist, nunmehr im Ergebnis in ausreichendem Ausmaß die „Anrechnung" der ausländischen Steuern zu bewirken. Ist die Besteuerung im Ausland gleich hoch oder höher als im Inland, führen Anrechnungsmethode einerseits und Befreiungsmethode andererseits zum gleichen Ergebnis. Nur diese Methode bewirke, dass im Falle eines niedrigeren Steuerniveaus im Ausland die im Ausland erzielten Kapitalerträge im Ergebnis gleich hoch besteuert werden wie die im Inland erzielten Erträge. Sichtlich wollte der österreichische Gesetzgeber auch nur jenen inländischen Kapitalgesellschaften, deren Tochtergesellschaften aktiv in einem ausländischen Staat wirtschaften und nicht bloß Kapitalveranlagung betreiben, den Vorteil des niedrigeren ausländischen Steuerniveaus zukommen lassen, zumal ein aktives wirtschaftliches Engagement im Ausland typischerweise ein höheres Beteiligungsausmaß voraus setzt.

Dass dieser Ansatz nicht unstrittig ist, zeigen 2 rezente, auf Literaturkritik zur Entscheidung des VwGH gestützte Vorlagen des Unabhängigen Finanzsenats (UFS) an den EuGH, der der Linie des VwGH nicht folgen möchte[44].

44 Vgl dazu *Zorn*, RdW 2009, 178.

VII. Europäische Rechtskooperation

Die funktionale Verflechtung von Gemeinschaftsrecht und nationalem Recht findet ein gewisses Pendant in Formen des direkten Zusammenwirkens zwischen nationalen Behörden und Gemeinschaftsbehörden. Für die Gerichtsbarkeit besteht seit jeher das Vorlabentscheidungsverfahren iSd Art 234 EGV, der nationale Gerichte und den EuGH arbeitsteilig zur Klärung von den EuGH vorbehaltenene Auslegungs- und Geltungsfragen des Gemeinschaftsrechts zusammenschaltet[45].

Ein Beispiel für den Verwaltungsbereich behandelte der VwGH in einem Erkenntnis aus dem Jahr 2007 im Bereich des Telekommunikationsrechtes[46]. In einem Verfahren zur Feststellung beträchlicher Marktmacht hatte der Regulator – die Telekom-Control-Kommission (TCK) – auf dem Boden der Rahmenrichtlinie aus dem Jahr 2002[47], umgesetzt durch das Telekommunikationsgesetz 2003[48], im Rahmen des sog Koordinationsverfahrens (vgl Art 7 der Richtlinie, § 129 TKG 2003) eine Stellungnahme der Europäischen Kommission vor Entscheidungserlassung einzuholen[49]. Die Kommission erstattete im Beschwerdefall eine kritische Stellungnahme zum Entscheidungsentwurf, der die TCK nicht nachkam. Der Verwaltungsgerichthof hielt diese Vorgangsweise für rechtswidrig, weil im Koordinationsverfahren den von der Europäischen Kommission abgegebenen Stellungnahmen „weitestgehend Rechnung zu tragen" ist, die Regulierungsbehörde sich im Beschwerdefall nicht hinreichend mit der Stellungnahme auseinandersetzte und ein Abweichen von der Stellungnahme einer ausreichenden Begründung bedurft hätte, die aber fehlte. Die gemeinschaftsrechtliche Verpflichtung zur Beachtung der Kommissions-Stellungnahme wird insofern auch durch eine besondere Begründungsverpflichtung im Rahmen des österreichischen Verfahrensrechts operationalisiert.

---

45 Zum Vorabentscheidungsverfahren vgl *Schweitzer/Hummer/Obwexer*, Europarecht, Rdnrn 824 ff.

46 VwGH 28.2.2007, 2004/03/0210.

47 Richtlinie 2002/21/EC des Europäischen Parlaments und des Rates vom 7. März 2002 über einen gemeinsamen Rechtsrahmen für elektronische Kommunikationsnetze und -dienste, ABl 2002 L 108, 33; vgl dazu etwa *Freund*, Rahmenrichtlinie, in *Ruhle/Freund/Kronegger/Schwarz*, Das neue österreichische Telekommunikations- und Rundfunkrecht (2004), 111 ff; *Damjanovic/Holoubek/Kassai/Lehofer/Urbantschitsch*, Handbuch des Telekommunikationsrechts (2006), 6 ff und 25 ff; *Grussmann*, Aktuelle Entwicklungen auf europäischer Ebene und jüngste Initiativen der Europäischen Kommission, in *Reiter/Wittmann-Tiwald* (Hrsg), Goodbye Privacy – Grundrechte in der digitalen Welt (2007), 22 ff.

48 Bundesgesetz, mit dem ein Telekommunikationsgesetz erlassen wird (Telekommunikationsgesetz 2003 – TKG 2003), BGBl I Nr 70/2003.

49 Das Marktanalyseverfahren fällt in den Bereich der Wettbewerbsregulierung, einen zentralen Teil des TKG 2003; vgl *Lehofer*, ÖJZ 2008, 750.

Diese Entscheidung stellt eine Leitentscheidung für einschlägige Fälle dar[50]. Das Koordinationsverfahren kann auch als Indiz für die Herausbildung eines europäischen Rechtsraumes gedeutet werden, das die Kooperation zwischen den nationalen Regulatoren und der Europäischen Kommission vertieft[51]. Das Verfahren folgt dabei grundsätzlich dem auch in Art 234 EGV verwirklichten Konzept: vor Entscheidungsfindung wird von der nationalen Behörde die europäische Behörde befasst, um im Wege dieser ex-ante-Koordination einen Widerspruch mit dem Gemeinschaftsrecht zu vermeiden.

VIII. Zum „doppelten" Grundrechtsschutz

Wenn auch das Gemeinschaftsrecht keine (dem österreichischen Bundesverfassungsrecht vergleichbare) strikte Stratifikation nach Rechtssatzformen unterschiedlicher Rangstufe aufweist, so besteht es doch aus mehreren Rechtsschichten, die zueinander in einem Verhältnis von Erzeugungsregel und daraus abgeleiteter Rechtsvorschrift und damit in einem Verhältnis von Prävalenz und Postvalenz stehen.

Die in diesem Sinne vorrangige Schicht des sogenannten Primärrechts enthält neben dem geschriebenen Primärrecht wie etwa den sogenannten Gründungsverträgen auch ungeschriebenes, vom EuGH in seiner Rechtsprechung herausgearbeitetes primäres Gemeinschaftsrecht, zu dem insbesondere die Grundrechte als allgemeine Rechtsgrundsätze zu zählen sind[52]. Nach der Rechtsprechung des EuGH sind diese Grundrechte, die – grob skizziert – den Grundrechten der EMRK folgen, im Anwendungsbereich des Gemeinschaftsrecht unmittelbar anzuwenden. Die Rechtsprechung des EuGH zeigt dabei, dass dieser die einzelnen Grundrechte an Hand der Rechtsprechung des EGMR versteht[53].

Da das Gemeinschaftsrecht zum Prüfungsmaßstab des VwGH bei der Rechtsmäßigkeitskontrolle zählt, hat der Verwaltungsgerichtshof auch die Grundrechte des Gemeinschaftsrechts unmittelbar anzuwenden. Dies erfolgte immer wieder, wobei es bei den Grundrechten nach der EMRK vor allem um

50 Vgl VwGH 28.2.2007, 2004/03/0212; 28.2.2007, 2004/03/0215; 26.4.2007, 2007/03/0034; 30.5.2007, 2007/03/0029; 10.10.2007, 2006/03/0046; 25.6.2008, 2007/03/0211; 17.12.2008, 2008/03/0116.

51 Vgl *Rodríguez Iglesias*, NJW 1999, 1; *Schwarze*, Europäisches Verwaltungsrecht² (2005), 1379 ff; vgl auch *Musger*, Auf dem Weg in den Europäischen Rechtsraum, in *König/Mayr* (Hrsg), Europäisches Zivilverfahrensrecht in Österreich (2007), 17.

52 Vgl zum Folgenden etwa *Schweitzer/Hummer/Obwexer*, Europarecht, Rdnr 303.

53 Vgl zB das schon genannte Urteil in der Rs *Pupino* (EuGH, Rs C-105/03, *Pupino*, Slg 2005, I-5285), dort insb die Rdnrn 58 ff, oder die in VwGH 20.7.2004, 2003/03/0103, zit Judikatur des EuGH.

die Verfahrensgarantien des Art 6 ging[54]. Weiters war vom Verwaltungsgerichtshof auch der gemeinschaftsrechtliche Gleichheitsgrundsatz zu beachten[55], der sich nicht unmittelbar an der EMRK orientiert. Der EuGH hatte bereits klargestellt, dass der zu den Grundprinzipien des Gemeinschaftsrechts zählende Grundsatz der Gleichbehandlung bei der Umsetzung einer Richtlinie in das nationale Recht zu beachten ist, wo ein Spielraum für den nationalen Gesetzgeber besteht. Der Verwaltungsgerichtshof sah keine sachlichen Gesichtspunkte für eine im österreichischen Umsetzungsrecht – dem Bankwesengesetz – vorgenommene unterschiedliche Behandlung von Banken, weshalb der Anwendung der österreichischen Regelung, die zwischen Kreditinstituten und Kreditinstitutsgruppen unterschied, unmittelbar anwendbares Gemeinschaftsrecht entgegenstand. In dieser Entscheidung hat der VwGH auch ausgesprochen, dass eine vom VfGH vorgenommene Beurteilung dieses Fragenkomplexes nach dem verfassungsrechtlichen Gleichheitssatz nicht bindend wäre, weil die Prüfung unter dem Gesichtspunkt des Gemeinschaftsrechts Teil des vom VwGH zu effektuierenden Kontrollmaßstabs darstellt.

Der VwGH hat im Zusammenhang dieser Grundrechtsjudikatur auch die Auffassung vertreten, dass infolge der unmittelbaren Anwendbarkeit der gemeinschaftsrechtlichen Grundrechte die auf die Grundprinzipien des österreichischen Bundesverfassungsrechts gestützte einschränkende Sicht des Art 6 EMRK, wie sie der Verfassungsgerichtshof in seinem Erkenntnis VfSlg 11.500/1987 eingenommen hat, angesichts der Behandlung des Beitritts Österreichs zur EU nach Art 44 Abs 3 B-VG für jedenfalls bereits zum Beitrittszeitpunkt existierendes Gemeinschaftsrecht nicht zum Tragen kommt[56].

Im Anwendungsbereich des Gemeinschaftsrechts besteht somit ein an der EMRK und der EGMR-Judikatur ausgerichteter gemeinschaftsrechtlicher Grundrechtsbestand, den der Verwaltungsgerichtshof zur Gänze in seiner Rechtsprechung wahrzunehmen hat. Insofern erscheint die im B-VG vorgezeichnete Aufgabenteilung zwischen dem Verfassungsgerichtshof und dem Verwaltungsgerichtshof im Bereich der funktional von diesen beiden Gerichtshöfen arbeitsteilig ausgeübten Verwaltungsgerichtsbarkeit relativiert. Es wurde schon erwähnt, dass der Verfassungsgerichtshof Verwaltungsakte auf dem Boden des Art 144 Abs 1 B-VG nicht danach in den Blick nimmt, ob sie dem Gemeinschaftsrecht, sondern ob sie dem österreichischen Verfassungsrecht entsprechen.

Dass die gemeinschaftsrechtlichen Grundrechte im Kontext des Gemeinschaftsrechts nicht völlig deckungsgleich mit den Grundrechten der EMRK im Gefüge der österreichischen (Verfassungs-)Rechtsordnung sind, zeigt die schon angesprochene Rechtsprechung des Verwaltungsgerichtshofes, wonach

54 Vgl etwa VwGH 15.12.2003, 99/03/0423, sowie VwGH 20.7.2004, 2003/03/0103.

55 VwGH 29.1.2004, 99/17/0135.

56 Vgl nochmals VwGH 20.7.2004, 2003/03/0103.

sich aus den Grundprinzipien des österreichischen Bundesverfassungsrechts ergebende Einschränkungen für die Anwendung der EMRK in Österreich als Teil des österreichischen Verfassungsrechts nicht für an der EMRK orientierten Grundrechte des Gemeinschaftsrechts bedeutsam sind.

Zusammengefasst besteht somit eine auf den Anwendungsbereich des Gemeinschaftsrechts bezogene Grundrechtskontrolle des Verwaltungsgerichtshofes, die zur Grundrechtskontrolle des VfGH nach Art 144 B-VG hinzutritt[57].

IX. Schlussbemerkung: Änderung der Rechtskultur

Die mit dem Beitritt zur Europäischen Union verbundene Anwendung des Gemeinschaftsrechts führt zu einem quantitativ und qualitativ bedeutsamen Wandel im Alltag der praktischen Falllösung. Die Anwendung des Gemeinschaftsrechts in Österreich bedeutet die Übernahme einer normreichen und wirkmächtigen Rechtsordnung. Die Änderungen, die diese Anwendung im Vergleich mit der österreichischen Rechtstradition mit sich bringt, erscheint qualitativ und quantitativ so weitgehend, dass man von einer *Änderung* der *Rechtskultur*[58] insgesamt sprechen kann. Diese Änderungen beziehen sich nicht nur auf den Normbestand des Gemeinschaftsrechts, sondern auch auf die nationalen Regelungen in dessen Anwendungsbereich. In rechtsdogmatischer Hinsicht werden sich diese Änderungen vermutlich nicht auf die Umsetzung von Gemeinschaftsrecht beschränken lassen, sondern auf die österreichische Rechtsordnung insgesamt ausstrahlen. Gerade das Denkmodell des Anwendungsvorranges könnte auf Grund seiner fundamentalen Bedeutung für die Umsetzung des Gemeinschaftsrechts zu einem Bedeutungsverlust einer abstrakten (vom Fall losgelösten) institutionalisierten Rechtskontrolle zu Gunsten des fallbezogenen Rechtsschutzes führen.

57 Da das Gemeinschaftsrecht bekanntlich große Teile des österreichischen Verwaltungsrechts erfasst, ergibt sich für den Verwaltungsgerichtshof aus seiner Zuständigkeit zur gemeinschaftsrechtlichen Grundrechtskontrolle ein nicht zu unterschätzendes Tätigkeitsfeld. Dabei ist auch zu bedenken, dass eine nach anwendungsvorrangigem Gemeinschaftsrecht getroffene grundrechtliche Beurteilung nicht hinter eine nach nationalem Verfassungsrecht vorgenommene Prüfung zurücktreten kann.

58 Zur „Rechtskultur" vgl *Luhmann*, Das Recht der Gesellschaft[2] (1999), 405 ff, insbesonders 409; *Jabloner*, JBl 2001, 137; *Mohr*, Rechtskultur, in *Gosepath/Hinsch/Rössler* (Hrsg), Handbuch der Politischen Philosophie und Sozialphilosophie (2008).

II. Innerstaatliche Rechtswirkungen ausgewählter EU-Rechtsakte

Objektive Wirkung von Richtlinien

Christoph Ohler

Literatur: *Bast,* Handlungsformen und Rechtsschutz, in *v Bogdandy/Bast* (Hrsg), Europäisches Verfassungsrecht[2] (2009), 489; *Burmeister/Staebe*, Grenzen des sog Gold Plating bei der Umsetzung europäischer Richtlinien in nationales Recht, EuR 2009, 444; *Calliess*, Europäische Gesetzgebung und nationale Grundrechte – Divergenzen in der aktuellen Rechtsprechung von EuGH und BVerfG?, JZ 2009, 113; *Sydow*, Die Richtlinie als Instrument zur Entlastung des europäischen Gesetzgebers: Zur unmittelbaren Anwendbarkeit verfahrensrechtlicher Richtlinien im europäischen Verwaltungsverbund, JZ 2009, 373; *Gödicke,* Die methodischen Grenzen der richtlinienkonformen Auslegung im bürgerlichen Recht, WM 2008, 1621; *Klamert*, Richtlinienkonforme Auslegung und unmittelbare Wirkung von EG-Richtlinien in der Rechtsprechung der österreichischen Höchstgerichte, JBl 2008, 158; *Nettesheim*, Anmerkung, JZ 2008, 1159; *Niedobitek*, Der Vorrang des Unionsrechts, in *Niedobitek/Zemanek* (Hrsg), Continuing the European Constitutional Debate (2008), 63; *v Danwitz,* Rechtswirkungen von Richtlinien in der neueren Rechtsprechung des EuGH, JZ 2007, 697; *Hummel*, Zum Anwendungsvorrang von EG-Richtlinien im Zivilrecht, EuZW 2007, 268; *Lindner*, Grundrechtsschutz gegen gemeinschaftsrechtliche Öffnungsklauseln – zugleich ein Beitrag zum Anwendungsbereich der EU-Grundrechte, EuZW 2007, 71; *Möllers/Möhring*, Recht und Pflicht zur richtlinienkonformen Rechtsfortbildung bei generellem Umsetzungswillen des Gesetzgebers, JZ 2007, 919; *Schürnbrand*, Die Grenzen richtlinienkonformer Rechtsfortbildung im Privatrecht, JZ 2007, 910; *Prokopf*, Das gemeinschaftsrechtliche Rechtsinstrument der Richtlinie (2007); *Masing*, Vorrang des Europarechts bei umsetzungsgebundenen Rechtsakten, NJW 2006, 264; *Weidemann*, "Solange II" hoch 3? – Inzidentkontrolle innerstaatlicher Normen, NVwZ 2006, 623; *Roth*, Die richtlinienkonforme Auslegung (§ 14), in *Riesenhuber* (Hrsg), Europäische Methodenlehre (2006); *Brenn*, Auf dem Weg zur horizontalen Direktwirkung von EU-Richtlinien, ÖJZ 2005, 41*; Ehlers, in Ehlers (Hrsg), Europäische Grundrechte und Grundfreiheiten*[2] *(2005); Frenz*, Verpflichtungen Privater durch Richtlinien und Grundfreiheiten, EWS 2005, 104; *Jarass*, Europäische Grundrechte (2005); *Skouris*, Rechtswirkungen von nicht umgesetzten EG-Richtlinien und EU-Rahmenbeschlüssen gegenüber Privaten – neuere Entwicklungen in der Rechtsprechung des EuGH, ZEuS 2005, 463; *Eilmansberger*, Zur Direktwirkung von Richtlinien gegenüber Privaten (Teil I), JBl 2004, 283; *Eilmansberger*, Zur Direktwirkung von Richtlinien gegenüber Privaten (Teil II), JBl 2004, 364; *Jarass/Beljin*, Grenzen der Privatbelastung durch unmittelbar wirkende Richtlinien, EuR 2004, 714; *Jarass/Beljin*, Die Bedeutung von Vorrang und Durchführung des EG-Rechts für die nationale Rechtssetzung und Rechtsanwendung, NVwZ 2004, 1; *Mayer/Schürnbrand*, Einheitlich oder gespalten? – Zur Auslegung nationalen Rechts bei überschießender Umsetzung von Richtlinien, JZ 2004, 545; *Hartisch*, Die unmittelbare Wirkung von Richtlinien in dreipoligen Rechtsbeziehungen (2003); *Herrmann*, Richtlinienumsetzung durch die Rechtsprechung (2003); *Schwarz*, Die direkte Verpflichtung des EU-Bürgers durch Normen des Gemeinschaftsrechts (2003); *v Bogdandy/Bast/Arndt*, Handlungsformen im Unionsrecht – Empirische Analysen und dogmatische Strukturen in einem vermeintlichen Dschungel, ZaöRV 2002, 77; *Canaris*, Die richtlinienkonforme Auslegung und Rechtsfortbildung im System der juristischen Methodenlehre, in *Koziol/Rummel* (Hrsg), Im Dienste der Gerechtigkeit. FS Franz Bydlinski (2002), 47; *Winter*, Die Dogmatik der Direktwirkungen von EG-Richtlinien und ihre Bedeutung für das EG-Naturschutzrecht, ZUR 2002, 313; *Gundel*, Neue Grenzlinien für die Direktwirkung nicht umgesetzter EG-Richtlinien unter Privaten – Zur Unanwendbarkeit richtlinienwidriger nationaler Verbotsgesetze im Konflikt unter Privaten, EuZW 2001, 143; *Habersack/Mayer*, Die überschießende Umsetzung von Richtlinien, JZ 1999, 913; *Weiß*, Zur Umsetzung von Richtlinien vor Ablauf der Umsetzungsfrist, DVBl 1998, 568; *Fischer*, Die objektive Direktwirkung von Richtlinien: Die Lehren aus dem Fall Wärmekraftwerk Großkrotzenburg 1995, in *Mayer/v Schlabrendorff/Spiegelfeld/Welser* (Hrsg), Recht in Österreich und Europa: FS Karl Hempel (1997), 191; *Calliess*, Zur unmittelbaren Wirkung der EG-Richtlinie über die Umweltverträglichkeitsprüfung und ihrer Umsetzung im deutschen Immissionsschutzrecht, NVwZ 1996, 339; *Epiney*, Unmittelbare Anwendbarkeit und objektive Wirkung von Richtlinien, DVBl 1996, 409; *Pechstein*, Die Anerkennung der rein objektiven unmittelbaren Richtlinienwirkung, EWS 1996, 261; *Brechmann*, Die richtlinienkonforme Auslegung (1994); *Emmert*, Horizontale Direktwirkung von Richtlinien?, EWS 1992, 56.

Judikatur: EuGH, Rs C-551/07, *Deniz Sahin*, Slg 2008, I-10453; EuGH, Rs C-205/07, *Lodewijk Gysbrechts*, Slg 2008, I-9947; EuGH, Rs C-427/06, *Bartsch*, Slg 2008, I-7245; EuGH, Rs C-127/08, *Metock*, Slg 2008, I-6241; EuGH, Rs C-237/07, *Janecek*, Slg 2008, I-6221; EuGH, verb Rs C-152 bis 154/07, *Arcor ua*, Slg 2008, I-5959; EuGH, Rs C-268/06, *Impact*, Slg 2008, I-2483; EuGH, Rs C-275/06, *Promusicae*, Slg 2008, I-271; EuGH, Rs C-392/04, *i-21 Germany GmbH*, Slg 2006, I-8559; EuGH, Rs C-212/04, *Adeneler*, Slg 2006, I-6057; EuGH, Rs C-540/03, *Parlament/Rat*, Slg 2006, I-5769; EuGH, Rs C-3/04, *Poseidon*, Slg 2006, I-2505; EuGH, Rs C-265/04, *Bouanich*, Slg 2006, I-923; EuGH, Rs C-144/04, *Mangold*, Slg 2005, I-9981; EuGH, verb Rs C-387/02 ua, *Berlusconi*, Slg 2005, I-3565; EuGH, verb Rs C-397 bis C-403/01, *Pfeiffer*, Slg 2004, I-8835; EuGH, Rs C-292/02, *Meiland Azewijn*, Slg 2004, I-7905; EuGH, Rs C-157/02, *Rieser Internationale Transporte*, Slg 2004, I-1477; EuGH, Rs C-201/02, *Wells*, Slg 2004, I-723; EuGH, Rs C-462/99, *Connect Austria*, Slg 2003, I-5197; EuGH, Rs C-187/00, *Kutz-Bauer*, Slg 2003, I-2741; EuGH, Rs C-62/00, *Marks & Spencer*, Slg 2002, I-6325; EuGH, Rs C-159/99, *Kommission/Italien*, Slg 2001, I-4007; EuGH, Rs C-144/99, *Kommission/Niederlande*, Slg 2001, I-3541; EuGH, Rs C-443/98, *Unilever Italia*, Slg 2000, I-7535; EuGH, Rs C-315/98, Kommission/Italien, Slg 1999, I-8001; EuGH, Rs C-131/97, Carbonari, Slg 1999, I-1103; EuGH, Rs C-11/97, *Evobus Austria*, Slg 1998, 5411; EuGH, Rs C-129/96, *Inter-Environnement Wallonie*, Slg 1997, I-7411; EuGH, verb Rs C-253 bis 258/96, *Kampelmann*, Slg 1997, I-6907; EuGH, Rs C-207/96, *Kommission/Italien*, Slg 1997, I-6869; EuGH, Rs C-97/96, *Verband deutscher Daihatsu-Händler*, Slg 1997, I-6843; EuGH, Rs C-28/95, *Leur-Bloem*, Slg 1997, I-4171; EuGH, Rs C-96/95, *Kommission/Deutschland*, Slg 1997, I-1653; EuGH, Rs C-201/94, *Smith & Nephew und Primecrown*, Slg 1996, I-5819; EuGH, Rs C-178/94, *Dillenkofer ua*, Slg 1996, I-4845; EuGH, Rs C-168/95, *Arcaro*, Slg 1996, I-4705; EuGH, Rs C-194/94, *CIA Security International*, Slg 1996, I-2201; EuGH, Rs C-192/94, *El Corte Inglés*, Slg 1996, I-1281; EuGH, Rs C-118/94, *Associazione Italiana per il WWF*, Slg 1996, I-1223; EuGH, Rs C-431/92, *Kommission/Deutschland*, Slg 1995, I-2189; EuGH, Rs C-346/93, *Kleinwort Ben-*

son, Slg 1995, I-615; EuGH, Rs C-365/93, *Kommission/Griechenland*, Slg 1995, I-499; EuGH, Rs C-91/92, *Faccini Dori*, Slg 1994, I-3325; EuGH, Rs C-236/92, *Comitato di Coordinamento*, Slg 1994, I-483; EuGH, Rs C-334/92, *Wagner Miret*, Slg 1993, I-6911; EuGH, Rs C-73/89, *Fournier*, Slg 1992, I-5621; EuGH, verb Rs C-6 und C-9/90, *Francovich*, Slg 1991, I-5357; EuGH, Rs C-208/90, *Emmott*, Slg 1991, I-4269; EuGH, verb Rs C-87, C-88 und C-89/90, *Verholen*, Slg 1991, I-3757; EuGH, Rs C-361/88, *Kommission/Deutschland*, Slg 1991, I-2567; EuGH, Rs C-106/89, *Marleasing*, Slg 1990, I-4135; EuGH, verb Rs C-297 und C-231/88, *Dzodzi*, Slg 1990, I-3763; EuGH, Rs C-189/89, *Foster*, Slg 1990, I-3313; EuGH, Rs C-221/88, *Busseni*, Slg 1990, I-495; EuGH, verb Rs 231/87 und 129/88, *Ufficio distrettuale delle imposte dirette di Fiorenzuola d'Arda*, Slg 1989, 3233; EuGH, Rs 103/88, *Fratelli Costanzo*, Slg 1989, 1839; EuGH, Rs 80/86, *Kolpinghuis Nijmegen*, Slg 1987, 3969; EuGH, Rs 14/86, *Pretore di Salò*, Slg 1987, 2545; EuGH, Rs 222/84, *Johnston*, Slg 1986, 1651; EuGH, Rs 152/84, *Marshall I*, Slg 1986, 723; EuGH, Rs 79/83, *Harz*, Slg 1984, 1921; EuGH, Rs 14/83, *von Colson und Kamann*, Slg 1984, 1891; EuGH, Rs 70/83, *Kloppenburg*, Slg 1984, 1075; EuGH, Rs 8/81, *Becker*, Slg 1982, 53; EuGH, Rs 102/79, *Kommission/Belgien*, Slg 1980, 1473; EuGH, Rs 148/78, *Ratti*, Slg 1979, 1629; EuGH, Rs 100/77, *Kommission/Italien*, Slg 1978, 879; EuGH, Rs 48/75, *Royer*, Slg 1976, 497; EuGH, Rs 52/75, *Kommission/Italien*, Slg 1976, 277; EuGH, Rs 41/74, *van Duyn*, Slg 1974, 1337.

Inhalt

I. Bisheriger Sachstand

A. Die Wirkungen der Richtlinie als Folge des gestuften Gesetzgebungsverfahrens

Richtlinien nach Art 288 Abs 3 AEUV (ex Art 249 Abs 3 EGV) bilden zusammen mit Verordnungen die wichtigste Handlungsform für die materielle Gesetzgebung der Europäischen Union.[1] Anders als die Verordnung nach Art 288 Abs 2 AEUV (ex Art 249 Abs 2 EGV) ergeht die Richtlinie aber in einem zweistufigen Gesetzgebungsverfahren, bei dem auf den europäischen Gesetzgebungsakt obligatorisch die mitgliedstaatliche Umsetzungsmaßnahme folgen muss. Entsprechend treten bei einer ordnungsgemäßen Umsetzung die Rechtsfolgen für den Bürger nicht selbst aufgrund der Richtlinie, sondern allein aufgrund der Durchführungsmaßnahmen des Mitgliedstaats ein.[2] Aus der Unterschiedlichkeit der dabei zeitlich nacheinander betroffenen Rechtserzeugungsquellen und aufgrund möglicher Säumnis des innerstaatlichen Gesetzgebers sowie Abweichungen des Umsetzungsaktes von der Richtlinie resultieren allerdings zahlreiche Rechtsprobleme. Angesichts dieses Ausgangsbefundes ist die primärrechtliche Vorgabe des Art 288 Abs 3 AEUV (ex Art 249 Abs 3 EGV) zu den Rechtswirkungen der Richtlinie erstaunlich knapp: „Die Richtlinie ist für jeden Mitgliedstaat, an den sie gerichtet wird, hinsichtlich des zu erreichenden Ziels verbindlich, überlässt jedoch den innerstaatlichen Stellen die Wahl der Form und der Mittel." Dem EuGH ist es freilich gelungen, im Wege richterlicher Rechtsfortbildung die Mehrzahl der bislang diskutierten Rechtsfragen einer kohärenten und inhaltlich befriedigenden Lösung zuzuführen.[3] Die von ihm geschaffenen, sachlich eng verschränkten Institute der richtlinienkonformen Auslegung und der unmittelbaren Anwendbarkeit einer Richtlinie beseitigen dennoch nicht alle Umsetzungsdefi-

1 Nach Angaben von Eurlex waren zum Stand 20. November 2008 insgesamt 1.255 Richtlinien und 2.148 Verordnungen in Kraft, die der Rat bzw Rat und Parlament gemeinsam erlassen hatten. Mehr als 6.000 Verordnungen sind in Kraft, die die Kommission im Wege der Durchführungsgesetzgebung erlassen hat; vgl dazu den vorstehenden Beitrag von *Hummer*, Allgemeine Einführung, vorstehend auf S 6ff.

2 EuGH, Rs 8/81, *Becker*, Slg 1982, 53, Rdnr 19.

3 Zur Zulässigkeit dieser Form der Rechtsfortbildung siehe BVerfGE 75, 223, 240; ferner *Ruffert* in *Calliess/Ruffert* (Hrsg), Kommentar zu EUV/EGV[3] (2007), Art 249 EGV Rdnr 72.

zite, die auf innerstaatlicher Ebene entstehen können. Sie stellen aber eine Form der Kompensation dar, die der mitgliedstaatliche Richter aktivieren muss, wenn das innerstaatliche Recht von den Vorgaben der Richtlinie abweicht.[4]

1. Anforderungen an den europäischen Gesetzgebungsakt

Vom ursprünglichen Ansatz her war die Richtlinie weniger als ein Instrument der Rechtsvereinheitlichung als vielmehr der Rechtsangleichung bzw Harmonisierung gedacht, bei der die Unterschiede zwischen den mitgliedstaatlichen Rechtsordnungen nicht beseitigt, sondern lediglich verringert würden.[5] Durch das zweistufige Gesetzgebungsverfahren sollte einerseits die Grundlage für die Rechtsannäherung zwischen den Mitgliedstaaten gelegt werden, andererseits den mitgliedstaatlichen Stellen aber Freiraum für die Berücksichtigung örtlicher und nationaler Besonderheiten, seien sie faktischer Natur oder der Systematik des innerstaatlichen Rechts geschuldet, gelassen werden.[6] Damit wurde bewusst der Vergleich zu den deutschen Rahmengesetzen bzw den französischen *loi-cadre* gewählt.[7] Die europäische Rechtspraxis ist hierüber weit hinausgegangen.[8] Ob heute eine Richtlinie oder Verordnung erlassen wird, hängt zunächst allein von den Vorgaben der jeweiligen Kompetenzgrundlage ab. Erst in zweiter Linie geht es um die Frage, ob die Richtlinie den Mitgliedstaaten im konkreten Fall bestimmte Spielräume überlassen soll. Dementsprechend ähneln sich Verordnungen und Richtlinien hinsichtlich ihres Detaillierungsgrades und der sprachlich-rechtlichen Gestaltung weitgehend, ohne dass dieser Umstand geeignet ist, die Rechtswidrigkeit einer Richtlinie zu begründen.[9] Der Grund hierfür liegt in dem Bestreben, soweit wie möglich einen unionsweit einheitlichen Rechtsstand zu verwirklichen, der entsprechend zu einheitlichen Schutzstandards und gleichen Wettbewerbsbedingungen führt.[10] Der Spielraum des mitgliedstaatlichen Gesetzgebers ergibt sich mithin nicht bereits aus

4 Von Sanktion spricht das Bundesverfassungsgericht, siehe BVerfGE 75, 223, 241.

5 Siehe *Nettesheim* in *Grabitz/Hilf* (Hrsg), Das Recht der EU, Art 249 EGV Rdnr 124 (Stand 08/2002); *Skouris*, ZEuS 2005, 465; *Streinz*, Europarecht[8] (2008), Rdnr 434.

6 *v Danwitz*, JZ 2007, 698.

7 *Wohlfahrt*, in *Wolfahrt/Everling/Glaesner/Sprung* (Hrsg), Die Europäische Wirtschaftsgemeinschaft (1960), Art 189 Anm 8.

8 Vgl *v Danwitz*, JZ 2007, 697; *v Bogdandy/Bast/Arndt*, ZaöRV 2002, 92.

9 So bereits schon *Ipsen*, Europäisches Gemeinschaftsrecht (1972), 696; siehe ferner *Bast*, Handlungsformen und Rechtsschutz, in *v Bogdandy/Bast* (Hrsg), Europäisches Verfassungsrecht[2] (2009), 504 f; *Nettesheim* in *Grabitz/Hilf* (Hrsg), Das Recht der EU, Art 249 EGV Rdnr 133; *Ruffert* in *Calliess/Ruffert* (Hrsg), Kommentar zu EUV/EGV, Art 249 EGV Rdnr 47; *Streinz*, Europarecht, Rdnr 436; *Sydow*, JZ 2009, 374; *Haltern*, Europarecht[2] (2007), Rdnr 663.

10 *Skouris*, ZEuS 2005, 465 f.

der Rechtsnatur der Richtlinie als solcher, sondern erst aufgrund der konkreten Fassung einer Richtlinienbestimmung. Aus der Sicht des Unionsgesetzgebers ist dagegen entscheidend, wie weit die jeweilige, spezielle Kompetenzgrundlage des nunmehrigen AEU-Vertrag reicht und ob die Verfahrensvorschriften, die diese Kompetenznorm statuiert, Beachtung gefunden haben. Primärrechtlich bestehen daher, sieht man vom Subsidiaritätsprinzip des Art 5 Abs 3 EUV (neu) [ex Art 5 Abs 2 EUV] ab, keine durchgreifenden Vorgaben an die Gestaltung von Richtlinien. Allein das Subsidiaritätsprinzip hat einen, wenngleich mangels inhaltlicher Eindeutigkeit nur eingeschränkt justiziablen, Einfluss auf die Frage, ob eine Richtlinie Gestaltungsspielräume für die Mitgliedstaaten eröffnen soll, zB in der Weise, dass die Richtlinie lediglich eine Mindestharmonisierung vorsieht. Darüber hinaus steht es allein im politischen, rechtlich nicht überprüfbaren Ermessen der europäischen Gesetzgebungsorgane, ob und welche Spielräume sie den Mitgliedstaaten zur eigenen Gestaltung überlassen.

In Hinblick auf ihre Umsetzungsbedürftigkeit muss eine Richtlinie stets eine eindeutige Umsetzungsfrist vorsehen, deren konkrete Gestaltung wiederum im politischen Ermessen der Gesetzgebungsorgane steht.[11] Typisch sind Umsetzungsfristen von 18 Monaten bis zwei Jahren, kürzere und längere Fristen und selbst innerhalb der Richtlinie gestufte Fristenregelungen kommen aber unbedenklich in Betracht. Die Frist beginnt mit dem Tag des Inkrafttretens der Richtlinie gemäß Art 297 Abs 1 UAbs 3 bzw Abs 2 UAbs 2 AEUV (ex Art 254 Abs 1 und Abs 2 EGV) und endet an dem in der Richtlinie genannten Datum. Eine Fristverlängerung kann nur durch ausdrückliche Genehmigung in der Richtlinie selbst eingeräumt werden.[12] Innerstaatliche Umsetzungsschwierigkeiten rechtlicher oder faktischer Natur, die in der Praxis häufig auftreten, rechtfertigen dagegen die Nichtbeachtung der Frist nicht, da es der Zweck der Frist gerade ist, den Mitgliedstaaten hinreichend Zeit zu geben, um bis zu ihrem Ablauf in der gesamten Union einen harmonisierten Rechtsstand zu schaffen.[13] Typischerweise verlangt die Richtlinie, dass die Mitgliedstaaten „vor dem“ oder „spätestens ab dem“ genannten Datum den Vorgaben der Richtlinie nachkommen, womit die Möglichkeit impliziert ist, die Umsetzung irgendwann während des Fristlaufs vorzunehmen, aber auch die Frist auszuschöpfen.[14] Autonome Übergangsvorschriften der Mitgliedstaaten, die für die Zeit nach Ablauf der Umsetzungsfrist gelten, sind vor diesem Hintergrund un-

11 *Nettesheim* in *Grabitz/Hilf* (Hrsg), Das Recht der EU, Art 249 EGV Rdnr 134.

12 EuGH, Rs 52/75, *Kommission/Italien*, Slg 1976, 277, Rdnr 11/13; *Streinz*, Europarecht, Rdnr 439. Als Beispielsfall ist Art 18 Abs 2 RL 2000/78 über die Gleichbehandlung in Beschäftigung und Beruf anzusehen, ABl 2000 L 303, 16.

13 Siehe mit ausführlichen Hinweisen zur Rechtsprechung des EuGH *Nettesheim* in *Grabitz/Hilf* (Hrsg), Das Recht der EU, Art 249 EGV Rdnr 135.

14 EuGH, Rs C-129/96, *Inter-Environnement Wallonie*, Slg 1997, I-7411, Rdnrn 43 f; *Jarass/Beljin*, NVwZ 2004, 6.

zulässig.[15] Rechtlich unbedenklich ist es aber, wenn eine Richtlinie ausnahmsweise eine Anwendung des umgesetzten Rechts frühestens ab einem bestimmten Zeitpunkt zulässt.[16] Damit sollen Wettbewerbsverzerrungen aufgrund ungleichzeitiger Anwendung der Umsetzungsmaßnahmen in den Mitgliedstaaten verhindert werden. Vor Ablauf der Umsetzungsfrist ist es den Mitgliedstaaten demgegenüber verwehrt, solche der Richtlinie widersprechenden, innerstaatlichen Maßnahmen zu erlassen, die geeignet sind, die Erreichung des in dieser Richtlinie vorgeschriebenen Zieles bis zum Fristablauf ernstlich in Frage zu stellen.[17] Diese Vorwirkung der Richtlinie ist als Ausfluss eines *unionsrechtlichen Frustrationsverbots* zu sehen.[18]

2. Anforderungen an die mitgliedstaatliche Umsetzung

Art 288 Abs 3 AEUV (ex Art 249 Abs 3 EGV) verpflichtet jeden Mitgliedstaat, an den die Richtlinie adressiert ist, die Richtlinie fristgemäß, vollständig und übereinstimmend mit ihren inhaltlichen Vorgaben umzusetzen.[19] Der EuGH leitet diese Pflichten darüber hinaus aus Art 4 Abs 3 EUV (ex Art 10 EGV) sowie aus der Richtlinie selbst ab.[20] Die Nichtbeachtung der Umsetzungspflicht, die die unbedingte Pflicht darstellt, ein bestimmtes Ergebnis herbeizuführen, kann primärrechtlich nicht gerechtfertigt werden, insbesondere nicht durch Hinweis auf die innenpolitische Lage im Mitgliedstaat.[21] Soll von der Umsetzungsverpflichtung abgewichen werden, bedarf es mithin einer ausdrücklichen Ermächtigung in der Richtlinie selbst. Unter dem Aspekt der innerstaatlichen Gewaltenteilung bezieht sich die Umsetzungspflicht zunächst auf die gesetzgeberische Durchführung im jeweiligen Mitgliedstaat, zudem aber auch auf die Vollzugs- bzw Anwendungsmaßnahmen der innerstaatlichen Behörden und Gerichte.[22] Auf Letztere wirkt sich die Umsetzungspflicht in Gestalt der Pflicht zur richtlinienkonformen Auslegung des innerstaatlichen Rechts und gegebenenfalls zur unmittelbaren Anwendung der Richtlinie aus.

15 EuGH, Rs C-396/92, *BUND Naturschutz*, Slg 1994, I-3717, Rdnrn 16 ff.

16 Siehe zB Art 157 Abs 3 RL 2006/64 über die Aufnahme und Ausübung der Tätigkeit der Kreditinstitute, ABl 2006 L 177, 1.

17 EuGH, Rs C-129/96, *Inter-Environnement Wallonie*, Slg 1997, I-7411, Rdnrn 45 ff.

18 *v Danwitz*, JZ 2007, 700; *König*, in *Schulze/Zuleeg* (Hrsg), Europarecht (2006), § 2 Rdnr 42; *Weiß*, DVBl 1998, 572 f.

19 EuGH, verb Rs C-6 und C-9/90, *Francovich*, Slg 1991, I-5357, Rdnr 39; EuGH, Rs C-129/96, *Inter-Environnement Wallonie*, Slg 1997, I-7411, Rdnr 40; EuGH, Rs C-131/97, *Carbonari*, Slg 1999, I-1103, Rdnr 48.

20 Siehe zB EuGH, Rs C-131/97, *Carbonari*, Slg 1999, I-1103, Rdnr 48.

21 EuGH, Rs 100/77, *Kommission/Italien*, Slg 1978, 879, Rdnr 21; *Ruffert* in *Calliess/Ruffert* (Hrsg), Kommentar zu EUV/EGV, Art 249 EGV Rdnr 50 mwN.

22 EuGH, Rs C-462/99, *Connect Austria*, Slg 2003, I-5197, Rdnr 38.

Die gesetzgeberische Umsetzung der Richtlinie erfolgt in der Praxis typischerweise durch förmliches Parlamentsgesetz oder Rechtsverordnung. Für eine aus der Rechtsprechungspraxis des EuGH geborene und von den anderen Unionsorganen anerkannte Pflicht zur rechtsförmlichen Umsetzung spricht auch die Formulierung in den Umsetzungsvorgaben der Richtlinien, wonach die Mitgliedstaaten „Rechts- und Verwaltungsvorschriften“ erlassen und „in der amtlichen Veröffentlichung“ auf die Richtlinie hinweisen. Primärrechtlich lässt sich eine solche Pflicht allerdings nicht unmittelbar begründen, denn Art 288 Abs 3 AEUV (ex Art 249 Abs 3 EGV) überlässt den Mitgliedstaaten ausdrücklich die „Wahl der Form und der Mittel“. Insofern statuiert Art 288 Abs 3 AEUV (ex Art 249 Abs 3 EGV) keinen allgemeinen Vorbehalt des Parlamentsgesetzes.[23] Die Mitgliedstaaten sind lediglich verpflichtet, im Rahmen des ihnen überlassenen Entscheidungsspielraums die Formen und Mittel zu wählen, die sich zur Gewährleistung der praktischen Wirksamkeit (effet utile) der Richtlinien unter Berücksichtigung des mit ihnen verfolgten Zwecks am besten eignen.[24] Dazu gehört, dass die nationale Umsetzungsmaßnahme den Erfordernissen der Rechtssicherheit und Rechtsklarheit genügt. Eine der wichtigsten Konsequenzen ist, dass die Umsetzungsmaßnahme Verbindlichkeit und rechtliche Außenwirkung haben muss und nicht einseitig durch die Verwaltung abgeändert werden kann.[25] Bloße Verwaltungspraktiken, selbst wenn sie richtlinienkonform sind, oder Verwaltungsvorschriften ohne Außenwirkung genügen daher nicht.[26] Soweit die Richtlinie zur Änderung bestehenden nationalen Rechts führt, kann die Umsetzung ebenfalls nur durch verbindliche nationale Bestimmungen bewirkt werden, die denselben rechtlichen Rang haben wie die zu ändernden Bestimmungen.[27] Falls die Richtlinie Rechte für Einzelne begründen soll, gebietet die Umsetzungspflicht, dass die Begünstigten in die Lage versetzt werden, von allen ihren Rechten Kenntnis zu erlangen.[28] Der EuGH verlangt für diesen Fall ausdrücklich, dass der nationale Umsetzungsakt den Erfordernissen der Publizität, der Klarheit und Bestimmtheit entspricht.[29] Praktisch kommt insoweit nur eine Umsetzung durch Parla-

23 So grundsätzlich auch der EuGH, vgl zB Rs C-365/93, *Kommission/Griechenland*, Slg 1995, I-499, Rdnr 9.

24 EuGH, Rs 48/75, *Royer*, Slg 1976, 497, Rdnr 69/73.

25 EuGH, Rs C-159/99, *Kommission/Italien*, Slg 2001, I-4007, Rdnr 32. Siehe zum Ganzen *Ruffert* in *Calliess/Ruffert* (Hrsg), Kommentar zu EUV/EGV, Art 249 EGV Rdnrn 54 ff.

26 EuGH, Rs 102/79, *Kommission/Belgien*, Slg 1980, 1473, Rdnr 11; EuGH, Rs C-315/98, *Kommission/Italien*, Slg 1999, I-8001, Rdnr 10; zu Verwaltungsvorschriften EuGH, Rs C-361/88, *Kommission/Deutschland*, Slg 1991, I-2567, Rdnrn 15 ff. Hierzu auch *Jarass/Beljin*, NVwZ 2004, 8.

27 EuGH, Rs C-207/96, *Kommission/Italien*, Slg 1997, I-6869, Rdnr 26.

28 EuGH, Rs C-365/93, *Kommission/Griechenland*, Slg 1995, I-499, Rdnr 9.

29 EuGH, Rs C-96/95, *Kommission/Deutschland*, Slg 1997, I-1653, Rdnr 39; EuGH Rs C-144/99, *Kommission/Niederlande*, Slg 2001, I-3541, Rdnr 17.

mentsgesetz oder Rechtsverordnung in Betracht, da für diese nach Maßgabe des innerstaatlichen Verfassungsrechts eine Verkündungspflicht in einem amtlichen Publikationsorgan besteht.[30] Aus diesen Grundsätzen ergibt sich bereits, dass die richtlinienkonforme Auslegung durch mitgliedstaatliche Gerichte *an Stelle* einer gesetzlichen Umsetzung nicht hinreichend ist, da sie nicht den Anforderungen der Rechtssicherheit entspricht.[31] Obzwar seine Gerichte hierzu aus Art 288 Abs 3 AEUV (ex Art 249 Abs 3 EGV) verpflichtet sind, enthebt dies den Mitgliedstaat nicht von seiner vorrangigen Pflicht zur rechtsförmigen Umsetzung durch den parlamentarischen Gesetzgeber. Gleiches gilt für die ausnahmsweise eröffnete Möglichkeit der unmittelbaren Anwendung einer Richtlinie. Auch insoweit lassen sich allein durch eine ordnungsgemäße parlamentarische Umsetzung die Erfordernisse der Rechtssicherheit und Rechtsklarheit erfüllen.[32]

Neuere Richtlinien verlangen im Zusammenhang mit der Umsetzungspflicht, dass der Mitgliedstaat die Kommission nicht nur von der Umsetzung in Kenntnis setzt und den Wortlaut der Umsetzungsmaßnahmen mitteilt, sondern zudem in den Umsetzungsvorschriften selbst oder bei ihrer amtlichen Veröffentlichung auf die Richtlinie hinweist.[33] Dieses Zitiergebot dient der Sicherung der Umsetzungspflicht.[34] Zum einen soll dem nationalen Normgeber bewusst werden, dass es sich nicht um den Erlass herkömmlichen nationalen Rechts handelt, sondern um die Umsetzung einer Richtlinie der Union, für die besondere Anforderungen bestehen. Zum anderen dient das Zitiergebot der Sicherung eines wirksamen Vollzugs der Richtlinie, da der Rechtsanwender, sei es eine Behörde oder ein Gericht, auf die Herkunft des Rechtsaktes aus dem Unionsrecht einschließlich des damit verbundenen Vorrangs hingewiesen wird. Dadurch kann der Rechtsanwender an die Pflicht zur richtlinienkonformen Auslegung und ggf die Möglichkeit der unmittelbaren Anwendung der Richtlinie erinnert werden. Die Zitierpflicht dient schließlich auch dem Interesse der aus der Richtlinie berechtigten Personen.[35] In welcher Weise der nationale Normgeber dem Zitiergebot nachkommt, liegt in seinem Ermessen. Er kann entweder in der mit-

---

30 Vgl *Jarass/Beljin*, NVwZ 2004, 8; *Ruffert* in *Calliess/Ruffert* (Hrsg), Kommentar zu EUV/EGV, Art 249 EGV Rdnr 54; *Streinz*, Europarecht, Rdnr 440.

31 EuGH, Rs C-144/99, *Kommission/Niederlande*, Slg 2001, I-3541, Rdnr 21; *Jarass/Beljin*, NVwZ 2004, 8; *Ruffert* in *Calliess/Ruffert* (Hrsg), Kommentar zu EUV/EGV, Art 249 EGV Rdnr 121.

32 EuGH, Rs 102/79, *Kommission/Belgien*, Slg 1980, 1473, Rdnr 12; EuGH, Rs C-208/90, *Emmott*, Slg 1991, I-4269, Rdnrn 20 ff.

33 Siehe zB Art 44 Abs 1 UAbs 3 RL 2006/31 über Dienstleistungen im Binnenmarkt, ABl 2006 L 376; Art 94 Abs 1 UAbs 2 RL 2007/647EG über Zahlungsdienste im Binnenmarkt, ABl 2007 L 319, 1.

34 *Ohler*, in *Schlachter/Ohler* (Hrsg), Europäische Dienstleistungsrichtlinie (2008), Art 44 Rdnr 4. Kritisch dagegen *Jarass/Beljin*, NVwZ 2004, 7.

35 *Schroeder* in *Streinz* (Hrsg), Kommentar zu EUV/EGV (2003), Art 249 EGV Rdnr 92.

gliedstaatlichen Regelung selbst einen Hinweis aufnehmen oder bei der amtlichen Veröffentlichung, dh im entsprechenden mitgliedstaatlichen Verkündungsorgan (Gesetzblatt etc), auf die Richtlinie hinweisen.[36]

3. Umsetzungsspielräume und überschießende Richtlinienumsetzung

Spezielle Rechtsprobleme treten auf, wenn der mitgliedstaatliche Gesetzgeber im Zusammenhang mit der Richtlinienumsetzung mehr regelt, als die Richtlinie selbst zwingend verlangt. Man spricht insoweit von der überschießenden Umsetzung von Richtlinien.[37] Diese Situation kann bei Richtlinien entstehen, die lediglich eine Mindestharmonisierung vorsehen. Hierunter ist zu verstehen, dass die Richtlinie bestimmte rechtliche Anforderungen aufstellt, die vom mitgliedstaatlichen Gesetzgeber nicht nach unten unterschritten, aber nach oben verschärft werden dürfen.[38] Ob das unionsrechtlich zulässig ist oder aber eine abschließende Harmonisierung vorliegt, bedarf freilich, wenn es an einer eindeutigen Ermächtigung fehlt, der Auslegung anhand des Wortlauts und Zwecks der Richtlinie. Im Ergebnis handelt es sich zugleich um einen durch die Richtlinie geschaffenen Umsetzungsspielraum. Ferner kann es zu einer überschießenden Umsetzung kommen, wenn die Richtlinie sich nur auf grenzüberschreitende Sachverhalte bezieht und der Umsetzungsgesetzgeber die Regelung zusätzlich auf rein innerstaatliche Fälle erstreckt. Überschießende Umsetzungen finden sich auch dort, wo der nationale Gesetzgeber den sachlichen Anwendungsbereich der Umsetzungsmaßnahme auf Parallelfälle erstreckt, die die Richtlinie selbst nicht regelt, weil er aus Gründen der Gleichbehandlung eine identische Regelung für sachgerecht hält. Schließlich ist es möglich, dass der innerstaatliche Gesetzgeber im Rahmen einer eigenständigen Regelung auf Vorschriften einer Richtlinie verweist und sie damit in das innerstaatliche Recht inkorporiert.

Zunächst stellt sich die Frage, ob die überschießende nationale Regelung als rechtlich autonom anzusehen ist oder von den Rechtswirkungen der Richtlinie nach Art 288 Abs 3 AEUV (ex Art 249 Abs 3 EGV) erfasst wird. Für den mitgliedstaatlichen Gesetzgeber hätte die Antwort zunächst die Konsequenz, ob er in Hinblick auf den überschießenden Teil allein an innerstaatliche Grundrechte oder aber an die Grundrechte der EU gebunden ist.[39] Das BVerfG hat sich jedenfalls vorbehalten, Umsetzungsspielräume von Richtlinien am Maßstab der Grundrechte des Grundgesetzes zu prüfen.[40] Hiermit steht das Ge-

36 *Schroeder* in *Streinz* (Hrsg), Kommentar zu EUV/EGV, Art 249 EGV Rdnr 92.

37 *Habersack/Mayer*, JZ 1999, 914 ff; *Burmeister/Staebe*, EuR 2009, 444 ff.

38 Siehe *Leible* in *Streinz* (Hrsg), Kommentar zu EUV/EGV, Art 95 EGV Rdnr 42.

39 Hierzu umfassend *Calliess*, JZ 2009, 115 ff mit ausführlicher Darstellung des Meinungsstands.

40 BVerfGE 118, 79, 96; 121, 1, 15; Urteil v 2.3.2010, 1 BvR 256/08, Rdnr 182.

richt jedoch im Konflikt zum EuGH, der auf Umsetzungsspielräume der Mitgliedstaaten ebenfalls die Grundrechte der Europäischen Union, sei es als allgemeine Rechtsgrundsätze, sei es über die Grundrechtecharta, zur Anwendung bringen will.[41] Unzweifelhaft wirken die Unionsgrundrechte auf den Umsetzungsvorgang in den Bereichen ein, die durch die Richtlinie selbst geregelt sind.[42] Außerhalb des Regelungsprogramms einer Richtlinie handeln die Mitgliedstaaten jedoch autonom, so dass auch die Unionsgrundrechte nicht eingreifen können. Dieses Ergebnis fordert auch Art 51 Abs 1 S 1 der Grundrechtecharta[43]. Die Bindung an die Unionsgrundrechte setzt hiernach voraus, dass die Mitgliedstaaten Unionsrecht „durchführen". Von einer Durchführung lässt sich aber nur sprechen, wenn die Mitgliedstaaten die Vorgaben der Richtlinie umsetzen.[44] Ist das Umsetzungsziel einer Richtlinie vollständig erfüllt, stellen alle weiteren gesetzgeberischen Schritte der Mitgliedstaaten autonome Maßnahmen dar, die sich außerhalb des sekundären Unionsrechts bewegen. Insoweit bilden allein innerstaatliche Grundrechte den Kontrollmaßstab für den nationalen Gesetzgeber.[45] Daher kommt es im Einzelfall darauf an festzustellen, wie weit die Zielvorgaben einer Richtlinie reichen, was sich nicht nur nach dem Wortlaut, sondern auch nach der gesetzgeberischen Konzeption der Richtlinie sowie ihrer Kompetenzgrundlage beurteilt.[46] Lässt eine Richtlinie den Mitgliedstaaten ausdrücklich Umsetzungsspielräume oder ordnet sie nur eine Mindestharmonisierung an, was in der Praxis die wichtigsten Problemfälle sein dürften, so handeln die Mitgliedstaaten zwar vordergründig autonom, weil sie gesetzgeberische Wahlfreiheiten nutzen. Ungeachtet des geringeren Grades an richtlinienrechtlicher Determinierung bewegen sich die Mitgliedstaaten dennoch im sachlichen Anwendungsbereich der Richtlinie, der in der Konsequenz auch die Anwendbarkeit der Unionsgrundrechte nach

41 EuGH, Rs C-540/03, *Parlament/Rat*, Slg 2006, I-5769, Rdnr 105; EuGH, Rs C-275/06, *Promusicae*, Slg 2008, I-271, Rdnr 68. Dem EuGH folgend *Ehlers*, in *Ehlers* (Hrsg), Europäische Grundrechte und Grundfreiheiten² (2005), § 14 Rdnr 34; *Jarass*, Europäische Grundrechte (2005), § 4 Rdnr 13; *Kühling*, in *v Bogdandy/Bast* (Hrsg), Europäisches Verfassungsrecht, 657 und 682.

42 *Kingreen* in *Calliess/Ruffert* (Hrsg), Kommentar zu EUV/EGV, Art 51 GRCH Rdnr 12; *Nowak*, in *Heselhaus/Nowak* (Hrsg), Handbuch der Europäischen Grundrechte (2006), § 6 Rdnr 37.

43 ABl 2007 C 303, 1.

44 Noch enger die Konzeption von *Weidemann*, NVwZ 2006, 628, der die mitgliedstaatliche Kontrolle auch auf solche Bereiche ausdehnen will, bei denen die Richtlinie keine unmittelbar anwendbaren Regeln enthält.

45 Ebenso *Habersack/Mayer*, JZ 1999, 920; *Kingreen* in *Calliess/Ruffert* (Hrsg), Kommentar zu EUV/EGV, Art 51 GRCH Rdnr 12;

46 Grundsätzlich ebenso *Calliess*, JZ 2009, 120, der aber einen weiteren Autonomiebereich bejaht; vgl auch *Burmeister/Staebe*, EuR 2009, 450 zur Relevanz der Kompetenzgrundlage.

sich zieht. Insofern lässt sich in diesen Fällen von einer bloßen Teilautonomie des mitgliedstaatlichen Rechts sprechen, was aufgrund der konkurrierenden Rechtsprechung von EuGH und BVerfG zu einem doppelten Grundrechtsschutz führt.[47] Soweit es hierbei im Ergebnis zu Konflikten bei den anwendbaren Grundrechtsquellen käme, insbesondere weil Abwägungsentscheidungen auf mitgliedstaatlicher und europäischer Ebene abweichend getroffen würden, setzte sich aufgrund des Vorrangprinzips der unionsrechtliche Standard durch.[48] Derartige Konflikte sind in der Praxis bislang aber ausgeblieben. Echte Fälle autonomer Rechtsetzung liegen dagegen dann vor, wenn die Richtlinie explizit eine bloße Teilregelung trifft, deren Ergänzung den Mitgliedstaaten obliegt, oder wenn der mitgliedstaatliche Gesetzgeber ohne Anknüpfung an Vorgaben der Richtlinie den sachlichen Anwendungsbereich der Regeln auch auf andere Sachverhalte erstreckt. Hier kommen nur mitgliedstaatliche Grundrechte als Prüfungsmaßstab in Betracht.

Geringfügig anders stellt sich die Rechtslage in Hinblick auf die Grundfreiheiten des AEU-Vertrags als Prüfungsmaßstab innerstaatlichen Rechts dar. Sie können bereits herangezogen werden, soweit eine Richtlinie keine abschließende Harmonisierung vorsieht.[49]

Weitere Rechtsfragen, die durch die überschießende Richtlinienumsetzung ausgelöst werden, betreffen den Umfang der richtlinienkonformen Auslegung und in prozessualer Hinsicht die Möglichkeit, in Bezug auf das überschießende Recht eine Vorabentscheidungsfrage nach Art 267 AEUV (ex Art 234 EGV) an den EuGH zu richten. Für eine Pflicht (und nicht nur die Möglichkeit) zur richtlinienkonformen Auslegung des überschießenden innerstaatlichen Rechts spricht, dass damit Rechtseinheitlichkeit hergestellt werden kann und mögliche Widersprüche zum harmonisierten Bereich vermieden werden. Dem steht aber entgegen, dass mitgliedstaatliches Recht nur in dem Umfang sekundärrechtlich determiniert wird, in dem das Sekundärrecht auch tatsächlich Vorgaben trifft.[50] Im überschießenden Bereich ist das eindeutig nicht der Fall. Das Risiko unterschiedlicher Auslegungen für die verschiedenen Anwendungsbereiche einer Regelung beurteilt sich dann nicht nach Unionsrecht, sondern am Ende allein nach dem im innerstaatlichen Recht verankerten allgemeinen Gleichheitssatz.[51] Insofern besteht zwar ein „unbestreitbares Gemein-

47 *Jarass*, Europäische Grundrechte, § 4 Rdnr 13. Ausdrücklich bejahend *Lindner*, EuZW 2007, 71 ff; *Nowak*, in *Heselhaus/Nowak* (Hrsg), Handbuch der Europäischen Grundrechte, § 6 Rdnr 38.

48 *Calliess*, JZ 2009, 121.

49 EuGH, Rs C-205/07, *Lodewijk Gysbrechts*, Slg 2008, I-9947, Rdnr 33.

50 *Habersack* in Münchner Kommentar zum Aktiengesetz[2] (2006), Bd 9/2, Europäisches Aktienrecht, C Rdnr 8; *Schroeder* in *Streinz* (Hrsg), Kommentar zu EUV/EGV, Art 249 EGV Rdnr 131.

51 Vgl BGHZ 150, 248, 261; *Gödicke*, WM 2008, 1626 f.

schaftsinteresse“ an einer einheitlichen Auslegung,[52] nicht aber eine entsprechende Verpflichtung durch das Unionsrecht.[53]

Soweit nach dieser Maßgabe eine richtlinienkonforme Auslegung aus Sicht des innerstaatlichen Rechts *möglich* ist, kommt auch eine Vorlage an den EuGH nach Art 267 AEUV (ex Art 234 EGV) in Betracht, da es für die Zulässigkeit der Vorlagefrage genügt, dass das vorlegende Gericht von ihrer Erforderlichkeit und Rechtserheblichkeit ausgeht und die Frage sich auf die Richtlinie als Maßstab der Auslegung bezieht.[54] Eine Vorlagepflicht besteht in Hinblick auf die Auslegung überschießenden Rechts dagegen nie.[55] Die Zulässigkeit des Vorabentscheidungsersuchens bejaht der Gerichtshof auch unter Verweis auf das Gemeinschaftsinteresse an einer einheitlichen Auslegung.[56] Dem ist entgegenzuhalten, dass das Gemeinschaftsinteresse an einer bestimmten Auslegung nicht weiter reichen kann als das Unionsrecht selbst. Richtig ist das Argument des EuGH jedoch insoweit, als dass das aus innerstaatlicher Sicht zu bejahende Interesse an einer einheitlichen Auslegung der Zuständigkeit des Gerichtshofs jedenfalls nicht entgegensteht. Im Verfahren nach Art 267 AEUV (ex Art 234 EGV) beschränkt sich die Zuständigkeit des Gerichtshofs allerdings allein auf die Prüfung und Auslegung der Bestimmungen des Unionsrechts.[57] Zu Recht hat der EuGH aber hervorgehoben, dass es sich dagegen aus mitgliedstaatlicher Sicht beurteilt, bis zu welcher Grenze der nationale Gesetzgeber die Regelungen der Richtlinie auch auf andere Sachverhalte erstreckt hat bzw nationales Recht auf das Unionsrecht verweist.[58] Jenseits dieser Grenze scheiden sowohl eine richtlinienkonforme Auslegung als auch die Vorlage an den EuGH aus.[59] Entsprechend ist allein der innerstaatliche Richter für die Auslegung und Anwendung des nationalen Rechts zuständig.[60]

52 EuGH, Rs C-3/04, *Poseidon*, Slg 2006, I-2505, Rdnr 16.

53 *Herrmann*, Richtlinienumsetzung durch die Rechtsprechung (2003), 127; *Ruffert* in Calliess/*Ruffert* (Hrsg), Kommentar zu EUV/EGV, Art 249 EGV Rdnr 118; *Schroeder* in *Streinz* (Hrsg), Kommentar zu EUV/EGV, Art 249 EGV Rdnr 131.

54 EuGH, verb Rs C-297 und C-231/88, *Dzodzi*, Slg 1990, I-3763, Rdnrn 36 f; EuGH, Rs C-3/04, *Poseidon*, Slg 2006, I-2505, Rdnr 14. Zustimmend *Schroeder* in *Streinz* (Hrsg), Kommentar zu EUV/EGV, Art 249 EGV Rdnr 131. Ablehnend *Habersack* in Münchner Kommentar zum Aktiengesetz, Bd 9/2, Europäisches Aktienrecht, C Rdnr 9.

55 *Herrmann*, Richtlinienumsetzung, 128.

56 EuGH, Rs C-3/04, *Poseidon*, Slg 2006, I-2505, Rdnr 16.

57 EuGH, verb Rs C-297 und C-231/88, *Dzodzi*, Slg 1990, I-3763, Rdnr 42; EuGH, Rs C-73/89, *Fournier*, Slg 1992, I-5621, Rdnr 23; EuGH, Rs C-28/95, *Leur-Bloem*, Slg 1997, I-4171, Rdnr 33.

58 EuGH, verb Rs C-297 und C-231/88, *Dzodzi*, Slg 1990, I-3763, Rdnr 42; EuGH, Rs C-28/95, *Leur-Bloem*, Slg 1997, I-4171, Rdnr 33.

59 Vgl zu einem derartigen Fall EuGH, Rs C-346/93, *Kleinwort Benson*, Slg 1995, I-615, Rdnr 16 ff.

60 Vgl EuGH, Rs C-265/04, *Bouanich*, Slg 2006, I-923, Rdnr 51.

B. Vorrangwirkung der Richtlinie

Nicht eindeutig geklärt ist bis heute die Frage, ob und gegebenenfalls in welchem Umfang auch Richtlinien vom Vorrang des Unionsrechts erfasst werden.[61] Für das Primärrecht und die Verordnungen nach Art 288 Abs 2 AEUV (ex Art 249 Abs 2 EGV) besteht der Anwendungsvorrang unzweifelhaft mit der Folge, dass ihnen widersprechendes innerstaatliches Recht unangewendet bleiben muss. Gegen den Vorrang auch von Richtlinien scheint zu sprechen, dass die Richtlinie selbst zunächst nur an die Mitgliedstaaten als solche gerichtet ist und daher nicht im innerstaatlichen Rechtsraum wirkt.[62] Innerstaatliches Recht hat dagegen ausschließlich die von seinem persönlichen Anwendungsbereich erfassten Personen sowie die zu seiner Anwendung zuständigen Behörden und Gerichte als Adressaten. Mangels Identität der Adressaten von Richtlinie und innerstaatlichem Recht scheint daher ein Normkonflikt, der erst die Anwendung der Vorrangregel erfordert, überhaupt nicht vorzuliegen. Allerdings ist die Richtlinie nach Art 288 Abs 3 AEUV (ex Art 249 Abs 3 EGV) zwingend auf innerstaatliche Umsetzung angelegt, so dass sie, vom Umsetzungsziel her betrachtet, dennoch in Konflikt mit innerstaatlichem Recht treten kann.[63] Die Richtlinie gehört auch zum geltenden Recht der Mitgliedstaaten, selbst wenn sie grundsätzlich keine unmittelbare Wirkung im innerstaatlichen Rechtsraum entfaltet.[64] Vor diesem Hintergrund ist eine Antwort auf die Vorrangproblematik unumgänglich. Der EuGH nimmt insoweit ohne nähere Begründung einen Vorrang zumindest für solche Richtlinienbestimmungen an, die unmittelbar anwendbar sind.[65] Hierfür spricht, dass im Umfang der unmittelbaren Anwendbarkeit einer Richtlinie deren Rechtswirkungen im innerstaatlichen Rechtsraum eintreten mit der Folge, dass ein möglicher Normkonflikt mit innerstaatlichem Recht nur über das Vorrangprinzip gelöst werden kann. Auch aus Sicht der richterlichen Entscheidungs-

61 Für die Einbeziehung von Richtlinie in die Vorrangwirkung: GA *Colomer*, Schlussanträge, verb Rs C-152 bis C-154/07, *Arcor ua*, Slg 2008, I-5959, Rdnrn 82 ff; *Kingreen* in *Calliess/Ruffert* (Hrsg), Kommentar zu EUV/EGV, Art 51 GRCH Rdnr 12; *Masing*, NJW 2006, 265; *Ruffert* in Calliess/*Ruffert* (Hrsg), Kommentar zu EUV/EGV, Art 249 EGV Rdnr 26; *Schroeder* in *Streinz* (Hrsg), Kommentar zu EUV/EGV, Art 249 EGV Rdnr 44.

62 *Canaris,* in *Koziol/Rummel* (Hrsg), FS Franz Bydlinski (2002), 52 f.

63 Von einer mittelbaren Kollision spricht *Gellermann*, in *Rengeling/Middeke/Gellermann* (Hrsg), Handbuch des Rechtsschutzes in der Europäischen Union² (2003), § 34 Rdnr 15.

64 Siehe *König,* in *Schulze/Zuleeg* (Hrsg), Europarecht, § 2 Rdnr 45; *Schroeder* in *Streinz* (Hrsg), Kommentar zu EUV/EGV, Art 249 EGV Rdnr 105; aA *Brenn*, ÖJZ 2005, 42.

65 EuGH, Rs C-462/99, *Connect Austria*, Slg 2003, I-5197, Rdnr 40. Zustimmend BVerfGE 118, 79, 97. Im Ergebnis auch *Canaris,* in *Koziol/Rummel* (Hrsg), FS Franz Bydlinski, 54 und 68; *Hummel*, EuZW 2007, 270; *Nettesheim* in *Grabitz/Hilf* (Hrsg), Das Recht der EU, Art 249 EGV Rdnr 181.

findung besteht ein Normkonflikt nur dann, wenn beide Normen für den Richter anwendbar und damit entscheidungserheblich sind.[66] Bedenkt man allerdings, dass die unmittelbare Wirkung allein vom Maß der Bestimmtheit der Richtlinie sowie der fehlenden bzw fehlerhaften Umsetzung abhängt, stellt sich die Frage, ob nicht auch unbestimmte Richtlinienbestimmungen in einen Regelungskonflikt mit innerstaatlichem Recht treten können.[67] Dies ist als Möglichkeit zu bejahen, wie der Vergleich mit zwei ebenfalls hochgradig unbestimmten Rechtsgrundsätzen des Unionsrechts zeigt, dem Äquivalenzprinzip und dem Effektivitätsprinzip, die der EuGH in ständiger Rechtsprechung mit Vorrangwirkung gegen mitgliedstaatliches Recht in Stellung bringt.[68] Dogmatisch liegt die Erklärung darin, dass unbestimmte Vorgaben des Unionsrechts zwar nicht ohne weiteres auslegungsfähig und anwendungsfähig, aber in jedem Fall konkretisierungsfähig sind. Bewegt sich innerstaatliches Recht außerhalb der durch eine unbestimmte Richtliniennorm eröffneten Konkretisierungsmöglichkeiten, liegt unzweifelhaft ein Widerspruch zwischen Richtlinie und innerstaatlichem Recht vor. *Insofern* spricht nichts dagegen, Richtlinien insgesamt Vorrang vor innerstaatlichem Recht einzuräumen.[69] Auch insoweit greift nämlich das Ziel der Rechtseinheit des Unionsrechts als innerer Rechtfertigungsgrund für das Vorrangprinzip ein. Allerdings ist hinsichtlich der Rechtsfolgen zwischen dem Anwendungsvorrang, der nur in Fällen unmittelbarer Wirkung greift, und dem Vorrang im weiteren Sinne, der lediglich zur Anpassung kollidierenden innerstaatlichen Rechts verpflichtet, zu unterscheiden.[70] In letzterem Fall, in dem es an der unmittelbaren Anwendbarkeit der Richtlinie fehlt, erfolgt die Anpassung allein durch den nationalen Gesetzgeber,[71] während sich die Aufgabe des mitgliedstaatlichen Richters auf die richtlinienkonforme Auslegung innerstaatlichen Rechts beschränkt.[72]

66 *Ipsen*, Europäisches Gemeinschaftsrecht, 259 f; hierzu *v Danwitz*, JZ 2007, 702.

67 Dies verneint *Nettesheim* in *Grabitz/Hilf* (Hrsg), Das Recht der EU, Art 249 EGV Rdnr 184.

68 Ständige Rechtsprechung, siehe beispielhaft EuGH, Rs C-392/04, *i-21 Germany GmbH*, Slg 2006, I-8559, Rdnr 57. Hierzu statt vieler *Ruffert in Calliess/Ruffert* (Hrsg), Kommentar zu EUV/EGV, Art 249 EGV Rdnrn 28 f.

69 Ähnlich *Masing*, NJW 2006, 265: Vorrang der zwingenden Vorgaben der Richtlinie.

70 Zu dieser Unterscheidung siehe *Canaris*, in *Koziol/Rummel* (Hrsg), FS Franz Bydlinski, 67 ff; *Jarass/Beljin*, NVwZ 2004, 2; *Niedobitek*, Der Vorrang des Unionsrechts, in *Niedobitek/Zemanek* (Hrsg), Continuing the European Constitutional Debate (2008), 74 ff und 94 ff.

71 *Gellermann*, in *Rengeling/Middeke/Gellermann* (Hrsg), Handbuch des Rechtsschutzes in der Europäischen Union, § 34 Rdnr 22.

72 Ebenso *Schroeder* in *Streinz* (Hrsg), Kommentar zu EUV/EGV, Art 249 EGV Rdnr 124.

C. Pflicht zur richtlinienkonformen Auslegung

1. Überblick

Die Pflicht zur richtlinienkonformen Auslegung innerstaatlichen Rechts ist eine weitere Folge der Umsetzungspflicht aus Art 288 Abs 3 AEUV (ex Art 249 Abs 2 EGV).[73] Zu ihrer Begründung lässt sich ergänzend der Grundsatz der Unionstreue aus Art 4 Abs 3 EUV(neu) [ex Art 10 EGV] heranziehen.[74] In jüngeren Entscheidungen spricht der EuGH davon, dass dieses Gebot dem EG-Vertrag immanent sei.[75] Die richtlinienkonforme Auslegung erstreckt sich auf das gesamte innerstaatliche Recht, nicht nur die Maßnahmen, die in Umsetzung der Richtlinie erlassen wurden.[76] Ihre besondere Bedeutung erfährt die richtlinienkonforme Auslegung insoweit, als sie andere, innerstaatlich mögliche, aber mit dem Ziel der Richtlinie nicht vereinbare Auslegungsvarianten verdrängt, ihnen also vorgeht.[77] Diese Verdrängung anderer Auslegungsvarianten rechtfertigt sich wiederum aus der Vorrangwirkung der Richtlinie.[78] Auf diese Weise vermeidet die richtlinienkonforme Auslegung eine Kollision zwischen innerstaatlichem Recht und der Richtlinie.[79] Besondere Bedeutung entfaltet der Vorrang der richtlinienkonformen Auslegung insoweit bei den Generalklauseln und unbestimmten Rechtsbegriffen des innerstaatlichen Rechts, die dem Anwendungsbereich einer Richtlinie unterfallen.[80] Im Ergeb-

73 EuGH, Rs 14/83, *von Colson und Kamann*, Slg 1984, 1891, Rdnr 26; EuGH, Rs 79/83, *Harz*, Slg 1984, 1921, Rdnr 26; EuGH, Rs C-106/89, *Marleasing*, Slg 1990, I-4135, Rdnr 8; EuGH, Rs C-334/92, *Wagner Miret*, Slg 1993, I-6911, Rdnr 20; EuGH, Rs C-118/94, *Associazione Italiana per il WWF*, Slg 1996, I-1223, Rdnr 18; EuGH, Rs C-131/97, *Carbonari*, Slg 1999, I-1103, Rdnr 48. Zustimmend *Brechmann*, Die richtlinienkonforme Auslegung (1994), 256 ff; *Canaris*, in *Koziol/Rummel* (Hrsg), FS Franz Bydlinski, 55; *Herrmann*, Richtlinienumsetzung, 108 ff; *Roth*, Die richtlinienkonforme Auslegung (§ 14), in *Riesenhuber* (Hrsg), Europäische Methodenlehre (2006), § 14 Rdnr 3.

74 Vgl EuGH, Rs 14/83, *von Colson und Kamann*, Slg 1984, 1891, Rdnr 26; *Ruffert* in Calliess/*Ruffert* (Hrsg), Kommentar zu EUV/EGV, Art 249 EGV Rdnrn 114, 117 f.

75 EuGH, Rs C-212/04, *Adeneler*, Slg 2006, I-6057, Rdnr 109; EuGH, Rs C-268/06, *Impact*, Slg 2008, I-2483, Rdnr 99.

76 Ständige Rechtsprechung, siehe EuGH, Rs C-106/89, *Marleasing*, Slg 1990, I-4135, Rdnr 8; EuGH, Rs C-334/92, *Wagner Miret*, Slg 1993, I-6911, Rdnr 20; EuGH, verb Rs C-397 bis C-403/01, *Pfeiffer ua*, Slg 2004, I-8835, Rdnr 115.

77 *Canaris*, in *Koziol/Rummel* (Hrsg), FS Franz Bydlinski, 70 f; *Eilmansberger*, JBl 2004, 291; *Herrmann*, Richtlinienumsetzung, 128; *Schürnbrand*, JZ 2007, 911; *Skouris*, ZEuS 2005, 467.

78 *Canaris*, in *Koziol/Rummel* (Hrsg), FS Franz Bydlinski, 70 f; *Klamert*, JBl 2008, 159. Vgl auch *Jarass/Beljin*, NVwZ 2004, 2, die aber bereits die Pflicht zur richtlinienkonformen Auslegung aus dem Vorrangprinzip ableiten. Von einer „Vorzugsregel" spricht *Roth*, in *Riesenhuber*, Europäische Methodenlehre, § 14 Rdnr 26.

79 EuGH, verb Rs C-397 bis C-403/01, *Pfeiffer ua*, Slg 2004, I-8835, Rdnr 116.

80 *Canaris*, in *Koziol/Rummel* (Hrsg), FS Franz Bydlinski, 71.

nis ist es somit das Ziel der richtlinienkonformen Auslegung, zu einer Rechtsanwendung zu gelangen, die den Vorgaben der Richtlinie, soweit interpretatorisch möglich, im Ergebnis entspricht.[81]

2. Voraussetzungen

Die richtlinienkonforme Auslegung setzt nicht voraus, dass die Richtlinie selbst unmittelbar anwendbar ist.[82] Nach Ansicht des EuGH kommt die besondere Bedeutung der richtlinienkonformen Auslegung sogar vor allem dann zum Tragen, wenn die einschlägige Richtlinienbestimmung keine unmittelbare Wirkung entfaltet, weil sie dafür nicht klar, genau und unbedingt genug ist oder weil es sich um einen Rechtsstreit handelt, in dem sich ausschließlich Private gegenüberstehen.[83] Erforderlich ist allein, dass sich der sachliche und persönliche Anwendungsbereich der Richtlinie auf das in Frage stehende innerstaatliche Recht erstreckt.[84] Bestehen insoweit Auslegungszweifel in Hinblick auf die sekundärrechtliche Rechtslage, kann der EuGH nach Art 267 AEUV (ex Art 234 EGV) angerufen werden.

In zeitlicher Hinsicht ist allerdings umstritten, wann die Pflicht zur richtlinienkonformen Auslegung einsetzt. Denkbare Anknüpfungspunkte sind der Zeitpunkt ihres Inkrafttretens bzw der Ablauf der Umsetzungsfrist. Da die richtlinienkonforme Auslegung aber Ausfluss der Umsetzungspflicht aus Art 288 Abs 3 AEUV (ex Art 249 Abs 3 EGV) ist, kann zunächst nur der Ablauf der Umsetzungsfrist eine entsprechende unionsrechtliche Pflicht begründen.[85] Ein früherer Zeitpunkt kommt dann in Betracht, wenn der innerstaatliche Gesetzgeber zuvor die Umsetzungsmaßnahme erlassen hat – sie ist zweifelsohne sofort richtlinienkonform auszulegen.[86] Dagegen verschiebt ein verspäteter Umsetzungsakt nicht den Zeitpunkt für den Beginn der Pflicht zur richtlinienkonformen Auslegung nach hinten.[87] Was den Zeitraum nach Inkrafttreten der

81 EuGH, Rs C-268/06, *Impact*, Slg 2008, I-2483, Rdnr 101; siehe auch *Gödicke*, WM 2008, 1626.

82 *Canaris*, in *Koziol/Rummel* (Hrsg), FS Franz Bydlinski, 77; *Herrmann*, Richtlinienumsetzung, 113.

83 EuGH, Rs C-212/04, *Adeneler*, Slg 2006, I-6057, Rdnr 113. Die Bedeutung der richtlinienkonformen Auslegung für Privatrechtsverhältnisse betont auch *v Danwitz*, JZ 2007, 700.

84 *Gödicke*, WM 2008, 1626.

85 EuGH Rs C-212/04, *Adeneler*, Slg 2006, I-6057, Rdnr 115; *Canaris*, in *Koziol/Rummel* (Hrsg), FS Franz Bydlinski, 75; *v Danwitz*, JZ 2007, 700; *Nettesheim* in *Grabitz/Hilf* (Hrsg), Das Recht der EU, Art 249 EGV Rdnr 153; *Ruffert* in Calliess/*Ruffert* (Hrsg), Kommentar zu EUV/EGV, Art 249 EGV Rdnr 119; vgl auch *Herrmann*, Richtlinienumsetzung, 115 ff.

86 *Canaris*, in *Koziol/Rummel* (Hrsg), FS Franz Bydlinski, 75.

87 EuGH, Rs C-212/04, *Adeneler*, Slg 2006, I-6057, Rdnr 116.

Richtlinie und vor Ablauf der Umsetzungsfrist angeht, ist allenfalls zu bedenken, dass eine allein am innerstaatlichen Recht ausgerichtete Auslegung nicht dazu führen darf, das Ziel der Richtlinienumsetzung ernstlich zu gefährden.[88] Angesichts der Verfahrensdauer vieler Gerichtsverfahren im Instanzenzug bedeutet das, dass nach Inkrafttreten einer Richtlinie vom innerstaatlichen Richter eine Einzelfallprüfung auf der Grundlage der Richtlinie vorgenommen werden muss. Insofern wird aber nur ausnahmsweise eine Vereitelung des Richtlinienziels in Betracht kommen, dh in Fällen, in denen die Rechtsprechung offenkundig und systematisch im Widerspruch zur Richtlinie steht und das konkrete Verfahren erst nach Ablauf der Umsetzungsfrist abgeschlossen wird.[89]

3. Grenzen der richtlinienkonformen Auslegung

Eine unionsrechtlich anerkannte Grenze findet die Pflicht zur richtlinienkonformen Auslegung schließlich dort, wo nach innerstaatlichem methodischem Verständnis der Wortlaut der auszulegenden Norm (oder ein explizit entgegenstehender gesetzgeberischer Wille) das Auslegungsergebnis nicht mehr tragen kann. Insoweit formuliert der EuGH: „Daher ist es Sache des nationalen Gerichts, zu beurteilen, inwieweit sich das gesamte Recht und insbesondere ... die Bestimmungen eines zur Umsetzung der Richtlinie erlassenen Gesetzes ab Inkrafttreten dieser Bestimmungen anhand des Wortlauts und des Zweckes dieser Richtlinie auslegen lassen, damit das in dieser Richtlinie festgelegte Ergebnis erreicht wird."[90] Noch deutlicher wird dieser Zusammenhang, wenn der EuGH verlangt, dass das nationale Gericht seine Auslegung des innerstaatlichen Rechts „soweit wie möglich" am Wortlaut und Zweck der Richtlinie ausrichten muss.[91] Maßgeblich für die Feststellung des „Möglichen" sind dabei die Auslegungsspielräume des innerstaatlichen Rechts.[92] Das bedeutet zugleich, dass das inländische Methodenverständnis für den Umgang mit dem Wortlaut des Gesetzes und dem Willen des Gesetzgebers die Grundlage, aber

88 EuGH, Rs C-129/96, *Inter-Environnement Wallonie*, Slg 1997, I-7411, Rdnr 45; EuGH, Rs C-212/04, *Adeneler*, Slg 2006, I-6057, Rdnr 121 ff. Vgl auch EuGH, Rs C-144/04, *Mangold*, Slg 2005, I-9981, Rdnr 72.

89 Noch enger *Herrmann*, Richtlinienumsetzung, 122: nur höchstrichterliche Rechtsprechung. Für eine bloße Abwägung der Richtlinie mit anderen Auslegungsgesichtspunkten dagegen *Canaris*, in *Koziol/Rummel* (Hrsg), FS Franz Bydlinski, 76; *Nettesheim* in *Grabitz/Hilf* (Hrsg), Das Recht der EU, Art 249 EGV Rdnr 153.

90 EuGH, Rs C-131/97, *Carbonari*, Slg 1999, I-1103, Rdnr 49.

91 EuGH, Rs C-106/89, *Marleasing*, Slg 1990, I-4135, Rdnr 8; EuGH, Rs C-334/92, *Wagner Miret*, Slg 1993, I-6911, Rdnr 20; verb Rs C-397 bis C-403/01, *Pfeiffer ua*, Slg 2004, I-8835, Rdnr 113; EuGH, Rs C-212/04, *Adeneler*, Slg 2006, I-6057, Rdnr 108; EuGH, Rs C-268/06, *Impact*, Slg 2008, I-2483, Rdnr 98.

92 *Gödicke*, WM 2008, 1628. Ähnlich *Schürnbrand*, JZ 2007, 914: Auslegung muss durch das nationale Recht getragen werden.

auch die Grenze der richtlinienkonformen Auslegung bildet.[93] Unter diesem Gesichtspunkt bestehen gegen eine Analogiebildung und eine Gesetzesreduktion[94] zur Erreichung von Richtlinienkonformität keine Bedenken.[95] In der praktischen Konsequenz kann dies freilich dazu führen, dass über die richtlinienkonforme Auslegung auch Rechte und Pflichten einzelner Privater verändert werden. Eine zwingende Grenze ist erst dann erreicht, wenn die Rechtsfortbildung contra legem erfolgte, was methodisch als unzulässig anzusehen ist und somit auch durch Art 288 Abs 3 AEUV (ex Art 249 Abs 3 EGV) nicht geboten wird.[96] Gleichfalls ließe sich im strafrechtlichen Bereich durch richtlinienkonforme Auslegung keine Absenkung der Anforderungen an die Bestimmtheit der Strafnormen oder gar eine Rückwirkung begründen.[97] Anders formuliert: Art 288 Abs 3 AEUV (ex Art 249 Abs 3 EGV) rechtfertigt nicht den Übergriff des Richters in die nach innerstaatlichem Verfassungsrecht aus Gründen der Gewaltenteilung dem Gesetzgeber zugewiesene Domäne. Ebenso wenig darf der Richter im Wege der Auslegung bzw Rechtsfortbildung eine Rechtslage schaffen, zu der aus rechtsstaatlichen und grundrechtlichen Gründen auch der Gesetzgeber nicht befugt wäre.[98]

D. Unmittelbare Wirkung (Direktwirkung)

1. Grundsatz

Eine Richtlinie entfaltet, anders als Verordnungen und Beschlüsse nach Art 288 Abs 2 bzw 4 AEUV (ex Art 249 Abs 2 bzw Abs 4 EGV), keine unmittelbare Wirkung in den mitgliedstaatlichen Rechtsordnungen, auch wenn sie für die Mitgliedstaaten geltendes Recht darstellt. Dies ergibt sich aus der Formulierung in Art 288 Abs 3 AEUV (ex Art 249 Abs 3 EGV), wonach die Richtlinie für den Mitgliedstaat (nur) hinsichtlich des zu erreichenden Ziels

93 EuGH, verb Rs C-397 bis C-403/01, *Pfeiffer ua*, Slg 2004, I-8835, Rdnr 116; EuGH, Rs C-212/04, *Adeneler*, Slg 2006, I-6057, Rdnr 111; *Herrmann*, Richtlinienumsetzung, 134 ff; *Roth*, in *Riesenhuber*, Europäische Methodenlehre, § 14 Rdnr 26.

94 Ausdrücklich EuGH, verb Rs C-397 bis C-403/01, *Pfeiffer ua*, Slg 2004, I-8835, Rdnr 116.

95 *Canaris*, in *Koziol/Rummel* (Hrsg), FS Franz Bydlinski, 81 ff; *Herrmann*, Richtlinienumsetzung, 146 ff; *Möllers/Möhring*, JZ 2007, 922; *Roth*, in *Riesenhuber*, Europäische Methodenlehre, § 14 Rdnrn 30 ff.

96 EuGH, Rs C-212/04, *Adeneler*, Slg 2006, I-6057, Rdnr 110; EuGH, Rs C-268/06, *Impact*, Slg 2008, I-2483, Rdnr 100; *Canaris*, in *Koziol/Rummel* (Hrsg), FS Franz Bydlinski, 91 ff; *Gödicke*, WM 2008, 1628 f; *Herrmann*, Richtlinienumsetzung, 148 f; *Möllers/Möhring*, JZ 2007, 921.

97 EuGH, Rs 80/86, *Kolpinghuis Nijmegen*, Slg 1987, 3969, Rdnr 13; EuGH, Rs C-168/95, *Arcaro*, Slg 1996, I-4705, Rdnr 42; EuGH, Rs C-212/04, *Adeneler*, Slg 2006, I-6057, Rdnr 110; EuGH, Rs C-268/06, *Impact*, Slg 2008, I-2483, Rdnr 100.

98 Siehe hierzu *Roth*, in *Riesenhuber*, Europäische Methodenlehre, § 14 Rdnrn 34 ff.

verbindlich ist. Daher treten bei einer ordnungsgemäßen Umsetzung die Rechtsfolgen für den Bürger nicht selbst aufgrund der Richtlinie, sondern allein aufgrund der Durchführungsmaßnahmen des Mitgliedstaats ein.[99] Im Unterschied hierzu ist die Verordnung in allen ihren Teilen verbindlich und „gilt unmittelbar in jedem Mitgliedstaat". Der EuGH hat hierzu freilich frühzeitig Ausnahmen entwickelt, wenn der mitgliedstaatliche Gesetzgeber die Umsetzungsfrist hat verstreichen lassen, ohne die Richtlinie vollständig bzw fehlerfrei umzusetzen. Grundsätzlich greift in derartigen Fällen zunächst die Pflicht zur richtlinienkonformen Auslegung ein.[100] Wenn eine solche konforme Anwendung nicht möglich ist, verlangt der EuGH in ständiger Rechtsprechung, dass das nationale Gericht verpflichtet ist, „das Gemeinschaftsrecht in vollem Umfang anzuwenden und die Rechte, die dieses dem Einzelnen einräumt, zu schützen, indem es notfalls jede Bestimmung unangewandt lässt, deren Anwendung im konkreten Fall zu einem gemeinschaftsrechtswidrigen Ergebnis führen würde".[101] Das Instrument der unmittelbaren Anwendbarkeit ist heute, trotz der damit verbundenen, erheblichen Ausdehnung des Art 288 Abs 3 AEUV (ex Art 249 Abs 3 EGV) in der Rechtsprechung und Verwaltungspraxis der Mitgliedstaaten sowie in der Wissenschaft anerkannt. Die Terminologie schwankt mitunter; so ist oft gleichbedeutend von Direktwirkung, unmittelbarer Wirkung und unmittelbarer Anwendbarkeit die Rede.[102] Insgesamt ist aber festzuhalten, dass die unmittelbare Anwendbarkeit, ebenso wie die richtlinienkonforme Auslegung, Rechtsinstitute darstellen, die allein die Rechtsfindung durch den Richter bzw die Rechtsanwendung durch eine Behörde anleiten. Strittig sind jedoch nach wie vor einzelne Voraussetzungen sowie die Grenzen dieses Konzepts, insbesondere wenn es um belastende Wirkungen für Private geht, die aus der Richtlinie abgeleitet werden sollen.

Die Pflicht zur unmittelbaren Anwendung einer trotz Fristablaufs nicht oder fehlerhaft umgesetzten Richtlinie lässt sich unter verschiedenen rechtlichen Gesichtspunkten begründen. Der EuGH zieht erstens den Grundsatz der nützlichen Wirkung (effet utile) der Richtlinie heran, der beeinträchtigt wäre, wenn eine Richtlinie den Mitgliedstaaten bestimmte Verhaltenspflichten auferlegte, die innerstaatlichen Gerichte sie aber nicht als Bestandteil des Unionsrecht berücksichtigen dürften.[103] Dies ist besonders dann nahe liegend, wenn eine Richtlinie dem Mitgliedstaat keine oder nur geringe Umsetzungs-

99 EuGH, Rs 8/81, *Becker*, Slg 1982, 53, Rdnr 19.

100 *Skouris*, ZEuS 2005, 466.

101 Siehe statt vieler: EuGH, Rs C-262/97, *Engelbrecht*, Slg 2000, I-7321, Rdnr 40; EuGH, Rs C-462/99, *Connect Austria*, Slg 2003, I-5197, Rdnr 40.

102 *Streinz*, Europarecht, Rdnr 444. Ausdrücklich differenzierend *Schroeder* in *Streinz* (Hrsg), Kommentar zu EUV/EGV, Art 249 EGV Rdnr 104.

103 EuGH, Rs 41/74, *van Duyn*, Slg 1974, 1337, Rdnr 12; EuGH, Rs 148/78, *Ratti*, Slg 1979, 1629, Rdnr 21; EuGH, Rs 8/81, *Becker*, Slg 1982, 53, Rdnr 23.

spielräume lässt und damit die künftige innerstaatliche Rechtslage determiniert. In derartigen Fällen sichert die unmittelbare Anwendbarkeit zugleich einen weitgehend einheitlichen Rechtsstand in den Mitgliedstaaten.[104] Zweitens sieht der EuGH die Möglichkeit des Einzelnen, sich auf einen Rechtsakt vor innerstaatlichen Gerichten überhaupt berufen zu können, als Voraussetzung für die Inanspruchnahme des Vorabentscheidungsverfahrens nach Art 267 AEUV (ex Art 234 EGV).[105] Drittens schließlich verhielte sich ein Mitgliedstaat widersprüchlich, wenn er einerseits nicht ordnungsgemäß die Richtlinie umsetzte, andererseits aber seinen Bürgern die Berufung auf diese Richtlinie verweigerte.[106] Mit dieser Rechtsprechung soll folglich verhindert werden, dass ein Mitgliedstaat aus seiner Nichtbeachtung des Unionsrechts Nutzen ziehen kann.[107] Gegen die ausnahmsweise zu bejahende Möglichkeit der unmittelbaren Anwendung spricht auch nicht die unmittelbare Geltung von Verordnungen nach Art 288 Abs 2 AEUV (ex Art 249 Abs 2 EGV), da diese Vorgabe es nicht ausschließt, dass auch andere Rechtsakte ähnliche Wirkungen entfalten können.[108] Damit liegt der unmittelbaren Anwendung der Gedanke zugrunde, die Durchsetzung des Normprogramms der Richtlinie vor allem in den Fällen zu ermöglichen, in denen ein Umsetzungsspielraum des mitgliedstaatlichen Gesetzgebers nicht oder nur eingeschränkt vorhanden ist. Zugleich sanktioniert die unmittelbare Anwendbarkeit die Vertragsverletzung durch den Mitgliedstaat, die in der Nichtbeachtung der Pflichten aus Art 288 Abs 3 AEUV (ex Art 249 Abs 3 EGV) liegt.[109] Schließlich eröffnet sie eine Möglichkeit zur dezentralen Durchsetzung der Umsetzungspflicht durch den einzelnen Bürger vor innerstaatlichen Behörden und Gerichten, die das Vertragsverletzungsverfahren der Kommission nach Art 258 AEUV (ex Art 226 EGV) flankieren kann.[110]

---

104 Vgl *Nettesheim* in *Grabitz/Hilf* (Hrsg), Das Recht der EU, Art 249 EGV Rdnr 157; *Schroeder* in *Streinz* (Hrsg), Kommentar zu EUV/EGV, Art 249 EGV Rdnr 103: Prinzip der einheitlichen Wirksamkeit des Gemeinschaftsrechts.

105 EuGH, Rs 41/74, *van Duyn*, Slg 1974, 1337, Rdnr 12.

106 EuGH, Rs 148/78, *Ratti*, Slg 1979, 1629, Rdnr 22; EuGH, Rs 8/81, *Becker*, Slg 1982, 53, Rdnr 24; EuGH, Rs 70/83, *Kloppenburg*, Slg 1984, 1075, Rdnr 3; EuGH, Rs 152/84, *Marshall I*, Slg 1986, 723, Rdnr 47.

107 EuGH, Rs 91/92, *Faccini Dori*, Slg 1994, I-3325, Rdnr 22.

108 EuGH, Rs 148/78, *Ratti*, Slg 1979, 1629, Rdnr 19; EuGH, Rs 8/81, *Becker*, Slg 1982, 53, Rdnr 21.

109 *Ruffert* in Calliess/*Ruffert* (Hrsg), Kommentar zu EUV/EGV, Art 249 EGV Rdnr 75; *Skouris*, ZEuS 2005, 470; *Streinz*, Europarecht, Rdnr 444.

110 Vgl *Ruffert* in *Calliess/Ruffert* (Hrsg), Kommentar zu EUV/EGV, Art 249 EGV Rdnr 76.

2. Objektive Voraussetzungen

Weitgehend Einigkeit besteht angesichts der ständigen Rechtsprechung des Gerichtshofs, dass die unmittelbare Anwendbarkeit jedenfalls die Erfüllung der folgenden objektiven Voraussetzungen erfordert: Erstens muss die Umsetzungsfrist, die die Richtlinie vorsieht, abgelaufen sein.[111] Zweitens muss die Umsetzung der Richtlinie durch die innerstaatlichen Stellen entweder überhaupt nicht, unvollständig oder fehlerhaft erfolgt sein.[112] Die genannten Alternativen sind zueinander als unionsrechtliche Umsetzungsmängel in je gleicher Weise erheblich, denn es genügt jegliche Abweichung des innerstaatlichen Rechts bzw seines Vollzugs von den Vorgaben der Richtlinie.[113] Diese Abweichung muss im wertenden Vergleich zwischen innerstaatlichem Recht und konkreten, einzelnen Normen einer Richtlinie festgestellt werden. Kommt allerdings in diesem Rahmen eine Beseitigung der Normdivergenz mit Hilfe des Instruments der richtlinienkonformen Auslegung in Betracht, scheidet die unmittelbare Anwendung aus.[114] Drittens müssen die heranzuziehenden Vorschriften der Richtlinie inhaltlich unbedingt und hinreichend genau sein.[115] Eine Unionsbestimmung ist unbedingt, wenn sie eine Verpflichtung begründet, die weder an eine Bedingung geknüpft ist noch zu ihrer Erfüllung und Wirksamkeit einer Maßnahme der Unionsorgane oder der Mitgliedstaaten bedarf.[116] Hinreichend genau ist aus Sicht des EuGH eine Bestimmung, wenn sie unzweideutig eine Verpflichtung begründet, um von einem Einzelnen herangezogen und vom Gericht angewandt zu werden.[117] Ob das der Fall ist, ergibt sich erst durch Auslegung der konkreten, für den Rechtsstreit relevanten Richtlinienbestimmung.[118] Schadlos ist es daher, wenn andere, für den Rechtsstreit nicht heranzuziehende Regelungen der Richtlinie nicht den Bestimmtheitsanforderungen genügen. An der unmittelbaren Anwendbarkeit der Richtlinie fehlt es noch nicht, wenn ihre Bestimmungen selbst auslegungsbe-

111 EuGH, Rs 148/78, *Ratti*, Slg 1979, 1629, Rdnrn 23 f, 41 ff.

112 EuGH, Rs 152/84, *Marshall I*, Slg 1986, 723, Rdnr 46.

113 Siehe *Schroeder* in *Streinz* (Hrsg), Kommentar zu EUV/EGV, Art 249 EGV Rdnr 107. Das schließt die unmittelbare Anwendung der Richtlinie durch die Gerichte entgegen einer fehlerhaften Verwaltungspraxis ein, siehe EuGH, Rs C-62/00, *Marks & Spencer*, Slg 2002, I-6325 Rdnrn 27 f.

114 Ebenso *Nettesheim* in *Grabitz/Hilf* (Hrsg), Das Recht der EU, Art 249 EGV Rdnr 159; *Schroeder* in *Streinz* (Hrsg), Kommentar zu EUV/EGV, Art 249 EGV Rdnr 107.

115 EuGH, Rs 148/78, *Ratti*, Slg 1979, 1629, Rdnr 23; EuGH, Rs 8/81, *Becker*, Slg 1982, 53, Rdnr 25; EuGH, Rs 152/84, *Marshall I*, Slg 1986, 723, Rdnr 46; EuGH, Rs C-187/00, *Kutz-Bauer*, Slg 2003, I-2741, Rdnr 69; EuGH, Rs C-268/06, *Impact*, Slg 2008, I-2483, Rdnr 57.

116 EuGH, Rs C-236/92, *Comitato di Coordinamento*, Slg 1994, I-483, Rdnr 9.

117 EuGH, Rs C-236/92, *Comitato di Coordinamento*, Slg 1994, I- 483, Rdnr 10.

118 EuGH, Rs 8/81, *Becker*, Slg 1982, 53, Rdnrn 27 ff.

dürftig sind oder unbestimmte Rechtsbegriffe enthalten.[119] Bestehen hier Auslegungszweifel, kann bzw muss der EuGH nach Art 267 AEUV (ex Art 234 EGV) um Auslegung im Wege des Vorabentscheidungsverfahrens ersucht werden. Vielmehr scheidet die unmittelbare Anwendbarkeit erst dann aus, wenn die fragliche Richtlinienbestimmung nicht mehr als vollzugsfähig durch innerstaatliche Behörden und Gerichte anzusehen ist,[120] weil sie zB nur Vorgaben programmatischer Natur enthält.[121] Die unmittelbare Anwendbarkeit ist auch für eine Richtlinienbestimmung zu verneinen, die solche Gestaltungsspielräume schafft, die nur der Gesetzgeber ausfüllen kann. Dies kann beispielsweise dann der Fall sein, wenn eine Richtlinie mehrere gleichwertige Handlungsoptionen vorsieht, zwischen denen nur der Gesetzgeber wählen kann, während der mitgliedstaatliche Richter damit die Grenzen der ihm verfassungsrechtlich anvertrauten Rechtsprechungsgewalt überschreiten würde.[122] Lediglich in den Fällen, in denen trotz mitgliedstaatlicher Wahlrechte bei der Umsetzung der Richtlinie diese selbst einen zwingenden Mindestschutz vorgibt, kommt noch die unmittelbare Anwendbarkeit hinsichtlich der Mindestanforderungen in Betracht.[123] Großzügig ist die Rechtsprechung des EuGH dagegen in den Fällen, in denen eine Richtlinie Befreiungsmöglichkeiten zugunsten des Einzelnen, zB von steuerrechtlichen Pflichten, vorsieht.[124]

Die vorgenannten Voraussetzungen müssen unstreitig dann erfüllt sein, wenn die Richtlinienbestimmung selbst herangezogen werden soll, um ein Rechtsverhältnis zwischen zwei Personen erstmals zu begründen (positive unmittelbare Wirkung). In derartigen Fällen bestimmen sich die Rechte und Pflichten der an einem Rechtsverhältnis beteiligten Parteien unmittelbar aus der Richtlinie selbst. Darüber hinaus ist es freilich möglich, die unmittelbare Anwendbarkeit einer Richtliniennorm lediglich negativ zu qualifizieren, um der Richtlinie widersprechendes innerstaatliches Recht unanwendbar werden

---

119 EuGH, Rs C-268/06, *Impact*, Slg 2008, I-2483, Rdnrn 61 und 64; *Nettesheim* in *Grabitz/Hilf* (Hrsg), Das Recht der EU, Art 249 EGV Rdnr 163; *Ruffert* in *Calliess/Ruffert* (Hrsg), Kommentar zu EUV/EGV, Art 249 EGV Rdnr 80.

120 Vgl EuGH, Rs C-268/06, *Impact*, Slg 2008, I-2483, Rdnr 60: „hinreichend genau, um [...] von einem Gericht angewandt werden zu können“; wie hier auch *Eilmansberger*, JBl 2004, 287; *Ruffert* in *Calliess/Ruffert* (Hrsg), Kommentar zu EUV/EGV, Art 249 EGV Rdnr 80. Von „Justiziabilität“ spricht *Schroeder* in *Streinz* (Hrsg), Kommentar zu EUV/EGV, Art 249 EGV Rdnr 108.

121 EuGH, Rs C-236/92, *Comitato di Coordinamento*, Slg 1994, I-483, Rdnr 12.

122 Vgl EuGH, Rs C-268/06, *Impact*, Slg 2008, I-2483, Rdnrn 69 ff.

123 EuGH, verb Rs C-6 und C-9/90, *Francovich*, Slg 1991, I-5357, Rdnr 19; EuGH, Rs C-268/06, *Impact*, Slg 2008, I-2483, Rdnrn 74 f. Vgl auch EuGH, Rs C-271/91, *Marshall II*, Slg 1993, I-4367, Rdnr 36; EuGH, Rs C-91/92, *Faccini Dori*, Slg 1994, I-3325, Rdnr 17.

124 Siehe EuGH, Rs C-226/07, *Flughafen Köln/Bonn*, Slg 2008, I-5999, Rdnrn 31 f mwN.

zu lassen.[125] Diese Form der unmittelbaren Anwendbarkeit kann zB dann von Bedeutung sein, wenn eine mitgliedstaatliche Strafnorm,[126] eine steuerrechtliche Vorschrift,[127] eine diskriminierende Regelung[128] oder eine sonstige, den Bürger belastende Vorschrift gegen eine Richtlinie verstößt. Die normhierarchisch vorrangige Richtlinie schließt im Umfang des Normkonflikts die Anwendung des innerstaatlichen Rechts aus, dh sie übt die klassische, derogatorische Wirkung des Anwendungsvorrangs des Unionsrechts aus. Für diese negative unmittelbare Wirkung genügt es, dass die innerstaatliche Norm im Ergebnis im Widerspruch zur Richtlinie steht und die Umsetzungsfrist abgelaufen ist. Fraglich ist aber, ob in diesem Fall die Anforderungen an die Bestimmtheit einer Richtlinie ebenso hoch anzusetzen sind wie bei der positiven unmittelbaren Anwendbarkeit.[129] Dagegen spricht, dass ein Regelungswiderspruch und damit eine Normkollision schon dann in Betracht gezogen werden können, wenn eine innerstaatliche Norm unter keinen Umständen mehr mit den Vorgaben der Richtlinie vereinbar ist, weil zB die mitgliedstaatliche Regelung sich eindeutig jenseits eines durch die Richtlinie geschaffenen Umsetzungsspielraums bewegt.[130] Würde in derartigen Fällen der innerstaatliche Richter das mitgliedstaatliche Recht für unanwendbar erklären, schüfe er aber eine Regelungslücke, die nicht durch die Richtlinie selbst geschlossen werden könnte. Diese Situation ist aus Gründen der Rechtssicherheit und der verfassungsrechtlichen Gewaltenteilung zwischen Judikative und Legislative grundsätzlich zu vermeiden.[131] Daher dürfen auch bei der negativen unmittelbaren Anwendbarkeit die Anforderungen an die Bestimmtheit einer Richtlinienbestimmung nicht geringer ausfallen als bei der positiven unmittelbaren Anwendbarkeit.

3. Kein Erfordernis zusätzlicher subjektiver Voraussetzungen

Im wissenschaftlichen Schrifttum ist bis heute umstritten, ob die unmittelbare Anwendbarkeit ferner voraussetzt, dass die zur Anwendung kommende Richtlinienbestimmung subjektive Rechte für die Person vermittelt, die sich auf die Richtlinie beruft.[132] Die frühe Rechtsprechung des EuGH schien diese

---

125 Hierzu siehe umfassend *Herrmann*, Richtlinienumsetzung, 58 ff; *Schroeder* in *Streinz* (Hrsg), Kommentar zu EUV/EGV, Art 249 EGV Rdnr 119.

126 Zu einem derartigen Fall siehe EuGH, Rs 148/78, *Ratti*, Slg 1979, 1629, Rdnrn 1 ff.

127 Siehe EuGH, Rs 8/81, *Becker*, Slg 1982, 53, Rdnrn 1 ff.

128 Siehe EuGH, Rs C-187/00, *Kutz-Bauer*, Slg 2003, I-2741, Rdnrn 70 und 73.

129 Für eine entsprechende Differenzierung *Eilmansberger*, JBl 2004, 287; *Herrmann*, Richtlinienumsetzung, 59.

130 So *Eilmansberger*, JBl 2004, 287.

131 Vgl *Ruffert* in *Calliess/Ruffert* (Hrsg), Kommentar zu EUV/EGV, Art 249 EGV Rdnr 102.

132 Rein objektive Anforderungen lassen genügen: *Eilmansberger*, JBl 2004, 288 f; *Fischer*, in *Mayer/v Schlabrendorff/Spiegelfeld/Welser* (Hrsg), FS Karl Hempel (1997), 191 ff;

Voraussetzung nahe zu legen, wenn sie formulierte: „Einzelne können sich auf diese Bestimmungen *auch* berufen, soweit diese Rechte festlegen, die dem Staat gegenüber geltend gemacht werden können."[133] Hierzu ist zunächst festzuhalten, dass die unmittelbare Anwendbarkeit nach heute unstreitiger Meinung nicht im Sinne einer Einrede bzw Einwendung zu verstehen ist, die von einer Partei erst erhoben werden muss.[134] Als Teil des geltenden Rechts muss die Richtlinie, soweit sie unmittelbar anwendbar ist, von Behörden und Gerichten von Amts wegen beachtet und angewendet werden.[135] Das darüber hinausreichende Kriterium, die Richtlinie selbst müsse als weitere Anwendungsvoraussetzung subjektive Rechte verleihen, lässt sich dagegen weder aus dieser Rechtsprechung des EuGH noch aus dem Zweck der unmittelbaren Anwendbarkeit begründen. Bis heute qualifiziert der EuGH seine Rechtsprechung lediglich in zweierlei Hinsicht: Erstens dürfen Richtlinien nicht herangezogen werden, um Verpflichtungen eines Einzelnen zu begründen.[136] Einen Gegenschluss zu diesem Satz hat der EuGH dagegen nie gebildet. Zweitens muss jedenfalls dann eine Richtlinie auf die Verleihung subjektiver Rechte zielen, wenn ein Bürger wegen der Nichtumsetzung einen unionsrechtlich begründeten Staatshaftungsanspruch geltend machen will.[137] Auch hieraus lässt sich aber kein Schluss ziehen, dass das Instrument der unmittelbaren Anwendbarkeit diese Voraussetzung gebietet. Richtig ist vielmehr, dass die beiden Institute der unmittelbaren Anwendbarkeit und des Staatshaftungsanspruchs zueinander in einem Ausschließlichkeitsverhältnis stehen: Erst wenn die unmittelbare Anwendbarkeit einer Richtlinie mangels Vorliegen ihrer Voraussetzungen ausscheidet, kann überhaupt ein Staatshaftungsanspruch in Betracht gezogen werden.[138] Er ist aber ausdrücklich als Instrument des unionsrechtlichen Individualrechtsschutzes vom EuGH konzipiert worden. Dagegen lie-

---

Herrmann, Richtlinienumsetzung, 54 ff; *Nettesheim* in *Grabitz/Hilf* (Hrsg), Das Recht der EU, Art 249 EGV Rdnr 165; *Ruffert* in *Calliess/Ruffert* (Hrsg), Kommentar zu EUV/EGV, Art 249 EGV Rdnrn 94 ff; *Schroeder* in *Streinz* (Hrsg), EUV/EGV, Art 249 EGV Rdnr 110; *Skouris*, ZEuS 2005, 470. Zusätzlich subjektive Voraussetzungen verlangen: *Calliess*, NVwZ 1996, 339 ff; *Brenn*, ÖJZ 2005, 44; *Schwarze*, Europäisches Wirtschaftsrecht (2007), Rdnr 503.

133 EuGH, Rs 8/81, *Becker*, Slg 1982, 53, Rdnr 25; EuGH, Rs C-221/88, *Busseni*, Slg 1990, I-495, Rdnr 22; EuGH, verb Rs C-6 und C-9/90, *Francovich*, Slg 1991, I-5357, Rdnr 11; EuGH, Rs C-292/02, *Meiland Azewijn*, Slg 2004, I-7905, Rdnr 57. Kursive Hervorhebung im Zitat durch den Verfasser.

134 *Ruffert* in *Calliess/Ruffert* (Hrsg), Kommentar zu EUV/EGV, Art 249 EGV Rdnr 98.

135 EuGH, verb Rs C-87, C-88 und C-89/90, *Verholen*, Slg 1991, I-3757, Rdnrn 15 f; vgl auch EuGH, Rs C-431/92, *Kommission/Deutschland*, Slg 1995, I-2189, Rdnr 26. Siehe ferner *Nettesheim* in *Grabitz/Hilf* (Hrsg), Das Recht der EU, Art 249 EGV Rdnr 164.

136 Siehe grundlegend EuGH, Rs 80/86, *Kolpinghuis Nijmegen*, Slg 1987, 3969, Rdnr 9.

137 EuGH, verb Rs C-6 und C-9/90, *Francovich*, Slg 1991, I-5357, Rdnr 40.

138 EuGH, Rs C-91/92, *Faccini Dori*, Slg 1994, I-3325, Rdnr 27; EuGH, Rs C-192/94, *El Corte Inglés*, Slg 1996, I-1281, Rdnr 22.

gen die Motive für das Institut der unmittelbaren Anwendbarkeit auf anderem Feld. Zum einen soll der Bürger zur Durchsetzung des Unionsrechts aktiviert werden, was nicht zwingend voraussetzt, dass die jeweiligen Richtlinienbestimmungen ihn subjektiv berechtigen. Vielmehr genügt es, dass die Richtlinie auf ihn bzw seine Situation anwendbar ist. Zum anderen soll das Regelungsprogramm der Richtlinie ungeachtet der Säumnis des innerstaatlichen Gesetzgebers durchgesetzt werden, damit soweit wie möglich in den Mitgliedstaaten der gleiche Rechtsstand gilt. Auch vor diesem Hintergrund bedarf es nicht des Rückgriffs auf subjektive Rechte. Daher ist die Spruchpraxis des EuGH allein so zu verstehen, dass das Institut der unmittelbaren Anwendbarkeit *in der Rechtsfolge* den Bürger berechtigt, die Vorschriften der Richtlinie geltend zu machen, wenn sie auf ihn bzw den ihn betreffenden Sachverhalt anwendbar sind.[139] Soweit über diesen Ausgangspunkt hinaus eine Richtlinie im Einzelfall Rechte zugunsten des Bürgers begründet, kann sich selbstverständlich ein dadurch Berechtigter auf die Richtlinie berufen, wenn die übrigen Voraussetzungen der unmittelbaren Anwendbarkeit vorliegen.[140]

4. Im Verhältnis zum Mitgliedstaat (vertikale Direktwirkung)

Im vorgenannten Sinne aus der Richtlinie berechtigt ist zunächst jeder Bürger. Der EuGH hat zudem die unmittelbare Anwendbarkeit auch zugunsten der früheren EGKS[141] und einzelner Kommunen[142] gegenüber dem Mitgliedstaat eröffnet. Das ist insofern richtig, als eine Richtlinie auch ausdrücklich Rechte zugunsten anderer Rechtsträger schaffen kann, die dann innerstaatlich durchsetzbar sein müssen. Darüber hinaus spricht aber nichts dagegen, die unmittelbare Anwendbarkeit zugunsten *jeden* Rechtsträgers zu eröffnen, gleichgültig, ob die Richtlinie ein subjektives Recht verleiht oder nur objektives Recht schafft. Als Adressat der unmittelbaren Wirkung kommen dagegen nur ein Mitgliedstaat und die ihm zuzurechnenden Träger öffentlicher Gewalt in Betracht, da sich Art 288 Abs 3 AEUV (ex Art 249 Abs 3 EGV) ausdrücklich auf die Mitgliedstaaten als Adressaten der Richtlinie bezieht.[143] In einem Rechtsverhältnis zum Staat tragen die vom EuGH entwickelten Gründe für die unmittelbare Anwendbarkeit (praktische Wirkung des Unionsrechts und Verbot, sich auf die fehlende Umsetzung zu berufen) die Durchsetzung der Richtlinie

139 EuGH, verb Rs C-87, C-88 und C-89/90, *Verholen*, Slg 1991, I-3757, Rdnr 15. So auch *König*, in *Schulze/Zuleeg*, Europarecht, § 2 Rdnr 48; *Schroeder* in *Streinz* (Hrsg), Kommentar zu EUV/EGV, Art 249 EGV Rdnr 110; *Winter*, ZUR 2002, 314.

140 Siehe beispielhaft EuGH, Rs C-237/07, *Janecek*, Slg 2008, I-6221, Rdnrn 36 ff sowie 39 zum Anspruch auf Aufstellen von Aktionsplänen zu Luftreinhaltung.

141 EuGH, Rs C-221/88, *Busseni*, Slg 1990, I-495, Rdnr 26.

142 EuGH, verb Rs 231/87 und 129/88, *Ufficio distrettuale delle imposte dirette di Fiorenzuola d'Arda*, Slg 1989, 3233, Rdnrn 29 ff.

143 Siehe statt vieler EuGH, Rs C-221/88, *Busseni*, Slg 1990, I-495, Rdnr 23.

vollumfänglich. Der Begriff des Mitgliedstaats ist aufgrund beider Gesichtspunkte weit zu verstehen und funktional nicht nur auf seine Eigenschaft als Hoheitsträger, sondern auch als Akteur im Privatrechtsverkehr (zB als Arbeitgeber) zu erstrecken.[144] Er erfasst in Bundesstaaten nicht nur die Bundesebene, sondern auch die Länder,[145] ferner alle kommunalen Gliederungen[146] und Einrichtungen der mittelbaren Staatsverwaltung, selbst unabhängige Behörden.[147] Der EuGH geht ferner davon aus, dass eine Richtlinie auch „gegenüber Organisationen oder Einrichtungen geltend gemacht werden [kann], die dem Staat oder seiner Aufsicht unterstehen oder mit besonderen Rechten ausgestattet sind, die über diejenigen hinausgehen, die sich aus den für die Beziehungen zwischen Privatpersonen geltenden Vorschriften ergeben. Hierzu gehören Gebietskörperschaften oder Einrichtungen, denen unabhängig von ihrer Rechtsform durch Hoheitsakt die Erbringung einer Dienstleistung im öffentlichen Interesse unter der Aufsicht des Staates übertragen worden ist."[148] Daher zählen auch öffentliche Unternehmen, die im öffentlichen Interesse gesetzlich begründete Monopolstellungen innehaben bzw mit Sonderrechten ausgestattet sind, unabhängig von ihrer Rechtsform zu den Adressaten unmittelbar anwendbarer Richtlinien.[149] Nicht zweifelsfrei geklärt ist dagegen, ob auch öffentliche Unternehmen, die, ohne Sonderrechte zu genießen, aber im Alleineigentum staatlicher Stellen stehen, von der unmittelbaren Anwendbarkeit betroffen sind.[150] Für öffentliche Unternehmen im bloßen Miteigentum des Staates kann die unmittelbare Anwendbarkeit einer Richtlinie jedoch ausgeschlossen werden. In diesen Fällen würde die unmittelbare Anwendbarkeit zwangsläufig auch den privaten Miteigentümer betreffen. Private Personen sollen nach ständiger Rechtsprechung des EuGH jedoch durch Richtlinien nicht verpflichtet werden. Daher scheidet bei gemischten öffentlichen Unternehmen die unmittelbare Anwendbarkeit von Richtlinien aus.

---

144 EuGH, Rs 152/84, *Marshall I*, Slg 1986, 723, Rdnr 49; EuGH, Rs C-189/89, *Foster*, Slg 1990, I-3313, Rdnr 17; EuGH, Rs C-157/02, *Rieser Internationale Transporte*, Slg 2004, I-1477, Rdnr 23; EuGH, Rs C-268/06, *Impact*, Slg 2008, I-2483 Rdnr 57.

145 EuGH, Rs 152/84, *Marshall I*, Slg 1986, 723, Rdnr 49; EuGH, Rs C-187/00, *Kutz-Bauer*, Slg 2003, I-2741, Rdnr 71; EuGH, Rs C-237/07, *Janecek*, Slg 2008, I-6221, Rdnrn 36 ff.

146 EuGH, Rs 103/88, *Fratelli Costanzo*, Slg 1989, 1839, Rdnr 31.

147 EuGH, Rs 222/84, *Johnston*, Slg 1986, 1651, Rdnr 56; zur Analyse siehe EuGH, Rs C-188/89, *Foster*, Slg 1990, I-3313, Rdnr 19.

148 EuGH, Rs C-188/89, *Foster*, Slg 1990, I-3313, Rdnr 20; EuGH, verb Rs C-253 bis 258/96, *Kampelmann*, Slg 1997, I-6907, Rdnr 46; EuGH, Rs C-157/02, *Rieser Internationale Transporte*, Slg 2004, I-1477, Rdnrn 24 f.

149 EuGH, verb Rs C-253 bis 258/96, *Kampelmann*, Slg 1997, I-6907, Rdnr 46.

150 Wohl bejahend unter dem Aspekt der staatlichen Kontrolle *Eilmansberger*, JBl 2004, 290. Vgl auch *Skouris*, ZEuS 2005, 471: privatrechtliche Einrichtungen, die der öffentlichen Hand zuzurechnen sind.

Die vertikale Direktwirkung scheidet schließlich auch dann aus, wenn ein Mitgliedstaat zulasten eines Bürgers eine Richtlinie zur Anwendung bringen will, denn Private sind nicht Adressaten der Verpflichtung aus Art 288 Abs 3 AEUV (ex Art 249 Abs 3 EGV).[151] In einem derartigen Fall („umgekehrt vertikale Wirkung") trägt zudem das vom EuGH entwickelte Argument zugunsten der unmittelbaren Anwendbarkeit nicht, der Mitgliedstaat dürfe seine eigene Säumnis, die Richtlinie rechtzeitig und ordnungsgemäß umzusetzen, dem Bürger nicht entgegenhalten. Vielmehr überwiegt hier der Gesichtspunkt des Vertrauensschutzes des Bürgers in die bestehende innerstaatliche Rechtslage das unionsrechtliche Interesse an der Durchsetzung der Richtlinie. Das ist offensichtlich in den Fällen, in denen die Anwendung der Richtlinie zu einer erstmaligen Begründung oder Verschärfung der Strafbarkeit führen würde.[152] Aber auch die Auferlegung sonstiger öffentlich-rechtlicher Pflichten des Bürgers widerspräche den unionsrechtlichen Erfordernissen der Rechtssicherheit und Rechtsklarheit.[153]

5. Im Verhältnis zwischen Bürgern (horizontale Direktwirkung)

Anders als bei den vertikalen Rechtsverhältnissen des Bürgers gegenüber dem Staat ist die Rechtslage in horizontalen Rechtsverhältnissen zwischen Bürgern zu beurteilen. Der Gerichtshof hat insoweit in ständiger Rechtsprechung entschieden, dass eine Richtlinie nicht selbst Verpflichtungen für einen Einzelnen begründen kann, so dass ihm gegenüber eine Berufung auf die Richtlinie als solche nicht möglich ist.[154] Die unmittelbare Wirkung ist selbst dann ausgeschlossen, wenn die Richtlinie zugleich Rechte für den Privaten begründet, der sich gegenüber einem anderen Bürger auf die Richtlinie berufen will.[155] Die Rechtfertigung für diesen Ausschluss der unmittelbaren Anwendbarkeit einer Richtlinie liegt in dem unionsrechtlichen Grundsatz der Rechtssicherheit.[156] Demgemäß (und nur demgemäß) formuliert der EuGH, dass die Bestimmungen einer Richtlinie gegenüber dem Einzelnen nur Rechte begründen

151 EuGH, Rs 80/86, *Kolpinghuis Nijmegen*, Slg 1987, 3969, Rdnr 9.

152 EuGH, Rs 14/86, *Pretore di Salò*, Slg 1987, 2545, Rdnr 19; EuGH, Rs C-168/95, *Arcaro*, Slg 1996, I-4705, Rdnr 37; EuGH, verb Rs C-387/02 ua, *Berlusconi*, Slg 2005, I-3565, Rdnr 74.

153 Ebenso *Schroeder* in *Streinz* (Hrsg), Kommentar zu EUV/EGV, Art 249 EGV Rdnr 115.

154 EuGH, Rs 152/84, *Marshall I*, Slg 1986, 723, Rdnr 48; EuGH, Rs C-91/92, *Faccini Dori*, Slg 1994, I-3325, Rdnr 20; EuGH, Rs C-192/94, *El Corte Inglés*, Slg 1996, I-1281, Rdnr 15; EuGH, Rs C-201/02, *Wells*, Slg 2004, I-723, Rdnr 56; EuGH, verb Rs C-397 bis C-403/01, *Pfeiffer*, Slg 2004, I-8835, Rdnrn 108 f; EuGH, verb Rs C-387/02 ua, *Berlusconi*, Slg 2005, I-3565, Rdnr 73.

155 EuGH, verb Rs C-397 bis C-403/01, *Pfeiffer*, Slg 2004, I-8835, Rdnr 109.

156 EuGH, Rs C-201/02, *Wells*, Slg 2004, I-723, Rdnr 56.

können.[157] Zudem geht der EuGH davon aus, dass eine Ausdehnung der unmittelbaren Anwendbarkeit von Richtlinien auf den Bereich der Beziehungen zwischen den Bürgern hieße, der Union die Befugnis zuzuerkennen, mit unmittelbarer Wirkung zulasten der Bürger Verpflichtungen anzuordnen, obwohl sie dies nur dort darf, wo ihr die Befugnis zum Erlass von Verordnungen zugewiesen ist.[158] Auch die tragende Argumentation für die unmittelbare Anwendbarkeit, der Staat dürfe seine Säumnis nicht dem Bürger entgegenhalten, und der damit verbundene Sanktionsgedanke gegenüber dem Mitgliedstaat, greifen hier nicht ein.[159] Der einzelne Bürger ist für die staatliche Säumnis nicht verantwortlich. Zudem ist er grundsätzlich in seinem Vertrauen auf die Maßgeblichkeit der innerstaatlichen Rechtsordnung und die damit verbundene Rechtssicherheit geschützt.

Der Ausschluss der unmittelbaren Anwendbarkeit kommt nach der Rechtsprechung dort zum Tragen, wo die Richtlinie selbst darauf abzielt, *Verpflichtungen* des Einzelnen zu begründen.[160] Aus den Entscheidungen des EuGH in den Rechtssachen *CIA Security* und *Unilever Italia* ergibt sich allerdings, dass bloße nachteilige Wirkungen für eine der Parteien, die durch eine Richtlinie ausgelöst würden, die unmittelbare Anwendbarkeit noch nicht ausschließen.[161] Daher ist es möglich, dass eine Richtlinie in einem Zivilrechtsstreit lediglich herangezogen wird, um eine inhaltlich widersprechende Vorschrift des innerstaatlichen Rechts unanwendbar zu machen (negative unmittelbare Wirkung).[162] Unklar ist aufgrund der stark einzelfallgeprägten Rechtsprechung freilich, wo die Grenzlinie zwischen Verpflichtungen aus einer Richtlinie und lediglich nachteiligen Auswirkungen aufgrund der Unanwendbarkeit innerstaatlichen Rechts zu ziehen ist.[163] Betrachtet man die bislang entschiedenen Fälle, ergibt sich folgendes Bild: Die Berufung auf ein durch die Haustürge-

157 EuGH, Rs C-201/02, *Wells*, Slg 2004, I-723, Rdnr 56.

158 EuGH, Rs C-91/92, *Faccini Dori*, Slg 1994, I-3325, Rdnr 24; EuGH, Rs C-192/94, *El Corte Inglés*, Slg 1996, I-1281, Rdnr 17.

159 *Skouris*, ZEuS 2005, 470.

160 Siehe zB EuGH, Rs C-97/96, *Verband deutscher Daihatsu-Händler*, Slg 1997, I-6843, Rdnrn 24 und 26; EuGH, verb Rs C-397 bis C-403/01, *Pfeiffer*, Slg 2004, I-8835, Rdnr 108. Hierzu *Eilmansberger*, JBl 2004, 292.

161 EuGH, Rs C-194/94, *CIA Security International*, Slg 1996, I-2201, Rdnrn 40 bis 45; EuGH, Rs C-443/98, *Unilever Italia*, Slg 2000, I-7535, Rdnrn 45 bis 52. Siehe auch *Skouris*, ZEuS 2005, 471.

162 EuGH, Rs C-194/94, *CIA Security International*, Slg 1996, I-2201, Rdnr 48; EuGH, Rs C-443/98, *Unilever Italia*, Slg 2000, I-7535, Rdnr 48. Zur Analyse siehe *Herrmann*, Richtlinienumsetzung, 78 ff. Dem EuGH zustimmend *Streinz*, Europarecht, Rdnr 450. Ablehnend *Jarass/Beljin*, EuR 2004, 720 und 724. Diese Form der horizontalen Direktwirkung wird auch abgelehnt von *v Danwitz*, JZ 2007, 703 f und *Gödicke*, WM 2008, 1628 f, die das Ergebnis aber durch richtlinienkonforme Auslegung erreichen wollen.

163 Im Ergebnis ebenso *Eilmansberger*, JBl 2004, 293 ff; *Jarass/Beljin*, EuR 2004, 716.

schäfts-Richtlinie vorgesehenes Widerrufsrecht des Verbrauchers stellte eine Verpflichtung des Vertragspartners dar, die die unmittelbare Anwendbarkeit ausschloss.[164] Auch die Begründung von Klagerechten gegen den Kreditgeber im Fall eines Verbraucherkreditgeschäfts sah der EuGH als Fall an, der zu einer unzulässigen Verpflichtung eines Einzelnen führte.[165] Sachlich entsprechend hielt der EuGH die unmittelbare Anwendung der Ersten Gesellschaftsrechtlichen Richtlinie, die zugunsten eines Verbandes ein Klagerecht gegenüber einer Gesellschaft auf Verhängung von bilanzrechtlichen Zwangsmaßnahmen bei Nichtveröffentlichung der Bilanz vorsah, für die Begründung von Verpflichtungen Einzelner.[166] In der Rechtssache *Busseni* war es möglich, dass eine Empfehlung der EGKS (die der Richtlinie entspricht) Ansprüche Privater innerhalb eines Konkursverfahrens im Rang verdrängte.[167] Dies genügte, damit der EuGH hierin eine unmittelbare Beeinträchtigung der Rechte anderer bzw eine Minderung ihrer Rechte erblickte.[168] Dagegen hatte die Entscheidung in der Rechtssache *Unilever Italia*, in der der Gerichtshof die unmittelbare Anwendbarkeit einer Richtlinie bejahte, die Unanwendbarkeit der streitgegenständlichen Etikettierungsvorschrift zur Folge, was sich kaufvertragsrechtlich positiv auf das Bestehen einer Zahlungspflicht auswirkte.[169] Hierin erblickte der EuGH aber keinen Hinderungsgrund für die unmittelbare Anwendbarkeit der Richtlinie.[170] Dagegen betraf die Rechtssache *CIA Security* eine wettbewerbsrechtliche Klage zwischen Konkurrenten, bei der es um die Frage der Zulässigkeit des Vertriebs bestimmter Waren ging.[171] Hier hatte die unmittelbare Anwendbarkeit der Richtlinie nur zur Folge, dass innerstaatliche Vorschriften über die Genehmigungsbedürftigkeit dieser Waren unanwendbar wurden und demgemäß eine vom Wettbewerber angestrengte gerichtliche Untersagungsverfügung unbegründet war. Die Einordnung und Verallgemeinerung dieser Fälle ist schwierig, da der EuGH sich über den Einzelfall hinaus wenig zu systematischen Gesichtspunkten äußert. Hätte in den Fällen *CIA Security* und *Unilever* das Unternehmen jeweils das innerstaatliche Recht beachtet (obwohl es mit der Richtlinie nicht vereinbar war), wäre es bei entsprechenden Klagen stets unterlegen und hätte den Vertrieb einstellen müssen bzw hätte den Kaufpreisanspruch verloren. Zur Lösung dieser Fragen wird im Schrifttum daher vorgeschlagen, auf die Unterscheidung zwischen objektivem Recht und den subjektiven Rechten der Parteien[172] bzw auf den regulierenden, frei-

164 EuGH, Rs C-91/92, *Faccini Dori*, Slg 1994, I-3325, Rdnr 25.
165 EuGH, Rs C-192/94, *El Corte Inglés*, Slg 1996, I-1281, Rdnr 21.
166 EuGH, Rs C-97/96, *Verband deutscher Daihatsu-Händler*, Slg 1997, I-6843, Rdnr 24.
167 EuGH, Rs C-221/88, *Busseni*, Slg 1990, I-495, Rdnrn 25 f.
168 EuGH, Rs C-221/88, *Busseni*, Slg 1990, I-495, Rdnrn 25 f.
169 EuGH, Rs C-443/98, *Unilever Italia*, Slg 2000, I-7535, Rdnrn 45 bis 52.
170 Hierzu siehe *Gundel*, EuZW 2001, 145 ff.
171 EuGH, Rs C-194/94, *CIA Security International*, Slg 1996, I-2201, Rdnrn 1 ff.
172 *Nettesheim* in *Grabitz/Hilf* (Hrsg), Das Recht der EU, Art 249 EGV Rdnr 179.

heitsbeschränkenden Charakter einer Richtlinienvorschrift[173] abzustellen. Ob diese Differenzierungen durch die Rechtsprechung getragen werden, muss sich freilich erst zeigen. Zu beachten ist darüber hinaus, dass in manchen Fällen das gleiche Ergebnis, das durch die negative unmittelbare Wirkung erzielt werden könnte, auch durch eine richtlinienkonforme Auslegung im Wege der geltungserhaltenden Reduktion erreicht werden könnte.[174]

6. Rechtsfolgen der unmittelbaren Anwendbarkeit

Aus dem oben Gesagten ergibt sich, dass hinsichtlich der Rechtsfolgen zwischen den verschiedenen Formen der unmittelbaren Anwendbarkeit zu unterscheiden ist. Bei der positiven unmittelbaren Anwendbarkeit, die allein gegenüber einem Mitgliedstaat und seinen Behörden in Anspruch genommen werden kann, begründet die Richtlinie selbst den Inhalt des Rechtsverhältnisses und wird ggf auch als Grundlage für durch sie geschaffene subjektive Rechte herangezogen. Soweit in diesem Zusammenhang innerstaatliches Recht entgegensteht, genießt die Richtlinie Anwendungsvorrang. Das bedeutet, dass der innerstaatliche Richter aus eigener Entscheidungsbefugnis jedes der Richtlinie entgegenstehende nationale Recht außer Anwendung zu lassen hat, ohne dass es zuvor einer formalen Aufhebungs- oder Änderungsentscheidung durch den Gesetzgeber oder ein Verfassungsgericht bedarf.[175] In Fällen, in denen die unmittelbare Anwendbarkeit ausnahmsweise im horizontalen Verhältnis zwischen Bürgern eröffnet ist, kommt dagegen lediglich die negativ-derogatorische Wirkung der Richtlinie in Betracht. Spezifische Probleme entstehen in jedem Fall, wenn eine Verwaltungsbehörde von Amts wegen zur unmittelbaren Anwendung einer Richtlinie verpflichtet ist. Verwaltungsbehörden verfügen über keine Möglichkeit, Zweifel über den Bedeutungsgehalt und die Reichweite einer Richtlinie im Wege des Vorabentscheidungsverfahrens durch den EuGH klären zu lassen. Dennoch sind sie ebenfalls zur unmittelbaren Anwendung verpflichtet und müssen entsprechend entgegenstehendes innerstaatliches Recht außer Acht lassen. Die Gesetzesbindung der Verwaltung wird insoweit durch die Richtlinienbindung der Verwaltung überlagert. Freilich bedarf es eines rechtlich plausiblen Maßstabs, um beurteilen zu können, was die Richtlinie verlangt, was im Einzelfall durchaus streitig sein kann. Im Schrifttum wird daher vorgeschlagen, auf die „Offensichtlichkeit" des Widerspruchs zwischen dem Inhalt der Richtlinie und dem innerstaatlichen Recht

173 *Eilmansberger*, JBl 2004, 293 ff.

174 Vgl EuGH, verb Rs C-397 bis C-403/01, *Pfeiffer*, Slg 2004, I-8835, Rdnr 116; ferner *Frenz*, EWS 2005, 104.

175 EuGH, Rs C-118/94, *Associazione Italiana per il WWF*, Slg 1996, I-1223, Rdnr 19; EuGH, Rs C-187/00, *Kutz-Bauer*, Slg 2003, I-2741, Rdnr 73; EuGH, verb Rs C-387/02 ua, *Berlusconi*, Slg 2005, I-3565, Rdnr 72.

abzustellen.[176] Dieses Kriterium dürfte für die Verwaltungspraxis zu handhaben sein, wobei allerdings auch über „offensichtliche" Rechtsgebote meist intensiv gestritten werden kann.

E. Staatshaftung bei fehlerhafter Richtlinienumsetzung

Als dritte Wirkung einer nicht oder fehlerhaft umgesetzten Richtlinie ist die Möglichkeit zu nennen, von dem säumigen Mitgliedstaat Schadensersatz zu verlangen. Der EuGH hat diesen Grundsatz erstmals 1991 im Urteil *Francovich* aufgestellt und ihn mit dem Charakter der EG als Rechtsgemeinschaft begründet.[177] Anders als bei der unmittelbaren Anwendbarkeit von Richtlinien verlangt der Gerichtshof aber, dass die in Frage kommende Richtlinienbestimmung dem Einzelnen in bestimmter Weise Rechte verleiht.[178] Ferner muss ein Kausalzusammenhang zwischen dem Verstoß gegen die dem Staat auferlegte Verpflichtung und dem den Geschädigten entstandenen Schaden bestehen.[179] Sind diese Voraussetzungen erfüllt, ergibt sich der Schadensersatzanspruch unmittelbar aus Unionsrecht, wobei für die innerstaatliche Durchsetzung ergänzend auf nationale Staatshaftungsregeln zurückgegriffen werden kann, solange diese nicht ihrerseits unionsrechtswidrig sind.[180]

II. Neueste Entwicklungen

A. Richtlinienkonforme Auslegung

Der EuGH ist in seinen jüngsten Entscheidungen nicht von der traditionellen Linie abgewichen, dass innerstaatliches Recht in umfassender Weise und „soweit wie möglich" im Lichte des Ziels einer Richtlinie ausgelegt werden muss. Unsicherheiten löste jedoch die *Mangold* Entscheidung aus, bei der der EuGH von einer Vorwirkung der Richtlinie vor Ablauf der Umsetzungsfrist ausging, was er unter Berufung auf das Verbot der Altersdiskriminierung als allgemei-

176 *Ruffert* in *Calliess/Ruffert* (Hrsg), Kommentar zu EUV/EGV, Art 249 EGV Rdnrn 103 f mwN. Ablehnend dagegen *Schroeder* in *Streinz* (Hrsg), Kommentar zu EUV/EGV, Art 249 EGV Rdnr 120 unter Fn 382.

177 EuGH, verb Rs C-6 und 9/90, *Francovich*, Slg 1991, I-5357, Rdnr 31. Siehe auch EuGH, Rs C-178/94, *Dillenkofer ua*, Slg 1996, I-4845, Rdnr 22; ferner EuGH, Rs C-11/97, *Evobus Austria*, Slg 1998, 5411, Rdnr 21; vgl dazu den Beitrag von *Heller*, Staatshaftung bei Verletzung des Gemeinschaftsrechts durch nationale Höchstgerichte, nachstehend auf S 491 ff.

178 EuGH, verb Rs C-6 und 9/90, *Francovich*, Slg 1991, I-5357, Rdnr 40.

179 EuGH, verb Rs C-6 und 9/90, *Francovich*, Slg 1991, I-5357, Rdnr 40.

180 EuGH, verb Rs C-6 und 9/90, *Francovich*, Slg 1991, I-5357, Rdnr 42.

nen Rechtsgrundsatz begründete.[181] Eine neuere Entscheidung scheint diese Frage, wie generell das Problem des Verbots der Altersdiskriminierung, zu relativieren.[182] Jüngst hat der EuGH zudem die Grenzen der richtlinienkonformen Auslegung in Hinblick auf den möglichen Wortsinn des innerstaatlichen Rechts hervorgehoben.[183]

B. Unmittelbare Wirkung

1. Horizontale Direktwirkung

Auch wenn der EuGH in ständiger Rechtsprechung an der Aussage festhält, dass Richtlinien für Einzelne keine Verpflichtungen begründen können, erschwert die Einzelfalljudikatur des EuGH die Einordnung der Entscheidungen *CIA Security* und *Unilever Italia* erheblich. Mit aller Vorsicht lässt sich sagen, dass eine Richtlinie selbst nie an Stelle des innerstaatlichen Rechts treten kann, mit der Folge, dass sie entweder selbst erstmals ein privates Rechtsverhältnis begründet oder unmittelbar den Inhalt von Rechten und Pflichten in einem bestehenden Privatrechtsverhältnis abändert. Insofern ist das Verbot, aus einer Richtlinie Verpflichtungen für Private zu begründen, auch umgekehrt zu verstehen, dass eine Richtlinie nicht selbst Rechte zugunsten Einzelner begründen kann, aus denen dann Ansprüche gegen andere Private resultieren. Wirkt sich die Richtlinie dagegen nur negativ derogatorisch aus, dass sie lediglich einzelne Vorschriften des innerstaatlichen Rechts unanwendbar macht, ohne das Rechtsverhältnis als solches zu berühren, kommt die unmittelbare Anwendbarkeit auch zulasten eines Privaten in Betracht. In diesem Fall muss hinzukommen, dass die betreffende Richtlinienvorschrift eine spezifisch an den Staat gerichtete Pflicht vorsieht, der dieser nicht nachgekommen ist.[184] Aus Sicht des betroffenen Einzelnen kann diese Unterscheidung dennoch unbefriedigend sein, da ihn auch die Auswirkungen des derogatorischen Anwendungsvorrangs einer staatengerichteten Richtlinienbestimmung nachteilig betreffen können.[185] Ihm dürfte es gleichgültig sein, ob der Nachteil faktisch oder rechtlich vermittelt wird. Daher bleiben im Einzelfall Zweifelsfragen, die nur unter Inanspruchnahme des EuGH nach Art 267 AEUV beantwortet werden können. Ergibt sich hierbei, dass die horizontale unmittelbare Wirkung eindeutig ausscheidet, kann lediglich über das Instrument der richt-

181 EuGH, Rs C-144/04, *Mangold*, Slg 2005, I-9981, Rdnr 72.

182 EuGH, Rs C-427/06, *Bartsch*, Slg 2008, I-7245, Rdnrn 17 und 24.

183 EuGH, Rs C-212/04, *Adeneler*, Slg 2006, I-6057, Rdnr 110; EuGH, Rs C-268/06, *Impact*, Slg 2008, I-2483, Rdnr 100.

184 So auch *Brenn*, ÖJZ 2005, 48 und 50; *Schroeder* in *Streinz* (Hrsg), Kommentar zu EUV/EGV, Art 249 EGV Rdnr 118.

185 Kritisch auch *Herrmann*, Richtlinienumsetzung, 80; *Klamert*, JBl 2008, 163.

linienkonformen Auslegung eine Annäherung an die unionsrechtliche Vorgabe herbeigeführt werden.[186]

Die horizontale Direktwirkung lässt sich schließlich nicht über andere rechtliche Gesichtspunkte begründen. Im Urteil *Mangold* klang zwar an, dass allgemeine Rechtsgrundsätze herangezogen werden könnten, um die Direktwirkung zulasten Privater zu begründen,[187] was im Schrifttum zum Teil begrüßt wurde.[188] Jedoch ist kein Grund ersichtlich, warum allgemeine Rechtsgrundsätze die Anordnung des Art 288 Abs 3 AEUV (ex Art 249 Abs 3 EGV) überspielen können. Die unmittelbare Wirkung von Richtlinien stellt vor dem Hintergrund des Art 288 Abs 3 AEUV (ex Art 249 Abs 3 EGV) eine rechtfertigungsbedürftige Ausnahme dar. Die Rechtfertigungsgründe liegen hierbei zunächst in der staatlichen Säumnis, die sich aber nicht zulasten anderer Privater auswirken darf. Allgemeine Rechtsgrundsätze ändern an diesem Befund nichts. Solange sie aus sich heraus keine eigenständigen Verpflichtungen Privater begründen können,[189] dürfen sie diese Wirkung auch nicht im Zusammenhang mit nicht umgesetzten Richtlinien auslösen.[190]

2. Dreiecksverhältnisse

Aus dem Vorstehenden ergibt sich bereits, dass in sog Dreiecksverhältnissen, bei denen sich nicht nur ein Privater und ein Mitgliedstaat, sondern zusätzlich eine dritte, private Person gegenüberstehen, differenziert vorgegangen werden muss. Der EuGH geht auch in diesem Bereich in seiner jüngsten Rechtsprechung von dem Grundsatz aus, dass Richtlinien nicht herangezogen werden können, um Pflichten Einzelner zu begründen. Daraus leitet er ab, dass auch ein Privater sich nicht gegenüber einem Mitgliedstaat auf eine Richtlinie berufen kann, wenn es sich um eine Verpflichtung des Staates handelt, die unmittelbar im Zusammenhang mit der Erfüllung einer anderen Verpflichtung steht, die aufgrund dieser Richtlinie einem Dritten obliegt.[191] Nach Ansicht des

186 Siehe EuGH, Rs C-91/92, *Faccini Dori*, Slg 1994, I-3325, Rdnr 26; EuGH, verb Rs C-397 bis C-403/01, *Pfeiffer*, Slg 2004, I-8835, Rdnr 110. Für eine umfassende horizontale Direktwirkung dagegen *Brenn*, ÖJZ 2005, 51 f.

187 Vgl EuGH, Rs C-144/04, *Mangold*, Slg 1995, I-9981, Rdnr 75. Der EuGH setzte sich an diesem Punkt allerdings ausdrücklich nur mit der Frage der Vorwirkung der Richtlinie auseinander.

188 Siehe *Nettesheim*, JZ 2008, 1161. Eine differenzierende Analyse findet sich bei *v Danwitz*, JZ 2007, 704.

189 Typischerweise wirken allgemeine Rechtsgrundsätze nur gegenüber den Mitgliedstaaten bzw den Organen der Union, vgl GA *Sharpston*, Rs C-427/06, *Bartsch*, Slg 2008, I-7245, Rdnrn 79 ff.

190 AA GA *Sharpston*, Rs C-427/06, *Bartsch*, Slg 2008, I-7245, Rdnr 92.

191 EuGH, Rs C-201/02, *Wells*, Slg 2004, I-723, Rdnr 56; EuGH, verb Rs C-152 bis 154/07, *Arcor ua*, Slg 2008, I-5959, Rdnr 35.

EuGH „rechtfertigen [dagegen] bloße negative Auswirkungen auf die Rechte Dritter, selbst wenn sie gewiss sind, es nicht, dem Einzelnen das Recht auf Berufung auf die Bestimmungen einer Richtlinie gegenüber dem betreffenden Mitgliedstaat zu versagen.“[192] Wiederum stellt sich die Frage, wie Verpflichtungen aus einer Richtlinie von bloß negativen Auswirkungen auf die Rechte Dritter abzugrenzen sind.[193] In der Entscheidung *Fratelli Costanzo* verlor der in einem Vergabeverfahren erfolgreiche Bieter den Zuschlag, weil die ausschreibungspflichtige Kommune auf die Klage des Wettbewerbers hin das Vergabeverfahren wiederholen musste.[194] Eine bloße faktische Wirkung auf den Dritten (den Projektträger eines Flughafenausbaus) dürfte der EuGH auch in der Rechtssache *WWF* angenommen haben, in dem die Autonome Provinz Bozen aufgrund der UVP-Richtlinie verpflichtet war, eine bislang noch nicht durchgeführte Umweltverträglichkeitsprüfung nachzuholen. Diese Säumnis konnte der WWF als Kläger im Rahmen einer Anfechtungsklage geltend machen.[195] Auch in der Rechtssache *Arcor* sah der EuGH im Entfallen eines Anschlusskostenbeitrags aufgrund der Telekommunikationsdienste-Richtlinie lediglich den Wegfall eines wirtschaftlichen Vorteils, nicht aber die Begründung einer Verpflichtung der Telekom AG als von der Richtlinie betroffenes, drittes Unternehmen.[196] Der Anschlusskostenbeitrag sei von der staatlichen Regulierungsbehörde genehmigt worden, so dass Wettbewerber sich hiergegen aufgrund der Richtlinie wenden konnten. Hieran ist aber zumindest problematisch, dass das Entfallen des Anschlusskostenbeitrags für die Telekom unmittelbar zum Teilverlust eines Anspruchs gegenüber den Verbindungsnetzbetreibern führte. Allen Fällen ist jedoch gemeinsam, dass die Richtlinie spezifisch an den Mitgliedstaat als Adressaten gerichtete Verpflichtungen (und nicht nur die allgemeine Umsetzungsverpflichtung) vorsah, die dieser nicht erfüllt hat.[197] Auf das insoweit fehlerhafte innerstaatliche Recht konnte sich daher ein Privater nicht mehr berufen, selbst wenn es für ihn mit Vorteilen verbunden war.

192 EuGH, Rs C-201/02, *Wells*, Slg 2004, I-723, Rdnr 57; EuGH, verb Rs C-152 bis 154/07, *Arcor ua*, Slg 2008, I-5959, Rdnr 36; vgl auch EuGH, Rs C-201/94, *Smith & Nephew und Primecrown*, Slg 1996, I-5819, Rdnrn 33 bis 39. Zustimmend *Gundel*, EuZW 2001, 144; *König*, in *Schulze/Zuleeg*, Europarecht, § 2 Rdnr 55.

193 Von Reflexwirkungen sprechen *Brenn*, ÖJZ 2005, 49; *König*, in *Schulze/Zuleeg*, Europarecht, § 2 Rdnr 55.

194 EuGH, Rs 103/88, *Fratelli Costanzo*, Slg 1989, 1839, Rdnrn 31 f.

195 EuGH, Rs C-435/97, *WWF ua*, Slg 1999, I-5613, Rdnrn 69 ff.

196 EuGH, verb Rs C-152 bis 154/07, *Arcor ua*, Slg 2008, I-5959, Rdnr 38.

197 So auch *Schroeder* in *Streinz* (Hrsg), Kommentar zu EUV/EGV, Art 249 EGV Rdnr 118.

III. Auswirkungen auf Österreich

Die vorstehend beschriebenen Wirkungen von Richtlinien der EG treffen uneingeschränkt auch auf Österreich zu. Einige Entscheidungen des EuGH setzen sich jedoch in spezifischer Weise mit Fragen des österreichischen Rechts auseinander, die nachfolgend beispielhaft erläutert werden sollen.

A. Richtlinienkonforme Auslegung

In der Rechtssache *Connect Austria* musste sich der EuGH mit der Frage auseinandersetzen, ob innerstaatliches Recht die Zuständigkeit eines Gerichts beschränken darf, innerstaatliche Maßnahmen darauf zu prüfen, ob die Vorgaben einer Richtlinie erfüllt sind. Zugleich zeigt dieser Fall exemplarisch den fließenden Übergang von richtlinienkonformer Auslegung und unmittelbarer Anwendbarkeit. Diese Probleme stellten sich, weil Österreich zum damaligen Zeitpunkt Art 5a Abs 3 RL 90/387 nicht umgesetzt hatte, der die unabhängige Kontrolle von Regulierungsentscheidungen im Telekommunikationsbereich gebot. Die Einschränkung ergab sich aufgrund von Art 133 Ziff 4 B-VG, der die Zuständigkeit des VfGH für Entscheidungen von Kollegialbehörden, hier der Telekom-Control-Kommission, ausschloss. Der EuGH war der Auffassung, dass der VfGH, der das Vorabentscheidungsersuchen gestellt hatte, zunächst verpflichtet war „zu prüfen, ob im nationalen Recht geeignete Verfahren bestehen, nach denen dem Einzelnen gegen die Entscheidungen der nationalen Regulierungsbehörde ein Anspruch auf Nachprüfung zuerkannt werden kann. Unter Umständen wie denen des vorliegenden Falles hat das nationale Gericht insbesondere zu prüfen, ob dieser Anspruch auf Nachprüfung vor dem Gericht geltend gemacht werden kann, das grundsätzlich für die Kontrolle der Rechtmäßigkeit der Handlungen der Behörden zuständig ist."[198] Der EuGH fährt fort: „Ist eine den Anforderungen von Art 5a Abs 3 der Richtlinie 90/387 genügende Anwendung des nationalen Rechts nicht möglich, so ist das nationale Gericht verpflichtet, das Unionsrecht in vollem Umfang anzuwenden und die Rechte, die dieses dem Einzelnen einräumt, zu schützen, indem es notfalls jede Bestimmung unangewandt lässt, deren Anwendung im konkreten Fall zu einem gegen diese Richtlinie verstoßenden Ergebnis führen würde, während die Nichtanwendung dieser Bestimmung das nationale Recht mit der Richtlinie in Einklang bringen würde."[199] Folglich war der VfGH verpflichtet, Art 133 Ziff 4 B-VG außer Anwendung zu lassen.[200]

198 EuGH, Rs C-462/99, *Connect Austria*, Slg 2003, I-5197, Rdnr 39.
199 EuGH, Rs C-462/99, *Connect Austria*, Slg 2003, I-5197, Rdnr 40.
200 EuGH, Rs C-462/99, *Connect Austria*, Slg 2003, I-5197, Rdnr 41.

B. Unmittelbare Wirkung

1. Rechtssache *Rieser International Transporte GmbH*

In der Entscheidung *Rieser International Transporte GmbH* musste sich der EuGH mit der Frage auseinandersetzen, ob die österreichische Autobahnen- und Schnellstraßenfinanzierungs-AG (ASFINAG) als Teil des Mitgliedstaats im Sinne von Art 288 Abs 3 AEUV (ex Art 249 Abs 3 EGV) anzusehen ist.[201] Wäre die Frage zu bejahen, könnte eine nicht umgesetzte Richtlinie unmittelbar zulasten der ASFINAG angewandt werden. Im konkreten Fall ging es um die Richtlinie 93/89/EWG über die Besteuerung bestimmter Kraftfahrzeuge zur Güterbeförderung sowie die Erhebung von Maut- und Benutzungsgebühren für bestimmte Verkehrswege. Die Klägerin des Ausgangsverfahrens war der Ansicht, dass die Mauterhebung auf der Brennerautobahn in ihrem Fall überhöht gewesen sei und begehrte die Rückforderung der zuviel gezahlten Maut. Der EuGH kam zu der Entscheidung, dass die Klägerin des Ausgangsverfahrens sich zumindest auf eine Bestimmung der Richtlinie unmittelbar berufen könne.[202] Diese war auch zulasten der ASFINAG anwendbar, wie der EuGH folgendermaßen begründete: „Wie sich aus den Angaben im Vorlagebeschluss ergibt, ist der österreichische Staat Alleingesellschafter der ASFINAG. Er ist berechtigt, alle von dieser Gesellschaft und ihren Tochtergesellschaften getroffenen Maßnahmen zu überprüfen und jederzeit Auskünfte über ihre jeweiligen Tätigkeiten zu verlangen. Er kann Zielvorgaben hinsichtlich der verkehrs-, sicherheits- und bautechnischen Ausgestaltung setzen. Die ASFINAG hat jährlich ein Konzept für die Erhaltung der Bundesautobahnen und -schnellstraßen auszuarbeiten und dem Staat dafür die Kostenrechnung vorzulegen. Ferner hat sie dem Staat jährlich zeitgerecht die für die Budgeterstellung des Bundes erforderlichen Planungsrechnungen samt Kostenplänen für die Planung, den Bau, die Erhaltung und die Verwaltung von Bundesautobahnen und -schnellstraßen vorzulegen. Überdies geht aus dem Vorlagebeschluss hervor, dass die ASFINAG nicht befugt ist, die Höhe der einzuhebenden Mautgebühren selbst festzulegen. Sie wird durch Gesetz bestimmt. Die Artikel 4 und 8 des so genannten ASFINAG-Gesetzes[203] sehen vor, dass die Höhe des Entgelts vom Bundesminister für wirtschaftliche Angelegenheiten im Einvernehmen mit dem Bundesminister für Finanzen nach bestimmten Kriterien festzusetzen ist, zu denen insbesondere die Fahrzeuggattung gehört. Dies zeigt, dass die ASFINAG eine Einrichtung ist, die kraft staatlichen Rechtsakts unter staatlicher Aufsicht eine Dienstleistung im öffentlichen Inte-

201 EuGH, Rs C-157/02, *Rieser International Transporte GmbH,* Slg 2004, I-1477.

202 EuGH, Rs C-157/02, *Rieser International Transporte GmbH,* Slg 2004, I-1477, Rdnrn 34 ff.

203 BGBl 1982/591.

resse (Bau, Planung, Betrieb, Unterhaltung und Finanzierung der österreichischen Autobahnen und Schnellstraßen sowie Einhebung von Maut- und Benutzungsgebühren) zu erbringen hat und hierzu mit besonderen Rechten ausgestattet ist, die über die für die Beziehungen zwischen Privatpersonen geltenden Vorschriften hinausgehen."[204] Interessant ist an dieser Entscheidung ferner die zeitliche Wirkung der unmittelbaren Anwendbarkeit, da die Richtlinie 83/89/EWG vom EuGH wegen Nichtbeachtung der Anhörungspflicht des Parlaments aufgehoben wurde. Der Zeitraum der unmittelbaren Anwendbarkeit endete zwar noch nicht aufgrund der aufhebenden Entscheidung des EuGH, da dieser die Wirkungen der Richtlinie in seinem Urteil ausdrücklich aufrecht erhalten hatte, aber an dem Tag, an dem die Nachfolgerichtlinie in Kraft trat.[205]

2. Rechtssache *Deniz Sahin*

In einer jüngst ergangenen Entscheidung musste sich der EuGH mit der Frage auseinandersetzen, ob Art 3 RL 2004/38/EG (Freizügigkeitsrichtlinie) auch Drittstaatsangehörige schützt, die in einen Mitgliedstaat einreisen, dort einen Asylantrag stellen und während des laufenden Asylverfahrens einen Unionsbürger heiraten.[206] Nach dem Wortlaut des Art 3 scheint der persönliche Anwendungsbereich nur solche Drittstaatsangehörigen zu erfassen, die bereits zum Zeitpunkt des Zuzugs Familienangehörige eines Unionsbürgers sind. In Österreich regelt dementsprechend § 54 Abs 1 iVm § 52 Niederlassungs- und Aufenthaltsgesetz (NAG), dass Ehegatten von freizügigkeitsberechtigten EWR-Bürgern, die nicht EWR-Bürger sind, zur Niederlassung berechtigt sind, wenn sie diesen begleiten oder zu ihm nachziehen. Im konkreten Fall waren diese Voraussetzungen nicht erfüllt, da Herr *Sahin* nach Österreich einreiste, bevor er seine Frau, eine deutsche Staatsangehörige, heiratete. Der EuGH vertrat, wie bereits in der Vorentscheidung *Metock*[207], die Auffassung, dass Art 3 RL 2004/38/EG nicht so auszulegen ist, dass der Unionsbürger die Familie gegründet haben muss, bevor er von seinem Freizügigkeitsrecht Gebrauch macht.[208] Demgemäß erfassen die Freizügigkeitsrechte der Richtlinie auch solche Drittstaatsangehörigen, die der Unionsbürger heiratet, nachdem er sein Recht auf Freizügigkeit ausgeübt hat.[209] Einem solchen Drittstaatsange-

204 EuGH, Rs C-157/02, *Rieser International Transporte GmbH,* Slg 2004, I-1477, Rdnrn 25 bis 27.

205 EuGH, Rs C-157/02, *Rieser International Transporte GmbH,* Slg 2004, I-1477, Rdnr 60.

206 EuGH, Rs C-551/07, *Deniz Sahin*, Slg 2008, I-10453. Zuvor bereits EuGH, Rs C-127/08, *Metock*, Slg 2008, I-6241.

207 EuGH, Rs C-127/08, *Metock*, Slg 2008, I-6241.

208 EuGH, Rs C-551/07, *Deniz Sahin*, Slg 2008, I-10453, Rdnr 27.

209 EuGH, Rs C-551/07, *Deniz Sahin*, Slg 2008, I-10453, Rdnr 27.

hörigen darf nicht entgegengehalten werden, dass sein bisheriger Aufenthaltsstatus sich allein aus der Stellung eines Asylantrags ableitet.[210] Der Drittstaatsangehörige kann sich selbst auf die durch die Richtlinie vermittelte Rechtsposition gegenüber den innerstaatlichen Behörden berufen, so dass er auch unter Nichtanwendung widersprechenden innerstaatlichen Rechts einen Anspruch auf Erteilung einer Aufenthaltskarte gem Art 10 RL 2004/38/EG hat.[211]

IV. Zusammenfassung

Die Rechtswirkungen von Richtlinien in ihrer durch die Rechtsprechung des EuGH herausgearbeiteten Form sind heute von Wissenschaft und Rechtspraxis durchweg anerkannt. Umstritten sind im Detail lediglich die Reichweite der richtlinienkonformen Auslegung sowie die derogatorische Wirkung der Richtlinie kraft des Instituts der unmittelbaren Anwendbarkeit in Rechtsstreitigkeiten zwischen Privaten. Hier hat sich die Rechtsprechung des EuGH auf eine Einzelfalljudikatur verlagert, bei der die Grenze zwischen dem Verbot, dem Einzelnen Verpflichtungen aufzuerlegen, und zulässigen, lediglich negativen Wirkungen, nicht immer klar zu bestimmen ist. Künftig wird es dem Gerichtshof obliegen, in solchen Fällen horizontaler Direktwirkung prononcierter die Maßstäbe für die Zuordnung zu einer der beiden Kategorien zu entwickeln.

210 EuGH, Rs C-551/07, *Deniz Sahin*, Slg 2008, I-10453, Rdnr 31.
211 EuGH, Rs C-551/07, *Deniz Sahin*, Slg 2008, I-10453, Rdnrn 35 ff.

Rechtswirkungen von Rahmenvereinbarungen im Sozialbereich

Johann Egger

Literatur: *Marhold*, Implementation of Council Directive 1999/63/EC of 21 June 1999 concerning the Agreement on the organisation of working time of seafearers concluded by the European Community Shipowners' Association (ECSA) and the Federation of Transport Workers' Unions in the European Union (FST), in *Barta/Radner/Rainer/Scharnreitner* (Hrsg), Festschrift für Martin Binder (2010), 523; Goos, Sozialer Dialog und Arbeitgeberverbände, in *Oetker/Preis* (Hrsg), Europäisches Arbeits- und Sozialrecht, EAS (2009) B 8110; *Rolfs*, Befristung des Arbeitsvertrages, in *Oetker/Preis* (Hrsg), Europäisches Arbeits- und Sozialrecht, EAS (2009) B 3200; *Rolfs/de Groot*, Befristung von Arbeitsverträgen in der Rechtsprechung des EuGH, ZESAR 2009, 5; *Schäffer/Kapljic*, Richtlinie zur Durchführung der Sozialpartnervereinbarung über das Seearbeitsübereinkommen, ZESAR 2009, 170; *Schwarze*, Sozialer Dialog im Gemeinschaftsrecht, in *Oetker/Preis* (Hrsg), Europäisches Arbeits- und Sozialrecht, EAS (2009) B 8100; *S Arnold*, Der Soziale Dialog nach Art 139 EG (2008); *Egger*, Nationale Interessen und Nichtdiskriminierung im Arbeits- und Sozialrecht, in *Roth/Hilpold*, Der EuGH und die Souveränität der Mitgliedstaaten (2008), 55; *Keller*, Social Dialogue – The Specific Case of the European Union, IJCLLIR 2008, 201; *Rieble/Kolbe*, Vom Sozialen Dialog zum europäischen Kollektivvertrag? EuZA 2008, 453; *Röpke*, Europäische Sozialpartnervereinbarungen – neue Entwicklungen, DRdA 2008, 92; *Weiss*, Transnationale Kollektivvertragsstrukturen in der EG: Informalität oder Verrechtlichung? in *Konzen ua* (Hrsg), FS Rolf Birk (2008), 957; *Delapina*, Die Bedeutung des Europäischen Sozialen Dialoges und der Sozialpartnerschaft für das Europäische Sozialmodell, in *Leutner* (Hrsg), Grundlagen eines Europäischen Sozialmodells aus Arbeitnehmerperspektive (2007), 117; *Junker/Aldea*, Augenmaß im Europäischen Arbeitsrecht – Die Urteile Adeneler und Navas, EuZW 2007, 13; *Klocker*, Kettendienstverträge – unzureichende Umsetzung im österreichischen Recht? ecolex 2007, 49; *Blanpain*, The European Social Dialogue, in *Blanpain* (Hrsg), The European Social Model (2006), 171; *Hornung-Draus*, Zur Diskussion über einen EU-Rahmen für transnationale Kollektivverhandlungen, EuroAS 2006, 142; *Goos*, Europäischer Sozialdialog im Chemiesektor, EuroAS 2006, 138; *Schwerin*, Tripartismus im europäischen Arbeitsrecht (2006); *Ercher/Stech/Langer*, Mutterschutzgesetz und Väter-Karenzgesetz (2005); *Spieß*, Sozialer Dialog und Demokratieprinzip (2005); *Theiss*, Die Durchführung europäischer Sozialpartnervereinbarungen auf nationaler Ebene (2005); *Deinert*, Partizipation europäischer Sozialpartner an der Gemeinschaftsrechtsetzung, RdA 2004, 211; *Schrank*, Die neuen Elternansprüche auf kündigungsgeschützte Teilzeiten und andere Arbeitszeiteinteilungen, ASoK-Sonderheft August 2004; *Sturm*, Bedarfsarbeitsverträge sind gemeinschaftskonform, ecolex 2004, 958; *Waas*, Der soziale Dialog auf europäischer Ebene, ZESAR 2004, 443; *Wolfsgruber*, Elternteilzeit neu, ZAS 2004, 204; *Gagawczuk*, Leiharbeitsrichtlinie – wiederholter Anlauf gescheitert? DRdA 2003, 597; *Grießer*, Allgemeiner „Kündigungsschutz" für befristete Arbeitsverhältnisse? RdW 2003, 147; *Lörcher*, Der Europäische Gewerkschaftsbund und seine Beteiligung am europäischen Arbeitsrecht, NZA 2003, 184; *Löschnigg/Melzer-Azodanloo*, Kollektivvertrag für die ArbeitnehmerInnen in Telekom-Unternehmen (2003); *Preiss*, KAPOVAZ, Beurteilung nach österreichischem Arbeitsrecht und Vorlage an den EuGH, AuR 2003, 281; *Standeker*, Keine Kompetenz der EU für Entgeltfragen befristet beschäftigter Arbeitnehmer, ASoK 2003, 398; *Standeker*, Haben teilzeitbeschäftigte Arbeitnehmer einen gemeinschaftsrechtlichen Anspruch auf gleiches Entgelt wie vergleichbare Vollzeitbeschäftigte? ASoK 2003, 80; *C Arnold*, Die Stellung der Sozialpartner in der europäischen Sozialpolitik, NZA 2002, 1261; *Brockbartold*, Telearbeit. Arbeitsform im europäischen Rahmen, AuA 2002, 543; *Caamano Rojo*, Die Teilzeitarbeit im europäischen und deutschen Arbeitsrecht (2002); *Franssen*, Legal Aspects of the European Social Dialogue (2002); *Jöst/Risak*, Aktuelle Neuerungen im Arbeitsrecht, ZAS 2002, 97; *Preis/Gotthardt*, Auswirkungen der Richtlinie über befristete Arbeitsverhältnisse (99/70/EG) auf das Teilzeit- und Befristungsgesetz, ZESAR 2002, 13; *Prinz*, Europäische Rahmenvereinbarung über Telearbeit, NZA 2002, 1268; *Röpke*, Europäisches Rahmenabkommen über Telearbeit, DRdA 2002, 440; *Schaufler*, Die Umsetzung der Elternurlaubsrichtlinie in Österreich (2002); *Schmidt*, Aufgaben und Befugnisse der Sozialpartner im Europäischen Arbeitsrecht und die Europäisierung der Arbeitsbeziehungen (2002); *Viethen*, Richtlinie der EG zur Teilzeitarbeit, EuroAS 2002, 51; *Fischer*, Neues aus Europa: Arbeitszeitrichtlinie für das Luftpersonal, NZA 2001, 1064; *Buchner*, Die Sozialvorschriften des EG-Vertrages in der Fassung des Amsterdamer Vertrages, in *Köbler/Heinze/Hromadka* (Hrsg), FS Alfred Söllner (2000), 175; *Dederer*, Durchführung von Vereinbarungen der europäischen Sozialpartner. Korporative Ausübung von Rechtsetzungsgewalt und ihr demokratisches Defizit, RdA 2000, 216; *Fröhling*, Die Maastrichter Vereinbarungen zur Sozialpolitik. Anwendungsfall eines Europa der verschiedenen Geschwindigkeiten (2000); *Leidenmüller*, Vereinbarungen der Europäischen Sozialpartner: Europäischer Kollektivvertrag oder demokratisch nicht legitimierte Rechtsnormenerzeugung? WISO 4/2000, 101; *Röthel*, Europäische Rechtsetzung im sozialen Dialog, NZA 2000, 65; *Schauer*, Schengen – Maastricht – Amsterdam. Auf dem Weg zu einer flexiblen Union (2000), 81; *Schildein*, Der Soziale Dialog – Übertragbarkeit nationaler Sozialpartnerbeziehungen auf die EU? (2000); *Beham ua*, Status-Bericht: Telearbeit in Österreich, BMAGS (1999); *Britz/Schmidt*, Die institutionalisierte Mitwirkung der Sozialpartner an der Rechtsetzung der Europäischen Gemeinschaft, EuR 1999, 467; *Dolvik*, Die Spitze des Eisbergs? Der EGB und die Entwicklung eines Euro-Korporatismus (1999); *Erne*, Europäische Kooperation lohnt sich, ArbW 12/99, 30; *Gilles*, Das Zustandekommen und die Durchführung von Sozialpartnervereinbarungen im Rahmen des europäischen Sozialen Dialoges (1999); *Huemer/Mesch/Traxler* (Hrsg), The Role of Employer Associations and Labour Unions in the EMU (1999); *Kaufmann*, Die europäische Sozialpartnervereinbarung über befristete Arbeitsverträge, ArbuR 1999, 332; *Kienast*, VfGH zur Pharmazeutischen Gehaltskasse, RdW 1999, 479; *Moreau*, Sur la représentativité des partenaires sociaux européens, Droit Social 1999, 53; *Mosler*, Arbeitsrechtliche Probleme der Teilzeitbeschäftigung, DRdA 1999, 338; *Ojeda Avilés*, Sind Europäische Tarifverträge „bloße Empfehlungen"? in *Klebe/Wedde/Wolmerath* (Hrsg), FS Wolfgang Däubler (1999), 519; *Piazolo*, Der Soziale Dialog nach dem Abkommen über die Sozialpolitik und dem Vertrag von Amsterdam (1999); *Regner*, Befristete Arbeitsverhältnisse: Es tut sich was in Europa, ArbuW 10/99, 28; *Wank/Börgmann*, Der Vorschlag für eine Richtlinie des Rates über befristete Arbeitsverträge, RdA 1999, 383. *Dötsch*, Vereinbarungen der europäischen Sozialpartner, AuA 1998, 262; *Eder/Hiller*, Sektorstudie Sozialpolitik, in *Falkner/Müller* (Hrsg), Österreich im europäischen Mehrebenensystem (1998), 39; *Hoffmann/Gabaglio* (Hrsg), Ein offener Prozess. 11 Versuche über den Europäischen Gewerkschaftsbund (1998); *Gruber*, Arbeitnehmerschutz bei Telearbeit, ZAS 1998, 65; *Hiller*, Fallstudie: Elternurlaubsrichtlinie, in *Falkner/Müller* (Hrsg), Österreich im europäischen Mehrebenensystem (1998), 111; *Kampmeyer*, Protokoll und Abkommen über die Sozialpolitik der Europäischen Union (1998); *Mosler*, Das Benachteiligungsverbot für Teilzeitbeschäftigte nach österreichischem, deutschem und europäischem Recht, in *Krejci* (Hrsg), Rechtsdogmatik und Rechtspolitik im Arbeits- und Sozialrecht: FS Theodor Tomandl (1998), 273; *Runggaldier*, Der neue Beschäftigungstitel des EG-Vertrages und die Übernahme des „Sozialabkommens" in den EG-Vertrag, in *Hummer* (Hrsg), Die Europäische Union nach dem Vertrag von Amsterdam (1998), 197; *Schmidt*, Die neue EG-Richtlinie zur Teilzeitarbeit, NZA 1998, 576; *Schmidt*, The EC Directive on Parental Leave, in *Blanpain* (Hrsg), Labour Law and Industrial Relations in the European Union (1998), 181; *Birk*, Vereinbarungen der Sozialpartner im Rahmen des Sozialen Dialogs und ihre Durchführung, EuZW 1997, 453; *Fischer*, Lobbying und Kommunikation in der Europäischen Union (1997); *Heinze*, Die Rechtsgrundlagen des sozialen Dialogs auf Gemeinschaftsebene, ZfA 1997, 505; *Keller*, Europäische Arbeits- und Sozialpolitik (1997); *Kliemann*, Die europäische Sozialintegration nach Maastricht (1997), 49; *Kreimer-de Fries*, EU-Teilzeitvereinbarung – kein gutes Omen für die Zukunft der europäischen Verhandlungsebenen, ArbuR 1997, 314; *Melzer-Azodanloo*, Erster Kollektivvertrag für Telearbeit, ASoK 1997, 349; *Mitter*, Europäisches Rahmenabkommen über Teilzeitarbeit, RdW 1997, 538; *Bödding*, Die europarechtlichen Instrumentarien der Sozialpartner (1996); *Eichenhofer*, Das dem Vertrag über die Europäische Union angefügte „Protokoll über die Sozialpolitik", in *Rengeling* (Hrsg), Europäisierung des Rechts (1996), 151; *Blanpain/Schmidt/Schweibert*, Europäisches Arbeitsrecht² (1996), 80; *Hoffmann*, EuroAS-Stichwort: Europäische Sozialpartner, EuroAS 1996, 95; *Hornung-Draus*, Abkommen zum Elternurlaub verabschiedet, ArbGeb 3/1996, 62; *Karlhofer/Tálos*, Sozialpartnerschaft und EU (1996); *Mlinek*, Elternurlaub und Pflegefreistellung im EU-Verfahren des „sozialen Dialogs", infas 1996, 3; *Piffl-Pavelec*, Richtlinie des Rates 96/34 vom 3.6.1996 zu der von UNICE, CEEP und EGB geschlossenen Rahmenvereinbarung über Elternurlaub, DRdA 1996, 531; *Pitschas/Peters*, Europäische Arbeitsförderung und „sozialer Dialog", VSSR 1996, 21; *Schulz*, Maastricht und die Grundlagen einer Europäischen Sozialpolitik (1996); *Steinmeyer*, Das europäische Sozialrecht nach Maastricht, VSSR 1996, 49; *Farnleitner*, Die Rolle der Wirtschaftskammer, Unternehmer 1/95; *Coen*, Abgestufte soziale Integration nach Maastricht, EuZW 1995, 50; *Höland*, Partnerschaftliche Rechtsetzung und Durchführung von Recht in der Europäischen Gemeinschaft – Die Beteiligung der Sozialpartner nach dem Maastrichter Sozialabkommen, ZIAS 1995, 425; *Koenig/Pechstein*, Die Europäische Union. Der Vertrag von Maastricht (1995), 149; *Konzen*, Der europäische Einfluss auf das deutsche Arbeitsrecht nach dem Vertrag über die Europäische Union, EuZW 1995, 39; *Mesch* (Hrsg), Sozialpartnerschaft und Arbeitsbeziehungen in Europa (1995); *Wank*, Arbeitsrecht nach Maastricht, RdA 1995, 10; *Aust*, Irland und das Maastrichter Protokoll über die Sozialpolitik – Zur Begründung der irischen Zustimmung, ZSR 1994, 662; *Bercusson*, The Dynamic of European Labour Law after Maastricht, Industrial Labour Journal 1994, 1; *Bundesarbeitskammer* (Hrsg), Kammern und Pflichtmitgliedschaft in Österreich (1994); *Gerstenberger-Sztana/Thierron*, Europäischer Metallarbeiterbund EMB, in *Lecher/Platzer* (Hrsg), Europäische Union – Europäische Arbeitsbeziehungen? (1994), 214; *Hailbronner*, Das Spannungsverhältnis zwischen der Sozialpolitik der EG und der Sozialpolitik der Elf nach dem Abkommen über die Sozialpolitik, in *Hummer* (Hrsg), Die Europäische Union und Österreich (1994), 113; *Kolvenbach*, Vom „Europäischen Betriebsrat zum „Europäischen Ausschuss", RdA 1994, 279; *Maurer*, Euro-Lobbying (1994); *Schnorr*, Kollektivverträge in einem integrierten Europa, DRdA 1994, 193; *Timmesfeld*, Chancen und Perspektiven europäischer Kollektivverhandlungen (1994); *Weiss*, Der soziale Dialog als Katalysator koordinierender Tarifpolitik in der EG, in *Heinze/Söllner* (Hrsg), FS Otto Rudolf Kissel (1994), 1253; *Wisskirchen*, Der Soziale Dialog in der Europäischen Gemeinschaft, in *Deutscher Arbeitsgerichtsverband* (Hrsg), Die Arbeitsgerichtsbarkeit. FS zum 100jährigen Bestehen des Deutschen Arbeitsgerichtsverbandes (1994), 653; *Buchner*, Die sozialpolitische Entwicklung der Europäischen Gemeinschaft im Spannungsfeld von hoheitlicher Regelung und tarifautonomer Gestaltung, RdA 1993, 193; *Korinek*, „Sozialpartnerschaft" als europäische Institution?, in *Merten/Pitschas* (Hrsg), Der Europäische Sozialstaat und seine Institutionen (1993), 119; *Platzer*, Die europäischen Interessenverbände, in Jahrbuch der Europäischen Integration 1992/93 (1993), 267; *Sozialwissenschaftliche Arbeitsgemeinschaft* (Hrsg), Österreichs Sozialpartnerschaft im Europa der Gemeinschaften (1993); *Berié*, Maastrichter Beschlüsse. Auf dem Weg zur Sozialunion, ZSR 1992, 421; *Blank*, Europäische Kollektivverträge und Sozialer Dialog, in *Däubler/Bobke/Kehrmann* (Hrsg), Arbeit und Recht. FS Albert Gnade (1992), 649; *Däubler*, Europäische Kollektivverträge nach Maastricht, EuZW 1992, 329; *Schuster*, Rechtsfragen der Maastrichter Vereinbarungen zur Sozialpolitik, EuZW 1992, 178; *Weiss*, Die Bedeutung von Maastricht für die EG-Sozialpolitik, in *Däubler/Bobke/Kehrmann* (Hrsg), Arbeit und Recht. FS Albert Gnade (1992), 583; *Hoffmann*, Interessenvertretungen und Euro-Lobbying, in *Röttinger/Weyringer* (Hrsg), Handbuch der europäischen Integration (1991), 261; *Sadowski/Jacobi* (Hrsg), Employers' Associations in Europe: Policy and Organisation (1991); *Rath*, Strukturelle Koordinaten gewerkschaftlicher Europapolitik, in *Däubler/Lecher* (Hrsg), Die Gewerkschaften in den 12 EG-Ländern (1991), 233; *Europäisches Gewerkschaftsinstitut* (Hrsg), Europäischer Gewerkschaftsbund – Profil des EGB (1990); *Egger*, Telearbeit – ein neues Phänomen der Arbeitswelt, DRdA 1987, 99; *Zehetner/Haslinger*, Kammern, Gewerkschaften und Verbände im Recht der Europäischen Gemeinschaften, WISO-Sonderband (1990); *Stöckl*, Gewerkschaftsausschüsse in der EG (1986); *Olson*, Die Logik des kollektiven Handelns: Kollektivgüter und die Theorie der Gruppe (1985); *Platzer*, Unternehmensverbände in der EG: ihre nationale und transnationale Organisation und Politik (1984); *Schwaiger/Kirchner*, Die Rolle der Europäischen Interessenverbände. Eine Bestandsaufnahme der Europäischen Verbandswirklichkeit (1981); *Meesen* (Hrsg), Verbände und europäische Integration (1980); *WSA Generalsekretariat* (Hrsg), Die Europäischen Interessenverbände und ihre Beziehungen zum Wirtschafts- und Sozialausschuss (1980); *WSA-Generalsekretariat* (Hrsg), Die beratenden Ausschüsse der Gemeinschaft mit sozioökonomischer Zusammensetzung (1979); *Kirchner*, Trade unions as a pressure group in the European community (1978); *Steinberg*, Der Europäische Tarifvertrag, RdA 1971, 18.

Judikatur: EuGH, Rs C-486/08, *Zentralbetriebsrat der Landeskrankenhäuser Tirols*, Urteil vom 22. April 2010, noch nicht in der amtl Slg veröffentlicht; EuGH, Rs C-116/08, *Meerts*, Urteil vom 22. Oktober 2009, noch nicht in der amtl Slg veröffentlicht; EuGH, Rs C-537/07, *Gómez-Limón*, Urteil vom 16. Juli 2009, noch nicht in der amtl Slg veröffentlicht; EuGH, verb Rs C-378/07 bis C-380/07, *Angelidaki ua*, Urteil vom 23. April 2009, noch nicht in der amtl Slg veröffentlicht; EuGH, Rs C-268/06, *Impact*, Slg 2008, I-2483; EuGH, verb Rs C-55/07 und C-56/07, *Michaeler und Volgger*, Slg 2008, I-3135; EuGH, Rs C-307/05, *Del Cerro Alonso*, Slg 2007, I-7109; EuGH, Rs C-180/04, *Vassallo*, Slg 2006, I-7251; EuGH, Rs C-53/04, *Marrosu und Sardino*, Slg 2006, I-7213; EuGH, Rs C-212/04, *Adeneler*, Slg 2006, I-6057; EuGH, Rs C-144/04, *Mangold*, Slg 2005, I-9981; EuGH, Rs C-313/02, *Wippel*, Slg 2004, I-9483; EuGH, Rs C-243/95, *Hill und Stapleton*, Slg 1998, I-3739; EuG, Rs T-135/96, *UEAPME/Rat*, Slg 1998, II-2335.

Inhalt

I. Europäischer Sozialer Dialog

Beziehungen zwischen Sozialpartnern auf europäischer Ebene hat es schon seit Errichtung der Gemeinschaft im Jahre 1958 gegeben, so mit der Errichtung des Wirtschafts- und Sozialausschusses und der Einrichtung zahlreicher beratender Ausschüsse, insbesondere des Ständigen Ausschusses für Beschäftigungsfragen (1970), in dem Arbeitgeber- und Arbeitnehmerorganisationen sowie Kommission und Rat vertreten waren und der so genannten Dreierkonferenzen in den Jahren 1970–1978[1] – die letzten beiden können als Vorläufer des so genannten „Sozialen Dialogs",[2] also der Beteiligung der europäischen Sozialpartner an

1 Vgl dazu *Gilles*, Das Zustandekommen und die Durchführung von Sozialpartnervereinbarungen im Rahmen des europäischen Sozialen Dialogs (1999), 32 ff; *WSA-Generalsekretariat* (Hrsg), Die beratenden Ausschüsse der Gemeinschaft mit sozio-ökonomischer Zusammensetzung (1979); *Zehetner/Haslinger*, Kammern, Gewerkschaften und Verbände im Recht der Europäischen Gemeinschaften (1990), 73.

2 Vgl dazu *S Arnold*, Der Soziale Dialog nach Art 139 EG (2008); *Blanpain*, The European Social Dialogue, in *Blanpain* (Hrsg), The European Social Model (2006), 171; *Deinert*,

der Gemeinschaftsgesetzgebung, angesehen werden und der Soziale Dialog in sektoriellen Fällen, welcher sich auf branchenspezifische Fragen beschränkt.[3]

Im Jahre 1984 intensivierten sich die zunächst informellen Kontakte zwischen den Dachorganisationen der europäischen Sozialpartner unter Einbeziehung von Rat und Kommission. Nicht zuletzt auf Initiative des Kommissionspräsidenten *Jacques Delors* fand die mittlerweile schon legendäre Zusammenkunft von Val Duchesse[4] am 31. Jänner 1985 statt. An diesem Treffen nahmen Mitglieder der Union der Industrie- und Arbeitgeberverbände Europas, des Europäischen Zentralverbands der öffentlichen Wirtschaft und des Europäischen Gewerkschaftsbunds, und auf der anderen Seite die Kommissäre *Delors*, *Pfeiffer* und *Sutherland* teil; das Treffen fand auf der Grundlage der gegenseitigen Anerkennung der beteiligten Parteien statt, hatte also von Anfang an nur informellen Status.[5] Durch die Schaffung dieses Forums sollte die Debatte über die sozialen Aspekte des bis 1992 herzustellenden Binnenmarktes institutionalisiert werden.

Eine gewisse Aufwertung der europäischen Sozialpartnerschaft brachte die EEA durch die Einfügung[6] eines Art 118b EWGV, der die Aufgabe der Kommission festhielt, den Dialog zwischen den Sozialpartnern zu entwickeln, der, wenn diese es für wünschenswert halten, zu vertraglichen Beziehungen führen kann. Es war aber nicht Aufgabe der Kommission, sachlich bindende Regelungen zur Entwicklung des Sozialen Dialogs zu treffen.[7] Die vorsichtige Ausfor-

---

RdA 2004, 211; *Franssen*, Legal Aspects of the European Social Dialogue (2002); *Goos*, Sozialer Dialog und Arbeitgeberverbände, in *Oetker/Preis* (Hrsg), Europäisches Arbeits- und Sozialrecht, EAS (2009) B 8110; *Heinze*, ZfA 1997, 505; *Keller*, Social Dialogue – The Specific Case of the European Union, IJCLLIR 2008, 201; *Mesch* (Hrsg), Sozialpartnerschaft und Arbeitsbeziehungen in Europa (1995), II. Die Entwicklung des Sozialen Dialogs in der Europäischen Union, mit Beiträgen von *Traxler/Schmitter*, *Jacobi*, *Buda*, *Schulten*, *Friedrich* und *Heinrich*; *Pitschas/Peters*, VSSR 1996, 21 ff; *Schildein*, Der Soziale Dialog – Übertragbarkeit nationaler Sozialpartnerbeziehungen auf die EU? (2000); *Schwarze*, Sozialer Dialog im Gemeinschaftsrecht, in *Oetker/Preis* (Hrsg), Europäisches Arbeits- und Sozialrecht, EAS (2009) B 8100; *Spieß*, Sozialer Dialog und Demokratieprinzip (2005); *Waas*, ZESAR 2004, 443; *Weiss*, Der soziale Dialog als Katalysator koordinierender Tarifpolitik in der EG, in *Heinze/Söllner* (Hrsg), FS Otto Rudolf Kissel (1994), 1253; *Wisskirchen*, Der Soziale Dialog in der Europäischen Gemeinschaft, in *Deutscher Arbeitsgerichtsverband* (Hrsg), Die Arbeitsgerichtsbarkeit. FS zum 100jährigen Bestehen des Deutschen Arbeitsgerichtsverbandes (1994), 653.

3 Siehe dazu nachstehend Pkt IV.F.

4 Vgl dazu den Bericht über die soziale Entwicklung 1985, Z 94; vgl weiters *Schulte* in *von der Groeben/Thiesing/Ehlermann*, Kommentar zum EU-/EG-Vertrag[5] (1999), Art 118b Rdnr 16.

5 Vgl KOM(1996) 448 endg, Anhang I i.

6 Eingefügt durch Art 22 EEA.

7 *Schulte* in *von der Groeben/Thiesing/Ehlermann*, Kommentar zum EU-/EG-Vertrag, Art 118b Rdnr 16.

mulierung des Sozialen Dialogs nach Art 118b EWGV als Programmsatz ohne Sanktionen und Einigungszwang[8] war das Ergebnis eines Kompromisses – man wollte die volle Tarifautonomie der Sozialpartner bewahren.

II. Rahmenvereinbarungen der Sozialpartner auf europäischer Ebene

A. Protokoll und Abkommen über die Sozialpolitik

Als Ergebnis des Gipfels von Maastricht vom 9./10. Dezember 1991 ist zu vermerken, dass die Sozialpolitik überraschenderweise zum ersten Mal ganz im Mittelpunkt einer derartigen Regierungskonferenz stand.[9] Allerdings hatte wieder einmal Großbritannien vor dem Hintergrund von Kommissionsentwürfen zu Regelungen im Bereich der Arbeitszeit,[10] für Zeitarbeitnehmer[11] und bezüglich Neuregelungen bei Massenentlassungen[12] keinerlei Bereitschaft gezeigt, im Sozialbereich irgendwelche Änderungen am bestehenden Vertrag, insbesondere bezüglich erweiterter Kompetenzen, zuzulassen.

Daher wurde – auch von Großbritannien – beschlossen, dem Vertrag über die Europäische Union ein *Protokoll (Nr 14) über die Sozialpolitik*[13] beizufügen, welches dann durch ein Abkommen über die Sozialpolitik zwischen den Mit-

8 Vgl *Däubler*, EuZW 1992, 331.

9 Zu den Ergebnissen von Maastricht vgl *Egger*, Das Arbeits- und Sozialrecht der EU und die österreichische Rechtsordnung^2 (2005), 133 mwN; vgl auch *Aust*, ZSR 1994, 662; *Bercusson*, Industrial Law Journal 1994, 1; *Berié*, ZSR 1992, 421; *Bödding*, Die europarechtlichen Instrumentarien der Sozialpartner (1996); *Buchner*, RdA 1993, 193; *Coen*, EuZW 1995, 50; *Eichenhofer*, Das dem Vertrag über die Europäische Union angefügte „Protokoll über die Sozialpolitik", in *Rengeling* (Hrsg), Europäisierung des Rechts, Köln 1996, 151; *Fröhling*, Die Maastrichter Vereinbarungen zur Sozialpolitik (2000); *Hailbronner*, Das Spannungsverhältnis zwischen der Sozialpolitik der EG und der Sozialpolitik der Elf nach dem Abkommen über die Sozialpolitik, in *Hummer* (Hrsg), Die Europäische Union und Österreich (1994), 113; *Kliemann*, Die europäische Sozialintegration nach Maastricht (1997); *Koenig/Pechstein*, Die Europäische Union. Der Vertrag von Maastricht (1995), 149; *Schauer*, Schengen–Maastricht–Amsterdam. Auf dem Weg zu einer flexiblen Union (2000), 81; *Schuster*, EuZW 1992, 178; *Steinmeyer*, VSSR 1996, 49; *Wank*, RdA 1995, 10.

10 ABl 1990 C 254, 4; ABl 1991 C 124, 8.

11 ABl 1990 C 224, 4.

12 ABl 1991 C 310, 5.

13 ABl 1992 C 224, 126 und 127 idF ABl 1994 C 241, 24 und ABl 1995 L 1, 4 (dann: „Abkommen der 14"); vgl dazu insbesondere *Birk*, EuZW 1997, 453; *Dolvik*, Die Spitze des Eisbergs? Der EGB und die Entwicklung eines Euro-Korporatismus (1999), 159; *Langenfeld* in *Grabitz/Hilf* (Hrsg), Das Recht der EU, Art 122 EGV, mit ausführlichem Schrifttum in der Vorb; *Piazolo*, Der Soziale Dialog nach dem Abkommen über die Sozialpolitik und dem Vertrag von Amsterdam (1999).

gliedstaaten der EG mit Ausnahme des Vereinigten Königreichs Großbritannien und Nordirland[14] umgesetzt wurde, und das der Gemeinschaft erlaubte, ihren durch die Gemeinschaftscharta der sozialen Grundrechte vorgezeichneten Weg im Einzelfall auch ohne Großbritannien weiterzugehen. Somit stand im Bereich der Sozialpolitik, neben den bisherigen Kompetenzbestimmungen, nunmehr ein weiteres Verfahren zur Verfügung („Europa der zwei Geschwindigkeiten"), um bei Nichteinigung doch noch zu Integrationserfolgen zu kommen.[15]

Bei Vollzug des Abkommens[16] waren die beteiligten 11 (dann 14) Mitgliedstaaten ermächtigt, die Organe, Verfahren und Mechanismen des Unionsvertrages in Anspruch zu nehmen (Organleihe).[17]

Art 4 Abs 1 des Abkommens sah neben der Möglichkeit der Herstellung vertraglicher Beziehungen zwischen den Sozialpartnern auf Gemeinschaftsebene ausdrücklich die Möglichkeit des Abschlusses von *Vereinbarungen* vor, wobei diese aber nur *schuldrechtlicher Natur* waren.[18] Art 3 Abs 2 des Abkommens räumte zukunftsweisend ein zwingendes Anhörungsverfahren der europäischen Sozialpartner durch die Kommission zu allen Gemeinschaftsaktionen und in Aussicht genommenen Rechtsetzungsvorschlägen im Bereich der Sozialpolitik ein. Im Rahmen dieses Anhörungsverfahrens konnten die europäischen Sozialpartner die betreffende Angelegenheit an sich ziehen und *anstelle eines Ratsbeschlusses* durch *Vereinbarung* regeln.[19] Die Inkraftsetzung einer solchen Vereinbarung hing von ihrem Inhalt ab. Enthielt sie Regelungen, die in die Zuständigkeit der Europäischen Union fielen,[20] so setzte sie der Rat durch Beschluss in Kraft. Enthielt die Vereinbarung sonstige Regelungen, so wurde sie nach den Gepflogenheiten und Verfahren der Mitgliedstaaten in Kraft gesetzt.[21] Dies zeigte, dass der Autonomie der Sozialpartner in der Europäischen Union nun eine wesentlich stärkere Bedeutung zukam, als dies bisher

14 Vgl dazu die kritische Stellungnahme des Europäischen Parlaments v 15. Dezember 1992, ZSR 1993, 266 ff, insbesonders 334.

15 Näheres bei *Buchner*, RdA 1993, 198.

16 Die Deutung des Abkommens als Teil des (primären) Gemeinschaftsrechts hat sich gegenüber der als völkerrechtlicher Vertrag durchgesetzt; vgl *Eichenhofer*, Vertrag, in *Rengeling* (Hrsg), Europäisierung, 158. Trotzdem blieben Bestrebungen aufrecht, das Abkommen in den EGV zu integrieren.

17 Protokoll über die Sozialpolitik, Z 1.

18 Vgl dazu *Birk*, EuZW 1997, 456 f; *Schwarze*, Dialog, in *Oetker/Preis* (Hrsg), Europäisches Arbeits- und Sozialrecht, EAS B 8100 mwN in Fn 67 und die 2. Erklärung der Vertragsparteien zu Art 4 Abs 2 des Abkommens über die Sozialpolitik, nach der keine Verpflichtung der Mitgliedstaaten besteht, diese Vereinbarungen unmittelbar anzuwenden oder diesbezügliche Umsetzungsregeln zu erarbeiten noch zur Erleichterung ihrer Anwendung die geltenden innerstaatlichen Vorschriften zu ändern.

19 Art 3 Abs 4 Abkommen.

20 Siehe Art 2 Abkommen.

21 Art 4 Abs 2 Abkommen.

der Fall war. Die europäische Sozialpartnerschaft wurde gleichsam gemeinschaftsrechtlich garantiert.[22] Im Bereich der Sozialpolitik fand nunmehr eine Funktionsteilung zwischen den supranationalen Rechtsetzungsbefugnissen der Europäischen Union und den Sozialpartnern statt.

Solche europäischen Sozialpartnervereinbarungen mussten von ihrer Rechtsnatur her aber in den Zuständigkeitsbereichen des Abkommens verbleiben und an den Zielen der Gemeinschaftsverträge orientiert sein (als Form des Ratsbeschlusses eignete sich vor allem die Richtlinie[23] – also Mindestvorschriften,[24] wohl kaum aber die Verordnung).[25] In der bisherigen Praxis der Umsetzung von Vereinbarungen wurde richtigerweise stets der Rechtsakt der Richtlinie gewählt.

B. Beteiligte europäische Interessenvertretungen

Auf europäischer Ebene existieren eine Reihe von Interessenvertretungen,[26] wobei die Arbeitgeberseite mit zahlreichen Verbänden gegenüber der Arbeitnehmerseite – bedeutend ist nur der Europäische Gewerkschaftsbund (EGB) – besonders stark vertreten ist. In Z 24 der Mitteilung der Kommission über

22 Vgl *Schnorr*, DRdA 1994, 194.

23 Vgl dazu *S Arnold*, Dialog, 101 f.

24 Vgl Art 2 Abs 2 Abkommen; Art 153 Abs 2 lit b AEUV.

25 Vgl *Birk*, EuZW 1997, 459; *Schnorr*, DRdA 1994, 196.

26 Vgl dazu *Blanpain/Schmidt/Schweibert*, Europäisches Arbeitsrecht² (1996), 80; *Fischer*, Lobbying und Kommunikation in der Europäischen Union (1997); *Eder/Hiller*, Sektorstudie Sozialpolitik, in *Falkner/Müller* (Hrsg), Österreich im europäischen Mehrebenensystem (1998), 39; *Hoffmann*, Interessenvertretungen und Euro-Lobbying, in *Röttinger/Weyringer* (Hrsg), Handbuch der europäischen Integration (1991), 261; *Huemer/Mesch/Traxler* (Hrsg), The Role of Employer Associations and Labour Unions in the EMU (1999); *Karlhofer/Tálos*, Sozialpartnerschaft und EU (1996); *Keller*, Europäische Arbeits- und Sozialpolitik (1997); *Kirchner*, Trade unions as a pressure group in the European community (1978); *Korinek*, „Sozialpartnerschaft" als europäische Institution?, in *Merten/Pitschas* (Hrsg), Der Europäische Sozialstaat und seine Institutionen (1993), 136; *Maurer*, Euro-Lobbying (1994); *Meesen* (Hrsg), Verbände und europäische Integration (1980); *Mesch* (Hrsg), Sozialpartnerschaft und Arbeitsbeziehungen in Europa (1995); *Platzer*, Unternehmensverbände in der EG: ihre nationale und transnationale Organisation und Politik (1984); *Sadowski/Jacobi* (Hrsg), Employers' Associations in Europe: Policy and Organisation (1991); *Schmidt*, Aufgaben und Befugnisse der Sozialpartner im Europäischen Arbeitsrecht und die Europäisierung der Arbeitsbeziehungen (2002), 99; *Schwaiger/Kirchner*, Die Rolle der Europäischen Interessenverbände. Eine Bestandsaufnahme der Europäischen Verbandswirklichkeit (1981); *Sozialwissenschaftliche Arbeitsgemeinschaft* (Hrsg), Österreichs Sozialpartnerschaft im Europa der Gemeinschaften (1993); *Timmesfeld*, Chancen und Perspektiven europäischer Kollektivverhandlungen (1994); *WSA Generalsekretariat* (Hrsg), Die Europäischen Interessenverbände und ihre Beziehungen zum Wirtschafts- und Sozialausschuss (1980); *Zehetner/Haslinger*, Kammern, Gewerkschaften und Verbände im Recht der Europäischen Gemeinschaften, WISO-Sonderband (1990).

die Anwendung des Protokolls über die Sozialpolitik an den Rat und an das Europäische Parlament[27] stellte die Kommission Kriterien auf, welche die Sozialpartnerorganisationen anlässlich der Ausfüllung des dieses Protokoll durchführenden Sozialabkommens erfüllen sollten: Die Organisationen sollten branchenübergreifend, sektor- oder berufsspezifisch sein und über eine Struktur auf europäischer Ebene verfügen; sie sollten aus Verbänden bestehen, die in ihrem Land integraler und anerkannter Bestandteil des Systems der Arbeitsbeziehungen sind, sollten kollektive Vereinbarungen aushandeln können und so weit wie möglich alle Mitgliedstaaten vertreten und über die geeigneten Strukturen verfügen, um effektiv an dem in Art 138 EGV (Art 154 AEUV) festgelegten Anhörungsprozess der europäischen Sozialpartner vor Ausrichtung einer Gemeinschaftsmaßnahme teilnehmen zu können.

Anlage 5 der Kommissionsmitteilung „Partnerschaft für den Wandel in einem erweiterten Europa – Verbesserung des Beitrags des europäischen sozialen Dialogs“[28] enthält ein Verzeichnis der europäischen Organisationen der Sozialpartner, die gemäß Art 154 AEUV konsultiert werden. Das Verzeichnis ist bezüglich der Repräsentativität problematisch, da nicht alle Verbände miteinbezogen wurden; so fehlen zB Vertretungen der Beamten und der freien Berufe. Außerdem ist die Sozialpartnerschaft insbesondere in den MOEL-Staaten erst schwach ausgeprägt.

Demnach sind ua folgende *Sozialpartnerorganisationen* anerkannt:[29]

Allgemeine Arbeitgeber- und Arbeitnehmerorganisationen: Union der europäischen Industrie- und Arbeitgeberverbände (UNICE) – seit 1. Jänner 2007 in BUSINESSEUROPE (Verband der Europäischen Unternehmen)[30] umbenannt; Europäischer Zentralverband der öffentlichen Wirtschaft (CEEP);[31] Europäischer Gewerkschaftsbund (EGB); branchenübergreifende Arbeitgeber- und Arbeitnehmerorganisationen, die bestimmte Arbeitnehmer- oder Unternehmensgruppen vertreten: Vertretung der Führungskräfte (EUROCADRES);[32] Europäische Union des Handwerks und der Klein- und Mittelbetriebe (UEAPME);[33] Europäische Vereinigung der leitenden Ange-

27 KOM(1993) 600 endg.

28 KOM(2004) 557 endg.

29 Das Verzeichnis der europäischen Organisationen der Sozialpartner, die gem Art 154 AEUV konsultiert werden, wird entsprechend der Gründung neuer Ausschüsse für den branchenbezogenen Sozialen Dialog und/oder unter Berücksichtigung der Studie zur Repräsentativität fortgeschrieben – derzeit sind es schon über 70 anerkannte Sozialpartner. Eine verbindliche Regelung wäre wohl angebracht; *vgl Konzen*, EuZW 1995, 46.

30 The Confederation of European Business.

31 Centre Européen des Entreprises à Participation Publique.

32 Diese dem EGB angeschlossene Organisation umfasst 23 nationale Mitgliedsorganisationen aus 20 Mitgliedstaaten der EU und vertritt ca 5 Mio Personen.

33 Union Européenne de l'Artisanat et des Petites et Moyennes Entreprises. Sie vertritt an die 10 Mio Unternehmen mit ca 50 Mio Beschäftigten in allen Mitgliedstaaten.

stellten (CEC);[34] spezifische Organisationen wie EUROCHAMBERS (Vereinigung der europäischen Industrie- und Handelskammern); branchenbezogene Arbeitgeberorganisationen zB EUROCOMMERCE als Vertreter des Einzel-, Groß- und Außenhandels in Europa; Ausschuss der berufsständischen landwirtschaftlichen Organisationen der Europäischen Union (COPA); Allgemeiner Verband der landwirtschaftlichen Genossenschaften der Europäischen Union (COGECA); europäische Gewerkschaftsverbände.

Als *Sozialpartner* im engeren Sinn[35] – also nicht als Teilnehmer an einfachen Informations- und Konsultationsverfahren – sondern als Vertreter von Arbeitgeber- und Arbeitnehmer- (Gewerkschafts-)interessen bei Verhandlungen und Anhörungen nach Art 154 und 155 AEUV (ex Art 138 und 139 EGV) nehmen nur BUSINESSEUROPE, CEEP, EGB und nach Bedarf die branchenübergreifenden Organisationen und die Gewerkschaftsausschüsse des EGB teil.

Der wichtigste von den EU-Institutionen anerkannte Industrie- und Arbeitgeberverband der Privatwirtschaft ist die im Jahre 1958 in Brüssel gegründete Union der europäischen Industrie- und Arbeitgeberverbände (BUSINESSEUROPE – ehemals UNICE),[36] die Verbände aus EFTA-, EWR- und Staaten der Beitrittsländer umfasst. BUSINESSEUROPE hat 40 Arbeitgeberorganisationen aus 34 europäischen Ländern, vertritt ca 20 Mio Unternehmen und bringt die Interessen und Standpunkte der europäischen Unternehmerwirtschaft bei Kommission, Europäischem Parlament, Wirtschafts- und Sozialausschuss und Rat ein.[37]

Da nur Verbände mit freiwilliger und nicht mit Pflichtmitgliedschaft[38] aufgenommen werden, ist Österreich daher seit 1984 durch die Vereinigung der Österreichischen Industrie (VÖI) als Vollmitglied vertreten, nicht aber durch die Wirtschaftskammer Österreich (WKO),[39] welche ihren Einfluss aber durch eine engere Kooperation und durch Personalverflechtung mit der Industriel-

34 Confédération Européenne des Cadres; ca 1,5 Mio Führungskräfte aus 14 Mitgliedstaaten. CEC und EUROCADRES nehmen nach einem im Jahre 2000 abgeschlossenen Abkommen zur Zusammenarbeit mittels eines Verbindungsausschusses am europäischen Sozialen Dialog teil.

35 Vgl dazu *Goos*, Dialog, in *Oetker/Preis* (Hrsg), Europäisches Arbeits- und Sozialrecht, EAS B 8110.

36 Union des Industries de la Communauté Européenne. Im Jahre 1987 wurde der Name ergänzt auf Union des Confédérations de l'Industrie et des Employeurs d'Europe. Mitglieder sind neben den EU- und EFTA-Staaten auch die Türkei und San Marino.

37 Vgl dazu vor allem *Platzer*, Unternehmensverbände.

38 Eine Rechtfertigung der Pflichtmitgliedschaft unter Anführung zahlreicher Argumente versucht die Untersuchung der *Bundesarbeitskammer* (Hrsg), Kammern und Pflichtmitgliedschaft in Österreich (1994).

39 Diese ist Mitglied der EUROCHAMBERS (European Chambers of Commerce and Industry Association).

lenvereinigung sichert und auch durch ihre Organisationseinheiten mit anderen europäischen Verbänden eng zusammenarbeitet.[40]

Der 1961 gegründete Europäische Zentralverband der öffentlichen Wirtschaft (CEEP) repräsentiert den Zusammenschluss der öffentlichen Unternehmen in den Mitgliedstaaten der EU, ist von der Kommission seit 1965 als Sozialpartner anerkannt, und nimmt als solcher, zusammen mit BUSINESSEUROPE und EGB, am Sozialen Dialog teil. Als branchenübergreifende Vertretung vertritt der CEEP Unternehmen von allgemeinem wirtschaftlichem Interesse, Netzwerk-Unternehmen (zB öffentlicher Nahverkehr, Post, Energie, Wasser, Häfen) und in einigen Ländern auch der öffentlichen kommunalen Behörden; auch Gebietskörperschaften mit Sozialkompetenzen – besonders aus dem skandinavischen Raum – gehören zu seinen Mitgliedern. Österreich ist im CEEP durch den Verband der öffentlichen Wirtschaft und Gemeinwirtschaft vertreten.

Diesen beiden wichtigsten Sozialpartnern auf Arbeitgeberseite steht der im Jahre 1973 über viele ideologische Divergenzen hinweg gegründete Europäische Gewerkschaftsbund (EGB, ETUC)[41] gegenüber, welcher die Dachorganisation von nationalen Gewerkschaftsverbänden auf europäischer Ebene mit ca 60 Mio Mitgliedern bildet.[42] Der Österreichische Gewerkschaftsbund (ÖGB) war schon Gründungsmitglied.

Während BUSINESSEUROPE aber nur sektorübergreifende Verbände vereint, gehören dem EGB auch Europäische Gewerkschaftsausschüsse[43] und somit auch die den einzelnen Dachverbänden angehörenden Branchengewerkschaften an. Eine große Aufgabe kommt den Europäischen Gewerkschaftsausschüssen bei der Ausgestaltung des Sozialen Dialogs samt der Ausgestaltung von Vereinbarungen auf sektoraler Ebene zu.[44]

Neben dem EGB gibt es noch die Europäische Union der unabhängigen Gewerkschaften CESI.[45] Diese parteipolitisch ungebundene Vereinigung von

40 Vgl *Farnleitner*, Unternehmer 1/95, 9.

41 European Trade Union Confederation (ETUC); vgl dazu *Dolvik*, Spitze; *Europäisches Gewerkschaftsinstitut* (Hrsg), Europäischer Gewerkschaftsbund – Profil des EGB (1990); *Hoffmann/Gabaglio* (Hrsg), Ein offener Prozess. 11 Versuche über den Europäischen Gewerkschaftsbund (1998); *Lörcher*, NZA 2003, 184; *Rath*, Strukturelle Koordinaten gewerkschaftlicher Europapolitik, in *Däubler/Lecher* (Hrsg), Die Gewerkschaften in den 12 EG-Ländern (1991), 233; *WSA-Generalsekretariat*, Interessenverbände, 179. Im EGB sind die nationalen Dachverbände der EU- und EFTA-Staaten, von San Marino und der Türkei vertreten.

42 Siehe *Hoffmann*, EuroAS 1996, 95.

43 Aufzählung in *Däubler/Lecher* (Hrsg), Die Gewerkschaften in den 12 EG-Ländern (1991), 275; vgl auch *Stöckl*, Gewerkschaftsausschüsse in der EG (1986).

44 Vgl dazu ausführlich *Lörcher*, NZA 2003, 190.

45 Confédération Européenne des Syndicats Indépendents.

europäischen Dachorganisationen, nationalen Gewerkschaftsverbänden und nationalen Einzelgewerkschaften existiert seit dem Jahre 1990.

Die nationalen Verbände der Industrie- und Handelskammern in Europa werden von der 1958 gegründeten und heute in Brüssel beheimateten Vereinigung der europäischen Industrie- und Handelskammern (EUROCHAMBRES) repräsentiert, der auch die Wirtschaftskammer Österreich (WKO) – seit 1995 als Vollmitglied, zuvor assoziiert – angehört.

Ferner existieren noch zahlreiche sektorale Organisationen, die keinem branchenübergreifenden Dachverband angeschlossen sind, zB der von der Bedeutung der Landwirtschaft in der EU her äußerst gewichtige Ausschuss der berufsständischen landwirtschaftlichen Organisationen der Europäischen Union (COPA).[46] Der COPA gehört die Österreichische Präsidentenkonferenz der Landwirtschaftskammern seit 1995 als stimmberechtigtes Mitglied an, seit 1993 hatte sie allerdings schon Beobachterstatus. Zu nennen sind auch noch der Europäische Verband der Stahlindustrie (Eurofer) und der Verband der Textilindustrie.

Im Verwaltungsunterbau der Kommission – und zwar der fachspezifischen Generaldirektion V Beschäftigung, Arbeitsbeziehungen und soziale Angelegenheiten – ist im Rahmen der Direktion D (Sozialer Dialog und Freizügigkeit der Arbeitnehmer) ein eigenes Referat „Beziehungen zu den Sozialpartnern und Organisation des Sozialen Dialogs“ eingerichtet. Daraus ist erkennbar, dass sich das Schwergewicht der Einflussnahme der europäischen Sozialpartner auf die Zusammenarbeit mit der Kommission konzentriert, also im Vorfeld des gemeinschaftlichen Rechtsetzungsprozesses.

Die Funktionen der europäischen Interessenvertretungen sind mit denen der sie zusammensetzenden nationalen Verbände nicht zu vergleichen. Teilweise weisen die Verbände auf Gemeinschaftsebene auch eine relativ geringe Intensität an Repräsentation auf. Vor allem der EGB verfügt über kein von den nationalen Verbänden getragenes Verhandlungsmandat, das ihn zum Abschluss verbindlicher Vereinbarungen legitimieren würde, und auch die europäischen Sozialpartner verfügen über keinen privilegierten Zugang zu den Institutionen der EU oder über Konfliktsregelungsmechanismen.[47]

46 Comité des Organisations Professionelles Agricoles de la Communauté Européenne; vgl dazu *WSA-Generalsekretariat*, Interessenverbände, 213.

47 *Karlhofer/Tálos*, Sozialpartnerschaft 110. Der Zugang für den EGB war bspw früher nur auf die Organteile der Kommission GD V (Soziales) und GD X (Information) beschränkt; nunmehr ist auch von Seiten der übrigen GD mehr Offenheit für gewerkschaftliche Anliegen spürbar; vgl *Karlhofer/Tálos*, Sozialpartnerschaft 117.

C. Vertrag von Amsterdam (1997)

Mit dem Vertrag von Amsterdam (1997), der am 1. Mai 1999 in Kraft getreten ist,[48] wurde dann das Abkommen zwischen den Mitgliedstaaten der EG mit Ausnahme des Vereinigten Königreichs Großbritannien und Nordirland über die Sozialpolitik, das dem Protokoll (Nr 14) zum Vertrag über die Europäische Union (EUV) beigefügt wurde, nach dem Regierungswechsel im Vereinigten Königreich nunmehr in den EG-Vertrag (EGV) – mit kleineren Modifikationen – übernommen.[49] Das Protokoll selbst und das dem Protokoll beigefügte Abkommen wurden aufgehoben. Somit war wieder für alle Mitgliedstaaten eine einheitliche Sozialpolitik möglich.

Gem Art 138 und 139 EGV (Art 154 und 155 AEUV) wurde die Rolle der europäischen Sozialpartner beträchtlich gestärkt.[50] Die Kommission hat nunmehr zunächst die Sozialpartner auf Gemeinschaftsebene zu hören (Rechtsanspruch der Sozialpartner), bevor sie Vorschläge im Bereich der Sozialpolitik – ungeachtet der schließlich gewählten Rechtsgrundlage – macht; hält die Kommission nach einer solchen Anhörung eine Gemeinschaftsmaßnahme für zweckmäßig, so hört sie zum Inhalt des in Aussicht genommenen Vorschlags wiederum die Sozialpartner an. Diese leiten dann der Kommission binnen sechs Wochen – wie es sich in praxi eingebürgert hat – eine Stellungnahme oder Empfehlung zu.

Zum Ende dieser zweiten Phase können die europäischen Sozialpartner der Kommission gemäß Art 138 Abs 4 EGV (Art 154 Abs 4 AEUV) auch mitteilen, dass sie selbst über diesen Gegenstand eine *Vereinbarung*[51] auf Unionsebene treffen wollen, wobei inhaltliche Abweichungen vom Kommissionsvorschlag

48 ABl 1999 L 114, 56.

49 Vgl *Runggaldier*, Der neue Beschäftigungstitel des EG-Vertrages und die Übernahme des „Sozialabkommens" in den EG-Vertrag, in *Hummer* (Hrsg), Die Europäische Union nach dem Vertrag von Amsterdam (1998), 208.

50 Vgl dazu insbesondere *S Arnold*, Dialog; *Buchner*, Die Sozialvorschriften des EG-Vertrages in der Fassung des Amsterdamer Vertrages, in *Köbler/Heinze/Hromadka* (Hrsg), FS Alfred Söllner (2000), 175; *Gilles*, Zustandekommen; *Höland*, ZIAS 1995, 425; *Kampmeyer*, Protokoll und Abkommen über die Sozialpolitik der Europäischen Union (1998); *Leidenmüller*, Vereinbarungen der Europäischen Sozialpartner: Europäischer Kollektivvertrag oder demokratisch nicht legitimierte Rechtsnormenerzeugung? WISO 4/2000, 101; *Lörcher*, NZA 2003, 184; *Piazolo*, Dialog; *Schulz*, Maastricht und die Grundlagen einer Europäischen Sozialpolitik (1996), 100; *Schwerin*, Tripartismus im europäischen Arbeitsrecht (2006); *Spieß*, Sozialer Dialog und Demokratieprinzip (2005); *Theiss*, Die Durchführung europäischer Sozialpartnervereinbarungen auf nationaler Ebene (2005); *Waas*, Der soziale Dialog auf europäischer Ebene, ZESAR 2004, 443 und die Ergebnisse der Podiumsdiskussion „Sozialer Dialog – ein Mittel europäischer Sozialpolitik?", in *Schmähl/Rische* (Hrsg), Europäische Sozialpolitik (1997), 109.

51 *Vereinbarungen* sind Übereinkünfte, denen normative Umsetzung durch Art 155 Abs 2 AEUV (ex Art 139 Abs 2 EGV) geregelt wird. Der Begriff *„vertragliche Beziehungen"*

soweit möglich sind, als sie als Annex zu betrachten sind; neue Themen können nicht verhandelt werden.[52] Bei den (schriftlichen) Vereinbarungen handelt es sich um schuldrechtliche Verträge europäischen Rechts.[53] Die Kommission muss nunmehr einstweilen von ihrem Regelungsvorschlag Abstand nehmen (Sperrwirkung). Neben das Rechtsinstrument der Richtlinie trat also nun erstmals die Vereinbarung (Richtlinien vertretende Funktion);[54] somit wurde das Subsidiaritätsprinzip nunmehr auch horizontal verwirklicht,[55] dh auf gemeinschaftlicher Ebene ist eine Subsidiarität der gesetzlichen zugunsten der tariflichen Regelung durch die Sozialpartner gegeben. Die Dauer der Verhandlungen ist gem Art 154 Abs 4 S 2 AEUV (ex Art 138 Abs 4 S 2 EGV) grundsätzlich mit 9 Monaten begrenzt, kann aber verlängert werden. Gelingt innerhalb dieser Frist keine Einigung, geht die Zuständigkeit wieder auf die Kommission über; eine erneute Anhörung der Sozialpartner ist nicht mehr vorgesehen.

Die Aufnahme der Verhandlungen der europäischen Sozialpartner nach Art 155 AEUV (ex Art 139 EGV) ist allerdings nicht an ein vorheriges Anhörungsverfahren nach Art 154 AEUV (ex Art 138 EGV) gekoppelt. Der Soziale Dialog kann vollkommen unabhängig von einer bereits bestehenden Kommissionsinitiative in Gang gesetzt werden.[56]

In zwei bedeutenden Fällen scheiterten die Verhandlungen der europäischen Sozialpartner:[57] So im Jahre 1994 noch beim Verhandlungsprozess gem Art 4 Sozialabkommen über die Einsetzung eines Europäischen Betriebsrates[58] und im Jahre 2001 bei der Festlegung europäischer Mindeststandards bezüglich Leiharbeit.[59] Beide Rechtsakte wurden dann später auf Grund von Kommissionsvorschlägen, welche naturgemäß einen Kompromiss darstellten, als Richtlinien verabschiedet.

---

iSv Art 155 Abs 1 AEUV (ex Art 139 Abs 1 EGV) ist weiter und betrifft alle Absprachen zwischen den europäischen Sozialpartnern.

52 Vgl *Schwerin*, Tripartismus, 68 f.

53 Vgl *Schwarze*, Dialog, in *Oetker/Preis* (Hrsg), Europäisches Arbeits- und Sozialrecht, EAS B 8100, 38.

54 *Buchner*, RdA 1993, 193, 200.

55 Vgl *Clever*, in *Schmähl/Rische* (Hrsg), Europäische Sozialpolitik (1997), 112.

56 Vgl *S Arnold*, Dialog, 121.

57 *Schwerin*, Tripartismus, 100 ff gibt einen Gesamtüberblick über die Verfahrensabläufe in der bisherigen Praxis.

58 Vgl dazu *Kolvenbach*, RdA 1994, 281; im Jahre 1994 wurde dann schließlich die RL 94/45/EG des Rates über die Einsetzung eines Europäischen Betriebsrats oder die Schaffung eines Verfahren zur Unterrichtung und Anhörung der Arbeitnehmer in gemeinschaftsweit operierenden Unternehmen und Unternehmensgruppen verabschiedet, ABl 1994 L 254, 64.

59 Vgl dazu *Gagawczuk*, Leiharbeitsrichtlinie – wiederholter Anlauf gescheitert? DRdA 2003, 597. Siehe nunmehr aber RL 2008/104/EG des Europäischen Parlaments und des Rates v 19.11.2008 über Leiharbeit, ABl 2008 L 327, 9.

III. Durchführung von Sozialpartnervereinbarungen und Übernahme in das staatliche Recht

Die Durchführung der auf Gemeinschaftsebene geschlossenen Sozialpartnervereinbarungen kann gem Art 155 Abs 2 AEUV (ex Art 139 Abs 2 EGV) zum einen nach den jeweiligen Verfahren und Gepflogenheiten der nationalen Sozialpartner (zB Kollektivverträge wie im Falle der Rahmenvereinbarung über Telearbeit im Jahre 2002) und der Mitgliedstaaten (staatliche Durchführung durch Gesetze, Verwaltungsvorschriften, uU Richterrecht) erfolgen.

In Bezug auf die Sozialpartnervereinbarungen könnten mangels eines Mandats der europäischen Spitzenverbände, die nationalen Sozialpartner zur Durchführung zu verpflichten (Unverbindlichkeit),[60] in der Praxis leicht Umsetzungsschwierigkeiten entstehen. Bei der staatlichen Durchführung wiederum käme es auf den guten Willen der Mitgliedstaaten an (gentlemen's agreement). Dann wäre der nationale Gesetzgeber inhaltlich wohl nicht eins zu eins an die Vorgaben der Sozialpartnervereinbarung gebunden.[61]

A. Beschluss des Rates zur Durchführung der Vereinbarungen

Zum anderen können aber die europäischen Sozialpartner auf gemeinsamen Antrag und auf Vorschlag der Kommission diese *Vereinbarungen* in den durch Art 153 AEUV (ex Art 137 EGV) erfassten Bereichen durch einen *Beschluss des Rates durchführen* und somit *rechtsverbindlich* werden lassen. Diese Bereiche sind: Sicherheits- und Gesundheitsschutz der Arbeitnehmer; Angleichung der Arbeitsbedingungen; Unterrichtung und Anhörung der Arbeitnehmer; berufliche Eingliederung der aus dem Arbeitsmarkt ausgegrenzten Personen; Chancengleichheit von Männern und Frauen auf dem Arbeitsmarkt und Gleichbehandlung am Arbeitsplatz; soziale Sicherheit und sozialer Schutz der Arbeitnehmer; Schutz der Arbeitnehmer bei Beendigung des Arbeitsvertrages; Vertretung und kollektive Wahrnehmung der Arbeitnehmer- und Arbeitgeberinteressen, einschließlich der Mitbestimmung, die Beschäftigungsbedingungen der Staatsangehörigen dritter Staaten, die sich rechtmäßig im Gebiet der Gemeinschaft aufhalten sowie die Leistung finanzieller Beiträge zur Förderung der Beschäftigung und zur Schaffung von Arbeitsplätzen. Ausgeschlossen aus der Gemeinschaftskompetenz sind gem Art 153 Abs 5 AEUV (ex Art 137 Abs 5 EGV) Regelungen über das Arbeitsentgelt, das Koalitionsrecht sowie das Streik- und Aussperrungsrecht.

Die Kommission ist allerdings nicht verpflichtet, eine Sozialpartnervereinbarung auf deren Antrag dem Rat zur Annahme vorzuschlagen.[62]

60 Siehe dazu die Erklärung der Vertragsparteien zu Art 4 Abs 2 des Abkommens.

61 Vgl *Theiss*, Durchführung, 187 f.

62 Vgl *Theiss*, Durchführung, 121.

Durch den Ratsbeschluss wird die Rahmenvereinbarung unmittelbar in sekundäres Gemeinschaftsrecht transformiert und unterliegt der Auslegung durch den EuGH. Das Verhandlungsergebnis wird auf alle, nicht nur auf die Mitglieder der an der Vereinbarung beteiligten Verbände, erstreckt.

Das *Rechtserzeugungsverfahren* ist also insgesamt *dreistufig*: Vereinbarung der europäischen Sozialpartner – Erlass einer Richtlinie durch Ratsbeschluss zur Durchführung der Sozialpartnervereinbarung – Umsetzung durch den nationalen Gesetzgeber bzw durch Kollektivvertrag der nationalen Sozialpartner (Art 153 Abs 3 AEUV) (ex Art 137 Abs 3 EGV).

B. Umsetzung und Abänderbarkeit europäischer Sozialpartnervereinbarungen

Der Rat ist grundsätzlich in seiner Entscheidung frei, die Vereinbarung umzusetzen; er muss aber das Subsidiaritätsprinzip des Art 5 Abs 3 EUV (ex Art 5 Abs 2 EGV) und die Grenzen seiner Regelungsbefugnisse beachten. Bei fehlender Gemeinschaftskompetenz ist natürlich keine verbindliche Umsetzung durch Ratsbeschluss möglich.

Bezüglich der Abänderbarkeit europäischer Sozialpartnervereinbarungen, deren Verbindlicherklärung beantragt wurde, durch Rat und Kommission hat letztere schon in ihrer Mitteilung vom 14. Dezember 1993 über die Anwendung des Protokolls über die Sozialpolitik an den Rat und an das Europäische Parlament die Rechtsmeinung vertreten, dass der Rat die Vereinbarung nicht ändern kann;[63] es besteht nur die Wahl, ob umgesetzt werden soll oder nicht. Die Ablehnung des Abänderungsrechts wird mit der in Art 154 Abs 1 AEUV (ex Art 138 Abs 1 EGV) festgeschriebenen Förderungspflicht des Sozialen Dialogs durch die Kommission sowie der Vereinbarungsautonomie der Sozialpartner begründet; eine andere Vorgangsweise würde die Sozialpartner auch davon abhalten, den Vereinbarungsweg in Zukunft noch einmal zu beschreiten. Die Kommission wird sich daher in jedem Fall darauf beschränken, nach Prüfung der zwischen den Sozialpartnern geschlossenen Vereinbarung (bezüglich Vertretungsanspruch, ihres Mandats, Beachtung des primären Gemeinschaftsrechts sowie der Einhaltung der Bestimmungen zu den kleinen und mittleren Unternehmen)[64] die Annahme eines Beschlusses zu dieser Fassung vorzuschlagen.

Zu beachten ist, dass wegen der Autonomie der Sozialpartner Wirtschafts- und Sozialausschuss und das Europäische Parlament (zunächst) hier nicht ins

63 KOM(1993) 600 endg, Z 38; so auch *S Arnold*, Dialog, 124 ff; *Buchner*, RdA 1993, 202; *Kampmeyer*, Protokoll, 99; *Wisskirchen*, Dialog, in *Deutscher Arbeitsgerichtsverband* (Hrsg), Arbeitsgerichtsbarkeit. FS Bestehen, 672.

64 Gem Art 153 Abs 2 lit b S 2 AEUV sollen Richtlinien keine verwaltungsmäßigen, finanziellen oder rechtlichen Auflagen vorschreiben, die der Gründung und Entwicklung von kleinen und mittleren Unternehmen entgegenstehen.

Verfahren eingebunden wurden.[65] Auch das Gericht erster Instanz (EuG) vertrat die Auffassung, dass die fehlende Beteiligung des Europäischen Parlaments durch die Beteiligung repräsentativer Sozialpartner kompensiert werde.[66] Im Einklang mit ihrer oben angeführten Mitteilung[67] hatte die Kommission aber schon im Fall der Rahmenvereinbarung „Elternurlaub“ das Europäische Parlament und darüber hinaus auch den Wirtschafts- und Sozialausschuss unterrichtet und ihnen den Wortlaut der Rahmenvereinbarung sowie ihren mit einer Begründung versehenen Richtlinienvorschlag übermittelt.[68] Gem der Mitteilung der Kommission zur Anpassung und Förderung des Sozialen Dialogs auf Gemeinschaftsebene[69] wurde dem Europäischen Parlament die Möglichkeit einer rechtzeitigen Stellungnahme weiterhin eingeräumt, bevor der Rat einen offiziellen Beschluss fasste. Gemäß dem Vertrag von Lissabon war in Art 155 Abs 2 AEUV (ex Art 139 Abs 2 EGV) dann vorgesehen, dass das Europäische Parlament unterrichtet wird.

Beschließt der Rat auf der Basis des in Art 155 AEUV (ex Art 139 EGV) vorgesehenen Verfahrens, die Vereinbarung in der von den Sozialpartnern festgesetzten Form nicht durchzuführen (Ablehnung des gemeinsamen Antrags), so zieht die Kommission ihren Vorschlag zurück und prüft die Möglichkeit, unter Berücksichtigung der bereits durchgeführten Arbeiten einen Vorschlag für ein Rechtsinstrument (geänderte Richtlinie) in dem betreffenden Bereich vorzulegen.[70]

IV. Einzelne Rahmenvereinbarungen und ihre Einwirkung auf die österreichische Rechtsordnung

A. Elternurlaub und Urlaub aus familiären Gründen

Ein auf Art 100 EWGV (Einstimmigkeitsprinzip) gestützter Richtlinien-Vorschlag über Elternurlaub und Urlaub aus familiären Gründen[71] aus dem Jahre 1983 hatte im Rat keine Zustimmung gefunden. Die spätere Entwicklung zielte aber doch auf diesbezügliche Regelungen, welche zur leichteren Durchsetzung – Großbritannien hatte wieder einmal ein Veto eingelegt – auf das *Abkommen über die Sozialpolitik* gestützt werden sollten. Am 14. Dezember 1995 wurde

65 Für eine solche Einbindung sprach sich schon *Schulz*, Maastricht, 112 vehement aus. Auch *C Arnold*, NZA 2002, 1268 fordert vehement eine Beteiligung des Europäischen Parlaments; vgl dazu auch *S Arnold*, Dialog, 132 ff; *Schwerin*, Tripartismus, 189 ff.

66 EuG, Rs T-135/96, *UEAPME/Rat*, Slg 1998, II-2335, Rdnr 89.

67 KOM(1993) 600 endg, Z 40.

68 Vgl RL 96/34/EG, ABl 1996 L 145, 4, Erwägungsgründe 14/15.

69 KOM(1998) 322 endg, 19.

70 Vgl KOM(1993) 600 endg, Z 42.

71 ABl 1983 C 333, 6; geändert ABl 1984 C 316, 7.

eine Rahmenvereinbarung – dies war erstmalig – zwischen UNICE, CEEP und EGB über den Elternurlaub[72] abgeschlossen, welche dann durch Ratsbeschluss[73] durchgeführt wurde und somit Rechtsverbindlichkeit erlangte.

In der Praxis lag mit RL 96/34/EG des Rates v 3. Juni 1996 zu der von UNICE, CEEP und EGB geschlossenen *Rahmenvereinbarung über Elternurlaub* ein auf Art 4 Abs 2 Sozialabkommen gestütztes Rechtsinstrument vor. Zu dieser ersten Erfahrung bemerkte die Kommission in ihrer Mitteilung zur Entwicklung des Sozialen Dialogs auf Gemeinschaftsebene,[74] dass der zwischen der Unterzeichnung der Rahmenvereinbarung und dem Erlass der Richtlinie liegende Zeitraum sehr kurz war; dass die Wahl des Rechtsinstruments von deren Inhalt abhängt; dass der Rat zwar akzeptiert hat, dass er die Vereinbarung nicht abändern konnte, er aber doch seine Bedenken hinsichtlich bestimmter inhaltlicher Elemente geäußert hat, die nach Auffassung einiger Mitgliedstaaten in die Zuständigkeit der nationalen Behörden fallen oder Verfahrensfragen bzw institutionelle Fragen betreffen. Auch hatten einige Organisationen der Sozialpartner kritisiert, dass sie nicht in die Verhandlungen miteinbezogen wurden und Zweifel daran angemeldet, ob die Vereinbarung über den Elternurlaub überhaupt rechtskräftig ist und auch für sie gilt. Die nicht unmittelbar an den Verhandlungen beteiligte Europäische Union des Handwerks und der Klein- und Mittelbetriebe (UEAPME) befasste dann überhaupt das Gericht erster Instanz (EuG) mit dieser Frage. Allerdings hatte die Kommission diese Frage zuvor schon eingehend geprüft und war zum Schluss gelangt, dass die drei in die Verhandlungen einbezogenen Organisationen die Repräsentativitätskriterien erfüllen, und dass somit die Voraussetzungen für die Rechtsgültigkeit der Vereinbarung gegeben sind.[75] Außerdem hatte die Kommission sämtliche Organisationen, die zu der Initiative gehört worden waren,

72 ABl 1996 L 145, 6; vgl dazu *Dötsch*, AuA 1998, 262; *Hornung-Draus*, ArbGeb 3/1996, 62; *Klein-Jahns*, Mutterschutz und Erziehungsurlaub, EAS B 5100; *Schmidt*, The EC Directive on Parental Leave, in *Blanpain* (Hrsg), Labour Law and Industrial Relations in the European Union (1998), 181; zum österreichischen Anpassungsbedarf vgl *Mlinek*, infas 1996, 5; *Pifl-Pavelec*, DRdA 1996, 532.

73 RL 96/34/EG v 3.6.1996 zu der von UNICE, CEEP und EGB geschlossenen Rahmenvereinbarung über Elternurlaub, ABl 1996 L 145, 4; vgl dazu *Hiller*, Fallstudie: Elternurlaubsrichtlinie, in *Falkner/Müller* (Hrsg), Österreich im europäischen Mehrebenensystem (1998), 111; *Pifl-Pavelec*, DRdA 1996, 531. Siehe nunmehr auch RL 97/75/EG v 15.12.1997 zur Änderung und Ausdehnung der RL 96/34/EG zu der von UNICE, CEEP und EGB geschlossenen Rahmenvereinbarung über Elternurlaub auf das Vereinigte Königreich, ABl 1998 L 10, 24. Ab 8.3.2012 gilt eine neue Elternurlaubs-RL 2010/18/EU, ABl 2010 L 68, 13.

74 KOM(1996) 448 endg, Z 68; vgl dazu auch die Stellungnahme des WSA, ABl 1997 C 89, 27.

75 EuG, Rs T-135/96, *UEAPME/Rat*, Slg 1998, II-2335 erkannte dann auch auf Unzulässigkeit der Nichtigerklärung der RL 96/34/EG; vgl dazu *Dederer*, RdA 2000, 216; *Moreau*, Sur la représentativité des partenaires sociaux européens, Droit Social 1999, 53.

aber nicht an den Verhandlungen teilgenommen hatten, zu einem Treffen eingeladen, um sie in aller Ausführlichkeit über die Vereinbarung zu informieren. Schon in einer Mitteilung zur Anpassung und Förderung des Sozialen Dialogs auf Gemeinschaftsebene war die UEAPME von der Kommission auch in der Liste der anzuhörenden Organisationen angeführt worden.[76] Mit der 1998 abgeschlossenen Kooperationsvereinbarung zwischen UNICE (nunmehr BUSINESSEUROPE) und UEAPME wurde die Teilnahme der letzteren am Sozialen Dialog gesichert, indem Vertreter der UEAPME als Mitglieder der Delegation der BUSINESSEUROPE am Sozialen Dialog teilnehmen sollen.[77]

Ziele der Rahmenvereinbarung über Elternurlaub sind gemäß Präambel die Ermöglichung der Vereinbarkeit von Berufs- und Familienleben,[78] die Förderung der Chancengleichheit und der Gleichbehandlung von Männern und Frauen.[79] Sie soll weiters die Erwerbsbeteiligung von Frauen und die Beteiligung von Männern an der familiären Verantwortung fördern (zB durch Sensibilisierungsprogramme).[80]

Die Vereinbarung sieht für alle nach Maßgabe der Rechtsvorschriften der Mitgliedstaaten in einem Arbeitsverhältnis stehenden Männer und Frauen einen individuellen Anspruch[81] auf mindestens 3 Monate (unbezahlten) Erziehungsurlaub, anlässlich der Geburt oder Adoption eines Kindes, vor. Der Anspruch, welcher bis zum achten Lebensjahr des Kindes eingelöst werden kann, ist gem § 2 Z 1 Übereinkommen grundsätzlich nicht auf den anderen Elternteil übertragbar und besteht unabhängig von dessen beruflicher Situation. In Anbetracht der sehr unterschiedlichen nationalen Regelungsansätze lässt das Rahmenabkommen viel Raum für die Berücksichtigung nationaler Besonderheiten bei der konkreten Ausgestaltung dieses individuellen Anspruchs (Zugangsbedingungen und Anwendungsmodalitäten).[82]

Die RL 96/34/EG wird mit Wirkung vom 8. März 2012 aufgehoben und durch die RL 2010/18/EU des Rates v 8. März 2010 zur Durchführung der von BUSINESS, UEAPME, CEEP und EGB geschlossenen überarbeiteten Rahmenvereinbarung über den Elternurlaub und zur Aufhebung der Richtlinie 96/34/EG[83] ersetzt werden.

---

76 KOM(1998) 322 endg, Anhang I.

77 Vgl *S Arnold*, Dialog, 37.

78 Vgl Erwägungsgrund 3; § 1 Z 1 Übereinkommen.

79 Vgl Erwägungsgründe 4 ff Übereinkommen. Vgl dazu EuGH, Rs C-116/08, *Meerts*, Urteil vom 22. Oktober 2009, noch nicht in der amtl Slg veröffentlicht = EuZA 2010, 226 (*Maties*) = ZESAR 2010, 129 (*Merkes*); EuGH, Rs C-537/07, *Gómez-Limón*, Urteil vom 16. Juli 2009, noch nicht in der amtl Slg veröffentlicht.

80 Vgl Erwägungsgründe 7 und 8.

81 Nach der Ratsprotokollerklärung v 3.6.1996 kann eine gleichzeitige Inanspruchnahme von Vater und Mutter vorgesehen werden.

82 Vgl Erwägungsgrund 9.

83 ABl 2010 L 68, 13.

Ansprüche auf Karenzurlaub zur Betreuung von Kindern sind in Österreich ua im Mutterschutzgesetz (MSchG),[84] im neuen Väter-Karenzgesetz (VKG)[85] – das EG-Konformität in den meisten Bereichen herstellte – und in diversen landesgesetzlichen Regelungen für Landes- und Gemeindebedienstete sowie in diversen Sondergesetzen für spezielle Berufsgruppen (zB Landarbeit) geregelt. Dabei waren zahlreiche Anpassungen an die Bestimmungen der Elternurlaubsrichtlinie nötig, hauptsächlich durch die Novelle BGBl I 1999/153.[86] Weitere Änderungen erfolgten durch die Novelle BGBl I 2004/124.

B. Teilzeitarbeit

Zum Thema „Flexibilisierung der Arbeitszeit und Absicherung der Arbeitnehmer" wurde von der Kommission im September 1995 das zweistufige Anhörungsverfahren nach Art 3 und das Verfahren nach Art 4 des Maastrichter Sozialabkommens eingeleitet und von UNICE, CEEP und EGB am 6. Juni 1997 eine *Europäische Rahmenvereinbarung über Teilzeitarbeit* getroffen,[87] welche dann durch RL 97/81/EG des Rates rechtsverbindlich wurde.[88]

Die Rahmenvereinbarung ist ein Beitrag zur allgemeinen europäischen Beschäftigungsstrategie und hat zum Ziel, die Diskriminierung von Teilzeitbeschäftigten in jeder Form zu verhindern und die Qualität der Teilzeitarbeit zu verbessern, die Entwicklung der Teilzeitarbeit auf freiwilliger Basis zu fördern und zu einer flexiblen Arbeitszeitgestaltung beizutragen, die den Bedürfnissen der Arbeitgeber und der Arbeitnehmer Rechnung trägt.

Schwerpunkt der Vereinbarung ist die Verankerung des Grundsatzes der *Nichtdiskriminierung von Teilzeitbeschäftigten* und die Erleichterung des Wechsels von einem Vollzeit- in ein Teilzeitarbeitsverhältnis oder umgekehrt. Die Rahmenvereinbarung erstreckt sich auf die Beschäftigungsbedingungen von Teilzeitbeschäftigten, also auf die arbeitsrechtlichen Fragen der Teilzeitar-

---

84 BGBl 1979/221 idF BGBl I 2009/116; vgl dazu *Ercher/Stech/Langer*, Mutterschutzgesetz und Väter-Karenzgesetz (2005); *Knöfler*, Mutterschutzgesetz und Väter-Karenzgesetz, Loseblattsammlung.

85 BGBl 1989/651 idF BGBl I 2009/116.

86 Einen sehr guten Überblick unter Berücksichtigung der Gesetzesentwicklung der letzten Jahre gibt *Schaufler*, Die Umsetzung der Elternurlaubsrichtlinie in Österreich (2002).

87 ABl 1998, L 14, 12; vgl dazu *Dötsch*, AuA 1998, 262; *Kreimer-de Fries*, ArbuR 1997, 314; *Mitter*, RdW 1997, 538; *Mitter*, infas 1997, 127.

88 RL 97/81/EG des Rates v 15.12.1997 zu der von UNICE, CEEP und EGB geschlossenen Rahmenvereinbarung über Teilzeitarbeit, ABl 1998 L 14, 9. Eine Ausdehnung dieser Richtlinie auf das Vereinigte Königreich Großbritannien und Nordirland erfolgte durch RL 98/24/EG, ABl 1998 L 131, 10; vgl dazu *Caamano Rojo*, Die Teilzeitarbeit im europäischen und deutschen Arbeitsrecht (2002); *Schmidt*, NZA 1998, 576; *Standeker*, ASoK 2003, 80; *Viethen*, EuroAS 2002, 51.

beit und überlässt die Fragen der gesetzlichen Regelung der sozialen Sicherheit den Mitgliedstaaten.

Die Kommission hatte auch das Europäische Parlament und den Wirtschafts- und Sozialausschuss am Verfahren beteiligt.

§ 4 bildet den Kernbereich des Abkommens und legt den Grundsatz der Nichtdiskriminierung von Teilzeitbeschäftigten fest. Im Hinblick auf die Arbeitsbedingungen[89] dürfen Teilzeitbeschäftigte allein wegen der Tatsache ihrer Teilzeitbeschäftigung nicht schlechter behandelt werden als vergleichbare Vollzeit Beschäftigten.[90] Dieses Diskriminierungsverbot (zwingendes Recht) umfasst auch Tatbestände mittelbarer Diskriminierung,[91] ist allerdings beschränkt ausgestaltet: Ungleichbehandlung zwischen Teilzeit- und Vollzeitbeschäftigten aufgrund des Vorliegens objektiver Umstände wird genauso zugelassen wie eine Anwendung des pro-rata-temporis-Prinzips in dafür geeigneten Sachverhalten.

§ 5 dient der Verwirklichung des zweiten Zieles der Rahmenvereinbarung, nämlich der Steigerung der Attraktivität von Teilzeitarbeit und ruft die Mitgliedstaaten auf, rechtliche oder administrative Hindernisse für Teilzeitarbeit zu identifizieren, zu prüfen und gegebenenfalls zu beseitigen.[92] Die Sozialpart-

89 Vgl dazu EuGH, Rs C-486/08, *Zentralbetriebsrat der Landeskrankenhäuser Tirols*, Urteil vom 22. April 2010, noch nicht in der amtl Slg veröffentlicht (Unzulässigkeit der Schlechterstellung von Vertragsbediensteten, die in Teilzeit, nur fallweise oder befristet beschäftigt werden).

90 Vgl schon EuGH, Rs C-243/95, *Hill und Stapleton*, Slg 1998, I-3739 (niedrigere Einstufung bei Wechsel von einem Teilzeitarbeitsplatz auf einen Vollarbeitsplatz ist unzulässig); OLG Wien 22.5.1995, 9 Ra 19/95 = ARD 4677/17/95 (Benachteiligung von Teilzeitbeschäftigten bei Definitivstellung durch lediglich aliquote Berücksichtigung der Vordienstzeiten) und das Gutachten der Gleichbehandlungskommission v 22.6.1995, ARD 4710/38/96 (mittelbare Diskriminierung von teilzeitbeschäftigten Apothekerinnen durch unterschiedliche Vorrückungsbestimmungen im Gehaltskassengesetz); vgl zu letzterem VfGH, Slg 15.368/1998; VfGH, Slg 15.448/1999; vgl dazu *Kienast*, RdW 1999, 479; OGH 24.10.2001, 9 Ob A 175/01b = ÖJZ 2002, 263 (Vordienstzeitenanrechnung bei Teilzeitbeschäftigung); OGH 1.12.2004, 9 Ob A 90/04g = ecolex 2005, 312 = wbl 2005, 331; dazu Anm *Adamovich*, ARD 5575/6/2005 (Ausschluss von Teilzeitbeschäftigten von Erschwerniszulage für Bildschirmarbeit unzulässig); OGH 9.5.2007, 9 Ob A 41/06d = DRdA 2008, 510 (*Ziehensack*) – Vollanrechnung von Teilzeitbeschäftigungsvordienstzeiten nach dem VBG.

91 Bezüglich Teilzeitbeschäftigung war ein Vorlagebeschluss des OGH anhängig; vgl dazu *Preiss*, AuR 2003, 281. Der EuGH entschied dann, dass ein Teilzeitarbeitsvertrag über Beschäftigung nach Bedarf, der weder eine Wochenarbeitszeit noch eine Ausgestaltung der Arbeitszeit festlegt, keine mittelbar diskriminierende Maßnahme iSd RL 76/207/EG darstellt; solche Teilzeitarbeitnehmer sind mit Vollzeitarbeitnehmern nicht vergleichbar, da sie die Arbeit ablehnen können; EuGH, Rs C-313/02, *Wippel*, Slg 2004, I-9483 = EuZW 2004, 724 = ZESAR 2006, 216 (*Windisch-Graetz*); vgl dazu *Sturm*, ecolex 2004, 958.

92 Vgl dazu EuGH, verb Rs C-55 und C-56/07, *Michaeler und Volgger*, Slg 2008, I-3135 = ZESAR 2008, 394 (*Runggaldier*).

ner werden zu einer solchen Vorgangsweise in ihrem eigenen Wirkungsbereich, also vor allem auf der Ebene der Kollektivverträge und Betriebsvereinbarungen, aufgerufen. Weiters sollen die Mitgliedstaaten und Sozialpartner gem § 5 Z 2 dafür Sorge tragen, dass die Weigerung eines Arbeitnehmers, von einer Vollzeit- auf eine Teilzeitbeschäftigung oder umgekehrt umzusteigen, als solche keinen rechtsgültigen Kündigungsgrund darstellt. Kündigungen aus anderen Gründen, insbesondere aus betrieblichen Erfordernissen, bleiben weiterhin möglich.

Bezüglich des Anpassungsbedarfs der österreichischen Rechtsordnung ist zu bemerken, dass durch das ArbBG[93] bezüglich Teilzeitbeschäftigung eine Änderung des AZG vorgenommen und ein neuer Abschnitt 6a „Vertragsrechtliche Bestimmungen“ eingefügt worden war. § 19d AZG[94] regelt den Begriff des Teilzeitbeschäftigten richtlinienkonform, angesichts der Nichtrückschrittsklausel des § 6 Z 2 des Abkommens erscheint eine nachmalige Beschränkung des Geltungsbereichs von § 19d AZG etwa auf unbefristet beschäftigte Teilzeitarbeitnehmer nicht möglich.[95] § 19d Abs 6 AZG regelt ein Diskriminierungsverbot in einer § 4 des Abkommens entsprechenden Weise. Dies gilt auch für die Beweislastregel des § 19d Abs 6 AZG, wonach der Arbeitgeber für das Vorliegen von eine unterschiedliche Behandlung rechtfertigenden sachlichen Gründen im Streitfall beweispflichtig ist. Im Hinblick auf freiwillige Sozialleistungen ist das pro-rata-temporis-Prinzip des § 4 Z 2 des Abkommens in § 19d Abs 6 AZG schon normiert. § 19d Abs 5 AZG enthält eine Aliquotierungsregel für bestimmte Ansprüche (zB 13./14. Monatsgehalt; Belohnungen) im Jahr der Umstellung auf Gleitpension. In § 19d Abs 4 AZG ist auch schon festgelegt, dass bei der Bestimmung von Ansprüchen eines Arbeitnehmers, die nach dem Ausmaß der Arbeitszeit bemessen werden, die Tatsache der Teilzeitarbeit, allerdings auch die Tatsache möglicherweise vorliegender Mehrarbeit, zu berücksichtigen ist.

§ 14 AVRAG regelt richtlinienkonform die Herabsetzung der Normalarbeitszeit,[96] § 15h MSchG Teilzeitbeschäftigung und Änderung der Lage der Arbeitszeit.[97]

---

93 BGBl 1992/833.

94 Vgl dazu *Mosler*, Arbeitsrechtliche Probleme der Teilzeitbeschäftigung, DRdA 1999, 338; *Mosler*, Das Benachteiligungsverbot für Teilzeitbeschäftigte nach österreichischem, deutschem und europäischem Recht, in *Krejci* (Hrsg), Rechtsdogmatik und Rechtspolitik im Arbeits- und Sozialrecht: FS Theodor Tomandl (1998), 273; *Mosler*, Beschäftigung nach Bedarf – arbeitsrechtliche Grenzen der flexiblen Teilzeitarbeit (Bespr OGH 8.8.2002, 8 Ob A 277/01 w, abgedruckt in DRdA 2002, 505.

95 Vgl *Mitter*, RdW 1997, 539.

96 Bezüglich der Berechnung der „Abfertigung alt“ bei Wechsel von Voll- auf Teilzeit vgl OGH 29.6.2005, 9 Ob A 6/05 f = DRdA 2006, 304 (krit *Smutny*) = JBl 2006, 127.

97 Zum neuen Anspruch auf Elternteilzeit vgl *Burger/Ehrnhofer*, RdW 2004, 419; *Schrank*, ASoK-Sonderheft August 2004; *Wolfsgruber*, ZAS 2004, 204.

C. Befristete Arbeitsverträge

Nach langen, schwierigen Verhandlungen konnten die Sozialpartner auf europäischer Ebene EGB, UNICE und CEEP am 18. März 1999 eine Einigung über eine Rahmenvereinbarung über befristete Arbeitsverträge erzielen,[98] welche durch die Richtlinie 1999/70/EG des Rates vom 28. Juni 1999 zu der EGB-UNICE-CEEP-*Rahmenvereinbarung über befristete Arbeitsverträge* durchgeführt wurde.[99] Das Abkommen versteht sich als Beitrag der Sozialpartner auf dem Weg zu einem besseren Gleichgewicht zwischen der Flexibilität der Arbeitszeit und Sicherheit der Arbeitnehmer.[100] Im zweiten Erwägungsgrund zur Präambel der Vereinbarung wird anerkannt, dass unbefristete Arbeitsverträge die übliche Form des Arbeitsverhältnisses sind und weiter bleiben sollen. Die Vereinbarung legt die allgemeinen Grundsätze und Mindestvorschriften für befristete Arbeitsverhältnisse in der Erkenntnis nieder, dass deren Anwendung die besonderen Gegebenheiten der nationalen, sektoralen und saisonalen Situation berücksichtigen müssen.[101] Gem § 1 Rahmenvereinbarung soll das Abkommen durch Anwendung des Grundsatzes der Nichtdiskriminierung die Qualität befristeter Arbeitsverhältnisse verbessern und einen Rahmen schaffen, der den Missbrauch durch aufeinander folgende befristete Arbeitsverhältnisse verhindert. Die Vereinbarung gilt für Arbeitnehmer in befristeten Arbeitsverhältnissen mit Ausnahme derer, die einem Unternehmen von einer Leiharbeitsagentur zur Verfügung gestellt werden; es war jedoch zunächst Absicht der europäischen Sozialpartner, den Abschluss einer ähnlichen Vereinbarung über Leiharbeit (Arbeitnehmerüberlassung)[102] in Erwägung zu ziehen.[103]

Die Vereinbarung erstreckt sich auf die Beschäftigungsbedingungen von Arbeitnehmern in befristeten Arbeitsverhältnissen (auch in der öffentlichen Verwaltung)[104] und geht davon aus, dass Fragen der gesetzlichen Regelung der sozialen Sicherheit der Entscheidung der Mitgliedstaaten unterliegen.[105]

---

98 Zu den ursprünglich weitergehenden Forderungen der Gewerkschaften vgl *Kaufmann*, ArbuR 1999, 332.

99 ABl 1999 L 175, 43; ber ABl 1999 L 244, 64; vgl dazu *Preis/Gotthardt*, ZESAR 2002, 13; *Rolfs*, Befristung des Arbeitsvertrages, in *Oetker/Preis* (Hrsg), Europäisches Arbeits- und Sozialrecht, EAS (2009) B 3200; *Rolfs/de Groot*, ZESAR 2009, 5; *Röthel*, NZA 2000, 65; *Standeker*, ASoK 2003, 398; *Wank/Börgmann*, RdA 1999, 383.

100 Erster Erwägungsgrund zur Präambel.

101 Dritter Erwägungsgrund zur Präambel.

102 Vgl 4. Erwägungsgrund zur Präambel und § 2 Vereinbarung.

103 In dieser Materie konnten aber dann keine Verhandlungsergebnisse erzielt werden. Siehe nunmehr aber Richtlinie 2008/104/EG des Europäischen Parlaments und des Rates v 19.11.2008 über Leiharbeit, ABl 2008 L 327, 9.

104 EuGH, Rs C-53/04, *Marrosu und Sardino*, Slg 2006, I-7213 = NZA 2006, 1265 = ZESAR 2007, 174; vgl dazu Anm ZESAR 2007, 180 (*Höland*); EuGH, Rs C-180/04, *Vassallo*, Slg 2006, I-7251.

105 Vgl 5. Erwägungsgrund zur Präambel.

Die zentrale Vorschrift ist in § 4 des Abkommens enthalten; es ist dies der Grundsatz der Nichtdiskriminierung. Danach dürfen Arbeitnehmer in befristeten Arbeitsverhältnissen in ihren Beschäftigungsbedingungen[106] nur deswegen, weil für sie ein befristeter Arbeitsvertrag gilt, gegenüber vergleichbaren unbefristet Beschäftigten nicht schlechter gestellt werden, es sei denn, die unterschiedliche Behandlung ist aus objektiven Gründen gerechtfertigt.[107]

Das Abkommen verbietet nicht aufeinander folgende Befristungen, sondern sieht lediglich Maßnahmen der Mitgliedstaaten oder nationalen Sozialpartner vor, die eine missbräuchliche Anwendung von aufeinander folgenden befristeten Verträgen vermeiden sollen. Danach sind als Voraussetzungen für aufeinander folgende Befristungen mangels gleichwertiger gesetzlicher Maßnahmen das Vorliegen objektiver Gründe, die maximale Gesamtdauer von befristeten Verträgen oder die zulässige Zahl der Verlängerungen solcher Verträge bzw eine Kombination dieser Kriterien festzulegen, wobei auf die Besonderheiten bestimmter Sektoren oder Arbeitnehmerkategorien Bedacht zu nehmen ist. Ferner ist, wo dies für angebracht angesehen wird, näher zu regeln, was als „aufeinander folgend“ zu gelten hat und unter welchen Voraussetzungen mehrere befristete Arbeitsverträge als unbefristet zu werten sind.[108]

§ 8 Nr 3 Abkommen enthält eine gegenüber der Teilzeitvereinbarung vereinfachte und verbesserte Regressionsklausel: Die Umsetzung dieser Vereinbarung darf nicht als Rechtfertigung für die Senkung des allgemeinen Niveaus des Arbeitnehmerschutzes in dem von dieser Vereinbarung erfassten Bereich dienen.[109] § 8 Nr 3 steht nach der Judikatur des EuGH in der Rechtssache *Mangold* einer nationalen Regelung nicht entgegen, mit der aus Gründen der Beschäftigungsförderung und unabhängig von der Umsetzung der Rahmenvereinbarung das Alter gesenkt wurde, ab dem uneingeschränkt befristete Arbeitsverträge geschlossen werden können.[110]

106 Zur Gewährung von Dienstalterszulagen als Teil der Beschäftigungsbedingungen siehe EuGH, Rs C-307/05, *Del Cerro Alonso*, Slg 2007, I-7109 = EuZA 2008, 515 (*Bieder/ Diekmann*) = EuZW 2008, 770 = NZA 2007, 1223 = ZESAR 2009, 184 (*Höland*). Bezüglich Entgelt und Versorgungsbezügen vgl EuGH, Rs C-268/06, *Impact*, Slg 2008, I-2483 = EuZA 2009, 5534 (*Hanau*) = NZA 2008, 581 = ZESAR 2009, 44; vgl dazu *Rolfs/ de Groot*, ZESAR 2009, 5.

107 Vgl nunmehr § 2b Abs 1 AVRAG.

108 Vgl § 5 Abkommen; zur Auslegung der Begriffe „aufeinander folgende Verträge“ und „sachliche Gründe“, die die Verlängerung aufeinander folgender befristeter Arbeitsverträge im öffentlichen Sektor rechtfertigen vgl EuGH, Rs C-212/04, *Adeneler*, Slg 2006, I-6057 = infas 2006, 188 (*Heilegger*) = EuZW 2006, 730 = NJW 2007, 1106 (*Auer*) = NZA 2006, 909 = ZESAR 2007, 373 (*Potz*); vgl dazu *Junker/Aldea*, EuZW 2007, 13.

109 Vgl EuGH, verb Rs C-378/07 bis C-380/07, *Angelidaki ua*, Urteil vom 23. April 2009, noch nicht in der amtl Slg veröffentlicht.

110 Vgl EuGH, Rs C-144/04, *Mangold*, Slg 2005, I-9981 = EuZW 2006, 17 (*Reich*) = NZA 2005, 1345 = RdA 2007, 169 (*Kuras*) = ZAS 2006, 236 (*Urlesberger*) = ZESAR 2006, 65;

Bezüglich der Anpassung der österreichischen Rechtsordnung an den Inhalt der Rahmenvereinbarung der EG-Sozialpartner ist zu sagen, dass erst durch BGBl I 2002/52 ein neuer § 2b in das AVRAG eingefügt wurde. Gem Abs 1 dürfen Arbeitnehmer mit einem auf *bestimmte* Zeit abgeschlossenen Arbeitsverhältnis gegenüber Arbeitnehmern mit einem auf *unbestimmte* Zeit abgeschlossenen Arbeitsverhältnis nicht benachteiligt werden, es sei denn, sachliche Gründe rechtfertigen eine unterschiedliche Behandlung. Nach Abs 2 hat der Arbeitgeber Arbeitnehmer mit einem auf bestimmte Zeit abgeschlossenen Arbeitsverhältnis über im Unternehmen oder Betrieb frei werdende Arbeitsverhältnisse auf unbestimmte Zeit zu informieren.

Die kurz geratene Anpassungsvorschrift des § 2b AVRAG (ähnlich auch § 9a LAG) lässt prima vista etliche Fragen offen.[111] So fordern *Jöst/Risak*[112] zumindest eine ausdrückliche gesetzliche Verankerung des pro-rata-temporis-Prinzips, wo dies angemessen ist, auch für Arbeiter[113] und Maßnahmen zur Vermeidung des Missbrauchs von Kettendienstverträgen.[114] Insbesondere erscheint der Hinweis auf § 879 Abs 1 ABGB nicht geeignet, die Vorgaben der Richtlinie 1999/70/EG über Kettendienstverträge in nationales Recht umzusetzen.[115]

D. Vereinbarungen über die Arbeitszeit von Seeleuten, das Seearbeitsübereinkommen 2006, Vereinbarungen über die Arbeitszeit von fliegendem Personal der Zivilluftfahrt und über die Einsatzbedingungen des fahrenden Personals im Eisenbahnverkehr

Der Verband der Reeder in der Europäischen Gemeinschaft und der Verband der Verkehrsgewerkschaften in der Europäischen Union hatten am 30. September 1998 eine Vereinbarung über die Arbeitszeit von Seeleuten geschlossen, welche durch die RL 1999/63/EG durchgeführt wurde.[116] Die Arbeitszeitrege-

vgl dazu statt vieler *Egger*, Nationale Interessen und Nichtdiskriminierung im Arbeits- und Sozialrecht, in *Roth/Hilpold*, Der EuGH und die Souveränität der Mitgliedstaaten (2008), 55, 71 ff mwN.

111 Vgl bspw *Grießer*, RdW 2003, 147.

112 *Jöst/Risak*, Aktuelle Neuerungen im Arbeitsrecht, ZAS 2002, 99 f.

113 Vgl § 4 Abs 2 Abkommen.

114 Vgl § 5 Abkommen.

115 Vgl dazu *Klocker*, ecolex 2007, 49.

116 RL 1999/63/EG des Rates v 21.6.1999 zu der vom Verband der Reeder in der Europäischen Gemeinschaft (European Community Shipowners‘ Association ECSA) und dem Verband der Verkehrsgewerkschaften in der Europäischen Union (Federation of Transport Workers‘ Unions in the European Union FST) getroffenen Vereinbarung über die Regelung der Arbeitszeit von Seeleuten, ABl 1999 L 167, 33; umgesetzt durch das Bundesgesetz, mit dem das Arbeitszeitgesetz und das Arbeitsruhegesetz geändert werden, BGBl I 2004/30; zur Umsetzung vgl *Marhold,* Implementation of Council Directive

lung für Seeleute an Bord von Schiffen, die Gemeinschaftshäfen anlaufen – unabhängig von deren Flagge – wurde durch eine eigene Richtlinie 1999/95/EG des Europäischen Parlaments und des Rates v 13. Dezember 1999 geregelt.[117]

Nunmehr liegt auch die Richtlinie 2009/13/EG des Rates v 16. Februar 2009 zur Durchführung der Vereinbarung zwischen dem Verband der Reeder in der Europäischen Gemeinschaft (ECSA) und der Europäischen Transportarbeiter-Föderation (ETF) über das *Seearbeitsübereinkommen* 2006[118] und zur Änderung der RL 1999/63/EG vor.[119] Dabei sollen die Arbeitsbedingungen der über 300.000 Seefahrer in den Bereichen Arbeitsverträge, Arbeitszeiten insbesondere von Seeleuten unter 18 Jahren, Ruhezeiten und Urlaubsanspruch, kostenlose Heimschaffung, berufliche Entwicklung und Qualifizierung, Unterkünfte und Freizeiteinrichtungen, Verpflegung und Verproviantierung, Gesundheitsschutz und Erhöhung der Sicherheit im Seeverkehr sowie Unfallverhütung, angemessene medizinische Betreuung an Bord und an Land und Beschwerdeverfahren verbessert werden. Inkrafttreten soll die Vereinbarung gem Art 6 RL aber erst dann, wenn auch das Seearbeitsübereinkommen selbst in Kraft tritt. Im Anschluss haben die Mitgliedstaaten gem Art 5 RL 12 Monate Zeit, ihre nationale Rechtsordnung entsprechend der Richtlinie umzugestalten. Damit wird zum ersten Mal eine *ILO-Konvention* in allen EU-Mitgliedstaaten zur gleichen Zeit und unter den gleichen Bedingungen in Kraft treten.

Von der Vereinigung Europäischer Fluggesellschaften (AEA), der Europäischen Transportarbeiter-Föderation (ETF), der European Cockpit Association (ECA), der European Regions Airline Association (ERA) und der International Air Carrier Association (IACA) wurde eine Europäische Vereinbarung über die Arbeitszeitorganisation für das fliegende Personal der Zivilluftfahrt abgeschlossen, welche durch die Richtlinie 2000/79/EG des Rates v 27. November 2000 durchgeführt wurde.[120]

Weiters liegt noch eine Richtlinie 2005/47/EG des Rates v 18. Juli 2005 betreffend die Vereinbarung zwischen der Gemeinschaft der Europäischen Bahnen (CER) und der Europäischen Transportarbeiter-Föderation (ETF) über

---

1999/63/EC of 21 June 1999 concerning the Agreement on the organisation of working time of seafearers concluded by the European Community Shipowners' Association (ECSA) and the Federation of Transport Workers' Unions in the European Union (FST), in *Barta/Radner/Rainer/Scharnreitner* (Hrsg), FS Martin Binder (2010), 523.

117 ABl 2000 L 14, 29; umgesetzt durch das Bundesgesetz, mit dem das Arbeitszeitgesetz und das Arbeitsruhegesetz geändert werden, BGBl I 2004/30.

118 Dieses ILO-Übereinkommen fasst die bisherigen Übereinkommen und Empfehlungen über die Arbeit auf See, die von der ILO seit 1919 angenommen wurden, in einem einzigen konsolidierten Text zusammen und soll als Grundlage für ein erstes Internationales Arbeitsgesetzbuch für den Seeverkehr dienen.

119 ABl 2009 L 124, 30; vgl dazu *Schäffer/Kapljic*, ZESAR 2009, 170.

120 ABl 2000 L 302, 57; vgl dazu *Fischer*, NZA 2001, 1064 ff. Umsetzung durch § 18e AZG und § 32b Z 5 ARG, BGBl I 2004/159.

bestimmte Aspekte der Einsatzbedingungen des fahrenden Personals im interoperablen grenzüberschreitenden Verkehr im Eisenbahnsektor vor.[121]

E. Autonome Rahmenvereinbarungen

Autonome Vereinbarungen der Dachverbände auf europäischer Ebene werden von den Mitgliedern der Unterzeichnerparteien, dh also den einzelstaatlichen Sozialpartnerorganisationen, nach den jeweiligen Verfahren und Gepflogenheiten der Sozialpartner und der Mitgliedstaaten durchgeführt.[122] Dabei handelt es sich aber um bloße Vorschläge, deren Transformation in national geltende Kollektivvereinbarungen im freien Ermessen der Mitgliedsverbände steht.[123] Autonome Umsetzung bedeutet in diesem Zusammenhang, dass gemeinschaftliche Organe nicht beteiligt sind.

Die Durchführung erfolgt innerhalb eines gewissen Zeitraumes, beim Rahmenabkommen über die Telearbeit zB innerhalb von drei Jahren nach der Unterzeichnung. Im vierten Jahr arbeitet dann der Ausschuss für den Sozialen Dialog jeweils einen Bericht über die Durchführung der Vereinbarung aus.

Die Kommission achtet den Grundsatz der Autonomie der Sozialpartner; allerdings kommt ihr im speziellen Fall der Durchführung autonomer Vereinbarungen gem Art 155 Abs 2 erste Alternative AEUV (ex Art 139 Abs 2 EGV) eine besondere Rolle zu, wenn die Vereinbarung das Ergebnis einer Anhörung gem Art 154 (ex Art 138 EGV) war, ua deshalb, weil durch die Entscheidung der Sozialpartner, eine Vereinbarung auszuhandeln, vorübergehend das von der Kommission in diesem Bereich eingeleitete Legislativverfahren auf Gemeinschaftsebene ausgesetzt wird.[124]

Insbesondere hat sich die Kommission verpflichtet *autonome Vereinbarungen* zu *veröffentlichen* und das Europäische Parlament und den Rat zu informieren, nachdem sie eine ex-ante-Bewertung des Textes vorgenommen hat. Bei dieser Bewertung werden die Repräsentativität der Unterzeichnerparteien sowie der Inhalt der Vereinbarung überprüft.

Sollte die Kommission (auch während der Umsetzungsfrist) zur Ansicht kommen, dass die Vereinbarung nicht geeignet ist, die Zielsetzungen der Gemeinschaft zu verwirklichen, wird sie die Möglichkeit in Betracht ziehen, erforderlichenfalls einen Vorschlag für einen Rechtsakt vorzulegen.

121 ABl 2005 L 195, 15; umgesetzt durch Änderung des Arbeitszeitgesetzes und des Arbeitsruhegesetzes, BGBl I 2008/124.

122 Art 155 Abs 2 erste Alternative AEUV.

123 Vgl dazu *Rieble/Kolbe*, EuZA 2008, 461.

124 Vgl KOM(2004) 557 endg, 11.

1. Telearbeit

In Bezug auf Telearbeit sollte nach Auffassung der Kommission zwischen den Flexibilisierungswünschen der Wirtschaft einerseits und dem Anliegen nach sozialer Sicherheit der Arbeitnehmer andererseits ein Gleichgewicht gefunden werden. Daher wurden die europäischen Sozialpartner EGB/EUROCADRES-CEC-UNICE/UEAPME-CEEP von der Kommission aufgefordert, im Rahmen des Sozialen Dialogs Verhandlungen aufzunehmen, um selbst einen gesicherten rechtlichen Rahmen für die Arbeitsbedingungen von Telearbeitnehmern zu finden. Nach monatelangen, aber sehr sachbezogenen Verhandlungen konnten am 16. Juli 2002 die europäischen Sozialpartner dann ein *Europäisches Rahmenabkommen über Telearbeit* abschließen.[125] Dieses stellte das erste branchenübergreifende Rahmenabkommen überhaupt dar und wurde erstmals auch unter Einbeziehung der UEAPME, der Europäischen Union des Handwerks und der Klein- und Mittelbetriebe, der auch die Wirtschaftskammer Österreich angehört, abgeschlossen. Somit wurde das erste Mal auf ein rechtliches Verbindlichmachen durch Beschluss des Rates verzichtet und es den europäischen Sozialpartnern überlassen, eigenständig die Durchführung dieser Regelung zu organisieren.

Mit dieser Vereinbarung zur Telearbeit soll gem Art 1 ein Beitrag zum Ziel einer wissensbasierten Wirtschaft und Gesellschaft geleistet werden. Telearbeit wird sowohl als Möglichkeit zur Modernisierung der Arbeitsorganisation gesehen als auch als Chance für Arbeitnehmer zur besseren Vereinbarkeit von Berufstätigkeit und sozialem Leben. Damit soll den Erfordernissen von Flexibilität und Sicherheit Rechnung getragen, die Qualität der Arbeitsplätze erhöht sowie Chancen von Behinderten auf dem Arbeitsmarkt verbessert werden.

Ein Kernstück des Abkommens ist das Prinzip der Freiwilligkeit:[126] Telearbeit kann als Teil der anfänglichen Tätigkeitsbeschreibung des Arbeitnehmers verlangt werden oder zu einem späteren Zeitpunkt im Rahmen einer freiwilligen Vereinbarung aufgenommen werden. Kein Arbeitnehmer darf aber gegen seinen Willen auf einen Telearbeitsplatz außerhalb des Betriebs versetzt werden. Die Weigerung eines Beschäftigten, Telearbeit zu verrichten, rechtfertigt als solche weder eine Kündigung noch eine Änderung (Verschlechterung) der Arbeitsbedingungen.

Der Telearbeitnehmer hat gem Art 4 ferner die gleichen Rechte wie vergleichbare Arbeitnehmer, die im Betrieb arbeiten (Prinzip der Nichtdiskriminierung).

125 Deutscher Text bei *Prinz*, NZA 2002, 1268; vgl dazu *Brockbartold*, AuA 2002, 543; *Prinz*, NZA 2002, 1268 (samt Wortlaut der Vereinbarung); *Röpke*, DRdA 2002, 440. Ein Muster einer Telearbeitsvereinbarung bietet *Gerhartl*, ZAS 2008, 191.

126 Vgl Art 3.

Telearbeitnehmer genießen auch im Bereich der Arbeitsverfassung gleiche Rechte wie Arbeitnehmer, die ihre Arbeitsleistung im Betrieb des Arbeitgebers erbringen,[127] insbesondere gelten für sie dieselben Bedingungen für eine Teilnahme an Wahlen zu Arbeitnehmervertretungen. Weiters sind die Arbeitnehmervertreter über die Einführung von Telearbeit zu unterrichten und anzuhören.

Alle Sozialpartnerorganisationen haben einer Ad-hoc-Gruppe über den Stand der Umsetzung in ihrem Mitgliedstaat zu berichten. Schließlich wird von dieser Gruppe binnen vier Jahren ein gemeinsamer Bericht über die Umsetzungsmaßnahmen erarbeitet. Dieser Umsetzungsbericht wurde am 28. Juni 2006 im Ausschuss Sozialer Dialog beschlossen.[128] Für Österreich wurde allerdings festgehalten, dass das Umsetzungsverfahren nicht abgeschlossen wurde. Am besten würde sich ein Generalkollektivvertrag dazu eignen.

Hierzulande wurde zwar im Schrifttum die Telearbeit schon lange erfasst,[129] aber erst im Jahre 1997 wurde erstmals ein *Kollektivvertrag über die Telearbeit* abgeschlossen. Es ist dies der zwischen der Wirtschaftskammer Österreich, Fachverband der Erdölindustrie Österreichs, und dem ÖGB, Gewerkschaft der Privatangestellten, Sektion Industrie und Gewerbe abgeschlossene Kollektivvertrag über die Beschäftigung in einer außerbetrieblichen Arbeitsstätte in Verbindung mit neuen Kommunikationstechnologien.[130] Dieser Kollektivvertrag berücksichtigt schon einige wesentliche Punkte, wie sie in der europäischen Sozialpartnervereinbarung später niedergelegt worden waren: Dies betrifft ua das Diskriminierungsverbot, das Prinzip der Freiwilligkeit, die zur Verfügung Stellung der Arbeitsmittel durch das Unternehmen und den Aufwandersatz. Ansonsten war schon durch die Fürsorgepflicht des Arbeitgebers und durch zahlreiche Bestimmungen des ASchG gewährleistet,[131] dass die vom Arbeitgeber einzuhaltenden Verpflichtungen diesen weitgehend auch dann treffen, wenn die Telearbeit außerhalb des Betriebes erbracht wird; daneben sind auch die Beteiligungsrechte des Betriebsrats nach dem ArbVG[132] zu beachten.

Auch § 13 Telekom-KV[133] schaffte verpflichtende Rahmenregelungen für Telearbeit.

---

127 Vgl Art 11.

128 Vgl dazu *Röpke*, DRdA 2008, 92.

129 Vgl erstmals *Egger*, DRdA 1987, 99; *Beham ua*, Status-Bericht: Telearbeit in Österreich, BMAGS (1999).

130 Vgl dazu *Melzer-Azodanloo*, ASoK 1997, 349.

131 Vgl bspw §§ 2 Abs 1; 3 Abs 1; 67 Abs 6; 68 Abs 7 ASchG; vgl dazu *Gruber*, ZAS 1998, 65.

132 Vgl bspw §§ 91 Abs 2; 96 Abs 1 Z 3; 98; 99; 109 Abs 1 Z 4, 5 und 6 ArbVG.

133 Vgl dazu *Löschnigg/Melzer-Azodanloo*, Kollektivvertrag für die ArbeitnehmerInnen in Telekom-Unternehmen (2003).

2. Stress am Arbeitsplatz

Die *Rahmenvereinbarung* der europäischen Sozialpartner UNICE/UEAPME, CEEP und EGB (und des Verbindungsausschusses EUROCADRES/CEC) *über arbeitsbedingten Stress* vom 8. Oktober 2004[134] zielt darauf ab, das diesbezügliche Bewusstsein und das Verständnis von Arbeitgebern, Arbeitnehmern und deren Vertretern zu erhöhen, ihre Aufmerksamkeit auf Anzeichen zu richten, die auf Probleme mit arbeitsbedingtem Stress hinweisen können und ihnen einen Rahmen für das Erkennen, Vorbeugen oder Bewältigen zur Verfügung zu stellen.

Die Rahmenvereinbarung wurde in Österreich durch die Sozialpartner Wirtschaftskammer Österreich, ÖGB, Industriellenvereinigung, Bundesarbeitskammer, Verband der öffentlichen Wirtschaft und Gemeinwirtschaft Österreichs und Landwirtschaftskammer Österreich unverzüglich in Leitlinien umgegossen, wobei auch auf die im Jahr 2002 gemeinsam herausgegebe Broschüre zur Stressprävention „Impuls. Betriebliche Analyse der Arbeitsbedingungen. Erkennen von Stressfaktoren und Optimieren von Ressourcen im Betrieb" verwiesen wurde, die als Hilfe für betriebliche Projekte zur Reduzierung und Vorbeugung von arbeitsbedingtem Stress empfohlen wird. Eine der Möglichkeiten zur Feststellung von Zeichen, die Probleme mit arbeitsbedingtem Stress anzeigen, kann hierbei in der einer entsprechend gestalteten Gefahrenermittlung und – beurteilung nach ASchG bestehen, wobei neben Arbeitsmedizinern und Sicherheitsfachkräften auch weitere Experten wie Arbeitspsychologen heranzuziehen sind.

Die europäische Rahmenvereinbarung unterstützt und ergänzt bestehende präventive Aktivitäten wie zB über den gesetzlichen Rahmen hinausgehende kollektivvertragliche und betriebliche Kurzpausenregelungen und work-life-balance-Bestimmungen, Krisenmanagementlösungen (Rufnummern, Helplines), die psychisch belasteten Arbeitnehmern Unterstützung bieten, Maßnahmen zur Stressprävention im Rahmen der betrieblichen Gesundheitsförderung und systematische Bemühungen, bestimmte Arbeitnehmergruppen wie Ältere, Menschen mit Behinderung, Frauen, Wiedereinsteiger ua nachhaltig in den Arbeitsprozess zu integrieren.

3. Belästigung und Gewalt am Arbeitsplatz

Die *Rahmenvereinbarung* der europäischen Sozialpartner BUSINESS-EUROPE, UEAPME, CEEP und ETUC (und des Verbindungsausschusses EUROCADRES/CEC) *zu Belästigung und Gewalt am Arbeitsplatz* vom

134 Englischer verbindlicher Volltext auf http://ec.europa.eu/employment_social/news/2004/oct/stress_agreement_en.pdf.

26. April 2007[135] zielt darauf ab, das Problembewusstsein und das Verständnis von Arbeitgebern, Arbeitnehmern und Interessenvertretern für die Probleme zu verbessern, die durch Mobbing, sexuelle Belästigung und physische Gewalt am Arbeitsplatz entstehen – auch durch außen stehende Dritte wie bspw Klienten, Kunden, Patienten, Schüler etc.

In der Vereinbarung wird von Seiten der europäischen Sozialpartner jede Form der Belästigung und Gewalt verurteilt, und die Verpflichtung des Arbeitgebers bekräftigt, die Arbeitnehmer davor zu schützen. Die Unternehmen in Europa werden aufgefordert, gegen derartiges Verhalten eine Nulltoleranzstrategie anzuwenden und spezielle Verfahren zur Bewältigung der Probleme von Belästigung und Gewalt zu entwickeln. Bei diesen Verfahren kann in einer informellen Phase eine Person einbezogen werden, die das Vertrauen von Unternehmensführung und Beschäftigten genießt. Beschwerden sollten rasch untersucht und behandelt werden. Die Grundsätze der Menschenwürde, der Vertraulichkeit, der Unparteilichkeit und der Fairness müssen dabei eingehalten werden. Bei Verstößen sind geeignete Maßnahmen gegen den Täter zu ergreifen, einschließlich Disziplinarmaßnahmen bis hin zur Entlassung, und dem Opfer Unterstützung zu gewähren, gegebenenfalls ergänzt durch Hilfe bei der Wiedereingliederung.[136]

F. Weitere Verhandlungsergebnisse der Sozialpartner

Das vom Ausschuss der berufsständischen landwirtschaftlichen Organisationen der Europäischen Union (COPA) und den Gruppierungen der Landarbeiter abgeschlossene *Europäische Rahmenabkommen zur Harmonisierung der Arbeitszeit der ständigen Landarbeiter im Ackerbau* vom 6. April 1968 verbleibt nach Recherchen[137] der erste und mittlerweile berühmt gewordene Ansatz eines „europäischen Kollektivvertrages“. Die Vertragspartner hatten sich nämlich im Abkommen nur verpflichtet, die angeschlossenen nationalen Verbände zu beeinflussen, ihre nationalen Kollektivverträge in Übereinstimmung mit dem Rahmenabkommen abzuschließen.

Trotz Fortschritte bei der Entwicklung des Sozialen Dialogs ist man von einem „europäischen Kollektivvertragsrecht“ noch weit entfernt. Ein *Europäischer Kollektivvertrag* im „klassischen Sinne“, der nämlich durch die europäischen Spitzenverbände abgeschlossen wird und nicht nur für diese, sondern auch für deren Mitgliedsverbände und die Mitglieder dieser Verbände die Arbeitsverhältnisse verbindlich regelt, findet auch in Art 155 AEUV (ex Art 139

135 Englischer verbindlicher Volltext auf http://ec.europa.eu/employment_social_dialog/docs/harassement_agreement_en.pdf.

136 Vgl KOM(2007) 686 endg, 2.

137 Zuerst zitiert bei *Steinberg*, Der Europäische Tarifvertrag, RdA 1971, 18.

EGV) keine Rechtsgrundlage.[138] Es bleibt daher bei Rahmenvereinbarungen. Versuche der Europäischen Kommission, wie in der Sozialpolitischen Agenda 2005 angekündigt,[139] die Ausarbeitung eines optionalen Rechtsrahmens (Richtlinie) für transnationale Kollektivverhandlungen zu prüfen,[140] sind eher als kontraproduktiv anzusehen.[141]

Es ist auch innerhalb der Dachverbände noch keine Einigkeit bezüglich der Fragen zu finden, ob einem Sozialen Dialog auf der Ebene der europäischen Dachorganisationen oder auf sektoraler Ebene der Vorzug zu geben ist. Auf sektoraler Ebene sind zwar prima vista die internen Gruppenstrukturen der sektoralen Branchenausschüsse generell günstiger für Entscheidungs- und Einigungsprozesse, in der Praxis ist aber schon festgestellt worden, dass die Arbeitgeberseite im Einzelfall den sektoralen Sozialen Dialog verweigerte.[142]

Dennoch sind in den letzten Jahren bei der Festlegung neuer europäischer Standards oder Grundregeln, Empfehlungen, bei Politikorientierungen, gemeinsamen Stellungnahmen und Erklärungen, Bestandsaufnahmen, Leitfäden ua durchaus beachtenswerte Ergebnisse seitens der Sozialpartner erzielt worden.[143] So liegen beispielsweise folgende vor:[144] *Rahmenvereinbarung zur Verbesserung der entlohnten Beschäftigung in der Landwirtschaft* (1997); *Vereinbarung zur Förderung der Beschäftigung im europäischen Postsektor* (1998); *Leitlinien über die Telearbeit im Telekommunikationssektor* (2001); *Europäische Rahmenvereinbarung über Leitlinien zur Telearbeit im Handel* (2001); *Europäische Vereinbarung über die berufliche Bildung in der Landwirtschaft*

138 So aber anscheinend die Kommission im Weißbuch zur Europäischen Sozialpolitik, KOM(1994) 333 endg, 61 und *Ojeda Avilés*, Sind Europäische Tarifverträge „bloße Empfehlungen"? in *Klebe/Wedde/Wolmerath* (Hrsg), FS Wolfgang Däubler (1999), 519; dagegen *Birk*, EuZW 1997, 454; *Blank*, Europäische Kollektivverträge und Sozialer Dialog, in *Däubler/Bobke/Kehrmann* (Hrsg), Arbeit und Recht, FS Albert Gnade (1992), 655; *Däubler*, EuZW 1992, 333; *Konzen*, EuZW 1995, 47; *Langenfeld* in *Grabitz/Hilf* (Hrsg), Das Recht der EU, Art 139, Rdnr 2; *Schmidt*, Aufgaben, 188; *Weiss*, Die Bedeutung von Maastricht für die EG-Sozialpolitik, in *Däubler/Bobke/Kehrmann* (Hrsg), Arbeit und Recht. FS Albert Gnade (1992), 593.

139 KOM(2005) 33 endg, 9.

140 Vgl die Studie von *Eduardo Ales ua*, Transnational Collective Bargaining: Past, Present and Future – Final Report (2006).

141 Vgl dazu *Hornung-Draus*, EuroAS 2006, 142; *Rieble/Kolbe*, EuZA 2008, 453; *Weiss*, Transnationale Kollektivvertragsstrukturen in der EG: Informalität oder Verrechtlichung? in *Konzen ua* (Hrsg), FS Rolf Birk (2008), 971 ff.

142 Vgl *Gerstenberger-Sztana/Thierron*, Europäischer Metallarbeiterbund EMB, in *Lecher/Platzer* (Hrsg), Europäische Union – Europäische Arbeitsbeziehungen? (1994), 220.

143 Vgl dazu *Delapina*, Die Bedeutung des Europäischen Sozialen Dialoges und der Sozialpartnerschaft für das Europäische Sozialmodell, in *Leutner* (Hrsg), Grundlagen eines Europäischen Sozialmodells aus Arbeitnehmerperspektive (2007), 117.

144 Komplette Aufzählung in KOM(2004) 557 endg, 19.

(2002); *Gemeinsame Erklärung über die soziale Verantwortung der Unternehmen im Handel* (2003); *Erklärung zur Förderung der Beschäftigung und der Integration von Menschen mit Behinderung im Handels- und Vertriebssektor* (2004); *Übereinkommen über den Gesundheitsschutz der Arbeitnehmer durch gute Handhabung und Verwendung von kristallinem Siliziumdioxid und dieses enthaltender Produkte* (2006).[145]

Vorbildhaft ist der institutionalisierte *Europäische Soziale Dialog* in der europäischen *Chemieindustrie* zwischen dem Zusammenschluss der nationalen Chemiearbeitgeberverbände in Europa ECEG und der Europäischen Föderation der Bergbau-, Chemie- und Energiegewerkschaften EMCEF. In einer gemeinsamen Erklärung vom 4. Dezember 2002 haben sich diese verpflichtet, eine jährliche Sozialpartnerkonferenz zu organisieren, regelmäßig hochrangige Treffen zwischen den Vorständen beider Organisationen abzuhalten und gemeinsame Arbeitsgruppen einzusetzen. Im Dezember 2004 hatte dann die EU-Kommission den formellen Sozialpartnerdialog für den Chemiesektor bestätigt und die Sozialpartnerorganisationen als repräsentativ für ihre Branche anerkannt.[146]

Grenzüberschreitende Abkommen zur Koordinierung der Kollektivvertragspolitik gibt es auf europäische Ebene innerhalb des Europäischen Metallgewerkschaftsbunds sowie zwischen den Baugewerkschaften aus Österreich, Deutschland und der Schweiz auf regionaler Ebene. Vor allem ist auch noch die „Erklärung von Doorn" vom September 1998 zu erwähnen, in der sich die beteiligten deutschen und Benelux-Gewerkschaften verpflichteten, eine Unterbietungskonkurrenz bei Tarifverhandlungen zu verhindern.[147]

Generell muss aber innerhalb der Dachverbände noch entschieden werden, ob der Soziale Dialog zu verbindlichen Tarifabkommen führen soll, und in welchem Machtverhältnis die europäischen Verbände zu ihren nationalen Verbänden überhaupt stehen.[148] Auch ist den Dachverbänden UNICE (BUSINESSEUROPE) und EGB aufgrund von Studien unzureichende Handlungsfähigkeit, dh Entscheidungs- und Verpflichtungsschwäche aufgrund Interessendivergenzen innerhalb des Verbandes und Subgruppenbildungen vorgeworfen worden;[149] auch nationale Interessendivergenzen, die in die europäischen Interessenverbände hineingetragen werden, können Hindernisse im Sozialen Dialog darstellen. Kommt ein Konsens dann überhaupt einmal zu-

145 ABl 2006 C 279, 2.

146 Vgl dazu näher *Goos*, EuroAS 2006, 138.

147 Vgl dazu *Erne*, ArbW 12/99, 30.

148 Vgl *Timmesfeld*, Chancen, 17. *C Arnold*, NZA 2002, 1266 spricht überhaupt von einer fehlenden Legitimation der Europäischen Sozialpartner zur Ausübung hoheitlicher Rechtsetzungsmacht.

149 Vgl *Timmesfeld*, Chancen, 149 im Bezug auf die geplante Mitbestimmungsregelung in der Europäischen Aktiengesellschaft.

stande, sind Beschlüsse auf einem Minimalniveau als eigentlich nicht angestrebtes Ziel zu erwarten.[150] Auf Arbeitgeberseite stellt sich überhaupt das Problem, dass im wesentlichen nur die französischen, belgischen und italienischen BUSINESSEUROPE-Mitglieder Erfahrungen und Kompetenzen im Bereich zentraler Kollektivvertragsverhandlungen besitzen[151] – die in solchen Verhandlungen so erfahrene Wirtschaftskammer Österreich (WKO) ist ja als Verband mit Zwangsmitgliedschaft nicht Mitglied von BUSINESSEUROPE.

V. Konsequenzen aus dem Vertrag von Lissabon (2007)

Im Vertrag über die Arbeitsweise der Europäischen Union (AEUV)[152] wurde Art 139 EGV terminologisch angepasst. Als neues Element ist allerdings eine dezidierte Informationspflicht gegenüber dem Europäischen Parlament hinzugekommen. Somit wurde eine ständige Praxis der Kommission verrechtlicht. Art 155 AEUV lautet nunmehr:

„*(1) Der Dialog zwischen den Sozialpartnern auf Unionsebene kann, falls sie es wünschen, zur Herstellung vertraglicher Beziehungen einschließlich des Abschlusses von Vereinbarungen führen.*
(2) Die Durchführung der auf Unionsebene geschlossenen Vereinbarungen erfolgt entweder nach den jeweiligen Verfahren und Gepflogenheiten der Sozialpartner oder – in den durch Art 153 erfassten Bereichen – auf gemeinsamen Antrag der Unterzeichnerparteien durch einen Beschluss des Rates auf Vorschlag der Kommission. Das Europäische Parlament wird unterrichtet ... “.

VI. Zusammenfassung

Die wichtigsten Ergebnisse der Untersuchung lassen sich thesenhaft wie folgt zusammenfassen:

1. Art 154 und 155 AEUV (ex Art 138 und 139 EGV) stellen die zentralen Normen des Sozialen Dialogs auf Gemeinschaftsebene dar und regeln die Beteiligung der europäischen Sozialpartner an der Gemeinschaftsgesetzgebung.

150 Vgl *Olson*, Die Logik des kollektiven Handelns: Kollektivgüter und die Theorie der Gruppe (1985).

151 *Platzer*, Die europäischen Interessenverbände, in Jahrbuch der Europäischen Integration 1992/93 (1993), 268.

152 ABl 2010 C 83, 116.

2. Der Soziale Dialog wurde erstmals durch die EEA in den EGV eingefügt, war aber damals noch ein Programmsatz ohne Sanktionen und Einigungszwang.
3. Die Beteiligung der europäischen Sozialpartner an der gemeinschaftlichen Gesetzgebung wurde dann im Abkommen über die Sozialpolitik verankert und durch den Vertrag von Amsterdam in den EGV übernommen. Die Europäische Sozialpartnerschaft war nun gleichsam gemeinschaftsrechtlich garantiert.
4. Welche Sozialpartnerorganisationen im Rahmen des in Art 154 AEUV (ex Art 138 EGV) festgelegten Anhörungsprozesses anzuhören sind, bestimmte die Kommission in mehreren Mitteilungen. Demnach müssen sie branchenübergreifend, sektor- oder berufsspezifisch sein und über eine Struktur auf europäischer Ebene verfügen; aus Verbänden bestehen, die in ihrem Land kollektive Vereinbarungen schließen können und daher integraler Bestandteil des System der Arbeitsbeziehungen sein und soweit wie möglich in allen Mitgliedstaaten vertreten sein und schließlich über geeignete Strukturen verfügen, um effektiv am Anhörungsprozess der europäischen Sozialpartner vor Ausrichtung einer Gemeinschaftsmaßnahme teilnehmen zu können. Das Verzeichnis der Kommission ist allerdings bezüglich der Repräsentativität problematisch, da nicht alle Verbände miteinbezogen wurden und die Sozialpartnerschaft insbesondere in den MOEL-Staaten schwach ausgeprägt ist.
5. Die wichtigsten Sozialpartnerorganisationen sind der Verband der Europäischen Unternehmen BUSINESSEUROPE (vormals UNICE) samt Vertretern der UEAPME (Europäische Union des Handwerks und der Klein- und Mittelbetriebe), der Europäische Zentralverband der öffentlichen Wirtschaft CEEP und der Europäische Gewerkschaftsbund EGB.
6. Gem Art 154 AEUV (ex Art 138 EGV) hat die Kommission nunmehr die Sozialpartner auf Unionsebene zu hören, bevor sie Vorschläge im Bereich der Sozialpolitik macht; hält die Kommission nach einer solchen Anhörung eine Gemeinschaftsmaßnahme für zweckmäßig, so hört sie zum Inhalt des in Aussicht genommenen Vorschlags wiederum die Sozialpartner an.
7. Zum Ende dieser zweiten Phase können die europäischen Sozialpartner der Kommission auch mitteilen, dass sie selbst über diesen Gegenstand eine Vereinbarung treffen wollen. Bei einer solchen schriftlichen Vereinbarung handelt es sich um schuldrechtliche Verträge europäischen Rechts. Die Kommission muss nunmehr einstweilen von ihrem Regelungsvorschlag Abstand nehmen. Die Dauer der Verhandlungen ist mit 9 Monaten begrenzt, kann aber verlängert werden. Gelingt innerhalb dieser Frist keine Einigung, geht die Zuständigkeit wieder auf die Kommission über.
8. Der Soziale Dialog kann aber auch völlig unabhängig von einer bereits bestehenden Kommissionsinitiative in Gang gesetzt werden.

9. Dem sozialen Dialog kommt Vorrang vor der Rechtsetzung durch die Gemeinschaftsorgane zu.
10. Gem Art 155 Abs 1 AEUV (ex Art 139 Abs 1 EGV) kann der Dialog zwischen den Sozialpartnern auf Unionsebene zur Herstellung von vertraglichen Beziehungen (weiterer Begriff) einschließlich des Abschlusses von Vereinbarungen führen. Den Vereinbarungen selbst kommt noch keine normative Wirkung zu.
11. Die Durchführung der auf Gemeinschaftsebene geschlossenen Sozialpartnervereinbarungen erfolgt gem Art 155 Abs 2 AEUV (ex Art 139 Abs 2 EGV) entweder nach den jeweiligen Verfahren und Gepflogenheiten der Sozialpartner und der Mitgliedstaaten (Gesetze, Verwaltungsvorschriften) oder – in den durch Art 153 (ex Art 137 EGV) erfassten Bereichen – auf gemeinsamen Antrag der Unterzeichnerparteien – durch einen Beschluss des Rates auf Vorschlag der Kommission. Bei der ersten Variante besteht keine Umsetzungsverpflichtung der Mitgliedstaaten. Die Umsetzung soll daher durch Kollektivvertragsverhandlungen erfolgen – so geschehen bei der Rahmenvereinbarung über Telearbeit.
12. Bei der zweiten Variante hat die Kommission dem Rat einen Vorschlag vorzulegen, wozu sie jedoch nicht verpflichtet ist, eben so wenig wie der Rat, einen Beschluss zu fassen. Jedenfalls muss der Rat das Subsidiaritätsprinzip des Art 5 Abs 3 EUV (ex Art 5 Abs 2 EGV) und die Grenzen seiner Regelungsbefugnisse beachten. Bei fehlender Gemeinschaftskompetenz ist keine verbindliche Umsetzung durch Ratsbeschluss möglich.
13. Das Rechtserzeugungsverfahren ist also insgesamt dreistufig: Vereinbarung der europäischen Sozialpartner – Erlass einer Richtlinie durch Ratsbeschluss zur Durchführung der Sozialpartnervereinbarung – Umsetzung durch den nationalen Gesetzgeber bzw durch Kollektivvertrag der nationalen Sozialpartner.
14. Durch den Ratsbeschluss wird die Rahmenvereinbarung unmittelbar in sekundäres Gemeinschaftsrecht transformiert und unterliegt der Auslegung durch den EuGH. Das Verhandlungsergebnis wird auf alle, nicht nur auf die Mitglieder der an der Vereinbarung beteiligten Verbände, erstreckt.
15. Bezüglich der Abänderbarkeit europäischer Sozialpartnervereinbarungen, deren Verbindlicherklärung beantragt wurde, ist zu bemerken, dass der Rat die Vereinbarung nicht ändern kann.
16. Die Kommission wird sich in jedem Fall darauf beschränken, nach Prüfung der zwischen den Sozialpartnern geschlossenen Vereinbarung bezüglich Vertretungsanspruch, Mandats, Beachtung des primären Gemeinschaftsrechts sowie die Einhaltung der Bestimmungen zu den kleinen und mittleren Unternehmen die Annahme eines Beschlusses zu dieser Fassung vorzuschlagen.

17. Lehnt der Rat den gemeinsamen Antrag der europäischen Sozialpartner ab, so zieht die Kommission ihren Vorschlag zurück und prüft die Möglichkeit, unter Berücksichtigung der bereits durchgeführten Arbeiten einen Vorschlag für ein Rechtsinstrument in dem betreffenden Bereich vorzulegen.
18. Zu beachten ist, dass wegen der Autonomie der Sozialpartner Wirtschafts- und Sozialausschuss und das Europäische Parlament (zunächst) nicht ins Verfahren eingebunden wurden.
19. Durch den Vertrag von Lissabon ist aber in Art 155 Abs 2 AEUV (ex Art 139 Abs 2 EGV) vorgesehen, dass das Europäische Parlament unterrichtet wird.
20. Ein „Europäischer Kollektivvertrag", der durch die europäischen Spitzenverbände abgeschlossen wird und nicht nur für diese, sondern auch für deren Mitgliedsverbände und die Mitglieder dieser Verbände die Arbeitsverhältnisse verbindlich regelt, findet auch in Art 155 AEUV (ex Art 139 EGV) keine Rechtsgrundlage. Es bleibt daher bei Rahmenvereinbarungen.
21. Bisher wurden zur Durchführung von Vereinbarungen folgende Richtlinien vom Rat erlassen – dabei handelt sich aber um keine Kernbereiche des Arbeitsrechts:
RL 96/34/EG des Rates zu der von UNICE, CEEP und EGB geschlossenen Rahmenvereinbarung über Elternurlaub, RL 97/81/EG über Teilzeitarbeit, RL 1999/70/EG über befristete Arbeitsverträge, RL 1999/63/EG und RL 1999/95/EG über die Arbeitszeit von Seeleuten, RL 2000/79/EG über die Arbeitszeitorganisation für das fliegende Personal der Zivilluftfahrt, RL 2009/13/EG über das Seearbeitsübereinkommen 2006 und RL 2005/47/EG über bestimmte Aspekte der Einsatzbedingungen des fahrenden Personals im interoperablen Verkehr im Eisenbahnsektor.
22. Daneben gibt es autonome Vereinbarungen, deren Transformation in national geltende Kollektivvereinbarungen im freien Ermessen der Mitgliedsverbände steht. So das Europäische Rahmenübereinkommen über Telearbeit, die Rahmenvereinbarung über arbeitsbedingten Stress und die Rahmenvereinbarung zu Belästigung und Gewalt am Arbeitsplatz.

Rechtswirkungen von Umweltvereinbarungen

Ludwig Krämer

Literatur: *Hervé/Fournereau* (Hrsg), Les approches volontaires et le droit de l'environnement (2008); *Krämer*, Mieux légiférer et déréglementation du droit de l'environnement européen, Revue du Droit de l'Union Européenne 2007, 801; *Kroiss/Gupfinger/Alge*, Environmental Governance und Umweltvereinbarungen (2004); *Grolleau/Mzoughi/Thiébaut*, Les instruments volontaires: un nouveau mode de regulation de l'environnement?, Revue Internationale du Droit Economique, 2004, 461; *Hummer*, Greening of the European Union. Rolle und Funktion der organisierten Zivilgesellschaft im gemeinschaftlichen Umweltrecht, in *Geistlinger/Fussek* (Hrsg), Umweltrecht in Mittel- und Osteuropa im internationalen und europäischen Kontext. FS Henn-Jüri Uibopuu (2004), 177; *OECD*, Les approches volontaires dans les politiques de l'environnement (2003); *Brink* (Hrsg), Voluntary environmental agreements (2002); *Europäische Kommission*, Umweltvereinbarungen auf Gemeinschaftsebene im Rahmen des Aktionsplans Vereinfachung und Verbesserung des Regelungsumfelds, KOM(2002)412; *Kasper*, Deregulierung durch Umweltvereinbarungen in der Europäischen Union (2001); *Schmelzer*, Freiwillige Selbstverpflichtung in der Umweltpolitik (2001); *Barth/Dette*, The integration of voluntary agreements into existing legal systems, Environmental Law Network, International Newsletter 1/2001; *Bailey*, The creation and enforcement of environmental agreements, European Environmental Law Review 1999, 170; *OECD*, Les approches volontaires dans les politiques de l'environnement, analyse et évaluation (1999); *Khalatschi/Ward*, New instruments for sustainability: an assessment of environmental agreements under EC law, Journal of Environmental Law 1998, 257; *Bongaerts*, Environmental agreements; the Commission's communication on environmental agreements, European Environmental Law Review 1997; *Lauber*, Freiwillige Umweltvereinbarungen in der Europäischen Union und in Österreich: Bestandsaufnahmen und Perspektiven, Recht der Umwelt 1997, 107; *Rehbinder*, Environmental agreements. A new instrument of environmental policy, Environmental Policy and Law 1997, 258; *Europäische Kommission*, Mitteilung über Umweltvereinbarungen, KOM(1996)561.

Inhalt

I. Bisheriger Sachstand

A. Allgemeine Bemerkungen

Umweltvereinbarungen werden häufig als Alternativen zu gesetzlichen Regelungen angesehen, weil sie auf die freiwillige Mitwirkung wirtschaftlicher Anbieter zur Lösung von Umweltproblemen setzen. Auch wenn man Umweltvereinbarungen aus der Perspektive der Umwelt betrachtet, ist gegen sie nicht viel einzuwenden. Denn der Umwelt ist es gleichgültig, ob sie durch eine gesetzliche Regelung oder eine freiwillige Vereinbarung geschützt wird, solange die getroffene Regelung die Umwelt nur wirksam schützt, nachhaltig und dauerhaft. Jeder wirtschaftliche Anbieter kann jederzeit Maßnahmen zum Schutz der Umwelt ergreifen, die gesetzliche Regelungen ersetzen oder verstärken. Da aber wirtschaftliche Tätigkeit auf Gewinnerzielung ausgerichtet ist, werden Anbieter regelmäßig derartige Maßnahmen nur ergreifen, wenn sie damit Gewinn – im weitesten Sinne – erzielen oder ihre Wettbewerbsposition verbessern. Dies führt dazu, derartige Maßnahmen auszuhandeln, um sicherzustellen, dass die Maßname zum Schutz der Umwelt nicht zu wirtschaftlichen Nachteilen führt. Als Verhandlungspartner kommen zum einen staatliche Stellen in Betracht, die gesetzliche Regelungen einführen könnten, zum anderen Mitbewerber, die sich in einer gleichen oder ähnlichen wirtschaftlichen Situation befinden.

Eine einheitliche Terminologie zu Umweltvereinbarungen hat sich in der Europäischen Union bisher nicht herausgebildet, zumal auch die Erscheinungsformen derartiger Vereinbarungen sehr unterschiedlich sind[1]. Im folgen-

1 Vgl etwa die Begriffe „ausgehandelte Vereinbarungen" (negotiated agreements), „Abreden" (covenants), „freiwillige Vereinbarungen" (voluntary agreements) usw. Die *Europäische Kommission* definiert in ihrer Mitteilung „Umweltvereinbarungen auf Gemeinschaftsebene im Rahmen des Aktionsplans Vereinfachung und Verbesserung des Regelungsumfelds", KOM(2002)412 vom 17. Juli 2002, 4 Umweltvereinbarungen als Vereinbarungen, bei denen sich wirtschaftliche Anbieter vornehmen, die Verschmutzung der Umwelt zu vermindern oder die in Art 174 EGV niedergelegten Umweltziele zu fördern. Sie unterscheidet bewusst nicht zwischen den mit Stellen öffentlicher Gewalt ausgehandelten und „einseitigen" Vereinbarungen. In der Richtlinie 2005/32 über die umweltge-

den Text werden unter „Umweltvereinbarungen" alle Übereinkünfte unter privaten wirtschaftlichen Anbietern verstanden. Derartige Vereinbarungen können das Ergebnis von Unterhandlungen oder Absprachen mit staatlichen Stellen sein. Dies ist jedoch keine Voraussetzung für ihre Gültigkeit, zumal die Übergänge zwischen Aushandeln, bloßem Erörtern, förmlichen und formlosen Verhandlungen und Abreden ohne jede Mitwirkung staatlicher Stellen fließend sind.

Nicht eingeschlossen in dieser Untersuchung sind Richtlinien oder Verordnungen, die es der anbietenden Wirtschaft gestatten, auf bestimmte, öffentlich bereitgestellte Verfahren oder Systeme zurückzugreifen, ohne die Anbieter hierzu zu verpflichten; Beispiele sind etwa gemeinschaftliche Regelungen über Ökokennzeichen oder betriebliche Audit-Verfahren[2]. Bei diesen Regelungen handelt es sich um eine bestimmte Form von Gesetzgebung, nicht um Verpflichtungen seitens der anbietenden Wirtschaft. Es bedarf auch keiner Vereinbarungen seitens der Wirtschaftsteilnehmer. Vielmehr entscheidet jeder Wirtschaftsteilnehmer selbst, ob er ein Ökokennzeichen erwerben oder sich an einem Audit-Verfahren beteiligen will.

Die EU-Verträge enthalten keine Hinweise auf Umweltvereinbarungen, die mit staatlichen Stellen verhandelt werden. Da die Europäische Union nur in den Formen handeln darf, die im Vertrag ausdrücklich vorgesehen sind, ergibt sich die klare Folgerung, dass ausgehandelte Umweltvereinbarungen auf EU-Ebene nicht möglich sind. „Umweltvereinbarungen werden nicht mit der Kommission ausgehandelt" stellte die Kommission demzufolge 2002 ausdrücklich fest[3].

Allerdings sollte man sich von dieser Feststellung nicht täuschen lassen: selbstverständlich hat die Kommission in der Vergangenheit derartige Vereinbarungen ausgehandelt und dies auch schriftlich festgehalten[4]. Sie wird dies auch in Zukunft tun müssen. Denn wegen ihrer auf Gewinn ausgerichteten

---

rechte Gestaltung energiebetriebener Produkte, ABl 2005 L 191, 29, werden „freiwillige Vereinbarungen" als Unterbegriff von „Selbstregulierungsmaßnahmen" bezeichnet.

2 Verordnung 66/2010 über das EU-Umweltzeichen, ABl 2010 L 27, 1; Verordnung 1221/2009 über die freiwillige Teilnahme von Organisationen an einem Gemeinschaftssystem für Umweltmanagement und Umweltbetriebsprüfung, ABl 2009 L 342, 1.

3 Kommission KOM(2002)412, 4.

4 Vgl die Mitteilung KOM(1998)495 vom 29. Juli 1998, in der es auf Seite 2 heißt: „Following the outcome of its negotiations with the European automobile industry (European Automobile manufacturers Association – ACEA) and its earlier consultations, the Commission intends to conclude an agreement with ACEA". Auf Seite 8 heißt es: „The Commission has entered into negotiations on similar agreements with non-ACEA manufacturers and expects to conclude these negotiations in good time". Folgerichtig lautet der Titel der Mitteilung der *Kommission*, KOM(1999)446 vom 14. September 1999: „Implementing the Community strategy to reduce CO_2 emissions from cars: outcome of the negotiations with the Japanese and Korean automobile industries".

Unternehmenspolitik sind wirtschaftliche Anbieter regelmäßig nur dann bereit, umweltschützende Massnahmen zu treffen, die über gesetzliche Verpflichtungen hinausgehen, wenn sie hierfür einen Vorteil erhalten. Dieser besteht insbesondere darin, dass die Kommission darauf verzichtet, gesetzliche Regelungen vorzuschlagen. Auch wenn sich die Kommission hierzu nicht in einer rechtlich verbindlichen Art und Weise verpflichten kann[5], ergibt sich dies bereits aus der Interessenlage: die Kommission hat nichts anderes anzubieten und es ist von Seiten der Anbieter nicht ersichtlich, warum sie sonst derartige, möglicherweise weitgehende umweltschützende Maßnahmen ergreifen sollten.

Vereinbarungen zwischen Wirtschaftsteilnehmern zur Förderung des Umweltschutzes unterliegen dem Art 101 VAEU. Diese Bestimmung verbietet grundsätzlich Abreden zwischen Unternehmen, die den Wettbewerb zwischen den Mitgliedstaaten zu beeinträchtigen geeignet sind und eine Beeinträchtigung des Wettbewerbs bezwecken oder bewirken. Nach Art 101 Abs 3 VAEU können derartigen Absprachen aber von der Kommission genehmigt werden.

Die Kommission kündigte erstmals im 5. umweltpolitischen Aktionsprogramm 1991 an, Umweltvereinbarungen verstärkt zu fördern[6]. 1996 legte sie eine Mitteilung über Umweltvereinbarungen vor[7], die Leitlinien für eine wirksame Verwendung von Umweltvereinbarungen enthielt, Regeln für eine Durchführung von Umweltrichtlinien durch Vereinbarungen vorsah und darlegte, wie Umweltvereinbarungen auf Gemeinschaftsebene verwendet werden könnten. Die Kommission sah den Vorteil von Umweltvereinbarungen in einer verstärkten Initiativmöglichkeit der wirtschaftlichen Anbieter, größerer Kosteneffizienz und einem schnelleren Erreichen der gesetzten Ziele. Als kritisch sah sie die Notwendigkeit, klare, genau definierte Ziele festzulegen, ferner die Gefahr, die Vereinbarung ohne negative Folgen (Sanktionen) unausgeführt zu lassen.

Die Kommission stellte die folgenden Leitlinien für wirksame, glaubwürdige und transparente Umweltvereinbarungen auf:

1. Breite Konsultation aller interessierten Wirtschaftskreise, Umweltorganisationen und öffentlichen Stellen zu dem Entwurf einer Umweltvereinbarung;

5 *Kommission*, Mitteilung über Umweltvereinbarungen, KOM(96)561 vom 27. November 1996, Paragraph 41; KOM(2002)412, Abschnitt 7.

6 *Kommission*, 5. umweltpolitisches Aktionsprogramm ABl 1993 C 138, 14 ff, insbesonders 29 und 68.

7 *Kommission*, KOM(1996)561. Vgl hierzu auch Entschließung des Europäischen Parlaments vom 17. Juli 1997, ABl 1997 C 286, 254; Entschließung des Rates vom 7. Oktober 1997, ABl 1997 C 321, 6.

2. Bindende Form der Umweltvereinbarung; bei Verträgen auch die Festlegung, ob öffentlichrechtlicher oder privater Vertrag und Festlegung der Streitschlichtung;
3. Quantifizierte Ziele in der Form absoluter Zahlen oder von Prozentsätzen;
4. Festlegen von Zwischenzielen und Zeiträumen;
5. Kontrollverfahren zur Überprüfung der Ergebnisse;
6. Veröffentlichung der Vereinbarung; regelmässige Fortgangs-Berichte;
7. In geeigneten Fällen unabhängige Prüfung der Ergebnisse;
8. Sanktionen für Nichterfüllung; Androhung gesetzlicher Maßnahmen oder von Steuern bei Nichterfüllung;
9. (a) genaue Bezeichnung der Parteien
   (b) Gegenstand der Umweltvereinbarung
   (c) genaue Beschreibung der Verpflichtungen der Parteien
   (d) Definition der wichtigsten Begriffe
   (e) Bedingungen für den Beitritt weiterer Parteien
   (f) Dauer der Vereinbarung
   (g) Revisionsklausel
   (h) Kündigungsrecht bei Nichterfüllung
10. Vereinbarkeit mit EU-Recht; Notifizierung an die EU-Kommission
11. Vereinbarkeit mit dem Recht der Welthandelsorganisation (WTO).

Die Mitteilung der Kommission schlug ferner vor, dass in bestimmten Fällen, insbesondere wenn dies eine Richtlinie ausdrücklich vorsehe, ein Mitgliedstaat bestimmte Vorschriften einer Richtlinie auch mittels einer Umweltvereinbarung in das innerstaatliche Recht umsetzen könne[8], ohne indessen hierzu verpflichtet zu sein. Sofern ein Mitgliedstaat eine solche Absicht habe, müssten die vorgenannten Punkte in die Umweltvereinbarung aufgenommen werden. Der Mitgliedstaat habe darüber hinaus zu beachten, dass diejenigen Vorschriften einer Richtlinie, die Rechte und Pflichten für Einzelne festlegten, aus Gründen der Rechtssicherheit stets durch verbindliche Rechtsvorschriften festzulegen seien. In anderen Fällen könne es zulässig sein, Parteien einer Umweltvereinbarung solange von gesetzlichen Verpflichtungen zu befreien, wie sie den Bestimmungen der Vereinbarung nachkommen. Schließlich seien die Mitgliedstaaten verpflichtet, Umweltvereinbarungen, die eine Richtlinie der Union umsetzten, der Kommission zu notifizieren.

Umweltvereinbarungen auf EU-Ebene, erklärte die Kommission, könnten wegen fehlender Rechtsgrundlage im EU-Vertrag nur in Form einseitiger Selbstverpflichtungen der anbietenden Wirtschaft ergehen. Hierzu bedürfe es starker Verhandlungspartner seitens der Wirtschaft, die auch imstande seien,

---

8 Vgl hierzu auch Empfehlung 96/733 der Kommission über Umweltvereinbarungen zur Durchführung von Richtlinien der Gemeinschaft, ABl 1996 L 333, 59.

zufrieden stellende Umweltregelungen auszuhandeln. Es mache wenig Sinn, eine Umweltvereinbarung zu erörtern, wenn anschließend dennoch gesetzliche Maßnahmen zum Schutz der Umwelt – auf EU-Ebene oder in den Mitgliedstaaten – erforderlich würden. Aus institutioneller Sicht seien Umweltvereinbarungen dann sinnvoll, wenn sie sich auf Ziele ausrichteteten, die bereits gemeinschaftlich festgelegt seien, da dann zusätzliche gesetzliche Maßnahmen kaum erforderlich würden. Hinsichtlich des Inhalts derartiger EU-weiter Umweltvereinbarungen seien die oben erwähnten Kriterien zu beachten, mit Ausnahme der Vertragsform.

B. Die Praxis der Europäischen Union

1. Überlegungen zum Abschluss von Umweltvereinbarungen auf EU-Ebene begannen lange vor der Laufzeit des 5. umweltpolitichen Aktionsprogramms. 1988 forderte der Rat die Kommission auf, mit allen betroffenen Industriezweigen den Abschluss von Umweltvereinbarungen zur Verringerung der Verwendung ozonschädigender Stoffe zu erörtern[9]. Daraufhin gingen drei Industriezweige entsprechende einseitige Verpflichtungen ein. Die Kommission verabschiedete Empfehlungen, die auf diese Selbstverpflichtungen Bezug nahmen und weiter gingen als die aus dem Protokoll von Montréal über den Schutz der Ozonschicht und den entsprechenden EU-Bestimmungen fließenden Rechtspflichten[10]. Bereits 1991 wurden indessen die verbindlichen EU-Regelungen über ozonschädigende Stoffe als Folge einer Änderung des Protokolls von Montréal erheblich verschärft[11]. Die verbindlichen Regelungen gingen damit weiter als die Empfehlungen der Kommission, die damit obsolet wurden, ebenso wie die Selbstverpflichtungen der Industrie.
2. 1989 erklärte der Europäische Verband der Industrie für Detergentien und Reinigungsmittel, der etwa neunzig Prozent der entsprechenden Industrie repräsentierte, im Namen seiner Mitgliedsverbände, bestimmte Vorschriften für die Inhaltsangabe von Reinigungsmitteln und Detergentien einhalten zu wollen. Die Kommission sprach eine entsprechende Empfehlung aus[12]. Über die Durchführung der Empfehlung gab es allein Angaben des Verbandes; danach wurde die Selbstverpflichtung weitestgehend befolgt.

9 *Rat*, Entschließung vom 14. Oktober 1988, ABl 1988 C 285, 1.

10 Empfehlungen der Kommission 89/349 (Aerosol-Industrie), ABl 1989 L 144, 56; 90/43 (Schaumkunststoff-Industrie), ABl 1990 L 227, 26; 90/438 (Kälte-Industrie), ABl 1990, L 227, 30.

11 Verordnung 549/91, ABl 1991 L 67, 1; gegenwärtig gilt für ozonschädigende Stoffe die – erneut verschärfte – Verordnung 1005/2009, ABl 2009 L 286, 1.

12 *Kommission*, Empfehlung 89/542, ABl 1989 L 291, 55.

3. 1993 kündigte die Kommission einen Richtlinienvorschlag für die Begrenzung der CO_2-Emissionen von Kraftfahrzeugen an[13]. Unter dem Druck der anbietenden Wirtschaft und einiger Mitgliedstaaten rückte sie indessen von diesem Vorhaben wieder ab und verhandelte mit den Verbänden der europäischen und US-amerikanischen, der japanischen und koreanischen Kraftfahrzeughersteller über eine Vereinbarung zur Begrenzung dieser Emissionen. Diese Vereinbarungen kamen 1999/2000 zustande. Die Kommission sprach entsprechende Empfehlungen aus[14]. Sie veröffentlichte jährliche Berichte über den Fortgang der Emissionsminderungen. 2006 wurde endgültig klar, dass die Hersteller die eingegangenen Verpflichtungen nicht einhalten würden. Darauf schlug die Kommission 2007 eine Richtlinie zur Begrenzung der CO_2-Emissionen von Kraftfahrzeugen vor[15], die 2009 angenommen wurde und die eine Begrenzung ab 2012/2015 vorsieht.
4. Mehrere Bemühungen der Kommission, Vereinbarungen auf EU-Ebene zu erreichen, blieben ohne Erfolg. Zu nennen sind hier insbesondere Versuche, eine freiwillige Kennzeichnung des Energie- und Wasserverbrauchs von elektrischen Haushaltsgeräten zu erreichen. Nach jahrelangen Erörterungen mit den einschlägigen Verbänden gab die Kommission Anfang der neunziger Jahre ihre Bemühungen auf und führte bindende Kennzeichnungsregeln auf europäischer Ebene ein.

Auch die Bemühungen im Bereich der chemischen Produkte, die Mitte der neunziger Jahre unternommen wurden, blieben ohne Erfolg. Gedacht war, im Rahmen der Verordnung 793/93[16] nach einer Risikobewertung seitens der öffentlichen Stellen für bestimmte chemische Stoffe eine Risiko-Verminderungsstrategie zu beschließen, die die zu erreichenden Ziele verbindlich festlegte. Die anbietende Wirtschaft sollte sodann die Möglichkeit haben, diese Ziele aufgrund einer Vereinbarung zu erreichen, ohne dass weitere gesetzliche Maßnahmen erforderlich würden. Die Überlegungen scheiterten, ohne dass es zu einem förmlichen Vorschlag seitens der Kommission kam.

Nach dem Tanker-Unfall der „Prestige“ im Dezember 2002 bemühte sich die Kommission um eine Vereinbarung mit der Tanker-Industrie, in europäischen Gewässern freiwillig auf Einhüllen-Öltankschiffe zu verzichten, um die Sicherheit auf See zu erhöhen. Die Bemühungen führten nicht zum Erfolg,

13 *Kommission*, KOM(1993)588 vom 24. November 1993 Nr 241.

14 *Kommission*, Empfehlungen 1999/125, ABl 1999 L 40, 49; 2000/303, ABl 2000 L 100, 55; 2000/304, ABl 2000 L 100, 57. Die Verpflichtung des Verbandes der europäischen und US-amerikanischen Hersteller ist veröffentlicht im Anhang zu KOM(1998)495 vom 29. Juli 1998.

15 *Kommission*, KOM(2007)856 vom 19. Dezember 2007.

16 Verordnung 793/93 zur Bewertung und Kontrolle der Umweltrisiken chemischer Altstoffe, ABl 1993 L 84, 1.

weil die betroffene Industrie aus Wettbewerbsgründen gesetzliche Regelungen vorzog[17].

Zahlreiche Bemühungen oder Überlegungen seitens europäischer Verbände, Umweltvereinbarungen im Bereich des Klimaschutzes – insbesondere zur Verminderung der Emission von Treibhausgasen – gegen die Versicherung seitens der Kommission einzugehen, dass es keine gesetzlichen Regelungen zur Verminderung der Emissionen geben werde, wurden nicht weiterverfolgt, als sich abzeichnete, dass die EU schwerpunktmäßig den Emissionshandel mit Treibhausgasen als Rechtsinstrument einsetzen würde. In gleicher Weise blieben die Bemühungen, einzelne Schadstoffe – Arsen in der Holzbehandlung, Schwermetalle in Glas, Verwendung von Harzen, Cadmium in Batterien, Phthalate in Spielzeug – mittels Umweltvereinbarungen aus den Produkten ganz oder teilweise zu entfernen, ohne jeden Erfolg, obwohl es auch hier zu Erörterungen zwischen den Dienststellen der Kommission und den jeweiligen Verbänden gekommen war.

Schließlich scheiterte auch der um die Jahrtausendwende unternommene Versuch der Kommission, eine Rahmenverordung über Umweltvereinbarungen auf EU-Ebene vorzuschlagen. Die rechtlichen Bedenken gegen eine solche Erweiterung des Art 288 VAEU[18] durch eine einfache Verordnung wogen schließlich zu schwer.

In den EU-Mitgliedstaaten entwickelte sich die Praxis, auf Umweltvereinbarungen zurückzugreifen, sehr unterschiedlich. Maßgeblich waren hierfür rechtliche, kulturelle, umweltpolitische und ökonomische Unterschiede zwischen den Mitgliedstaaten. Besonders weit entwickelten sich Umweltvereinbarungen in den Niederlanden und in Dänemark; aber auch in anderen Mitgliedstaaten – Belgien (Flandern), Österreich, Schweden, Deutschland und Finnland – kam es zu zahlreichen derartigen Vereinbarungen. Systematische Übersichten fehlen. Insgesamt lässt sich indessen feststellen, dass die Initiative meist von staatlichen Stellen ausging, die in Verfolg der staatlichen Umweltpolitik die anbietende Wirtschaft zu Umweltabreden oder Umweltvereinbarungen drängte.

17 Vgl *Kommission*, KOM(2003)105 vom 5. März 2003, Abschnitt 2.2.1.

18 Art 288 VAEU sieht als gekennzeichnete Handlungsformen der Gemeinschaft nur Verordnungen, Richtlinien, Beschlüsse, Empfehlungen und Stellungnahmen vor; gemäß Art 5 EUV ist diese Aufzählung abschließend.

II. Neueste Entwicklungen

A. Der Trend zur Deregulierung

Mit Beginn der neunziger Jahre setzte auf EU-Ebene eine Politik der Deregulierung im Umweltbereich ein. Diese Änderung der Politik begann mit dem negativen dänischen Referendum zum Vertrag von Maastricht; sie wurde wesentlich von der konservativen Regierung unter Mrs Thatcher in Großbritannien befördert und zielte darauf ab, staatliche Regelungen im Umweltbereich durch Rahmenregelungen, Koregulierungen[19], Umweltvereinbarungen, ökonomische Anreize, und ähnliche Instrumente zu ersetzen. Obwohl die Kommission und der Rat stets auch betonten, dass legislative Regelungen im Umweltbereich wichtig seien, setzte sich in der Praxis die Deregulierungspolitik doch schrittweise durch. Kennzeichnend hierfür waren Rahmen-Richtlinien mit nur allgemeinen Zielvorgaben, die Prüfung neuer Vorschläge für Regelungen auf ihre wirtschaftliche Akzeptanz, die allgemeine Verminderung der Anzahl neuer Umwelt-Regelungen, das Erfinden so genannter „thematischer Strategien", die Zunahme von Mitteilungen, Grün- und Weißbüchern usw. Teilweise ging die Kommission in ihren Vorschlägen zum Umweltschutz hinter Lösungen zurück, die dann von den Mitgliedstaaten und dem Europäischen Parlament vereinbart wurden – ein Phänomen, das es seit dem Beginn der europäischen Umweltpolitik Anfang der siebziger Jahre noch nicht gegeben hatte.

Für Umweltvereinbarungen auf EU-Ebene sah die Kommission seit etwa dem Jahre 2000 keinen Spielraum mehr und befürwortete demgemäß lediglich Selbstverpflichtungen seitens der anbietenden Wirtschaft. Dies hatte zur Folge, dass sie auch ihre Politik aufgab, im Bereich der Emissionen von Treibhausgasen mit einzelnen wirtschaftlichen Sektoren zu Umweltvereinbarungen auf EU-Ebene zu gelangen: denn die Kommission hatte ursprünglich angestrebt, verbindliche Verpflichtungen der einzelnen Sektoren zur Einhaltung der Emissionsregelungen des Kyoto-Protokolls zu erhalten; hierfür waren aber nach der Rechtsprechung des Gerichtshofs legislative Regelungen erforderlich. Und für einseitige Umweltsprachen zeigten die Vertreter der verschiedenen wirtschaftlichen Sektoren kein Interesse.

Auch im Bereich der Produktpolitik scheiterte die Union mit ihrem Plan, zu Umweltvereinbarungen auf EU-Ebene zu gelangen. Schon in den achtziger Jahren hatte die Kommission vergeblich versucht, EU-weite Umweltvereinba-

19 Vgl zu dem Begriff *Kommission*, KOM(2002)412 vom 17. Juli 2002, Abschnitt 4.2. Bei der Koregulierung werden die zu erreichenden Ziele, die Fristen, die Überwachungs- und Kontrollmechanismen und die Sanktionen durch die gemeinschaftliche Richtlinien festgelegt. Andere Einzelheiten werden dann durch Selbstverpflichtungen der anbietenden Wirtschaft geregelt.

rungen für den Energie- und Wasserverbrauch elektrischer Haushaltsgeräte zu erreichen. Weil die anbietende Wirtschaft zu solchen Vereinbarungen nicht bereit oder imstande war, war es seit 1992 zu Richtlinien über die Kennzeichnung des Energie- und Wasserbrauchs sowie des Lärmpegels elektrischer Haushaltsgeräte gekommen[20].

B. Die Richtlinie über das Öko-Design von Produkten

2005 kam es zu einem neuen Anlauf. Die Richtlinie 2005/32[21] sah die Schaffung gemeinschaftlicher Anforderungen für die Gestaltung energiebetriebener Produkte vor. Die Kommission sollte bei der Ausarbeitung von Vorschlägen aber ausdrücklich berücksichtigen, ob EU-rechtliche Maßnahmen der Selbstregulierung, wie etwa freiwillige Vereinbarungen die Ziele der Richtlinie – Energieeinsparung – schneller oder kostengünstiger erreichen könnten und solchen Vereinbarungen gegebenenfalls Vorrang einräumen[22]. Die Selbstregulierungs-Maßnahmen sollten nach folgenden Kriterien beurteilt werden:

1. Offenheit der Beteiligung für alle wirtschaftlichen Anbieter
2. Mehrwert gegenüber dem Status quo
3. Repräsentativität für den betroffenen Sektor
4. Vorhandensein quantitativer und abgestufter Ziele
5. Beteiligung der Zivilgesellschaft an Ausarbeitung und Durchführung
6. Überwachung und Berichterstattung
7. Kostenwirksamkeit der Verwaltung
8. Nachhaltigkeit der Maßnahmen
9. Kompatibilität mit anderen Anreizen.

In der Folgezeit kam es indessen bis Ende 2009 zu keinerlei solchen Selbstverpflichtungen seitens der Industrie, so dass die Kommission offenbar die Hoffnung auf Selbstverpflichtungen aufgab und für zahlreiche Produkte gesetzliche Regelungen vorbereitete[23]. Vermutlich liegen die Gründe für diese Zurückhaltung seitens der anbietenden Wirtschaft im fehlenden Integrations-

20 Vgl Richtlinie 92/75 über die Angabe des Verbrauchs an Energie und anderen Ressourcen durch Haushaltsgeräte mittels einheitlicher Etiketten und Produktinformationen, ABl 1992 L 297, 16. In der Folgezeit wurden Ausführungs-Richtlinien für Kühlschränke, Tiefkühlgeräte, Waschmaschinen, Wäschetrockner, Geschirrspülmaschinen, Elektro-Öfen usw angenommen.

21 Richtlinie 2005/32, ABl 2005 L 191, 29; nunmehr ersetzt durch Richtlinie 2009/126, ABl 2009 L 285, 10.

22 Richtlinie 2009/126, Erwägungsgrund 18: „Alternative Wege wie die Selbstregulierung durch die Industrie sollten Vorrang erhalten, wenn sich die politischen Ziele mit ihnen voraussichtlich schneller oder kostengünstiger erreichen lassen als mit Rechtsvorschriften".

23 Ende 2008 waren Regelungsvorschläge für folgende Produkte in der Vorbereitung: Kühlschränke, Waschmaschinen, Geschirrspüler, Wasserboiler, Warmwasserbereiter,

grad der verschiedenen Verbände, ihren unterschiedlichen Strategien, der Abhängigkeit von mitgliedstaatlichen oder drittstaatlichen produktpolitischen Strategien und der Befürchtung, nicht an der Selbstverpflichtung beteiligte Konkurrenten – so genannte Trittbrettfahrer – könnten Wettbewerbsvorteile erreichen.

C. Umweltvereinbarungen zur Umsetzung von EU-Richtlinien

Dagegen förderte die Kommission das Konzept der Umsetzung von Umwelt-Richtlinien durch Umweltvereinbarungen in den Mitgliedstaaten. Sie veröffentlichte insoweit allgemeine Leitlinien und schlug in mehreren Richtlinien die Umsetzung einzelner Bestimmungen durch Umweltvereinbarungen vor; Europäisches Parlament und Rat folgten diesen Vorschlägen. Allerdings waren die Regelungen über die Umsetzung von Richtlinien durch einzelstaatliche Umweltvereinbarungen auf den Abfallbereich beschränkt[24]. Weder kam es im Gewässerschutz[25] noch in der Luftreinhaltung[26], in der Lärmbekämpfung[27], im Naturschutz[28] in der Unfallvermeidung seitens industrieller Betriebe[29] oder in der Rahmenregelung für industrielle Anlagen[30] zu entsprechenden EU-Bestimmungen. Offenbar war und ist im Abfallbereich die Entschlossenheit mitgliedstaatlicher Verwaltungen, eigene, den innerstaatlichen Strukturen angepasste Systeme zu gewährleisten, groß genug, um das Festlegen derartiger Sonderregelungen durchzusetzen.

Batterie-Ladegeräte, Haushalts-Beleuchtung, Fernseher, Computer, Beleuchtung im Dienstleistungssektor und Stand-by-Vorrichtungen.

24 Vgl Richtlinien 2000/53 über Altfahrzeuge, ABl 2000 L 269, 34, Art 10 Abs 3; 2002/96 über Elektro- und Elektronik-Altgeräte, ABl 2003 L 37, 24, Art 17; 2006/66 über Batterien und Akkumulatoren sowie Altbatterien und Altakkumulatoren, ABl 2006 L 266, 1 Art 27; Richtlinie 94/62 über Verpackungen und Verpackungsabfälle, ABl 1994 L 365, 10 (in der durch Richtlinie 2004/12, ABl 2004 L 47, 26 geänderten Fassung), Art 22 Abs 3 bis.

25 Vgl hierzu Richtlinie 2000/60 zur Schaffung eines Ordnungsrahmens für Maßnahmen der Gemeinschaft im Bereich der Wasserpolitik, ABl 2000 L 327, 1.

26 Vgl hierzu Richtlinie 2008/50 über Luftqualität und saubere Luft für Europa, ABl 2008 L 152, 1.

27 Vgl hierzu Richtlinie 2002/49 über die Bewertung und Bekämpfung von Umgebungslärm, ABl 2002 L 189, 12.

28 Vgl hierzu Richtlinie 92/43 zur Erhaltung der natürlichen Lebensräume sowie der wildlebenden Tiere und Pflanzen, ABl 1992 L 206, 7.

29 Richtlinie 96/82 zur Beherrschung der Gefahren bei schweren Unfällen mit gefährlichen Stoffen, ABl 1997 L 10, 13.

30 Richtlinie 2008/1 über die integrierte Vermeidung und Verminderung der Umweltverschmutzung, ABl 2008 L 24, 8.

Im einzelnen legten die Abfall-Richtlinien folgende Bedingungen für das Umsetzen von einzelnen Bestimmungen der jeweiligen Richtlinie durch einzelstaatlichen Umweltvereinbarungen fest[31]:

1. Die Umweltvereinbarungen müssen durchsetzbar sein.
2. Sie müssen bestimmte Ziele und Fristen für ihre Verwirklichung enthalten.
3. Sie müssen veröffentlicht werden.
4. Die Fortschritte und die erzielten Ergebnisse müssen öffentlich verfügbar gemacht werden.
5. Die Durchführung der Umweltvereinbarung muss von öffentlichen Stellen überprüft werden.
6. Bei Nichteinhaltung der Vereinbarung muss die Richtlinie durch gesetzliche Vorschriften umgesetzt werden.

Diese Bedingungen ähneln den oben wiedergegebenen, für die EU-Selbstverpflichtungen aufgestellten Beurteilungskriterien. Von daher kann davon ausgegangen werden, dass diese Bedingungen für Umweltvereinbarungen auch in jedem anderen Umweltbereich als im Abfallsektor gelten würden.

Inhaltlich sahen die verschiedenen Richtlinien die Umsetzung folgender Bestimmungen durch Umweltvereinbarungen vor:

- die Beschränkung der Verwendung gefährlicher Stoffe in Kraftfahrzeugen;
- den ein Recycling fördernden Bau von Kraftfahrzeugen;
- die Verwendung von wieder verwendbaren Bauteilen und von Recyclingmaterial in Kraftfahrzeugen;
- die Einrichtung von Rücknahmesystemen und -stellen für Kraftfahrzeuge, Batterien und Verpackungen;
- die Einrichtung von Sammel- und Verwertungssystemen für Verpackungen;
- die Modalitäten der Rücknahme von Kraftfahrzeugen (Kosten usw.);
- die Veröffentlichung von Informationen über die Demontage von Kraftfahrzeugen, die Verwendung von Recyclingmaterial und erzielte Fortschritte;
- Informationskampagnen für Endnutzer von Batterien und für private Haushaltungen bezüglich elektrischer und elektronischer Geräte;
- die Kennzeichnung elektrischer und elektronischer Geräte.

Im Wesentlichen betraf die Möglichkeit, die Umsetzung einzelner Vorschriften von Abfall-Richtlinien mittels Umweltvereinbarungen vorzunehmen, also das Einrichten von Sammel- und Rücknahmesystemen sowie die Unterrichtung der Endnutzer. Die übrigen Vorschriften betreffen eher nachgeordnete, insgesamt weniger wichtige Bestimmungen. Für alle angeführten Bestimmun-

31 Vgl hierzu Richtlinie 2000/53, ABl 2000 L 269, Art 10 Abs 3; Richtlinie 2006/66, ABl 2006 L 266, 1, Art 27.

gen ist festzuhalten, dass die EU-Richtlinien selbst die zu erreichenden Ziele eindeutig festlegten und es den Mitgliedstaaten ermöglichten, insoweit für die Umsetzung und Durchführung auf das Abschließen von Umweltvereinbarungen zurückzugreifen.

Keine Bestimmung über Umweltvereinbarungen enthielten die Richtlinien über die Beseitigung PCB-haltiger Abfälle[32], über Abfälle der mineralgewinnenden Industrie[33] und die Rahmen-Richtlinie über Abfälle[34].

Insgesamt kann zu der Behandlung von Umweltvereinbarungen auf EU-Ebene festgestellt werden, dass die Union Selbstverpflichtungen der anbietenden Wirtschaft befürwortet und wohl auch bereit ist, gesetzliche Regelungen zum Schutz der Umwelt zurückzustellen, falls es zu solchen Selbstverpflichtungen kommt. Allerdings scheint die Bereitschaft, vielleicht auch der Organisationsgrad auf europäischer Ebene der anbietenden Wirtschaft nicht groß zu sein, dass es quantitativ und qualitativ zu Lösungen für EU-Umweltprobleme durch Umweltvereinbarungen oder Selbstverpflichtungen kommen wird. Auch die Durchführung einzelner Richtlinien-Vorschriften durch Umweltvereinbarungen der Mitgliedstaaten dürfte in absehbarer Zeit nur eine nachgeordnete Bedeutung gewinnen, weil die entsprechenden EU-Vorgaben nur den Abfallsektor betreffen und dort, mit Ausnahme der Einrichtung von Sammel- und Rücknahmesystemen, lediglich weniger wichtige Bestimmungen betrifft.

III. Auswirkungen des EU-Rechts auf Österreich

A. Umweltvereinbarungen in Österreich

Österreich hat bisher keine gesetzliche Rahmenregelung für Umweltvereinbarungen geschaffen. Auch hat die Regierung keine Empfehlungen, Leitlinien oder andere Orientierungen für das Abschließen von Umweltvereinbarungen in Österreich veröffentlicht. Infolgedessen ist auch nicht klar, ob und in welchem Umfang Umweltvereinbarungen in Österreich an den Kriterien nach der Richtlinie 2009/125 oder nach den Abfall-Richtlinien gemessen werden. Dies bedeutet, dass der Begriff „Umweltvereinbarungen“ in Österreich keinen bestimmten, festgelegten Inhalt besitzt. Nicht selten werden auch Umweltabreden der anbietenden Wirtschaft, Selbstverpflichtungen einzelner Betriebe oder Sektoren und Mischsysteme unter dem Begriff der „Umweltvereinbarungen“ zusammengefasst.

32 Richtlinie 96/59 über die Beseitigung polychlorierter Biphenyle und polychlorierter Terphenyle (PCB/PCT), ABl 1996 L 243, 31.

33 Richtlinie 2006/21 über die Bewirtschaftung von Abfällen aus der mineralgewinnenden Industrie, ABl 2006 L 102, 15.

34 Richtlinie 2008/98 über Abfälle, ABl 2008 L 312, 3.

Die genaue Zahl der Umweltvereinbarungen in Österreich ist nicht bekannt, weil derartige Vereinbarungen weder zentral erfasst noch systematisch veröffentlicht werden. Insbesondere ist fast nichts über örtliche, überörtliche und regionale Vereinbarungen bekannt. Eine österreichische Veröffentlichung von 2004, die ausschließlich landesweite Umweltvereinbarungen erfasste, identifizierte achtzehn freiwillige Vereinbarungen im Umweltbereich[35]. Von diesen betrafen zehn den Abfallsektor, drei chemische Produkte, zwei den Klimaschutz, eine den Naturschutz und zwei Fragen des Umweltmanagements.

Eine Anzahl dieser Instrumente kann von vorneherein aus der näheren Untersuchung ausgeschlossen werden, weil es sich nicht um „Vereinbarungen" handelt. Hierzu gehören:

- *die Kyoto-Kooperation*: Diese Vereinbarung wurde von dem österreichischen Umweltministerium und der Wirtschaftskammer Österreich unterzeichnet. Sie hat zum Ziel, zur Erfüllung der Verpflichtungen Österreichs nach dem Kyoto-Übereinkommen beizutragen, Wettbewerbsnachteile für die österreichische Wirtschaft zu vermeiden und die Chancen für den Wirtschaftsstandort Österreich bestmöglich zu nutzen. Als Instrumente sind Informationen und Beratungen vorgesehen;
- *Beteiligung am Umweltmanagement nach der EG-Verordnung 761/2001 (EMAS)*: Es wurde bereits eingangs dieses Beitrags ausgeführt, dass die Verordnung 761/2001 – jetzt ersetzt durch die Verordnung 1221/2009 – die freiwillige Beteiligung von Betrieben an einem durch die Verordnung bereitgestellten System des Umweltmanagements vorsieht. Die Abrede, an einem solchen System teilzunehmen, schafft also kein Mehr an Umweltschutz. Auch fehlt es an einer „Vereinbarung" im eigentlichen Sinne, also an einer Verabredung zweier oder mehrerer Personen;
- *Unterzeichnung der ICC-Charter (Charter der Internationalen Handelskammer) über eine langfristige, nachhaltige Entwicklung und Grundsätze des Umweltmanagements*: Die Unterzeichnung der Charter ist noch keine Vereinbarung, bestimmte Ziele zu erreichen.
- *Natura 2000*[36]: Hier handelt es sich um ein Kooperationsabkommen zwischen der Wirtschaftskammer Österreich und dem World Wildlife Fund (WWF) Österreich. Das Abkommen sieht vor: eine umfassende Beteiligung

35 *Kroiss/Gupfinger/Alge*, Environmental Governance und Umweltvereinbarungen (2004). Die Studie wurde vom Ökobüro (Koordinierungsstelle österreichischer Umweltorganisationen) und ÖGUT (Österreichische Gesellschaft für Umwelt und Technik) erstellt, aus Mitteln des österreichischen Bundesministeriums für Land- und Forstwirtschaft, Umwelt und Wasserwirtschaft gefördert und von der Wirtschaftskammer Österreich und der Vereinigung Österreichische Industrie unterstützt.

36 Natura 2000 ist das europäische Netz von schützenswerten Lebensräumen, eingerichtet durch Richtlinie 92/43 (Fn 28) Die Mitgliedstaaten haben die Schutzgebiete auszuweisen und Erhaltungsmaßnahmen zu treffen.

bei der Ausweisung neuer Natura 2000-Gebiete durch staatliche Stellen, das Festlegen koordinierter Standards für das Gebietsmanagement, die Umsetzung der EU-Richtlinien, eine ausreichende Finanzierung der Maßnahmen für Natura 2000 und das Erarbeiten wesentlicher Grundlagen für Managementpläne. Diese Maßnahmen betreffen Verpflichtungen staatlicher Stellen, die aus der Richtlinie 92/43 verpflichtet sind, nicht aber Verpflichtungen der anbietenden Wirtschaft.

Da auch die „Freiwillige Selbstverpflichtung zur Datenbeschaffung über Altstoffe" und die Unterzeichnung des Programms „Responsible Care" der chemischen Industrie kaum umweltpolitische Zielsetzungen verwirklichen, darf auch für Österreich festgestellt werden, dass Umweltvereinbarungen im Wesentlichen den Abfallsektor betreffen.

Diese Umweltvereinbarungen betreffen überwiegend das Einrichten und Organisieren von Sammel- und Rücknahmesystemen für Kraftfahrzeuge, Verpackungen, Elektrogeräte, Autoreifen, Altpapier, Kunststoffrohre und PVC-Fenster. In der Mehrzahl der Vereinbarungen wurden quantitative Sammel- oder Recyclingziele vereinbart. Da das österreichische Umweltministerium und die Wirtschaftskammer Österreich an der Einhaltung der Vereinbarungen interessiert sind, finden bestimmte Überprüfungen der Einhaltung der gesetzten Ziele durch diese Stellen statt. Im übrigen sind Inhalt und Form, Zielsetzungen, Überprüfungs- und Kontrollmechanismen von Vereinbarung zu Vereinbarung verschieden.

B. Der Einfluss des EU-Rechts

1. Der Einfluss von EU-Umweltvereinbarungen

Nach dieser notgedrungen summarischen Bestandsaufnahme mag eine vorsichtige Beurteilung des Einflusses des EU-Rechts auf Umweltvereinbarungen in Österreich gewagt werden.

Es ist nicht zu erwarten, dass es in absehbarer Zeit zu vermehrten *Umweltvereinbarungen auf EU-Ebene* kommen wird, die auf die Lage in Österreich Auswirkungen haben könnten. Der Organisationsgrad der anbietenden Wirtschaft ist in der Regel nicht ausreichend groß. Einzelfragen des Aushandelns und Überwachens von Umweltvereinbarungen seitens der europäischen Institutionen sind nach wie vor unklar; dies gilt etwa für die Frage, wer im Namen der Union handeln soll, wie das Europäische Parlament und die Mitgliedstaaten, aber auch der Wirtschafts- und Sozialausschuss und der Ausschuss der Regionen, an diesem Aushandeln beteiligt sein sollen, wer die Durchführung und Einhaltung der Umweltvereinbarung in den Mitgliedstaaten vor Ort überwachen soll, usw. Selbst bei einem so oligopolistisch strukturierten Sektor wie dem Kraftfahrzeug-Sektor bedurfte es dreier getrennter Verhandlungen mit den europäisch-amerikanischen, den japanischen und den koreanischen Herstellern, um zu drei Vereinbarungen zu gelangen[37]. Schwierigkeiten, die sich hieraus ergaben, dürften sich bei Umweltvereinbarungen etwa im Chemie-Sektor, bei dem es etwa 35.000 Hersteller in der Union gibt – von außereuropäischen Herstellern ganz zu schweigen – noch vervielfältigen. Das Beispiel zeigt auch, dass eine ausgehandelte Umweltvereinbarung auf EU-Ebene kaum zu schnelleren Ergebnissen führen dürfte als eine Richtlinie oder Verordnung[38]. Schließlich dürfte der Ansehensverlust, den das Instrument der Umweltvereinbarungen durch das klägliche Scheitern der EU-weiten Umweltvereinbarung im KFZ-Bereich erlitten hat, zu großer Vorsicht vor neuen, ähnlichen Versuchen warnen.

2. Umweltvereinbarungen zur Durchführung von EU-Richtlinien

Die *Durchführung von europäischen Umwelt-Richtlinien durch österreichische Umweltvereinbarungen* erscheint wenig attraktiv. Denn bisher hat die EU allein im Abfall-Sektor die Möglichkeit für derartige Durchführungs-Umweltvereinbarungen bereitgestellt. Darüberhinaus sind die vorstehend angeführten Anforderungen an derartige Vereinbarungen relativ streng: dies gilt insbesondere für die Forderung, dass die Umweltvereinbarungen durchsetzbar sein und veröffentlicht werden müssen, dass Zwischenziele festgelegt und Fortgangs-Berichte erstellt werden und dass öffentliche Stellen die Durchführung der Umweltvereinbarung kontrollieren müssen. Diese Anforderungen sind so streng, dass sich die Frage stellt, welches der Anreiz für den jeweiligen Abfall-Sektor ist, Umweltvereinbarungen einzugehen, die ja auch Nachteile – insbesondere die Vorteile, für nicht an der Vereinbarung beteiligte Anbieter, die so genannten „Trittbrettfahrer" – mit sich bringen.

Deswegen ist es keine Überraschung, dass Österreich die oben, in Fußnote 24 angeführten Abfall-Richtlinien im Allgemeinen durch gesetzliche Regelungen und nicht durch Umweltvereinbarungen umgesetzt und durchgeführt hat. Lediglich bei der Einrichtung von Sammel- und Rücknahmesystemen für einzelne Abfallströme kam es in Österreich zu Umweltvereinbarungen zwischen staatlichen Stellen und dem jeweils betroffenen Sektor. Dies macht guten Sinn, weil die Verpflichtung, den jeweiligen Abfall ohne Kosten für den Endnutzer des Produktes – Kraftfahrzeug, elektrische Geräte, Batterien – zurückzunehmen, das Einrichten von Sammelstellen, das Transportieren und das Rückführen der Altgeräte zu Verwertungsstellen führt, wenn es allein von staatlichen Stallen organisiert wird, leicht zu bürokratischen Strukturen, die nicht unbedingt effektiv sind; werden derartige Systeme allein von privaten Stellen organisiert, mögen auch Profitüberlegungen und Wettbewerbsgesichtspunkte eine

37 Vgl dazu vorstehend Pkt I.B.3.

38 Das Aushandeln der Vereinbarungen im KFZ-Sektor dauerte insgesamt etwa sechs Jahre.

Rolle spielen. So schafft ein gemeinsames Organisieren der Sammelsysteme die Möglichkeit, eine effiziente Ressourcenbewirtschaftung zu erreichen, gemeinsam die Verbraucher und Endnutzer zum Mitmachen zu bewegen, administrativ wirksame Strukturen zu schaffen und dabei auch angemessene Gewinne zu ermöglichen, ohne die Abfallgebühren zu hoch werden zu lassen. Ob derartige Ergebnisse tatsächlich erreicht werden, hängt von der Strategie und der Entscheidungskraft aller an solchen Umweltvereinbarungen Beteiligten ab.

3. Umweltvereinbarungen in Österreich

Für *Umweltvereinbarungen in Österreich*, die nicht auf Vorgaben einzelner EU-Richtlinien beruhen, enthält das geltende EU-Recht so gut wie keine Vorgaben – abgesehen von den Wettbewerbsvorschriften der Art 101 ff VAEU. Die in den Mitteilungen der Europäischen Kommission genannten Voraussetzungen[39] stellen bestenfalls Leitlinien dar, die nicht einmal den Charakter einer unverbindlichen Empfehlung besitzen.

Damit sind der österreichischen Umweltpolitik und dem Umweltrecht weite Betätigungsfelder eröffnet. Denn zum einen bleibt der eingangs erwähnte Satz gültig, wonach es vom Standpunkt des Umweltschutzes aus gleichgültig ist, ob der Schutz durch eine gesetzliche Regelung oder eine Umweltvereinbarung sichergestellt ist – solange der Schutz nur sichergestellt ist. Zum anderen besitzt die Umwelt keine eigene Stimme, ist also darauf angewiesen, dass sich jemand ihrer annimmt, in anderen Worten, auf ihren Schutz hinwirkt. Hier also haben Umweltvereinbarungen und andere Instrumente außerhalb gesetzlicher Regelungen wie finanzielle Anreize ihren Platz.

Umweltvereinbarungen haben theoretisch auch ihren Platz in anderen Bereichen als dem Abfall-Sektor. Zu denken ist etwa an den Gewässerschutz, die Luftreinhaltung, den Klimaschutz, den Schutz von Natur und Landschaft oder die Lärmbekämpfung. Inhaltlich sind ohne weiteres Abreden denkbar, in denen staatliche Stellen mit Landwirten und ihren Verbänden Vereinbarungen über die Mähfolge, das Mähen an Bachufern, die Verwendung von Pestiziden oder bestimmter Pestizide treffen, in denen Vereinbarungen getroffen werden über Aufforstungen, den Fischfang, die (Nicht)Verwendung genetisch veränderter Organismen oder Produkte, usw. Gerade auf örtlicher und regionaler Ebene sind solche Umweltvereinbarungen häufig sinnvoll, weil jede Umweltvereinbarung letztlich auf der Überzeugung der Beteiligten beruht, dass der Schutz der Umwelt vernünftig ist, und weil es auf örtlicher Ebene leichter ist, durch Erörterungen, Abreden, Verhandlungen oder andere auf Ausgleich bedachte Maßnahmen die betroffenen Berufszweige von einer Beteiligung zu überzeugen[40].

39 Vgl dazu vorstehend auf Pkt I. A.

40 Als Beispiel sei die Bemerkung im österreichischen Bundes-Abfallplan 2006 angeführt, dass in Graz gebrauchte Speisöle aus Tourismusbetrieben gesammelt, in Treibstoff um-

Da der Begriff der Umweltvereinbarung weder EU-rechtlich noch in Österreich gesetzlich definiert ist, fließen die Übergänge zwischen solchen Vereinbarungen und anderen Instrumenten – Verhaltenskodices, Satzungen wirtschaftlicher Verbände mit umweltpolitischen Zielsetzungen, Verlautbarungen über die Umwelt seitens wirtschaftlicher Anbieter, gemeinsame Aufrufe, usw. Der Begriff „Umweltvereinbarungen" teilt insoweit das Schicksal anderer umweltpolitischer Sprachschöpfungen wie „nachhaltige Entwicklung", „Verursacherprinzip", „biologisch" oder „Vorsorge", die inflationär und häufig genug zu Marketingzwecken verwendet werden, ohne dass sich hinter dem Begriff „Umweltvereinbarung" ein klarer, fixierter Inhalt verbirgt.

Von daher ist der Forderung, einen reglementierten Rahmen für Umweltvereinbarungen zu schaffen, sicherlich zuzustimmen. Da dies aus den angeführten Gründen auf EU-Ebene in absehbarer Zeit nicht geschehen kann, wäre an eine entsprechende Initiative Österreichs zu denken. Für eine derartige Erarbeitung können die in der Richtlinie 2009/125 genannten, oben angeführten Grundsätze – Offenheit für alle Wirtschaftsbeteiligten, Mehrwert gegenüber dem Status quo, Repräsentativität der Beteiligten, Festlegung von Zielen, Beteiligung der Zivilgesellschaft, Überwachung und Berichte, Kostenwirksamkeit der Verwaltung, Nachhaltigkeit der Maßnahmen und Kompatibilität mit anderen Anreizen – eine gute Arbeitsgrundlage bilden, mögen auch einige dieser Grundsätze recht vage sein.

Der erste Grundsatz – Umweltvereinbarungen müssen allen Wirtschaftsbeteiligten offenstehen – zeigt die mögliche Nähe von Umweltvereinbarungen zu wettbewerbsrelevanten Absprachen. Eine Umweltvereinbarung, die beispielsweise nur österreichischen Herstellern oder Händlern offensteht, die Preise festlegt, eine Marktaufteilung vorsieht oder das Inverkehrbringen einschließlich der Einfuhr von Produkten unterbindet, die eine bestimmte Chemikalie wie Cadmium oder Blei enthalten, ist anhand der Grundsätze der Art 101 ff VAEU zu beurteilen, und regelmäßig unzulässig. Ob staatliche Stellen am Zustandekommen der Vereinbarung beteiligt waren oder nicht, ist dabei unerheblich.

Selbstverständlich ist der zweite Grundsatz – die Umweltvereinbarung soll gegenüber dem bestehenden Umfang zu einem mehr an Umweltschutz führen – nur eine allgemeine Zielvorgabe. Denn zum einen ist es gerade ein Merkmal der Umweltvereinbarung, dass sie nicht verbindlich ist, also die Beteiligten

gewandelt und in den Bussen der Grazer Verkehrsbetriebe eingesetzt werden (Bundes-Abfallplan 2006, BMLFUW_BAWP_2006[1]pdf). Aus dem Abfallwirtschaftsplan der Stadt Graz scheint hervorzugehen, dass es sich um eine Vereinbarung handelt, die nicht auf einer örtlichen Satzung beruht, dass es sich also um eine freiwillige Vereinbarung handelt (Abfallwirtschaftsplan der Landeshauptstadt Graz, August 2007, Abschnitt 8.3 http://www.umweltservice.graz.at/info/Abfall/Abfallwirtschaftsplan). Dies kann indessen dahingestellt bleiben; denn das Beispiel zeigt, was an freiwilligen Vereinbarungen auf örtlicher oder regionaler Ebene möglich ist.

auch nicht zu einem mehr an Umweltschutz verpflichten kann. Zum anderen lässt sich dieses „Mehr" nicht messen. Grundgedanke dieses Grundsatzes ist vielmehr, dass das Aushandeln und Abschließen einer Umweltvereinbarung in aller Regel nur lohnt, wenn der Schutz der Umwelt auch tatsächlich verbessert wird.

Die Repräsentativität der beteiligten Personen oder Verbände bemisst sich selbstverständlich nach dem Geltungsbereich der Umweltvereinbarung. Beispielsweise lassen sich Vereinbarungen, die nur örtlich gelten, ohne weiteres mit einzelnen Personen oder dem örtlichen Verband schließen, während landesweit geltende Umweltvereinbarungen in der Regel mit den repräsentativen Verbänden zu schließen sind.

Das Festlegen von zu erreichenden Zielen und Zwischenzielen zur Verbesserung des Schutzes der Umwelt macht wohl das Wesen einer Umweltvereinbarung aus. Gerade wegen des nicht-verbindlichen Charakters der Vereinbarung macht es wenig Sinn, eine Vereinbarung ohne Zielvorgaben abzuschließen. In diesem Falle stellte die Abrede lediglich einen Aufruf, eine Entschließung oder eine Deklaration dar, die nicht einmal mehr eine Selbstverpflichtung der Wirtschaftsteilnehmer beinhaltet.

Dagegen ist kaum nachzuvollziehen, dass bei jeder Umweltvereinbarung die Zivilgesellschaft – Umweltverbände, Verbraucherorganisationen usw. – beteiligt werden müssen. Dies mag sinnvoll sein, wenn staatliche Stellen mit Wirtschaftsbeteiligten eine Umweltvereinbarung aushandeln, weil hier mehr oder weniger stillschweigend der Abschluss der Vereinbarung die Erklärung der staatlichen Stellen einschließt, keine gesetzliche Regelung zu erarbeiten. Demokratische Überlegungen machen es in einem solchen Fall erforderlich, die Verhandlungen transparent zu machen und die Zivilgesellschaft zu beteiligen. Dagegen ist es bei einer Selbstverpflichtung der anbietenden Wirtschaft ohne Mitwirkung staatlicher Stellen – als Beispiel könnte an die Selbstverpflichtung von Spielzeugherstellern gedacht werden, nur noch Holz zu verwenden, das aus nachhaltigem Holzeinschlag stammt – nicht einzusehen, warum Umweltorganisationen oder die Öffentlichkeit im allgemeinen an der Ausarbeitung dieser Selbstverpflichtung zu beteiligen wären.

Auch die Veröffentlichung der Vereinbarung, einschließlich der zu erreichenden Ziele und Zwischenziele, ist wichtig. Denn nur eine für jedermann nachlesbare Vereinbarung kann das notwendige Vertrauen der Öffentlichkeit herstellen, dass die Umweltvereinbarung nicht etwa nur Marketingziele der beteiligten Unternehmen bezweckt, sondern tatsächlich auf eine Verbesserung des Umweltschutzes abzielt. Dem gleichen Zweck dienen auch das Erfordernis, das Einhalten der Vereinbarung durch öffentliche Stellen zu überprüfen und in veröffentlichten Zwischenberichten über die erzielten Fortschritte, aber auch Probleme und Fehlschläge Rechenschaft abzulegen. Da die Umwelt selbst stumm ist, wird anderenfalls allzu leicht geargwöhnt, dass die Vereinbarung der anbietenden Wirtschaft, nicht aber der Umwelt dient.

Der Grundsatz der kostenwirksamen Verwaltung der Umweltvereinbarung soll lediglich die Aufmerksamkeit auf den Umstand lenken, dass die Durchführung der vereinbarten Maßnahmen nicht zu teuer wird. Eine größere Genauigkeit wird in einer Umweltvereinbarung kaum festgelegt werden können.

Der Grundsatz der Nachhaltigkeit lenkt die Aufmerksamkeit auf das Erfordernis, den Schutz der Umwelt dauerhaft zu verbessern, nicht nur für wenige Wochen oder Monate.

Auch die Kompatibilität der vereinbarten Zielsetzungen mit den politischen, rechtlichen und finanziellen Zielen und Programmen ist ein allgemeiner Grundsatz, der umso weniger präzis ist, als es in dem Bereich der Umweltvereinbarung normalerweise ja gerade keine genauen Zielvorgaben gibt.

Inwieweit die verschiedenen, gegenwärtig in Österreich bestehenden Umweltvereinbarungen den genannten Grundsätzen entsprechen, kann nicht beurteilt werden. Denn diese Vereinbarungen – selbst soweit sie auf nationaler Ebene abgeschlossen wurden – sind nicht alle veröffentlicht. Auch werden sie ständig veränderten Umständen angepasst, revidiert, umgeschrieben oder erneuert. Es fehlt ein zuverlässiges Verzeichnis geltender österreichischer Umweltvereinbarungen, das auch für die interessierte Öffentlichkeit den Stand der Vereinbarungen und ihrer Durchführung wiedergibt. Nur wenn insoweit größere Transparenz und eine größere Genauigkeit in der Terminologie geschaffen wird, kann sich das Instrument der Umweltvereinbarungen langfristig als Mittel zur Verbesserung des Umweltschutzes in Österreich durchsetzen, weil nur auf diese Weise bei der anbietenden Wirtschaft wie auch in der Öffentlichkeit hinreichend Vertrauen in dieses Instrument geschaffen werden kann.

IV. Zusammenfassung

Der Einfluss der EU-Umweltvereinbarungen auf das österreichische Recht ist denkbar gering, aus mehreren Gründen. Zum einen gibt es kaum EU-weite Umweltvereinbarungen. Zum anderen sind Umweltvereinbarungen nicht verbindlich, so dass sich österreichische Stellen, die Umweltvereinbarungen aushandeln oder abschließen wollen, an EU-rechtliche Vorgaben nicht gebunden sind, sondern Lösungen wählen können, die auf österreichische Verhältnisse zugeschnitten sind. Etwas größer mag der Einfluss des EU-Rechts bei solchen Umweltvereinbarungen sein, die produkt- oder dienstleistungsbezogene Bestimmungen betreffen; denn hier wird der Einfluss des europäischen Binnenmarktes dazu führen, dass nicht selten rein österreichische Regelungen unmöglich sind, weil sich Hersteller und Händler aus anderen EU-Mitgliedstaaten an diese Regelungen nicht zu halten brauchen, vom Tätigwerden auf dem Markt in Österreich wegen der EU-Wettbewerbsregeln aber auch nicht ausgeschlossen werden können. Auch sofern österreichische Umweltvereinbarungen bestimmte Vorschriften von EU-Richtlinien zum Schutz der Umwelt in österreichisches Recht umsetzen, sind sie von den jeweiligen, im Ganzen doch recht strengen, Vorschriften der jeweiligen Richtlinie abhängig.

Bisher ist offenbar das Instrument der Umweltvereinbarung in Österreich nur bei dem Organisieren des Einsammelns und der Wiederverwertung von Abfallströmen – Glas, Papier, Verpackungsmaterialien, Elektrogeräte usw. – wirklich bedeutend geworden. In anderen Bereichen des Umweltschutzes fehlt es dagegen weitestgehend jedenfalls an landesweiten Umweltvereinbarungen. Da der Schutz der Umwelt in Österreich, wie praktisch in allen Ländern, der Verwaltung anvertraut ist, wird das Instrument der Umweltvereinbarung nur dann einen erheblichen Einfluss gewinnen können, wenn staatliche Stellen Rahmenbedingungen für derartige Umweltvereinbarungen festschreiben. Derartige Rahmenbedingungen müssten insbesondere eine Definition der Umweltvereinbarung enthalten, ferner Angaben über Ziele und Zwischenziele, die Veröffentlichung der Vereinbarungen vorsehen, ein Register geltender Vereinbarungen einführen, Berichtspflichten, Kontroll- und Überwachungsmethoden festlegen und Angaben enthalten, was geschieht, falls die Umweltvereinbarung nicht eingehalten wird.

Neben solchen Rahmenregelungen wird die Rechtswirksamkeit von Umweltvereinbarungen in Österreich vor allem davon abhängen, inwieweit es staatlichen Stellen gelingt, die Wirtschaftsteilnehmer zu freiwilligen Selbstverpflichtungen für einen besseren Schutz der Umwelt zu gewinnen. Ausländische Erfahrungen lassen erwarten, dass effektive Umweltvereinbarungen ein Gewinn sowohl für die Umwelt in Österreich als auch für die österreichischen Wirtschaftsteilnehmer sind.

Die rahmenbeschlusskonforme Auslegung des nationalen Rechts

Verena Murschetz

Literatur: *Murschetz*, European Police Cooperation in the Future Legal Framework of the European Union, in *Fijnaut/Ouwerkerk* (Hrsg), The Future of Police and Judicial Cooperation in the European Union (2010), 110; *Bertel/Venier*, Strafprozessrecht[3] (2009); *Ambos*, Internationales Strafrecht (2008); *Schröder*, Der Rahmenbeschluss als Rechtssatzform in den Verträgen, in *Lagodny/Wiederin/Winkler* (Hrsg), Probleme des Rahmenbeschlusses am Beispiel des Europäischen Haftbefehls (2007), 37; *Huber*, Die Rechtsakte der „Dritten Säule" im nationalen Recht, ÖJZ 2007, 404; *Wasmeier*, Der Rahmenbeschluss als Rechtssatzform in der Praxis, in *Lagodny/Wiederin/Winkler* (Hrsg), Probleme des Rahmenbeschlusses am Beispiel des Europäischen Haftbefehls (2007), 59; *Murschetz*, Der Rahmenbeschluss über den Europäischen Haftbefehl und seine Umsetzung im EU-JZG, ÖJZ 2007, 98; *Murschetz*, Auslieferung und Europäischer Haftbefehl (2007); *Murschetz*, The Future of Criminal Law Within the European Union – Union Law or Community Law Competence? Victoria University of Wellington Law Review 2007, Volume 38, Number 1, 145; *Hecker*, Europäisches Strafrecht (2007); *Lorenzmeier*, Der Rahmenbeschluss als Handlungsform der Europäischen Union und seine Rechtswirkungen, ZIS 2006, 576; *Griller*, Direktwirkung und richtlinienkonforme Auslegung, in *Eilmansberger/Herzig* (Hrsg), 10 Jahre Anwendung des Gemeinschaftsrechts in Österreich (2006), 91; *Öhlinger/Potacs*, Gemeinschaftsrecht und staatliches Recht[3] (2006); *v Unger*, Pupino: Der EuGH vergemeinschaftet das intergouvernementale Recht, NVwZ 2006, 46; *Wasmeier*, Der Europäische Haftbefehl vor dem Bundesverfassungsgericht – Zur Verzahnung des nationalen und europäischen Strafrechts, ZEuS 2006, 23; *Kaiafa-Gbandi*, Aktuelle Strafrechtsentwicklung in der EU und rechtsstaatliche Defizite, ZIS 2006, 521; *Masing*, Vorrang des Europarechts bei umsetzungsgebundenen Rechtsakten, NJW 2006, 264; *Tinkl*, Anmerkung zum Urteil des EuGH vom 16.6.2005 – C-105/03 (Pupino), StV 2006, 36; *Gärditz/Gusy*, Zur Wirkung europäischer Rahmenbeschlüsse im innerstaatlichen Recht – Zugleich eine Besprechung von EuGH, Urteil vom 16.6.2005, GA 2006, 225; *Killmann*, Die Rahmenbeschlusskonforme Auslegung im Strafrecht vor dem EuGH, JBl 2005, 566; *Roth*, Die richtlinienkonforme Auslegung, EWS 2005, 385; *Baddenhausen/Pietsch*, Rahmenbeschlüsse der Europäischen Union, DVBl 2005, 1562; *Fetzer/Groß*, Die Pupino-Entscheidung des EuGH – Abkehr vom intergouvernementalen Charakter der EU? – Erwiderung auf Herrmann, EuZW 2005, 436; *Skouris*, Rechtswirkungen von nicht umgesetzten EG-Richtlinien und EU-Rahmenbeschlüssen gegenüber Privaten – neuere Entwicklungen in der Rechtsprechung des EuGH, ZEuS 2005, 463; *Hillgruber*, Urteilsanmerkung, JZ 2005, 841; *Adam*, Die Wirkung von EU-Rahmenbeschlüssen im mitgliedstaatlichen Recht, EuZW

2005, 558; *Müller-Graff*, Der Raum der Freiheit, der Sicherheit und des Rechts – Der Primärrechtliche Rahmen, in *Müller-Graff* (Hrsg), Raum der Freiheit, der Sicherheit und des Rechts (2005), 11; *Eilmansberger*, Zur Direktwirkung von Richtlinien gegenüber Privaten (Teil I), JBl 2004, 283; *Eilmansberger*, Zur Direktwirkung von Richtlinien gegenüber Privaten (Teil II), JBl 2004, 364; *Zeder*, Der Rahmenbeschluss als Instrument der EU-Rechtsangleichung im Strafrecht am Beispiel des Rahmenbeschlusses gegen Geldfälschung, ÖJZ 2001, 81; *Griller*, Die Unterscheidung von Unionsrecht und Gemeinschaftsrecht nach Amsterdam, EuR-Beiheft 1–1999, 45; *Lutter*, Die Auslegung angeglichenen Rechts, JZ 1992, 593; *Bydlinski*, Juristische Methodenlehre und Rechtsbegriff (1991); *Di Fabio*, Richtlinienkonformität als ranghöchstes Normauslegungsprinzip? – Überlegungen zum Einfluß des indirekten Gemeinschaftsrechts auf die nationale Rechtsordnung, NJW 1990, 947.

Judikatur: EuGH, Rs C-105/03, *Pupino*, Slg 2005, I-5285; EuGH, verb Rs C-397 bis C-403/01, *Pfeiffer*, Slg 2004, I-8835; EuGH, verb Rs C-10 bis C-22/97 *IN.CO.GE.90'Srl*, Slg 1998, I-6307; EuGH, Rs C-91/92, Faccini Dori, Slg 1994, I-3325; EuGH, Rs 106/77, *Simmenthal II*, Slg 1978, 629;
VwGH 98/17/0333;
VfGH Slg 16404;
OGH 1Ob 8/08w,
NL 2008 180;
BVerfG NJW 2004, 3407.

Inhalt

I. Bisheriger Sachstand

A. Einleitung

In der Rechtssache *Pupino* stellt der EuGH erstmals eine Verpflichtung zur rahmenbeschlusskonformen Auslegung des nationalen Rechts auf. Diese Verpflichtung folgt der ebenfalls von der Rechtsprechung entwickelten richtlinienkonformen Auslegung. Der Gerichtshof hat in der Rechtsache *Pupino* – soweit überblickbar – erstmals eine für einen Rechtsakt der (ehemaligen) ersten Säule entwickelte Auslegungsmethode auf einen Rechtsakt der (ehemaligen) dritten Säule übertragen. Aufgrund der unterschiedlichen Ausgestaltung der beiden Säulen traf diese Entscheidung nicht nur auf Zustimmung.[1] Der folgende Beitrag soll zunächst die zu verwendenden Begriffe determinieren, die Unterschiede zwischen Gemeinschafts- und Unionsrecht darlegen und auf die Rechtsnatur des Rahmenbeschlusses eingehen. Schließlich werden Begründung für die und Umfang der rahmenbeschlusskonformen Auslegung untersucht und die Konsequenzen für das österreichische Recht sowie die methodischen Vorgaben für die österreichischen Gerichte herausgearbeitet.

Mit dem Vertrag von Lissabon wurde die Unterscheidung zwischen „Gemeinschafts"- und „Unionsrecht" aufgehoben. Die meisten Bereiche der (ehemaligen) dritten Säule (PJZS) sind nunmehr einer Rechtssetzung und -kontrolle unterworfen, die der vor dem Vertrag von Lissabon geltenden „Gemeinschaftsmethode" mehr oder weniger entspricht. Dessen ungeachtet bleibt die Relevanz der rahmenbeschlusskonformen Auslegung weiter bestehen. Denn die vor In-Kraft-Treten des Vertrages von Lissabon angenommenen Rahmenbeschlüsse behalten ihre Geltung, bis sie aufgehoben, für nichtig erklärt oder geändert werden. Die folgende Besprechung orientiert sich daher an der Rechtslage vor dem Vertrag von Lissabon.

B. Begriffsbestimmungen

Der folgenden Analyse ist eine kurze Begriffsbestimmung voranzustellen: Es wird iSd auf Art 1 Abs 3 EUV gestützten Tempelmodells zwischen dem Unionsrecht des EU-Vertrages (also der zweiten und dritten Säule) sowie dem Gemeinschaftsrecht des EG-Vertrages (also der ersten Säule) unterschieden. Beides ist wiederum unter den Begriff „EU-Recht" (als Dach) zu subsumieren.

C. Gemeinschaftsrecht

1. Allgemeines

Das Gemeinschaftsrecht wird gemeinhin als supranationales Recht bezeichnet, das über der nationalen Souveränität steht.[2] Es entfaltet nach der Rechtsprechung des EuGH in den Mitgliedstaaten direkt ohne weiteren staatlichen

1 *Hillgruber*, JZ 2005, 841 ff; *Kaiafa-Gbandi*, ZIS 2006, 533 ff; *v Unger*, NVwZ 2006, 46 ff; *Tinkl*, StV 2006, 36 ff.

2 *Schweitzer/Hummer/Obwexer*, Europarecht. Das Recht der Europäischen Union (2007), Rdnr 152; vgl den Beitrag von *Obwexer*, Rechtsquellen des EU-Rechts, vorstehend auf S 40 ff.

Transformationsakt eine unmittelbare Wirkung[3]. Folglich können gemeinschaftsrechtliche Regelungen unmittelbare Grundlage verwaltungsbehördlicher oder gerichtlicher Entscheidungen in concreto sein. Einzelne können sich wiederum direkt darauf berufen und gemeinschaftsrechtliche Bestimmungen vor nationalen Organen geltend machen. Die unmittelbare Wirkung gilt jedoch nicht unbeschränkt in Bezug auf gemeinschaftsrechtliche Sekundärrechtsakte. Grundvoraussetzung ist die Unbedingtheit und hinreichende Genauigkeit der Vorschrift des Gemeinschaftsrechts.[4] Während unbedingte und hinreichend genaue Verordnungen mit ihrem In-Kraft-Treten in den Mitgliedstaaten umfassend unmittelbar wirksam sind, gilt dies nicht in gleichem Maße für die in Art 249 EGV verankerten Richtlinien. Sie entfalten nach der Rechtsprechung des EuGH eine rein vertikale unmittelbare Wirkung.[5]

Unmittelbar wirksames Gemeinschaftsrecht setzt sich nach ständiger Rechtsprechung des EuGH darüber hinaus gegenüber entgegenstehendem nationalem Recht durch. Es genießt somit Vorrang vor innerstaatlichem Recht.[6] Darunter ist nach Rechtsprechung und Schrifttum kein Geltungsvorrang, sondern lediglich ein Anwendungsvorrang zu verstehen, da die innerstaatliche Norm nicht vernichtet, sondern bloß zurückgedrängt wird und daher weiterhin in Geltung steht.[7] Der Rechtsanwender ist somit verpflichtet, die nationale Vorschrift unangewendet zu lassen[8].

2. Richtlinie – richtlinienkonforme Auslegung

Da der EuGH die Verpflichtung zur rahmenbeschlusskonformen Auslegung aus der engen Verwandtschaft zur Richtlinie ableitet, lohnt ein Blick auf diesen – neben der Verordnung – zentralen Sekundärrechtsakt. Die Richtlinie ist gem Art 249 EGV nach ihrem Ziel verbindlich, überlässt die Wahl der Form und der Mittel zur Umsetzung den Mitgliedstaaten. Daher ergibt sich ihre unmittelbare

3 Zur den Begriffen unmittelbare Wirkung, Anwendbarkeit und Geltung siehe *Schweitzer/Hummer/Obwexer*, Europarecht Rdnr 164.

4 *Potacs*, Geltung des EU-Rechts in Österreich, vorstehend auf S 108 ff. Eingehend in Bezug auf die verschiedenen Rechtsvorschriften der Gemeinschaft *Öhlinger/Potacs*, Gemeinschaftsrecht und staatliches Recht[3] (2006), 64 ff.

5 Dazu nachstehend unter Pkt I.C.2

6 Während der EuGH von einem Primat des Gemeinschaftsrechtes auch vor nationalem Verfassungsrecht ausgeht, nimmt das BVerfG hingegen mit guten Gründen einen nur begrenzten Vorrang vor dem nationalen Verfassungsrecht an, vgl BVerfG NJW 1971, 2122 (*Solange I*); BVerfG NJW 1987, 577 (*Solange II*); *Hecker*, Europäisches Strafrecht (2007), 318 ff; *Masing*, NJW 2006, 264 ff.

7 EuGH, Rs 106/77, *Simmenthal* II, Slg 1978, 629 ff; BVerfGE 85, 191, 204; *Ambos*, Internationales Strafrecht (2008), § 11, Rdnr 37; *Hecker*, Strafrecht, 320 ff; *Schweitzer/Hummer/Obwexer*, Europarecht, Rdnrn 189 f.

8 EuGH, verb Rs C-10 bis C-22/97 *IN.CO.GE.90'Srl*, Slg 1998, I-6307, Rdnr 3.

Wirkung nicht aus dem Primärrecht, sondern basiert auf Richterrecht. Sie setzt neben der Unbedingtheit und der hinreichenden Genauigkeit zunächst voraus, dass die Richtlinie innerstaatlich nicht fristgerecht ordnungsgemäß umgesetzt wurde.[9] Zudem kann die Richtlinie nur eine vertikale unmittelbare Wirkung entfalten, was bedeutet, dass sie zwar dem Einzelnen – gegenüber dem Staat – ein Recht gewährt, ihm jedoch keine Verpflichtung auferlegen kann. Eine unmittelbare „Horizontal-„ oder „Drittwirkung" ist daher zu verneinen.[10]

Von der unmittelbaren Wirkung einer Richtlinie im innerstaatlichen Recht ist die ebenfalls durch den EuGH geschaffene Verpflichtung der nationalen Gerichte zu unterscheiden, innerstaatliches Recht „richtlinienkonform" auszulegen. Grundlage für die richtlinienkonforme Auslegung bilden nach der Rechtsprechung des EuGH Art 249 EGV sowie Art 10 EGV, der das Loyalitätsprinzip und den Vorrang des Gemeinschaftsrechts[11] statuiert.[12] Da diese Interpretationsverpflichtung nach der Rechtsprechung des EuGH nicht nur die klassische Rechtsauslegung, sondern auch die Rechtsfortbildung umfasst, wird insofern auch von der richtlinienkonformen „Rechtsfindung" gesprochen.[13] Auf die Überdehnung des Begriffes der richtlinienkonformen Auslegung durch den EuGH und die damit einhergehende Verwischung der Grenzen zwischen dieser und der unmittelbaren Wirkung wird im Zuge der Besprechung des Umfangs der rahmenbeschlusskonformen Interpretation eingegangen.[14]

Nach dem Schrifttum ist die unmittelbare Wirkung zur richtlinienkonformen Auslegungsverpflichtung subsidiär.[15] Nur wenn das von der Richtlinie verfolgte Ziel durch Auslegung (bzw Rechtsfortbildung) nicht erreicht werden könne, sei die unmittelbare Wirkung und damit die direkte Berufung auf die

---

9 *Potacs*, Geltung des EU-Rechts in Österreich, vorstehend auf S 103; *Roth*, EWS 2005, 387.

10 Vgl EuGH, Rs C-91/92, *Faccini Dori*, Slg 1994, I-3325, Rdnr 20. Die Rechtsprechung des EuGH kann diesbezüglich allerdings zutreffend als differenziert bezeichnet werden; *Eilmansberger*, Zur Direktwirkung von Richtlinien gegenüber Privaten (Teil I), JBl 2004, 283; *Eilmansberger*, Zur Direktwirkung von Richtlinien gegenüber Privaten (Teil II), JBl 2004, 364; *Öhlinger/Potacs*, Gemeinschaftsrecht, 70 f; *Griller*, Direktwirkung und richtlinienkonforme Auslegung, in *Eilmansberger/Herzig* (Hrsg), 10 Jahre Anwendung des Gemeinschaftsrechts in Österreich (2006), 97 f; vgl auch den Beitrag von *Ohler*, Objektive Wirkung von Richtlinien, vorstehend auf S 174 ff.

11 *Lenz* in *Lenz/Borchardt-Zimmerling* (Hrsg), Kommentar zu EUV/EGV (2003), Art 10 EGV Rdnr 4 ff.

12 Siehe die Nachweise bei *Hecker*, Strafrecht, 348.

13 *Roth*, EWS 2005, 389 mwN.

14 Siehe dazu nachstehend Pkt II.B.

15 *Roth*, EWS 2005, 387.

Bestimmung einer Richtlinie zu prüfen.[16] Die Rechtsprechung scheint diesem Prinzip nicht zu folgen. Einige Entscheidungen erwecken vielmehr den Eindruck, als würde die richtlinienkonforme Auslegung herangezogen, gerade weil die unmittelbare Wirkung mangels Bestimmtheit ausgeschlossen ist.[17]

D. Unionsrecht – PJZS

1. Allgemeines

Eine völlig andere Strukturierung als das Gemeinschaftsrecht weist das Unionsrecht auf, dem die dritte Säule der EU, die Polizeiliche und Justizielle Zusammenarbeit in Strafsachen (PJZS), zuzurechnen ist. Auch im Rahmen der PJZS geschaffenes Recht ist zwar insofern verbindlich, als es die Mitgliedstaaten als solche zur Umsetzung verpflichtet, es enthält jedoch keine direkten Verpflichtungen für den Bürger. Unionsrecht ist kein supranationales Recht und erlangt keine innerstaatliche Geltung ohne Transformation[18]. Rechtsakte der dritten Säule bedürfen vielmehr eines innerstaatlichen Umsetzungsaktes zur Erlangung von Wirksamkeit.[19] Das ergibt sich aus der intergouvernementalen, also völkerrechtlichen Strukturierung der dritten Säule der EU.[20] Die Mitgliedstaaten haben mit dem Vertrag von Amsterdam zwar ein im Vergleich

16 Siehe *Roth*, EWS 2005, 387, der von der Subsidiarität der unmittelbaren Anwendbarkeit spricht; *Skouris*, ZEuS 2005, 466.

17 EuGH, verb Rs C-397 bis C-403/01, *Pfeiffer*, Slg 2004, I-8835; siehe die Nachweise bei *Tinkl*, StV 2006, 38. Auf die Grenzen zwischen unmittelbarer Wirkung und richtlinienkonformer Auslegung wird nachstehend bei Pkt II.B. umfassend eingegangen, da nur letztere auf den Rahmenbeschluss übertragen wurde, während die unmittelbare Wirkung durch den EU-Vertragstext ausdrücklich ausgeschlossen ist.

18 Zum Begriff der Transformation allgemein *Walter/Mayer/Kucsko-Stadlmayer*, Grundriss des österreichischen Bundesverfassungsrechts[10] (2007), Rdnr 214.

19 Die Verpflichtung zur Umsetzung des Rechtsaktes besteht jedenfalls ab In-Kraft-Treten desselben. Im Schrifttum (*Röben* in *Grabitz/Hilf* (Hrsg), Das Recht der EU (Bd 1, 2008), Art 34 EUV Rdnr 17) wird zudem vertreten, dass das von der Rechtsprechung in Bezug auf Richtlinien entwickelte Frustrationsverbot (nachdem die Mitgliedstaaten dem Ziel der Richtlinie vor Ablauf der Umsetzungsfrist durch den Erlass entgegenstehender Maßnahmen nicht entgegen wirken dürfen) auch für Rahmenbeschlüsse gelte. Zur Frage, ob und inwieweit (transformiertem) Unionsrecht im innerstaatlichem Recht unmittelbare Anwendbarkeit zuerkannt werden darf, siehe den Beitrag von *Potacs*, Geltung des EU-Rechts in Österreich, vorstehend auf S 115ff.

20 BVerfGE 113, 273, 301; *Griller*, EuR-Beiheft 1–1999, 64f; *Öhlinger/Potacs*, Gemeinschaftsrecht, 16; *Schweitzer/Hummer/Obwexer*, Europarecht, Rdnr 333; *Huber*, ÖJZ 2007, 406f; Hecker, Strafrecht, 379; aM *Schröder*, Der Rahmenbeschluss als Rechtssatzform in den Verträgen, in *Lagodny/Wiederin/Winkler* (Hrsg), Probleme des Rahmenbeschlusses am Beispiel des Europäischen Haftbefehls (2007), 40f, der dieser Definition weder Inhalt noch Gültigkeit zuschreibt.

zum Vertrag von Maastricht höheres Maß an Integration ermöglicht, vor allem durch die Einführung des Rahmenbeschlusses als Sekundärrechtsakt, die Sonderstellung des materiellen und formellen Strafrechts wurde aber beibehalten. Diese Materie gilt vorerst immer noch als Kernbereich der staatlichen Souveränität,[21] was sich insbesondere am ausdrücklichen Ausschluss der unmittelbaren Wirkung von Rahmenbeschlüssen in Art 34 Abs 3 lit b EUV zeigt. Die intergouvernementale Natur der dritten Säule und ihr Unterschied zum Gemeinschaftsrecht verdeutlichen sich zudem am geteilten Initiativrecht, dem Einstimmigkeitserfordernis im Rat, sowie der beschränkten Zuständigkeit des EuGH.[22] Eine Begründung der Notwendigkeit der Transformation bzw des Ausschlusses der unmittelbaren Wirkung ist darüber hinaus in der geringen demokratischen Legitimation der Rechtssetzung in der dritten Säule zu finden. Da dem europäischen Parlament kein Mitentscheidungs-, sondern nur ein beschränktes Anhörungsrecht zukommt,[23] obliegt es den nationalen Parlamenten, auch bei der Umsetzung der Unionsrechtsakte, eine demokratische Kontrolle auszuüben.[24]

Die Frage des Vorranges des Unionsrechts vor dem nationalen Recht wird nicht völlig einheitlich beantwortet. Während ein Vorrang vom überwiegenden Schrifttum zu Recht abgelehnt wird,[25] wollen ihn manche unter bestimmten Voraussetzungen hinsichtlich gemeinsamer Standpunkte, gemeinsamer Aktionen und Übereinkommen bejahen,[26] andere dehnen ihn auch auf Rahmenbeschlüsse aus.[27]

21 Der Vertrag von Lissabon hingegen gleicht dieses in großen Teilen an das Gemeinschaftsrecht an; vgl dazu den Beitrag von *Obwexer*, Rechtsquellen des EU-Rechts, vorstehend auf S 75 f.

22 AM *Schröder*, Rahmenbeschluss, in *Lagodny/Wiederin/Winkler* (Hrsg), Probleme, 41 ff und insbesonders 43 f, der eine Parallele zieht, indem er Gemeinsamkeiten hervorhebt, die aber nur in Bereichen gelten, die gerade nicht „typisch" gemeinschaftsrechtlich sind. Eben diese den gemeinschaftsrechtlichen Charakter der ersten Säule ausmachenden Elemente fehlen jedoch in der dritten Säule gänzlich und lassen die Gemeinsamkeiten daher verblassen.

23 Kein Anhörungsrecht besteht beim Erlass gemeinsamer Standpunkte (Art 39 Abs 1 EUV).

24 Vgl *Baddenhausen/Pietsch*, DVBl 2005, 1564.

25 *Schweitzer/Hummer/Obwexer*, Europarecht, Rdnr 333; *Müller-Graff*, Der Raum der Freiheit, der Sicherheit und des Rechts – Der Primärrechtliche Rahmen, in *Müller-Graff* (Hrsg), Raum der Freiheit, der Sicherheit und des Rechts (2005), 25;

26 Siehe dazu den Beitrag von *Potacs*, Geltung des EU-Rechts in Österreich, vorstehend auf S 106 f.

27 *Masing*, NJW 2006, 266 f; *Schröder*, Rahmenbeschluss, in *Lagodny/Wiederin/Winkler* (Hrsg), Probleme, 54 f.

2. Der Rahmenbeschluss als Rechtsakt des Unionsrechts

Wie bereits erwähnt wurde der Rahmenbeschluss als unionsrechtliche Maßnahme erst mit dem Vertrag von Amsterdam in Art 34 Abs 2 lit b EUV geschaffen. Er folgt auf die nur wenig erfolgreiche[28] „Gemeinsame Maßnahme" gem Art K 3 Abs 2 lit b EUV des Maastrichter Vertrages. Der Rahmenbeschluss ist im EUV als Instrument der Rechtsangleichung in bestimmten Bereichen der polizeilichen und justiziellen Zusammenarbeit in Strafsachen genannt und dient der Verwirklichung des Raumes der Freiheit, der Sicherheit und des Rechts. Zur Rechtsetzung ist zu bemerken, dass das Initiativrecht nicht ausschließlich der Kommission, sondern auch den Mitgliedstaaten zusteht. Für die Erlassung eines Rahmenbeschlusses ist Einstimmigkeit im Rat Voraussetzung, das Europäische Parlament verfügt nur über ein Anhörungsrecht. Die gerichtliche Kontrolle und damit einhergehend der Rechtsschutz sind hinsichtlich der Rahmenbeschlüsse beschränkt. Zum einen kann nach Art 35 Abs 6 EUV die Rechtmäßigkeitsüberprüfung nur binnen 2 Monaten von der Kommission oder einem Mitgliedstaat beantragt werden. Zum anderen besteht die Zuständigkeit des EuGH zur Vorabentscheidung anders als in der ersten Säule nicht generell, sondern ist an eine ausdrückliche Zustimmung durch den Mitgliedstaat gebunden; und nicht alle Mitgliedstaaten haben diese „Auslegungsautorität" des EuGH anerkannt. Folglich gilt in der dritten Säule kein verpflichtendes Verfahren zur einheitlichen Geltung des Rechts und der Wahrung der Rechtseinheit.[29]

Der Gemeinsamen Maßnahme nach Art K 3 Abs 2 lit b EUV des Maastrichter Vertrages wurde eine über die rein politische Verbindlichkeit hinausgehende rechtliche Verbindlichkeit überwiegend abgesprochen.[30] Demgegenüber ist der Rahmenbeschluss nach seinem Ziel verbindlich. Insofern orientiert sich der den Rahmenbeschluss definierende Wortlaut des Art 34 Abs 2 lit b EUV an dem der Richtlinie nach Art 249 EGV. Neben der Verbindlichkeit in Bezug auf das zu erreichende Ziel, ist die Wahl der Form und der Mittel zur Umsetzung den nationalen Organen überlassen. Ausdrücklich ausgeschlossen wird durch den Vertragstext die unmittelbare Wirkung von Rahmenbeschlüssen. Dies ist als klare Abweichung nicht von der in Art 249 EGV enthaltenen Definition der Richtlinie, jedoch von der Rechtsprechung des EuGH gedacht, die im Wege der Rechtsfortbildung Richtlinien unter bestimmten Voraussetzungen eine unmittelbare Wirkung zuerkennt.[31] Rahmen-

28 *Satzger* in *Streinz* (Hrsg), Kommentar zu EUV/EGV (2003), Art 34 EUV Rdnrn 3 und 9.

29 So *Killmann*, JBl 2005, 570.

30 *Satzger* in *Streinz* (Hrsg), Kommentar zu EUV/EGV, Art 34 Rdnrn 3 f und 9.

31 Siehe dazu vorstehend Pkt I.C.2.

beschlüsse bedürfen daher jedenfalls der Transformation in nationales Recht.[32] Die allgemeine Verpflichtung der Mitgliedstaaten zur Umsetzung wiederum ergibt sich bereits aus dem Wortlaut des Art 34 Abs 2 lit b EUV, der ja eine Verbindlichkeit nach dem Ziel vorgibt, und zu dessen Achtung sich die Mitgliedstaaten durch die Unterzeichung des EUV völkerrechtlich verpflichtet haben.[33] Die Einhaltung dieser Verpflichtung ist allerdings nicht durch ein dem Vertragsverletzungsverfahren nach Art 226 EGV vergleichbares Institut sanktioniert.[34]

II. Neueste Entwicklungen – Die Verpflichtung zur rahmenbeschlusskonformen Auslegung

A. Begründung

In der Entscheidung Pupino nimmt der EuGH erstmals zur Rechtsnatur des Rahmenbeschlusses und seinen Rechtswirkungen Stellung. Er legt darin eine Verpflichtung der nationalen Organe zur rahmenbeschlusskonformen Auslegung des nationalen Rechts fest. Grundsätzlich kann die Pflicht zur Durchführung des Unionsvertrages sowie des darauf beruhenden Sekundärrechts aus dem Völkerrecht, und zwar aus der allgemeinen Vertragserfüllungspflicht gem Art 26 WVK, abgeleitet werden. Völkerrechtliche Verpflichtungen sind nach dem Grundsatz der völkerrechtskonformen Auslegung[35] bei der Interpretation des nationalen Rechts zu berücksichtigen.[36] Der EuGH geht jedoch auf diese

32 *Griller*, EuR-Beiheft 1–1999, 64; BVerfG, NJW 2005, 2289 Rdnr 80; *Lorenzmeier*, ZIS 2006, 577 f; *Huber*, ÖJZ 2007, 406. Teile des Schrifttums hingegen [*Brechmann* in *Calliess/Ruffert* (Hrsg), Kommentar zu EUV/EGV (Vorauflage), Art 34 EUV Rdnr 7] gehen von einer unmittelbaren Wirkung für nationale Organe auch ohne Transformation aus, während sich andere für eine zumindest objektive Rechtswirkung aussprechen; siehe den Beitrag von *Potacs*, Geltung des EU-Rechts in Österreich, vorstehend auf S 115 f.

33 Zur vom EuGH in der Rs *Pupino* (EuGH, Rs C-105/03, Slg 2005, I-5285) entworfenen Verpflichtung der Unionstreue wird unter Pkt II.A. eingegangen.

34 *Huber*, ÖJZ 2007, 406. Die Frage der Staatshaftung für unterlassene Umsetzung wird im Schrifttum noch überwiegend verneint, *Baddenhausen/Pietsch*, DVBl 2005, 1565; *Gärditz/Gusy*, GA 2006, 237; *Satzger* in *Streinz* (Hrsg), Kommentar zu EUV/EGV, Art 34 EUV Rdnr 9; vorsichtig *Wasmeier*, in *von der Groeben/Schwartze* (Hrsg), Kommentar zum Vertrag über die Europäische Union und zur Gründung der Europäischen Gemeinschaft (2003), Art 34 Rdnr 13; *Zeder* ÖJZ 2001, 82 f; bejahend *Schröder*, Rahmenbeschluss, in *Lagodny/Wiederin/Winkler* (Hrsg), Probleme, 57.

35 Dieser ergibt sich für Österreich aus Art 9 B-VG; siehe dazu VwGH 98/17/0333; VfGH Slg 16404; OGH 1Ob 8/08 w, NL 2008, 180. In Deutschland wird das Gebot der völkerrechtsfreundlichen Auslegung aus dem Grundgesetz abgeleitet: BVerfG NJW 2004, 3407.

36 *Adam*, EuZW 2005, 560; *Fetzer/Groß*, EuZW 2005, 550; *Killmann*, JBL 2005, 568.

völkerrechtliche Argumentation nicht ein. Tragende Überlegung des Gerichtshofs ist vielmehr das Wortlaut-Argument, dh die enge Anlehnung des Textes des Rahmenbeschlusses an den der Richtlinie. Der in Art 34 Abs 2 lit b EUV mit den geradezu gleichen Worten wie in Art 249 EGV vorgesehene „zwingende Charakter“ des Rahmenbeschlusses bedinge die Verpflichtung zur rahmenbeschlusskonformen Auslegung.[37] Aufgrund dieser in beiden Rechtsakten entsprechend verankerten Verbindlichkeit nach dem Ziel überträgt der Gerichtshof die richtlinienkonforme Auslegung auf den Rahmenbeschluss. Den Ausschluss der unmittelbaren Wirkung in der sonst mit Art 249 EGV übereinstimmenden Textierung erwähnt der Gerichtshof nicht.

Zur „Übertragung“ der für einen Rechtsakt der ersten Säule durch Richterrecht entwickelten Auslegungsmethode auf einen Rechtsakt der dritten Säule müsste jedoch eine über den Wortlaut der Rechtsakte hinaus gehende Parallele zum supranationalen Gemeinschaftsrecht gefunden werden.[38] Dies gilt insbesondere, als der EuGH die richtlinienkonforme Auslegung neben Art 249 EGV aus Art 10 EGV ableitet, der den Vorrang des Gemeinschaftsrechtes statuiert, zu dem es jedoch im EUV kein Pendant gibt. Abseits vom teilweise übereinstimmenden Wortlaut bestehen argumentativ schwerwiegende Unterschiede zwischen den Rechtsakten, vor allem in Hinblick auf ihre rechtssystematische Stellung in den verschiedenen Regelungskontexten. Wie erwähnt ist in Bezug auf die Richtlinie nicht nur die Rechtsetzung supranational, auch deren demokratische Legitimation ist größer und die gerichtliche Kontrolle bzw der Rechtsschutz umfassender. Zudem stellt die in Art 249 EGV geregelte Verbindlichkeit hinsichtlich des darin verankerten Zieles nicht nur einen programmatischen Satz, sondern eine im Vertragsverletzungsverfahren durchsetzbare Verpflichtung dar. In Bezug auf den Rahmenbeschluss besteht keine solche Durchsetzbarkeit. Daneben ergibt sich die völkerrechtliche Strukturierung aus den oben beschriebenen Kriterien, wie ua der Einstimmigkeit im Rat und der bloßen Anhörung des Europäischen Parlaments. Vor allem die nur limitierte Zuständigkeit des EuGH lässt die Unterschiede in der Qualität der beiden Rechtsakte deutlich erkennen. Sie wirft zudem die Frage auf, ob Mitgliedstaaten, die die Zuständigkeit des EuGH zur Vorabentscheidung und damit dessen „Auslegungsautorität“ nicht anerkannt haben, überhaupt an eine durch den EuGH geschaffene rahmenbeschlusskonforme Auslegung gebunden sind.[39]

---

37 EuGH, Rs C-105/03, *Pupino*, Slg 2005, I-5285, Rdnrn 33 f.

38 *Fetzer/Groß*, EuZW 2005, 550.

39 Mit Vorbehalten bejahend *Herrmann*, EuZW 2005, 438; *Lorenzmeier*, ZIS 2006, 580. Ein näheres Eingehen auf diese Frage kann allerdings unterbleiben, da dies den Rahmen der Arbeit sprengen würde, und auch von keiner Relevanz für die zu untersuchende Auswirkung der rahmenbeschlusskonformen Auslegung auf das österreichische Recht wäre, da Österreich die Zuständigkeit des Gerichtshofs anerkannt hat.

Gerade diese umfassenden Strukturunterschiede und deren Konsequenzen machen eine „Übertragung“ der Auslegungsverpflichtung aus der ersten Säule fraglich. Jedoch setzt sich der Gerichtshof damit kaum auseinander. Seine nur begrenzte Zuständigkeit sowie den beschränkten Rechtsschutz innerhalb der dritten Säule erachtet er ausdrücklich als irrelevant.[40] Vielmehr zieht er Effektivitätsargumente heran und verweist auf die Notwendigkeit der praktischen Wirksamkeit der eigenen Zuständigkeit.[41] Das Fehlen einer Art 10 EGV entsprechenden Bestimmung ersetzt der Gerichtshof mit dem in Art 1 Abs 2 und 3 EUV enthaltenen Solidaritäts- bzw Kohärenzgrundsatz. Aus dieser doch sehr „weichen“ Bestimmung leitet der Gerichtshof im Rahmen einer Gesamtschau unter Verwendung hauptsächlich teleologischer Argumente eine Verpflichtung zur Unionstreue ab und stellt damit auch in der dritten Säule den Grundsatz der loyalen Zusammenarbeit auf.[42] Er tritt damit der Ansicht entgegen, dass das Gebot zur kohärenten und solidarischen Gestaltung der Beziehungen zwischen den Mitgliedstaaten und ihren Völkern nur appellativen Charakter ohne rechtliche Konsequenzen habe. Der Gerichtshof entwickelt folglich in dieser Entscheidung nicht bloß eine völkerrechtliche, sondern eine unionsrechtliche Rechtspflicht der einzelnen Mitgliedstaaten zur rahmenbeschlusskonformen Auslegung.

Es kann somit argumentiert werden, dass dem EUV durch den EuGH in gewissem Maße einzelne primärrechtliche Befolgungspflichten zugeschrieben werden.[43] Diese sind jedoch streng von der supranationalen Befolgungspflicht des Art 10 EGV zu unterscheiden, die der EUV gerade nicht vorsieht. Die unionsrechtliche Befolgungspflicht zur rahmenbeschlusskonformen Auslegung ist vielmehr (neben den sich aus den strukturellen Argumenten ergebenden Schranken) durch den Ausschluss der unmittelbaren Wirkung in Art 34 Abs 2 lit b EUV begrenzt, der als deutlicher Ausdruck staatlicher Souveränität zu verstehen ist.[44] Insofern sind die Unterschiede zwischen dem Richtlinienrecht als supranationalem Recht und dem Rahmenbeschlussrecht als Unionsrecht insbesondere für die Zwecke der Reichweite der Auslegungsverpflichtung zu berücksichtigen.

Einzugehen ist zudem auf das vom EuGH vorgebrachte Argument, dass eine wirksame gerichtliche Kontrolle kaum möglich wäre, „wenn die Einzelnen nicht berechtigt wären, sich auf Rahmenbeschlüsse zu berufen, um vor den Gerichten der Mitgliedstaaten eine ihnen konforme Auslegung des nationalen Rechts zu erreichen“.[45] Damit deutet der Gerichtshof an, dass sich der

40 EuGH, Rs C-105/03, *Pupino*, Slg 2005, I-5285, Rdnr 35.
41 EuGH, Rs C-105/03, *Pupino*, Slg 2005, I-5285, Rdnr 38.
42 EuGH, Rs C-105/03, *Pupino*, Slg 2005, I-5285, Rdnrn 41 f; *Lorenzmeier*, ZIS 2006, 579.
43 *Lorenzmeier*, ZIS 2006, 579.
44 Siehe auch *Fetzer/Groß*, EuZW 2005, 551.
45 EuGH, Rs C-105/03, *Pupino*, Slg 2005, I-5285, Rdnr 38.

Einzelne zur subjektiven Rechtsdurchsetzung auf einen Rahmenbeschluss berufen können sollte. Der umgekehrte Fall ist unstrittig: Nicht oder nur unzureichend umgesetzte Richtlinien berechtigen den Staat nicht dazu, sich gegenüber dem Einzelnen darauf zu berufen. Ebenso wenig darf eine entsprechende rechtliche Verpflichtung des Einzelnen dem Staat gegenüber im Wege der richtlinienkonformen Auslegung hergeleitet werden. Gilt diese Schranke für gemeinschaftsrechtliche Richtlinien, so muss sie erst Recht für unionsrechtliche Rahmenbeschlüsse gelten. Das Argument des Gerichtshofs ist aber gerade aus diesem Grund bedenklich, denn es übersieht die besonderen Strukturen des Strafverfahrens, die insbesondere im Fall *Pupino* deutlich zu Tage treten:[46] Der der Entscheidung zugrunde liegende Rahmenbeschluss gewährt den Opfern im Strafverfahren besondere Rechte.[47] Im konkreten Fall soll er ein Beweissicherungsverfahren unter Anwendung besonderer Vernehmungsmethoden vor der Hauptverhandlung ermöglichen und den Opfern damit eine wiederholte Vernehmung in der Hauptverhandlung ersparen. Damit werden aber nicht nur dem Opfer Rechte gewährt, sondern gleichzeitig die Rechte des Beschuldigten bzw Angeklagten, und zwar ua das Recht auf Verteidigung[48], auf rechtliches Gehör[49] und auf Wahrung des Mündlichkeits- und Unmittelbarkeitsgrundsatzes, beschnitten[50]. Zudem gewährt die Anwendung des Beweissicherungsverfahrens nicht nur einen Schutz für die Opfer, sondern dient vor allem der Wahrheitsfindung und liegt damit im Interesse der staatlichen Strafverfolgung. Dies zeigt sich auch daran, dass im konkreten Fall der Staatsanwalt und nicht etwa die dazu berechtigten Opfer den Antrag auf Vernehmung im Beweissicherungsverfahren und Anwendung der besonderen Vernehmungsmodalitäten stellte.[51] Damit wird dem Argument des Gerichtshofs, dass sich der Einzelne dem Staat gegenüber auf Rechte berufen können muss, die Grundlage entzogen: Zum einen werden die Rechte des Angeklagten (als Subjekt des Verfahrens) beschnitten, zum anderen wird es dem Staat indirekt ermöglicht, dem Angeklagten gegenüber Rechte durchzusetzen.

Zudem darf nicht aus den Augen verloren werden, dass jedes nationale Strafverfahren ein ausgewogenes System von „checks und balances" enthält, in dem die Rechte der Strafverfolgung denen der Verteidigung verhältnismäßig gleichwertig gegenüber stehen. Die der Wahrheitsfindung dienenden staatlichen Eingriffsrechte werden durch die (den Angeklagten, aber auch andere Verfahrensbeteiligte schützenden) Verfahrensgarantien kontrolliert. Gerade

46 Ausführlich *Tinkl*, StV 2006, 40; *Kaiafa-Gbandi*, ZIS 2006, 534 f.
47 ABl 2001 L 82, 1.
48 § 7 StPO; Art 6 Abs 3 EMRK.
49 Art 6 Abs 3 lit d EMRK; § 6 StPO; dazu *Bertel/Venier*, Strafprozessrecht³ (2009), Rdnrn 29 ff.
50 § 12, 13 StPO; dazu *Bertel/Venier*, Strafprozessrecht, Rdnrn 50 ff.
51 Art 392 CPP, dazu *Tinkl*, StV 2006, 40.

dieses Gleichgewicht kann jedoch durch die einseitige Gewährung von Rechten im Zuge der rahmenbeschlusskonformen Auslegung empfindlich gestört werden. Deutlich an Boden gewinnt diese Befürchtung, wirft man einen Blick auf das in der dritten Säule gesetzte Sekundärrecht. Denn es zeigt sich, dass die geltenden Rahmenbeschlüsse überwiegend repressiven Charakters sind und der Strafverfolgung dienen, nicht jedoch die Einhaltung von Verfahrensgarantien zum Ziel haben.[52] Aus diesen Gründen sollte es im Bereich der Zusammenarbeit in Strafsachen der nationalen Gesetzgebung vorbehalten sein, dieses Gleichgewicht zu wahren.

B. Umfang

Nunmehr ist der Umfang der rahmenbeschlusskonformen Auslegung zu bestimmen, der sich jedoch zwingend an der in Art 34 Abs 2 lit b EUV festgeschriebenen Schranke zu orientieren und den im Verhältnis zur Souveränität der Mitgliedstaaten unterschiedlich ausgestalteten Rechtscharakter des Unionsrechts sowie die besonderen Strukturen des Strafrechts zu berücksichtigen hat. Eine bloße Übertragung der Rechtsprechung zur richtlinienkonformen Auslegung kommt daher nicht in Frage. Dies gilt umso mehr, als der EuGH die Grenzen zwischen richtlinienkonformer Auslegung und unmittelbarer Wirkung immer mehr verwischt.[53] Er trägt den nationalen Organen nicht nur die Verpflichtung zur Auslegung sondern auch zur Rechtsfortbildung (durch Analogie, teleologische Reduktion oder Extension) auf, und scheint die Grenzen des Zulässigen nunmehr erst dort zu ziehen, wo der nationale Gesetzgeber eine Richtlinie ganz bewusst nicht gemeinschaftsrechtskonform in nationales Recht überführt.[54] Fehlen hingegen Hinweise auf eine bewusst richtlinienwidrige Umsetzung, so gilt nach Rechtsprechung des EuGH die Vermutung, dass der Gesetzgeber seiner Umsetzungsverpflichtung in vollem Umfang nachkommen wollte. Das bedeutet im Ergebnis, dass die konkrete Zielverfolgung des nationalen Gesetzgebers hinter dem zu vermutenden Willen zur richtlinienkonformen Umsetzung zurückzutreten hat.[55] Auch im Fall einer Normenkollision zwischen nationalem Recht und den Vorgaben des Rahmenbeschlusses, was einer unüberbrückbaren Divergenz der beiden

52 *Kaiafa-Gbandi*, ZIS 2006, 534 f; *Murschetz*, ÖJZ 2007, 99 f; *Murschetz*, Auslieferung und Europäischer Haftbefehl (2007), 304 f.

53 *Fetzer/Groß*, EuZW 2005, 551; *Tinkl*, StV 2006, 38; *Wasmeier*, Der Rahmenbeschluss als Rechtssatzform in der Praxis, in *Lagodny/Wiederin/Winkler* (Hrsg), Probleme des Rahmenbeschlusses am Beispiel des Europäischen Haftbefehls (2007), 65, spricht von einer sehr weiten Auslegung.

54 *Fetzer/Groß*, EuZW 2005, 551 unter Bezug auf die Rs *Pfeiffer* (EuGH, verb Rs C-397 bis C-403/01, Slg 2004, I-8835).

55 Ausführlich dazu *Roth*, EWS 2005, 389.

Normen entspricht, scheint die Rechtsfortbildung zugunsten des Richtlinienzwecks geboten, wenn die Lösung einer Normenkollision innerhalb der nationalen Methodenlehre anerkannt ist.[56]

Die Übertragung gerade dieser Methoden würde aber bei materieller Betrachtung der unmittelbaren Geltung eines Rahmenbeschlusses sehr nahe – wenn nicht gleich – kommen und damit die in Art 34 Abs 2 lit b EUV festgelegte Ausschlusswirkung ins Leere führen.[57] Es darf daher die Grenze zwischen vertretbarer Auslegung und unzulässiger Rechtsfortbildung nicht überschritten werden. Der EuGH selbst deutet in der Rs *Pupino* einen für Rahmenbeschlüsse geltenden engeren Auslegungsspielraum an. Denn er weist darauf hin, dass die Verpflichtung ende, wenn nationales Recht nicht so angewandt werden könne, dass es zu einem mit dem Rahmenbeschluss zu vereinbarenden Ergebnis führe. Dies kann als Verneinung der Zulässigkeit der rahmenbeschlusskonformen Rechtsfortbildung gedeutet werden, ist aber jedenfalls als Absage an die weitere Verpflichtung zur richtlinienkonformen Auslegung zu verstehen, die auch im Fall der Normenkollision zur Anwendbarkeit des Gemeinschaftsrechts führen kann.[58] In der Rs *Pupino* weist der EuGH zudem auf die Einhaltung der allgemeinen Rechtsgrundsätze hin, insbesondere auf den Grundsatz der Rechtssicherheit und das Rückwirkungsverbot. Außerdem verweist er auf seine Rechtsprechung zur Richtlinie, wonach die Auslegungspflicht nicht dazu führen dürfe, die strafrechtliche Verantwortlichkeit des Einzelnen zu begründen oder zu verschärfen.[59]

Ausschlaggebendes Kriterium für die Begrenzung der rahmenbeschlusskonformen Auslegung nationalen materiellen und formellen Strafrechts muss ein im nationalen Gesetz vorhandener Auslegungsspielraum sein. Das Gesetz muss einen „auslegungsfähigen Regelungsrahmen“[60] bieten, von dem so lange ausgegangen werden kann, als sich die Auslegung innerhalb der Grenzen befindet, die der Wortlaut der Norm vorgibt. Die Auslegungsschranke bildet daher der Wortsinn der Norm, dh das denkbar sprachliche Verständnis. Innerhalb dieses Auslegungsspielraumes ist die Zielsetzung des Rahmenbeschlusses

56 EuGH, verb Rs C-397 bis C-403/01, *Pfeiffer*, Slg 2004, I-8835; instruktiv dazu *Roth*, EWS 2005, 390.

57 So zutreffend *Fetzer/Groß*, EuZW 2005, 551; *Tinkl*, StV 2006, 39; ebenso *Wasmeier*, ZEuS 2006, 29.

58 EuGH, verb Rs C-397 bis C-403/01, *Pfeiffer*, Slg 2004, I-8835.

59 Letzteres Argument betrifft insb den im materiellen Strafrecht geltenden Grundsatz *nulla poena sine lege* (Art 7 EMRK) und stellt ein Sonderproblem in Bezug auf rechtsangleichende Rahmenbeschlüsse zum materiellen Strafrecht dar. Doch auch rein formelles Strafrecht betreffende Rahmenbeschlüsse dürfen nicht im Wege der über die Auslegung hinausgehenden Rechtsfortbildung innerstaatlich in Geltung gesetzt werden; aM *Killmann*, JBl 2005, 573 ff, der die rahmenbeschlusskonforme Auslegung durch Analogie auch im formellen Strafrecht unter besonderen Voraussetzungen zulassen will.

60 *Adam*, EuZW 2005, 560.

im Rahmen der im nationalen Recht anerkannten „klassischen“ Auslegungsmethoden, hauptsächlich unter Verwendung der teleologischen Interpretation, zu berücksichtigen.[61] Die Feststellung des Auslegungsspielraumes obliegt dabei alleine den nationalen Gerichten. Würde die Heranziehung der unionsrechtlichen Vorgaben jedoch über den weitesten noch möglichen Wortsinn hinausgehen, was einer Analogie oder einer teleologischen Extension gleichkäme, oder hinter dem engsten noch denkbaren sprachlichen Verständnis zurückbleiben, was der teleologischen Reduktion entspräche, so wären die Grenzen der zulässigen Auslegung überschritten und läge eine Rechtsfortbildung vor. Gerade diese ist jedoch abzulehnen, da sie einer unmittelbaren Wirkung des Rahmenbeschlusses gleich käme, die der EUV ausdrücklich untersagt und dessen Verbot sich auch aus der besonderen, intergouvernementalen Strukturierung der dritten Säule ergibt.[62] Gerade in Bereichen der dritten Säule muss (insbesondere aufgrund der geringen demokratischen Legitimation der Rechtsetzung und der besonderen Struktur des Strafverfahrens) die mitgliedstaatliche Kompetenzverteilung zwischen der rechtsetzenden Gesetzgebung und der rechtsanwendenden Gerichtsbarkeit gewahrt werden. Die Grenze der Auslegungspflicht stellt daher der mögliche Wortsinn dar und es ist die Zulässigkeit der Rechtsfortbildung somit zu verneinen.

Der Gerichtshof hat in Pupino zwar festgestellt, dass die Auslegungspflicht „gegebenenfalls“ das gesamte nationale Recht umfasse, dies spricht jedoch nicht gegen die hier vertretenen Auslegungsgrenzen, da auch bei Berücksichtigung des gesamten Rechts die Wortlautschranken der auszulegenden Einzelnorm einzuhalten sind.[63]

Legt man diesen Maßstab an, so zeigt sich, dass im Fall *Pupino* kein Auslegungsspielraum bestand, weshalb eine rahmenbeschlusskonforme Auslegung ausscheidet.[64] Der Fall *Pupino* betraf die Frage Anwendbarkeit des Rahmenbeschlusses über die Stellung des Opfers im Strafverfahren.[65] Das italienische Gericht ging in seiner Vorlage davon aus, dass der Antrag der Staatsanwaltschaft auf Zulassung eines Beweissicherungsverfahrens und auf besondere Vernehmungsmodalitäten nach italienischer Rechtslage hätte abgewiesen wer-

61 Zum klassischen Auslegungskanon siehe *Bydlinski*, Juristische Methodenlehre und Rechtsbegriff (1991), 436 ff.

62 So wohl auch *Roth*, EWS 2005, 393, der die Verpflichtung zur richtlinienkonformen Rechts*fortbildung* im Gemeinschaftsrecht begründet sieht „(kraft Gemeinschaftsrechts)“; siehe auch *Kaiafa-Gbandi*, ZIS 2006, 534; aM *Killmann*, JBl 2005, 572 ff, der die rahmenbeschlusskonforme Rechtsfortbildung durch Analogie hinsichtlich formellrechtlicher Normen des Strafrechts unter bestimmten Voraussetzungen als zulässig erachtet.

63 Anders *Gärditz/Gusy*, GA 2006, 234, die sich gegen ein „Kleben“ an der Einzelnorm aussprechen.

64 So auch *Adam*, EuZW 2005, 560 f; *Fetzer/Groß*, EuZW 2005, 551; *Tinkl*, StV 2006, 39; aM *Gärditz/Gusy*, GA 2006, 235.

65 ABl 2001 L 82, 1.

den müssen. Während die Zulässigkeit des Beweissicherungsverfahrens bei minderjährigen Opfern möglicherweise im Rahmen einer grammatikalischen und teleologischen Interpretation unter die in Art 392 Abs 1 lit a ital StPO (CPP) genannten „anderen schwerwiegenden Hindernisse“ subsumiert werden könnte, sind die besonderen Vernehmungsmethoden ausdrücklich auf die in Art 392 Abs 1bis CPP abschließend aufgezählten Sexualdelikte und Delikte mit sexuellem Bezug beschränkt (Art 398 Abs 5 CPP). Da die dem Verfahren zugrunde liegenden Delikte jedoch keinen solchen Bezug enthielten, ist die Annahme eines der Auslegung zugänglichen Regelungsrahmes zu verneinen. Die Vorgaben des Rahmenbeschlusses dürfen daher weder im Wege der Analogie noch der teleologischen Extension in das Gesetz gelesen werden; denn dies bedeutete eine Rechtsfortbildung, die einer unmittelbaren Wirkung gleichkäme. Die konkrete Frage der Auslegung des italienischen Rechts überlässt der Gerichtshof auch der Beurteilungskompetenz des nationalen Gerichts, wie dies bei Vorabersuchen im Gemeinschaftsrecht üblich ist, und nimmt bloß eine Offensichtlichkeitskontrolle vor.[66]

In Bezug auf die Reichweite der rahmenbeschlusskonformen Auslegung ist schließlich noch darauf hinzuweisen, dass ihr kein Vorrang vor den nationalen (sonstigen) Auslegungsmethoden zukommt, sie stehen sich vielmehr gleichrangig gegenüber. Dies ergibt sich schon aus dem ebenfalls gleichrangigen Verhältnis zwischen richtlinienkonformer und nationaler Auslegung.[67]

In zeitlicher Hinsicht beginnt die Verpflichtung zur rahmenbeschlusskonformen Auslegung erst mit dem Verstreichen der Umsetzungsfrist. Zuvor könnte höchstens die Geltung eines Frustrationsverbotes angenommen werden.[68]

III. Auswirkungen auf Österreich

Die österreichischen Strafgerichte sind zur rahmenbeschlusskonformen Auslegung im Rahmen der oben aufgezeigten Grenzen verpflichtet. Diese Pflicht ergibt sich nicht bloß aus dem Grundsatz der völkerrechtskonformen Auslegung des nationalen Rechts, der aus Art 9 B-VG abgeleitet wird, sondern besteht seit der *Pupino*-Entscheidung des EuGH unionsrechtlich. Sie haben daher den nationalen Auslegungskanon anzuwenden, was bedeutet, dass die Ziele des Rahmenbeschlusses insbesondere über die in Österreich geltende grammatikalische, teleologische und systematische Auslegung in die nationa-

66 *Lorenzmeier*, ZIS 2006, 581.

67 *Di Fabio*, NJW 1990, 947 ff. Teile des Schrifttums (*Hecker*, Strafrecht 358; *Ambos*, Strafrecht, § 11 Rdnr 46) gehen von einem relativen Vorrang, einer Vorzugsregel, aus; andere sehen die rahmenbeschlusskonforme Auslegung als vorrangig an, *Lutter*, JZ 1992, 604.

68 *Ambos*, Strafrecht, § 11 Rdnr 45; *Hecker*, Strafrecht 358.

len materiell- und formellrechtlichen Strafrechtsbestimmungen zu lesen sind. Methoden der Rechtsfortbildung wie Analogie, teleologische Reduktion oder Extension scheiden aus den oben dargelegten Gründen jedoch aus, um das nationale Recht in Einklang mit den Bestimmungen eines Rahmenbeschlusses zu bringen. Die Analogie zu Lasten des Täters ist im materiellen Strafrecht bereits auf nationaler Ebene einfach- und verfassungsgesetzlich ausgeschlossen.[69] Gleiches muss nach der hier vertretenen Auffassung für den Bereich des formellen Strafrechts gelten. Aufgrund des völkerrechtlichen Charakters des Unionsrechts, des fehlenden Rechtsschutzes und der besonderen Strukturierung des Strafrechts muss die Rechtsfortbildung Aufgabe des nationalen Gesetzgebers bleiben. Solange der Vertrag von Lissabon noch keine Geltung besaß, waren die Vorgaben des EU-Vertrags zu wahren und war die Stellung des Strafrechts als Kernbereich staatlicher Souveränität anzuerkennen.[70]

IV. Zusammenfassung

Die wichtigsten Ergebnisse der Untersuchung lassen sich thesenhaft wie folgt zusammenfassen:

1. Unionsrecht beruht auf einer intergouvernementalen Struktur, weshalb es keine unmittelbare Wirkung entfaltet und keinen Anwendungsvorrang besitzt. In Bezug auf Rahmenbeschlüsse ist die unmittelbare Wirkung zudem primärrechtlich, nämlich durch Art 34 Abs 2 lit b EUV, ausgeschlossen.
2. Die Verpflichtung zur rahmenbeschlusskonformen Auslegung ergibt sich aus der nach der Rechtsprechung des EuGH auch im Unionsrecht geltenden Verpflichtung zur loyalen Zusammenarbeit und ist unionsrechtlich begründet. Sie entspricht aber nicht der gemeinschaftsrechtlichen Befolgungspflicht nach Art 10 EGV, sondern ist vielmehr durch den Ausschluss der unmittelbaren Wirkung in Art 34 Abs 2 lit b EUV beschränkt, der als deutlicher Ausdruck staatlicher Souveränität zu verstehen ist.
3. Für die Zwecke der Reichweite der Auslegungsverpflichtung sind die Unterschiede zwischen Richtlinienrecht als supranationalem Recht und dem Rahmenbeschluss als Unionsrecht zu berücksichtigen.
4. Die rahmenbeschlusskonforme Auslegung verpflichtet die nationalen Gerichte, die vom Rahmenbeschluss bezweckten Ergebnisse im Rahmen der nach dem nationalen Recht bestehenden klassischen Auslegungsmethoden zu berücksichtigen. Voraussetzung dafür ist ein bestehender Auslegungs-

69 Art 7 EMRK, § 1 StGB.

70 Auch wenn der EuGH dies – entgegen der Vorgaben des Unionsvertragstextes – durch seine Rechtsprechung zu ändern versucht, dazu *Murschetz*, The Future of Criminal Law Within the European Union – Union Law or Community Law Competence? Victoria University of Wellington Law Review 2007, Volume 38, Number 1, 151 ff.

spielraum. Dieser ist nicht mehr gegeben, wenn äußerst möglicher Wortlaut und -sinn der nationalen Bestimmung mit jenen der Vorgaben des Rahmenbeschlusses nicht mehr in Einklang gebracht werden können. Die Zulässigkeit der Rechtsfortbildung ist hingegen aufgrund des ausdrücklichen Ausschlusses der unmittelbaren Wirkung in Art 34 Abs 2 lit b EUV zu verneinen.

5. Österreichische Gerichte haben die Zielvorgaben des Rahmenbeschlusses im Zuge der grammatikalischen, teleologischen und systematischen Interpretation zu berücksichtigen, während Analogie, teleologische Extension und Reduktion als Methoden der rahmenbeschlusskonformen Auslegung ausscheiden.
6. Durch den Vertrag von Lissabon wird das Tempelmodell aufgelöst und die Unterscheidung zwischen „Gemeinschafts"- und „Unionsrecht" aufgehoben. Die Polizeiliche und Justizielle Zusammenarbeit in Strafsachen (PJZS) wird gemeinsam mit dem Bereich Grenzkontrolle, Asyl und Einwanderung, sowie mit der Justiziellen Zusammenarbeit in Zivilsachen in den neuen Titel V AEUV „Raum der Freiheit, der Sicherheit und des Rechts" (Art 67 bis 89 AEUV) zusammengefasst. Es kommt damit zu einer de facto „Vergemeinschaftung" der PJZS, da die vor dem Vertrag von Lissabon geltende „Gemeinschaftsmethode" hinsichtlich der Rechtsakte, des Gesetzgebungsverfahrens und der gerichtlichen Kontrolle auf die meisten Bereiche der Zusammenarbeit in Strafsachen übertragen wird.[71] Rahmenbeschlüsse und damit einhergehend die Verpflichtung zur rahmenbeschlusskonformen Auslegung des nationalen Rechts bestehen aber auch nach In-Kraft-Treten des Vertrages von Lissabon insofern weiter, als vor In-Kraft-Treten des Vertrages angenommene Rechtsakte der PJZS ihre Geltung behalten, bis sie aufgehoben, für nichtig erklärt oder geändert werden.[72]

---

71 Der Terminus Vergemeinschaftung ist insofern nicht völlig korrekt, als der Vertrag von Lissabon die Europäische Gemeinschaft durch die Union ersetzt und auch Neuerungen in Bezug auf die „Gemeinschaftsmethode" enthält; er wird aber an dieser Stelle mangels einer treffenderen Formulierung dennoch zur Veranschaulichung verwendet; vgl auch *Murschetz*, European Police Cooperation in the Future Legal Framework of the European Union, in *Fijnaut/Ouwerkerk* (Hrsg), The Future of Police and Judicial Cooperation in the European Union (2010), 110.

72 Art 9, Protokoll Nr 36; ABl 2010 C 83, 322; vgl dazu den Beitrag von *Hummer*, Benutzerhinweise, vorstehend auf S XLIVf.

III. Reichweite des Vorranges des Gemeinschaftsrechts

Vorrang des Gemeinschaftsrechts gegenüber „rechtskräftigen" Bescheiden

Arno Kahl

Literatur: *Griller*, „Rechtskraft" im Gemeinschaftsrecht: Grundlagen und Grenzen, in *Holoubek/Lang* (Hrsg), Rechtskraft im Verwaltungs- und Abgabenverfahren (2008), 45; *Kahl/Weber*, Allgemeines Verwaltungsrecht[2] (2008); *Kanitz/Wendel*, Gemeinschaftsrechtlich gebotene Grenzen der Bestandskraftdurchbrechung, EuZW 2008, 231; *Schweitzer*, Vorrang und nationale Verwaltungs- und Gerichtsentscheidungen, in *Schroeder* (Hrsg), Europarecht als Mehrebenensystem (2008), 25; *Weiß*, Bestandskraft nationaler belastender Verwaltungsakte und EG-Recht, DÖV 2008, 477; *Wiedmann*, Anmerkung zum Urteil Kempter, BayVBl 2008, 530; *Winkler*, Rechtskraft und Konkurrentenschutz bei Beihilfenbescheiden, in *Jaeger* (Hrsg), Jahrbuch Beihilferecht 2008 (2008), 325; *Kremer*, Gemeinschaftsrechtliche Grenzen der Rechtskraft, EuR 2007, 470; *Kremer*, Effektuierung des europäischen Beihilferechts durch die Begrenzung der Rechtskraft, EuZW 2007, 726; *Wittmann*, Anmerkung zum Urteil Kapferer, ecolex 2007, 52; *Potacs*, EuGH-Vorabentscheidung und Rechtskraft von Bescheiden, in *Amt der Kärntner Landesregierung* (Hrsg), Landesgesetzgebung – Beruf und Berufung. FS Charlotte Havranek (2007), 225; *Rennert*, Bestandskraft rechtswidriger Verwaltungsakte und Gemeinschaftsrecht, DVBl 2007, 400; *Bauer*, Die Wiederaufnahme als Instrument der Durchsetzung des Gemeinschaftsrechts, in *Holoubek/Lang* (Hrsg), Abgabenverfahrensrecht und Gemeinschaftsrecht (2006), 273; *Potacs*, Bestandskraft gemeinschaftsrechtswidriger Bescheide, in *Holoubek/Lang* (Hrsg), Abgabenverfahrensrecht und Gemeinschaftsrecht (2006), 241; *Reimer*, Vertrauensschutz im Abgabenverfahrensrecht aus gemeinschaftsrechtlicher Sicht, in *Holoubek/Lang* (Hrsg), Abgabenverfahrensrecht und Gemeinschaftsrecht (2006), 195; *Gärditz*, Die Bestandskraft gemeinschaftsrechtswidriger Verwaltungsakte zwischen Kasuistik und Systembildung, NWVBl 2006, 441; *Jaeger*, Der Rückforderungsanspruch der Kommission im Beihilfenrecht und im Abgabenverfahrensrecht, in *Holoubek/Lang* (Hrsg), Abgabenverfahrensrecht und Gemeinschaftsrecht (2006), 145; *Lang*, Die Aufhebung von Bescheiden wegen Widerspruchs zum Gemeinschaftsrecht gem § 302 Abs 2 lit c BAO, in *Holoubek/Lang* (Hrsg), Abgabenverfahrensrecht und Gemeinschaftsrecht (2006), 257; *Lenze*, Die Bestandskraft von Verwaltungsakten nach der Rechtsprechung des EuGH, VerwArch 2006, 49; *Öhlinger/Potacs*, Gemeinschaftsrecht und staatliches Recht[3] (2006); *Gundel*, Die Erstattungskosten gemeinschaftsrechtswidriger Gebühren nach nationalem Verfahrensrecht – Ein Dauerthema für den EuGH, in *Hendler/Ibler/Soria* (Hrsg), Für Sicherheit, für Europa. FS Volkmar Götz (2005), 191; *Ruffert*, Anmerkung zum Urteil Kühne & Heitz, JZ 2004, 620; *Frenz*, Anmerkung zum Urteil Kühne & Heitz, DVBl 2004, 375; *Lindner*, Anmerkung zum Urteil Kühne & Heitz, BayVBl 2004, 590; *Meilicke*, Anmerkung zum Urteil Kühne & Heitz, BB 2004, 1087; *Potacs*, Bestandskraft staatlicher

Verwaltungsakte oder Effektivität des Gemeinschaftsrechts?, EuR 2004, 595; *Potacs*, Entwicklungstendenzen beim indirekten Vollzug von Gemeinschaftsrecht, in *Hummer* (Hrsg), Paradigmenwechsel im Europarecht zur Jahrtausendwende (2004), 269; *Potacs*, Vertrauensschutz und gemeinschaftsrechtlich gebotene Rechtskraftdurchbrechungen, in *Holoubek/Lang* (Hrsg), Vertrauensschutz im Abgabenrecht (2004), 186; *Urlesberger*, Zur Rechtskraft im Gemeinschaftsrecht – Überlegungen aus Anlass des Urteils des EuGH in der Rs C-453/00 (Kühne & Heitz) vom 13. Jänner 2004, ZfRV 2004/17, 99; *Griller*, Die Getränkesteuer – ein Fortsetzungsroman, ZfV 2001, 369; *Frank*, Gemeinschaftsrecht und staatliche Verwaltung (2000); *Griller*, Staatshaftungsansprüche zur Durchsetzung von Gemeinschaftsrechten und ihre Bedeutung im Steuerrecht, in *Holoubek/Lang* (Hrsg), Das EuGH-Verfahren in Steuersachen (2000), 321; *Hatje*, Die Rechtskraft und ihre Durchbrechungsmöglichkeiten im Lichte des Gemeinschaftsrechts, in *Holoubek/Lang* (Hrsg), Das EuGH-Verfahren in Steuersachen (2000), 133; *Potacs*, EU-Mitgliedschaft und Rechtsschutz gegen Verwaltungshandeln in Österreich, JRP 1995, 180; *Klecatsky*, Die Rechtskraft abgabenrechtlicher Bescheide im österreichischen Recht, DÖV 1967, 593.

Judikatur: EuGH, Rs C-2/06, *Kempter*, Slg 2008, I-411; EuGH, Rs C-119/05, *Lucchini*, Slg 2007, I-6199; EuGH, verb Rs C-392 und 422/04, *i-21 Germany und Arcor*, Slg 2006, I-8559; EuGH, Rs C-234/04, *Kapferer*, Slg 2006, I-2585; EuGH, Rs C-30/02, *Recheio-Cash & Carry*, Slg 2004, I-6051; EuGH, Rs C-224/01, *Köbler*, Slg 2003, I-10239; EuGH, C-147/01, *Weber's Wine World*, Slg 2003, I-11365; EuGH, Rs C-453/00, *Kühne & Heitz*, Slg 2004, I-837; EuGH, Rs C-209/00, *Kommission/Deutschland*, Slg 2002, I-11695; EuGH Rs verb C-328/99 und C-299/00, *SIM 2 Multimedia*, Slg 2003, I-4035; EuGH, Rs C-110/99, *Emsland-Stärke*, Slg 2000, I-11569; EuGH, Rs C-437/97, *EKW und Wein & Co*, Slg 2000, I-1157; EuGH, Rs C-224/97, *Ciola*, Slg 1999, I-2517; EuGH, Rs C-24/95, *Alcan II*, Slg 1997, I-1591; EuGH, Rs C-39/94, *SFEI*, Slg 1996, I-3547; EuGH, C-151/93, *Voogd Vleesimport en -export*, Slg 1994, I-4915; EuGH, Rs C-142/87, *Belgien/Kommission*, Slg 1990, I-959; EuGH, verb Rs 205 bis 215/82, *Deutsche Milchkontor*, Slg 1983, 2633; EuGH, Rs 158/80, *Rewe*, Slg 1981, 1805; EuGH Rs 39/70, *Vieh- und Fleischkontor*, Slg 1971, 49;

Inhalt

I. Bisheriger Sachstand

Der gegenständliche Beitrag untersucht den Anwendungsvorrang des Gemeinschaftsrechts gegenüber rechtskräftigen *Bescheiden* und steht damit in unmittelbarem thematischen Zusammenhang mit dem nachfolgendem Artikel von *Christoph Brenn* über den Anwendungsvorrang des Gemeinschaftsrechts gegenüber rechtskräftigen *Urteilen*. Aufgrund dieser thematischen Nähe sind Überschneidungen zwischen beiden Beiträgen unvermeidlich, beleuchten aber die einschlägigen Rechtsfragen aus jeweils unterschiedlichen Blickwinkeln.

A. Grundlegende Bemerkungen als Hinführung zum Thema

Der Anwendungsvorrang des Gemeinschaftsrechts gegenüber bestandskräftigen nationalen Bescheiden besetzt den überaus aktuellen Themenbereich der laufenden Europäisierung des nationalen Verwaltungsrechts. Wesentliche Entwicklungen und Klarstellungen erfolgten im Wege der Judikatur des EuGH dabei erst in verhältnismäßig junger Zeit. Nach wie vor sind wichtige Fragen nicht abschließend zu beantworten, was unter anderem zeigt, dass der Vorrang gegenüber bestandskräftigen individuellen Rechtsakten einen komplexeren rechtlichen Bereich betrifft als jener des Vorrangs gegenüber generellen Normen.

Im Folgenden stehen in Rechtskraft erwachsene, nationale Verwaltungsakte im Mittelpunkt, die dem Gemeinschaftsrecht widersprechen. Diese Rechtsakte ergehen unter gemeinschaftsrechtlichen Vorgaben auf dem Boden der Anwendung nationalen Verfahrensrechts. Es geht mithin um Fälle des indirekten Vollzugs von Gemeinschaftsrecht, also dessen Vollzug durch mitgliedstaatliche Behörden, auf den die Gemeinschaft insbesondere auch deshalb über weite Strecken angewiesen ist, weil ihr ein eigener umfassender Verwaltungsunterbau fehlt.[1]

1 Angelegenheiten des direkten Vollzugs von Gemeinschaftsrecht werden in der Folge nicht behandelt; vgl dazu den Beitrag von *Hummer*, Allgemeine Einführung, vorstehend auf S 23f.

Materielle gemeinschaftsrechtliche Bestimmungen sind beim indirekten Vollzug hinsichtlich der Verwirklichung ihres normativen Gehalts auf die Anwendung nationalen Verfahrensrechts angewiesen. Die nationalen Vollzugsnormen können dabei mit den materiellen EG-Normen in Widerspruch geraten und – wie etwa der Fall einer staatlichen Beihilfengewährung durch einen rechtskräftigen Bescheid, der mit dem Beihilfenverbot des Art 87 EGV in Widerspruch steht, zeigt – der Verwirklichung des gemeinschaftsrechtlich Gebotenen im Wege stehen. Solche Konstellationen werden typisierend als indirekte Kollisionen bezeichnet, weil nicht zwei unterschiedliche materielle Rechtsfolgen miteinander in Widerspruch stehen, sondern nationale (Verfahrens-)Normen mit europarechtlichen Normen aus einem anderen Bereich kollidieren.[2] Es liegt auf der Hand, dass bei indirekten Kollisionen die bloße Nichtanwendung des nationalen Rechts zu keiner Lösung des Widerspruchs führt, vielmehr das nationale Verfahrensrecht in einer für das Gemeinschaftsrecht verträglichen Art und Weise angewendet werden muss. Der Vorrang des Gemeinschaftsrechts bewirkt in diesen Fällen, dass nationales Vollzugsrecht in bestimmten Fällen „modifiziert"[3] angewendet werden muss. Eine Nichtanwendung nationalen Rechts stellt nur das Rezept zur Lösung von Normwidersprüchen bei direkten Kollisionen[4] dar.

Dass die Mitgliedstaaten bei Sachverhalten mit Gemeinschaftsrechtsbezug bei der Anwendung des nationalen Verfahrensrechts nicht vollkommen frei agieren dürfen, zeigen die – das nationale Vollzugsrecht allenfalls modifizierenden – Schranken, die das Gemeinschaftsrecht den nationalen Behörden auf dem Gebiet des indirekten Vollzugs setzt, namentlich das Äquivalenz- und das Effektivitätsprinzip. Diese Prinzipien leiten sich aus dem Grundsatz der Gemeinschaftstreue (Art 10 EGV) ab, begrenzen das Prinzip der (auch) verfahrensrechtlichen Autonomie der Mitgliedstaaten[5] und vermeiden letztlich Ungleichbehandlungen der verschiedenen Wirtschaftsteilnehmer.

Nach dem Effektivitätsgebot darf die Anwendung des mitgliedstaatlichen Rechts nicht dazu führen, dass die Ausübung der durch die Gemeinschaftsrechtsordnung verliehenen Rechte praktisch unmöglich gemacht oder übermäßig erschwert wird. Es muss sichergestellt werden, dass sich die volle Wirksamkeit bzw die größtmögliche Wirkung der gemeinschaftsrechtlichen Norm entfalten kann. Gemäß dem Äquivalenzprinzip muss das beim Vollzug von Gemeinschaftsrecht herangezogene nationale Recht im Vergleich zu jenen Verfahren, in denen über gleichartige mitgliedstaatliche, also nicht in den Anwendungsbereich des Gemeinschaftsrechts fallende Angelegenheiten entschieden wird, ohne Diskriminierung angewendet werden, es ist der gleiche Rechts-

2 Es handelt sich also nicht um Kollisionen im eigentlichen Sinn.

3 *Schroeder* in *Streinz* (Hrsg), Kommentar zu EUV/EGV (2003), Art 249 Rdnr 43.

4 Siehe dazu die Ausführungen zum *Ciola*-Urteil des EuGH, nachstehend bei Pkt I.C.

5 ZB EuGH, Rs 39/70, *Vieh- und Fleischkontor*, Slg 1971, 49, Rdnr 4.

schutz zu gewähren.[6] Mithin gehen die nationalen Behörden beim indirekten Vollzug von Gemeinschaftsrecht nach den formellen und materiellen Bestimmungen ihres eigenen Verfahrensrechts vor, *soweit* das Gemeinschaftsrecht einschließlich der allgemeinen gemeinschaftsrechtlichen Grundsätze hierfür keine gemeinsamen Vorschriften enthält.[7]

Unter den allgemeinen Rechtsgrundsätzen des Gemeinschaftsrechts finden sich nun aber auch zu den genannten Prinzipien gegenläufige Grundsätze. Im vorliegenden Zusammenhang ist dabei vor allem an die Rechtssicherheit und den Vertrauensschutz zu denken, dessen wesentliche Facette die Bestandskraft, nach österreichischer Terminologie die Rechtskraft, ist.[8] Es liegt auf der Hand, dass in dem Maße, in dem es das Gemeinschaftsrecht fordert, in Rechtskraft erwachsene Bescheide wegen Widerspruchs zum Gemeinschaftsrecht zu beheben, das Institut der Rechtskraft geschwächt wird.

In allgemeiner Hinsicht bedeutet die Auseinandersetzung mit dem hier behandelten Thema schließlich einmal mehr das Bewusstmachen jenes Mechanismus, der die Europäisierung der mitgliedstaatlichen Rechtsordnungen im Wege allgemeiner Rechtsgrundsätze prägt: In einem ersten Schritt werden vom EuGH im Wege einer – wertenden – rechtsvergleichenden Umschau aus den mitgliedstaatlichen Rechtsordnungen allgemeine, auch verfahrensrechtliche Rechtsgrundsätze gewonnen, die einen Teil des europäischen Verwaltungsrechts darstellen. Die vom Gerichtshof entwickelten, der Struktur und den Zielen der Gemeinschaft angepassten gemeinschaftsrechtlichen Vorgaben wirken dann in einem zweiten Schritt auf die nationalen Rechtsordnungen zurück, indem sie – wie etwa beim indirekten Vollzug – ein gewisses Mindestmaß an gleichförmiger Rechtsanwendung in den Mitgliedstaaten sicherstellen.[9] Besteht also ein Grundsatz der Rechtssicherheit in den jeweiligen Mitgliedstaaten, bedeutet dies aufgrund der vom EuGH im Zuge der Hebung dieses Grundsatzes auf die Gemeinschaftsebene in der Regel vorgenommenen inhaltlichen Modifizierungen nicht, dass diese – je und je freilich auch in unterschiedlichen Ausprägungen geltenden – mitgliedstaatlichen Grundsätze inhaltlich dem gleichnamigen allgemeinen Rechtsgrundsatz des Gemeinschaftsrechts voll entsprechen.

6 ZB EuGH, Rs 158/80, *Rewe*, Slg 1981, 1805, Rdnr 44.

7 EuGH, verb Rs 205 bis 215/82, *Deutsche Milchkontor*, Slg 1983, 2633, Rdnr 17.

8 Siehe *Potacs*, JRP 1995, 180. Zu dem Umstand, dass die Grundsätze der Rechtssicherheit und des Vertrauensschutzes vom EuGH „seit jeher" anerkannt wurden, siehe *Urlesberger*, ZfRV 2004/17, 99 f.

9 *Kahl/Weber*, Allgemeines Verwaltungsrecht² (2008), Rdnr 88.

B. Die grundsätzliche gemeinschaftsrechtliche Unbedenklichkeit nationaler Bestimmungen über die Rechtskraft

Die Anerkennung nationaler Rechtskraftvorschriften durch das Gemeinschaftsrecht ist heute dem Grunde nach gesicherte Basis. Exemplarisch wird diesbezüglich wohl am besten auf die Äußerungen des EuGH in den Rechtssachen *Kühne & Heitz*[10] sowie *Kapferer*[11] verwiesen, wonach die Rechtssicherheit „zu den im Gemeinschaftsrecht anerkannten allgemeinen Rechtsgrundsätzen" zählt und die „Bestandskraft einer Verwaltungsentscheidung, die nach Ablauf angemessener Klagefristen oder Erschöpfung des Rechtswegs eingetreten ist", zur Rechtssicherheit beiträgt, weshalb das Gemeinschaftsrecht nicht verlangt, „dass eine Verwaltungsbehörde grundsätzlich verpflichtet ist, eine bestandskräftige Verwaltungsentscheidung zurückzunehmen". Zur „Gewährleistung des Rechtsfriedens und der Beständigkeit rechtlicher Beziehungen sowie einer geordneten Rechtspflege sollen nämlich nach Ausschöpfung des Rechtswegs oder nach Ablauf der entsprechenden Rechtsmittelfristen unanfechtbar gewordene Gerichtsentscheidungen nicht mehr in Frage gestellt werden können". Daher gebietet es das Gemeinschaftsrecht einem nationalen Gericht auch nicht, „von der Anwendung innerstaatlicher Verfahrensvorschriften, aufgrund deren eine Entscheidung Rechtskraft erlangt, abzusehen, selbst wenn dadurch ein Verstoß dieser Entscheidung gegen Gemeinschaftsrecht abgestellt werden könnte".

Wie die zuletzt wiedergegebenen Ausführungen des Gerichtshofs erkennen lassen, hat der EuGH die Rechtskraft nicht nur hinsichtlich Verwaltungsentscheidungen, sondern auch in Bezug auf Gerichtsurteile in grundsätzlicher Hinsicht anerkannt.[12] Dass der Gerichtshof die Rechtskraft nationaler Rechtsakte grundsätzlich anerkannt hat, bedeutet freilich nicht, dass sich diese im Falle des Konflikts mit Gemeinschaftsrecht jedenfalls durchsetzt, weil dies die effektive Wirkung des Gemeinschaftsrechts über die Maße schmälern würde. Vielmehr muss unter Abwägung widerstreitender Prinzipien im Einzelfall eine Lösung gefunden werden. Vor einer Erläuterung der entsprechenden Rahmenbedingungen soll das *Ciola*-Urteil des EuGH behandelt werden, in dem zahlreiche Autoren im Hinblick auf das vorliegende Thema einen Sonderfall erblickt haben.

---

10 EuGH, Rs C-453/00, *Kühne & Heitz*, Slg 2004, I-837, Rdnr 24.

11 EuGH, Rs C-234/04, *Kapferer*, Slg 2006, I-2585, Rdnrn 20 f.

12 Die Zulässigkeit der mit einer Verfristung verbundenen Bestandskraft hatte der EuGH bereits in den 1970er Jahren anerkannt. Dazu *Gundel*, Die Erstattungskosten gemeinschaftsrechtswidriger Gebühren nach nationalem Verfahrensrecht – Ein Dauerthema für den EuGH, in *Hendler/Ibler/Soria* (Hrsg), Für Sicherheit, für Europa. FS Volkmar Götz (2005), 201. Irritationen hat zwischenzeitlich freilich das Urteil des EuGH in der Rechtssache *Ciola* ausgelöst. Vgl dazu nachstehend Pkt I.C.

C. Der Sonderfall *Ciola*

Reflektiert man Probleme, die der Vorrang des Gemeinschaftsrechts gegenüber bestandskräftigen nationalen Rechtsakten aufwirft, unter dem Generalthema des gegenständlichen Handbuchs „Entwicklungen im Zusammenspiel von EU-Recht und österreichischem Recht“, drängt es sich geradezu auf, das Urteil des EuGH in der Rechtssache *Ciola*[13] an den Beginn der Untersuchung zu stellen: Zum einen wurde das Urteil, in dem über einen österreichischen Sachverhalt entschieden wurde, nicht lange nach dem Beitritt Österreichs zur EU gefällt, zum anderen wurde es deshalb als Sonderfall gewertet, weil die Lehre vor dieser Entscheidung mit guten Gründen davon ausgegangen war, dass der Anwendungsvorrang des Gemeinschaftsrechts zwar im Verhältnis zu generellen nationalen Normen gelte, nicht jedoch gegenüber individuellen nationalen Akten.[14]

Der Ausgangsfall betraf bekanntlich einen Strafbescheid, der wegen Verletzung eines vor dem EU-Beitritt Österreichs zum Jahresbeginn 1995 erlassenen Bescheides zustande kam. Der frühere Bescheid war mit der Dienstleistungsfreiheit in Widerspruch gestanden, weil er die Zahl zulässiger Bootsliegeplätze am Bodensee für Gebietsfremde iSe Ausländerkontingentes beschränkte.

In seinem Urteil verwies der EuGH darauf, dass es sich bei innerstaatlichen Normen, die vom Anwendungsvorrang betroffen sein können, „sowohl um Rechts- als auch Verwaltungsvorschriften“ handeln könne. Nach der „Logik“ der Rechtsprechung zum Vorrang des Gemeinschaftsrechts umfassten die einschlägigen innerstaatlichen Normen auch „individuell-konkrete Verwaltungsentscheidungen“. Der durch den Anwendungsvorrang verbürgte Rechtsschutz könne nicht von der Art der dem unmittelbar anwendbaren Gemeinschaftsrecht entgegenstehenden Norm abhängen.[15] Gleichzeitig betonte der Gerichtshof allerdings – freilich im Spannungsverhältnis zu den erwähnten Passagen –, dass der Rechtsstreit nicht die Rechtskraft des ursprünglichen Bescheids, sondern die Frage beträfe, „ob ein solcher Verwaltungsakt unangewendet bleiben muss“[16].

Die kategorischen Formulierungen des EuGH machten eine Einordnung des Urteils nicht zuletzt wegen der grundsätzlichen Anerkennung des Vertrauensschutzes in vorangegangenen Urteilen schwierig. Um die sich ergebenden Auslegungsprobleme zu vermeiden, wurde in der Rechtssache *Ciola* schließlich deshalb ein Sonderfall erblickt, weil der Adressat des Strafbescheids

13 EuGH, Rs C-224/97, *Ciola*, Slg 1999, I-2517.

14 Vgl (auch zum Folgenden) *Potacs*, Entwicklungstendenzen beim indirekten Vollzug von Gemeinschaftsrecht, in *Hummer* (Hrsg), Paradigmenwechsel im Europarecht zur Jahrtausendwende (2004), 274 f.

15 EuGH Rs C-224/97, *Ciola*, Slg 1999, I-2517, Rdnrn 31 ff.

16 EuGH Rs C-224/97, *Ciola*, Slg 1999, I-2517, Rdnr 25.

mangels einer Mitgliedschaft Österreichs in der EU und damit der Anwendbarkeit der Dienstleistungsfreiheit[17] nicht in der Lage gewesen war, den ursprünglichen, dem Strafbescheid zu Grunde liegenden Bescheid jemals zu bekämpfen.[18]

Schließlich wurde neben dieser Besonderheit des Sachverhalts eine weitere Charakteristik des Falls herausgearbeitet. Diese Spezialität betrifft die Natur des Normenkonflikts, der jenem einer direkten Kollision zuzuordnen ist, bei der zu einem Sachbereich gemeinschaftsrechtliche und nationale Rechtsnormen bestehen, die unterschiedliche Rechtsfolgen anordnen. Konkret widersprach materielles Gemeinschaftsrecht in Gestalt der unmittelbar anwendbaren Dienstleistungsfreiheit einem materiellen nationalen Gebot, das in einem rechtskräftigen Bescheid normiert war. Die Kollision trat in dem Moment ein, in dem die Behörde auf der Grundlage des ursprünglichen Bescheids den Strafbescheid wegen Verletzung des dort normierten Ausländerkontingents erließ.

Da der Betroffene aber zu keiner Zeit die Möglichkeit hatte, gegen den ursprünglichen Bescheid vorzugehen, kam das Effektivitätsgebot als Schranke für den mitgliedstaatlichen Vollzug nicht in Betracht. Bei direkten Kollisionen gilt vielmehr – wie einführend erwähnt – das Gebot der Nichtanwendung, das der Gerichtshof auch zum Einsatz gebracht hat. Das Urteil *Ciola* stellt also tatsächlich einen Sonderfall dar, der sich ausgehend vom Sachverhalt insbesondere darin manifestiert, dass eine direkte Kollision vorliegt.[19]

Der VwGH ist nach Beantwortung der Vorlagefrage durch den EuGH in Fortführung des Verfahrens davon ausgegangen, dass der gemeinschaftswidrige Bescheid keine verwaltungsstrafrechtliche Tatbestandswirkung entfalten konnte.[20] Zu Ende gedacht, kann aus dem *Ciola*-Urteil – als Nachwirkung des Anwendungsvorrangs im Falle einer direkten Kollision – ein gemeinschaftsrechtliches Vollzugs- und Vollstreckungshindernis rechtskräftiger individuell-konkreter Entscheidungen abgeleitet werden.[21]

---

17 Zum Zeitpunkt des Beitritts waren sämtliche Rechtsmittelfristen betreffend den ursprünglichen Bescheid bereits abgelaufen.

18 Hiezu mwN *Potacs*, Entwicklungstendenzen, in *Hummer*, Paradigmenwechsel, 275; *Öhlinger/Potacs*, Gemeinschaftsrecht und staatliches Recht[3] (2006), 86.

19 *Schweitzer*, Vorrang und nationale Verwaltungs- und Gerichtsentscheidungen, in *Schroeder* (Hrsg), Europarecht als Mehrebenensystem (2008), 26; *Weiß*, DÖV 2008, 480.

20 VwSlg 15227 A/1999. Siehe *Frank*, Gemeinschaftsrecht und staatliche Verwaltung (2000), 540.

21 So unter Verweis auf *Hatje* [Die Rechtskraft und ihre Durchbrechungsmöglichkeiten im Lichte des Gemeinschaftsrechts, in *Holoubek/Lang* (Hrsg), Das EuGH-Verfahren in Steuersachen (2000), 145 f]; *Weiß*, DÖV 2008, 487.

D. Rechtskraftdurchbrechung nach Vorabentscheidung durch den EuGH – Das Urteil *Kühne & Heitz*

Eine Fallgruppe, in der eine Durchbrechung der Rechtskraft gemeinschaftsrechtlich geboten sein kann, ist durch den Umstand geprägt, dass der EuGH durch die Auslegung einer europarechtlichen Norm im Vorabentscheidungsverfahren gem Art 234 EGV klarstellt, in welchem Sinn und mit welcher Bedeutung diese Norm seit ihrem Inkrafttreten zu verstehen und anzuwenden ist oder gewesen wäre. Ein solches Urteil wirkt inter omnes und ex tunc. Eine in einem Vorabentscheidungsverfahren vom Gerichtshof ausgelegte Bestimmung ist in ihrem durch diese Auslegung festgelegten Gehalt von einer nationalen Behörde mithin auch auf Rechtsbeziehungen anzuwenden, die vor der Vorabentscheidung des EuGH entstanden sind. Damit ergibt sich die Frage, ob die Erfüllung dieser Verpflichtung auch dann geboten ist, wenn eine nationale Verwaltungsentscheidung rechtskräftig geworden ist, bevor beantragt wurde, diese Entscheidung zu revidieren, um einer später in einem anderen Verfahren ergangenen Vorabentscheidung Rechnung zu tragen.

1. Inhalt

Die eben beschriebene Konstellation lag dem Urteil des EuGH in der Rs *Kühne & Heitz*[22] zu Grunde. Es ging um die tarifmäßige Zuordnung von Hühnerschenkeln nach der Zollnomenklatur. Die zentrale Frage war, ob ein Hühnerschenkel auch dann ein Hühnerschenkel bleibt, wenn an ihm noch ein Stück Rücken hängt. Nach dieser Frage entschied sich die Höhe der dem Unternehmen *Kühne & Heitz* gewährten Ausfuhrerstattung. Das Unternehmen hatte seine Drittlandexporte als Hühnerschenkel deklariert, die niederländischen Zollbehörden waren anderer Ansicht und forderten nach einer Neutarifierung einen Teil der geleisteten Ausfuhrerstattung zurück. Dagegen klagte *Kühne & Heitz*. Das in dieser Sache schließlich letztinstanzlich befasste Gericht war der Überzeugung, dass die Auffassung der Zollbehörden zweifellos richtig wäre und legte die Frage betreffend die Zuordnung der Exporte zu der einen oder der anderen Tarifposition nicht dem EuGH zur Vorabentscheidung vor. Etwas später entschied der EuGH diese Frage in einem anderen Verfahren aber anders und damit im Sinne von *Kühne & Heitz*.[23] Das Unternehmen stellte sofort nach diesem Urteil – etwa drei Jahre nach Eintritt der Rechtskraft der Entscheidung im ersten Verfahren – einen Antrag an die Zollbehörde auf Wiederauszahlung der zurückbezahlten Erstattungen. Die Behörde lehnte die – in ihr Ermessen gestellte – Rücknahme des Ausfuhrzollbescheides ab und berief sich auf den Eintritt der Rechtskraft. Das gegen diese Entscheidung an-

22 EuGH, Rs C-453/00, *Kühne & Heitz*, Slg 2004, I-837.

23 EuGH, Rs C-151/93, *Voogd Vleesimport en -export*, Slg 1994, I-4915.

gerufene Gericht legte dem EuGH nunmehr die Frage vor, ob ein rechtskräftiger Bescheid in einem Fall wie dem vorliegenden wegen des in Art 10 EGV normierten Grundsatzes der Gemeinschaftstreue zurückgenommen werden müsse.

Nach der Herausstellung der ex tunc-Wirkung seiner Vorabentscheidungsurteile wählte der Gerichtshof die – bereits oben zitierte – Betonung der grundsätzlichen Bedeutung der als allgemeiner Rechtsgrundsatz geltenden Rechtssicherheit und damit auch der Bestands- bzw Rechtskraft als Ausgangspunkt seiner Argumentation. Daraus folge, dass das Gemeinschaftsrecht es nicht grundsätzlich verlange, dass eine Verwaltungsbehörde verpflichtet ist, eine bestandskräftige Entscheidung zurückzunehmen.

Allerdings – und hier kommen die konkreten Umstände des Sachverhalts ins Spiel – sei eine Behörde nach Art 10 EGV dann verpflichtet, ihre Entscheidung zu überprüfen, um der mittlerweile vom Gerichtshof vorgenommenen Auslegung der einschlägigen Bestimmung des Gemeinschaftsrechts Rechnung zu tragen, wenn vier Voraussetzungen erfüllt sind. Die Behörde müsse dann anhand der Ergebnisse dieser Überprüfung entscheiden, inwieweit sie verpflichtet sei, die in Rede stehende Entscheidung zurückzunehmen, ohne die Belange Dritter zu verletzten.[24] Die vier – kumulativ zu verstehenden – Voraussetzungen sind:

- Die Verwaltungsbehörde muss nach nationalem Recht befugt sein, die im Ausgangsverfahren in Rede stehende bestandskräftige Entscheidung zurückzunehmen.
- Die Entscheidung muss infolge eines Urteils eines in letzter Instanz entscheidenden nationalen Gerichts bestandskräftig geworden sein.
- Das Urteil muss, wie eine nach seinem Erlass ergangene Entscheidung des Gerichtshofs zeigte, auf einer unrichtigen Auslegung des Gemeinschaftsrechts beruhen, die erfolgt ist, ohne dass der Gerichtshof um Vorabentscheidung ersucht wurde, obwohl der Tatbestand des Art 234 Abs 3 EGV erfüllt war. Und:
- Der Betroffene muss sich, unmittelbar nachdem er Kenntnis von der besagten Entscheidung des Gerichtshofs erlangt hat, an die Verwaltungsbehörde gewendet haben.

2. Unklarheiten nach dem *Kühne & Heitz*-Urteil

a. Grundsatzurteil oder Einzelfallentscheidung?

Das Urteil *Kühne & Heitz* stieß in der Wissenschaft auf großes Interesse. So wurde unter anderem festgestellt, der Gerichtshof argumentiere hier „ausgewogener als in manchen früheren verwaltungsrechtlichen Entscheidungen, in

24 EuGH, Rs C-453/00, *Kühne & Heitz*, Slg 2004, I-837, Rdnrn 26 f.

denen der *effet utile* alle anderen argumentativen Aspekte überspielte“[25]. Was das Urteil für eine gemeinschaftsrechtlich gebotene Durchbrechung der Rechtskraft nationaler Verwaltungsakte aber tatsächlich bedeuten würde, darüber gingen die Meinungen freilich auseinander, was sich deutlich schon in dem Umstand zeigt, dass unterschiedliche Auffassungen darüber bestanden, ob der Gerichtshof mit dem Urteil eine „Grundsatzentscheidung“ treffen wollte oder ob es sich „lediglich“ um eine „Einzelfallentscheidung“ handelte. Damit war bereits die grundsätzliche Tragweite der Entscheidung umstritten.[26] Fest steht heute, dass der EuGH in späteren Entscheidungen auf die Kriterien des *Kühne & Heitz*-Urteils Bezug genommen hat, was dem Urteil doch einen grundlegenden Charakter verleiht, auch wenn unbestreitbar ist, dass sich der „gesamte Aufbau der Argumentation des EuGH (...) an der Fragestellung und dem Vorbringen des vorlegenden Gerichts“ orientiert hat[27].

b. Offene Fragen nach dem Urteil

Klar war nach dem *Kühne & Heitz*-Urteil, dass nationale Behörden nicht generell, sondern nur unter bestimmten Voraussetzungen verpflichtet sind, rechtskräftige Verwaltungsentscheidungen zurückzunehmen, um im Rahmen des indirekten Vollzugs der Pflicht zur Zusammenarbeit zu entsprechen.

aa. Befugnis der nationalen Behörde zur Rücknahme des Bescheids

Hinsichtlich des ersten *Kühne & Heitz*-Kriteriums ergab sich die Frage, was gelten sollte, wenn – anders als im Ausgangsverfahren, das dem Urteil zu Grunde liegt – es in einem Mitgliedstaat keine Möglichkeit gibt, einen rechtskräftigen Bescheid zurückzunehmen. Dann fehlt es der Behörde an der Befugnis, eine Entscheidung zu überprüfen; die national normierte Rechtskraft würde sich gegen das Gemeinschaftsrecht durchsetzen. Somit hätten es die Mitgliedstaaten in der Hand, die Wirksamkeit des Gemeinschaftsrechts zu vereiteln.[28]

Im Lichte des Effektivitätsprinzips und der ex-tunc-Wirkung von Vorabentscheidungen, die dann durch staatliche Maßnahmen unterlaufen werden könnten, wurde daher mit guten Gründen die Meinung vertreten, dass eine Pflicht der Mitgliedstaaten bestünde, einen – zumindest aufgrund einer späteren Vorabentscheidung bestehenden – Rücknahmeanspruch in der nationalen

25 *Ruffert*, JZ 2004, 620 f (Hervorhebung im Original).

26 Für die Qualifikation als Grundsatzentscheidung vgl zB *Lindner*, BayVBl 2004, 590 („Meilenstein“). Für die Qualifikation als Einzelfallentscheidung etwa *Schweitzer*, Vorrang, in *Schroeder* (Hrsg), Europarecht, 31; *Kremer*, EuR 2007, 483; *Weiß*, DÖV 2008, 481.

27 *Weiß*, DÖV 2008, 484.

28 Zur Möglichkeit der Staatshaftung siehe nachstehend Pkt. I.D.1.c.

Rechtsordnung vorzusehen.[29] Das Abstellen auf die Befugnis zur Rücknahme nach staatlichem Recht wurde so verstanden, dass die Rücknahme eben nach staatlichen Bestimmungen zu erfolgen habe.[30] Anders ausgedrückt: Die Effektivität des Gemeinschaftsrechts soll „im Rahmen der nationalen Verfahrensregeln wirken".[31]

Eine andere Auslegung ergibt sich freilich, wenn man auf die Feststellung des EuGH abstellt, wonach das Gemeinschaftsrecht nicht verlange, dass eine Verwaltungsbehörde grundsätzlich verpflichtet ist, eine bestandskräftige Entscheidung zurückzunehmen, und diese Argumentation mit dem – auch dem Gemeinschaftsrecht bekannten – Grundsatz der Rechtssicherheit untermauert.[32] Ein allfälliger Verstoß gegen die Vorlagepflicht könnte so nur auf dem für den Betroffenen mühsameren Weg der Staatshaftung releviert werden. Das *Kühne & Heitz*-Urteil trägt beide Argumentationslinien.[33] Die in der Folge ergangenen Urteile *Kapferer* und *i-21 Germany und Arcor*[34] werden mittlerweile – freilich vorsichtig – als Stütze der zweiten Argumentationslinie und damit als Beschränkung des Effektivitätsprinzips zu Gunsten der Rechtssicherheit gewertet.[35] Mit Sicherheit zu beantworten ist die aufgeworfene Frage aber noch nicht.

bb. Pflicht zur Rücknahme des Bescheids?

Eine andere Unsicherheit des *Kühne & Heitz*-Urteils besteht in der „sibyllinischen Formel"[36], wonach die nationale Behörde bei Vorliegen der vier Voraussetzungen verpflichtet ist, ihre Entscheidung zu *überprüfen*, um der mittlerweile vom Gerichtshof vorgenommenen Auslegung der einschlägigen Bestimmung des Gemeinschaftsrechts Rechnung zu tragen, und dann anhand der Ergebnisse dieser Überprüfung entscheiden muss, inwieweit sie verpflich-

29 *Potacs*, Bestandskraft gemeinschaftsrechtswidriger Bescheide, in *Holoubek/Lang* (Hrsg), Abgabenverfahrensrecht und Gemeinschaftsrecht (2006), 248 f; *Gärditz*, NWVBl 2006, 444; *Schweitzer*, Vorrang, in *Schroeder* (Hrsg), Europarecht, 31.

30 *Potacs*, EuGH-Vorabentscheidung und Rechtskraft von Bescheiden, in *Amt der Kärntner Landesregierung* (Hrsg), Landesgesetzgebung – Beruf und Berufung. FS Charlotte Havranek (2007), 227 f, mwN.

31 *Weiß*, DÖV 2008, 481.

32 So *Bauer*, Die Wiederaufnahme als Instrument der Durchsetzung des Gemeinschaftsrechts, in *Holoubek/Lang* (Hrsg), Abgabenverfahrensrecht und Gemeinschaftsrecht (2006), 286.

33 Vgl dazu *Ruffert*, JZ 2004, 621: „Es bedarf also keiner Neuschöpfung im mitgliedstaatlichen Verwaltungsrecht, wobei jedoch mehr als unsicher ist, ob der EuGH sie im Einzelfall nicht einfordern würde." Zweifelnd auch *Frenz*, DVBl 2004, 376.

34 Dazu nachstehend in Pkt II.A und II.B.

35 *Griller*, „Rechtskraft" im Gemeinschaftsrecht: Grundlagen und Grenzen, in *Holoubek/Lang* (Hrsg), Rechtskraft im Verwaltungs- und Abgabenverfahren (2008), 60 f.

36 *Weiß*, DÖV 2008, 485.

tet ist, die in Rede stehende Entscheidung auch *zurückzunehmen*. Diese Unterscheidung des Gerichtshofs zwischen Überprüfung und Rücknahme des rechtskräftigen Verwaltungsakts wurde im Zusammenspiel mit der Formulierung, dass die Behörde der Auslegung „Rechnung tragen" müsse, zwar auch in die Richtung interpretiert, dass der EuGH der Effektivität des Gemeinschaftsrechts auch noch durch das Rücknahmeermessen der nationalen Behörde eine Grenze setzten wolle.[37] Die besseren Gründe sprechen indes dafür, dass ein solches Ermessen nicht bestehen kann und damit unter den im Urteil aufgestellten vier Kriterien und unter der weiteren Voraussetzung, dass eine Rücknahme nicht Rechte Dritter verletzt, eine Rücknahmepflicht besteht. Nur so kann ein gemeinschaftsrechtskonformer Zustand hergestellt[38] und der auch im Urteil deutlich zum Ausdruck gelangenden hohen Bedeutung des Rechtsschutzes Genüge getan werden. Mit letzterer wäre es völlig unverträglich, wenn eine nationale Behörde nach neuerlicher Überprüfung einen bereits zuvor unter Verstoß gegen gemeinschaftsrechtliche Bestimmungen auf der Strecke gebliebenen Bürger auf die Rechtskraft eines gemeinschaftsrechtswidrigen Verwaltungsakts verweisen könnte.[39]

cc. Verletzung der Vorlagepflicht als „Kern" der Entscheidung?

Wesentliches Begründungselement des *Kühne & Heitz*-Urteils ist der Umstand, dass ein letztinstanzliches nationales Gericht eine nicht geklärte Frage über die Auslegung einer gemeinschaftsrechtlichen Bestimmung unter Verstoß gegen die Pflicht des Art 234 Abs 3 EGV nicht dem EuGH zur Beantwortung vorgelegt hat. Erst dadurch entsteht überhaupt die Möglichkeit einer abweichenden späteren Entscheidung des Gerichtshofs. Diese Verletzung der Vorlagepflicht kann hinsichtlich der Begründung der Rücknahmeverpflichtung durchaus als „Kern" gesehen werden, weil sie die mitgliedstaatliche Verantwortlichkeit für die unrechtmäßig zurückgeforderte Ausfuhrerstattung bildet.[40] Dies passt zu

37 Vgl *Rennert*, DVBl 2007, 402, der für eine Pflicht zur Rücknahme zusätzliche Gründe (zB Verstoß gegen das Wettbewerbsprinzip) aus dem jeweiligen Fachrecht fordert. Siehe auch *Gärditz*, NWVBl 2006, 447.

38 *Schweitzer*, Vorrang, in *Schroeder*, Europarecht (Hrsg), 31 f. Siehe auch *Frenz*, DVBl 2004, 375 f; *Lindner*, BayVBl 2004, 591; *Bauer*, Wiederaufnahme, in *Holoubek/Lang* (Hrsg), Abgabenverfahrensrecht, 284 f.

39 Zutreffend *Weiß*, DÖV 2008, 485 f, der auch auf das Korrespondieren dieser Lösung mit dem Grundsatz der Kohärenz der Standards im zentralen und dezentralen Vollzug von Gemeinschaftsrecht verweist.

40 *Ruffert*, JZ 2004, 621 mit dem Hinweis, dass die Verletzung der Vorlagepflicht sowohl die Verpflichtung zur Rücknahme einer rechtskräftigen Verwaltungsentscheidung als auch einen Staatshaftungsanspruch begründen kann. IdS auch *Lindner*, BayVBl 2004, 591. AA *Frenz*, DVBl 2004, 375. *Urlesberger*, ZfRV 2004/17, 102, vertritt die Meinung, dass der EuGH den Umstand der unterlassenen Vorlage im Urteil zwar erwähne, daran

dem seit Längerem bestehenden Bemühen des EuGH, die Moral der nationalen Gerichte bezüglich der Vorlagepflicht zu verbessern.[41]

dd. Durchgängige Rechtsverfolgung seitens des Betroffenen

Unklar ist nach dem *Kühne & Heitz*-Urteil auch, welche Rolle es gespielt hat, dass das Unternehmen seinen gemeinschaftsrechtlichen Anspruch stets aktiv verfolgt hat. So wandte sich die Klägerin nach der Terminologie des EuGH „unmittelbar nachdem sie Kenntnis von diesem Urteil des Gerichtshofes erlangt hatte", an die Verwaltungsbehörde,[42] wobei freilich auch nicht klar war (und ist), was unter „unmittelbar" zu verstehen ist. Unbestreitbar ist freilich, dass die Effektivität des Gemeinschaftsrechts umso größer ist, als der Einzelne dessen Rechtsdurchsetzung auch vor den nationalen Behörden aktiv betreibt.[43] Folgt man dieser Auffassung, dann kommt ein Anspruch auf Bescheidaufhebung nicht in Betracht, wenn der Betroffene bei seiner Rechtsverfolgung untätig geblieben ist. In solchen Fällen wäre dann auch die Behebung eines rechtskräftigen Bescheids von Amts wegen gemeinschaftsrechtlich nicht geboten, wenn sich nach einer Vorabentscheidung in einer anderen Sache dessen Gemeinschafsrechtswidrigkeit herausgestellt hat.[44] Stellt man jedoch darauf ab, dass ein stärkerer oder schwächerer „Widerstandswille" nichts an der Gemeinschaftsrechtswidrigkeit zu ändern vermag, kommt es für das Entstehen eines Rücknahmeanspruchs freilich nicht auf eine stets aktive Rechtsverfolgung an.[45]

Offen lässt das *Kühne & Heitz*-Urteil auch, was unter dem „verschärfenden" Umstand gilt, dass ein Betroffener die Anfechtung eines Bescheids deshalb unterlässt, weil die ständige Rechtsprechung der zuständigen nationalen höchstgerichtlichen Instanzen – die sich im Nachhinein als dem Gemeinschaftsrecht widersprechend herausstellt – keinerlei Erfolgsaussichten bietet. Ob auch in einem solchen Fall eine hinreichende Rechtsverfolgung angenommen werden kann, ist ungeklärt.[46]

---

jedoch keinerlei Konsequenzen knüpfe (zB hinsichtlich der Schutzwürdigkeit des Einzelnen).

41 Vgl etwa EuGH, Rs C-224/01, *Köbler*, Slg 2003, I-10239. Weitere Nachweise bei *Kremer*, EuR 2007, 486. Siehe auch *Meilicke*, BB 2004, 1087; vgl dazu den Beitrag von *Hummer*, Allgemeine Einführung, vorstehend auf S 17ff.

42 EuGH, Rs C-453/00, *Kühne & Heitz*, Slg 2004, I-837, Rdnr 26.

43 Diesen Aspekt deutlich in den Vordergrund stellend *Potacs*, Bestandskraft, in *Holoubek/Lang* (Hrsg), Abgabenverfahrensrecht, 245. Zuvor schon *Potacs*, EuR 2004, 600.

44 *Bauer*, Wiederaufnahme, in *Holoubek/Lang* (Hrsg), Abgabenverfahrensrecht, 288.

45 So *Frenz*, DVBl 2004, 375 und *Lenze*, VerwArch 2006, 61. Zweifelnd *Weiß*, DÖV 2008, 481.

46 *Bauer*, Wiederaufnahme, in *Holoubek/Lang* (Hrsg), Abgabenverfahrensrecht, 288, der davon spricht, dass eine solche Lösung als „unbillig" angesehen werden könnte.

c. Bescheidrücknahme und Staatshaftung

Die Ausführungen zum *Kühne & Heitz*-Urteil an dieser Stelle abschließend, sei auf dessen Verhältnis zur Staatshaftung hingewiesen. Unbestritten ist, dass die Staatshaftungsgrundsätze auch Fälle des „judikativen Unrechts"[47] umfassen und dass sich die Ansprüche auf Rücknahme eines rechtskräftigen Verwaltungsakts und auf Ersatz im Wege der Staatshaftung weder ihren Voraussetzungen noch ihrer Anspruchshöhe nach decken. So kann die Staatshaftung einerseits nur im Falle hinreichend qualifizierter Rechtsverletzungen zum Erfolg führen, andererseits eröffnet sie in manchen Fällen einen umfassenderen Ersatz, als dieser im Wege der Rücknahme eines rechtskräftigen Bescheids möglich ist. Dazu kommt, dass eine solche Rücknahme nach den Grundsätzen des *Kühne & Heitz*-Urteils nur dann in Betracht gezogen werden kann, wenn eine innerstaatliche Rechtsgrundlage der Behörde eine entsprechende Befugnis einräumt. Fehlt eine solche, ist der Betroffene ebenso auf die Geltendmachung der Staatshaftung beschränkt,[48] wie wenn durch die Rücknahme eines rechtskräftigen Bescheids Rechte Dritter verletzt werden würden.[49]

E. Rückerstattung gemeinschaftsrechtswidrig erhobener Abgaben

Werden von einem Mitgliedstaat Abgaben unter Verstoß gegen das Gemeinschaftsrecht eingehoben, steht dem Einzelnen ein gemeinschaftsrechtlicher Anspruch auf Rückerstattung des zuviel erhobenen Betrags zu. Die Rückerstattung richtet sich dabei – soweit keine sekundärrechtlichen Bestimmungen bestehen und in den Grenzen des „Äquivalenz"- und des „Effektivitätsprinzips" – nach nationalem Verfahrensrecht.[50] Damit kommt die Durchbrechung der Rechtskraft – zu Gunsten des Betroffenen – ins Spiel. Auch in dieser Fallgruppe war Österreich an der Weiterentwicklung der einschlägigen EuGH-Judikatur, namentlich in Bezug auf die Rückerstattung gemeinschaftsrechtswidrig eingehobener Getränkesteuer, wesentlich beteiligt.

Das Spezifische – angemessene Ausschlussfristen verstoßen auch in der hier interessierenden Fallgruppe nicht gegen das Gemeinschaftsrecht[51] – hinsichtlich des hier zu behandelnden Themas ist in der einzigen Ausnahme gelegen, die aus der Sicht des Gemeinschaftsrechts von dem Anspruch auf Rückerstat-

47 Vgl dazu den Beitrag von *Heller*, Staatshaftung bei Verletzung des Gemeinschaftsrechts durch nationale Höchstgerichte, nachstehend auf S 497 ff.

48 Dazu *Griller*, Staatshaftungsansprüche zur Durchsetzung von Gemeinschaftsrechten und ihre Bedeutung im Steuerrecht, in *Holoubek/Lang* (Hrsg), Das EuGH-Verfahren in Steuersachen (2000), 335 ff; *Bauer*, Wiederaufnahme, in *Holoubek/Lang* (Hrsg), Abgabenverfahrensrecht, 286; *Weiß*, DÖV 2008, 486 f.

49 EuGH, Rs C-453/00, *Kühne & Heitz*, Slg 2004, I-837, Rdnr 27.

50 EuGH, Rs C-30/02, *Recheio-Cash & Carry*, Slg 2004, I-6051, Rdnrn 15 und 17.

51 Vgl *Gundel*, in *Hendler/Ibler/Soria* (Hrsg), FS Volkmar Götz, 201 ff.

tung gemacht werden darf. Die Rückerstattung kann nationalrechtlich versagt werden, wenn festgestellt wird, dass die Abgabenlast in vollem Umfang von einem anderen als dem Abgabepflichtigen getragen wurde und wenn die Erstattung an den Abgabepflichtigen zu dessen ungerechtfertigter Bereicherung führen würde.[52] Wurde die Abgabenlast nur teilweise abgewälzt, ist der nicht abgewälzte Betrag zu erstatten.

Da es bei entsprechenden Rückerstattungsansprüchen in Summe oft um erhebliche Finanzvolumina geht, die den Staatshaushalt wesentlich belasten können,[53] waren Mitgliedstaaten seit jeher versucht, Auswirkungen von (sich abzeichnenden) EuGH-Urteilen, die die Gemeinschaftsrechtswidrigkeit einer erhobenen Abgabe ergeben, legistisch zu begrenzen. Konkret geschieht dies eben durch – vom EuGH grundsätzlich anerkannte – Überwälzungsklauseln. Im Wege entsprechender Tatbestände kommt es dazu, dass die Möglichkeit der Rechtskraftdurchbrechung zu Gunsten des Betroffenen gemindert und so der gemeinschaftsrechtlich verbürgte Rückerstattungsanspruch beschränkt wird.[54] Allerdings darf eine ungerechtfertigte Bereicherung des Abgabepflichtigen nicht alleine aufgrund der Abwälzung der Abgabe auf Dritte (Konsumenten) vermutet werden, sondern es muss diese auf der Grundlage einer alle maßgeblichen Umstände berücksichtigenden wirtschaftlichen Untersuchung beurteilt werden.[55] Im Falle der österreichischen Getränkesteuer hatten alle Bundesländer rückwirkende Verschärfungen der Erstattungsvoraussetzungen beschlossen, was der EuGH nicht beanstandete, soweit diese nicht „spezifisch" (nur) die in Frage stehende Abgabe betrifft.[56] Dass entsprechende Rege-

---

52 EuGH, C-147/01, *Weber's Wine World*, Slg 2003, I-11365, Rdnr 94.

53 Hiezu das Urteil des EuGH, Rs C-437/97, *EKW und Wein & Co*, Slg 2000, I-1157, in dem der Gerichtshof die Gemeinschaftsrechtswidrigkeit der Getränkesteuer aussprach, die Wirkungen des Urteils aber wegen der potentiell schwerwiegenden finanziellen Folgen für das Finanzierungssystem der österreichischen Gemeinden zeitlich begrenzte, indem er die Rückerstattung von Abgaben, deren Entrichtung nicht vor Erlass des Urteils angefochten worden war, ausschloss (Rdnrn 59 f).

54 *Griller*, „Rechtskraft", in *Holoubek/Lang* (Hrsg), Rechtskraft, 64 schreibt insofern zutreffend von einer „Stärkung" der Rechtskraft rechtswidriger Entscheidungen und verweist auf die Konsistenz der *Kühne & Heitz*- und Folgejudikatur mit der Rechtsprechung des EuGH zum Rückerstattungsrecht, 67.

55 EuGH, C-147/01, *Weber's Wine World*, I-11365, Rdnrn 96 ff, 110 f, 117 mit Hinweisen auf weitere Urteile des EuGH. Zur Entwicklung dieser Judikaturlinie und der dann endgültigen Durchsetzung des Effektivitätsprinzips in diesem Bereich *Gundel*, in *Hendler/Ibler/Soria* (Hrsg), FS Volkmar Götz, 196 ff.

56 Dies verneinte der VwGH – wie schon im Vorabentscheidungsersuchen – im fortgesetzten Verfahren (VwGH 4.12.2003, 2003/16/0148). Vgl auch VfSlg 16.022/2000, wonach im Ergebnis Verstöße gegen das Gemeinschaftsrecht bei der Erhebung indirekter Abgaben grundsätzlich sanktionslos bleiben, weshalb *Gundel*, Die Erstattungskosten, 197 (Fn 34) den Gerichtshof als „besonders offensiv" bei der Rechtfertigung des Abwäl-

lungen aus Anlass eines EuGH-Urteils erlassen werden, ist nicht per se unzulässig, jedoch müssen sie dem Äquivalenzgebot entsprechen.[57]

F. Rechtskraftdurchbrechung und Beihilferecht

Der Vorrang des Gemeinschaftsrechts gegenüber individuellen nationalen Rechtsakten spielt auch im Beihilferecht eine Rolle.[58] Dabei geht es im Unterschied zu den bisher behandelten Fällen um die Beseitigung von Rechtsakten, deren Aufhebung zu Lasten der Betroffenen vorgenommen wird. Unabhängig davon, ob Beihilfen auf der Grundlage von Gemeinschaftsrecht oder nationaler Bestimmungen unter Verstoß gegen das Beihilfeverbot des EG-Vertrags gewährt werden, besteht eine grundsätzliche europarechtliche Pflicht, unrechtmäßige Beihilfen zurückzufordern. Auch in diesem Zusammenhang stellt der EuGH auf die Verletzung von Sorgfaltsmaßstäben durch die Beihilfeempfänger ab.[59]

In der Literatur wurde mittlerweile deutlich herausgearbeitet, dass die *Kühne & Heitz*-Kriterien auf die nun interessierenden Fallkonstellationen nicht übertragbar sind. Auch wenn der EuGH dies nicht ausdrücklich festgestellt hat, ergibt sich dies unter anderem daraus, dass andernfalls die im Beihilferecht entwickelten Judikaturlinien aufgegeben werden müssten, weil es – wegen der strukturell unterschiedlichen Ausgangssituation – regelmäßig an der Erfüllung der (weiterentwickelten) *Kühne & Heitz*-Kriterien mangelt.[60]

Besonders deutlich wird der Gegensatz zwischen der *Kühne & Heitz*-Judikatur einerseits und den vom EuGH aufgestellten Maßstäben für die Pflicht zur Rückforderung von gegen Art 87 Abs 1 EGV gewährten Beihilfen andererseits. Hier bildet das *Alcan*-Urteil[61] den zentralen Kristallisations-

zungstatbestandes bezeichnet. Weiters *Griller*, Die Getränkesteuer – ein Fortsetzungsroman, ZfV 2001, 369.

57 Zur Erforderlichkeit von Übergangsfristen *Gundel*, in *Hendler/Ibler/Soria* (Hrsg), FS Volkmar Götz, 208.

58 Dies freilich vor dem Hintergrund, dass in Österreich die weit überwiegende Zahl an Beihilfen nicht – wie etwa im steuerrechtlichen Bereich – bescheidmäßig, sondern im Rahmen der Privatwirtschaftsverwaltung vergeben wird. Im gegenständlichen Zusammenhang kann aber alleine die Bestandskraft von Bescheiden Thema sein.

59 Siehe dazu die Untersuchung von *Potacs*, Vertrauensschutz und gemeinschaftsrechtlich gebotene Rechtskraftdurchbrechungen, in *Holoubek/Lang* (Hrsg), Vertrauensschutz im Abgabenrecht (2004), 186 ff: „Der Vertrauensschutz soll sich gegenüber der Effektivität des Gemeinschaftsrechts nur dann durchsetzen, wenn der Betroffene die Rechtswidrigkeit des Bescheides in zumutbarer Weise nicht erkennen konnte, der Vermögensvorteil weggefallen ist oder seit der Subventionserteilung ein erheblicher Zeitraum vergangen ist." (195).

60 *Griller*, „Rechtskraft", in *Holoubek/Lang* (Hrsg), Rechtskraft, 73.

61 EuGH, Rs C-24/95, *Alcan II*, Slg 1997, I-1591.

punkt.[62] Von einer zurückhaltenden oder ausgewogenen Judikatur, die einen Ausgleich zwischen nationalen, im Dienste der Rechtssicherheit bestehenden Bestimmungen und gemeinschaftsrechtlichen Pflichten herbeiführt, wie dies für die *Kühne & Heitz*- und die Folgejudikatur konstatiert wird, kann hier nur schwerlich gesprochen werden. Vielmehr setzt sich das gemeinschaftsrechtliche Beihilfeverbot samt seiner die nationalen Stellen treffenden Rückforderungspflicht mit dem Hebel des Effektivitätsprinzips beinahe immer durch. Daher wird in der Literatur mit Recht die Diskrepanz herausgestellt, die sich daraus ergibt, dass der EuGH einerseits die Bedeutung der Rechtssicherheit auch für das Gemeinschaftsrecht wiederholt betont hat, und dass in der Literatur andererseits begründet die Auffassung vertreten wird, die nationale Bestandskraft gelte nicht in Bezug auf staatliche Beihilfenentscheidungen.[63]

In Bezug auf gemeinschaftsrechtswidrige staatliche Beihilfen judiziert der EuGH mittlerweile bekanntlich in ständiger Rechtsprechung, dass die „logische Folge" ihrer Rechtswidrigkeit in der Pflicht zur Rückforderung der Beihilfe besteht,[64] wobei sich die Rückabwicklung nach dem jeweiligen Verfahrensrecht der Mitgliedstaaten (nur) richtet, sofern hierdurch die sofortige und tatsächliche Vollstreckung der Kommissionsentscheidung ermöglicht wird. Die Mitgliedstaaten müssen alle notwendigen Maßnahmen zur Rückforderung ergreifen, das Gemeinschaftsinteresse ist in vollem Umfang zu berücksichtigen.[65] Zu diesem Zweck unternehmen die betreffenden Mitgliedstaaten alle in ihren jeweiligen Rechtsordnungen verfügbaren erforderlichen Schritte einschließlich vorläufiger Maßnahmen (Art 14 Verfahrensverordnung). Bestimmungen der nationalen Verfahrensordnung, die einen effektiven Vollzug der Rückabwicklung vereiteln würden, haben unangewendet zu bleiben.[66] Art 14 Abs 1 Verfahrensverordnung, wonach eine Beihilferückforderung nicht in Betracht kommt, „wenn dies gegen einen allgemeinen Grundsatz des Gemeinschaftsrechts verstoßen" würde, ändert daran trotz des Umstandes nichts, dass die Rechtssicherheit und der Vertrauensschutz solche Grundsätze darstellen.

Um es hier kurz zu machen: Rechtfertigungen für nationale Rechtskraftbestimmungen bestehen im Zusammenhang mit gemeinschaftsrechtswidrigen

62 Dass dem *Lucchini*-Urteil (EuGH, Rs C-119/05, *Lucchini*, Slg 2007, I-6199) ein ganz besonderer Sachverhalt zu Grunde gelegen ist, wird nachstehend in Pkt II.C. dargetan.

63 *Urlesberger*, ZfRV 2004/17, 99.

64 So schon EuGH, Rs C-142/87, *Belgien/Kommission*, Slg 1990, I-959, Rdnr 66; Rs C-328/99 und C-299/00, *SIM 2 Multimedia*, Slg 2003, I-4035, Rdnr 66.

65 ZB EuGH, verb Rs 205 bis 215/82, *Deutsche Milchkontor*, Slg 1983, 2633, Rdnr 32.

66 Siehe auch Bekanntmachung der Kommission (2007/C 272/05), ABl 2007 C 272, 4, „Rechtswidrige und mit dem Gemeinsamen Markt unvereinbare staatliche Beihilfen: Gewährleistung der Umsetzung von Rückforderungsentscheidungen der Kommission in den Mitgliedstaaten", Rdnr 53.

staatlichen Beihilfen praktisch keine mehr. Ausschlussfristen, Bereicherungsverbote, Vertrauensschutzregelungen oder auch Spezialbestimmungen, wie zB zum Gläubigerschutz, können der Rückforderung nicht entgegen gehalten werden.[67] Überhaupt greift der Vorrang des Gemeinschaftsrechts immer dann, wenn das Notifikationsverfahren des Art 88 Abs 3 EGV nicht durchlaufen wurde.[68] Die Prüfung, ob ein solches Verfahren stattgefunden hat, ist einem sorgfältigen Gewerbetreibenden, der im Übrigen, sobald die Kommission eine Negativentscheidung erlassen hat, nicht mehr im ungewissen darüber ist, regelmäßig zuzumuten. Auch ein Fehlverhalten der nationalen Behörde kann dem Beihilfenempfänger nicht helfen, nicht einmal dann, wenn die Beihilferückforderung vor dem Hintergrund der nationalen Rechtsordnung als Verstoß gegen Treu und Glauben erscheint.[69] Lediglich bei – streng zu verstehender – „absoluter Unmöglichkeit der Rückforderung" kommt eine solche nicht in Betracht. In der Praxis spielt dieser Einwand freilich keine Rolle. Nur in diesem engen Rahmen eines effektiven Vollzugs des Beihilferechts sind die Mitgliedstaaten in der Wahl ihrer (Rückforderungs)Mittel frei.[70] Im Ergebnis setzt sich das Gemeinschaftsrecht gegen nationale Bestimmungen, die einer Rückforderung entgegen gehalten werden, wie etwa Bestimmungen zur Rechtskraft, immer durch.

Damit ist evident, dass eine Kongruenz der *Alcan*-Rechtsprechung mit der *Kühne & Heitz*-Judikatur, bei der auch Beihilfen – in Gestalt von Ausfuhrerstattungen – im Mittelpunkt standen, nicht gegeben ist und vom Gerichtshof wohl auch nicht angestrebt wird. Somit kann tatsächlich der Befund erstellt werden, dass der EuGH in Bezug auf die Rechtskraft innerhalb des Beihilferechts unterschiedliche Maßstäbe anlegt, je nach dem, ob es sich um die Gewährung einer gemeinschaftsrechtlichen (*Kühne & Heitz*) oder einer staatlichen Beihilfe (*Alcan*) handelt.[71]

Die beiden Fälle unterscheiden sich nun freilich dahingehend, dass es in der Rs *Kühne & Heitz* um die Aufhebung eines nationalen Rechtsaktes zu Gunsten, in der Rs *Alcan* hingegen zu Lasten des Betroffenen ging, was grundlegend

67 Dazu *Jaeger*, Der Rückforderungsanspruch der Kommission im Beihilfenrecht und im Abgabenverfahrensrecht, in *Holoubek/Lang* (Hrsg), Abgabenverfahrensrecht und Gemeinschaftsrecht (2006), 167.

68 EuGH, Rs C-39/94, *SFEI*, Slg 1996, I-3547, Rdnr 68.

69 Zu alldem EuGH, Rs C-24/95, *Alcan II*, Slg 1997, I-1591. Zur Kritik am *Alcan*-Urteil *Reimer*, Vertrauensschutz im Abgabenverfahrensrecht aus gemeinschaftsrechtlicher Sicht, in *Holoubek/Lang* (Hrsg), Abgabenverfahrensrecht und Gemeinschaftsrecht (2006), 206 sowie *Urlesberger*, ZfRV 2004/17, 104 (Fn 55), jeweils mit zahlreichen weiteren Nachweisen. Allenfalls Zusicherungen der Kommission selbst könnten unter Umständen einer Rückforderung entgegen gehalten werden. Auch dazu *Urlesberger*, ZfRV 2004/17, 103.

70 Vgl EuGH, Rs C-209/00, *Kommission/Deutschland*, Slg 2002, I-11695, Rdnr 34.

71 *Urlesberger*, ZfRV 2004/17, 102.

gegen die Übertragbarkeit der *Kühne & Heitz*-Kriterien ins Treffen geführt werden kann. *Potacs*[72] hat auf die verschiedenen Ausgangspositionen und Interessenlagen verwiesen, um das jeweils unterschiedliche Gewicht der Rechtskraft in der Judikatur des EuGH zu erklären. So ist es nicht von der Hand zu weisen, dass einerseits bei Rechtskraftdurchbrechungen zu Gunsten eines Betroffenen dieser wesentliches Element der Durchsetzung von Gemeinschaftsrecht in den Mitgliedstaaten ist und dass andererseits bei Rechtskraftdurchbrechungen zu Lasten eines Betroffenen die Möglichkeit besteht, dass es nationalen Behörden am Interesse mangelt, Gemeinschaftsrecht durchzusetzen.

Diesen Überlegungen kann *Griller* allerdings lediglich motiverklärenden, nicht jedoch dogmatischen Gehalt abgewinnen.[73] Er zieht als Vergleichsmaßstab demgegenüber jene Standards heran, die der Gerichtshof für Rechtskraftdurchbrechungen zu Lasten Betroffener durch Entscheidungen der Kommission im direkten Vollzug entwickelt hat, kann aber für die „sehr unterschiedliche Akzentuierung der Sorgfaltspflichten" – gleich wie im Ergebnis *Reimer*[74] – keine Rechtfertigung, insbesondere im Lichte des Gleichheitssatzes, finden, sodass auch er eine gewisse Einseitigkeit des EuGH zu Gunsten der Durchsetzung von Gemeinschaftsrecht gegenüber nationalem Recht attestiert, „die von Misstrauen gegen die mitgliedstaatliche Vollziehung" getragen ist.[75]

II. Neueste Entwicklungen

Nach der *Kühne & Heitz*-Entscheidung erging eine Reihe von Urteilen des EuGH, die sich – unter sehr unterschiedlichen Voraussetzungen – mit dem Thema der Rechtskraftdurchbrechung nationaler individuell-konkreter Entscheidungen befassten und die (nur) zT Antworten auf die aufgeworfenen Fragen brachten.

A. Die Rechtssache *Kapferer*

Das erste Urteil in der Reihe und zugleich das zweite Urteil mit Österreichbezug ist das Urteil in der Rechtssache *Kapferer*[76] aus dem Jahr 2006. Die gemein-

---

72 *Potacs*, Bestandskraft, in *Holoubek/Lang* (Hrsg), Abgabenverfahrensrecht, 253 f.

73 *Griller*, „Rechtskraft", in *Holoubek/Lang* (Hrsg), Rechtskraft, 74 f.

74 *Reimer*, Vertrauensschutz, in *Holoubek/Lang* (Hrsg), Abgabenverfahrensrecht, 233 f.

75 *Griller*, „Rechtskraft", in *Holoubek/Lang* (Hrsg), Rechtskraft, 75 ff. Vgl auch die Ausführungen von *Griller*, 75 und *Reimer*, 233 im selben Band zur Gewichtung des effet utile einmal im Zusammenhang mit der Aufhebung von Entscheidungen von Gemeinschaftsorganen und einmal im Zusammenhang mit der Aufhebung von Entscheidungen nationaler Behörden.

76 EuGH, Rs C-234/04, *Kapferer*, Slg 2006, I-2585; vgl dazu den Beitrag von *Brenn*, Vorrang des Gemeinschaftsrechts gegenüber rechtskräftigen Urteilen, nachstehend auf S 311 ff.

schaftsrechtliche Problematik bestand in der Zuständigkeitsentscheidung eines Tiroler Bezirksgerichts, die von der beklagten, in erster Instanz siegreichen Partei nicht angefochten wurde und so in Rechtskraft erwuchs. Das Landesgericht Innsbruck war als Berufungsgericht der Auffassung, dass die Zuständigerklärung der Unterinstanz gegen Gemeinschaftsrecht verstoßen habe. Es legte dem EuGH die Frage vor, ob unter den in der *Kühne & Heitz*-Entscheidung dargelegten Voraussetzungen auch ein nationales Gericht verpflichtet sei, eine rechtskräftige gerichtliche Entscheidung zu überprüfen und aufzuheben, wenn sich deren Verstoß gegen Gemeinschaftsrecht ergibt, und ob für die Überprüfung und Zurücknahme gerichtlicher Entscheidungen allenfalls weitere Voraussetzungen im Vergleich zu Verwaltungsentscheidungen bestünden.

Wie in der Rechtsache *Kühne & Heitz* betonte der Gerichtshof zunächst die Bedeutung, die der Grundsatz der Rechtssicherheit sowohl in der europäischen als auch in der nationalen Rechtsordnung besitzt. Unmittelbar daran schließt sich die Feststellung des Gerichtshofs, dass das Gemeinschaftsrecht es einem nationalen Gericht somit nicht gebiete, von der Anwendung innerstaatlicher Verfahrensvorschriften abzusehen, aufgrund derer eine Entscheidung in Rechtskraft erwächst, „selbst wenn dadurch ein Verstoß dieser Entscheidung gegen Gemeinschaftsrecht abgestellt werden könnte“.[77] Diese Aussage trifft der EuGH aber vor dem ausdrücklich erwähnten Hintergrund, dass im Ausgangsverfahren eine Verletzung des Äquivalenz- oder des Effektivitätsgrundsatzes nicht geltend gemacht worden sei. Dass das *Kapferer*-Urteil zu Recht als „wenig ergiebig“ bezeichnet wurde,[78] liegt nun daran, dass der Gerichtshof die Frage, ob die *Kühne & Heitz*-Kriterien auf den Fall eines rechtskräftigen gerichtlichen Urteils übertragbar sind, mit der Formulierung (nicht) beantwortet hat, dass, „selbst wenn“ diese Grundsätze „übertragbar sein sollten“, das Kriterium, dass die nationale Stelle zur Rücknahme des rechtskräftigen Aktes befugt sein muss, im vorliegenden Fall nicht erfüllt sei.[79]

Die Frage, ob rechtskräftige Gerichtsurteile im Verhältnis zu rechtskräftigen Verwaltungsakten tatsächlich einer geringeren Gefahr unterliegen, aus gemeinschaftsrechtlichen Gründen zurückgenommen werden zu müssen, ist nach dem *Kapferer*-Urteil nicht geklärt. Der Gerichtshof wollte sich diesbezüglich nicht festlegen. Stellt man darauf ab, dass er die Bedeutung der Rechtssicherheit sowohl in Bezug auf Verwaltungsakte als auch hinsichtlich gerichtlicher Urteile betont,[80] führt dies dazu, im Fall *Kapferer* keine „Besserbehandlung“ gericht-

77 EuGH, Rs C-453/00, *Kühne & Heitz*, Slg 2004, I-837, Rdnr 21.

78 *Schweitzer*, Vorrang, in *Schroeder* (Hrsg), Europarecht, 34.

79 EuGH, Rs C-453/00, *Kühne & Heitz*, Slg 2004, I-837, Rdnr 23. Generalanwalt *Tizzano* hielt in seinen Schlussanträgen zum Urteil fest, dass keine der *Kühne & Heitz*-Voraussetzungen erfüllt sei (Rdnrn 26 ff).

80 Dies betont *Potacs*, in *Amt der Kärntner Landesregierung* (Hrsg), FS Charlotte Havranek, 229.

licher Urteile zu erblicken. Zu einer im Vergleich erhöhten Bestandskraft gerichtlicher Urteile kann man (nur) dann gelangen, wenn man die Judikatur zur Staatshaftung bezüglich gerichtlicher Entscheidungen ins Kalkül zieht.[81] Aus dem Urteil *Kapferer* ist sie nicht zu gewinnen.[82]

Nach der *Kapferer*-Entscheidung bestehen auch weiterhin unterschiedliche Auffassungen dahingehend, ob der nationale Gesetzgeber gemeinschaftsrechtlich verpflichtet ist, Normen zu erlassen, die eine Überprüfung und Rücknahme rechtskräftiger Entscheidungen ermöglichen. Der Grund liegt darin, dass der EuGH in der Rechtssache *Kapferer* nicht gezwungen war, das staatliche Rechtsschutzsystem in Bezug auf die Bekämpfbarkeit rechtskräftiger Entscheidungen zu überprüfen, weil eine solche Bekämpfung von vornherein gar nicht stattgefunden hatte.[83] Das „System" der Rechtskraftdurchbrechung individuell-konkreter nationaler Entscheidungen erfuhr durch die *Kapferer*-Entscheidung, deren Sachverhalt hiezu freilich auch nicht „optimal" war, keine wesentliche Weiterentwicklung.

B. Die Rechtssache *i-21 Germany und Arcor*

Ebenfalls aus dem Jahr 2006 stammt die Entscheidung des EuGH in der Rechtssache *i-21 Germany und Arcor*.[84] Auch hier ging es um die Frag der Wirkung einer Vorabentscheidung auf einen rechtskräftigen Bescheid.

Dem Urteil lag folgender Sachverhalt zu Grunde: Im Zuge der Genehmigung von Telekommunikationsdiensten wurde den Unternehmen i-21 und Arcor die Entrichtung von Gebühren vorgeschrieben, bei deren Berechnung die Verwaltungskosten der Regulierungsbehörden für einen Zeitraum von 30 Jahren zu Grunde gelegt wurden. Dies war – soviel sei an dieser Stelle vorweggenommen[85] – gemeinschaftsrechtswidrig. Die Vorschreibung der Gebühren wurde von den Unternehmen nicht bekämpft. In der Folge erkannte jedoch das Bundesverwaltungsgericht, dass die der Gebührenerhebung zu Grunde gelegene Telekommunikations-Lizenzgebührenverordnung mit dem Telekommunikationsgesetz und dem Grundgesetz unvereinbar sei. Danach verlangten die

81 So *Weiß*, DÖV 2008, 484.

82 IdS auch *Rennert*, DVBl 2007, 407, der eine höhere „Festigkeit" von Gerichtsurteilen nur deshalb erblickt, weil diese im nationalen Recht schwieriger abzuändern sind.

83 Für die Pflicht zur Existenz entsprechender Normen *Potacs*, in *Amt der Kärntner Landesregierung* (Hrsg), FS Charlotte Havranek, 231 f. AA *Griller*, „Rechtskraft", in *Holoubek/Lang* (Hrsg), Rechtskraft, 60 und 62, der in der *Kapferer*-Entscheidung eine Betonung des Äquivalenzprinzips erblickt und so zum Ergebnis gelangt, dass bei Fehlen entsprechender nationaler Bestimmungen diese „nicht speziell zur Durchsetzung des Europarechts eingeführt werden müssen".

84 EuGH, verb Rs C-392 und 422/04, *i-21 Germany und Arcor*, Slg 2006, I-8559.

85 Diese Frage klärte der EuGH im Rahmen der Beantwortung der ersten Vorlagefrage.

Unternehmen ihre bezahlten Gebühren zurück, scheiterten damit aber an der Rechtskraft des Gebührenbescheids. Das Bundesverwaltungsgericht, mit dem Streit schließlich befasst, legte dem EuGH die hier interessierende Frage zur Vorabentscheidung vor, ob es das Gemeinschaftsrecht gebiete, die Gebührenbescheide aufzuheben, wenn das nationale Recht dies zulässt, aber nicht fordert.

Nachdem der Gerichtshof den Sachverhalt der Fallgruppe der indirekten Kollision zugeordnet hatte, betonte er abermals die Bedeutung des Grundsatzes der Rechtssicherheit, der bewirke, dass eine Verwaltungsbehörde nicht grundsätzlich verpflichtet sei, eine bestandskräftige Verwaltungsentscheidung zurückzunehmen. Nach der Wiederholung der vier *Kühne & Heitz*-Kriterien stellte der EuGH – trotz der sich ihm bietenden Möglichkeit, sein dogmatisches Gerüst der Rechtskraftdurchbrechung weiter zu entwickeln[86] – fest, dass sich der vorliegende Sachverhalt „jedoch völlig" vom seinerzeitigen, dem *Kühne & Heitz*-Verfahren zu Grunde gelegenen Sachverhalt unterscheide, weil die Unternehmen i-21 und Arcor den ihnen gegen die Gebührenbescheide eingeräumten Rechtsweg nicht ausgeschöpft hatten. Deshalb sei das Urteil *Kühne & Heitz* „nicht erheblich". Die Konsequenz dieses Nicht-Ausschöpfens des Rechtswegs ist, dass der Gerichtshof keine weiteren Erwägungen betreffend das Effektivitätsgebot anstellt.[87]

Daher traten das *Äquivalenzgebot* als Schranke des indirekten Vollzugs und mit ihm § 48 Abs 1 VwVfG, der die Rücknahme bestandskräftiger Verwaltungsakte ermöglicht, und das darin den Behörden eingeräumte Rücknahmeermessen in den Vordergrund. Dieses Rücknahmeermessen ist nach der Rechtsprechung des Bundesverwaltungsgerichts dann auf null reduziert, wenn die Aufrechterhaltung des betreffenden Verwaltungsakts „schlechthin unerträglich" wäre, weil sie gegen die guten Sitten, gegen Treu und Glauben, gegen die Billigkeit oder gegen den allgemeinen Gleichheitssatz verstößt oder weil der Verwaltungsakt offensichtlich rechtswidrig ist.[88] Ist ein Verwaltungsakt nach diesen Kriterien wegen eines Widerspruchs zu innerstaatlichem Recht zurückzunehmen, dann muss dies auch gelten, wenn ein Verwaltungsakt offensichtlich mit Gemeinschaftsrecht in Widerspruch steht.[89] Letzteres zu beurteilen, sei Aufgabe des nationalen Gerichts, wobei diesbezüglich auch die Ziele der TelekommunikationsdiensteRL zu berücksichtigen seien, wie zB die Förderung des Markteintritts neuer Wettbewerber, der durch die Erhebung sehr hoher Gebühren ernsthaft beeinträchtigt werden könnte.[90]

86 *Gärditz*, NWVBl 2006, 447 spricht davon, dass das Nichtumlegen der *Kühne & Heitz*-Kriterien auf den rezenten Sachverhalt „sachlich nicht begründet" war.

87 EuGH, verb Rs C-392 und 422/04, *i-21 Germany und Arcor*, Slg 2006, I-8559, Rdnr 60.

88 ZB BVerwGE 28, 122, 127.

89 EuGH, verb Rs C-392 und 422/04, *i-21 Germany und Arcor*, Slg 2006, I-8559, Rdnr 69.

90 EuGH, verb Rs C-392 und 422/04, *i-21 Germany und Arcor*, Slg 2006, I-8559, Rdnr 70. Es wird evident, dass der EuGH dem nationalen Gericht hier nicht nur eine sehr detail-

Eine wesentliche Klärung hat das Urteil in der Rechtssache *i-21 Germany und Arcor* dennoch gebracht: Ist einer Behörde für die Rücknahme eines rechtskräftigen Verwaltungsakts Ermessen eingeräumt, so besteht dieses Ermessen auch hinsichtlich der Durchsetzung von Gemeinschaftsrecht.[91] Der Gerichtshof hat nicht verlangt, dass das Rücknahmeermessen auch bei „schlichter" Gemeinschaftsrechtswidrigkeit auf null reduziert wird.[92] Eine Rücknahmepflicht wäre im vorliegenden Fall auch nur entstanden, wenn die beiden Unternehmen die Gebührenbescheide bekämpft hätten. Damit zeichnet sich tatsächlich eine erkennbare Zurückhaltung des EuGH hinsichtlich der Forderung nach einer Rechtskraftdurchbrechung wegen Gemeinschaftsrechtswidrigkeit ab.[93] Dies umso mehr, als GA *Colomer* in seinen Schlussanträgen eine deutlich schärfere Betonung des Vorrangprinzips vertreten hatte.[94]

C. Die Rechtssache *Lucchini*

Das Urteil des EuGH in der Rs *Lucchini*[95] erging am 18. Juni 2007 und ist von seiner spezifischen Konstellation her und damit insgesamt in einem besonderen Licht zu sehen. Schon die Feststellung des GA *Geelhoed*, wonach „[i]n dieser höchst außergewöhnlichen Rechtssache,[96] (...) das Verhältnis zwischen einer der Kernbestimmungen des Gemeinschaftsrechts, nämlich Artikel 88 EGV und dem Grundsatz der res iudicata zu untersuchen und zu beurteilen ist",[97] zeigt, dass im Mittelpunkt des Urteils – wenngleich sie freilich der Schlüssel zur Lösung des Falls ist – weniger die Frage der Rechtskraftdurch-

lierte Anleitung für die Ausübung der eingeräumten Prüfungsbefugnis gibt, sondern dass er diese Befugnis auch inhaltlich in dem Sinne bemerkenswert determiniert, als dadurch das nationale „Abwägungssubstrat" modifiziert wird. Zu letzterem *Gärditz*, NWVBl 2006, 446. Angesichts der Hinweise, die der EuGH dem BVerwG in der Rs *i-21 Germany und Arcor* gegeben hat, ist es beachtlich, dass das Gericht das Bestehen einer „offensichtlichen Rechtswidrigkeit" unter Verweis auf die Komplexität der Überlegungen des EuGH letztlich verneint und den bestandskräftigen Rechtsakt nicht zurückgenommen hat (BVerwG 17.1.2007 – 6 C 32/06 = NVwZ 2007, 709).

91 *Gärditz*, NWVBl 2006, 446; *Griller*, „Rechtskraft", in *Holoubek/Lang* (Hrsg), Rechtskraft, 59.

92 *Rennert*, DVBl 2007, 402.

93 Vgl aber auch die Schlussanträge des Generalanwalts *Bot* in der Rs C-2/06, *Kempter*, Rdnr 52 (siehe dazu nachstehend Pkt. II.D.).

94 *Griller*, „Rechtskraft", in *Holoubek/Lang* (Hrsg), Rechtskraft, 59.

95 EuGH, Rs C-119/05, *Lucchini*, Slg 2007, I-6199; vgl dazu den Beitrag von *Brenn*, Vorrang des Gemeinschaftsrechts gegenüber rechtskräftigen Urteilen, nachstehend auf S 315 ff.

96 *Kanitz/Wendel*, EuZW 2008, 234 Fn 35, sprechen von einer „geradezu ans Absurde grenzenden Fallkonstellation".

97 EuGH, Rs C-119/05, *Lucchini*, Slg 2007, I-6199, Schlussanträge des Generalanwalts *Geelhoed*, Rdnr 16.

brechung nationaler Entscheidungen unter Fortentwicklung des zuvor vom Gerichtshof entwickelten „Systems“ steht. Vielmehr ging es in dem Vorabentscheidungsverfahren um die Entscheidung eines beihilferechtlichen Sachverhalts, der so gelagert war, dass der EuGH nicht anders konnte, als den Vorrang des Gemeinschaftsrechts gegenüber einer nationalen rechtskräftigen Entscheidung auszusprechen. So lässt sich auch erklären, dass sich im Urteil keinerlei Hinweise auf die Wichtigkeit des Instituts der Rechtssicherheit und damit der Bestandskraft finden und dass der Gerichtshof den Vorrang auch gegenüber einer rechtskräftigen nationalen Gerichtsentscheidung befürwortet, was er bis zu diesem Zeitpunkt stets vermieden hatte.[98]

Die italienischen Behörden waren durch ein rechtskräftiges zivilgerichtliches Urteil verpflichtet, der Lucchini SpA Beihilfen zur Modernisierung ihrer Anlagen auszubezahlen, obwohl die Kommission ihrerseits in einer rechtskräftigen Entscheidung die Unzulässigkeit der Zahlungen festgestellt hatte. Diese Entscheidung wurde weder von den Gerichten berücksichtigt, noch vor Gericht von den Behörden geltend gemacht. Nach der Gewährung der Beihilfen ordnete die Kommission deren Rückforderung an. Im Rechtszug gegen die einschlägigen nationalen Verfügungen, die diese Entscheidung vollzogen, berief sich *Lucchini* auf die Rechtskraft des Zivilurteils, die sich aus Art 2909 Codice civile (CC) ergab. Nach italienischer Praxis steht diese Bestimmung nicht nur der Möglichkeit entgegen, Angriffs- oder Verteidigungsmittel, über die bereits ausdrücklich und rechtskräftig entschieden worden ist, in einem zweiten Rechtsstreit erneut geltend zu machen, sondern verbietet es auch, Fragen zu prüfen, die im Rahmen eines früheren Rechtsstreits hätten aufgeworfen werden können, dort jedoch nicht gestellt wurden. Angesichts des geschilderten Sachverhalts liegt es auf der Hand, dass ein solches Verständnis dazu führen könnte, dass die Anwendung des Gemeinschaftsrechts vereitelt würde, weil es etwa die Rückforderung von Beihilfen blockiert.[99] Das vorlegende Gericht stellte daher an den EuGH die Frage, ob es wegen des Grundsatzes des Vorrangs des Gemeinschaftsrechts möglich und geboten sei, „dass die innerstaatliche Verwaltung die Beihilfe, die ein Einzelner erhalten hat, von diesem zurückfordert, obwohl ein rechtskräftiges Zivilurteil vorliegt, das die unbedingte Verpflichtung zur Zahlung dieser Beihilfe ausspricht“.

Unter den geschilderten Rahmenbedingungen rückte der EuGH die Frage der Zuständigkeitsverteilung im Beihilferecht in den Mittelpunkt seiner Betrachtungen. Für die Beurteilung von Beihilfemaßnahmen sei ausschließlich die Kommission zuständig, ein innerstaatliches Gericht jedoch nicht befugt, die Ungültigkeit von Rechtsakten der Gemeinschaftsorgane zu beurteilen. Das Gericht müsse vielmehr die volle Wirksamkeit der gemeinschaftsrechtli-

98 Vgl *Kremer*, EuZW 2007, 726.

99 EuGH, Rs C-119/05, *Lucchini*, Slg 2007, I-6199, Rdnr 59.

chen Normen sicherstellen.[100] Das Gemeinschaftsrecht stehe so im vorliegenden Fall der Anwendung des Art 2909 Codice civile entgegen.

Der Gerichtshof hat in seiner *Lucchini*-Entscheidung – anders als der Generalanwalt[101] – nicht auf seine frühere Judikatur zur Rechtskraftdurchbrechung rekurriert, sondern das *Effektivitätsprinzip*[102] und die *Zuständigkeitsverteilung* im *Beihilferecht* in den Mittelpunkt gestellt. Nimmt man die Rechtsprechung des EuGH im Bereich der Rückforderung von Beihilfen in den Blick, ist das Urteil durchaus auf Linie.[103] Das offene „Aushebeln"[104] der gemeinschaftsrechtlich festgelegten Zuständigkeit der Kommission in Beihilfeangelegenheiten hat den Gerichtshof dazu veranlasst, den Vorrang des Gemeinschaftsrechts gegenüber einem zivilgerichtlichem Urteil – bedingungslos – auszusprechen. Darin schlummert auch das Atypische des Falls: Einer Rückforderung der Beihilfe stand nicht ein bestandskräftiger Verwaltungsakt entgegen, sondern ein rechtskräftiges zivilgerichtliches Urteil, das die Behörden zur Auszahlung gemeinschaftsrechtswidriger Beihilfen verpflichtete.

Nach alldem ist es zutreffend, im *Lucchini*-Urteil eine Einzelfallentscheidung zu erblicken und das auf die Betonung des Effektivitätsprinzips in Angelegenheiten des Beihilferechts zurückzuführende „merkwürdige Ergebnis", dass „[s]alopp ausgedrückt ... ein rechtskräftiges Urteil weniger wert ist als ein bestandskräftiger Verwaltungsakt"[105] nicht überzubewerten.[106]

D. Die Rechtssache *Kempter*

Anfang der 1990er Jahre führte die Kempter KG Rinder in Drittstaaten aus. Sekundärrechtlich geregelter Anknüpfungspunkt für die Leistung der entsprechenden Ausfuhrerstattungen war unter anderem die tatsächliche Einfuhr in das Bestimmungsland. Da Tiere vor der Einfuhr verendet waren, forderte das Hauptzollamt einen Teil der geleisteten Ausfuhrerstattungen zurück. Ohne Vorlage an den EuGH erwuchs der Rückforderungsbescheid nach letztinstanzlicher Entscheidung durch den Bundesfinanzhof in Bestandskraft. Zwar hatte die Kempter KG den Rechtsweg ausgeschöpft, im Verfahren jedoch nicht die Gemeinschaftsrechtswidrigkeit des Bescheids geltend gemacht.

100 EuGH, Rs C-119/05, *Lucchini*, Slg 2007, I-6199, Rdnrn 52 f und 61 f.

101 EuGH, Rs C-119/05, *Lucchini*, Slg 2007, Schlussanträge des Generalanwalts *Geelhoed*, Rdnrn 37 ff.

102 Vgl aber die Bezugnahme des EuGH auf seine Urteile in den Rs *Simmenthal* und *Factortame I* in Rdnr 61 des *Lucchini*-Urteils.

103 *Kremer*, EuZW 2007, 729.

104 EuGH, Rs C-119/05, *Lucchini*, Slg 2007, Schlussanträge des Generalanwalts *Geelhoed*, Rdnr 47.

105 *Schweitzer*, Vorrang, in *Schroeder* (Hrsg), Europarecht, 36.

106 So auch *Weiß*, DÖV 2008, 485 Fn 74.

In einem später erlassenen Urteil in der Rechtssache *Emsland-Stärke*[107] hat der EuGH entschieden, dass das Kriterium der tatsächlichen Einfuhr in das Bestimmungsland dem Zahlungsempfänger nur vor der Leistung der Erstattung entgegengehalten werden kann. Der Bundesfinanzhof folgte dieser Auffassung in einer anderen Entscheidung. Die zuvor von den deutschen Behörden – auch Kempter gegenüber – geübte Praxis entpuppte sich so als dem Gemeinschaftsrecht widersprechend. Ungefähr 19 Monate nach Verkündung des *Emsland-Stärke*-Urteils beantragte Kempter die Überprüfung und Rücknahme des bestandskräftigen Rückforderungsbescheids. Das schließlich damit befasste Finanzgericht Hamburg legte dem EuGH zwei Fragen zur Vorabentscheidung vor. Zum einen wollte es wissen, ob die Überprüfung und Korrektur einer bestandskräftigen Verwaltungsentscheidung voraussetze, dass der Betroffene diese vor den nationalen Gerichten unter Berufung auf das Gemeinschaftsrecht angefochten hat. Zum anderen stellte es die Frage, ob ein Rücknahmeantrag aus übergeordneten gemeinschaftsrechtlichen Gründen in zeitlicher Hinsicht beschränkt sei. Das *Kempter*-Urteil[108] erging am 12. Februar 2008, gleich wie das Urteil *i-21 Germany und Arcor* in der Besetzung der Großen Kammer.

Die erste Frage zielt insoweit auf die Präzisierung des dritten *Kühne & Heitz*-Kriteriums ab, als der Gerichtshof beantworten sollte, ob für einen Anspruch auf Überprüfung einer nationalen rechtskräftigen Entscheidung zur Missachtung der Vorlagepflicht der Umstand hinzutreten muss, dass sich der Betroffene explizit auf die Verletzung von Gemeinschaftsrecht berufen hat. Ohne zu überraschen, fiel die Antwort des EuGH negativ aus; auf eine Berufung auf das Gemeinschaftsrecht könne es nicht ankommen.[109] Der Gerichtshof verwies in Anknüpfung an die Ausführungen des Generalanwalts[110] auf die Bedeutung des Dialogs zwischen ihm und den nationalen Instanzen im Rahmen des Vorabentscheidungsverfahrens, einem Verfahren, das der Parteiherrschaft entzogen ist. Die nationalen Instanzen müssen die rechtlichen Gesichtspunkte, die sich aus einer gemeinschaftsrechtlichen Norm ergeben, von Amts wegen aufgreifen, wenn sie nach dem nationalen Recht verpflichtet oder

107 EuGH, Rs C-110/99, *Emsland-Stärke*, Slg 2000, I-11569.

108 EuGH, Rs C-2/06, *Kempter*, Slg 2008, I-411.

109 EuGH, Rs C-2/06, *Kempter*, Slg 2008, I-411, Rdnr 46.

110 EuGH, Rs C-2/06, *Kempter*, Slg 2008, Schlussanträge des Generalanwalts *Bot*, Rdnr 97: „Legt man die dritte vom Gerichtshof im Urteil Kühne & Heitz aufgestellte Voraussetzung so aus, dass der Kläger des Ausgangsverfahrens sich vor dem letztinstanzlich entscheidenden Gericht auf Gemeinschaftsrecht berufen haben muss, so hätte dies meines Erachtens den großen Nachteil, mittelbar einen neuen Fall der Befreiung von der Vorlagepflicht zu schaffen, die für diese Gerichte gemäß Art 234 Abs 3 EG in seiner bisherigen Auslegung durch den Gerichtshof besteht."

berechtigt sind, dies im Fall einer zwingenden Vorschrift des nationalen Rechts zu tun.[111] Diese prozessuale Pflicht wird durch die Vorlagepflicht ergänzt.[112]

Ungenutzt hat der Gerichtshof die Möglichkeit gelassen, im *Kempter*-Urteil die Unsicherheiten zu beseitigen, die sich auf die Unterscheidung zwischen Überprüfung und Rücknahme eines rechtskräftigen Akts beziehen. Obwohl der Generalanwalt, der unter den im *Kühne & Heitz*-Urteil beschriebenen Umständen, gleich wie die Kommission, gegen die Annahme eines Rücknahmeermessens nationaler Behörden ist, den EuGH um eine Klärung gebeten hatte,[113] ging der Gerichtshof darauf nicht ein.[114]

Mit der zweiten Vorlagefrage wollte das vorlegende Gericht den EuGH dazu bringen, das vierte *Kühne & Heitz*-Kriterium zu präzisieren, wonach sich der Betroffene *unmittelbar* nach Kenntnisnahme von der Entscheidung des Gerichtshofs an die Verwaltungsbehörde wenden muss. Nach dem dem genannten Urteil zu Grunde gelegenen Sachverhalt verstrich ein Zeitraum von drei Monaten bis zum Überprüfungsantrag. Im *Kempter*-Urteil betonte der EuGH nun, dass er in der Rs *Kühne & Heitz* nicht verlangt habe, dieser Antrag sei „sofort"[115] oder innerhalb einer „bestimmten Zeit"[116] zu stellen. Vielmehr meinte der Gerichtshof – wiederum in Anknüpfung an den Generalanwalt –, es sei Sache der Mitgliedstaaten, allenfalls im Rahmen des Äquivalenz- und des Effektivitätsgrundsatzes eine „angemessene" Frist vorzusehen. Angemessene Ausschlussfristen für die Rechtsverfolgung seien im Interesse der Rechtssicherheit mit dem Gemeinschaftsrecht vereinbar.

Dieser Aussage könnte nun – entgegen dem ersten Eindruck – dadurch gesteigerte Bedeutung zukommen, als der EuGH, wie erwähnt, diesbezüglich ausdrücklich an die einschlägigen Äußerungen des Generalanwalts anknüpft. Dieser aber hatte die „Geltung" des Grundsatzes der unmittelbaren Antragstellung angesichts seiner Problematik in Bezug auf den Grundsatz der Rechtssicherheit und das Abstellen (nur) auf subjektive Momente des Antragstellers überhaupt[117] bzw „auf der gleichen Ebene wie die übrigen Voraussetzungen"[118] in Frage gestellt. Die Anknüpfung des Gerichtshofs an diese Aussagen führte in der Literatur denn auch zu der Feststellung, dass sich der

111 EuGH, Rs C-2/06, *Kempter*, Slg 2008, I-411, Rdnr 45.

112 *Kanitz/Wendel*, EuZW 2008, 233.

113 EuGH, Rs C-2/06, *Kempter*, Slg 2008, Schlussanträge des Generalanwalts *Bot*, Rdnrn 51 ff.

114 *Wiedmann*, BayVBl 2008, 532, die in dieser Frage auf der Linie des Generalanwalts und der Kommission liegt.

115 EuGH, Rs C-2/06, *Kempter*, Slg 2008, I-411, Rdnr 55.

116 EuGH, Rs C-2/06, *Kempter*, Slg 2008, I-411, Rdnr 56.

117 EuGH, Rs C-2/06, *Kempter*, Slg 2008, Schlussanträge des Generalanwalts *Bot*, Rdnr 132.

118 EuGH, Rs C-2/06, *Kempter*, Slg 2008, Schlussanträge des Generalanwalts *Bot*, Rdnr 134.

Gerichtshof von der Vorstellung der in *Kühne & Heitz* angeführten zeitlichen Unmittelbarkeit „als normativ-präskriptivem Bezugspunkt“ und unter Vermeidung eines „quasi-legislatorischen (Aus-)Gestaltens“ zu Gunsten einer „negativen Grenzziehung“ im Sinne des Äquivalenz- und des Effektivitätsprinzips löst.[119] In den Mittelpunkt treten damit die Kriterien der Missachtung der Vorlagepflicht und der Ausschöpfung des Rechtswegs durch den Betroffenen.

III. Auswirkungen auf Österreich – Die „Baustellen“ in der österreichischen Rechtsordnung im Gefolge gemeinschaftsrechtlich gebotener Rechtskraftdurchbrechungen

Angesichts des hier zu behandelnden Themas werden im Folgenden die Diskussionen um jene nationalen Bestimmungen des Bundesrechts näher dargelegt, die als Anknüpfungspunkte für eine „Umsetzung“ der geschilderten Rechsprechung dienen können. Da ein nationaler Bescheid wegen Widerspruchs zum Gemeinschaftsrecht alleine nicht absolut nichtig wird und so aus dem Rechtsbestand ausscheidet, muss nach innerstaatlichen Normen gesucht werden, die die Beseitigung des Bescheides nach den Vorgaben des Gemeinschaftsrechts ermöglichen. Dabei ergeben sich in grundsätzlicher Hinsicht insoweit interpretatorische Unterschiede als – wie oben dargestellt – sowohl die Meinung vertreten wird, dass nach der *Kühne & Heitz*-Rechtsprechung eine Pflicht des nationalen Gesetzgebers besteht, eine Bescheidaufhebung ermöglichende Bestimmungen vorzusehen oder eben nicht. Im ersten Fall eröffnet bzw gebietet eine gemeinschaftsrechtskonforme Interpretation die Nutzung eines weiteren Spielraumes bei der Auslegung der nationalen Bestimmungen. Nicht näher eingegangen wird auf Sonderbestimmungen, wie zB § 19 MOG 2007 idgF[120] und § 5 AusfuhrerstattungsG idgF[121], die speziell zur Umsetzung entsprechender gemeinschaftsrechtlicher Vorgaben erlassen wurden.

---

119 *Kanitz/Wendel*, EuZW 2008, 234.

120 Danach können Bescheide betreffend Beihilfen, Direktzahlungen und Quotenregelungen von Amts wegen sowohl von der Behörde, die den Bescheid erlassen hat, als auch in Ausübung des Aufsichtsrechts vom BMLFUW zusätzlich zu den in § 68 AVG angeführten Gründen auch bei Verstoß gegen gemeinschaftsrechtliche Bestimmungen einschließlich dazu erlassener Durchführungsbestimmungen aufgehoben oder abgeändert werden.

121 Danach sind Erstattungen mit Bescheid insoweit zurückzufordern, als sich herausstellt, dass sie zu Unrecht gewährt worden sind.

Für den Anwendungsbereich des AVG fällt der Blick im Zusammenhang mit der Beseitigung gemeinschaftsrechtswidriger Bescheide zunächst auf § 69 Abs 1 Z 3. Danach hat die Wiederaufnahme eines durch Bescheid abgeschlossenen Verfahrens stattzufinden, wenn der Bescheid von Vorfragen abhängig war und nachträglich über eine solche Vorfrage von der zuständigen Behörde (Gericht) in wesentlichen Punkten anders entschieden wurde. Im Falle einer Vorabentscheidung durch den EuGH steht man freilich vor dem Problem, dass die nach österreichischer Dogmatik für eine Wiederaufnahme erforderliche Sach- und Parteienidentität bei Antworten, die der EuGH in einem anderen Verfahren gibt, nicht besteht. Allerdings sind Ähnlichkeiten mit einer Vorfrage freilich auch nicht von der Hand zu weisen, weshalb im Lichte des Äquivalenzprinzips die „Öffnung" des Wiederaufnahmetatbestandes für die hier in Frage stehenden Fälle zulässig erscheint.[122]

Eine wesentliche Stütze findet die hier vertretene Auffassung darin, dass der VwGH in mittlerweile ständiger Rechtsprechung judiziert, dass eine Fragestellung an den EuGH nach Art 234 EGV eine Vorfrage darstellt, die von einem anderen Gericht zu beurteilen ist,[123] weshalb das Verfahren nach § 38 AVG ausgesetzt werden kann; dies im Übrigen auch dann, wenn vor dem EuGH schon ein Vorabentscheidungsverfahren anhängig ist.[124]

Im Anwendungsbereich der BAO – und zwar auch für die Aufhebung von für den Betroffenen begünstigenden Bescheiden[125] – leistet § 303 Vergleichbares. Zwar hat dieser Hebel zur Beseitigung gemeinschaftsrechtswidriger Bescheide seit dem Abgaben-Rechtsmittel-Reformgesetz[126] an Bedeutung verloren. Seither ermächtigt § 299 leg cit die Abgabenbehörde erster Instanz, auf

---

122 *Frank*, Gemeinschaftsrecht, 544 ff, insbesonders 551. *Potacs*, in *Amt der Kärntner Landesregierung* (Hrsg), FS Charlotte Havranek, 228 mit Verweis auf *Thienel*, Die österreichischen Verwaltungsverfahrensgesetze, I. Band (1998), 1393, der für eine „analoge" Anwendung des § 69 Abs 1 Z 3 AVG plädiert, was der Sache nach freilich keinen Unterschied bedeutet. Die Ex-tunc-Wirkung von Vorabentscheidungen steht der Annahme einer wesentlichen Änderung der Rechtslage entgegen, weshalb die Möglichkeit zur Wiederaufnahme der Annahme einer Befugnis zur Einbringung eines neuen, gleichlautenden Antrags vorzuziehen ist. Ebenso – auch hinsichtlich Kommissionsentscheidungen – *Winkler*, Rechtskraft und Konkurrentenschutz bei Beihilfenbescheiden, in *Jaeger* (Hrsg), Jahrbuch Beihilferecht 2008 (2008), 330 ff.

123 *Griller*, „Rechtskraft", in *Holoubek/Lang* (Hrsg), Rechtskraft, 62 f, mit Hinweis auf VfSlg 12.566/1990, wo der VfGH – um im Konkreten ein gleichheitswidriges Ergebnis zu verhindern – maßgeblich auf die Möglichkeit zur Überprüfung in dem Fall, dass durch neu hervorgekommene Umstände ein Bescheid in seinen Grundlagen erschüttert ist, sowie auf das Ziel abgestellt hat, in einem solchen Fall ein insgesamt rechtmäßiges Ergebnis zu erzielen.

124 ZB VwGH 18.12.1997, 97/16/0175; 22.2.2001, 2001/04/0034; 3.3.2004, 2003/18/0167.

125 Ergibt sich eine Beihilfe im Abgabenrecht daraus, dass zu wenig an Abgaben erhoben wurde, ist der fehlende Betrag (einfach) verzinst nachzuerheben.

126 BGBl I 2002/97.

Antrag oder von Amts wegen, einen von ihr erlassenen Bescheid aufzuheben, wenn der Spruch des Bescheides sich als nicht richtig erweist, worunter nach § 302 Abs 2 lit c BAO auch Widersprüche „mit Gemeinschaftsrecht der Europäischen Union" fallen.[127] Dennoch stellt sich die Frage, welcher Weg einzuschlagen ist, wenn rechtskräftige Bescheide der zweiten Instanz wegen ihres Widerspruchs zum Gemeinschaftsrecht behoben werden müssen. Die besseren Argumente sprechen auch hier für die Möglichkeit der – im Falle der Beihilferechtswidrigkeit: amtswegigen – Wiederaufnahme zur Beseitigung gemeinschaftsrechtswidrig geleisteter Abgaben[128] und zur Aufhebung beihilferechtswidriger Bescheide.[129]

Auch noch nicht geklärt ist die Vorgehensweise in dem Fall, in dem nicht eine nachträglich anders ausgefallene Vorfragenentscheidung eine Maßnahme als Beihilfe erscheinen lässt, sondern einem Bescheid eine von vornherein objektiv unrichtige Rechtsanwendung zu Grunde liegt. Für diesen – wohl nicht allzu häufigen – Fall schlägt *Jaeger* mit guten Gründen die – gemeinschaftsrechtlich gebotene – (Um)Interpretation des § 299 BAO als gangbaren Weg vor, der hinsichtlich der Behebung begünstigender Bescheide – wenn man das Erfordernis einer gemeinschaftsrechtskonformen Interpretation bejaht – freilich auch anstelle des Weges der Wiederaufnahme beschritten werden könnte.[130]

Schließlich enthält das AVG noch eine Norm zur Behebung von Bescheiden, die hier Erwähnung finden soll. Außerhalb des Anwendungsbereichs der BAO könnte die Beseitigung eines eine Beihilfe gewährenden Bescheides auch auf § 68 Abs 4 Z 4 AVG gestützt werden. Danach können[131] Bescheide in Ausübung des Aufsichtsrechts von der sachlich in Betracht kommenden Oberbehörde als nichtig erklärt werden, wenn der Bescheid an einem durch ge-

127 Dazu *Lang*, Die Aufhebung von Bescheiden wegen Widerspruchs zum Gemeinschaftsrecht gem § 302 Abs 2 lit c BAO, in *Holoubek/Lang* (Hrsg) Abgabenverfahrensrecht und Gemeinschaftsrecht (2006), 257.

128 Vgl dazu *Potacs*, Bestandskraft, in *Holoubek/Lang* (Hrsg), Abgabenverfahrensrecht, 247, 249; *Griller*, „Rechtskraft", in *Holoubek/Lang* (Hrsg), Rechtskraft, 62 f. AA unter Hinweis auf den Mangel an Sach- und Parteiidentität sowie die „überwiegende Meinung im Schrifttum" und gleichzeitigem Verweis auf *Ritz* und *Staringer*, wobei zugleich für die (wiederum) aA *Schwarz/Fraberger* sowie *Tanzer* zitiert werden, *Bauer*, Wiederaufnahme, in *Holoubek/Lang* (Hrsg), Abgabenverfahrensrecht, 283. § 295 a BAO stellt hinsichtlich einer möglichen Bescheidbehebung auf ein „Ereignis" ab, das abgabenrechtliche Wirkung für die Vergangenheit hat. Da eine Vorabentscheidung nur schwerlich als „Ereignis" iSd § 299 BAO gedeutet werden kann, ist der Wiederaufnahmelösung der Vorzug zu geben.

129 Einlässlich *Jaeger*, Rückforderungsanspruch, in *Holoubek/Lang* (Hrsg), Abgabenverfahrensrecht, 172 ff.

130 Vgl *Jaeger*, Rückforderungsanspruch, in *Holoubek/Lang* (Hrsg), Abgabenverfahrensrecht, 172 Fn 148.

131 Im Falle einer gemeinschaftsrechtlich gebotenen Beseitigung eines eine Beihilfe gewährenden Bescheides muss das Ermessen freilich auf Null reduziert sein.

setzliche Vorschrift ausdrücklich mit Nichtigkeit bedrohten Fehler leidet. Voraussetzung für die Einschlägigkeit dieser Bestimmung im vorliegenden Zusammenhang ist, dass man das gemeinschaftsrechtliche Beihilfeverbot als gesetzliche Vorschrift iSd § 68 Abs 4 Z 4 AVG versteht, die nationale Rechtsakte zur Vermittlung gemeinschaftsrechtswidriger Beihilfen mit Nichtigkeit bedroht. Dagegen kann freilich eingewendet werden, dass eine förmliche Nichtigkeitssanktion dem Gemeinschaftsrecht gerade nicht entnommen werden kann, weil dieses im Falle lediglich für die Verdrängung des nationalen Rechts sorgt.[132]

Kommt man in einem konkreten Fall schließlich zu dem Ergebnis, dass in einem dem AVG unterliegenden Fall keine nationale Bestimmung für eine beihilferechtlich gebotene Bescheidaufhebung besteht, kann eine einschlägige unmittelbar anwendbare gemeinschaftsrechtliche Bestimmung als unmittelbare Grundlage für eine Bescheiderhebung iSd § 68 Abs 6 AVG angesehen werden, die von den Bestimmungen des AVG eben unberührt bleibt.

IV. Zusammenfassung (Thesen)

Die in diesem Beitrag präsentierten Ergebnisse hinsichtlich der Problematik des Vorrangs des Gemeinschaftsrechts gegenüber rechtskräftigen Bescheiden beruhen auf den Entwicklungen mehrerer Jahre. Erst in jüngerer Zeit ist es zu wesentlichen Klarstellungen des EuGH und damit zu einer gewissen Rechtssicherheit gekommen, wobei der EuGH – bewusst – auch die eine oder andere Möglichkeit ausgelassen hat, offene Punkte in seiner Rechtsprechung zu klären. Die Beantwortung offener Fragen ist für die Zukunft wohl ebenso zu erwarten wie weitere Bemühungen zur Linderung oder Erklärung der mangelnden Kohärenz der Rechtsprechung zu den verschiedenen Fallgruppen gemeinschaftsrechtlich veranlasster Rechtskraftdurchbrechung. Bemerkenswert ist, dass am Beginn der Entwicklung dieser überaus differenzierten Facette des Anwendungsvorrangs mit dem *Ciola*-Urteil eine Entscheidung steht, die in doppelter Hinsicht von Besonderheiten geprägt war. Die vom Gerichtshof hier an den Tag gelegte Rigidität, ist – sieht man von der *Lucchini*-Entscheidung, der ein ganz besonders skurriler beihilferechtlicher Sachverhalt zu Grunde lag – in seinen späteren Urteilen gerade nicht mehr erkennbar.

Wie das verarbeitete Schrifttum und die wiedergegebenen literarischen Auseinandersetzungen deutlich zeigen, musste und muss in der heimischen Lehre stellenweise durchaus darum gerungen werden, die „Umsetzung" der einschlägigen EuGH-Rechtsprechung zu bewerkstelligen. Stellenweise wurde das nationale Verwaltungsverfahrensrecht auch vom Gesetzgeber spezifisch

132 Auch dazu statt aller mwN *Jaeger*, Rückforderungsanspruch, in *Holoubek/Lang* (Hrsg), Abgabenverfahrensrecht, 170 f. AA *Frank*, Gemeinschaftsrecht, 585 f.

den neuen Erfordernissen angepasst. Insbesondere die Bewältigung einer gebotenen Rechtskraftdurchbrechung in mehrpoligen Verwaltungsrechtsverhältnissen, also dann, wenn die Behebung eines Bescheides nachteilig in die Rechte eines Dritten eingreift, erscheint nach wie vor weitgehend ungeklärt. Diese Konstellation befindet sich am Schnittpunkt der *Kühne & Heitz*- und der beihilferechtlichen Judikatur.[133]

Bei seinen jüngeren Entscheidungen über die Aufhebung von Bescheiden zu Gunsten des Betroffenen nimmt der EuGH auf das Institut der Rechtskraft durchaus Rücksicht und versucht, eine ausgewogene Judikaturlinie zu entwickeln. Anderes gilt hinsichtlich der rigoros geforderten Durchbrechung der Bestandskraft zur Durchsetzung des gemeinschaftsrechtlichen Beihilfeverbots. Von einer Rechtskraftwirkung der betroffenen Bescheide bleibt hier tatsächlich nicht mehr viel übrig.

Zu den beiden Polen der Rechtssicherheit des Einzelnen und des – im weitesten Sinne verstandenen – öffentlichen Interesses, das Rechtskraftdurchbrechungen rechtfertigt, sind die Postulate der Effektivität des Gemeinschaftsrechts und der Nichtdiskriminierung gemeinschaftsrechtlicher Ansprüche als Triebfedern für die Behebung rechtskräftiger Bescheide getreten. Die „Erfassbarkeit", also „Umgrenzbarkeit", der Rechtskraft als Wesensmerkmal von Bescheiden stellt sich damit unter der Herrschaft des Gemeinschaftsrechts deutlich erschwert dar. Dass trotz dieses unbestreitbaren Umstandes heute wohl niemand mehr behaupten würde, dass die Verwaltung wegen „Negierung" der Rechtskraft außerhalb des Rechtsstaates stehe,[134] zeigt die fortschreitende Dynamisierung und Europäisierung des Verwaltungs(verfahrens)rechts eindrücklich.

Die wichtigsten Ergebnisse der Untersuchung lassen sich thesenhaft wie folgt zusammenfassen:

1. Bei der Frage nach dem Vorrang des Gemeinschaftsrechts gegenüber rechtskräftigen individuellen Entscheidungen handelt es sich um eine komplexere Problemstellung als beim Vorrang gegenüber generellen Normen. Nach wie vor sind wesentliche Antworten hinsichtlich des Umstands offen, wann und in welchem Ausmaß das Effektivitäts- und das Äquivalenzprinzip diesbezüglich das nationale Verfahrensrecht modifizieren. Dies nicht zuletzt deshalb, weil sich im Gemeinschaftsrecht auch gegenläufige Grundsätze, wie jener der Rechtssicherheit und des Vertrauensschutzes, finden.

133 Vgl dazu *Griller*, „Rechtskraft", in *Holoubek/Lang* (Hrsg), Rechtskraft, 73 f mit Fn 89; *Winkler*, Rechtskraft, in *Jaeger* (Hrsg), Jahrbuch Beihilferecht 2008, 330 ff.

134 Deutlich in diese Richtung vor dem Hintergrund der ursprünglich in die BAO aufgenommenen, die Rechtskraft abweichend von § 68 AVG durchbrechenden Bestimmungen im Jahr 1967 *Klecatsky* hinsichtlich der Abgabenverwaltung (*Klecatsky*, DÖV 1967, 600).

2. Bestimmungen, die die Rechtskraft nationaler Bescheide und Urteile festlegen, sind dem Grundsatz nach gemeinschaftsrechtlich unbedenklich. Auch wenn durch die Behebung einer rechtskräftigen Entscheidung ein Widerspruch zum Gemeinschaftsrecht beseitigt werden könnte, ist eine nationale Stelle zur Beseitigung des individuellen Aktes grundsätzlich nicht verpflichtet.
3. Die *Ciola*-Entscheidung des EuGH stellt in Bezug auf die Frage des Vorrangs gegenüber rechtskräftigen Bescheiden in doppelter Hinsicht einen Sonderfall dar: Zum einen handelte es sich um eine direkte Kollision, zum anderen hatte der Betroffene – wegen der noch nicht bestehenden Mitgliedschaft Österreichs zur Gemeinschaft – zu keiner Zeit Gelegenheit, den gegen die Dienstleistungsfreiheit verstoßenden Bescheid zu bekämpfen.
4. Hinsichtlich des Vorrangs aufgrund einer anderslautenden Vorabentscheidung stehen seit dem *Kühne & Heitz*-Urteil folgende vier Kriterien im Mittelpunkt:
   - Die Behörde muss befugt sein, die bestandskräftige Entscheidung zurückzunehmen.
   - Die Entscheidung muss infolge eines Urteils eines in letzter Instanz entscheidenden nationalen Gerichts bestandskräftig geworden sein.
   - Das Urteil muss auf einer unrichtigen Auslegung des Gemeinschaftsrechts beruhen, die erfolgt ist, ohne dass der Gerichtshof entgegen der Pflicht nach Art 234 Abs 3 EGV um Vorabentscheidung ersucht wurde.
   - Der Betroffene muss sich unmittelbar nach Kenntnis von der besagten Entscheidung des Gerichtshofs an die Verwaltungsbehörde gewandt haben.

   Auch nach den nach *Kühne & Heitz* ergangenen Urteilen in den Rechtssachen *Kapferer, i-21 Germany und Arcor, Lucchini* und *Kempter* sind wesentliche Fragen offen, wobei das Bemühen des EuGH nach einer ausgewogenen Judikatur, in deren Rahmen den nationalen Bestimmungen ein angemessener Stellenwert eingeräumt wird, deutlich erkennbar ist.
5. Zurückhaltung übt der Gerichtshof auch im Bereich der Rückerstattung gemeinschaftsrechtswidrig erhobener Abgaben. Im Mittelpunkt stehen hier die Grenzen gesetzlicher Überwälzungsklauseln und die detaillierte Feststellung einer ungerechtfertigten Bereicherung.
6. Ganz klar effektivitätsbetont ist die Rechtsprechung des EuGH im Zusammenhang mit Rechtskraftdurchbrechungen zu Gunsten des Verbots staatlicher Beihilfen. Mit dem *Alcan*-Urteil hat der Gerichtshof die Möglichkeit einer erfolgreichen Berufung auf die Rechtskraft ausgeschlossen. Die *Kühne & Heitz*-Kriterien sind auf die Aufhebung individueller Akte zu Lasten Betroffener nicht übertragbar. Innerhalb des Beihilferechts bestehen damit unterschiedliche Judikaturlinien, deren Harmonisierung in der Lehre zwar eingefordert wird, in der Entscheidungspraxis aber wohl nicht unmittelbar zu erwarten steht.

7. Das Problem des Vorrangs von Gemeinschaftsrecht gegenüber individuellen, rechtskräftigen Bescheiden hat in Österreich zum Teil[135] den Gesetzgeber auf den Plan gerufen. Wesentlich für die „Umsetzung“ der einschlägigen EuGH-Judikatur sind darüber hinaus Wiederaufnahmetatbestände. Die rechtliche Bewältigung mehrpoliger Rechtsverhältnisse ist im Lichte des Anwendungsvorrangs indes noch nicht erfolgt.

135 So zB § 299 BAO, Überwälzungstatbestände in Landesgesetzen, § 19 MOG 2007 und § 5 AusfuhrerstattungsG.

Vorrang des Gemeinschaftsrechts gegenüber rechtskräftigen Urteilen

Christoph Brenn

Literatur: *Brenn*, Endgültig kein Verbrauchergerichtsstand bei irreführenden Gewinnzusagen nach § 5j KSchG ohne Warenbestellung, ÖJZ 2009, 845; *Gurtner/Hofbauer-Steffel/Kofler*, Verhältnis von nationalem Verfahrensrecht und Gemeinschaftsrecht, taxlex-EC 2009, 56; *Schallmoser*, Wiederaufnahme oder Erneuerung eines Strafverfahrens auf Grund eines EuGH-Urteils, ÖJZ 2008, 941; *Schweitzer*, Vorrang und nationale Verwaltungs- und Gerichtsentscheidungen, in *Schroeder* (Hrsg), Europarecht als Mehrebenensystem (2008), 25; *Brenn*, § 5j KSchG: EuGVVO und EVÜ, Weiterhin kein Verbrauchergerichtsstand ohne Warenbestellung; Anwendung als Eingriffsnorm ohne Rücksicht auf das Sachrecht, ÖJZ 2007, 129; *Germelmann*, Neue Wege in der Rechtsprechung des EuGH zu nationalen Rechtskraftregeln? Europäisches Wirtschafts- & Steuerrecht – EWS 2007, 392; *Kremer*, Effektuierung des europäischen Beihilferechts durch die Begrenzung der Rechtskraft, EuZW 2007, 726; *Kremer*, Gemeinschaftsrechtliche Grenzen der Rechtskraft, EuR 2007, 470; *Wittman*, Keine Durchbrechung der Rechtskraft nationaler Entscheidungen bei Gemeinschaftsrechtswidrigkeit, ecolex 2007, 108; *Wölker*, Die Normenhierarchie im Unionsrecht in der Praxis, EuR 2007, 32; *Ludwigs*, Der Schutz der Rechtskraft im Gemeinschaftsrecht. Zugleich eine Anmerkung zur Kapferer-Entscheidung des EuGH, ZfRV 2006, 28; *Kostova-Bourgeix*, Un arrêt ayant acquis l'autorité de chose jugée ne peut être réexaminé, même s'il est contraire au droit communautaire, La Semaine juridique – édition générale 2006 II 10174, 2007; *Schmidt-Westphal/Sander*, Aufhebungspflicht gemeinschaftsrechtswidriger Urteile, EuZW 2006, 241; *Wasserer*, Rechtskraft contra Gemeinschaftstreue: Überprüfbarkeit einer rechtskräftigen, gemeinschaftsrechtswidrigen Entscheidung eines innerstaatlichen Gerichts, European Law Reporter 2006, 198; *Brenn*, Irreführende Gewinnzusagen, Kein Verbrauchergerichtsstand ohne Bestellung? Heilung durch innerstaatliche Rechtskraft? ÖJZ 2005, 41; *Brenn*, Europäischer Vollstreckungstitel, Zak 2005, 4; *Brenn*, Europäischer Zivilprozess (2005); *Potacs*, Gemeinschaftsrecht und Bestandskraft staatlicher Verwaltungsakte, in *Bröhmer/Bieber/Calliess/Langenfeld/Weber/Wolf* (Hrsg), Internationale Gemeinschaft und Menschenrechte. FS Georg Ress (2005), 735; *Durner*, Die Unabhängigkeit nationaler Richter im Binnenmarkt, EuR 2004, 547; *Urlesberger*, Zur Rechtskraft im Gemeinschaftsrecht – Überlegungen aus Anlass des Urteils des EuGH in der Rs C-453/00 (Kühne & Heitz) vom 13.1.2004, ZfRV 2004, 17; *Wuermeling*, Der rechtliche Zusammenhalt der Europäischen Union (2004); *Pühs*, Der Vollzug von Gemeinschaftsrecht (1997).

Judikatur: EuGH, Rs C-180/06, *Ilsinger,* Slg 2009; EuGH, Rs C-2/06, *Kempter,* Slg 2008, I-411; EuGH, Rs C-119/05, *Lucchini,* Slg 2007, I-6199; EuGH, verb Rs C-392 und C-422/04, *i-21 Germany* und *Arcor,* Slg 2006, I-8559; EuGH, Rs C-234/04, *Kapferer,* Slg 2006, I-2585; EuGH, Rs C-27/02, *Engler,* Slg 2005, I-0481; EuGH, Rs C-96/00, *Gabriel,* Slg 2002, I-6367; EuGH, Rs C-453/00, *Kühne & Heitz,* Slg 2004, I-837; EuGH, Rs C-201/02, *Delena Wells,* Slg 2004, I-723; EuGH, Rs C-224/01, *Köbler,* Slg 2003, I-10239; EuGH, verb Rs C-328/99 und C-299/00, *Sim 2 und Multimedia,* Slg 2003, I-4035; EuGH, Rs C-50/96, *Deutsche Telekom,* Slg 2000, I-743; EuGH, Rs C-310/97, *AssiDomän,* Slg 1999, I-5363; EuGH, Rs C-350/96, *Clean Car,* Slg 1998, I-2521; EuGH, Rs C-24/95, *Alcan II,* Slg 1997, I-1591; EuGH, Rs 61/79, *Denkavit Italiana,* Slg 1980, 1205.

Inhalt

I. Bisheriger Sachstand

A. Einführung

Der gegenständliche Beitrag untersucht den Anwendungsvorrang des Gemeinschaftsrechts gegenüber rechtskräftigen *Urteilen* und steht damit in unmittelbarem thematischen Zusammenhang mit dem vorstehenden Artikel von *Arno Kahl* über den Anwendungsvorrang des Gemeinschaftsrechts gegenüber rechtskräftigen *Bescheiden*. Auf Grund dieser thematischen Nähe sind Überschneidungen zwischen beiden Beiträgen unvermeidlich, beleuchten aber die einschlägigen Rechtsfragen aus jeweils unterschiedlichen Blickwinkeln.

1. Irreführende Gewinnzusagen

Gegen Mitte/Ende der 90-iger Jahre haben sogenannte irreführende Gewinnzusagen überhand genommen. Bei dieser Form unlauterer Werbe- und Vertriebsmethoden wird in persönlich adressierten, per Post oder E-Mail übermittelten Werbezusendungen auf Grund deren Gestaltung beim Verbraucher der unrichtige Eindruck erweckt, er habe einen bestimmten Preis gewonnen. Die näheren Spielregeln, aus denen sich die Geringfügigkeit oder Wertlosigkeit des vermeintlichen Gewinns ableiten lässt, sind in der Regel schwer zugänglich, schwer verständlich oder unklar. Nach diesen Regeln wird der Gewinn entweder von einer Verlosung bzw Ziehung abhängig gemacht oder auf alle Teilnehmer aufgeteilt, wobei sich daraus ergebende Mindestbeträge nicht ausgezahlt werden. Der Erhalt des Gewinns ist oft an die Vornahme einer Bestellung oder „Testbestellung" geknüpft. Sonst wird dem Verbraucher eine Bestellung zur Erhöhung seiner Gewinnchancen zumindest nahe gelegt. Da Wette und Spiel zu den Glücksverträgen (§§ 1267 ff ABGB) gehören und – soweit sie überhaupt erlaubt sind – nur eine Naturalobligation begründen, konnten unlautere Gewinnzusagen nicht eingeklagt werden. Um solche irreführenden Werbepraktiken abzustellen, wurde im Zuge der Umsetzung der Fernabsatzrichtlinie[1] im neu eingeführten § 5j KSchG[2] daher angeordnet, dass der Verbraucher den nach seinem (objektiven) Eindruck bereits gewonnenen Preis gerichtlich einfordern kann[3].

1 RL 97/7/EG des EP und des Rates vom 20.5.1997 über den Verbraucherschutz bei Vertragsabschlüssen im Fernabsatz, ABl 1997 L 144, 19, idF der RL 2007/64/EG, ABl 2007 L 319, 1.

2 Durch das Fernabsatzgesetz BGBl I 1999/185, in Kraft getreten am 1. Oktober 1999.

3 Erl RV 1998 BlgNR XX.GP, 31 f; *Kathrein* in *Koziol/P. Bydlinski/Bollenberger*, ABGB[2] § 5j KSchG Rdnrn 1 f; s auch OGH 2.7.2008, 7 Ob 17/08p.

2. Internationale Zuständigkeit

Zur Ermöglichung der Prozessführung gegen ausländische Unternehmer im Inland wurde in zahlreichen Klagen nach § 5j KSchG die internationale örtliche Zuständigkeit der inländischen Gerichte auf den Verbrauchergerichtsstand nach Art 15 f EuGVVO gestützt. Hat der Verbraucher mit Wohnsitz im Inland eine Warenbestellung tatsächlich vorgenommen, so ist diese Vorgangsweise zutreffend. Wie nach mehreren Vorabentscheidungsverfahren vor dem EuGH[4] nunmehr geklärt ist, kann der Verbrauchergerichtsstand für isolierte Gewinnzusagen ohne Warenbestellung grundsätzlich aber nicht zur Verfügung stehen[5]. Hat in einem solchen Fall das inländische Gericht über die Rechtssache rechtskräftig entschieden oder zumindest – durch gesonderten Beschluss oder im Urteil – seine Zuständigkeit rechtskräftig bejaht, und wurde die internationale (örtliche) Unzuständigkeit auch nicht durch rügelose Verfahrenseinlassung nach Art 24 EuGVVO geheilt, so wurde der Verbrauchergerichtsstand entgegen den Bestimmungen der EuGVVO und damit gemeinschaftsrechtswidrig in Anspruch genommen. In diesem Zusammenhang stellt sich daher die Frage, ob die Gemeinschaftsrechtswidrigkeit durch die innerstaatliche Rechtskraft geheilt wird.

B. Vorlage in der Rechtssache *Kapferer*

1. Sachverhalt

Vor dem Hintergrund eines Zuständigkeitsstreits aus Anlass einer irreführenden Gewinnzusage wurde die Frage nach dem Vorrang des Gemeinschaftsrechts gegenüber einer rechtkräftigen gerichtlichen Entscheidung und damit nach der Durchbrechung der innerstaatlichen Rechtskraft einer gerichtlichen Entscheidung zufolge Gemeinschaftsrechtswidrigkeit erstmals vom Landesgericht Innsbruck[6] dem EuGH zur Vorabentscheidung vorgelegt.

Die Klägerin mit Wohnsitz in Tirol erhielt von der Beklagten mit Sitz in Deutschland Werbematerial mit einer Gewinnzusage in Form eines Bargeldguthabens zugesandt. Weiters waren der Sendung ein Warenkatalog der Be-

---

4 EuGH, Rs C-96/00, *Gabriel,* Slg 2002, I-6367; EuGH, Rs C-27/02, *Engler,* Slg 2005, I-0481; EuGH, Rs C-180/06, *Ilsinger,* Slg 2009.

5 *Brenn,* Irreführende Gewinnzusagen, Kein Verbrauchergerichtsstand ohne Bestellung? Heilung durch innerstaatliche Rechtskraft? ÖJZ 2005, 41; *Brenn,* § 5j KSchG: EuGVVO und EVÜ, Weiterhin kein Verbrauchergerichtsstand ohne Warenbestellung; Anwendung als Eingriffsnorm ohne Rücksicht auf das Sachrecht, ÖJZ 2007, 129; *Brenn,* Endgültig kein Verbrauchergerichtsstand bei irreführenden Gewinnzusagen nach § 5j KSchG ohne Warenbestellung, ÖJZ 2009, 845, jeweils mwN; OLG Wien 31.8.2009, 3 R 43/07a.

6 LG Innsbruck 26.5.2004, 2 R 583/03d.

klagten, ein Bestellschein sowie ein Antwortkuvert mit der Aufschrift „Machen Sie eine unverbindliche Testbestellung" angeschlossen. Auf der Rückseite der Gewinnzusage fanden sich die Teilnahme- und Vergabebedingungen. Die Klägerin sandte den Bestellschein samt einer aufgeklebten „Guthabenmarke" an die Beklagte zurück. Auf der Rückseite des Bestellscheins brachte sie unter dem Schriftzug „Ich habe die Teilnahmebedingungen zur Kenntnis genommen" ihre Unterschrift an; sie hat die Teilnahme- und Vergabebedingungen jedoch nicht gelesen. Nicht festgestellt werden konnte, ob die Klägerin auch eine Warenbestellung vorgenommen hat.

Da sie den angeblich gewonnen Preis nicht erhielt, brachte die Klägerin beim Bezirksgericht Hall in Tirol eine Zahlungsklage ein. Zur Begründung der internationalen örtlichen Zuständigkeit des angerufenen österreichischen Gerichts stützte sie sich auf Art 16 EuGVVO. Durch das bindende freiwillige Versprechen der Beklagten sei ein Verbrauchervertrag zustande gekommen. Mit ihrem ersten Schriftsatz erhob die Beklagte die Einrede der mangelnden inländischen Gerichtsbarkeit sowie der fehlenden örtlichen Zuständigkeit des angerufenen Gerichts. Dazu führte sie aus, dass die Teilnahme am Gewinnspiel von einer Warenbestellung abhängig gemacht worden sei, die Klägerin jedoch keine Warenbestellung vorgenommen habe. Die Bestimmungen der Art 15 f EuGVVO seien nicht anwendbar, weil diese das Vorliegen eines entgeltlichen Vertrags voraussetzten.

Mit seinem Urteil verwarf das Erstgericht die von der Beklagen erhobene Einrede der mangelnden inländischen Gerichtsbarkeit sowie der fehlenden örtlichen Zuständigkeit und wies das Klagebegehren inhaltlich ab. Die Klägerin erhob gegen diese Entscheidung Berufung. Die in der Hauptsache siegreiche Beklagte ließ die vom Erstgericht in das Urteil aufgenommene Zuständigkeitsentscheidung, womit die Einrede der mangelnden inländischen Gerichtsbarkeit und der fehlenden örtlichen Zuständigkeit verworfen wurde, hingegen unangefochten. Lediglich im Rahmen ihrer Berufungsbeantwortung führte sie aus, dass die inländische Gerichtsbarkeit und die örtliche Zuständigkeit des Erstgerichts nicht gegeben seien, weil nicht hätte festgestellt werden können, dass die Klägerin eine Warenbestellung vorgenommen habe. Der Verbrauchergerichtsstand könne daher nicht in Anspruch genommen werden. Die Zuständigkeitsentscheidung des Erstgerichts sei mangels Beschwer aber nicht bekämpft worden.

2. Bekämpfbarkeit der Zuständigkeitsentscheidung

Entgegen ihren Überlegungen in der Berufungsbeantwortung hätte die Beklagte trotz ihres erstinstanzlichen Obsiegens in der Hauptsache die ihre Einrede verwerfende Zuständigkeitsentscheidung des Erstgerichts bekämpfen können, weil sie auch allein durch die Zuständigkeitsentscheidung beschwert sein konnte[7]. Da eine Anfechtung der Zuständigkeitsentscheidung des Erstgerichts, mit dem dieses seine internationale örtliche Zuständigkeit nach Art 15 f EuGVVO in Anspruch genommen hatte, unterblieben ist, erwuchs diese in Rechtskraft.

3. Vorlagefragen

Das mit der Berufung der Klägerin befasste Landesgericht Innsbruck hatte Zweifel an der internationalen örtlichen Zuständigkeit des angerufenen Gerichts und stellte sich daher die Frage nach der Überprüfbarkeit der unangefochtenen und damit rechtskräftigen Zuständigkeitsentscheidung des Erstgerichts. Würde die Rechtskraft der Zuständigkeitsentscheidung die Zuständigkeit des angerufenen Gerichts besiegeln, so müsse sich das Berufungsgericht nur mehr mit der materiellen Frage auseinander setzen. Wenn aber das Vorliegen einer Gemeinschaftsrechtswidrigkeit die Rechtskraft durchbreche und zu einer Überprüfung auch der gerichtlichen Entscheidung verpflichte, dürfte diese Konsequenz nicht auf materielle Rechtsfragen beschränkt bleiben, sondern müsse ebenso für verfahrensrechtliche Fragestellungen gelten. Dies hätte zur Folge, dass die innerstaatliche Rechtskraft einen Verstoß gegen die internationale Zuständigkeit nach der EuGVVO nicht heilen würde, sodass eine – nach Art 24 EuGVVO nicht geheilte – internationale (örtliche) Unzuständigkeit auch noch nach Rechtskraft der Entscheidung in der Hauptsache aufgegriffen werden könnte. Sei dies der Fall, so sei weiters fraglich, ob das Vorliegen der internationalen (örtlichen) Zuständigkeit nach der EuGVVO vom Berufungsgericht auch dann geprüft werden müsse, wenn zwar schon die Entscheidung über die internationale Zuständigkeit, aber noch nicht die Entscheidung in der Hauptsache in Rechtskraft erwachsen sei. In diesem Zusammenhang sei wiederum fraglich, ob eine solche Prüfung von Amts wegen stattzufinden habe oder ein Rechtsschutzantrag einer Partei vorliegen müsse, und ob ein solcher auch formlos in einer Berufungsbeantwortung zum Ausdruck gebracht werden könne.

Vor diesem Hintergrund stellte das Landesgericht Innsbruck zur rechtskräftigen Zuständigkeitsentscheidung des Erstgerichts gemäß Art 68 EGV in Verbindung mit Art 234 EGV (Art 267 AEUV) folgende Vorlagefragen an den Gerichtshof:

1. Ist der in Art 10 EG verankerte Grundsatz der Zusammenarbeit dahin auszulegen, dass auch ein nationales Gericht nach den im Urteil des Gerichtshofs in der Rechtssache Kühne & Heitz dargelegten Voraussetzungen verpflichtet ist, eine rechtskräftige gerichtliche Entscheidung zu überprüfen und aufzuheben, wenn sich deren Verstoß gegen Gemeinschaftsrecht ergibt? Bestehen für

7 *Brenn*, Europäischer Zivilprozess (2005), Rdnr 252.

die Überprüfung und Rücknahme gerichtlicher Entscheidungen allenfalls weitere Voraussetzungen im Vergleich zu Verwaltungsentscheidungen?
2. Für den Fall der Bejahung der Frage 1:
Ist die in § 534 ZPO statuierte Frist für die Rücknahme einer gemeinschaftsrechtswidrigen gerichtlichen Entscheidung mit dem Grundsatz der vollen Wirksamkeit des Gemeinschaftsrechts vereinbar?
3. Ebenfalls für den Fall der Bejahung der Frage 1:
Stellt eine nicht nach Art 24 EuGVVO geheilte internationale (bzw örtliche) Unzuständigkeit eine Gemeinschaftsrechtswidrigkeit dar, die nach den in Rede stehenden Grundsätzen die Rechtskraft einer gerichtlichen Entscheidung durchbrechen kann?
Für den Fall der Bejahung der Frage 3:
4. Muss ein Berufungsgericht die Frage der internationalen (bzw örtlichen) Zuständigkeit nach der EuGVVO überprüfen, wenn zwar die Zuständigkeitsentscheidung des Erstgerichts, aber noch nicht die Entscheidung in der Hauptsache in Rechtskraft erwachsen ist? Hat diese Prüfung bejahendenfalls von Amts wegen zu erfolgen oder nur über Geltendmachung einer Verfahrenspartei?

4. Argumente für eine Durchbrechung der Rechtskraft

a. Grundsatz der Effektivität

Im Gemeinschaftsrecht lassen sich durchaus Argumente für dessen Vorrang auch gegenüber rechtskräftigen gerichtlichen Entscheidungen finden. Zunächst ist allgemein zu beachten, dass die Gerichte Kontrollinstanzen für die Vereinbarkeit des nationalen Rechts mit dem Gemeinschaftsrecht sind. Aus diesem Grund ist jeder im Rahmen seiner Zuständigkeit angerufene Richter verpflichtet, die nationalen Rechtsnormen, die er anzuwenden beabsichtigt, auf ihre Vereinbarkeit mit dem Gemeinschaftsrecht zu überprüfen. Für die nationalen Gerichte als Teil der öffentlichen Gewalt ergibt sich daraus die Pflicht, im Rahmen ihrer Zuständigkeit sicherzustellen, dass allen dem Gemeinschaftsrecht widersprechenden nationalen Maßnahmen die Wirksamkeit versagt bleibt. Konkret bedeutet dies, dass bei Unmöglichkeit der gemeinschaftskonformen Interpretation auch ein nationales Gericht in jedem Fall die volle Wirksamkeit des Gemeinschaftsrechts dadurch gewährleisten muss, dass es erforderlichenfalls jede entgegenstehende Bestimmung des nationalen Rechts aus eigener Entscheidungsbefugnis unangewendet lässt, ohne dass es die vorherige Beseitigung dieser Bestimmung auf gesetzgeberischem Wege oder durch irgendein anderes verfassungsrechtliches Verfahren beantragen oder abwarten müsste[8].

8 EuGH, Rs 106/77, *Simmenthal I*, Slg 1978, 629: Jeder nationale Richter hat jede möglicherweise entgegenstehende Bestimmung des nationalen Rechts, gleichgültig ob sie frü-

Aus dem beschriebenen Grundsatz der Effektivität könnte somit durchaus abgeleitet werden, dass der Wahrung des Gemeinschaftsrechts gleichsam absoluter Vorrang vor der Anwendung nationalen Rechts zukommt und daher auch die innerstaatliche Rechtskraft einer gerichtlichen Entscheidung deren Gemeinschaftsrechtswidrigkeit nicht beseitigt[9]. Den Entscheidungen des EuGH über die Auslegung von Gemeinschaftsrecht kommt grundsätzlich ex tunc-Wirkung mit Bezug auf den Zeitpunkt des Inkrafttretens der auszulegenden Norm zu. Eine solche nachträgliche Auslegung verdrängt somit auch ein gegenteiliges Verständnis der ausgelegten Norm durch nationale Entscheidungen[10].

Für eine amtswegige Korrekturpflicht kraft Gemeinschaftsrechts könnte der Grundsatz ins Treffen geführt werden, dass die Gerichte die rechtlichen Gesichtspunkte, die sich aus einer zwingenden (anwendbaren) Gemeinschaftsvorschrift ergeben, von Amts wegen aufgreifen müssen, wenn sie nach nationalem Recht verpflichtet oder berechtigt sind, dies im Fall einer zwingenden (anwendbaren) Vorschrift des nationalen Rechts zu tun[11].

b. Entscheidung in der Rechtssache *Kühne & Heitz*

Nach der Entscheidung des EuGH in Rechtssache *Kühne & Heitz*[12], die im vorstehenden Beitrag zum Vorrang des Gemeinschaftsrechts gegenüber rechtskräftigen Bescheiden näher dargestellt wird[13], ist eine Verwaltungsbehörde zufolge Art 10 EGV [Art 4 Abs 3 EUV(neu)] verpflichtet, auch eine bestandskräftige Verwaltungsentscheidung zu überprüfen und zurückzunehmen, wenn

- die Behörde nach nationalem Recht befugt ist, ihre Entscheidung zurückzunehmen,
- die Entscheidung – infolge eines Urteils eines in letzter Instanz entscheidenden nationalen Gerichts – bestandskräftig geworden ist (der Hinweis auf eine gerichtlich bestätigte Verwaltungsentscheidung erfolgte vermutlich deshalb, weil Verwaltungsbehörden nicht vorlageberechtigt sind),
- die Entscheidung – wie eine nach ihrer Erlassung ergangene, also spätere Entscheidung des EuGH zeigt – auf einer unrichtigen Auslegung des Ge-

her oder später als die Gemeinschaftsnorm ergangen ist, unangewendet zu lassen. Siehe auch die Schlussanträge des Generalanwalts Ruiz-Jarabo Colomer bei EuGH, verb Rs C-397 bis C-403/01, *Pfeiffer*, Slg 2004, I-8835 mwN.

9 Vgl dazu die Glosse von *Urlesberger* zu WBl 2006, 90.

10 EuGH, Rs 61/79, *Denkavit Italiana*, Slg 1980, 1205; EuGH, Rs C-50/96, *Deutsche Telekom*, Slg 2000, I-743; OGH 11.12.2007, 17 Ob 28/07b, WBl 2008/88.

11 EuGH, Rs C-2/06, *Kempter*, Slg 2008, I-411, Rdnr 45.

12 EuGH, Rs C-453/00, *Kühne & Heitz*, Slg 2004, I-837.

13 Vgl dazu den Beitrag von *Kahl*, Vorrang des Gemeinschaftsrechts gegenüber rechtskräftigen Bescheiden, vorstehend auf S 275ff.

meinschaftsrechts beruht, die erfolgt ist, ohne dass der EuGH um Vorabentscheidung ersucht wurde, obwohl der Tatbestand des Art 234 Abs 3 EGV (Art 267 Abs 3 AEUV) erfüllt war[14], und
- der Betroffene sich – unmittelbar[15] nachdem er Kenntnis von der besagten Entscheidung des Gerichtshofs erlangt hat – an die Verwaltungsbehörde gewandt, also einen entsprechenden Antrag gestellt hat.[16]

II. Neueste Entwicklungen

A. Rechtssache *Kühne & Heitz*

Schon in der Entscheidung *Kühne & Heitz* betont der EuGH, dass die Rechtssicherheit zu den im Gemeinschaftsrecht anerkannten allgemeinen Rechtsgrundsätzen gehöre. Die Bestandskraft einer Verwaltungsentscheidung, die nach Ablauf angemessener Klagefristen oder Erschöpfung des Rechtswegs eingetreten sei, trage zur Rechtssicherheit bei. Das Gemeinschaftsrecht verlange daher nicht, dass eine Behörde grundsätzlich verpflichtet sei, eine bestandskräftige Entscheidung zurückzunehmen. Art 10 EGV [Art 4 Abs 3 EUV(neu)] müsse einschränkend ausgelegt werden.

Der EuGH hält somit fest, dass per se kraft Gemeinschaftsrechts, also ohne Bedachtnahme auf die nationalen Verfahrensvorschriften, im Grundsatz keine Verpflichtung zur Überprüfung und Rücknahme bzw Korrektur einer rechtskräftigen behördlichen Entscheidung besteht. Der Gerichtshof nimmt damit auf das nationale Verfahrensrecht Bezug und statuiert dessen Maßgeblichkeit.

B. Rechtssache *Kapferer*

Wie schon näher dargestellt, wurde in der Rechtssache *Kapferer* die Zuständigkeitsentscheidung des Erstgerichts im nationalen Ausgangsverfahren von der ausländischen Beklagten nicht bekämpft, weshalb diese in Rechtskraft erwachsen ist.

---

14 Vgl dazu EuGH, Rs C-2/06, *Kempter*, Slg 2008, I-411: Zur Missachtung der Vorlagepflicht muss nicht hinzutreten, dass sich der Betroffene ausdrücklich auf die Verletzung von Gemeinschaftsrecht berufen hat.

15 Vgl dazu EuGH, Rs C-2/06, *Kempter*, Slg 2008, I-411: Es ist Sache der Mitgliedstaaten, allenfalls im Rahmen des Äquivalenz- und des Effektivitätsgrundsatzes eine angemessene Frist vorzusehen.

16 Vgl dazu den Beitrag von *Kahl*, Vorrang des Gemeinschaftsrechts gegenüber rechtskräftigen Bescheiden, vorstehend auf S 276.

1. Schlussanträge des Generalanwalts

Zur Frage der Rechtskraft verweist der Generalanwalt[17] zunächst auf die Rechtsprechung des Gerichtshofs, wonach dem Grundsatz der Rechtskraft sowohl im Gemeinschaftsrecht als auch in den nationalen Rechtsordnungen grundlegende Bedeutung zukomme. Im gleichen Sinn habe der Gerichtshof im Urteil *Köbler*[18] zur Tragweite des Grundsatzes der Staatshaftung wegen Verletzung des Gemeinschaftsrechts durch ein nationales Gericht[19] ausgeführt, dass die Anwendung dieses Grundsatzes jedenfalls nicht die Abänderung der schadensbegründenden Gerichtsentscheidung verlange. Des weiteren stellt der Generalanwalt fest, dass die Frage nach dem Grundprinzip der Rechtskraft gerichtlicher Entscheidungen eine Frage anderer Natur und Tragweite als jene nach der Bestandskraft von Verwaltungsentscheidungen sei.

Der Generalanwalt[20] verneint aber auch das Vorliegen der vorstehend erwähnten (vier) Voraussetzungen nach der Entscheidung *Kühne & Heitz*. Erstens sehe das nationale (österreichische) Recht nicht vor, dass ein Gericht Verfahren zur Überprüfung einer rechtskräftig gewordenen gerichtlichen Entscheidung (Wiederaufnahmeverfahren) unter Berufung auf eine mögliche Verletzung einer höherrangigen Rechtsnorm, wie einer Bestimmung des Gemeinschaftsrechts, von Amts wegen einleiten könne. Zweitens sei die Zuständigkeitsentscheidung im ersten Rechtszug nicht infolge eines Urteils eines in letzter Instanz entscheidenden nationalen Gerichts bestandskräftig geworden, sondern deshalb, weil sie nicht innerhalb der im österreichischen Recht vorgesehenen Frist angefochten worden sei. Drittens liege keine die maßgebliche Rechtsfrage klärende Vorabentscheidung des Gerichtshofs vor. Schließlich habe keiner der Beteiligten des Ausgangsverfahrens die Überprüfung und/oder Aufhebung der erstinstanzlichen Zuständigkeitsentscheidung beantragt. Vielmehr habe sich das vorlegende Gericht gefragt, ob es diese Entscheidung von Amts wegen zu überprüfen habe.

Mit Bezug auf die gerichtliche Zuständigkeit formuliert der Generalanwalt[21] einen durchaus interessanten Gedanken. Unter Hinweis auf die Heilungsvorschrift des Art 24 EuGVVO bemerkt er, dass er vom Vorliegen einer rügelosen Verfahrenseinlassung der Beklagten ausgehe, weil die Zuständigkeit der österreichischen Gerichte zwar im erstinstanzlichen Verfahren, jedoch

17 Schlussanträge des Generalanwalts bei EuGH, Rs C-234/04, *Kapferer*, Slg 2006, I-2585, Rdnrn 22 ff.

18 EuGH, Rs C-224/01, *Köbler*, Slg 2003, I-10239.

19 Vgl dazu den Beitrag von *Heller*, Staatshaftung bei Verletzung des Gemeinschaftsrechts durch nationale Höchstgerichte, nachstehend auf S 498 f.

20 Schlussanträge des Generalanwalts bei EuGH, Rs C-234/04, *Kapferer*, Slg 2006, I-2585, Rdnrn 26 und 28 ff.

21 Schlussanträge des Generalanwalts bei EuGH, Rs C-234/04, *Kapferer*, Slg 2006, I-2585, Rdnrn 69 und 70.

nicht mehr im Berufungsverfahren gerügt worden sei. Aus diesem Grund könne angenommen werden, dass die unterbliebene Anfechtung der erstinstanzlichen Entscheidung in diesem Punkt als Anerkennung der Zuständigkeit im Sinn von Art 24 EuGVVO zu betrachten sei.

Im gegebenen Zusammenhang folgt der Generalanwalt offenbar der Ansicht von *Geimer*[22], derzufolge der Beklagte an seiner Rüge der internationalen (örtlichen) Unzuständigkeit während des ganzen Prozesses festhalten müsse. Habe er zu erkennen gegeben, dass er diese Rüge nicht mehr weiterverfolgen möchte, so trete die zuständigkeitsbegründende Wirkung des Art 24 EuGVVO ein. Dringe der Beklagte mit seiner Rüge der internationalen Unzuständigkeit nicht durch, bejahe also das angegangene Gericht seine Zuständigkeit und erlasse es gegen ihn eine Entscheidung, so müsse er sich schlüssig werden, ob er Rechtsmittel bzw Rechtsbehelfe nach Maßgabe der lex fori einlegen wolle. Mache er dies nicht, so liege im Verzicht auf die Aufrechterhaltung des Einwands der internationalen Unzuständigkeit eine vorbehaltslose Einlassung im Sinn des Art 24 EuGVVO.

Die Richtigkeit dieser Ansicht ist keineswegs zwingend. Art 24 EuGVVO sieht keine Heilung der Unzuständigkeit im Rechtsmittelverfahren vor. Vielmehr stellt diese Bestimmung auf die erste Prozesshandlung (einer postulationsfähigen Partei) ab, mit der Einwendungen zum Verfahren oder zur Hauptsache erhoben werden[23], und betrifft daher den Prozessbeginn. Bleibt die Zuständigkeitsentscheidung unangefochten, so tritt deren Rechtskraft ein, die bei Gemeinschaftsrechtswidrigkeit nur mehr nach den dafür maßgebenden Grundsätzen durchbrochen werden kann. In der Rechtssache *Kapferer* könnte der Beklagten auch gar nicht vorgeworfen werden, ihre Unzuständigkeitseinrede im Berufungsverfahren nicht mehr aufrechterhalten zu haben, hat sie doch in ihrer Berufungsbeantwortung klar zum Ausdruck gebracht, dass sie die internationale örtliche Zuständigkeit des angerufenen Gerichts nicht akzeptiert, die Zuständigkeitsentscheidung aber zufolge Obsiegens in der Hauptsache unbekämpft lässt.

2. Urteil des EuGH

Der EuGH weist in seiner Entscheidung zunächst auf die Bedeutung hin, die dem Grundsatz der Rechtskraft sowohl im Gemeinschaftsrecht als auch in den nationalen Rechtsordnungen zukommt. Zur Sicherstellung des Rechtsfriedens und der Beständigkeit rechtlicher Beziehungen einerseits sowie einer geordneten Rechtspflege andererseits sollten nach Ausschöpfung des Rechtswegs oder nach Ablauf der Rechtsmittelfristen unanfechtbar gewordene Gerichtsent-

22 *Geimer* in *Geimer/Schütze,* Europäisches Zivilverfahrensrecht² Art 24 EuGVVO, Rdnrn 52 f.

23 OLG Wien 27.8.2009, 15 R 156/09k.

scheidungen nicht mehr in Frage gestellt werden. Das Gemeinschaftsrecht gebiete es einem nationalen Gericht daher nicht[24], von der Anwendung innerstaatlicher Verfahrensvorschriften, auf Grund derer eine Entscheidung Rechtskraft erlange, zu dem Zweck abzusehen, eine in Rechtskraft erwachsene gerichtliche Entscheidung zu überprüfen und aufzuheben, falls sich zeige, dass sie gegen Gemeinschaftsrecht verstoße, selbst wenn dadurch der Verstoß abgestellt werden könnte[25]. Dieser Beurteilung stehe auch das Urteil *Kühne & Heitz* nicht entgegen, weil danach eine Verpflichtung zur Überprüfung einer bestandskräftigen Verwaltungsentscheidung unter anderem von der Voraussetzung abhänge, dass die jeweilige Behörde nach nationalem Recht zur Rücknahme dieser Entscheidung befugt sei[26].

Aus dem zuletzt dargestellten Hinweis des EuGH ergibt sich, dass er die Bestimmungen über die Wiederaufnahme eines gerichtlichen Verfahren, konkret den Wiederaufnahmsgrund nach § 530 Abs 1 Z 7 ZPO, nicht als Befugnis des Gerichts zur Rücknahme der rechtskräftigen Entscheidung ansieht. Er lässt somit einen beliebigen Rechtsschutzantrag der beschwerten Partei, etwa im Rahmen der Berufungsbeantwortung in der Hauptsache, nicht genügen, sondern verlangt die strikte Einhaltung der konkret in Betracht kommenden Verfahrensvorschriften. Da ein Wiederaufnahmsklage nicht vorlag und die Bestimmungen über die Wiederaufnahme des Verfahrens daher nicht anwendbar waren, und zudem auch eine Befugnis zur amtswegigen Wiederaufnahme nicht bestand, ließ der Gerichtshof die Frage, ob die (kumulativen) Kriterien aus der Entscheidung *Kühne & Heitz* auf rechtskräftige gerichtliche Entscheidungen anwendbar sind, letztlich unbeantwortet.

Mit Bezug auf den Anlassfall gelangte der EuGH somit zum Ergebnis, dass die rechtskräftige Zuständigkeitsentscheidung von dem in der Hauptsache angerufenen Rechtsmittelgericht nicht mehr überprüft werden musste und dieses an die rechtskräftige Entscheidung gebunden war.

Als Ergebnis der Entscheidung des EuGH in der Rechtssache *Kapferer* lässt sich somit festhalten, dass ein nationales Gericht eine gemeinschaftsrechtswidrige, aber materiell rechtskräftige Entscheidung nur dann aufheben bzw abändern darf, wenn dies die innerstaatlichen Verfahrensvorschriften vorsehen. Besteht eine solche Möglichkeit nur für vergleichbare Verstöße gegen nationales Recht, so muss nach den Grundsätzen der Äquivalenz und der Effektivität derselbe Rechtsschutz auch zur Einhaltung von Gemeinschaftsrecht eingeräumt werden[27]. Die Rechtskraft nationaler gerichtlicher Entscheidungen kann bei Verletzung von Gemeinschaftsrecht somit nur nach Maßgabe entsprechender nationaler Verfahrensvorschriften durchbrochen werden.

24 Weder von Amts wegen noch auf Antrag.

25 EuGH, Rs C-234/04, *Kapferer*, Slg 2006, I-2585, Rdnrn 20 und 21.

26 EuGH, Rs C-234/04, *Kapferer*, Slg 2006, I-2585, Rdnr 23.

27 EuGH, Rs C-234/04, *Kapferer*, Slg 2006, I-2585, Rdnr 22.

C. Sonderfall: Rechtssache *Lucchini*

Die Rechtssache *Lucchini*[28] betrifft einen beihilferechtlichen Sachverhalt nach Art 87 f EGV (Art 107 f AEUV). Die Kommission hatte in ihrer Entscheidung die Unzulässigkeit stattlicher Beihilfen an die *Lucchini SpA* zur Modernisierung ihrer Anlagen festgestellt. Dennoch verpflichtete ein rechtskräftiges zivilgerichtliches Urteil die zuständigen italienischen Behörden zur Auszahlung dieser Beihilfen. Im Verfahren auf Rückforderung der Beihilfen berief sich die *Lucchini SpA* auf das rechtskräftige Zivilurteil. In diesem Verfahren stellte sich die Frage, ob die italienische Verwaltung kraft Vorrang des Gemeinschaftsrechts – trotz des entgegenstehenden rechtskräftigen Zivilurteils – zur Rückforderung der Beihilfe verpflichtet ist.

Diese Rechtssache stellt insofern einen Sonderfall dar, als der EuGH bei gemeinschaftsrechtswidrigen staatlichen Beihilfen allgemein von der Pflicht zur Rückforderung und Rückzahlung ausgeht[29]. Dem gemeinschaftsrechtlichen Beihilfeverbot und der daraus resultierenden Verpflichtung zur Rückforderung einer gemeinschaftsrechtswidrig gewährten staatlichen Beihilfe kommt demnach im Grundsatz absoluter Vorrang zu. In diesem Sinn stützt der Gerichtshof seine Entscheidung auf die Zuständigkeitsverteilung im Beihilfenrecht.

1. Schlussanträge des Generalanwalts

Anders als der Gerichtshof nimmt der Generalanwalt[30] auf den in allen nationalen Rechtsordnungen der Mitgliedstaaten anerkannten Grundsatz der Rechtskraft Bezug. Trotz der großen Bedeutung, die der Rechtskraft zukomme, sei ihre Wirkung aber keine unbedingte. Eine Ausnahme von der Rechtskraft sei etwa dann möglich, wenn ein Betrug vorliege oder mit dem rechtskräftigen Urteil offenkundig gegen (Gemeinschafts-) Grundrechte verstoßen werde. Aus der Rechtsprechung des Gerichtshofs sei abzuleiten, dass die Parteien selbst eine Verantwortung hätten, die zu ihrer Disposition stehenden Rechte oder aber die Rechte, die sie aus dem Gemeinschaftsrecht herleiten könnten, geltend zu machen. Im vorliegenden Fall gehe es aber nicht um einen Rechtsstreit zwischen einer nationalen Verwaltungsbehörde und einer Privatperson, der allein im Rahmen der innerstaatlichen Rechtsordnung gelöst werden könnte, sondern um einen Rechtsstreit, der in erster Linie in der Sphäre

28 EuGH, Rs C-119/05, *Lucchini,* Slg 2007, I-6199; vgl auch den Beitrag von *Kahl*, Vorrang des Gemeinschaftsrechts gegenüber rechtskräftigen Bescheiden, vorstehend auf S 290 ff.

29 Vgl EuGH, Rs C-24/95, *Alcan II,* Slg 1997, I-1591; EuGH, verb Rs C-328/99 und C-299/00, *Sim 2 und Multimedia,* Slg 2003, I-4035.

30 Schlussanträge des Generalanwalts bei EuGH, Rs C-119/05, *Lucchini,* Slg 2007, I-6199, Rdnrn 36 f.

des Gemeinschaftsrechts zu entscheiden sei und in dem die Abgrenzung zwischen der Gemeinschaftsrechtsordnung und der innerstaatlichen Rechtsordnung – und somit auch zwischen den Verpflichtungen, die das nationale Gericht infolge beider Rechtsordnungen habe – von besonderer Bedeutung sei. Da das nationale Gericht nicht befugt sei, über die gemeinschaftsrechtliche Zulässigkeit von Beihilfen zu entscheiden, müsse es bei einer Entscheidung über ein Verhältnis der Beihilfegewährung stets prüfen, ob die Anforderungen, die die Gemeinschaftsordnung aufstelle, erfüllt seien, und ob die Anwendung des nationalen Rechts nicht die Zuständigkeiten der Kommission verletze. Im vorliegenden Fall werde durch das rechtskräftige Zivilurteil den Zuständigkeiten der Kommission die Wirkung genommen. Die Zuständigkeitsverteilung bzw Zuständigkeitsordnung zwischen der Gemeinschaft und den Mitgliedstaaten zur Gewährung staatlicher Beihilfen dürfe aber nicht ausgehebelt werden. Das Urteil eines nationalen Gerichts könne, selbst wenn es Rechtskraft erlangt habe, weder in einem horizontalen Privatrechtsverhältnis noch in einem vertikalen Verhältnis zwischen einem Mitgliedstaat und einem Einzelnen in Bezug auf die Gewährung von Beihilfen die Entscheidungszuständigkeit der Kommission berühren. Der Verstoß gegen Gemeinschaftsrecht sei daher abzustellen.

2. Urteil des EuGH

In seiner Anfragebeantwortung weist der Gerichtshof auf die Aufgabenteilung zwischen ihm und den nationalen Gerichten hin. Jede Beurteilung des Sachverhalts falle in die Zuständigkeit des nationalen Gerichts. Ebenso habe nur das nationale Gericht, das mit dem Rechtsstreit befasst sei und in dessen Verantwortungsbereich die zu erlassende Entscheidung falle, im Hinblick auf die Besonderheiten der Rechtssache sowohl die Erforderlichkeit einer Vorabentscheidung für die Erlassung seines Urteils als auch die Erheblichkeit der dem Gerichtshof vorzulegenden Fragen zu beurteilen. Innerstaatliche Gerichte könnten auch auf dem Gebiet der staatlichen Beihilfen mit Rechtsstreitigkeiten befasst werden, in deren Rahmen sie den in Art 87 Abs 1 EGV (Art 107 Abs 1 AEUV) enthaltenen Begriff der Beihilfe auslegen und anwenden müssten, insbesondere um zu bestimmen, ob eine ohne Beachtung des in Art 88 Abs 3 EGV (Art 108 Abs 3 AEUV) vorgesehenen Vorprüfungsverfahrens eingeführte staatliche Maßnahme diesem Verfahren hätte unterworfen werden müssen. Dagegen seien innerstaatliche Gerichte nicht zuständig, darüber zu befinden, ob eine staatliche Beihilfe mit dem gemeinsamen Markt vereinbar sei. Für die Beurteilung der Vereinbarkeit von Beihilfenmaßnahmen oder einer Beihilferegelung mit dem gemeinsamen Markt sei ausschließlich die Kommission, die dabei der Kontrolle des Gemeinschaftsrichters unterliegt, zuständig. Innerstaatliche Gerichte seien auch nicht befugt, selbst die Ungültigkeit von Rechtsakten der Gemeinschaftsorgane festzustellen; dafür sei allein der Gerichtshof zuständig. Entscheidungen von Gemeinschaftsorganen, die von ihren Adressaten nicht innerhalb der in Art 230 Abs 5 EGV (Art 263 Abs 6 AEUV) vorgesehenen Frist angefochten worden seien, würden diesen gegenüber bestandskräftig. Es sei daher ausgeschlossen, dass der Empfänger einer staatlichen Beihilfe, der eine – an den Mitgliedstaat gerichtete – Entscheidung der Kommission nicht angefochten habe, deren Rechtmäßigkeit vor den innerstaatlichen Gerichten anlässlich einer Klage gegen die von den nationalen Behörden getroffenen Maßnahmen zur Durchführung der Kommissionsentscheidung mit Erfolg in Frage stelle. In diesem Sinn müsse das innerstaatliche Gericht für die volle Wirksamkeit des Gemeinschaftsrechts Sorge tragen, indem es jede entgegenstehende Bestimmung des nationalen Rechts aus eigener Entscheidungsbefugnis unangewendet lasse.

Wie schon dargelegt, liegt der Entscheidung des EuGH der Grundsatz des absoluten Vorrangs des gemeinschaftsrechtlichen Beihilfeverbots zugrunde. Auch systematisch beruht diese Entscheidung nicht auf einer im Vergleich zur Rechtssache *Kapferer* abweichenden Beurteilung der Frage nach der Durchbrechung der Rechtskraft eines gerichtlichen Urteils. Vielmehr bezieht sich der EuGH auf die Zuständigkeitsverteilung im Beihilfenrecht und hält dazu fest, dass für die Beurteilung von Beihilfemaßnahmen ausschließlich die Kommission zuständig sei. Mit den Worten des Generalanwalts[31] kann die Zuständigkeitsverteilung zwischen der Gemeinschaft und den Mitgliedstaaten auch durch ein rechtskräftiges Urteil eines innerstaatlichen Gerichts nicht ausgehebelt werden. Die Kommission unterscheidet in dieser Hinsicht zwischen Urteilen, mit denen über zur Disposition der Parteien stehende Ansprüche im Rahmen kontradiktorischer Verfahren entschieden wird, einerseits und Urteilen nationaler Gerichte auf dem Gebiet staatlicher Beihilfen andererseits: Im Beihilfenrecht würde das Interesse der nationalen Behörden und der Begünstigten oft parallel zueinander verlaufen und zwingendes Gemeinschaftsrecht die für beide Parteien fundamentale Frage der Rechtmäßigkeit der Beihilfe beherrschen. Dem EuGH kann somit nicht unterstellt werden, er komme in der Rechtssache *Lucchini* zum merkwürdigen Ergebnis, dass ein rechtskräftiges Urteil weniger wert als ein bestandskräftiger Verwaltungsakt sei[32].

31 Schlussanträge des Generalanwalts bei EuGH, Rs C-119/05, *Lucchini*, Slg 2007, I-6199, Rdnrn 69 und 80.

32 *Schweitzer*, Vorrang und nationale Verwaltungs- und Gerichtsentscheidungen, in *Schroeder* (Hrsg), Europarecht als Mehrebenensystem (2008), 36.

III. Auswirkungen auf Österreich

A. Keine gemeinschaftsautonome oder sogar amtswegige Wiederaufnahme des Verfahrens

1. Überlegungen zur Gemeinschaftsrechtswidrigkeit als Wiederaufnahmegrund

Erachtet man die Grundsätze aus der Entscheidung des EuGH in der Rechtssache *Kühne & Heitz* in Bezug auf rechtskräftige *Bescheide* als verallgemeinerungsfähig, so könnten sie durchaus auch auf *gerichtliche Entscheidungen* übertragen werden. Die Befugnis zur Überprüfung und Rücknahme einer rechtskräftigen gerichtlichen Entscheidung besteht auf Grund einer Nichtigkeitsklage (§ 529 ZPO) oder einer Wiederaufnahmeklage (§ 530 ZPO).

§ 530 ZPO über die Voraussetzungen der Wiederaufnahmeklage lautet:

„*(1) Ein Verfahren, das durch eine die Sache erledigende Entscheidung abgeschlossen worden ist, kann auf Antrag einer Partei wieder aufgenommen werden,*

1. …
7. wenn die Partei in Kenntnis von neuen Tatsachen gelangt oder Beweismittel auffindet oder zu benützen in den Stand gesetzt wird, deren Vorbringen und Benützung in früheren Verfahren eine ihr günstigere Entscheidung herbeigeführt haben würde.

(2) Wegen der in Abs 1 Z 7 angegebenen Umstände ist die Wiederaufnahme nur dann zulässig, wenn die Partei ohne ihr Verschulden außerstande war, die neuen Tatsachen oder Beweismittel vor Schluss der mündlichen Verhandlung, auf welche die Entscheidung erster Instanz erging, geltend zu machen.“

§ 534 ZPO lautet:

„*(1) Die Klage ist binnen der Notfrist von 4 Wochen zu erheben.*
(2) Diese Frist ist zu berechnen:

1. …
4. im Falle des § 530 Abs 1 Z 7 von dem Tage, an welchem die Partei imstande war, die ihr bekannt gewordenen Tatsachen und Beweismittel bei Gericht vorzubringen.

(3) Nach Ablauf von 10 Jahren nach dem Eintritte der Rechtskraft der Entscheidung kann die Klage (…) nicht mehr erhoben werden.“

Gemäß § 530 Abs 1 Z 7 ZPO kann ein gerichtliches Verfahren demnach wiederaufgenommen werden, wenn die antragstellende Partei neue Tatsachen vorbringt oder Beweismittel vorlegt[33], deren Vorhandensein eine für sie günstigere Entscheidung herbeigeführt hätte. Nach Abs 2 leg cit ist die Wiederaufnahme in diesem Fall nur dann zulässig, wenn die Partei ohne Verschulden die neuen Tatsachen oder Beweismittel nicht schon vor Schluss der mündlichen Verhandlung im Ausgangsverfahren geltend machen konnte. Ein Verschulden im Sinn des § 530 Abs 2 ZPO ist eine Vernachlässigung der im Streitverfahren gebotenen Sorgfalt der Parteien. Entscheidend ist, ob der antragstellenden Partei ein Sorgfaltsverstoß vorgeworfen werden kann. Zum Beweis bereits vor Schluss der mündlichen Verhandlung erster Instanz vorhandener Tatsachen können auch Beweismittel herangezogen werden, die im früheren Verfahren noch nicht zur Verfügung standen.

Nach den vom EuGH in der Rechtssache *Kühne & Heitz* statuierten Kriterien könnte das Vorliegen einer Gemeinschaftsrechtswidrigkeit als Wiederaufnahmegrund angesehen werden, wobei in dieser Hinsicht § 530 Abs 1 Z 7 ZPO wohl auch der gemeinschaftskonformen Interpretation zugänglich wäre. In diesem Fall könnte die Gemeinschaftsrechtswidrigkeit allenfalls als neue Tatsache und ein Urteil des EuGH als neues Beweismittel qualifiziert werden. Maßgeblicher Zeitpunkt für das Vorliegen der neuen Tatsache oder des neuen Beweismittels ist – bei Bestehen des Neuerungsverbots und hinsichtlich des Beweismittels grundsätzlich – der Schluss der mündlichen Streitverhandlung erster Instanz. Dies bedeutet, dass die Tatsache bzw das Beweismittel bereits vorhanden (entstanden) sein musste, ohne Verschulden aber nicht vorgebracht wurde. Auf nachträgliche Entscheidungen des EuGH, wie sie in er Entscheidung *Kühne & Heitz* angesprochen werden, wäre die in Rede stehende Bestimmung daher nicht anwendbar. Nicht erkennbar wäre allerdings, warum die Überprüfungspflicht bei nachträglichem Bekanntwerden eines bereits – vor Schluss der mündlichen Streitverhandlung erster Instanz – existenten Urteils des EuGH nicht bestehen sollte. In diesem Fall könnte allerdings das mangelnde Verschulden bezweifelt werden. Schließlich müsste auf die Klagefrist des § 534 ZPO Bedacht genommen werden[34].

Würde das Vorliegen von Gemeinschaftsrechtswidrigkeit die innerstaatliche Rechtskraft durchbrechen und zu einer Überprüfung auch gerichtlicher Entscheidungen verpflichten, so dürfte diese Konsequenz nicht auf materielle Rechtsfragen beschränkt bleiben, sondern müsste ebenso für verfahrensrechtliche Fragestellungen gelten. Dies hätte zur Folge, dass die innerstaatliche Rechtskraft einen Verstoß gegen die internationale Zuständigkeit nach der EuGVVO nicht heilen würde, sodass eine – nach Art 24 EuGVVO nicht geheilte – internationale bzw örtliche Unzuständigkeit auch noch nach Rechtskraft der Entscheidung in der Hauptsache aufgegriffen werden könnte. Eine solche Unzuständigkeit könnte zudem nicht nur nach Rechtskraft der Entscheidung

33 Nova reperta.

34 *Brenn*, Zivilprozess, Rdnrn 26 und 254.

in der Hauptsache, sondern ebenso dann aufgegriffen werden, wenn zwar schon die Entscheidung über die internationale Zuständigkeit, aber noch nicht die Entscheidung in der Hauptsache in Rechtskraft erwachsen ist. Wenn nämlich die Gemeinschaftsrechtswidrigkeit einer Entscheidung deren Rechtskraft durchbrechen würde und dies zur Wiederaufnahme des Verfahrens führen müsste, wäre der Verstoß gegen Gemeinschaftsrecht umso mehr zu beheben, solange das Verfahren in der Hauptsache noch behängt. Dies würde also bedeuten, dass das Berufungsgericht die Frage der internationalen Zuständigkeit trotz innerstaatlicher Rechtskraft der Zuständigkeitsentscheidung noch aufgreifen und prüfen müsste. Der dafür erforderliche Rechtsschutzantrag müsste wohl auch formlos, etwa im Rahmen einer Berufungsbeantwortung, möglich sein.

Auf Grund der vom EuGH in der Rechtssache *Kühne & Heitz* statuierten Grundsätze und seiner Bezugnahme auf das nationale Verfahrensrecht könnte allerdings nicht allgemein gefordert werden, dass das Vorliegen von Gemeinschaftsrechtswidrigkeit als ein – aus dem Gemeinschaftsrecht erfließender und zufolge des Vorrangs des Gemeinschaftsrechts von Amts wegen zu beachtender – eigenständiger, also außerhalb des § 530 ZPO stehender Wiederaufnahmegrund anerkannt wird. Maßgeblich bliebe somit grundsätzlich die gemeinschaftsrechtliche Rechtslage zum Zeitpunkt des Schlusses der mündlichen Streitverhandlung erster Instanz.

2. Ablehnung einer gemeinschaftsautonomen oder sogar amtswegigen Überprüfungsbefugnis durch den EuGH

In der Entscheidung *Kapferer* beantwortete der EuGH die Frage, ob die (kumulativen) Kriterien aus der Entscheidung *Kühne & Heitz* auf rechtskräftige gerichtliche Entscheidungen anwendbar sind, mangels einer Befugnis des Berufungsgerichts zur gemeinschaftsautonomen bzw amtswegigen Wiederaufnahme des Verfahrens nicht. Der Gerichtshof besteht somit auf die strikte Einhaltung der nationalen Verfahrensvorschriften zur Überprüfung und Aufhebung bzw Korrektur einer rechtskräftigen Entscheidung[35]. Nicht ausgeschlossen wäre damit eine Prüfung der gestellten Frage, die im Rahmen eines Wiederaufnahmeverfahrens an den Gerichtshof herangetragen wird.

Aus der Entscheidung geht jedoch hervor, dass der EuGH die Rechtskraft innerstaatlicher Gerichtsentscheidungen als wesentlichen allgemeinen Rechtsgrundsatz des Gemeinschaftsrechts anerkennt und dessen Bedeutung für den Rechtsfrieden betont. Damit stärkt der Gerichtshof die Verfahrensautonomie[36]

35 Vgl auch OGH 11.12.2007, 17 Ob 28/07b, WBl 2008/88.

36 EuGH, Rs C-201/02, *Delena Wells*, Slg 2004, I-0723; EuGH, verb Rs C-392 und C-422/04, *i-21 Germany* und *Arcor*, Slg 2006, I-8559; *Ludwigs*, ZfRV 2006, 28 mwN.

der Mitgliedstaaten und leistet auf diese Weise einen wichtigen Beitrag zur Rechtssicherheit[37].

Die Entscheidung des EuGH in der Rechtssache *Kapferer* betrifft eine gerichtliche Zuständigkeitsentscheidung. Es stellt sich somit die Frage, ob von der „verstärkten" Bestandskraft gerichtlicher Entscheidungen[38] sämtliche Urteile und Beschlüsse ordentlicher Gerichte erfasst sind, oder ob Ausnahmen bestehen. Der bisherigen Judikatur der EuGH lassen sich keine Anhaltspunkte für solche Ausnahmen entnehmen. Da auch die nachträgliche Beseitigung rein verfahrensrechtlicher Beschlüsse die Rechtssicherheit in Ansehung weitergeführter oder schon abgeschlossener Verfahren gefährdet, ist grundsätzlich davon auszugehen, dass sämtliche gerichtlichen Entscheidungen nach Eintritt der Rechtskraft nicht mehr auf ihre Übereinstimmung mit dem Gemeinschaftsrecht hin überprüft werden müssen. Fraglich könnte dies allenfalls für Entscheidungen sein, die die nach gemeinschaftsrechtlichen Grundsätzen ordnungsgemäße Zustellung von verfahrensbestimmenden Schriftsätzen oder von Entscheidungen (zB einem Versäumungsurteil) verhindern und damit das rechtliche Gehör einer Verfahrenspartei, also ein Verfahrensgrundrecht[39] betreffen. Zu denken ist in dieser Hinsicht etwa an Beschlüsse auf Namhaftmachung eines inländischen Zustellungsbevollmächtigten.

3. Differenzierung zwischen gerichtlichen Entscheidungen und Verwaltungsentscheidungen

Aus der Judikatur des EuGH zur Überprüfungs- und Rücknahmepflicht[40] verwaltungsbehördlicher Entscheidungen im Vergleich zur *Kapferer*-Entscheidung könnte abgeleitet werden, dass der Gerichtshof in dieser Hinsicht zwischen gerichtlichen und verwaltungsbehördlichen Entscheidungen differenziert und den Gerichtsentscheidungen eine verstärkte Bestandskraft zuerkennt.

Eine Linderung dieses Problems könnte im Hinweis des EuGH auf die Maßgeblichkeit des nationalen Verfahrensrechts gesehen werden. Auch nach der Entscheidung in der Rechtssache *Kapferer* muss zur Beseitigung von Gemeinschaftsrechtswidrigkeit „nicht von der Anwendung innerstaatlicher Verfahrensvorschriften" abgesehen werden. Eine rechtskräftige gerichtliche

37 Zur Anerkennung des Grundsatzes der Rechtssicherheit EuGH, Rs C-310/97, *AssiDomän,* Slg 1999, I-5363.

38 Siehe dazu nachstehend Pkt III.A.3

39 Vgl Schlussanträge des Generalanwalts bei EuGH, Rs C-119/05, *Lucchini,* Slg 2007, I-6199, Rdnr 37.

40 In seiner Entscheidung EuGH, verb Rs C-392/04 und C-422/04, *i-21 Germany* und *Arcor,* Slg 2006, I-8559, spricht der EuGH von einer Verpflichtung der nationalen Behörden, ihre Entscheidung bei Vorliegen der *Kühne & Heitz*-Kriterien zu überprüfen und eventuell zurückzunehmen.

Entscheidung muss demnach nicht in Abweichung von den nationalen Verfahrensvorschriften überprüft bzw aufgehoben oder abgeändert werden. Da dem EuGH die mögliche Interpretation des Wiederaufnahmsgrundes des § 530 Abs 1 Z 7 ZPO im Sinn der *Kühne & Heitz*-Kriterien durch das Landesgericht Innsbruck aufgezeigt wurde, ist aus der *Kapferer*-Entscheidung abzuleiten, dass der Gerichtshof die Notwendigkeit einer Korrektur gemeinschaftsrechtswidriger rechtskräftiger Entscheidungen im Wege interpretativer oder analoger Lösungen verneint. Nur wenn das nationale Verfahrensrecht allgemein und ausdrücklich[41] eine Überprüfung bzw Rücknahme rechtskräftiger Entscheidungen vorsieht oder eine spezielle Regelung für die Beseitigung gemeinschaftsrechtswidriger rechtskräftiger Entscheidungen enthält, bildet ein Verstoß gegen Gemeinschaftsrecht auch einen Grund dafür, die davon betroffene rechtskräftige Entscheidung zu beseitigen bzw zu korrigieren. Solange der nationale Gesetzgeber das Vorliegen von Gemeinschaftsrechtswidrigkeit nicht als eigenständigen Wiederaufnahmsgrund normiert, führt der Verstoß gegen Gemeinschaftsrecht somit nicht zu einer Wiederaufnahme des gerichtlichen (und auch des verwaltungsbehördlichen) Verfahrens. Aus der Entscheidung in der Rechtssache *Kapferer* ist daher abzuleiten, dass der Grundsatz der einheitlichen und effektiven Anwendung des Gemeinschaftsrechts die Geltungskraft der innerstaatlichen Verfahrensvorschriften, konkret der Bestimmungen über die Beseitigung der Rechtskraft bzw die Wiederaufnahme des Verfahrens, grundsätzlich unberührt lässt[42]. Die Ansicht, dass die Mitgliedstaaten die Möglichkeit einer Rücknahme bestandskräftiger Verwaltungsakte auf Grund des Gemeinschaftsrechts prinzipiell vorsehen müssten[43], kann insofern nicht geteilt werden. Vielmehr steckt der EuGH in der Entscheidung *Kapferer* auch die Schranken der verfahrensrechtlichen Befugnisse der Mitgliedstaaten ab. Demnach haben die Mitgliedstaaten bei der Ausgestaltung des Verfahrens für die Klagen, die den Schutz der dem Bürger aus der unmittelbaren Wirkung des Gemeinschaftsrechts erwachsenden Rechte gewährleisten sollen, dafür zu sorgen, dass die betreffenden Modalitäten nicht ungünstiger sind als für gleichartige Klagen, die das innerstaatliche Recht betreffen (*Grundsatz* der Gleichwertigkeit bzw *Äquivalenz*), und dass sie nicht so ausgestaltet sind, dass sie

41 So auch *Streinz*, JuS 2006, 639 und *Ludwigs*, ZfRV 2006, 28.

42 *Ludwigs*, ZfRV 2006, 28.

43 *Potacs*, Gemeinschaftsrecht und Bestandskraft staatlicher Verwaltungsakte, in *Bröhmer/Bieber/Calliess/Langenfeld/Weber/Wolf* (Hrsg), Internationale Gemeinschaft und Menschenrechte. FS Georg Ress (2005), 735; dazu auch die Schlussanträge des Generalanwalts in den verb Rs C-392 und C-422/04, *i-21 Germany* und *Arcor*, Slg 2006, I-8559 Rdnrn 77 und 116: „Die Rechtssysteme der Mitgliedstaaten kennen unter der einen oder anderen Bezeichnung die Möglichkeit, unangreifbare Verwaltungsakte zu überprüfen, wenn diese mit bestimmten Fehlern behaftet sind".

die Ausübung der Rechte, die die Gemeinschaftsrechtsordnung einräumt, praktisch unmöglich machen (*Grundsatz* der *Effektivität*)[44].

Von der Frage der Rücknahme einer von Gemeinschaftsrechtswidrigkeit betroffenen rechtskräftigen Entscheidung ist die Fragestellung nach der Maßgeblichkeit einer rechtskräftigen Entscheidung für eine „präjudizierte" Folgeentscheidung zu differenzieren. Eine solche Bindungswirkung einer gemeinschaftsrechtswidrigen Entscheidung wird zu verneinen sein[45].

Die bekräftigenden Hinweise des EuGH auf die Beschränkung der Überprüfungs- und Rücknahmepflicht bei rechtskräftigen gerichtlichen Entscheidungen lassen durchaus den Schluss zu, dass der Gerichtshof gerichtlichen Entscheidungen einen größeren Stellenwert beimisst, ohne dass er die Gründe dafür offenlegt. Aus diesem Grund kann die berechtigte Erwartung bestehen, dass für rechtskräftige gerichtliche Entscheidungen die Gefahr, zufolge Verstoßes gegen Gemeinschaftsrecht zurückgenommen zu werden, geringer als für bestandskräftige Verwaltungsakte ist. Gerichtlichen Entscheidungen kann daher ein „verstärkter" Bestandsschutz zugesprochen werden. Auch der Generalanwalt betonte in seinen Schlussanträgen in der Rechtssache *Kapferer,* dass die Frage nach dem Grundsatz der Rechtskraft eine Frage anderer Natur und Tragweite als jene nach der Bestandskraft von Verwaltungsentscheidungen sei[46]. Auf Grund dieser Erkenntnis und des Umstands, dass sich der EuGH an die sensible Frage der Rechtskraftdurchbrechung bei gerichtlichen Entscheidungen im Sinn eines grundsätzlichen Vorrangs der innerstaatlichen Rechtskraft herantastet, kann die *Kapferer*-Entscheidung keineswegs als „wenig ergiebig"[47] bezeichnet werden. Jedenfalls können rechtskräftige gerichtliche Entscheidungen nach nationalem Verfahrensrecht unter wesentlich schwierigeren Bedingungen als Verwaltungsakte aufgehoben bzw abgeändert werden.

Die Frage, ob für Gerichte auch eine Verpflichtung zur Korrektur einer rechtskräftigen Entscheidung bestünde, wenn es nach innerstaatlichem Recht eine Befugnis zur Überprüfung und Rücknahme einer rechtskräftigen nationalen Entscheidung gäbe, ließ der EuGH zwar unbeantwortet[48]. Auf Grund der statuierten Maßgeblichkeit der nationalen Verfahrensvorschriften ist dies aller-

---

44 EuGH, Rs C-234/04, *Kapferer,* Slg 2006, I-2585, Rdnr 22.

45 Schlussanträge des Generalanwalts bei EuGH, Rs C-2/08, *Olimpiclub*, Urteil vom 3. September 2009, noch nicht in der amtl Slg veröffentlicht; vgl auch *Gurtner/Hofbauer-Steffel/Kofler,* taxlex-EC 2009, 56.

46 Schlussanträge des Generalanwalts bei EuGH, Rs C-234/04, *Kapferer,* Slg 2006, I-2585, Rdnr 25; vgl auch *Ludwigs,* ZfRV 2006; 28: „Der rechtskräftig bestätigte Verwaltungsakt kann nicht dieselbe Bestandsfestigkeit beanspruchen wie ein gerichtliches Urteil, weil er als zukunftsorientiertes Gestaltungsmittel eher veränderten Verhältnissen angepasst werden muss, als eine gerichtliche Entscheidung".

47 *Schweitzer,* Vorrang, in *Schroeder* (Hrsg), Europarecht, 34.

48 *Schallmoser,* ÖJZ 2008, 943.

dings zu bejahen[49]. Nicht erkennbar ist aber, dass eine Rücknahmepflicht von der weiteren gemeinschaftsrechtlichen Voraussetzung abhängig wäre, dass nicht in Rechte Dritter eingegriffen werde.

4. Rechtskräftige Entscheidung eines Strafgerichts

In der Literatur[50] wird die Ansicht vertreten, dass die rechtskräftige Verurteilung zu einer Freiheitsstrafe nicht aufrechterhalten werden dürfe, wenn das strafgerichtliche Urteil gemeinschaftsrechtswidrig sei. Diese Ansicht wird aus Art 5 Abs 1 lit a EMRK abgeleitet; das Vorliegen einer Gemeinschaftsrechtswidrigkeit mache das Urteil „unlawful" im Sinn der EMRK. Der Grundsatz der Rechtssicherheit überwiege, wenn einer Person ein Recht garantiert werde. Ein solches rechtliches Interesse habe beispielsweise die obsiegende Partei eines Zivilprozesses. Im Strafprozess fehle hingegen ein solches rechtliches Interesse an der Aufrechterhaltung einer dem Gemeinschaftsrecht widersprechenden Entscheidung insbesondere dann, wenn der Angeklagte zu einer Strafe verurteilt worden sei. In einem solchen Fall liege das Interesse sowohl des Staats als auch des Verurteilten gerade darin, Gemeinschaftsrechtskonformität herzustellen. Außerdem sei eine etwaige strafrechtliche Verurteilung zu einer Haftstrafe, die sich auf eine dem Gemeinschaftsrecht widersprechende nationale Bestimmung gründe, rechtswidrig oder „unlawful" und verletze damit Art 5 EMRK. Von der Erneuerung des Strafverfahrens gemäß §§ 363 a bis 363 c StPO seien nur Urteile des EGMR erfasst. Es sei daher sinnvoll, ein Urteil des EGMR quasi „vorwegzunehmen" und insofern zu „fingieren" und damit die Erneuerung des Strafverfahrens schon dann zuzulassen, wenn die Verletzung der EMRK indirekt durch ein Urteil des EuGH zwar feststehe, aber vom EGMR noch nicht festgestellt worden sei.

Die grundsätzliche Bedeutung der Rechtskraft gerichtlicher Entscheidungen, die vom EuGH anerkannt und gewürdigt wird, ergibt sich zweifellos aus der Stellung der ordentlichen Gerichte als Garanten für rechtsstaatliche und faire Verfahren. Die Grundsätze aus der Entscheidung in der Rechtssache *Kapferer* sind daher ohne weiteres auch auf strafgerichtliche Entscheidungen übertragbar. Jedenfalls aus dem Gemeinschaftsrechts lässt sich demnach keine autonome Verpflichtung zur Wiederaufnahme eines Strafverfahrens nach festgestellter Gemeinschaftsrechtswidrigkeit ableiten. Auch in dieser Hinsicht sind ausschließlich die Vorschriften des nationalen Verfahrensrechts maßgeb-

49 *Wittmann,* ecolex 2007, 109; vgl EuGH, verb Rs C-392 und C-422/04, *i-21 Germany* und *Arcor,* Slg 2006, I-8559, wonach ein Rücknahmeermessen auch zur Durchsetzung von Gemeinschaftsrecht angewendet werden muss, wenn der Behörde für die Rücknahme eines rechtskräftigen Verwaltungsakts ein Ermessen eingeräumt ist; vgl auch EuGH, Rs C-2/06, *Kempter,* Slg 2008, I-0411, Rdnr 45.

50 *Schallmoser,* ÖJZ 2008, 941.

lich. Inwieweit eine Beurteilung nach den Bestimmungen der EMRK eine andere Beurteilung rechtfertigt, muss in diesem Rahmen nicht geprüft werden.

B. Inländischer Zustellungsbevollmächtigter

1. Rechtskraft des Beschlusses auf Namhaftmachung

Den Grundsatz aus der *Kapferer*-Entscheidung, wonach ein Verstoß gegen Gemeinschaftsrecht nach Rechtskraft der betreffenden Entscheidung des innerstaatlichen Gerichts nicht gemeinschaftsautonom bzw von Amts wegen wahrgenommen werden kann, machte sich der OGH[51] im Zusammenhang mit der Beurteilung der Gemeinschaftsrechtswidrigkeit des inländischen Zustellungsbevollmächtigten zunutze.

Wie bei Beklagten mit Wohnsitz im Ausland üblich, wurde im Ausgangsverfahren dem Beklagten mit Aufenthalt in Deutschland vom Bezirksgericht Innere Stadt Wien als Erstgericht aufgetragen, binnen drei Wochen ab Zustellung des Beschlusses einen in Österreich wohnhaften Zustellungsbevollmächtigten namhaft zu machen. Nach fruchtlosem Ablauf dieser Frist werde die Zustellung der für den Beklagten bestimmten Schriftstücke ohne Zustellversuch durch Hinterlegung bei Gericht vorgenommen. Dieser Beschluss sowie die Klage wurden dem Beklagten durch Übergabe an eine Ersatzempfängerin zugestellt, die in der Folge die Schriftstücke dem Beklagten aushändigte. Einen Zustellungsbevollmächtigten machte der Beklagte nicht namhaft. Die Ladung zur vorbereitenden Tagsatzung konnte ihm in Deutschland nicht zugestellt werden. Da er zur Tagsatzung nicht erschien, erließ das Erstgericht ein Versäumungsurteil, das bei Gericht hinterlegt wurde. Nach Zustellung des Exekutionsbewilligungsbeschlusses erhob der Beklagte gegen das Versäumungsurteil Berufung und hilfsweise Widerspruch; weiters beantragte er die Aufhebung der Bestätigung der Vollstreckbarkeit des Versäumungsurteils sowie die Wiedereinsetzung in den vorherigen Stand.

Das Erstgericht gelangte zum Ergebnis, dass die Zustellung des Versäumungsurteils durch Hinterlegung bei Gericht wirksam gewesen sei. Das Rekursgericht gab dem Rekurs des Beklagten Folge. Einer Person mit Wohnsitz oder gewöhnlichem Aufenthalt in einem Mitgliedstaat der EU dürfe nicht die Namhaftmachung eines Zustellungsbevollmächtigten aufgetragen werden, weil für eine sich im Inland aufhaltende Partei dieses Erfordernis nicht bestehe. Daher seien die im Anlassfall gemäß § 10 ZustG vorgenommenen Zustellungen an den Beklagten unwirksam. Der OGH gab dem Revisionsrekurs der Klägerin Folge und stellte die Entscheidung des Erstgerichts wieder her. Der Auftrag nach § 10 ZustG, der im Ermessen des Gerichts liege, sei ein nach der

51 OGH 23.9.2008, 10 Ob 59/08m; siehe auch OLG Wien 7.1.2009, 15 R 188/08i.

Rechtsprechung des OGH abgesondert anfechtbarer Beschluss. Da dieser Beschluss vom Beklagten nicht bekämpft worden sei, sei dieser in Rechtskraft erwachsen. Infolge Rechtskraft dieses Beschlusses sei das Rekursgericht daran gebunden gewesen. Dieses hätte den Beschluss daher auch nicht auf eine inhaltliche Rechtswidrigkeit überprüfen dürfen, selbst wenn ein Fehler dieser Art vom Rekurswerber gerügt worden wäre. Auch die vom Rekursgericht angenommene Gemeinschaftsrechtswidrigkeit des § 10 ZustG[52] und demzufolge des auf dieser Norm beruhenden Beschlusses des Erstgerichts ändere daran nichts. Der EuGH habe nämlich bereits ausgesprochen, dass der sich aus Art 10 EGV [Art 4 Abs 3 EUV(neu)] ergebende Grundsatz der Zusammenarbeit es einem nationalen Gericht nicht gebiete, von der Anwendung innerstaatlicher Verfahrensvorschriften zu dem Zweck abzusehen, eine in Rechtskraft erwachsene gerichtliche Entscheidung zu überprüfen und aufzuheben, falls sich zeige, dass sie gegen Gemeinschaftsrecht verstoße. Zur Gewährleistung des Rechtsfriedens und der Beständigkeit rechtlicher Beziehungen sowie einer geordneten Rechtspflege sollten nämlich nach Ausschöpfung des Rechtswegs oder nach Ablauf der entsprechenden Rechtsmittelfristen unanfechtbar gewordene Gerichtsentscheidungen nicht mehr in Frage gestellt werden können. Auch der OGH könne den rechtskräftigen Beschluss des Erstgerichts nicht überprüfen. Da dieser rechtskräftige Beschluss auch dann die in § 10 ZustG normierten Wirkungen entfalte, wenn er unrichtig gewesen sein sollte, müsse zu der von der Entscheidung des OGH 7 Ob 135/04k[53] abweichenden Rechtsansicht des Rekursgerichts und zu der kontrovers diskutierten Gemeinschaftsrechtskonformität des Auftrags zur Namhaftmachung eines Zustellungsbevollmächtigten nicht Stellung genommen werden. Diese Frage sei nicht präjudiziell.

2. Gemeinschaftsrechtswidrigkeit

Bis zum Inkrafttreten der Zivilverfahrensnovelle 2009[54] am 1. April 2009 war der inländische bzw im Inland wohnhafte Zustellungsbevollmächtigte in §§ 9 und 10 ZustG[55] geregelt. Mit der Zivilverfahrensnovelle 2009 wurde – letztlich über Initiative des Justizausschusses[56] – in § 97 Abs 5 ZPO angeordnet, dass eine Zustellungsvollmacht nur einer Person mit einer Abgabestelle im Inland wirksam erteilt werden kann. Im neu eingeführten § 98 ZPO wurde bestimmt, dass Parteien oder Bevollmächtigten, die keine Abgabestelle im Inland haben, vom Gericht aufgetragen werden kann, innerhalb einer mindestens vierzehn-

52 In der im Anlassfall anzuwendenden Fassung BGBl I 1998/158.

53 SZ 2004/114.

54 BGBl I 2009/30.

55 Zuletzt idF BGBl I 2004/10 und BGBl I 2008/5.

56 JAB 114 BlgNR XXIV.GP, 2 ff.

tägigen Frist für den Rechtsstreit einen Zustellungsbevollmächtigten namhaft zu machen, widrigenfalls weitere Zustellungen durch Übersendung des jeweiligen Schriftstücks ohne Zustellnachweis erfolgen. Das Schriftstück gilt vierzehn Tage nach Aufgabe zur Post als zugestellt. Auf diese Rechtsfolge ist im Auftrag hinzuweisen.

Im Anwendungsbereich des EG-Vertrags verstößt ein Auftrag zur Namhaftmachung eines „inländischen" Zustellungsbevollmächtigten sowohl nach §§ 9 und 10 ZustG als auch nach §§ 97 und 98 ZPO gegen Gemeinschaftsrecht.

Ein Auftrag zur Namhaftmachung eines Zustellungsbevollmächtigten mit Wohnsitz bzw Abgabestelle im Inland gegenüber einem EWR-Bürger verstößt schon gegen § 10 iVm § 9 ZustG. Diese Bestimmungen gehen somit selbst von der Gemeinschaftsrechtswidrigkeit eines inländischen Zustellungsbevollmächtigten aus. § 10 ZustG spricht nur vom Zustellungsbevollmächtigten an sich. Darüber, wo dieser seinen Wohnsitz haben muss, enthält diese Bestimmung keine Aussage. Zur Klärung dieser Frage muss daher auf § 9 ZustG zurückgegriffen werden. Nach § 9 Abs 2 ZustG kann einer natürlichen Person ohne Hauptwohnsitz im Inland und einer juristischen Person oder eingetragenen Personengesellschaft ohne Vertreter mit Hauptwohnsitz im Inland keine Zustellungsvollmacht erteilt werden. Das Erfordernis des Hauptwohnsitzes im Inland gilt jedoch nicht für Staatsangehörige von EWR-Vertragsstaaten, falls Zustellungen im Wohnsitzstaat durch Staatsverträge oder auf andere Weise sichergestellt sind[57]. Die angesprochene Sicherstellung der Zustellung ist durch die Europäische Zustellungsverordnung[58] – in deren Anwendungsbereich – ohne jeden Zweifel garantiert. Ein Beklagter mit Sitz in Deutschland[59] wäre daher berechtigt, einen Zustellungsbevollmächtigten mit Wohnsitz in Portugal oder Griechenland bekannt zu geben. Die Sinnhaftigkeit dieser Regelung ist nicht erkennbar. Vielmehr wäre auf die Namhaftmachung eines Zustellungsbevollmächtigten ganz zu verzichten[60].

Die den §§ 9 und 10 ZustG zugrunde liegende Wertung der Gemeinschaftsrechtswidrigkeit der Namhaftmachung eines inländischen Zustellungsbevollmächtigten ist zutreffend. Der OGH hat sich mit dieser Frage in der Entscheidung 7 Ob 135/04k[61] befasst. Dieser Entscheidung liegt der Fall zugrunde, dass in einer Verlassenschaftssache einer in Deutschland ansässigen Antragstellerin, die durch einen deutschen Rechtsanwalt vertreten war, gemäß § 10

57 Vgl *Raschauer* in *Raschauer/Sander/Wessely*, Österreichisches Zustellrecht § 10 Rdnr 9.

58 EuZVO: Verordnung (EG) 1393/2007 des EP und des Rates vom 13.11.2007 über die Zustellung gerichtlicher und außergerichtlicher Schriftstücke in Zivil- oder Handelssachen in den Mitgliedstaaten („Zustellung von Schriftstücken") und zur Aufhebung der Verordnung (EG) 1348/2000 des Rates, ABl 2007 L 324, 79.

59 Vgl dazu auch Art 20 Abs 2 EuZVO.

60 *Brenn*, Zivilprozess, Rdnr 285.

61 SZ 2004/114.

ZustG aufgetragen wurde, einen in Österreich wohnhaften Zustellungsbevollmächtigten namhaft zu machen. Der OGH führte dazu aus, dass eine Diskriminierung von Ausländern durch § 10 ZustG schon deshalb nicht zu erkennen sei, weil diese Bestimmung gleichermaßen die Zustellung an Österreicher betreffe, die sich nicht nur vorübergehend im Ausland aufhielten. Zustellungen im Ausland seien erfahrungsgemäß oft aufwendig, erforderten bisweilen die Einschaltung mehrerer Behörden und seien selbst im benachbarten Ausland häufig mit Verzögerungen und Schwierigkeiten verbunden, die nicht selten einen monatelangen Verfahrensstillstand zur Folge hätten. Selbst bei sorgfältiger Terminplanung führe das Ausbleiben von Zustellnachweisen zu Zufallsergebnissen. Auch wenn der Rechtshilfeverkehr mit manchen Staaten völlig reibungslos ablaufe, könnten Verzögerungen immer wieder vorkommen. Durch die steigende Mobilität würden auch die Auslandsaufenthalte von Beteiligten zunehmen. § 10 ZustG trage diesen Umständen dadurch Rechnung, dass das Entscheidungsorgan einem Verfahrensbeteiligten, durch dessen längeren Auslandsaufenthalt Zustellungen im Ausland nötig würden, die Bestellung eines Zustellungsbevollmächtigten auftragen könne. Werde dieser Auftrag nicht befolgt, so erfolgten weitere Zustellungen durch Hinterlegung bei der Behörde. Damit werde auch möglichen Versuchen des Empfängers begegnet, sich weiteren Zustellungen zu entziehen. § 10 ZustG verfolge also die Tendenz, mit einem – im weiteren Sinn – ausländischen Verfahrensbeteiligten tunlichst über einen inländischen Zustellungsbevollmächtigten zu verkehren. Da dies aus den erwähnten Gründen sachlich gerechtfertigt erscheine, bestünden auch aus gemeinschaftsrechtlicher Sicht dagegen keine Bedenken.

Diese Beurteilung ist im Schrifttum auf Kritik gestoßen[62]. Dabei ist zu berücksichtigen, dass ein Zivilprozess, der im Zusammenhang mit der Ausübung einer Grundfreiheit oder einer sonstigen wirtschaftlichen Tätigkeit bei legalem Aufenthalt in einem Mitgliedstaat steht, also einen daraus resultierenden Anspruch betrifft, in den Anwendungsbereich des EG-Vertrags fällt. In einem solchen Fall sind neben dem allgemeinen Diskriminierungsverbot ebenso die sich aus den einzelnen Grundfreiheiten ergebenden speziellen Diskriminierungsverbote (aus Gründen der Staatsangehörigkeit) zu beachten. Richtig ist zwar, dass nach dem Wortlaut des § 10 ZustG auch Inländer mit Aufenthalt im Ausland von der Pflicht zur Namhaftmachung eines Zustellungsbevollmächtigten betroffen sind. Eine rechtliche bzw unmittelbare Ungleichbehandlung ist daher zu verneinen. Allerdings ist zu beachten, dass die Pflicht zur Namhaftmachung eines Zustellungsbevollmächtigten nur für einen Verfahrensbeteiligten mit (gewöhnlichem) Aufenthalt im Ausland bzw ohne inländische Abgabestelle besteht. Ein solches Aufenthaltserfordernis wirkt sich aber gleich wie ein Wohnsitzerfordernis in erster Linie zum Nachteil der Angehöri-

62 *Brenn,* Zivilprozess, Rdnrn 281 ff; *Brenn,* Europäischer Vollstreckungstitel, Zak 2005, 5 f.

gen anderer Mitgliedsstaaten aus, weil die davon Betroffenen in weit überwiegender Zahl der Fälle Ausländer sind. Damit liegt eine tatsächliche bzw mittelbare Ungleichbehandlung aus Gründen der Staatsangehörigkeit vor. Zufolge Ungleichbehandlung stellt sich die Frage nach einer möglichen Rechtfertigung. Im Fall einer tatsächlichen Ungleichbehandlung kommen dafür sowohl die geschriebenen Rechtfertigungsgründe als auch zwingende Erfordernisse des Allgemeininteresses in Betracht. Das Vorliegen eines geschriebenen Rechtfertigungsgrundes[63] ist nicht erkennbar. Als zwingendes Erfordernis des Allgemeininteresses kann die Sicherstellung der Zustellung und damit das Funktionieren der Rechtspflege ins Treffen geführt werden. Ein ähnlicher Rechtfertigungsgrund ist von der österreichischen Regierung in der Rechtssache *Clean Car Autoservice*[64] vor dem EuGH vorgetragen worden. In seiner dazu ergangenen Entscheidung führte der EuGH aus, dass das Erfordernis des inländischen Wohnsitzes für den Geschäftsführer zur Sicherstellung der Zustellung allfälliger gewerbebehördlicher Bescheide nicht notwendig und daher nicht gerechtfertigt sei, wenn die Zustellung der Bescheide an den Geschäftsführer durch ein völkerrechtliches Abkommen zwischen dem Gewerbestaat und dem Wohnsitzstaat des Geschäftsführers gewährleistet sei. Zwar stelle die zu beurteilende Bestimmung nicht auf die Staatsangehörigkeit des Geschäftsführers ab, jedoch bestehe beim Kriterium des Wohnsitzes die Gefahr, dass sich die Vorschrift hauptsächlich zum Nachteil der Angehörigen anderer Mitgliedsstaaten auswirke, zumal Gebietsfremde zumeist Ausländer seien. Der Grundsatz der Gleichbehandlung verbiete nicht nur die offene Diskriminierung auf Grund der Staatsangehörigkeit, sondern auch alle verdeckten Formen der Diskriminierung, die mit Hilfe der Anwendung anderer Unterscheidungsmerkmale tatsächlich zum selben Ergebnis führten. Das Erfordernis eines inländischen Wohnsitzes für den gewerberechtlichen Geschäftsführer stelle daher eine nicht gerechtfertigte mittelbare bzw tatsächliche Diskriminierung dar.

Unter Zugrundelegung der sich aus dieser Entscheidung ergebenden Grundsätze gilt für den „inländischen“ Zustellungsbevollmächtigten Folgendes: Sollte das Erfordernis eines inländischen Zustellungsbevollmächtigten zur Erreichung des in Rede stehenden Schutzzieles noch als geeignet angesehen werden, etwa weil eine Zustellung im Inland rascher und zuverlässiger bewirkt werden kann, so wäre jedenfalls die Erforderlichkeit im Rahmen der Verhältnismäßigkeitsprüfung zu verneinen. Gerade durch die Europäische Zustellungsverordnung soll sichergestellt werden, dass die grenzüberschreitende Zustellungsrechtshilfe rasch und problemlos funktioniert. Da durch die harmonisierten Zustellungsregelungen eine einfache, rasche und verlässliche Zustellung in den Mitgliedsstaaten sichergestellt werden kann, ist im EU-Bereich eine inländische „Postempfangsstelle“ zur Bewerkstelligung der Zustel-

63 Vor allem öffentliche Ordnung, Sicherheit und Gesundheit.

64 EuGH, Rs C-350/96, *Clean Car*, Slg 1998, I-2521.

lung gerade nicht erforderlich. Ein Auftrag zur Namhaftmachung eines „inländischen“ Zustellungsbevollmächtigten widerspricht im Anwendungsbereich des EG-Vertrags in Bezug auf Personen mit (Wohn)Sitz in einem Mitgliedsstaat (EWR-Staat) daher dem Gemeinschaftsrecht.

Diesen Überlegungen kann nicht entgegengehalten werden, dass nach Art 40 Abs 2 EuGVVO ein außerhalb des Vollstreckungsstaats ansässiger Betreibender ein Wahldomizil zu begründen oder einen Zustellungsbevollmächtigten zu benennen habe[65]. Zum einen ist das sekundäre Gemeinschaftsrecht am primären Gemeinschaftsrecht zu messen und nicht umgekehrt. Außerdem stellt Art 40 Abs 2 EuGVVO nicht auf den Vollstreckungsstaat an sich, sondern auf den Bezirk des angerufenen Gerichts ab[66], weshalb diese Bestimmung insoweit als Spezialvorschrift gedeutet werden könnte. Zum anderen wurde Art 40 Abs 2 EuGVVO aus Art 33 Abs 2 LGVÜ/EuGVÜ übernommen. In den 80-er Jahren gehörten weder die Europäische Zustellungsverordnung noch Überlegungen, wie sie vom EuGH in der Entscheidung *Clean Car* ausgedrückt wurden, zum acquis communautaire. Auch der Hinweis auf Art 38 der Verfahrensordnung des EuGH (VerfO) stützt die Ansicht, die Nominierung eines inländischen Zustellungsbevollmächtigten müsse zulässig sein, nicht. Nach Art 38 § 2 der VerfO in der ursprünglichen Fassung[67] ist in der Klageschrift eine Zustellungsanschrift am Ort des Gerichtssitzes anzugeben und eine Person zu benennen, die ermächtigt ist, die Zustellungen entgegenzunehmen. In der Novellierung der VerfO des EuGH Ende 2000 wurde diese Bestimmung wie folgt modifiziert: „*Zusätzlich zu oder statt der in Abs 1 genannten Zustellungsanschrift kann in der Klageschrift angegeben werden, dass sich der Anwalt oder Bevollmächtigte damit einverstanden erklärt, dass Zustellungen an ihn mittels Fernkopierer oder sonstiger technischer Kommunikationsmittel erfolgen.*“[68] Auch nach der novellierten VerfO des EuGH ist damit nicht mehr zwingend die Namhaftmachung eines Zustellungsbevollmächtigten geboten. Auf Grund der neuerlichen Änderung der VerfO Anfang 2008[69] ist in Art 104b § 6 VerfO vorgesehen, dass Zustellungen und Mitteilungen durch Übermittlung einer Kopie mittels Fernkopierer oder sonstiger beim Gerichtshof und beim Empfänger vorhandener technischer Kommunikationsmittel erfolgen können.

Aus eben den genannten Gründen verstößt auch ein Auftrag zur Namhaftmachung eines Zustellungsbevollmächtigten mit Abgabestelle im Inland nach §§ 97, 98 ZPO gegen das Gemeinschaftsrecht. Diese Ansicht wird durch eine zwischenzeitlich ergangene Entscheidung des EuGH gestützt. In einem Ver-

65 Vgl ZIK 2005, 33; ZIK 2008, 31.
66 Vgl *Mankowski* in *Rauscher*, Europäisches Zivilprozessrecht² Art 40 Rdnrn 12.
67 ABl 1991 L 176, 7.
68 ABl 2000 L 322, 1
69 ABl 2008 L 24, 39.

tragsverletzungsverfahren wegen § 21 Abs 4 PatentG[70] hat der EuGH Österreich am 11. Juni 2009 wegen eines Verstoßes gegen Art 49 EGV (Art 56 AEUV) verurteilt, weil das Patentgesetz die in einem anderen Mitgliedstaat regulär niedergelassenen Patentanwälte, die vorübergehend in Österreich Dienstleistungen erbringen möchten, verpflichtet, einen in Österreich wohnhaften Zustellungsbevollmächtigten zu bestellen[71]. In seiner Entscheidung hält der Gerichtshof zunächst fest, dass Art 49 EGV (Art 56 AEUV) nach ständiger Rechtsprechung nicht nur die Beseitigung jeder Diskriminierung des in einem anderen Mitgliedstaat ansässigen Dienstleistenden auf Grund seiner Staatsangehörigkeit verlange, sondern auch die Aufhebung aller Beschränkungen – selbst wenn sie unterschiedslos für inländische Dienstleistende wie für solche aus anderen Mitgliedstaaten gelten –, die geeignet sind, die Tätigkeiten von Dienstleistenden, die in einem anderen Mitgliedstaat ansässig sind und dort rechtmäßig entsprechende Dienstleistungen erbringen, zu unterbinden, zu behindern oder weniger attraktiv zu machen. Aus der Rechtsprechung des Gerichtshofs gehe hervor, dass die Pflicht eines bereits in einem anderen Mitgliedstaat niedergelassenen Patentanwalts, der Dienstleistungen erbringen wolle, einen Zustellbevollmächtigten im Aufnahmemitgliedstaat zu bestellen, eine Beschränkung des freien Dienstleistungsverkehrs im Sinn von Art 49 EGV (Art 56 AEUV) darstelle[72]. Die Notwendigkeit, einen ordnungsgemäßen Verfahrensablauf zu gewährleisten, lasse sich zwar als zwingender Grund des Allgemeininteresses anführen, der eine Beschränkung des freien Dienstleistungsverkehrs rechtfertigen könne. Die Verpflichtung nach § 21 Abs 4 PatentG, einen in Österreich wohnhaften Zustellungsbevollmächtigten zu bestellen, gehe aber über das hinaus, was zur Erreichung dieses Zieles erforderlich sei. Zum einen würden die modernen elektronischen Kommunikationsmittel den Patentanwälten die Möglichkeit bieten, die notwendige Kommunikation mit Gerichten und Verwaltungsbehörden auf angemessene Weise zu gewährleisten. Zum anderen setze die postalische Zustellung nicht voraus, dass im Aufnahmestaat ein Zustellungsbevollmächtigter bestellt werde. Diese könne nämlich unmittelbar zwischen den Mitgliedstaaten ohne diesen Vermittler durchgeführt werden, wie dies in den Art 14 und 16 der Verordnung 1348/2000[73] anerkannt sei.

Der EuGH erteilt damit der verpflichtenden Bestellung eines „inländischen“ Zustellungsbevollmächtigten mit Wohnsitz bzw Abgabestelle im In-

70 EuGH, Rs C-564/07, *Kommission gegen Österreich,* Slg 2009, I-100; siehe BGBl I 2005/42 und BGBl I 2007/81.

71 Nach § 6 EuRAG, BGBl I 2000/27, haben auch dienstleistende europäische Rechtsanwälte für Zustellungen in gerichtlichen und behördlichen Verfahren bei ihrer ersten Verfahrenshandlung einen im Inland wohnhaften Zustellungsbevollmächtigten namhaft zu machen; vgl dazu *Brenn,* Zivilprozess, Rdnrn 282 ff.

72 EuGH, Rs C-564/07, *Kommission gegen Österreich,* Slg 2009, I-100, Rdnr 47 mwN.

73 Nunmehr geregelt durch Verordnung 1393/2007, ABl 2007 L 324, 79.

land mangels Verhältnismäßigkeit eine klare Absage. Der Auftrag zur Namhaftmachung eines Zustellungsbevollmächtigten mit einer Abgabestelle im Inland nach §§ 97, 98 ZPO kann daher wegen Gemeinschaftsrechtswidrigkeit nicht aufrecht erhalten werden. Früher oder später wird zu dieser Bestimmung wohl ein Verfahren vor dem EuGH geführt werden müssen. Zu klären wird auch sein, ob die Rechtskraft eines entsprechenden Beschlusses tatsächlich die gemeinschaftsautonome bzw amtswegige Überprüfung der Wirksamkeit der Zustellung hindern kann, sind von einem solchen Beschluss doch Verfahrensgrundrechte betroffen.

IV. Zusammenfassung

Nach den Grundsätzen der Entscheidung des EuGH in der Rechtssache *Kühne & Heitz* könnte nach Maßgabe der nationalen Verfahrensvorschriften verlangt werden, dass eine Gemeinschaftsrechtswidrigkeit, die einer gerichtlichen Entscheidung anhaftet, grundsätzlich auch nach Rechtskraft der Entscheidung beseitigt werden muss. Das Vorliegen einer Gemeinschaftsrechtswidrigkeit könnte als Wiederaufnahmsgrund im Sinn des § 530 Abs 1 Z 7 ZPO angesehen werden. In diesem Fall würde eine Gemeinschaftsrechtswidrigkeit auch die Rechtskraft einer gerichtlichen Entscheidung durchbrechen.

Nach der Entscheidung in der Rechtssache *Kapferer* verpflichtet das Gemeinschaftsrecht ein nationales Gericht allerdings nicht, von der Anwendung von Vorschriften des nationalen Verfahrensrechts abzusehen und eine rechtskräftige gerichtliche Entscheidung zu überprüfen und aufzuheben bzw abzuändern, wenn es sich erweist, dass durch diese Entscheidung das Gemeinschaftsrecht verletzt wurde.

Das nationale Gericht darf und muss eine gemeinschaftsrechtswidrige, aber materiell rechtskräftige Entscheidung nur dann aufheben bzw abändern, wenn dies die innerstaatlichen Verfahrensvorschriften vorsehen oder nach den Grundsätzen der „Äquivalenz“ und der „Effektivität“ ermöglichen müssen. Die Rechtskraft nationaler gerichtlicher Entscheidungen kann bei Verletzung von Gemeinschaftsrecht somit nur nach Maßgabe entsprechender nationaler Verfahrensvorschriften durchbrochen werden. Für die Beurteilung der Frage, ob eine rechtskräftige gerichtliche Entscheidung zufolge Gemeinschaftsrechtswidrigkeit überprüft bzw aufgehoben oder abgeändert werden muss, verlangt der Gerichtshof von vornherein die strikte Einhaltung der dafür vorgesehenen nationalen Verfahrensbestimmungen. Aus österreichischer Sicht könnte der EuGH demnach erst im Rahmen eines Wiederaufnahmeverfahrens mit der Frage nach der Anwendung der *Kühne & Heitz*-Kriterien auch auf rechtskräftige gerichtliche Entscheidungen befasst werden. Auf nach dem Schluss der mündlichen Streitverhandlung erster Instanz getroffene EuGH-Entscheidungen kann nach § 530 Abs 1 Z 7 ZPO jedoch nicht mehr Bedacht genommen werden.

In der erwähnten Entscheidung bekräftigte der EuGH die Rechtskraft innerstaatlicher Gerichtsentscheidungen als wesentlichen Grundsatz des Gemeinschaftsrechts und betonte dessen Bedeutung für die Rechtssicherheit und den Rechtsfrieden. In diesem Sinn stellte er klar, dass eine rechtskräftige gerichtliche Entscheidung auch bei einem möglichen Verstoß gegen Gemeinschaftsrecht bestand hat und daher nicht mehr – in Abweichung von den nationalen Verfahrensvorschriften – überprüft bzw aufgehoben werden muss. Nach diesem Ergebnis muss eine gerichtliche Entscheidung nach deren Rechtskraft somit nicht gemeinschaftsautonom und auch nicht etwa von Amts wegen auf deren Übereinstimmung mit dem Gemeinschaftsrecht überprüft werden. Eine Gemeinschaftsrechtswidrigkeit stellt demnach keinen eigenständigen, außerhalb des § 530 Abs 1 Z 7 ZPO gelegenen Grund für eine Wiederaufnahme des bereits rechtskräftig abgeschlossenen gerichtlichen Verfahrens dar. Die Rechtskraft einer Entscheidung und der Grundsatz der Rechtssicherheit sind somit grundsätzlich höherrangig als der Grundsatz der einheitlichen und effektiven Anwendung des Gemeinschaftsrechts bzw die Gemeinschaftsrechtskonformität zu bewerten.

Durch die innerstaatliche Rechtskraft einer formellen oder materiellen gerichtlichen Entscheidung wird eine bestehende Gemeinschaftsrechtswidrigkeit somit in aller Regel geheilt. Bleibt eine Zuständigkeitsentscheidung unangefochten, so tritt deren Rechtskraft ein, die bei Gemeinschaftsrechtswidrigkeit nur mehr nach den Vorgaben der *Kapferer*-Entscheidung durchbrochen werden kann. Daraus folgt, dass eine fehlende internationale (örtliche) Zuständigkeit des angerufenen inländischen Gerichts nicht nur nach den gemeinschaftsrechtlichen Vorschriften (Art 24 EuGVVO), sondern auch durch die Rechtskraft der Zuständigkeitsentscheidung saniert wird. Eine rechtskräftige Zuständigkeitsentscheidung muss von dem in der Hauptsache angerufenen Rechtsmittelgericht daher nicht mehr überprüft werden.

Die Anerkennung und Bekräftigung des Instituts der Rechtskraft gerichtlicher Entscheidungen durch den EuGH führt zu einer begrüßenswerten Stärkung der Verfahrensautonomie der Mitgliedstaaten und leistet damit einen wichtigen Beitrag zur Rechtssicherheit. Von diesem „Rechtskraftschutz" sind grundsätzlich sämtliche Entscheidungen ordentlicher Gerichte, und zwar nicht nur von Zivilgerichten, sondern auch von Strafgerichten erfasst. Für die Zukunft bleibt allenfalls zu klären, ob etwa für bestimmte Entscheidungen, wie zB bei Verletzung von Grundrechten – wie dies etwa bei einem rechtskräftigen Auftrag zur Namhaftmachung eines „inländischen" Zustellungsbevollmächtigten angenommen werden könnte – eine Ausnahme von diesem Ergebnis besteht. Ein solcher Auftrag begründet im Anwendungsbereich des EG-Vertrags eine nicht verhältnismäßige mittelbare Diskriminierung und ist daher gemeinschaftsrechtswidrig. Zur Frage der Vereinbarkeit der §§ 97 und 98 ZPO mit dem Gemeinschaftsrecht sollte daher möglichst bald der EuGH befasst werden.

Im gemeinschaftsrechtlichen Beihilfenrecht ist für die Beurteilung von Beihilfemaßnahmen ausschließlich die Kommission zuständig. Auch ein entgegenstehendes rechtskräftiges Urteil eines nationalen Gerichts kann die Entscheidungszuständigkeit der Kommission nicht berühren. Dem gemeinschaftsrechtlichen Beihilfeverbot und der daraus resultierenden Verpflichtung zur Rückforderung einer gemeinschaftsrechtswidrig gewährten staatlichen Beihilfe kommt daher absoluter Vorrang zu.

IV. Vorgaben für die Vollziehung des EU-Rechts

Unionsrechtliche Vorgaben für den gerichtlichen Rechtsschutz

Bernhard Schima[1]

Literatur: *Obwexer,* Gerichtssystem und Rechtsschutz, in *Hummer/Obwexer* (Hrsg), Der Vertrag von Lissabon (2009), 237; *Schima,* Rechtsschutz, in *Eilmansberger/Herzig* (Hrsg), Jahrbuch Europarecht 2009 (2009), 19; *Schima,* Grundrechtsschutz, in *Hummer/Obwexer* (Hrsg), Der Vertrag von Lissabon (2009), 325; *Flynn,* When national procedural autonomy meets the effectiveness of Community law, can it survive the impact? ERA-Forum 2008, 245; *Köhler,* Effektiver Rechtsschutz im Zusammenwirken zwischen nationalen Gerichten und dem Gerichtshof der Europäischen Gemeinschaften, in *Bammer ua* (Hrsg), Rechtsschutz gestern – heute – morgen. FS Machacek und Matscher (2008), 229; *v Danwitz,* Europäisches Verwaltungsrecht (2008); *Arnull,* Urteilsanmerkung zu Rs C-432/05, *Unibet,* CMLR 2007, 1763; *Haltern,* Europarecht. Dogmatik im Kontext² (2007); *Lenaerts,* The Rule of Law and the Coherence of the Judicial System of the European Union, CMLR 2007, 1625; *Mayrhofer,* Beschwerdelegitimation vor den Verwaltungsgerichten, JRP 2007, 264; *Schwarze,* Der Anspruch auf effektiven gerichtlichen Rechtsschutz im europäischen Gemeinschaftsrecht, in *Grote ua* (Hrsg), Die Ordnung der Freiheit. FS Christian Starck (2007), 645; *Winkler,* Die Vermutung des „äquivalenten" Grundrechtsschutzes im Gemeinschaftsrecht nach dem Bosphorus-Urteil des EGMR, EuGRZ 2007, 641; *Ehrke-Rabel,* Gemeinschaftsrecht und österreichisches Abgabenverfahren (2006); *Handstanger,* Einwirkungen auf das Verfahrensrecht, in *Eilmansberger/Herzig* (Hrsg), 10 Jahre Anwendung des Gemeinschaftsrechts in Österreich (2006), 155; *Holoubek,* Rechtsschutz und Verwaltungsautonomie: Die Rechtsschutzanforderungen des europäischen Verwaltungsrechts als Begrenzung der institutionellen Autonomie der Mitgliedstaaten, in *Iliopoulos-Strangas/Bauer* (Hrsg), Die Neue Europäische Union (2006), 255; *Kment,* Die Stellung nationaler Unbeachtlichkeits-, Heilungs- und Präklusionsvorschriften im europäischen Recht, EuR 2006, 201; *Öhlinger/Potacs,* Gemeinschaftsrecht und staatliches Recht³ (2006); *Potacs,* Einfluss des EU-Rechts auf das nationale Verwaltungsrecht, in *Hummer/Obwexer* (Hrsg), 10 Jahre EU-Mitgliedschaft Österreichs. Bilanz und Ausblick (2006), 241; *Prechal,* National Courts in EU Judicial Structures, Yearbook of European Law 2006, 429; *Haltern,* Verschiebungen im europäischen Rechtsschutzsystem, Verwaltungsarchiv 2005, 311; *Oliver,* Le règlement 1/2003 et les principes d'efficacité et d'équivalence, Cahiers de droit européen 2005, 351;

1 Mitglied des Juristischen Dienstes der Europäischen Kommission. Der Beitrag gibt ausschließlich die persönliche Meinung des Verfassers wieder.

Schima, Das Vorabentscheidungsverfahren vor dem EuGH² (2004); *Delicostopoulos,* Towards European Procedural Primacy in National Legal Systems, European Law Journal 2003, 599; *Jann/Schima,* Bemerkungen zum Gebot der richtlinienkonformen Auslegung des nationalen Rechts, in *Colneric ua* (Hrsg), Une communauté de droit. FS Rodríguez Iglesias (2003), 283; *Potacs,* Der Vollzug des Gemeinschaftsrechts im österreichischen Verwaltungsverfahrensrecht, in *Hauer* (Hrsg), Die Handhabung des Gemeinschaftsrechts in der österreichischen Verwaltung (2002), 1; *Kante,* Die Präklusion im Verwaltungsverfahren und in der Verwaltungsgerichtsbarkeit im Licht der Rechtsprechung des EuGH, ÖJZ 2002, 161; *Grabenwarter,* Die Europäische Union und die Gerichtsbarkeit öffentlichen Rechts, Referat für den 14. ÖJT, Bd I/2 (2001), 15; *Köhler,* Die Europäische Union und die Gerichtsbarkeit öffentlichen Rechts, Referat für den 14. ÖJT, Bd I/2 (2001), 113; *Sperlich,* Von Emmott bis Fantask – Auswirkungen der EuGH-Judikatur auf die Beschwerdefristen vor den Gerichtshöfen des öffentlichen Rechts, ÖJZ 2001, 121; *Sperlich,* Beschwerdepunkt und amtswegige Berücksichtigung von Gemeinschaftsrecht vor dem VwGH, JBl 2001, 222; *Frank,* Gemeinschaftsrecht und staatliche Verwaltung (2000); *Griller,* Individueller Rechtsschutz und Gemeinschaftsrecht, in *Aicher/Holoubek/Korinek* (Hrsg), Gemeinschaftsrecht und Wirtschaftsrecht (2000), 27; *Pesendorfer,* Der Verwaltungsgerichtshof und die EU (2000); *Potacs,* Die Europäische Union und die Gerichtsbarkeit öffentlichen Rechts, Gutachten für den 14. ÖJT, Bd I/1 (2000); *Potacs,* Vorläufiger Rechtsschutz, in *Holoubek/Lang* (Hrsg), Das EuGH-Verfahren in Steuersachen (2000), 265; *Sieberer,* Gemeinschafts- und verfassungsrechtliche Anforderungen an § 42 AVG, ZfV 2000, 733; *Van Gerven,* Of Rights, Remedies and Procedures, CMLR 2000, 501; *Craufurd Smith,* Remedies for Breaches of EU Law in National Courts: Legal Variation and Selection, in *Craig/De Búrca* (Hrsg), The Evolution of EU Law (1999), 287; *Hoehl,* Vorläufiger Rechtsschutz im verwaltungsgerichtlichen Verfahren unter besonderer Berücksichtigung des Europarechts (1999); *Steiner,* Beschwerdepunkte und Beschwerdegründe unter Berücksichtigung gemeinschaftsrechtlicher Einflüsse, in *Holoubek/Lang* (Hrsg), Das verwaltungsgerichtliche Verfahren in Steuersachen (1999), 61; *Gundel,* Keine Durchbrechung nationaler Verfahrensfristen zugunsten von Rechten aus nicht umgesetzten EG-Richtlinien, NVwZ 1998, 910; *Jabloner,* Strukturfragen der Gerichtsbarkeit des öffentlichen Rechts, ÖJZ 1998, 161; *Prechal,* Community Law in National Courts: the Lessons from Van Schijndel, CMLR 1998, 681; *Sandner,* Probleme des vorläufigen Rechtsschutzes gegen Gemeinschaftsrecht vor nationalen Gerichten, DVBl 1998, 262; *Grabenwarter,* Verfahrensgarantien in der Verwaltungsgerichtsbarkeit (1997); *Kakouris,* Do the Member States Possess Judicial Procedural „Autonomy"? CMLR 1997, 1389; *B. Müller,* Zur Anwendung des Gemeinschaftsrechts durch nationale Gerichte, ecolex 1997, 404; *Rodríguez Iglesias,* Zu den Grenzen der verfahrensrechtlichen Autonomie der Mitgliedstaaten bei der Anwendung des Gemeinschaftsrechts, EuGRZ 1997, 289; *Tonne,* Effektiver Rechtsschutz durch staatliche Gerichte als Forderung des Europäischen Gemeinschaftsrechts (1997); *Potacs,* EU-Mitgliedschaft und Rechtsschutz gegen Verwaltungshandeln in Österreich, JRP 1995, 180; *Papadias,* Interim Protection under Community Law before the National Courts. The Right to a Judge with Jurisdiction to Grant Interim Relief, Legal Issues of European Integration 1994, 153; *Schwarze,* Vorläufiger Rechtsschutz im Widerstreit von Gemeinschaftsrecht und nationalem Verwaltungsverfahrens- und Prozeßrecht, in *Baur ua* (Hrsg), Europarecht, Energierecht, Wirtschaftsrecht. FS Bodo Börner (1992) 389; *Triantafyllou,* Zur Europäisierung des vorläufigen Rechtsschutzes, NVwZ 1992, 129.

Judikatur: EuGH Rs C-445/06, *Danske Slagterier,* Slg 2009, I-2119; EuGH, Rs C-210/06, *Cartesio,* Slg 2008, I-9641; EuGH, Rs C-455/06, *Heemskerk und Schaap,* Slg 2008, I-8763;

EuGH, Rs C-237/07, *Janecek*, Slg 2008, I-6221; EuGH, Rs C-268/06, *Impact*, Slg 2008, I-2483; EuGH, Rs C-241/06, *Lämmerzahl*, Slg 2007, I-8415; EuGH, verb Rs C-222/05 bis C-225/05, *Van der Weerd ua*, Slg 2007, I-4233; EuGH, Rs C-432/05, *Unibet*, Slg 2007, I-2271; EuGH, verb Rs C-453/03, C-11/04, C-12/04 und C-194/04, *ABNA ua*, Slg 2005, I-10423; EuGH, Rs C-136/03, *Dörr*, Slg 2005, I-4759; EuGH, Rs C-30/02, *Recheio – Cash & Carry*, Slg 2004, I-6051; EuGH, Rs C-482/01, *Orfanopoulos und Oliveri*, Slg 2004, I-5257; EuGH, Rs C-380/01, *Schneider*, Slg 2004, I-1389; EuGH, Rs C-201/02, *Wells*, Slg 2004, I-723; EuGH, Rs C-129/00, *Kommission/Italien*, Slg 2003, I-14637; EuGH, Rs C-147/01, *Weber's Wine World*, Slg 2003, I-11365; EuGH, Rs C-224/01, *Köbler*, Slg 2003, I-10239; EuGH, Rs C-13/01, *Safalero*, Slg 2003, I-8679; EuGH, Rs C-462/99, *Connect Austria*, Slg 2003, I-5197; EuGH, Rs C-50/00 P, *Unión de Pequeños Agricultores/Rat*, Slg 2002, I-6677; EuG, Rs T-177/01, *Jégo Quéré/Kommission*, Slg 2002, II-2365; EuGH, Rs C-226/99, *Siples*, Slg 2001, I-277; EuGH, Rs C-1/99, *Kofisa*, Slg 2001, I-207; EuGH, verb Rs C-174/98 P und C-189/98 P, *Niederlande und van der Wal/Kommission*, Slg 2000, I-1; EuGH, Rs C-81/98, *Alcatel Austria*, Slg 1999, I-7671; EuGH, Rs C-126/97, *Eco Swiss*, Slg 1999, I-3055; EuGH, Rs C-120/97, *Upjohn*, Slg 1999, I-223; EuGH, verb Rs C-279/96, C-280/96 und C-281/96, *Ansaldo*, Slg 1998, I-5025; EuGH, Rs C-231/96, *Edis*, Slg 1998, I-4951; EuGH, Rs C-188/95, *Fantask*, Slg 1997, I-6783; EuGH, C-66/95, *Sutton*, Slg 1997, I-2163; EuGH, Rs C-68/95, *T. Port*, Slg 1996, I-6065; EuGH, Rs C-72/95, *Kraaijeveld*, Slg 1996, I-5403; EuGH, verb Rs C-430/93 und C-431/93, *Van Schijndel und van Veen*, Slg 1995, I-4705; EuGH, Rs C-312/93, *Peterbroeck*, Slg 1995, I-4599; EuGH, Rs C-465/93, *Atlanta*, Slg 1995, I-3761; EuGH, Rs C-410/92, *Johnson*, Slg 1994, I-5483; EuGH, Rs C-146/91, *KYDEP/Rat und Kommission*, Slg 1994, I-4199; EuGH, Rs C-338/91, *Steenhorst-Neerings*, Slg 1993, I-5475; EuGH, Rs C-271/91, *Marshall II*, Slg 1993, I-4367; EuGH, Rs C-97/91, *Oleificio Borelli/Kommission*, Slg 1992, I-6313; EuGH, verb Rs C-6/90 und C-9/90, *Francovich ua*, Slg 1991, I-5357; EuGH, Rs C-208/90, *Emmott*, Slg 1991, I-4269; EuGH, verb Rs C-87/90 bis C-89/90, *Verholen ua*, Slg 1991, I-3757; EuGH, verb Rs C-143/88 und C-92/89, *Zuckerfabrik Süderdithmarschen und Zuckerfabrik Soest*, Slg 1991, I-415; EuGH, C-217/88, *Kommission/Deutschland*, Slg 1990, I-2879; EuGH, Rs C-213/89, *Factortame I*, Slg 1990, I-2433; EuGH, Rs 222/86, *Heylens*, Slg 1987, 4097; EuGH, Rs 222/84, *Johnston*, Slg 1986, 1651; EuGH, Rs 199/82, *San Giorgio*, Slg 1983, 3595; EuGH, Rs 158/80, *Rewe/Hauptzollamt Kiel*, Slg 1981, 1805; EuGH, Rs 826/79, *Mireco*, Slg 1980, 2559; EuGH, Rs 811/79, *Ariete*, Slg 1980, 2545; EuGH, Rs 265/78, *Ferwerda*, Slg 1980, 617; EuGH, Rs 106/77, *Simmenthal*, Slg 1978, 629; EuGH, Rs 45/76, *Comet*, Slg 1976, 2043; EuGH, Rs 33/76, *Rewe/Landwirtschaftskammer Saarland*, Slg 1976, 1989; EuGH, Rs 26/74, *Roquette Frères*, Slg 1976, 677; EuGH, Rs 146/73, *Rheinmühlen I*, Slg 1974, 139; EuGH, Rs 13/68, *Salgoil*, Slg 1968, 679; EuGH, Rs 28/67, *Firma Molkerei-Zentrale Westfalen/Lippe*, Slg 1968, 215; EuGH, Rs 6/64, *Costa/ENEL*, Slg 1964, 1251; EuGH, Rs 26/62, *Van Gend & Loos*, Slg 1963, 1.

Inhalt

I. Ausgangslage und frühere Entwicklung

A. Ausgangslage: nationale Verfahrensautonomie

1. Die Themenstellung für den Gerichtshof

Die Entwicklung der Grundsätze der unmittelbaren Wirkung des Gemeinschaftsrechts[2] und seines Vorrangs vor dem nationalen Recht[3] durch den Gerichtshof warf alsbald weitere Fragen betreffend die effektive Durchsetzung des Gemeinschaftsrechts vor den nationalen Gerichten auf. Für den Gerichtshof ging es einerseits darum, die einheitliche Anwendung des Gemeinschaftsrechts in den Mitgliedstaaten zu gewährleisten und zu diesem Zweck das Potential der Zusammenarbeit mit den nationalen Gerichten im Vorabentscheidungsverfahren zu nützen. Dies konnte ihm nur dann gelingen, wenn sichergestellt wurde, dass entscheidungserhebliche Fragen des Gemeinschaftsrechts vor die Gerichte gebracht werden konnten, die gemäß Art 234 EGV (nunmehr Art 267 AEUV) zur Vorlage an den EuGH berechtigt bzw – als

2 Seit EuGH, Rs 26/62, *Van Gend & Loos*, Slg 1963, 1, 3. Seit dem Inkrafttreten des Vertrags von Lissabon am 1.12.2009 ist grundsätzlich nicht mehr von „Gemeinschaftsrecht", sondern nur noch von „Unionsrecht" zu sprechen. Für die historische Darstellung wird im vorliegenden Text allerdings am Begriff des „Gemeinschaftsrechts" festgehalten. Die gewonnenen Erkenntnisse werden gemäß der aktuellen Rechtslage auf das Unionsrecht übertragen.

3 Seit EuGH, Rs 6/64, *Costa/ENEL*, Slg 1964, 1251, 1253.

letztinstanzliche Gerichte – verpflichtet waren. Andererseits entbehrt das Gemeinschaftsrecht über weite Strecken[4] eines eigenen Verfahrensrechts zur Durchsetzung gemeinschaftsrechtlicher Ansprüche. Für diese Durchsetzung war man somit auf das nationale Verfahrensrecht angewiesen. Griff der Gerichtshof zu stark in dieses nationale Verfahrensrecht ein, so bestand die Gefahr, dass die Mitgliedstaaten dies als Anmaßung von Kompetenzen durch den EuGH und durch die Gemeinschaft ansehen würden[5]. Vor diesem Hintergrund wählte der Gerichtshof zunächst einen vorsichtigen Ansatz[6].

2. Rechtsprechung des EuGH

In einer frühen Entscheidung zur verfahrensrechtlichen Behandlung einer gemeinschaftsrechtswidrig erhobenen Abgabe wird die Verknüpfung mit der Frage des Vorrangs sehr deutlich. Im Urteil *Firma Molkerei-Zentrale Westfalen Lippe*[7] verneinte der Gerichtshof das Bestehen einer verfahrensrechtlichen Komponente des Grundsatzes des Vorrangs und verwies in vollem Umfang auf das nationale Recht:

„Schließlich beschränkt Artikel 95 nicht die Befugnis der zuständigen nationalen Gerichte, unter mehreren nach der innerstaatlichen Rechtsordnung in Betracht kommenden Wegen diejenigen zu wählen, welche zum Schutz der durch das Gemeinschaftsrecht gewährten individuellen Rechte geeignet erscheinen. So ist es insbesondere Sache des nationalen Gerichts, nach seinem eigenen Recht darüber zu entscheiden, ob eine Abgabe, die nur über einen bestimmten Betrag

4 Siehe aber die Auflistung sekundärrechtlicher Verfahrensregeln bei *Tonne,* Effektiver Rechtsschutz durch staatliche Gerichte als Forderung des Europäischen Gemeinschaftsrechts (1997), 362 ff, sowie bei *Frank,* Gemeinschaftsrecht und staatliche Verwaltung (2000), 300 ff. Ferner *Holoubek,* Rechtsschutz und Verwaltungsautonomie: Die Rechtsschutzanforderungen des europäischen Verwaltungsrechts als Begrenzung der institutionellen Autonomie der Mitgliedstaaten, in *Iliopoulos-Strangas/Bauer* (Hrsg), Die Neue Europäische Union (2006), 262 ff.

5 *Craufurd Smith,* Remedies for Breaches of EU Law in National Courts: Legal Variation and Selection, in *Craig/De Búrca* (Hrsg), The Evolution of EU Law (1999), 297; *Haltern,* Europarecht. Dogmatik im Kontext[2] (2007), Rdnr 804.

6 Im Folgenden kann nur auf die wesentlichen Linien der Rechtsprechung eingegangen werden. Ausführlichere Darstellungen finden sich in der zitierten Literatur, jüngst insb bei *v Danwitz,* Europäisches Verwaltungsrecht (2008), 277 ff, 476 ff und 579 ff. Nicht Gegenstand dieses Beitrags sind im Übrigen die Entwicklung eines europäischen Zivilprozessrechts und dessen Auswirkungen auf das österreichische Verfahrensrecht. Ebenso wenig wird den Auswirkungen nachgegangen, die das abgeleitete Unionsrecht in verschiedenen Bereichen – etwa dem Vergaberecht – nicht nur auf das gerichtliche, sondern auch auf das verwaltungsbehördliche Verfahren haben kann. Siehe nur EuGH, Rs C-81/98, *Alcatel Austria,* Slg 1999, I-7671.

7 EuGH, Rs 28/67, *Firma Molkerei-Zentrale Westfalen/Lippe,* Slg 1968, 215, 233.

hinaus mit Artikel 95 Absatz 1 unvereinbar ist, insgesamt rechtswidrig ist oder nur insoweit, als sie jenen Betrag übersteigt.“

Diese Ausführungen waren Teil der Antwort auf die besorgte Frage des Bundesfinanzhofs in unmittelbarer Reaktion auf die Rechtsprechung des EuGH über den Vorrang von Art 95 EWG-Vertrag (Art 110 AEUV), ob „durch Artikel 95 Absatz 3 EWG-Vertrag die Gesetzgebungshoheit der Mitgliedstaaten auch für das Gebiet der inneren Abgaben [...] durchbrochen“ sei. Gleichsam beschwichtigend verwies der Gerichtshof darauf, dass die Wege zur Geltendmachung gemeinschaftsrechtlicher Ansprüche weiter durch den nationalen Gesetzgeber festzulegen seien.

In eine ähnliche Kerbe schlug die Feststellung des Gerichtshofs in der Rechtssache *Salgoil*[8], wonach es Sache der Rechtsordnungen der Mitgliedstaaten sei, das für die Gewährleistung der durch den Vertrag gewährten Rechte zuständige Gericht zu bestimmen und zu diesem Zweck die genannten Rechte nach den Merkmalen des innerstaatlichen Rechts zu qualifizieren.

Weiteren Anlass, sich mit dem Zusammentreffen zwischen materiellem Gemeinschaftsrecht und nationalem Verfahrensrecht näher auseinanderzusetzen, bekam der EuGH in der Rechtssache *Rewe/Landwirtschaftskammer Saarland*[9]. In der Randnummer 5 seines Urteils führte er insbesondere aus:

„... *Die Aufgabe, den Rechtsschutz zu gewährleisten, der sich für die Bürger aus der unmittelbaren Wirkung des Gemeinschaftsrechts ergibt, obliegt entsprechend dem in Artikel 5 EWG-Vertrag ausgesprochenen Grundsatz der Mitwirkungspflicht den innerstaatlichen Gerichten. Mangels einer gemeinschaftsrechtlichen Regelung auf diesem Gebiet sind deshalb die Bestimmung der zuständigen Gerichte und die Ausgestaltung des Verfahrens für die Klagen, die den Schutz der dem Bürger aus der unmittelbaren Wirkung des Gemeinschaftsrechts erwachsenden Rechte gewährleisten sollen, Sache der innerstaatlichen Rechtsordnung der einzelnen Mitgliedstaaten; dabei dürfen freilich diese Bedingungen nicht ungünstiger gestaltet werden als für gleichartige Klagen, die das innerstaatliche Recht betreffen. Die Artikel 100 bis 102 und Artikel 135 EWG-Vertrag gestatten es gegebenenfalls, die erforderlichen Maßnahmen zu treffen, um die Unterschiede in den Rechts- oder Verwaltungsvorschriften der Mitgliedstaaten in diesem Bereich auszuräumen, wenn sich erweisen sollte, dass sie Verzerrungen hervorzurufen oder das Funktionieren des gemeinsamen Marktes zu beeinträchtigen geeignet sind. In Ermangelung solcher Harmonisierungsmaßnahmen müssen die durch das Gemeinschaftsrecht gewährten*

8 EuGH, Rs 13/68, *Salgoil,* Slg 1968, 679.

9 EuGH, Rs 33/76, *Rewe/Landwirtschaftskammer Saarland,* Slg 1976, 1989. Ebenso EuGH, Rs 45/76, *Comet,* Slg 1976, 2043, Rdnrn 11 ff. Siehe dazu und zum Folgenden insb *Craufurd Smith,* Remedies, in *Craig/De Búrca* (Hrsg), Evolution, 293 ff; *Haltern,* Europarecht, Rdnrn 793 ff; *v Danwitz,* Verwaltungsrecht, 477 ff.

Rechte vor den innerstaatlichen Gerichten nach den Verfahrensregeln des innerstaatlichen Rechts verfolgt werden. Anders wäre es nur, wenn diese Verfahrensregeln und Fristen die Verfolgung von Rechten, die die innerstaatlichen Gerichte zu schützen verpflichtet sind, praktisch unmöglich machten. Dies lässt sich von der Festsetzung angemessener Ausschlussfristen für die Rechtsverfolgung nicht sagen. Die Festsetzung solcher Fristen für die Rechtsverfolgung im abgabenrechtlichen Bereich ist ein Anwendungsfall des grundlegenden Prinzips der Rechtssicherheit, das zugleich den Abgabepflichtigen und die Behörde schützt."

GA *Warner* hatte in seinen sehr vorsichtigen Schlussanträgen[10] darauf hingewiesen, dass es in der Tat kein gemeinschaftliches Verfahrensrecht gebe, dass man aber daraus nicht den Schluss ziehen dürfe, Klagen auf Erstattung gemeinschaftsrechtswidriger Abgaben könnten vom zuständigen Gericht aus keinem irgendwie gearteten prozessualen Grund abgewiesen werden. Dies würde der gemeinsamen Rechtstradition der Mitgliedstaaten widersprechen, nach der der Rechtssicherheit und dem Rechtsfrieden große Bedeutung zukomme. Dennoch stehe es der Gesetzgebung eines Mitgliedstaats nicht frei, dem Einzelnen die Möglichkeit zu nehmen, nach dem staatlichen Recht Ansprüche geltend zu machen.

In diesem letzteren Punkt wurde der Gerichtshof in seinem Urteil konkreter und legte den Grundstein zu seiner Rechtsprechung über die Einschränkung der nationalen Verfahrensautonomie[11] durch die Grundsätze der *Äquivalenz* und der *Effektivität*: Die Bedingungen für die Geltendmachung dürfen nicht ungünstiger gestaltet sein als für gleichartige Klagen, die das innerstaatliche Recht betreffen[12], und sie dürfen die Verfolgung von Rechten, die die innerstaatlichen Gerichte zu schützen verpflichtet sind, nicht praktisch unmöglich machen. Zur Anwendung auf den konkreten Fall hielt der EuGH lediglich fest, dass angemessene Ausschlussfristen diese Grundsätze nicht verletzten.

Das Anknüpfen des Gerichtshofs an die innerstaatlichen Rechtsordnungen für den Schutz der aus dem Gemeinschaftsrecht erwachsenden Rechte und die Begrenzung des nationalen Spielraums lediglich durch die Grundsätze der Äquivalenz und der Effektivität stehen in einem beachtenswerten Gegensatz

10 Schlussanträge von GA *Warner* in der Rs 33/76, *Rewe/Landwirtschaftskammer Saarland,* Slg 1976, 1989.

11 Diesen Begriff ablehnend *Kakouris,* CMLR 1997, 1389. Mittlerweile verwendet ihn jedoch der Gerichtshof selbst, siehe EuGH, Rs C-201/02, *Wells,* Slg 2004, I-723, Rdnrn 65 und 67. Siehe *v Danwitz,* Verwaltungsrecht, 483 mwN.

12 Das Äquivalenzgebot spielt gegenüber dem Effektivitätsgebot eine untergeordnete Rolle in der Rechtsprechung des EuGH. Siehe *v Danwitz,* Verwaltungsrecht, 485. In der Folge gilt daher dem Effektivitätsgebot das Hauptaugenmerk. Siehe allerdings für Österreich nachstehend Pkt III.C.4.

zum Lösungsweg, den der Gerichtshof in der Rechtssache *Simmenthal*[13] gewählt hat[14]. Dort ging er von einer Verpflichtung der nationalen Gerichte aus, eine richterrechtliche Regel des nationalen Rechts unangewendet zu lassen, die es dem Verfassungsgericht vorbehielt, Vorschriften des nationalen Rechts für unanwendbar zu erklären, und stützte dieses Ergebnis im Wesentlichen auf den Vorrang des Gemeinschaftsrechts. Einen Hinweis auf die grundsätzliche Anwendbarkeit des nationalen Verfahrensrechts gab der Gerichtshof in diesem Zusammenhang nicht. Freilich lässt sich das Urteil *Simmenthal* in dem Sinn verstehen, dass der EuGH der Ansicht war, dass eine derartige nationale Vorschrift dem Gemeinschaftsrecht jedenfalls die praktische Wirksamkeit nahm und deshalb keine Anwendung finden konnte.

An eine gemeinschaftsrechtliche Verpflichtung der Mitgliedstaaten zur Einführung eigener Rechtsbehelfe zum Schutz von gemeinschaftsrechtlichen Ansprüchen dachte man in dieser frühen Phase jedenfalls nicht[15]. In der Rechtssache *Rewe/Hauptzollamt Kiel*[16] entschied der Gerichtshof insoweit:

„*Was das Recht eines Unternehmers angeht, auf dem Klagewege zu verlangen, dass die Behörde eines Mitgliedstaats Dritten gegenüber auf der Einhaltung aus einer bestimmten rechtlichen Situation erwachsender gemeinschaftsrechtlicher Verpflichtungen bestehen, obgleich er in Bezug auf diese Situation Außenstehender ist, aber durch die Nichtbeachtung des Gemeinschaftsrechts wirtschaftliche Nachteile erleidet, so ist in erster Linie darauf hinzuweisen, dass der Vertrag zwar für Privatpersonen mehrere Möglichkeiten der direkten Klage zum Gerichtshof eröffnet hat, dass er aber nicht zusätzlich zu den nach nationalem Recht bereits bestehenden Rechtsbehelfen neue Klagemöglichkeiten zur Wahrung des Gemeinschaftsrechts vor den nationalen Gerichten schaffen wollte. Das durch den Vertrag geschaffene Rechtsschutzsystem, wie es insbesondere in Artikel 177 ausgeprägt ist, setzt vielmehr voraus, dass es möglich sein muss, zur Gewährleistung der Beachtung unmittelbar wirkenden Gemeinschaftsrechts von jeder im nationalen Recht vorgesehenen Klagemöglichkeit unter denselben Zulässigkeits- und sonstigen Verfahrensvoraussetzungen Gebrauch zu machen, wie wenn es sich um die Gewährleistung der Beachtung des nationalen Rechts handelte.*“

Dass die Grundsätze der *Äquivalenz* und der *Effektivität* sich dennoch als ernstzunehmende Schranken der nationalen Verfahrensautonomie erweisen

13 EuGH, Rs 106/77, *Simmenthal*, Slg 1978, 629.

14 Darauf weist insb *Prechal*, CMLR 1998, 684 ff, hin. Siehe auch *Craufurd Smith*, Remedies, in *Craig/De Búrca* (Hrsg), Evolution, 299.

15 *Craufurd Smith*, Remedies, in *Craig/De Búrca* (Hrsg), Evolution, 295; *Haltern*, Europarecht, Rdnrn 797 ff.

16 EuGH, Rs 158/80, *Rewe/Hauptzollamt Kiel*, Slg 1981, 1805, Rdnr 44.

könnten, wurde erstmals in der Rechtssache *Ferwerda*[17] klar, in der sich ein Einzelner auf den Grundsatz der Rechtssicherheit berief, um der Rückforderung einer ihm nicht geschuldeten Ausfuhrerstattung zu entgehen. Hier meinte der Gerichtshof, dass Überlegungen der Rechtssicherheit nicht systematisch herangezogen werden könnten, um die Rückforderung auszuschließen. Vielmehr sei in jedem Einzelfall zu prüfen, ob ihre Anwendung nicht die Grundlage der Bestimmung, in der die Wiedereinziehung vorgeschrieben sei, in Frage stelle und dazu führe, dass die Wiedereinziehung praktisch unmöglich gemacht werde[18]. In der Folge führte der EuGH eine Abwägung durch und hielt die Anwendung des Grundsatzes der Rechtssicherheit in einem Fall für hinnehmbar, in dem der Begünstigte keine unrichtigen Angaben gemacht habe oder in dem er in gutem Glauben unrichtige Angaben gemacht habe, die Behörden aber den daraus resultierenden Irrtum leicht hätten vermeiden können. Auch in dieser Rechtssache setzte der EuGH deutlichere Akzente zur Begrenzung der Anwendung des nationalen Verfahrensrechts als GA *Warner* in seinen Schlussanträgen, in denen er zur Auffassung gelangt war, die Vorschriften über die Wiedereinziehung folgten dem nationalen Recht[19].

B. Stärkung des Effektivitätsgrundsatzes

1. Das Kriterium der übermäßigen Erschwernis

Mit der Hinnahme der nationalen Verfahrensautonomie konnten wichtige Abstriche an der Durchsetzungskraft des Gemeinschaftsrechts verbunden sein. Es durfte daher nicht überraschen, dass der Gerichtshof seine Rechtsprechung zur Durchsetzung des Gemeinschaftsrechts im Wege des nationalen Verfahrensrechts in der Folge verschärfte[20]. In der Rechtssache *San Giorgio*[21] tat der Gerichtshof zweierlei: Erstens verschob er die Grenze zwischen dem, was das Gemeinschaftsrecht selbst verlangte, und dem, was in den Bereich der nationalen Verfahrensautonomie fiel, zugunsten des Gemeinschaftsrechts: Er stellte fest, dass das Recht auf Erstattung von Abgaben, die ein Mitgliedstaat unter Verstoß gegen die Vorschriften des Gemeinschaftsrechts erhoben habe, eine Folge und eine Ergänzung der Rechte darstelle, die den Einzelnen durch die gemeinschaftsrechtlichen Vorschriften eingeräumt worden seien, nach denen Abgaben mit gleicher Wirkung wie Zölle oder – gegebenenfalls – die diskrimi-

17 EuGH, Rs 265/78, *Ferwerda,* Slg 1980, 617. Siehe *Haltern,* Europarecht, Rdnrn 800 ff.

18 EuGH, Rs 265/78, *Ferwerda,* Slg 1980, 617, Rdnr 15.

19 Schlussanträge von GA *Warner* in der Rs 265/78, *Ferwerda,* Slg 1980, 617.

20 Zu dieser Phase ausführlich zB *Craufurd Smith,* Remedies, in *Craig/De Búrca* (Hrsg), Evolution, 298 ff; *Haltern,* Europarecht, Rdnrn 805 ff; *v Danwitz,* Verwaltungsrecht, 478 ff.

21 EuGH, Rs 199/82, *San Giorgio,* Slg 1983, 3595.

nierende Erhebung von inländischen Abgaben verboten seien[22]. Zweitens fügte er in der Begründung, wenn auch noch nicht im Tenor seines Urteils, der bereits bekannten Voraussetzung der Effektivität, wonach nationale Vorschriften die Geltendmachung eines Anspruchs nicht praktisch unmöglich machen dürfen, ein wichtiges Element hinzu: Solche Vorschriften dürfen die Geltendmachung auch nicht übermäßig erschweren. Der EuGH führte aus: *„Dagegen sind Beweisvorschriften nicht mit dem Gemeinschaftsrecht vereinbar, die es praktisch unmöglich oder übermäßig schwierig machen, die Erstattung von unter Verstoß gegen das Gemeinschaftsrecht erhobenen Abgaben zu erreichen. Dies ist insbesondere der Fall bei Vermutungen oder Beweisregeln, die dem Abgabenpflichtigen die Beweislast dafür auferlegen, daß die ohne Rechtsgrund gezahlten Abgaben nicht auf andere abgewälzt worden sind, oder bei besonderen Beschränkungen hinsichtlich der Form der zu erbringenden Beweise, wie dem Ausschluß aller Beweismittel außer dem Urkundenbeweis. Wenn die Unvereinbarkeit der Abgabenerhebung mit dem Gemeinschaftsrecht feststeht, muß das Gericht bei der Beurteilung der Frage frei bleiben, ob die Abgabenlast ganz oder teilweise auf andere Personen abgewälzt worden ist.“*[23]

Die Beurteilung der Frage, wann die Verfolgung eines Anspruchs übermäßig erschwert werde, lässt sowohl dem Gerichtshof als auch den nationalen Gerichten größeren Spielraum als das Kriterium der praktischen Verunmöglichung. Außerdem legte der Gerichtshof – wie bereits in der Rechtssache *Ferwerda* – Wert auf die Berücksichtigung der Umstände des einzelnen Falles. Schließlich zeigte sich in der Rechtssache *San Giorgio,* dass der Gerichtshof nicht länger zögern würde, die Anwendung nationaler Verfahrensvorschriften in bestimmten Fällen für mit dem Gemeinschaftsrecht unvereinbar zu erachten. Innerhalb eines kurzen Zeitraums hat der Gerichtshof somit seine Rechtsprechung zum nationalen Verfahrensrecht einerseits verfeinert und andererseits verschärft.

Die Folgen zeigten sich in einer Reihe von Entscheidungen[24]: In der Rechtssache *Emmott* entschied der Gerichtshof, dass sich ein säumiger Mitgliedstaat bis zum Zeitpunkt der ordnungsgemäßen Umsetzung einer Richtlinie nicht auf die Verspätung einer Klage berufen könne, die ein Einzelner zum Schutz der ihm durch die Bestimmungen dieser Richtlinie verliehenen Rechte

---

22 EuGH, Rs 199/82, *San Giorgio,* Slg 1983, 3595, Rdnr 12. Siehe *Flynn,* When national procedural autonomy meets the effectiveness of Community law, can it survive the impact? ERA-Forum 2008, 253. Ausführlich zum gemeinschaftsrechtlichen Rückerstattungsanspruch *Ehrke-Rabel,* Gemeinschaftsrecht und österreichisches Abgabenverfahren (2006), 251 ff.

23 EuGH, Rs 199/82, *San Giorgio,* Slg 1983, 3595, Rdnr 14.

24 Vgl *Haltern,* Europarecht, Rdnrn 815 ff. Weitere Nachweise etwa bei *Craufurd Smith,* Remedies, in *Craig/De Búrca* (Hrsg), Evolution, 307 ff.

gegen ihn erhoben habe, und dass eine Klagefrist des nationalen Rechts erst zu diesem Zeitpunkt beginnen könne[25]. In der Rechtssache *Marshall II* verpflichtete der EuGH das nationale Gericht im Ergebnis, die im nationalen Gericht vorgesehene Obergrenze für Schadensersatz zu missachten sowie entgegen der nationalen Rechtslage auch Zinsen zuzusprechen[26].

Nachdem der Gerichtshof seine anfängliche Zurückhaltung in der Begegnung mit dem nationalen Verfahrensrecht überwunden hatte, zeigte er in dieser Phase, wie weit er zu gehen bereit war, um den effektiven Schutz gemeinschafsrechtlicher Ansprüche sicherzustellen.

2. Gemeinschaftsrechtlicher Anspruch auf Zugang zum Gericht

In dieser Phase gab der Gerichtshof auch seine Zurückhaltung auf, was die Verpflichtung zur Schaffung eines Rechtsbehelfs zur Wahrung gemeinschaftsrechtlicher Ansprüche betraf[27]. In jenem Fall, der den Grundstein zu dieser Rechtssprechung legte, kam ihm die Tatsache entgegen, dass das abgeleitete Recht selbst einen Anspruch auf gerichtlichen Rechtsschutz vorsah[28]. In der Rechtssache *Johnston*[29] war die Anwendung einer Vorschrift des Sex Discrimination Order von Nordirland streitig, wonach der Secretary of State bescheinigen konnte, dass eine bestimmte Handlung der Aufrecherhaltung der Staatssicherheit oder dem Schutz der öffentlichen Sicherheit oder Ordnung diente. Eine solche Bescheinigung war von den Gerichten als unwiderleglicher Beweis für das Vorliegen solcher Gründe zu akzeptieren. Frau *Johnston* war als Polizistin in Ulster zunächst im Gegensatz zu ihren männlichen Kollegen nicht mit einer Waffe ausgerüstet worden, was später dazu führte, dass ihr Arbeitgeber allgemein zwischen dem männlichen und dem weiblichen Personal zugewiesenen Aufgaben unterschied und feststellte, dass ausreichend weibliches Perso-

25 EuGH, Rs C-208/90, *Emmott,* Slg 1991, I-4269.

26 EuGH, Rs C-271/91, *Marshall II,* Slg 1993, I-4367. Siehe demgegenüber noch EuGH, Rs 26/74, *Roquette Frères,* Slg 1976, 677.

27 Ausführlich *Tonne,* Rechtsschutz, 200 ff. Siehe auch *Rodríguez Iglesias,* EuGRZ 1997, 289; *Schwarze,* Der Anspruch auf effektiven gerichtlichen Rechtsschutz im europäischen Gemeinschaftsrecht, in *Grote ua* (Hrsg), Die Ordnung der Freiheit. FS Christian Starck (2007), 646 ff.

28 Art 6 der Richtlinie 76/207/EWG zur Verwirklichung des Grundsatzes der Gleichbehandlung von Männern und Frauen hinsichtlich des Zugangs zur Beschäftigung, zur Berufsbildung und zum beruflichen Aufstieg sowie in bezug auf die Arbeitsbedingungen (ABl 1976 L 39, 40) sah vor: „Die Mitgliedstaaten erlassen die innerstaatlichen Vorschriften, die notwendig sind, damit jeder, der sich wegen Nichtanwendung des Grundsatzes der Gleichbehandlung im Sinne der Artikel 3, 4 und 5 auf seine Person für beschwert hält, nach etwaiger Befassung anderer zuständiger Stellen seine Rechte gerichtlich geltend machen kann."

29 EuGH, Rs 222/84, *Johnston,* Slg 1986, 1651.

nal vorhanden war, so dass er ihren Vertrag nicht verlängerte. Im anschließenden Rechtsstreit legte Frau *Johnstons* Arbeitgeber besagte Bescheinigung des Secretary of State vor, mit der seine Entscheidung der gerichtlichen Überprüfung im Ergebnis entzogen werden sollte.

Der Gerichtshof untersuchte zuallererst die Tragweite des Anspruchs auf Gewährung effektiven gerichtlichen Rechtsschutzes. Einen solchen leitete er einerseits aus Art 6 der Richtlinie 76/207/EWG ab, wies aber andererseits auch darauf hin, dass diese Bestimmung Ausdruck eines allgemeinen Rechtsgrundsatzes sei, der den gemeinsamen Verfassungstraditionen der Mitgliedstaaten zugrunde liege und auch in den Art 6 und 13 EMRK verankert sei. Nach Art 6 der Richtlinie, ausgelegt im Lichte dieses allgemeinen Grundsatzes, habe jedermann gegen Handlungen, die gegen das in der Richtlinie aufgestellte Gebot der Gleichbehandlung verstießen, Anspruch auf die Gewährung effektiven Rechtsschutzes durch ein zuständiges Gericht. Dies sicherzustellen, obliege den Mitgliedstaaten. Die im Sex Discrimination Order niedergelegte Beweisregel widerspreche dem Grundsatz des effektiven gerichtlichen Rechtsschutzes.

Trotz der angesichts der Unruhen in Nordirland sensiblen Thematik war das Urteil in der Rechtssache *Johnston* in diesem Punkt wenig spektakulär, denn der Zugang zum Gericht war einerseits im abgeleiteten Recht ausdrücklich vorgesehen und wurde andererseits im nationalen Recht auch gewährt. Fraglich war „nur", ob dieser Zugang durch eine nationale Beweisregel wieder zunichte gemacht werden konnte. Demgegenüber musste der Gerichtshof einen bedeutenden Schritt weiter gehen, als er in der Rechtssache *Heylens*[30] aus dem materiellen Recht, nämlich aus Art 48 EWG-Vertrag (Art 45 AEUV), ableitete, dass ein Arbeitnehmer Anspruch darauf habe, eine Entscheidung, mit der ihm die Anerkennung der Gleichwertigkeit eines von einem anderen Mitgliedstaat ausgestellten Diploms versagt werde, gerichtlich auf ihre Rechtmäßigkeit nachprüfen zu lassen.

Als Begründung dafür diente ihm im Wesentlichen die Natur der Freizügigkeit der Arbeitnehmer als Grundrecht, das jedem Arbeitnehmer individuell vom Vertrag verliehen sei und dessen Durchsetzung effektiv geschützt werden müsse. Das Erfordernis eines effektiven gerichtlichen Rechtsschutzes sei, wie der Gerichtshof unter Berufung auf das Urteil *Johnston* festhielt, ein allgemeiner Grundsatz des Gemeinschaftsrechts. Eine innerstaatliche Entscheidung, durch die die Gewährung des Rechts auf Freizügigkeit verweigert werde, müsse deshalb vor Gericht angefochten werden können. Zu diesem Zweck sei es auch erforderlich, dass der Betroffene von den Gründen Kenntnis erlangen könne, auf denen die Entscheidung beruhe.

Hier vertrat der Gerichtshof anscheinend – in stillschweigender Abkehr von *Rewe/Hauptzollamt Kiel*[31] – die Ansicht, dass der materiellen Vorschrift

30 EuGH, Rs 222/86, *Heylens,* Slg 1987, 4097, insb Rdnr 14.

31 EuGH, Rs 158/80, *Rewe/Hauptzollamt Kiel,* Slg 1981, 1805, Rdnr 44.

des Gemeinschaftsrechts, die dem Einzelnen Rechte verleihe, zugleich ein Anspruch auf gerichtlichen Rechtsschutz innewohne. Ob damit auch die Verpflichtung zur Schaffung eines nationalen Rechtsbehelfs einhergehen kann, war eine Frage, die sich in der Folge immer wieder stellte.

Einigermaßen deutlich nahm der Gerichtshof in der Rechtssache *Oleificio Borelli/Kommission*[32] dazu Stellung. Dort hatte die Klägerin auf Nichtigerklärung einer Entscheidung der Kommission im Zusammenhang mit dem Europäischen Ausrichtungs- und Garantiefonds für die Landwirtschaft geklagt, weil die Kommission sich auf eine angeblich rechtswidrige Stellungnahme der Region Ligurien gestützt hatte. Der Gerichtshof hielt sich nicht für zuständig, über die Rechtmäßigkeit einer nationalen Handlung als Teil eines gemeinschaftlichen Entscheidungsprozesses zu befinden. Er fügte jedoch hinzu, dass es Sache der nationalen Gerichte sei, gegebenenfalls im Anschluss an eine Vorlage an den Gerichtshof über die Rechtmäßigkeit der in Frage stehenden nationalen Handlung zu entscheiden, wobei sie dieselben Prüfungsmaßstäbe wie bei anderen endgültigen Entscheidungen anzuwenden hätten, die von der betreffenden nationalen Behörde erlassen würden und Rechte Dritter verletzen könnten. Eine entsprechende Klage sei somit zulässig, selbst wenn die innerstaatlichen Verfahrensvorschriften dies in einem solchen Fall nicht vorsähen. Der Gerichtshof berief sich auf die Entscheidungen *Johnston* und *Heylens* und folgerte daraus: „*Da die Stellungnahme des Mitgliedstaats, in dessen Hoheitsgebiet das Vorhaben durchgeführt werden soll, Teil eines Verfahrens ist, das zum Erlass einer Gemeinschaftsentscheidung führt, hat dieser Mitgliedstaat für die Möglichkeit der gerichtlichen Kontrolle Sorge zu tragen.*“[33]

Wenn es sich bei dieser Aussage auch im Zusammenhang mit der Nichtigkeitsklage gegen einen Rechtsakt der Kommission lediglich um ein *obiter dictum* handelt[34], so ist sie doch ein Vorbote der später vom Gerichtshof vertretenen Auffassung, wonach es bei einem Ineinandergreifen von nationalen Handlungen und Handlungen der Gemeinschaftsorgane den nationalen Rechtsordnungen obliegt, effektiven Rechtsschutz gegen die jeweiligen nationalen Handlungen zu gewähren.

Wegweisend für die Frage der gemeinschaftsrechtlichen Verpflichtung, nationale Rechtsbehelfe zu schaffen, war in der Folge das Urteil in der Rechtssache *Factortame I*[35]. Darin fanden weder die nationale Verfahrensautonomie noch das Grundrecht auf effektiven gerichtlichen Rechtsschutz als allgemeiner Rechtsgrundsatz Erwähnung. Das House of Lords hatte den EuGH im Kern gefragt, ob ein nationales Gericht, das in einem bei ihm anhängigen, das Gemeinschaftsrecht betreffenden Rechtsstreit zu der Auffassung gelange, dem

32 EuGH, Rs C-97/91, *Oleificio Borelli/Kommission,* Slg 1992, I-6313.

33 EuGH, Rs C-97/91, *Oleificio Borelli/Kommission,* Slg 1992, I-6313, Rdnr 15.

34 Vlg *Tonne,* Rechtsschutz, 203.

35 EuGH, Rs C-213/89, *Factortame I,* Slg 1990, I-2433.

Erlass einstweiliger Anordnungen stehe nur eine Vorschrift des nationalen Rechts entgegen, diese Vorschrift nicht anwenden dürfe. Hintergrund dieser Frage war der Grundsatz des Common Law, wonach die englischen Gerichte nicht befugt seien, gegen die Krone einstweilige Anordnungen zu erlassen.

Der Gerichtshof stützte sich im Wesentlichen auf seine bisherige Judikatur zum Vorrang und zur vollen Wirksamkeit des Gemeinschaftsrechts[36]. Außerdem machte er deutlich, dass sich die Verpflichtung der nationalen Gerichte, effektiven Rechtsschutz zu gewähren, bereits aus der unmittelbaren Wirkung des materiellen Gemeinschaftsrechts – im Zusammenspiel mit Art 10 EGV [Art 4 Abs 3 EUV(neu)] – ergebe[37]. Dabei blieb er jedoch darauf bedacht, seine Begründung so zu formulieren, als würde das Vorranggebot genügen, um zum Ergebnis zu gelangen, dass das nationale Gericht für den Erlass einstweiliger Anordnungen zuständig sein müsse: Das nationale Gericht müsse eben entgegenstehendes nationales Recht unangewendet lassen. Aus der Konstellation des englischen Rechts und der Antwort des Gerichtshofs in der Rechtssache *Factortame I* wurde geschlossen, der Gerichtshof habe nichts weniger verlangt als die Schaffung eines gänzlichen neuen Rechtsbehelfs, der für diese Art von Rechtsstreitigkeiten im nationalen Recht bislang schlicht nicht vorgesehen war[38]. Auch der Gerichtshof selbst scheint das Urteil in diesem Sinn verstanden zu haben, wenn er später zusammenfasste, dass ein mit einem nach Gemeinschaftsrecht zu beurteilenden Rechtsstreit befasstes Gericht in der Lage sein müsse, einstweilige Anordnungen zu erlassen, um die volle Wirksamkeit der späteren Gerichtsentscheidung über das Bestehen der aus dem Gemeinschaftsrecht hergeleiteten Rechte sicherzustellen[39].

Mit der Frage, wie im Unionsrecht effektiver gerichtlicher Rechtsschutz zu gewähren ist, ist die Frage eng verbunden, wem ein solcher Rechtsschutz zusteht. Ihr kann an dieser Stelle nicht näher nachgegangen werden[40]. Es sei jedoch darauf hingewiesen, dass sich auch aus dem weiten Verständnis des Kreises der durch das Unionsrecht Begünstigten, das der EuGH im Allgemeinen zugrunde legt[41], Auswirkungen auf den nationalen Rechtsschutz ergeben[42].

---

36 EuGH, Rs 106/77, *Simmenthal,* Slg 1978, 629.

37 EuGH, Rs C-213/89, *Factortame I,* Slg 1990, I-2433, Rdnr 19, unter Hinweis auf EuGH, Rs 811/79, *Ariete,* Slg 1980, 2545, und EuGH, Rs 826/79, *Mireco,* Slg 1980, 2559.

38 ZB *Craufurd Smith,* Remedies, in *Craig/De Búrca* (Hrsg), Evolution, 301; *Haltern,* Europarecht, Rdnr 814.

39 EuGH, Rs C-1/99, *Kofisa,* Slg 2001, I-207, Rdnr 48; EuGH, Rs C-226/99, *Siples,* Slg 2001, I-277, Rdnr 19.

40 Siehe aber zB *v Danwitz,* Verwaltungsrecht, 510 mwN.

41 Aktuell zB EuGH, Rs C-237/07, *Janecek,* Slg 2008, I-6221 mwN zur Judikatur.

42 Siehe nachstehend Pkt III.A.2.

C. Vorläufiger Rechtsschutz

Mit der Frage des Zugangs zu Gericht insgesamt steht die Frage des vorläufigen Rechtsschutzes in engem Zusammenhang. Ohne die Möglichkeit, durch vorläufigen Rechtsschutz die Schaffung „vollendeter Tatsachen" zu verhindern, wäre die Effektivität des Rechtsschutzes in der Tat ernstlich gefährdet[43]. Das Urteil in der Rechtssache *Factortame I* war das erste, das sich mit der Notwendigkeit eines vorläufigen Rechtsschutzes zur Gewährleistung gemeinschaftsrechtlicher Ansprüche beschäftigte. Während der Gerichtshof aus dem Erfordernis der vollen Wirksamkeit des Gemeinschaftsrechts ableitete, dass diese erforderlichenfalls auch durch einstweilige Anordnungen sicherzustellen sei, gibt das Urteil im Übrigen keinen Aufschluss über die Voraussetzungen eines solchen vorläufigen Rechtsschutzes[44].

In den Rechtssachen *Zuckerfabrik Süderdithmarschen und Zuckerfabrik Soest* gelangte der Gerichtshof allerdings zur Auffassung, der vorläufige Rechtsschutz, den das Gemeinschaftsrecht den Bürgern vor den nationalen Gerichten sichere, müsse unabhängig davon derselbe sein, ob sie die Vereinbarkeit nationalen Rechts mit dem Gemeinschaftsrecht oder die Gültigkeit abgeleiteten Gemeinschaftsrechts rügten, da diese Rüge in beiden Fällen auf das Gemeinschaftsrecht selbst gestützt sei[45]. Der EuGH schloss aus der einheitlichen Anwendung als Grunderfordernis der gemeinschaftlichen Rechtsordnung, dass jedenfalls für die Aussetzung der Vollziehung von auf einer Gemeinschaftsverordnung beruhenden Verwaltungsakten im Verfahren des vorläufigen Rechtsschutzes, das hinsichtlich der Antragstellung und der Sachverhaltsfeststellung dem nationalen Verfahrensrecht unterliege, in allen Mitgliedstaaten einheitliche Regeln gelten müssten[46]. Er gelangte deshalb zum Ergebnis, dass ein nationales Gericht die Vollziehung eines auf einer Gemeinschaftsverordnung beruhenden nationalen Verwaltungsakts nur aussetzen dürfe, wenn es erhebliche Zweifel an der Gültigkeit der Gemeinschaftsverordnung habe und die Frage dieser Gültigkeit, sofern der Gerichtshof mit ihr noch nicht befasst sei, diesem selbst vorlege, wenn die Entscheidung dringlich sei und dem Antragsteller ein schwerer und nicht wiedergutzumachender Schaden drohe und

43 So zB *Triantafyllou,* NVwZ 1992, 129.

44 *Craufurd Smith,* Remedies, in *Craig/De Búrca* (Hrsg), Evolution, 301.

45 EuGH, verb Rs C-143/88 und C-92/89, *Zuckerfabrik Süderdithmarschen und Zuckerfabrik Soest,* Slg 1991, I-415, Rdnr 20; bestätigt in EuGH, Rs C-465/93, *Atlanta,* Slg 1995, I-3761, Rdnr 24; EuGH, Rs C-68/95, *T. Port,* Slg 1996, I-6065, Rdnr 51. Kritisch dazu *Papadias,* Legal Issues of European Integration 1994, 190.

46 EuGH, verb Rs C-143/88 und C-92/89, *Zuckerfabrik Süderdithmarschen und Zuckerfabrik Soest,* Slg 1991, I-415, Rdnr 26; EuGH, Rs C-465/93, *Atlanta,* Slg 1995, I-3761, Rdnr 39; EuGH, verb Rs C-453/03, C-11/04, C-12/04 und C-194/04, *ABNA ua,* Slg 2005, I-10423, Rdnr 104.

wenn das Gericht das Interesse der Gemeinschaft angemessen berücksichtige[47]. Wie der Gerichtshof in der Rechtssache *Atlanta* hinzufügte, muss das nationale Gericht ferner bei der Prüfung aller dieser Voraussetzungen die Entscheidungen des Gerichtshofes oder des Gerichts erster Instanz über die Rechtmäßigkeit der Verordnung oder einen Beschluss im Verfahren des vorläufigen Rechtsschutzes betreffend gleichartige einstweilige Anordnungen auf Gemeinschaftsebene beachten[48]. Im Übrigen kann der vorläufige Rechtsschutz nicht lediglich in der Aussetzung der angefochtenen Maßnahme bestehen, sondern auch positive einstweilige Verfügungen umfassen[49].

Aus der Sicht der Effektivität des Unionsrechts ist es somit in bestimmten Fällen notwendig, vorläufigen Rechtsschutz gegen die Anwendung von möglicherweise unionsrechtswidrigem nationalem Recht auch in den Fällen zu gewähren, in denen das nationale Recht dies nicht vorsieht. Umgekehrt können die Voraussetzungen, unter denen das nationale Recht vorläufigen Rechtschutz gegen die Anwendung von möglicherweise rechtswidrigem Unionsrecht gewährt, zu großzügig sein[50].

II. Neueste Entwicklungen

A. Ein gewandelter Hintergrund

Der Hintergrund, vor dem der Gerichtshof sich in jüngerer Vergangenheit mit Fragen des effektiven gerichtlichen Rechtsschutzes zu beschäftigen hatte, hat sich in mehrfacher Hinsicht gegenüber jenem gewandelt, vor dem er die Rechtssache *Factortame I* zu entscheiden hatte. Erstens hatte der Gerichtshof in der Zwischenzeit seine Rechtsprechung zum Grundsatz der Staatshaftung entwickelt[51]. Diese enthält im Grunde die wichtigste Antwort auf die Probleme der Effektivität des gerichtlichen Rechtsschutzes: Die Natur des Staatshaftungsanspruchs ist gemeinschaftsrechtlich, nur seine Durchsetzung erfolgt mit den Mitteln des nationalen Verfahrensrechts. Der Anspruch selbst ist somit einer Einengung durch nationales Recht entzogen. Dieser Grundsatz wurde in der Folge verfeinert, und der Gerichtshof stellte unter anderem klar, dass die Mitgliedstaaten auch für Gemeinschaftsrechtsverletzungen der nationalen Gerichte ein-

47 EuGH, verb Rs C-143/88 und C-92/89, *Zuckerfabrik Süderdithmarschen und Zuckerfabrik Soest,* Slg 1991, I-415, Rdnr 33.

48 EuGH, Rs C-465/93, *Atlanta,* Slg 1995, I-3761.

49 Darauf weist zB *Van Gerven,* CMLR 2000, 516, hin.

50 Siehe bereits EuGH, C-217/88, *Kommission/Deutschland,* Slg 1990, I-2879. Dazu *Sandner,* DVBl 1998, 265; *Schwarze,* Vorläufiger Rechtsschutz im Widerstreit von Gemeinschaftsrecht und nationalem Verwaltungsverfahrens- und Prozeßrecht, in *Baur ua* (Hrsg), Europarecht, Energierecht, Wirtschaftsrecht: FS Bodo Börner (1992), 394 ff.

51 Ausgehend von EuGH, verb Rs C-6 und C-9/90, *Francovich ua,* Slg 1991, I-5357.

schließlich der Höchstgerichte hafteten[52]. Auf Fragen der Staatshaftung ist an dieser Stelle freilich nicht weiter einzugehen[53]. Das Bestehen des Grundsatzes der Staatshaftung ist jedoch ein wichtiges Element zum Verständnis der jüngeren Rechtsprechung des Gerichtshofs zu Fragen des Rechtsschutzes.

Zweitens barg eine ohne klare Rechtsgrundlage[54] immer stärker in nationales Verfahrensrecht eingreifende Rechtsprechung die Gefahr, immer lauter werdenden Vorwürfen der unzulässigen Rechtsfortbildung und Einmischung in nationale Zuständigkeiten ausgesetzt zu werden[55]. Diese Gefahr war insbesondere angesichts der Debatte über das Subsidiaritätsprinzip, der Maastricht-Entscheidung des deutschen Bundesverfassungsgerichts und der Kritik, welche der Beginn der Rechtsprechung zur Staatshaftung der Mitgliedstaaten ausgelöst hatte, nicht zu unterschätzen.

Drittens geriet der Gerichtshof in der Rechtssache *Unión de Pequeños Agricultores*[56] durch die Schlussanträge von GA *Jacobs* und das kurz zuvor verkündete Urteil des EuG in der Rechtssache *Jégo-Quéré*[57] in Bedrängnis, seine strenge Auslegung der Zulässigkeitsvoraussetzungen für Nichtigkeitsklagen Einzelner vor den Gemeinschaftsgerichten zu revidieren. Er reagierte darauf mit einer Wiederholung des Bekenntnisses zum effektiven gerichtlichen Rechtsschutz sowie mit einem Verweis darauf, dass es Sache der Mitgliedstaaten sei, ein System von Rechtsbehelfen und Verfahren vorzusehen, mit dem die Einhaltung des Rechts auf effektiven gerichtlichen Rechtsschutz gewährleistet werden könne[58].

Viertens ist es nur dieser Anspruch auf Vollständigkeit des gemeinschaftlichen Rechtsschutzsystems – unter Einbeziehung der nationalen Gerichte –, der Handlungen der Gemeinschaftsorgane und zugleich auch die Rechtsprechung des Gerichtshofs vor einer Überprüfung durch den EGMR schützt, wie dieser in seinem Urteil *Bosphorus* deutlich gemacht hat[59].

Fünftens schließlich gab die Kommission ihre Zurückhaltung bei der Verfolgung von Vertragsverletzungen durch mitgliedstaatliche Gerichte teilweise auf, und der Gerichtshof stärkte ihr insoweit den Rücken[60].

52 EuGH, Rs C-224/01, *Köbler,* Slg 2003, I-10239.

53 Siehe dazu vielmehr den Beitrag von *Heller,* Staatshaftung bei Verletzung des Gemeinschaftsrechts durch nationale Höchstgerichte, nachstehend auf S 491 ff.

54 Vgl *Delicostopoulos,* European Law Journal 2003, 605.

55 Siehe zB *Sandner,* DVBl 1998, 266 mwN; zur Problematik allgemein *v Danwitz,* Verwaltungsrecht, 490 ff.

56 EuGH, Rs C-50/00 P, *Unión de Pequeños Agricultores/Rat,* Slg 2002, I-6677.

57 EuG, Rs T-177/01, *Jégo Quéré/Kommission,* Slg 2002, II-2365.

58 EuGH, Rs C-50/00 P, *Unión de Pequeños Agricultores/Rat,* Slg 2002, I-6677, Rdnr 41.

59 EGMR, Urteil vom 30.6.2005, *Bosphorus/Irland,* Reports of Judgments and Decisions 2005-VI, deutsche Übersetzung in EuGRZ 2007, 662. Siehe dazu *Winkler,* EuGRZ 2007, 641.

60 EuGH, Rs C-129/00, *Kommission/Italien,* Slg 2003, I-14637. Siehe dazu *Haltern,* Verwaltungsarchiv 2005, 319 ff.

Aus all diesen Gründen blieb es für den Gerichtshof einerseits wichtig, über den Zugang zu den nationalen Gerichten in allen gemeinschaftsrechtlichen Belangen zu wachen. Nur so konnte ein vorlagepflichtiges Gericht erreicht werden, das zur Vorlage an den EuGH nicht nur durch Art 234 Abs 3 EGV (Art 267 Abs 3 AEUV), sondern auch durch die Gefahr der Auslösung der Staatshaftung oder eines Vertragsverletzungsverfahrens animiert wurde. Nur so konnte gleichzeitig das gemeinschaftliche Rechtsschutzsystem seinem Anspruch auf Lückenlosigkeit gerecht werden. Andererseits lastete auf dem EuGH der Druck der Mitgliedstaaten und ihrer Gerichte, nicht zu sehr in die nationalen Verfahrensordnungen einzugreifen und vor allem dem Grundsatz der Rechtssicherheit[61] Rechnung zu tragen, der in diesen Verfahrensordnungen dazu führen konnte, die Geltendmachung von Ansprüchen in verschiedener Hinsicht zu begrenzen. Dies sollte den Gerichtshof dazu führen, in verfahrensrechtlichen Fragen, die nicht den Kern des Zugangs zu den Gerichten selbst betrafen, die Zügel etwas lockerer zu lassen.

B. Verzweigung der Rechtsprechung und Betonung der Umstände des Einzelfalls

Mitte der 90er-Jahre sendete der Gerichtshof mit seinen Urteilen in den Rechtsachen *Peterbroeck*[62] und *Van Schijndel*[63] ein vor dem dargestellten Hintergrund verständlicherweise eher ambivalentes Signal aus. Er hielt fest, dass der Grundsatz der *Effektivität* es verlange, dass jeder Fall, in dem sich die Frage stelle, ob eine nationale Verfahrensvorschrift die Anwendung des Gemeinschaftsrechts unmöglich mache oder übermäßig erschwere, unter Berücksichtigung der Stellung dieser Vorschrift im gesamten Verfahren, des Verfahrensablaufs und der Besonderheiten des Verfahrens vor den verschiedenen nationalen Stellen zu prüfen sei. Dabei seien gegebenenfalls die Grundsätze zu berücksichtigen, die dem nationalen Rechtsschutzsystem zugrunde lägen, wie zB der Schutz der Verteidigungsrechte, der Grundsatz der Rechtssicherheit und der ordnungsgemäße Ablauf des Verfahrens[64].

Im Urteil *Peterbroeck* hielt der EuGH die Anwendung einer nationalen Verfahrensvorschrift für mit dem Gebot effektiven Rechtsschutzes unvereinbar, die es einem im Rahmen seiner Zuständigkeit angerufenen nationalen Gericht unter Voraussetzungen, wie sie durch das im Ausgangsrechtsstreit maßgebliche Verfahren vorgegeben wurden, verbot, von Amts wegen die Vereinbarkeit eines innerstaatlichen Rechtsakts mit einer Vorschrift des Gemein-

61 *Haltern,* Europarecht, Rdnr 823.

62 EuGH, Rs C-312/93, *Peterbroeck,* Slg 1995, I-4599.

63 EuGH, verb Rs C-430 und C-431/93, *Van Schijndel und van Veen,* Slg 1995, I-4705.

64 EuGH, Rs C-312/93, *Peterbroeck,* Slg 1995, I-4599, Rdnr 14; EuGH, verb Rs C-430/93 und C-431/93, *Van Schijndel und van Veen,* Slg 1995, I-4705, Rdnr 19.

schaftsrechts zu prüfen, wenn sich kein Verfahrensbeteiligter innerhalb einer bestimmten Frist auf die letztgenannte Vorschrift berufen hatte[65].

Im Urteil *Van Schijndel* führten dieselben Ausgangsüberlegungen den Gerichtshof hingegen zum Ergebnis, dass das Gemeinschaftsrecht es den nationalen Gerichten nicht gebiete, von Amts wegen die Frage eines Verstoßes gegen gemeinschaftsrechtliche Bestimmungen zu prüfen, wenn sie durch die Prüfung dieser Frage die ihnen grundsätzlich gebotene Passivität aufgeben müssten, indem sie die Grenzen des Rechtsstreits zwischen den Parteien überschritten und sich auf andere Tatsachen und Umstände stützten, als sie die Prozesspartei, die ein Interesse an der Anwendung habe, ihrem Begehren zugrunde gelegt habe[66].

Diese unterschiedlichen Ergebnisse schienen zum damaligen Zeitpunkt wohl am ehesten dadurch erklärlich, dass, wie der Gerichtshof in seiner Begründung in der Rechtssache *Peterbroeck* hervorhob, das angerufene belgische Gericht das erste war, das sich überhaupt mit der gemeinschaftsrechtlichen Frage auseinandersetzen und diese gegebenenfalls dem Gerichtshof vorlegen konnte[67]. Nahm man einerseits den Steuerpflichtigen die Möglichkeit, sich nach einer Ausschlussfrist vor der Cour d'appel auf Gemeinschaftsrecht zu berufen, und andererseits der Cour d'appel und allen anderen nationalen Gerichten ebenfalls die Möglichkeit, dieses von Amts wegen zu berücksichtigen, so war die Effektivität des Rechtsschutzes, mit der die Möglichkeit einer Vorlage an den EuGH einhergehen muss, in der Tat stark beeinträchtigt.

Im Gegensatz dazu hatte in der Rechtssache *Van Schijndel* für die Kläger die Möglichkeit bestanden, sich vor zwei gerichtlichen Instanzen auf das Gemeinschaftsrecht zu berufen. Dass sie im Stadium der Kassationsbeschwerde kein neues auf das Gemeinschaftsrecht gestütztes Argument mehr geltend machen konnten und das letztinstanzliche Gericht ein solches Argument nicht von Amts wegen aufgreifen konnte, ließ den Rechtsschutz, der ihnen zur Verfügung stand, nicht ineffektiv erscheinen. Der Gerichtshof betrachtete die Gründe, die in einem solchen Fall für eine Begrenzung des Rechtsschutzes sprachen, als Ausdruck der von den meisten Mitgliedstaaten geteilten Auffassungen über den Ablauf von Gerichtsverfahren.

Es deutet einiges darauf hin, dass der Gerichtshof in seinen beiden Entscheidungen einen neuen Maßstab anwendete, der sich einer Rechtfertigungsprüfung nationaler Verfahrensvorschriften annähert[68]. Dabei kommt es zu

65 EuGH, Rs C-312/93, *Peterbroeck,* Slg 1995, I-4599, Rdnr 21.

66 EuGH, verb Rs C-430/93 und C-431, *Van Schijndel und van Veen,* Slg 1995, I-4705, Rdnr 22.

67 EuGH, Rs C-312/93, *Peterbroeck,* Slg 1995, I-4599, Rdnr 17. Siehe *Craufurd Smith,* Remedies, in *Craig/De Búrca* (Hrsg), Evolution, 316; *Van Gerven,* CMLR 2000, 532 f.

68 Ausführlich *Prechal,* CMLR 1998, 681, 690 ff. Siehe auch *Craufurd Smith,* Remedies, in *Craig/De Búrca* (Hrsg), Evolution, 315 f; *Prechal,* Yearbook of European Law 2006, 446.

einer Abwägung zwischen den Rechtsgütern, die durch die Grundsätze des nationalen Verfahrensrechts geschützt werden, und dem Interesse an einer einheitlichen und effektiven Anwendung des Gemeinschaftsrechts[69].

In jüngerer Vergangenheit[70] hatte sich der Gerichtshof in den Rechtsachen *Van der Weerd ua*[71] ein weiteres Mal der Frage zu widmen, wie weit es das Gemeinschaftsrecht verlange, dass ein nationales Gericht gemeinschaftsrechtliche Fragen von Amts wegen prüfe. Diese Rechtssache war nur insofern anders gelagert als die Rechtssache *Van Schijndel*, als das vorlegende Gericht in erster und letzter Instanz zu entscheiden hatte. Der Gerichtshof sah die in *Van Schijndel* aufgestellten Grundsätze dadurch nicht in Frage gestellt[72]. Er stellte klar, dass der Effektivitätsgrundsatz die nationalen Gerichte in Verfahren wie dem Ausgangsverfahren unabhängig von der Bedeutung einer Gemeinschaftsvorschrift für die Gemeinschaftsrechtsordnung nicht dazu verpflichte, einen auf diese Vorschrift gestützten Klagegrund von Amts wegen zu prüfen, wenn die Parteien tatsächlich die Möglichkeit hätten, einen auf dem Gemeinschaftsrecht beruhenden Grund vor einem nationalen Gericht geltend zu machen[73]. Der Gerichtshof hob hervor, dass demgegenüber die Rechtssache *Peterbroeck* durch die besonderen Umstände des Einzelfalls geprägt gewesen sei, in dem dem Kläger des Ausgangsverfahrens die Möglichkeit genommen war, die Unvereinbarkeit einer nationalen Rechtsvorschrift mit dem Gemeinschaftsrecht in geeigneter Weise geltend zu machen[74].

Im Urteil *Van der Weerd ua* kann daher ein einigermaßen deutlicher Ausdruck der aktuellen Tendenz des Gerichtshofs gesehen werden, bei Bestehen von Zugang zu gerichtlichem Rechtsschutz verfahrensrechtliche Beschränkungen dieses Zugangs nur im Einzelfall als Verstoß gegen den Effektivitätsgrundsatz zu werten[75].

69 Ähnlich *v Danwitz,* Verwaltungsrecht, 482 f.

70 Zuvor schon EuGH, verb Rs C-87 bis C-89/90, *Verholen ua,* Slg 1991, I-3757, und EuGH, Rs C-72/95, *Kraaijeveld,* Slg 1996, I-5403. Siehe dazu *Prechal,* CMLR 1998, 697 ff. Ferner EuGH, Rs C-126/97, *Eco Swiss,* Slg 1999, I-3055. Dazu *v Danwitz,* Verwaltungsrecht, 485 ff.

71 EuGH, verb Rs C-222 bis C-225/05, *Van der Weerd ua,* Slg 2007, I-4233.

72 EuGH, verb Rs C-222 bis C-225/05, *Van der Weerd ua,* Slg 2007, I-4233, Rdnr 38.

73 EuGH, verb Rs C-222 bis C-225/05, *Van der Weerd ua,* Slg 2007, I-4233, Rdnr 41. Siehe auch *Lenaerts,* CMLR 2007, 1648.

74 Zutreffend insofern die Prognose von *B. Müller,* ecolex 1997, 406, die angenommen hatte, dass der Gerichtshof dem in *Van Schijndel* eingeschlagenen Weg folgen werde.

75 Vgl insofern die Schlussanträge von GA *Poiares Maduro* in den verb Rs C-222 bis C-225/05, *Van der Weerd ua,* Slg 2007, I-4233, Pkt 29: „Nach alledem verpflichtet der Grundsatz der Effektivität die nationalen Gerichte nicht dazu, eine auf Gemeinschaftsrecht beruhende Einrede von Amts wegen zu berücksichtigen, selbst wenn sie eine Vorschrift von grundlegender Bedeutung für die Gemeinschaftsrechtsordnung betreffen sollte. Der Grundsatz der Effektivität verlangt aber, dass die Parteien tatsächlich die Möglichkeit gehabt haben, eine auf Gemeinschaftsrecht beruhende Einrede vor einem

In ähnlicher Weise erklärte der EuGH in seiner jüngeren Rechtsprechung auch andere seiner früheren Entscheidungen, in denen er den nationalen Gerichten in besonderer Weise abverlangt hatte, sich über Beschränkungen durch das nationale Recht hinwegzusetzen, mit den Umständen des jeweiligen Einzelfalls[76].

Angesichts der Bedeutung, die der Gerichtshof der Stellung einer Vorschrift – die geeignet ist, zu Beschränkungen des Rechtsschutzes zu führen – im gesamten Verfahren, dem Verfahrensablauf und den Besonderheiten des Verfahrens vor den verschiedenen nationalen Stellen im konkreten Fall einräumt, ist es nicht verwunderlich, dass in der neueren Rechtsprechung zur effektiven Durchsetzung gemeinschaftsrechtlicher Ansprüche eine immer stärkere Verzweigung und Kasuistik zu beobachten ist[77].

Während der Gerichtshof zB generell nichts gegen nationale Ausschlussfristen von angemesser Länge einzuwenden hat[78], kann die Anwendung einer Ausschlussregelung des innerstaatlichen Rechts gegen den Effektivitätsgrundsatz verstoßen, wenn sie in der Weise erfolgt, dass einem Bieter der Zugang zu einem Rechtsbehelf, der die Wahl des Verfahrens für die Vergabe eines öffentlichen Auftrags oder die Schätzung des Auftragswerts betrifft, versagt wird, wenn der Auftraggeber gegenüber dem Bieter die Gesamtmenge oder den Gesamtumfang des Auftrags nicht klar angegeben hat[79].

In die aktuelle Phase der Auseinandersetzung des Gerichtshofs mit dem nationalen Verfahrensrecht fällt auch seine Rechtsprechung zur Bestandskraft nationaler Verwaltungsentscheidungen und zur Rechtskraft nationaler Gerichtsurteile und ihrer möglichen Durchbrechung. Da ihr im gegenständlichen Handbuch eigene Beiträge gewidmet sind[80], ist eine Vertiefung dieser Fragen hier nicht angebracht.

---

nationalen Gericht geltend zu machen. Anderenfalls muss das nationale Gericht befugt sein, diese Einrede von Amts wegen zu berücksichtigen.“

76 Siehe, hinsichtlich EuGH, Rs C-208/90, *Emmott*, Slg 1991, I-4269, die Entscheidungen EuGH, Rs C-338/91, *Steenhorst-Neerings*, Slg 1993, I-5475, Rdnr 19; EuGH, Rs C-410/92, *Johnson*, Slg 1994, I-5483; EuGH, Rs C-188/95, *Fantask*, Slg 1997, I-6783; EuGH, Rs C-231/96, *Edis*, Slg 1998, I-4951, Rdnr 46; EuGH, verb Rs C-279, C-280 und C-281/96, *Ansaldo*, Slg 1998, I-5025, Rdnr 20. Dazu *Gundel*, NVwZ 1998, 910; *Sperlich*, ÖJZ 2001, 121; *v Danwitz*, Verwaltungsrecht, 480 f. Hinsichtlich EuGH, Rs C-271/91, *Marshall II*, Slg 1993, I-4367, siehe EuGH, C-66/95, *Sutton*, Slg 1997, I-2163. Dazu *Craufurd Smith*, Remedies, in *Craig/De Búrca* (Hrsg), Evolution, 309 ff.

77 Zu den verschiedenen Fallgruppen zB *Flynn*, ERA-Forum 2008, 245; *Kment*, EuR 2006, 201; *Oliver*, Le règlement 1/2003 et les principes d'efficacité et d'équivalence, Cahiers de droit européen 2005, 351; *v Danwitz*, Verwaltungsrecht, 583 ff.

78 EuGH, Rs C-30/02, *Recheio – Cash & Carry*, Slg 2004, I-6051.

79 EuGH, Rs C-241/06, *Lämmerzahl*, Slg 2007, I-8415.

80 Siehe dazu die Beiträge von *Kahl*, Vorrang des Gemeinschaftsrechts gegenüber „rechtskräftigen“ Bescheiden, vorstehend auf S 267 ff. und *Brenn*, Vorrang des Gemeinschaftsrechts gegenüber rechtskräftigen Urteilen, vorstehend auf S 303 ff.

Streng zeigte sich der Gerichtshof jüngst allerdings, was die Gewährleistung der Möglichkeit nationaler Gerichte angeht, sich mit Vorabentscheidungsersuchen an den EuGH zu wenden: In der Rechtssache *Cartesio*[81] entschied der EuGH, dass Art 234 Abs 2 EGV (Art 267 Abs 2 AEUV) bei nationalen Rechtsvorschriften über das Recht, gegen eine Entscheidung, mit der ein Vorabentscheidungsersuchen vorgelegt werde, Rechtsmittel einzulegen – die dadurch gekennzeichnet seien, dass das Ausgangsverfahren insgesamt beim vorlegenden Gericht anhängig bleibe und nur die Vorlageentscheidung Gegenstand eines beschränkten Rechtsmittels sei – dahin auszulegen sei, dass die mit dieser Vertragsbestimmung den nationalen Gerichten eingeräumte Befugnis zur Anrufung des Gerichtshofs nicht durch die Anwendung dieser Rechtsvorschriften in Frage gestellt werden dürfe, nach denen das Rechtsmittelgericht die Entscheidung, mit der die Vorlage eines Vorabentscheidungsersuchens an den Gerichtshof beschlossen werde, abändern, außer Kraft setzen und dem Gericht, das diese Entscheidung erlassen habe, aufgeben könne, das nationale Verfahren, das ausgesetzt worden sei, fortzusetzen.

An diesem Urteil, das – ohne dass dies klar zum Ausdruck käme – die ältere Rechtsprechung[82] korrigiert, wird deutlich, dass der Gerichtshof unter einem *effektiven gerichtlichen Rechtsschutz* nur solchen versteht, der die Möglichkeit eines Vorabentscheidungsersuchens auch durch ein unterinstanzliches nationales Gericht einschließt.

C. Das Urteil in der Rechtssache *Unibet* als vorläufiger Kristallisationspunkt

Einige wesentliche Aussagen zur Tragweite des Gebots, effektiven gerichtlichen Rechtsschutz zu gewähren, finden sich im Urteil in der Rechtssache *Unibet*[83]. Sie illustrieren den aktuellen, gemäßigten Zugang des EuGH in Fragen der Begegnung des Gemeinschaftsrechts mit dem nationalen Verfahrensrecht[84].

Zunächst nahm der EuGH darin zur Verpflichtung der Mitgliedstaaten Stellung, nötigenfalls einen Rechtsbehelf zum Schutz der dem Bürger aus dem Gemeinschaftsrecht erwachsenden Rechte zu schaffen. Was die grundrechtlichen Quellen dieser Pflicht angeht, fügte der Gerichtshof den schon früher zitierten Vorschriften der Art 6 und 13 EMRK einen Hinweis darauf hinzu, dass der allgemeine Grundsatz effektiven gerichtlichen Rechtsschutzes auch von Art 47 der am 7. Dezember 2000 in Nizza proklamierten Charta der Grund-

81 EuGH, Rs C-210/06, *Cartesio*, Slg 2008, I-9641. Dazu *Schima*, Rechtsschutz, in *Eilmansberger/Herzig* (Hrsg), Jahrbuch Europarecht 2009 (2009), 33 ff.

82 EuGH, Rs 146/73, *Rheinmühlen I*, Slg 1974, 139.

83 EuGH, Rs C-432/05, *Unibet*, Slg 2007, I-2271.

84 In diesem Sinn auch die Urteilsanmerkung von *Arnull*, CMLR 2007, 1766.

rechte der Europäischen Union[85] bekräftigt worden sei[86]. In der Rechtssache *Unión de Pequeños Agricultores* hatte der Gerichtshof eine grundsätzlich postulierte Pflicht zur Schaffung von Rechtsbehelfen noch dadurch abgemildert, dass er hinzugefügt hatte, dass die nationalen Gerichte gemäß dem in Art 10 EGV (Art 4 Abs 3 EUV) aufgestellten Grundsatz der loyalen Zusammenarbeit die nationalen Verfahrensvorschriften über die Einlegung von Rechtsbehelfen möglichst so auszulegen und anzuwenden hätten, dass natürliche und juristische Personen die Rechtmäßigkeit jeder nationalen Entscheidung oder anderen Maßnahme, mit der eine Gemeinschaftshandlung allgemeiner Geltung auf sie angewandt werde, gerichtlich anfechten und sich dabei auf die Ungültigkeit dieser Handlung berufen könnten[87].

In der Rechtssache *Unibet* erinnerte der Gerichtshof an seine gesamte bisherige Rechtsprechung und hielt auch daran fest, dass der EG-Vertrag nicht zusätzlich neue Klagemöglichkeiten vor den nationalen Gerichten schaffen wollte[88]. Er fügte jedoch hinzu: „*Etwas anderes würde nur gelten, wenn es nach dem System der betreffenden nationalen Rechtsordnung keinen Rechtsbehelf gäbe, mit dem wenigstens inzident die Wahrung der den Einzelnen aus dem Gemeinschaftsrecht erwachsenden Rechte gewährleistet werden könnte [...] So ist es zwar grundsätzlich Sache des nationalen Rechts, die Klagebefugnis und das Rechtsschutzinteresse des Einzelnen zu bestimmen, doch verlangt das Gemeinschaftsrecht, dass die nationalen Rechtsvorschriften das Recht auf einen effektiven gerichtlichen Rechtsschutz nicht beeinträchtigen [...]. Denn es ist Sache der Mitgliedstaaten, ein System von Rechtsbehelfen und Verfahren vorzusehen, mit dem die Einhaltung dieses Rechts gewährleistet werden kann [...].*“[89]

Das nationale Recht muss, wie sich aus den darauf folgenden Ausführungen des EuGH ergibt, keinen Rechtsbehelf vorsehen, der in der Hauptsache darauf gerichtet ist, das nationale Recht am Maßstab des Gemeinschaftsrechts zu überprüfen[90]. Es muss im nationalen Recht jedoch eine Möglichkeit geben, die geeignet ist, die gemeinschaftsrechtlichen Rechte des Einzelnen zumindest inzident zu wahren. Fehlt es auch daran, so besteht nach den Aussagen des Gerichtshofs eine gemeinschaftsrechtliche Pflicht zur Schaffung eines geeigneten Rechtsbehelfs.

In der Folge untersuchte der Gerichtshof mehrere nach nationalem Recht gegebene inzidente Rechtsbehelfe auf der Grundlage seiner Rechtsprechung zu den Grundsätzen der Äquivalenz und der Effektivität. Eine Schadenser-

85 ABl 2000 C 364, 1.
86 EuGH, Rs C-432/05, *Unibet,* Slg 2007, I-2271, Rdnr 37.
87 EuGH, Rs C-50/00 P, *Unión de Pequeños Agricultores/Rat,* Slg 2002, I-6677, Rdnr 42.
88 EuGH, Rs 158/80, *Rewe/Hauptzollamt Kiel,* Slg 1981, 1805.
89 EuGH, Rs C-432/05, *Unibet,* Slg 2007, I-2271, Rdnrn 41 f.
90 *v Danwitz,* Verwaltungsrecht, 278.

satzklage war nach Ansicht des Gerichtshofs zum Zweck der Überprüfung nationaler Vorschriften dann effektiv, wenn sie unabhängig von der Würdigung der Tatbestandsmerkmale des Schadens und des Kausalzusammenhangs zu einer Prüfung der Vereinbarkeit der nationalen Vorschrift mit dem Gemeinschaftsrecht führte[91]. Dies ist in mancher Hinsicht zu großzügig gegenüber dem nationalen Recht, denn die wiederholte Einbringung von Schadensersatzklagen, die sich dann als notwendig erweisen kann, wenn der Mitgliedstaat seine Rechtslage nicht ändert, kann wohl kaum als effektiv angesehen werden[92]. In anderer Hinsicht ist die Auffassung des Gerichtshofs hingegen ohne nähere Begründung sehr streng: Warum soll eine Schadensersatzklage nur dann ein für die Wahrung des Gemeinschaftsrechts effektiver Rechtsbehelf sein, wenn es dem nationalen Richter verwehrt ist, einen Anspruch abzuweisen, weil kein Schaden bzw keine Kausalität nachgewiesen worden ist, ohne die Rechtswidrigkeit zu prüfen[93]? Dabei dürften Überlegungen der Verfahrensökonomie etwas zu kurz kommen.

Wesentlich ist, dass der EuGH – im Gegensatz zu GA *Sharpston*[94] – der Auffassung war, dass die gerichtliche Überprüfung der Ablehnung eines verwaltungsrechtlichen Antrags, in deren Rahmen festgestellt werden könne, dass die betreffenden Bestimmungen gegen das Gemeinschaftsrecht verstießen, ebenfalls einen Rechtsbehelf darstellte, der einen effektiven gerichtlichen Schutz biete[95].

Die Überprüfung der Gemeinschaftsrechtswidrigkeit im Rahmen eines verwaltungsgerichtlichen oder eines Strafverfahrens wegen der Übertretung der für gemeinschaftsrechtswidrig erachteten nationalen Vorschrift hielt der Gerichtshof hingegen nicht für ausreichend. Der Rechtsunterworfene, der über keinen anderen Rechtsbehelf verfügte, würde gezwungen, sich Verwaltungs- oder Strafverfahren und den Sanktionen, die sich daraus ergeben können, auszusetzen[96].

In diesem letzten Punkt hat der Gerichtshof die Anforderungen an einen effektiven nationalen Rechtsschutz zu Recht verschärft. Noch in der Rechtsache *Safalero* hatte er die Ansicht vertreten, dass ein Importeur durch die Möglichkeit hinreichend geschützt sei, im Rahmen einer Klage gegen die öffentliche Verwaltung die auf einem Verstoß gegen das Gemeinschaftsrecht

91 EuGH, Rs C-432/05, *Unibet,* Slg 2007, I-2271, Rdnr 59.

92 Vgl *Arnull,* CMLR 2007, 1775.

93 Kritisch auch *Arnull,* CMLR 2007, 1775. Diese Rechtsprechung kontrastiert im Übrigen mit der ständigen Rechtsprechung der Gemeinschaftsgerichte zur Schadensersatzklage gegen die Gemeinschaft, siehe zB EuGH, Rs C-146/91, *KYDEP/Rat und Kommission,* Slg 1994, I-4199, Rdnr 81.

94 Schlussanträge von GA *Sharpston* in der Rs C-432/05, *Unibet,* Slg 2007, I-2271, Pkt 46.

95 EuGH, Rs C-432/05, *Unibet,* Slg 2007, I-2271, Rdnr 61.

96 EuGH, Rs C-432/05, *Unibet,* Slg 2007, I-2271, Rdnr 64. Siehe *Lenaerts,* CMLR 2007, 1646.

beruhende Rechtswidrigkeit der Geldbuße geltend zu machen, die gegen ihn wegen eines Verstoßes gegen nationales Recht verhängt worden sei[97].

Weitere wichtige Präzisierungen machte der EuGH in der Rechtssache *Unibet* zum vorläufigen Rechtsschutz: Es muss nach Ansicht des Gerichtshofs möglich sein, ihn in jenem Verfahren zu erlangen, das in effektiver Weise zur Überprüfung der Gemeinschaftsrechtswidrigkeit der nationalen Vorschriften führen kann. Ist die Zulässigkeit jenes Rechtsbehelfs ungewiss, so muss es dennoch schon in diesem Stadium möglich sein, vorläufigen Rechtsschutz zu erlangen[98]. Die Voraussetzungen für die Aussetzung der Wirkungen solcher nationaler Vorschriften richten sich jedoch im Gegensatz zur Aussetzung von Vorschriften, die eine gemeinschaftsrechtliche Maßnahme vollziehen, nach nationalem Recht. Sie müssen wiederum den Grundsätzen der Äquivalenz und der Effektivität genügen[99]. In letzterem Punkt liegt eine wichtige Klarstellung, die angesichts der bisherigen Rechtsprechung nicht unbedingt so ausfallen musste[100]: In den Rechtssachen *Zuckerfabrik Süderdithmarschen und Zuckerfabrik Soest*[101] war der EuGH noch der Ansicht gewesen, der vorläufige Rechtsschutz müsse unabhängig davon derselbe sein, ob die Kläger die Vereinbarkeit nationalen Rechts mit dem Gemeinschaftsrecht oder die Gültigkeit abgeleiteten Gemeinschaftsrechts rügten, da diese Rüge in beiden Fällen auf das Gemeinschaftsrecht selbst gestützt sei. GA *Sharpston* hatte in der Rechtssache *Unibet* demgegenüber ins Treffen geführt, dass bei der Prüfung der Gültigkeit einer nationalen Maßnahme, die per definitionem nur in einem Mitgliedstaat Anwendung finde, kein vergleichbares Gemeinschaftsinteresse an einheitlichen strikten Kriterien bestehe. Es erschien ihr logischer, in Anwendung des Grundsatzes der Äquivalenz und unter dem Vorbehalt der Effektivität die nationalen Vorschriften zur Anwendung zu bringen, die für die vorläufige Aussetzung des Vollzugs eines nationalen Gesetzes aus rein innerstaatlichen Gründen gelten[102]. Der Gerichtshof folgte dieser Auffassung im Ergebnis und auch in der Begründung, in der er festhielt, dass im Ausgangsverfahren der Antrag auf vorläufigen Rechtsschutz nicht auf die Aussetzung der Wirkungen einer nationalen Bestimmung gerichtet sei, die auf einer Gemeinschaftsverordnung beruhe, deren Rechtmäßigkeit in Frage gestellt werde, sondern auf die Aussetzung der Wirkungen nationaler Rechtsvorschriften, deren Vereinbarkeit mit dem Gemeinschaftsrecht bezweifelt werde. Deshalb seien die nationalen Vorschriften

97 EuGH, Rs C-13/01, *Safalero,* Slg 2003, I-8679, Rdnr 54.

98 EuGH, Rs C-432/05, *Unibet,* Slg 2007, I-2271, Rdnr 72.

99 EuGH, Rs C-432/05, *Unibet,* Slg 2007, I-2271, Rdnrn 72 bis 82.

100 Vlg die Urteilsanmerkung von *Arnull,* CMLR 2007, 1778; *Flynn,* ERA-Forum 2008, 255. Siehe dazu vorstehend Pkt I.C.

101 EuGH, verb Rs C-143/88 und C-92/89, *Zuckerfabrik Süderdithmarschen und Zuckerfabrik Soest,* Slg 1991, I-415, Rdnr 20.

102 Schlussanträge von GA *Sharpston* in der Rs C-432/05, *Unibet,* Slg 2007, I-2271, Pkt 93.

in den Grenzen der Grundsätze der Äquivalenz und der Effektivität anzuwenden[103].

Das Urteil *Unibet* scheint also ingesamt den Befund zu bestätigen, dass nach der aktuellen Rechtsprechung des EuGH für die Geltendmachung aller unionsrechtlichen Ansprüche ein effektiver Zugang zu gerichtlichem Rechtsschutz bestehen muss, dass jedoch die Anwendung einschränkender nationaler Verfahrensvorschriften – soweit sie nicht zu Diskriminierungen führt und soweit keine eigenen unionsrechtlichen Vorschriften bestehen – nur dann zu unterbleiben hat, wenn dies im konkreten Fall dazu führen würde, dass der Rechtsschutz nicht effektiv wäre[104].

D. Der Vertrag von Lissabon

Der Vertrag von Lissabon überträgt einige der aus der Rechtsprechung des EuGH gewonnenen Grundsätze in gesatztes Recht. Nach Art 19 Abs 1 UAbs 2 EUV(neu)[105] schaffen die Mitgliedstaaten die erforderlichen Rechtsbehelfe, damit ein wirksamer Rechtsschutz in den vom Unionsrecht erfassten Bereichen gewährleistet ist. Damit wird zum Teil die eben dargestellte Rechtsprechung des EuGH kodifiziert, wonach es Sache der Mitgliedstaaten ist, ein System von Rechtsbehelfen und Verfahren vorzusehen, mit dem die Einhaltung des Rechts auf effektiven gerichtlichen Rechtsschutz gewährleistet werden kann[106]. Zugleich wird dieser Grundsatz auf das gesamte Unionsrecht ausgedehnt[107].

Außerdem wurde die *Charta der Grundrechte der Europäischen Union* vom 7. Dezember 2000 in der am 12. Dezember 2007 in Straßburg angepassten Fassung[108] aufgrund von Art 6 Abs 1 EUV(neu) unmittelbare Quelle des primären Unionsrechts, und auch ihr vom Gerichtshof bereits zitierter Art 47 über das Recht auf einen wirksamen gerichtlichen Rechtsbehelf entfaltet nunmehr in dieser neuen Qualität entsprechende Rechtswirkungen[109].

---

103 EuGH, Rs C-432/05, *Unibet*, Slg 2007, I-2271, Rdnrn 79 bis 82.

104 Auch andere aktuelle Urteile gehen deutlich in die Richtung der grundsätzlichen Beachtlichkeit nationaler Verfahrensgrundsätze. Siehe zB EuGH, Rs C-455/06, *Heemskerk und Schaap*, Slg 2008, I-8763, hinsichtlich des Verbots der *reformatio in peius*, sowie EuGH, Rs C-445/06, *Danske Slagterier*, Slg 2009, I-2119, zu Verjährungsfristen und zur Schadensminderungspflicht.

105 Ebenso bereits Art I-29 Abs 1 UAbs 2 des Verfassungsvertrags.

106 EuGH, Rs C-50/00 P, *Unión de Pequeños Agricultores/Rat*, Slg 2002, I-6677, Rdnr 41; EuGH, Rs C-432/05, *Unibet*, Slg 2007, I-2271, Rdnr 42.

107 *Obwexer*, Gerichtssystem und Rechtsschutz, in *Hummer/Obwexer* (Hrsg), Der Vertrag von Lissabon (2009), 240.

108 ABl 2007 C 303, 1.

109 Näher *Schima*, Grundrechtsschutz, in *Hummer/Obwexer* (Hrsg), Der Vertrag von Lissabon, 325.

Was die Tragweite dieser Vorschriften angeht, behält freilich – mit der Maßgabe, dass nunmehr das gesamte Unionsrecht erfasst ist – die dargestellte Rechtsprechung des EuGH ihre Bedeutung[110].

III. Auswirkungen auf Österreich

Österreich hat sich den Herausforderungen des Gemeinschaftsrechts hinsichtlich des gerichtlichen Rechtsschutzes von Anfang an gestellt und ist in der Regel zu zufriedenstellenden Lösungen gelangt[111]. Fragen haben diese Anforderungen insbesondere im Zusammenhang mit der Gerichtsbarkeit des öffentlichen Rechts aufgeworfen. In der Folge soll deshalb auf den Zugang zum Gericht, den grundsätzlichen Umfang der rechtlichen Kontrolle durch den VwGH, auf die Beschränkung dieser Kontrolle durch verfahrensrechtliche Vorschriften und schließlich auf das Sonderproblem des vorläufigen Rechtsschutzes eingegangen werden. Um den vorgegebenen Rahmen nicht zu sprengen, wird jeweils an den knapp zusammengefassten aktuellen Diskussionsstand angeknüpft.

A. Zugang zum Gericht

1. Die Bestimmung einer zuständigen gerichtlichen Instanz

Ein Grundrecht auf effektiven Rechtsschutz durch ein Gericht besteht in Österreich bereits aufgrund von Art 6 EMRK für den Bereich der „*civil rights*", die weit in das österreichische Verwaltungsrecht hineinreichen[112]. Soweit der Rechtsschutz auf diesen Gebieten gerichtsähnlichen Verwaltungsbehörden übertragen ist, die vorlageberechtigte Gerichte iSd Art 234 EGV (Art 267 AEUV) sind, erscheint dies aus unionsrechtlicher Sicht nicht grundsätzlich problematisch. Das gleiche gilt für jene Bereiche, die nicht unter den Begriff der „civil rights" subsumiert werden können, in denen aber dennoch aufgrund des Unionsrechts effektiver gerichtlicher Rechtsschutz zu gewähren ist.

Die Frage, welches Gericht aufgrund der gemeinschaftsrechtlichen Anforderungen Rechtsschutz gewähren müsse, hat den EuGH in der Rechtssache

110 In diesem Sinn auch *Obwexer,* Gerichtssystem, in *Hummer/Obwexer* (Hrsg), Der Vertrag von Lissabon, 241.

111 Vgl den Befund von *Potacs,* Einfluss des EU-Rechts auf das nationale Verwaltungsrecht, in *Hummer/Obwexer* (Hrsg), 10 Jahre EU-Mitgliedschaft Österreichs. Bilanz und Ausblick (2006), 243 f.

112 *Öhlinger/Potacs,* Gemeinschaftsrecht und staatliches Recht[3] (2006), 131. Siehe auch *Handstanger,* Einwirkungen auf das Verfahrensrecht, in *Eilmansberger/Herzig* (Hrsg), 10 Jahre Anwendung des Gemeinschaftsrechts in Österreich (2006), 158.

Connect Austria[113] beschäftigt. Fraglich war damals, ob Art 5a der Richtlinie 90/387/EWG[114], der vorsah, dass die Mitgliedstaaten sicherstellen, dass geeignete Verfahren auf nationaler Ebene bestehen, um einer von einer Entscheidung der nationalen Regulierungsbehörde betroffenen Partei das Recht zu gewähren, bei einer von den betroffenen Parteien unabhängigen Stelle gegen diese Entscheidung Einspruch zu erheben, es erforderte, entgegen der Anordnung von Art 133 Z 4 B-VG gegen die Entscheidungen der Telekom-Control-Kommission eine Anrufung des VwGH zuzulassen. Der VfGH hatte dies bereits bejaht[115], der VwGH hingegen hegte Zweifel und legte an den EuGH vor. Der EuGH wies darauf hin, dass unter Umständen, wie denen des konkreten Falles, das nationale Gericht insbesondere zu prüfen habe, ob dieser Anspruch auf Nachprüfung vor dem Gericht geltend gemacht werden könne, das grundsätzlich für die Kontrolle der Rechtmäßigkeit der Handlungen der Behörden zuständig sei[116].

Sei eine den Anforderungen von Art 5a Abs 3 der Richtlinie 90/387/EWG genügende Anwendung des nationalen Rechts nicht möglich, so sei das nationale Gericht verpflichtet, das Gemeinschaftsrecht in vollem Umfang anzuwenden und die Rechte, die dieses dem Einzelnen einräume, zu schützen, indem es notfalls jede Bestimmung unangewendet lasse, deren Anwendung im konkreten Fall zu einem gegen diese Richtlinie verstoßenden Ergebnis führen würde, während die Nichtanwendung dieser Bestimmung das nationale Recht mit der Richtlinie in Einklang bringen würde[117].

Folglich sei ein den Anforderungen von Art 5a Abs 3 der Richtlinie 90/387 entsprechendes nationales Gericht, das zur Entscheidung über Rechtsbehelfe gegen Entscheidungen der nationalen Regulierungsbehörde zuständig wäre – stünde dem nicht eine Bestimmung des nationalen Rechts wie Art 133 B-VG entgegen, die seine Zuständigkeit ausdrücklich ausschließe – verpflichtet, diese Bestimmung unangewandt zu lassen[118].

Wenn sich diese Ausführungen auch auf die korrekte Umsetzung einer Vorschrift des abgeleiteten Gemeinschaftsrechts bezogen, so erscheinen sie doch auf den allgemeinen unionsrechtlichen Anspruch auf effektiven gericht-

113 EuGH, Rs C-462/99, *Connect Austria,* Slg 2003, I-5197. Dazu zB *Jann/Schima,* Bemerkungen zum Gebot der richtlinienkonfornen Auslegung des nationalen Rechts, in *Colneric ua* (Hrsg), Une communauté de droit. FS Rodríguez Iglesias (2003), 289 ff.

114 Richtlinie 90/387/EWG des Rates vom 28. Juni 1990 zur Verwirklichung des Binnenmarktes für Telekommunikationsdienste durch Einführung eines offenen Netzzugangs (Open Network Provision – ONP) (ABl 1990 L 192, 1) in der durch die Richtlinie 97/51/EG des Europäischen Parlaments und des Rates vom 6. Oktober 1997 (ABl 1997 L 295, 23) geänderten Fassung.

115 VfSlg 15.427/1999. Ausführlich und kritisch dazu *Frank,* Gemeinschaftsrecht, 335 ff.

116 EuGH, Rs C-462/99, *Connect Austria,* Slg 2003, I-5197, Rdnr 39.

117 EuGH, Rs C-462/99, *Connect Austria,* Slg 2003, I-5197, Rdnr 40.

118 EuGH, Rs C-462/99, *Connect Austria,* Slg 2003, I-5197, Rdnr 41.

lichen Rechtsschutz übertragbar. Es wurde daraus insb das Erfordernis einer Bestimmung der zuständigen Behörde bzw des zuständigen Gerichts aufgrund der Sachnähe abgeleitet[119].

Fragen der Effektivität des Rechtsschutzes können sich auch dort stellen, wo der Weg zum VwGH nicht offen steht, weil der Staat im Rahmen der Privatwirtschaft gehandelt hat[120]. Insofern scheint aus dem Urteil in der Rechtsache *Unibet*[121] zu folgen, dass eine Eröffnung des Zivilrechtswegs anstelle eines verwaltungsgerichtlichen Rechtsschutzes nicht unbedingt mit dem Gebot effektiven gerichtlichen Rechtsschutzes im Widerspruch steht[122].

Die Rechtsprechung des EuGH zum Erfordernis eines effektiven gerichtlichen Rechtsschutzes, die ausdrücklich auf Art 6 EMRK Bezug nahm[123], warf die Frage auf, ob das Gemeinschaftsrecht sämtliche Garantien, die diese Vorschrift beinhalte, vollständig übernehme. Letztlich sprach viel dafür, dass der – auch aus Art 6 EMRK abgeleitete – allgemeine Rechtsgrundsatz des Gemeinschaftsrechts, der einen effektiven gerichtlichen Rechtsschutz erforderte, nicht mit Art 6 EMRK deckungsgleich war[124]. Es erschien vielmehr, dass der EuGH durch das Erfordernis eines gerichtlichen Rechtsschutzes vor allem sicherstellen wollte, dass beim Vollzug von Gemeinschaftsrecht in jedem Fall ein nationales Gericht erreicht werden konnte, das gemäß Art 234 Abs 3 EGV (Art 267 Abs 3 AEUV) zur Vorlage von Vorabentscheidungsersuchen an den EuGH verpflichtet war[125]. Freilich kamen auch schon bisher daneben Verfahrensgarantien, wie sie Art 6 EMRK enthält, als allgemeine Rechtsgrundsätze des Gemeinschaftsrechts zur Anwendung[126]. Mit dem Inkrafttreten des Vertrags von Lissabon ist hier eine wichtige Änderung eingetreten, die der über Art 6 EMRK geführten Diskussion teilweise den Boden entzieht: Nunmehr ist im Anwendungsbereich des Unionsrechts Art 47 der Charta der Grundrechte

119 *Öhlinger/Potacs,* Gemeinschaftsrecht, 142 mwN; *Handstanger,* Einwirkungen, in *Eilmansberger/Herzig* (Hrsg), 10 Jahre, 162. Dass der Grundsatz der Effektivität die Bestimmung des zuständigen Gerichts aufgrund der Sachnähe erfordern kann, illustriert auch EuGH, Rs C-268/06, *Impact,* Slg 2008, I-2483.

120 Siehe etwa *Köhler,* Die Europäische Union und die Gerichtsbarkeit öffentlichen Rechts, Referat für den 14. ÖJT, Bd I/2 (2001), 115 f.

121 Siehe dazu vorstehend Pkt II.C.

122 In diese Richtung geht zB EuGH, Rs C-380/01, *Schneider,* Slg 2004, I-1389.

123 Siehe dazu vorstehend Pkt I.B.2. Siehe ferner deutlich zur Vorgangsweise des EuGH, verb Rs C-174 P und C-189/98 P, *Niederlande und van der Wal/Kommission,* Slg 2000, I-1, Rdnr 17.

124 Ausführlich *Tonne,* Rechtsschutz, 150 ff. Siehe auch *Frank,* Gemeinschaftsrecht, 131 ff; *Grabenwarter,* Die Europäische Union und die Gerichtsbarkeit öffentlichen Rechts, Referat für den 14. ÖJT, Bd I/2 (2001), 29.

125 *Öhlinger/Potacs,* Gemeinschaftsrecht, 131.

126 Siehe zB *Grabenwarter,* Union, 27.

der Europäischen Union[127] unmittelbar aufgrund primären Unionsrechts zu beachten [Art 6 Abs 1 EUV(neu)]. Nach Art 47 Abs 2 der Charta hat jede Person ein Recht darauf, dass ihre Sache von einem unabhängigen, unparteiischen und zuvor durch Gesetz errichteten Gericht in einem fairen Verfahren, öffentlich und innerhalb angemessener Frist verhandelt wird, und jede Person kann sich beraten, verteidigen und vertreten lassen. Über diese Vorschrift ist für die Zukunft eine verstärkte Einwirkung auf das nationale Verfahrensrecht zu erwarten.

2. Begünstigte des Anspruchs auf effektiven gerichtlichen Rechtsschutz

Es wurde darauf hingewiesen, dass der EuGH das Unionsrecht großzügig auslegt, was die Einräumung von Rechtspositionen an Einzelne angeht[128]. Soweit im innerstaatlichen Recht die Beschwerdelegitimation daran anknüpft, dass die Verletzung in einem subjektiven Recht behauptet wird, ist deshalb eine weite Auslegung dieses Begriffs unionsrechtlich geboten[129].

B. Umfang der Kontrolle durch den VwGH

Weiters ist die Frage aufgeworfen, ob die Kontrolle durch den VwGH den Anforderungen eines effektiven gerichtlichen Rechtsschutzes gerecht wird. Diese Frage stellt sich freilich nicht nur in den vom Unionsrecht erfassten Bereichen des Verwaltungsrechts, sondern aufgrund der EMRK ganz allgemein – und für deren Bereich sieht der EGMR die nachprüfende Kontrolle durch den VwGH nicht grundsätzlich als unzureichend an, sondern stellt auf die Umstände des konkreten Falles ab[130].

Der VwGH selbst war allerdings in einem konkreten Fall der Ansicht, dass aufgrund von Art 6 EMRK seine nachprüfende Kontrolle im Widerspruch zum Gemeinschaftsrecht stehe und schloss daraus auf die – gesetzlich nicht

---

127 ABl 2007, C 303, 1.

128 Siehe dazu vorstehend Pkt I.B.2.

129 *Öhlinger/Potacs,* Gemeinschaftsrecht, 162; *Potacs,* Einfluss, in *Hummer/Obwexer* (Hrsg), 10 Jahre, 244 ff. Siehe auch *Köhler,* Union, 114 f; *Köhler,* Effektiver Rechtsschutz im Zusammenwirken zwischen nationalen Gerichten und dem Gerichtshof der Europäischen Gemeinschaften, in *Bammer ua* (Hrsg), Rechtsschutz gestern – heute – morgen: FS Machacek und Matscher (2008), 230 f. Ausführlich für das deutsche Recht *v Danwitz,* Verwaltungsrecht, 510 ff.

130 *Öhlinger/Potacs,* Gemeinschaftsrecht, 131. Ausführlich *Grabenwarter,* Verfahrensgarantien in der Verwaltungsgerichtsbarkeit (1997), 421 ff. Siehe auch *Grabenwarter,* Union, 43 ff; *Pesendorfer,* Der Verwaltungsgerichtshof und die EU (2000), 13 und 24 ff; vgl auch den Beitrag von *Handstanger,* Vollziehung des EU-Rechts in Österreich – dargestellt am Beispiel der Anwendung des Gemeinschaftsrechts durch den VwGH, vorstehend auf S 123 ff.

vorgesehene – Zuständigkeit der Telekom-Control-Kommission für den Erlass bestimmter Anordnungen[131]. Es ist fraglich, ob diese strenge Auffassung gemeinschaftsrechtlich geboten war. Aus der Rechtsprechung des Gerichtshofs ergeben sich keine Hinweise darauf, dass die nachprüfende verwaltungsgerichtliche Kontrolle generell unzureichend ist[132].

Anderes mag jedoch gelten, wenn die Nachprüfung durch den VwGH aufgrund des Ermessens der Verwaltungsbehörde eingeschränkt ist (Art 130 Abs 2 B-VG). Problematisch erschien dem Gerichtshof im Lichte von Art 9 der Richtlinie 64/221/EWG[133] nämlich die eingeschränkte nachprüfende Kontrolle von Bescheiden der Sicherheitsdirektionen in fremdenrechtlichen Angelegenheiten. In der Rechtssache *Dörr* befand der EuGH unter anderem, dass keine sichere Garantie einer erschöpfenden Prüfung der Zweckmäßigkeit der beabsichtigten fremdenpolizeilichen Maßnahme gegeben sei und dass die Anwendung der nationalen Vorschriften daher nicht den Erfordernissen eines hinreichend effektiven Schutzes genüge[134].

Freilich ging es hier nicht um die Anwendung des Anspruchs auf gerichtlichen Rechtsschutz als allgemeinen Rechtsgrundsatz, sondern um die konkreteren Vorgaben von Art 9 der Richtlinie 64/221/EWG[135]. Nach dieser Bestimmung darf die Verwaltungsbehörde, sofern keine Rechtsmittel gegeben sind oder die Rechtsmittel nur die Gesetzmäßigkeit der Entscheidung betreffen oder keine aufschiebende Wirkung haben, die Entscheidung über die Verweigerung der Verlängerung der Aufenthaltserlaubnis oder über die Entfernung eines Inhabers einer Aufenthaltserlaubnis aus dem Hoheitsgebiet außer in dringenden Fällen erst nach Erhalt der Stellungnahme einer zuständigen Stelle des Aufnahmelandes – vor der sich der Betroffene entsprechend den inner-

---

131 VwSlg 16.241 A/2003; siehe dazu *Öhlinger/Potacs*, Gemeinschaftsrecht, 131.

132 Insb EuGH, Rs C-120/97, *Upjohn*, Slg 1999, I-223, Rdnrn 32 ff, wird häufig als Bestätigung der Auffassung herangezogen, dass diese Kontrolle ausreiche. Siehe zB *Grabenwarter*, Union, 44; *Holoubek*, Rechtsschutz, 261 f; *Potacs*, Einfluss, in *Hummer/Obwexer* (Hrsg), 10 Jahre, 246 f. Differenziert *Öhlinger/Potacs*, Gemeinschaftsrecht, 131 f; kritisch *Pesendorfer*, Verwaltungsgerichtshof, 24 ff. Für eine Verallgemeinerung der Aussagen des EuGH in der Rs *Upjohn* auch *Oliver*, Cahiers de droit européen 2005, 374 f.

133 Richtlinie des Rates vom 25.2.1964 zur Koordinierung der Sondervorschriften für die Einreise und den Aufenthalt von Ausländern, soweit sie aus Gründen der öffentlichen Ordnung, Sicherheit oder Gesundheit gerechtfertigt sind (ABl 1964, 56, 850).

134 EuGH, Rs C-136/03, *Dörr*, Slg 2005, I-4759.

135 GA *Poiares Maduro* vertrat allerdings in seinen Schlussanträgen in der Rs C-136/03, *Dörr*, Slg 2005, I-4759, Rdnr 50, die Ansicht, dass die konkreteren Vorschriften von Art 9 der Richtlinie 64/221/EWG hinter den Anforderungen eines effektiven gerichtlichen Rechtsschutzes zurückblieben: Die bloße Existenz einer unabhängigen Stelle mit der Befugnis zur vorherigen Stellungnahme zu einer Ausweisungsentscheidung könne eine umfassende gerichtliche Nachprüfung, die auf jeden Fall sichergestellt sein müsse, nicht ersetzen und ihr Fehlen nicht heilen.

staatlichen Rechtsvorschriften verteidigen, unterstützen oder vertreten lassen kann – erlassen. Diese Stelle muss eine andere sein als diejenige, welche für die Entscheidung über die Verlängerung der Aufenthaltserlaubnis oder über die Entfernung aus dem Hoheitsgebiet zuständig ist. Bereits in der Rechtssache *Orfanopoulos und Oliveri*[136] hatte der EuGH für Recht erkannt, dass Art 9 Abs 1 der Richtlinie 64/221/EWG einer Bestimmung eines Mitgliedstaats entgegenstehe, die gegen eine von einer Verwaltungsbehörde getroffene Entscheidung über die Ausweisung eines Staatsangehörigen eines anderen Mitgliedstaats ein Widerspruchsverfahren und eine Klage, in denen auch eine Prüfung der Zweckmäßigkeit stattfinde, nicht mehr vorsehe, wenn eine von dieser Verwaltungsbehörde unabhängige Stelle nicht bestehe.

Obwohl der EuGH sich dabei nur zur Richtlinie 64/221/EWG äußerte, ging er in der Begründung der Entscheidung in diesem Punkt weiter und nahm auch auf den Grundsatz des effektiven gerichtlichen Rechtsschutzes allgemein Bezug[137]. Daraus zu schließen, dass die beschränkte Ermessenskontrolle des VwGH mit diesem Grundsatz generell in Widerspruch stehen könnte, erschiene jedoch mangels konkreterer Hinweise in der Rechtsprechung des EuGH verfrüht[138].

C. Einschränkungen des Rechtsschutzes durch verfahrensrechtliche Vorschriften

Der grundsätzlich bestehenden Möglichkeit einer gerichtlichen Nachprüfung einer Entscheidung der Verwaltungsbehörde können im konkreten Fall verschiedene Vorschriften entgegenstehen. Was die Vereinbarkeit solcher Vorschriften mit dem Effektivitätsgebot angeht, ist daran zu erinnern, dass nach der aktuellen Rechtsprechung jeder Fall, in dem sich die Frage stellt, ob eine nationale Verfahrensvorschrift die Anwendung des Unionsrechts unmöglich macht oder übermäßig erschwert, unter Berücksichtigung der Stellung dieser Vorschrift im gesamten Verfahren, des Verfahrensablaufs und der Besonderheiten des Verfahrens vor den verschiedenen nationalen Stellen zu prüfen ist. Dabei sind gegebenenfalls die Grundsätze zu berücksichtigen, die dem nationalen Rechtsschutzsystem zugrunde liegen, wie zB der Schutz der Verteidigungsrechte, der Grundsatz der Rechtssicherheit und der ordnungsgemäße

136 EuGH, Rs C-482/01, *Orfanopoulos und Oliveri,* Slg 2004, I-5257.

137 EuGH, Rs C-136/03, *Dörr,* Slg 2005, I-4759, Rdnr 47, mwN zur Rechtsprechung. Darauf weisen *Öhlinger/Potacs,* Gemeinschaftsrecht, 132, hin.

138 Der Versuch des VwGH, dies hinsichtlich Art 6 der Richtlinie 76/207/EWG klären zu lassen, scheiterte in EuGH, Rs C-380/01, *Schneider,* Slg 2004, I-1389, daran, dass eine Klage vor den Zivilgerichten offen stand, die den Erfordernissen der Richtlinie jedenfalls genügte.

Ablauf des Verfahrens[139]. Vor diesem Hintergrund ist in der Folge zu differenzieren.

1. Präklusion

Aufgrund von § 42 Abs 1 AVG verlieren alle Parteien ihre Parteistellung, soweit sie nicht spätestens am Tag vor Beginn der Verhandlung bei der Behörde oder während der Verhandlung Einwendungen erheben. Dies hat zur Folge, dass es diesen Parteien auch an der Berechtigung mangelt, Beschwerde an den VwGH zu erheben (§ 34 Abs 1 VwGG)[140]. Ob darin – insbesondere im Lichte des vorerwähnten Urteils in der Rechtssache *Peterbroeck*[141] – eine unzulässige Einschränkung des Rechtsschutzes zu sehen sein kann, wird im österreichischen Schrifttum kontrovers diskutiert. *Kante* hebt hervor, die ordnungsgemäß eingetretene Präklusion mache die gerichtliche Prüfung eines nationalen Rechtsakts anhand des Gemeinschaftsrechts unmöglich[142]. Er scheint sowohl die Voll- als auch die Teilpräklusion gemeinschaftsrechtlich für problematisch zu halten[143]. *Öhlinger/Potacs* halten die Vollpräklusion nicht für bedenklich, weil die Erhebung zumindest einer zulässigen Einwendung zumutbar sei, die Teilpräklusion hingegen schon, nämlich dann, wenn der VwGH als einzige gerichtliche Instanz zur Verfügung steht[144]. *Frank* und *Grabenwarter* schließlich verteidigen die Vereinbarkeit der Präklusionsregeln mit dem Gemeinschaftsrecht im Wesentlichen mit folgenden Argumenten: Erstens dienten die Vorschriften über die Präklusion legitimen Allgemeininteressen wie der Rechtssicherheit und der Verfahrensökonomie. Zweitens sei der VwGH dazu berufen, die richtige Anwendung der Präklusionsvorschriften durch die Verwaltungsbehörden nachzuprüfen. Drittens könne die gebotene amtswegige Klärung der Rechtslage durch den VwGH gegebenenfalls als Korrektiv eingreifen[145].

Die Auffassung, wonach ein Gericht wie den VwGH, soweit es als einzige gerichtliche Instanz entscheide, eine umfassende Verpflichtung zur amtswegigen Wahrnehmung des Unionsrechts treffen solle – was zur Unanwendbarkeit der Präklusionsvorschriften führen könne – erscheint aufgrund des Urteils in

139 Siehe dazu vorstehend Pkt II.B.

140 *Frank,* Gemeinschaftsrecht, 480; *Kante,* ÖJZ 2002, 172.

141 EuGH, Rs C-312/93, *Peterbroeck,* Slg 1995, I-4599.

142 *Kante,* ÖJZ 2002, 172.

143 *Kante,* ÖJZ 2002, 173.

144 *Öhlinger/Potacs,* Gemeinschaftsrecht, 150. Vgl bereits *Potacs,* Der Vollzug des Gemeinschaftsrechts im österreichischen Verwaltungsverfahrensrecht, in *Hauer* (Hrsg), Die Handhabung des Gemeinschaftsrechts in der österreichischen Verwaltung (2002), 11.

145 Vgl *Frank,* Gemeinschaftsrecht, 480 f; *Grabenwarter,* Union, 37 f. Ohne grundsätzliche Bedenken auch *Sieberer,* ZfV 2000, 733. An einem weiten Verständnis von *Peterbroeck* zweifelnd auch *Köhler,* Union, 130 ff.

der Rechtssache *Peterbroeck* nicht unbedingt zwingend. Insbesondere im Lichte des Urteils in der Rechtssache *Van der Weerd*[146] kann das Urteil *Peterbroeck* wohl nicht mehr so verstanden werden, dass es nationalen Gerichten, die als einzige gerichtliche Instanz entscheiden, möglich sein muss, von Amts wegen auf Unionsrecht gestützte Gesichtspunkte aufzugreifen. Eine Rechtfertigung der Anwendung der Präklusionsvorschriften durch Grundsätze, die dem nationalen Rechtsschutzsystem zugrunde liegen, muss auch in diesem Fall in Betracht kommen. Die Zwecke der Verfahrenskonzentration und der Rechtssicherheit lassen sich zugunsten solcher Regeln grundsätzlich ins Treffen führen. Auf der anderen Seite kommt es darauf an, ob eine Partei tatsächlich die Möglichkeit gehabt hat, einen auf dem Unionsrecht beruhenden Grund vor einem nationalen Gericht geltend zu machen. Vor dem Hintergrund dieser widerstreitenden allgemeinen bzw individuellen Interessen ist zu beurteilen, ob die Effektivität des Rechtsschutzes deshalb zu verneinen ist, weil ihr das Erfordernis vorgeschaltet ist, zunächst den Verwaltungsweg zu beschreiten. Dies lässt sich wohl nicht allgemein behaupten[147]. Sehr wohl kann es jedoch notwendig sein, die Präklusionsvorschriften im Einzelfall so zu handhaben, dass sie den Zugang zu effektivem gerichtlichem Rechtsschutz nicht ausschließen.

2. Neuerungsverbot

Aufgrund von § 41 Abs 1 VwGG gilt für das Verfahren vor dem VwGH ein Neuerungsverbot. Dieses besagt, dass der VwGH seine Entscheidung auf Grund des von der Behörde angenommenen Sachverhalts zu treffen hat. Im verwaltungsgerichtlichen Verfahren können daher keine neuen Tatsachen mehr vorgebracht werden. Dieses Verbot kommt allerdings unter verschiedenen Umständen nicht zum Tragen, unter anderem dann, wenn der Beschwerdeführer im Verwaltungsverfahren keine Gelegenheit hatte, ein einschlägiges Vorbringen zu erstatten, sowie dann, wenn die Behörde aufgrund des Grundsatzes der Amtswegigkeit zur Erhebung eines Umstands verpflichtet war[148]. Ferner muss die Sachverhaltsfeststellung durch die Behörde mangelfrei gewesen sein. Andernfalls ist der Bescheid aufzuheben[149]. Für rechtliches Vorbringen selbst gilt das Neuerungsverbot nicht[150]. Soweit die Rechtsprechung die genannten Lockerungen des Neuerungsverbots beachtet, scheint dieses nicht

146 EuGH, verb Rs C-222 bis C-225/05, *Van der Weerd ua,* Slg 2007, I-4233.

147 In VwGH 98/06/0218 vom 23.12.1999 vertrat der VwGH die Ansicht, dass die Auswirkungen des Urteils *Peterbroeck* ggf durch ein Vorabentscheidungsverfahren zu klären seien.

148 *Grabenwarter,* Union, 39 f, mit Nachweisen zur Rechtsprechung des VwGH.

149 *Öhlinger/Potacs,* Gemeinschaftsrecht, 165.

150 Näher *Frank,* Gemeinschaftsrecht, 481.

im Widerspruch zum Erfordernis effektiven gerichtlichen Rechtsschutzes zu stehen[151].

3. Bindung an die Beschwerdepunkte

Keine Einigkeit besteht schließlich im Schrifttum in der Frage, wie weit die Bindung des VwGH an die geltend gemachten Beschwerdepunkte (§ 28 Abs 1 Z 4 iVm § 41 Abs 1 VwGG) mit dem Gebot des effektiven Rechtsschutzes vereinbar ist. Während *Grabenwarter* näher begründet hat, weshalb die Erfordernisse des Gemeinschaftsrechts dem Beschwerdepunkt als streitgegenstandbegrenzendem Element der österreichischen Verwaltungsgerichtsbarkeit nicht entgegenstehen[152], und *Sperlich* die Ansicht vertreten hat, dass das Urteil *Peterbroeck* auf das österreichische Recht ohne Auswirkungen bleibe, weil es einer Bindung an die Beschwerdegründe und nicht an die Beschwerdepunkte zum Gegenstand gehabt habe[153], haben insb *Jabloner*[154], *Öhlinger/Potacs*[155], *Pesendorfer*[156] und *Steiner*[157] Zweifel an der uneingeschränkten Vereinbarkeit der Bindung des VwGH an die Beschwerdepunkte mit dem Gemeinschaftsrecht geäußert[158]. Die Formulierung des VwGH selbst, wonach Verstöße gegen unmittelbar anwendbares Gemeinschaftsrecht in jedem Stadium des Verfahrens zu beachten seien, dh auch dann, wenn diese erst im Verlauf des verwaltungsgerichtlichen Verfahrens offenkundig würden[159], dürfte sich in dem Zusammenhang, in dem sie verwendet wurde, nicht auf die Frage der Bindung an die Beschwerdepunkte bezogen haben.

Für diese Debatte erscheint die Feststellung des Gerichtshofs in der Rechtssache *Van der Weerd*[160] unmittelbar einschlägig, wonach der Effektivitätsgrundsatz die nationalen Gerichte unabhängig von der Bedeutung einer

151 So im Ergebnis wohl auch *Pesendorfer*, Verwaltungsgerichtshof, 43.

152 *Grabenwarter*, Union, 32 ff. In diese Richtung gehen auch die Ausführungen von *Frank*, Gemeinschaftsrecht, 535 f.

153 *Sperlich*, JBl 2001, 226.

154 *Jabloner*, ÖJZ 1998, 162.

155 *Öhlinger/Potacs*, Gemeinschaftsrecht, 163 f.

156 *Pesendorfer*, Verwaltungsgerichtshof, 40 ff.

157 *Steiner*, Beschwerdepunkte und Beschwerdegründe unter Berücksichtigung gemeinschaftsrechtlicher Einflüsse, in *Holoubek/Lang* (Hrsg), Das verwaltungsgerichtliche Verfahren in Steuersachen (1999), 75 f.

158 Siehe auch die Zusammenfassung des Meinungsstands bei *Mayrhofer*, JRP 2007, 268.

159 VwSlg 15197 A/1999. In VwGH 24.1.2005, 2000/17/0110, wurde die Frage der Bindung an die Beschwerdepunkte offen gelassen. Deutliche Aussagen zur Vereinbarkeit dieser Bindung mit dem Gemeinschaftsrecht fehlen bislang, soweit ersichtlich. Der VwGH würde sie auch wohl nicht treffen, ohne zunächst Fragen zur Vorabentscheidung an den EuGH vorzulegen.

160 EuGH, verb Rs C-222 bis C-225/05, *Van der Weerd ua*, Slg 2007, I-4233.

Gemeinschaftsvorschrift für die Gemeinschaftsrechtsordnung nicht dazu verpflichtet, einen auf diese Vorschrift gestützten Klagegrund von Amts wegen zu prüfen, wenn die Parteien tatsächlich die Möglichkeit haben, einen auf dem Gemeinschaftsrecht beruhenden Grund vor einem nationalen Gericht geltend zu machen. Aus dieser Feststellung scheint zu folgen, dass die Effektivität des Rechtsschutzes nicht dadurch in Frage gestellt wird, dass es einer Partei obliegt, in ihrer Beschwerde an den VwGH die unionsrechtlichen Gründe geltend zu machen, an deren Maßstab der VwGH die Rechtmäßigkeit des angefochtenen Bescheids prüfen soll[161]. Wie auch im Fall der Präklusion und des Neuerungsverbots kann es jedoch erforderlich sein, die Bindung an die Beschwerdepunkte aufgrund der Umstände des konkreten Falls mit Augenmaß zu handhaben.

4. Auswirkungen des Äquivalenzgrundsatzes

Was die Vereinbarkeit von Verfahrensvorschriften mit dem Unionsrecht angeht, sei schließlich auf die Entscheidung des Gerichtshofs in der Rechtssache *Weber's Wine World*[162] hingewiesen. Dort hatte der EuGH festgehalten, dass es im Ergebnis Sache des nationalen Gerichts sei, aufgrund einer umfassenden Würdigung des nationalen Rechts festzustellen, ob tatsächlich zum einen nur den Klägern, die eine auf innerstaatliches Verfassungsrecht gestützte Klage erheben, die Anlassfallwirkung zukomme und ob zum anderen die Vorschriften über die Erstattung von für mit dem innerstaatlichen Verfassungsrecht unvereinbar befundenen Abgaben günstiger seien als diejenigen über die Erstattung von mit dem Gemeinschaftsrecht für unvereinbar befundenen Abgaben[163]. Der VwGH gelangte in der Folge zur Auffassung, dass die auf innerstaatliches Verfassungsrecht gestützten Rechtsbehelfe, in denen die Frage der Anlassfallwirkung eine Rolle spiele, nicht mit der Geltendmachung eines auf das Gemeinschaftsrecht gestützten Rückforderungsanspruch vergleichbar seien[164]. Mangels einer solchen Vergleichbarkeit schied eine Verletzung des Äquivalenzgrundsatzes aus.

---

161 Im Lichte dieser Rechtsprechung erscheint auch die Rechtslage hinsichtlich der amtswegigen Berücksichtigung von Gemeinschaftsrecht durch VwGH und VfGH keine grundsätzlichen Probleme auzuwerfen. So auch bereits zur früheren Judikatur *Grabenwarter,* Union, 31 f.

162 EuGH, Rs C-147/01, *Weber's Wine World,* Slg 2003, I-11365. Dazu auch *Ehrke-Rabel,* Gemeinschaftsrecht, 326 ff.

163 EuGH, Rs C-147/01, *Weber's Wine World,* Slg 2003, I-11365, Rdnr 108.

164 VwGH 4.12.2003, 2003/16/0148.

D. Vorläufiger Rechtsschutz

Ausgehend von der Entscheidung des EuGH in der Rechtssache *Factortame I*[165] ist klar, dass der Anspruch auf vorläufigen Rechtsschutz unverzichtbarer Bestandteil des Rechts auf effektiven gerichtlichen Rechtsschutz ist. Dies wirft für den Rechtsschutz gegen Verwaltungshandeln in Österreich eine Reihe von Fragen auf.

Aufgrund der Rechtsprechung des Gerichtshofs steht fest, dass zwar die Aussetzung der Vollziehung einer auf einer Unionsverordnung beruhenden nationalen Bestimmung in einem bei einem nationalen Gericht anhängigen Rechtsstreit dem nationalen Verfahrensrecht unterliegt, für ihre Anordnung jedoch in allen Mitgliedstaaten einheitliche Regeln gelten müssen, die denen entsprechen, die für die Aussetzung der Vollziehung durch das Unionsgericht gelten[166]. In Situationen, in denen der vorläufige Rechtsschutz nicht gegen Vorschriften des Unionsrechts, sondern gegen nationale Bestimmungen, die mit diesem möglicherweise unvereinbar sind, gewährt werden soll, kommen hingegen die nationalen Vorschriften über den vorläufigen Rechtsschutz zum Tragen[167].

Für Österreich wirft diese Rechtsprechung insbesondere hinsichtlich der Gewährung vorläufigen Rechtsschutzes durch die Gerichtshöfe des öffentlichen Rechts, die durch § 30 Abs 2 VwGG bzw § 85 Abs 2 VfGG geregelt wird, Fragen auf. Zunächst ist zu bedenken, dass die Befugnis zum Erlass einstweiliger Anordnungen, wie sie der EuGH in seiner Rechtsprechung fordert, nicht nur die Aussetzung angefochtener Maßnahmen umfasst, sondern ggf auch den Erlass anderer einstweiliger Maßnahmen[168]. Nach herrschender Auffassung sind derartige Maßnahmen durch die Gerichtshöfe des öffentlichen Rechts ggf unmittelbar aufgrund des Unionsrechts zu erlassen[169]. Die

165 EuGH, Rs C-213/89, *Factortame I,* Slg 1990, I-2433. Siehe dazu vorstehend Pkt I.C.

166 Siehe dazu vorstehend I.C.

167 EuGH, Rs C-432/05, *Unibet,* Slg 2007, I-2271. Siehe dazu vorstehend II.C.

168 Dazu und zum Folgenden insb *Ehrke-Rabel,* Gemeinschaftsrecht, 368 ff; *Frank,* Gemeinschaftsrecht, 522 ff; *Grabenwarter,* Union, 59 ff; *Handstanger,* Einwirkungen, in *Eilmansberger/Herzig* (Hrsg), 10 Jahre, 163 f; *Hoehl,* Vorläufiger Rechtsschutz im verwaltungsgerichtlichen Verfahren unter besonderer Berücksichtigung des Europarechts (1999), 146 ff; *Öhlinger/Potacs,* Gemeinschaftsrecht, 135 f; *Potacs,* Einfluss, in *Hummer/Obwexer* (Hrsg), 10 Jahre, 249.

169 *Grabenwarter,* Union, 60; *Öhlinger/Potacs,* Gemeinschaftsrecht, 136, jeweils mwN. Wenn der VfGH nicht in die Lage kommt, derartige Anordnungen zu erlassen, dann idR deshalb, weil der Antrag nicht auf die Sicherung eines sich für den Beschwerdeführer aus einer unmittelbar anwendbaren Vorschrift des Gemeinschaftsrechts ergebenden Rechtes abzielt, siehe VfSlg 15.057/1997, 15.788/2000, 15.982/2000, 16.133/2001, 16.677/2002, 16.943/2003 und 18.255/2007. Der VwGH hat hingegen seine Befugnis zum Erlass einstweiliger Anordnungen grundsätzlich anerkannt, siehe zB VwGH 4.10.2000, AW 2000/21/0128; VwGH 10.11.2000, AW 2000/09/0067; VwGH

Voraussetzungen der § 30 Abs 2 VwGG bzw § 85 Abs 2 VfGG kommen dabei aufgrund des Äquivalenzgrundsatzes analog zur Anwendung[170].

Kontrovers wurde insbesondere die Frage diskutiert, ob VwGH und VfGH vor der Gewährung von vorläufigem Rechtsschutz die Erfolgsaussichten der Beschwerde zu beurteilen haben. Vor dem Hintergrund der aktuellen Rechtsprechung des EuGH ist folgendermaßen zu differenzieren: Soll gegen einen Unionsrechtsakt vorläufiger Rechtsschutz gewährt werden, so hat das jeweilige Gericht unmittelbar aufgrund von Unionsrecht zu prüfen, ob erhebliche Zweifel an der Gültigkeit des Unionsrechtsakts bestehen[171]. Eine Beurteilung der Erfolgsaussichten erscheint in diesem Fall somit unabdingbar[172]. Die Gegenauffassung, die insbesondere von *Potacs* vertreten wird[173], räumt den Überlegungen des Gerichtshofs zur Notwendigkeit einheitlicher Voraussetzungen für den vorläufigen Rechtsschutz gegen Unionsrechtsakte zu wenig Gewicht ein. Aufgrund des Erfordernisses einer einheitlichen Anwendung des Unionsrechts ist die vorübergehende Nichtanwendung bis zur Klärung der Hauptsache eben nur unter engen, durch das Unionsrecht selbst vorgegebenen Voraussetzungen zulässig. Dass aufgrund von § 30 Abs 2 VwGG und § 85 Abs 2 VfGG eine Interessenabwägung stattzufinden hat[174], ist insofern nicht ausreichend. Eine solche Interessenabwägung fordert zwar auch das Unionsrecht, dabei handelt es sich jedoch um eine andere, zur Prüfung der ernsten Zweifel an der Gültigkeit hinzutretende Voraussetzung.

Soll hingegen gegen nationales Recht vorläufiger Rechtsschutz gewährt werden, weil es im Verdacht steht, mit unmittelbar anwendbarem Unionsrecht

---

1.12.2000, AW 2000/09/0058; VwGH 29.8.2001, AW 2001/05/0024; VwGH 7.2.2002, AW 2001/09/0088; VwSlg 16.723 A/2005. Vgl *Potacs,* Einfluss, in *Hummer/Obwexer* (Hrsg), 10 Jahre, 250.

170 *Grabenwarter,* Union, 60 f; *Öhlinger/Potacs,* Gemeinschaftsrecht, 136. Vgl zB VwGH 1.12.2000, AW 2000/09/0058; VwGH 7.2.2002, AW 2001/09/0088.

171 EuGH, verb Rs C-143/88 und C-92/89, *Zuckerfabrik Süderdithmarschen und Zuckerfabrik Soest,* Slg 1991, I-415; EuGH, Rs C-465/93, *Atlanta,* Slg 1995, I-3761; EuGH, Rs C-68/95, *T. Port,* Slg 1996, I-6065; EuGH, verb Rs C-453/03, C-11/04, C-12/04 und C-194/04, *ABNA ua,* Slg 2005, I-10423, Rdnr 104.

172 Wie hier: *Grabenwarter,* Union, 50; *Griller,* Individueller Rechtsschutz und Gemeinschaftsrecht, in *Aicher/Holoubek/Korinek* (Hrsg), Gemeinschaftsrecht und Wirtschaftsrecht (2000), 94; *Hoehl,* Rechtsschutz, 54; *Schima,* Das Vorabentscheidungsverfahren vor dem EuGH² (2004), 55. In diesem Sinn wohl auch VwGH 9.12.2005, AW 2005/17/0018.

173 *Potacs,* JRP 1995, 191 f; *Potacs,* Die Europäische Union und die Gerichtsbarkeit öffentlichen Rechts, Gutachten für den 14. ÖJT, Bd I/1 (2000), 87; *Potacs,* Vorläufiger Rechtsschutz, in *Holoubek/Lang* (Hrsg), Das EuGH-Verfahren in Steuersachen (2000), 265, 279 f; *Öhlinger/Potacs,* Gemeinschaftsrecht, 169 f mwN. Ebenso *Ehrke-Rabel,* Gemeinschaftsrecht, 382.

174 Worauf *Potacs*, Rechtsschutz, in *Holoubek/Lang* (Hrsg), EuGH-Verfahren, 280, hinweist.

in Widerspruch zu stehen, so kommen die nationalen Voraussetzungen für den vorläufigen Rechtsschutz grundsätzlich zur Anwendung.[175] Soweit innerstaatlich die Zuerkennung der aufschiebenden Wirkung unabhängig von der Erfolgsaussicht ist, hat daher auch bei behaupteten Verstößen nationaler Vorschriften gegen das Unionsrecht nichts anderes zu gelten[176], es sei denn, dass das Unterbleiben einer Prüfung der Erfolgsaussicht dazu führt, dass die aufschiebende Wirkung gerade nicht gewährt und damit die volle Wirksamkeit der späteren Gerichtsentscheidung über das Bestehen der aus dem Unionsrecht hergeleiteten Rechte gefährdet wird. Es ist also im Hinblick auf die Sicherung der Effektivität des Unionsrechts nicht geboten, die nach der Rechtsprechung des EuGH erforderlichen Voraussetzungen für die Gewährung des einstweiligen Rechtsschutzes gegen Akte des abgeleiteten Unionsrechts auch dann anzuwenden, wenn es um die behauptete Unionsrechtswidrigkeit nationaler Rechtsakte geht[177]. Dadurch, dass vorläufig der Rechtsauffassung des Beschwerdeführers gefolgt wird, wonach ein Unionsrechtsverstoß vorliegt, wird ja die Effektivität des Unionsrechts nicht beeinträchtigt, sondern sie wird im Gegenteil gerade gestärkt. Die Prüfung zusätzlicher, im nationalen Recht nicht vorgesehener und angeblich auf das Unionsrecht gestützter Voraussetzungen in diesen Konstellationen, in denen sie nach der Rechtsprechung des EuGH gar keine Anwendung finden, stellt daher wohl eine Verletzung des Äquivalenzgrundsatzes dar.

Fraglich ist weiter, ob das Unionsrecht auch bei Individualanträgen gegen Gesetze und Verordnungen verlangen kann, dass der VfGH vorläufigen Rechtsschutz gewährt. Während dies in der Lehre unter Berufung auf das Urteil in der Rechtssache *Factortame I* bejaht wird[178], hat der VfGH ausgeführt, dass aufgrund eines gegebenenfalls einzuleitenden Vorabentscheidungsverfahrens und der darauf folgenden Entscheidung des EuGH, falls dieser zum Ergebnis käme, dass der von den Antragstellern bekämpften Norm unmittelbar anwendbare gemeinschaftsrechtliche Vorschriften entgegenstünden, lediglich feststehen würde, dass die bekämpften innerstaatlichen Vorschriften nicht anzuwenden und die Anträge daher mangels Betroffenheit der antragstellenden Kreditinstitute zurückzuweisen seien. Die Gewährung von Provisorialrechtsschutz diene somit nicht der späteren Sachentscheidung des VfGH[179]. Diese Auffassung mag aus der Sicht des Normenkontrollverfahrens durchaus

175 EuGH, Rs C-432/05, *Unibet,* Slg 2007, I-2271, Rdnrn 79 bis 82. Siehe dazu vorstehend Pkt II.C.

176 Ebenso *Öhlinger/Potacs,* Gemeinschaftsrecht, 134, 170 f. AA noch aufgrund der früheren Rechtsprechung *Grabenwarter,* Union, 51; *Griller, Griller,* Rechtsschutz, in *Aicher/Holoubek/Korinek* (Hrsg), Gemeinschaftsrecht, 89.

177 So aber noch VwGH 21.3.2001, AW 2001/10/0017.

178 *Grabenwarter,* Union, 63 f; *Öhlinger/Potacs,* Gemeinschaftsrecht, 135.

179 VfSlg 16.127/2001.

schlüssig sein, aus der Sicht des Unionsrechts könnte sie einem effektiven Rechtsschutz jedoch abträglich sein. Immerhin ist für die Endentscheidung des VfGH, auch wenn es sich dabei um eine Zurückweisung des Antrags handelt, das Bestehen eines aus dem Unionsrecht hergeleiteten Rechts Vorfrage. Dies dürfte ausreichen, um von einer Verpflichtung des VfGH auszugehen, bis zur Klärung dieser Vorfrage vorläufigen Schutz zu gewähren. Diese Verpflichtung kann jedoch entfallen, wenn es dem Antragsteller auf anderem Weg möglich gewesen wäre, vorläufigen Rechtsschutz zu erlangen[180].

In der Lehre wurden ferner die Fragen untersucht, ob die Zuerkennung der aufschiebenden Wirkung aufgrund des Gemeinschaftsrechts *ex nunc* oder *ex tunc* zu wirken habe und ob die Rechtslage hinsichtlich des VwGH und des VfGH damit in Einklang stehe[181] sowie ob das Antragserfordernis[182] und die gebotene Interessenabwägung[183] aus gemeinschaftsrechtlicher Sicht bedenklich seien. In allen diesen Fragen sind jedoch keine nennenswerten Spannungen ersichtlich.

Schließlich ist darauf hinzuweisen, dass die Vorgaben des Unionsrechts für den vorläufigen Rechtsschutz auch für gerichtsähnliche Verwaltungsbehörden gelten. Insofern wurde es als bedenklich hervorgehoben, dass § 212a BAO es dem UFS nicht ermöglicht, im vor ihm geführten Verfahren vorläufigen Rechtsschutz zu gewähren. Dies ist der Abgabenbehörde erster Instanz vorbehalten[184].

IV. Zusammenfassung

Die wichtigsten Ergebnisse der Untersuchung lassen sich thesenhaft wie folgt zusammenfassen:

1. In der Rechtsprechung des EuGH zum effektiven Schutz der dem Einzelnen durch das Gemeinschaftsrecht eingeräumten Rechte sind mehrere Phasen zu beobachten. Während der Gerichtshof sich dem nationalen Verfahrensrecht zunächst nur behutsam näherte, war er in einer zweiten Phase zu sehr starken Eingriffen bereit. Die aktuelle Rechtsprechung ist einerseits durch eine einigermaßen verzweigte Kasuistik, andererseits aber

180 Wenn also die Antragsteller, wie in dem Verfahren, das VfSlg 16.127/2001 zugrunde lag, den Verwaltungsweg hätten beschreiten und in diesem Rahmen vorläufigen Rechtsschutz erhalten können, vgl VfSlg 16.193/2001. Vgl EuGH, Rs C-432/05, *Unibet*, Slg 2007, I-2271, Rdnrn 70 ff. Siehe auch *v Danwitz*, Verwaltungsrecht, 594.

181 *Grabenwarter*, Union, 56 f; *Öhlinger/Potacs*, Gemeinschaftsrecht, 134 f, jeweils mwN.

182 *Grabenwarter*, Union, 56; *Öhlinger/Potacs*, Gemeinschaftsrecht, 134, jeweils mwN.

183 *Grabenwarter*, Union, 57 f; *Öhlinger/Potacs*, Gemeinschaftsrecht, 134, jeweils mwN.

184 *Öhlinger/Potacs*, Gemeinschaftsrecht, 133. Siehe dazu auch *Ehrke-Rabel*, Gemeinschaftsrecht, 376 ff.

auch durch das Bemühen des Gerichtshofs um Konsolidierung gekennzeichnet.

2. Nach dem aktuellen Stand der Rechtsprechung des EuGH muss für die Geltendmachung aller unionsrechtlichen Ansprüche effektiver Zugang zu gerichtlichem Rechtsschutz bestehen. Die Anwendung einschränkender nationaler Verfahrensvorschriften – soweit sie nicht zu Diskriminierungen führt und soweit keine eigenen unionsrechtlichen Vorschriften bestehen – hat jedoch nur dann zu unterbleiben, wenn dies im konkreten Fall dazu führen würde, dass der Rechtsschutz nicht effektiv wäre.
3. Während der Anspruch auf effektiven gerichtlichen Rechtsschutz im Unionsrecht unter anderem aus Art 6 EMRK abzuleiten ist, kommen die Garantien des Art 6 EMRK als solche im Unionsrecht nicht mit ihrer gesamten konventionsrechtlichen Tragweite zur Anwendung. Vergleichbare Garantien finden sich jedoch nunmehr im – verbindlichen – Art 47 der Charta der Grundrechte der Europäischen Union.
4. Sofern der Grundsatz der Äquivalenz beachtet wird, kann der Zivilrechtsweg effektiven Rechtsschutz gegen Verwaltungshandeln bieten.
5. Das Unionsrecht verlangt gegebenenfalls eine weite Auslegung der nationalen Vorschriften über die Klage- bzw Beschwerdelegitimation vor den nationalen Gerichten.
6. Aus der Rechtsprechung des EuGH zum Anspruch auf effektiven gerichtlichen Rechtsschutz ergeben sich keine grundsätzlichen Bedenken am Umfang der Kontrolle durch den VwGH. Vorschriften des abgeleiteten Unionsrechts können jedoch detailliertere Vorgaben enthalten, die ebenfalls zu beachten sind.
7. Die Präklusion nach § 42 Abs 1 AVG und ihre Auswirkungen auf das Verfahren vor dem VwGH, das Neuerungsverbot nach § 41 Abs 1 VwGG und die Bindung des VwGH an die Beschwerdepunkte gem § 28 Abs 1 Z 4 iVm § 41 Abs 1 VwGG begegnen keinen generellen Bedenken im Hinblick auf das Gebot effektiven Rechtsschutzes. Die Anwendung der fraglichen Bestimmungen ist jedoch nur zulässig, soweit dem Einzelnen im konkreten Fall dadurch ein solcher Rechtsschutz nicht genommen wird.
8. Der vorläufige Rechtsschutz muss nach Unionsrecht auch den Erlass positiver einstweiliger Maßnahmen umfassen können.
9. Vorläufiger Rechtsschutz gegen Unionsrechtsakte kann nur unter den engen Voraussetzungen der Rechtsprechung des EuGH (*Zuckerfabrik Süderdithmarschen* und Folgejudikatur) gewährt werden. Diese Voraussetzungen sind ergänzend zu den Voraussetzungen des nationalen Rechts anzuwenden (insb § 30 Abs 2 VwGG, § 85 Abs 2 VfGG).
10. Vorläufiger Rechtsschutz gegen unionsrechtswidriges nationales Recht ist unter den Voraussetzungen des nationalen Rechts zu gewähren. Diese stehen unter dem Vorbehalt der Äquivalenz und der Effektivität. Soweit im nationalen Recht eine Prüfung der Erfolgsaussichten in der Hauptsache

für die Gewährung von vorläufigem Rechtsschutz nicht erforderlich ist, hat eine solche Prüfung auch nicht stattzufinden, wenn es um die Sicherung eines unionsrechtlichen Anspruchs geht. Anderes würde nur gelten, wenn das Unterbleiben dieser Prüfung zur Versagung von vorläufigem Rechtsschutz und in weiterer Konsequenz zu einer Gefährdung der vollen Wirksamkeit des Unionsrechts führen würde.

11. Auch bei Individualanträgen auf Normenkontrolle vor dem VfGH ist nicht auszuschließen, dass im Einzelfall die Gewährung von vorläufigem Rechtsschutz unionsrechtlich geboten sein kann.

Zusammenwirken von Kommission und nationalen Wettbewerbsbehörden im Kartellrecht

Peter Thyri

Literatur: *Augenhofer* (Hrsg), Die Europäisierung des Kartell- und Lauterkeitsrechts (2009); *Bornkamm/Grafunder*, General Report, in *Köck/Karollus* (Hrsg), Die Modernisierung des EG-Kartellrechts – Erste Erfahrungen mit der VO 1/2003 – FIDE XXIII (2008), 487; *Becker/Bessot/de Smijter*, The White Paper on damage actions for breach of the EC antitrust rules, Competition Policy Newsletter 2/2008, 4; *Eilmansberger/Herzig/Jaeger/Thyri*, Materielles Europarecht (2008); *Eilmansberger/Thyri*, Länderbericht Österreich, in *Köck/Karollus* (Hrsg), Die Modernisierung des EG-Kartellrechts – Erste Erfahrungen mit der VO 1/2003 – FIDE XXIII (2008), National Reports (2008); *Gippini-Forunier*, Institutional Report, in *Köck/Karollus* (Hrsg), Die Modernisierung des EG-Kartellrechts – Erste Erfahrungen mit der VO 1/2003 – FIDE XXIII (2008), 375; *Reidlinger/Hartung*, Das österreichische Kartellrecht (2008); *Thyri*, Schadenersatzforderungen – kein berechtigtes Interesse an nachträglicher Feststellung eines Kartellverstoßes? OLG Wien als KG, 31.8.2007, 25 Kt 108/06; ecolex 2008, *Terhechte* (Hrsg), Internationales Kartell- und Fusionskontrollverfahrensrecht – Handbuch für Wissenschaft und Praxis, (2008); 657; *Eilmansberger*, The Green Paper on damages actions for breach of the EC antitrust rules and beyond: Reflections on the usefulness and feasibility of a stimulation of private enforcement through legislative action, CMLR 2007, 431; *Hirsch/Montag/Säcker*, Münchener Kommentar zum Europäischen und Deutschen Wettbewerbsrecht, Bd 1 (2007); *Petsche/Urlesberger/Vartian* (Hrsg), KartG 2005 (2007); *Thyri*, Kartellrechtsvollzug in Österreich (2007); *Thyri*, Schadenersatz als Kartell-Störfaktor, Der Standard, Wirtschaft und Recht, 30.10.2007; *Barfuß/Fischer*, Verfahren vor der BWB, in *Sachs/Thanner* (Hrsg), Verfahren vor Sonderbehörden (2006), 231; *Barfuß/Müller*, Gemeinschaftsrechtliche und verfassungsrechtliche Fragen bei der Durchführung von Nachprüfungen nach Gemeinschaftsrecht bzw von Hausdurchsuchungen nach nationalem Recht, in *Fuchs et al* (Hrsg), Wirtschaftspolitische Gedankensplitter (2006), 157; *Ehrke/Rabel*, Gemeinschaftsrecht und österreichisches Abgabenverfahren (2006); *Gruber/Keznickl*, Auswirkungen des KartG 2005 und des BVergG 2006 auf Arbeits- und Bietergemeinschaften, ZVB 2006,21; *Herrmann*, Die Reichweite der gemeinschaftsrechtlichen Vorlagepflicht in der neueren Rechtsprechung des EuGH, EuZW 2006, 231; *Karollus*, Schadenersatz wegen EG-Kartellverstoßes auch für Verbraucher, ecolex 2006, 797; *Klees*, Die Beteiligung Dritter in europäischen Kartellverfahren – das EuG-Urteil Österreichische Postsparkasse und Bank für Arbeit und Wirtschaft (BAWAG), EWS 2006, 395; *Kokott/Henze/Sobotta*, Die Pflicht zur Vorlage an den Europäischen Gerichtshof und die Folgen ihrer Verletzung, JZ 2006, 633; *Langen/Bunte*, Kommentar zum deutschen und europäischen Kartellrecht, Bd 1: Deutsches Kartellrecht[10] (2006),

Bd 2: Europäisches Kartellrecht[10] (2006); *Leitl*, Regulierungsbehörden im österreichischen Recht (2006); *Mayer*, Kommentar zu EU- und EG-Vertrag (Loseblatt, Stand: Februar 2006); *Öhlinger/Potacs*, Gemeinschaftsrecht und staatliches Recht[3] (2006); *Solé*, Das Verfahren vor dem Kartellgericht (2006); *Sachs/Thanner*, Verfahren vor Sonderbehörden (2006); *Wils*, Powers of Investigation and Procedural Rights and Guarantees in EU Antitrust Enforcement, WC 2006, 3; *Thyri*, Wieviel „Private Enforcement" braucht die Kartellrechtsdurchsetzung?, ecolex 2006, 800; *Weinhäupl*, Ermittlungsbefugnisse nach Europäischem Kartellrecht, wbl 2006, 298; *Ablasser-Neuhuber/Flener*, Reform des österreichischen Kartellrechts: Begutachtungsentwurf der Kartellgesetznovelle 2005, WuW 2005, 254; *Augenhofer*, Individualrechtliche Ansprüche des Verbrauchers bei unlauterem Wettbewerbsverhalten des Unternehmers, in *Krejci/Kessler/Augenhofer* (Hrsg), Lauterkeitsrecht im Umbruch (2005) 103; *Barbist*, Das österreichische Kartellobergericht und die VO Nr 1/2003, WuW 2005, 756; *Dalheimer/Feddersen/Miersch*, EU-Kartellverfahrensverordnung (2005); *De Bronett*, Kommentar zum europäischen Kartellverfahrensrecht (2005); *Eilmansberger*, Das neue System des EG-Kartellrechts, in *Karollus/Köck/Stadlmeier* (Hrsg), Gegenwärtiger Stand und zukünftige Entwicklungen des EU-Binnenmarktes, Tagungsband des 5. Österreichischen Europarechtstages (2005), 257; *Gruber*, Die neue Kronzeugenregelung im Kartellrecht, RdW 2005, 535; *Liebau*, „Ne bis in idem" in Europa (2005); *Lukaschek*, Keine Feststellungsbefugnis des Kartellgerichts betreffend die Nichtanwendbarkeit der Artikel 81 und 82 EGV, Anmerkung, ecolex 2005, 545; *Grunicke/Fellner*, Kartellgesetz 2005 und Wettbewerbsgesetz 2005, RdW 2005, 462 (Teil 1), 529 (Teil 2); *Hoffer/Barbist*, Das neue Kartellrecht (2005); *Klees*, Europäisches Kartellverfahrensrecht (2005) *Lever/Pike*, Cartel Agreements, Criminal Conspiracy and the Statutory „Cartel Offence", ECLR 2005, 90 (Part 1), 164 (Part 2); *Matousek*, Die Kartellrechtsreform 2005 im Überblick, ecolex 2005, 501; *Montag/Reidlinger*, Das neue EG-Kartellverfahrensrecht in der Praxis, MR-Int 2005, 7; *Tagaras/Waelbroeck*, Les Autorités Nationales de la Concurrence et l'Article 234 du Traité un étrange arrêt de la Cour de Justice, CDE 2005, 465; *Wagner-von Papp*, Empfiehlt sich das Empfehlungsverbot?, WuW 2005, 379; *Wils*, Principles of European Antitrust Enforcement (2005); *Wollmann*, Ein modernes Kartellrecht für Österreich, ecolex 2005, 500; *Taurer*, Wettbewerbs- und Vergabekontrolle: integrierte Behörde oder getrennter Vollzug – eine rechtspolitische Betrachtung, in *Sachs* (Hrsg), Schwerpunkte II zum BVerG 2006 (2005), 213; *Rosbaud*, Ist die Missachtung einer nachträglichen Entflechtungsmaßnahme nach § 142 KartG strafbar? Zur Zulässigkeit der „berichtigenden Auslegung" im Strafrecht, JBl 2005, 158; *Bellis*, Les Relations entre le droit national et le droit communautaire de la concurrence, in *Nihoul* (Hrsg), La Décentralisation dans l'Application du Droit de la Concurrence (2004), 61; *Blake/Schnichels*, Schutz der Kronzeugen im neuen EG-Wettbewerbsrecht, EuZW 2004, 551; *Dreher*, Der neue Einfluss des Europäischen Kartellrechts – Der Unternehmensbegriff als Beispiel, WuW 2004, 471; *Eilmansberger*, Die Adalat-Entscheidung des EuGH, ZWeR 2004, 285; *Eilmansberger/Thyri*, National Report Austria, in *Cahill* (Hrsg), The Modernisation of EU Competition Law – FIDE 2004 National Reports (2004), 35; *Schwarze/Weitbrecht*, Grundzüge des europäischen Kartellverfahrensrechts (2004); *Schweitzer/Mestmäcker*, Europäisches Wettbewerbsrecht (2004); *Solar*, Vorlagepflichtverletzung Mitgliedstaatlicher Gerichte und ihre Sanierung (2004); *Terhechte*, Die Reform des Europäischen Kartellrechts am Ende eines langen Weges? EuZW 2004, 353; *Terhechte*, Die Vollstreckung von EG-Bußgeldbescheiden in den Mitgliedstaaten der Europäischen Gemeinschaft – Rechtliche Grundlagen, Umsetzungspraxis und Rechtsmittel am Beispiel der Bundesrepublik Deutschland, EuZW 2004, 235; *Hummer* (Hrsg), Paradigmenwechsel im Europarecht zur Jahrtausendwende (2004); *Leopold*, Das Aufgreifen eines Verfahrens durch die Kommission nach Art 11 Abs 6 VO (EG) Nr 1/2003, EWS 2004, 539; *Levy/O'Donoghue*, The EU Leniency Programme Comes of Age, WC 2004, 75; *Mair/Solé*,

Kartellverfahren – (halb) neu!, ecolex 2004, 930; *Meyer/Kuhn*, Befugnisse und Grenzen kartellrechtlicher Durchsuchungen nach VO Nr 1/2003 und nationalem Recht, WuW 2004, 880; *Reidlinger/Zellhofer*, Die private Durchsetzung von Kartellrecht im Wege von § 1 UWG – Königsweg oder Irrweg?, ecolex 2004, 114; *Rosochwicz*, The appropriateness of criminal sanctions in the enforcement of competition law, ECLR 2004, 752; *Wertenbruch*, „Einseitige Maßnahmen" des Herstellers in Vertriebsnetzen als Kartellvereinbarung im Sinne des Art. 81 EG, EWS 2004, 145; *Wils*, Community Report, in *Cahill* (Hrsg), The Modernisation of EU Competition Law – FIDE 2004 National Reports (2004), 661; *Auer/Urlesberger*, Kartellrecht (2003); *Craig/De Burca*, EU Law[3] (2003); *Koenigs*, Die VO Nr 1/2003: Wende im EG-Kartellrecht, DB 2003, 755; *Herzig*, Prinzipien und Zielsetzungen des Europäischen Wirtschaftsrechts, in *Grillberger/Mosler* (Hrsg), Europäisches Wirtschaftsrecht und soziale Krankenversicherung (2003); *Hirsch*, Anwendung der Kartellverfahrensordnung (EG) Nr 1/2003 durch nationale Gerichte, ZWeR 2003, 233; *Joshua*, The UK's new cartel offence and it's implications for EC competition law: a tageled web, ELRev 2003, 620; *Temple Lang*, Commitment Decisions Under Regulation 1/2003: Legal Aspects of a New Kind of Competition Decision, ECLR 2003, 347; *Wils*, The Principle of Ne bis in idem in EC Antitrust Enforcement: A Legal and Economic Analysis, WC 2003, 131; *Stillfried/Stockenhuber*, Vollzug des EG-Kartellrechts nach der neuen EG Verfahrensverordnung Nr 1/2003, ÖZW 2003, 45; *Paulis/Gauer*, La reforme des regles d'application des articles 81 et 82 du traite, JTDE 2003, 65; *Rosbaud*, Das Kartellstrafrecht ist tot! Lang lebe das „Kartellstrafrecht"! Zur Rechtsnatur der Geldbußen nach § 142 Z 1 KartG idF KartG – Novelle 2002, JBl 2003, 907; *Venit*, Brave new world: The modernisation and decentralisation of enforcement under Article 81 and 82 of the EC Treaty, CMLR 2003, 545; *Wagner*, Der Systemwechsel im EG-Kartellrecht – Gruppenfreistellungen und Übergangsproblematik, WRP 2003, 1369; *Attew*, National Competition Law and the preliminary ruling procedure, EJLR 2002, 241; *Barbist/Görg*, Wettbewerbsgesetz und Kartellgesetznovelle 2002 im Überblick, ecolex 2002, 404; *Möschel*, Das Verhältnis von Kartellbehörde und Sonderaufsichtsbehörden, WuW 2002, 683; *Möschel*, The Relationship between Competition Authorities and Sector-Specific Regulators, European Business Organization Law Review 2002, 823; *Wils*, The Optimal Enforcement of EC Competition Law (2002); *Roniger/Spallinger*, Die Ermittlungsbefugnisse der Bundeswettbewerbsbehörde, ecolex 2002, 407; *Stockenhuber*, Das neue Kartellrecht 2002, ÖZW 2002, 74 (Teil 1), 109 (Teil 2); *Thurnher*, Kartellgesetznovelle in Österreich: Aufbruch zu neuen Märkten?, WuW 2002, 845; *Urlesberger*, Die Kartellgesetznovelle 2002, RWZ 2002, 55; *Drahos*, Convergence of Competition Laws and Policies in the European Community (2001); *Eilmansberger*, Vorschlag der Kommission für eine Reform des Kartellvollzugs, JZ 2001, 365; *Eilmansberger*, Die Bedeutung der Art 85 und 86 EGV für das österreichische Zivilrecht (1998); *Gerber*, Law and Competition in Twentieth Century Europe (1998); *Van Miert*, Probleme der wettbewerblichen Öffnung von Märkten mit Netzstrukturen aus euopäischer Sicht – das Beispiel Telekommunikation, WuW 1998, 7; *Immenga/Mestmäcker*, EG-Wettbewerbsrecht, Bd I (1997); *Koppensteiner*, Österreichisches und europäisches Wettbewerbsrecht (1997); *Barfuß/Wollmann/Tahedl*, Österreichisches Kartellrecht (1996); *Birkner*, Parteistellung und rechtliches Gehör im Außerstreitverfahren (1996); *Eilmansberger*, Rechtsfolgen und subjektives Recht im Gemeinschaftsrecht (1996); *Roniger/Punz*, Das österreichische Kartellrecht (1996); *Steindorff*, EG-Vertrag und Privatrecht (1996), *Weiß*, Die Verteidigungsrechte im EG-Kartellverfahren (1996); *Rüffler*, Der Sachverständige im Zivilprozess (1995); *Koppensteiner*, Österreichisches und europäisches Kartellrecht, in *Schuhmacher* (Hrsg), Perspektiven des europäischen Rechts (1994), 111; *Tahedl*, Der Mißbrauch marktbeherrschender Stellung im österreichischen Kartellrecht (1993); *K. Schmidt*, Drittschutz, Akteneinsicht und Geheimnisschutz im Kartellverfahren, FIW-Schriftenreihe, Heft 145 (1992); *Wollmann*, Die kartellrechtliche Beziehungen

Österreichs zur EWG (1991); *Schmidt*, Von der Kartellformenlehre zum Kartellverbot, wbl 1990, 121; *K. Schmidt*, Von der Kartellformenlehre zum Kartellverbot, wbl 1990, 121; *Steindorff*, Article 85, para. 3: No Case for the Application by National Courts, CMLR 1983, 125; *Schuhmacher W.*, Verbraucher und Recht in historischer Sicht (1981); *Temple Lang*, Community Antitrust Law – Compliance and Enforcement, CMLR 1981, 335; *K. Schmidt*, Kartellverfahrensrecht – Kartellverwaltungsrecht – Bürgerliches Recht (1977); *Schönherr*, Das Kartellgesetz in der Praxis, Sonderdruck ÖJZ 1965; *Wittelshöfer*, Der österreichische Kartellgesetzentwurf, 13 Archiv für Soziale Gesetzgebung und Statistik, 122 (1899).

Judikatur: EuGH, Rs C-295/04 bis C-298/04, *Manfredi*, Slg 2006 I-6619; EuG, Rs T-208/01, *Volkswagen*, Slg 2003, II-5141; EuG, Rs T-67/01, *JCB Service*, Slg 2004, II-49; EuG, Rs T-368/00, *General Motors Nederland*, Slg 2003, II-4491; EuG, Rs T-44/00, *Mannesmannröhren Werke/Kommission*, Slg 2004, II-2223; EuG, Rs T-319/99, *FENIN*, Slg 2003, II-357; EuG, Rs T-112/98, *Mannesmannröhrenwerke*, Slg 2001, II-729; EuG, Rs T-102/96, *Gencor/Kommission*, Slg 1999, II-753; EuG, Rs T-41/96, *Bayer/Kommission*, Slg 2000, II-3383; EuG, Rs T-24/90, *Automec*, Slg 1992, II-2223; EuG, Rs T-30/89, *Hilti/Kommission*, Slg 1990, II-163; EuGH, Rs C-238/05, *Asnef-Equifax*, Slg 2006, I-11125; EuGH, Rs C-301/04 P, *SGL Carbon*, Slg 2006, I-5915; EuGH, Rs C-74/04, *Volkswagen AG*, Slg 2006, I-6585; EuGH, Rs C-495/03, *Intermodal Transports*, Slg 2005, I-8151; EuGH, Rs C-176/03, *Kommission/Rat*, Slg 2005, I-7879; EuGH, Rs C-53/03, *Syfait*, Slg 2005, I-4609; EuGH, Rs C-264/01, C-306/01, C-354/01 und C-355/01, *AOK*, Slg 2004, I-2493; EuGH, Rs C-60/02, *LG Eisenstadt/X*, Slg 2004, I-651; EuGH, Rs C-2/01 P und C-3/01 P, *Bundesverband der Arzneimittel-Importeure und Kommission/Bayer*, Slg 2004, I-23; EuGH, Rs C-224/01, *Köbler*, Slg 2003, I-10239; EuGH, Rs C-198/01, *CIF*, Slg 2003, I-8055; EuGH, Rs C-187/01 und C-385/01, *Gözütok und Brügge*, Slg 2003, I-1345; EuGH, Rs C-182/00, *Lutz*, Slg 2002, I-547; EuGH, Rs C-17/00, *De Coster*, Slg 2001 I-9445; EuGH, Rs C-516/99, *Schmid*, Slg 2002, I-4573; EuGH, Rs C-453/99, *Courage/Crehan*, Slg 2001, I-6297; EuGH, Rs C-195/98, *Österreichischer Gewerkschaftsbund*, Slg 2000, I-10497; EuGH, Rs C-110/98 bis C-147/98, *Gabalfrisa*, Slg 2000, I-1577; EuGH, Rs C-134/97, *Victoria Film*, Slg 1998, I-7023; EuGH, Rs C-103/97, *Köllensperger und Atzwanger*, Slg 1999, I-551; EuGH, Rs C-7/97, *Oscar Bronner GmbH & Co KG/Mediaprint*, Slg 1998, I-7791; EuGH, Rs C-69/96 – C-79/96, *Garofalo*, Slg 1997, I-5603; EuGH, Rs C-54/96, *Dorsch Consult*, Slg 1997, I-4961; EuGH, Rs C-337/95, *Parfums Christian Dior/Evora*, Slg 1997, I-6013; EuGH, Rs C-242/95, *GT-Link*, Slg 1997, I-4449; EuGH, Rs C-111/94, *Job Centre*, Slg 1995, I-3361; EuGH, Rs C-393/92, *Almelo*, Slg 1994, I-1477; EuGH, Rs C-24/92, *Corbiau*, Slg 1993, I-1277; EuGH, Rs C-159/91 und C-160/91, *Poucet und Pistre*, Slg 1993, I-637; EuGH, Rs C-67/91, *Spanische Banken*, Slg 1992, I-4785; EuGH, Rs C-234/89, *Delimitis*, Slg 1991, I-935; EuGH, Rs C-297/88 und C-197/89, *Dzodzi*, Slg 1990, I-3763; EuGH, Rs 374/87, *Orkem*, Slg 1989, 3283; EuGH, Rs 46/87 und 227/88, *Hoechst/Kommission*, Slg 1989, 2859; EuGH, Rs 66/86, *Ahmed Saeed Flugreisen*, Slg 1989, 803; EuGH, Rs 14/86, *Pretore di Salò*, Slg 1987, 2545; EuGH, Rs 72/85, *Kommission/Niederlande*, Slg 1986, 1219; EuGH, Rs 314/85, *Foto-Frost*, Slg 1987, 4199; EuGH, Rs 66/85, *Lawrei-Blum*, Slg 1986, 2121; EuGH, Rs 209/84–213/84, *Asjes*, Slg 1986, 1425; EuGH, Rs 284/81, *CILFIT*, Slg 1982, 3415; EuGH, Rs 138/80, *Borker*, Slg 1980, 1975; EuGH, Rs 155/79, *AM&S Europe*, Slg 1982, 1575; EuGH, Rs 149/79, *Kommission/Belgien*, Slg 1980, 3881; EuGH, Rs 37/79, *Estee Lauder*, Slg 1980, 2481; EuGH, Rs 152/73, *Sotgiu*, Slg 1974, 153; EuGH, Rs 127/73, *BRT/Sabam*, Slg 1974, 51; EuGH, Rs 34/73, *Variola*, Slg 1973, 981; EuGH, Rs C 48/72, *Brasserie de Haecht*, Slg 1973, 77; EuGH, Rs 43/71, *Politi*, Slg 1971, 1049; EuGH, Rs 14/68, *Walt Wilhelm*, Slg 1969, 1; EuGH, Rs 61/65, *Vaassen-Göbbels*, Slg 1966, 584, 602; EuGH, Rs 57/65, *Lütticke*, Slg 1966, 239; EuGH, Rs 6/

64, *Costa/ENEL*, Slg 1964, 1251; EuGH, Rs 26/62, *van Gend&Loos*, Slg 1963, 1; EuGH, Rs 13/61, De *Geus/Bosch*, Slg 1962, 99/112.

Inhalt

I. Bisheriger Sachstand – Die Modernisierung des Kartellverfahrens durch die VO 1/2003

A. Einleitung

Die VO 1/2003 (KartellverfahrensVO)[1] sah eine grundlegende Änderung des Systems zur Durchsetzung der Art 81 EGV [nun Art 101 AEUV] und 82 EGV [Art 102 AEUV][2] vor. Mit der Verordnung wurde das zentralisierte Anmelde- und Genehmigungssystem der VO (EWG) Nr 17/62 durch ein System der direkten Anwendung der Art 81 und 82 EGV ersetzt. Die Kommission sowie die einzelstaatlichen Wettbewerbsbehörden und Gerichte wurden befugt, die Art 81 und 82 EGV in vollem Umfang anzuwenden. So sind Vereinbarungen, die unter Art 81 und 82 EGV fallen, gleichzeitig jedoch die Voraussetzungen von Art 81 Abs 3 EGV erfüllen, ohne vorherige Genehmigungsentscheidung direkt gültig und durchsetzbar[3]. Der vorliegende Beitrag soll die Grundsätze dieser Systemreform (Kap I.), deren gegenwärtigen Umsetzungsstand in der Vollzugspraxis im Allgemeinen (Kap II.) sowie die Auswirkungen des gemeinschaftsrechtlichen Paradigmenwechsels auf die österreichische Rechtsordnung im Besonderen (Kap III.) darstellen und bewerten (Kap IV.).

B. Unmittelbare Anwendbarkeit der Art 81 und 82 EGV

Im Zusammenhang mit der Durchsetzung des gemeinschaftlichen Wettbewerbsrechts in den Mitgliedstaaten stellt sich immer wieder die Frage nach der *unmittelbaren Anwendbarkeit* der einschlägigen Bestimmungen[4]. Dies betrifft einerseits die materiellen Verbotsnormen bzw den Ausnahmetatbestand des Art 81 Abs 3 EGV, andererseits und insbesondere im Kontext dieser Darstel-

---

1 VO (EG) 1/2003 des Rates vom 16. Dezember 2002 zur Durchführung der in den Artikeln 81 und 82 des Vertrages niedergelegten Wettbewerbsregeln; ABl 2003 L 1, 1 idF ABl 2006 L 296, 1.

2 Vertrag über die Arbeitsweise der Europäischen Union idF des Vertrages von Lissabon zur Änderung des Vertrags über die Europäische Union und des Vertrags zur Gründung der Europäischen Gemeinschaft, ABl 2008 C 115, 47. Dieser Beitrag folgt aufgrund der ganz überwiegenden Bezugnahme auf historische Legislativakte und Judikatur der Nummerierung des EGV. Die entsprechenden Artikelnummern im AEUV sind der Übereinstimmungstabelle im Annex in diesem Sammelband auf S 701 ff. zu entnehmen. Vereinzelte Hinweise auf die neue Nummerierung wurden in [eckige Klammer] gesetzt; vgl dazu *Hummer*, Benutzerhinweise, vorstehend auf S XLIV.

3 Allgemein zu dieser Systemreform siehe *Eilmansberger*, Paradigmenwechsel im europäischen Wettbewerbsrecht, in *Hummer* (Hrsg), Paradigmenwechsel im Europarecht zur Jahrtausendwende (2004), 311.

4 Allgemein zu den Bedingungen der unmittelbaren Anwendbarkeit bzw Wirkung des AEUV siehe *Streinz*, Europarecht[8] (2008), Rdnrn 407 ff.

lung, die verfahrensrechtlichen Vorgaben der VO 1/2003, die zudem ausdrücklich auf Art 83 Abs 2 lit e EGV (Art 103 Abs 2 lit e AUEV) gestützt sind[5]. Aus diesem Grund sollen hier Grundlagen, Prinzipien und Reichweite der unmittelbaren Anwendbarkeit der Art 81 f EGV und des dazu ergangenen Sekundärrechts, insbesondere der VO 1/2003, als allgemeine Prämisse zur Behandlung des Verhältnisses zwischen gemeinschaftlichem und nationalem Wettbewerbsrecht in den Mitgliedstaaten dargestellt werden.

Die Art 81 und 82 EGV waren bereits vor Inkrafttreten der gem Art 83 EGV zu erlassenden Durchführungsvorschriften unmittelbar anwendbares Recht[6]. Die unmittelbare Anwendbarkeit bezog sich aber nach der Rechtsprechung des Gerichtshofs nicht auf Art 81 Abs 3 EGV[7], was praktisch eine erhebliche Einschränkung für die Anwendung dieser Normen durch die Gerichtsbarkeit mit sich brachte[8]. Allerdings bestand für die nationalen Wettbewerbsbehörden vor Einführung der Durchführungsvorschriften, und nach wie vor jedenfalls außerhalb deren Anwendungsbereiches, auf Grundlage des Primärrechts gem Art 84 EGV (Art 104 AEUV) ausdrücklich die Möglichkeit, die Nichtanwendbarkeit des Art 81 Abs 1 EGV nach Art 81 Abs 3 EGV festzustellen[9].

Für die Wettbewerbsbehörden der Mitgliedstaaten bestimmt nun Art 5 VO 1/2003 ausdrücklich deren Zuständigkeit für die Anwendung der Art 81 und 82 EGV in Einzelfällen. Ebenso normiert Art 6 VO 1/2003 die Anwendbarkeit der Art 81 und 82 EGV durch die einzelstaatlichen Gerichte. Die oben genannte unmittelbare Anwendbarkeit der Wettbewerbsregeln wird also für die nationalen Wettbewerbsbehörden und die einzelstaatlichen Gerichte durch diese ausdrücklichen sekundärrechtlichen Zuständigkeitsnormen der VO 1/2003 überlagert. Die Zuständigkeit anderer einzelstaatlicher Vollzugsorgane, insbesondere der Verwaltungsbehörden, zur unmittelbaren Anwendung der Art 81 und 82 EGV kann allerdings weiterhin allein mit der prinzipiellen unmittelbaren Anwendbarkeit dieser Bestimmungen begründet werden.

Inwieweit die Bestimmungen der VO 1/2003 unmittelbar anwendbar sind, ist entsprechend den allgemeinen Prinzipien über die unmittelbare Anwend-

5 ErwG 8 VO 1/2003. Art 83 Abs 2 lit e bestimmt, dass die in Abs 1 leg cit vorgesehenen Durchführungsvorschriften insbesondere das Verhältnis zwischen den innerstaatlichen Rechtsvorschriften einerseits und den primär und sekundärrechtlichen gemeinschaftlichen Wettbewerbsvorschriften andereseits festzulegen bezwecken.

6 EuGH, Rs 13/61, *De Geus/Bosch*, Slg 1962, 99/112; EuGH, Rs 37/79, *Estee Lauder*, Slg 1980, 2481, Rdnrn 13 und 16; EuGH, Rs 209 bis 213/84, *Asjes*, Slg 1986, 1425, Rdnrn 53 und 61; EuGH, Rs 66/86, *Ahmed Saeed Flugreisen*, Slg 1989, 803, Rdnrn 30 bis 33.

7 EuGH, Rs 13/61, *De Geus/Bosch*, Slg 1962, 99/112.

8 Vgl dazu auch *Steindorff*, EG-Vertrag und Privatrecht (1996), 331 ff; *Steindorff*, CMLR 1983, 125.

9 Vgl dazu *Rapp-Jung* in *Streinz* (Hrsg), Kommentar zu EUV/EGV (2003), Art 84 Rdnr 3; ausführlich *Sauter* in *Immenga/Mestmäcker*, EG-Wettbewerbsrecht, Bd I (1997), Art 85 Abs 3 Rdnr 3.

barkeit von Verordnungen[10] für jede einzelne Norm getrennt zu bestimmen. Eine generelle Aussage für die VO 1/2003 insgesamt kann nicht getroffen werden. Allgemein muss die in Frage stehende Bestimmung „eine klare und unbedingte Verpflichtung begründe[n]“, die „keiner weiteren Maßnahmen der Gemeinschaftsorgane oder der Mitgliedstaaten“ bedarf, und deshalb von staatlichen Behörden und Gerichten angewendet werden kann[11]. Jedenfalls unzutreffend ist daher die Ansicht des österreichischen Gesetzgebers in den Materialien zum KartG 2005, wonach die Bestimmungen der Art 7 ff VO 1/2003 im Rahmen der Zuständigkeiten der nationalen Wettbewerbsbehörden nach Art 5 VO 1/2003 unmittelbar anwendbar wären[12].

Nicht unmittelbar anwendbar sind die Bestimmungen der VO 1/2003, die sich ausschließlich an die Kommission richten, also jedenfalls die Regeln über die Verfahren und Sanktionen auf Gemeinschaftsebene (Art 7 bis 10, 17 bis 21, 23 bis 26).

Jedenfalls unmittelbar anwendbar sind nach den oben dargelegten Prinzipien aber beispielsweise die Art 1 bis 3 VO 1/2003 über die Anwendung der Art 81 und 82 EGV, die Beweislast und das Verhältnis von gemeinschaftlichem und einzelstaatlichem Wettbewerbsrecht[13].

Im österreichischen Kontext ist im gegebenen Zusammenhang insbesondere die Frage von Bedeutung, ob Art 5 VO 1/2003 bzw dessen letzter Satz über die Entscheidung, dass kein Anlass für die nationalen Wettbewerbsbehörden besteht, tätig zu werden, unmittelbar anwendbar ist. Der OGH als KOG hat diese Frage in 16 Ok 6/05 ausdrücklich offen gelassen[14]. Der belgische Wettbewerbsrat hingegen hat eine unmittelbare Anwendbarkeit des Art 5 VO 1/2003 dezidiert angenommen[15]. Wie in Österreich hinsichtlich der Entscheidung über das Nicht-Tätigwerden, fehlte in Belgien eine Rechtsgrundlage

10 EuGH, Rs 43/71, *Politi*, Slg 1971, 1049, Rdnr 9.

11 EuGH, Rs 57/65, *Lütticke*, Slg 1966, 239, 266.

12 926 der Beilagen XXII. GP, zu den §§ 26 bis 28 KartG 2005. Die in Art 7 ff detailliert genannten Entscheidungsformen ermächtigen allein die Kommission; für die nationalen Wettbewerbsbehörden ist hier ausschließlich Art 5 VO 1/2003 relevant, der die Grundmodelle der gemeinschaftsrechtlich gebotenen Entscheidungsformen nennt aber gerade keine völlige Übereinstimmung in der Ausgestaltung fordert; vgl *Dalheimer* in *Dalheimer/Feddersen/Miersch*, EU-Kartellverfahrensverordnung (2005), nach Art 83 EGV, Art 5 Rdnr 10. Enthielte Art 5 VO 1/2003 tatsächlich bloß einen Verweis auf die unmittelbar anwendbaren Bestimmungen der Art 7 ff, so wäre die Bestimmung normativ überflüssig. Es muss also davon ausgegangen werden, das der Zweck des Art 5 gerade in der Gewährung entsprechender Spielräume zur Ausgestaltung der nationalen Entscheidungsarten gelegen ist.

13 Vgl bezüglich Art 3 VO 1/2003 auch *Dalheimer* in *Dalheimer/Feddersen/Miersch*, EU-Kartellverfahrensverordnung, nach Art 83 EGV, Art 3 Rdnr 9.

14 OGH als KOG 20.12.2005, 16 Ok 6/05.

15 Décision n° 2005-I/O-52 du 30 novembre 2005, Affaire CONC-I/O-98/0012: Distri-One S.A. c./Coca-Cola Enterprises Belgium S.P.R.L., abrufbar unter http://www.con

für die Verbindlicherklärung von Verpflichtungszusagen, weshalb die belgische Behörde eine solche – in Art 5 VO 1/2003 ausdrücklich vorgesehene – Entscheidung direkt auf die unmittelbar anwendbare Bestimmung der VO stützte.

Von der hier besprochenen unmittelbaren Anwendbarkeit der Wettbewerbsbestimmungen des EG-Vertrag soll die unmittelbare Geltung der gemeinschaftlichen Wettbewerbsregeln in den Mitgliedstaaten unterschieden werden[16]. Auf das allgemeine Prinzip der unmittelbaren Geltung des Gemeinschaftsrechts ist im Zusammenhang mit der legislativen „Anpassung" der nationalen Rechtsordnung an die Erfordernisse des dezentralen Vollzugs der Art Art 81 und 82 EGV Bedacht zu nehmen. Demnach werden primär- bzw sekundärrechtliche Normen des Gemeinschaftsrechts mit ihrem Inkrafttreten ohne einen Umsetzungsrechtsakt der Mitgliedstaaten Teil der nationalen Rechtsordnung. Normwiederholungen sind danach ausgeschlossen bzw nur sehr eingeschränkt zugelassen[17].

Den Art 81 und 82 EGV kommt als Bestimmungen des Primärrechts in den Mitgliedstaaten unmittelbare Geltung zu[18]. Für die Rechtsaktsform der VO ist die unmittelbare Geltung in Art 249 Abs 2 EGV (Art 288 Abs 2 AEUV) primärrechtlich vorgesehen. Dies gilt selbstverständlich auch für die VO 1/2003. Der Nachsatz zur VO 1/2003 (nach Art 45 leg cit) kann ihre unmittelbare Geltung lediglich bestätigen und hat demnach keinen normativen Gehalt. Zur unmittelbaren Geltung der gemeinschaftlichen Wettbewerbsregeln ist daher zusammenfassend festzuhalten, dass eine normative „Umsetzung" in das nationale Recht nicht nur legistisch verfehlt, da überflüssig, sondern zudem gemeinschaftsrechtlich unzulässig wäre[19]. Insbesondere was den Regelungsgehalt der VO 1/2003 betrifft, ist darauf Rücksicht zu nehmen. Die nationale Legistik bewegt sich hier also in einem Spannungsverhältnis zwischen dem Normwiederholungsverbot auf der einen Seite, sowie der Verpflichtung zur Anpassung nationaler Vorschriften an die unmittelbar geltende Gemeinschaftsrechtslage auf der anderen Seite[20]. Im Rahmen der Anpassung bestehender Kodifikationen an die Gemeinschaftsrechtslage sieht die Rechtsprechung hier jedoch gewisse Spielräume vor[21].

currence.be/organization_market/competition/jurisprudence/jurisprudence_30112005.pdf

16 Vgl allgemein *Schroeder* in *Streinz* (Hrsg), Kommentar zu EUV/EGV, Art 249 Rdnrn 37 ff.

17 *Streinz*, Europarecht, Rdnr 431. Vgl dazu auch *Schroeder* in *Streinz* (Hrsg), Kommentar zu EUV/EGV, Art 249 Rdnr 59.

18 EuGH, Rs 6/64, *Costa/ENEL*, Slg 1964, 1251, Rdnr 12; EuGH, Rs 26/62, *van Gend & Loos*, Slg 1963, 1, Rdnr 10; siehe dazu etwa *Öhlinger/Potacs*, Gemeinschaftsrecht[3] (2006), 56; *Schroeder* in *Streinz* (Hrsg), Kommentar zu EUV/EGV, Art 249 Rdnrn 37 f.

19 Vgl EuGH, Rs 34/73, *Variola*, Slg 1973, 981, Rdnrn 9 ff.

20 EuGH, Rs 72/85, *Kommission/Niederlande*, Slg 1986, 1219.

21 Vgl dazu *Schroeder* in *Streinz* (Hrsg), Kommentar zu EUV/EGV, Art 249 Rdnrn 62 ff.

C. Das Zusammenspiel von Gemeinschaftsrecht und nationalem Kartellrecht

Unter dem Titel „Verhältnis zwischen den Artikeln 81 und 82 des Vertrages und dem einzelstaatlichen Wettbewerbsrecht“ regelt die VO 1/2003 in Art 3 die neben der materiell-rechtlichen Legalausnahme des Art 1 VO 1/2003 zentralen Funktionsprinzipien der dezentralen Kartellrechtsdurchsetzung in der Gemeinschaft. Einerseits wird in Abs 1 leg cit bestimmt, wann die nationalen Wettbewerbsbehörden zur Anwendung der Art 81 und 82 EGV verpflichtet sind (parallele Anwendbarkeit). Andererseits werden in Abs 2 leg cit aus der Anwendungsregel sich potentiell ergebende, materiell-rechtliche Konflikte zwischen dem nationalen Kartellrecht und den Art 81 und 82 EGV geregelt. Abs 3 leg cit grenzt die von paralleler Anwendbarkeit und Vorrang erfassten Normen des Wettbewerbsrechts negativ ab.

1. Parallele Anwendbarkeit

Zuerst normiert Art 3 Abs 1 VO 1/2003 die parallele Anwendbarkeit von innerstaatlichen und europäischen Kartellvorschriften im sogenannten Oberschwellenbereich, also für Vereinbarungen und Verhaltensweisen von Unternehmen, „welche den Handel zwischen den Mitgliedstaaten zu beeinträchtigen geeignet sind“[22]. Wenn die mitgliedstaatlichen Wettbewerbsbehörden und Gerichte nationales Kartellrecht auf einen zwischenstaatlichen Kartell- oder Missbrauchssachverhalt anwenden, sind sie nach Art 3 VO 1/2003 verpflichtet, parallel auch die Art 81 oder 82 EGV anzuwenden.

Diese Regel schließt nicht aus, dass eine mitgliedstaatliche Wettbewerbsbehörde Art 81 bzw 82 EGV allein anwenden kann[23]. Dies kann, wie im Falle Italiens, durch das nationale Recht bei Zwischenstaatlichkeit ausdrücklich ange-

22 Siehe dazu umfassend die Leitlinien der Kommission zum zwischenstaatlichen Handel, ABl 2004 C 101/81.

23 So auch *Dalheimer* in *Dalheimer/Feddersen/Miersch*, EU-Kartellverfahrensverordnung, nach Art 83 EGV, Art 3 Rdnr 3; *Klees,* Europäisches Kartellverfahrensrecht (2005), 198; aA wohl noch *Schwarze/Weitbrecht*, Grundzüge des europäischen Kartellverfahrensrechts (2004), 180, im Anschluss daran *Solé,* Das Verfahren vor dem Kartellgericht (2006), Rdnr 46, die meinen, die nationalen Wettbewerbsbehörden seien nur dann ermächtigt bzw verpflichtet, Art 101 und 102 AEUV anzuwenden, soweit sie ihr nationales Wettbewerbsrecht anwenden, und somit eine nationale Zuständigkeit voraussetzen. Eine solche Deutung der Bestimmung widerspricht aber wohl nicht nur dem primärrechtlichen Prinzip der unmittelbaren Anwendbarkeit der Art 101 und 102 AEUV, sondern insbesondere auch der Systematik der VO 1/2003, welche in Art 5 eine unbedingte Zuständigkeit der nationalen Wettbewerbsbehörden für die Anwendung der Art 101 und 102 AEUV in Einzelfällen anordnet.

ordnet sein[24]. Wie in Österreich kann eine alleinige Anwendung des EU-Wettbewerbsrechts aber auch dann von Bedeutung sein, wenn das Wettbewerbsrecht eines Mitgliedstaats Bereichsausnahmen für die Anwendung des einzelstaatlichen Kartellverbots kennt[25]. Dass damit beispielsweise das Kartellgericht (KG) für die, die Zwischenstaatlichkeitsgrenze überschreitenden, Preisabsprachen lettischer Unternehmen nach Art 81 EGV zuständig ist[26], entspricht so dem System der VO 1/2003, welche nicht nur die parallele Anwendbarkeit nationalen und EU-Wettbewerbsrechts normiert, sondern eben auch die parallele Zuständigkeit der unterschiedlichen nationalen und gemeinschaftlichen Vollzugsorgane vorsieht[27]. Wird eine nationale Wettbewerbsbehörde in Bezug auf einen zwischenstaatlichen Sachverhalt tätig, hat sie also jedenfalls nach Art 3 Abs 1 VO 1/2003 die Art 81 und 82 EGV, parallel oder alleine, anzuwenden. Zudem gelten dann der Art 5 über die Entscheidungszuständigkeiten und die Art 11 bis 16 VO 1/2003 über die Zusammenarbeit im Netzwerk der Wettbewerbsbehörden.

Andererseits ergibt sich aus dem Prinzip der parallelen Anwendbarkeit auch, dass die Zuständigkeit für die Anwendung des nationalen Rechts entfällt, wenn in einem gem Art 3 Abs 1 VO 1/2003 parallel eingeleiteten Verfahren einer nationalen Wettbewerbsbehörde die Kommission ein Verfahren einleitet (Art 11 Abs 6 VO 1/2003). Der Verlust der Zuständigkeit der nationalen Wettbewerbsbehörden nach Art 11 Abs 6 VO 1/2003 zieht aufgrund der zwingend parallelen Anwendbarkeit also auch den Verlust der nationalen Zuständigkeit nach sich[28].

---

24 Legge No 287/1990, Gazzetta Ufficiale No 240, 13.10.1990, Art 1.1., siehe dazu *Siragusa/Scassellati-Sforzolini*, CMLR 1992, 93 ff; die alleinige Anwendbarkeit der Art 101 und 102 aufgrund nationaler Anordnung erscheint gegenüber einem absoluten Vorrang im Oberschwellenbereich jedenfalls die konsequentere Lösung zu sein, vgl zu dieser Möglichkeit, *Klees*, Kartellverfahrensrecht, 69.

25 Vgl in Österreich etwa § 24 Abs 3 KartG hinsichtlich einer Kreditinstitutsgruppe, siehe KG in 27 Kt 18,83,193/04.

26 Vgl das vermeintliche argumentum ad absurdum bei *Schwarze/Weitbrecht*, Grundzüge, 180, insbesonders Rdnr 32; bzw *Solé*, Verfahren, Rdnr 46.

27 Vgl Pkt 6 der Netzwerkbekanntmachung, ABl 2004 C 101/43.

28 So auch Wils, WC 2003, 144, Fn 44; *Dalheimer* in *Dalheimer/Feddersen/Miersch*, EU-Kartellverfahrensverordnung, nach Art 83 EGV, Art 3 Rdnr 8; *Levy/O'Donoghue*, WC 2004, 94; *Blake/Schnichels*, EuZW 2004, 551 ff; aA wohl *Klees*, Kartellverfahrensrecht, 70 und 202, nach dem die nationalen Wettbewerbsbehörden dann zwar grundsätzlich nicht gehindert sei, ihr nationales Kartellrecht anzuwenden, aber den Vorrang des EU-Kartellrechts nach Art 3 Abs 2 VO 1/2003 zu beachten, und dieses daher gleichsam „mit zu prüfen" habe. Im Fall einer Zuständigkeitsarrogation der Kommission nach Art 11 Abs 6 VO 1/2003 kann aber mE mangels (paralleler) Anwendbarkeit des EU-Kartellrechts durch die nationalen Wettbewerbsbehörden nach Art 3 Abs 1 VO 1/2003 die Konvergenzregel des Abs 2 leg cit gar nicht schlagend werden. Da aber eine nicht dem Vorrang des Art 3 Abs 2 VO 1/2003 unterworfene Anwendung nationalen Kartellrechts im

Während eine alleinige Anwendung der Art 81 und 82 EGV durch die nationalen Wettbewerbsbehörden durchaus denkbar ist, schließt die VO 1/2003 die alleinige Anwendung nationalen Rechts auf zwischenstaatliche Sachverhalte gänzlich aus. Raum für die alleinige Anwendung des nationalen Kartellrechts besteht somit nur unterhalb der Zwischenstaatlichkeitsschwelle.

Wird der Pflicht zur parallelen Anwendung nicht nachgekommen, ist die Entscheidung mit einem wesentlichen Fehler behaftet und kann vor den Berufungsinstanzen der Mitgliedstaaten angefochten werden[29]. Eine auf der Grundlage beider Rechtsgrundlagen getroffene Entscheidung, die hinsichtlich Art 81 und 82 EGV aufgehoben wird (etwa weil die Zwischenstaatlichkeit fehlt), bleibt aber auf der Grundlage des nationalen Rechts bestehen. Die Aufhebung wirkt hier nur hinsichtlich Art 81 und 82 EGV.

2. Vorrang

Die Möglichkeit eines Normenkonflikts zwischen nationalem- und EU-Kartellrecht bei deren paralleler Anwendung löst die sogenannte *„Konvergenzregel“* des Art 3 Abs 2 VO 1/2003 als Kollisionsnorm[30] zu Gunsten eines weitgehenden Vorrangs des Gemeinschaftsrechts auf. Um für die von Art 81 Abs 1 EGV erfassten Formen der unternehmerischen Koordination gleiche Bedingungen im Binnenmarkt zu schaffen, setzt sich nach der in Art 3 Abs 2 VO 1/2003 formulierten Vorrangregel das europäische gegen das nationale Kartellrecht durch, sollte die parallele Anwendung nationalen und europäischen Rechts zu unterschiedlichen Ergebnissen führen. Dies ergibt sich für nach Art 81 Abs 1 EGV verbotene Fälle schon aus dem auch im Bereich des Kartellrechts geltenden Prinzip des allgemeinen Vorrangs des Gemeinschaftsrechts vor nationalem Recht[31].

Für alle jene Fälle, die nicht unter das Verbot des Art 81 EGV fallen, bestimmt die Konvergenzregel des Art 3 Abs 2 VO 1/2003, dass „die Anwendung des einzelstaatlichen Wettbewerbsrechts nicht zum Verbot von *Vereinbarungen zwischen Unternehmen*, Beschlüssen von Unternehmensvereinigungen und aufeinander abgestimmten Verhaltensweisen führen [darf], welche den Handel zwischen Mitgliedstaaten zu beeinträchtigen geeignet sind, aber den

Oberschwellenbereich nach dem System der VO 1/2003 nicht denkbar ist, muss es im Fall des Art 11 Abs 6 vielmehr zu einem gänzlichen Entfall der Zuständigkeit der nationalen Wettbewerbsbehörden zur Prüfung zwischenstaatlichen Sachverhalte kommen.

29 Vgl dazu *Dalheimer* in *Dalheimer/Feddersen/Miersch*, EU-Kartellverfahrensverordnung, nach Art 83 EGV, Art 3 Rdnr 9.

30 Vgl dazu *Reidlinger* in *Streinz* (Hrsg), Kommentar zu EUV/EGV, Art 83 Rdnr 34.

31 Siehe etwa EuGH, Rs 14/68, *Walt Wilhelm*, Slg 1969, 1, Rdnr 6; EuGH, Rs C-198/01, *CIF*, Slg 2003, I-8055, Rdnr 58; dieser selbstverständliche Umstand wurde nicht in den Wortlaut der VO aufgenommen, *Dalheimer* in *Dalheimer/Feddersen/Miersch*, EU-Kartellverfahrensverordnung, nach Art 83 EGV, Art 3 Rdnr 19.

Wettbewerb im Sinne des Artikels 81 Absatz 1 des Vertrags nicht *einschränken* oder die Bedingungen des Artikels 101 Absatz 3 des Vertrags erfüllen oder durch eine Verordnung zur Anwendung von Artikel 101 Absatz 3 des Vertrags erfasst sind. Den Mitgliedstaaten wird durch diese Verordnung nicht verwehrt, in ihrem Hoheitsgebiet strengere innerstaatliche Vorschriften zur Unterbindung oder Ahndung einseitiger Handlungen von Unternehmen zu erlassen oder anzuwenden"[32].

Nach dem Wortlaut dieser Bestimmung sind demnach alle Vereinbarungen zwischen Unternehmen, Beschlüsse von Unternehmensvereinbarungen und aufeinander abgestimmte Verhaltensweisen, die zu einer Beeinträchtigung des zwischenstaatlichen Handels geeignet sind (Zwischenstaatlichkeit), ausschließlich an Art 81 EGV zu messen, egal ob sie gar keine Wettbewerbsbeschränkung bewirken, von einer Freistellungs-VO erfasst sind oder unter die Legalausnahme des Art 81 Abs 3 EGV iVm Art 1 Abs 2 VO 1/2003 fallen. IdS genießt also auch das Nicht-Eingreifen der Verbotsregel des Art 81 Abs 1 EGV als solches Vorrang vor strengerem nationalem Recht.

Diese Konvergenzregel sieht meines Erachtens aber davon ab, die Reichweite des Vorrangs abschließend zu regeln[33]. Während Abs 2 Satz 1 VO 1/2003 die Geltung des primärrechtlichen Prinzips punktuell überlagert, deutet die Formulierung in Satz 2 („diese Verordnung") aber darauf hin, dass der Vorrang darüber hinaus nicht berührt werden soll[34]. Dieser bleibt nach wie vor primärrechtlich determiniert und ist dementsprechend einer Auslegung durch die Rechtsprechung zugänglich. Es scheint demnach durch die VO 1/2003 nicht ausgeschlossen, dass die Rechtsprechung etwa auch hinsichtlich einseitiger Handlungen einen klaren Vorrang des Gemeinschaftsrechts befinden könnte[35].

Eine über den allgemeinen Vorrang des Gemeinschaftsrechts bzw durch Art 3 Abs 2 VO 1/2003 vermittelte Anwendbarkeit materiellen EG-Kartellrechts führt nur im Rahmen der allgemeinen Prinzipien des Gemeinschaftsrechts (Effektivität und Äquivalenz) bzw der punktuell unmittelbar anzuwendenden Bestimmungen der VO 1/2003 auch zur Anwendbarkeit gemeinschaftsrechtlicher Verfahrensregeln.

Im Schrifttum wurde die Frage aufgeworfen, ob die beschriebene Vorrangwirkung des Art 3 Abs 2 VO 1/2003 nur das Tatbestandsmerkmal der Wettbewerbsbeschränkung, oder auch den Vereinbarungs- und den Unternehmensbegriff als sachliche und persönliche Anwendungsvoraussetzungen des

32 Meine Hervorhebungen.

33 Dies wäre dem Gemeinschaftsgesetzgeber wohl grundsätzlich nach Art 83 Abs 2 lit e EGV möglich gewesen.

34 IdS wohl auch *Dalheimer* in *Dalheimer/Feddersen/Miersch*, EU-Kartellverfahrensverordnung, nach Art 83 EGV, Art 3 Rdnr 21.

35 Dafür etwa *Paulis/Gauer*, JTDE 2003, 67 f.

Gemeinschaftsrechts umfasst[36]. Wäre dies nicht der Fall, könnte sich hinsichtlich dieser Begriffe strengeres nationales Recht gegen Art 81 EGV (Art 101 AEUV) durchsetzen. ErwG 8 VO 1/2003 enthält dazu nur den Hinweis auf einen umfassend gedachten Vorrang.

Für den Vereinbarungsbegriff ist hier etwa auf die beiden *Adalat*-Urteile[37], die Entscheidungen der Gemeinschaftsgerichte in der Rechtssache *Volkswagen*[38] sowie auf die Urteile *JCB*[39] und *General Motors*[40] des EuG, zu verweisen. In diesen Erkenntnissen werden der Anwendung von Art 81 Abs 1 EGV auf einseitige Verhaltensweisen – nämlich mit dem offenkundigen Zweck der Behinderung von Parallelexporten vorgenommene Kontingentierungen bzw Preisempfehlungen – klare Grenzen gesetzt[41].

Eine enge Auslegung des Unternehmensbegriffs nahmen EuG und Gerichtshof in den Fällen *FENIN*[42], *AOK*[43] sowie *Poucet* und *Pistre*[44] vor. Es wurde dort klargestellt, dass die Beschaffung von Gütern und Leistungen für sich betrachtet keine wirtschaftliche Tätigkeit darstellt – und somit die Unternehmenseigenschaft der betreffenden Einrichtung nicht zu begründen vermag – bzw dass die in den Kernbereich gesetzlicher Sozialversicherungsträger fallenden Aktivitäten nicht als wirtschaftliche Tätigkeit zu qualifizieren sind[45].

Meines Erachtens ist die beschriebene Frage zur Reichweite des Vorrangs schon über das Prinzip der parallelen Anwendbarkeit in Art 3 Abs 1 VO 1/2003 zu beantworten. Parallele Anwendbarkeit als Voraussetzung für die Anwendbarkeit der Kollisionsnorm des Art 3 Abs 2 VO 1/2003 ist nur dann gegeben, wenn ein Sachverhalt „Vereinbarungen zwischen Unternehmen, Beschlüsse von Unternehmensvereinigungen und aufeinander abgestimmte Verhaltensweisen im Sinne des Artikels 81 Abs 1 des Vertrages, welche den Handel zwischen den Mitgliedstaaten im Sinne dieser Bestimmung beeinträchtigen können“ betrifft. Ebenso wie bei Fehlen der Zwischenstaatlichkeit, ist die

---

36 Vgl *Eilmansberger*, ZWeR 2004, 302.

37 EuGH, Rs C-2/01 P und C-3/01 P, *Bundesverband der Arzneimittel-Importeure und Kommission/Bayer*, Slg 2004, I-23; EuG, Rs T-41/96, *Bayer/Kommission*, Slg 2000, II-3383.

38 EuG, Rs T-208/01, Rs *Volkswagen*, Slg 2003, II-5141; bestätigt in EuGH, Rs C-74/04 P, *Volkswagen*, Slg 2006, I-6585.

39 EuG, Rs T-67/01, *JCB* Service, Slg 2004, II-49.

40 EuG, Rs T-368/00, *General Motors Nederland*, Slg 2003, II-4491.

41 Siehe dazu etwa *Wertenbruch*, EWS 2004, 145 ff.

42 EuG, Rs T-319/99, *FENIN*, Slg 2003, II-357; Rechtsmittel zurückgewiesen in EuGH, Rs C-205/03 P, FENIN/Kommission, Slg 2006 I-6295.

43 EuGH, Rs C-264/01, C-306/01, C-354/01 und C-355/01, *AOK*, Slg 2004, I-2493.

44 EuGH, Rs C-159/91 und C-160/91, *Poucet und Pistre*, Slg 1993, I-637.

45 Näher zu dieser Judikatur *Herzig*, Prinzipien und Zielsetzungen des Europäischen Wirtschaftsrechts, in *Grillberger/Mosler* (Hrsg), Europäisches Wirtschaftsrecht und soziale Krankenversicherung (2003); vgl dazu *Kessler*, WRP 2006, 1283.

Konvergenzregel des Art 3 Abs 2 Satz 1 aber dann mangels eines Anwendungskonflikts nicht anwendbar, wenn eine Praxis nicht dem Vereinbarungs- und/oder dem Unternehmensbegriff des Art 81 EGV unterfällt und eine parallele Anwendung des Gemeinschaftsrechts daher nicht geboten ist. Einer alleinigen Anwendung, hinsichtlich dieser Tatbestandselemente unterschiedlichen, nationalen Kartellrechts im Oberschwellenbereich steht daher meines Erachtens nichts im Wege.

Die parallele Anwendbarkeit europäischen und nationalen Kartellrechts gilt auch für die Missbrauchskontrolle. Der letzte Satz des oben zitierten Art 3 Abs 2 VO 1/2003 gewährt den Mitgliedstaaten allerdings die Freiheit, auf einseitige Handlungen strengere innerstaatliche Vorschriften anzuwenden. Während nach Art 82 EGV verbotene Handlungen selbstverständlich nicht nach nationalem Recht erlaubt werden dürfen (allgemeiner Vorrang, siehe dazu bereits oben), können Handlungen, die keinen Missbrauch nach Art 82 EGV darstellen – anders als im analogen Fall der Nichterfüllung des Art 81 Abs 1 EGV – sehr wohl durch nationales Kartellrecht untersagt und bestraft werden.

Ebenfalls noch nicht eindeutig geklärt ist in diesem Zusammenhang, ob sich die Formulierung „einseitige Handlung" ausschließlich auf Missbräuche einer marktbeherrschenden Stellung bezieht[46]. Manche Mitgliedstaaten verbieten Praktiken (wie zB unverbindliche Preisempfehlungen iSd § 1 Abs 4 KartG), die zwar keine Vereinbarung iSv Art 81 Abs 1 EGV darstellen, aber – mangels Marktbeherrschung durch das betroffene Unternehmen – auch nicht vom Missbrauchtatbestand erfasst sind[47]. Es soll von der Auslegung des Begriffs der Vereinbarung in Abgrenzung zur einseitigen Handlung abhängen, ob derartige Fälle vom Vorrang des Gemeinschaftsrechts betroffen sind oder nicht.

Auch hier scheint mir eine zusammenschauende Betrachtung mit der in Art 3 Abs 1 letzter Satz VO 1/2003 angeordneten parallelen Anwendbarkeit Erfolg versprechend zu sein. Diese Bestimmung normiert: „Wenden die Wettbewerbsbehörden der Mitgliedstaaten oder einzelstaatliche Gerichte das einzelstaatliche Wettbewerbsrecht auf *nach Artikel 82 des Vertrages verbotene Missbräuche* an, so wenden sie auch Artikel 82 des Vertrages an."[48]

Während für die Pflicht zur parallelen Anwendung des Art 81 EGV neben nationalem Recht die Tatbestandsvoraussetzungen einer zwischenstaatlichen Vereinbarung zwischen Unternehmen genannt werden, das Element der Wettbewerbsbeschränkung, also der materielle Verbotsgehalt der Norm, aber nicht genannt wird[49], erfasst die Formulierung *„nach Artikel 82 des Vertrages verbo-*

46 Vgl *Eilmansberger*, ZWeR 2004, 303; *Klees*, Kartellverfahrensrecht 74.

47 Vgl auch *Paulis/Gauer*, JTDE 2003, 67 f.

48 Meine Hervorhebung.

49 Dieser wird erst in Abs 2 erster Satz hinsichtlich der Folgen einer Kollision mit nationalem Recht geregelt, das denselben sachlichen und persönlichen Anwendungsbereich hat.

tene Missbräuche" implizit alle Tatbestandselemente von Art 82 EGV (Marktbeherrschung, Unternehmen, Zwischenstaatlichkeit, insbesondere aber den Missbrauch) als Eingriffsvoraussetzung der parallelen Anwendbarkeit. Ist eine Handlung also mangels Beherrschung des gemeinsamen Marktes oder eines wesentlichen Teils desselben kein Missbrauch einer marktbeherrschenden Stellung iSd Art 82 EGV, so stellt sich mangels Normenkonflikts auch die Vorrangfrage nicht. Auch einseitige Handlungen eines marktbeherrschenden Unternehmens, die keinen Missbrauch darstellen, wären nicht von der Pflicht zur parallelen Anwendbarkeit betroffen. Art 3 Abs 2 letzter Satz VO 1/2003 wäre idS also für diese Fälle nicht als Vorrangregel zu verstehen, sondern als bloße Klarstellung eines sich bereits aus den Anwendungsvoraussetzungen ergebenden Funktionsprinzips der VO 1/2003[50].

Normative Bedeutung käme Art 3 Abs 2 letzter Satz VO 1/2003 nach der hier vertretenen Auslegung nur für zweiseitige Missbräuche zu, dh hinsichtlich jener Marktmachtmissbräuche, die das beherrschende Unternehmen durch den Abschluss von Verträgen verwirklicht. Nach der herrschende Meinung vermag die Unbedenklichkeit einer Vereinbarung nach Art 81 EGV unbestritten auch die Anwendung des gemeinschaftlichen Missbrauchsverbots in Art 82 EGV nicht auszuschließen[51]. Es sind viele missbräuchliche Verträge (vor allem solche, die ausbeuten) vorstellbar, die nicht als iSv Art 81 EGV wettbewerbsbeschränkend gelten (zB unfaire Geschäftsbedingungen[52]).

Greift hinsichtlich einer derart missbräuchlichen Vereinbarung die Pflicht zur parallelen Anwendung sowohl des Art 81 als auch des Art 82 EGV nach Art 3 Abs 1 VO 1/2003 ein, ist aber die Vereinbarung mangels Wettbewerbsbeschränkung bzw aufgrund einer Freistellung nicht nach Art 81 EGV verboten (und über die Konvergenzregel auch nach strengerem nationalem Recht nicht verbietbar), so geht Art 82 EGV milderem nationalem Missbrauchsrecht selbstverständlich aufgrund des allgemeinen Vorrangs vor. Für einen Normenkonflikt zwischen der Nicht-Anwendbarkeit des materiellen Verbots nach Art 81 EGV und strengerem nationalen Missbrauchsrecht, scheint Art 3 Abs 1 VO 1/2003 aber entgegen der oben zitierten herrschenden Meinung zu rein gemeinschaftsrechtlichen Konflikten zwischen Nicht-Anwendbarkeit des Kartellverbots und Anwendbarkeit des Missbrauchsverbots zu normieren,

---

50 So im Ergebnis wohl auch *Eilmansberger*, Das neue System des EG-Kartellrechts, in *Karollus/Köck/Stadlmeier* (Hrsg), Gegenwärtiger Stand und zukünftige Entwicklungen des EU-Binnenmarktes, Tagungsband des 5. Österreichischen Europarechtstages (2005), 271, der dazu aber über eine Auslegung des Vorrangprinzips kommt; zum Verhältnis der Art 3 Abs 1 letzter Satz und Art 3 Abs 2 letzter Satz vgl auch *Bellis* in *Nihoul*, Décentralisation 66 bis 68.

51 Siehe dazu ausführlich *Eilmansberger* in *Hirsch/Montag/Säcker*, Münchener Kommentar zum Europäischen und Deutschen Wettbewerbsrecht, Bd 1 (2007), Art 82 Rdnr 27 ff.

52 Siehe dazu *Eilmansberger* in *Hirsch/Montag/Säcker*, Münchener Kommentar zum Europäischen und Deutschen Wettbewerbsrecht, Bd 1, Art 82 Rdnr 225 ff.

dass strengere nationale Regeln hier nicht angewendet werden können, da ausdrücklich nur vom Erlass bzw der Anwendung von „Vorschriften zur Unterbindung oder Ahndung einseitiger Handlungen von Unternehmen" die Rede ist. Die Nicht-Anwendbarkeit des Art 81 EGV würde sich nach dieser systematischen Auslegung des Art 3 Abs 1 und 2 VO 1/2003 also über die Konvergenzregel auch gegen nationale Vorschriften über zweiseitige Missbräuche durchsetzen[53]. Meines Erachtens bietet diese Interpretation die einzige Möglichkeit, aus Art 3 Abs 2 letzter Satz VO 1/2003 gegenüber der parallelen Anwendbarkeit in Art 3 Abs 1 letzter Satz VO 1/2003 einen normativen Mehrwert abzuleiten[54].

Zusammenfassend kann also festgehalten werden, dass die Sondervorschrift des § 1 Abs 4 KartG für einseitige Empfehlungen daher auch nach der hier vertretenen Sichtweise jedenfalls mit Art 3 Abs 2 VO 1/2003 vereinbar ist[55]. An einem wesentlichen Mehrwert dieser Vorschrift gegenüber Art 81 EGV wurden aber berechtigte Zweifel geäußert[56].

Während Art 3 Abs 2 VO 1/2003 den sich aus deren paralleler Anwendbarkeit ergebenden Normenkonflikt zwischen den Art 81 bzw 82 EGV und dem nationalen Wettbewerbsrecht regelt, bestimmt Abs 3 leg cit, dass „die Absätze 1 und 2 [...] unbeschadet der allgemeinen Grundsätze und sonstigen Vorschriften des Gemeinschaftsrechts nicht [gelten], wenn die Wettbewerbsbehörden und Gerichte der Mitgliedstaaten einzelstaatliche Gesetze über die Kontrolle von Unternehmenszusammenschlüssen anwenden, und auch [...] nicht der Anwendung von Bestimmungen des einzelstaatlichen Rechts [entgegenstehen], die überwiegend ein von den Artikeln 81 und 82 des Vertrags abweichendes Ziel verfolgen"[57].

Damit wird einerseits also der Bereich der Zusammenschlusskontrolle gänzlich von paralleler Anwendung und Vorrang des Gemeinschaftsrechts ausgenommen[58]. Andererseits wird normiert, dass andere Rechtsmaterien des

53 IdS wohl auch die allgemeine Formulierung in ErwG 8: „Dazu muss gewährleistet werden, dass die Anwendung innerstaatlichen Wettbewerbsrechts auf Vereinbarungen, Beschlüsse und abgestimmte Verhaltensweisen im Sinne von Artikel 81 Abs 1 des Vertrages nur dann zum Verbot solchen Vereinbarungen [...] führen darf, wenn sie auch nach dem Wettbewerbsrecht der Gemeinschaft verboten sind."

54 AA zum Vorrang bei zweiseitigen Missbräuchen, *Eilmansberger*, System, in *Karollus/Köck/Stadlmeier* (Hrsg), Gegenwärtiger Stand, 272.

55 Siehe dazu auch *Solé*, Verfahren, Rdnr 423; vgl zum deutschen Recht, *Wagner/von Papp*, WuW 2005, 379.

56 Siehe *Eilmansberger*, System, in *Karollus/Köck/Stadlmeier* (Hrsg), Gegenwärtiger Stand, 271.

57 Meine Hervorhebungen.

58 Vgl auch *Klees*, Kartellverfahrensrecht, 75; *Dalheimer* in *Dalheimer/Feddersen/Miersch*, EU-Kartellverfahrensverordnung, nach Art 83 EGV, Art 3 Rdnr 27.

einzelstaatlichen Rechts von den Wirkungen des Art 3 VO 1/2003 nicht betroffen sind.

Von diesen Wirkungen betroffen ist allein das einzelstaatliche Wettbewerbsrecht. Gem ErwG 9 sind darunter Vorschriften zu verstehen, die überwiegend den Schutz des Wettbewerbs auf dem Markt bezwecken und deshalb Handlungen untersagen, die tatsächliche oder vermutete Wirkungen auf den Wettbewerb auf dem Markt haben[59]. Kein einzelstaatliches Wettbewerbsrecht sind dementsprechend Bestimmungen, die überwiegend ein von den Art 81 und 82 EGV abweichendes Ziel verfolgen, insbesondere innerstaatliche Rechtsvorschriften, mit denen unlautere Handelspraktiken untersagt oder geahndet werden. In Österreich bleiben daher jedenfalls die Bestimmungen des UWG[60] und des Nahversorgungsgesetzes neben den Art 81 und 82 EGV anwendbar[61].

Kein Wettbewerbsrecht iSd VO 1/2003 sollen nach herrschender Ansicht auch jene nationalen Rechtsmaterien sein, durch die das Sekundärrecht im Bereich der Sektorliberalisierung umgesetzt worden ist. Diese Rechtsmaterien enthalten zwar in großem Umfang Vorschriften, die auf die Förderung von Wettbewerb auf dem Markt abzielen. Sie haben ihren Ursprung aber im EG-Recht und enthalten gegebenenfalls Koordinierungsmechanismen, durch die dem Gemeinschaftsinteresse in geeigneter Weise Rechnung getragen werden soll. Wären diese Rechtsmaterien also Art 3 VO 1/2003 in vollem Umfang unterworfen, so ergäbe sich diesbezüglich ein Widerspruch[62].

Nach ErwG 8 ausdrücklich kein einzelstaatliches Wettbewerbsrecht und damit nicht von den Wirkungen des Art 3 VO 1/2003 betroffen sollen Vorschriften sein, „mit denen natürlichen Personen strafrechtliche Sanktionen auferlegt werden, außer wenn solche Sanktionen als Mittel dienen, um die für Unternehmen geltenden Wettbewerbsregeln durchzusetzen". Diese Formulierung schließt also nicht jede strafrechtliche Sanktion gegen natürliche Personen aus, sondern nur solches, das andere als Verstöße gegen Wettbewerbsrecht im obigen Sinne ahndet. Die strafrechtlichen Sanktionen des KartG 1988 etwa, wären daher jedenfalls den Wirkungen des Art 3 VO 1/2003 unterworfen gewesen.

Ob dies noch für § 168b StGB gilt, ist unklar[63]. Ausschlaggebend für die Anwendbarkeit des Art 3 VO 1/2003 ist das geschützte Rechtsgut. Es kann

---

59 Siehe *Dalheimer* in *Dalheimer/Feddersen/Miersch*, EU-Kartellverfahrensverordnung, nach Art 83 EGV, Art 3 Rdnr 24.

60 Vgl zur Anwendbarkeit des deutschen UWG *Klees*, Kartellverfahrensrecht 76.

61 Vgl etwa auch die „pratiques restrictives", in Titel IV des französischen code de commerce der dem Schutz der Wettbewerber dient; auf sie scheint ErwG 9, letzter Satz abzustellen.

62 So *Dalheimer* in *Dalheimer/Feddersen/Miersch*, EU-Kartellverfahrensverordnung, nach Art 83 EGV, Art 3 Rdnrn 25 f.

63 Allgemein zur Sanktion des § 168b StGB siehe unten Rdnr 566; vgl auch die Diskussion um die UK Cartel offence, *Joshua*, ELRev 2003, 620; *Lever/Pike*, ECLR 2005, 90 (Part 1), 164 (Part 2).

kein Zweifel daran bestehen, dass strafrechtliche Sanktionen gegen handelnde Mitarbeiter von, an kartellrechtswidrigen Absprachen beteiligten Unternehmen, die Wirkung des unabhängig davon durch Geldbußen durchzusetzenden Kartellverbots stärken. Kartellabsprachen im Vergabeverfahren unterfallen ja jedenfalls auch § 1 KartG und der dafür vorgesehenen Geldbußendrohung des § 29 Abs 1 KartG. Handelt es sich bei den Kartellanten um juristische Personen, so ist eine Bebußung des Unternehmens nach § 29 Abs 1 KartG und eine Bestrafung der natürlichen Personen, die Submissionsabsprachen getroffen haben, jedenfalls unproblematisch[64]. Die Bestrafung der natürlichen Person ist zwar in keiner Weise Voraussetzung der kartellgesetzlichen Bebußung der beteiligten Unternehmen, noch hängt die strafrechtliche Sanktion in anderer Weise mit der kartellgesetzlichen Sanktion zusammen. Beide Sanktionen setzen jedoch das Vorliegen eines Kartells voraus[65] und beziehen sich damit über dasselbe materiell-rechtliche Verbot auf dasselbe Schutzgut: den Wettbewerb auf dem Markt. Damit ist die strafrechtliche Sanktion des § 168b StGB zwar nicht mehr die einzige, aber doch eine weitere Sanktion, um die für Unternehmen geltenden Wettbewerbsregeln durchzusetzen.

Noch stärker tritt dieser Zusammenhang zu Tage, wenn ein von einer kartellgesetzlichen Geldbuße betroffener Unternehmer eine natürliche Person oder persönlich haftender Gesellschafter einer Personenhandelsgesellschaft ist. Diesfalls würde eine Sanktionierung auch nach § 168b StGB nach herrschende Meinung einen Verstoß gegen das Verbot der Doppelbestrafung bedeuten[66]. Nach Einführung der Verbandsverantwortlichkeit kann dies nun auch für Unternehmen gelten[67]. Da § 168b StGB diesfalls den subsidiär anzuwendenden Sanktionen des KartG vorgehen soll[68], käme dem Strafgesetz in diesen Fällen allein die Aufgabe zu, das für Unternehmen geltende Wettbewerbsrecht durchzusetzen.

Zusammenfassend ist also festzuhalten, dass meines Erachtens § 168b StGB den Wirkungen des Art 3 Abs 1 und 2 VO 1/2003 uneingeschränkt ausgesetzt ist[69].

---

64 So auch *Zeder* in *Triffterer/Rosbaud/Hinterhofer*, § 168b Rdnr 116.

65 Für 168b StGB siehe ausdrücklich auch *Zeder* in *Triffterer/Rosbaud/Hinterhofer*, § 168b Rdnr 4.

66 *Zeder* in *Triffterer/Rosbaud/Hinterhofer*, § 168b Rdnr 116.

67 Bundesgesetz über die Verantwortlichkeit von Verbänden für Straftaten (Verbandsverantwortlichkeitsgesetz – VbVG), BGBl I 151/2005.

68 *Zeder* in *Triffterer/Rosbaud/Hinterhofer*, § 168b Rdnr 117.

69 So wohl auch im übertragenen Sinn *Wils*, Community Report, in *Cahill* (Hrsg), The Modernisation of EU Competition Law – FIDE 2004 National Reports (2004), 716 f; *Wils*, Principles of European Antitrust Enforcement (2005), 43. AA *Dalheimer* in *Dalheimer/Feddersen/Miersch*, EU-Kartellverfahrensverordnung, nach Art 83 EGV, Art 3 Rdnr 28.

D. Nationale Verfahrensautonomie

Der dezentrale Vollzug der Art 81 und 82 EGV in den Mitgliedstaaten ist weitgehend ohne legistische Eingriffe in die bestehenden nationalen Vollzugssysteme eingeführt worden. Die Kommission hielt eine umfassende Harmonisierung der nationalen Verfahrensrechtsvorschriften für die Umsetzung der Reform für nicht erforderlich[70] bzw wohl auch politisch nicht durchsetzbar[71]. Die VO 1/2003 enthält daher auch nur punktuelle Vorgaben für das nationale Institutionen- bzw Verfahrensrechtssystem, insbesondere betreffend die Einrichtung einer nationalen Wettbewerbsbehörde (Art 35), die unterschiedlichen Entscheidungsmöglichkeiten (Art 5, Art 29) sowie die Bestimmungen über die Zusammenarbeit im Netzwerk der Wettbewerbsbehörden (Art 11 ff).

Darüber hinaus sind für den nationalen Vollzug des gemeinschaftlichen Wettbewerbsrechts die sich allgemein aus der Treuepflicht des Art 10 EGV in seiner Auslegung durch die Rechtsprechung ergebenden Prinzipien des Gemeinschaftsrechts zu beachten[72]. Sie schränken die nationale Verfahrensautonomie auch im Bereich des dezentralen Kartellrechtsvollzugs erheblich ein[73]. Der Gerichtshof hat in diesem Zusammenhang zur Sicherung der Einheitlichkeit und Effektivität des Gemeinschaftsrechtsvollzugs durch nationale Organe mangels spezieller gemeinschaftsrechtlicher Vollzugsvorschriften das Effektivitätsgebot und den Äquivalenzgrundsatz entwickelt, die insoweit unmittelbare Wirkung entfalten[74].

Das Effektivitätsgebot fordert, dass die im nationalen Recht vorgesehenen Modalitäten die Tragweite und Wirksamkeit des Gemeinschaftsrechts nicht beeinträchtigen, insbesondere die Herstellung des gemeinschaftsrechtlich gebotenen Zustands nicht „praktisch unmöglich" machen (Vereitelungsverbot)[75].

Demgegenüber gebietet das Äquivalenzgebot, dass die Durchführung des Gemeinschaftsrechts nicht weniger günstig gestaltet werden darf, als die Durchführung rein innerstaatlicher Sachverhalte[76]. Das nationale Recht muss also beim Vollzug des Gemeinschaftsrechts im Vergleich zu den Verfahren, in

70 Vorschlag für eine Verordnung des Rates zu Durchführung der in den Artikeln 81 und 82 EG-Vertrag niedergelegten Wettbewerbsregeln vom 27.9.2000, EK (2000), 582 endg, Begründung 14.

71 *Schwarze/Weitbrecht*, Grundzüge, 160.

72 Allgemein zum Grundsatz der Gemeinschaftstreue siehe etwa *Eilmansberger*, Rechtsfolgen und subjektives Recht im Gemeinschaftsrecht (1996), 42 ff.

73 *Streinz* in *Streinz* (Hrsg), Kommentar zu EUV/EGV, Art 10 Rdnr 29 mwN.

74 So *Streinz* in *Streinz* (Hrsg), Kommentar zu EUV/EGV, Art 10 Rdnr 17 mwN.

75 EuGH, Rs 205/82 bis 215/82, *Deutsches Milchkontor*, Slg 1983, 2633, Rdnr 22; zum Effektivitätsprinzip etwa *Ehrke/Rabel*, Gemeinschaftsrecht und österreichisches Abgabenverfahren (2006), 75 ff.

76 So etwa EuGH, Rs C-261/95, *Palmisani*, Slg 1997, I-4025, Rdnr 27.

denen über rein nationale Fälle entschieden wird, ohne Unterschied angewandt werden[77].

Im Kontext der praktischen Wirksamkeit der Art 81 und 82 EGV hat der EuGH diese Grundsätze im Urteil *Courage/Crehan* zur Notwendigkeit von Schadenersatzansprüchen wegen Kartellverstößen festgehalten[78]. Vor dem Hintergrund der Notwendigkeit eines effektiven öffentlich-rechtlichen Vollzugs des gemeinschaftlichen Wettbewerbsrechts auch im dezentralen Vollzugssystem der VO 1/2003 steht die Bedeutung dieser Grundsätze auch für die nationalen Wettbewerbsbehörden außer Frage. Führen die österreichischen Wettbewerbsbehörden also Verfahren auf Grundlage der Art 81 und 82 EGV, so haben sie dabei den durch Effektivitätsgebot und Äquivalenzgrundsatz gesetzten (weiten) Rahmen zu beachten[79].

Die Verfahrensautonomie der Mitgliedstaaten steht aber zudem unter der Einschränkung eines eventuell höheren EG-Grundrechtsstandards[80]. Immer dann, wenn ein Mitgliedstaat Gemeinschaftsrecht durchsetzt, hat er also auch den dafür anwendbaren Schutzrechtsstandard zu berücksichtigen hat, wenn dieser höher ist. Umgekehrt kann aber auch ein höherer nationaler Verfahrensrechtsstandard heranzuziehen sein. So ist etwa dann, wenn eine nationale Wettbewerbsbehörde die Kommission bei ihren Nachprüfungen in einem Mitgliedstaat unterstützt, eine gerichtliche Genehmigung einzuholen, wenn diese nach einzelstaatlichem Recht Voraussetzung einer derartigen Ermittlungshandlung ist[81]. Im Ergebnis könnte die parallele Anwendbarkeit gemeinschaftlichen wie nationalen Kartellrechts durch die nationalen Wettbewerbsbehörden somit zu einer Akkordierung der Schutzniveaus zum höheren Standard hinführen[82].

E. Die Rolle der Kommission

Die VO 1/2003 weist der Kommission nach wie vor eine zentrale Rolle beim Vollzug des EG-Kartellrechts zu. Die Befugnisse der Kommission zur Durchsetzung der Art 81 und 82 EGV wurden gegenüber der früheren VO 17/62 noch erweitert. Nach der VO 1/2003 kann die Kommission Verstöße gegen das Kartellverbot zum einen durch Feststellungs- und Abstellungsentschei-

77 EuGH, Rs 205/82 bis 215/82, *Deutsches Milchkontor*, Slg 1983, 2633, Rdnr 23, zum Äquivalenzprinzip wieder umfassend *Ehrke/Rabel*, Gemeinschaftsrecht, 70 ff.

78 EuGH, Rs C-453/99, *Courage/Crehan*, Slg 2001, I-6297, Rdnr 29; zuletzt bestätigt in EuGH, Rs C-295/04 bis C-298/04, *Manfredi*, Slg 2006, I-6619, Rdnr 92.

79 Vgl dazu *Meyer/Kuhn*, WuW 2004, 888.

80 Vgl *Craig/De Burca*, EU Law[3] (2003), 340 ff mwN; iE auch *Meyer/Kuhn*, WuW 2004, 889, Fn 64.

81 Art 20 Abs 6 ff VO 1/2003; vgl auch EuGH, Rs 46/87 und 227/88, *Hoechst/Kommission*, Slg 1989, 2859.

82 IdS auch *Nazzini*, The Competition Law Review 2005, der von „spontaneous harmonisation“ spricht.

dungen (Art 7) zum anderen auch durch die Annahme von Verpflichtungszusagen ohne förmliche Abstellungsentscheidung beenden (Art 9)[83]. Zur Sanktionierung von Verstößen steht der Kommission die Verhängung strenger Geldbußen zu Gebote (Art 23).

Die Kommission leitet ein Kartellverfahren entweder von Amts wegen ein, oder wird zur Verfahrenseinleitung durch Beschwerden Dritter veranlasst (Art 7). Zur Aufklärung der relevanten Tatsachen stehen ihr umfangreiche Ermittlungsbefugnisse zur Verfügung (Art 17 bis 21). Sie hat nicht nur das (sanktionsbewehrte) Recht, Auskünfte von den Unternehmen anzufordern (Art 18), sondern ist auch befugt, unangekündigte Nachprüfungen in den Geschäftsräumlichkeiten der verdächtigten Unternehmen vorzunehmen (Art 20, Dabei wird sie durch die nationalen Wettbewerbsbehörden unterstützt (Art 21).

Neben der Kommission kommt den nationalen Wettbewerbsbehörden der Mitgliedstaaten, die neben der Anwendung der nationalen Wettbewerbsregeln aufgrund der Art 3 und 5 VO 1/2003 auch für den Vollzug der europäischen Wettbewerbsregeln verantwortlich sind, im neuen System eine tragende Bedeutung zu. Ihre Befugnisse sind nach dem Konzept der VO 1/2003 allgemein denen der Kommission nachempfunden. In Österreich ist die Bundeswettbewerbsbehörde (BWB) maßgeblich für die Zusammenarbeit mit der Kommission zuständig (§ 3 WettbG)[84].

F. Das Netzwerk der Wettbewerbsbehörden

Im Zuge der Dezentralisierung der europäischen Wettbewerbsaufsicht durch die VO 1/2003 wurde auch ein Netzwerk der Europäischen Wettbewerbsbehörden (*European Competition Network, ECN*) ins Leben gerufen. Dieses Netzwerk ist normenhierarchisch betrachtet eigentlich ein dreidimensionales Konstrukt. Einerseits regelt es das horizontale Verhältnis der nationalen Wettbewerbsbehörden der Mitgliedstaaten untereinander, Andererseits umfasst es aber auch die vertikalen Beziehungen der einzelnen nationalen Wettbewerbsbehörde zur EG-Kommission. Dass der Kommission dabei zumindest pragmatisch betrachtet ein Führungsanspruch zukommt, ist wohl unbestritten. Die Kommission sitzt sozusagen wie die „Spinne im Netz".

Das Europäische Netzwerk der Wettbewerbsbehörden soll dem Umstand Rechnung tragen, dass nach dem Entfall des Freistellungsmonopols der EG-Kommission die Wettbewerbsbehörden der Mitgliedstaaten nun noch stärker in den Vollzug der Art 81 und 82 EGV eingebunden werden. Bereits zuvor waren sie weitgehend verpflichtet[85], die Wettbewerbsregeln unmittelbar anzu-

83 Siehe dazu erstmals EuG, Rs T-170/06, *Alrosa/Kommission*, Slg 2007, II-02601.

84 Vgl umfassend dazu nachstehend bei Pkt III.B.

85 Vgl dazu vorstehend Pkt I.A.2.

wenden. Darüber hinaus bestimmt das Prinzip der parallelen Anwendbarkeit von EG und nationalem Kartellrecht durch die nationalen Behörden zusammen mit einem weitgehenden Vorrang des Gemeinschaftsrechts nun das Verhältnis der beiden Rechtsordnungen. Im Grundsatz kommt es im Netzwerk der Wettbewerbsbehörden also zu einem Nebeneinander der Kartellrechtsregimes der Mitgliedstaaten und der Gemeinschaft sowohl im materiellen, wie im Bereich des Verfahrens. Während aber die materiellen Kartellrechte der Mitgliedstaaten über die Jahre eine weitgehende Harmonisierung erfahren haben, trifft dies für die einzelstaatlichen Verfahrensrechte im Kartellvollzug nicht zu. Hier gilt grundsätzlich das allgemeine Prinzip der nationalen Verfahrensautonomie, begrenzt durch den Effektivitätsgrundsatz[86].

II. Neueste Entwicklungen

A. Evaluierung der VO 1/2003 durch die Kommission

1. Einleitung

Art 44 VO 1/2003 sieht vor, dass die Kommission dem Europäischen Parlament und dem Rat fünf Jahre nach dem Geltungsdatum der Verordnung, also zum 1. Mai 2009, über deren Funktionieren Bericht zu erstatten hat[87]. Dieser Bericht ist durchgehend positiv ausgefallen. Konkreter Änderungsbedarf ergab sich für die Kommission daraus nicht. Nur in einzelnen – durchaus technischen – Punkten wurde Kritik geübt und eine Prüfung zu einem späteren Zeitpunkt erwogen[88]. Im Folgenden werden die für die vorliegende Untersuchung relevantesten Aussagen des Kommissionsberichts zusammengefasst wiedergegeben.

2. Systemumstellung vom Anmeldesystem zur direkten Anwendung des Art 81 Abs 3 EGV

Zur Systemumstellung zur direkten Anwendung des Art 81 Abs 3 EGV stellte die Kommission fest, dass diese in der Praxis bemerkenswert reibungslos vonstatten geht. Generell sind weder in der Entscheidungspraxis der Kommission und der einzelstaatlichen Wettbewerbsbehörden und Gerichte größere Schwierigkeiten bei der direkten Anwendung des Art 81 Abs 3 EGV aufgetreten, noch haben Beteiligte aus Wirtschaft und Rechtsberatung auf solche größeren Pro-

86 Vgl dazu vorstehend Pkt I.A.3.

87 Europäische Kommission, Mitteilung an das Europäische Parlament und den Rat, Bericht über das Funktionieren der Verordnung (EG) Nr 1/2004 des Rates, KOM(2009), 206 endg.

88 Vgl die Rdnrn 12, 16, 18, 22, 27, 32, 33, 35, 36 und 40 des Berichts.

bleme hingewiesen. Mit der Systemumstellung haben sich die Prioritäten der Kommission verschoben. Seither kann sie sich auf diejenigen Bereiche konzentrieren, die für die Durchsetzung der Art 81 und 82 EGV entscheidend sind. Dieser proaktive Ansatz spiegelt sich in den umfangreichen Sektoruntersuchungen wider, die für Schlüsselbereiche der EU-Wirtschaft mit direkten Auswirkungen für die Verbraucher eingeleitet wurden. Außerdem verfolgt die Kommission in allen Bereichen des Wettbewerbsrechts mit Ausnahme der „Hardcore-Kartelle" einen eher wirkungsorientierten Ansatz. Die proaktivere Haltung der Kommission zeigt sich ferner an der Zunahme der von ihr erlassenen Durchsetzungsentscheidungen. Im Zuge der Reform der Wettbewerbsregeln wurde ein grundlegender Wandel vollzogen: Anstatt einzelne Vereinbarungen zu genehmigen, gibt die Kommission nunmehr verstärkt allgemeine Orientierungshilfen, die für zahlreiche Unternehmen sowie für andere Rechtsanwender von Nutzen sein können.

3. Zur Anwendung des EG-Wettbewerbsrechts im Einklang mit Art 3 VO 1/2003

Die Regelung der VO 1/2003 zum Zusammenspiel von Art 81 und 82 EGV und dem nationalen Kartellrecht wurde vorstehend ausführlich dargestellt[89]. Die Kommission stellt fest, dass aufgrund der mit Art 3 Abs 1 VO 1/2003 eingeführten Verpflichtung zur Anwendung der EG-Wettbewerbsregeln die Art 81 und 82 EGV deutlich häufiger angewandt worden sind. Damit wurde ein einheitlicher Rechtsstandard mit weitreichender Wirkung geschaffen. Ziel der Konvergenzregel des Art 3 Abs 2 ist es, mittels eines einheitlichen Standards für die Beurteilung von Vereinbarungen, aufeinander abgestimmten Verhaltensweisen und Beschlüssen von Unternehmensvereinigungen, für gleiche Wettbewerbsbedingungen zu sorgen. Den Mitgliedstaaten bleibt es jedoch freigestellt, innerstaatliche Wettbewerbsregeln zu erlassen oder beizubehalten, die strenger sind als Art 82 EGV, um einseitige Handlungen zu unterbinden oder zu ahnden. Derartige Bestimmungen gibt es in einer Reihe von Mitgliedstaaten. Beispiele dafür sind einzelstaatliche Bestimmungen bezüglich des Missbrauchs von wirtschaftlicher Abhängigkeit, Verhandlungsübermacht oder erheblichem Einfluss, rechtliche Bestimmungen über den Weiterverkauf unter Einkaufspreis oder mit Verlust, einzelstaatliche Gesetze, die unterschiedliche Standards für die Feststellung marktbeherrschender Stellungen vorsehen[90], und strengere einzelstaatliche Bestimmungen hinsichtlich des Verhaltens marktbeherrschender Unternehmen. Kritisch wird angemerkt, dass es unterschiedliche Standards für die Beurteilung einseitiger Handlungen gibt. Dies führt zu einer Fragmen-

89 Vgl dazu vorstehend Pkt I.A.3.

90 Die Kommission verweist dazu auf den strengeren Marktbeherrschungstatbestand des § 4 Abs 3 KartG.

tierung der normalerweise für die gesamteuropäische oder weltweite Ebene konzipierten Geschäftsstrategien. Diesem Einwand will die Kommission nachgehen.

4. Zum Funktionieren des Europäischen Wettbewerbsnetzes

Das durch die VO 1/2003 geschaffene Netz der Wettbewerbsbehörden wird von der Kommission als Erfolg betrachtet. Die Arbeitsteilung funktioniere reibungslos; die Instrumente zur Zusammenarbeit zum Zweck der Sachverhaltsaufklärung seien wirksam und effizient. Lediglich hinsichtlich der Möglichkeit, die Verwendung von Informationen durch einzelstaatliche Wettbewerbsbehörden im Hinblick auf die Verhängung von Haftstrafen – wie in Art 12 Abs 3 VO 1/2003 vorgesehen – zu verbieten, wenn die Informationen aus einem Staat oder Rechtssystem übermittelt wurden, in dem keine derartigen Sanktionen vorgesehen sind, wird diskutiert, ob und inwiefern dieses Verbot die wirksame Durchsetzung behindert. Es sollte geprüft werden, ob es Alternativlösungen gibt, die die Verteidigungsrechte der Betroffenen nicht beeinträchtigen. Diese Erwägungen könnten auch in künftigen Beratungen über internationale Vereinbarungen zur Zusammenarbeit mit bestimmten Staaten oder Rechtssystemen mit entsprechender Strafrechtsordnung zum Tragen kommen.

Mit Blick auf die Pflicht zur Einmeldung[91] interessieren insbesondere die Aussagen der Kommission zum Funktionieren der Meldepflicht des Art 11 Abs 4 VO 1/2003: Bis zum Ende des Berichtszeitraums haben die einzelstaatlichen Wettbewerbsbehörden der Kommission mehr als 300 in Aussicht genommene Entscheidungen nach Art 11 Abs 4 VO 1/2003 übermittelt. In keinem dieser Fälle hat die Kommission ein Verfahren nach Art 11 Abs 6 VO 1/2003 eingeleitet, so dass die Zuständigkeit einer einzelstaatlichen Wettbewerbsbehörde im Interesse der kohärenten Anwendung entfallen wäre. Die einzelstaatlichen Wettbewerbsbehörden sind in der Regel sehr um Kohärenz bemüht; auch die Zusammenarbeit im Rahmen des ECN hat wesentlich zu diesem Ziel beigetragen. Im Einklang mit Art 11 Abs 4 VO 1/2003 ist ein System entwickelt worden, wonach auf Ebene der Dienststellen und unter Wahrung der Vertraulichkeit im Rahmen des ECN informelle Gespräche über das geplante Vorgehen der einzelstaatlichen Wettbewerbsbehörde geführt werden. Die Beteiligten haben sich nach Angabe der Kommission zu den Ergebnissen der Anwendung des EG-Wettbewerbsrechts im Rahmen des ECN weitgehend positiv geäußert.

91 Vgl nachstehend Pkt III.B.4.b.

B. Private Enforcement

1. Abgrenzung

Die Haftung Privater bei Verletzung des gemeinschaftlichen Wettbewerbsrechts wird im Rahmen des vorliegenden Handbuchs an anderer Stelle umfassend bearbeitet[92]. An dieser Stelle soll der Vollständigkeit halber nur ein kurzer Überblick über die relevanten Fragestellungen gegeben werden[93].

2. Die Entwicklung der Rechtsprechung

Die vorstehend erläuterte unmittelbare Anwendbarkeit der EG-Kartellvorschriften[94] hat eine wichtige institutionelle Komponente. Sie schafft die Voraussetzung dafür, dass diese Vorschriften nicht nur hoheitlich (verwaltungsrechtlich), sondern auch durch Klagen Betroffener gegen Kartelldelinquenten (zivilrechtlich) vollzogen werden können. In Anbetracht der begrenzten Ressourcen der Kommission bringt eine verstärkte zivilrechtliche Durchsetzung der EG-Kartellvorschriften eine erhebliche Entlastung der Kommission mit sich. Darauf stellt schon die VO 1/2003 – wiewohl sie keine materiellen Regelungen zu Fragen der zivilrechtlichen Durchsetzung trifft – ab, indem sie die nationalen Gerichte ausdrücklich für den Vollzug des gemeinschaftlichen Kartellrechts zuständig erklärt (vgl Art 6 VO 1/2003).

Ob das Gemeinschaftsrecht neben der Nichtigkeitssanktion des Art 81 Abs 2 EGV unmittelbar die Bereitstellung zusätzlicher Rechtsbehelfe, insbesondere Schadenersatz- und Unterlassungsansprüche, fordert, war lange umstritten. Seit der Entscheidung des EuGH in der Rs *Courage/Crehan*[95] ist diese Frage grundsätzlich mit ja zu beantworten. Dort entschied der Gerichtshof, dass die praktische Wirksamkeit des Art 81 EGV beeinträchtigt wäre, wenn nicht jedermann Ersatz des Schadens verlangen könnte, der ihm durch einen wettbewerbsbeschränkenden Vertrag entstanden ist[96]. Die wesentliche Bedeutung dieser Feststellung liegt nicht so sehr in der Festlegung der Schadenersatzfolge an sich (dieser Anspruch lässt sich in allen mitgliedstaatlichen Rechtsordnungen auch ohne gemeinschaftsrechtliche Vorgabe begründen), sondern in der Ausweitung der Haftung, die aus der Feststellung des EuGH

---

92 Vgl dazu den Beitrag von *Eilmansberger/Palmstorfer*, Haftung Privater bei Verstoß gegen EU-Wettbewerbsrecht: *Courage, Manfredi* und ihre Auswirkungen auf das österreichische Recht, nachstehend auf S 525ff.

93 Vgl dazu nachstehend Pkt III.C.

94 Vgl dazu vorstehenend Pkt I.A.2.

95 EuGH, Rs C-453/99, *Courage/Crehan*, Slg 2001, I-6297.

96 Wenn die Wettbewerbsbestimmungen vom Kläger zur Begründung eines Unterlassungsbegehrens oder eines deliktischen Schadenersatzanspruchs herangezogen werden, spricht man vom Einsatz der Wettbewerbsbestimmungen als „Schwert“.

folgt, dass der Anspruch grundsätzlich „jedermann“ (also etwa auch Verbrauchern oder Vertragspartnern) gewährt werden muss.

3. Die Rechtssache *Manfredi*

Die Rechtssache *Manfredi*[97] bildet vorerst den letzten Schritt in der Judikaturentwicklung zum Schadenersatz bei Kartellverstoß. Aufbauend auf den in der vorerwähnten Rs *Courage/Crehan* entwickelten Grundsätzen, insbesondere der „Jedermann-Formel“, äußerte sich der Gerichtshof in dieser Entscheidung weiterführend zu Fragen der Verjährung sowie zum Umfang des zu gewährenden Schadenersatzes[98].

Demnach ist zwar die Bestimmung der Verjährungsfrist für die Geltendmachung eines Anspruchs auf Ersatz des Schadens, der durch ein nach Art 81 EGV verbotenes Kartell oder Verhalten entstanden ist, in Ermangelung einer einschlägigen Gemeinschaftsregelung Aufgabe des innerstaatlichen Rechts, wobei der Äquivalenz- und der Effektivitätsgrundsatz zu beachten sind. Unvereinbar mit dem Effektivitätsgrundsatz ist eine nationale Vorschrift, nach der die Verjährungsfrist für die Geltendmachung eines Anspruchs auf Ersatz des Schadens, der durch ein nach Art 10 EGV [Art 4 Abs 3 EUV(neu)] verbotenes Kartell oder Verhalten entstanden ist, von dem Tag an zu laufen beginnt, an dem dieses Kartell oder Verhalten verwirklicht worden ist, insbesondere dann, wenn sie auch noch eine kurze Verjährungsfrist vorsieht, die nicht unterbrochen werden kann. Diesfalls sei nämlich nicht ausgeschlossen, dass bei fortgesetzten oder wiederholten Zuwiderhandlungen die Verjährungsfrist sogar vor Beendigung der Zuwiderhandlung abgelaufen ist, so dass ein nach Ablauf dieser Frist Geschädigter keine Klage mehr erheben könnte und so die Geltendmachung des Schadensersatzanspruchs praktisch unmöglich gemacht oder übermäßig erschwert wird.

Zum Umfang des zu gewährenden Schadenersatzes nahm der EuGH in folgenden zwei Punkten Stellung: Der Effektivitätsgrundsatz verlange (a) nicht, dass im Rahmen eines Schadenersatzanspruchs wegen Verletzung des Art 81 EGV jedenfalls ein exemplarischer oder Strafschadenersatz zu gewähren wäre. Ein solcher steht nur zu, wenn er auch nach nationalem Recht in vergleichbaren Fällen gewährt würde. Der Effektivitätsgrundsatz gebiete aber (b), dass ein durch die Verletzung des EG-Kartellrechts Geschädigter neben dem Ersatz des Vermögensschadens jedenfalls auch den Ersatz des entgangenen Gewinns sowie die Zahlung von Zinsen verlangen könne. Die Höhe der Zinsen richtet sich allerdings wieder nach nationalem Recht[99].

---

97 EuGH, verb Rs C-295 bis C-298/04, *Manfredi,* Slg 2006, I-6619.

98 Dazu *M. Karollus*, ecolex 2006, 797; *Becker*, Schadenersatzklagen bei Verstoß gegen das Kartell- und Missbrauchsverbot: Europäische Vorgaben und Vorhaben, in *Augenhofer* (Hrsg), Die Europäisierung des Kartell- und Lauterkeitsrechts (2009), 15.

99 EuGH, verb Rs C-295/04 bis C-298/04, *Manfredi*, Slg 2006, I-6619, Rdnrn 60 ff.

4. Das Legislativprojekt der Kommission

Im Dezember 2005 hatte die Kommission ein „Grünbuch"[100] zur Erleichterung von Schadenersatzklagen wegen Verletzung der Art 81 und 82 EGV vorgelegt.[101] Am 2. April 2008 folgte dieser Mitteilung ein „Weißbuch", in dem die Ergebnisse des Konsultationsprozesses von der Kommission ausgewertet und konkrete Umsetzungsvorschläge vorgelegt werden.[102] Seit Ende der Konsultationsfrist am 15. Juli 2008 prüft die Kommission derzeit konkrete legistische Umsetzungsschritte.[103] Im Oktober 2009 ist ein Richtlinienentwurf allerdings im Kommissions-Kollegium gescheitert.[104]

Die Hauptempfehlungen des Weißbuchs betreffen:

- *Einfachen Schadenersatz*: Die Kommission schlägt einen einfachen Schadenersatz im Gegensatz zu einer Mehrfachentschädigung („treble damages") vor. Dies bedeutet, dass der Schaden einschließlich der tatsächlichen Verluste aufgrund beispielsweise wettbewerbswidriger Preisaufschläge oder entgangener Gewinne aufgrund von Umsatzeinbußen in vollem Umfang zu ersetzen sein soll. Die Kompensation des realen Wertes der erlittenen Verluste beinhaltet dabei auch den Anspruch auf Zinsen.
- *Kollektiven Rechtsschutz*: Die Kommission empfiehlt nur zwei Formen des kollektiven Rechtsschutzes, und zwar repräsentative Klagen, die beispielsweise von anerkannten Verbraucherschutzverbänden geführt werden, und Gruppenklagen, denen sich die Geschädigten ausdrücklich anschließen müssen (im Gegensatz zu Sammelklagen, die von Rechtsanwaltskanzleien für eine nicht bekannte Zahl von Klägern geführt werden).
- *Offenlegung*: Die Kommission empfiehlt jedoch keine weiterreichenden Optionen wie beispielsweise einen automatischen Anspruch auf Offenlegung, weil diese zu Verfahrensmissbräuchen führen können. Die Beklagten könnten nur deswegen zum Abschluss eines Vergleichs bereit sein, um die unverhältnismäßig hohen Kosten zu vermeiden, die mit einer übermäßigen Offenlegung verbunden sein könnten.
- *Beweiskraft von bestandskräftigen Entscheidungen*: Damit unnötige Verzögerungen und zusätzliche Kosten aufgrund eines erneuten Prozesses vermieden werden, empfiehlt die Kommission, dass bestandskräftige Entscheidungen der Wettbewerbsbehörden der Mitgliedstaaten zur Feststellung eines Wettbewerbsverstoßes bei Folgeklagen auf Schadenersatz zum Nach-

100 KOM(2005) 672 endg.

101 Siehe dazu etwa *Eilmansberger*, CMLR 2007, 431.

102 COM(2008) 165, 2.4.2008, abrufbar unter http://ec.europa.eu/competition/antitrust/actionsdamages/documents.html#link1

103 Siehe ausführlich dazu *Becker/Bessot/de Smijter*, Competition Policy Newsletter 2/2008, 4.

104 EuZW 2009, 834.

weis dieses Verstoßes ausreichen. Dies entspricht bereits der geltenden Rechtslage bei Entscheidungen der Kommission[105].

III. Auswirkungen auf Österreich

A. Der Aufbau des österreichischen Kartellrechtsvollzugs nach dem KartG 2005

Das österreichische Kartell- und Fusionskontrollverfahrensrecht präsentiert sich nach einer in mehreren Schritten vollzogenen Reform heute institutionell als verwaltungsbehördlich unterstütztes und betriebenes Gerichtsmodell (institutionelle Dichotomie, duales System). Die BWB spricht von einem „verwaltungsbehördlich-zivilgerichtlichen Mischsystem", bei dem die zivilgerichtliche Komponente eindeutig überwiegt[106]. Vergleichbar dem obrigkeitlichen US-Verfahren sind Behörden eingerichtet, die mit dem Aufgriff und der Untersuchung von Kartellverstößen sowie von Zusammenschlüssen betraut sind, jedoch keine bindenden Entscheidungen treffen können. Neben einem dem Bundesminister für Justiz weisungsgebundenen Kartellanwalt spielt hier insbesondere die weisungsungebundene BWB eine tragende Rolle. Die Entscheidungskompetenz kommt, im Rahmen der ordentlichen (Zivil-)Gerichtsbarkeit eingerichteten, Kartellgerichten zu. Der Rechtsanwender hat im österreichischen Kartell- und Fusionskontrollverfahren daher ein nach- und auch nebeneinander Tätigwerden mehrerer Behörden und die damit verbundene Anwendung unterschiedlicher Verfahrensvorschriften zu beachten.

Aus Sicht des Gemeinschaftsrechts ist die nationale Wettbewerbsbehörde in Österreich dementsprechend funktional zu bestimmen. Je nach wahrgenommener Aufgabe kann es sich dabei um die BWB, das KG oder BWB und KG gemeinsam handeln. Das KG ist auch dann nationale Wettbewerbsbehörde, wenn es auf einen Individualantrag hin tätig wird[107].

105 Für die Frage der Haftung Privater bei Verletzung des gemeinschaftlichen Wettbewerbsrechts siehe den Beitrag von *Eilmansberger/Palmstorfer*, Haftung Privater bei Verstoß gegen EU-Wettbewerbsrecht: *Courage, Manfredi* und ihre Auswirkungen auf das österreichische Recht, nachstehend auf S 525 ff.

106 TB 2002/2003, 6.

107 OGH als KOG 20.12.2005, 16 Ok 6/05.

B. Zusammenwirken von Kommission und österreichischen Vollzugsbehörden

1. Das Kartellgericht (KG)

Das KG steht im Zentrum des österreichischen Kartellverfahrens. Nur das KG kann für die beteiligten Parteien bindende Entscheidungen treffen[108]. Das KG als Gericht ist, wie in Art 35 Abs 1 letzter Satz und Abs 2 VO 1/2003 ausdrücklich vorgesehen, nationale Wettbewerbsbehörde in Österreich für die Zwecke der VO 1/2003 (§ 83 KartG).

Das KG besteht aus, beim Oberlandesgericht Wien eingerichteten, spezialisierten Senaten (§§ 58 f KartG). Das Kartellverfahren wird somit im Rahmen der ordentlichen Gerichtsbarkeit durchgeführt[109], woraus sich bezüglich der anwendbaren Prozessnormen eine Gemengelage von Verfahrensvorschriften des KartG, AußStrG und der ZPO ergibt.

In Ausübung der Kartellgerichtsbarkeit bestehen die Senate des OLG Wien aus einem Richter als Vorsitzendem, einem weiteren Richter und zwei fachkundigen Laienrichtern. Je ein Laienrichter wird von der Bundeskammer für Arbeiter und Angestellte, sowie von der Wirtschaftskammer Österreich entsandt. Bei Stimmengleichheit entscheidet die Stimme des Vorsitzenden (Dirimierungsrecht, § 63 KartG).

Die örtliche Zuständigkeit des KG erstreckt sich auf das gesamte Bundesgebiet der Republik Österreich (§ 58 Abs 1 KartG). Es ist sachlich zuständig für Sachverhalte, die dem KartG oder Art 81 und 82 EGV unterfallen, wobei es letzte Zuständigkeit nach Maßgabe des Zwischenstaatlichkeitsprinzips und der VO 1/2003 der Europäischen Kommission teilt. Nach Art 9 FKVO können auch Zusammenschlusssachverhalte an das KG verwiesen werden, über die grundsätzlich die Europäische Kommission zu entscheiden hätte[110].

Dem KG als Rechtsmittelinstanz übergeordnet ist das für Zivil- und Strafsachen zuständige österreichische Höchstgericht, der Oberste Gerichtshof (OGH), als Kartellobergericht (KOG).

2. Die Bundeswettbewerbsbehörde (BWB)

Die BWB ist eine monokratisch eingerichtete, weisungsfreie Verwaltungsbehörde. Sie soll „[...] funktionierenden Wettbewerb sicherstellen und Wettbe-

108 Aus der Zuständigkeit des KG für verbindliche Entscheidungen in Kartellsachen ergibt sich die seltene Konsequenz, dass in Österreich bereits die in erster Instanz entscheidende Wettbewerbsbehörde vorlageberechtigt nach Art 234 AEUV ist, vgl etwa EuGH, Rs C-7/97, *Oscar Bronner GmbH & Co KG/Mediaprint*, Slg 1998, I-7791.

109 Vgl *Barfuß/Wollmann/Tahedl*, Österreichisches Kartellrecht (1996), 135.

110 VO (EG) Nr 139/2004 des Rates vom 20.1.2004 über die Kontrolle von Unternehmenszusammenschlüssen („EG-Fusionskontrollverordnung"), ABl 2004 L 24/1.

werbsverzerrungen oder -beschränkungen im Sinne des KartG oder der europäischen Wettbewerbsregeln in Einzelfällen entgegentreten sowie eine die Vereinbarkeit mit dem Gemeinschaftsrecht und den Zusammenhang mit Entscheidungen der Regulatoren wahrende Anwendung des KartG gewährleisten“ (§ 1 WettbG). Schon aus dieser einleitenden Formulierung des Gesetzgebers wird deutlich, dass die Wettbewerbsbehörde als unterstützende Instanz dem kartellgerichtlichen Verfahren bei- bzw vorgeschaltet ist, insbesondere aber eben nicht die entscheidungsbefugte Behörde iSd VO 1/2003 darstellt. Zuletzt wurde eine Entscheidungsbefugnis für die BWB diskutiert.

An der Spitze der BWB steht der Generaldirektor für Wettbewerb (GD) und dessen Stellvertreter. Dem GD untersteht die Geschäftsstelle der BWB, der gegenüber er allein weisungsbefugt ist (§ 9 Abs 3 WettbG). Die Geschäftsstelle ist der administrative Apparat der Behörde, ihre Aufgaben sind in einer Geschäftsordnung festgelegt (§ 1 Abs 2 WettbG)[111]. Durch eine Inkompatibilitätsbestimmung soll die Unparteilichkeit des GD sichergestellt werden (§ 7 Abs 3 WettbG und § 4 UnvG[112]).

Zur Wahrnehmung ihrer Aufgaben verfügt die BWB auch über Ermittlungsbefugnisse Nach dem System des österreichischen Kartellverfahrens münden die Ermittlungen der BWB im Aufgriffsfall in einem Prüfungsantrag vor dem KG. Dieses führt dann ein gerichtliches Ermittlungs- und Entscheidungsverfahren durch. Gemeinsam mit dem Kartellanwalt ist die BWB Amtspartei vor dem KG, dh es kommt ihr auch dann Parteistellung zu, wenn sie nicht Antragssteller ist (§ 40 KartG).

Die Weisungsfreiheit und Unabhängigkeit der BWB ergibt sich aus der, in das WettbG aufgenommenen, Verfassungsbestimmung des § 1 Abs 3 WettbG. Diese Bestimmung regelt die Weisungsfreiheit des Generaldirektors (GD) und im Verhinderungsfall dessen Stellvertreters in Angelegenheiten der in § 2 WettbG genannten Aufgaben. Durch das in § 9 Abs 3 WettbG niedergelegte alleinige Weisungsrecht des GD bzw seines Stellvertreters an die Bediensteten der Geschäftsstelle wird sichergestellt, dass die Weisungsfreiheit des GD nicht durch direkte Weisungen umgangen werden kann und somit insgesamt die Unabhängigkeit der Behörde gewährleistet werden kann.

Die BWB wird in ihrer Arbeit von der sogenannten Wettbewerbskommission (WK) unterstützt. Die WK ist eine, bei der BWB eingerichtete, weisungsunabhängige Expertenkommission, die der Behörde insbesondere wirtschaftswissenschaftliche Expertise zuführen soll (§ 16 WettbG). Im Rahmen der allgemeinen Wettbewerbsaufsicht erstattet die WK im Auftrag der BWB oder des Bundesministers für Wirtschaft und Arbeit Gutachten über allgemeine wettbewerbspolitische Fragen. Vergleichsweise größere Bedeutung kommt

111 Der Personalstand der Geschäftsstelle ist im internationalen Vergleich außerordentlich gering, dazu kritisch *Wollmann*, ecolex 2005, 500.

112 Unvereinbarkeitsgesetz, BGBl Nr 330/1983.

ihr aufgrund ihrer dort vorgesehenen Befugnis zur Abgabe von Empfehlungen im Zusammenschlussverfahren zu (§ 17 WettbG). Die BWB ist an Empfehlungen der WK, einen Prüfungsantrag im Fusionskontrollverfahren zu stellen, allerdings nicht gebunden (Abs 4 leg cit).

3. Der Bundeskartellanwalt (BKA)

Neben der BWB wurde eine zweite Behörde mit teilweise parallelen Kompetenzen betraut. Der Bundeskartellanwalt (BKA) wurde als weisungsgebundenes Organ im Ressortbereich des Bundesministers für Justiz eingerichtet, um gegenüber der eher wirtschaftswissenschaftlich konzipierten und agierenden BWB „die Wahrung des Gesetzes" sicherzustellen und das öffentliche Interesse in Kartellangelegenheiten zu vertreten (§ 75 KartG)[113]. Praktisch kann man die Arbeit des BKA mit der eines Schiedsrichters vergleichen, der zwischen Aufgriffsbehörde (BWB), Entscheidungsinstanz (KG) und den Parteien koordinierende Funktionen wahrnimmt[114]. Die Behörde besteht aus einem Organwalter und einem Stellvertreter. Die Kanzleigeschäfte des BKA werden von der Geschäftsstelle des OLG Wien besorgt. Ebenso wie die BWB ist der BKA Amtspartei vor dem KartG (§ 40 KartG). Faktisch arbeiten die beiden Behörden Hand in Hand, oftmals kommt dem BKA gegenüber der BWB korrektive Bedeutung zu[115].

4. Bewertung

a. Allgemeines

Für eine kleine und noch immer relativ junge Wettbewerbsbehörde[116] wie die BWB hat die Zusammenarbeit im Netzwerk klare inhaltliche Vorteile. Die BWB hat bereits in mehreren Zusammenhängen von der Zusammenarbeit mit ressourcestärkeren Wettbewerbsbehörden, insbesondere dem deutschen Bundeskartellamt, profitiert. Auf der anderen Seite geht mit der institutionalisierten Kooperation im Netzwerk gerade für kleine Behörden auch ein beträchtlicher Aufwand einher. Dennoch ist die BWB in fast an allen Fachgruppen des ECN vertreten und nahezu alle Sitzungen der Fachgruppen werden regelmäßig wahrgenommen.

Die Regelung der Fallverteilung im Netzwerk ist nicht eindeutig und kann in Einzelfällen zu Schwierigkeiten führen. Grob geschätzt kann es etwa einmal im Quartal zu Fragen hinsichtlich der Zuständigkeit der BWB kommen. Kon-

113 Siehe dazu *Stockenhuber*, ÖZW 2002, 76 f.

114 In diesem Sinne auch *Barbist/Görg*, ecolex 2002, 405.

115 So *Stockenhuber*, ÖZW 2002, 76.

116 Die BWB wurde 2002 eingerichtet.

fliktfälle gibt es aber äußert selten. Im Allgemeinen ist der „Anfall" für die BWB potentiell relevanter Fälle transparent. Man weiß also, welche Fälle es gibt, und kommt so bereits im Vorfeld eines Zuständigkeitskonflikts zu einer einvernehmlich Lösung. Allgemein wird die Fallverteilung – der undeutlichen Regelung entsprechend – eher informell vorgenommen.

b. Die Meldepflicht nach Art 11 Abs 4 VO 1/2003

In Österreich ist das KG zuständige Wettbewerbsbehörde iSd VO[117]. Das KG ist damit Adressat der in Art 11 Abs 4 VO 1/2003 normierten Verpflichtung, die Kommission spätestens 30 Tage vor Erlass einer Entscheidung, mit der die Abstellung einer Zuwiderhandlung angeordnet wird, Verpflichtungszusagen angenommen werden oder der Rechtsvorteil einer Gruppenfreistellungsverordnung entzogen wird, zu unterrichten. Soweit dies in Erfahrung gebracht werden konnte, wurde dieser Verpflichtung bislang in allen relevanten Fällen entsprochen. Dabei wurde in der Praxis offenbar zumeist wie folgt vorgegangen: Es wird der Beschluss gefasst, über die in der betreffenden Kartellrechtssache in Aussicht genommene Entscheidung gem Art 11 Abs 4 VO 1/2003 Bericht an die Kommission zu erstatten. Dieser Bericht ergeht in Form eines Entscheidungsentwurfs, der von den Mitgliedern des betreffenden Senates[118] zuvor informell akkordiert wurde. Gleichzeitig wird eine Kurzfassung des Entscheidungsentwurfs zur Übermittlung an das Netzwerk der Wettbewerbsbehörden erstellt.

Soweit dies in Erfahrung gebracht werden konnte, wird der in Rz 46 der Kooperationsbekanntmachung[119] formulierten Forderung entsprochen, nach der nationale Wettbewerbsbehörden und Kommission wechselseitig die gebotenen Anstrengungen unternehmen, um die kohärente Anwendung des Gemeinschaftsrechts sicherzustellen. Die Stellungnahme der Kommission wird jedenfalls genau gewürdigt und die darin allfällig angeregten zusätzlichen Untersuchungen und Überlegungen werden angestellt.

Eine automatische Übernahme der in diesen Stellungen bezogenen Rechtspositionen dürfte jedoch nicht erfolgen. In der Praxis kam es bisher aber offenbar ohnehin nur selten vor, dass die Kommission dezidiert Stellung zu bestimmten Rechtsfragen bezog. In der Regel beschränkte sie sich in ihrer Stellungnahme auf die Anregung, bestimmte Zusatzaspekte zu bedenken bzw zusätzliche Fragen zu klären.

Die Umsetzung dieser Anregungen gestaltet sich allerdings oft schwierig. Die in dem hier anwendbaren außerstreitigen Verfahren geltende Untersu-

117 § 83 KartG.

118 Die Senate des KG bestehen aus zwei Berufsrichtern, von denen einer den Senatsvorsitz innehat, und zwei fachkundigen Laienrichtern (§ 59 KartG).

119 Bekanntmachung der Kommission über die Zusammenarbeit innerhalb des Netzes der Wettbewerbsbehörden, ABl 2004 C 101, 43.

chungsmaxime ist nämlich insoweit beschränkt, als das KG als antragsgebundenes Entscheidungsorgan nicht ohne weiteres die von den Parteienanträgen gesteckten Grenzen des Entscheidungsgegenstandes überschreiten kann.

Den Parteien wird der Beschluss zur Erstattung eines Berichts an die Kommission mitgeteilt. Sie werden aber nicht über den Inhalt des Berichts informiert, dh der Entscheidungsentwurf wird ihnen nicht zur Kenntnis gebracht. Die Stellungnahme der Kommission wird den Parteien grundsätzlich ebenfalls nicht übermittelt. Diese Stellungnahme wird jedoch zum Akt genommen und ist den Parteien daher im Wege der Akteneinsicht zugänglich. Parteien, mit denen Verpflichtungserklärungen verhandelt und in Aussicht genommen werden, wird eine unmittelbar darauf bezogene Stellungnahme aber aktiv zur Kenntnis gebracht, damit sie sich damit auseinander setzen können.

C. Zum Status quo der Durchsetzbarkeit von Kartellrecht vor österreichischen Zivilgerichten

1. Abgrenzung

Fragen des *Private Enforcement* der Wettbewerbsregeln in Österreich werden im Rahmen des gegenständlichen Handbuchs an anderer Stelle bearbeitet[120]. An dieser Stelle sei nur insoweit ein Überblick gegeben, als die zivilrechtliche Durchsetzung des Kartellrechts von Seiten der Kommission als wesentliche Säule der mit der VO 1/2003 vollzogenen Systemreform angesehen wird.

2. Zur Anwendung des Art 81 Abs 3 EGV durch die österreichischen Gerichte

Nach dem System war die Freistellung vom Kartellverbot nach Art 81 Abs 3 EGV eine, der Kommission allein vorbehaltene, wettbewerbspolitische Ermessensentscheidung. Nach dem Systemwechsel ist das Vorliegen der Voraussetzungen des Art 81 Abs 3 EGV von den betroffenen Unternehmen iS einer Art „Selbstveranlagung“ eigenständig zu beurteilen. Auch die Gerichte haben über die Anwendbarkeit des Art 81 Abs 3 EGV zu entscheiden (vgl Art 6 VO 1/2003).

In Österreich gibt es bereits Rechtsprechung, in der Art 81 Abs 3 EGV angewendet wurde. Dabei war es vor allem das KG (sowie in der Folge das KOG), das die Freistellungsnorm des Art 81 EGV anwenden musste. In der Rechtsprechung der Zivilgerichte spielte Art 81 Abs 3 EGV bislang, soweit ersichtlich, keine wesentliche Rolle. Es gibt allerdings verschiedene Urteile des

120 Vgl dazu den Beitrag von *Eilmansberger/Palmstorfer*, Haftung Privater bei Verstoß gegen EU-Wettbewerbsrecht: *Courage, Manfredi* und ihre Auswirkungen auf das österreichische Recht, nachstehend auf S 525ff.

OGH, in denen Gruppenfreistellungsverordnungen – und zwar in erster Linie die Kfz-GVO 1475/1995 sowie 1400/2002 – angewendet wurden.

Die betreffenden Urteile des KG (bzw des KOG)[121] veranschaulichen sehr gut, welche Anforderungen und Herausforderungen die unmittelbare Anwendbarkeit der Freistellungsnorm des Art 81 EGV an nationale Gerichte stellt. Besonders illustrativ ist der Fall betreffend den Haftungsverbund der Österreichischen Sparkassen. Es ging dabei um eine vielschichtige und umfassende Kooperation der Österreichischen Sparkassen, die ua die Bildung eines Haftungsverbunds zur besseren Absicherung von Kundenforderungen, die gemeinsame Entwicklung und Betrieb bestimmter Abwicklungsfunktionen sowie eine Zusammenarbeit bei Entwicklung und Vertrieb von Bankdienstleistungen beinhaltete. Es war wenig überraschend, dass das Gericht die überaus diffizile Abwägung zwischen den wettbewerbsbeschränkenden Aspekten dieser Kooperation und ihren möglichen Effizienzgewinnen letztlich durch einen Sachverständigen beurteilen ließ[122].

Es ist zu erwarten, dass diese Art von wirtschaftswissenschaftlicher Untermauerung von Gerichtsentscheidungen, und damit eine gewisse Auslagerung zentraler Aspekte der Rechtsfindung in solchen Kartellverfahren auf ökonomische Sachverständige, auch in zukünftigen Fällen stattfinden wird.

3. Nichtigkeitsfolge (Art 81 Abs 2 EGV)

Vereinbarungen und Beschlüsse, die nach dem gemeinschaftlichen oder nationalen Kartellverbot verboten sind, sind *ex tunc* nichtig (Art 81 Abs 2 EGV; § 1 Abs 3 KartG). Dies gilt ohne einschlägige Regelung grundsätzlich auch für zweiseitige Missbräuche, also Vereinbarungen, die gegen Art 82 EGV verstoßen. Da sowohl Art 82 EGV als auch § 5 KartG unmittelbar wirksame Verbote darstellen, handelt es sich dabei ungeachtet der Tatsache, dass sie sich nicht unmittelbar auf Verträge beziehen, um gesetzliche Verbote, deren Übertretung nach § 879 ABGB grundsätzlich die Nichtigkeit der Vereinbarung nach sich zieht. Wie weit die Nichtigkeitsfolge reicht, ergibt sich nach dieser Vorschrift aber im Einzelfall aus dem Zweck der übertretenen Norm[123]. Gegen ein Missbrauchsverbot verstoßende Vereinbarungen sind daher nicht in jedem Fall zwingend automatisch nichtig[124].

---

121 OGH als KOG 21.3.2007, 16 Ok 12/06 (KG 27 Kt 83/04–70) – *Sparkassen Haftungsverbund*.

122 Allgemein kritisch zu dieser Vorgangsweise siehe *Thyri*, Kartellrechtsvollzug in Österreich (2007), Rdnr 391.

123 *Krejci*, § 879 Rdnr 37, in *Rummel*, ABGB-Kommentar I^3 (2000).

124 Vgl dazu ausführlich *Eilmansberger*, Die Bedeutung der Art 85 und 86 EG-V für das österreichische Zivilrecht (1998), 75 f.

4. Schadenersatz

Während ein erfolgreicher Antrag beim KG in der Wirkung einer Unterlassungsklage bzw auch der Feststellung der Nichtigkeit einer Vereinbarung gleichkommen kann, ist das KG für die Beurteilung von Schadenersatzansprüchen nicht zuständig. Private sind diesbezüglich ausschließlich, hinsichtlich Nichtigkeit und Unterlassung im Zusammenhang mit den Verboten des Kartellrechts jedenfalls alternativ, an die Zivilgerichte verwiesen.

Obwohl weder der EG-Vertrag noch das KartG schadenersatzrechtliche Sonderregeln enthalten, sind sowohl die Art 81 und 82 EGV wie auch die nationalen Kartell- und Missbrauchsverbote in den §§ 1 und 5 KartG über Schadenersatzklagen durchsetzbar. Für das Gemeinschaftsrecht hat dies der EuGH im Fall *Courage-Crehan*[125] klargestellt. Nach hA sind die einschlägigen Bestimmungen des KartG sowie die Art Art 81 und 82 EGV in Österreich als Schutzgesetze iSd § 1311 ABGB zu qualifizieren. Ihre Verletzung begründet damit einen Schadenersatzanspruch[126]. Anspruchsvoraussetzungen sind demnach nach den allgemeinen Regeln, (i) (kartell-)rechtswidriges Verhalten, (ii) Rechtswidrigkeitszusammenhang, (iii) Schaden, (iv) Kausalität und (v) Verschulden. Wurde das rechtswidrige Verhalten bereits vom KG in einem Feststellungs- bzw Abstellungsverfahren festgestellt, so ist das Zivilgericht, das nachfolgenden über einen Schadenersatzanspruch gegen den Antragsgegner entscheidet, an die Entscheidung des KG gebunden[127]. Zwar hat das KG die Präjudizialität einer Kommissionentscheidung in der Vergangenheit abgelehnt, jedoch ist im neuen System grundsätzlich davon auszugehen, dass ihr ein Zivilgericht bei der Beurteilung der Beweislage eine nicht unbeachtliche Bedeutung beimessen würde[128]. Die Frage des Rechtswidrigkeitszusammenhangs im Zusammenhang mit durch Kartellrechtsverletzungen entstandenen Schäden ist noch ungeklärt. Während der EuGH diese Grenze grundsätzlich nicht einzieht (arg „jedermann")[129], ist davon auszugehen, dass nationale Gerichte bei der Anwendung der §§ 1 und 5 KartG diesem Kriterium größere Bedeutung zumessen würden. Auch der Nachweis eines Schadens kann im kartellrechtlichen Zusammenhang schwierig sein. Probleme bereiten hier speziell Fragen der Schadensüberwälzung. Kann ein Schaden aber dem Grunde nach nachgewiesen werden, so kann das Gericht bei der Festsetzung der genauen Höhe § 273 ZPO anwenden und nach Billigkeit festsetzen[130]. Gelingt auch

---

125 Rs C-453/99, *Courage/Crehan*, Slg 2001, I-6297, Rdnr 26; zuletzt wieder EuGH, verb Rs C-295 bis C-298/04, *Manfredi*, Slg 2006, I-6619, Rdnr 60.

126 Vgl *Reidlinger/Hartung*, Das österreichische Kartellrecht (2008), 241 mwN.

127 Vgl *Reidlinger/Hartung*, Kartellrecht, 244.

128 Vgl etwa die Zivilrechtsstreitigkeiten vor dem OLG Wien nach der Lombard-Club-Entscheidung der Kommission; dazu etwa *Klausner*, ecolex 2005, 430.

129 Siehe dazu ausführlich *Eilmansberger*, ecolex 2002, 28.

130 Vgl *Reidlinger/Hartung*, Kartellrecht, 246.

der Nachweis der Kausalität, so kommt einem Kläger im Verfahren um Kartellschadenersatz letztlich die Beweislastumkehr des § 1298 ABGB zugute.

5. Unterlassung

Auch die Geltendmachung von Unterlassungsansprüchen führt zu einer verstärkten Anwendung der materiellen Verbote des Kartellrechts. Jedenfalls aus § 1 UWG lässt sich hier für die österreichische Rechtsordnung neben dem Schadenersatz auch ein Unterlassungsanspruch ableiten[131]. Demnach kann in Anspruch genommen werden, wer im geschäftlichen Verkehr zu Zwecken des Wettbewerbs Handlungen vornimmt, die gegen die guten Sitten verstoßen. Nach der Rechtsprechung des OGH entspricht ein Verstoß gegen das KartG oder die Art 81 und 82 EGV diesen Anforderungen[132]. Entscheidend ist in diesem Zusammenhang aber das Bestehen eines Wettbewerbsverhältnisses zwischen Kläger und Beklagten sowie die subjektive Vorwerfbarkeit der Rechtsverletzung.

IV. Zusammenfassung

Die wichtigsten Ergebnisse der Untersuchung lassen sich thesenhaft wie folgt zusammenfassen:

1. Mit der Verordnung 1/2003 ist die Durchsetzung der Wettbewerbsregeln der Gemeinschaft grundlegend reformiert worden. Als Folge dieser Reform kann die Kommission die Art 81 und 82 EGV wesentlich effizienter durchsetzen. Sie nimmt nunmehr eine proaktive Rolle ein und kann Wettbewerbsproblemen in wichtigen Wirtschaftszweigen gezielt begegnen.
2. Inhaltlich dürfte die Zusammenarbeit im Rahmen des Netzwerks der wettbewerbsbehörden eine kohärente Anwendung befördert haben. Die Wettbewerbsregeln der Gemeinschaft haben sich EU-weit als allgemein anerkannte Rechtsgrundsätze durchgesetzt. Die Behördenzusammenarbeit im Bereich des Kartellrechts wurde zu einem institutionalisierten Netzwerk verdichtet.
3. Trotz anfänglicher Zweifel hat auch das, durch eine überlappende Behördenzuständigkeiten geprägte, österreichische System zur Durchsetzung des Kartellrechts reibungslos Eingang in den gesamtgemeinschaftlichen

131 Hinsichtlich eines allgemeinen deliktischen Unterlassungsanspruchs ist diese Frage noch ungeklärt, vgl *Eilmansberger* in *Streinz* (Hrsg), Kommentar zu EUV/EGV, Art 81 EGV Rdnr 119.

132 Siehe genauer dazu *Reidlinger/Zellhofer*, ecolex 2004, 114 mwN.

Vollzugsrahmen gefunden. Besondere Probleme waren bisher nicht zu beobachten.

4. Die Auswirkungen der unterschiedlichen Grundrechtsstandards der 27 Mitgliedstaaten untereinander sowie der EG bzw der neuen EU auf die einzelstaatliche Verfahrensgestaltung und die Parteienrechte im Netzwerk sind aber noch nicht völlig geklärt. Obwohl das Netzwerk zur dezentralen Durchsetzung des Gemeinschaftsrechts geschaffen wurde, liegt sein Nutzen auch für die Durchsetzung der nationalen Kartellrechte nahe. Die Problematik unterschiedlicher Schutzrechtsniveaus könnte hier den Harmonisierungsdruck weiter erhöhen.
5. Die aus dem Funktionieren der Zusammenarbeit zwischen Kommission und mitgliedstaatlichen Wettbewerbsbehörden könnten verallgemeinerungsfähig sein. Sie werfen die Frage nach der Integration nationaler und gemeinschaftlicher Vollzugsorgane auf. Ist das Netzwerk der Wettbewerbsbehörden ein Vorbote gemeinschaftlicher Verwaltungsorganisation in den Mitgliedstaaten?

Zusammenwirken von Kommission und nationalen Gerichten im Beihilfeaufsichtsverfahren

Thomas Jaeger[1]

Literatur: *Beiter/Jaeger*, Kein Zugriff auf rechtswidrige Beihilfen – Zugleich Anmerkung zum Urteil CELF II, ecolex 2010, 505; *Hofer*, Praxisstudie: AMA-Gütesiegel, in *Jaeger/Rumersdorfer* (Hrsg), Jahrbuch Beihilferecht 2010 (2010), 525; *Jaeger*, Beihilfegewährung durch Vergabeverstöße und ihre Berücksichtigung durch die Träger der öffentlichen Verwaltung, in *Kandlhofer/Seyfried* (Hrsg), Interne Revision und Förderungswesen – Prüfung des Förderungswesens (2010), 15; *Eilmansberger/Herzig/Jaeger/Thyri*, Materielles Europarecht² (2009); *Fiebelkorn/Petzold*, Durchführungsverbot gemäß Art 88 III 3 EGV, Rückforderungsverpflichtung und Nichtigkeitsfolge: Ist die BGH-Rechtsprechung praxisgerecht?, EuZW 2009, 323; *Jaeger*, Facelifting für die nationale Durchsetzung des Beihilfeverbots, ecolex, 2009, 369; *Koppensteiner*, Das UWG nach der Novelle 2007, wbl 2009, 1; *Nehl*, Baustelle VerfahrensVO – Verfahrensrechtliche Reformen durch „soft law"?, in *Jaeger* (Hrsg), Jahrbuch Beihilferecht 2009 (2009), 145; *Rechberger/Simotta*, Grundriss des österreichischen Zivilprozessrechts⁷ (2009); *Winkler*, Die Bedeutung des Urteils CELF für Beihilfenbescheide, in *Jaeger* (Hrsg), Jahrbuch Beihilferecht 2009 (2009), 403; *Artmann*, Die Beurteilung der Fallgruppe „Rechtsbruch" nach der UWG-Novelle 2007, wbl 2008, 253; *Bartosch*, Die private Durchsetzung des gemeinschaftlichen Beihilfenverbots – Das CELF-Urteil vom 12.2.2008 und seine Auswirkungen auf Deutschland, EuZW 2008, 235; *Cranshaw*, Das Effizienzgebot bei der Rückforderung rechtswidriger Staatsbeihilfen, insbesondere im Dreiecksverhältnis, WM 2008, 338; *Jaeger*, Geklärte und offene Fragen zum Durchführungsverbot nach CELF, ecolex 2008, 489; *Jaeger*, Rückforderung genehmigter Beihilfen – Anmerkung zur Rs C-199/06, CELF, ecolex 2008, 484; *Jaeger*, The CELF-Judgment: A Precarious Conception of the Standstill Obligation, EStAL 2008, 279; *Klingenbrunner/Raptis*, Die Justiziabilität der Grundrechte-Charta nach dem Reformvertrag von Lissabon, JRP 2008, 139; *Martin-Ehlers/Strohmayr*, Private Rechtsdurchsetzung im EGV-Beihilfenrecht – Konkurrentenklagen vor deutschen Zivilgerichten, EuZW 2008, 745; *Rauchenwald*, Haftung für die Fehlentscheidungen der Kommission, in *Jaeger* (Hrsg) Jahrbuch Beihilferecht 2008 (2008), 357; *Rehulka*, Die Konkurrentenklage im Beihilfenverfahren, ZfRV 2008, 59; *Winkler*, Rechtskraft und Konkurrentenschutz bei Beihilfenbescheiden, in *Jaeger* (Hrsg), Jahrbuch Beihilferecht 2008 (2008), 325; *Wöllik*, Die Zivilrechtsfolgen bei Verstoß gegen das Durchführungsverbot des Art 88 Abs 3 letzter Satz EGV, in *Jaeger* (Hrsg), Jahrbuch Beihil-

1 Mein besonderer Dank gilt Herrn *Christoph Heinrich*, Max-Planck-Institut für Geistiges Eigentum, Wettbewerbs- und Steuerrecht, für seine wertvolle Arbeit am Manuskript.

ferecht 2008 (2008), 345; *Hatje*, Gemeinschaftsrechtliche Grenzen der Rechtskraft gerichtlicher Entscheidungen, EuR 2007, 654; *Herzig*, Agrarmarketing und Beihilferecht: Die Frage des Verwendungszusammenhangs zwischen Beitragserhebung und -verwendung vor dem VwGH, in *Jaeger* (Hrsg) Jahrbuch Beihilferecht 2007 (2007), 235; *Jaeger*, Bank Burgenland: Übergehen des Meistbieters als mögliche Beihilfe, ecolex 2007, 306. *Jaeger*, Beihilfe- und Förderungsrecht, in *Holoubek/Potacs* (Hrsg), Öffentliches Wirtschaftsrecht, Bd 1[2] (2007), 681; *Jaeger*, Hürden der Durchsetzung von Wettbewerbsrecht vor den Zivilgerichten, ÖZW 2007, 73; *Jaeger*, Gemeinschaftsrechtliche Probleme einer Privatisierung, EuZW 2007, 499; *Jaeger*, Neues zu Agrarmarketingbeiträgen und Gemeinschaftsrecht: Eine Zwischenbilanz, ZfV 2007, 18; *Kühling/Braun*, Der Vollzug des EGV-Beihilfenrechts in Deutschland, EuR 2007, Beiheft 3, 31; *Quardt*, Reduzierung des beihilferechtlichen Prüfungsmonopols der EU-Kommission auf eine Modellfunktion? – Vorlagefragen in der Rechtssache CELF vor dem Hintergrund der Spruchpraxis des EuGH in den Rechtssachen van Calster und Transalpine, EuZW 2007, 204; *Rumersdorfer*, Zuständigkeit zur Beihilfenkontrolle: Zu den jüngeren Urteilen betreffend Kompetenzabgrenzung zwischen Kommission und Rat, in *Jaeger* (Hrsg) Jahrbuch Beihilferecht 2007 (2007), 105; *Thyri*, Kartellrechtsvollzug in Österreich (2007); *Winkler*, Grundrechtliche und rechtsstaatliche Fragen des Beihilfenrechts am Beispiel des Falls Agrarmarketing, in *Jaeger* (Hrsg) Jahrbuch Beihilferecht 2007 (2007), 247; *Arnold*, Konkurrentenklage und Abgabenverfahrensrecht, in *Holoubek/Lang* (Hrsg), Abgabenverfahrensrecht und Gemeinschaftsrecht (2006), 403; *Jaeger*, Das Schlusskapitel der Energieabgabenvergütungssaga: Anmerkung zum Urteil Transalpine Ölleitung, ÖZW 2006, 112; *Jaeger*, Der Rückforderungsanspruch der Kommission, in *Holoubek/Lang* (Hrsg), Abgabenverfahrensrecht und Gemeinschaftsrecht (2006), 145; *Jaeger*, Private Durchsetzung des Beihilfeverbots, ecolex 2006, 804; *Jaeger*, Rechtsfolgen beihilferelevanter Abgabenbefreiungen – Zugleich eine Besprechung der Urteile Laboratoires Boiron (EuGH) und Österreichischer Altlastenbeitrag (VwGH), wbl 2006, 541; *Jestaedt/Derenne/Ottervanger*, Study on the Enforcement of State Aid Law at National Level (2006), abrufbar unter http://ec.europa.eu/competition/state_aid/studies_reports/study_part_1.pdf und http://ec.europa.eu/competition/state_aid/studies_reports/study_part_2.pdf; *Köhler*, Bestandskraft gemeinschaftsrechtswidriger Bescheide, in *Holoubek/Lang* (Hrsg), Abgabenverfahrensrecht und Gemeinschaftsrecht (2006), 325; *Lang*, Die Aufhebung von Bescheiden wegen Widerspruchs zum Gemeinschaftsrecht, in *Holoubek/Lang* (Hrsg), Abgabenverfahrensrecht und Gemeinschaftsrecht (2006), 257; *Lenaerts/Arts*, Procedural Law of the EU[2] (2006); *Öhlinger/Potacs*, Gemeinschaftsrecht und staatliches Recht[3] (2006); *Potacs*, Bestandskraft gemeinschaftsrechtswidriger Bescheide, in *Holoubek/Lang* (Hrsg), Abgabenverfahrensrecht und Gemeinschaftsrecht (2006), 241; *Reimer*, Vertrauensschutz im Abgabenverfahrensrecht aus gemeinschaftsrechtlicher Sicht, in *Holoubek/Lang* (Hrsg), Abgabenverfahrensrecht und Gemeinschaftsrecht (2006), 195; *Soltész*, Private Rechtsdurchsetzung durch Wettbewerber im Europäischen Beihilferecht – Vision oder Illusion?, ZWeR 2006, 388; *Staringer*, Das Durchführungsverbot im Beihilfenrecht und das Abgabenverfahrensrecht, in *Holoubek/Lang* (Hrsg), Abgabenverfahrensrecht und Gemeinschaftsrecht (2006), 361; *Strievi/Werner*, Nichtigkeit eines beihilfegewährenden Vertrages nach § 134 BGB iV mit Art 88 III 3 EGV, JuS 2006, 106; *Bartosch*, Die Durchsetzung der Beihilferechtswidrigkeit staatlicher Maßnahmen vor nationalen Gerichten, EuZW 2005, 396; *Heidenhain*, Rechtsfolgen eines Verstoßes gegen das Durchführungsverbot des Art 88 III 3 EGV, EuZW 2005, 135; *Rüffler*, Privatrechtliche Probleme der Subventionsgewährung: Der Einfluss des Gleichheitssatzes auf den Rechtsschutz im Subventionsrecht, JBl 2005, 409; *Schmidt-Räntsch*, Zivilrechtliche Wirkungen von Verstößen gegen das EU-Beihilfenrecht, NJW 2005, 106; *Sutter*, Das EGV-Beihilfenverbot und sein Durchführungsverbot in Steuersachen

(2005); *Gassner*, Die Aufhebung nach § 299 BAO und Vertrauensschutz, in *Holoubek/Lang* (Hrsg), Vertrauensschutz im Abgabenrecht (2004), 283; *Geburtig*, Konkurrentenrechtsschutz aus Art 88 Abs 3 Satz 3 EGV (2004); *Hatje*, Gemeinschaftsrechtlich gebotener Vertrauensschutz, in *Holoubek/Lang* (Hrsg), Vertrauensschutz im Abgabenrecht (2004), 147; *Jaeger*, Nachträgliche Beihilfengenehmigung und der Rechtsschutz von Konkurrenten vor nationalen Gerichten, EuZW 2004, 78; *Lang*, Rechtsschutzfragen abgabenrechtlicher Beihilfengewährung, in *WiR* (Hrsg), Beihilfenrecht (2004), 69; *Keppert*, Energieabgabenvergütung: Aktuelle EuGH-Judikatur klärt grundlegende Rechtsfrage, SWK 2004, T 2; *Potacs*, Gemeinschaftsrechtlich gebotene Rechtskraftdurchbrechungen, in *Holoubek/Lang* (Hrsg), Vertrauensschutz im Abgabenrecht (2004), 185; *Potacs*, Rechtsschutzfragen öffentlich-rechtlicher Beihilfengewährung, in *WiR* (Hrsg), Beihilfenrecht (2004), 91; *Pütz*, EGV-Beihilfenrecht und § 134 BGB, NJW 2004, 2199; *Quardt/Nielandt*, Nichtigkeit von Rechtsgeschäften bei Verstoß gegen das Durchführungsverbot des Art 88 III 3 EGV, EuZW 2004, 201; *Raschauer*, Verfassungsrechtliche Rahmenbedingungen, in *WiR* (Hrsg), Beihilfenrecht (2004), 21; *Rüffler*, Rechtsfolgen gesetzeswidriger Beihilfengewährung, in *WiR* (Hrsg), Beihilfenrecht (2004), 141; *Schluck-Ahmed*, Die Rückforderung gemeinschaftsrechtswidriger Beihilfen in ihren Auswirkungen auf das nationale Gesellschafts- und Insolvenzrecht (2004); *Staringer*, Wiederaufnahme und Vertrauensschutz, in *Holoubek/Lang* (Hrsg), Vertrauensschutz im Abgabenrecht (2004), 299; *Eilmansberger*, Agrarmarketingbeiträge und Gemeinschaftsrecht, ZfV 2003, 584; *Feil/Kroisenbrunner*, Zivilprozessordnung (2003); *Jaeger*, Durchführungsverbot und rückwirkende Beihilfengenehmigung, ZfV 2003, 645; *Keppert*, Aktueller Stand hinsichtlich Energieabgabenvergütung, SWK 2003, T 46; *Keppert*, Energieabgabenvergütung: Ausschluss von Dienstleistungsbetrieben laut VfGH nicht verfassungswidrig! Gibt es auch eine Energieabgabenvergütung ab 2003?, SWK 2003, T 18; *Kiethe*, Abwicklung der wegen Verstoß gegen das Verbot der Durchführung rechtswidriger Beihilfemaßnahmen (Art 88 EGV) nichtigen Verträge, RIW 2003, 782; *Koenig*, Nichtigkeit beihilfengewährender Verträge! Was nun?, EuZW 2003, 417; *Martin-Ehlers*, Die Rechtsfolge von Verstößen gegen Art 88 Abs 3 EGV-Vertrag bei Beihilfen, WM 2003, 1598; *Pechstein*, Anmerkungen zu BGH, Urteil vom 4.4.2003 – V ZR 314/02, EuZW 2003, 447; *Pütz*, Das Beihilfeverbot des Art 88 Abs 3 Satz 3 EGV-Vertrag: Verstöße und ihre zivilrechtlichen Folgen im deutschen Recht (2003); *Rebhahn*, Subventionsrecht, in *Raschauer* (Hrsg), Österreichisches Wirtschaftsrecht^2 (2003), 359; *Stillfried/Stockenhuber*, Vollzug des EGV-Kartellrechts nach der neuen EGV-Verfahrensverordnung Nr 1/2003, ÖZW 2003, 45; *Arnold*, Die Regelung der Energieabgabenvergütung gilt für alle Unternehmer, SWK 2002, 52; *Arnold*, Deckelung (und Vergütung) der Energieabgaben für alle Unternehmen (Betriebe), SWK 2002, T 5; *Bartels*, Kooperation zwischen EU-Kommission und nationalen Gerichten im europäischen Wettbewerbsverfahren, ZfRV 2002/2; *Hödl/Lausegger*, Energieabgabenvergütung auch an Dienstleistungsunternehmen, ecolex 2002, 304; *Kuhla/Hüttenbrink/Endler*, Der Verwaltungsprozess^3 (2002); *Kilches*, Doch keine rückwirkende Energieabgabenvergütung für Dienstleister! Oder doch?, FJ 2002, 400; *Thienel*, Verwaltungsverfahrensrecht^2 (2002); *Tilmann/Schreibauer*, Rechtsfolgen rechtswidriger nationaler Beihilfen, GRUR 2002, 212; *Pechan*, Rechtswegaspekte bei der Bekämpfung hoheitlicher Subventionen, ecolex 2001, 785; *Sasserath*, Schadensersatzansprüche von Konkurrenten zur Effektivierung der Beihilfenkontrolle? (2001); *Soltész*, Der Rechtsschutz des Konkurrenten gegen gemeinschaftswidrige Beihilfen vor nationalen Gerichten, EuZW 2001, 202; *Staebe*, Rechtsschutz bei gemeinschaftsrechtswidrigen Beihilfen vor europäischen und deutschen Gerichten (2001); *Eilmansberger*, Die Zivilrechtsfolgen gemeinschaftsrechtswidriger Beihilfegewährung – Zur Bedeutung der Art 87 f EGV für das österreichische Zivilrecht, in *Koppensteiner* (Hrsg), Österreichisches und europäisches Wirtschaftsprivatrecht (2000), Teil 8/2; *Eilmansberger*, Zur

Anwendung des EGV-Beihilfenverbots auf staatliche Kreditbürgschaften, ÖZW 2000, 1; *Nordberg*, Unternehmenssanierung durch die öffentliche Hand und EU-Beihilfenrecht, ecolex 2000, 260; *Altmeyer*, Gemeinschaftsrechtswidrige staatliche Beihilfen – Rückforderung und deren Durchsetzung im deutschen Recht (1999); *v Danwitz*, Die Eigenverantwortung der Mitgliedstaaten für die Durchführung von Gemeinschaftsrecht, DVBl 1998, 421; *Pechstein*, Nichtigkeit beihilfengewährender Verträge nach Art 93 III 3 EGV, EuZW 1998, 495; *Rüffler*, Der Einfluss des Europarechts auf das österreichische UWG, in *Koppensteiner* (Hrsg), Österreichisches und europäisches Wirtschaftsprivatrecht, Teil 6/2 (1998), 471; *Tiefenthaler*, Innerstaatliche Gerichte als Hüter des europäischen Beihilfenrechts, wbl 1998, 509; *Eilmansberger*, Rechtsfolgen und subjektives Recht im Gemeinschaftsrecht (1997); *Sinnaeve*, Die Rückforderung gemeinschaftsrechtswidriger nationaler Beihilfen (1997); *Rüffler*, Die Anwendbarkeit des UWG auf juristische Personen des öffentlichen Rechts (1994); *Koppensteiner*, Anmerkungen zum PSK-Urteil, wbl 1990, 104.

Judikatur: EuGH, Urteil v 11.3.2010, Rs C-1/09, *CELF II*, noch nicht in Slg veröff; EuG, Urteil v 18.11.2009, Rs T-375/04, *Scheucher Fleisch*, noch nicht in Slg veröff; EuGH, Rs C-384/07, *Wienstrom*, Slg 2008, I-10393; EuGH, Rs C-206/06, *Essent Netwerk*, Slg 2008, I-5497; EuGH, Rs C-199/06, *CELF*, Slg 2008, I-469; EuGH, Rs C-2/06, *Kempter*, Slg 2008, I-411; EuGH, Rs C-432/05, *Unibet*, Slg 2007, I-2271; EuGH, verb Rs C-222/05 bis C-225/05, *van der Weerd*, Slg 2007; I-4233; EuGH, Rs C-119/05, *Lucchini*, Slg 2007, I-6199; EuGH, Rs C-526/04, *Laboratoires Boiron*, Slg 2006, I-7529; EuGH, verb Rs C-393/04 und C-41/05, *Air Liquide*, Slg 2006, I-5293; EuGH, Rs C-368/04, *Transalpine Ölleitung*, Slg 2006, I-9957; EuGH, Rs C-344/04, *IATA*, Slg 2006, I-403; EuGH, verb Rs C-295/04 bis C-298/04, *Manfredi*, Slg 2006, I-6619; EuGH, verb Rs C-266 bis C-270, C-276 und C-321 bis C-325/04, *Nazairdis*, Slg 2005, I-9481; EuGH, Rs 234/04, *Kapferer*, Slg 2006, I-2585; EuGH, Rs C-71/04, *Xunta de Galicia*, Slg 2005, I-7419; EuGH, Rs C-173/03, *Traghetti del Mediterraneo*, Slg 2006, I-5177; EuGH, verb Rs C-128/03 und C-129/03, *AEM*, Slg 2005, I-2861; EuGH, Rs C-345/02, *Pearle BV*, Slg 2004, I-7139; EuGH, Rs C-175/02, *Pape*, Slg 2005, I-127; EuGH, Rs C-174/02, *SWNB*, Slg 2005, I-85; EuGH, C-66/02, *Italien/Kommission (‚Italienische Bankenstiftungen‘)*, Slg 2005, I-10901; EuGH, Rs C-467/01, *Eribrand*, Slg 2003, I-6471; EuGH, verb Rs C-261/01 ua, *van Calster*, Slg 2003, I-12249; EuGH, Rs C-241/01, *National Farmers‘ Union*, Slg 2002, I-9079; EuGH, Rs C-224/01, *Köbler*, Slg 2003, I-10239; EuGH, verb Rs C-34/01 bis C-38/01, *Enirisorse*, Slg 2003, I-14243; EuGH, Rs C-13/01, *Safalero*, Slg 2003, I-8679; EuGH, Rs C-473/00, *Codifis*, Slg 2000, I-10875; EuGH, Rs C-453/00, *Kühne & Heitz*, Slg 2004, I-837; EuGH, Rs C-298/00 P, *Italien/Kommission*, Slg 2004, I-4087; EuGH, Rs C-242/00, *Deutschland/Kommission*, Slg 2002, I-5603; EuGH, Rs C-50/00 P, *Unión de Pequeños Agricultores*, Slg 2002, I-6677; EuGH, Rs C-453/99, *Courage und Crehan*, Slg 2001, I-6297; EuGH, verb Rs C-430/99 und C-431/99, *Nedlloyd Lijnen*, Slg 2002, I-5235; EuGH, Rs C-424/99, *Kommission/Österreich*, Slg 2001, I-9285; EuGH, Rs C-328/99 und C-399/00, *SIM 2 Multimedia*, Slg 2003, I-4035; EuGH, Rs C-239/99, *Nachi Europe*, Slg 2001, I-1197; EuGH, Rs C-36/99, *Idéal tourisme*, Slg 2000, I-6049; EuGH, Rs C-446/98, *Fazenda Pública*, Slg 2000, I-11435; EuGH, Rs C-390/98, *Banks*, Slg 2001, I-6117; EuGH, Rs C-344/98, *Masterfoods*, Slg 2000, I-11369; EuGH, verb Rs C-240/98 ua, *Océano Grupo*, Slg 2000, I-4941; EuGH, Rs C-437/97, *Wein&Co*, Slg 2000, I-1157; EuGH, Rs C-372/97, *Italien/Kommission*, Slg 2004, I-3679; EuGH, Rs C-295/97, *Piaggio*, Slg 1999, I-3735; EuGH, Rs C-224/97, *Ciola*, Slg 1999, I-2517; EuGH, Rs C-355/95 P, *TWD*, Slg 1997, I-2549; EuGH, Rs C-178/95, *Wiljo*, Slg 1997, I-585; EuGH, Rs C-169/95, *Spanien/Kommission*, Slg 1997, I-135; EuGH, Rs C-72/95, *Kraaijeveld*, Slg 1996, I-5403; EuGH, Rs C-24/95, *Alcan II*, Slg 1997, 1624; EuGH, Rs C-311/94, *IJssel-Vliet Combinatie*,

Slg 1996, I-5023; EuGH, verb Rs C-430/93 und C-431/93, *van Schijndel*, Slg 1995, I-4705; EuGH, Rs C-312/93, *Peterbroeck*, Slg 1995, I-4599; EuGH, Rs C-387/92, *Banco Exterior de España*, Slg 1994, I-877; EuGH, Rs C-39/94, *SFEI*, Slg 1996, I-3547; EuGH, Rs C-226/91, *CELBI*, Slg 1993, I-4337; EuGH, Rs C-47/91, *Italien/Kommission*, Slg 1992, I-4145; EuGH, Rs C-17/91, *Lornoy*, Slg 1992, I-6523; EuGH, Rs C-354/90, *FNCE*, Slg 1991, I-5505; EuGH, Rs C-313/90, *CIRFS*, Slg 1993, I-112; EuGH, Rs C-312/90, *Cenemesa*, Slg 1992, I-4117; EuGH, Rs C-6/90, *Francovich*, Slg 1991, I-5357; EuGH, Rs C-305/89, *Italien/Kommission (Alfa Romeo)*, Slg 1991, I-1603; EuGH, Rs C-234/89, *Delimitis*, Slg 1991, I-935; EuGH, Rs C-213/89, *Factortame*, Slg 1990, I-2433; EuGH, Rs C-5/89, *BUG*, Slg 1990, I-3437; EuGH, verb Rs C-143/88 und C-92/89, *Zuckerfabrik Süderdithmarschen*, Slg 1991, I-415; EuGH, Rs C-301/87, *Frankreich/Kommission (‚Boussac')*, Slg 1990, I-307; EuGH, Rs C-142/87, *Belgien/Kommission (‚Tubemeuse')*, Slg 1990, I-959; EuGH, Rs 222/86, *Heylens*, Slg 1987, 4097; EuGH, Rs 314/85, *Foto Frost*, Slg 1987, 4199; EuGH, Rs 222/84, *Johnston*, Slg 1986, 1651; EuGH, Rs 283/81, *CILFIT*, Slg 1982, 3415; EuGH, Rs 106/77, *Simmenthal*, Slg 1978, 629; EuGH, Rs 78/76, *Steinike & Weinling*, Slg 1977, 595; EuGH, Rs 45/76, *Comet*, Slg 1976, 2043; EuGH, Rs 33/76, *Rewe*, Slg 1976, 1989; EuGH, Rs 120/73, Lorenz, Slg 1973, 1471; EuGH, Rs 47/69, *Frankreich/Kommission*, Slg 1970, 487; EuGH, verb Rs 28/62 bis 30/62, *da Costa*, Slg 1963, 63.

EuG, Rs T-268/08, T-218/08 und T-282/08, *Bank Burgenland*, noch anhängig; EuG, verb Rs T-254/00, T-270/00 und T-277/00, *Hotel Cipriani*, Slg 2008, II-3269; EuG, Rs T-190/00, *Regione Siciliana/Kommission*, Slg 2003, II-5015; EuG, verb Rs T-298/97, T-312/97, T-313/97, T-315/97, T-600/97 bis 607/97, T-1/98, T-3/98 bis T-6/98 und T-23/98, *Alzetta Mauro*, Slg 2000, II-2319; EuG, Rs T-288/97, *Regione Fruili Venezia Giulia*, Slg 2001, II-1169.

Inhalt

1. Vorgeschichte zur Rückwirkungsdiskussion in Österreich: Rechtssache *Adria-Wien Pipeline*
2. Rechtssache *Van Calster*: Ausschluss der Rückwirkung von Genehmigungsentscheidungen der Kommission
3. Rechtssache *Transalpine Ölleitung*: Positive Konkurrentenklage und Durchführungsverbot
4. Rechtssache *Wienstrom*: Beseitigung des Durchführungsverbots und Beihilfeauszahlung für die Vergangenheit
5. Rechtssache *Lucchini*: Rechtskraftdurchbrechung für beihilferechtswidrige Urteile

B. Rechtsfolgen von Verletzungen des Durchführungsverbots
1. Rechtssache *CELF* zu Neugewährung und Rückforderungsumfang bei nachträglicher Genehmigung
2. Rechtssache *CELF* zu Schutzzweck des Durchführungsverbots und Nichtigkeitssanktion
3. Präzisierungen von Rückforderungsumfang und Schutzzweck im Folgeurteil *CELF II*
4. Rechtssache *SWNB, Nazairdis, Air Liquide, Laboratoires, Boiron und Transalpine*: Grundsätze für die Erstattung beihilferechtswidriger Abgaben

C. Durchsetzungsmitteilung der Kommission 2009

III. Auswirkungen auf Österreich – Diskussion ausgewählter österreichischer Entscheidungen

A. Allgemeine Tendenz

B. VfGH-Verfahren zum Ökostrom-Gesetz
1. Sachverhalt
2. Würdigung durch den VfGH
3. Stellungnahme

C. VwGH-Verfahren
1. AMA-Marketingbeiträge
   a. Allgemeiner Hintergrund des Verfahrenskomplexes
   b. Sachverhalte der jüngeren Urteile
   c. Würdigung durch den VwGH
   d. Stellungnahme
2. Energieabgabenvergütung nach der Rechtssache *Transalpine*
   a. Hintergrund und Sachverhalt
   b. Würdigung durch den VwGH
   c. Stellungnahme

D. OGH-Verfahren
1. *Bank Burgenland*
   a. Sachverhalt
   b. Würdigung durch den OGH
   c. Stellungnahme
2. *Wiener Zeitung*
   a. Sachverhalt
   b. Würdigung durch den OGH
   c. Stellungnahme

IV. Zusammenfassung

I. Bisheriger Sachstand – Gemeinschaftsrechtliche Vorgaben für die Beihilfekontrolle durch österreichische Gerichte im Überblick

A. Vertragsgrundlagen und Zweiteilung der Beihilfekontrolle

Nach Art 87 Abs 1 EGV (Art 107 Abs 1 AEUV) sind „staatliche oder aus staatlichen Mitteln gewährte Beihilfen gleich welcher Art, die durch die Begünstigung bestimmter Unternehmen oder Produktionszweige den Wettbewerb verfälschen oder zu verfälschen drohen, mit dem Gemeinsamen Markt unvereinbar, soweit sie den Handel zwischen Mitgliedstaaten beeinträchtigen." Das *Beihilfeverbot* ist jedoch nicht absolut: Mehrere Bestimmungen des Vertrages (insbesondere[2] Art 87 Abs 2 und 3 EGV (Art 107 Abs 2 und 3 AEUV) enthalten Rechtfertigungsgründe, bei deren Vorliegen Beihilfen ausnahmsweise mit dem Gemeinsamen Markt vereinbar sind.

Art 88 EGV (Art 108 AEUV) enthält die grundlegenden Verfahrensnormen für die Überwachung des Beihilfeverbots, die Einzelheiten des anzuwendenden Verfahrens sind in einer eigenen VerfahrensVO (VVO)[3] geregelt.[4] Nach Art 88 EGV (Art 108 AEUV) obliegt die beihilferechtliche Kontrolle mitgliedstaatlicher Maßnahmen grundsätzlich nur der Kommission. Diese Kontrolle umfasst sowohl die Prüfung der Tatbestandsmäßigkeit nach Art 87 Abs 1 EGV (Art 107 Abs 1 AEUV) als auch die Beurteilung ihrer Vereinbarkeit mit dem Gemeinsamen Markt anhand der im Vertrag genannten Rechtfertigungsgründe. Die nationalen Gerichte spielen eine ergänzende Rolle im Bereich des Individualrechtsschutzes, die aber erst dann Bedeutung erlangt, wenn die Verfahrensnormen des Art 88 EGV (Art 108 AEUV) bereits verletzt (also: rechtswidrige Beihilfen gewährt) wurden.[5] Entsprechend enthält auch die VVO keine Regeln betreffend die nationalen Gerichte, sondern befasst sich alleine mit dem Verfahren vor der Kommission.

Mit der primären Vollzugsbetrauung der Kommission stellt das Beihilfekapitel eine Ausnahme von jenem allgemeinen Prinzip dar, wonach das jetzige Unionsrecht grundsätzlich durch nationale Behörden und Gerichte (mit anderen Worten also: mittelbar) vollzogen wird (Grundsatz des mitgliedstaatlichen

2 Vgl weiters Art 73 und 86 Abs 2 EGV (Art 93 und 106 Abs 2 AEUV).

3 Verordnung (EGV) Nr 659/1999 des Rates vom 22.3.1999 über besondere Vorschriften für die Anwendung von Artikel 93 des EG-Vertrags (VVO), ABl 1999 L 83, 1.

4 Vgl ergänzend auch die jüngste Mitteilung der Kommission über ein vereinfachtes Verfahren für die Würdigung bestimmter Kategorien staatlicher Beihilfen (2009), sowie den Verhaltenskodex für die Durchführung von Beihilfeverfahren, beides abrufbar unter: http://ec.europa.eu/competition/state_aid/legislation/rules.html

5 Für die stRsp zur vertikalen Aufgabenverteilung im Rahmen des Durchführungsverbots vgl etwa EuGH, Rs C-199/06, *CELF*, Slg 2008, I-469, Rdnr 38 mwN.

Unionsrechtsvollzugs).[6] Die *Beihilfekontrolle* ist dagegen ein System grundsätzlich *unionsunmittelbaren Vollzugs*. Anders als beim mittelbaren Unionsrechtsrechtsvollzug, sind die ordentlichen[7] Gerichte zur Durchsetzung des Unionsrechts hier ausnahmsweise nicht die nationalen Gerichte, sondern die Unionsgerichte[8] im Rahmen der Nichtigkeitsklage nach Art 263 AEUV. Der mittelbare Vollzug dient in der Beihilfekontrolle also nur der flankierenden Vermeidung von Durchsetzungs- und Rechtsschutzlücken im Fall der Nichteinhaltung des ordnungsgemäßen Anmelde- und Prüfverfahrens.

Durch ihren grundsätzlich unmittelbaren Vollzugscharakter unterscheidet sich die Beihilfekontrolle insbesondere von der Kartell- und Missbrauchsaufsicht des übrigen Wettbewerbsrechts, wo seit der Dezentralisierung im Jahr 2003 von einem primär mittelbar angelegten Vollzugssystem auszugehen ist.[9] Die ebenfalls zum Wettbewerbsrecht gehörige Fusionskontrolle ist dagegen ähnlich dem Beihilfekapitel als grundsätzlich gemeinschaftsunmittelbares Vollzugssystem angelegt.[10]

Unterschiede und Überschneidungen der Zuständigkeiten von (grundsätzlich) Kommission und (ausnahmsweise) nationalen Gerichten im Rahmen der Beihilfekontrolle werden am Ende dieses Abschnitts diskutiert. Davor sollen noch Inhalt und Reichweite dieser Zuständigkeiten im Überblick dargestellt werden.

B. Verfahren vor der Kommission und VerfahrensVO

Die Beihilfekontrolle durch die Kommission folgt nach Art 88 EGV (Art 108 AEUV) zwei unterschiedlichen Verfahren und ist mit unterschiedlichen Rechtsfolgen verbunden, je nachdem, ob es sich um eine bereits rechtmäßig bestehende oder um eine neu einzuführende Beihilfemaßnahme handelt.

---

6 Vgl zB *Öhlinger/Potacs*, Gemeinschaftsrecht und staatliches Recht³ (2006), 101 ff; *Kuhla/Hüttenbrink/Endler*, Der Verwaltungsprozess³ (2002), Rdnrn 50 ff; *Klingenbrunner/Raptis*, JRP 2008, 141 f; vgl dazu den Beitrag von *Hummer*, Allgemeine Einführung, vorstehend auf S 24 f.

7 Vgl für diese Formulierung *Lenaerts/Arts*, Procedural Law of the EU² (2006), Rdnr 1–002. Gemeint ist „ordentlich" iSv allgemeinzuständig.

8 Vgl zum dortigen Rechtsschutz *Rehulka*, ZfRV 2008, 59.

9 Vgl dazu zB *Thyri*, Kartellrechtsvollzug in Österreich (2007), Rdnrn 63 ff; *Stillfried/Stockenhuber*, Vollzug des EGV-Kartellrechts nach der neuen EGV-Verfahrensverordnung Nr 1/2003, ÖZW 2003, 45. Zur Vollzugslage davor etwa *Bartels*, Kooperation zwischen EU-Kommission und nationalen Gerichten im europäischen Wettbewerbsverfahren, ZfRV 2002/2.

10 Vgl Art 1 und 21 Abs 2 Verordnung (EGV) Nr 139/2004 des Rates vom 20.1.2004 über die Kontrolle von Unternehmenszusammenschlüssen, ABl 2004 L 24, 1.

1. Neue Beihilfen

Für neue Beihilfen ist den Mitgliedstaaten nach Art 88 Abs 3 Satz 1 EGV (Art 108 Abs 3 Satz 1 AEUV) die Verpflichtung auferlegt, der Kommission jedes Vorhaben vorab mitzuteilen (sog *Anmelde-* bzw *Notifikationspflicht*). Art 88 Abs 3 Satz 3 EGV (Art 108 Abs 3 Satz 3 AEUV) bestimmt, dass der Mitgliedstaat, der eine Beihilfe gewähren will, die beabsichtigte Maßnahme nicht durchführen darf, bevor die Kommission eine abschließende Entscheidung erlassen hat (sog *Durchführungsverbot*). Art 88 Abs 2 Satz 2 EGV (Art 108 Abs 3 Satz 2 AEUV) leitet die Kommission, wenn sie der Auffassung ist, dass das mitgeteilte Vorhaben mit dem Gemeinsamen Markt nicht vereinbar ist, ein förmliches Prüfverfahren ein. Art 88 Abs 3 EGV (Art 108 Abs 3 AEUV) unterwirft die beabsichtigte Einführung neuer Beihilfen somit insgesamt einer vorbeugenden Prüfung (präventive Kontrolle).[11]

Wurde ein Beihilfenvorhaben der Kommission genehmigt, so kann es ab dem Genehmigungszeitpunkt durchgeführt werden, gegebenenfalls auch für einen früheren Zeitraum, der von der genehmigten Maßnahme erfasst wird.[12]

2. Bestehende Beihilfen und Abgrenzung zu neuen Beihilfen

Umgekehrt ist für bestehende Beihilfen lediglich ein System der nachprüfenden Kontrolle vorgesehen (repressive Kontrolle). Nach Art 88 Abs 1 EGV (Art 108 Abs 1 AEUV) überprüft die Kommission „fortlaufend in Zusammenarbeit mit den Mitgliedstaaten die in diesen bestehenden Beihilferegelungen. Sie schlägt ihnen die zweckdienlichen Maßnahmen vor, welche die fortschreitende Entwicklung und das Funktionieren des Gemeinsamen Marktes erfordern." Stimmt der betreffende Mitgliedstaat den zweckdienlichen Maßnahmen zu, so entsteht eine ihn bindende und auch von Dritten durchsetzbare Verpflichtung zur Durchführung der zweckdienlichen Maßnahmen (dh zur Anpassung der bestehenden Rechtsgrundlagen).[13] Mangels Zustimmung hat die Kommission wiederum ein förmliches Prüfverfahren zu eröffnen und die Beihilfe per Entscheidung abzustellen.[14] Bis zu einer solchen Entscheidung ist eine bestehende Beihilfe daher rechtmäßig und kann durchgeführt werden.

11 Vgl bereits EuGH, Rs 120/73, *Lorenz*, Slg 1973, 1471, Rdnr 2; stRsp.

12 Vgl zB EuGH, Rs C-384/07, *Wienstrom*, Slg 2008, I-10393, Rdnr 26; EuGH, Rs C-199/06, *CELF*, Slg 2008, I-469, Rdnrn 53 f.

13 Vgl zB EuGH, Rs C-242/00, *Deutschland/Kommission*, Slg 2002, I-5603, Rdnrn 28 f; EuGH, Rs C-311/94, *IJssel-Vliet Combinatie*, Slg 1996, I-5023, Rdnr 44; EuGH, Rs C-313/90, *CIRFS*, Slg 1993, I-1125, Rdnr 32.

14 Vgl zB EuGH, Rs C-387/92, *Banco Exterior de España*, Slg 1994, I-877, Rdnr 20; EuGH, Rs C-47/91, *Italien/Kommission*, Slg 1992, I-4145, Rdnr 25; EuGH, Rs C-298/00 P, *Italien/Kommission*, Slg 2004, I-4087, Rdnr 47; EuGH, Rs C-372/97, *Italien/Kommission*, Slg 2004, I-3679, Rdnr 42.

Gemäß der Definition des Art 1 lit b VVO sind bestehende Beihilfen alle nach Art 87 Abs 1 EGV (Art 107 Abs 1 AEUV) tatbestandsmäßigen Maßnahmen, die

- von der Kommission (oder vom Rat) bereits genehmigt wurden;
- angemeldet, aber von der Kommission binnen zweieinhalb Monaten nicht entschieden wurden;[15]
- nicht angemeldet, aber von der Kommission binnen zehn Jahren ab Gewährung[16] nicht aufgegriffen wurden;[17]
- nur aufgrund der Entwicklung des Marktes zu Beihilfen wurden, ohne formell geändert worden zu sein (zB Entwicklung des Wettbewerbsumfelds, der Kosten oder Einnahmen, Änderungen des Marktwerts; ausgenommen sind Änderungen aufgrund von Liberalisierungen);[18]
- vor Inkrafttreten des Vertrags in einem Mitgliedstaat bestanden (Altbeihilfen). Art und Anzahl von Altbeihilfen variieren je nach Mitgliedstaat. Für Österreich ergibt sich aus dem Beitrittsvertrag, dass alle Maßnahmen, die bereits vor Inkrafttreten des EWR-Abk gewährt und seither unverändert weitergeführt wurden sowie Beihilferegelungen, die im Jahr 1994 – während der Geltung des EWR-Abkommens – ordnungsgemäß notifiziert und von der EFTA-Überwachungsbehörde genehmigt wurden, als Altbeihilfen anzusehen sind.[19] Beihilfen, die schon gegen das Beihilfenregime des EWR-Abkommens verstießen, blieben auch nach dem EU-Beitritt unzulässig. Im Agrarbereich gilt ein abweichendes, strengeres Regime, nach dem alle Agrarbeihilfen bis zum 30. April 1995 notifiziert werden mussten, um unter das Altbeihilfen-Privileg zu fallen.[20]

Alle Beihilfen, die nicht bestehende Beihilfen sind, gelten demgegenüber als neue Beihilfen. Dies schließt wesentliche[21] Umgestaltungen bestehender Beihilfen mit ein.

15 Vgl auch Art 4 Abs 6 VVO.

16 Vgl auch Art 15 VVO.

17 Jedes Tätigwerden der Kommission wirkt aber verfahrensunterbrechend. In EuGH, Rs C-295/97, *Piaggio*, Slg 1999, I-3735, Rdnrn 45 f, bewertete der EuGH sogar sich über 14 Jahre hinziehende Zweifel der Kommission zur Beihilfequalität einer Maßnahme als Ausschlussgrund für das Vorliegen einer bestehenden Beihilfe.

18 Vgl zum Liberalisierungsproblem etwa EuG, verb Rs T-298, T-312, T-313, T-315, T-600 bis 607/97, T-1, T-3 bis T-6 und T-23/98, *Alzetta Mauro*, Slg 2000, II-2319, Rdnrn 142 ff; EuGH, Rs C-372/97, *Italien/Kommission*, Slg 2004, I-3679, Rdnrn 94 ff; EuG, Rs T-288/97, *Regione Fruili Venezia Giulia*, Slg 2001, II-1169, Rdnrn 89 ff.

19 Vgl Art 172 Abs 5 Satz 3 Beitrittsakte 1994; ABl 1994 C 241, 51; vgl dazu Beschluss 95/1/EG, Euratom, EGKS des Rates der EU vom 1. Januar 1995, ABl 1995 L 1, 1.

20 Vgl Art 144 Beitrittsakte 1994; ABL 1994 C 241, 46 f; vgl dazu Beschluss 95/1/EG, Euratom, EGKS des Rates der EU vom 1. Januar 1995, ABl 1995 L 1, 1.

21 Zum hier nicht weiter interessierenden Konzept der Wesentlichkeit einer Umgestaltung zuletzt zB EuG, verb Rs T-254, T-270 und T-277/00, *Hotel Cipriani*, Slg 2008, II-3269, Rdnr 358 mwN.

3. Detailausführung der Verfahrensbestimmungen in der VVO

Die VVO stellt eine weitgehend an der vorangehenden Praxis orientierte Kodifikation der Verfahrensdetails bei der Beihilfekontrolle durch die Kommission dar. Dementsprechend führt die VVO etwa die Anmeldepflicht für neue Beihilfen näher aus und betont das (im Anschlusskapitel näher diskutierte) Durchführungsverbot für nicht angemeldete Beihilfen.[22] Weiters enthält die VVO va nähere Bestimmungen über Gang und Dauer des Vorprüfungsverfahrens für ohne Schwierigkeiten zu beurteilende Maßnahmen,[23] Bestimmungen über das Hauptprüfungsverfahren für Maßnahmen, deren Beurteilung Schwierigkeiten aufwirft,[24] jeweils ergänzende Sonderbestimmungen für die (amtswegige) Prüfung nicht angemeldeter (rechtswidriger)[25] sowie bestehender[26] Beihilfen und eine Reihe weiterer Detailbestimmungen zum Verfahren (zB über den Widerruf[27] oder die Veröffentlichung[28] von Entscheidungen, über die einstweilige oder endgültige Beihilferückforderung,[29] über Beteiligtenrechte,[30] oder für Auskunftsersuchen).[31]

Neben der VVO besteht eine *DurchführungsVO* (D-VVO)[32] zur Präzisierung unterschiedlicher Verfahrensbestimmungen, va betreffend Fristen, Rückforderungszinssätze und Form und Inhalt von Anmeldungen und Jahresberichten.

VVO und D-VVO wenden sich, wie schon eingangs betont, nicht an die österreichischen Gerichte, sondern binden nur die Kommission. Eine weitergehende Detaildarstellung dieser beiden Rechtsakte kann daher hier unterbleiben.

22 Vgl Art 2 und 3 VVO.
23 Vgl Art 4 VVO.
24 Vgl Art 6 VVO.
25 Vgl Art 11 ff VVO.
26 Vgl Art 17 ff VVO.
27 Vgl Art 9 VVO.
28 Vgl Art 26 VVO.
29 Vgl Art 11 und 14 VVO.
30 Vgl Art 20 VVO.
31 Vgl va Art 5 und 10 VVO.
32 Verordnung (EGV) Nr 794/2004 der Kommission vom 21. April 2004 zur Durchführung der Verordnung (EGV) Nr 659/1999 des Rates über besondere Vorschriften für die Anwendung von Artikel 93 des EGV-Vertrags, ABl 2004 L 140, 1, idgF.

C. Grundlagen der Beihilfekontrolle durch österreichische Gerichte

1. Durchführungsverbot als gemeinschaftsrechtliche bzw unionsrechtliche Anspruchsgrundlage

Grundlage der selbständigen Zuständigkeit der nationalen Gerichte im Beihilfekapitel ist das in Art 88 Abs 3 Satz 3 EGV (Art 108 Abs 3 Satz 3 AEUV) enthaltene Verbot, von der Kommission nicht genehmigte Beihilfen vor deren Genehmigung durchzuführen (*Durchführungsverbot*). Es ist dies die einzig unmittelbar anwendbare Norm des Beihilfekapitels,[33] dh die einzige primärrechtliche Bestimmung, auf die sich Einzelne vor den österreichischen Behörden und Gerichten unmittelbar berufen können und die von diesen Behörden und Gerichten direkt herangezogen werden darf. Demnach haben Konkurrenten von Beihilfeempfängern oder zB auch Einzelne, die Beihilfen finanzieren müssen, ein unmittelbar im Gemeinschafts- bzw Unionsrechts gründendes, individuelles und vor den nationalen Gerichten durchsetzbares Recht darauf, dass eine nicht von der Kommission genehmigte Beihilfe auch nicht gewährt wird.

Eine solche unmittelbare Anwendung des Durchführungsverbots durch österreichische Gerichte kann auf zwei Arten erfolgen: Zur Abwehr eigener Verpflichtungen gegenüber der öffentlichen Hand bzw zur Verteidigung bei Verweigerung eines Vorteils, oder zur Bekämpfung von Beihilfen für Konkurrenten. In der erstgenannten Konstellation wirkt das Durchführungsverbot also gewissermaßen als *„Schild"* gegen den Vollzug einer gemeinschaftsrechts- bzw unionsrechtswidrigen – da Art 88 Abs 3 Satz 3 EGV (Art 108 Abs 3 Satz 3 AEUV) widersprechenden – Norm oder Verpflichtung. In letzterer Konstellation wird das Durchführungsverbot dagegen wie ein *„Schwert"* benutzt, um ein gemeinschaftsrechtswidriges Rechtsverhältnis zwischen Dritten durchzuschlagen oder zu verhindern.

Die *„Schild-Konstellationen"* beschäftigen die Gerichte vergleichsweise häufig. Die Berufung auf das Durchführungsverbot ist in dieser Konstellation beliebt, weil sie einfach und prozessual wie ökonomisch unaufwendig ist: Gerade in öffentlichrechtlichen Verfahren mit Untersuchungsgrundsatz muss die Beihilfewidrigkeit im Wesentlichen nur behauptet werden, die weitere rechtliche Prüfung haben VwGH und VfGH von Amts wegen vorzunehmen.[34] Da die Parteien in *„Schild-Konstellationen"* typischerweise Verpflichtete oder Rechtsmittelwerber sind, entstehen durch das Beihilfeargument auch kaum zusätzliche Kosten. In Österreich spielt das Durchführungsverbot, wie auch die weiter unten vorgenommene Diskussion zeigen wird, bislang daher auch va vor den Gerichtshöfen des öffentlichen Rechts eine Rolle, die durchwegs

33 Grundlegend EuGH, Rs 120/73, *Lorenz*, Slg 1973, 1471, Rdnr 8.

34 Vgl §§ 28 Abs 1 und 41 Abs 1 VwGG; § 15 VfGG.

die Abwehr von Belastungen (zB bei AMA-Beiträgen[35] oder Bankenaufsichtsgebühren[36]) oder die Erlangung eines öffentlichen Vorteils (so zB bei Energieabgabenvergütung[37] oder Ökostromförderung[38]) betreffen. „Schild-Konstellationen" können sich aber auch bei zivilrechtlichen Streitigkeiten ergeben, soweit das Durchführungsverbot zur Abwehr einer vertraglichen oder außervertraglichen Pflicht, mitunter auch zur Begründung einer solchen, herangezogen wird. Auch die Spruchpraxis des OGH kennt solche Fälle.[39]

„Schwert-Konstellationen" wiederum sind weniger häufig. Zudem ist das Beihilfeverbot dabei mitunter nur von untergeordneter Bedeutung,[40] wird also lediglich zusätzlich vorgebracht (ähnlich „Schild-Konstellationen"). Alleine auf Grundlage des Durchführungsverbots würde in diesen Fällen kaum geklagt werden. „Schwert-Konstellationen", in denen das Durchführungsverbot auch den Hauptgegenstand der Klage bildet, sind daher die in der Praxis seltenste Kategorie.[41] Wenn überhaupt, betreffen sie bislang ausschließlich die Zivilgerichte.

Aus dem Durchführungsverbot lassen sich in diesen Klagskonstellationen fünf Arten von Ansprüchen ableiten, deren Durchsetzung privaten Klägern oder Rechtsmittelwerbern nach dem österreichischen Recht mindestens möglich sein muss. Dem entgegenstehendes Recht wäre nicht anzuwenden bzw könnte, wie unten im Zusammenhang mit den Grenzen der nationalen Verfahrensautonomie näher ausgeführt, unter Umständen Staatshaftungsansprüche begründen. Allerdings erlaubt es das frühere Gemeinschafts- bzw jetzige Unionsrecht, die aktive Klagslegitimation auf Wettbewerber (und deren Interessensvertretungen) zu beschränken.[42]

Die beiden grundlegenden Ansprüche vor nationalen Gerichten sind jene auf Aussetzung und Rückabwicklung der Beihilfe: Das Gericht „muß [diesem Antrag stattgeben], wenn es feststellt, daß die Kommission von den Beihilfen

---

35 Vgl jüngst zB VwGH v 25.1.2008, 2007/17/0156 (*AMA-Marketingbeiträge*); v 27.5.2008, 2008/17/0037 (*AMA-Weinmarketing*).

36 Vgl VwGH v 29.5.2006, 2002/17/0337 ua (*Bankenaufsichtsgebühr*).

37 Vgl jüngst zB VwGH v 8.1.2007, 2003/17/0054 ua (*Transalpine Ölleitung*); v 30.1.2007, 2004/17/0078 (*Energieabgabenvergütung-Folgejudikatur*).

38 Vgl VfGH v 26.6.2008, G 263/07 (*Ökostromgesetz*).

39 Vgl OGH v 2.10.2002, 9 Ob A86/02s (*Abfertigung*); v 28.11.2005, 7 Ob 181/04z; v 23.4.2008, 7 Ob 176/07v und 7 Ob 116/07w (alle: *stranded costs*); v 27.3.2007, 1 Ob 269/06z (*Amtshaftung*); v 8.7.2008, 4 Ob 54/08g (*Entsorgungstarife*).

40 So in OHG v 12.8.1998, 4 Ob 157/98m (*max.mobil*); v 15.6.2000, 4 Ob 94/00b (*controlfon*); v 4.5.2004, 4 Ob 14/04v (*Therme Loipersdorf*).

41 So in OGH v 22.3.2001, 4 Ob 43/01d (*senior aktuell*); v 10.6.2008, 4 Ob 41/08w (*WZ*); v 15.12.2008, 4 Ob 133/08z (*Bank Burgenland*).

42 Und zwar im Gleichklang mit den Voraussetzungen der unmittelbaren und individuellen Betroffenheit iSd Art 230 UAbs 4 EGV. IdS zB EuGH, Rs C-174/02, *SWNB*, Slg 2005, I-85, Rdnr 19.

nicht unterrichtet worden ist",[43] sofern dem nicht in ganz seltenen Fällen allgemeine Rechtsgrundsätze (va Vertrauensschutz) entgegenstehen. Der Rückabwicklungsanspruch ist damit objektiv zu prüfen und von keiner weiteren Voraussetzung abhängig. Die Reichweite der Rückforderungsverpflichtung ergibt sich aus dem nationalen Recht; das Gemeinschafts- bzw Unionsrecht verlangt – wie nachstehend noch näher ausgeführt wird – jedenfalls in Fällen nachträglicher Genehmigung durch die Kommission keine vollständige Rückabwicklung.[44] Wird das Durchführungsverbot als Schild gegen eine Abgabe herangezogen, die der Finanzierung einer nicht genehmigten Beihilfe dient, kommen eine Aussetzung der Abgabenerhebung und die Rückzahlung der zu Unrecht erhobenen Beträge nur in Frage, wenn die Abgabe spezifisch zur Finanzierung der Beihilfe dient oder ein sonstiger zwingender Zusammenhang zwischen Erhebung und Verwendung besteht.[45] Besteht die behauptete Beihilfe in einer Schild-Konstellation in der Befreiung einzelner Unternehmen von der Abgabe, ist die Rückzahlung in aller Regel[46] ausgeschlossen.[47]

Das Durchführungsverbot beinhaltet auch ein Recht des Klägers oder Rechtsmittelwerbers auf Erlass einstweiliger Maßnahmen (zB Aussetzungsanordnung; vorläufige Rückabwicklung, und dergleichen), wenn erforderlich;[48] die Abwägung der Zweckmäßigkeit obliegt dem nationalen Gericht „unter Beachtung des nationalen Rechts".[49] Besteht daher keine Befugnis zur Erlassung einstweiliger Verfügungen, kann die betroffene Partei wiederum nur versuchen, Schadenersatz *qua* Staatshaftung geltend zu machen.

Hat der Kläger bzw Rechtsmittelwerber aufgrund der nicht von der Kommission genehmigten Beihilfegewährung bzw rechtswidrigen Abgabenerhebung Schäden erlitten, so vermittelt das Durchführungsverbot einen Schadenersatzanspruch gegenüber dem Beihilfegeber;[50] dieser müsste in Analogie zum Staatshaftungsanspruch wohl auch den Ersatz von entgangenem Gewinn (lucrum cessans) umfassen.[51] Das Recht auf Schadenersatz dürfte zudem ein vorgelagertes Recht zur Einbringung einer Feststellungsklage beinhalten, dass die

43 EuGH, Rs C-39/94, *SFEI*, Slg 1996, I-3547, Rdnr 71; stRsp.

44 Vgl EuGH, Rs C-199/06, *CELF*, Slg 2008, I-469, Rdnrn 45 ff.

45 StRsp, zB EuGH, verb Rs C-261/01 und C-262/01, *van Calster*, Slg 2003, I-12249, Rdnr 54; EuGH, Rs C-174/02, *SWNB*, Slg 2005, I-85, Rdnr 25.

46 Vgl aber EuGH, Schlussanträge von GA Tizzano in Rs C-526/04, *Laboratoires Boiron*, Slg 2006, I-7529, Rdnrn 38 ff.

47 IdS zB EuGH, verb Rs C-266 bis C-270, C-276 und C-321 bis C-325/04, *Nazairdis*, Slg 2005, I-9481, Rdnr 44.

48 Vgl EuGH, Rs C-39/94, *SFEI*, Slg 1996, I-3547, Rdnrn 52 f; stRsp.

49 EuGH, Rs C-39/94, *SFEI*, Slg 1996, I-3547, Rdnr 52.

50 Grundlegend EuGH, Rs C-390/98, *Banks*, Slg 2001, I-6117, Rdnr 80.

51 IdS für das Kartellrecht zuletzt EuGH, verb Rs C-295 bis C-298/04, *Manfredi*, Slg 2006, I-6619, Rdnrn 95 f.

behauptete Rechtsverletzung vorliegt.[52] Gegenüber dem Beihilfeempfänger vermittelt das Gemeinschafts- bzw Unionsrecht dagegen keinen Ersatzanspruch.[53]

Bei Steuern und parafiskalischen Abgaben besteht schließlich unter engen Voraussetzungen[54] auch ein Anspruch auf Erstattung eigener Leistungen, die zur Beihilfefinanzierung herangezogen wurden.

2. Vollzug von Kommissionsentscheidungen

Daneben sind die österreichischen Gerichte aber auch an der Umsetzung von negativen Kommissionsentscheidungen durch die öffentliche Hand beteiligt. Die VVO erlegt der öffentlichen Hand dabei die Pflicht auf, alle vor den Gerichten verfügbaren verfahrensrechtlichen Mittel auszuschöpfen.[55] Die Pflicht zur Bereitstellung effektiver Durchsetzungsgrundlagen im nationalen Verfahrensrecht ergibt sich wiederum schon aus dem Loyalitätsgebot des Art 10 EGV (Art 10 AEUV) sowie aus dem Grundsatz des effektiven gerichtlichen Rechtsschutzes als einem der allgemeinen Rechtsgrundsätze des Gemeinschafts- bzw Unionsrechts.[56]

3. Nationale Verfahrensautonomie und Anspruchsgrundlagen im österreichischen Recht[57]

Hand in Hand mit sowohl der unmittelbaren Wirkung des Durchführungsverbots als auch mit der Pflicht zur Umsetzung negativer Kommissionsentscheidungen geht jener Grundsatz des Gemeinschafts- bzw Unionsrechts, wo-

52 So EuGH, Schlussanträge von GA Tizzano in den verb Rs C-393/04 und C-41/05, *Air Liquide*, Slg 2006, I-5293, Rdnr 33.

53 Vgl EuGH, Rs C-39/94, *SFEI*, Slg 1996, I-3547, Rdnr 74.

54 Vgl besonders EuGH, verb Rs C-34 bis C-38/01, *Enirisorse*, Slg 2003, I-14243, Rdnr 45; EuGH, Rs C-368/04, *Transalpine Ölleitung*, Slg 2006, I-9957, Rdnrn 49 und 51; näher *Bartosch*, EuZW 2005, 398 ff; *Jaeger*, wbl 2006, 541.

55 Vgl Art 14 Abs 3 VVO.

56 Vgl EuGH, Rs C-432/05, *Unibet*, Slg 2007, I-2271, Rdnrn 37 ff; EuGH, Rs 222/84, *Johnston*, Slg 1986, 1651, Rdnrn 18 f; EuGH, Rs 222/86, *Heylens*, Slg 1987, 4097, Rdnr 14; EuGH, Rs C-424/99, *Kommission/Österreich*, Slg 2001, I-9285, Rdnr 45; EuGH, Rs C-50/00 P, *Unión de Pequeños Agricultores*, Slg 2002, I-6677, Rdnr 39; EuGH, Rs C-467/01, *Eribrand*, Slg 2003, I-6471, Rdnr 61; EuGH, Rs 33/76, *Rewe*, Slg 1976, 1989, Rdnr 5; EuGH, Rs 45/76, *Comet*, Slg 1976, 2043, Rdnrnn 12 f; EuGH, Rs 106/77, *Simmenthal*, Slg 1978, 629, Rdnrn 21 f; EuGH, Rs C-213/89, *Factortame*, Slg 1990, I-2433, Rdnr 19; EuGH, Rs C-312/93, *Peterbroeck*, Slg 1995, I-4599, Rdnr 12; EuGH, Rs C-453/99, *Courage und Crehan*, Slg 2001, I-6297, Rdnr 29; EuGH, Rs C-13/01, *Safalero*, Slg 2003, I-8679, Rdnr 49.

57 Vgl zu den in diesem Abschnitt besprochenen Fragen weiterführend auch *Jaeger*, Beihilfegewährung durch Vergabeverstöße und ihre Berücksichtigung durch die Träger der

nach sich die Voraussetzungen der Ausübung unionsrechtlich verliehener Rechte oder gemeinschafts- bzw unionsrechtlich auferlegter Pflichten nach dem nationalen Recht richten.[58] In beiden Fällen sind daher die nationalen Bestimmungen für vergleichbare Ansprüche anzuwenden (*Äquivalenzgebot*); nur dort, wo diese die effektive Durchsetzung des Art 88 Abs 3 letzter Satz EGV (Art 108 Abs 3 letzter Satz AEUV) bzw der negativen Kommissionsentscheidung nicht erlauben, kann das Gemeinschaftsrecht ausnahmsweise die Anwendung einzelner Bestimmungen verbieten (*Effektivitätsgebot*; zB bei Verjährungsfristen, Rechtsmittelausschlüssen und der Gleichen).[59] Führt dies nicht zum gewünschten Ergebnis, kann nur Schadenersatz *qua* Staatshaftung versucht werden:[60] Ein kodifiziertes gemeinschafts- bzw unionseigenes Verfahrensrecht zur Durchsetzung des Beihilfeverbots oder einheitliche verfahrensrechtliche Mindeststandards gibt es, wie schon oben iZm der VVO betont, nicht.[61]

Für die Durchsetzung individueller Ansprüche unterscheiden sich die Rechtsgrundlagen zur aufgrund des Durchführungsverbots im österreichischen Recht danach, ob die Beihilfe per Bescheid gewährt oder (wie in der Praxis ganz überwiegend)[62] vertraglich vereinbart wurde bzw in einem Vertrag enthalten war.

In „Schwert-Konstellationen“ (also negativen Konkurrentenklagen) mit zivilrechtlichem Gewährungshintergrund bildet den Ausgangspunkt die nach herrschender Lehre[63] angenommene und in der zivilgerichtlichen Rechtsprechung[64] bestätigte, absolute Nichtigkeit der Gewährungsgrundlage nach § 879

öffentlichen Verwaltung, 15, in *Kandlhofer/Seyfried* (Hrsg), Interne Revision und Förderungswesen – Prüfung des Förderungswesens (2010), 15 ff.

58 Vgl schon EuGH, Rs 120/73, *Lorenz*, Slg 1973, 1471, Rdnr 9.

59 StRsp, zB EuGH, Rs C-174/02, *SWNB*, Slg 2005, I-85, Rdnr 18.

60 Vgl grundlegend EuGH, Rs C-6/90, *Francovich*, Slg 1991, I-5357, Rdnrn 32 ff.

61 In anderen Materien des Gemeinschafts- bzw Unionsrechts kennt man eine Harmonisierung von gerichtlichen Durchsetzungsnormen aber sehr wohl, etwa im Immaterialgüterrecht nach der Richtlinie 2004/48/EGV zur Durchsetzung der Rechte des geistigen Eigentums, ABl 2004 L 157, 45. Auch für das Kartellrecht wird eine punktuelle Vereinheitlichung der Standards diskutiert, vgl Weißbuch Schadenersatzklagen wegen Verletzung des EGV-Wettbewerbsrechts, KOM(2008) 165 endg, ABl 2007 L 204, 27.

62 Vgl etwa *Rebhahn*, Subventionsrecht, in *Raschauer* (Hrsg), Österreichisches Wirtschaftsrecht^2 (2003), Rdnrn 840 f; *Jaeger*, Beihilfe- und Förderungsrecht, in *Holoubek/Potacs* (Hrsg), Öffentliches Wirtschaftsrecht, Bd 1^2 (2007), 729 ff.

63 Vgl *Eilmansberger*, Die Zivilrechtsfolgen gemeinschaftsrechtswidriger Beihilfegewährung – Zur Bedeutung der Art 87 f EGV für das österreichische Zivilrecht, in *Koppensteiner* (Hrsg), Österreichisches und europäisches Wirtschaftsprivatrecht, Teil 8/2 (2000), 81 f; *Rüffler*, Rechtsfolgen gesetzeswidriger Beihilfengewährung, in *WiR* (Hrsg), Beihilfenrecht (2004), 167 ff; *Öhlinger/Potacs*, Gemeinschaftsrecht und staatliches Recht^2 (2001), 134.

64 Vgl OLG Wien v 5.2.2007, 2 R 150/06b, mwN zum Schrifttum.

ABGB. Die Nichtigkeit ist absolut, kann also von jedermann geltend gemacht werden.[65] Diese Doktrin absoluter Nichtigkeit, an der im Schrifttum schon länger Zweifel geäußert wurden,[66] könnte allerdings nach der nachstehend besprochenen *CELF*-Rechtsprechung[67] eine Abschwächung dahingehend erfahren, dass zB auch bloß die Annahme einer schwebenden Unwirksamkeit bis zur Kommissionsentscheidung über die rechtswidrige Beihilfe ausreichen könnte. Diese Überlegung wird an anderer Stelle nachstehend näher ausgeführt.

Nimmt man jedoch Nichtigkeit an, so erfasst diese alle auf die Gewährung der Beihilfe – im vom Durchführungsverbot erfassten Zeitraum – gerichteten Teile des Vertrages. Handelt es sich dabei um Grundlagen (zB bei bestimmten Investitionsbeihilfen), fällt damit der ganze Vertrag. Bilden die erfassten Bestimmungen dagegen nur einen sonstigen Bestandteil – zB wenn die Beihilfe nur in einem Aspekt eines Kauf-, Haftungs- oder Darlehensvertrag besteht – so bestimmt sich die Reichweite der Nichtigkeit nach dem Grundsatz der geltungserhaltenden Reduktion anhand des hypothetischen Parteiwillens.[68]

Die zur Durchsetzung der Nichtigkeit und der daraus resultierenden Ansprüche (Aussetzung, Rückabwicklung, einstweilige Maßnahmen, Schadenersatz) umfassend geeignete Klagsgrundlage ist das UWG.[69] Dieses bietet nicht nur aus der Sicht des Gemeinschafts- bzw Unionsrechts sondern auch aus der Sicht des Rechtsschutzsuchenden ausreichende Instrumente, sodass sich eine alternative oder kumulative Heranziehung des ABGB erübrigt.

Passivlegitimierte der UWG-Klage sind der Staat und das begünstigte Unternehmen: Für beide ist die Vereinbarung über die Beihilfegewährung ein „Handeln im geschäftlichen Verkehr" iSd § 1 Abs 1 UWG.[70] Im Verstoß gegen das Durchführungsverbot durch Gewährung bzw Entgegennahme der Beihilfe liegt die nach UWG geforderte Unlauterkeit.[71] Ein Blick auf die hier mei-

65 Vgl *Rüffler*, Rechtsfolgen, 168.

66 Vgl zB *Wöllik*, Die Zivilrechtsfolgen bei Verstoß gegen das Durchführungsverbot des Art 88 Abs 3 letzter Satz EGV, in *Jaeger* (Hrsg), Jahrbuch Beihilferecht 2008 (2008), 349 ff.

67 Vgl besonders die Einschränkung des Schutzzwecks des Durchführungsverbots in EuGH, Rs C-199/06, *CELF*, Slg 2008, I-469, Rdnrn 47 f.

68 Vgl zB OGH v 26.1.1995, 6 Ob 506/95; ausführlich *Eilmansberger*, Zivilrechtsfolgen, in *Koppensteiner* (Hrsg), Wirtschaftsprivatrecht, 82 ff.

69 Vgl OGH v 15.12.2008, 4 Ob 133/08z (*Bank Burgenland*); weiters *Rüffler*, Rechtsfolgen, 144 ff; *Rüffler*, JBl 2005, 414 f; *Rebhahn*, Subventionsrecht, in *Raschauer* (Hrsg), Wirtschaftsrecht, Rdnrn 886 ff.

70 ZB OGH v 16.7.2002, 4 Ob 72/02w; OGH v 22.3.2001, 4 Ob 43/01d; OGH v 11.3.1997, 4 Ob 68/97x; OGH 9.12.1989, 4 Ob 50, 51/89; näher *Koppensteiner*, wbl 1990, 104; *Rebhahn*, Subventionsrecht, in *Raschauer* (Hrsg), Wirtschaftsrecht, Rdnrn 887 und 889.

71 IdS auch *Rebhahn*, Subventionsrecht, in *Raschauer* (Hrsg), Wirtschaftsrecht, Rdnrn 888; *Rüffler*, Der Einfluss des Europarechts auf das österreichische UWG, in *Koppensteiner* (Hrsg), Österreichisches und europäisches Wirtschaftsprivatrecht, Teil 6/2 (1998), 471;

nes Erachtens maßgebliche Rechtsprechung[72] des EuGH zur Begründung schutzwürdigen Vertrauens auf die Rechtmäßigkeit einer Beihilfe, wonach einem sorgfältigen Gewerbetreibenden zugemutet werden kann, die Rechtmäßigkeit einer Zuwendung zu prüfen, stellt dabei zweierlei klar: Erstens ist eine Unterlauterkeit der Gewährung oder Entgegennahme nur ganz ausnahmsweise zu verneinen, und zwar im Wesentlichen nur, wenn die Kommission selbst den Eindruck der Rechtmäßigkeit der Maßnahme befördert hat; auf das Verhalten von Organen der Mitgliedstaaten kann es dagegen mit Blick auf die alleinige Zuständigkeit der Kommission zur Beihilfegenehmigung wohl nicht ankommen. Zweitens ist der Maßstab der Unlauterkeit für öffentliche Hand und Empfänger gleich anzulegen, sodass letzterer insbesondere nicht in den Genuss eines milderen Standards kommen kann.[73] Daher wird insbesondere ein Einwand der mangelnden Erkennbarkeit der Maßnahme als Beihilfe seitens der öffentlichen Hand oder des Empfängers regelmäßig unbeachtlich bleiben.

Die Aktivlegitimation nach dem UWG steht jedem Mitbewerber des Beihilfeempfängers iSd § 14 Abs 1 S 1 UWG zu.[74] Der Mit- bzw Wettbewerberbegriff erfasst dabei bereits auch den Wettbewerb um den Marktzutritt.[75] Der Unterlassungsanspruch gegen laufende oder bevorstehende Zuwendungen ist auf Art 88 Abs 3 letzter Satz EGV (Art 108 Abs 3 letzter Satz AEUV) iVm §§ 1 und 14 UWG zu stützen; zur Durchsetzung des Unterlassungsanspruchs stehen nach § 24 UWG einstweilige Maßnahmen zur Verfügung. Der Beseitigungsanspruch (Rückabwicklung) ist auf Art 88 Abs 3 letzter Satz EGV (Art 108 Abs 3 letzter Satz AEUV) iVm §§ 1 und 15 UWG zu stützen, der Schadenersatzanspruch auf Art 88 Abs 3 letzter Satzt EGV (Art 108 Abs 3 letzter Satz AEUV) iVm §§ 1 und 16 UWG. Der Schadenersatz umfasst auch den entgangenen Gewinn (§ 16 UWG), Beihilfegeber und -empfänger haften außerdem zur ungeteilten Hand (§ 17 UWG). Art 88 Abs 3 letzter Satz EGV (Art 108 Abs 3 letzter Satz AEUV) alleine trägt dabei, wie gezeigt, allerdings

---

vgl zur Rechtsbruch-Fallgruppe nach der UWG-Novelle 2007 OGH v 11.03.2008, 4 Ob 225/07b, Punkte 4 ff; *Artmann*, Die Beurteilung der Fallgruppe „Rechtsbruch" nach der UWG-Novelle 2007, wbl 2008, 253; *Koppensteiner*, Das UWG nach der Novelle 2007, wbl 2009, 5 ff.

72 Vgl zur Unstatthaftigkeit der Entgegennahme die EuGH-Rechtsprechung zum Vertrauensschutz, zB EuGH, Rs C-24/95, *Alcan II*, Slg 1997, 1624, Rdnr 25; EuGH, Rs C-5/89, *BUG*, Slg 1990, I-3437, Rdnrn 13 f; EuGH, Rs C-169/95, *Spanien/Kommission*, Slg 1997, I-135, Rdnr 51; weiters OGH v 26.1.2000, 7 Ob 187/99x.

73 So aber offenbar OGH v 22.3.2001, 4 Ob 43/01d; im Ergebnis ähnlich *Rebhahn*, Subventionsrecht, in *Raschauer* (Hrsg), Wirtschaftsrecht, Rdnrn 888 f.

74 Auch Konsumenten kommt eine Aktivlegitimation für Schadenersatzklagen nach UWG zu, vgl OGH v 24.2.1998, 4 Ob 53/98t; *Rebhahn*, Subventionsrecht, in *Raschauer* (Hrsg), Wirtschaftsrecht, Rdnr 888.

75 So nunmehr ausdrücklich OGH v 15.12.2008, 4 Ob 133/08z, Pkt 2.1 f.

nur einen Schadenersatzanspruch gegen die öffentliche Hand. UWG-basierte Schadenersatzansprüche gegen den Beihilfeempfänger setzen daher voraus, dass dessen eigenständiges Handeln eine weitere Rechtswidrigkeit nach § 1 UWG begründet.

Bei „*Schwert-Konstellationen*" (also negativen Konkurrentenklagen) mit öffentlichrechtlichem Gewährungshintergrund ist der Ausgangspunkt demgegenüber eine bloß relative Nichtigkeit des beihilfegewährenden Bescheids.[76] Der Bescheid entfaltet so lange Rechtswirkungen, als keine Aufhebung erfolgt. Verfahren und Umfang einer Aufhebung richten sich nach den Bestimmungen des AVG bzw der jeweiligen Materiengesetze zur Behebung rechtswidriger Bescheide.[77]

Die Nichtigkeit von Bescheiden kann lediglich von den Parteien geltend gemacht werden. Für Konkurrenten stellt sich daher das Problem der Antragsberechtigung (Parteistellung). AVG und BAO als die hier in der Praxis wichtigsten Gesetze enthalten kein Antragsrecht für Konkurrenten. Auch sind Konkurrenten nach herrschender Lehre im Schrifttum nicht generell Parteien im Verfahren zur Beihilfegewährung iSd § 8 AVG.[78] Da Art 88 Abs 3 letzter Satz EGV (Art 108 Abs 3 letzter Satz AEUV) Konkurrenten subjektive Rechte verleiht, ist die Verankerung eines Antragsrechts aber auch für öffentlichrechtliche Beihilfegewährungen nach dem Gemeinschaftsrecht geboten. Erkennt ein Gesetz nur der Behörde (etwa § 68 AVG)[79] oder nur der Behörde und dem Beihilfeempfänger (so wohl auch nach der Reform im Jahr 2002[80] immer noch § 299 BAO)[81] die Möglichkeit zur amtswegigen Behebung zu – während der Konkurrent eine Aufhebung lediglich anregen kann, ohne selbst Partei zu

---

76 Vgl etwa *Lang*, Rechtsschutzfragen abgabenrechtlicher Beihilfengewährung, in *WiR* (Hrsg), Beihilfenrecht (2004), 81 f; *Potacs*, Bestandskraft gemeinschaftsrechtswidriger Bescheide, in *Holoubek/Lang* (Hrsg), Abgabenverfahrensrecht und Gemeinschaftsrecht (2006), 245.

77 Vgl *Öhlinger/Potacs*, Gemeinschaftsrecht, 133 f; speziell zum AVG zB *Potacs*, Rechtsschutzfragen öffentlich-rechtlicher Beihilfengewährung, in *WiR* (Hrsg), Beihilfenrecht (2004), 102 f; zur BAO zB *Lang*, Rechtsschutzfragen, in *WiR* (Hrsg), Beihilfenrecht, 81 f.

78 So *Potacs*, Rechtsschutzfragen, in *WiR* (Hrsg), Beihilfenrecht, 99 ff; *Rebhahn*, Subventionsrecht, in *Raschauer* (Hrsg), Wirtschaftsrecht, Rdnr 890; aA *Nordberg*, ecolex 2000, 264; differenzierend *Winkler*, Rechtskraft und Konkurrentenschutz bei Beihilfenbescheiden, in *Jaeger* (Hrsg), Jahrbuch Beihilferecht 2008 (2008), 327 ff und 332 ff.

79 Vgl *Potacs*, Rechtsschutzfragen, in *WiR* (Hrsg), Beihilfenrecht, 102.

80 Vgl noch § 301 BAO aF (aufgehoben): „Auf die Ausübung der gemäß den §§ 299 und 300 der Behörde zustehenden [Aufhebungs-]Rechte steht niemandem ein Anspruch zu."

81 Vgl *Arnold*, Konkurrentenklage und Abgabenverfahrensrecht, in *Holoubek/Lang* (Hrsg), Abgabenverfahrensrecht und Gemeinschaftsrecht (2006), 437; *Lang*, Die Aufhebung von Bescheiden wegen Widerspruchs zum Gemeinschaftsrecht, in *Holoubek/Lang* (Hrsg), Abgabenverfahrensrecht und Gemeinschaftsrecht (2006), 270 f.

sein – ist dies vor dem Hintergrund des Effektivitätsgebots unzureichend und gemeinschafts- bzw unionsrechtswidrig.[82]

Im Schrifttum wurden dazu verschiedene Lösungswege aufgezeigt. So könnte man etwa ein Recht des Konkurrenten auf Erwirkung eines Feststellungsbescheids, der eine automatische Handlungspflicht der Behörde (nach § 69 AVG oder § 299 BAO) zur Folge hätte, annehmen.[83] Vorgeschlagen wurde aber auch, den Konkurrenten als atypische Nebenpartei anzusehen und ihm so zumindest eine beschränkte Parteistellung für die Zwecke der Geltendmachung der Rechte aufgrund des Durchführungsverbots zuzugestehen.[84] Wäre dagegen keine dieser Lösungen gangbar, so kann vor dem Hintergrund des Effektivitätsgebots wohl[85] auch argumentiert werden, dass beihilfegewährende Bescheide folglich als absolut nichtig angesehen werden müssen.[86] Schließlich ließe sich, wie im Schrifttum überzeugend dargelegt wurde,[87] alternativ zur Konstruktion einer Anspruchsgrundlage bzw Parteistellung im öffentlichen Recht eine Rechtsschutzlücke bei öffentlichrechtlicher Beihilfegewährung wohl auch durch die ordentlichen Gerichte schließen, uzw über eine Heranziehung des UWG auch bei öffentlichrechtlicher Gewährung. Demnach könnte vor den Zivilgerichten eine auf §§ 1 iVm 14, 15 oder 16 UWG gestützte Klage auf Beseitigung, Unterlassung (einschließlich einstweiliger Maßnahmen) oder Schadenersatz (samt entgangenem Gewinn) gegen den Empfänger erhoben werden. Weil der Empfänger auch bei öffentlich-rechtlicher Gewährung keineswegs zur Annahme der Beihilfe verpflichtet ist, könnte in dieser Annahme eine eigenständige Unlauterkeit nach § 1 UWG liegen.[88] Gegen die öffentliche Hand ist eine UWG-Klage aber ausgeschlossen, da sie beim Erlass eines Be-

---

82 IdS auch *Potacs*, Rechtsschutzfragen, in *WiR* (Hrsg), Beihilfenrecht, 102; *Lang*, Aufhebung, in *Holoubek/Lang* (Hrsg), Abgabenverfahrensrecht, 262 ff.

83 So *Potacs*, Rechtsschutzfragen, in *WiR* (Hrsg), Beihilfenrecht, 102 f; *Lang*, Rechtsschutzfragen, in *WiR* (Hrsg), Beihilfenrecht, 87 ff; idS auch EuGH, Schlussanträge von GA Tizzano in verb Rs C-393/04 und C-41/05, *Air Liquide*, Slg 2006, I-5293, Rdnr 33.

84 So *Winkler*, Rechtskraft, in *Jaeger* (Hrsg), Jahrbuch 2008, 333 ff; *Winkler*, Die Bedeutung des Urteils CELF für Beihilfenbescheide, in *Jaeger* (Hrsg), Jahrbuch Beihilferecht 2009 (2009), 411.

85 IdS EuGH, Rs C-24/95, *Alcan II*, Slg 1997, 1624, Rdnr 38.

86 So zutreffend *Lang*, Aufhebung, in *Holoubek/Lang* (Hrsg), Abgabenverfahrensrecht, 265.

87 So zB *Rebhahn*, Subventionsrecht, in *Raschauer* (Hrsg), Wirtschaftsrecht, Rdnr 890; *Winkler*, Rechtskraft, in *Jaeger* (Hrsg), Jahrbuch 2008, 341 f; *Rüffler*, Die Anwendbarkeit des UWG auf juristische Personen des öffentlichen Rechts (1994), 80 ff; *Pechan*, Rechtswegaspekte bei der Bekämpfung hoheitlicher Subventionen, ecolex 2001, 786 f mwN; aA zB *Potacs*, Rechtsschutzfragen, in *WiR* (Hrsg), Beihilfenrecht, 99; *Nordberg*, ecolex 2000, 263; offengelassen in OGH v 18.5.1999, 4 Ob 117/99 f.

88 Ebenso *Rebhahn*, Subventionsrecht, in *Raschauer* (Hrsg), Wirtschaftsrecht, Subventionsrecht, Rdnr 890; weiters *Rüffler*, Anwendbarkeit, 80 ff; *Pechan*, ecolex 2001, 786 f mwN.

scheids nicht im geschäftlichen Verkehr handelt.[89] In der Rechtsprechungspraxis hat bislang noch keine der vorgenannten Varianten Bestätigung oder Ablehnung gefunden.[90]

Die Heranziehung des Durchführungsverbots in „Schild-Konstellationen" (also zur Abwehr von Belastungen) bewirkt eine schlichte Verdrängung des nationalen Rechts *qua* Anwendungsvorrang, gegebenenfalls verbunden mit einem Anspruch auf Rückabwicklung. Zur gerichtlichen Geltendmachung des Durchführungsverbots genügt hier die Behauptung seiner Verletzung in den Rechtsmittelgründen der Bescheidbeschwerde.[91]

Schließlich richtet sich auch das Verfahren zur Umsetzung negativer Kommissionsentscheidungen nach der zivil- oder öffentlichrechtlichen Gewährungsform. In jenem (Regel-)Fall, dass eine Beihilfe *privatrechtsförmig* durchgeführt wurde, ist die gerichtliche Rückforderung nach den normalen Regeln über die Vertragsanfechtung vor den Zivilgerichten zu betreiben. Aufgrund des dann aufrechten Widerspruchs zum Durchführungsverbot ist die Vertragsgrundlage in diesen Fällen ohnedies als absolut nichtig anzusehen[92] und die Zahlung daher rechtsgrundlos erfolgt. Im Fall *öffentlichrechtlicher* Gewährung ist die Rückforderung bescheidmäßig auszusprechen, wenn dafür eine gesetzliche Grundlage besteht oder im Gewährungsbescheid entsprechend Vorsorge getragen wurde. Andernfalls ist auch hier der Zivilrechtsweg zu gehen.

D. Verhältnis von Kommissions- und Gerichtszuständigkeit[93]

1. Abgrenzungsgrundsätze

Wie gezeigt, wird das Beihilfeverbot primär alleine von der Kommission vollzogen, es besteht jedoch auch eine ergänzende Zuständigkeit der nationalen Gerichte aufgrund des Durchführungsverbots. Daraus ergibt sich Bedarf zu einer Abgrenzung der Reichweite der jeweiligen Zuständigkeiten. Diese Abgrenzung richtet sich nach jenen zwei fundamentalen Grundsätzen, die vorstehend auch bereits erörtert wurden.

Erstens ist die Kommission schon nach dem Vertragswortlaut das primäre Vollzugsorgan der Beihilfekontrolle. Sie übt daher sämtliche Zuständigkeiten

89 ZB OGH 11.3.1997, 4 Ob 68/97x; kritisch *Rüffler*, JBl 2005, 414.

90 *Potacs*, Rechtsschutzfragen, in *WiR* (Hrsg), Beihilfenrecht, 92, bezeichnet öffentlichrechtliche Konkurrentenklagen überhaupt als „weitgehend hypothetisch".

91 Vgl §§ 28 Abs 1 und 41 Abs 1 VwGG; § 15 VfGG.

92 Vgl *Wöllik*, Zivilrechtsfolgen, in *Jaeger* (Hrsg), Jahrbuch 2008, 348 ff; *Eilmansberger*, Zivilrechtsfolgen, in *Koppensteiner* (Hrsg), Wirtschaftsprivatrecht, 81 f; *Rüffler*, Rechtsfolgen, in *WiR* (Hrsg), Beihilfenrecht, 167 ff; *Öhlinger/Potacs*, Gemeinschaftsrecht, 134.

93 Vgl zu den in diesem Abschnitt besprochenen Fragen weiterführend auch *Jaeger*, Beihilfegewährung, in *Kandlhofer/Seyfried* (Hrsg), Revision, 15 ff.

aus, die dort nicht ausnahmsweise den nationalen Gerichten zugewiesen sind. Rechtsakte, die sie in Ausübung dieser Zuständigkeiten erlässt, genießen grundsätzlich Anwendungsvorrang und sind von den österreichischen Behörden und Gerichten daher umfassend zu beachten. Dieser Anwendungsvorrang kann im Einzelfall auch die Rechts- bzw Bestandskraft nationaler Entscheidungen, die im Widerspruch zu einer rechtskräftigen Kommissionsentscheidung stehen, überlagern.[94]

Zweitens ist der Vollzug des Durchführungsverbots als einzigem Bestandteil der Beihilfekontrolle den nationalen Gerichten überantwortet.[95] Es handelt sich dabei wie bei der Kommission um eine selbständige und ausschließliche Zuständigkeit. Eine parallele Zuständigkeit von Kommission und nationalen Gerichten ist nicht gegeben, sondern die Kommission verfügt beim Durchführungsverbot über gar keine Vollzugszuständigkeit, weil sie, anders als die nationalen Gerichte, alleine aus dem Grund der rechtswidrigen Nichtanmeldung einer Beihilfe gerade keine Rückforderung anordnen darf.[96] Ob eine Beihilfe rechtswidrig bereits ausgezahlt wurde, spielt für das Verfahren vor der Kommission zwar insoweit eine faktische Rolle, als dann leicht abweichende Verfahrensbestimmungen zur Anwendung kommen[97] und eine Negativentscheidung auch eine Rückforderungsanordnung der Kommission zur Folge hat.[98] Eine solche endgültige[99] Rückforderung setzt aber stets die Vornahme einer Vereinbarkeitsprüfung voraus, das Durchführungsverbot alleine darf die Kommission nicht durchsetzen.[100] Die Zuständigkeit der nationalen Gerichte

94 Vgl EuGH, Rs C-119/05, *Lucchini*, Slg 2007, I-6199, Rdnrn 60 ff. Vgl auch *Winkler*, Rechtskraft, in *Jaeger* (Hrsg), Jahrbuch 2008, 327 ff.

95 Vgl zB EuGH, Rs C-199/06, *CELF*, Slg 2008, I-469, Rdnr 38; EuGH, Rs C-354/90, *FNCE*, Slg 1991, I-5505, Rdnr 14; EuGH, Rs C-39/94, *SFEI*, Slg 1996, I-3547, Rdnr 70; EuGH, Rs C-368/04, *Transalpine Ölleitung*, Slg 2006, I-9957, Rdnr 46.

96 Vgl zB EuGH, Rs C-199/06, *CELF*, Slg 2008, I-469, Rdnr 38 mwN; EuGH, Rs C-301/87, *Frankreich/Kommission (‚Boussac')*, Slg 1990, I-307, Rdnrn 9 ff; EuGH, Rs C-354/90, *FNCE*, Slg 1991, I-5505, Rdnr 13; EuGH, Rs C-142/87, *Belgien/Kommission (‚Tubemeuse')*, Slg 1990, I-959, Rdnrn 14 ff.

97 Vgl Art 10 ff VVO.

98 Vgl Art 14 VVO; vgl auch EuGH, Rs C-66/02, *Italien/Kommission (‚Italienische Bankenstiftungen')*, Slg 2005, I-10901, Rdnr 113; EuGH, verb Rs C-328/99 und C-399/00, *SIM 2 Multimedia*, Slg 2003, I-4035, Rdnr 66 mwN; EuGH, Rs C-305/89, *Italien/Kommission (Alfa Romeo)*, Slg 1991, I-1603, Rdnr 41 mwN.

99 Vgl jedoch die, in der Praxis allerdings bedeutungslose, Befugnis zur Anordnung einer einstweiligen Rückforderung auch vor Abschluss der Vereinbarkeitsprüfung in Art 11 Abs 2 VVO.

100 Vgl zB EuGH, Rs C-301/87, *Frankreich/Kommission (‚Boussac')*, Slg 1990, I-307, Rdnrn 9 ff; EuGH, Rs C-354/90, *FNCE*, Slg 1991, I-5505, Rdnr 13; EuGH, Rs C-142/87, *Belgien/Kommission (‚Tubemeuse')*, Slg 1990, I-959, Rdnrn 14 ff.

zum Vollzug des Beihilfeverbots besitzt daher einen autonomen und von den Zuständigkeiten der Kommission losgelösten Charakter.[101]

Die Lösung von Einzelfragen der Anwendung des Beihilfeverbots im nationalen Verfahren diesen Grundsätzen ergibt sich umfassend aus diesen beiden Grundsätzen.

2. Reichweite der gerichtlichen Überprüfung

Hinsichtlich der Reichweite der selbständigen und ausschließlichen Befugnisse der nationalen Gerichte im Rahmen des Vollzugs von Art 88 Abs 3 letzter Satz EGV (Art 108 Abs 3 letzter Satz AEUV) kommt ein funktioneller Maßstab zur Anwendung: Die Prüf- und Anordnungszuständigkeit von auf das Durchführungsverbot gestützten Klagen befassten Gerichten reicht genau so weit, wie zur Sicherstellung der Nichtdurchführung nicht genehmigter Beihilfen erforderlich.[102] Nationale Maßnahmen können daher von den Gerichten selbständig am Maßstab des Beihilfetatbestands des Art 87 Abs 1 EGV (Art 107 Abs 1 AEUV) geprüft werden,[103] da die Feststellung der Tatbestandsmäßigkeit der Maßnahme Voraussetzung für die Anwendung des Durchführungsverbots ist. Gegebenenfalls kann dabei die Pflicht zur Einholung einer Vorabentscheidung des EuGH zur Frage der Tatbestandsmäßigkeit bzw der Auslegung der Tatbestandsmerkmale des Art 87 Abs 1 EGV (107 Abs 1 AEUV) bestehen.[104] Wie auch im übrigen Gemeinschafts- bzw Unionsrecht,[105] sind die nationalen Gerichte ja eben nicht zur selbständigen Auslegung von Art 87 Abs 1 EGV (Art 107 Abs 1 AEUV) befugt, sondern eben nur zu dessen Anwendung.

Über diese Befugnis zur Anwendung von Art 87 Abs 1 EGV (Art 107 Abs 1 AEUV) auf den jeweiligen Sachverhalt hinaus besitzen die österreichischen Gerichte keine beihilferechtlichen Kompetenzen. Sie dürfen daher insbeson-

101 Vgl zB EuGH, Rs C-199/06, *CELF*, Slg 2008, I-469, Rdnr 38; EuGH, Rs C-354/90, *FNCE*, Slg 1991, I-5505, Rdnr 14; EuGH, Rs C-39/94, *SFEI*, Slg 1996, I-3547, Rdnr 70; EuGH, Rs C-368/04, *Transalpine Ölleitung*, Slg 2006, I-9957, Rdnr 46.

102 Vgl EuGH, Rs 78/76, *Steinike & Weinling*, Slg 1977, 595, Rdnrn 9 f und 14; EuGH, Rs C-39/94, *SFEI*, Slg 1996, I-3547, Rdnrn 31 ff; EuGH, Rs C-354/90, *FNCE*, Slg 1991, I-5505, Rdnrn 11 ff; EuGH, Rs C-226/91, *CELBI*, Slg 1993, I-4337, Rdnrn 22 f.

103 Vgl EuGH, Rs C-71/04, *Xunta de Galicia*, Slg 2005, I-7419, Rdnr 33; EuGH, Rs 78/76, *Steinike & Weinling*, Slg 1977, 595, Rdnrn 9 f und 14; EuGH, Rs C-39/94, *SFEI*, Slg 1996, I-3547, Rdnrn 31 ff; EuGH, Rs C-354/90, *FNCE*, Slg 1991, I-5505, Rdnrn 11 ff; EuGH, Rs C-226/91, *CELBI*, Slg 1993, I-4337, Rdnrn 22 f.

104 Zur Reichweite der Vorlagepflicht nach Art 234 EGV grundlegend EuGH, Rs 283/81, *CILFIT*, Slg 1982, 3415, Rdnrn 14 f; EuGH, verb Rs 28 bis 30/62, *da Costa*, Slg 1963, 63, 81. Zur Vorlagepflicht in Beihilfesachen auch *Winkler*, Grundrechtliche und rechtsstaatliche Fragen des Beihilfenrechts am Beispiel des Falls Agrarmarketing, in *Jaeger* (Hrsg), Jahrbuch Beihilferecht 2007 (2007), 248 f.

105 Vgl Art 220 EGV.

dere die Frage einer Genehmigungsfähigkeit der Maßnahme nach Art 87 Abs 2 und 3 EGV (Art 107 Abs 2 und 3 AEUV) oder sonstigen Rechtfertigungsnormen nicht relevieren.[106] Letzteres unterscheidet das Beihilfekapitel daher zB auch von den Grundfreiheiten, wo die Zuständigkeit der nationalen Gerichte umfassend und nicht bloß ergänzend ist und daher eine Befugnis zur Prüfung möglicher Rechtfertigungsgründe mit einschließt.

3. Bindungswirkung von Kommissionsentscheidungen

Aufgrund der Zuweisung jeweils selbständiger Aufgabenbereiche im Beihilfekapitel überschneiden sich die Verfahrensabläufe von Kommission und nationalen Gerichten grundsätzlich nicht. Aufgrund der Zuweisung jeweils selbständiger Aufgabenbereiche im Beihilfekapitel überschneiden sich die Verfahrensabläufe von Kommission und nationalen Gerichten grundsätzlich nicht.[107] Daher hat insbesondere die Frage, ob zur selben Maßnahme bereits ein Verfahren vor der Kommission (oder umgekehrt auch: vor einem nationalen Gericht) anhängig ist, keinen Einfluss auf die Zulässigkeit der Klage oder den Fortgang des Verfahrens.[108]

Erlässt die Kommission über eine Beihilfe dagegen eine abschließende Entscheidung, so kommt dieser als Teil des Gemeinschafts- bzw Unionssekundärrechts grundsätzlich Vorrangwirkung zu.[109] Nationale Behörden- oder Gerichtsentscheidungen, die im Widerspruch zu einer rechtskräftigen Kommissionsentscheidung stehen, sind daher unangewendet zu lassen.[110] Die Vorrangwirkung schließt insbesondere auch eine neuerliche Prüfung der Tatbestandsmäßigkeit einer Maßnahme durch die nationalen Gerichte aus. Diese Prüfbefugnis besteht für die nationalen Gerichte ja, wie gezeigt, nur nach Maßgabe ihrer Erforderlichkeit zur Sicherstellung der Nichtdurchführung nicht genehmigter Beihilfen. Wurde über die Beihilfeeigenschaft bereits verbindlich entschieden, so entfällt die Notwendigkeit einer neuerlichen Tatbestandsprüfung durch das nationale Gericht zur Ausübung der autonomen Befugnisse

106 Vgl EuGH, Rs C-39/94, *SFEI*, Slg 1996, I-3547, Rdnr 42; EuGH, Rs C-354/90, *FNCE*, Slg 1991, I-5505, Rdnr 14; EuGH, Rs C-199/06, *CELF*, Slg 2008, I-469, Rdnr 38; EuGH, Rs C-17/91, *Lornoy*, Slg 1992, I-6523, Rdnr 30.

107 IdS auch EuGH, Rs C-368/04, *Transalpine Ölleitung*, Slg 2006, I-9957, Rdnr 37; EuGH, verb Rs C-261/01 ua, *van Calster*, Slg 2003, I-12249, Rdnr 74; EuGH, Rs C-39/94, *SFEI*, Slg 1996, I-3547, Rdnr 41.

108 So schon EuGH, Rs C-39/94, *SFEI*, Slg 1996, I-3547, Rdnr 44; EuGH, Rs C-354/90, *FNCE*, Slg 1991, I-5505, Rdnr 13; vgl auch *Jaeger*, EuZW 2004, 80; *Quardt*, EuZW 2007, 205; *Soltész*, ZWeR 2006, 388.

109 Vgl zB EuGH, Rs C-234/89, *Delimitis*, Slg 1991, I-935, Rdnr 47; EuGH, Rs C-344/98, *Masterfoods*, Slg 2000, I-11369, Rdnrn 51 f.

110 Vgl EuGH, Rs C-119/05, *Lucchini*, Slg 2007, I-6199, Rdnrn 60 ff. Vgl auch *Winkler*, Rechtskraft, in *Jaeger* (Hrsg), Jahrbuch 2008, 327 ff.

im Rahmen des Durchführungsverbots. Diese Bindungswirkung von Kommissionsentscheidungen ist nach Art und Wirkung gleich der Bindungswirkung von Tatbestandsbeurteilungen durch den EuGH im Vorabentscheidungsverfahren.

Ergeht eine Kommissionsentscheidung im laufenden Verfahren vor dem nationalen Gericht, so greift diese Vorrangwirkung unmittelbar ein. Das nationale Gericht ist ab dem Datum der Entscheidung an die Feststellungen über die Tatbestandsmäßigkeit sowie an eine allfällige Genehmigung oder Nichtgenehmigung der Maßnahme und die sich daraus ergebenden Konsequenzen gebunden.[111] Nichts anderes gilt selbstverständlich auch dann, wenn das Gericht überhaupt erst nach der bereits erlassenen Entscheidung befasst wird.

Hegt das nationale Gericht an der Richtigkeit der Entscheidung bzw der Beurteilung durch die Kommission Zweifel, so kann es den EuGH im Vorabentscheidungsweg um Klärung ersuchen.[112] Diese Vorabentscheidungsmöglichkeit besteht jedenfalls im Geltungsbereich der Offizialmaxime. Bei der Dispositionsmaxime unterliegenden Verfahren kann, wie gleich im Anschluss unten näher ausgeführt, die Parteibefugnis zur Geltendmachung der Ungültigkeit allerdings beschränkt sein.[113]

Von der Frage der grundsätzlichen Vorrangwirkung von Kommissionsentscheidungen zu trennen ist die Frage nach der Rückwirkung solcher Entscheidungen im nationalen Verfahren. Im Verfahren vor der Kommission ist die Erteilung rückwirkender Genehmigungen nicht nur zulässig, vielmehr ist die Kommission aus verfahrensrechtlichen Gründen sogar verpflichtet, selbst rechtswidrig durchgeführte Maßnahmen vollinhaltlich zu prüfen und bei Vorliegen der entsprechenden Voraussetzungen (auch) rückwirkend zu genehmigen.[114] Die Kommission ordnet dann von sich aus auch keine Rückforderung der schon gewährten Zuwendungen an. Im Verhältnis zu den nationalen Gerichten ergibt sich aber aus der Selbständigkeit der jeweils zugewiesenen Befugnisse, dass eine Genehmigungsentscheidung über eine rechtswidrige Beihilfe die Befugnisse der nationalen Gerichte aufgrund des Durchführungsver-

111 So auch OGH v 15.12.2008, 4 Ob 133/08z, Pkt 4.4.

112 So auch EuGH, Rs C-119/05, *Lucchini*, Slg 2007, I-6199, Rdnr 53 mwN; weiters EuGH, Rs 314/85, *Foto Frost*, Slg 1987, 4199, Rdnr 20; EuGH, verb Rs C-143/88 und C-92/89, *Zuckerfabrik Süderdithmarschen*, Slg 1991, I-415, Rdnr 17; EuGH, Rs C-344/04, *IATA*, Slg 2006, I-403, Rdnr 27.

113 Vgl EuGH, Rs C-119/05, *Lucchini*, Slg 2007, I-6199, Rdnr 54; EuGH, Rs C-239/99, *Nachi Europe*, Slg 2001, I-1197, Rdnr 30; EuGH, Rs C-355/95 P, *TWD*, Slg 1997, I-2549, Rdnrn 13, 17 und 24; EuGH, Rs C-178/95, *Wiljo*, Slg 1997, I-585, Rdnrn 20 f; EuGH, Rs C-241/01, *National Farmers' Union*, Slg 2002, I-9079, Rdnrn 34 f; aA (keine Beschränkung) offenbar *Soltész*, ZWeR 2006, 390.

114 Vgl EuGH, Rs C-354/90, *FNCE*, Slg 1991, I-5505, Rdnr 13; EuGH, Rs C-301/87, *Frankreich/Kommission (‚Boussac')*, Slg 1990, I-307, Rdnr 21; EuGH, Rs C-142/87, *Belgien/Kommission (‚Tubemeuse')*, Slg 1990, I-959, Rdnr 17.

bots nicht beenden oder überlagern kann. Da die Kommission, wie gezeigt, überhaupt keine Zuständigkeit zum Vollzug des Durchführungsverbots besitzt, kann eine Genehmigungsentscheidung den Rechtsverstoß gegen diese Vorschrift für die Vergangenheit auch nicht beseitigen.[115] Eine nachfolgende Genehmigungsentscheidung hat daher „nicht die Heilung der unter Verstoß gegen das [Durchführungsverbot] ergangenen und deshalb ungültigen Durchführungsmaßnahmen zur Folge".[116] Die nationalen Gerichte bleiben daher auch dann zur Entgegennahme von Klagen oder zur Fortführung von Verfahren befugt, wenn eine Genehmigungsentscheidung bereits vorliegt.[117] Diese Entscheidung beseitigt nicht den Verstoß gegen das Durchführungsverbot und überlagert damit nicht die Grundlage der Jurisdiktion dieser Gerichte. Ungeachtet einer Genehmigung müssen sie „zugunsten der einzelnen [...] entsprechend ihrem nationalen Recht sämtliche Folgerungen sowohl bezüglich der Gültigkeit der Rechtsakte zur Durchführung der Beihilfemaßnahmen als auch bezüglich der Betreibung der [...] gewährten finanziellen Unterstützungen [...] ziehen."[118] Bei einer Negativentscheidung schließlich stellt sich das Rückwirkungsproblem überhaupt nicht, da die Maßnahme von Anfang an rechtswidrig war.

4. Beihilfeverbot und Dispositionsmaxime

Schließlich stellt sich noch die Frage, ob ein österreichisches Gericht zur amtswegigen Berücksichtigung des Beihilfeverbots oder einer von der Kommission im Beihilfeverfahren erlassenen Entscheidung verpflichtet ist. Die für die Pflicht zur amtswegigen Berücksichtigung des Gemeinschaftsrechts geltenden Grundsätze unterscheiden nicht nach der Art der gemeinschafts- bzw unionsrechtlichen Verpflichtung. Auch für das Durchführungsverbot und für Kommissionsentscheidungen über Beihilfemaßnahmen gelten daher einheitliche Beachtungsregeln.

Sieht das nationale Prozessrecht eine Verpflichtung oder Befugnis des Gerichts vor, die Frage eines Verstoßes gegen eine zwingende Vorschrift des nationalen Rechts von Amts wegen zu prüfen, so muss dieses Gericht auch alle „rechtlichen Gesichtspunkte, die sich aus einer zwingenden Gemeinschafts-

115 Vgl EuGH, verb Rs C-261/01 ua, *van Calster*, Slg 2003, I-12249, Rdnr 63; EuGH, Rs C-199/06, *CELF*, Slg 2008, I-469, Rdnr 40; EuGH, Rs C-368/04, *Transalpine Ölleitung*, Slg 2006, I-9957, Rdnr 41; näher auch *Soltész*, ZWeR 2006, 388; *Bartosch*, EuZW 2005, 397 f; *Quardt*, EuZW 2007, 205; *Jaeger*, EuZW 2004, 80.

116 EuGH, Rs C-368/04, *Transalpine Ölleitung*, Slg 2006, I-9957, Rdnr 41.

117 Vgl auch *Quardt*, EuZW 2007, 205; *Jaeger*, EuZW 2004, 79.

118 EuGH, Rs C-354/90, *FNCE*, Slg 1991, I-5505, Rdnr 12; ebenso EuGH, verb Rs C-261/01 ua, *van Calster*, Slg 2003, I-12249, Rdnr 64; EuGH, Rs C-199/06, *CELF*, Slg 2008, I-469, Rdnr 41; EuGH, Rs C-368/04, *Transalpine Ölleitung*, Slg 2006, I-9957, Rdnr 47; EuGH, Rs C-39/94, *SFEI*, Slg 1996, I-3547, Rdnr 40.

bzw Unionsvorschrift ergeben, von Amts wegen aufgreifen".[119] Diese Verpflichtung besteht außerdem, wenn ein Gericht an der amtswegigen Berücksichtigung nur ausnahmsweise (zB durch eine Präklusionsfrist) gehindert ist.[120] Daher sind das Durchführungsverbot und bereits ergangene Kommissionsentscheidungen im zwingenden oder fakultativen Geltungsbereich des Untersuchungsgrundsatzes aus Eigenem zu relevieren. Für Kommissionsentscheidungen gilt dies grundsätzlich auch, wenn gegen diese ein noch laufendes Rechtsmittel beim EuG anhängig gemacht wurde.[121]

Dagegen gebietet das Gemeinschafts- bzw Unionsrecht grundsätzlich gerade keine Durchbrechung der Dispositionsmaxime. Die nationalen Gerichte müssen daher nicht von Amts wegen die Frage eines Verstoßes gegen das Durchführungsverbot oder bereits ergangene Kommissionsentscheidungen prüfen, wenn sie an die Festlegung der Grenzen des Rechtsstreits durch die Parteien gebunden sind und die Prüfung der Gemeinschafts- bzw Unionsrechtswidrigkeit diese Grenzen überschreiten würde.[122] Aus diesem Grund besteht in einem solchen Fall insbesondere auch keine Pflicht zur Einholung einer Vorabentscheidung nach Art 234 EGV (Art 267 AEUV) zu gemeinschafts- bzw unionsrechtlichen Fragen, die von den Parteien nicht vorgetragen wurden.

Das österreichische Zivilprozessrecht verwirklicht im Allgemeinen[123] keine unumschränkte Dispositionsmaxime, sondern einen Kooperations- bzw abgeschwächten Untersuchungsgrundsatz. Demnach ist das Gericht zwar an das Parteivorbringen gebunden, kann jedoch in erster Instanz im Lauf der Verhandlung aufgrund des Parteivorbringens zusätzlich zu den Beweisanboten oder -anträgen der Parteien Beweise, die es für erforderlich hält, auch aus Eigenem aufnehmen.[124] In zweiter Instanz besteht diese Möglichkeit nicht, da das

119 EuGH, Rs C-2/06, *Kempter*, Slg 2008, I-411, Rdnr 45; weiters zB EuGH, verb Rs C-430 und C-431/93, *van Schijndel*, Slg 1995, I-4705, Rdnr 14; EuGH, Rs C-72/95, *Kraaijeveld*, Slg 1996, I-5403, Rdnr 60; EuGH, Rs C-446/98, *Fazenda Pública*, Slg 2000, I-11435, Rdnr 48; EuGH, verb Rs C-240/98 ua, *Océano Grupo*, Slg 2000, I-4941, Rdnr 26; EuGH, verb Rs C-222/05 bis C-225/05, *van der Weerd*, Slg 2007; I-4233, Rdnr 36.

120 Vgl EuGH, Rs C-312/93, *Peterbroeck*, Slg 1995, I-4599, Rdnrn 14 ff; EuGH, Rs C-473/00, *Codifis*, Slg 2000, I-10875, Rdnr 36.

121 Vgl Art 242 EGV; EuGH, Rs C-199/06, *CELF*, Slg 2008, I-469, Rdnrn 60 f.

122 Vgl zuletzt EuGH, Rs C-2/06, *Kempter*, Slg 2008, I-411, Rdnr 45; weiters die in den vorstehenden Fn 116 und 117 zitierte Rechtsprechung.

123 Für Sondermaterien wie zB im Ehenichtigkeits-, Rechtsfürsorge- oder Insolvenzverfahren, gelten zT abweichende, stärker an der Offizialmaxime orientierte, Grundsätze, vgl zB § 460 Z 4 ZPO; näher *Rechberger/Simotta*, Grundriss des österreichischen Zivilprozessrechts[7] (2009), Rdnrn 401 und 406; *Feil/Kroisenbrunner*, Zivilprozessordnung (2003), Rdnr 1425.

124 Vgl § 276 Abs 1 ZPO; näher zB *Rechberger/Simotta*, Grundriss, Rdnr 271; *Feil/Kroisenbrunner*, Zivilprozessordnung, Rdnr 834.

Berufungsgericht die Erstentscheidung nur innerhalb der Grenzen der Berufungsanträge überprüft[125] und im Übrigen – im Geltungsbereich des abgeschwächten Untersuchungsgrundsatzes, also nicht in den Sondermaterien[126] – ein Neuerungsverbot[127] gilt.

Auch für das Verfahren vor den Gerichtshöfen des öffentlichen Rechts ist die Geltung des dort grundsätzlich maßgeblichen Untersuchungsgrundsatzes in Österreich nicht ausdrücklich gesetzlich festgelegt.[128] Sie ergibt sich aber in Bezug auf den VwGH aus der subsidiären Anwendbarkeit des AVG.[129] In Bezug auf den VfGH genügt bei der Individualbeschwerde schon aufgrund der Verfassung die bloße Behauptung der Verletzung in einem verfassungsgesetzlich gewährleisteten Recht und/oder der Anwendung eines verfassungswidrigen Gesetzes oder einer gesetzwidrigen Verordnung, die der VfGH sodann aus Eigenem zu prüfen hat.[130] Ähnlich der vor dem VfGH subsidiär[131] anwendbaren ZPO,[132] ist im VfGG vorgesehen, dass die Beweismittel zur Prüfung der Beschwerde im Weiteren vom VfGH amtswegig zu erheben sind.[133] Vor beiden öffentlichen Gerichtshöfen genügt daher das Vorbringen der behaupteten Rechtswidrigkeit, ohne dass eine subjektive Beweislast bestünde.[134] Dies gilt auch dann, wenn für die Entscheidung über die Rechtswidrigkeit des Bescheides Gründe maßgebend sein könnten, die noch nicht Gegenstand des Behördenverfahrens waren.[135]

Aus alldem ergibt sich für die Pflicht zur Berücksichtigung des Beihilfeverbots oder einer von der Kommission im Beihilfeverfahren erlassenen Entscheidung ein durchmischtes Bild. Die Gerichtshöfe des öffentlichen Rechts sind aufgrund ihrer prozessualen Befugnisse verpflichtet, das Beihilfeverbot oder von der Kommission im Beihilfeverfahren erlassene Entscheidungen umfassend amtswegig zu berücksichtigen. Dasselbe gilt vor den Zivilgerichten erster Instanz, da nach der Rechtsprechung des EuGH die diesen Gerichten in § 276 Abs 1 ZPO zugestandene, bloße Befugnis zur amtswegigen Beweiserhebung im nationalen Prozessrecht aus gemeinschaftsrechtlicher Sicht eine Berücksichtigungspflicht begründet.[136] Im Verfahren vor den Zivilgerichten zweiter

125 Vgl § 462 Abs 1 ZPO.

126 Vgl dazu vorstehend Fn 120.

127 Vgl § 482 ZPO; anders zB in Deutschland, vgl § 529 Abs 1 Nr 2 dt ZPO.

128 Anders zB in Deutschland, vgl § 86 Abs 1 dt VwGO.

129 Vgl § 62 Abs 2 VwGG iVm § 39 Abs 2 AVG; *Thienel*, Verwaltungsverfahrensrecht[2] (2002), 174.

130 Vgl Art 144 Abs 1 B-VG.

131 Vgl § 35 Abs 1 VfGG.

132 Vgl § 276 Abs 1 ZPO.

133 Vgl § 20 VfGG.

134 Vgl §§ 28 Abs 1 und 41 Abs 1 VwGG; § 15 VfGG.

135 Vgl § 41 Abs 1 VwGG.

136 Vgl die Nachweise in der vorstehenden Fn 116.

Instanz sind das Beihilfeverbot oder von der Kommission im Beihilfeverfahren erlassene Entscheidungen jedoch grundsätzlich als Neuerungen anzusehen, wenn diese Fragen dort erstmals vorgebracht werden. Da das Berufungsgericht an die Grenzen der Berufungsanträge gebunden ist, kann es das Beihilfeverbot oder von der Kommission im Beihilfeverfahren erlassene Entscheidungen auch nicht aus Eigenem berücksichtigen. Wie der EuGH ausdrücklich festgestellt hat, wird ein solches Neuerungsverbot nicht vom Gemeinschafts- bzw Unionsrecht durchbrochen.[137]

II. Neuere Entwicklungen im Gemeinschaftsrecht zur Anwendung des Beihilfeverbots vor den nationalen Gerichten

Aus den vorstehenden Ausführungen über die allgemeinen Vorgaben des Gemeinschaftsrechts für die Beihilfekontrolle vor den österreichischen Gerichten werden im Folgenden einige besonders bedeutende, jüngere Rechtsentwicklungen auf Gemeinschafts- bzw Unionsebene gesondert hervorgehoben. Dies betrifft ganz überwiegend jüngere *Urteile des EuGH* zu den Rechtswirkungen des Durchführungsverbots im Verfahren vor den nationalen Gerichten, erwähnenswert ist in diesem Zusammenhang aber auch eine jüngere *Mitteilung der Kommission*. Dabei lässt sich grob nach Entwicklungen im Bereich der Reichweite bzw des Schutzumfangs des Durchführungsverbots und Entwicklungen in Bezug auf die Rechtsfolgen von Verletzungen unterscheiden.

A. Reichweite des Durchführungsverbots

1. Vorgeschichte zur Rückwirkungsdiskussion in Österreich: Rechtssache *Adria-Wien Pipeline*

Die Frage der Rückwirkung von Genehmigungsentscheidungen der Kommission für das Verfahren vor österreichischen Gerichten hat in erster Linie im Zusammenhang mit der Energieabgabenvergütungssaga[138] für Aufsehen gesorgt. Im Gefolge des Urteils *Adria-Wien Pipeline* aus 2001, in dem der EuGH die Energieabgabenvergütung als nicht angemeldete Beihilfe qualifizierte,[139] sowie aufgrund einer dazu kurz darauf ergangenen Genehmigungsentscheidung der Kommission,[140] hatte der VfGH im Jahr 2002 eine Reihe von Beschwerden

137 Vgl EuGH, verb Rs C-430 und C-431/93, *van Schijndel*, Slg 1995, I-4705, Rdnrn 19 ff.

138 Vgl Pkt III.C.2. *Jaeger*, ÖZW 2006, 112; *Keppert*, SWK 2003, T 18; *Hödl/Lausegger*, ecolex 2002, 304; *Jaeger*, ZfV 2003, 645.

139 Vgl EuGH, Rs C-143/99, *Adria-Wien Pipeline*, Slg 2001, I-8365, insb Rdnr 55.

140 Vgl KomE NN 165/2001, *Energieabgabenvergütung I*, K(2002) 1890 endg.

mit dem Ziel einer Ausweitung der Beihilfe auf nicht begünstigte Unternehmen mit der Begründung abgewiesen, dass die Beihilfe in der festgelegten Form nunmehr genehmigt sei.[141] Wie das sogleich im Anschluss diskutierte Urteil *Transalpine Ölleitung* nunmehr bestätigt, war diese Abweisung im Ergebnis auch korrekt, da das Durchführungsverbot einer solchen Ausweitung auch nach Genehmigung entgegensteht.[142]

Ob die Bejahung der Rück- bzw Heilungswirkung einer Kommissionsentscheidung für auf Art 88 Abs 3 letzter Satz EGV gestützte Klagen vor einem nationalen Gericht im Ergebnis gemeinschaftsrechtskonform sein konnte, wurde nachfolgend im Schrifttum kontrovers diskutiert.[143] Auch der nach Abtretung der betreffenden Beschwerden[144] befasste VwGH hegte insoweit Zweifel, die zum nachstehend besprochenen Vorabentscheidungsersuchen im Fall *Transalpine Ölleitung* führten.

2. Rechtssache *Van Calster*: Ausschluss der Rückwirkung von Genehmigungsentscheidungen der Kommission

Die vom VwGH an der Richtigkeit der vom VfGH vertretenen Lösung gehegten Zweifel ergaben sich nicht zuletzt vor dem Hintergrund des wenige Monate nach dem zweiten VfGH-Erkenntnisurteil ergangenen, sogleich kurz diskutierten EuGH-Urteils *van Calster*, das die einschlägige Vorjudikatur dahingehend zusammenfassen zu schien, dass eine allfällige Kommissionsgenehmigung für das Verfahren vor den nationalen Gerichten unbeachtlich bleiben müsse.

In der Rechtsache *van Calster*[145] hatte ein belgisches Gericht den EuGH danach gefragt, ob die Kommission eine nationale Beihilfemaßnahme rückwirkend genehmigen könne, sodass als Folge Erstattungsbegehren (dort: für parafiskalische Fondsabgaben) vor diesem Gericht betreffend den Zeitraum vor Entscheidung unzulässig würden. Der EuGH verneinte dies: „Sowohl die eigentliche Beihilfe als auch die zu ihrer Finanzierung erhobenen Beiträge sind (nur) rechtmäßig, soweit sie sich auf den Zeitraum beziehen, der genau an dem Tag begann, als diese Entscheidung erlassen wurde".[146] Daher entfällt die „Rechtswidrigkeit einer Beihilfemaßnahme (...) nicht dadurch (...), dass diese Maßnahme in einer endgültigen Entscheidung der Kommission für mit

141 Vgl VfGH v 12.12.2002, B 1348/02 ua.

142 Vgl EuGH, Rs C-368/04, *Transalpine Ölleitung*, Slg 2006, I-9957, Rdnr 58.

143 Vgl zusammenfassend *Sutter*, Das EGV-Beihilfenverbot und sein Durchführungsverbot in Steuersachen (2005), 293 ff.

144 VfGH v 14.1.2003, B 1348/02; VfGH v 23.1.2003, B 1591/02; der unter Zl 2003/17/0001 protokollierte dritte Fall war dagegen eine Direktbeschwerde beim VwGH.

145 EuGH, verb Rs C-261/01 ua, *van Calster*, Slg 2003, I-12249; dazu zB *Keppert*, SWK 2004, T 2; *Jaeger*, EuZW 2004, 78.

146 EuGH, verb Rs C-261/01 ua, *van Calster*, Slg 2003, I-12249, Rdnr 56.

dem Gemeinsamen Markt vereinbar erklärt worden ist",[147] denn die „abschließende Entscheidung (hat) nicht die Heilung der (...) ungültigen Durchführungsmaßnahmen zur Folge"[148] und die Kommission wäre im Übrigen auch gar „nicht befugt, zu entscheiden, dass eine unter Verstoß gegen Artikel 93 Absatz 3 EG-Vertrag durchgeführte Beihilferegelung rechtmäßig ist."[149] Die nationalen Gerichte müssen daher weiterhin „alle Folgerungen sowohl für die Gültigkeit der Rechtsakte zur Durchführung der betreffenden Beihilfemaßnahmen als auch für die Wiedereinziehung der gewährten finanziellen Unterstützungen ziehen".[150]

All diese Feststellungen finden sich aber schon in der in das Jahr 1990 zurückreichenden Judikaturlinie *Boussac/FNCE/Cenemesa/Italgrani/SFEI*[151] und wurden in *van Calster* ohne inhaltliche Hinzufügung im Wesentlichen nur wiederholt. Zumindest der Wortwahl nach neu war allenfalls der Verweis auf eine mangelnde Kompetenz der Kommission zum Erlass von die nationalen Gerichte bindenden, rückwirkenden Positiventscheidungen. *Van Calster* ließ aber die Diskussion über die Richtigkeit der vom VfGH im Urteil zur Energieabgabenvergütung vertretenen Auffassung neu aufflammen und war, wie erwähnt, nicht zuletzt Anlass für das Folge-Vorabentscheidungsersuchen des VwGH im hier anschließend zu besprechenden Fall *Transalpine Ölleitung*.

3. Rechtssache *Transalpine Ölleitung*: Positive Konkurrentenklage und Durchführungsverbot

Das Urteil *van Calster* fand in der nachfolgenden Judikatur mehrfach Bestätigung.[152] Der VwGH entschloss sich im Jahr 2004 – nicht zuletzt angesichts dieser Judikaturlinie – dazu, den EuGH mit einem zweiten Vorabentscheidungsersuchen in Sachen Energieabgabenvergütung zu befassen.[153] Der VwGH fragte darin ausdrücklich nach den Rechtswirkungen der Vereinbarkeitsent-

147 EuGH, verb Rs C-261/01 ua, *van Calster*, Slg 2003, I-12249, Rdnr 62.

148 EuGH, verb Rs C-261/01 ua, *van Calster*, Slg 2003, I-12249, Rdnr 63.

149 EuGH, verb Rs C-261/01 ua, *van Calster*, Slg 2003, I-12249, Rdnr 73.

150 EuGH, verb Rs C-261/01 ua, *van Calster*, Slg 2003, I-12249, Rdnr 64.

151 Vgl EuGH, Rs C-301/87, *Frankreich/Kommission (‚Boussac')*, Slg 1990, I-307, Rdnrn 9 ff; EuGH, Rs C-354/90, *FNCE*, Slg 1991, I-5505, Rdnrn 13 ff; EuGH, Rs C-312/90, *Cenemesa*, Slg 1992, I-4117, Rdnr 23; wortgleich EuGH, Rs C-47/91, *Italgrani*, Slg 1992, I-4145, Rdnr 29; EuGH, Rs C-39/94, *SFEI*, Slg 1996, I-3547, Rdnrn 39 ff.

152 Vgl EuGH, Rs C-41/04, *Xunta de Galicia*, Slg 2005, I-7419, Rdnr 31; EuG, Rs T-190/00, *Regione Siciliana/Kommission*, Slg 2003, II-5015, Rdnr 36; EuGH, verb Schlussanträge von GA Geelhoed in EuGH, Rs C-174 und C-175/02, *SWNB und Pape*, Slg 2005, I-85, Rdnr 58; EuGH, Schlussanträge von GA Léger in Rs C-173/03, *Traghetti del Mediterraneo*, Slg 2006, I-5177, Rdnr 90.

153 VwGH, Vorlagebeschluss v 12.8.2004, 2003/17/0001 ua, insb Pkt 4.6; zweifelnd auch schon VwGH v 30.1.2003, 2003/17/0001 ua, Pkt I.1, kundgemacht in BGBl II Nr 170/2003; dazu *Keppert*, SWK 2003, T 46.

scheidung der Kommission aus 2002 für die bei ihm anhängigen Erstattungsanträge für die Jahre 1996 bis 2001, in denen die Beihilfe rechtswidrig durchgeführt worden war.

Der EuGH verwies in *Transalpine Ölleitung* einleitend auf den schon aus der Vorjudikatur bekannten Grundsatz, dass Kommission und nationale Gerichte beim Vollzug des Beihilfekapitels „einander ergänzende und unterschiedliche Rollen“[154] zufallen: Die Kommission kontrolliert und überwacht die Gewährung und Genehmigungsfähigkeit von Beihilfen im bilateralen Verhältnis zu den Mitgliedstaaten, den nationalen Gerichten obliegt maßgeblich der Individualrechtsschutz. Da der Individualrechtsschutz im Rahmen des Art 88 Abs 3 letzter Satz EGV (Art 108 Abs 3 letzter Satz AEUV) eine gegenüber der Kommission unabhängige Funktion der nationalen Gerichte ist, kann folglich auch eine „Entscheidung der Kommission, mit der eine nicht angemeldete Beihilfe für mit dem Gemeinsamen Markt vereinbar erklärt wird, (...) nicht die Heilung der unter Verstoß gegen das Verbot des Artikels 88 Absatz 3 Satz 3 EGV ergangenen und deshalb ungültigen Durchführungsmaßnahmen zur Folge (haben), da sie andernfalls die unmittelbare Wirkung dieser Vorschrift beeinträchtigen und die Interessen der Einzelnen, deren Wahrung Aufgabe der nationalen Gerichte ist, verletzen würde. Jede andere Auslegung würde die Missachtung dieser Vorschrift durch den betreffenden Mitgliedstaat begünstigen und der Vorschrift ihre praktische Wirksamkeit nehmen“.[155] Schon im Licht der *Boussac*-Rechtsprechung zur Prüfpflicht der Kommission ist es daher auch „nicht von Bedeutung, wenn es in einer Entscheidung der Kommission heißt, dass diese ihrer Beurteilung der fraglichen Beihilfe einen vor dem Erlass dieser Entscheidung liegenden Zeitraum zugrunde lege“.[156]

Eine gegenüber der Vorjudikatur wichtige Präzisierung brachte *Transalpine Ölleitung* dagegen insoweit, als dort eine rückwirkende Ausweitung einer Beihilfemaßnahme mit der Absicht der Beseitigung des Tatbestandselements der Selektivität für unzulässig erklärt wird. Positive Konkurrentenklagen, wie sie auch Gegenstand der Ausgangsverfahren vor dem VwGH waren, zielen auf eine Gleichbehandlung der Kläger mit den Beihilfeempfängern und daher auf eine Erstreckung des Beihilfevorteils auf einen zunächst von der Regelung nicht erfassten Kreis an Unternehmen ab. In den frühen Energieabgabenvergütungsfällen knapp nach dem Urteil *Adria-Wien Pipeline* und vor Vorliegen der Kommissionsgenehmigung hatte etwa der VfGH zunächst eine Verdrängung der Beschränkung des Empfängerkreises in § 2 Abs 1 EnergieabgabenvergütungsG durch das Gemeinschafts- bzw Unionsrecht angenommen.[157]

154 EuGH, Rs C-368/04, *Transalpine Ölleitung*, Slg 2006, I-9957, Rdnr 37.

155 EuGH, Rs C-368/04, *Transalpine Ölleitung*, Slg 2006, I-9957, Rdnr 41.

156 EuGH, Rs C-368/04, *Transalpine Ölleitung*, Slg 2006, I-9957, Rdnr 43.

157 VfGH v 13.12.2001, B 2251/97 ua; dazu *Arnold*, SWK 2002, T 5; *Arnold*, SWK 2002, 52; *Hödl/Lausegger*, ecolex 2002, 304; *Kilches*, FJ 2002, 400.

Dies hatte eine Aufhebung der die Vergütung verweigernden Abgabenbescheide und damit eine Ausweitung der Maßnahme auf zunächst nicht erfasste Unternehmen zur Folge. Die Frage, ob eine solche Ausweitung vor dem Hintergrund des Durchführungsverbots zulässig sein kann, stellte sich in *Transalpine Ölleitung* wieder. Der EuGH stellte dazu klar, dass es nationalen Gerichten allerdings gerade verwehrt ist, eine solche rückwirkende Ausweitung des Kreises der Vergütungsberechtigten zuzulassen, wenn dadurch „die Wirkungen dieser Beihilfe verstärkt [werden], statt sie zu beseitigen".[158] Das Durchführungsverbot steht daher einer über positive Konkurrentenklagen angestrebten Ausweitung der Maßnahme grundsätzlich entgegen, soweit die Ausweitung die schädliche Beihilfewirkung verstärkt. Im Fall der Energieabgabenvergütung hätte eine Ausweitung der Beihilfe bloß auf die Kläger gerade zu einer solchen Verstärkung der Beihilfewirkung geführt, da der Energieabgabenvergütungsregelung ein Rest an selektiver Wirkung verblieben wäre.

Dagegen stellt sich die Frage, ob das Urteil *Transalpine Ölleitung* positiven Konkurrentenklagen und folglich einer Ausweitung einer rechtswidrigen Beihilfe auch dann entgegensteht, wenn dadurch die selektive Wirkung der Maßnahme (anders als im Fall der Energieabgabenvergütung) tatsächlich restlos beseitigt wird, sodass die Maßnahme aufgrund der Entscheidung des nationalen Gerichts tatsächlich „unterschiedslos allen Unternehmen im Inland zugute kommt".[159] Die Antwort kann hier wohl nur lauten, dass das Durchführungsverbot einer solchen tatsächlichen, vollständigen und insbesondere rückwirkenden Beseitigung jeglicher Selektivität nicht entgegenstehen kann, da eine solche Maßnahme dem Beihilfetatbestand des Art 87 Abs 1 EGV (Art 107 Abs 1 AEUV) dann von Anfang an nicht mehr unterfällt: Ist eine Abhilfemaßnahme geeignet, „die Wirkungen der (...) Beihilfe tatsächlich (zu) beseitigen",[160] scheint der EuGH es zuzulassen, dass die rechtswidrige Maßnahme rückwirkend abgeändert wird. Es ist dann davon auszugehen, dass „die Auswirkungen der Beihilfe auf die Konkurrenten der begünstigten Unternehmen neutralisiert"[161] werden. Allerdings werden Entscheidungen des VwGH oder der ordentlichen Gerichte, die immer für den Anlassfall gelten, in aller Regel nicht geeignet sein, eine solche vollständige und insbesondere rückwirkende Beseitigung jeglicher Selektivität tatsächlich zu bewirken. Lediglich für den VfGH im Verfahren zur Gesetzes- oder Verordnungsprüfung ist meines Erachtens anzunehmen, dass eine umfassende Beseitigung der Selektivität – oder gegebenenfalls auch anderer Tatbestandsmerkmale des Art 87 Abs 1 EGV (Art 107 Abs 1 AEUV) – mit Wirkung *erga omnes* im hier erforderlichen Umfang erfolgen könnte. Im Fall der Energieabgabenvergütung hätte also zB

158 EuGH, Rs C-368/04, *Transalpine Ölleitung*, Slg 2006, I-9957, Rdnr 49.
159 EuGH, Rs C-143/99, *Adria-Wien Pipeline*, Slg 2001, I-8365, Rdnr 35.
160 EuGH, Rs C-143/99, *Adria-Wien Pipeline*, Slg 2001, I-8365, Rdnr 50.
161 EuGH, Rs C-368/04, *Transalpine Ölleitung*, Slg 2006, I-9957, Rdnr 52.

weder ein sektorieller noch ein Verbrauchsschwellenwert aufrechterhalten werden dürfen.[162] Zudem würde es eine vollständige Neutralisierung des Beihilfevorteils der Erstbegünstigten auch bedingen, den erst durch die Ausweitung begünstigten Unternehmen zumindest auch den von ersteren erlangten Zinsvorteil auszugleichen. In der Praxis entfaltet das Durchführungsverbot vor den nationalen Gerichten also im Ergebnis außerhalb der VfGH-Verfahren zur Normprüfung *de facto* eine Sperrwirkung für positive Konkurrentenklagen.

4. Rechtssache *Wienstrom*: Beseitigung des Durchführungsverbots und Beihilfeauszahlung für die Vergangenheit

Das ebenfalls auf ein Vorabentscheidungsersuchen des VwGH zurückgehende Urteil *Wienstrom*[163] aus Ende 2008 betrifft Beschwerden in Zusammenhang mit der Gewährung von Förderungen für KWK-Anlagen, die bereits mit dem ÖkostromG 2003 ohne Beihilfeanmeldung eingeführt und von der Kommission erst im Jahr 2006 genehmigt wurden.[164] Auch hier stellte sich daher, ähnlich wie in der Rechtsache *Transalpine Ölleitung*, die Frage nach der Rückwirkung der Kommissionsgenehmigung und der Rechtmäßigkeit einer Förderungsgewährung für davor liegende Zeiträume. Eine besondere Fragestellung ergab sich in *Wienstrom* daraus, dass die Behördenverfahren betreffend die Förderanträge zu einem Teil noch offen waren, da noch über die konkrete Förderhöhe zu entscheiden und die Auszahlung dieser Förderungen lediglich vorläufig erfolgt war. Der VwGH hegte Zweifel, dass das Durchführungsverbot einer Auszahlung der restlichen Förderungen in den noch nicht abgeschlossenen Verfahren entgegenstehen könnte.[165]

Der EuGH stellte im Urteil *Wienstrom* insoweit klar, dass die Genehmigungsentscheidung das Durchführungsverbot beseitigt (nicht nur beendet)[166] und diese Beendigung insbesondere eine Auszahlung der Beihilfen für den Zeitraum vor Genehmigung zulässig macht.[167] Die im Urteil *van Calster* vertretene bloße Beendigung des Durchführungsverbots, wonach eine Durchführung der Beihilfe für die Vergangenheit daher unzulässig wäre, wurde in *Wienstrom* ausdrücklich auf den (in *van Calster* vorliegenden) Fall einer nach-

162 Vgl KomE NN 165/2001, *Energieabgabenvergütung I*, K(2002) 1890 endg, 3 des Genehmigungsschreibens; KomE 2005/565/EGV, *Energieabgabenvergütung II*, ABl 2005 L 190, 13, Tz 49 f.

163 EuGH, Rs C-384/07, *Wienstrom*, Slg 2008, I-10393.

164 Vgl KomE N/317/A/2006, *Einspeisetarife*, K(2006) 2955 endg; KomE N/317/B/2006, *Unterstützungstarif*, K(2006) 2964 endg.

165 Vgl EuGH, Rs C-384/07, *Wienstrom*, Slg 2008, I-10393.

166 Unrichtig aA noch *Jaeger*, EuZW 2004, 79; *Jaeger*, ZfV 2003, 651.

167 Vgl EuGH, Rs C-384/07, *Wienstrom*, Slg 2008, I-10393, Rdnrn 25 f und 30.

trägliche Auferlegung von Belastungen im Rahmen der Beihilfedurchführung beschränkt.[168] Wurde die Beihilfe bereits teilweise gewährt, so verlangt es das Durchführungsverbot lediglich, dass das nationale Gericht von dem für die Vergangenheit noch auszubezahlenden Restbetrag Zinsen für die Dauer der Rechtswidrigkeit in Abzug bringt.[169]

5. Rechtssache *Lucchini*: Rechtskraftdurchbrechung für beihilferechtswidrige Urteile

Das Urteil *Lucchini*[170] aus 2007 betrifft ein Problem der Mitwirkung der nationalen Gerichte am Vollzug von Kommissionsentscheidungen. Genauer ging es in *Lucchini* um die Frage, ob dem Vollzug einer bindenden Negativentscheidung der Kommission die Rechtskraft eines Urteils entgegengehalten werden kann, das die Beihilfe dem Empfänger unter Missachtung der Kommissionsentscheidung zugesprochen hatte. Der Gerichtshof verneinte dies; das Urteil dürfe auf nationaler Ebene trotzdem keine Anwendung finden.[171]

Die Bedeutung des Urteils *Lucchini* als weitere Ausdifferenzierung der Rechtsprechung des EuGH zum Anwendungsvorrang des Gemeinschaftsrechts gegenüber bestandskräftigen nationalen Behörden- und Gerichtsentscheidungen geht weit über das Beihilferecht hinaus. In der diesbezüglichen Vorjudikatur haben insbesondere österreichische Fälle, wie *Ciola*, *Köbler* und *Kapferer*, eine prominente Rolle gespielt.[172] Während der EuGH allerdings in *Köbler* und *Kapferer* noch entschieden hatte, dass Art 10 EGV [Art 4 Abs 3 EUV(neu)] „es einem nationalen Gericht nicht gebietet, von der Anwendung innerstaatlicher Verfahrensvorschriften zu dem Zweck abzusehen, eine in Rechtskraft erwachsene gerichtliche Entscheidung zu überprüfen und aufzuheben, falls sich zeigt, dass sie gegen Gemeinschaftsrecht verstößt“,[173] führten

168 Vgl EuGH, Rs C-384/07, *Wienstrom*, Slg 2008, I-10393, Rdnr 38. Zu weitgehend daher *Jaeger*, EuZW 2004, 79; *Jaeger*, ZfV 2003, 651.

169 Vgl EuGH, Rs C-384/07, *Wienstrom*, Slg 2008, I-10393, Rdnrn 28 f; ebenso EuGH, Rs C-199/06, *CELF*, Slg 2008, I-469, Rdnr 46.

170 EuGH, Rs C-119/05, *Lucchini*, Slg 2007, I-6199.

171 Vgl EuGH, Rs C-119/05, *Lucchini*, Slg 2007, I-6199, Rdnrn 59 ff.

172 Vgl EuGH, Rs C-224/97, *Ciola*, Slg 1999, I-2517, Rdnr 34; EuGH, Rs C-224/01, *Köbler*, Slg 2003, I-10239, Rdnr 38; EuGH, Rs 234/04, *Kapferer*, Slg 2006, I-2585, Rdnr 20; weiters va EuGH, Rs C-453/00, *Kühne & Heitz*, Slg 2004, I-837, Rdnr 28; ausführlich zB *Hatje*, EuR 2007, 654; vgl dazu die Beiträge von *Kahl*, Vorrang des Gemeinschaftsrechts gegenüber „rechtskräftigen“ Bescheiden, vorstehend auf S 267 ff. sowie *Brenn*, Vorrang des Gemeinschaftsrechts gegenüber rechtskräftigen Urteilen, vorstehend auf S 303 ff.

173 EuGH, Rs 234/04, *Kapferer*, Slg 2006, I-2585, Rdnr 24; weiters EuGH, Rs C-224/01, *Köbler*, Slg 2003, I-10239, Rdnrn 38 ff.

die krasse Missachtung[174] der Zuständigkeitsregeln im Beihilfekapitel durch das nationale Gericht und die daraus resultierende Schwere der Verletzung des Gemeinschaftsrechts im Rahmen der nach für Art 10 EGV (Art 4 Abs 3 EUV) vorzunehmenden Abwägungsprüfung zwischen den Grundsätzen des Rechtsfriedens, der Beständigkeit rechtlicher Beziehungen und der geordneten Rechtspflege einerseits und dem Interesse an der einheitlichen und richtigen Anwendung des Gemeinschafts- bzw Unionsrechts andererseits in der Rechtsache *Lucchini* zum gegenteiligen Ergebnis.[175]

B. Rechtsfolgen von Verletzungen des Durchführungsverbots

Neben den eben diskutierten Urteilen zu den Rechtswirkungen des Durchführungsverbots selbst und zu seiner Reichweite, befassen sich mehrere jüngere Judikate des EuGH mit Fragen der Rechtsfolgen von Verletzungen. Einige Präzisierungen enthält auch die Neufassung der Durchsetzungsmitteilung der Kommission aus 2009.

1. Rechtssache *CELF* zu Neugewährung und Rückforderungsumfang bei nachträglicher Genehmigung

Das Urteil *CELF*[176] betrifft eine negative (also auf Rückforderung gerichtete) Konkurrentenklage gegen rechtswidrige Beihilfen im französischen Buchsektor. Zwischen der erstmaligen Gewährung und der Entscheidung des das Vorabentscheidungsersuchen vorlegenden Gerichts waren diese Beihilfen von der Kommission für mit dem gemeinsamen Markt vereinbar erklärt worden, sodass sich (neben anderem) die Frage nach den Wirkungen der Genehmigungsentscheidung für die auf nationaler Ebene durch den Konkurrenten betriebene Rückforderung stellte.

Im Urteil *CELF* bestätigte der EuGH die eben zuvor dargestellten Grundsätze betreffend die Reichweite des Durchführungsverbots, also insbesondere den Ausschluss der Rückwirkung der Genehmigung.[177] *CELF* enthält aber darüber hinaus mehrere wichtige Ausführungen hinsichtlich der Rechtsfolgen im Fall einer Verletzung des Durchführungsverbots durch eine nachträglich genehmigte Beihilfe. So wird in *CELF* zum einen klargestellt, dass nach Genehmigung auch eine zunächst rechtswidrig gewährte Beihilfe für die Vergangenheit rechtmäßig (wieder-)gewährt werden darf.[178] Zum anderen beschränkt

174 Vgl besonders EuGH, Rs C-119/05, *Lucchini*, Slg 2007, I-6199, Rdnrn 53 ff.
175 Vgl dazu auch EuGH, Rs 234/04, *Kapferer*, Slg 2006, I-2585, Rdnrn 20 ff.
176 EuGH, Rs C-199/06, *CELF*, Slg 2008, I-469; dazu auch *Jaeger*, EStAL 2008, 279.
177 Vgl EuGH, Rs C-199/06, *CELF*, Slg 2008, I-469, Rdnr 40.
178 Vgl EuGH, Rs C-199/06, *CELF*, Slg 2008, I-469, Rdnr 53.

CELF den Umfang der in einer solchen Situation gebotenen Rückforderung auf den aus der vorzeitigen Gewährung entstandenen Zinsvorteil.[179]

Weitergehende Rechtsfolgen, also vor allem die Rückforderung der gesamten Beihilfe sowie gegebenenfalls Schadenersatz, sind gemeinschaftsrechtlich zulässig, aber eben nicht geboten. Solche weitergehenden Rechtsfolgen müssen daher „[i]m Rahmen [des] nationalen Rechts"[180] begründet werden.

Gerade in diesem letzten Punkt enttäuscht *CELF* dadurch, dass die Rechtsfolgen von Verstößen gegen das Durchführungsverbot nicht gemeinschaftsweit einheitlich festgelegt werden: Da es sich beim Rückforderungsumfang um keine Frage der Verfahrensautonomie handelt,[181] sondern um einen Kernbereich der gemeinschaftsrechtlich begründeten Rechte aufgrund des Durchführungsverbots, ist das nationale Recht nicht der geeignete Ort dafür, Ansprüche und Rechtsfolgen aufgrund Verletzungen des Durchführungsverbots festzulegen. Daher müssen sich die Rechtsfolgen für Verletzungen des Gemeinschafts- bzw Unionsrechts klar aus diesem selbst ergeben, das nationale Recht kann sich bei der Festlegung von Rechtsfolgen wohl nur an den Erfordernissen des Gemeinschafts- bzw Unionsrechts orientieren. Die in *CELF* vorgenommene Rücküberantwortung von Teilen der prozessualen Ansprüche aufgrund des Durchführungsverbots an das nationale Recht führt weiters dazu, dass die Reichweite des in Art 88 Abs 3 Satz 3 EGV (Art 108 Abs 3 Satz 3 AEUV) verbrieften individuellen Rechts (Gesamt- oder nur Teilrückforderung) je nach betroffenem Mitgliedstaat unterschiedlich ist. Die Einheitlichkeit der Gemeinschafts- bzw Unionsordnung verlangt es aber wohl, die Rechtsfolgen der Verletzung einer Gemeinschafts- bzw Unionsrechtsnorm auch im Gemeinschaftsrecht selbst klarzustellen. Alles andere hieße, den nationalen Gerichten einen argumentativen Spielraum bei der Anwendung von Art 88 Abs 3 Satz 3 EGV (Art 108 Abs 3 Satz 3 AEUV) zu eröffnen, der nach Art 220 EGV aber gerade vom EuGH ausgefüllt werden sollte.

2. Rechtssache *CELF* zu Schutzzweck des Durchführungsverbots und Nichtigkeitssanktion

Das eben dargestellte Urteil *CELF* ist über die Klarstellungen zur Zulässigkeit der Neugewährung und zur Beschränkung des Rückforderungsumfangs bei nachträglicher Genehmigung aber auch von ganz grundsätzlicher Bedeutung für die Dogmatik des Durchführungsverbots. In einem *obiter dictum*, das Teil der Begründung des EuGH für die Beschränkung des Rückforderungsumfangs ist, äußerte sich der EuGH in *CELF* auch zum Schutzzweck des Durch-

179 Vgl EuGH, Rs C-199/06, *CELF*, Slg 2008, I-469, Rdnr 52.

180 EuGH, Rs C-199/06, *CELF*, Slg 2008, I-469, Rdnr 53.

181 Für die aA der Kommission vgl EuGH, Schlussanträge von GA Mazák in Rs C-199/06, *CELF*, Slg 2008, I-469, Rdnr 19.

führungsverbots. Demnach soll dem Durchführungsverbot nur noch „der Sicherungszweck zugrunde [liegen], zu gewährleisten, dass eine mit dem Gemeinsamen Markt unvereinbare Beihilfe niemals durchgeführt wird."[182] Der darüber hinausgehende (Abschreckungs-)Zweck, über eine weite Auslegung der Rechtsfolgen bei Verletzung des Durchführungsverbots auch die Wirksamkeit des Anmeldeverfahrens abzusichern, wird in *CELF* entgegen der Vorjudikatur[183] bei den Schutzfunktionen von Art 88 Abs 3 letzter Satz EGV (Art 108 Abs 3 letzter Satz AEUV)[184] nicht mehr angeführt.

Eine solche Einschränkung des Schutzzwecks des Durchführungsverbots könnte für die österreichische Rechtsfolgendogmatik weitreichende Folgen zeitigen. So sind, wie eingangs gezeigt, dem Durchführungsverbot widersprechende *Zivilrechtsakte* nach in Österreich bislang herrschender Lehre absolut, *Verwaltungsrechtsakte* bloß relativ nichtig. Im Kern wird die Nichtigkeit als Rechtsfolge des Verstoßes aus dem *telos* des Durchführungsverbots abgeleitet. Die gegenüber alternativen Lösungen (etwa schwebender Unwirksamkeit)[185] weitreichende Rechtsfolge der Nichtigkeit beruht auf der Annahme, dass der *effet utile* des Durchführungsverbots im nationalen Recht jene Rechtsfolgen gebietet, die diesem Verbot möglichst hohe Wirksamkeit verleihen. Dies würde also nicht nur, wie in *CELF* ausgesprochen, den Ausschluss von Wettbewerbsverfälschungen aufgrund der vorzeitigen Gewährung, sondern auch die Absicherung der Einhaltung der Anmeldepflicht durch Gewährleistung einer für Mitgliedstaaten und Empfänger abschreckenden Sanktion mit einschließen. Wenn sich nun aus *CELF* ergibt, dass das Durchführungsverbot gar keine so weitreichende Nichtigkeitssanktion erfordert, weil es nur verpönte Wettbewerbsverfälschungen verhindern (und nicht auch die Einhaltung der Anmeldepflicht sicherstellen) will, ist die Grundannahme zur Annahme von Nichtigkeit wohl falsch. Zur Absicherung einer bloßen Verpflichtung, Zinsen für die frühzeitige Beihilfegewährung nachzuzahlen, würden auch gelindere Instrumente (wie eben gerade schwebende Unwirksamkeit) ausreichen.

CELF beschränkt die Sanktion für Verletzungen des Durchführungsverbots bei genehmigten Beihilfen also effektiv darauf, dass die Beihilfe eine Zeit lang (nämlich bis zur Genehmigung) wie ein Kredit behandelt wird. Wird sie aufgedeckt, sind nur die Zinsen fällig. Allerdings ist häufig nicht genau vorher-

182 EuGH, Rs C-199/06, *CELF*, Slg 2008, I-469, Rdnr 47.

183 Vgl zB EuGH, Rs C-143/99, *Adria-Wien Pipeline*, Slg 2001, I-8365, Rdnr 23; EuGH, Rs C-368/04, *Transalpine Ölleitung*, Slg 2006, I-9957, Rdnrn 41 f; EuGH, verb Rs C-261/01 ua, *van Calster*, Slg 2003, I-12249, Rdnr 63; EuGH, Rs C-354/90, *FNCE*, Slg 1991, I-5505, Rdnr 16.

184 Wohl aber in anderem Zusammenhang, vgl EuGH, Rs C-199/06, *CELF*, Slg 2008, I-469, Rdnr 40.

185 So schon *Wöllik*, Zivilrechtsfolgen, in *Jaeger* (Hrsg), Jahrbuch 2008, 349 ff.

zusehen, ob eine Genehmigung erteilt wird bzw könnte bei als sicher geltender Genehmigung auch gleich angemeldet werden. In gewissem Umfang (bei verweigerter Genehmigung) bleibt die Drohung einer Gesamtrückzahlung der Beihilfe daher auch nach *CELF* aufrecht und damit ein Anreiz zur Anmeldung der Beihilfe bestehen. Unterlassungsklagen gegen rechtswidrige Beihilfen vor Genehmigung bleiben weiterhin attraktiv, da hier eine Aussetzung der weiteren Zahlung und die Prüfung der Maßnahme erreicht werden kann und die Frage, ob eine Genehmigung erteilt wird, ja prinzipiell noch offen ist. Erteilt die Kommission eine Genehmigung, so ist die Wiedergewährung für die Vergangenheit zulässig. Bei Negativentscheidungen spricht dagegen iaR schon die Kommission selbst die Rückforderung aus. Auch bei der Heranziehung des Durchführungsverbots zur Abwehr eigener Belastungen (zB bei Steuern oder in parafiskalischen Abgabensystemen) dürfte *CELF* nur wenig verändern: Solange die Maßnahmen von der Kommission noch nicht geprüft wurden, kommt auch nach *CELF* eine Aussetzung der Maßnahme und ihre eventuelle spätere Prüfung durch die Kommission in Betracht. Unattraktiv werden durch *CELF* damit vor allem die, aus Sicht der Durchsetzungseffektivität aber ohnedies nicht relevanten, Klagen nach erteilter Genehmigung (zB jene zu den AMA-Beiträgen),[186] wo keine umfassende Rückforderung mehr erlangt werden könnte bzw ein solches Begehren im nationalen Recht begründet werden müsste. Alles in allem dürfte *CELF* die Anreize für Mitgliedstaaten, Beihilfen nicht anzumelden, oder für Unternehmen, gegen Beihilfen nicht vorzugehen, daher kaum merklich senken.

Die Reduktion des Schutzzwecks des Durchführungsverbots auf die Vermeidung verpönter Wettbewerbsverfälschungen in *CELF* könnte allerdings sehr wohl grundsätzliche Veränderungen im Rechtsschutzbereich nach sich ziehen. Wie das Ausgangsverfahren zu *CELF* selbst vor Augen führt, wo die Beihilfe nur über die Initiative einer Wettbewerberin aufgedeckt wurde, tritt durch *CELF* auch bei materiell berechtigten Konkurrentenklagen eine gewisse Bestrafungswirkung der Kläger ein, da ihnen die wesentlichen Ansprüche abhanden kommen. Dies könnte dazu führen, dass Wettbewerber, zur Vermeidung von Risiken bei nach *CELF* noch geringerer Attraktivität einer Prozessführung als bisher, ihre Aktivitäten noch stärker auf die Kommission konzentrieren und dort auf Einleitung eines Verfahrens drängen. *CELF* könnte daher eine erhöhte Belastung der Kommission bei der Beihilfekontrolle, sowie im weiteren Verlauf auch der Gemeinschaftsgerichte, zur Folge haben.

186 Näher dazu nachstehend Pkt III.C.1. *Jaeger*, ZfV 2007, 21 ff.

3. Präzisierungen von Rückforderungsumfang und Schutzzweck im Folgeurteil *CELF II*[187]

Auf der Grundlage der Entscheidung in *CELF* ordnete das nationale Gericht an, vom Begünstigten nur Zinsen zurückzufordern. Hinsichtlich weiterreichender Maßnahmen, insbesondere einer möglichen Gesamtrückforderung, sah das Gericht die Notwendigkeit einer genaueren Klärung der Rechtswirkungen der Nichtigerklärung der Kommissionsentscheidung und legte dem Gerichtshof neuerlich Fragen zur Vorabentscheidung vor. Die Entscheidung im Fall *CELF II*[188] beschäftigt sich mit diesen Fragen. Dabei ergaben sich gegenüber *CELF I* einige Präzisierungen, auf die hier nur in aller Kürze hingewiesen wird.

Das Urteil *CELF II* beschäftigt sich im Wesentlichen mit der Klärung der Einzelheiten jener vorläufigen Maßnahmen, die aus dem in *CELF I* erklärten (alleinigen) Ziel ergeben, Einzelne im Zeitraum vor Genehmigung der Beihilfe vor negativen Wettbewerbswirkungen zu schützen. Dieses Postulat findet sich vor *CELF I* bereits in einer weit zurückreichenden Reihe von Entscheidungen zur unmittelbaren Wirkung des Durchführungsverbots, die mit der Entscheidung im Fall *Lorenz* 1973 beginnt und sich insbesondere in den Urteilen *FNCE* 1991 und *SFEI* 1996 näher erörtert.[189] In diesem Sinne stellt *CELF II* eine mehr oder weniger vorhersehbare Weiterführung einer stRsp dar. Wie in *CELF I* beließ es das Gericht aber nicht dabei, lediglich die Grundsätze zum Individualrechtsschutz im konkreten Fall, also betreffend die Zeit bis zum Erlass einer endgültigen Entscheidung der Kommission, wiederzugeben, sondern äußerte sich neuerlich und ohne ersichtlichen zwingenden Grund in genereller Weise zum Schutzzweck des Durchführungsverbots.

Hinsichtlich der Pflichten nationaler Gerichte im Rahmen des Durchführungsverbots gibt *CELF II* Auskunft über gewisse Einzelheiten der Bandbreite möglicher Maßnahmen im vorläufigen Verfahren zu rechtswidrigen Beihilfen vor den nationalen Gerichten und stellt klar, dass die über einstweilige Verfügungen zu treffenden Schutzmaßnahmen gegen negative Wettbewerbswirkungen zumeist das Sperren der Beihilfe nebst der Zahlung von Zinsen erfordern werden.[190] Im Lichte der stRsp zum Durchführungsverbot war dies aber einigermaßen vorhersehbar – in der Tat so vorhersehbar, dass das nationale Gericht diesen Aspekt der Entscheidung wahrscheinlich auch ohne Vor-

187 Vgl weiterführend auch *Jaeger*, ecolex 2010, passim.

188 Urteil v 11.3.2010, Rs C-1/09, *CELF II*, noch nicht in der amtl Slg veröffentlicht.

189 EuGH, Rs 120/73, *Lorenz*, Slg 1973, 1471, Rdnrn 8 f; EuGH, Rs C-39/94, *SFEI*, Slg 1996, 3547, Rdnrn 31 ff; EuGH, Rs C-354/90, *FNCE*, Slg 1991, I-5505, Rdnrn 11 ff; ähnlich EuGH, Rs 78/76, *Steinike&Weinling*, Slg 1977, 595, Rdnrn 9 f und 14; EuGH, Rs C-226/91, *CELBI*, Slg 1993, I-4337, Rdnrn 22 f.

190 Vgl Urteil v 11.3.2010, Rs C-1/09, *CELF II*, noch nicht in der amtl Slg veröffentlicht, Rdnrn 30 ff.

lage gemäß der *acte clair* -Doktrin[191] hätte lösen können. Die Tatsache, dass sich das nationale Gericht dennoch für eine Vorlage entschied, dient folglich als Gradmesser für jenes Maß an Verwirrung, das *CELF I* bei nationalen Gerichten bezüglich der Konsequenzen seines reduzierten Schutzzwecks für das nationale Verfahren verursacht zu haben scheint.

CELF II bestätigt weiters den in *CELF* gewählten, eingeschränkten Ansatz zur Auslegung des Schutzzwecks des Durchführungsverbots: „[Ex-]Art 88 Abs 3 Satz 3 EGV liegt der Sicherungszweck zugrunde, zu gewährleisten, dass eine mit dem Gemeinsamen Markt unvereinbare Beihilfe niemals durchgeführt wird. Die damit geschaffene Verhütungsregelung ist also darauf gerichtet, dass nur mit dem Gemeinsamen Markt vereinbare Beihilfen durchgeführt werden".[192] Es ist daher spätestens mit *CELF II* zu folgern, dass in der Abschreckung kein legitimer Schutzzweck für Maßnahmen zur Durchsetzung des Durchführungsverbots (mehr) zu sehen ist.

Zumindest hinsichtlich der Aussicht auf Schadenersatz bringt *CELF II* aber doch erfreuliches. Schadenersatz ist jenes Zuckerbrot zur Peitsche des eingeschränkten Schutzzwecks, das der EuGH in *CELF* Parteien in Aussicht gestellt hatte, die trotz der effektiven Einschränkung ihrer prozessualen Ansprüche durch dieses Urteil noch eine gerichtliche Durchsetzung ins Auge fassen.[193] Indem der EuGH die nationalen Gerichte unmissverständlich auffordert, als Minimum das Einfrieren von Beihilfen anzuordnen bzw anderweitig den Zugriff zur Beihilfe zu verwehren, gestattet er Wettbewerbern die Einwendung, dass der eingetretene Schaden aufgrund des vollen Beihilfebetrags, also nicht nur aus dem Zinsvorteil, entstanden ist, da der Zugang des Empfängers zur Beihilfe nach *CELF II* blockiert gewesen wäre oder hätte sein sollen. Angesichts der Tatsache allerdings, dass die Zahl der Schadensersatzansprüche für Verletzungen des Rechts staatlicher Beihilfe bekanntermaßen niedrig ist,[194] genügt dieses Zuckerbrot wohl nicht, das *private enforcement* des Art 87 EGV (Art 107 AEUV) vor dem Verhungern zu retten.

191 Grundlegend EuGH, Rs 77/83, *CILFIT*, Slg 1894, 1257, Rdnr 14.

192 Vgl Urteil v 11.3.2010, EuGH, Rs C-1/09, *CELF II*, noch nicht in der amtl Slg veröffentlicht, Rdnr 29.

193 Vgl EuGH, Rs C-199/06, *CELF*, Slg 2008, I-469, Rdnr 53.

194 Vgl auch die Ergebnisse der jüngsten Kommissionsstudie zum *private enforcement* des Beihilfeverbots, abrufbar unter http://www.concurrences.com.

4. Rechtssache *SWNB, Nazairdis, Air Liquide, Laboratoires, Boiron* und *Transalpine*: Grundsätze für die Erstattung beihilferechtswidriger Abgaben

Die vorstehend diskutierten Fälle *Adria-Wien Pipeline*[195], *van Calster*[196] und *Transalpine Ölleitung*[197], die dem EuGH zur Präzisierung einiger Grundsätze betreffend die Reichweite des Durchführungsverbots dienten, betrafen die Erstattung von Energie- bzw Schlachtabgaben. Auf der Rechtsfolgenseite stellt sich bei Abgaben das besondere Problem, dass die Kläger neben dem Begehren einer Erstreckung von Abgabenvorteilen (so in *Adria-Wien Pipeline* und *Transalpine Ölleitung*, positive Konkurrentenklage) oder einer Untersagung der Verwendung des Abgabenaufkommens als Beihilfen (so in *van Calster*) häufig auch gegen die eigene Abgabenpflicht vorgehen wollen.[198] Das Durchführungsverbot erfasst jedoch iaR gerade nur die beihilferechtswidrige Abgabenverwendung, die Pflicht zur Entrichtung der Abgabe (und folglich: das Recht diese Abgaben erstattet zu bekommen) ist dagegen nur ausnahmsweise vom Durchführungsverbot erfasst. Nach denselben Abgrenzungsparametern richtet sich zudem auch die Frage, ob nur die Abgabenverwendung oder auch die Finanzierungsweise bei der Kommission als Beihilfe anzumelden ist.[199] Diese Frage wird hier als Erstattungsproblem der Rechtsfolgenebene zugeordnet, sie lässt sich aber ebenso gut als Problem der Reichweite des Verbots an sich begreifen.

Mehrere jüngere Judikate des EuGH haben die Frage des Fortbestands der Entrichtungspflicht bei Abgaben mit Beihilfefinanzierungszweck präzisiert. Im Urteil *Transalpine Ölleitung*, das eigentlich die Frage der Erstreckung einer als Erstattung ausgestalteten Förderung und damit keine klassische Konstellation von Klagen gegen die Abgabenentrichtungspflicht betraf, hat der Gerichtshof in einem *obiter dictum* auch seine ständige Rechtsprechungslinie zum Ausschluss von Erstattungsbegehren in Fällen bestätigt, wo die behauptete Beihilfe in einer Abgabenbefreiung besteht: „Wie sich [...] aus der Rechtsprechung ergibt, können die Schuldner einer Abgabe sich nicht darauf beru-

195 EuGH, Rs C-143/99, *Adria-Wien Pipeline*, Slg 2001, I-8365.

196 EuGH, verb Rs C-261/01 ua, *van Calster*, Slg 2003, I-12249.

197 EuGH, Rs C-368/04, *Transalpine Ölleitung*, Slg 2006, I-9957.

198 Für ein Beispiel (AMA-Beiträge) vgl näher *Herzig*, Agrarmarketing und Beihilferecht: Die Frage des Verwendungszusammenhangs zwischen Beitragserhebung und -verwendung vor dem VwGH, in *Jaeger* (Hrsg), Jahrbuch Beihilferecht 2007 (2007), 235, passim; *Winkler*, Fragen, in *Jaeger* (Hrsg), Jahrbuch, 247, passim.

199 Vgl zB EuGH, Rs C-206/06, *Essent Netwerk*, Slg 2008, I-5497, Rdnr 93; EuGH, verb Rs C-261/01 ua, *van Calster*, Slg 2003, I-12249, Rdnr 51; EuGH, Rs C-174/02, *SWNB*, Slg 2005, I-85, Rdnr 26.

fen, dass die Befreiung anderer Unternehmen eine staatliche Beihilfe darstelle, um sich der Zahlung dieser Abgabe zu entziehen".[200]

An einschlägiger Vorjudikatur sind hier zu nennen – beginnend mit dem Jahr 2000, die Urteile *Wein&Co*[201] (Getränkesteuerbefreiung des Ab-Hof-Verkaufs von Wein) und *Idéal tourisme*[202] (MWSt-Befreiung von Luftfahrtunternehmen) sowie *Banks*[203] aus 2001 (Befreiung von Gebühren für Schürflizenzen), *Nedlloyd Lijnen*[204] (Befreiung der Binnenschifffahrt von Gebühren für die Überwachung des Hochsee-Frachtschiffverkehrs) aus 2002, *Nazairdis*[205] aus 2005 (Befreiung kleinerer Unternehmen von einer verkaufsflächenabhängigen Branchenabgabe) und zuletzt *Air Liquide*[206] aus 2006 (Befreiung von Motoren in Erdgasanlagen von einer Motorkraftsteuer). Grund für die Ablehnung der Erstattung bzw Aussetzung der Abgabenbelastung der Kläger der Ausgangsverfahren in all diesen Fällen war es, dass die Abgabenerhebung bei diesen Unternehmen von der Befreiung der begünstigten Unternehmen unabhängig erfolgte, mit anderen Worten also keine untrennbare Verknüpfung von Beihilfemaßnahme (Befreiung) und Finanzierung (allgemeine Abgabenerhebung) vorlag.[207] Der Mangel einer solchen Verknüpfung ist für Steuern charakteristisch, während sie umgekehrt bei parafiskalischen Abgaben zumeist anzunehmen ist.[208]

Liegt aber eine untrennbare Verknüpfung vor (was ausnahmsweise auch bei Steuern der Fall sein kann), so lässt der EuGH die Erstattung bzw Aussetzung der Abgabe auch bei beihilferelevanten Befreiungen zu.[209] Dies hat der EuGH zuletzt im Urteil *Laboratoires Boiron*[210] aus 2006, betreffend eine selektive Befreiung von einer Abgabe auf Direktverkäufe von Arzneimitteln, bestätigt. Bei

200 EuGH, Rs C-368/04, *Transalpine Ölleitung*, Slg 2006, I-9957, Rdnr 51.

201 EuGH, Rs C-437/97, *Wein&Co*, Slg 2000, I-1157, Rdnrn 51 ff.

202 EuGH, Rs C-36/99, *Idéal tourisme*, Slg 2000, I-6049, Rdnrn 26 ff.

203 EuGH, Rs C-390/98, *Banks*, Slg 2001, I-6117.

204 EuGH, verb Rs C-430 und C-431/99, *Nedlloyd Lijnen*, Slg 2002, I-5235, Rdnr 47.

205 EuGH, verb Rs C-266 bis C-270, C-276 und C-321 bis C-325/04, *Nazairdis*, Slg 2005, I-9481, Rdnr 42.

206 EuGH, Urteil, verb Rs C-393/04 und C-41/05, *Air Liquide*, Slg 2006, I-5293, Rdnr 46.

207 Vgl zum Erfordernis der untrennbaren Verknüpfung (Prinzip der einheitlichen Betrachtungsweise) va EuGH, verb Rs C-261/01 ua, *van Calster*, Slg 2003, I-12249, Rdnrn 27 f und 49; bestätigt zB in EuGH, verb Rs C-34/01 bis C-38/01, *Enirisorse*, Slg 2003, I-14243, Rdnrn 43 f; EuGH, verb Rs C-128/03 und C-129/03, *AEM*, Slg 2005, I-2861, Rdnr 45; EuGH, Rs C-175/02, *Pape*, Slg 2005, I-127, Rdnr 14; EuGH, Rs C-174/02, *SWNB*, Slg 2005, I-85, Rdnrn 23 ff; EuGH, Rs C-526/04, *Laboratoires Boiron*, Slg 2006, I-7529, Rdnr 44.

208 AA zuletzt in Bezug auf AMA-Beiträge aber VwGH v 20.3.2006, 2005/17/0230 ua, Pkt 2.2.2.

209 So zB zuletzt EuGH, C-526/04, *Laboratoires Boiron*, Slg 2006, I-7529, Rdnr 46; dazu *Jaeger*, wbl 2006, 541.

210 EuGH, Rs C-526/04, *Laboratoires Boiron*, Slg 2006, I-7529.

der Verwendung von Abgaben als Beihilfen ist hinsichtlich einer Sistierung der Abgabenpflicht bzw einer möglichen Erstattung danach zu fragen, ob „ein zwingender Verwendungszusammenhang in dem Sinne besteht, dass das Aufkommen aus der Abgabe notwendig für die Finanzierung der Beihilfe verwendet wird".[211] Es reicht daher nicht schon jeder kausale Finanzierungszusammenhang zwischen Erhebung und Verwendung aus; dieser Zusammenhang muss vielmehr hinreichend greifbar, dh zwingend, sein.

Aus der Anwendungspraxis lassen sich einige Indizien für das Vorliegen eines untrennbaren Zusammenhangs zwischen Abgabenerhebung und -verwendung ableiten. So wertete es der Gerichtshof als Indizien für das Vorliegen eines Verwendungszusammenhangs, dass die Abgabenerhebung „zur Verwirklichung (des) Zwecks (der Beihilfe) oder zu ihrem Funktionieren (...) unerlässlich"[212] bzw ein wesentlicher „Bestandteil der Beihilfe"[213] ist, dass sie „speziell und ausschließlich zur Finanzierung der Beihilfe dient"[214] oder „das Abgabenaufkommen unmittelbar den Umfang der Beihilfe"[215] beeinflusst.

Daher ist eine Rückwirkung der Verwendung auf die Erhebung tendenziell ausgeschlossen, wenn zB das Wegfallen der Beihilfemaßnahme nicht auch zum Entfall der Abgabe führen würde,[216] das Abgabenaufkommen nicht ausschließlich für die besondere Beihilfemaßnahme bestimmt ist[217] oder keine zwingende gesetzliche Bindung zwischen Erhebung und Verwendungszweck besteht.[218] Ein Indiz für eine wechselseitige Verknüpfung von Erhebung und Verwendung kann aber auch darin zu sehen sein, dass „sich das Gefüge von Abgabe und Beihilfemaßnahme auf die Wettbewerbsbeziehungen im betroffenen (Sub-)Sektor oder der betroffenen Branche auswirkt."[219] Besonders dann, wenn „die kombinierte Wirkung von Abgabe und Beihilfe erhebliche Auswir-

---

211 EuGH, Rs C-526/04, *Laboratoires Boiron*, Slg 2006, I-7529, Rdnr 44; weiters zB EuGH, Rs C-206/06, *Essent Netwerk*, Slg 2008, I-5497, Rdnr 93.

212 EuGH, Rs 74/76, *Ianelli & Volpi*, Slg 1977, 557, Rdnr 14.

213 EuGH, verb Rs C-261/01 ua, *van Calster*, Slg 2003, I-12249, Rdnr 54; EuGH, verb Rs C-34 bis C-38/01, *Enirisorse*, Slg 2003, I-14243, Rdnr 44; EuGH, Rs C-526/04, *Laboratoires Boiron*, Slg 2006, I-7529, Rdnr 45.

214 EuGH, verb Rs C-261/01 ua, *van Calster*, Slg 2003, I-12249, Rdnrn 44 und gleichlautend 55; EuGH, Rs C-526/04, *Laboratoires Boiron*, Slg 2006, I-7529, Rdnr 43.

215 EuGH, Rs C-174/02, *SWNB*, Slg 2005, I-85, Rdnr 26; fast gleichlautend EuGH, verb Rs C-266 bis C-270, C-276 und C-321 bis C-325/04, *Nazairdis*, Slg 2005, I-9481, Rdnr 40.

216 Vgl EuGH, verb Schlussanträge von GA Geelhoed in Rs C-174 und C-175/02, *SWNB und Pape*, Slg 2005, I-85, Rdnr 32.

217 Vgl EuGH, verb Schlussanträge von GA Geelhoed in Rs C-174 und C-175/02, *SWNB und Pape*, Slg 2005, I-85, Rdnr 36.

218 Vgl EuGH, verb Schlussanträge von GA Geelhoed in Rs C-174 und C-175/02, *SWNB und Pape*, Slg 2005, I-85, Rdnr 36.

219 Vgl EuGH, verb Schlussanträge von GA Geelhoed in Rs C-174 und C-175/02, *SWNB und Pape*, Slg 2005, I-85, Rdnr 35.

kungen auf die Wettbewerbsbeziehungen in dem betreffenden Sektor hat, kann ohne weiteres von einem unmittelbaren und untrennbaren Zusammenhang ausgegangen werden."[220] Dieses Kriterium der kombinierten Wettbewerbswirkungen wird vom Gerichtshof vor allem bei Befreiungen angewandt.[221]

Wendet man diese Kriterien beispielsweise auf den Fall der Energieabgabenvergütung an, so kann von einer untrennbaren Verknüpfung zwischen den in den allgemeinen Haushalt fließenden Energieabgaben und den teilweisen (und wiederum aus dem allgemeinen Haushalt finanzierten) Vergütungen nicht die Rede sein. Es handelte sich vielmehr um eine Vergünstigung auf eine allgemeine Steuer, die in ihrer ursprünglichen Fassung zudem gerade nicht miteinander in Wettbewerb stehenden Unternehmen gewährt (Güterproduzenten) bzw versagt (Dienstleister) wurde. Die Ablehnung der Erstattung in *Transalpine Ölleitung* ist insoweit eine völlig konsequente Fortschreibung der mit *Wein&Co* und *Idéal tourisme* beginnenden Rechtsprechung des EuGH.

C. Durchsetzungsmitteilung der Kommission 2009

Im Jahr 2009 hat die Kommission die wesentlichen Rechtswirkungen des Durchführungsverbots für das Verfahren vor den nationalen Gerichten in einer Mitteilung (Durchsetzungsmitteilung)[222] zusammengefasst. Ersetzt wurde damit ein Dokument aus 1995,[223] das in der Praxis aber so gut wie unbeachtet geblieben ist.[224]

Die *Durchsetzungsmitteilung* verfolgt drei Ziele:[225] die bei Verstößen gegen die Beihilfevorschriften zur Verfügung stehenden Rechtsschutzinstrumente für die nationalen Gerichte sowie für Wettbewerber (Dritte) zu erläutern und ihnen Hinweise zur praktischen Anwendung der Vorschriften zu geben; außerdem möchte die Kommission ihre Zusammenarbeit mit den nationalen Gerichten ausbauen. Die Gerichte und deren prozessuales Vorgehen werden in der Mitteilung in den Mittelpunkt gestellt, die individuellen Rechte der Parteien aufgrund des Durchführungsverbots erhalten demgegenüber vergleichsweise wenig Raum. Diese Herangehensweise ist im Individualrechtsschutz nicht nur dog-

220 EuGH, verb Schlussanträge von GA Geelhoed in Rs C-174 und C-175/02, *SWNB und Pape*, Slg 2005, I-85, Rdnr 36.

221 Vgl EuGH, C-526/04, *Laboratoires Boiron*, Slg 2006, I-7529, Rdnrn 33 f.

222 Bekanntmachung der Kommission über die Durchsetzung des Beihilfenrechts durch die einzelstaatlichen Gerichte, ABl 2009 C 85, 1; dazu näher *Jaeger*, ecolex, 2009, 369.

223 ABl 1995 C 312, 8.

224 Vgl Seite 43 des Online-Dokuments *Jestaedt/Derenne/Ottervanger*, in *JonesDay/Lovells/Allen&Overy* (Hrsg), Study on the Enforcement of State Aid Law at National Level – Part I (2006), abrufbar unter: http://ec.europa.eu/comm/competition/state_aid/overview/studies.html

225 Vgl Bekanntmachung der Kommission über die Durchsetzung des Beihilfenrechts durch die einzelstaatlichen Gerichte, ABl 2009 C 85, 1, Tz 6.

matisch verfehlt, sondern führt auch dazu, dass die Durchsetzungsmitteilung an den privaten Initiatoren der Durchsetzung im Grunde vorbeiredet. Die parteirelevanten individuellen Rechte sind in der Durchsetzungsmitteilung zwar beschrieben, werden aber nicht ausdrücklich als solche hervorgehoben.

Der prozessualen Herangehensweise entspricht auch die Struktur der Durchsetzungsmitteilung: Ausgangspunkt der Mitteilung ist die eigenständige Befugnis der nationalen Gerichte zur Prüfung des Beihilfetatbestands,[226] gefolgt von einer Beschreibung des Durchführungsverbots und seiner Ausnahmen – zB bei Vorliegen einer GruppenfreistellungsVO[227] – sowie der Grundsätze der Kompetenzverteilung zwischen der Kommission und den einzelstaatlichen Gerichten.[228] Danach werden die gerichtlichen Kompetenzen im Fall rechtswidrig durchgeführter Beihilfen einerseits[229] und im Rahmen des Vollzugs von Negativentscheidungen der Kommission andererseits[230] jeweils einzeln diskutiert. Abschließend erläutert werden die Verfahrensvorschriften und Klagebefugnis vor einzelstaatlichen Gerichten[231] sowie die Zusammenarbeit von Kommission und nationalen Gerichten, insbesondere durch Einführung einer *amicus curiae*-Funktion der Kommission.[232]

Eine detaillierte Beschreibung dieser einzelnen Abschnitte erübrigt sich hier. Vielmehr genügt die Feststellung, dass die Durchsetzungsmitteilung sich weitgehend in einer Zusammenfassung bekannter Regeln, wie sie auch in diesen Beitrag einleitend auf Grundlage der Rechtsprechung dargestellt wurden, erschöpft. Mit dieser Zusammenfassung wendet sie sich jedoch hinsichtlich Österreichs an die falschen Adressaten, wie jedenfalls mit Blick auf die beihilferechtlich gut entwickelte höchstgerichtliche Judikatur hierzulande festzuhalten ist; Informationsbedarf besteht vielmehr auf Seiten der privaten Initiatoren negativer Konkurrentenklagen, die aber gerade nicht von der Durchsetzungsmitteilung direkt angesprochen werden.

Dessen ungeachtet enthält die Durchsetzungsmitteilung einzelne Ansätze dafür, die aus Durchsetzungsperspektive besonders relevanten Konkurrenten-

226 Vgl Bekanntmachung der Kommission über die Durchsetzung des Beihilfenrechts durch die einzelstaatlichen Gerichte, ABl 2009 C 85, 1,Tz 8 ff.

227 Vgl Bekanntmachung der Kommission über die Durchsetzung des Beihilfenrechts durch die einzelstaatlichen Gerichte, ABl 2009 C 85, 1,Tz 14 ff.

228 Vgl Bekanntmachung der Kommission über die Durchsetzung des Beihilfenrechts durch die einzelstaatlichen Gerichte, ABl 2009 C 85, 1, Tz 19 ff.

229 Vgl Bekanntmachung der Kommission über die Durchsetzung des Beihilfenrechts durch die einzelstaatlichen Gerichte, ABl 2009 C 85, 1, Tz 24 ff.

230 Vgl Bekanntmachung der Kommission über die Durchsetzung des Beihilfenrechts durch die einzelstaatlichen Gerichte, ABl 2009 C 85, 1, Tz 63 ff.

231 Vgl Bekanntmachung der Kommission über die Durchsetzung des Beihilfenrechts durch die einzelstaatlichen Gerichte, ABl 2009 C 85, 1, Tz 70 ff.

232 Vgl Bekanntmachung der Kommission über die Durchsetzung des Beihilfenrechts durch die einzelstaatlichen Gerichte, ABl 2009 C 85, 1, Tz 77 ff.

klagen zu stimulieren, etwa bei den Beweisregeln,[233] beim Schadenersatz[234] oder bei der, allerdings nicht ganz unbedenklichen, *amicus curiae*-Funktion.[235] Insgesamt bietet die Durchsetzungsmitteilung aber wohl zu wenige innovative Lösungen für das Problem mangelnder Anreize für die private Durchsetzung und hat sich damit gegenüber der von der Praxis zu Recht völlig ignorierten Mitteilung aus 1995[236] nur wenig weiterentwickelt. Dies, obwohl mehr und detailliertere Überlegungen dazu, wie die von der Rechtsprechung im Grundsatz vorgegebenen Rechte im Detail ausgeführt und gestärkt werden können, durchaus möglich sind, wie nicht zuletzt der insoweit vergleichbare Bereich des Kartellrechts belegt.[237]

III. Auswirkungen auf Österreich – Diskussion ausgewählter österreichischer Entscheidungen

A. Allgemeine Tendenz

Eine von der Kommission durchgeführte Studie weist in Österreich für den Zeitraum 2000 bis 2005 lediglich sieben Verfahren vor Gerichten aus.[238] Von diesen wiederum betreffen vier Verfahren[239] die aus Sicht der privaten Durchsetzung des Beihilfeverbots besonders wertvolle Gruppe der negativen Konkurrentenklagen (also sog „*Schwert-Konstellationen*") vor den ordentlichen Gerichten, der Rest sind „*Schild-Konstellationen*". Für den Zeitraum ab Fertigstellung jener Studie im Jahr 2006 bis zum Zeitpunkt der Verfassung dieses Beitrags Mitte 2009 lassen sich in Österreich immerhin zumindest sechzehn Verfahren mit beihilferechtlichem Bezug zählen.[240] In vielen dieser Verfahren

233 Vgl Bekanntmachung der Kommission über die Durchsetzung des Beihilfenrechts durch die einzelstaatlichen Gerichte, ABl 2009 C 85, 1, Tz 76.

234 Vgl Bekanntmachung der Kommission über die Durchsetzung des Beihilfenrechts durch die einzelstaatlichen Gerichte, ABl 2009 C 85, 1, Tz 49.

235 Vgl Bekanntmachung der Kommission über die Durchsetzung des Beihilfenrechts durch die einzelstaatlichen Gerichte, ABl 2009 C 85, 1, Tz 77.

236 Vgl dazu vorstehend Fn 212.

237 Vgl zuletzt Weißbuch Schadensersatzklagen wegen Verletzung des EGV-Wettbewerbsrechts, KOM(2008) 165 endg.

238 Vgl die in Fn 214 angegebene Quelle, Seiten 34 und 40.

239 Vgl OGH v 22.6.1999, 4 Ob 141/99k; v 22.3.2001, 4 Ob 43/01d; v 16.7.2002, 4 Ob 72/02w (Revisionsrekurs zur EV), und v 4.5.2004, 4 Ob 14/04v (Revisionsurteil); sowie ein (nicht näher ausgewiesenes) Urteil des HG Wien v 29.2.1999 betreffend die Alpine Mayreder Bau-Gruppe.

240 Vgl OGH v 23.4.2008, 7 Ob 176/07v; v 23.4.2008, 7 Ob 116/07w; v 23.3.2007, 1 Ob 269/06z; v 10.6.2008, 4 Ob 41/08w; v 15.12.2008, 4 Ob 133/08z; v 8.7.2008, 4 Ob 54/08g; VwGH v 31.7.2007 ua, 2004/05/0274 ua; v 8.1.2007 ua, 2002/17/0356 ua; v 29.5.2006, 2002/17/0037 ua; v 20.11.2006 ua, 2006/17/0157 ua; v 20.3.2006 ua, 2005/

findet die Beihilfefrage jedoch lediglich beiläufige Erwähnung und erfährt daher dort keine nähere Würdigung. Fünf Verfahren lohnen dagegen aus dogmatischer Sicht eine nähere, nachstehend vorgenommene, Diskussion.

Die gerichtliche Anwendungspraxis in Österreich zeigt dabei im Großen und Ganzen einen hohen Grad an beihilferechtlichem Problembewusstsein und eine gute Kenntnis der Materie. Aus rechtsdogmatischer gleichwie parteispezifischer Sicht erfreulich ist dabei zunächst die vergleichsweise große Zahl an Vorabentscheidungsersuchen an den EuGH, mit denen neue Probleme an die Gemeinschaftsgerichtsbarkeit herangetragen und gleichzeitig eine rechtlich einwandfreie Anwendung des Gemeinschaftsrechts im Einzelfall gewährleistet werden. Hier tut sich der, allerdings auch in absoluten Zahlen mit den weitaus meisten beihilferechtlichen Verfahren befasste, VwGH besonders hervor. Positiv hervorzuheben ist zudem die Bereitschaft der österreichischen (jedenfalls: Höchst-)Gerichte zur Heranziehung der jeweils neuesten Gemeinschafts- bzw Unionsrechtsprechung und zur detailgenauen Auseinandersetzung mit dieser.

B. VfGH-Verfahren zum ÖkostromG[241]

1. Sachverhalt

In diesem Verfahren prüfte der VfGH die Verfassungsmäßigkeit von § 13 Abs 4 des ÖkostromG 2002/2006.[242] Diese Bestimmung gewährte eine, von einer Reihe von Kriterien abhängige, Bezuschussung der Kosten für KWK-Anlagen. Eines der Förderkriterien waren bestimmte Effizienzgrenzwerte bei der Energiegewinnung, die allerdings erst nachtäglich, im Jahre 2006, festgeschrieben worden waren.

Die zuständige Behörde hatte im Jahre 2005 den Antrag der Beschwerdeführerin auf Festsetzung des Kostenersatzes für den Betrieb ihrer beiden KWK-Anlagen nach dem ÖkostromG abgelehnt und dies mit der fehlenden Einhaltung des Effizienzkriteriums begründet. Gegen den Bescheid wandte sich die Beschwerdeführerin mit einer Verfassungsbeschwerde, in der sie die Verletzung des Gleichheitssatzes und der Erwerbsfreiheit sowie die Verletzung in Rechten wegen Anwendung eines verfassungswidrigen Gesetzes rügte: Die Betriebskalkulation für ihre KWK-Anlagen habe auf der Erstattungsfähigkeit der Kosten

17/0230 ua; v 18.4.2008 ua, 2008/17/0035 ua; VfGH v 26.6.2008, G 263/07; v 12.10.2007, B 968/07; UVS Tirol v 7.8.2006, 2006/K9/2145–5; BVA v 5.8.2008, F/003-BVA/10/2008–42. Vgl dazu auch den von *Jaeger* verfassten Österreichbericht der Nachfolgestudie der Kommission zum *private enforcement* des Beihilfeverbots, abrufbar unter http://www.concurrences.com.

241 VfGH v 26.6.2008, G 263/07.

242 BGBl I 149/2002, idF BGBl I 105/2006.

basiert; die nachträgliche Festschreibung des Effizienzkriteriums verletze daher ihr berechtigtes Vertrauen in die Fortgeltung der Rechtslage.

Die Bundesregierung wies im Verfahren darauf hin, dass die Kostenerstattungsvorschriften des ÖkostromG von der Kommission im Jahr 2006 als Beihilfe eingestuft, aber genehmigt worden waren. Das Vorliegen einer unzulässigen staatlichen Beihilfe im Zeitraum 2002 bis 2006 könne jedoch eine Rückforderung geleisteter und das Verbot neuerlicher Kostenerstattungen erfordern. Zu dieser Frage hatte der VwGH den EuGH um Vorabentscheidung ersucht (das Verfahren war zu jener Zeit noch beim EuGH anhängig).[243]

2. Würdigung durch den VfGH

Der VfGH betrachtete das Vorbringen der Beschwerdeführerin *prima facie* als gewichtig genug, um hinsichtlich des ÖkostromG – als Rechtsgrundlage des ablehnenden Bescheids – ein Gesetzesprüfungsverfahren einzuleiten.[244] Die eigentliche Prüfung des ÖkostromG bestätigte die Bedenken der Beschwerdeführerin dann allerdings nicht.[245]

Einer der Gründe, aus denen der VfGH keine Verletzung von berechtigtem Vertrauen sah, war die Tatsache, dass die ursprüngliche Gesetzesfassung eine unzulässige staatliche Beihilfe darstellte: Der Verstoß gegen Art 88 Abs 3 EGV (Art 108 Abs 3 AEUV) und die damit nach der Rechtsprechung des EuGH grundsätzliche Pflicht zur Rückerstattung der Beihilfe schmälere die Schutzwürdigkeit des Vertrauens. Der VfGH zitiert dafür ausdrücklich die *Alcan*-Rechtsprechung[246].

3. Stellungnahme

Verstöße gegen das Durchführungsverbot verletzen typischerweise (nur) einfaches österreichisches Recht, nicht aber die Bundesverfassung.[247] Entsprechend selten hat der VfGH Gelegenheit zum Beihilferecht Stellung zu beziehen, sodass die Stellungnahme im Fall des ÖkostromG jedenfalls Hervorhebung verdient.

In diesem Fall wandte der VfGH das Durchführungsverbot, im Unterschied zu etwa dem Verfahren, das zum *Adria-Wien-Pipeline*-Vorabentscheidungsersuchen führte,[248] nicht als solches an, sondern übernahm die Rechtsprechung des EuGH, wonach das Durchführungsverbot die Schutzwürdigkeit des Ver-

243 EuGH, Rs C-348/07, *Wienstrom*, Slg 2008, I-10393.

244 VfGH v 26.6.2008, G 263/07, Pkt. I.5.

245 VfGH v 26.6.2008, G 263/07, Pkt. II.2.

246 EuGH, Rs C-24/95, *Alcan II*, Slg 1997, I-1591.

247 Vgl für das Beihilferecht und die Prüfung der Einhaltung des Durchführungsverbots etwa VfGH v 12.12.2002, B1348/02, Pkt II.2.1.

248 EuGH, Rs C-143/99, *Adria-Wien Pipeline*, Slg 2001, I-8365.

trauens des Beihilfeempfängers schmälert, und entwickelte davon ausgehend eine eigene Doktrin zur Schutzwürdigkeit des Vertrauens im Beihilferecht. Aus der Sicht des VfGH boten die Bezugnahme auf das Durchführungsverbot und die EuGH-Rechtsprechung insoweit aber lediglich eine Argumentationshilfe, zu deren Übernahme der VfGH gemeinschaftsrechtlich – insbesondere gemäß Art 10 EGV (Art 4 Abs 3 EUV) – nicht verpflichtet war.

Tatsächlich steht der knappe Hinweis auf die *Alcan*-Rechtsprechung des EuGH am Ende einer Reihe von Erwägungen, die den VfGH dazu veranlassten, die Verletzung berechtigten Vertrauens abzulehnen. Vergleichsweise gewichtiger als die *Alcan*-Rechtsprechung war insbesondere der Wortlaut der KWK-Richtlinie,[249] die in ihren Erwägungsgründen an mehreren Stellen darauf hinweist, dass die Förderung „hocheffiziente“ KWK-Anlagen betreffen solle, und mit deren Umsetzung (potentielle) Beihilfeempfänger jederzeit zu rechnen hatten.[250] Die Tatsache, dass der VfGH die Rechtsprechung des EuGH zum Vertrauensschutz trotzdem freiwillig übernahm, ist meines Erachtens jedoch jedenfalls als Konsolidierung und Festigung der österreichischen Rechtsprechung im Bereich des Vertrauensschutzes zu begrüßen.

C. VwGH-Verfahren

1. AMA-Marketingbeiträge[251]

a. Allgemeiner Hintergrund des Verfahrenskomplexes

Die zahlreichen im Folgenden zitierten Urteile bilden Stränge einer fast ein Jahrzehnt andauernden Saga[252] von verwaltungsgerichtlicher Judikatur zu verschiedenen Gesichtspunkten des österreichischen Agrarmarketingsystems, angelegt im AgrarmarketingG (AMA-G).[253] Die Rechtsbehelfe in diesen Ver-

249 Richtlinie 2004/8/EGV des Europäischen Parlaments und des Rates vom 11. Februar 2004 über die Förderung einer am Nutzwärmebedarf orientierten Kraft-Wärme-Kopplung im Energiebinnenmarkt und zur Änderung der Richtlinie 92/42/EWG, ABl 2004 L 52, 60.

250 VfGH v 26.6.2008, G 263/07, Pkt II.2.2.

251 Vgl VwGH v 20.3.2006, 2005/17/0230 ua, 2005/17/0066 ua, 2005/17/0208 ua, 2005/17/0209 ua, 2005/17/0211, 2005/17/0213 ua, 2005/17/0215, 2005/17/0222, 2005/17/0234; v 29.5.2006, 2002/17/0054; v 21.12.2006, 2006/17/0274 ua; v 30.1.2007, 2006/17/0364 ua, 2006/17/0283, 2006/17/0284; v 30.6.2007, 2006/17/0092; v 26.9.2006, 2006/17/0130 ua; v 28.8.2007, 2006/17/0064 bis 2006/17/0071, 2007/17/0137, 2007/17/0138; v 25.1.2008, 2007/17/0156; *Jaeger*, ZfV 2007, 18.

252 Vgl exemplarisch schon VwGH v 27.9.1999, 99/17/0189; v 4.7.2001, 2000/17/0200 ua; v 26.2.2003, 99/17/0023 ua; VwGH v 20.3.2003, 2000/17/0084; dazu *Eilmansberger*, ZfV 2003, 584; sowie die Nachweise in vorstehender Fn 187.

253 Stammfassung BGBl Nr 376/1992; häufig novelliert, besonders umfangreich durch BGBl I Nr 108/2001.

fahren wenden sich durchwegs gegen parafiskalische Abgaben, welche die Erzeuger unterschiedlichster landwirtschaftlicher Produkte an die zuständige Behörde, die AgrarMarkt Austria (AMA), abführen müssen. Die Kläger berufen sich dabei regelmäßig auf die Unvereinbarkeit der Abgaben mit verschiedenen gemeinschaftsrechtlichen Vorschriften, darunter Art 87 Abs 1 EGV.

Die frühesten Urteile datieren aus den Jahren 1999 und 2000; allerdings nahmen die Klagen zu jener Zeit ausschließlich auf die Art 25, 28 und 90 EGV (Art 30, 34, 110 AEUV) Bezug, nicht aber auf das Beihilferecht. Beihilferechtliche Argumente kamen in den EuGH-Urteilen erst ab etwa 2001 auf. Die Kläger brachten diesbezüglich vor, dass die Erträge der Abgaben genutzt würden, um eine nicht angemeldete Beihilfe für konkurrierende landwirtschaftliche Erzeuger zu finanzieren. Art 10 und 86 EGV finden sich zwar als Argumente in einem Fall, wurden dort aber ohne weiteres abgewiesen und seitdem nicht mehr vorgebracht.

Das beihilferechtliche Vorbringen wurde vom VwGH von Anfang an, dh in den Urteilen ab dem Jahr 2001, dem Grundsatz nach als für das AMA-System relevant anerkannt. Der VwGH fasste die Beantwortung der Frage, ob das Agrarmarketingsystem eine staatliche Beihilfe begründet, als eine Beurteilung von Tatsachen auf, welche der AMA obliege. Er hob daher jene Abgabenbescheide auf, bei denen die dafür notwendigen Sachverhaltsfeststellungen der Behörde fehlten. Hingegen befassen sich die Urteile nicht mit der Frage, ob zwischen dem Aufkommen aus der Abgabe und dem möglicherweise beihilferechtswidrigen Einsatz des Aufkommens ein zwingender Verwendungszusammenhang besteht.

Im Jahre 2004 genehmigte die Europäische Kommission in zwei Entscheidungen (zumindest) die Eckpunkte des Agrarmarketingsystems.[254] In der Folgezeit verzichteten Klagen vor österreichischen Gerichten gegen später ergangene Abgabenbescheide darauf, sich auf Beihilferecht zu berufen. Doch nahm der VwGH angesichts des Urteils *van Calster* des EuGH[255] an, die Bindungskraft der Kommissionsentscheidungen wirke nicht zurück. Daher behandeln die im Folgenden analysierten Urteile weiterhin die beihilferechtliche Zulässigkeit der Abgabe, wenngleich die Beihilferegelung bereits genehmigt worden war.

Ab dem Jahr 2005, also der Genehmigung der Beihilferegelung, begann der VwGH die Frage eines zwingenden Verwendungszusammenhangs zu erwähnen, ohne sie allerdings entscheidungserheblich heranzuziehen.

254 KomE NN 34/2000, *AMA-Gütesiegel*, K(2004) 2037 endg.
255 EuGH, verb Rs C-261/01 ua, *van Calster*, Slg 2003, I-12249.

b. Sachverhalte der jüngeren Urteile

Die hier näher besprochenen Urteile des VwGH vom 20. März 2006[256] betrafen Rechtsbehelfe von abgabepflichtigen Erzeugern landwirtschaftlicher Produkte, die sich darauf berufen hatten, dass die Abgabe eine nicht angemeldete staatliche Beihilfe finanziere und dass folglich die Rechtsgrundlage für die Abgabenerhebung – die entsprechenden Vorschriften des AMA-G – wegen des Vorrangs des Durchführungsverbots in Art 88 Abs 3 EGV (Art 108 Abs 3 AEUV) unangewendet bleiben müsse.

Die AMA wendete dagegen ein, dass die beihilferechtlich relevanten Gesichtspunkte des AMA-G von der Europäischen Kommission im Jahre 2004 für die Zukunft, dh ab dem 1. Juli 2004, genehmigt worden waren. Daher unterlägen jene Abgaben nicht dem Durchführungsverbot.

Hinsichtlich der vor September 2002 erhobenen Abgaben – die Kommission hatte in ihrer ersten Entscheidung das AMA-G erst von September 2002 an untersucht und genehmigt – hatte die Kommission ein weiteres Verfahren eröffnet, welches zu jener Zeit noch nicht abgeschlossen worden war. Um die Entscheidung der Kommission abzuwarten, hatte die AMA Verfahren über Abgaben, die zwischen 1998 und 2002 erhoben wurden, ausgesetzt.

Hinsichtlich der Abgaben, die die Kommissionsgenehmigung vom 30. Juni 2004 zwar erfasste, aber vor ihr, also zwischen 2002 und 2004, erhoben wurden, berief sich die AMA darauf, dass die Anwendbarkeit des Durchführungsverbots auf diese Abgaben von der Entscheidung der Kommission im zweiten Verfahren abhänge, sowie vom Ergebnis des Vorabentscheidungsersuchen in der Sache *Transalpine Ölleitung*,[257] das ebenfalls die Anwendbarkeit des Durchführungsverbots nach einer Genehmigung der Beihilfe durch die Kommission betrifft. Die AMA setzte daher auch die Verfahren für jene Abgaben aus.

Die Beschwerdeführer wandten sich gegen die Aussetzung der Verfahren für Abgaben, die vor 2002 erhoben wurden, also solche, die jedenfalls nicht von der Kommissionsgenehmigung vom 30. Juni 2004 erfasst wurden.

Das Urteil des VwGH vom 29. Mai 2006[258] erging vor dem gleichen Hintergrund, allerdings beriefen sich die Beschwerdeführer auch auf einen Verstoß des AMA-Systems gegen Art 28 und Art 86 EGV.

Das Urteil des VwGH vom 30. Juni 2006[259] steht am Anfang einer Reihe[260] von Folgejudikatur zu den Urteilen des VwGH vom 20. März 2006. In all diesen Fällen machten die Beschwerdeführer eine fehlerhafte Beurteilung der

256 VwGH v 20.3.2006, 2005/17/0230 ua, 2005/17/0066 ua, 2005/17/0208 ua, 2005/17/0209 ua, 2005/17/0211, 2005/17/0213 ua, 2005/17/0215, 2005/17/0222, 2005/17/0234.

257 EuGH, Rs C-368/04, *Transalpine Ölleitung*, Slg 2006, I-9957.

258 VwGH v 29.5.2006, 2002/17/0054.

259 VwGH v 30.6.2006, 2006/17/0092.

260 Vgl VwGH v 30.1.2007, 2004/17/0078; v 28.8.2007, 2006/17/0064 bis 2006/17/0071, 2007/17/0137, 2007/17/0138.

Frage des zwingenden Verwendungszusammenhangs durch den VwGH geltend. Im Übrigen gleicht der tatsächliche und rechtliche Rahmen dem der zuvor dargestellten Urteile.

Die Urteile des VwGH vom 21. Dezember 2006[261] unterscheiden sich vom Urteil des VwGH vom 30. Juni 2006 nur insofern als die Beschwerdeführer ihre Argumentation zum zwingenden Verwendungszusammenhang auch auf ein Rechtsgutachten stützten.

Das Urteil des VwGH vom 25. Jänner 2008[262] betrifft die Erhebung der AMA-Abgaben zu Lasten eines insolventen Erzeugers. Das Urteil drehte sich um die Frage, ob der Geschäftsführer einer GmbH seine Pflichten als Geschäftsführer verletzt hat, weil er nicht dafür Sorge getragen hat, offene AMA-Beiträge für insgesamt vier Jahre zu begleichen. Der Geschäftsführer berief sich darauf, dass der VwGH in seiner älteren Judikatur Bescheide aufgehoben hatte, weil die AMA nicht die Vereinbarkeit mit Beihilferecht festgestellt hatte, und folglich keine Zahlungspflicht bestanden habe. Eine Wende hin zu einer Vereinbarkeit des Abgabensystems mit Gemeinschaftsrecht habe sich in der Rechtsprechung erst ab 2005 abgezeichnet; zu diesem Zeitpunkt sei über die GmbH indes bereits das Insolvenzverfahren eröffnet gewesen. Aufgrund des besonderen Blickwinkels des Urteils ist seine Aussagekraft für das Beihilferecht freilich beschränkt.

c. Würdigung durch den VwGH

In den Leiturteilen vom 20. März 2006[263] untersuchte der VwGH im Wesentlichen drei Punkte: erstens, die Notwendigkeit, das Verfahren vor der AMA bis zu einer Entscheidung der Kommission und einem Urteil des EuGH zum Vorabentscheidungsersuchen auszusetzen; zweitens, die rechtlichen Folgen, die das Vorliegen einer staatlichen Beihilfe auf die Pflicht zur Abgabenentrichtung hätte (zwingender Verwendungszusammenhang) und drittens, die Vereinbarkeit des Abgabensystems mit Art 28 EGV, auf die aber hier nicht weiter eingegangen wird.

Zur Aussetzung des Verfahrens[264] urteilte der VwGH, eine solche sei für Abgaben berechtigt, die vor 2002 erhoben wurden, da das zweite von der Kommission eingeleitete Verfahren gerade jene Zeitspanne betraf. Dabei erörterte der VwGH, dass für die Zeitspanne zwischen 2002 und 2004 die Frage der Rückwirkung der Kommissiongenehmigung und die Reichweite des Durchführungsverbots relevant seien. Das Durchführungsverbot wirke auch

261 VwGH v 21.12.2006, 2006/17/0274 ua.

262 VwGH v 25.1.2008, 2007/17/0156.

263 VwGH v 20.3.2006, 2005/17/0230 ua, 2005/17/0066 ua, 2005/17/0208 ua, 2005/17/0209 ua, 2005/17/0211, 2005/17/0213 ua, 2005/17/0215, 2005/17/0222, 2005/17/0234.

264 VwGH v 20.3.2006, 2005/17/0230, Pkt. 2.1.

bis zum Zeitpunkt der Kommissionsentscheidung, nicht, wie die AMA argumentiert hatte, bis zum Zeitpunkt der Anmeldung bei der Kommission.

Zum Vorliegen eines *zwingenden Verwendungszusammenhangs*[265] verwies der VwGH zunächst auf seine Vorjudikatur[266] zur Beihilfeeigenschaft der AMA-Abgaben, um diese dann wesentlich zu verfeinern: Der VwGH betonte, dass die Judikatur des EuGH in den Rechtssachen *van Calster*, *Pearle* und *SWNB* einen unmittelbaren Zusammenhang zwischen der Erhebung der parafiskalischen Abgabe und der daraus finanzierten wirtschaftlichen Leistung verlangt, damit die Abgabenerhebung dem Durchführungsverbot unterfällt.[267] Er untersuchte sodann, ob dem AMA-System ein solcher Zusammenhang innewohnt.

Die Kriterien hierfür leitete der VwGH aus der EuGH-Judikatur in den Rechtsachen *Nazairdis*, *SWNB* und *Enirisorse*[268] ab und untersuchte in der Folge eine Reihe weiterer Kriterien, insbesondere die unmittelbaren Auswirkungen der Abgabe auf die Höhe der Beihilfe, die ausschließliche oder wesentliche Finanzierung der Beihilfe durch die Abgabe und wie weit die Rechtsgrundlage der Abgabe die Verwendung als Beihilfe vorgibt.

Auf dieser Grundlage gelangte der VwGH zu dem Schluss, dass kein unmittelbarer Zusammenhang zwischen den Abgaben zu Gunsten der AMA und deren Verwendung als staatliche Beihilfe für das Agrarmarketing bestünde. § 21a AMA-G setze eine solche Verwendung nicht voraus, sondern schließe eine große Bandbreite von Verwendungen ein, die nur grob umrissen seien. Folglich wirke sich das Durchführungsverbot nicht auf die Erhebung der Abgaben zu Gunsten der AMA aus.

Der VwGH urteilte weiter, dass ein Bedürfnis für ein Ersuchen um Vorabentscheidung an den EuGH zur Rechtmäßigkeit der Kommissionentscheidung vom 30. Juni 2004 nicht bestehe, da jene Entscheidung nur die Vereinbarkeit der Verwendung der Abgaben mit beihilferechtlichen Vorschriften betraf, nicht jedoch die Rechtmäßigkeit einer damit nicht in einem zwingenden Zusammenhang stehenden Abgabenerhebung.

In einem *obiter dictum* stellte der VwGH schließlich fest, dass selbst für den Fall, dass ein zwingender Zusammenhang bestünde, nach der Judikatur des EuGH das Gemeinschafts- bzw Unionsrecht nicht in jedem Fall die Rückzahlung erhobener Abgaben verlangt.

---

265 VwGH v 20.3.2006, 2005/17/0230, Pkt. 2.2.2.

266 Va VwGH v 20.3.2003, 2000/17/0084 ua; VwGH v 1.7.2005, 2005/17/0070 ua.

267 EuGH, verb Rs C-261/01 ua, *van Calster*, Slg 2003, I-12249. EuGH, Rs C-345/02, *Pearle BV*, Slg 2004, I-7139; EuGH, Rs C-174/02, *SWNB*, Slg 2005, I-85.

268 EuGH, verb Rs C-266 bis C-270, C-276 und C-321 bis C-325/04, *Nazairdis*, Slg 2005, I-9481; EuGH, Rs C-174/02, *SWNB*, Slg 2005, I-85; EuGH, verb Rs C-34 bis C-38/01, *Enirisorse*, Slg 2003, I-14243.

Das Urteil vom 29. Mai 2006 enthält vor diesem Hintergrund keine neuen beihilferechtlichen Erwägungen, abgesehen davon, das der VwGH dort auch einen Verstoß des AMA-Systems gegen Art 10 und 86 EGV verneinte.[269]

In seinem Urteil vom 30. Juni 2006[270] wiederholte der VwGH seine Erwägungen in den Urteilen vom 20. März 2006[271] zum zwingenden Verwendungszusammenhang, die von den Beschwerdeführern in Frage gezogen worden waren. Sie führten insbesondere an, der VwGH habe dem EuGH-Urteil *Nazairdis*[272] zu Unrecht entnommen, dass sich die gemeinschafts- bzw unionsrechtswidrige Verwendung unmittelbar auf die nationale Vorschrift, welche die Abgabe regle, zurückführen lassen müsse. Der VwGH wies dieses Argument aber ab: Es habe sich sehr wohl um eine ergänzende Begründung des EuGH für das Fehlen einer Rechtslage, wie sie in der Rechtssache *Frankreich/Kommission*[273] zur Annahme eines Verwendungszusammenhanges geführt hatte, gehandelt. Dabei betonte der VwGH bestehende Parallelen zwischen dem von ihm zu entscheidenden und dem Verfahren in der Rechtssache *Nazairdis*.[274] Der VfGH wiederholte daher sein Urteil vom 20. März 2006[275]: Das AMA-G setze keine beihilferechtlich relevante Verwendung der Abgabe voraus; folglich bestehe auch kein zwingender Verwendungszusammenhang. Wiederum lehnte der VwGH ein Vorabentscheidungsersuchen an den EuGH zu dieser Frage ab.

Für das Urteil vom 21. Dezember 2006[276] hatte der Beschwerdeführer ein Rechtsgutachten zum Vorliegen eines zwingenden Verwendungszusammenhangs vorgelegt. Allerdings schloss sich der VwGH dessen Aussagen nicht an und wies auch diese Beschwerde ab: Der VwGH sah sich nicht mit neuen Argumenten konfrontiert und konnte sich überdies auf gegenüber der Gutachtensansicht gegenteilige Literaturmeinungen[277] berufen.

Die Urteile des VwGH vom 30. Jänner 2007[278] und 28. August 2007[279] voll-

269 VwGH v 29.5.2006, 2002/17/0054, Pkt. 2.2.

270 VwGH v 30.6.2006, 2006/17/0092.

271 VwGH v 20.3.2006, 2005/17/0230 ua, 2005/17/0066 ua, 2005/17/0208 ua, 2005/17/0209 ua, 2005/17/0211, 2005/17/0213 ua, 2005/17/0215, 2005/17/0222, 2005/17/0234.

272 EuGH, verb Rs C-266 bis C-270, C-276 und C-321 bis C-325/04, *Nazairdis*, Slg 2005, I-9481.

273 EuGH, Rs 47/69, *Frankreich/Kommission*, Slg 1970, 487.

274 EuGH, verb Rs C-266 bis C-270, C-276 und C-321 bis C-325/04, *Nazairdis*, Slg 2005, I-9481.

275 VwGH v 20.3.2006, 2005/17/0230 ua, 2005/17/0066 ua, 2005/17/0208 ua, 2005/17/0209 ua, 2005/17/0211, 2005/17/0213 ua, 2005/17/0215, 2005/17/0222, 2005/17/0234.

276 VwGH v 21.12.2006, 2006/17/0274 ua.

277 *Jaeger*, ZfV 2007, 17.

278 VwGH v 30.1.2007, 2006/17/0364 ua, 2006/17/0283, 2006/17/0284.

279 VwGH v 28.8.2007, 2006/17/0064 bis 2006/17/0071, 2007/17/0137, 2007/17/0138.

ziehen die Urteile vom 30. Juni 2006[280] und 21. Dezember 2006[281] lediglich nach, ohne inhaltlich Neues zu bringen.

d. Stellungnahme

Die Urteile aus dem Jahre 2006 sind die ersten, in denen der VwGH Beschwerden gerade wegen eines fehlenden zwingenden Verwendungszusammenhangs zurückwies.

Die Beurteilung der Frage eines zwingenden Verwendungszusammenhangs durch den VwGH, insbesondere in den Leiturteilen vom 20. März 2006[282] und 30. Juni 2006[283], basiert auf einer gründlichen Auseinandersetzung mit der EuGH-Judikatur. Der VwGH behandelt ausführlich die Kriterien für das Vorliegen eines zwingenden Verwendungszusammenhangs und wendet sie auf das AMA-G an. Die Anwendung scheint auch richtig zu sein, da das AMA-G tatsächlich nur ein grobes Raster für eine Verwendung der Abgabe vorgibt und die sie damit weitgehend dem Ermessen der Behörde überlässt. In einer solchen Lage stützt die Judikatur des EuGH die Schlussfolgerung des VwGH, dass die Verwendung einer Abgabe als staatliche Beihilfe (zB für Marketing) nicht auf ihre Erhebung auch für andere Verwendungen zurückwirkt.

Darüberhinaus ist dem VwGH auch in der Ablehnung eines Vorabentscheidungsersuchens an den EuGH rechtzugeben, da zu diesem Zeitpunkt bereits eine gefestigte Vorjudikatur des EuGH zu den Fragestellungen rund um einen zwingenden Verwendungszusammenhang bestand, die Anwendung jener Prinzipien auf die Tatsachen des Einzelfalls notwendigerweise von den nationalen Gerichten zu besorgen ist und diese Anwendung damit keinen zulässigen Gegenstand eines Vorabentscheidungsersuchen darstellt.

Nach der Genehmigung der Regelung durch die Europäische Kommission verebbte der gerichtliche Streit über AMA-Gebühren weitgehend: Seit 2008 wurden anscheinend keine neuen Beschwerden über die Vereinbarkeit der Regelung mit Gemeinschafts- bzw Unionsrecht mehr anhängig gemacht.[284]

280 VwGH v 30.6.2006, 2006/17/0092.

281 VwGH v 21.12.2006, 2006/17/0274 ua.

282 VwGH v 20.3.2006, 2005/17/0230 ua, 2005/17/0066 ua, 2005/17/0208 ua, 2005/17/0209 ua, 2005/17/0211, 2005/17/0213 ua, 2005/17/0215, 2005/17/0222, 2005/17/0234.

283 VwGH v 30.6.2006, 2006/17/0092.

284 Vgl allerdings die jüngste Aufhebung der Kommissionsgenehmigung für die Beihilfewirkungen des AMA-Gütesiegels in Urteil v 18.11.2009, Rs T-375/04, *Scheucher Fleisch*, noch nicht in der amtl Slg veröffentlicht. Diese Aufhebung könnte eine neue beihilferechtliche Flanke bei der AMA eröffnen. Ähnlich auch *Hofer*, Praxisstudie: AMA-Gütesiegel, in *Jaeger/Rumersdorfer* (Hrsg), Jahrbuch Beihilferecht 2010 (2010), 525.

2. Energieabgabenvergütung nach der Rechtssache *Transalpine*[285]

a. Hintergrund und Sachverhalt

Das Bundesgesetz über die Vergütung von Energieabgaben 1996 (EAVG)[286] gewährte die Erstattung von Energieabgaben unter zwei Bedingungen: erstens, nur zu Gunsten von Unternehmen, deren Schwerpunkt nachweislich in der Herstellung körperlicher Wirtschaftsgüter bestand; zweitens, nur wenn eine bestimmte Schwelle an Energieverbrauch überschritten wurde. Ab dem Jahr 1997 wurden mehrere Anträge von Betreibern einer Ölleitung und einer Seilbahn auf Erstattung von Energieabgaben von den zuständigen Steuerbehörden abgelehnt, weil Dienstleistungsunternehmen nicht Teil des gesetzlich vorgesehenen Empfängerkreises der Vergütung waren. Die Beschwerdeführer erhoben dagegen Verfassungsbeschwerde beim VfGH. Dieser ersuchte den EuGH zur Vorabentscheidung, ob die Energieabgabenvergütung eine staatliche Beihilfe darstelle. In seinem Urteil *Adria-Wien Pipeline* bejahte der EuGH dies.[287] In der Folge hielt der VfGH die in § 2 Abs 1 EAVG vorgesehene Begrenzung der Erstattung auf Hersteller körperlicher Wirtschaftsgüter wegen Art 88 Abs 3 EGV (Art 108 Abs 3 AEUV) für unanwendbar. Damit schienen die Wege frei für eine Erstattung der Energieabgaben der Beschwerdeführer und die Fälle wurden an die zuständigen Steuerbehörden zur erneuten Entscheidung zurückverwiesen.

Im Jahre 2002 genehmigte die Europäische Kommission allerdings die in der Energieabgabenvergütung enthaltenen Beihilfeelemente für die Zeit von 1996 bis 2001. Daraufhin lehnten die zuständigen Steuerbehörden die an sie vom VfGH zurückverwiesenen Anliegen neuerlich ab. Sie begründeten dies nunmehr damit, dass die Begrenzung der Erstattung auf Hersteller körperlicher Gegenstände nach der Genehmigung durch die Kommission nicht mehr unzulässig sei. Die Beschwerdeführer versuchten daraufhin eine erneute Anrufung des VfGH, die aber an einer fehlenden Verletzung eines verfassungsgesetzlich gewährleisteten Rechts scheiterte, sodass der VwGH zu befassen war.[288]

Im darauffolgenden Verfahren entschied der VwGH im Jahre 2003, den EuGH um eine Vorabentscheidung zu ersuchen.[289] Die Vorabentscheidungsfrage des VwGH bezog sich auf die Wirkung des Durchführungsverbots bei einer nachträglichen Genehmigung der Beihilfe durch die Kommission: Würde sich das Durchführungsverbot auch auf die Zeit vor der Kommissionsentschei-

285 VwGH v 20.11.2006, 2006/17/0157 ua; v 8.1.2007, 2003/17/0054 ua; vgl auch die Literatur in Fn 135.

286 BGBl Nr. 201/1996, insbesondere idF nach BGBl Nr. 797/1996.

287 EuGH, Rs C-143/99, *Adria-Wien Pipeline*, Slg 2001, I-8365.

288 VfGH v 12.12.2002, B1348/02, Pkt II.2.1.

289 VwGH, Vorlagebeschluss v 12.8.2004, 2003/17/0001.

dung auswirken, wären die Beschwerdeführer, bezogen auf diese, weiterhin zu einer Erstattung der Energieabgaben berechtigt. In seinem Vorabentscheidungsurteil *Transalpine Ölleitung* antwortete der EuGH im Wesentlichen, dass das Durchführungsverbot für die Zeit vor der Kommissionsentscheidung fortgelte, aber es nicht mit dem Gemeinschafts- bzw Unionsinteresse vereinbar wäre, „eine solche Erstattung zugunsten anderer Betriebe anzuordnen, wenn eine solche Entscheidung zu einer Ausweitung des Kreises der Beihilfeempfänger führt und damit die Wirkungen dieser Beihilfe verstärkt, statt sie zu beseitigen“.[290]

b. Würdigung durch den VwGH

Die vom EuGH aufgestellten Grundsätze wandte der VwGH im fortgesetzten Verfahren auf den Einzelfall an:[291] Da der VwGH kein Urteil fällen durfte, das zu einer Ausweitung der Wirkung der Beihilfe führen würde, konnten die Anträge auf Erstattung im Dienstleistungssektor nicht zugelassen werden. Dies hätte den Kreis der ursprünglichen Beihilfeberechtigten ausgeweitet. Die Beschwerden wurden daher im Urteil vom 20. November 2006 abgewiesen.

In seinem Urteil vom 8. Jänner 2007[292] verwies der VwGH weitgehend auf sein Urteil vom 30. November 2006 und lehnte im Ergebnis eine Erstattung von Energieabgaben ebenso ab. Allerdings fügte der VwGH einen Punkt zu seiner Argumentation hinzu: Er stellte ausdrücklich fest, dass er das Urteil des EuGH[293] dahingehend verstehe, dass die Genehmigung einer nicht angemeldeten Beihilfe durch die Kommission nicht rückwirkend gelte und das folglich das Durchführungsverbot weiterhin ungeschmälert in Kraft sei. Das Durchführungsverbot sei daher iZm Ansprüchen, die sich auf Zeiträume vor einer genehmigenden Entscheidung der Kommission beziehen, unverändert zu beachten. Für den ihm vorliegenden Fall folgerte der VwGH daraus, es ergebe „sich aus der Verpflichtung zur weiteren Beachtung des Durchführungsverbots, dass auch Anträgen von Betrieben, die nach der innerstaatlichen Regelung Anspruch auf die Erstattung hätten, nicht statt zu geben wäre. Selbst wenn die beschwerdeführende Partei den Schwerpunkt ihrer Tätigkeit auf dem Gebiet der Herstellung körperlicher Wirtschaftsgüter hätte, wäre ihrem Antrag somit nicht Folge zu geben gewesen.“[294] Der VwGH scheint in diesem Urteil mit anderen Worten also eine absolute Sperrwirkung des Durchführungsverbots zu vertreten, die auch gegenüber den ursprünglich berechtigten Empfängern der Beihilfe selbst dann aufrecht bleibe, wenn diese Beihilfe gegenüber diesen Empfängern später von der Kommission genehmigt wird.

290 EuGH, Rs C-368/04, *Transalpine Ölleitung*, Slg 2006, I-9957, Rdnr 49.
291 VwGH v 20.11.2006, 2006/17/0157 ua, Pkt III.
292 VwGH v 8.1.2007, 2002/17/0356 ua.
293 EuGH, Rs C-368/04, *Transalpine Ölleitung*, Slg 2006, I-9957.
294 VwGH v 8.1.2007, 2002/17/0356 ua.

c. Stellungnahme

Zum Urteil des VwGH vom 20. November 2006[295] ist hervorzuheben, dass der VwGH sich für eine schlichte Lösung entschied, indem er die Antwort des EuGH 1: 1 übernahm und somit davon ausging, dass eine Aufnahme der Beschwerdeführer in den ursprünglichen Berechtigtenkreis eine Verstärkung der Wirkung der Beihilfe zur Folge hätte. Tatsächlich verlangte es der EuGH aber nur, nicht die Wirkung der Beihilfe zu verstärken. Würde also der Berechtigtenkreis so ausgeweitet, dass jegliche Selektivität entfällt, würde aus einer unzulässigen staatlichen Beihilfe eine Maßnahme mit allgemeiner Geltung, für die ihrerseits mangels einer Beihilfe das Durchführungsverbot nicht länger gelten würde. Es scheint, als hätte der VwGH an eine solche Lösung gedacht, als er den EuGH um Vorabentscheidung ersuchte, doch bevorzugte er nach der Antwort des EuGH den sichereren Weg, die Ausweitung nicht zu versuchen. Möglicherweise war diese Lösung aus zwei Gründen auch tatsächlich die einzige mögliche: erstens ist es angesichts der weiten Auslegung des Tatbestandsmerkmals der Selektivität durch den EuGH generell sehr schwierig, tatsächlich sämtliche selektiven Elemente einer als Beihilfe eingestuften Maßnahme zu beseitigen. Zweitens, selbst wenn dies erreicht hätte werden können, erscheint es zweifelhaft, ob eine solche Beseitigung der Selektivität überhaupt in der Entscheidungsmacht des VwGH stehen kann: Letzten Endes wäre das einzige Gericht, dass die Unanwendbarkeit aller selektiven Elemente des EAVG anordnen hätte können, der VfGH gewesen. Hätte der VwGH dagegen nur die selektiven Elemente unangewendet gelassen, die in seinem Verfahren entscheidungserheblich waren – also die Einschränkung auf Güterproduktionsunternehmen – so hätte dies nicht die Selektivität der Maßnahme an sich berührt. Folglich hätte ein solches Urteil des VwGH wohl unvermeidlich zu einer Verstärkung der Wirkung der unangemeldeten staatlichen Beihilfe geführt, wie sie sich der EuGH gerade verbeten hatte.[296] Allerdings hätte dem VwGH wohl trotzdem die Möglichkeit offen gestanden, das Verfahren auszusetzen und den VfGH anzurufen, um die auf einfachgesetzlicher Ebene nicht zu beseitigende Gemeinschafts- bzw Unionsrechtswidrigkeit des EAVG neuerlich in Prüfung zu ziehen. Der VfGH wäre aus der objektiven Perspektive der Gesetzesprüfung zur Entscheidung befugt gewesen, welche Elemente des EAVG zur umfassenden Beseitigung der Gemeinschafts- bzw Unionsrechtswidrigkeit unangewendet zu bleiben hätten.

Das Urteil des VwGH vom 8. Jänner 2007[297] wiederum ist beachtlich, weil dort offenbar, wie schon angesprochen, eine absolute Sperrwirkung des Durchführungsverbots vertreten wird, die auch gegenüber den ursprünglich

295 VwGH v 20.11.2006, 2006/17/0157 ua.

296 EuGH, Rs C-368/04, *Transalpine Ölleitung*, Slg 2006, I-9957, Rdnr 58.

297 VwGH v 8.1.2007, 2003/17/0054 ua.

berechtigten Empfängern der Beihilfe selbst dann aufrecht bleiben soll, wenn diese Beihilfe gegenüber diesen Empfängern später von der Kommission genehmigt wird. Die Frage der Rückwirkung hatte die österreichische Literatur und Judikatur seit dem EuGH-Urteil in der Sache *Adria-Wien Pipeline*[298] umgetrieben und die Rechtsprechung des EuGH war in dieser Hinsicht über längere Zeit nicht ganz eindeutig. Insbesondere schienen vor allem das Urteil *van Calster*[299] und die nachfolgende Rechtsprechung bis vor einiger Zeit tatsächlich stark auf die vom VwGH im hier diskutierten Urteil angenommene, absolute Sperrwirkung hinzudeuten.[300] Erst in dem, im Jahr 2008 ergangenen Urteil *CELF* stellte der EuGH unmissverständlich klar, dass auch eine zunächst rechtswidrig gewährte Beihilfe nach Genehmigung durch die Kommission im von ihr genehmigten Umfang für die Vergangenheit rechtmäßig (wieder-)gewährt werden darf.[301] Nach dem Urteil *CELF* lässt sich eine absolute Sperrwirkung des Durchführungsverbots in Bezug auf eine Beihilfegewährung für die Vergangenheit im genehmigten Umfang – dh für die ursprünglichen Empfänger – nicht mehr vertreten. Anders als vom VwGH noch auf Basis der *CELF* vorangehenden Rechtsprechung angenommen, wäre im Fall des EAVG daher bei Anwendung des *CELF*-Rechtssatzes Erstattungsanträgen von Betrieben, die nach der innerstaatlichen Regelung Anspruch auf die Erstattung hätten, sehr wohl stattzugeben gewesen.

D. OGH-Verfahren

1. *Bank Burgenland*[302]

a. Sachverhalt

Die Privatisierung der Bank Burgenland war eine von mehreren von der Kommission im Zuge der die Genehmigung einer Umstrukturierungsbeihilfe für die Bank Burgenland[303] gestellten Genehmigungsauflagen im Jahr 2004. Im März 2006 gelang dem Land Burgenland nach drei öffentlichen Ausschreibungen endlich der Verkauf der Bank Burgenland, und zwar für 100,3 Millionen Euro an die Grazer Wechselseitige Versicherung AG (GRAWE). Allerdings hatte der einzige andere in der Endphase der Ausschreibung verbliebene Bieter, ein Konsortium bestehend aus den österreichischen Unternehmen SLAV Handel, Vertretung und Beteiligung AG und SLAV Finanzbeteiligung GmbH sowie

298 EuGH, Rs C-143/99, *Adria-Wien Pipeline*, Slg 2001, I-8365.
299 EuGH, verb Rs C-261/01 ua, *van Calster*, Slg 2003, I-12249.
300 Vgl etwa noch *Jaeger*, EuZW 2004, 79 f.
301 EuGH, Rs C-199/06, *CELF*, Slg 2008, I-469, Rdnr 53.
302 OGH v 15.12.2008, 4 Ob 133/08z; vgl dazu *Jaeger*, EuZW 2007, 499; *Jaeger*, ecolex 2007, 306.
303 KomE C 44/2003, *Bank Burgenland*, ABl 2005 L 263, 8.

den ukrainischen Aktiengesellschaften Ukrpodshipnik und Ilyich – im Folgenden: das Konsortium – 155 Millionen Euro geboten. Die SLAV Finanzbeteiligung GmbH war eigens für den Erwerb von Anteilen an der Bank Burgenland gegründet worden; die SLAV AG befasst sich unter anderem mit dem Handel von Stahl und anderen Rohstoffen. Ein Tochterunternehmen der SLAV AG betreibt eine Bank in der Ukraine. Einem Antrag auf Erteilung einer österreichischen Bankkonzession war nicht entsprochen worden.

Auf eine Beschwerde des Konsortiums hin eröffnete die Kommission ein förmliches Prüfverfahren.[304] Die Kommission entschied dabei, dass Österreich die Differenz zwischen dem von GRAWE gezahlten und dem vom Konsortium gebotenen Preis, dh etwa 55 Millionen Euro, von GRAWE rückfordern müsse, um die durch die Beihilfe bewirkte Wettbewerbsverzerrung zu beseitigen.[305] Dagegen erhoben Österreich, das Land Burgenland und GRAWE eine zurzeit noch anhängige Nichtigkeitsklage beim EuG.[306]

SLAV erhob vor dem zuständigen LG Eisenstadt Klage zur Feststellung und Beseitigung der Beihilfe, die aber abschlägig entschieden wurde. Auch eine anschließende Berufung an das OLG Wien gegen die abschlägige Entscheidung blieb ohne Erfolg. In einer außerordentlichen Revision prüfte der OGH in diesem Verfahren zwei Punkte: Ob sich SLAV zur Durchsetzung des Durchführungsverbots auf Lauterkeitsrecht berufen könne, insbesondere ob zwischen den Parteien überhaupt ein Wettbewerbsverhältnis im Sinne von § 14 Abs 1 S 1 UWG bestehe, und ob das Verfahren vor dem OGH bis zu einem Urteil des EuG ausgesetzt werden könne.

b. Würdigung durch den OGH

Der OGH hielt die außerordentliche Revision für grundsätzlich zulässig, da LG und OLG zu Unrecht ein Wettbewerbsverhältnis zwischen den Parteien verneint hatten: „Auch ‚ad-hoc'-Wettbewerbsverhältnisse sind anerkannt. Für sie ist entscheidend, dass sich der Verletzer – etwa durch die konkrete Wettbewerbshandlung – zum Betroffenen in Wettbewerb stellt, sodass eine gegenseitige Behinderung im Absatz eintritt."[307] Im konkreten Fall stellte der OGH insbesondere darauf ab, dass die Parteien beim Beteiligungserwerb zueinander in Wettbewerb stünden und, wegen der von SLAV beantragten Konzession, potentiell auch auf dem österreichischen Bankenmarkt.

Der OGH wandte sich dann den Verfahrensgrundsätzen des EGV-Beihilferechts zu, wonach ausschließlich die Kommission dazu berufen ist, die Vereinbarkeit einer staatlichen Beihilfe mit dem Gemeinsamen Markt zu beurtei-

304 Vgl Pressemitteilung der Europäischen Kommission vom 20.12.2006, IP/06/1849.

305 KomE C 56/2006, *Privatisierung der Bank Burgenland*, KOM(2008) 1625 endg.

306 EuG, Rs T-268/08, *Land Burgenland/Kommission* und T-282/08, *GRAWE/Kommission*, noch anhängig.

307 OGH v 15.12.2008, 4 Ob 133/08z, Pkt. 2.1.

len. Der OGH hielt fest, dass die nationalen Gerichte für diese Beurteilung nicht zuständig sind und daher auch nicht den EuGH um Vorabentscheidung dieser Frage ersuchen können. Wird eine potentielle staatliche Beihilfe bei der Kommission nicht angemeldet, kann sie vom Empfänger zurückzufordern sein. Auch wenn die Beihilfe nicht genehmigt wird, folge eine Rückabwicklung aber nicht zwingend aus dem nationalen Lauterkeitsrecht.[308]

c. Stellungnahme

Der OGH bestätigte im Revisionsurteil *Bank Burgenland*, dass eine Rückforderung nach EGV-Beihilferecht dem Grunde nach möglich ist. Allerdings hielt er das Vorbringen der klagenden Parteien, der Aktienkaufvertrag sei dabei unbedingt lauterkeitsrechtlich rückabzuwickeln, für unbegründet. Der OGH sah sich zwar an eine Vermutung für die Rechtmäßigkeit der Kommissionsentscheidung und damit an die Entscheidung zur Rückabwicklung der Beihilfe gebunden, ging aber davon aus, über die Rückabwicklung nicht entscheiden zu können, ohne dabei gleichzeitig mitzuentscheiden, ob die fragliche Transaktion tatsächlich eine staatliche Beihilfe darstelle und ob diese gegebenenfalls mit dem Gemeinsamen Markt vereinbar sei. Letzere Fragestellungen sind indes Gegenstand dreier beim EuG anhängigen Nichtigkeitsklagen.[309]

Der OGH entschied damit letztlich, dass die Revision über einen lauterkeitsrechtlichen Anspruch auszusetzen sei, bis der EuG rechtskräftig über die Nichtigkeitsklagen gegen die Kommissionsentscheidung entschieden habe.

Der Fall ist insofern von Bedeutung, als er eine vieldiskutierte Frage der österreichischen Beihilfepraxis betrifft. Ob dagegen der Verkauf der Bank Burgenland an GRAWE tatsächlich eine staatliche Beihilfe darstellt, liegt eindeutig in der Zuständigkeit des EuG – und gegebenenfalls letztlich des EuGH. Der OGH hielt sich daher richtigerweise in dieser Frage zurück, und setzte das Verfahren bis zu einer rechtskräftigen Entscheidung des EuG aus.

Vom Standunkt des österreichischen Lauterkeitsrechts her ist zu begrüßen, dass der OGH sich kritisch mit der nur oberflächlichen Beurteilung der Frage eines Wettbewerbsverhältnisses zwischen den Parteien durch die unterinstanzlichen Gerichte auseinandersetzt. Das LG und das OLG hatten beide vor der Kommissionsentscheidung geurteilt und waren offensichtlich darauf bedacht, die Frage, ob eine staatliche Beihilfe vorliegt, zu umschiffen. Dafür legten sie Hand an den Eckpfeiler jedes lauterkeitsrechtlichen Anspruchs: das Vorliegen eines Wettbewerbsverhältnisses. Der OGH hat die nur sehr knapp begründeten Erwägungen der unteren Instanzen zu Recht verworfen und dabei gleichzeitig darauf geachtet, die Frage, ob eine staatliche Beihilfe vorliegt, den europäischen Gerichten zu überlassen.

308 OGH v 15.12.2008, 4 Ob 133/08z, Pkt. 5.1.

309 EuG, Rs T-268/08, T-218/08 und T-282/08, *Bank Burgenland*, noch anhängig.

2. *Wiener Zeitung*[310]

a. Sachverhalt

„Die Presse“ ist eine österreichische Tageszeitung im Privateigentum. Herausgeberin der Tageszeitung „Wiener Zeitung“ (WZ) ist die Republik Österreich, die die Zeitung in privatwirtschaftlicher Form betreibt. Der WZ liegt das Amtsblatt der Republik Österreich bei, das amtliche Bekanntmachungen wie Gesetzesänderungen oder Handelsregisteränderungen enthält und nicht mit dem Bundesgesetzblatt zu verwechseln ist – beide sind im Internet allgemein zugänglich und kostenlos abrufbar. Während die staatliche Presseförderung „Die Presse“ unterstützte, profitierte die WZ nicht von einer ähnlichen staatlichen Unterstützung, vielmehr deckte sie ihre Kosten nach marktwirtschaftlichen Grundsätzen, insbesondere über Anzeigen- und Abonnementeinnahmen.

„Die Presse“ begehrte im vorliegenden Fall *Wiener Zeitung* von der WZ, es künftig zu unterlassen, das Amtsblatt als Beilage zu veröffentlichen, und berief sich dazu auf das österreichische UWG. Weiterhin sollte es der WZ künftig untersagt werden, ihre Kosten, etwa für Druck und Vertrieb, direkt oder indirekt über Erlöse aus dem Amtsblatt zu finanzieren. Diese seien unzulässige Quersubventionen, ohne die die WZ nicht lebensfähig wäre. Daneben machten die Kläger auch geltend, der österreichische Staat würde seine Position als Gesetzgeber missbrauchen, indem er den redaktionellen Teil der WZ über Erträge aus amtlichen Bekanntmachungen finanziert. Schließlich berief sich „Die Presse“ auch darauf, dass ein Verstoß gegen das Beihilfeverbot des Art 87 EGV (Art 107 AEUV) und gegen österreichisches Kartellrecht vorliege. Die Republik Österreich vertrat dagegen die Meinung, keinen Einfluss auf die Erlöse aus öffentlichen Bekanntmachungen zu haben. Zudem sei Art 87 Abs 1 EGV (Art 107 Abs 1 AEUV) mangels Zwischenstaatlichkeit und Finanzierung aus staatlichen Mitteln nicht anwendbar. Die Republik Österreich berief sich dagegen darauf, dass die Schaffung eines zentralen Veröffentlichungsmediums sachlich gerechtfertigt sei und die Erlöse der Höhe nach rechtmäßig erzielt würden.

b. Würdigung durch den OGH

Der OGH untersuchte, ob die Veröffentlichung des Amtsblatts in der WZ gegen das Zugabenverbot des § 9a Abs 1 UWG oder das Missbrauchsverbot des § 5 Abs 1 KartG verstieß. Er wies die Revision im Ergebnis zurück, da die Entscheidung nicht von der Lösung einer erheblichen Rechtsfrage im Sinne des § 502 Abs 1 ZPO abhing. Zu einem angeblichen Verstoß gegen § 8 Abs 3 StaatsdruckereiG stellt der OGH fest, dass WZ und Amtsblatt als Einheit zu qualifizieren seien, sodass keine anderen als die gesetzlich autorisierten Ge-

310 OGH v 10.6.2008, 4 Ob 41/08w.

schäftsbereiche finanziert würden. Folglich ließe sich die lauterkeitsrechtliche Unzulässigkeit nicht auf einen Gesetzesverstoß gründen. Den Missbrauch einer marktbeherrschenden Stellung verneinte der OGH ebenfalls, da das Amtsblatt zur WZ kostenlos im Internet abrufbar ist und daher niemand gezwungen werde, wegen des Amtsblatts die WZ zu erwerben.

Zum beihilferechtlichen Vorbringen[311] schließlich erwog der OGH, die staatliche Presseförderung könne entgangene Erlöse aufgrund amtlicher Veröffentlichungen ausgleichen. Jedenfalls hätten die Zuwendungen an die WZ – gerichtsbekannt – schon lange vor dem EU-Beitritt Österreichs im Jahre 1995 bestanden und blieben daher als bestehende Beihilfe bis zu einer Negativentscheidung der Kommission zulässig. Eine Verletzung des gemeinschafts- bzw unionsrechtlichen Beihilfeverbots als Grundlage der behaupteten Verletzung des Lauterkeitsrechts scheide damit aus.

c. Stellungnahme

Die Auseinandersetzung des OGH mit dem Beihilfevorbringen fiel im Urteil *Wiener Zeitung* ausweislich der Erwägungsgründe des Urteils nur sehr knapp aus. Der OGH stellte im Grunde fest, dass das Vorliegen einer bestehenden staatlichen Beihilfe als solche nie einen Verstoß gegen das UWG bedeuten könne. Dadurch hatte der OGH sich nicht mit den schwierigen Fragen rund um Entschädigungen für Dienstleistungen im Interesse der Allgemeinheit zu befassen. Die Lösung war indes nicht zwingend: So wurde das StaatsdruckereiG im Jahre 1996 – und damit nach dem Beitritt Österreichs – wesentlich ergänzt. Dies wirft die Frage auf, ob die Änderungen gewichtig genug waren, um eine neue Beihilfe zu begründen. Unter Umständen hätte die Kommission zu entscheiden, ob wegen einer etwaigen Quersubventionierung eine staatliche Beihilfe gegeben ist.

Allerdings könnte sich diese Diskussion in nicht allzu ferner Zeit von selbst erledigen: Im Zuge des Kommissionsprogramms für das Jahr 2008 zur Senkung der Verwaltungskosten befindet sich derzeit ein Richtlinienänderungsvorschlag im Gesetzgebungsverfahren, der vorsieht, dass zukünftig die Veröffentlichung von Informationen zur Gründung von Unternehmen, deren Eigenkapital und finanzieller Situation nicht mehr in gedruckter Form bekanntgegeben werden müssen.[312] Das könnte für das Geschäftsmodell der WZ erhebliche Einbußen bedeuten.

311 OGH v 10.6.2008, 4 Ob 41/08w, Punkte 6 und 6.1.

312 Vgl Vorschlag für eine Richtlinie des Europäischen Parlaments und des Rates zur Änderung der Richtlinien 68/151/EWG und 89/666/EWG des Rates im Hinblick auf die Veröffentlichungs- und Übersetzungspflichten von Gesellschaften bestimmter Rechtsformen, KOM(2008) 194 endg, sowie die ursprüngliche Pressemitteilung der Kommission vom 17.04.2008, IP/08/598.

IV. Zusammenfassung

Die wichtigsten Ergebnisse der Untersuchung lassen sich thesenhaft wie folgt zusammenfassen:

1. Art 88 EGV (Art 108 AEUV) enthält die grundlegenden Verfahrensnormen für die Überwachung des Beihilfeverbots, die Einzelheiten des anzuwendenden Verfahrens sind in einer eigenen VerfahrensVO (VVO) geregelt.
   - Nach Art 88 EGV (Art 108 AEUV) obliegt die beihilferechtliche Kontrolle mitgliedstaatlicher Maßnahmen grundsätzlich nur der Kommission.
   - Die nationalen Gerichte spielen eine ergänzende Rolle im Bereich des Individualrechtsschutzes, die aber erst dann Bedeutung erlangt, wenn die Verfahrensnormen des Art 88 EGV (Art 108 AEUV) bereits verletzt (also: rechtswidrige Beihilfen gewährt) wurden.
   - Entsprechend enthält auch die VVO keine Regeln betreffend die nationalen Gerichte, sondern befasst sich alleine mit dem Verfahren vor der Kommission.
2. Grundlage der selbständigen Zuständigkeit der nationalen Gerichte im Beihilfekapitel ist das in Art 88 Abs 3 Satz 3 EGV (Art 108 Abs 3 Satz 3 AEUV) enthaltene Verbot, von der Kommission nicht genehmigte Beihilfen vor Genehmigung durchzuführen (Durchführungsverbot).
   - Eine unmittelbare Anwendung des Durchführungsverbots durch österreichische Gerichte kann auf zwei Arten erfolgen: Zur Abwehr eigener Verpflichtungen gegenüber der öffentlichen Hand bzw zur Verteidigung bei Verweigerung eines Vorteils („Schild-Konstellationen"), oder zur Bekämpfung von Beihilfen für Konkurrenten („Schwert-Konstellationen").
   - „Schild-Konstellationen" beschäftigen die Gerichte vergleichsweise häufig. Die Berufung auf das Durchführungsverbot ist in dieser Konstellation beliebt, weil einfach und prozessual wie ökonomisch unaufwendig. In Österreich spielt das Durchführungsverbot daher auch va vor den Gerichtshöfen des öffentlichen Rechts eine Rolle.
   - „Schwert-Konstellationen" sind weniger häufig. Zudem ist das Beihilfeverbot dabei mitunter nur von untergeordneter Bedeutung, wird also lediglich zusätzlich vorgebracht (ähnlich „Schild-Konstellationen"). „Schwert-Konstellationen", in denen das Durchführungsverbot auch den Hauptgegenstand der Klage bildet, sind daher die in der Praxis seltenste Kategorie. Soweit sie überhaupt vorkommen, betreffen sie bislang ausschließlich die Zivilgerichte.
3. Aus dem Durchführungsverbot lassen sich fünf Arten von Ansprüchen ableiten:
   - Die beiden grundlegenden Ansprüche vor nationalen Gerichten sind jene auf Aussetzung und Rückabwicklung der Beihilfe.

- Das Durchführungsverbot enthält auch ein Recht des Klägers oder Rechtsmittelwerbers auf Erlass einstweiliger Maßnahmen.
- Hat der Kläger bzw Rechtsmittelwerber aufgrund einer rechtswidrigen Beihilfegewährung bzw Abgabenerhebung Schäden erlitten, so vermittelt das Durchführungsverbot einen Schadenersatzanspruch gegenüber dem Beihilfegeber, der in Analogie zum Staatshaftungsanspruch wohl auch den Ersatz von entgangenem Gewinn umfassen muss. Gegenüber dem Beihilfeempfänger vermittelt das Gemeinschafts- bzw Unionsrecht dagegen keinen Ersatzanspruch.
- Bei Steuern und parafiskalischen Abgaben besteht schließlich unter engen Voraussetzungen auch ein Anspruch auf Erstattung eigener Leistungen, die zur Beihilfefinanzierung herangezogen wurden.
- Die Durchsetzung zumindest dieser Ansprüche muss privaten Klägern oder Rechtsmittelwerbern nach dem österreichischen Recht möglich sein. Diesen Ansprüchen entgegenstehendes nationales Recht ist nicht anzuwenden, eine völlige Unmöglichkeit der Anspruchsdurchsetzung kann grundsätzlich auch Staatshaftungsansprüche begründen. Allerdings erlaubt es das Gemeinschafts- bzw Unionsrecht, die aktive Klagslegitimation auf Wettbewerber (und deren Interessensvertretungen) zu beschränken.

4. Die österreichischen Gerichte sind auch an der Umsetzung von negativen Kommissionsentscheidungen durch die öffentliche Hand beteiligt. Die Pflicht zur gesetzlichen Bereitstellung effektiver Durchsetzungsmittel im nationalen Verfahrensrecht bzw zur gemeinschaftsrechtskonformen Interpretation dieses Verfahrensrechts ergibt sich hier schon aus Art 10 EGV (Art 4 Abs 3 EUV) sowie aus dem Grundsatz des effektiven gerichtlichen Rechtsschutzes als einem der Grundsätze des Gemeinschaftsrechts.
5. Die Einzelheiten der Durchsetzung der Ansprüche aufgrund des Durchführungsverbots bzw der Umsetzung negativer Kommissionsentscheidungen richten sich nach dem österreichischen Recht.
   - Es sind dabei jeweils die nationalen Bestimmungen für vergleichbare Ansprüche anzuwenden (Äquivalenzgebot).
   - Nur dort, wo diese die effektive Durchsetzung des Art 88 Abs 3 letzter Satz EGV (Art 108 Abs 3 letzter Satz AEUV) bzw der negativen Kommissionsentscheidung nicht erlauben, kann das Gemeinschaftsrecht ausnahmsweise die Anwendung einzelner Bestimmungen verbieten (Effektivitätsgebot).
   - Führt dies nicht zum gewünschten Ergebnis, kann nur Schadenersatz *qua* Staatshaftung versucht werden.
   - Grundlage der Durchsetzung des Beihilfeverbots in Schwert-Konstellationen und der daraus resultierenden Ansprüche ist das UWG. Dieses bietet aus Sicht des Gemeinschaftsrechts gleichwie aus Sicht des Rechts-

schutzsuchenden ausreichende Instrumente, sodass sich eine alternative oder kumulative Heranziehung des ABGB erübrigt.

- Die Durchsetzung des Beihilfeverbots in Schwert-Konstellationen mit öffentlichrechtlichem Gewährungshintergrund begegnet dagegen bislang dem Problem einer bloß relativen Nichtigkeit des beihilfegewährenden Bescheids. Für Konkurrenten stellt sich daher das Problem der Antragsberechtigung (Parteistellung). Im Schrifttum wurden hier verschiedene Lösungswege zur Herstellung eines gemeinschafts- bzw unionsrechtskonformen Zustands überlegt (Feststellungsbescheid, Konkurrenten als atypische Nebenpartei, Heranziehung des UWG auch bei öffentlich-rechtlicher Gewährung, absolute Nichtigkeit des Gewährungsbescheids aufgrund des Effektivitätsgebots), die aber bislang sämtlich noch nicht in der Rechtsprechung erprobt sind.
- Grundlage der Durchsetzung des Beihilfeverbots in Schild-Konstellationen ist die schlichte Verdrängung des nationalen Rechts *qua* Anwendungsvorrang, ggf verbunden mit einem Anspruch auf Rückabwicklung. Zur gerichtlichen Geltendmachung des Durchführungsverbots genügt hier die Behauptung seiner Verletzung in den Rechtsmittelgründen der Bescheidbeschwerde.
- Auch das Verfahren zur Umsetzung negativer Kommissionsentscheidungen richtet sich nach der zivil- oder öffentlichrechtlichen Gewährungsform (Vertragsanfechtung vor den Zivilgerichten oder bescheidmäßige Rückforderung bzw zivilrechtliche Rückabwicklung bei Wegfall des Bescheids).

6. Die Abgrenzung der Reichweite der jeweiligen Zuständigkeiten von Kommission und nationalen Gerichten beim Vollzug des Beihilfeverbots richtet sich nach zwei fundamentalen, in der Rechtsprechung mittlerweile eindeutig verankerten Grundsätzen.
   - Erstens übt die Kommission als das primäre Vollzugsorgan der Beihilfekontrolle sämtliche Zuständigkeiten aus, die nicht ausnahmsweise den nationalen Gerichten zugewiesen sind. Rechtsakte, die sie in Ausübung dieser Zuständigkeiten erlässt, genießen grundsätzlich Anwendungsvorrang und sind von den österreichischen Behörden und Gerichten daher umfassend zu beachten.
   - Zweitens ist der Vollzug des Durchführungsverbots als einzigem Bestandteil der Beihilfekontrolle den nationalen Gerichten überantwortet. Es handelt sich dabei um eine selbständige und ausschließliche Zuständigkeit.
   - Die Lösung von Einzelfragen der Anwendung des Beihilfeverbots im nationalen Verfahren ergibt sich umfassend aus diesen beiden Grundsätzen. Dies betreffen insbesondere die Beschränkung der Gerichte auf die Prüfung des Beihilfetatbestands ohne Vereinbarkeitsprüfung, die Bindung der Gerichte an Kommissionsentscheidungen im Allgemeinen

und der Ausschluss der Rückwirkung solcher Entscheidungen im nationalen Verfahren im Besonderen.

7. Der Anwendungsvorrang des Durchführungsverbots oder von Kommissionsentscheidungen gebietet grundsätzlich keine Durchbrechung der Dispositionsmaxime. Allerdings ist die Dispositionsmaxime im österreichischen Verfahrensrecht in aller Regel nicht in reiner, sondern in lediglich abgeschwächter Form vorzufinden.
   - Die Gerichtshöfe des öffentlichen Rechts sind aufgrund des dort grundsätzlich maßgeblichen Untersuchungsgrundsatzes verpflichtet, das Beihilfeverbot oder von der Kommission im Beihilfeverfahren erlassene Entscheidungen umfassend amtswegig zu berücksichtigen.
   - Dasselbe gilt vor den Zivilgerichten erster Instanz, da die diesen Gerichten zugestandene Befugnis zur amtswegigen Beweiserhebung eine Berücksichtigungspflicht begründet.
   - Im Verfahren vor den Zivilgerichten zweiter Instanz sind das Beihilfeverbot oder von der Kommission im Beihilfeverfahren erlassene Entscheidungen jedoch grundsätzlich als Neuerungen anzusehen, wenn diese Fragen dort erstmals vorgebracht werden. Da das Berufungsgericht an die Grenzen der Berufungsanträge gebunden ist, kann es das Beihilfeverbot oder von der Kommission im Beihilfeverfahren erlassene Entscheidungen auch nicht aus Eigenem berücksichtigen.
8. Die Rechtswirkungen des Durchführungsverbots wurden im Detail durch eine Anzahl jüngerer Urteile des EuGH weiterentwickelt. Mehrere dieser Urteile weisen direkte Bezüge zu Verfahren vor österreichischen Gerichten auf.
   - So hat die Frage der Rückwirkung von Genehmigungsentscheidungen der Kommission für das Verfahren vor österreichischen Gerichten in erster Linie in Zusammenhang mit der Energieabgabenvergütungssaga für Aufsehen gesorgt, war darüber hinaus aber auch etwa im Rahmen der Fördervergabe nach dem ÖkostromG 2003 von Bedeutung. Der VwGH hat hier mit den Vorabentscheidungsersuchen in den Rs *Transalpine Ölleitung* und *Wienstrom* wesentliche Beiträge zur Klärung des Kooperationsverhältnisses von Kommission und nationalen Gerichten geleistet.
   - Die Vorabentscheidung im französischen Fall *CELF* statuiert eine Beschränkung des Schutzzwecks des Durchführungsverbots, die für die österreichische Rechtsfolgendogmatik weitreichende Folgen zeitigen kann, da die herrschende Lehre die Nichtigkeit als Rechtsfolge des Durchführungsverstoßes für das österreichische Recht bislang aus dem *telos* des Durchführungsverbots abgeleitet hat. Soweit sich aus *CELF* ergibt, dass das Durchführungsverbot nur verpönte Wettbewerbsverfälschungen verhindern (und nicht auch die Einhaltung der Anmeldepflicht sicherstellen) will, wäre diese Grundthese zur Nichtigkeit wohl

falsch. Zur Absicherung einer bloßen Verpflichtung, Zinsen für die frühzeitige Beihilfegewährung nachzuzahlen, würden im österreichischen Recht auch gelindere Instrumente (wie eben gerade schwebende Unwirksamkeit) ausreichen.

- Die österreichischen Fälle rund um die Energieabgabenvergütung warfen auch die Frage danach auf, ob das Durchführungsverbot lediglich die verpönte Abgabenverwendung unterbinden will, oder darüber hinaus auch eine Sistierung der Abgabenpflicht und eine Erstattung bereits entrichteter Abgaben gebietet. Mehrere jüngere Judikate des EuGH haben diese Frage des Fortbestands der Entrichtungspflicht bei Abgaben mit Beihilfefinanzierungszweck präzisiert. Im Urteil *Transalpine Ölleitung*, das eigentlich die Frage der Erstreckung einer als Erstattung ausgestalteten Förderung und damit keine klassische Konstellation von Klagen gegen die Abgabenentrichtungspflicht betraf, hat der Gerichtshof in einem *obiter dictum* auch seine ständige Rechtsprechungslinie zum Ausschluss von Erstattungsbegehren in Fällen bestätigt, wo die behauptete Beihilfe in einer Abgabenbefreiung besteht. Demnach können sich die Schuldner einer Abgabe nur dann darauf berufen, dass die Befreiung anderer Unternehmen eine staatliche Beihilfe darstellt, um sich der Zahlung dieser Abgabe zu entziehen, wenn eine untrennbare Verknüpfung von Beihilfemaßnahme (Befreiung) und Finanzierung (allgemeine Abgabenerhebung) vorliegt.

9. Im Jahr 2009 veröffentlichte die Kommission eine neu gefasste Mitteilung über die Durchsetzung des Beihilferechts durch die einzelstaatlichen Gerichte.
   - Sie enthält einzelne Ansätze dafür, Konkurrentenklagen vor den österreichischen Gerichten zu stimulieren. Dies betrifft etwa die Beweisregeln, den Schadenersatz oder die *amicus curiae*-Funktion der Kommission.
   - Über weite Strecken erschöpft sich die Mitteilung jedoch darin, den *status quo* der Rechtsprechung zusammenzufassen. Diese Herangehensweise unterstellt va, dass den nationalen Gerichten die geltenden Regeln des Gemeinschaftsrechts nicht bekannt sind und die private Durchsetzung aus diesem Grund nicht funktioniert. Mit Blick auf die beihilferechtlich gut entwickelte höchstgerichtliche Judikatur ist derlei aber jedenfalls für Österreich unzutreffend.
10. Eine Sichtung der gerichtlichen Anwendungspraxis in Österreich zeigt einen grundsätzlich hohen Grad an beihilferechtlichem Problembewusstsein und eine guten Kenntnis der Materie.
    - Aus rechtsdogmatischer gleichwie parteispezifischer Sicht erfreulich ist dabei zunächst die vergleichsweise große Zahl an Vorabentscheidungsersuchen an den EuGH, mit denen neue Probleme an die Gemeinschaftsgerichtsbarkeit herangetragen und gleichzeitig eine rechtlich

einwandfreie Anwendung des Gemeinschaftsrechts im Einzelfall gewährleistet werden. Hier tut sich besonders der, allerdings auch in absoluten Zahlen mit den weitaus meisten beihilferechtlichen Verfahren befasste, VwGH besonders hervor.

- Positiv hervorzuheben ist zudem die Bereitschaft der österreichischen [jedenfalls: (Höchst-)Gerichte] zur Heranziehung der jeweils neuesten Gemeinschaftsrechtsprechung und zur detailgenauen Auseinandersetzung mit dieser.
- Diese Tendenz belegt etwa der Fall der Gesetzesprüfung des ÖkostromG, wo der VfGH die Rechtsprechung des EuGH zur (mangelnden) Schutzwürdigkeit des Vertrauens des Beihilfeempfängers übernahm und davon ausgehend eine eigene Doktrin entwickelte. Die darin liegende, freiwillige Übernahme der Rechtsprechung des EuGH zum Vertrauensschutz bildet eine begrüßenswerte als Konsolidierung und Festigung der österreichischen Rechtsprechung in diesem Bereich.
- Auch vom VwGH entschiedenen Fälle zum AMA-Beitragssystem der Frage eines zwingenden Verwendungszusammenhangs basieren auf einer gründlichen Auseinandersetzung mit der EuGH-Judikatur. Der VwGH gelangt daher auch zum mE richtigen Ergebnis, dass eine Verwendung der AMA-Beiträge für Beihilfen nicht auf ihre Erhebung auch für andere Verwendungen zurückwirken kann. Entsprechend sah der VwGH auch zu Recht davon ab, den EuGH zu dieser Frage mit einem Vorabentscheidungsersuchens zu befassen.
- Eine besonders enge Anlehnung an die EuGH-Judikatur zeigen auch die VwGH-Entscheidungen zur Energieabgabenvergütung, wo die Antwort des EuGH auf die Vorabentscheidungsfrage fast wörtlich auf die nationalen Verfahren übertragen und von einer alternativen Lösung, etwa einer neuerlichen Befassung des Die vom in einigen Entscheidungen offenbar vertretene, absolute Sperrwirkung des Durchführungsverbots lässt sich nach dem Urteil *CELF* im Fall genehmigter Beihilfen gegenüber den ursprünglichen Empfängern nicht mehr vertreten, sodass eine solche Beihilfe nach *CELF* also im genehmigten Umfang für die Vergangenheit zu gewähren wäre. Angesichts dessen, dass vor allem das Urteil *van Calster* und die nachfolgende Rechtsprechung bis vor einiger Zeit tatsächlich stark auf eine absolute Sperrwirkung hinzudeuteten, ist die *ex post* betrachtet unrichtige Lösung des Anlassfalles dem EuGH nicht anzulasten. Vielmehr zeigt sich hier, dass leider auch eine enge Orientierung an der EuGH-Rechtsprechung, wie sie der VwGH sicherlich verfolgt, angesichts der dynamischen Fortentwicklung dieser Rechtsprechung nicht in allen Fällen ein Garant für die gemeinschaftsrechtliche Richtigkeit der Lösung sein kann.
- Im Fall *Bank Burgenland* stellte der OGH klar, dass die Revision über einen lauterkeitsrechtlichen Anspruch auszusetzen ist, bis der EuG

rechtskräftig über die Nichtigkeitsklagen gegen die Kommissionsentscheidung entschieden hat. Zu begrüßen ist dieses Urteil aber vor allem wegen der ausdrücklichen Betonung der lauterkeitsrechtlichen Klagslegitimation bei Beihilfegewährungen an Konkurrenten im bloßen *ad hoc*-Wettbewerb, dh im Wettbewerb um einen Markt.

- Lediglich für die Auseinandersetzung des OGH mit dem Beihilfevorbringen im Urteil *Wiener Zeitung* ist letztlich kritisch anzumerken, dass mehrere für die beihilferechtliche Beurteilung meines Erachtens bedeutsame Fragen nicht erörtert wurden und die dort vom OGH vertretene Ansicht einer beihilferechtlichen Unbedenklichkeit unter Vorbehalt zu stellen ist.

V. Sanktionen bei Verletzungen des EU-Rechts

Staatshaftung bei Verletzung des Gemeinschaftsrechts durch nationale Höchstgerichte

Kurt Heller

Literatur: *Müller*, Das Verfahren über Grundssatzentscheidungen im Asylrecht, ÖJZ 2008, 509; *Wiederin*, Der gerichtliche Rechtsschutz in Asylsachen, migralex 2008, 6; *Frank*, in *Rill/Schäffer* (Hrsg), Bundesverfassungsrecht – Kommentar (2007); *Zellenberg* in *Korinek/Holoubek* (Hrsg), Österreichisches Bundesverfassungsrecht. Textsammlung und Kommentar (2007), Art 137 B-VG; *Dossi*, Staatshaftung und Bereicherungsrecht, in *Eilmansberger/Herzig* (Hrsg), 10 Jahre Anwendung des Gemeinschaftsrechts in Österreich (2006), 127; *Öhlinger/Potacs*, Gemeinschaftsrecht und staatliches Recht[3] (2006); *Frischhut/Ranacher*, Die Unterscheidung zwischen legislativem und administrativem Unrecht in Staatshaftungssachen, ÖJZ 2005, 241; *Heller*, Die Haftung des Staates für den Verstoß seiner Höchstgerichte gegen Gemeinschafsrecht, in *Österreichische Notariatskammer* (Hrsg), FS Nikolaus Michalek (2005), 139; *v Danwitz*, Anmerkung zur EuGH-Entscheidung in der Rs Köbler, JZ 2004, 301; *Gundel*, Gemeinschaftsrechtliche Haftungsvorgaben für judikatives Unrecht – Konsequenzen für die Rechtskraft und das deutsche „Richterprivileg" (§ 839 Abs 2 BGB), EWS 2004, 8; *Heller*, Die Stellung des Supreme Courts der Vereinigten Staaten und europäischer Verfassungsgerichte in der Gesellschaft, in *Zacharasiewicz* (Hrsg), Transatlantische Differenzen (2004), 223; *Österreichische Juristenkommission* (Hrsg), Staatshaftung (2004); *Dobrowz*, Rechtssache Köbler – Neues zur Staatshaftung in Österreich, wbl 2003, 566; *Jud*, Staatshaftung und judikatives Unrecht, ecolex 2003, 385; *Korinek*, Die Zuständigkeit zur Geltendmachung von Staatshaftungsansprüchen aus Gemeinschaftsrecht, in *Österreichische Notariatskammer* (Hrsg), FS Weissmann (2003); *Obwexer*, Besprechung der EuGH-Entscheidung in der Rs Köbler, EuZW 2003, 726; *Schragel*, Kommentar zum Amtshaftungsgesetz (2003); *Schwarzenegger*, Entscheidungsbesprechung zum EuGH Urteil in Sachen Köhler, ZfRV 2003, 236; *Eilmansberger*, Schadenersatz wegen Kartellverstoßes: Zum EuGH-Urteil Courage/Crehan, ecolex 2002, 28; *Holoubek/Lang*, Organhaftung und Staatshaftung in Steuersachen (2002); *Wegener*, Staatshaftung für die Verletzung von Gemeinschaftsrecht durch nationale Gerichte, EuR 2002, 785; *Schwarzenegger*, Staatshaftung (2001); *Schwarzenegger*, Ausgewählte Probleme der Staatshaftung nach Gemeinschaftsrecht, JBl 2001, 161; *Schoisswohl*, Die Grundlagen des Rechtswidrigkeitsurteils in der Staatshaftung wegen Gemeinschaftsrechtsverletzung, ecolex 2000, 332; *Dossi*, Geltendmachung der EU Staatshaftung in Österreich: die Praxis in einem System unvollständiger Rechtsgrundlagen, ecolex 2000, 337; *Rebhahn*, Staatshaftung bei Verletzung von Gemeinschaftsrecht und Umsetzung in Österreich, in *Österreichische Juristenkommission* (Hrsg), Kritik und Fortschritt im

Rechtsstaat. Österreich als Mitglied der Europäischen Union (1999), 149; *Bußjäger*, Zur kompetenzrechtlichen Umsetzung der „Staatshaftung" in Österreich, ecolex 1997, 544; *Eilmansberger*, Rechtsfolgen und subjektives Recht im Gemeinschaftsrecht (1997); *Hummer/Obwexer*, Die unmittelbare Wirkung von EG-Richtlinien und die Haftung des Staates für Umsetzungsmängel, in *Griller/Rill* (Hrsg), Verfassungsrechtliche Grundfragen der EU-Mitgliedschaft (1997); *Lengauer*, Haftung eines Mitgliedstaates für die Verletzung von EG-Recht, ÖJZ 1997, 81; *Rebhahn*, Staatshaftung wegen mangelnder Gefahrenabwehr (1997); *Fruhmann*, Aus der Rechtsprechung der Gerichte der Europäischen Union, ÖJZ 1996, 401; *Obwexer*, Die Grundsätze der Staatshaftung nach Gemeinschaftsrecht, wbl 1996, 183; *Rebhahn*, Staatshaftung nach dem Recht der Europäischen Gemeinschaften, JBl 1996, 749; *Schwarzenegger*, Die Staatshaftung für unterlassene Richtlinienumsetzung nach der Rechtsprechung des EuGH und das österreichische Haftungsrecht, in *Terlitza/Schwarzenegger/Boric* (Hrsg), FS Willibald Posch (1996), 361; *Vcelouch*, Gerichtskompetenz und EU (1996); *Schockweiler*, Die Haftung der EG-Mitgliedstaaten gegenüber dem einzelnen bei Verletzung des Gemeinschaftsrechts, EuR 1993, 107; *Streinz*, Staatshaftung für Verletzungen primären Gemeinschaftsrechts durch die Bunderepublik Deutschland, EuZW 1993, 599; *Ossenbühl*, Neuere Entwicklungen im Staatshaftungsrecht (1984); *Meier*, Prozesskosten und Amtshaftung, JBl 1979, 617.

Judikatur: EuGH, Rs C-470/03, *A.G.M-COS.MET*, Slg 2007, I-2749; EuGH, Rs C-173/03, *Traghetti del Mediterraneo*, Slg 2006, I-5177; EuGH, Rs C-224/01, *Köbler*, Slg 2003, I-10239; EuGH, Rs C-99/00, *Lyckeskog*, Slg 2002, I-4839; EuGH, Rs C-453/99 *Courage und Crehan*, Slg 2001, I-6297; EuGH, Rs C-302/97, *Konle*, Slg 1999, I-3099; EuGH, Rs C-140/97, *Rechberger*, Slg 1999, I-3499; EuGH, Rs C-291/96, *Grado und Bashir*, Slg 1997, I-5531; EuGH, Rs C-299/95, *Kremzow*, Slg 1997, I-2629; EuGH, verb Rs, C-283, C-291 und C-292/94, *Denkavit International BV ua*, Slg 1996, I-5063; EuGH, verb Rs C-178, C-179 und C-188/94 bis C-190/94, *Dillenkofer ua*, Slg 1996, I-4845; EuGH, Rs C-5/94, *Hedley Lomas Ltd*, Slg 1996, I-2553; EuGH, C-392/93, *British Telecommunications*, Slg 1996, I-1631; EuGH, verb Rs, C-46 und C-48/93, *Brasserie du Pêcheur und Factortame*, Slg 1996, I-1029; EuGH, C-91/92, *Faccini Dori*, Slg 1994, I-3325; EuGH, verb Rs C-6 und C-9/90, *Francovich ua*, Slg 1991, I-5357; EuGH, Rs C-231/89, *Gmurzynska-Bscher*, Slg 1990, I-4003; EuGH, Rs C-213/89, *Factortame ua*, Slg 1990, I-2433; EuGH, Rs C-150/88, *Eau de Cologne*, Slg 1989, 3891; EuGH, verb Rs 60 und 61/84, *Cinéthèque ua*, Slg 1985, 2605; EuGH, Rs 199/1982, *San Giorgio*, Slg 1983, 3595; EuGH, Rs 8/81, *Becker*, Slg 1982, 53; EuGH, Rs 244/80, *Foglia*, Slg 1981, 3045; EuGH, Rs 106/77, *Simmenthal*, Slg 1978, 629; EuGH, Rs 3/70, *SACE*, Slg 1970, 415; EuGH, Rs 6/64, *Costa/ENEL*, Slg 1964, 1253; EuGH, Rs 26/62, *van Gend & Loos*, Slg 1962, 3; EuGH, Rs 6/60, *Humblet*, Slg 1960, 1165.
OGH 29.1.2002, 1Ob 213/01; OGH 30.1.2001. 1 Ob 80/00x; OGH 25.7.2000, 1 Ob 146/00b; OGH 15.12.1997, 1 Ob 247/97y; OGH 29.5.1995, SZ 68/102; OGH 25.8.1993, SZ 66/97.
VfSlg 17.898/2006; VfSlg 17.877/2006; VfSlg 17.898/2006; VfSlg 17.876/2006; VfSlg 17.865/2006; VfSlg 17.576/2005; VfSlg 17.330/2004; VfSlg 17.214/2004; VfSlg 17.095/2003; VfSlg 17.065/2003; VfSlg 17.019/2003; VfSlg 17.002/2003; VfSlg 16.107/2001; VfSlg 14.886/1997; VfSlg 14.390/1995; VfSlg 10.889/1986;

Inhalt

I. Bisheriger Sachstand

A. Einführung

Seit Beginn seiner Tätigkeit trägt der Gerichtshof der Europäischen Gemeinschaften (EuGH) wesentlich zur Stärkung der europäischen Integration bei, indem er aus teils fragmentarischen, teil in unbestimmten Rechtsbegriffen gehaltenen Bestimmungen der Verträge ein in sich geschlossenes und effektives System des Gemeinschaftsrechts zu formen versucht. Diese Entwicklung der Rechtsprechung des EuGH gleicht in erstaunlicher Weise der Rechtsprechung der Supreme Court der Vereinigten Staaten in der ersten Hälfte des 19. Jahrhunderts, die auch vom Versuch geprägt war, unbestimmte Rechtsbegriffe der US Verfassung so auszulegen, dass aus einem lockeren Zusammenhang von Staaten ein integrierter Gesamtstaat wurde.[1]

Die Rechtsprechung des EuGH zur *Staatshaftung* folgt der Judikatur zum *Vorrang* des Gemeinschaftsrechts und zur *unmittelbaren Anwendbarkeit* des

1 Details zu dieser Parallele bei *Heller*, Die Stellung des Supreme Courts der Vereinigten Staaten und europäischer Verfassungsgerichte in der Gesellschaft, in *Zacharasiewicz* (Hrsg), Transatlantische Differenzen (2004), 223, insbesonders 226 ff.

Gemeinschaftsrechts[2]. Die Schlußfolgerungen aus der Judikatur zur unmittelbaren Anwendbarkeit führten über die Rechtseinräumung an Einzelne zur Haftung von Mitgliedstaaten für Gemeinschaftsrechtsverletzungen ihrer Organe, aber auch zu Verpflichtungen des Bürgers gegenüber dem Staat, so etwa zur Rückzahlung von zu Unrecht bezogener Beihilfen oder zu Schadenersatzansprüchen zwischen den Bürgern, etwa bei Kartellverstößen[3].

Das Rechtsinstitut der Staatshaftung ist ein Teil eines geschlossenen Systems des Gemeinschaftsrechts, das zu schaffen, sich der EuGH seit seinem Bestehen anschickt[4].

B. Urteile des EuGH zur Staatshaftung

Als Ausgangspunkt für die Schaffung des Rechtsinstituts der Staatshaftung wird das Urteil des EuGH in Sachen *Francovich, Bonifaci und andere*[5] angesehen, wenngleich Ansätze hiezu bereits seit 1960 vereinzelt in Urteilen des EuGH zu finden sind[6]. Dem Fall lagen Arbeitsrechtsstreitigkeiten zu Grunde, in denen den Arbeitnehmern namhafte Beträge zugesprochen worden waren, die aber im Exekutionswege nicht eingetrieben werden konnten, weil die jeweiligen Arbeitgeber zahlungsunfähig waren. In der Folge führten die Arbeitnehmer Klage gegen die Italienische Republik auf Schadenersatz und beriefen sich auf eine Richtlinie, die in Italien nicht umgesetzt worden war[7]. Das zuständige Gericht legte dem EuGH die Frage vor, ob der Staat für den Schaden, der aus der Nichtumsetzung der Richtlinie entstanden ist, hafte, wobei das Gericht davon ausging, dass die Rechte in der Richtlinie hinreichend bestimmt, genau und unbedingt seien. Die Richtlinie hatte dem Staat mehrere Möglich-

2 Näheres bei *Eilmansberger*, Rechtsfolgen und subjektives Recht im Gemeinschaftsrecht (1997), 19 bis 25 und 46 ff.

3 EuGH, Rs C-453/99, *Courage und Crehan*, Slg 2001, I-6297; Entscheidungsbesprechung von *Eilmansberger*, ecolex 2002, 28; zur Rückerstattung gemeinschaftsrechtswidrig erhobener Abgaben vgl *Dossi*, Staatshaftung und Bereicherungsrecht, in *Eilmansberger/Herzig* (Hrsg), 10 Jahre Anwendung des Gemeinschaftsrechts in Österreich (2006), 127.

4 Zur Kritik an der Einführung des Instituts der Staatshaftung durch Auslegung des EuGH vgl insbesondere *Schwarzenegger*, Staatshaftung (2001), 217 ff, und die dort genannte Literatur; vgl auch die im Urteil des EuGH in den verb Rs, C-46 u C-48/93, *Brasserie du Pêcheur und Factortame*, Slg 1996, I-1029, wiedergegebene Kritik der Regierungen und die Verteidigung des EuGH.

5 EuGH, verb Rs C-6 und C-9/90, *Francovich ua*, Slg 1991, I-5357.

6 EuGH, Rs 6/60, *Humblet*, Slg 1960, 1165, ua; siehe *Schockweiler*, Die Haftung der EG-Mitgliedstaaten gegenüber dem einzelnen bei Verletzung des Gemeinschaftsrechts, EuR 1993, 107, 110 f; weitere Literatur zitiert bei *Eilmansberger*, Rechtsfolgen, 26, Fn 21.

7 Richtlinie 80/987/EWG des Rates vom 20. Oktober 1980 zur Angleichung der Rechtsvorschriften der Mitgliedstaaten über den Schutz der Arbeitnehmer bei Zahlungsunfähigkeit des Arbeitgebers, ABl 1980 L 283, 23.

keiten einräumt, seiner Garantieverpflichtung zur Sicherung der Insolvenzausfallsentschädigung nachzukommen. Daher fragte das Gericht auch nach der Mindestgarantie, die der Staat zu gewähren hat. In seiner Beantwortung leitete der EuGH den „Grundsatz der Staatshaftung" aus seiner früheren Judikatur ab, wonach das Gemeinschaftsrecht dem Einzelnen Rechte verleihe und den Mitgliedstaaten Pflichten auferlege[8], deren volle Wirksamkeit beeinträchtigt wäre, hätte der Einzelne keine Möglichkeit, bei Verletzung seiner aus dem Gemeinschaftsrecht abzuleitenden Rechte, Entschädigung zu erlangen. Die Haftung der Mitgliedstaaten für den Verstoß seiner Organe gegen Gemeinschaftsrecht folge somit aus dem Wesen der mit dem EWG-Vertrag geschaffenen Rechtsordnung (Rdnrn 31 bis 37). Der EuGH ging also nach seinem Selbstverständnis keinesfalls davon aus, dass er Richterrecht geschaffen habe[9]. Vielmehr wurde das Rechtsinstitut der Staatshaftung logisch-systematisch aus der Gesamtheit der durch den EWG-Vertrag geschaffenen Rechtsordnung abgeleitet. Im Urteil *Francovich ua* nahm der EuGH auf das „allgemeine System und die wesentlichen Grundsätze des EWG-Vertrages", wonach Mitgliedstaaten die volle Wirksamkeit des Gemeinschaftsrechts und den Schutz der Rechte, die das Gemeinschaftsecht dem Einzelnen verleiht, zu gewährleisten hätten (Rdnrn 30 und 31), und auf Art 5 des EWG-Vertrages (Art 10 EGV) Bezug (Rdnr 36). Die Staatshaftung entstehe gemäß dem EuGH unter drei Voraussetzungen: Das Ziel der nicht korekt umgesetzten Richtlinie muss die Verleihung von Rechten an Einzelne sein, der Inhalt der Rechte muss auf der Grundlage der Richtlinie bestimmt werden können und es muss ein Kausalzusammenhang zwischen dem Verstoß gegen die dem Staat auferlegte Verpflichtung und dem den Geschädigten entstandenen Schaden bestehen (Rdnr 40). Der Satz „Diese Voraussetzungen reichen aus, um dem Einzelnen einen Anspruch auf Entschädigung zu geben, der unmittelbar im Gemeinschaftsrecht begründet ist" (Rdnr 41), schien im Ergebnis auf eine Erfolgshaftung des Staates hinauszulaufen, bei der die Mitgliedstaaten bloß die Folgen des verursachten Schadens im Rahmen des nationalen Haftungsrechts zu beheben haben (Rdnr 42). Dem nationalen Gesetzgeber wurde, bei der Regelung der Folgen zwar ein gewisser Freiraum eingeräumt, aber gleichzeitig insofern Grenzen gesetzt, als die vom nationalen Gesetzgeber festgelegten materiellen und formellen Voraussetzungen nicht ungünstiger sein dürfen, als bei ähnlichen Klagen, die nur nationales Recht betreffen (in der Literatur als „Diskriminierungsverbot" bezeichnet). Ferner dürfen diese Voraussetzungen nicht so ausgestaltet sein, dass sie es praktisch unmöglich machen oder übermäßig erschweren, die Entschädigung zu erlangen („Effizienzgebot") (Rdnr 43).

8 Der EuGH beruft sich auf seine Vorentscheidungen in den Rs 106/77, *Simmenthal*, Slg 1978, 629 und Rs C-213/89, *Factortame ua*, Slg 1990, I-2433.

9 So etwa *Kucsko-Stadlmayer*, in *Mayer* (Hrsg), Kommentar zu EUV/EGV (2004), Art 288 EGV, Rdnr 11.

Im Urteil *Brasserie du Pêcheur und Factortame*[10] brachten die deutsche, die irische und die niederländische Regierung vor, dass im Fall *Francovich ua* bloß eine Lücke im System des Rechtsschutzes für den Fall des Verstoßes gegen nicht unmittelbar anwendbare Vorschriften geschlossen werden sollte (Rdnr 18). Diesem Argument trat der EuGH entgegen, indem er meinte, dass bei Verletzung eines unmittelbar durch die Gemeinschaftsnorm verliehenen Rechts der Entschädigungsanspruch eine notwendige Ergänzung der unmittelbaren Wirkung darstelle (Rdnr 22).

Die deutsche Bundesregierung argumentierte ferner, dass ein allgemeiner Entschädigungsanspruch des Einzelnen nur im Wege der Gesetzgebung eingeführt werden könne, nicht aber durch Richterrecht des EuGH, da dies mit der Zuständigkeitsverteilung zwischen den Organen der Gemeinschaft und der Mitgliedstaaten unvereinbar sei (Rdnr 24). Der EuGH hielt dem entgegen, dass der Vertrag zwar keine ausdrücklichen Vorschriften über diese Haftung enthalte, der EuGH aber in Erfüllung seiner durch Art 164 EWGV (Art 220 EGV) übertragenen Aufgabe, die Wahrung des Rechts bei der Auslegung und Anwendung des Vertrages zu sichern, über eine solche Frage nach den allgemein anerkannten Auslegungsmethoden zu entscheiden habe, insbesondere indem er auf die Grundprinzipien der Gemeinschaftsrechtsordnung und gegebenenfalls auf allgemeine Grundsätze, die den Rechtsordnungen der Mitgliedstaaten gemeinsam sind, zurückgreift (Rdnrn 25 bis 27). Sodann bezog sich der EuGH auf die Haftung der Gemeinschaft für schadensverursachendes Fehlverhalten ihrer Organe (Art 215 EWG-Vertrag, Art 288 EGV) (Art 340 AEUV). Der Hinweis auf den in den Rechtsordnungen der Mitgliedstaaten allgemein geltenden Grundsatz, dass eine rechtswidrige Handlung oder Unterlassung die Verpflichtung zum Ersatz des verursachten Schadens nach sich zieht (Rdnr 32) mag für die Haftung für Fehlverhalten von Vollzugsorganen (Haftung für „Vollzugsunrecht“) zutreffen. Bei der vom EuGH angenommenen Haftung für Akte der Gesetzgebung (Haftung für so genanntes „legislatives Unrecht“) kann er sich aber wohl nicht auf die Rechtsordnungen der Mitgliedstaaten berufen.

Mit dem Urteil in der Rechtssache *Köbler*[11] verlässt der EuGH die rechtsvergleichende Argumentation, wie noch auszuführen sein wird. Was freilich bleibt ist die systematische Auslegung des EuGH von Bestimmungen des Gemeinschaftsrechts, die nachvollziehbar, aber nicht zwingend ist:

Der EWG-Vertrag und der EG-Vertrag legen schließlich selbst die Rechtsfolgen einer Verletzung des Gemeinschaftsrechts fest, indem er die Verantwortung des Staates gegenüber der Gemeinschaft in Art 226 (ex-Art 169) ff EGV (Vertragsverletzungsverfahren) (Art 258 ff AEUV) vorsieht, nicht aber gegen-

---

10 EuGH, verb Rs C-46 und C 48/93, *Brasserie du Pêcheur und Factortame*, Slg 1996, I-1029.

11 EuGH, Rs C-224/01, *Köbler*, Slg 2003, I-10239.

über dem einzelnen Bürger, dem er im Vertragsverletzungsverfahren selbst dann keine Parteistellung einräumt, wenn die Verletzung dessen subjektive Rechte betrifft. Eine systematische Interpretation hätte auch zu dem Schluss führen können, dass es im Prinzip Sache der Mitgliedstaaten (und damit nicht der Gemeinschaft selbst) ist, „geeignete Maßnahmen allgemeiner und besonderer Art zur Erfüllung der Verpflichtungen, die sich aus diesem Vertrag oder aus Handlungen der Organe der Gemeinschaft ergeben“ (Art 5 EWG Vertrag, Art 10 EGV) [Art 4 Abs 3 EUV(neu)] zu treffen. Unterlässt er dies, so ist er der Gemeinschaft gegenüber im Rahmen des Art 226 EGV verantwortlich, nicht aber gegenüber dem Einzelnen. Ob und unter welchen Voraussetzungen auch gegenüber dem Einzelnen Ansprüche zustehen, ist nicht mehr Sache des Gemeinschaftsrechts. Diese Lösung würde dem Text der Verträge und dem Prinzip der begrenzten Einzelermächtigung mehr entsprechen. Doch ist diese Streitfrage Schnee von gestern.

C. Die Schlussanträge des Generalanwalts in der Rechtssache *Köbler*[12]

Gegenstand der Rechtssache war eine Vorlage des Landesgerichts für Zivilrechtssachen Wien, mit der zunächst gefragt wurde, ob die in der Judikatur entwickelten Grundsätze zur Staatshaftung auch anzuwenden seien, „wenn es sich bei dem angeblich gemeinschaftswidrigen Organverhalten um ein Erkenntnis eines Höchstgerichtes eines Mitgliedstaates handelt, wie im vorliegenden Fall um den Verwaltungsgerichtshof?“ (Frage 1). Die weiteren Fragen (Fragen 2 bis 5) betreffen die innerstaatliche Zuständigkeit, den behaupteten Widerspruch zwischen der Rechtsmeinung des Verwaltungsgerichtshofs und dem Gemeinschaftsrecht, die subjektive Rechtstellung des Klägers im Ausgangsverfahren und die Frage, ob der EuGH über ausreichende Informationen verfügt, um selbst die Sache beurteilen zu können. Der Generalanwalt gab ausführlich die bisherige Rechtsprechung wieder. Sodann folgte eine Analyse des „Standes des innerstaatlichen Rechts der Mitgliedstaaten im Bereich der staatlichen Haftung für die Gerichte“ (Rdnrn 77 bis 87), die ein Musterbeispiel dafür ist, wie man Rechtsvergleichung nicht betreiben darf[13]:

Als Beleg für ein gemeinsames Prinzip der Mitgliedstaaten führt der Generalanwalt bloß 9 von (damals 15) Rechtsordnungen von Mitgliedstaaten an (Rdnr 80 und Fn 78 der Schlussanträge). Selbst wenn seine Analyse richtig wäre, so bezieht sie sich bloß auf die Frage, ob es im Allgemeinen in den Mitgliedstaaten eine Haftung für das Fehlverhalten von Richtern gibt. Es stellte

12 Schlussanträge des Generalanwalts *Léger* vom 8. April 2003 in der Rs C-224/01, *Köbler*, Slg 2003, I-10239.

13 Näheres bei *Heller*, Die Haftung des Staates für den Verstoß seiner Höchstgerichte gegen Gemeinschafsrecht, in *Österreichische Notariatskammer* (Hrsg), FS Nikolaus Michalek (2005), 140 f.

sich aber die Frage, ob der Staat für die eigentliche rechtsprechende Tätigkeit und nicht bloß für sonstiges Verhalten von Richtern (zB strafbares Verhalten, Untätigkeit) haftet. Falls auch dies zu bejahen wäre, wäre weiters zu fragen gewesen, ob dies auch auf die rechtsprechende Tätigkeit von Höchstgerichten zutrifft. Darauf stellte ja schließlich auch die Frage ab. Der Generalanwalt hat also die falsche Rechtsfrage rechtsvergleichend untersucht. Er selbst nennt unter den neun Rechtsordnungen, die als Beleg dienen sollen, auch das Königreich Schweden und Österreich, über die der Generalanwalt selbst schreibt, dass die Rechtsordnungen beider Staaten keine Haftung für Höchstgerichte vorsehen (Rdnr 81). Nach den eigenen Ausführungen des Generalanwalts kennen also nur sieben von 15 Rechtsordnungen eine Haftung für Fehlurteile von Höchstgerichten. Welchen Begründungswert für einen „allgemeinen Rechtsgrundsatz der Mitgliedstaaten" es haben soll, wenn dieser nur auf weniger als die Hälfte der Staaten zutrifft, ist nicht nachvollziehbar. Es bestehen aber auch Zweifel, ob die Annahme des Generalanwalts auf die verbleibenden acht Staaten überhaupt zutrifft. *Wegeners* rechtsvergleichende Analyse kommt jedenfalls zum gegenteiligen Ergebnis. Er hält aber eine systematische Begründung der Staatshaftung für möglich[14].

D. Das Urteil des EuGH in der Rechtssache *Köbler*[15]

Der EuGH hat sich allerdings in seiner Begründung der Staatshaftung für Verstöße gegen Gemeinschaftsrecht durch Höchstgerichte nicht auf die rechtsvergleichende Analyse des Generalanwalts berufen, sondern schloß an die eigenen Aussagen in früheren Urteilen an. Es komme bei der Haftung nicht darauf an, welchem Organ des Mitgliedstaates ein Fehlverhalten anzulasten ist (Rdnr 31). „In Anbetracht der entscheidenden Rolle, die die Judikative beim Schutz der dem Einzelnen auf Grund gemeinschaftsrechtlicher Bestimmungen zustehenden Rechte spielt, wäre die volle Wirksamkeit dieser Bestimmungen beeinträchtigt und der Schutz der durch sie begründeten Rechte gemindert, wenn der Einzelne unter bestimmten Voraussetzungen dann keine Entschädigung erlangen könnte, wenn seine Rechte durch einen Verstoß gegen das Gemeinschaftsrecht verletzt wären, der einer Entscheidung eines letztinstanzlichen Gerichts eines Mitgliedstaates zuzurechnen ist" (Rdnr 33).

Einige Regierungen der Mitgliedstaaten hatten sich im Verfahren darauf berufen, dass der Grundsatz der Rechtssicherheit die Beachtung der Rechtskraft einer Entscheidung erfordere (Rdnr 37). Der EuGH hielt dem entgegen, dass die Staatshaftung diesen Grundsatz nicht in Frage stelle, da die Feststellung

14 *Wegener*, EuR 2002, 789; siehe auch *Ossenbühl*, Neuere Entwicklungen im Staatshaftungsrecht (1984), 76, der meint, dass das Richterprivileg einen „allgemeinen und unverlierbaren Rechtsgedanken ausdrückt".

15 EuGH, Rs C-224/01, *Köbler*, Slg 2003, I-10239.

der Haftung nicht die Aufhebung der letztinstanzlichen Entscheidung bewirke. Die Staatshaftung führe zur Entschädigung, nicht aber zur Aufhebung der Rechtskraft der Gerichtsentscheidung (Rdnrn 38 bis 40).

Weiters hatten Regierungen der Mitgliedstaaten vorgebracht, dass die Haftung für Fehlentscheidungen von Höchstgerichten im Widerspruch zur richterlichen Unabhängigkeit stehe. Diesem Argument begegnete der EuGH damit, dass es bei der Staatshaftung um die Haftung des Staates und nicht des einzelnen Richters gehe, dessen Unabhängigkeit nicht in Frage stehe (Rdnr 42). Die Staatshaftung schmälere auch nicht die Autorität letztinstanzlicher Gerichte. Die Wiedergutmachung für fehlerhafte Gerichtsentscheidungen könnte auch als Bekräftigung der Qualität der Rechtsordnung und der Autorität der Judikative angesehen werden (Rdnr 43). Dem Vorbringen, es sei schwierig ein Gericht zu bestimmen, das für die Entscheidung über Staatshaftungsansprüche wegen Verstoßes eines Höchstgerichtes gegen Gemeinschaftsrecht zuständig ist, entgegnete der EuGH, dass es Sache der Mitgliedstaaten sei, einen geeigneten Rechtsweg zur Verfügung zu stellen (Rdnr 45). Mit diesem Argument verkennt der EuGH meines Erachtens das Anliegen der Mitgliedstaaten. Die Schwierigkeit besteht nicht darin, einen Rechtsweg für Staatshaftungsansprüche zu eröffnen und die Zuständigkeit festzulegen, sondern es müsste entweder eine über den Höchstgerichten stehende Instanz, also ein Superhöchstgericht eingerichtet werden oder eines der Höchstgerichte über den Staatshaftungsanspruch auf Grund des Verstoßes eines anderen Höchstgerichtes oder eines eigenen Verstoßes (Urteil in eigener Sache) entscheiden. In jedem Fall ist das Ergebnis unbefriedigend und löst das Problem auch nicht endgültig, weil schließlich auch diese Instanz wieder gegen Gemeinschaftsrecht verstoßen könnte. Ein solcher neuerlicher Verstoß könnte aber wohl nicht mehr Staatshaftungsansprüche auslösen. Andernfalls käme man zu einem ewigen Kreislauf von Staatshaftungsverfahren[16]. Auf die Antwort des EuGH auf die Vorlage eines für die Staatshaftung zuständigen Gerichtes, in der gefragt wird, ob es geboten sei, sich mit der Haftungsfrage für behauptete Gemeinschaftsrechtswidrigkeit, gegen die in einem vorherigen Staatshaftungsverfahren verstoßen worden sei, neuerlich zu befassen, darf man gespannt sein.

Schon im Urteil *Brasserie du Pêcheur und Factortame* hatte der EuGH die Voraussetzungen der Staatshaftung gegenüber dem Urteil *Francovich* wesentlich eingeschränkter gesehen. Im Fall *Köbler* wurden die Aussagen der bisherigen Rechtsprechung zwar wiederholt, aber auf die Besonderheiten der Haftung für *judikatives Unrecht* angepasst.

16 Stellvertretend für die zum Teil massive Kritik am Urteil *Köbler* vgl *Obwexer*, EuZW 2003, 726; *v Danwitz*, Anmerkung zur EuGH-Entscheidung in der Rs *Köbler*, JZ 2004, 301; *Wegener*, EuR 2002, 785; *Gundel*, EWS 2004, 8; *Dobrowz*, wbl 2003, 566; *Schwarzenegger*, ZfRV 2003, 236.

Die Aussagen des EuGH zu den materiell-rechtlichen und die verfahrensrechtlichen Probleme werden zur Vermeidung von Wiederholungen im Teil II dieser Abhandlungen behandelt.

E. Das Urteil des EuGH in der Rechtssache *Traghetti del Mediterraneo*[17]

Das Urteil betrifft eine Vorlage des Tribunale di Genova nach Art 234 EGV (Art 267 AEUV) aus dem Jahr 2003. Das Gericht aus Genua begehrte die Klärung der Frage, ob ein Mitgliedstaat dafür haftet, wenn ein letztinstanzliches Gericht der Pflicht zur Vorlage nicht nachkommt. Ferner fragt das Gericht an, ob innerstaatliche Bestimmungen, wonach die Haftung für die in Ausübung der Rechtsprechungstätigkeit vorgenommene Auslegung von Rechtsvorschriften sowie Sachverhalts- und Beweiswürdigung ausgeschlossen ist, anzuwenden seien und ob die Haftung des Staates auf Vorsatz und grob fehlerhaftes Verhalten beschränkt werden darf.

Die Haftung für Urteile von Höchstgerichten, die gegen Gemeinschaftsrecht verstoßen bejahte der EuGH. Die Beschränkung der Haftung auf Fälle von Vorsatz und grober Fahrlässigkeit verstoße aber gegen Gemeinschaftsrecht, sofern dies dazu führe, „dass die Haftung des betreffenden Mitgliedstaats in weiteren Fällen ausgeschlossen ist, in denen ein offenkundiger Verstoß gegen das anzuwendende Recht … begangen wurde". Gleichzeitig verwies der EuGH aber auf die Qualifikation des Verstoßes (Rdnr 42), die der Unterscheidung in grobe und leichte Fahrlässigkeit im Ergebnis nahekommen mag. Allerdings scheint der EuGH in dieser Rechtssache die Voraussetzungen für die Haftung noch weiter einzuschränken, sodass ein halbwegs sorgfältiges Höchstgericht wohl kaum gegen Gemeinschaftsrecht in einer die Staatshaftung auslösender Weise verstoßen wird. Der EuGH weist auf die besondere Funktion der Gerichte und die berechtigten Belange der Rechtssicherheit, die Vorsätzlichkeit und Offenkundigkeit des Verstoßes und die Entschuldbarkeit des Rechtsirrtums hin (Rdnrn 32 und 43). Weitere Details werden ebenfalls in Kap II behandelt.

II. Neueste Entwicklungen

A. Rechtsprechung des EuGH

Die relativ kleine Zahl von Urteilen des EuGH zu Staatshaftungsfragen gibt kein abschließendes Bild. Während das Urteil *Francovich* befürchten ließ, dass der EuGH ein Tor für die Haftung der Mitgliedstaaten weit aufstoßen

17 EuGH, Rs C-173/03, *Traghetti del Mediterraneo*, Slg 2006, I-5177.

wird, sind die Fälle, in denen die Haftung in konkreten Fällen vom EuGH bejaht wurde, an einer Hand abzuzählen. Dies betrifft vor allem die Haftung für Verstöße von Höchstgerichten. Hier ist trotz klarer Aussage im Urteil *Köbler* zum Grundsatz der Haftung in konkreten Fällen eine starke Zurückhaltung vor allem was die Qualifikation des Verstoßes betrifft, zu beobachten. Große Überraschungen sind also nicht zu erwarten.

B. Rechtsprechung des Europäischen Gerichtshofs für Menschenrechte

Nach der neueren Rechtsprechung des Europäischen Gerichtshofs für Menschenrechte (EGMR) ist die Verletzung der Vorlagepflicht durch ein Gericht der Mitgliedstaaten der EMRK auch eine Verletzung des *Grundsatzes des fairen Verfahrens* (Art 6 EMRK), wenn im innerstaatlichen Verfahren ein hinreichend substantiierter Antrag auf Vorlage gestellt wird und das Gericht diesem Antrag nicht nachkommt und die Ablehnung dieses Antrags willkürlich ist[18]. Im konkreten Anlassfall nahm der EGMR allerdings keine Verletzung des Art 6 EMRK an. Im Ergebnis bedeutet die Aussage des EGMR jedoch, dass Urteile von Höchstgerichten der Mitgliedstaaten in Bezug auf die Beachtung des Gemeinschaftsrechts nicht nur im Wege der Staatshaftung sondern auch vom EGMR überprüft werden können. Damit eröffnet der EGMR einen weiteren Rechtsweg zur Beurteilung der Gemeinschaftswidrigkeit. Neben der Beurteilung im inländischen Hauptverfahren und einer neuerlichen, allerdings beschränkten Beurteilung im Staatshaftungsverfahren tritt nun auch die Möglichkeit der Rüge im Verfahren vor dem EGMR. Ferner kann ein Geschädigter bei der Europäischen Kommission die Einleitung eines Vertragsverletzungsverfahrens anregen. Ein vermeintlich Geschädigter kann also ein und dieselbe Rechtsfrage immer wieder neu aufrollen. Unter diesen Umständen darf man sich nicht über die Überlastung von Gerichten, insbesondere des EGMR wundern, der sich neben den Gerichten der Mitgliedstaaten zum weiteren Vollzugsorgan des Gemeinschaftsrechts macht[19]. Die Entscheidung des EGMR ist aber auch aus rechtsdogmatischen Gründen nicht einsichtig. Behauptet ein Geschädigter den Verstoß gegen Gemeinschaftsrecht durch Höchstgerichte eines Mitgliedstaates der EU, so steht ihm die Möglichkeit offen, eine Staatshaftungsklage zu erheben. Unterlässt er dies, so hat er nicht alle inländischen Rechtsschutzmöglichkeiten ausgeschöpft, was aber Voraussetzung für die Zulässigkeit einer Beschwerde an den EGMR ist. Wenn aber ein Gericht auch im Staatshaftungsverfahren keinen Verstoß feststellt, so ist schwer vorstellbar, dass dies dann der EGMR als Willkür wertet.

18 EGMR 13. Februar 2007, Appl 15073/03, *Lutz John gegen Deutschland.*

19 Beim EGMR betrug die Zahl der offenen Fälle zum Jahresende 2007 103.850 Fälle, davon 79.000 vor einem Spruchkörper (decision body) und zum Jahresende 2008 97.300 Fälle (Quelle *EGMR*, Jahresbericht 2007, 133 bzw *EGMR* Jahresbericht 2008, 129).

C. Innerstaatliche Entwicklungen

Ein besonderes Bedürfnis zu innerstaatlichen Regelung der Staatshaftung ist nicht ersichtlich. Wohl aber gibt es ein nicht nur für das Staatshaftungsrecht wesentliches Problem, das in mehreren Rechtsgebiete geregelt werden sollte, nämlich unter welchen Bedingungen staatliche Aufgaben ausgegliedert werden können und welche Handlungen ausgegliederter Institutionen dem Staat (den öffentlichen Rechtsträgern) zuzurechen sind und für die er daher auch haftet. Die Beurteilung, was eine Institution des Staates ist, ist zwar auch ein Problem des Gemeinschaftsrechts, das aber zur Klarheit auch einer innerstaatlichen Regelung bedürfte. Mit dieser Frage hängt auch die Zuständigkeit des VfGH nach Art 137 B-VG zusammen, dessen enge Beschreibung der möglichen beklagten Rechtsträger zu Problemen der Zurechnung führt[20], sodass der VfGH schon vor Jahren eine Novellierung des Art 137 B-VG angeregt hat, die bisher ausblieb[21].

III. Auswirkungen auf Österreich

A. Subsidiarität

Aus dem Subsidiaritätsprinzip[22] ergibt sich, dass diese Haftung gegenüber dem Einzelnen nicht unmittelbar vor den Gemeinschaftsorganen geltend gemacht werden kann und dass das Gemeinschaftsrecht nur jene allgemeinen Grundsätze vorgibt, die die effektive Durchsetzung des Gemeinschaftrechts sicherstellen sollen. Im Übrigen werden den Staaten aber Freiräume belassen, um die Gestaltung des Staatshaftungsanspruches näher zu regeln. Aus dem Subsidiaritätsprinzip ergibt sich weiters, dass ein gesonderter Rechtstitel unter der Bezeichnung „Staatshaftung" nur geltend gemacht werden kann, wenn der Schaden nicht durch Ergreifung anderer innerstaatlicher Rechtsmittel oder Rechtsbehelfe vermieden oder gemindert werden kann[23]. Die Pflicht zur Schadensminderung und Schadensvermeidung ist also nicht bloß ein Grundsatz des Schadenersatzrechtes, sondern auch die Konsequenz des Prinzips, dass die Gemeinschaft nur tätig wird, wenn ihre Ziele allein durch Maßnahmen der Mitgliedstaaten nicht erreicht werden können[24].

20 Vgl *Frank* in *Rill/Schäffer* (Hrsg), Bundesverfassungsrecht – Kommentar (2007), Art 137 B-VG, Rdnrn 11 bis 13.

21 Tätigkeitsberichte des VfGH für die Jahre 1994 und 1995.

22 Insbes Art 5 EGV (ex Art 3 b).

23 EuGH, verb Rs C-46 und C-48/93, *Brasserie du Pêcheur und Factortame*, Slg 1996, I-1029, Rdnrn 84 f.

24 Zum Subsidiaritätsgrundsatz im Staatshaftungsrecht vgl *Eilmansberger*, Rechtsfolgen, 223 ff.

Hingegen ist aus dem Subsidiaritätsgrundsatz nicht abzuleiten, dass die Staatshaftung eine vorherige Feststellung des Verstoßes gegen Gemeinschaftsrecht durch eine Entscheidung des EuGH voraussetzt.[25]

B. Freiräume und innerstaatliche Rechtsquellen

Im Sinne des Subsidiaritätsgrundsatzes überlässt die Rechtsprechung des EuGH – wie oben erwähnt – den Mitgliedstaaten Freiräume. Eine allgemeine Grenze für innerstaatliche Regelungen bildet das Diskriminierungsverbot und der Grundsatz der Effektivität, die schon im Urteil *Francovich* zum Ausdruck kommen (Rdnr 43). Aber auch jene Regelungen, die durch die Rechtsprechung des EuGH vorgegeben sind, können innerstaatlich umgesetzt werden. Es gibt kein Transformierungsverbot. Im Urteil *Traghetti del Mediterraneo* meint der EuGH, dass das nationale Recht „Kriterien hinsichtlich der Natur oder des Grades des Verstoßes" festlegen könne, „die erfüllt sein müssen, damit der Staat für einen einem letztinstanzlichen nationalen Gericht zuzurechnenden Verstoß gegen das Gemeinschaftsrecht haftet, doch können mit diesen Kriterien auf keinen Fall strengere Anforderungen aufgestellt werden, als sie sich aus der Voraussetzung eines offenkundigen Verstoßes gegen das geltende Recht ergeben, wie sie in den Randnummern 53 bis 56 des Urteils Köbler beschrieben ist." (Rdnr 44).

Ob eine solche innerstaatliche Umsetzung und Präzisierung sinnvoll ist, mag aber dahingestellt bleiben. *Walter* meint freilich, dass eine gesetzliche Regelung getroffen werden müsse, wolle man auch in Zukunft ein Verfassungs- und Gesetzesstaat bleiben[26]. Der OGH vertritt die Ansicht „dass das Amtshaftungsgesetz (AHG) auf gemeinschaftsrechtliche Staatshaftungsansprüche auch im Falle legislativen Unrechts als Klagegrund mangels gesetzlicher Regelung über die näheren Voraussetzungen seiner Geltendmachung (...) analog anzuwenden ist, soweit seine prozessualen und materiellen Bestimmungen nicht den Grundsätzen des Gemeinschaftsrechts widersprechen (...) Fehlt es an einer nationalen gesetzlichen Regelung zur Umsetzung der Staatshaftung wegen Verletzung von Gemeinschaftsrecht, so dient dieses als unmittelbar anwendbare materiellrechtliche Anspruchsgrundlage."[27] Folgt man dem OGH, so gibt es ohnehin eine innerstaatliche Regelung der materiellrechtlichen Voraussetzungen und Folgen. Jene Gerichte, die über Staatshaftungsansprüche zu entscheiden haben, wenden – unter Beachtung des Diskriminierungsverbots und des Effizienzgrundsatzes – ihr Verfahrensrecht, allenfalls ergänzt durch Bestimmungen des AHG an. So gesehen gäbe es also nichts innerstaatlich zu

25 *v Bogdandy* in *Grabitz/Hilf/Nettesheim* (Hrsg), Das Recht der Europäischen Union (2008), Art 288 EGV, Rdnr 160.
26 *Walter*, in *Österreichische Juristenkommission* (Hrsg), Staatshaftung (2004), 46.
27 OGH 25.7.2000, 1 Ob 146/00b.

regeln. Die Kritik *Walters* bezieht sich auch vorwiegend – wenngleich nicht nur – auf das Gemeinschaftsrecht, das vom Ideal des Verfassungs- und Gesetzesstaat immer mehr abgeht und zu einem Richterrecht überzugehen droht. Der Versuch, die gemeinschaftsrechtlichen Vorgaben in einem österreichischen Staatshaftungsgesetz positiv festzulegen, wie dies der EuGH an sich zulässt, birgt jedoch die Gefahr in sich, entweder in Widerspruch zum Gemeinschaftsrecht, wie dieses durch die Judikatur des EuGH zur Staatshaftung noch weiter entwickelt werden wird, zu geraten oder eine Haftung zu normieren, deren Umfang über das vom Gemeinschaftsrecht Verlangte hinauszugeht[28]. Für eine gesetzliche Regelung treten *Schwarzenegger*[29] und *Jud*[30] ein, die allerdings von einer Zuständigkeit der ordentlichen Gerichte auch zur Beurteilung von Fehlentscheidungen der Höchstgerichte ausgehen, über die zunächst Untergerichte zu entscheiden hätten, was *Jud* zu Recht merkwürdig findet. *Hummer/Obwexer* zeigen auf, welche Bestimmungen des AHG im Falle einer gesonderten Regelung anzupassen wären[31].

Die nationalen Gerichte haben – wie auch bei der Beurteilung, ob sie eine Rechtsfrage zur Auslegung dem EuGH vorlegen müssen – die Entscheidungsrelevanz einer gemeinschaftsrechtlichen Rechtsfrage selbst zu beurteilen. Sie haben im Prinzip auch selbst zu befinden, ob der Sachverhalt eines konkreten Falles unter die gemeinschaftsrechtlichen Bestimmungen zu subsumieren ist, sofern sie nur die vom Gemeinschaftsrecht vorgegebenen Kriterien beachten. In diesem Sinn scheint auch die Aussage in der Rechtssache *Konle*[32] zu verstehen sein, dass „grundsätzlich den nationalen Gerichten die Beurteilung obliegt, ob ein Verstoß gegen Gemeinschaftsrecht hinreichend qualifiziert ist, um die außervertragliche Haftung eines Mitgliedstaates gegenüber Einzelnen zu begründen“ (Rdnr 59). Der Freiraum, den das Gemeinschaftsrecht den Mitgliedstaaten in diesem Zusammenhang lässt, ist jenem vergleichbar, den der EuGH auch sonst den Gerichten nach der Beantwortung von Vorfragen lässt.

28 *Heller*, in *Österreichische Juristenkommission* (Hrsg), Staatshaftung (2004), 41.

29 *Schwarzenegger*, JBl 2001, 162; *Schwarzenegger*, Die Staatshaftung für unterlassene Richtlinienumsetzung nach der Rechtsprechung des EuGH und das österreichische Haftungsrecht, in *Terlitza/Schwarzenegger/Boric* (Hrsg), FS Willibald Posch (1996), 361.

30 *Jud*, ecolex 2003, 386 f.

31 *Hummer/Obwexer*, Die unmittelbare Wirkung von EG-Richtlinien und die Haftung des Staates für Umsetzungsmängel, in *Griller/Rill* (Hrsg), Verfassungsrechtliche Grundfragen der EU-Mitgliedschaft (1997), 69.

32 EuGH, Rs C-302/97, *Konle*, Slg 1999, I-3099.

C. Materielles Staatshaftungsrecht

1. Das Verhalten eines letztinstanzlichen Gerichts des Mitgliedstaates

Der EuGH bezeichnet im Fall *Köbler* die staatshaftungsbegründende Verfehlung als Verstoß eines „letztinstanzliches Gerichts" (vgl Rdnrn 34, 37, usw). Haftungsbegründend ist ein Verstoß des letztinstanzlichen Gerichtes (und nicht bloß eines Höchstgerichtes), das im konkreten Fall entschieden hat. Im Prinzip kann jedes Gericht einen Verstoß gegen Gemeinschaftsrecht begehen, doch wird ein solcher in der Regel nicht haftungsbegründend sein, weil der potentielle Staatshaftungskläger zur Vermeidung des Schadens zunächst ein fehlerhaftes Urteil durch Rechtsmittel bekämpfen muss. In der ganz überwiegenden Zahl von Fällen kommt wohl nur die Entscheidung eines letztinstanzlichen Gerichtes als staatshaftungsbegründend in Frage. Oft wird dies ein Höchstgericht sein. Ob ein solches oder ein untergeordnetes Gericht letzte Instanz ist, hängt vom innerstaatlichen Verfahrensrecht ab. Aus der Sicht des Gemeinschaftsrechtes ist die Zurechnung hingegen irrelevant. Es bleibt der innerstaatlichen Gesetzgebung überlassen, wie sie bei den einzelnen Verfahrensarten den Instanzenzug einrichtet und welche Rechtsmittelbeschränkungen sie vorsieht. Die Zuordnung des haftungsbegründenden Verhaltens zu einem bestimmten Organ ist hingegen aus der Sicht der innerstaatlichen Zuständigkeitsordnung von Bedeutung[33].

Ein besonderes Problem der Zuordnung schafft die Errichtung des Asylgerichtshofs[34], der am 1. Juli 2008 seine Tätigkeit aufgenommen hat, und der auch über Rechtsfragen zu entscheiden hat, die durch Verordnungen und Richtlinien vorgegeben sind[35]. Gegen die Entscheidungen des Asylgerichtshofs kann Beschwerde an den VfGH wegen Verletzung von verfassungsgesetzlich gewährleisteten Rechten oder von Rechten wegen Anwendung eines verfassungswidrigen Gesetzes oder einer gesetzwidrigen Verordnung erhoben werden[36]. Weiters ist vorgesehen, dass die in einer Sache zuständigen Einzel-

33 Näheres hierzu siehe Pkt III.C.4.

34 BGBl I Nr 2 und Nr 4/2008.

35 Verordnung (EG) Nr 343/2003 des Rates vom 18. Februar 2003 zur Festlegung der Kriterien und Verfahren zur Bestimmung des Mitgliedstaates, der für die Prüfung eines von einem Drittstaatsangehörigen in einem Mitgliedstaat gestellten Asylantrags zuständig ist (sog Dublin II-Verordnung); Richtlinie 2003/9/EG des Rates vom 27. Jänner 2003 zur Festlegung von Mindestnormen für die Aufnahme von Asylwerbern in den Mitgliedstaaten (sog Mindestnormenrichtlinie); Richtlinie 2004/83/EG des Rates vom 29. April 2004 über Mindestnormen für die Anerkennung und den Status von Drittstaatsangehörigen oder Staatenlosen als Flüchtlinge oder als Personen, die anderweitig internationalen Schutz benötigen, und über den Inhalt des zu gewährenden Schutzes (sog „Statusrichtlinie") usw.

36 Art 144 a B-VG.

richter oder Senate Rechtsfragen, denen grundsätzliche Bedeutung zukommen (Grundsatzentscheidungen), einem verstärkten Senat des Asylgerichtshofs vorzulegen haben, dessen Grundsatzentscheidungen dem VwGH von Amts vorzulegen sind. Ist nun der Asylgerichtshof ein letztinstanzliches Gericht?

Diese Frage hängt mit der weiteren Frage zusammen, ob den Asylgerichtshof die Vorlagepflicht nach Art 234 EGV trifft. Nach der Rechtsprechung und überwiegenden Lehrmeinung sind unter „Rechtsmitteln" im Sinne des Art 234 EGV nur ordentliche Rechtsmittel zu verstehen. Die Möglichkeit der Erhebung außerordentlicher Rechtsmittel oder anderer Rechtsbehelfe nehmen einer Entscheidung nicht die Qualität als Entscheidung eines letztinstanzlichen Gerichtes. Die Festlegung der Art von Rechtsmitteln und Rechtsbehelfen obliegt den Gesetzgebern der Mitgliedstaaten, doch wird aus der Sicht des Gemeinschaftsrechts entscheidend für den Charakter eines Rechtsmittels sein, ob dessen Erhebung umfassende oder doch nur begrenzte und spezifische Auswirkungen hat, wie etwa die Erhebung eines Beschwerde an den VfGH, dessen Kognition auf die Prüfung von Grundrechtsverletzungen und Rechtsverletzungen wegen Anwendung einer rechtswidrigen Norm beschränkt ist.

Was den Asylgerichtshof betrifft, so nimmt ihm die Möglichkeit der Erhebung einer Verfassungsbeschwerde durch den unterlegenen Asylwerber nicht den Charakter eines letztinstanzlichen Gerichts. Auch dass Grundsatzentscheidungen letztlich vom VwGH zu treffen sind, nimmt dem Asylgerichtshof nicht die Verpflichtung zur Vorlage, falls die Voraussetzungen des Art 234 EGV zutreffen. Wie der VfGH in einem Erkenntnis feststellte, ist „– dem erklärten Willen des Verfassungsgesetzgebers zufolge – Inhalt einer solchen Grundsatzentscheidung nicht der konkrete Einzelfall, sondern – davon losgelöst – die abstrakte Klärung einer grundsätzlichen Rechtsfrage ist, die nicht nur für den konkreten Einzelfall verbindlich sein soll.[37]" Der Asylgerichtshof legt dem VwGH nicht einen konkreten Fall vor, sondern Fragen in Rechtssatzform[38], ohne dass auf einen konkreten Fall Bezug genommen werden muss. Besonders deutlich wird dies, wenn die Grundsatzentscheidung auf Antrag des Bundesministers für Inneres zu treffen ist. Hat der VwGH aber eine abstrakte Rechtsfrage zu lösen, so ist er auch nicht befugt, den EuGH zu ersuchen, jene Teilfragen zu beantworten, die die Auslegung oder Gültigkeit gemeinschaftsrechtlicher Rechtsakte betreffen[39]. Selbst wenn man aber davon ausgeht, dass der Asylgerichtshof eine Grundsatzentscheidung aus Anlass eines bei ihm anhängigen Verfahrens (und nicht auf Antrag des Bundesminis-

37 VfGH, Urteil vom 7.11.2008, U 48/08.

38 Vgl *Müller*, Das Verfahren über Grundssatzentscheidungen im Asylrecht, ÖJZ 2008, 509, insbesonders 511.

39 Zur Unzulässigkeit der Vorlage hypothetischer Rechtsfragen vgl EuGH, Rs 244/1980, *Foglia*, Slg 1981, 3045; EuGH, Rs C-150/88, *Eau de Cologne*, Slg 1989, 3891, Rdnrn 11 und 12; EuGH, Rs C-231/89, *Gmurzynska-Bscher*, Slg 1990, I-4003.

ters für Justiz) dem VwGH vorlegt, sodass dessen Lösung der Rechtsfrage von grundsätzlicher Bedeutung doch auch für die Entscheidung eines konkreten Streitfalls relevant sein kann[40], so ist die Vorlage an den VwGH durch den Asylgerichtshof, ohne dass dem Asylwerber ein Rechtsanspruch darauf zusteht, sicherlich kein ordentliches Rechtsmittel. Die Vorlagepflicht trifft somit den Asylgerichtshof als letztinstanzliches Gericht selbst.

Wiederin vermeint jedoch, dass dem Asylgerichtshof, obwohl es ein letztinstanzliches Gericht ist, gemäß Art 68 Abs 1 EGV keine Vorlagepflicht nach Art 234 EGV trifft[41]. Wenngleich der Wortlaut des Art 68 EGV nicht sehr geglückt ist, weil dort die Vorlagepflicht mit den Worten „so legt dieses Gericht dem Gerichtshof die Frage zur Entscheidung vor,..“ zum Ausdruck kommt, so ist doch auf Grund des Ausnahmecharakters der Vorschrift, die einschränkend auszulegen ist, von einer Vorlagepflicht des letztinstanzlichen Gerichtes auch im Rahmen des Titel IV des EGV (Visa, Asyl, Einwanderung und andere Politiken betreffend den freien Personenverkehr) auszugehen. Art 68 EGV hat im gegebenen Zusammenhang bloß die Bedeutung, dass im Rahmen des Titels IV Untergerichte nicht zur Vorlage befugt sind[42].

Da der Asylgerichtshof seine Vorlagepflicht verletzen aber auch andere Verstöße gegen Gemeinschaftsrecht begehen könnte, kommt eine Staatshaftung wegen des Fehlverhaltens des Asylgerichtshof in Frage. Liegt der in der Klage behauptete Verstoß in der Verletzung der Vorlagepflicht, so wird aber der Klage in der Regel der Erfolg versagt bleiben, weil die Verletzung der Vorlagepflicht auch eine Verletzung des Rechts auf ein Verfahren vor dem gesetzlichen Richter ist, das mit Verfassungsgerichtshofsbeschwerde geltend gemacht werden kann[43], sodass die Subsidiarität der Staatshaftung den Erfolg der Klage verhindern würde.

Die vom EuGH entwickelten Grundsätze erstrecken sich nicht auf den Rückersatz durch den einzelnen Richter, der an der staatshaftungsbegründenden Entscheidung mitgewirkt hat[44]. Die Regelung der Organhaftung ist somit völlig den Mitgliedstaaten überlassen.

40 EuGH, Rs C-291/96, *Grado und Bashir*, Slg 1997, I-5531, Rdnr 4.

41 *Wiederin*, migralex 2008, 8.

42 Vgl hiezu auch *Röben* in *Grabitz/Hilf/Nettesheim* (Hrsg), Das Recht der Europäischen Union, Art 68 EGV; ferner *Tarko* in *Mayer* (Hrsg), Kommentar zum EUV/EGV (2003), Art 68 EGV; *Schmahl* in *von der Groeben/Schwarze* (Hrsg), Kommentar EUV/EGV^{6} (2003), Art 68 EGV.

43 VfSlg 14.390/1995 uva.

44 EuGH, Rs C-470/03, *A.G.M-COS.MET*, Slg 2007, I-2749.

2. Der Verstoß gegen Normen des Gemeinschaftsrecht

a. Primär und Sekundärrecht

Aus der Sicht des Gemeinschaftsrechts scheint es irrelevant zu sein, ob die Normen, gegen die ein Organ des Mitgliedstaates verstößt, dem Primärrecht oder dem Sekundärrecht angehört. Auch ist es im Allgemeinen gleichgültig, welchen Rang eine gemeinschaftsrechtswidrige innerstaatliche Norm im Stufenbau der Rechtsordnung einnimmt, da der Vorrang des Gemeinschaftsrechts auch gegenüber dem Verfassungsrecht der Mitgliedstaaten besteht[45]. Hingegen ist die Anwendung einer innerstaatlichen Norm, die in Widerspruch zu gemeinschaftsrechtlichen Grundrechten steht, nicht deshalb allein ein Verstoß gegen Gemeinschaftsrecht:

Die Grundrechte gehören zwar als Teil der allgemeinen Rechtsgrundsätze dem Primärrecht an, doch sind die Mitgliedstaaten an den gemeinschaftsrechtlichen Grundrechtsschutz gemäß der Rechtsprechung des EuGH[46] nur gebunden, soweit sie gemeinschaftsrechtliche Rechtsakte umsetzen. Die Europäische Grundrechtscharter nimmt diese Rechtsprechung in Art 51 auf, indem dort festlegt ist, dass sie „für die Mitgliedstaaten ausschließlich bei der Durchführung des Rechts der Union" gilt. Die Festlegung des Geltungsbereichs der Charter war bei deren Entstehung eines der großen Streitthemen, da die Mitgliedstaaten befürchteten, dass die Auslegung der Charter durch den EuGH, im Besonderen der sozialen und wirtschaftlichen Grundrechte, zu einer Einmischung der EU in praktisch alle Bereiche des Lebens in den Mitgliedstaaten führen könnte[47].

Eine umfassende Anwendung des gemeinschaftsrechtlichen Grundrechtsschutzes würde in Österreich zu einer der Struktur der Verfassung widersprechenden Veränderung der Beziehung des VfGH zu den ordentlichen Gerichten führen. Während nach dem Bundes-Verfassungsgesetz (B-VG) keine Verfassungsbeschwerde gegen Entscheidungen der ordentlichen Gerichte zulässig ist, würde der VfGH in die Lage versetzt, auf Grund von Staatshaftungsklagen Urteile des OGH auf ihre Vereinbarung mit den Grundrechten zu prüfen, wenngleich unter Beachtung der sonstigen Voraussetzungen für die Geltendmachung der Staatshaftung. Eine ähnliche Konsequenz ergäbe sich auch gegenüber Erkenntnissen des VwGH, wenngleich die praktische Konsequenz unterschiedlich wäre, weil Bescheide bei beiden Gerichtshöfen des

45 VfSlg 17.065/2003; bisher gab es kein Verfahren vor dem VfGH, in dem er zu prüfen hatte, ob auch die verfassungsrechtliche Grundordnung gegenüber dem Gemeinschaftsrecht nachrangig ist.

46 EuGH, Rs 60 und 61/84, *Cinéthèque ua*, Slg 1985, 2605; EuGH, Rs C-299/95, *Kremzow*, Slg 1997, I-2629.

47 Vgl *Meyer*, Kommentar zur Charta der Grundrechte der Europäischen Union (2003), 561.

öffentlichen Rechts bekämpft werden können, sodass ein Beschwerdeführer ohnehin die Möglichkeit hat, die Grundrechtsverletzung beim VfGH geltend zu machen.

Tatsächlich haben Kläger in Staatshaftungsangelegenheiten einen Verstoß gegen die Grundrechte der Europäischen Menschenrechtskonvention (EMRK) und damit auch einen Verstoß gegen Gemeinschaftsrecht durch Urteile des OGH behauptet, doch hielt der VfGH dem Vorbringen entgegen, dass aus einer Norm der EMRK „ein gemeinschaftsrechtlicher Staatshaftungsanspruch als solcher nicht unmittelbar abzuleiten" sei[48].

b. Einräumung von Rechten an den Einzelnen

Der EuGH sieht in der Staatshaftung die logische Fortsetzung und Bestärkung der Idee der unmittelbaren Anwendung von gemeinschaftsrechtlichen Bestimmungen, die dem Einzelnen Rechte einräumen[49]. Es wird daher in Bezug auf die Rechteeinräumung auch eine ähnliche Diktion gewählt, wie in der Judikatur zur unmittelbaren Anwendung. Das Gemeinschaftsrecht muss das subjektive Recht hinreichend bestimmt (genau) und unbedingt einräumen. Nach *Öhlinger/Potacs* sind Normen des Gemeinschaftsrechts unmittelbar anwendbar, wenn sie „durch keine weitere generelle staatliche Regelung zu vermittelnde Grundlage von verwaltungsbehördlichen oder gerichtlichen Entscheidungen im konkreten Fall bilden"[50]. Diese dogmatisch klare Aussage ist aus der Judikatur des EuGH allerdings nur bedingt ableitbar. Nach dem Urteil des EuGH in der Rechtssache *van Gend & Los* führt ein „klares und uneingeschränktes Verbot", das „durch keinen Vorbehalt der Staaten eingeschränkt" ist, zu dessen unmittelbarer Anwendbarkeit (Rdnr 12). Auch im Fall SACE, war die Grundlage der Rechteeinräumung ein „klares und eindeutiges" Verbot[51]. Hingegen wird in der Entscheidung *Becker*[52] unmittelbare Anwendbarkeit angenommen, obwohl die Richtlinie den „Mitgliedstaaten unbestreitbar einen mehr oder weniger weiten Gestaltungsspielraum" gelassen hat. Der Einzelne könne sich aber auf die Richtlinie berufen, „die angesichts ihres Gegenstandes geeignet ist, aus dem Gesamtzusammenhang gelöst und gesondert angewendet zu werden". Die Richtlinie gewähre eine Mindestgarantie (Rdnr 29). Auf die Details der Judikatur zur unmittelbaren Anwendbarkeit von Gemeinschaftsrecht kann hier nicht im Detail eingegangen werden[53]. Jedenfalls fällt auf, dass

48 VfSlg 17.002/2003.

49 Beginnend mit EuGH, Rs 26/62, *van Gend & Loos*, Slg 1962, 3 und EuGH, Rs 6/64, *Costa/ENEL*, Slg 1964, 1253.

50 *Öhlinger/Potacs*, Gemeinschaftsrecht und staatliches Recht^3 (2006), 58.

51 EuGH, Rs 3/70, *SACE*, Slg 1970, 415.

52 EuGH, Rs 8/81, *Becker*, Slg 1982, 53.

53 Vgl unter anderem auch die Darstellung bei *Hummer/Obwexer*, Wirkung, in *Griller/Rill* (Hrsg), Grundfragen, 31 ff und 54; vielfach werden neben dem Begriff der unmittelbaren

die Judikatur des EuGH zur Staatshaftung häufig statt auf die hinreichende Bestimmtheit der Norm bloß auf den Normzweck, der in der Einräumung von subjektiven Rechten besteht, hinweist und das Erfordernis der unmittelbaren Anwendbarkeit abschwächt, indem nur verlangt wird, dass der Inhalt der Rechte auf der Grundlage der Richtlinie bestimmt werden können muss[54]. In *Brasserie du Pêcheur und Factortame* (Rdnr 51) und *British Telecommunications*[55] wird unten den drei dort genannten Voraussetzungen der Staatshaftung nur auf den Zweck, dem einzelnen Rechte zu verleihen, abgestellt, und es wird die unmittelbare Anwendung, die von der hinreichenden Bestimmtheit abhängt, nicht als zusätzliche Voraussetzung genannt, sondern es wird im Gegenteil auf das weite Regelungsermessen der Mitgliedstaaten hingewiesen (Rdnr 39). Im Fall *Faccini/Dori* genügte auch die Möglichkeit der Festlegung eines Mindeststandards innerhalb eines weiten Gestaltungsspielraums des Gesetzgebers[56]. Im Fall *Dillenkofer*[57] betreffend die mangelnde Umsetzung der Pauschalreiserichtlinie[58] behandelt der EuGH zwei Fragen getrennt: Zunächst wird festgestellt, dass der Zweck der Richtlinie die Verleihung von Rechten an Einzelne sei (Rdnrn 33 bis 42), sodann wird geprüft, ob der Inhalt des fraglichen Rechts allein auf der Grundlage der Richtlinie bestimmt werden kann (Rdnrn 43 bis 46). Dabei lässt es der EuGH aber genügen, dass bestimmt ist, dass die Verbraucher die Rechteinhaber sind. Auch der Inhalt des Rechts sei durch die Normierung der „Sicherstellung der Erstattung von den Pauschalreisenden gezahlten Beträgen und ihrer Rückreise im Fall der Zahlungsunfähigkeit oder des Konkurses des Veranstalters“ bestimmt (Rdnr 44). Die Randnummer 46 lässt wieder zweifeln, ob wirklich zwei logisch voneinander getrennte Voraussetzungen vorliegen müssen. Diese Randnummer lautet:

„Auf die ersten beiden Fragen ist deshalb zu antworten, dass das durch Artikel 7 der Richtlinie vorgeschriebene Ziel die Verleihung eines Rechts an den Pauschalreisenden umfasst, mit dem die Erstattung der von diesem gezahlten Beträge und seine Rückreise im Fall der Zahlungsunfähigkeit oder des Konkurses des Veranstalters sichergestellt werden, und dass der Inhalt dieses Rechts hinreichend bestimmt ist.“

Die Erstattung der gezahlten Beträge und die Garantie der Rückreise wird in dieser Formulierung – anders als in den Randnummer 43 (arg: „Sodann ist

Anwendbarkeit auch die Begriffe „unmittelbare Wirkung“, Direktwirkung“ oder „effet direct“ gebraucht; ferner auch bei *Eilmansberger*, Rechtsfolgen (1997).

54 EuGH, Rs C-6/90 und C-9/90, *Francovich ua*, Slg 1991, I-5357, Rdnr 40.

55 EuGH, Rs C-392/93, *British Telecommunications*, Slg 1996, I-1631.

56 EuGH, Rs C-91/92, *Faccini Dori*, Slg 1994, I-3325.

57 EuGH, verb Rs C-178, C-179 und C-188/94 bis C-190/94, *Dillenkofer ua*, Slg 1996, I-4845;.

58 Richtlinie 90/314/EWG des Rates vom 13. Juli 1990 über Pauschalreisen, ABl 1990 L 158, 59.

zu prüfen ...) – zum Zweck der Richtlinie gezählt und erst dann die hinreichende Bestimmtheit genannt.[59]

In der Literatur wird daher auch die Meinung vertreten, dass die hinreichende Bestimmtheit kein zusätzliches Merkmal zur Rechtsverleihung sei[60]. Würde man tatsächlich die Staatshaftung auf Fälle der unmittelbaren Anwendung einschränken, so bliebe für die Geltendmachtung des so genannten „legislativen Unrechts" kein Bereich übrig, da ja die Vollzugsorgane ohnehin stets Gemeinschaftsrecht vorrangig anzuwenden hätten. Schon das Urteil *Francovich* hat aber einen Verstoß des Gesetzgebers gegen Gemeinschaftsrecht festgestellt und damit drei Regierungen von Mitgliedstaaten zur Annahme veranlasst, die Staatshaftung sei nur zur Fülle einer Lücke im Rechtsschutzsystem gedacht, ergänze aber nicht die ohnehin bestehende unmittelbare Anwendbarkeit von Gemeinschaftsrecht[61].

Zusammenfassend ergibt sich daher folgendes: Ist eine Norm des Gemeinschaftsrechts so hinreichend bestimmt, dass sie unmittelbar angewendet werden kann, unterlassen die Vollzugsorgane der Mitgliedstaaten aber diese Anwendung so haftet der Staat für *„Vollzugsunrecht"*. *„Legislatives Unrecht"* hat der Mitgliedstaat jedoch zu verantworten, wenn eine Norm des Gemeinschaftsrechts, deren Zweck die Einräumung subjektiver Rechte ist, zwar nicht hinreichend bestimmt ist, um unmittelbar vorrangig angewendet werden zu können, soferne der Inhalt des subjektiven Rechts, das die Mitgliedstaaten einzuräumen verpflichtet sind, auf der Grundlage des Gemeinschaftsrechts bestimmt werden kann. Das Gemeinschaftsrecht muss also – wie Obwexer zu Recht ausführt – nicht selbst die Individualrechte gewähren, sondern kann auch bloß die Mitgliedstaaten verpflichten, im innerstaatlichen Recht derartige Rechte zu begründen[62].

Die praktisch bedeutsamsten Fälle von „legislativem Unrecht" werden daher aus einer Unterlassung der Umsetzung oder einer lückenhaften Umsetzung von Richtlinien resultieren, die von den Mitgliedstaaten zur Einräumung und Durchsetzung von bestimmbaren Rechten die Einrichtung eines Rechtsschutzsystems durch die Mitgliedstaaten erfordert. Eine weitere Fallgruppe betrifft die Einräumung von Rechten gegenüber anderen Privatpersonen. Diesfalls kommt eine vorrangige Anwendung des Gemeinschaftsrechts ebenfalls nicht in Frage, weil nicht umgesetzte Richtlinien noch keine Verpflichtun-

---

59 Vgl zu diesem Widerspruch auch *Kucsko*, in *Österreichische Juristenkommission* (Hrsg), Staatshaftung (2004), 17.

60 *v Bogdandy* in *Grabitz/Hilf/Nettesheim* (Hrsg), Das Recht der Europäischen Union, Art 288, Rdnr 137; *Öhlinger/Potacs*, Gemeinschaftsrecht, 196 stellen daher auch auf den Schutzzweck und nicht auf das Bestimmtheitserfordernis ab; vgl auch *Hummer/Obwexer*, Wirkung, in *Griller/Rill* (Hrsg), Grundfragen, 60 ff.

61 EuGH, verb Rs C-46 und C 48/93, *Brasserie du Pêcheur und Factortame*, Slg 1996, I-1029, Rdnr 18.

62 *Obwexer*, wbl 1996, 185.

gen Privater begründen, sodass der Berechtigte seine Rechte vor der korrekten Umsetzung der Richtlinie nicht gegen den Verpflichteten durchsetzen kann.

3. Kausalität

Zwischen dem Verstoß gegen Gemeinschaftsrecht und dem dem Geschädigten entstandenen Schaden muss ein Kausalzusammenhang bestehen. Dies wurde bereits im Urteil *Francovich/Bonifaci* ausgedrückt und in der weiteren Judikatur mehrfach wiederholt. Der EuGH wendet die so genannte Adäquanztheorie an und verneint den Kausalzusammenhang, wenn der Schaden auch bei rechtmäßigem Verhalten eingetreten wäre[63]. *Hummer/Obwexer* drücken den Adäquanzgedanken mit den Worten aus, dass „das haftungsbegründende Ereignis bei einem gewöhnlichen Verlauf der Dinge vorhersehbar dazu geeignet ist, den Schaden herbeizuführen“[64]. Der unmittelbare Kausalzusammenhang hängt vom Schutzzweck der gemeinschaftsrechtlichen Norm ab, der darin besteht, gerade jenen Schaden zu vermeiden, der tatsächlich eingetreten ist[65]. Grundsätzliches zur Kausalität in Staatshaftungsfällen findet sich auch in der Judikatur des OGH[66].

Ob in einem konkreten Fall ein solcher Kausalzusammenhang besteht, ist von den nationalen Gerichten zu beurteilen[67]. Der VfGH hat mit den Erkenntnissen VfSlg 17.810/2006 und VfGH 11.12.2009, A 1/09, die Staatshaftungsklagen abgewiesen, weil die Kläger keinen Kausalzusammenhang zwischen dem behaupteten Verstoß gegen Gemeinschaftsrecht und dem behauptetem Schaden nachweisen konnten.

4. Qualifizierung des Verstoßes – Verschulden

Im Urteil *Brasserie du Pêcheur und Factortame* meint der EuGH, dass Verschulden keine Voraussetzung der Staatshaftung sei. Der EuGH begründet dies damit, dass der Begriff des Verschuldens in den Rechtsordnungen der einzelnen Mitgliedstaaten nicht den gleichen Inhalt habe, sodass zur Erreichung einheitlicher Standards auf objektive und subjektive Gesichtspunkte bei der Beurteilung der Qualifikation eines Verstoßes abzustellen sei, die in einzelnen Rechtsordnungen mit dem Begriff des Verschuldens in Verbindung gebracht werden können (Rdnrn 75 bis 80). Der EuGH setzt also an die Stelle des Verschuldens das Erfordernis, dass der Verstoß gegen Gemeinschaftsrecht „hinreichend qualifiziert“ sein muss (Rdnr 51). Darunter versteht der EuGH eine

63 EuGH, Rs C-140/97, *Rechberger*, Slg 1999, I-3499.

64 *Hummer/Obwexer*, Wirkung, in *Griller/Rill* (Hrsg), Grundfragen, 64.

65 Zum Schutzzweckgedanken vgl *Eilmansberger*, Rechtsfolgen, 200 ff.

66 OGH 30.1.2001. 1 Ob 80/00x, JBl 2001, 445.

67 Zur Kausalität in Staatshaftungssachen im Detail: *Rebhahn*, Staatshaftung wegen mangelnder Gefahrenabwehr (1997), 543.

offenkundige und erhebliche Überschreitung des dem Mitgliedstaat eingeräumten Ermessens (Rdnr 55). Für die Qualifikation sei maßgebend:

- das Maß an Klarheit und Genauigkeit der verletzten Vorschrift
- der Umfang des Ermessens
- die Entschuldbarkeit eines Rechtsirrtums
- ein allenfalls irreführendes Verhalten der Organe der Gemeinschaft (Rdnr 56).

In einer Reihe weiterer Urteile des EuGH finden sich Aussagen zur hinreichenden Qualifikation[68].

In der Rechtssache *Köbler* anerkennt der EuGH, dass bei der Beurteilung der Qualifikation die Besonderheit der richterlichen Funktion und die berechtigten Belange der Rechtssicherheit zu berücksichtigen seien. Als einen hinreichend qualifizierten Verstoß bezeichnet der EuGH eine Entscheidung eines Höchstgerichts, die die einschlägige Rechtsprechung des EuGH „offenkundig" verkennt. Der Staat hafte daher für eine gemeinschaftsrechtswidrige Entscheidung nur in dem Ausnahmefall, dass das Gericht offenkundig gegen das geltende Recht verstoßen hat (Rdnr 53). Die bloße rechtsirrige Auslegung des Gemeinschaftsrechts sei noch kein qualifizierter Verstoß (Rdnr 116). Der EuGH legte damit eine hohe Latte für die Geltendmachung von Staatshaftungsansprüchen, was im Übrigen auch das Ergebnis des Urteils in Sachen *Köbler* zeigt. Der EuGH negierte das Bestehen einer Haftung, obwohl der VwGH zunächst Rechtsfragen dem EuGH vorlegte, dann aber seinen Antrag zu Unrecht nicht aufrecht erhielt (Rdnr 117).

Im Fall *Traghetti del Mediterraneo* verweist der EuGH neuerlich auf die Besonderheiten der richterlichen Funktion und die „berechtigten Belange der Rechtssicherheit", sodass eine Haftung nur im Ausnahmefällen zum Tragen komme, nämlich wenn „das letztinstanzliche nationale Gericht offenkundig gegen das geltende Recht verstoßen hat". Bei der Entscheidung darüber, ob diese Voraussetzung erfüllt ist, „muss das mit einer Schadensersatzklage befasste nationale Gericht alle Gesichtspunkte des Einzelfalls berücksichtigen, insbesondere das Maß an Klarheit und Präzision der verletzten Vorschrift, die Vorsätzlichkeit des Verstoßes, die Entschuldbarkeit des Rechtsirrtums, gegebenenfalls die Stellungnahme eines Gemeinschaftsorgans sowie die Verletzung der Vorlagepflicht nach Artikel 234 Absatz 3 EG." (Rdnr 32).

Der VfGH hatte in jenen Fällen, denen die Behauptung eines Verstoßes durch den VwGH oder den OGH zu Grund lag, zunächst festgestellt, dass es nicht seine Aufgabe sei, in einem Staatshaftungsverfahren – ähnlich einem

68 EuGH, Rs C-392/93, *British Telecommunications*, Slg 1996, I-1631, Rdnrn 39 ff; EuGH, Rs C-5/94, *Hedley Lomas Ltd*, Slg 1996, I-2553, Rdnr 25; EuGH, verb Rs C-178, C-179 und C-188 bis C-190/94, *Dillenkofer ua*, Slg 1996, I-4845, Rdnr 21; EuGH verb Rs, C-283, C-291, C-292/94, *Denkavit International BV ua*, Slg 1996, I-5063, Rdnr 50, ua.

Rechtsmittelgericht – die Richtigkeit der Entscheidungen der beiden anderen Höchstgerichte nachzuprüfen. Vielmehr habe er sich auf die Beurteilung zu beschränken, ob das Höchstgericht offenkundig das Gemeinschaftsrecht bzw. die Entscheidungen des EuGH verkannt hat, wobei es auf das Maß an Klarheit und Präzision der verletzten Vorschrift und die Vertretbarkeit der Rechtsansicht ankomme. Um diesen beschränkten Maßstab zu unterstreichen, vermied es der VfGH auch, zunächst festzustellen, ob tatsächlich gegen Gemeinschaftsrecht verstoßen wurde, womit er sich wie ein Rechtsmittelgericht verhalten hätte, und erst dann die Qualifikation des Verstoßes zu beurteilen[69]. Vielmehr prüft der VfGH nur die Qualifikation eines allfälligen Verstoßes oder mit anderen Worten, ob die Auslegung des Gerichtes, selbst wenn sie unrichtig wäre, nach den vom EuGH vorgegebenen Kriterien offenkundig gegen Gemeinschaftsrecht verstoßen würde. Die Vertretbarkeit der Rechtsansicht reicht aus, die Qualifikation zu verneinen. Diese Sicht des VfGH erklärt auch, warum der VfGH bisher in keiner Staatshaftungssache den EuGH mit Vorlagefragen befasst hat. Ist die Unvereinbarkeit mit Gemeinschaftsrecht nicht offenkundig, so kann auch ein allfälliger Verstoß keine Staatshaftung begründen. Ist der Verstoß aber offenkundig, so liegt ein acte claire vor, der ebenfalls nicht zur Vorlage verpflichtet. Damit ist nicht ausgeschlossen, dass der VfGH in Zukunft bei einer besonderen Fallkonstellation doch vorlegen muss.

Einige Erkenntnisse des VfGH sollen als Beispiel für die Beurteilung der Qualifikation angeführt werden:

Dem Erkenntnis VfSlg 17.330/2004 lag eine Klage zu Grunde, in der die Klägerin einen Verstoß des VwGH gegen die Gleichbehandlungsrichtlinie[70] behauptete, der eine Bestimmung widerspreche, wonach ein Verlust der Notstandshilfe auf Grund der Anrechung des Partnereinkommens eintrete. Der VfGH analysierte die Rechtslage und die einschlägigen Entscheidungen des EuGH und kam zu dem Schluss, dass sich aus der Judikatur des EuGH ein weiter Gestaltungsspielraum der Mitgliedstaaten bei der Lösung sozialer Fragen ergäbe, der ihnen jede sachgerechte Lösung erlaube, sodass dem VwGH jedenfalls kein qualifizierter Verstoß gegen Gemeinschaftsrecht vorgeworfen werden könne[71].

Im Verfahren, das dem Erkenntnis 17.865/06 zu Grunde lag, hatte der Kläger einen Verstoß gegen Gemeinschaftsrecht durch den VwGH behauptet, weil dieser einen Bescheid über die Verhängung der Schubhaft nicht aufgehoben hatte. Die Argumente richteten sich aber gegen ein bereits rechtkräftig

69 VfSlg 17.019/2003; 17.095/2003; 17.214/2004; 17.330/2004; A 6/04; 17.865/2006; 17.876/2006; 17.865/2006; 17.877/2006; 17.898/2006; A 21/06; 2/07; A 7/07; A 13/07; A 11/08.

70 Richtlinie 79/7EWG des Rates vom 19. Dezember 1978 zur schrittweisen Verwirklichung des Grundsatzes der Gleichbehandlung von Männern und Frauen im Bereich der sozialen Sicherheit, ABl 1979 L 6, 24.

71 Ähnlich auch VfSlg 17.898/2006.

verhängtes Aufenthaltsverbot, dessen Rechtsmäßigkeit der VwGH nicht neuerlich überprüfte. Die angenommene Bindung an den rechtskräftigen Bescheid über das Aufenthaltsverbot qualifizierte der VfGH als eine vertretbare Rechtsansicht.

Der Fall A 7/07[72] betraf den Vorwurf, der OGH habe eine Auslegung der GruppenfreistellungsVO im Kraftfahrzeughandel[73] betreffend die Kündigungsfrist vorgenommen, ohne die für die Entscheidung maßgebende Frage dem EuGH vorzulegen. Die unterschiedlichen Auffassungen beruhten auf einer Beurteilung der konkreten Fakten des Falles, die die Klägerin nicht teilte und nicht auf einer dem Gemeinschaftsrecht widersprechenden Auslegung der Rechtsfrage, sodass der VfGH keinen qualifizierten Verstoß durch den OGH annahm.

Im Fall A 13/07[74] betreffend die Frage, ob eine Ware mit einer bestimmten Marke im Inland in den Verkehr gebracht worden sei, analysierte der VfGH im Detail die Rechtsprechung des EuGH und meinte, dass die Frage, ob ein qualifiziertes Fehlverhalten eines Höchstgerichtes vorliegt, nicht an Hand eines einzigen Kriteriums beurteilt werden könne. Auch eine allfällige Verletzung der Vorlagepflicht allein führe noch nicht notwendigerweise zur Bejahung eines Staatshaftungsanspruchs. Der OGH habe zumindest vertretbare Gründe für seine (auch durch einen Teil der Lehre gestützte) Rechtsansicht gehabt, sodass der VfGH keinen offenkundigen Verstoß des OGH gegen Gemeinschaftsrecht zu erkennen vermochte.

5. Umfang des Schadens

Im Urteil *Köbler* (Rdnr 58) ewähnt der EuGH, wie schon früher in den Rechtssachen *Francovich* und *Brassserie du Pêcheur*, dass die Folgen des verursachten Schadens im Rahmen des nationalen Haftungsrechts zu beheben seien, wobei die im nationalen Schadenersatzrecht festgelegten Voraussetzungen nicht ungünstiger sein dürfen als bei ähnlichen Rechtsbehelfen, die nur nationales Recht betreffen und nicht so ausgestaltet sein dürfen, dass sie die Erlangung der Entschädigung praktisch unmöglich machen oder übermäßig erschweren (*Diskriminierungsverbot* und *Effizienzgebot*, Rdnr 58).

Dem Erkenntnis VfSlg 17.019/2003 lag eine Staatshaftungsklage zu Grunde, in der vorgebracht wurde, dass der VwGH nicht die Kosten für die Vertretung im Vorabentscheidungsverfahrens, das der VwGH eingeleitet hatte, zugesprochen habe. Der VfGH sah darin keine Verletzung des Diskriminie-

72 VfGH 12.3.2008, A 7/07.

73 Verordnung (EG) Nr 1400/2002 der Kommission vom 31. Juli 2002 über die Anwendung von Art 81 Abs 3 des Vertrages auf Gruppen von vertikalen Vereinbarungen und aufeinander abgestimmte Verhaltensweisen im Kraftfahrzeugsektor, ABl 2002 L 203, 30.

74 VfGH 12.6.2008, A 13/07.

rungsverbot, indem er darauf hinwies, dass der VwGH auch keine Kosten für die Gesetzes- und Verordnungsprüfungsverfahren vor dem VfGH, die auf Grund von Anträgen des VwGH eingeleitet werden, zuspricht.

Um dem Diskriminierungsverbot zu entsprechen ist der Schadensumfang in der Regel nach den AHG und dem allgemeinen Zivilrecht zu bestimmen. Die Beachtung des Effizienzgebotes stellt aber die Anwendung des § 1 Abs 1, letzter Satz, AHG, der eine reine Geldentschädigung vorsieht, für Staatshaftungsfälle in Frage. Ist Schadenersatz durch Naturalersatz möglich, so wird dieser nach Staatshaftungsrecht zu leisten sein. Aus dem Effizienzgebot ergibt sich auch, dass der Ersatz des entgangenen Gewinns nicht schlechthin ausgeschlossen sein darf. Er wird in Rechtstreitigkeiten zuzusprechen sein, bei denen der Ersatz des entgangenen Gewinnes den Kern des Schadens ausmacht, wie vor allem in Rechtsstreitigkeiten kommerzieller Natur[75]. Ein Abstellen auf den Grad des Schuldens reicht nach Staatshaftungsrecht nicht aus.

Keine Verpflichtung zum Ersatz immaterieller Schäden besteht hingegen, wenn in gleichartigen innerstaatlichen Fällen kein derartiger Ersatz vorgesehen ist. Eine solche ist auch nicht aus dem Effizienzgebot abzuleiten.

Dass die Verjährungsbestimmungen des AHG nicht diskriminierend sind, hat der VfGH bereits entschieden[76]. Gegen die Anwendung der Verjährungsbestimmungen des AHG wurde allerdings eingewendet, dass der VfGH und der VwGH in ständiger Rechtsprechung die Ansicht vertreten, dass die Verjährung keine allgemeine, der österreichischen Rechtsordnung zugehörige Institution sei. Im öffentlichen Recht bestehe die Institution der Verjährung nur dort, wo das Gesetz dies ausdrücklich vorsehe[77]. Der Gesetzgeber habe auf die Rechtsprechung des VfGH zur Verjährung nicht reagiert und keine Verjährungsregelung für Ansprüche nach Art 137 B-VG eingeführt[78]. Staatshaftungsansprüche fallen im Bereich des Vollzugsunrechts allerdings weitgehend mit Amtshaftungsansprüchen zusammen, sodass für solche Ansprüche Verjährungsbestimmungen, nämlich nach dem AHG bestehen, mag über sie auch ausnahmsweise der VfGH zu entscheiden haben. Eine analoge Anwendung der Verjährungsbestimmungen des AHG bei Fällen des „legislativen Unrechts“ mag hingegen problematisch sein.

---

75 So auch der EuGH in den verb Rs, C-46 u C-48/93, *Brasserie du Pêcheur und Factortame*, Slg 1996, I-1029, Rdnr 87.

76 VfSlg 17.576/2005 und 17.877/2006.

77 VfSlg 10.889/1986 ua.

78 *Sutter* in *Holoubek/Lang* (Hrsg), Organhaftung und Staatshaftung in Steuersachen (2002), 349 f.

D. Das Verfahren in Staatshaftungssachen

1. Die Zuständigkeit für Staatshaftungsklagen

Als Ausfluss des Subsidiaritätsprinzips sind für Staatshaftungsklagen die Gerichte der Mitgliedstaaten zuständig. Welches Gericht innerhalb der einzelnen Mitgliedstaaten zuständig ist, überlässt das Gemeinschaftsrecht konsequenter Weise den Mitgliedstaaten[79]. Der EuGH hat bei der Lösung nicht mitzuwirken (Rechtsache *Köbler*, Rdnrn 46, 47).

Die Staatshaftung wegen Vollzugsunrechts ist aus österreichischer Sicht bloß eine Sonderform des Amtshaftungsrechts. Auch wenn die Rechtswidrigkeit ein Verstoß gegen Gemeinschaftsrecht ist, so ist dies ein Verstoß „in Vollziehung der Gesetze", zu denen eben auch Bestimmungen des Gemeinschaftsrechts zählen.

OGH, VwGH und VfGH sind im österreichischen Rechtssystem als Grenzorgane rechtlich nicht für jene Tätigkeiten verantwortlich, die ihnen kraft Verfassung übertragen sind, also für die eigentliche Rechtsprechungstätigkeit. Verhalten außerhalb der Rechtsprechungstätigkeit kann hingegen zur Verantwortung führen[80]. § 2 Abs 3 AHG, der Vollzugsunrecht, begangen durch die Rechtssprechung des OGH, des VwGH oder des VfGH von jeder Haftung freistellt, ist demnach bloß der Ausdruck der Rechtsstellung als Höchstgerichte und daher auch nicht verfassungswidrig[81]. Aus der Sicht des Gemeinschaftsrechts sind die Höchstgerichte der Mitgliedstaaten aber keine Grenzorgane. Der Staat haftet also auch für das Verhalten seiner Höchstgerichte, das Gemeinschaftsrecht verletzt, soferne die anderen Haftungsvoraussetzungen vorliegen. Die Mitgliedstaaten können die Haftung nicht ausschließen. Da es im innerstaatlichen Recht keine Zuständigkeitsregelung für derartige Klagen, gibt greift die subsidiäre Zuständigkeit des VfGH nach Art 137 B-VG ein. Ein im Gemeinschaftsrecht wurzelnder Staatshaftungsanspruch ist öffentlich rechtlicher Natur[82].

79 Vgl auch die Darstellung von *Korinek*, Die Zuständigkeit zur Geltendmachung von Staatshaftungsansprüchen aus Gemeinschaftsrecht, in *Österreichische Notariatskammer* (Hrsg), FS Weissmann (2003), 419; ferner *Zellenberg*, Art 137 B-VG, Rdnrn 38 bis 44.

80 *Schragl*, Amtshaftungsgesetz, Handkommentar, § 2 AHG, Rdnr 196; *Hofmann* in *Holoubek/Lang* (Hrsg), Organhaftung und Staatshaftung in Steuersachen (2002), 155.

81 Vgl OGH 25.8.1993, SZ 66/97 und 29.5.1995, SZ 68/102; weiters bei *Meier*, JBl 1979, 617 ff, insbesonders 624 f.

82 VfSlg 16.107/2001, 17.002/2003; vgl *Korinek*, Zuständigkeit, in *Österreichische Notariatskammer* (Hrsg), FS Weissmann, 423; ferner auch *Rebhahn*, Staatshaftung bei Verletzung von Gemeinschaftsrecht und Umsetzung in Österreich, in *Österreichische Juristenkommission* (Hrsg), Kritik und Fortschritt im Rechtsstaat. Österreich als Mitglied der Europäischen Union (1999), 174.

Wie der VfGH selbst zum Ausdruck bringt[83], wäre es denkbar anzunehmen, dass § 2 Abs 3 AHG, soweit er gemeinschaftsrechtlich begründete Haftungsansprüche ausschließt, bloß nicht anzuwenden ist[84], doch kommt die Nichtanwendung positiven inländischen Gesetzesrechts zur Erreichung einer gemeinschaftsrechtskonformen Rechtslage nur dann in Frage, wenn dieses Ziel nicht anders herbeigeführt werden kann. In concreto steht aber Art 137 B-VG zur Verfügung, dem zufolge vermögensrechtliche Ansprüche gegen Gebietskörperschaften subsidiär vor dem VfGH geltend gemacht werden können. Diese Rechtsansicht des VfGH wurde kritisiert, meist aber nicht mit rechtlichen Argumenten, sondern mit Argumenten der Praktikabilität und Zweckmäßigkeit. Gerade diese Kriterien sprechen aber eher für die Lösung des VfGH[85]:

Eines der durch die Rechtsprechung des EuGH verursachten Probleme besteht darin, dass es kein Gericht über den Höchstgerichten der Mitgliedstaaten gibt, sodass letztlich Höchstgerichte von Mitgliedstaaten in die Lage kommen können „Richter in eigener Sache" zu werden. Die Zuständigkeit des VfGH vermeidet dieses Risiko in einem großen Maße, weil es im Rahmen seiner Zuständigkeiten kaum je in die Lage kommen wird zu beurteilen, ob Gemeinschaftsrecht vorrangig anzuwenden gewesen wäre. Die Frage der Vereinbarkeit nationaler Normen mit dem Gemeinschaftsrecht ist nämlich keine verfassungsrechtliche Frage[86], wohl aber stellt sich diese Frage in zahlreichen Verfahren vor den beiden anderen Höchstgerichten. Dies beweist auch der Umstand, dass der VfGH erst in vier Fällen eine Vorlage nach Art 234 EGV veranlasst hat, die beiden anderen Höchstgerichte aber in dutzenden Fällen[87]. Auch gab es seit der Zugehörigkeit Österreichs zur EU keine einzige Staatshaftungsklage, in der dem VfGH ein Verstoß gegen Gemeinschaftsrecht vorgeworfen wurde. Sollte ein solcher Fall eintreten, so würde der VfGH voraussichtlich vermeiden, Richter in eigener Sache zu sein, indem er die Gemeinschaftsrechtsfrage dann dem EuGH vorlegt.

Die Übertragung von Staatshaftungsprozessen an die ordentlichen Gerichte wäre viel problematischer, müssten doch zunächst Untergerichte über die Rechtsprechung des OGH, also ihres eigenen Rechtsmittelgerichtes, oder des

83 VfSlg 17.019/2003.

84 *Lengauer*, ÖJZ 1997, 86.

85 *Heller*, Haftung, in *Österreichische Notariatskammer* (Hrsg), FS Nikolaus Michalek (2005), 143 ff.

86 VfSlg 14.886/1997 uva.

87 Aus dem Jahresbericht des EuGH für 2007 ergibt sich, dass bis zum 31.12.2007 österreichische Tribunale im Sinne des Art 234 EGV insgesamt 308 Vorlagen veranlasst haben, davon 64 der OGH und 52 der VwGH. Andere Gerichte haben in 157 Fällen vorgelegt. Der Rest entfällt auf Tribunale nach Art 234 EGV, die im Sinne des österreichischen Rechts Verwaltungsbehörden sind (Oberster Patent- und Markensenat 3 Vorlagen, Bundesvergabeamt 24 Vorlagen, Vergabekontrollsenate 4 Vorlagen).

VwGHs zu entscheiden haben. Bei Fällen, die den VwGH betreffen, würde dies zur kuriosen Folge führen, dass die ordentlichen Gerichte im Amtshaftungsverfahren die Frage der Rechtswidrigkeit eines Bescheid dem VwGH vorzulegen hätten[88], aber im Staatshaftungsfall die Rechtmäßigkeit (Gemeinschaftswidrigkeit) eines Erkenntnisses des VwGH selbst zu beurteilen hätten.

Offenbar bestand auch die (unausgesprochene) Sorge, der VfGH könnte versuchen, in Staatshaftungsfällen die beiden anderen Höchstgerichte zu kontrollieren und sich auf diesem Weg zum „Oberaufseher" dieser Gerichte zu machen[89]. Inzwischen hat der VfGH – wie bereits erwähnt – in mehreren Fällen klargestellt, dass die Staatshaftung ihn nicht zum Rechtsmittelgericht gegenüber Entscheidungen der beiden anderen Höchstgerichte mache. Dies und vielleicht auch der Umstand, dass seit der Zugehörigkeit Österreichs zur Europäischen Union noch kein Anlass bestand, einer Staatshaftungsklage wegen eines Verstoßes eines Höchstgerichtes gegen Gemeinschaftsrecht stattzugeben, hat wahrscheinlich dazu beigetragen, dass die Kritik an der Rechtsprechung des VfGH zur Zuständigkeit weitgehend verstummt ist[90]. Unbestritten ist die Zuständigkeit des VfGH für die Ahndung so genannten „legislativen Unrechts".

2. Rechtsmittelbeschränkungen

Für die Zuständigkeit ist entscheidend, ob ein Fehlverhalten dem OGH oder einem Untergericht, das in letzter Instanz entschieden hat, zuzurechnen ist. Ist ein Rechtszug an den OGH kraft Gesetzes ausgeschlossen, so kann die Gemeinschaftswidrigkeit nicht dem OGH zugerechnet werden. Wie erfolgt aber die Zurechnung, wenn das Gesetz den Rechtszug an das Höchstgericht von einer Entscheidung desselben abhängig macht? Folgt man dem EuGH in der Rechtssache *Lyckeskog*[91], so ist die Fehlleistung dem Höchstgericht zuzurechnen, das den Fall nicht aufgegriffen hat, obwohl dies nach innerstaatlichem Recht zulässig gewesen wäre. In diesem Sinne hat der VfGH sich in einem Fall für zuständig erklärt, in dem die letztinstanzliche Entscheidung von einem Oberlandesgericht stammte, der OGH aber die außerordentliche Revision nicht zuließ.[92] Diese Zurechnung steht im Übrigen auch mit der Rechtsprechung des OGH im Einklang, der die Unterlassung einer Vorlage an den EuGH als erhebliche Rechtsfrage im Sinne des § 502 Abs 1 ZPO ansieht, die im Wege einer außerordentlichen Revision an den OGH herangetragen werden kann. Wird in einer außerordentlichen Revision oder einem außerordent-

88 § 11 AHG.
89 Vgl auch *Schlosser* in *Österreichische Juristenkommission* (Hrsg), Staatshaftung, 44.
90 Ausdrücklich zustimmend *Öhlinger/Potacs*, Gemeinschaftsrecht, 199.
91 EuGH, Rs C-99/00, *Lyckeskog*, Slg 2002, I-4839.
92 VfSlg 17.214/2004.

lichen Revisionsrekurs die Verletzung von Gemeinschaftsrecht behauptet und weist der OGH diese zurück, so begründet er im Zurückweisungsbeschluss dennoch, warum Gemeinschaftsrecht nicht verletzt ist[93]. Überträgt man diese Gedanken auf Verfahren vor dem VwGH, so wäre eine Fehlentscheidung nicht dem VwGH zuzurechnen, wenn die Beschwerde gegen einen Bescheid an den VwGH kraft Gesetzes ausgeschlossen ist[94], wohl aber die Ablehnung der Behandlung nach § 33a VwGG, wenn geltend gemacht wird, dass der VwGH den Verstoß der belangten Behörde gegen Gemeinschaftsrecht nicht wahrgenommen habe.

Diese Auffassung entspricht auch der deutschen Rechtsprechung, nach der bei Beurteilung der Vorlagepflicht auch die Beschwerde gegen die Nichtzulassung der Revision zu den ordentlichen Rechtsbehelfen zählt.[95]

E. Verfahrensrecht

Das Gemeinschaftsrecht überlässt die Regelung des Verfahrens auch in Staatshaftungsfällen den Mitgliedstaaten, doch darf das Verfahren bei Durchsetzung von Gemeinschaftsrecht nicht ungünstiger sein, als bei ähnlichen Klagen, die nur nationales Recht betreffen, und das Verfahren darf nicht so ausgestaltet sein, dass es die Geltendmachung der Ansprüche unmöglich macht oder übermäßig erschwert (Diskriminierungsverbot, Effektivitätsgrundsatz)[96].

Das Verfahren vor dem *VfGH* richtet sich demnach nach dem Verfassungsgerichtshofsgesetz (VfGG) und subsidiär nach der ZPO[97], das Verfahren vor den *ordentlichen Gerichten* nach den einschlägigen Bestimmungen des Zivilverfahrensrechts und des Amtshaftungsrechts.

IV. Zusammenfassung

Die wichtigsten Ergebnisse der Untersuchung lassen sich thesenhaft wie folgt zusammenfassen:

1. Nach der Rechtsprechung des EuGH folgt das Rechtsinstitut der Haftung der Mitgliedstaaten für den Verstoß seiner Organe gegen Gemeinschafts-

93 OGH 15.12.1997, 1 Ob 247/97y; OGH 29.1.2002, 1Ob 213/01.

94 ZB Art 133 B-VG oder in Asylsachen.

95 *Gaitanides* in *von der Groeben/Schwarze*, EUV/EGV, Art 234 EGV, Rdnr 64; *Wohlfahrt Röben* in *Grabitz/Hilf/Nettesheim* (Hrsg), Das Recht der Europäischen Union, Art 234 EGV, Rdnr 53 und die dort genannte deutsche Literatur und Judikatur.

96 In Bezug auf die Staatshaftung ausdrücklich im Urteil *Francovich* (EuGH, Rs C-6/90 und C-9/90, *Francovich ua*, Slg 1991, I-5357) in der Rdnr 43 erwähnt. Für andere Verfahren vgl EuGH, Rs 199/1982, *San Giorgio*, Slg 1983, 3595.

97 § 35 VfGG.

recht aus dem Wesen der mit dem E(W)G-Vertrag geschaffenen Rechtsordnung. Die Staatshaftung ist die logisch systematische Konsequenz des Grundsatzes, wonach Mitgliedstaaten die volle Wirksamkeit des Gemeinschaftsrechts und den Schutz der Rechte, die das Gemeinschaftsecht dem Einzelnen verleiht, zu gewährleisten haben.

2. Aus dem Subsidiaritätsprinzip ergibt sich, dass „Staatshaftung" nur geltend gemacht werden kann, wenn der Schaden nicht durch Ergreifung anderer innerstaatlicher Rechtsmittel oder Rechtsbehelfe vermieden werden kann. Auch überlässt der EuGH die Beurteilung des Bestehens einer Haftung im Einzelfall den Gerichten der Mitgliedstaaten, die auch die materiellen Voraussetzungen und das Verfahren im Rahmen der Vorgaben durch die Rechtsprechung des EuGH zu bestimmen haben, doch sind die Gerichte an das Diskriminierungsverbot und den Effektivitätsgrundsatz gebunden.
3. Es gibt kein Transformierungsverbot, doch würde der Gesetzgeber beim Versuch, das Rechtsinstitut der Staatshaftung innerstaatlich umzusetzen, riskieren, entweder mit dem Gemeinschaftsrecht, wie dies durch den EuGH fortentwickelt wird, in Konflikt zu geraten oder eine Haftung vorzusehen, die über das hinausgeht, was das Gemeinschaftsrecht verlangt.
4. Die Mitgliedstaaten haften auch für Verstöße gegen Gemeinschaftsrecht durch deren Höchstgerichte. Diese Haftung steht nach der Rechtsmeinung des EuGH nicht im Widerspruch zur richterlichen Unabhängigkeit, da es bei der Staatshaftung um die Haftung des Staates und nicht des einzelnen Richters geht.
5. Nach der neueren Rechtsprechung des Europäischen Gerichtshofs für Menschenrechte (EGMR) ist die Verletzung der Vorlagepflicht durch ein Gericht der Mitgliedstaaten der EMRK auch eine Verletzung des Grundsatzes eines fairen Verfahrens (Art 6 EMRK), wenn im innerstaatlichen Verfahren ein hinreichend substantiierter Antrag auf Vorlage gestellt wird und das Gericht diesem Antrag nicht nachkommt und die Ablehnung dieses Antrags willkürlich ist.
6. Haftungsbegründend ist ein Verstoß des letztinstanzlichen Gerichtes (und nicht bloß eines Höchstgerichtes). Ob ein Höchstgericht oder ein untergeordnetes Gericht letzte Instanz ist, hängt vom innerstaatlichen Verfahrensrecht ab. Die Möglichkeit der Erhebung außerordentlicher Rechtsmittel oder anderer Rechtsbehelfe nehmen einer Entscheidung nicht die Qualität als Entscheidung eines letztinstanzlichen Gerichtes.
7. Der Asylgerichtshof ist daher ein vorlagepflichtiges Gericht. Da der Verwaltungsgerichtshof keinen Fall zu entscheiden, sondern nur abstrakte Grundsatzfragen zu lösen hat, ist er in Asylsachen kein vorlageberechtigtes Gericht.
8. Grundrechte gehören zwar als Teil der allgemeinen Rechtsgrundsätze dem Primärrecht an, doch sind die Mitgliedstaaten an den gemeinschaftsrechtlichen Grundrechtsschutz gemäß der Rechtsprechung des EuGH nur

gebunden, soweit sie gemeinschaftsrechtliche Rechtsakte umsetzen. Die Nichtbeachtung gemeinschaftsrechtlicher Grundrechte kann daher nur zur Staatshaftung führen, wenn im konkreten Fall umgesetztes Gemeinschaftsrecht anzuwenden und eine Beschwerde an den Verfassungsgerichtshof ausgeschlossen war.

9. Das Gemeinschaftsrecht muss das subjektive Recht hinreichend bestimmt (genau) und unbedingt einräumen. „Legislatives Unrecht“ hat der Mitgliedstaat jedoch zu verantworten, wenn eine Norm des Gemeinschaftsrechts, deren Zweck die Einräumung subjektiver Rechte ist, zwar nicht hinreichend bestimmt ist, um unmittelbar vorrangig angewendet werden zu können, sofern der Inhalt des subjektiven Rechts, das die Mitgliedstaaten einzuräumen verpflichtet sind, auf der Grundlage des Gemeinschaftsrechts zumindest als Mindeststandard bestimmt werden kann.
10. Zwischen dem Verstoß gegen Gemeinschaftsrecht und dem dem Geschädigten entstandenen Schaden muss ein Kausalzusammenhang bestehen.
11. Der Verstoß gegen Gemeinschaftsrecht muss qualifiziert sein. Dabei ist das Maß an Klarheit und Genauigkeit der verletzten Vorschrift, der Umfang des Ermessens, die Entschuldbarkeit eines Rechtsirrtums und ein allenfalls irreführendes Verhalten der Organe der Gemeinschaft von Bedeutung.
12. Bei der Haftung für einen Verstoß durch Höchstgerichte sind die Besonderheit der richterlichen Funktion und die berechtigten Belange der Rechtssicherheit zu berücksichtigen. Als einen hinreichend qualifizierten Verstoß bezeichnet der EuGH eine Entscheidung eines Höchstgerichts, die die einschlägige Rechtsprechung des EuGH „offenkundig“ verkennt.
13. Die Verjährungsbestimmungen des AHG sind bei *Vollzugsunrecht* nicht diskriminierend. Eine analoge Anwendung der Verjährungsbestimmungen des AHG auf Fälle des *„legislativen Unrechts“* mag hingegen problematisch sein.
14. Ein im Gemeinschaftsrecht wurzelnder Staatshaftungsanspruch ist öffentlich rechtlicher Natur. Für Staatshaftungsklagen wegen eines behaupteten Verstoßes eines Höchstgerichtes gegen Gemeinschaftsrecht ist nach Art 137 B-VG der Verfassungsgerichtshof zuständig. Dieser hat jedoch die Urteile der beiden anderen Höchstgerichte nicht wie ein Rechtsmittelgericht zu behandeln, sondern nur zu beurteilen, ob diese qualifiziert gegen Gemeinschaftsrecht verstoßen haben.
15. Die Übertragung von Staatshaftungsprozessen wegen Verstoßes von Höchstgerichten gegen Gemeinschaftsrecht an die ordentlichen Gerichte wäre problematisch, müssten doch zunächst Untergerichte über die Rechtsprechung des OGH, also ihres eigenen Rechtsmittelgerichtes, oder des VwGHs zu entscheiden haben. Bei Fällen, die den VwGH betreffen, würde dies zur kuriosen Folge führen, dass die ordentlichen Gerichte im Amtshaftungsverfahren die Frage der Rechtswidrigkeit eines Bescheids

dem VwGH vorzulegen hätten, aber im Staatshaftungsfall die Rechtmäßigkeit (bzw Gemeinschaftsrechtswidrigkeit) eines Erkenntnisses des VwGH selbst zu beurteilen hätten.

Haftung Privater bei Verstoß gegen EU-Wettbewerbsrecht: *Courage*, *Manfredi* und ihre Auswirkungen auf das österreichische Recht

Thomas Eilmansberger/Rainer Palmstorfer

Literatur: *Bauer/Hitzberger*, Die Verwertung von Kronzeugenanträgen in Schadenersatzprozessen, ecolex 2008, 547; *Ginner*, Erstes österreichisches Urteil zum Private Enforcement – Fahrschulkartell Graz, OZK 2008, 110; *Bauer*, Leniency & Private Enforcement: ein kartellrechtliches Spannungsverhältnis?, ecolex 2007, 357; *Eilmansberger*, The Green Paper on Damages Actions For Breach Of The Antitrust Rules And Beyond: Reflections On The Utility And Feasability Of Stimulating Private Enforcement Through Legislative Action, CMLR 2007, 431; *Jaeger*, Gemeinschaftskompetenz „private enforcement"? Zur Zulässigkeit einer Harmonisierung der Zivilrechtsdurchsetzung des Wettbewerbsrechts, JBl 2007, 349; *Stockenhuber/Wittmann*, „Private Enforcement" jetzt auch in der österreichischen Kartellrechtspraxis?, wobl 2007, 330; *Basedow*, Das Karteldeliktsrecht und der „More Economic Approach", EuZW 2006, 96; *Eilmansberger*, Schadenersatz wegen Verletzung des EU-Wettbewerbsrechts – Überlegungen zum Grünbuch der Kommission, in *Gruber/Rüffler* (Hrsg), Gesellschaftsrecht, Wettbewerbsrecht, Europarecht. FS Hans-Georg Koppensteiner (2006), 115; *Gruber*, Schadenersatz und Kartellrecht – das Grünbuch der Kommission, MR Int 2006, 17; *Jaeger*, Private Durchsetzung des Beihilfeverbots, ecolex 2006, 804; *Karollus*, Schadenersatz wegen EG-Kartellverstoßes auch für Verbraucher, ecolex 2006, 797; *Pheasant*, Damages Actions for Breach of the EC Antitrust Rules, ECLR 2006, 365; *Seitz*, EWS-Kommentar zu Rs Courage/Crehan, EWS 2006, 416; *Solé*, Das Verfahren vor dem Kartellrecht (2006); *Thyri*, Wieviel „Private Enforcement" braucht die Kartellrechtsdurchsetzung?, ecolex 2006, 800; *Wessely*, Private Enforcement im Interesse von Verbrauchern – Verfahrensrechtliche Fragen, MR 2006, 404; *Wollmann*, Zum Schwerpunkt „Private Enforcement", ecolex 2006, 796; *Europäische Kommission*, Grünbuch Schadenersatzklagen wegen Verletzung des EU-Wettbewerbsrechts, KOM(2005) 672 endg, 19.12.2005; *Europäische Kommission*, Weißbuch Schadenersatzklagen wegen Verletzung des EU-Wettbewerbsrechts, KOM (2008) 165 endg, 2.4.2005; *Klauser*, „Private Enforcement" von EU-Kartellrecht, ecolex 2005, 87; *Reidlinger/Hartung*, Das neue Kartellrecht (2005); *Reidlinger/Steinbach*, Schadenersatz wegen Kartellrechtsverstößen – Das Weißbuch der Kommission und die Rechtslage in Österreich, MR 2005, 205; *Köhler*, Kartellverbot und Schadenersatz, GRUR 2004, 99; *Reidlinger/Zellhofer*, Die private Durchsetzung von Kartellrecht im Wege von § 1 UWG – Königsweg oder Irrweg?, ecolex 2004, 114; *Hack*, Handlungsmöglichkeiten bei Kartellverletzungen, ecolex 2003, 311; *Kremer*, Die Haftung Privater für Verstöße gegen Gemeinschaftsrecht, EuR 2003, 696; *Lettl*, Der Schadenersatzanspruch gemäß § 823 Abs 2

BGB iVm Art 81 Abs 1 EG, ZHR 2003, 473; *Mäsch*, Private Ansprüche bei Verstößen gegen das Europäische Kartellverbot – „Courage und die Folgen", EuR 2003, 825; *Weyer*, Schadenersatzanspruch gegen Private kraft Gemeinschaftsrecht, ZEuP 2003, 318; *Wurmnest*, Zivilrechtliche Ausgleichsansprüche von Kartellbeteiligten bei Verstößen gegen das Kartellverbot, RIW 2003, 896; *Eilmansberger*, Schadenersatz wegen Kartellverstoßes: Zum EuGH-Urteil *Courage/Crehan*, ecolex 2002, 28; *Gehmacher/Hauck/Madl*, Schadenersatz bei Kartellverstoß – Zur Lombard-Club Entscheidung der Kommission, ecolex 2002, 564; *Willheim/Kammerer*, Zugang zu Akten aus EG-Kartellverfahren, ecolex 2002, 568; *Wilhelm*, Lombard-Club – Schadenersatz bei Kartellverstoß, ecolex 2002, 557; *Hintersteininger*, Gemeinschaftsrechtliche Schadenersatzpflicht bei Verstoß gegen Art 81 EG – Anmerkungen zum EuGH-Urteil Courage v Crehan (2001), Rs C-453/99, wbl 2001, 554; *Koppensteiner*, Österreichisches und europäisches Wettbewerbsrecht³ (1997); *Stillfried/Stockenhuber*, Schadenersatz bei Verstoß gegen das Kartellverbot des Art 85 EGV, wbl 1995, 301 und 345.

Judikatur: EuGH, Rs C-295/04, *Manfredi*, Slg 2006, I-6619; EuGH, Rs C-453/99, *Courage/Crehan*, Slg 2001, I-6297; EuGH Rs C-128/92, *Banks*, Slg 1994, I-1209; EuGH, Rs 127/73, *BRT/SABAM*, Slg 1974, 51.
EuGH, OLG Wien als KG v 31.8.2007, 25 Kt 108/06 = OZK 2008, 62 – *Radiusklausel*; OGH als KOG v 8.10.2008, 16 Ok 8/08, Rn 5.1 – *Aufzugskartell*; OLG Wien als KG v 28.10.2005, 25 Kt 34, 253, 36, 42, 249, 250, 30, 32, 29, 35, 251, 252/05, *Grazer Fahrschulkartell*, nicht veröffentlicht; Graz v 16.3.2007, 4 C 463/06h, nicht veröffentlicht; LG Graz v 17.8.2007, 17 R 91/07p.

Inhalt

I. Bisheriger Sachstand

A. Die Rechtsprechung des EuGH

1. Überblick

Das EG-vertragliche Kartellverbot des Art 81 EGV (Art 101 AEUV) und das Missbrauchsverbot des Art 82 EGV (Art 102 AEUV) haben *horizontale Direktwirkung*, sie können Einzelne berechtigen, sie können diese aber auch verpflichten. Der Einzelne kann sich daher vor den nationalen Gerichten bzw Verwaltungsbehörden auf diese unionsrechtlichen Normen[1] berufen (*unmittelbare Anwendbarkeit*[2]). Verhaltensweisen, die den Tatbestand von Art 81 EGV bzw Art 82 EGV erfüllen, sind verboten. Weiters ordnet Art 81 Abs 2 EGV für verbotene Vereinbarungen die Rechtsfolge der Nichtigkeit an. Ein Verstoß gegen EU-Kartellrecht zieht daher auch zivilrechtliche Folgen nach sich.[3]

1 Zu den Vorschriften des EU-Wettbewerbsrechts gehört freilich auch Art 87 f EGV (Art 107 f AEUV) (Beihilfeverbot). Zur Haftung Privater bei Verstoß gegen das Beihilfeverbot siehe nachstehend Pkt III.D.

2 Grundlegend EuGH, Rs 127/73, *BRT/SABAM*, Slg 1974, 51; siehe auch *Mäsch*, EuR 2003, 834.

3 Siehe zu dieser Problematik bereits *Eilmansberger*, Die Bedeutung der Art 85 und Art 86 EGV für das österreichische Zivilrecht, in *Koppensteiner* (Hrsg), Österreichisches und Europäisches Wirtschaftsprivatrecht, Teil 6/1 (1998).

Obwohl *Schadenersatzansprüche* wohl die wirksamsten Mittel der *offensiven Geltendmachung* von EU-Kartellrecht[4] im streitigen Zivilverfahren vor nationalen Gerichten durch Private[5] wären, ist diese Rechtsfolge – im Unterschied zur Nichtigkeit[6] – nicht ausdrücklich im nunmehrigen AEU-Vertrag vorgesehen.[7] Nichtsdestotrotz gab es schon bald nach Gründung der Gemeinschaft Stimmen, die auf die Möglichkeit solcher Ansprüche hinwiesen.[8] Diese Überlegungen sollten vom EuGH aber erst Jahrzehnte später aufgegriffen werden. Erste Ansätze dazu finden sich in den 1990ern.

Zwar befürwortete bereits GA *Gerven* in seinen Schlussanträgen zu *Banks*[9] (1993) die Schadenersatzpflicht von kartellrechtswidrig agierenden Unternehmen, doch ging der EuGH damals nicht näher auf diese Überlegungen ein.[10] Erst in *Courage/Crehan*[11] (2001) setzt sich der EuGH ausführlich mit dieser Frage auseinander und umschreibt die Voraussetzungen dieses Schadenersatzanspruches. Wenige Jahre später ergeht mit *Manfredi*[12] (2006) ein weiteres Urteil, das den vorläufigen Schlusspunkt der Rechtsprechung zu Schadenersatzansprüchen aufgrund von EU-Kartellrechtsverstößen bildet.

2. Rechtssache *Courage/Crehan*

Ursächlich für dieses britische Vorabentscheidungsverfahren war die Weigerung eines Pubpächters, ausstehende Zahlungen für Bierlieferungen einer Brauerei zu begleichen und daher von letzterer geklagt wurde. Aufgrund des Pachtvertrages war der Pubpächter dazu verpflichtet, seinen gesamten Bierbedarf zu einem bestimmten Listenpreis, jedenfalls aber eine bestimmte Mindestabnahmemenge von der Brauerei zu beziehen (*Bierbezugsvertrag*). Der

4 Davon zu unterscheiden ist die defensive Geltendmachung des EU-Wettbewerbsrechts durch Berufung auf die Nichtigkeit eines Vertrages im Vertragsdurchsetzungsverfahren. Dieses defensive Mittel stellt eindeutig die häufigste Zivilrechtsfolge von Wettbewerbsverstößen dar.

5 Dies darf aber nicht darüber hinwegtäuschen, dass, verglichen mit der zivilrechtlichen, streitigen Durchsetzung, die öffentliche Durchsetzung des Wettbewerbsrechts im Einzelfall überlegen sein wird; so auch *Thyri*, ecolex 2006, 804.

6 Zur Nichtigkeitsproblematik siehe *Eilmansberger*, Bedeutung, in *Koppensteiner* (Hrsg), Wirtschaftsprivatrecht, Teil 6/1, 49 ff.

7 Näher *Eilmansberger*, Bedeutung, in *Koppensteiner* (Hrsg), Wirtschaftsprivatrecht, Teil 6/1, 49 ff und 112 f.

8 Siehe Nachweise bei *Eilmansberger*, Schadenersatz wegen Verletzung des EU-Wettbewerbsrechts – Überlegungen zum Grünbuch der Kommission, in *Gruber/Rüffler* (Hrsg), Gesellschaftsrecht, Wettbewerbsrecht, Europarecht. FS Hans-Georg Koppensteiner (2006), 117, Fn 8.

9 EuGH Rs C-128/92, *Banks*, Slg 1994, I-1209, Schlussanträge GA *Gerven*, Rdnrn 42 ff.

10 EuGH, Rs C-128/92, *Banks*, Slg 1994, I-1209, Rdnrn 20 f.

11 EuGH, Rs C-453/99, *Courage/Crehan*, Slg 2001, I-6297.

12 EuGH, Rs C-295/04, *Manfredi*, Slg 2006, I-6619.

geklagte Pubpächter verteidigte sich damit, dass die Brauerei das Bier zu wesentlich niedrigeren Preisen an unabhängige Schankwirte verkaufte, verlangte dafür Schadenersatz und brachte eine Widerklage ein. Das vorlegende britische Gericht wollte wissen, ob Schadenersatz idZ verlangt werden kann. Brisanz gewann diese Fragestellung nicht zuletzt deshalb, da nach englischem Recht die Partei eines rechtswidrigen Vertrages keinen Ersatz für Schäden verlangen kann, die ihr aus der Beteiligung an diesem entstanden sind.[13]

Der EuGH bejahte die Möglichkeit des Schadenersatzes. Dieser Schadenersatzanspruch ist ein *unionsrechtlicher Anspruch*.[14] Dabei ließ er sich von Überlegungen leiten, die auch seine Rechtsprechung zur Staatshaftung[15] prägen.[16] So stützt er sich auf die *praktische Wirksamkeit* von Art 81 EGV. Diese wäre nämlich beeinträchtigt, wenn nicht *jedermann* – in concreto daher auch die Vertragspartei der wettbewerbswidrigen Vereinbarung[17] – Ersatz des Schadens verlangen könnte, der ihm durch einen wettbewerbswidrigen Vertrag bzw wettbewerbswidriges Verhalten entstanden ist (*Jedermann-Formel*).[18] Mangels einer einschlägigen unionsrechtlichen Regelung sei es aber Sache des innerstaatlichen Rechts Gerichte und Verfahren für diese Klagen zu bestimmen.[19] Durchzukämpfen sei der unionsrechtliche Schadenersatzanspruch – ähnlich dem unionsrechtlichen Staatshaftungsanspruch[20] – daher nach *nationalem Recht*, wobei der *Äquivalenz*- und *Effektivitätsgrundsatz* zu beachten seien.[21]

Die Ausführungen des EuGH lassen darauf schließen, dass hier nicht etwa der Individualschutz, sondern die praktische Wirksamkeit des Kartellverbotes im Vordergrund stand.[22] Dies mag auch die kritikwürdige Jedermann-Formel erklären: Möglichst viele Kläger steigern die praktische Wirksamkeit. Dabei

---

13 EuGH, Rs C-453/99, *Courage/Crehan*, Slg 2001, I-6297, Rdnr 11.

14 Die unionsrechtliche Natur des Schadenersatzanspruches bejahend etwa *Karollus*, ecolex 2006, 799; *Mäsch*, EuR 2003, 842; *Obwexer*, ecolex 2008, 878; *Stillfried/Stockenhuber*, wbl 1995, 301 ff und 347 ff; *Stockenhuber/Wittmann*, wobl 2007, 333.

15 Vgl zB EuGH, verb Rs C-6 u C-9/90, *Francovich*, Slg 1991, I-5357; EuGH, verb Rs C-46 u C-48/93, *Brasserie du Pêcheur*, Slg 1996, I-1029.

16 Diese Vorgangsweise war zuvor schon im Schrifttum vertreten worden; vgl zB *Eilmansberger*, Bedeutung, in *Koppensteiner* (Hrsg), Wirtschaftsprivatrecht, Teil 6/1, 117 ff; *Stillfried/ Stockenhuber*, wbl 1995, 345 ff.

17 Der vorlegende englische Court of Appeal war in einem früheren Urteil davon ausgegangen, dass durch Art 81 Abs 1 EG (jetzt Art 101 Abs 1 AEUV) nicht die Parteien einer rechtswidrigen Vereinbarung geschützt werden sollten; vgl EuGH, Rs C-453/99, *Courage/Crehan*, Slg 2001, I-6297, Rdnr 12.

18 EuGH, Rs C-453/99, *Courage/Crehan*, Slg 2001, I-6297, Rdnr 26; siehe auch EuGH, Rs C-295/04, *Manfredi*, Slg 2006, I-6619, Rdnr 60.

19 EuGH, Rs C-453/99, *Courage/Crehan*, Slg 2001, I-6297, Rdnr 29.

20 Zur Ähnlichkeit der Ausführungen in *Frankovich* und *Courage/Crehan* siehe etwa *Kremer*, EuR 2003, 698.

21 EuGH, Rs C-453/99, *Courage/Crehan*, Slg 2001, I-6297, Rdnr 29.

22 *Thyri*, ecolex 2006, 800; kritisch *Kremer*, EuR 2003, 701.

verabsäumt es der EuGH, sich mit dem *Schutzzweck von Art 81 Abs 1 EGV* und somit mit dem *Rechtswidrigkeitszusammenhang* als Haftungselement auseinanderzusetzen.[23] Vom Schutzzweck wäre nämlich der Pubpächter als Kartellbeteiligter nicht erfasst, sollen doch durch das Verbot der exklusiven Abnehmerbindung Dritte, nicht jedoch der Abnehmer geschützt werden.[24] Dem Schutzzweckgedanken folgend wären daher nur Schäden Dritter erfasst gewesen, die aus einem durch die Exklusivbindung gescheiterten oder erschwerten Marktzugang resultiert wären, nicht aber die Schäden die dem Gebundenen selbst durch die Bindung entstanden waren (zB durch Umsatzeinbüßen). Diese *Nichtberücksichtigung des Rechtswidrigkeitszusammenhanges* ist abzulehnen, da nur solche Schäden erfasst sein sollten, in denen sich genau die Gefährdung verwirklicht, die Art 81 EGV vermeiden will.[25]

Trotz dieser sehr weiten Formulierung ist aber dennoch nicht davon auszugehen, dass der EuGH Schäden, die vom Normzweck zu weit entfernt sind (zB Folgeschäden), als ersatzpflichtig erachten wird.[26] Dies wird insbesondere daran erkennbar, dass der EuGH die Jedermann-Formel durch eine Reihe haftungsbegrenzender Elemente wieder einschränkt. Dazu zählen: das *Bereicherungsverbot*[27], die *erhebliche Verantwortung für die Wettbewerbsverzerrung*[28] sowie die *Schadensminderungspflicht*[29]. Der EuGH lässt daher das haftungsbegrenzende Element des *Mitverschuldens* zu.[30] Folglich darf das nationale Recht den Verlust des Schadenersatzanspruches durchaus vorsehen. Hierbei sind jedoch die konkreten Umstände des Einzelfalles – zB die Stärke der Verhandlungspartner – mitzuberücksichtigen.[31] Der EuGH spricht sich gegen einen per se-Ausschluss von bestimmten Klägerkategorien und daher für eine einzelfallbezogene Klärung aus[32], ermöglicht es aber gleichzeitig durch das Element der erheblichen Verantwortung[33] – dieses ist unseres Erachtens – im

23 Zur Relevanz dieser Haftungselemente im österreichischen Schadenersatz und den möglichen Auswirkungen der EuGH-Vorgaben auf diese siehe unten nachstehend Pkt III.C.5.

24 So auch mit Verweis auf dt Schrifttum und Rsp *Stillfried/Stockenhuber*, wbl 1995, 307.

25 Näher *Eilmansberger*, ecolex 2002, 29 ff; *Weyer*, ZEuP 2003, 338 ff; vgl in diesem Zusammenhang *Kremer*, EuR 2003, 701, der sich ebenfalls für den Schutznormgedanken ausspricht und davon auszugehen scheint, dass auch der Kartellbeteiligte vom Schutzbereich erfasst sein soll; siehe idZ auch die Kritik von *Mäsch*, EuR 2003, 837 ff.

26 Näher *Eilmansberger*, ecolex 2002, 30. *Hintersteininger*, wbl 2001, 557 f; zur Bedeutung für das österreichische Recht siehe dazu nachstehend Pkt III.C.4.

27 EuGH, Rs C-453/99, *Courage/Crehan*, Slg 2001, I-6297, Rdnr 30.

28 EuGH, Rs C-453/99, *Courage/Crehan*, Slg 2001, I-6297, Rdnr 31.

29 EuGH, Rs C-453/99, *Courage/Crehan*, Slg 2001, I-6297, Rdnr 33.

30 *Eilmansberger*, ecolex 2002, 31.

31 EuGH, Rs C-453/99, *Courage/Crehan*, Slg 2001, I-6297, Rdnrn 32 f.

32 *Stockenhuber/Wittmann*, wobl 2007, 334.

33 Gestützt auf seine Rechtsprechung zu den Bierbezugsverträgen lehnt der EuGH eine erhebliche Verantwortung des Vertragspartners des Netzinhabers und folglich des Pubpächters ab, vgl EuGH, Rs C-453/99, *Courage/Crehan*, Slg 2001, I-6297, Rdnr 34.

Rahmen des Mitverschuldens zu prüfen)[34] unbillige Ergebnisse zu vermeiden. Hätte daher in concreto nicht der Pubpächter die Brauerei, sondern die Brauerei den Pubpächter geklagt, so hätte ihr Schadenersatzanspruch aufgrund ihrer erheblichen Verantwortung für den Wettbewerbsverstoß[35] keinen Erfolg gehabt.

Obwohl dieses Urteil – insbesondere wegen der Jedermann-Formel – große Aufmerksamkeit im Schrifttum[36] erregte, und zweifellos auch zu einer Stärkung der privaten Kartellrechtsdurchsetzung beitrug,[37] führte es dennoch nicht zu einer merklichen Zunahme von Schadenersatzklagen.[38]

3. Rechtssache *Manfredi*

Diese Rechtssache bildet das zweite und bislang letzte Urteil des EuGH zur Frage der Haftung Privater bei Verletzung von Art 81 EGV. Diesmal ging es um *Schadenersatzklagen von Verbrauchern*: Italienische Versicherungsnehmer klagten italienische Versicherungsgesellschaften auf Ersatz der Schäden, welche ihnen durch ein *Preiskartell* der Versicherungsgesellschaften[39] entstanden waren. Dieses Preiskartell war zuvor von der italienischen Wettbewerbsbehörde aufgedeckt und für verboten erklärt worden.[40]

Der EuGH knüpft an seine Ausführungen aus *Courage/Crehan*[41] an. *Jedermann* könne Ersatz des ihm entstandenen Schadens verlangen, wenn „zwischen dem Schaden und einem nach Artikel 81 EG verbotenen Kartell oder Verhalten ein *ursächlicher Zusammenhang* besteht“ (eigene Hervorhebung).[42] *Manfredi* machte klar, dass auch ein *Endverbraucher* (ie Marktgegenseite) schadensersatzberechtigt ist.[43] Auf eine Vertragsbeziehung hat der EuGH in diesem Zusammenhang nicht abgestellt, sodass es hinsichtlich der Anspruchsvoraussetzungen auf eine solche auch nicht anzukommen braucht.[44] Entschei-

34 Zur Auswirkung auf das österreichische Recht siehe dazu nachstehend Pkt III.C.6.

35 Die Brauerei befand sich eindeutig in einer wirtschaftlich stärkeren Position, was sich nicht zuletzt auch daran zeigt, dass hier ein Musterpachtvertrag (inkl Bierbezugsverpflichtung) verwendet wurde.

36 *Eilmansberger*, ecolex 2002, 28 ff; *Hintersteininger*, wbl 2001, 554 ff; *Köhler*, GRUR 2004, 99 f; *Lettl*, ZHR 2003, 473 ff; *Mäsch*, EuR 2003, 895 ff; *Weyer*, ZEuP 2003, 318 ff; *Wurmnest*, RIW 2003, 896 ff.

37 *Stockenhuber/Wittmann*, wobl 2007, 333.

38 Siehe dazu nachstehend Pkt I.B.

39 Gegenstand des Kartells waren Haftpflichtversicherungsprämien gewesen.

40 EuGH, Rs C-295/04, *Manfredi*, Slg 2006, I-6619, Rdnr 11.

41 EuGH, Rs C-453/99, *Courage/Crehan*, Slg 2001, I-6297.

42 EuGH, Rs C-295/04, *Manfredi*, Slg 2006, I-6619, Rdnr 61.

43 Damit war wohl auch zu rechnen; siehe auch *Karollus*, ecolex 2006, 798; *Lettl*, ZHR 2003, 480 f.

44 So auch *Karollus*, ecolex 2006, 799; *Seitz*, EWS 2006, 417 f.

dend soll allein der ursächliche Zusammenhang zwischen verbotenem Verhalten und Schaden sein, wobei diesbezügliche Einzelheiten vom nationalen Recht festzulegen sind.[45] Die Frage der Einschränkung dieses Zusammenhangs (*Adäquanz*) wird vom EuGH aber nicht angesprochen und bleibt daher nach wie vor ungeklärt.[46]

Im Urteil finden sich aber ferner Aussagen zum unionsrechtlichen Rahmen für nationale Schadenersatzvorschriften. So hält der EuGH vor dem Hintergrund des Effektivitätsprinzips[47] fest, dass eine nationale Schadenersatzvorschrift, nach der die *Verjährungszeit* bei einer Schadenersatzklage an dem Tag beginnt, an dem das Kartell oder das abgestimmte Verhalten verwirklicht wird, die Geltendmachung des Ersatzanspruches praktisch unmöglich machen könnte, insbesondere wenn diese innerstaatliche Vorschrift zudem eine kurze Verjährungsfrist vorsieht, die nicht unterbrochen werden kann.[48] Weiters verlange das Effektivitätsprinzip nicht nur den Ersatz des Vermögensschadens, sondern auch den *Ersatz des entgangenen Gewinns*.[49] Auch gebiete das Äquivalenzprinzip *„punitive damages"*, sofern diese im Rahmen vergleichbarer, auf das innerstaatliche Recht gegründeter Klagen, zugesprochen werden können.[50]

B. Reformvorhaben der Kommission

1. Das Grünbuch Schadenersatzklagen wegen Verletzung des EU-Wettbewerbsrechts

Nicht der EuGH, sondern die Kommission war es, die erstmalig die Idee einer Durchsetzung des unionsrechtlichen Wettbewerbsrechts mittels Schadenersatzklagen aufgriff. Bereits 1993 hatte sie auf die Vorzüge der Durchsetzung des EU-Kartellrechts mittels Schadenersatzklagen hingewiesen.[51] Trotzdessen – und trotz der oben dargestellten Entwicklungen in der jüngeren Rsp des EuGH – zeigte eine im Auftrag der Kommission erstellte und 2004 veröffentlichte Studie[52], dass Schadenersatzklagen wegen Kartellrechtsverstößen in den mitgliedsstaatlichen Rechtsordnungen völlig unterentwickelt und darüber hi-

45 EuGH, Rs C-295/04, *Manfredi*, Slg 2006, I-6619, Rdnr 64; wie diese Ausgestaltung im österreichischen Recht aussehen könnte, siehe nachstehend bei Pkt III.C.6.

46 So auch *Seitz*, EWS 2006, 417.

47 *Karollus*, ecolex 2006, 798.

48 EuGH, Rs C-295/04, *Manfredi*, Slg 2006, I-6619, Rdnrn 78 f.

49 EuGH, Rs C-295/04, *Manfredi*, Slg 2006, I-6619, Rdnr 95.

50 EuGH, Rs C-295/04, *Manfredi*, Slg 2006, I-6619, Rdnr 93.

51 Europäische Kommission, Bekanntmachung über die Zusammenarbeit zwischen der Kommission und den Gerichten der Mitgliedstaaten bei der Anwendung der Artikel 85 und 86 des EWG-Vertrages, ABl 1993 C 39, 6, Rdnr 16.

52 Study on the conditions of claims for damages in case of infringement of EC competition rules („Ashurst-Studie"), deren österreichischer Teil von *Wollmann/Prisker* verfasst

naus äußert uneinheitlich ausgestaltet sind. Kurz: Schadenersatzklagen aufgrund von Kartellrechtsverstößen waren äußerst selten.[53] Dieser Befund galt selbst für Folgeklagen („follow-on actions“), dh Schadenersatzklagen, die erst im Anschluss an eine (rechtskräftige) kartellrechtliche Entscheidung ergriffen wurden.[54]

Eine Verbesserung der Rahmenbedingungen für diese Schadenersatzklagen schien daher aus Sicht der Kommission dringend geboten. In einem Grünbuch[55] (Dezember 2005) und einem dieses näher erläuternden Arbeitspapier[56] (Februar 2006) zeigte sie auf, wie mögliche Verbesserungen in den materiell- bzw verfahrensrechtlichen Bedingungen aussehen könnten. Diese Verbesserungsvorschläge lösten zum Teil heftige Kontroversen[57] aus, taten sich diesbezüglich doch zahlreiche ungeklärte Fragestellungen auf.[58] So stellte sich etwa die – im Grünbuch nicht behandelte Frage –, ob die Gemeinschaft überhaupt zur Erlassung dieser Reformvorhaben zuständig ist.[59] Weitere Fragen ergaben sich hinsichtlich der Vereinbarkeit der jeweiligen nationalen Rechtsordnungen mit den Vorgaben des Grünbuchs.[60] Fragen taten sich aber auch deshalb auf, weil zahlreiche wesentliche Haftungselemente (zB Schutzzweckerfordernis, Mitverschulden, Schadensminderungspflicht, Kausalität ua) im Grünbuch nicht behandelt wurden.[61]

---

wurde, abrufbar unter: http://ec.europa.eu/competition/antitrust/actionsdamages/study.html.

53 Vgl auch *Mäsch*, EuR 2003, 828 f.

54 Dazu siehe *Eilmansberger*, Schadenersatz, in *Gruber/Rüffler* (Hrsg), FS Hans-Georg Koppensteiner, 130 f.

55 Europäische Kommission, Grünbuch Schadenersatzklagen wegen Verletzung des EU-Wettbewerbsrechts, KOM(2005) 672 endg.

56 Commission Staff Working Paper, abrufbar unter: http://ec.europa.eu/competition/antitrust/actionsdamages/sp_en.pdf.

57 Vgl zB *Eilmansberger*, Schadenersatz, in *Gruber/Rüffler* (Hrsg), FS Hans-Georg Koppensteiner, 115; sowie *Eilmansberger*, CMLR 2007, 431; *Gruber*, MR Int 2006, 17; *Jaeger*, JBl 2007, 349; *Pheasant*, ECLR 2006, 365.

58 Ausführlich zu ausgewählten Fragestellungen des Grünbuchs siehe *Eilmansberger*, Schadenersatz, in *Gruber/Rüffler* (Hrsg), FS Hans-Georg Koppensteiner, 115 ff; *Eilmansberger*, CMLR 2007, 431 ff.

59 Siehe dazu nachstehend Pkt II.B.2.

60 Näher *Jaeger*, JBl 2007, 354.

61 Eine Deutungsmöglichkeit für dieses Fehlen ist freilich die, dass die Kommission annahm, diese Elemente wären durch den EuGH in *Courage/Crehan*, geklärt worden, vgl *Eilmansberger*, Schadenersatz, in *Gruber/Rüffler* (Hrsg), FS Hans-Georg Koppensteiner, 135 f.

2. Kompetenzfragen

Um die Reformvorschläge des Grünbuchs in der gesamten Gemeinschaft einheitlich umzusetzen, muss das (formelle und materielle) Zivilrecht der MS entsprechend harmonisiert werden. Diesbezüglich wird zT jedoch bezweifelt, dass die Gemeinschaft über die hierfür notwendige Kompetenz verfügt. Hinzu kommt, dass selbst im Falle dieser Kompetenz die Notwendigkeit für derartige Harmonisierungsmaßnahmen vor dem Hintergrund des Subsidiaritätsprinzips bestritten wird.[62] Dieser Kritik ist nicht zu folgen. Als Kompetenzgrundlage könnte Art 83 Abs 1 EGV (Art 103 Abs 1 AEUV) [allenfalls in Kombination mit Art 308 EGV (Art 352 AEUV), Art 95 EGV (Art 114 AEUV) oder Art 65 EGV (Art 81 AEUV)] herangezogen werden.[63] Auch scheint das Subsidiaritätsprinzip dem Reformvorhaben nicht entgegen zu stehen.[64]

II. Neueste Entwicklungen – Das Weißbuch der Kommission

Basierend auf den Reaktionen auf das Grünbuch veröffentlichte die Kommission im April 2008 ein Weißbuch[65]. Weiters wurde ein Arbeitspapier[66] sowie ein Folgenabschätzungsbericht[67] verfasst. Im Weißbuch wurde ein Großteil der Vorschläge aus dem Grünbuch übernommen. Jedoch fanden einige Themen (zB die Frage nach der gerichtlichen Zuständigkeit und dem anwendbaren Recht)[68] keinen Eingang mehr ins Weißbuch. Weiters wurden einige kontroversielle Vorschläge (zB Mehrfachschadenersatz) fallen gelassen.

Das Weißbuch gliedert sich in folgende Themen:

- Klagebefugnis: indirekte Abnehmer und kollektiver Rechtsschutz
- Zugang zu Beweismitteln: Offenlegung von Beweismitteln zwischen den Parteien
- Bindungswirkung von Entscheidungen nationaler Wettbewerbsbehörden
- Verschuldenserfordernis

62 Siehe auch *Jaeger*, JBl 2007, 354.

63 Näher *Eilmansberger*, Schadenersatz, in *Gruber/Rüffler* (Hrsg), FS Hans-Georg Koppensteiner, 118 bis 120; *Jaeger*, JBl 2007, 354 ff.

64 So auch *Jaeger*, JBl 2007, 369.

65 *Europäische Kommission*, Weißbuch Schadenersatzklagen wegen Verletzung des EU-Wettbewerbsrechts, KOM(2008) 165 endg.

66 Abrufbar unter: http://ec.europa.eu/competition/antitrust/actionsdamages/files_white_paper/working_paper.pdf.

67 Abrufbar unter: http://ec.europa.eu/competition/antitrust/actionsdamages/files_white_paper/impact_report.pdf.

68 Zur Frage der gerichtlichen Zuständigkeit und des anwendbaren Rechts siehe etwa *Eilmansberger*, Schadenersatz, in *Gruber/Rüffler* (Hrsg), FS Hans-Georg Koppensteiner, 123 ff.

- Schadenersatz
- Schadensabwälzung
- Verjährung
- Kosten einer Schadenersatzklage
- Verhältnis zwischen Kronzeugenprogrammen und Schadenersatzklagen

Im Folgenden sollen die aktuellen Kommissionsvorschläge kurz dargestellt und besprochen werden. Daran anschließend soll der Frage nachgegangen werden, wie sich diese Vorschläge auf die (bestehende) österreichische Rechtslage auswirken können.[69]

A. Klagebefugnis

Eine erste Hürde für Schadenersatzklagen aufgrund von Verstößen gegen das Wettbewerbsrecht stellen die im Verhältnis zu den Kosten und den Beweisschwierigkeiten des Verfahrens oftmals bloß geringen Schäden des Einzelnen dar. Aus diesem Grund schlägt die Kommission *Verbandsklagen von qualifizierten Einrichtungen* sowie *Opt-in-Gruppenklagen der Opfer* vor.[70] Darüber hinaus geht die Kommission – gestützt auf die Jedermann-Formel des EuGH[71] – von einem weiten Kreis von Anspruchsberechtigten aus. Auch *indirekte Abnehmer*[72] sollen Schadenersatz verlangen können. Im Ergebnis bringt das Weißbuch im Vergleich zum Grünbuch also keine wesentlichen Neuerungen.[73]

B. Zugang zu Beweismitteln: Offenlegung von Beweismitteln zwischen den Parteien

Eine weitere – wenn nicht sogar die wesentliche – Hürde stellt der Zugang zu Beweismitteln dar. Um diesen sicherzustellen, schlägt die Kommission die *EU-weite Festlegung eines Mindestniveaus der Offenlegung von Beweismitteln zwischen den Streitparteien* vor, die es den nationalen Gerichten ermöglichen soll, unter bestimmten Bedingungen – ein angemessener Schutz für Unternehmenserklärungen soll gewährleistet sein – die Offenlegung relevanter Beweismittel anzuordnen.[74] Als mögliches Vorbild wird hier auf die RL 2004/

69 Siehe dazu nachstehend Pkt III.

70 Weißbuch Schadenersatzklagen, 4 f; siehe bereits auch Grünbuch Schadenersatzklagen, Option 25 f.

71 Vgl EuGH, Rs C-295/04, *Manfredi*, Slg 2006, I-6619, Rdnr 61.

72 Diese werden definiert als „Abnehmer, die keinen direkten Kontakt mit dem Rechtsverletzer hatten, aber dennoch unter Umständen einen erheblichen Schaden erlitten haben, weil auf sie in der Vertriebskette rechtswidrige Preisaufschläge abgewälzt wurden“, vgl Weißbuch, Schadenersatzklagen, 4.

73 So auch *Reidlinger/Steinbach*, MR 4/08, 205.

74 Weißbuch, Schadenersatzklagen, 5 f.

48/EG[75] zur Durchsetzung der Rechte des geistigen Eigentums verwiesen. Auch hier folgen die Vorschläge des Weißbuchs denen des Grünbuchs[76] und können mit dem Schlagwort *„fact pleading"* umschrieben werden. Diese Offenlegungspflicht ist grundsätzlich zu begrüßen. Ungeklärt ist aber die Frage, wie hier ein vernünftiger Ausgleich mit der für den hoheitlichen Kartellrechtsvollzug so wesentlichen Kronzeugenregelung gefunden werden kann.

C. Bindungswirkung von Entscheidungen nationaler Wettbewerbsbehörden

Die Kommission tritt für die Bindungswirkung bestandskräftiger Entscheidungen von Wettbewerbsbehörden bzw Gerichten dahingehend ein, dass im Zusammenhang mit Schadenersatzklagen keine Entscheidungen getroffen werden, die bestandskräftigen Kartellentscheidungen zuwiderlaufen. Freilich soll sich diese Bindungswirkung nur auf jene Verhaltensweisen und diejenigen Unternehmen beziehen, für die der Wettbewerbsverstoß festgestellt wurde.[77]

D. Verschuldenserfordernis

Die Kommission weist daraufhin, dass es – den Nachweis eines Verstoßes gegen Art 81 bzw 82 EGV vorausgesetzt – je nach Mitgliedstaat auf das Vorliegen von Verschulden ankommt oder nicht. Wird in diesem Zusammenhang ein Verschuldenserfordernis von der Rechtsordnung eines Mitgliedsstaates verlangt, so tritt die Kommission dafür ein, dass der Rechtsverletzer nur dann nicht haften soll, wenn er nachweisen kann, dass sein Verstoß auf einem genuin entschuldbaren Irrtum beruht.[78] Auch in diesem Zusammenhang folgt das Weißbuch der Linie des Grünbuchs.

Der von der Kommission dargestellte Vorschlag (Verschuldenserfordernis, Beweislast für Entschuldbarkeit des Rechtsirrtums) ist zu begrüßen. Meines Erachtens ist hier jedenfalls am Verschuldenserfordernis festzuhalten.[79] Vor allem hinsichtlich der bloß *bewirkten Wettbewerbsbeschränkungen* kann sich das Verschuldenserfordernis aber – insbesondere vor dem Hintergrund der unmittelbaren Anwendbarkeit von Art 81 Abs 3 EGV – auch als bedeutendes Hindernis für eine Schadenersatzklage darstellen, wird der Schädiger doch – angesichts der Komplexität und Dynamik des Wettbewerbsrechts – in der Re-

75 RL 2004/48/EG, ABl 2004 L 157, 45.

76 Vgl Grünbuch, Schadenersatzklagen, 5 f.

77 Weißbuch, Schadenersatzklagen, 6 f.

78 Weißbuch, Schadenersatzklagen, 7 f.

79 Freilich gibt es auch Stimmen, welche ein Absehen vom Verschuldenserfordernis als nicht grundsätzlich mit dem österreichischen System unvereinbar ansehen, vgl *Jaeger*, JBl 2007, 353.

gel damit argumentieren können, dass er sich der Unrechtmäßigkeit seiner Handlungen nicht bewusst war.[80] Die von der Kommission vorgeschlagene Beweislast des Schädigers vermag in diesem Zusammenhang dazu beitragen, dieses Hindernis abzuschwächen.

E. Schadenersatz

Gefordert wird der vollständige Ersatz des realen Wertes der erlittenen Verluste (dh auch des entgangenen Gewinns und der Zinsen). Die Möglichkeit eines mehrfachen Schadenersatzes (ie *Multiplikator*), ein Element, welches noch im Grünbuch[81] angesprochen wurde, fand keinen Eingang mehr ins Weißbuch. Dies ist wenig verwunderlich und auch begrüßenswert, handelte es sich beim Multiplikator doch um einen der umstrittensten Kommissionsvorschläge, dessen Sanktionscharakter (Stichwort: *„punitive damages"*) ohne Zweifel im Widerspruch zum staatlichen Bestrafungsmonopol stand.[82]

F. Schadensabwälzung

Das Weißbuch gewährt dem Schädiger – den diesbezüglich auch die Beweislast trifft – die Einrede der Schadensabwälzung (*„passing-on defence"*). Umgekehrt soll sich der indirekte Abnehmer auf die widerlegbare Vermutung stützen können, der rechtswidrige Preisaufschlag sei in vollem Umfang auf ihn abgewälzt worden.[83]

Die Position der Kommission zur Einrede der Schadensabwälzung ist begrüßenswert. Die Nichtzulässigkeit der Schadensabwälzungseinrede wurde von mir bereits in meiner Besprechung des Grünbuchs, welches den Ausschluss dieser Einrede noch als eine Möglichkeit[84] angeführt hatte, ausführlich erörtert und abgelehnt.[85]

80 Siehe auch *Eilmansberger*, Schadenersatz, in *Gruber/Rüffler* (Hrsg), FS Hans-Georg Koppensteiner, 134.

81 Vgl Grünbuch, Schadenersatzklagen, Option 16.

82 Näher *Eilmansberger*, Schadenersatz, in *Gruber/Rüffler* (Hrsg), FS Hans-Georg Koppensteiner, 128 f; vgl diesbezüglich aber auch *Jaeger*, JBl 2007, 352, der von einer Vereinbarkeit von mehrfachem Schadensersatz mit dem österreichischen Schadenersatzrecht ausgeht.

83 Weißbuch, Schadenersatzklagen, 9 f.

84 Vgl Grünbuch, Schadenersatzklagen, Optionen 22 u 23.

85 *Eilmansberger*, Schadenersatz, in *Gruber/Rüffler* (Hrsg), FS Hans-Georg Koppensteiner, 129 ff; vgl *Jaeger*, JBl 2007, 352 f, der von der Vereinbarkeit eines Ausschlusses der „passing on defense" mit dem österreichischen Schadensersatzrecht ausgeht und diesen befürwortet.

G. Verjährung

Vorgeschlagen wird in diesem Zusammenhang, dass die Verjährungsfrist nicht beginnen sollte, bis eine dauernde oder fortgesetzte Zuwiderhandlung eingestellt wurde und vom Geschädigten vernünftigerweise Kenntnis von Zuwiderhandlung und Schaden erwartet werden kann. Um Folgeklagen zu erleichtern, wird eine neue Verjährungsfrist von mindestens zwei Jahren ab Bestandskraft jener Entscheidung vorgesehen, auf die sich die Folgeklage stützt.[86] Angesichts der Schwierigkeit der Feststellung des kartellwidrigen Verhaltens ist diese Verjährungsregelung begrüßenswert.

H. Kosten einer Schadenersatzklage

Die Tragung des Kostenrisikos ist ein entscheidendes Hindernis für wettbewerbliche Schadenersatzklagen. Hierbei ist zwischen den *eigenen Kosten*, den *Kosten des Beklagten* und den *Gerichtsgebühren* zu unterscheiden. Hatte noch das Grünbuch die Einführung einer Regel erwogen, wonach erfolglose Kläger nur bei offensichtlich mutwilliger Rechtsverfolgung die Kosten des Beklagten zu tragen haben[87] – dieses Abweichen vom zivilprozessrechtlichen Erfolgsprinzip wäre im Übrigen durchaus diskutabel gewesen[88] –, so schwächt das Weißbuch diesen Vorschlag ab[89], ergänzt ihn aber andererseits mit einer Ermutigung an die MS, „Verfahrensregeln zu gestalten, die Vergleiche als Mittel der Kostendeckung begünstigen“ sowie „die Höhe der Gerichtskosten auf ein angemessenes Niveau festzusetzen“[90].

I. Kronzeugenregelung und Schadenersatzklagen

Beteiligte an Wettbewerbsverstößen können unter bestimmten Bedingungen in den Genuss der durch Kommissionsmitteilung geregelten Kronzeugenregelung gelangen.[91] Das Verhältnis zwischen der Kronzeugenregelung – ein unentbehrliches Instrument des hoheitlichen Wettbewerbsrechtsvollzugs – und

86 Weißbuch, Schadenersatzklagen, 10.

87 Grünbuch, Schadenersatzklagen, Option 27.

88 Als Argument hierfür lässt sich etwa anführen, dass das Kostentragungsrisiko die zentrale negative Schranke für Schadenersatzklagen darstellt; näher dazu *Eilmansberger*, Schadenersatz, in *Gruber/Rüffler* (Hrsg), FS Hans-Georg Koppensteiner, 125 f.

89 Vorgeschlagen wird, möglichst früh im Verfahren Kostenentscheidungen dahingehend zu fällen, dass der Kläger selbst bei Prozessverlust nicht sämtliche Kosten der Gegenpartei zu tragen hat; vgl Weißbuch, Schadenersatzklagen, 11.

90 Weißbuch, Schadenersatzklagen, 11.

91 Europäische Kommission, Mitteilung über den Erlass und die Ermäßigung von Geldbußen in Kartellsachen, ABl 2006 C 298, 17.

Schadenersatzklagen ist mit großer Behutsamkeit zu behandeln, besteht doch die Gefahr, dass eine unverhältnismäßige Ausgestaltung zivilrechtlicher Schadenersatzklagen dieses Instrument unbrauchbar macht und dadurch den hoheitlichen Vollzug wesentlich stört.[92]

Im Weißbuch vorgeschlagen wird zum einen der Schutz von Corporate Statements von allen Unternehmen, die eine Kronzeugenbehandlung für einen Verstoß gegen Art 81 EGV beantragt haben, und zwar unabhängig vom weiteren rechtlichen Schicksal des Antrags (zB Abweisung uä), sowie unabhängig davon, ob ein (Zivil-)Gericht vor oder nach Erlass einer Entscheidung durch die zuständige Wettbewerbsbehörde die Offenlegung verlangt. Zum anderen soll die zivilrechtliche Haftung von Kronzeugen, denen der Erlass einer Geldbuße zuerkannt wurde, auf Schadenersatzansprüche ihrer direkten oder indirekten Vertragspartner begrenzt werden. Die diesbezügliche Nachweispflicht (für die Beschränkung des Haftungsumfangs der zivilrechtlichen Haftung) soll den Kronzeugen treffen.[93] Diese Maßnahmen sind ob der entscheidenden Rolle des Kronzeugen durchaus begrüßenswert.[94] Vermisst wird jedoch die im Grünbuch vorgeschlagene Option, wonach der Kronzeuge von der gesamtschuldnerischen Haftung entbunden sein soll.[95]

III. Auswirkungen auf Österreich

A. Schadenersatz wegen Kartellrechtsverstößen in Österreich

1. Überblick

Im österreichischen, primär dem öffentlichen Interesse dienenden Kartellrechtsvollzugssystem spielen antragsbefugte öffentliche Verfolgungsbehörden (ie Bundeswettbewerbsbehörde und Kartellanwalt) beim Aufgriff von Wettbewerbsverstößen die entscheidende Rolle.[96] Diese agieren als Amtsparteien, selbst dann, wenn die Antragsstellung durch einen Privaten erfolgt.[97] Zwar können in diesem System auch Unternehmer bzw Unternehmensvereinigungen – bei Vorliegen von rechtlichem oder wirtschaftlichem Interesse – Anträge an das KG stellen,[98] doch ist nach Ansicht der Rechtsprechung der Zweck der

92 *Bauer*, ecolex 2007, 357; *Eilmansberger*, Schadenersatz, in *Gruber/Rüffler* (Hrsg), FS Hans-Georg Koppensteiner, 122.
93 Weißbuch, Schadenersatzklagen, 12.
94 Näher *Eilmansberger*, Schadenersatz, in *Gruber/Rüffler* (Hrsg), FS Hans-Georg Koppensteiner, 122 f.
95 Grünbuch, Schadenersatzklagen, Option 30.
96 Ausführlich *Thyri*, ecolex 2006, 800 ff.
97 Siehe § 40 KartG.
98 Vgl § 36 Abs 4 Z 4 KartG.

Erhebung eines Schadenersatzanspruches nicht als berechtigtes Interesse zu werten.[99]

Obwohl die Zuerkennung von Schadenersatz wegen Kartellrechtsverstößen nach der österreichischen Rechtsordnung trotz expliziter Rechtsgrundlage möglich ist, es seit längerem dazu Überlegungen im Schrifttum[100] gab und österreichische Gerichte auch bereits auf diese Möglichkeit hingewiesen hatten[101], wurde Schadenersatz wegen der Verletzung von Kartellrecht erst kürzlich – im *Grazer Fahrschulkartell*[102] (2007) – von einem österreichischen Gericht, nämlich dem Grazer Bezirksgericht, erstmalig zugesprochen. Zwar war in diesem Fall nicht unionsrechtliches, sondern österreichisches Kartellrecht verletzt worden, doch kann dieses Urteil als Modell auch für die Beurteilung unionsrechtlicher Schadenersatzansprüche dienen, sind diese doch nach EuGH-Vorgaben im Rahmen des nationalen Schadenersatzrechts einzufordern.[103]

Im Folgenden sollen – nicht zuletzt anhand dieses Urteils – die Bedingungen für Schadenersatzklagen wegen EU-Kartellrechtsverstößen im österreichischen Recht nachgezeichnet und vor dem Hintergrund der oben dargestellten EuGH-Urteile sowie der Kommissionsreformvorhaben analysiert werden. Dies macht eine kurze Darstellung des *Grazer Fahrschulkartells* erforderlich.

2. Rechtsache *Grazer Fahrschulkartell*

Aufgrund eines im Frühjahr 2004 herrschenden, starken Konkurrenzkampfes zwischen Grazer Fahrschulen bezüglich des Führerscheinproduktes „Führerscheinausbildung B/Phase I" kamen 5 Grazer Fahrschulen überein, einheitliche Preise festzusetzen, dh ein *Preiskartell* zu bilden. Da die Bundesarbeiterkammer (BAK) in regelmäßigen Abständen die Preise der österreichischen Fahrschulen erhebt, wurde sie im Mai 2004 auf die einheitlichen Preise aufmerksam und reichte Beschwerde bei der Bundeswettbewerbsbehörde (BWB) ein, welche umfangreiche Ermittlungen anstellte. Aufgrund dieser bestand das Preiskartell lediglich 2 Monate. Die BWB stellte beim OLG Wien einen Antrag auf Fällung eines Kartellbußgeldes. Das OLG, in seiner Funktion als Kar-

99 Vgl OLG Wien als KG v 31.8.2007, 25 Kt 108/06 = OZK 2008, 62 – *Radiusklausel*; so auch OGH als KOG v 8.10.2008, 16 Ok 8/08, Rn 5.1 – *Aufzugskartell*.

100 Vgl zB *Eilmansberger*, Bedeutung, in *Koppensteiner* (Hrsg), Wirtschaftsprivatrecht, Teil 6/1, 121 ff; *Stillfried/Stockenhuber*, wbl 1995, 345.

101 Siehe OGH als KOG v 16.12.2002, 16 Ok 10/02.

102 BG Graz v 16.3.2007, 4 C 463/06h, nicht veröffentlicht; bestätigt durch LG Graz v 17.8.2007, 17 R 91/07p = OZK 2008, 110 (*Ginner*).

103 Vgl EuGH, Rs C-453/99, *Courage/Crehan*, Slg 2001, I-6297, Rdnr 29; EuGH, Rs C-295/04, *Manfredi*, Slg 2006, I-6619, Rdnr 62.

tellgericht, gab dem Antrag statt und verhängte ein Bußgeld in der Höhe von € 12.500,– über die fünf am Preiskartell beteiligten Grazer Fahrschulen.[104]

Während des Preiskartells ging ua auch Herr S einen Ausbildungsvertrag mit einer Grazer Fahrschule hinsichtlich der Führerscheinausbildung B/Phase I ein.[105] Diese Schadenersatzforderung wurde an die BAK abgetreten, die eine Schadenersatzklage gegen einen anderen Kartellanten (nicht gegen den Vertragspartner von Herrn S) einbrachte. Das Bezirksgericht ließ sich den kartellgerichtlichen Akt als Beweismittel zukommen, wertete den Verstoß gegen das Kartellverbot als einen Verstoß gegen ein Schutzgesetz iSv *§ 1311 S 2 ABGB*, nahm eine Solidarhaftung des Beklagten iSv *§ 1302 ABGB* an, gab dem Klagsbegehren hinsichtlich der Forderung von S statt, stützte sich bei der Schadensfestlegung auf *§ 273 Abs 2 l S ABGB* und sprach einen Schadenersatz in Höhe der Differenz der kartellierten Preise und der Durchschnittspreise nach Kartellierungsende zu.

Ähnlich diesem Fall hat das KG erst kürzlich 6 Fahrschulinhabern aus dem Raum Innsbruck eine Geldbuße auferlegt. Brisanz gewinnt das *Innsbrucker Fahrschulkartell* nicht zuletzt deshalb, weil die BWB gegenüber einem der sieben vermutlich involvierten Fahrschulen ihr Kronzeugenprogramm angewendet hat.[106]

B. Verfahrensrechtliche Fragen

1. Gerichtszuständigkeit

Für Schadenersatzklagen wegen Kartellrechtsverstößen sind nach österreichischem Recht nicht das Kartellgericht, sondern die ordentlichen Zivilgerichte zuständig. Diesbezüglich gibt es keinerlei Bedenken vor dem Hintergrund des Unionsrechts.

2. Anspruchsbefugnis

Der von der Kommission verlangte *kollektive Rechtsschutz* ist in der österreichischen Rechtsordnung durch *§ 29 KSchG* bzw *§ 227 ZPO* ausreichend gewährleistet.[107] Dies wird auch am *Grazer Fahrschulkartell* deutlich, wo zwei Geschädigte ihre Schadenersatzansprüche an die BAK (auf deren Aufruf hin)

---

104 OLG Wien als KG v 28.10.2005, 25 Kt 34, 253, 36, 42, 249, 250, 30, 32, 29, 35, 251, 252/05, *Grazer Fahrschulkartell*, nicht veröffentlicht.

105 In der Klage wurde auch noch ein Schadenersatzanspruch wegen eines anderen Führerscheinproduktes (A, B und E/B Phase I und Phase II) geltend gemacht, dieser wurde aber mangels Preisabsprache abgewiesen.

106 Siehe http://www.bwb.gv.at/BWB/Aktuell/innsbrucker_fahrschulen_29082998.htm.

107 So auch *Reidlinger/Steinbach*, MR 4/08, 207.

abgetreten hatten. Dieses Urteil unterstreicht die Notwendigkeit dieser Möglichkeit, würde doch angesichts der idR großen Nachweisprobleme von der klagsweisen Geltendmachung eines Schadenersatzanspruches bei geringen Schadensausmaß – wie es hier der Fall war[108] – Abstand genommen werden. Das Weißbuch behandelt idZ auch noch die Frage nach der Klagebefugnis des indirekten Abnehmers. Auf diese soll im Rahmen der Besprechung des Haftungselements des Rechtswidrigkeitszusammenhangs eingegangen werden.[109]

3. Zugang zu Beweismitteln: Offenlegung von Beweismitteln zwischen den Parteien

Beweisfragen können sich – auch im Falle einer Beweislastumkehr[110] – als große Hürde erweisen. Bezeichnenderweise handelte es sich in *Manfredi*[111] und *Grazer Fahrschulkartell*[112] auch um follow-on-Klagen, dh um Klagen, denen die Feststellung des kartellrechtswidrigen Verhaltens durch die italienische Wettbewerbsbehörde bzw das Kartellgericht voranging. So war etwa bei letzterem Urteil die Beweislage durch Erhebungen der BAK[113] bzw der BWB aufgearbeitet und durch das Kartellgericht[114] bereits festgestellt worden, sodass das Vorliegen des Preiskartells im Rahmen des Schadenersatzprozesses unstrittig war.[115]

Doch selbst im Falle von follow-on-Klagen stellt sich das Problem der Beschaffung der kartellrechtlichen Entscheidung[116], so sind nämlich (unterinstanzliche) kartellgerichtliche Entscheidungen in Österreich – auch in anonymisierter Form – nicht öffentlich verfügbar. In *Grazer Fahrschulkartell* wurden die *§§ 15 und 15a OGHG analog* angewendet, um eine anonymisierte Fassung des Urteils vom Kartellgericht zu beschaffen.[117] Erst im Rahmen des streitigen Verfahrens wurde der kartellgerichtliche Akt vom Zivilgericht als Beweismittel beschafft, wobei der Beklagte der Einsichtnahme zugestimmt hatte.[118] Als Rechtsgrundlage für eine solche Beschaffung wird *§ 183 Abs 1 Z 3*

108 Die Schadenersatzansprüche bewegten sich in der Höhe von je ca € 200.
109 Siehe nachstehend Pkt III.C.5.
110 Siehe nachstehend Pkt III.C.5.
111 EuGH, Rs C-295/04, *Manfredi*, Slg 2006, I-6619, Rdnr 11.
112 BG Graz, *Grazer Fahrschulkartell*, 4 C 463/06h.
113 Die BAK hatte zudem durch regelmäßige Preiserhebungen einen guten Einblick in marktkonforme Preise, siehe *Ginner*, OZK 2008, 110, 113.
114 OLG Wien als KG, *Grazer Fahrschulkartell*, 25 Kt 34, 253, 36, 42, 249, 250, 30, 32, 29, 35, 251, 252/05
115 BG Graz, *Grazer Fahrschulkartell*, 4 C 463/06h, 2 u 5.
116 Zu dieser Problematik auf Unionsebene siehe auch *Willheim/Kammerer*, ecolex 2002, 568 ff.
117 Siehe *Ginner*, OZK 2008, 113, Fn 3.
118 Siehe *Ginner*, OZK 2008, 113.

ZPO heranzuziehen sein.[119] In der Praxis scheint der *kartellgerichtliche Akt* dem Zivilgericht zur Gänze (ohne Schwärzungen) übermittelt zu werden, was sich hinsichtlich des Kronzeugenschutzes als sehr bedenklich erweist.[120] Hinsichtlich der sich im Besitz des Schädigers befindlichen Urkunden wird im Schrifttum auf §§ *303 ff ZPO* verwiesen und diese als dem Weißbuch entsprechend angesehen.[121]

Von der Rsp bislang ungeklärt ist die Frage nach dem Verhältnis dieser Bestimmung zu § *39 KartG*. Im Schrifttum finden sich jedoch Stimmen, die von einer Vereinbarkeit der Urkundenherbeischaffung und der Geschäftsgeheimniswahrung – zumindest hinsichtlich rechtskräftig abgeschlossener, eine Rechtsverletzung feststellende, kartellgerichtlicher Urteile (dh Akten) – ausgehen.[122]

Jedenfalls der Zugang zu kartellrechtlichen Akten scheint daher derzeit gewährleistet zu sein. Ob hierbei aber auch eine zufriedenstellende Abwägung zwischen diesem Zugang und dem Kronzeugenschutz gewährleistet wird, ist zu bezweifeln.[123] Hinzu kommt, dass sich diese Beweisregeln – sieht man von §§ 303 ff ZPO ab – nur bei Folgeklagen günstig für den Kläger auswirken. Für den Kläger, der originär eine Schadenersatzklage anstrengt und erst den Kartellrechtsverstoß beweisen muss, ist damit nicht viel gewonnen.

4. Nachweis des Schadens

Problematisch stellt sich hingegen die in der Praxis relevante Frage nach dem Beweis von Schaden (bzw konkreter Schadenshöhe) dar. Im *Grazer Fahrschulkartell*[124] griff das BG auf § *273 Abs 2 1 S ZPO* zurück. Diese Norm, welche im Schrifttum idZ als entscheidende Hilfe angesehen wird,[125] ermöglicht es bei Ansprüchen, die jeweils den Betrag von € 1.000,– nicht übersteigen, unter bestimmten Umständen über Bestand und Höhe dieser Ansprüche nach freier Überzeugung zu entscheiden. Das war angesichts der geringen Höhe des geltend gemachten Schadenersatzanspruches (€ 374,40) wohl auch die ökonomischste Vorgangsweise. Fraglich ist jedoch, wie vorzugehen ist, wenn es sich bei den eingeklagten Schadenersatzansprüchen nicht um „Peanuts" handelt, sondern wenn – wie etwa im Falle des Aufzugskartells – bedeutende Summen eingeklagt werden.

119 *Reidlinger/Steinbach*, MR 2005, 207.

120 Kritisch *Bauer/Hitzberger*, ecolex 2008, 549; *Reidlinger/Steinbach*, MR 2005, 208.

121 *Reidlinger/Steinbach*, MR 2005, 207.

122 *Solé*, Das Verfahren vor dem Kartellrecht (2006), 157 ff; *Wessely*, MR 2006, 406.

123 So auch *Bauer/Hitzberger*, ecolex 2008, 549.

124 BG Graz, *Grazer Fahrschulkartell*, 4 C 463/06h.

125 *Ginner*, OZK 2008, 113; *Stockenhuber/Wittmann*, wobl 2007, 334; *Thyri*, ecolex 2006, 803.

5. Bindungswirkung von Entscheidungen nationaler Wettbewerbsbehörden

Die Frage eines Kartellrechtsverstoßes stellt im Schadenersatzverfahren eine Vorfrage dar. Zu klären ist dabei, ob bereits eine kartellrechtliche Entscheidung durch die Kommission bzw das Kartellgericht vorliegt. Im Falle einer Kommissionsentscheidung ist gem *Art 16 VO 1/2003*[126] eindeutig von einer Bindungswirkung derselben auszugehen. Die Bindungswirkung eines kartellgerichtlichen Urteils ist nur unter den Bedingungen der Identität des rechtserzeugenden Sachverhalts und der Parteien (des Kartell- und des Zivilverfahrens) anzunehmen.[127]

6. Kosten einer Schadenersatzklage

Hinsichtlich der Kostentragung gilt in Österreich das *Erfolgsprinzip*. Eine wie im Weißbuch vorgeschlagene Sonderbehandlung (Ermäßigungen der Kosten) für Schadenersatzklagen wegen Kartellrechtsverstößen kennt das österreichische Recht nicht.

7. Verhältnis zwischen Kronzeugenprogrammen und Schadenersatzklagen

Alles in allem ist diese bedeutende verfahrensrechtliche Frage derzeit rechtlich nicht eindeutig geklärt[128] und der derzeitige Schutz von Kronzeugen im österreichischen Recht als unzureichend einzustufen.[129] Meines Erachtens haltmachen muss oben angeführter § 183 Abs 1 Z 3 ZPO jedenfalls vor *Unternehmenserklärungen von Kronzeugen*,[130] wobei in diesem Zusammenhang noch nicht geklärt ist, ob Kronzeugenanträge von § 39 KartG erfasst sind.[131] Auch eine Begrenzung der zivilrechtlichen Haftung von Kronzeugen ist in Österreich nicht vorgesehen. Eine gesetzgeberische Klärung wäre ob der großen Bedeutung dieses Themas höchst wünschenswert.

---

126 VO 1/2003 ABl 2003 L 1, 1.

127 *Reidlinger/Steinbach*, MR 2005, 208; *Wessely*, MR 2006, 407.

128 Näher zu den verfahrensrechtlichen Rahmenbedingungen für den Zugang zu Beweisen seitens des Klägers siehe *Reidlinger/Steinbach*, MR 2005, 207; *Wessely*, MR 2006, 404 ff.

129 Siehe auch *Reidlinger/Steinbach*, MR 2005, 208.

130 So auch *Reidlinger/Steinbach*, MR 2005, 207.

131 Ausführlich zum Verhältnis Kronzeugenanträge und Schadenersatzklagen siehe *Bauer/Hitzberger*, ecolex 2008, 547 ff. Diese beiden Autoren gehen davon aus, dass Akte, die sich auf Kronzeugenanträge beziehen, von § 39 KartG gedeckt sind.

C. Materiellrechtliche Fragen

1. Anwendbares Recht

Schadenersatzklagen wegen EU-Kartellrechtsverstößen können auf das ABGB (hier insbesondere § 1311 S 2 ABGB) oder auf das UWG (§ 1 UWG) gestützt werden.[132] Hierbei stützt sich das UWG letztlich auf § 1311 S 2 ABGB, so dass die Prüfung weitgehend innerhalb gleicher Rahmenbedingungen verläuft.[133] Festzuhalten bleibt diesbezüglich, dass auch der Verbraucher nach dem UWG eine Schadenersatzklage einbringen kann.[134]

2. Schaden

Beim durch infolge von wettbewerbswidrigem Verhalten entstandenen Schaden handelt es sich um einen *bloßen Vermögensschaden*.[135] Diese Schadensart lag – und zwar in Form des zu viel bezahlten Betrages (dh Kaufpreis für das Bier, Versicherungsprämien, Ausbildungsentgelt) – auch in den dargestellten Fällen vor. Beim ersatzfähigen Schaden ist hier weiters auch an *entgangenen Gewinn* zu denken, welcher nach den Vorgaben des EuGH in *Manfredi*[136] zu ersetzen ist. Diese beiden Schadensarten sind im österreichischen Schadenersatzrecht nur bei Vorliegen bestimmter Bedingungen ersatzfähig. So ist der bloße Vermögensschaden ua nur dann ersatzfähig, wenn sich die Rechtswidrigkeit aus einer Vertrags- oder Schutzgesetzverletzung ergibt. Weiters macht das österreichische Schadenersatzrecht den Ersatz des entgangenen Gewinns davon abhängig, dass ein grobes Verschulden iSv § 1324 ABGB (dh bei Vorsatz oder grober Fahrlässigkeit) vorliegt.[137]

Wie unten noch zu zeigen sein wird, handelt es sich bei den Kartellrechtsvorschriften um Schutzgesetze iSv § 1311 S 2 ABGB, so dass die Ersatzfähigkeit des durch wettbewerbswidriges Verhalten entstandenen Schadens als reiner Vermögensschaden unproblematisch ist. Was die Ersatzfähigkeit des entgangenen Gewinns betrifft, kann auf die mit § 1311 S 2 ABGB einhergehende Beweislastumkehr zulasten des Schädigers hingewiesen werden.[138] Gelingt freilich dies – hier ist etwa an bloß bewirkte Wettbewerbsbeschränkungen im Graubereich zu denken –, so ist der Schädiger im Falle keines Verschuldens

132 Siehe auch *Eilmansberger* Bedeutung, in *Koppensteiner* (Hrsg), Wirtschaftsprivatrecht, Teil 6/1, 121 ff.

133 Siehe auch *Jaeger*, JBl 2007, 351.

134 OGH v 24.2.1998, 4 Ob 53/98t.

135 *Stockenhuber/Wittmann*, wobl 2007, 333.

136 EuGH, Rs C-295/04, *Manfredi*, Slg 2006, I-6619, Rdnrn 95 f.

137 Näher *Eilmansberger*, Bedeutung, in *Koppensteiner* (Hrsg), Wirtschaftsprivatrecht, Teil 6/1, 158 ff.

138 Siehe nachstehend Pkt III. C. 5.

nicht bzw im Falle eines bloß leichten Verschuldens nur für den positiven Schaden (unter Ausschluss des entgangenen Gewinns) ersatzpflichtig. Die derzeitige österreichische Regelung kann dennoch als unionskonform gewertet werden, da die Vorgaben des EuGH unseres Erachtens so zu deuten sind, dass entgangener Gewinn nicht vollständig (dh per se) vom Ersatz ausgeschlossen werden darf, hingegen das diesbezügliche Abstellen auf einen bestimmten Verschuldensgrad (besagtes grobes Verschulden) durchaus zulässig ist. Eine Alternative würde hier freilich auch eine Klagsgeltendmachung über § 1 UWG sein, da nach dieser Norm entgangener Gewinn auch bei leichtem Verschulden ersatzfähig wäre.[139]

3. Schadensabwälzung

Das österreichische Recht sieht die Einrede der Schadensabwälzung vor.[140] Da das Weißbuch diese Einrede aber zulässt, steht die österreichische Regelung im Einklang mit den Vorschlägen der Kommission.

4. Kausalität und Adäquanz

Als Haftungsvoraussetzung nennt der EuGH den ursächlichen Zusammenhang zwischen Schaden und EU-kartellrechtswidrigem Verhalten.[141] Fraglich ist, was unter diesem zu verstehen ist. Klar scheint, dass nicht jeder Schaden, der „irgendwie" durch ein kartellrechtswidriges Verhalten verursacht wurde, ersatzfähig sein kann. Vielmehr ist sehr wohl von einer Haftungsbegrenzung iSe *Äquivalenztheorie* auszugehen, so dass bestimmte Folgeschäden von der Ersatzpflicht ausgeschlossen sind.[142] Eine Klärung kann diesbezüglich freilich wohl nur die Rechtsprechung des EuGH bringen.

5. Rechtswidrigkeit und Rechtswidrigkeitszusammenhang

In der Rechtsache *Grazer Fahrschulkartell* ging das BG davon aus, dass es der offenkundige Zweck der einschlägigen Verbotsnormen (ie Kartellverbot) des Kartellgesetzes sei, Wettbewerbsverstöße und damit zusammenhängende Wettbewerbsverzerrungen, welche letztlich zu Nachteilen für die Verbraucher führen würden, zu ahnden.[143] Die kartellrechtlichen Normen wertete es als

139 *Stockenhuber/Wittmann*, wobl 2007, 334.

140 *Eilmansberger*, Schadenersatz, in *Gruber/Rüffler* (Hrsg), FS Hans-Georg Koppensteiner, 129 ff.

141 EuGH, Rs C-295/04, *Manfredi*, Slg 2006, I-6619, Rdnr 61.

142 Ausführlich *Eilmansberger*, ecolex 2002, 30 ff.

143 BG Graz, *Grazer Fahrschulkartell*, 4 C 463/06h, 6.

Schutzgesetze iSv § 1311 ABGB. Auf die Frage, worin der Schutzzweck des Kartellverbotes besteht, ging es dabei aber nicht näher ein.

Mit seiner Anknüpfung an § 1311 S 2 ABGB folgte das BG dem Schrifttum, welches die österreichischen wie auch die unionsrechtlichen Kartellvorschriften als Schutzgesetze iSd Norm wertet.[144] Die Anknüpfung an § 1311 S 2 ABGB hat für den Kläger den Vorteil, dass es bezüglich des Verschuldens zu einer Beweislastumkehr dahingehend kommt, dass der Beklagte (dh der Schädiger) beweisen muss, dass ihm am wettbewerbswidrigen Verhalten kein Verschulden trifft.[145] Anderes muss freilich für die Prüfung eines auf § 1 UWG gestützten Anspruchs gelten.[146]

§ 1311 ABGB ist eine Blankettnorm. Sie kann daher über den Schutzzweck des jeweiligen Schutzgesetzes keine Auskunft geben. Hinsichtlich des Schutzzweckes (dh die Frage nach dem persönlichen und sachlichen Schutzbereich) ist daher auf das einschlägige Schutzgesetz – hier auf das Kartellrecht – abzustellen.

Zunächst stellt sich die Frage, wer bzw was denn überhaupt durch die Kartellrechtsvorschriften geschützt werden soll (persönlicher Schutzbereich). Diesbezüglich ist davon auszugehen, dass diese nicht lediglich die Institution Wettbewerb schützen, sondern auch dem Individualschutz dienen sollen und somit auch der Einzelne klagsbefugt sein kann.[147] Fraglich bleibt freilich, wer durch die Wettbewerbsvorschriften geschützt werden soll. Hierbei könnten *Wettbewerber*, die *Marktgegenseite* und Kartellbeteiligte als geschützter Personenkreis in Frage kommen. Unstrittig ist, dass Wettbewerber vom persönlichen Schutzbereich der Wettbewerbsvorschriften erfasst sind.[148]

Die im Schrifttum teilweise vertretene Ansicht, wonach aber nur Wettbewerber als geschützt anzusehen sind, ist abzulehnen.[149] Wie oben dargestellt, geht auch der EuGH davon aus, dass die Marktgegenseite durch die Kartellvorschriften geschützt werden soll und dieser daher auch Schadenersatzan-

144 Siehe zB *Eilmansberger*, Bedeutung, in *Koppensteiner* (Hrsg), Wirtschaftsprivatrecht, Teil 6/1, 121 ff; *Jaeger*, JBl 2007, 351; *Reidlinger/Hartung*, Das neue Kartellrecht (2005), 215; *Thyri*, ecolex 2006, 803; *Wilhelm*, ecolex 2002, 557.

145 Vgl zB OGH v 8.3.2006, 7 Ob 258/05z; 25.8.1993, 1 Ob 10/93; siehe auch *Jaeger*, JBl 2007, 353; *Stockenhuber/Wittmann*, wobl 2007, 333.

146 *Jaeger*, JBl 2007, 353, Fn 43 mwN.

147 *Eilmansberger* Bedeutung, in *Koppensteiner* (Hrsg), Wirtschaftsprivatrecht, Teil 6/1, 137 ff; *Stillfried/Stockenhuber*, wbl 1995, 305 ff; idZ wird auch angeführt, dass das allgemeine Interesse ja letztlich nichts anderes sei als die Summe der Einzelinteressen, zB zu einem marktgerechten (dh nicht im Rahmen eines Preiskartells festgesetzten) Preis versorgt zu werden; vgl *Wilhelm*, ecolex 2002, 557.

148 *Eilmansberger*, Bedeutung, in *Koppensteiner* (Hrsg), Wirtschaftsprivatrecht, Teil 6/1, 157.

149 AA zB *Gehmacher/Hauck/Madl*, ecolex 2002, 564 ff.

sprüche aufgrund von wettbewerbswidrigem Verhalten zukommen soll.[150] Auch in *Grazer Fahrschulkartell*[151] wurde die Marktgegenseite (dh Verbraucher als *direkte Abnehmer*) als anspruchsbefugt angesehen. Diese Frage wurde sowohl vom EuGH wie auch vom BG nicht näher erörtert und somit wohl gar nicht als mögliches Problem wahrgenommen. Der Schutz der Marktgegenseite ist – nicht zuletzt auch vor dem Hintergrund des Zwecks des Wettbewerbsrechts (Stichwort: „consumer welfare") – ohne Zweifel anzunehmen. So wäre es doch schwer nachvollziehbar, dass in diesen beiden Rechtssachen, in denen es jeweils um ein Preiskartell ging, der wohl eindeutig[152] geschädigten Marktgegenseite (dh Versicherungsnehmer bzw Fahrschüler) keine Schadenersatzansprüche zukommen sollten. Vom Schutzzweck des Kartellrechts ist mE weiters nur der unmittelbar Geschädigte erfasst.[153]

Wohingegen Wettbewerber und Marktgegenseite als vom persönlichen Schutzbereich erfasst angesehen werden,[154] wird im Schrifttum davon ausgegangen, dass die Kartellbeteiligten nicht als schützenswert und somit auch nicht als iSv § 1311 ABGB anspruchsberechtigt sind.[155] Diese Annahme deckt sich auch mit der deutschen Rechtsprechung.[156] Entgegen dieser Annahme ging der EuGH in *Courage/Crehan*[157] davon aus, dass auch der bierbeziehende Pubpächter – als Beteiligter an der Alleinbezugsvereinbarung – Schadenersatzansprüche gegen die Brauerei geltend machen kann. Jedermann soll schadenersatzberechtigt sein, sofern ein ursächlicher Zusammenhang zwischen dem Schaden und dem verbotenen Verhalten besteht.[158] Diesbezüglich stellt sich die Frage, inwiefern das österreichische Schadenersatzrecht mit diesen unionsrechtlichen Vorgaben vereinbar ist.

Unseres Erachtens lässt sich der unionsrechtliche Schadenersatzanspruch nichtsdestotrotz auf § 1311 ABGB stützen. Letztlich handelt es sich hier nämlich nicht um ein Auslegungsproblem dieser Blankettnorm, sondern um die Frage nach dem Schutzzweck des unionsrechtlichen Kartellverbots. Kurz: Es handelt sich nicht um eine österreichische, sondern um eine unionsrechtliche Rechtsfrage. Folglich sollte § 1311 S 2 ABGB im Rahmen einer unionsrechtskonformen Auslegung dahingehend ausgelegt werden, dass das unionsrechtli-

150 Siehe auch *Koppensteiner*, Österreichisches und europäisches Wettbewerbsrecht³ (1997), § 8 Rdnr 91 ff; näher *Stillfried/Stockenhuber*, wbl 1995, 305 ff; *Wilhelm*, ecolex 2002, 557; kritisch *Gehmacher/Hauck/Madl*, ecolex 2002, 564 ff.

151 BG Graz, *Grazer Fahrschulkartell*, 4 C 463/06h.

152 Freilich anders stellt sich die komplexe Frage nach der Höhe dieses Schadens dar.

153 *Eilmansberger*, Bedeutung, in *Koppensteiner* (Hrsg), Wirtschaftsprivatrecht, Teil 6/1, 143.

154 Siehe zB *Eilmansberger*, ecolex 2002, 29.

155 *Eilmansberger*, ecolex 2002, 29 ff; *Stillfried/Stockenhuber*, wbl 1995, 306 f.

156 Vgl BGH v 27.2.1969, WuW 1969, 504, 508 – *Fruchtsäfte*.

157 EuGH, Rs C-453/99, *Courage/Crehan*, Slg 2001, I-6297.

158 EuGH, Rs C-295/04, *Manfredi*, Slg 2006, I-6619, Rdnr 61.

che Kartellverbot als Schutzgesetz zu deuten ist, mit der Folge, dass Verstöße gegen dieses Schutzgesetz unter den vom EuGH aufgestellten Bedingungen Schadenersatzansprüche gem § 1311 S 2 ABGB begründen können.

Diese Ausführungen gelten freilich nur für den Ersatz von Schäden, welche im ursächlichen Zusammenhang mit der Verletzung einer unionsrechtlichen Wettbewerbsvorschrift stehen. Begründet sich der Schadenersatzanspruch damit, dass gegen österreichisches Kartellrecht verstoßen wird, so kann durchaus an der hier vertretenen Ansicht festgehalten werden, dass Kartellbeteiligte nicht in den persönlichen Schutzbereich der Kartellvorschriften fallen und daher auch nicht schadenersatzanspruchsbefugt sind. Trotz des identen Wortlauts der österreichischen Bestimmungen braucht daher nicht dasselbe Prüfschema angewandt werden.[159]

6. Verschulden

Hinsichtlich des Verschuldens finden sich keine ausdrücklichen Hinweise in oben angeführten EuGH-Urteilen.[160] Würde man diese Rechtsprechung ganz im Lichte der Staatshaftungs-Rechtssprechung sehen, so hieße dies, auf das Verschuldenserfordernis zu verzichten, da Staatshaftung kein Verschulden voraussetzt.[161] Stattdessen stellt sie auf das Merkmal des hinreichend qualifizierten Verstoßes ab. Fraglich ist, ob das Absehen vom Verschuldenserfordernis auch für die Haftung Privater bei Verstößen gegen das EU-Kartellrecht gilt. ME ist nicht von dieser Annahme auszugehen. Sollte der EuGH in einem weiteren Judikat vom Verschuldenserfordernis absehen, so müsste – ähnlich den sich auf das AHG stützenden Staatshaftungsklagen – das österreichische Verschuldenserfordernis durch das Erfordernis des hinreichend qualifizierten Verstoßes im Rahmen eines Anwendungsvorrangs verdrängt werden.[162]

Um unbefriedigende Ergebnisse der Jedermann-Formel dergestalt zu vermeiden, dass etwa in der *Courage/Crehan*-Konstellation die Brauerei – aufgrund deren Musterverträge der Bierbezugsvertrag mit dem Pubpächter ja erst zustande kam – nun auch den Pubpächter auf Schadenersatz erfolgreich klagen könnte, sollte auf das Element des *Mitverschuldens* zurückgegriffen werden. Unter dem Mitverschulden könnte die Frage der erheblichen Verantwortlichkeit für den Kartellrechtsverstoß geklärt werden. Gravierendes Mitverschulden kann durchaus auch zu einem gänzlichen Verlust des Schadenersatzanspruchs führen.

---

159 ZT werden unionsrechtliche und österreichische Schadenersatzansprüche nach identischem Schema geprüft; vgl etwa *Stockenhuber/Wittmann*, wobl 2007, 334.

160 EuGH, Rs C-453/99, *Courage/Crehan*, Slg 2001, I-6297. EuGH, Rs C-295/04, *Manfredi*, Slg 2006, I-6619.

161 Vgl EuGH, verb Rs C-46 u C-48/93, *Brasserie du Pêcheur*, Slg 1996, I-1029, Rdnr 47.

162 So auch *Jaeger*, JBl 2007, 353.

7. Verjährung

Nach dem Weißbuch soll auch dafür Sorge getragen werden, dass der Schadenersatzanspruch nicht durch ungünstige Verjährungsfristen ausgeschlossen wird.[163] ME ist mit der derzeit geltenden Verjährungsregelung des § 1489 ABGB dieser Gefahr in ausreichender Weise begegnet.[164]

D. Exkurs: Die Haftung Privater bei Verstößen gegen das unionsrechtliche Beihilfeverbot

Bislang war lediglich von den unionsrechtlichen Kartellvorschriften die Rede. Das EU-Wettbewerbsrecht umschließt aber auch das Beihilfeverbot der Art 87 f EGV (Art 107 f AEUV). Nichtsdestotrotz unterscheidet sich letzteres vom EU-Kartellrecht dahingehend, dass der Verstoß eines Privaten gegen Art 88 Abs 3 EGV (Art 108 Abs 3 AEUV) keinen unionsrechtlichen Schadenersatz gegen diesen begründet.[165] Es gibt daher kein Äquivalent zu *Courage/Crehan* und *Manfredi* in diesem Bereich. Folglich beziehen sich die Reformvorhaben der Kommission auch nicht auf Schadenersatzklagen wegen Verstößen gegen das EU-Beihilferecht. Dennoch kann der Verstoß gegen Beihilferecht nach österreichischem Recht den Empfänger schadenersatzpflichtig machen. Zu denken ist hier an eine UWG-Klage gegen den Empfänger, die sich auf Art 88 Abs 3 EGV (Art 108 Abs 3 1 S AEUV) in Verbindung mit §§ 1 UWG stützt.[166]

IV. Zusammenfassung

Die wichtigsten Ergebnisse der Untersuchung lassen sich thesenhaft wie folgt zusammenfassen:

1. Das österreichische Recht entspricht den Vorgaben des EuGH.
2. Die Reformvorschläge des Weißbuches finden vielfach bereits Entsprechung im österreichischen Recht. Ein ungelöstes Problem stellt jedoch das Verhältnis von Zugang zu Beweismitteln und Kronzeugenschutz dar. Ins-

163 Siehe vorstehend Pkt III.C.2.

164 So auch *Jaeger*, JBl 2007, 351.

165 Vgl EuGH, Rs C-39/94, *SFEI*, Slg 1996, I-3547, Rdnr 74.

166 Zu dieser Problematik siehe auch *Eilmansberger*, Die Zivilrechtsfolgen gemeinschaftsrechtswidriger Beihilfegewährung – Zur Bedeutung der Art 87 f EGV für das österreichische Zivilrecht, in *Koppensteiner* (Hrsg), Österreichisches und Europäisches Wirtschaftsprivatrecht, Teil 8/2 (2000), 211 ff; *Jaeger*, ecolex 2006, 804 ff; *Jaeger*, ÖZW 2007, 73 ff; siehe diesbezüglich aber auch *Ginner*, OZK 2008, 113, die sich für eine Abänderung des österreichischen Rechts ausspricht.

besondere in diesem Feld scheint gesetzgeberischer Handlungsbedarf zu bestehen.

3. Trotz weitgehender Konformität der österreichischen Rechtsordnung stehen erfolgreichen Schadenersatzklagen wegen Kartellrechtsverstößen noch immer ernsthafte Hindernisse im Wege. Diesen Befund stellt auch die Entscheidung in der Rechtssache *Grazer Fahrschulkartell* nicht in Frage, lagen doch dort eine ganze Reihe günstiger Umstände (Ermittlungen von BAK und BWB, Feststellung des Kartells durch das KG, Folgeklage, Klagserhebung durch die BAK, unstrittiger Sachverhalt, Zustimmung der Beklagten zur Einsichtnahme in den kartellgerichtlichen Akt, geringe Schadenshöhe und daher Anwendbarkeit von § 273 ZPO) vor.

Finanzielle Sanktionen gegen Mitgliedstaaten bei Nichterfüllung von EuGH-Urteilen

Waldemar Hummer

Literatur: *Everling*, Rechtsschutz in der EU nach dem Vertrag von Lissabon, EuR-Beiheft 1–2009, 82; *Fülöp*, Regierungskonferenz 2007: Ausgangslage, Arbeitsweise, Ergebnisse, in *Hummer/Obwexer* (Hrsg), Der Vertrag von Lissabon (2009), 87; *Obwexer*, Gerichtssystem und Rechtsschutz, in *Hummer/Obwexer* (Hrsg), Der Vertrag von Lissabon (2009), 258; *Ortner*, Das Urteil des Gerichtshofes der Europäischen Gemeinschaften zur besonderen Hochschulreife (Rs C-147/03) und seine Auswirkungen auf den Universitätszugang in Österreich, Diss Universität Innsbruck (2009); *Perrotti*, ¿Quién paga los costos del incumplimiento de las sentencias del Tribunal Permanente der Revisión (Mercosur)? Responsabilidad del Estado por violación del derecho de la integración, Revista jurídica El Derecho (Buenos Aires), Serie Especial-Suplemento de Derecho Administrativo (EDA) del 31/03/2009, 1, 30/04/2009, 11, 15/05/2009, 17, 30/06/2009, 6 und 31/07/2009, 13; *Sommer*, Los alcances de la aplicación del Art 228 del Tratado de la Comunidad Europea por incumplimiento del derecho comunitario (2009), unveröffentlichtes Manuskript; *Streinz*, Verfassungsvertrag und Vertrag von Lissabon: Alter Wein in neuen Schläuchen?, in *Hummer/Obwexer* (Hrsg), Der Vertrag von Lissabon, 457; *Fischer*, Der Vertrag von Lissabon (2008); *Pöschl*, Die Nichterfüllung von Urteilen von Gerichtshöfen in Integrationszonen, Diplomarbeit Universität Innsbruck (2008); *Ronnweber*, Hochschulzugang in Österreich. Die Folgen des EuGH Urteils in der Sache C-147/03 (2008); *Schweitzer*, Art 228 Abs 2 EGV: Schnittstelle von Souveränität und Supranationalität, in *Ipsen/Stüer* (Hrsg), Europa im Wandel, FS *Hans-Werner Rengeling* (2008), 437; *Steiner*, Die Verhängung einer Geldbuße nach Art 228 Abs 2 EGV, ZfRV 2008, 152; *Geib*, Bericht des MLUR zu Vertragsverletzungsverfahren durch die EU, EU-Zwangsgeld und Pauschalbetrag bei nicht rechtzeitiger Umsetzung von EU-Richtlinien, Schleswig-Holsteinischer Landtag, Umdruck 16/1714 vom 25. Januar 2007 (http://www.sh-landtag.de/infothek/wahl16/umdrucke/1700/umdruck-16–1714.pdf); *Ortúzar Andechaga*, El control del incumplimiento de las obligaciones comunitarias de los estados miembros (Y II), revista ambienta, junio 2007, 54; *Thiele*, Europäisches Prozessrecht (2007); *Baddenhausen/Dietrich*, Das sog zweite Vertragsverletzungsverfahren gemäß Art 228 EG-Vertrag und die Maßstäbe der Kommission zur Ermittlung von Zwangsgeld und Pauschalbetrag (http://www.bundestag.de/bic/analysen/2006/Vertragsverletzungsverfahren_gemaess_Art_228_EG-Vertrag.pdf); *Borchardt*, Art 228 EGV, in *Lenz/Borchardt* (Hrsg), EU- und EG-Vertrag[4] (2006), 2182; *Houppermans*, L' inflation des désistements et le pouvoir de la Commission européen (2006); *Huck/Klieve*, Neue Auslegung des Art 228 Abs 2 EG und ein Zeichen gesteigerter Autorität des EuGH: Erstmalige Verhängung von Zwangsgeld und Pauschalbetrag gegen einen Mitgliedstaat, EuR 2006, 413; *Obwexer,* Verschärfung der finanziellen Sanktionen gegen EU-MS, ecolex 2006, 721; *Pastori,* La ejecución de las sentencias y laudos en la integración regional: análisis comparativo de los distintos procedimientos instituidos en la Unión Europea y en el MERCOSUR, Cuadernos de Integración Europea, No 5, Junio 2006, 89; *Pauling,* Es wird teuer – Neuer Bußgeldkatalog der Kommission zur Anwendung von Art 228 EG liegt vor, EuZW 2006, 492; *Piscitello/Schmidt,* Der EuGH als Vorbild: Erste Entscheidung des ständigen Mercosur-Gerichts, EuZW 2006, 301; *Schulev-Steindl,* Hochschulzugang in Österreich, JBl 2006, 2; *Schweitzer,* Finanzielle Sanktionen – es wird immer teurer, GPR 2/2006, Editorial, 53; *Wennerås,* A new dawn for Commission enforcement under articles 226 and 228 EC: General and Persistent (GAP) Infringements, lump sums and penalty payments, CMLR 2006, 31; *Clément/Wiltz,* Une nouvelle interprétation del'article 228–2 CE favorisée par le dialogue entre la Cour et son Avocat général (2005); *Vinuesa,* Enforcement of Mercosur Arbtitration Awards Within the Domestic Legal Order of Member States, Texas International Law Journal 2005, 425; *Vigil Toledo,* La solución de controversias en el Derecho Comunitario Andino, in *Lacarte/Granados* (eds), Solución de Controversias Comerciales Inter-Gubernamentales: Enfoques Multilaterales y Regionales (2004); *Frischhut,* Die Rolle der Judikative in der Ausformung der Verbandsgewalt supranationaler Organisationen (2003); *Hummer,* Untergang, „Entkernung" und Funktionsnachfolge Internationaler Organisationen – dargestellt am Beispiel der EGKS und der WEU, in *Zehetner* (Hrsg), FS Hans-Ernst Folz (2003), 117; *Thewes,* Bindung und Durchsetzung der gerichtlichen Entscheidungen in der EU (2003); *BM für Wissenschaft und Forschung,* Evaluierung der Auswirkungen des § 124b UG (2002); *Durner,* Zwangsgelder nach Artikel 228 EG im Verhältnis von Bund und Ländern – Wer kommt auf für die Zwangsgelder bei Vertragsverstößen der Länder, BayVBl 2002, 745; *de Kerchove/Weyembergh,* La reconnaissance mutuelle des décisions judiciaires pénales dans l'Union Européenne (2001); *Härtel,* Durchsetzbarkeit von Zwangsgeld-Urteilen des EuGH gegen Mitgliedstaaten, EuR 2001, 617; *Heidig,* Die Verhängung von Zwangsgeldern und Pauschalbeträgen gegen die Mitgliedstaaten der EG: Das Sanktionsverfahren nach Artikel 228 Abs 2 EGV (2001); *Becker,* Die Berechnung des Zwangsgelds nach Art 228 EGV nF – Analyse des Verfahrens der Europäischen Kommission/zugleich über Rechnen im Recht, UPR 2000, 21; *Böhm,* Der Bund-Länder-Regreß nach Verhängung von Zwangsgeldern durch den EuGH, JZ 2000, 382; *Gedschold,* Zwangsgelder gemäß Art 228 Abs 2 EGV und die bundesstaatliche Ordnung der BRD (2000); *Heidig,* Die Verhängung von Zwangsgeldern nach Artikel 228 Abs 1 EGV, EuR 2000, 782; *Karpenstein,* Anmerkung zum Urteil des EuGH vom 4.7.2000, Rechtssache C-387/97, Kommission/Griechenland, EuZW 2000, 537; *Obwexer,* Finanzielle Sanktionen gegen EU-Mitgliedstaaten, ecolex 2000, 756; *Streinz,* EuGH Rs C-387/97, Urteilsanmerkung, JuS 2000, 1216; *Bohl,* Anmerkung zum Urteil des EuGH vom 29.9.1998, Rechtssache C-191/95, Kommission/Deutschland, EuZW 1998, 762; *Bonnie,* Commission Discretion under Article 171 (2) E.C., ELRev 1998, 537; *Tezcan,* Les sanctions prévues par l'article 171, aliéna 2 du Traité CE en cas de non-exécution d'un arrêt de la Cour de Justice par un État membre et les développements récents à ce propos, REDP 1998, 39; *Blumenwitz/Schöbener,* Stabilitätspakt für Europa. Die Sicherstellung mitgliedstaatlicher Haushaltsdisziplin im Europa- und Völkerrecht (1997); *Hölscheidt,* Zwangsgelder gegen die Bundesrepublik Deutschland wegen der Nichtbeachtung von Urteilen des Europäischen Gerichtshofs, BayVBl 1997, 459; *Niedermühlbichler,* Sanktionen gegenüber Mitgliedstaaten bei Nichtbefolgung von EuGH-Urteilen, ecolex 1997, 316; *Candela Castillo/Mongin,* Les infractions au droit communautaire commises par les États membres: Quelques apports clés de la jurisprudence de la Cour de Justice en matiére de manquement, RMC 1996, 51; *Heitzer,* Punitive Sanktionen im europäischen Gemeinschaftsrecht (1996); *Kort,* Verstoß eines EG-Mitgliedstaats gegen europäisches Recht: Probleme des Vertragsverletzungsverfahrens gem Art 169 EGV, DB 1996; *van Gerven/Zuleeg* (Hrsg), Sanktionen als Mittel zur Durchsetzung des Gemeinschaftsrechts (1996); *Cornils*, Der gemeinschaftsrechtliche Staatshaftungsanspruch (1995); *Diez-Mecking*, Sanktionen als Mittel zur Durchsetzung des Gemeinschaftsrechts, EuR 1995, 141; *Wägenbauer*, Zur Nichtbefolgung von Urteilen des EuGH durch die Mitgliedstaaten, in *Due/Lutter/Schwarze* (Hrsg), FS Ulrich Everling (1995), Bd II, 1611; *Hochleitner*, Le traité de Maastricht et l'inexécution des arrêts de la Cour de justice par les États membres, RMUE 1994, 111; *Spannowsky*, Wettbewerbsverzerrende Defizite des gemeinschaftsrechtlichen Sanktions- und Vollstreckungssystems, JZ 1994, 331; *Middeke/Szczekalla*, Änderungen im europäischen Rechtsschutzsystem, JZ 1993, 288; *Pache*, Zur Sanktionskompetenz der EWG, EuR 1993, 173; *Harding*, European Community investigations and sanctions (1993); *Teske*, Die Sanktion von Vertragsverstößen im Gemeinschaftsrecht, EuR 1992, 265; *Jakob*, Sanktionen gegen vertragsbrüchige Mitgliedstaaten der Europäischen Gemeinschaft (EWG) (1988); *Ortlepp*, Das Vertragsverletzungsverfahren als Instrument zur Sicherung der Legalität im Europäischen Gemeinschaftsrecht (1987); *Bebr*, Development of judicial control of the European Communities (1981), 326.

Judikatur: *EuGH*: EuGH, Rs C-526/08, *Kommission/Luxemburg*, Urteil vom 29. Juni, noch nicht in der amtl Slg erschienen; EuGH, Rs C457/07, *Kommission/Portugal*, Slg 2009, I-8091; EuGH, Rs C-369/07, *Kommission/Griechenland*, Slg 2009, I-5703; EuGH, Rs C-109/08, *Kommission/Griechenland*, Slg 2009, I-4657; EuGH, Rs C-568/07, *Kommission/Griechenland*, Slg 2009, I-4505; EuGH, C-121/07, *Kommission/Frankreich*, Slg 2008, I-9159; EuGH, Rs C-70/06, *Kommission/Portugal*, Slg 2008, I-1; EuGH, Rs C-177/04, *Kommission/Frankreich*, Slg 2006, I-2461; EuGH, Rs C-119/04, *Kommission/Italien*, Slg 2006, I-6885; EuGH, Rs C-432/03, *Kommission/Portugal*, Slg 2005, I-9665; EuGH, Rs C-304/02, *Kommission/Frankreich*, Slg 2005, I-6263; EuGH, Rs C-147/03, *Kommission /Österreich*, Slg 2005, I-5969; EuGH, Rs C-65/03, *Kommission/Belgien*, Slg 2004, I-6427; EuGH, Rs C-201/02, *Wells*, Slg 2004, I-723; EuGH, Rs C-278/01, *Kommission/Spanien*, Slg 2003, I-14141; EuGH, Rs C-87/01 P, *Kommission/Conseil des communes et Régions d'Europe*, Slg 2003, I-7617 ff; EuGH, Rs C-266/00, *Kommission/Luxemburg*, Slg 2001, I-2073; EuGH, Rs C-387/97, *Kommission/Griechenland*, Slg 2000, I-5047; EuGH, Rs C-334/94, *Kommission/Frankreich*, Slg 1996, I-1307; EuGH, Rs C-415/93, *Bosman*, Slg 1995, I-4921; EuGH, Rs C-366/89, *Kommission/Italien*, Slg 1993, I-4201; EuGH, Rs 250/78, *DEKA/EWG*, Slg 1983, 421; EuGH, verb Rs 24 und 97/80 R, *Kommission/Frankreich*, Slg 1980, 1319; EuGH, Rs 48/71, *Kommission/Italien*, Slg 1972, 529.
EuG: EuG, Rs T-139/06, *Frankreich/Kommission*, ABl 2006, C 165, 31; Rs T-68/03, *Olympiaki Aeroporia Ypiresies AE*/Kommission, Slg 2007, II-2911.

Inhalt

Einführung

Bis zum Vertrag von Maastricht zur Gründung der Europäischen Union (1992) konnte die Nichtbefolgung eines Urteils des Gerichtshofs der Europäischen Gemeinschaften (EuGH), das in einem Aufsichts- (Art 169 EWGV)(alt) bzw Vertragsverletzungsverfahren (Art 170 EWGV)(alt) ergangen war, nur dadurch sanktioniert werden, dass gegen den verurteilten Mitgliedstaat neuerlich ein Aufsichts- oder Vertragsverletzungsverfahren gem Art 169 bzw 170 EWGV (alt) eingeleitet wurde. Der nunmehrige Vertragsverstoß war eben die Nichtbefolgung eines Urteils des EuGH. Art 171 EWGV(alt) stellte diesbezüglich nur fest, dass der verurteilte Staat „die Maßnahmen zu ergreifen (hat), die sich aus dem Urteil des Gerichtshofs ergeben".

Erst durch den *Vertrag von Maastricht* (1992) wurde in den Art 171 EGV (alt) ein zweiter Absatz eingefügt, in dem ein eigenes Sanktionsverfahren für die Nichtbefolgung eines verurteilenden Erkenntnisses des EuGH, das in einem Aufsichts- bzw Vertragsverletzungsverfahren ergangen war, vorgesehen wurde. In der Folge wurde Art 171 EGV(alt) durch Art 12 des Vertrages von Amsterdam (1997) zu Art 228 EGV und Art 169 EGV(alt) zu Art 226 EGV sowie Art 170 EGV(alt) zu Art 227 EGV umnummeriert.

Nach genau 45-jähriger Tätigkeit (sic) hatte sich der EuGH im Jahre 1997 erstmals gem Art 228 EGV mit der Frage der Verhängung einer *finanziellen Sanktion* gegen einen *Mitgliedstaat* wegen der *Nichtbefolgung* eines bereits einmal gegen diesen ergangenen *Urteils* des *EuGH* zu beschäftigen.[1] Betroffen davon war Deutschland, das wegen der Nichtumsetzung zweier Naturschutz-[2] bzw Um-

1 Auffällig ist, dass es sich bei der Nichtbefolgung von Vertragsverletzungsurteilen in der Mehrzahl um solche Rechtssachen handelte, bei denen es um die Nichtumsetzung von Umweltschutz-Richtlinien (Grundwasser-Richtlinie, Oberflächengewässerschutz-Richtlinie, Vogelschutz-Richtlinie, Flora-Fauna-Habitat-Richtlinie etc.) ging.

2 Die Rs C-121/97, *Kommission/Deutschland*, betraf die Nichtbeachtung des EuGH-Urteils vom 3. Juli 1990 in der Rs C-288/88, *Kommission/Deutschland*, Slg 1990, I-2721 wegen Nichtumsetzung der RL 79/409 des Rates vom 2. April 1979 über die Erhaltung der wildlebenden Vogelarten; die Rs C-121/97 wurde durch Beschluss vom 23. September 1997 aus dem Register des Gerichtshofs gestrichen, nachdem alle deutschen Bundesländer die sich aus dem Urteil ergebenden Maßnahmen ergriffen hatten.

weltrichtlinien[3] in von der Europäischen Kommission gegen es angestrengten Vertragsverletzungsverfahren gem Art 226 EGV verurteilt wurde, diesem Urteilen des EuGH aber nicht nachkam. Im Zuge der gegen die Bundesrepublik von der Kommission nunmehr auf der Basis von Art 228 Abs 2 EGV eingeleiteten *„zweiten Vertragsverletzungsverfahren"* kam diese ihrer Verpflichtung aber rasch nach, sodass das Verfahren relativ bald eingestellt werden konnte und Deutschland das ihm angedrohte Zwangsgeld nicht mehr zahlen musste[4].

Drei Jahre später kam es im Jahr 2000 erstmals zu einer Verurteilung eines Mitgliedstaates der EU wegen der Nichtdurchführung eines gem Art 226 EGV ergangenen Vertragsverletzungsurteils des EuGH zur Zahlung eines *Zwangsgeldes* gem Art 228 Abs 2 EGV[5]. Dieser vom EuGH auferlegten Verpflichtung zur Entrichtung eines Zwangsgeldes in Höhe von täglich 20.000 € vom Tag der Urteilsverkündung an, kam Griechenland in vollem Umfang nach und traf in der Folge auch entsprechende Maßnahmen zur Durchführung des ersten verurteilenden Erkenntnisses des EuGH. Damit konnte der erste Fall, in dem der EuGH einen Mitgliedstaat zu Zahlung eines Zwangsgeldes gem Art 228 Abs 2 UAbs 3 EGV verurteilt hatte, erfolgreich abgeschlossen werden.

Wiederum fünf Jahre später verhängte der EuGH im Jahre 2005 erstmals und sowohl vom Vorschlag der Kommission als auch vom ausdrücklichen Wortlaut des Art 228 Abs 2 EGV – „... zu zahlenden Pauschalbetrags *oder* Zwangsgelds ..." – abweichend, in einem „zweiten Vertragsverletzungsurteil" gegen Frankreich[6] ein *Zwangsgeld* und auch einen *Pauschalbetrag*, womit er

3 Die Rs C-122/97, *Kommission/Deutschland*, betraf die Nichtbeachtung des EuGH-Urteils vom 17. Oktober 1991 in der Rs C-58/89, *Kommission/Deutschland*, Slg 1991, I-5019 wegen Nichtumsetzung der RL 75/440/EWG des Rates vom 16. Juni 1975 über die Qualitätsanforderungen an Oberflächenwasser für die Trinkwassergewinnung in den Mitgliedstaaten sowie der RL 79/869 des Rates vom 9. Oktober 1979 über die Messmethoden sowie über die Häufigkeit der Probenahmen und der Analysen des Oberflächenwassers für die Trinkwassergewinnung in den Mitgliedstaaten. Die Rs C-122/97 wurde durch Beschluss vom 18. Oktober 1999 aus dem Register des Gerichtshofs gestrichen.

4 Ein weiteres im Jahre 2001 gegen Deutschland anhängig gemachtes Vertragsverletzungsverfahren in der Rs C-41/01, *Kommission/Deutschland*, betraf die Nichtbeachtung des EuGH-Urteils vom 22. Oktober 1998 in der Rs C-301/95, *Kommission/Deutschland*, Slg 1998, I-6135 wegen Nichtumsetzung der Richtlinie 85/337/EWG des Rates vom 27. Juni 1985 über die Umweltverträglichkeitsprüfung bei bestimmten öffentlichen und privaten Projekten. Die Rs C-41/01 wurde durch Beschluss vom 23. November 2001 aus dem Register des Gerichtshofs gestrichen; vgl dazu Deutscher Bundestag, 15. Wahlperiode, Unterrichtung durch die Bundesregierung: Bericht der Bundesregierung über die Kostentragungslast der Bundesländer bei Zwangsgeldforderungen der EU, Drucksache 15/2805 vom 24. März 2004, 1 ff.

5 EuGH, Rs C-387/97, *Kommission/Griechenland*, Slg 2000, I-5047; vgl dazu nachstehend Pkt I.C.3.

6 EuGH, Rs C-304/02, *Kommission/Frankreich*, Slg 2005, I-6263; vgl dazu nachstehend Pkt I.C.3.

beide möglichen finanziellen Sanktionen kumulierte. Dieses Judikat veranlasste in der Folge die Kommission, ihre bisherigen Mitteilungen über die Anwendung von Art 228 Abs 2 EGV aus den Jahren 1996[7] und 1997[8] zu überarbeiten und zukünftig auch die Möglichkeit der *kumulativen* Verhängung eines Zwangsgeldes und eines Pauschalbetrages in Betracht zu ziehen.[9]

Wie diese kurze Auflistung der wichtigsten Urteile des EuGH in „zweiten Vertragsverletzungsverfahren" gem Art 228 Abs 2 EGV belegt, ergingen diese im Zuge der Fortentwicklung der Europäischen Gemeinschaften zur Europäischen Union (EU) nicht nur sehr spät, sondern offensichtlich auch im Rahmen einer gewissen „juristischen Grauzone", die daraus resultierte, dass die primärrechtliche Bestimmung, die die nunmehrige Verhängung von finanziellen Sanktionen gegen säumige Mitgliedstaaten vorsah, sprachlich nicht eindeutig formuliert war. Sie bediente sich nämlich des Wortes *„oder"*, ohne in diesem Zusammenhang aber näher auszuführen, ob es sich dabei um eine *„disjunktive"* oder *„konjunktive"* Verwendung des Begriffs „oder" handelt.[10] Dementsprechend groß waren zunächst auch die Missverständnisse zwischen der Kommission, dem Gerichtshof und den Mitgliedstaaten in der Auslegung und Eingrenzung dieses außergewöhnlichen Sanktionstatbestandes.

Zur Verdeutlichung des außerordentlich komplexen Inhalts der Bestimmung des Art 228 EGV(alt) im allgemeinen sowie deren praktischer Handhabung durch Kommission und Gerichtshof muss etwas weiter ausgeholt werden. Zunächst geht es dabei darum, aufzuzeigen, warum es in den *Europäischen Gemeinschaften* (1951–1993) nie, und in der *Europäischen Union* (EU) erst sieben Jahre nach deren Gründung (1993), zu einer Verurteilung und Verhängung einer finanziellen Sanktion wegen der Nichtbefolgung eines verurteilenden Erkenntnisses des EuGH gekommen ist. Immerhin verstanden sich sowohl die Europäischen Gemeinschaften als auch die EU als *„Rechtsgemeinschaften"*[11], in denen die Befolgung von Urteilen des eigenen Gerichtshofs doch zu rechtstaatlichen Selbstverständlichkeiten gehören sollten.

Danach wird ein Blick auf die Voraussetzungen und Konsequenzen eines *„ersten* Aufsichts- bzw Vertragsverletzungsverfahren" gem Art 226 und 227 EGV(alt) zu werfen sein, um in der Folge das *„zweite* Aufsichts- bzw Ver-

7 Vgl dazu nachstehend Pkt I.C.2.a.aa.

8 Vgl dazu nachstehend Pkt I.C.2.a.bb.

9 Vgl dazu die „Mitteilung der Kommission über die Anwendung von Artikel 228 EG-Vertrag [SEK(2005) 1658] vom 9. Dezember 2005 (O/288/2005, OJ 1726–5.4.1.); http://ec.europa.eu/community_law/infrngements/infrngements_228_en.htm; vgl dazu nachstehend Pkt I.C.2.a.cc.

10 Vgl in diesem Zusammenhang auch die im Lateinischen unterschiedlichen Konnotationen von „sive", „vel" und „aut", die – als *„und/oder"* bzw *„entweder/oder"* – „konjunktiv" und „disjunktiv" verstanden werden können; vgl dazu nachstehend Pkt I.C.3. und II.B.1.

11 Vgl dazu *Schweitzer/Hummer/Obwexer*, Europarecht (2007), Rdnr 725.

tragsverletzungsverfahren“ gem Art 228 Abs 2 EGV(alt) als Sanktionsverfahren näher darzustellen. Dabei wird vor allem auf die konkrete Handhabung des Art 228 Abs 2 EGV(alt) durch die Kommission – so wie sie diese in ihren bisherigen drei Mitteilungen 1996/1997/2005 spezifiziert hat – einzugehen sein, um damit vor allem der Praxis entsprechende Orientierungspunkte zu liefern. Nach der Diskussion einer möglichen zwangsweisen Durchsetzung der finanziellen Sanktionen, die vom EuGH gem Art 228 Abs 2 UAbs 3 EGV (alt) verhängt wurden, werden die Änderungen im nunmehrigen Sanktionsverfahren des Art 260 des Vertrages über die Arbeitsweise der Union (AEUV) idF des Vertrages von Lissabon (2007) zu behandeln sein. Abschließend sollen die möglichen Auswirkungen dieses Regimes auf Österreich erwähnt werden.

I. Bisheriger Sachstand

A. Entstehungsgeschichte eines „zweiten Vertragsverletzungsverfahrens" als Sanktionsverfahren

1. Europäische Gemeinschaften (EGKS, EWG, EAG)

a. EGKS (1951)

Ursprünglich enthielt nur der älteste der drei Gründungsverträge der Europäischen Gemeinschaften, nämlich der am 18. April 1951 unterzeichnete *EGKS-Vertrag* (EGKSV) in seinem Art 88 UAbs 3 eine Sanktionsregelung für mitgliedstaatliche Vertragsverstöße. War die Hohe Behörde der Auffassung, dass ein Mitgliedstaat einer ihm nach diesem Vertrag obliegenden Verpflichtung nicht nachgekommen war, dann konnte sie diese Vertragsverletzung durch eine mit Gründen versehene Entscheidung[12] feststellen, in der sie dem belangten Staat eine Frist setzen musste, binnen derer er seine Verpflichtung zu erfüllen hatte. Der betroffene Staat konnte in der Folge innerhalb einer Frist von zwei Monaten nach Zustellung der Entscheidung beim Gerichtshof der EGKS Klage im Verfahren mit unbeschränkter Ermessensnachprüfung erheben.

Hatte ein Mitgliedstaat seine Verpflichtungen innerhalb der von der Hohen Behörde gesetzten Frist nicht erfüllt oder wurde seine Klage gegen eine solche Entscheidung vom Gerichthof abgewiesen, dann konnte die Hohe Behörde – um die Wirkungen der festgestellten Verletzung auszugleichen – nach einer mit Zweidrittelmehrheit erteilten Zustimmung des Rates durch Entscheidung entweder

12 Der „Entscheidung“ als individueller Rechtsakt des Sekundärrechts der EGKS kam gem Art 14 Abs 2 EGKSV Rechtsverbindlichkeit in allen ihren Teilen zu.

(a) *Zahlungen* aus dem EGKS-Haushalt zugunsten des beteiligten Staates *aussetzen* oder
(b) in Abweichung von Art 4 EGKSV entweder selbst Retorsionsmaßnahmen ergreifen oder die anderen Mitgliedstaaten dazu ermächtigen, solche Maßnahmen zu ergreifen. Erwiesen sich diese Maßnahmen als wirkungslos, dann hatte die Hohe Behörde hierüber an den Rat zu berichten (Abs 5).

Gegen solche Entscheidungen der Hohen Behörde gemäß lit (a) oder (b) konnte binnen einer Frist von zwei Monaten nach ihrer Zustellung Klage im Verfahren mit unbeschränkter Ermessensnachprüfung erhoben werden.

Bemerkenswert erscheint an der Bestimmung des Art 88 UAbs 3 EGKSV zweierlei: zum einen die Möglichkeit, gegen einen säumigen Mitgliedstaat Zahlungen aus dem EGKS-Haushalt auszusetzen und zum anderen, gegen diesen entweder individuelle oder kollektive Retorsionsmaßnahmen ergreifen zu können. Erstere Sanktion zeigt klar auf, dass man bereits zu diesem Zeitpunkt an die Möglichkeit einer *Aufrechnung* gedacht hat, ein Umstand, der in die spätere Sanktionsregelung offensichtlich nicht mehr aufgenommen wurde.[13] Letztere Sanktion belegt den rudimentären Zustand der Ausbildung der – gem Art 9 Abs IV und V EGKSV expressis verbis immerhin „supranational“ konzipierten – Rechtsordnung der Montanunion, die sich diesbezüglich noch nicht als „self contained regime“ mit eigenen Mechanismen zur Abstellung eines Vertragsverstoßes begriff und dementsprechend auch noch retorsive Maßnahmen der Mitgliedstaaten zur Abwehr eines solchen vorsah.

Wenngleich diese Sanktionen bis zum Auslaufen des EGKS-Vertrages am 23. Juli 2002[14] auch niemals angewendet wurden,[15] so waren sie doch ein wichtiges Indiz dafür, dass man sich bereits zu Beginn der europäischen Integration im Rahmen der EGKS darüber im Klaren war, dass die Nichtbefolgung einer durch den Gerichtshof der EGKS festgestellten Vertragsverletzung nicht hingenommen werden kann und durch die Androhung von Sanktionen verhindert werden muss.

b. EWG, EAG (1957)

Umso unverständlicher war es in der Folge, dass die Ende März 1957 unterzeichneten Verträge von Rom, nämlich der *EWG*- und der *EAG-Vertrag*, zwar Klagsmöglichkeiten der Kommission wegen Vertragsverletzung durch einen Mitgliedstaat (Art 169 EWGV, Art 143 EAGV) enthielten, für den Fall

13 Vgl dazu nachstehend Pkt I.D.2.

14 Vgl dazu *Schweitzer/Hummer/Obwexer*, Europarecht, Rdnr 11; *Hummer*, Untergang, „Entkernung“ und Funktionsnachfolge Internationaler Organisationen – dargestellt am Beispiel der EGKS und der WEU, in *Zehetner* (Hrsg), FS Hans-Ernst Folz (2003), 117 ff.

15 Siehe *Heidig*, Die Verhängung von Zwangsgeldern und Pauschalbeträgen gegen die Mitgliedstaaten der EG: Das Sanktionsverfahren nach Artikel 228 Abs 2 EGV (2001), 19.

der Nichtbefolgung eines dabei ergangenen verurteilenden Erkenntnisses des Gerichtshofs aber keine weiteren Sanktionen vorsahen. Offensichtlich nahmen sich die Gründungsväter der Verträge von Rom an Art 88 Abs 3 EGKSV kein Beispiel und gingen einfach davon aus, dass die Mitgliedstaaten einem Urteil des Gerichtshofs ohnehin nicht die Gefolgschaft verweigern würden. Dieselbe Philosophie lag auch der von Generalanwalt *Lagrange* in seinen Schlussanträgen in der Rechtsache 7/61[16] geäußerten Hoffnung zugrunde, „dass es wohl nie zu einem zweiten Vertragsverletzungsverfahren wegen Nichtbefolgung eines Urteils des Gerichtshofs kommen werde".

c. Befolgung der Urteile und Verfolgungspraxis der Kommission

Diese Hoffnung der unbedingten Befolgung der Urteile des Gerichtshofs ließ sich allerdings nur in den ersten dreißig Jahren der Entwicklung der Europäischen Gemeinschaften aufrechterhalten. Bis auf einen einzigen Fall der Nichtbefolgung eines Urteils des Gerichtshofs aus dem Jahre 1972[17] kam es tatsächlich bis Anfang der 1980er Jahre lediglich zu einer weiteren Nichtbeachtung eines Vertragsverletzungsurteils durch einen verurteilten Mitgliedstaat. In der Zeit danach kam es aber zu einer dramatischen Häufung von Fällen der Nichtbefolgung verurteilender Erkenntnisse des Gerichtshofs. So stieg die Zahl der nicht durchgeführten EuGH-Urteile von zwei im Jahre 1980 auf über 30 im Jahre 1983 auf 86 im Jahre 1990 an.[18] 1999 waren insgesamt 77 Urteile des EuGH nicht durchgeführt worden.[19]

Wie aus den seit 1984 veröffentlichten Jahresberichten der Kommission über die Kontrolle der Anwendung des Gemeinschaftsrechts[20] hervorgeht, haben sich die Mitgliedstaaten bei der Durchführung der gegen sie ergangenen Vertragsverletzungsurteile des öfteren auch allzu viel Zeit gelassen.[21] Dieser schleppenden Umsetzungsmoral entsprechend ergingen allein in den Jahren 1985 bis 1996 21 Zweiturteile. Selbst diese gem Art 226 EGV ergangenen Zweiturteile wurden von den betroffenen Mitgliedstaaten in zahlreichen Fällen nur sehr zögernd durchgeführt. Der längste Durchführungszeitraum betrug in diesem Zusammenhang mehr als acht Jahre. Rechnet man dabei noch hinzu, dass der Vertragsverstoß schon beim Erlass des ersten Vertragsverletzungsurteils meist einige Jahre bestanden hat, so ergeben sich in extremis Zeiträume von bis zu 20 Jahren (sic).

16 Schlussanträge von Generalanwalt *Lagrange* in der Rs 7/61, *Kommission/Italien*, Slg 1961, 735.

17 EuGH, Rs 48/71, *Kommission/Italien*, Slg 1972, 529 ff.

18 Siehe *Cremer* in *Calliess/Ruffert* (Hrsg), Kommentar zu EUV/EGV (1999), Art 228 EGV Rdnr 8.

19 KOM(2000) 92 endg vom 23. Juni 2000, Anhang V.

20 KOM(84) 181 endg und fortfolgende.

21 Vgl dazu die tabellarische Zusammenstellung bei *Heidig*, Verhängung (2001), 199.

Was die Verfolgungspraxis der Kommission angeht, so kann festgestellt werden, dass sie bis Ende 1985 noch in 90% der Fälle mit der Einleitung eines zweiten Verstoßverfahrens nach Art 226 EGV reagiert hat. Bis 1991 war dies aber nur mehr in jeweils 70 bis 80% der Fälle der Fall. Ab 1992 lässt sich ein Rückgang der Verfolgungsquote auf jeweils zwischen 40 und 50% feststellen. Dieser Trend ließ sich bis 2000 nachverfolgen. Nur in etwa der Hälfte der Fälle, in denen Ersturteile nicht befolgt wurden, hat die Kommission ein Zweitverfahren eingeleitet. Angesichts des Umstandes, dass die Kommission in allen Fällen der Nichtbefolgung eines verurteilenden Ersterkenntnisses gem Art 226 EGV zur Einleitung des Vorverfahrens verpflichtet ist,[22] kann dieses Vorgehen der Kommission keinesfalls überzeugen.[23]

d. Stellungnahme des EuGH (1975)

Der erste Vorschlag zur Sanktionierung der Nichtbefolgung von Vertragsverletzungsurteilen durch einen Mitgliedstaat geht bereits auf die Stellungnahme des Gerichtshofs zur geplanten Verwirklichung der Europäischen Union aus dem Jahr 1975 zurück, in der der Gerichtshof auf die Notwendigkeit hinwies, eine Lücke des EWG-Vertrages zu füllen, der zum Nachteil der vertragstreuen Mitgliedstaaten eine wirksame Sanktion bei Vertragsverstößen nicht ausdrücklich vorsieht. *„Daher wäre es zweckmäßig, wenn das den Verstoß feststellende Urteil die Maßnahmen bezeichnen könnte, die dem säumigen Staat aufzugeben wären, wenn ferner der Vollzug dieses Urteils in angemessener Form systematisch überwacht würde und wenn schließlich die Gewährung der von dem betreffenden Staat geforderten Vergünstigungen davon abhängig gemacht würde, dass der Verstoß abgestellt wird“*.[24]

1983 griff das Europäische Parlament (EP) diesen Vorschlag auf[25] und forderte die Mitgliedstaaten auf, den EWG-Vertrag entsprechend zu ändern. Nach einer Reihe weiterer Entschließungen des EP war es in der Folge den Beratungen im Rahmen der Regierungskonferenz zur Ausarbeitung einer Politischen Union 1990/91 vorbehalten, in dieser Frage einen Durchbruch zu erzielen. Auf der Basis eines britischen Vorschlags vom 5. Februar 1991[26] wurde schließlich durch den Vertrag von Maastricht (1992) in den Art 228 EGV ein

22 Vgl dazu nachstehend Pkt I.B.1.a.

23 Vgl *Heidig*, Verhängung (2001), 202.

24 *Gerichtshof*, Vorschläge zur Europäischen Union, BullEG Beilage 9/75, 17, zitiert bei *Heidig*, Verhängung (2001), 63.

25 EP, Entschließung zur Verantwortung der Mitgliedstaaten für die Anwendung und Wahrung des Gemeinschaftsrechts vom 9. Februar 1983, ABl 1983 C 68, 32 ff (Ziff 5).

26 Vgl dazu *Kommission* (Hrsg), 7. Jahresbericht über die Kontrolle der Anwendung des Gemeinschaftsrechts 1989 (1990), ABl 1990 C 232, 1 ff; gemäß diesem Bericht waren bis zum Stichtag 31. Dezember 1989 84 Urteile des EuGH nicht oder nur zum Teil umgesetzt worden; vgl dazu vorstehend Pkt I.A.1.c.

zweiter Absatz aufgenommen, der nunmehr ein finanzielles Sanktionsverfahren vorsah.[27]

Da die Mitgliedstaaten als „Herren der Verträge" diesem Wunsch des EuGH aber zunächst nicht nachkamen, bestand für die gem Art 155 erster Spiegelstrich EWGV die Rechtmäßigkeitsaufsicht in der EWG führende Kommission die einzige Möglichkeit, gegen die Nichtbefolgung eines Urteils vorzugehen, darin, ein weiteres Vertragsverletzungsverfahren gegen den säumigen Mitgliedstaat gem Art 169 EWGV einzuleiten. Von dieser Möglichkeit machte sie im Laufe der 1980er Jahre auch zunehmend Gebrauch. So ergingen, wie vorstehend bereits erwähnt, zwischen 1985 und 1996 insgesamt 21 „Zweiturteile", in denen der EuGH die Nichtbefolgung eines seiner früheren Urteile, die in Aufsichtsverfahren ergangen waren, feststellte.[28] Da diese Zweiturteile aber wiederum nur *„Feststellungsurteile"* waren, die nur die Vertragsverletzung durch einen Mitgliedstaat feststellen, aber keine weiteren Sanktionen vorsehen konnten, blieb die Zahl der nicht befolgten Urteile des EuGH unverändert hoch.[29] Es war daher ein vorrangiges Anliegen der Regierungskonferenz 1990/91 zur Politischen Union bzw zur Ausarbeitung des Vertrages von Maastricht (1992),[30] ein Verfahren zur Sanktionierung der Nichtbefolgung von Vertragsverletzungsurteilen auszuarbeiten.

2. Europäische Union auf der Basis des Vertrags von Maastricht (1992)

Dementsprechend wurde durch den *Vertrag von Maastricht* zur Gründung der Europäischen Union (1992)[31] in den Art 171 EGV(alt) ein zweiter Absatz eingefügt, in dem ein *„zweites Vertragsverletzungsverfahren"* vorgesehen war, das erstmals das ordentliche Vertragsverletzungsverfahren gem Art 169 EGV (alt) für die Nichtbefolgung eines verurteilenden Erkenntnisses des EuGH als *„lex specialis"* verdrängte. Nunmehr musste nicht wie bisher versucht werden, die Nichtbeachtung eines Urteils des EuGH durch ein neuerliches Vertragsverletzungsverfahren gem Art 171 Abs 1 EGV(alt) zu sanktionieren, sondern es stand jetzt gem Art 171 Abs 2 EGV(alt) dafür ein spezielles *„zweites Aufsichtsverfahren"* zur Verfügung, in dem als mögliche Sanktion die Verhängung von Geldbußen (Pauschalbetrag oder Zwangsgeld) drohten. Nicht konnten sich die Mitgliedstaaten als „Herren der Verträge" aus diesem Anlass aber

27 Art 143 EAGV wurde ebenfalls durch einen (identen) Absatz 2 erweitert, in den EGKS-Vertrag wurde aber keine Einfügung vorgenommen, da dieser ja – wie vorstehend erwähnt – in Art 88 EGKSV bereits eine einschlägige Sanktionsbestimmung enthielt.

28 Vgl *Härtel*, EuR 2001, 618; *Steiner*, ZfRV 2008, 153.

29 Vgl *Obwexer*, ecolex 2000, 757.

30 Vgl *Schweitzer/Hummer/Obwexer*, Europarecht, Rdnrn 8 ff.

31 Eine konsolidierte Fassung des EG-Vertrages in der Fassung des Vertrages von Maastricht (1992) findet sich in ABl 1992 C 224, 1 ff.

dazu entschließen, die dabei vorgesehenen finanziellen Sanktionen gegen den säumigen Mitgliedstaat vollstreckbar zu stellen.[32]

Durch den *Vertrag von Amsterdam* (1997), der am 1. Mai 1999 in Kraft trat, wurde an der Bestimmung des Art 171 Abs 2 EGV(alt) inhaltlich zwar nichts geändert, durch die gemäß Art 12 Vertrag von Amsterdam vorgenommene Umnummerierung[33] wurde aus Art 171(alt) zunächst Art 228 EGV und danach der heute in Kraft stehende Art 260 AEUV[34].

3. Europäische Union auf der Basis des Vertrags von Lissabon (2007)

Nach dem Inkrafttreten des *Vertrags von Lissabon* (2007) zum 1. Dezember 2009, der eine neue Europäische Union[35] errichtete, die gem Art 1 Abs 3 EUV (neu)[36] an die Stelle der Europäischen Gemeinschaft (EG) tritt, deren Rechtsnachfolgerin sie ist, wird aus dem bisherigen Art 228 EGV(alt) der Art 260 des durch den Vertrag von Lissabon geänderten und umbenannten *„Vertrags über die Arbeitsweise der Europäischen Union“* (AEUV)[37], wobei es aber nicht nur zu einer Umnummerierung, sondern auch zu wichtigen inhaltlichen Änderungen kam. Zum einen wird das Verfahren gem Art 260 Abs 2 AEUV prozedural gestrafft[38] und zum anderen enthält Art 260 AEUV einen neuen Abs 3, der nunmehr vorsieht, dass der EuGH auch dann ein Zwangsgeld oder einen Pauschalbetrag verhängen kann, wenn ein Mitgliedstaat seiner Verpflichtung nicht nachkommt, die Kommission über die von ihm ergriffenen Maßnahmen zur Umsetzung einer gemäß einem „Gesetzgebungsverfahren“ iSv Art 289 AEUV erlassenen Richtlinie zu unterrichten.[39]

Beibehalten wurde bei dieser Umgestaltung in Art 260 Abs 2 UAbs 1 AEUV aber die (missverständliche) Formulierung „Zahlung eines Pauschalbetrags *oder* Zwangsgelds“, die – wie vorstehend bereits erwähnt – Anlass zu unterschiedlichen Interpretationen gegeben hat und sowohl vom EuGH als auch

32 Zur Frage der Vollstreckung der Sanktionsurteile des EuGH gem Art 228 Abs 2 EGV vgl nachstehend Pkt I.D.

33 Gem Art 12 des Vertrags von Amsterdam (1997) iVm den Übereinstimmungstabellen im Anhang des Vertrages; vgl *Schweitzer/Hummer/Obwexer*, Europarecht, Rdnr 35.

34 Vgl nachstehend Pkt II.B.

35 Die neue Europäische Union ist gem Art 47 EUV(neu) mit eigener völkerrechtlicher Rechtspersönlichkeit ausgestattet.

36 Konsolidierte Fassung des Vertrags über die Europäische Union (EUV) idF des Vertrags von Lissabon, ABl 2010 C 83, 15 ff.

37 Konsolidierte Fassung des Vertrags über die Arbeitsweise der Europäische Union (AEUV) idF des Vertrags von Lissabon, ABl 2010 C 83, 47 ff.

38 Vgl dazu nachstehend Pkt II.B.1.

39 Vgl dazu nachstehend Pkt II.B.2.

der Kommission nicht als alternatives *„oder"*- sondern als kumulatives *„und"*-Kriterium verstanden wird.[40]

4. Exkurs: Außereuropäische Integrationszonen

So sehr die Einführung eines solchen speziellen Sanktionsverfahrens wegen der Nichtbefolgung von Urteilen des Gerichtshofs der Europäischen Gemeinschaften auch einen enormen (rechtsstaatlichen) Fortschritt im Recht Internationaler Organisationen darstellt, so wenig darf man in diesem Zusammenhang aber annehmen, dass dieses Verfahren konzeptuell nur auf die hochentwickelten supranationalen Europäischen Gemeinschaften bzw die neue Europäische Union beschränkt ist. So existieren zB sowohl in der supranationalen *Anden-Gemeinschaft*,[41] als auch im bloß intergouvernemental konzipierten *MERCOSUR*[42] durchaus gleichwertige Sanktionsverfahren im Falle der Nichtumset-

40 Vgl dazu nachstehend Pkt II.B.1.

41 In den Art 111 ff des Statuts des Anden-Gerichtshofs (2001) ist ein summarisches Verfahren wegen Nichterfüllung der Urteile des Gerichts verankert. Das summarische Verfahren kann entweder vom Gerichtshof selbst (sic) oder auf Antrag eines Mitgliedstaates, eines Gemeinschaftsorgans oder sogar einer Einzelperson eingeleitet werden. Gem Art 117 Statut kann in der Folge der Gerichtshof die Nichterfüllung seines Urteils durch Beschluss feststellen und in der Folge (punitive) Sanktionen verhängen, die nach korrekter Erfüllung des Urteils gem Art 120 Abs 1 Statut wieder aufgehoben werden können; vgl dazu *Vigil Toledo,* La solución de controversias en el Derecho Comunitario Andino, in *Lacarte/Granados* (eds), Solución de Controversias Comerciales Inter-Gubernamentales: Enfoques Multilaterales y Regionales (2004), 167 ff; *Frischhut,* Die Rolle der Judikative in der Ausformung der Verbandsgewalt supranationaler Organisationen (2003), 280 f; *Pöschl,* Die Nichterfüllung von Urteilen von Gerichtshöfen in Integrationszonen, Diplomarbeit Universität Innsbruck (2008).

42 Gem Art 27 des Protocolo de Olivos (2002) sind die Mitgliedstaaten des MERCOSUR verpflichtet, sowohl die Urteile der „Tribunales ad hoc" im MERCOSUR (TAHM), als auch die Urteile des „Tribunal Permanente de Revisión (TPR) zu erfüllen. Im Falle einer Nichtumsetzung kann die obsiegende Partei gem Art 31 Retorsionsmaßnahmen setzen, die sogar den Charakter von „cross retaliations" iSd obligatorischen Streitbeilegungsverfahrens im Schoß der WTO haben können. Trotzdem orientiert sich das TPR in seinem Laudo 1/2007 nicht am Modell der WTO, sondern expressis verbis an Art 228 EGV (sic); vgl dazu *Vinuesa,* Texas International Law Journal 2005, 439 f; *Perrotti, A.* ¿Quién paga los costos del incumplimiento de las sentencias del Tribunal Permanente de Revisión (MERCOSUR)? Responsabilidad del Estado por violación del derecho de la integración, El Derecho, Suplemento de Derecho Administrativo (EDA) (Buenos Aires) Nos 12.226 ff (31/03/2009 ff); *Pastori,* La ejecución de las sentencias y laudos en la integración regional: análisis comparativo de los distintos procedimientos instituidos en la Unión Europea y en el MERCOSUR, Cuadernos de Integración Europea, No 5, Junio 2006, 89 ff; *Sommer,* Los alcances de la aplicación del Art 228 del Tratado de la Comunidad Europea por incumplimiento del derecho comunitario (2009), unveröffentlichtes Manuskript im Besitz des Verfassers.

zung (schieds-)gerichtlicher Urteile der jeweiligen Integrations(schieds-)gerichte, die in mancher Beziehung sogar noch origineller und effektiver ausgestaltet sind, als dies in den Europäischen Gemeinschaften bzw der EU der Fall ist.

Diese Tatsache belegt den Umstand, dass auch in außereuropäischen Integrationszonen die Notwendigkeit erkannt wurde, säumige Mitgliedstaaten effektiv sanktionieren zu müssen, um den rechtstaatlichen Anspruch des jeweiligen Integrationsgebildes zu besichern. Erwähnenswert erscheint in diesem Zusammenhang aber auch die Tatsache, dass man sich sowohl in der Anden-Gemeinschaft als auch im MERCOSUR bei der Einführung dieses Sanktionsverfahrens ausdrücklich auf die einschlägige Regelung des Art 228 EGV berufen hat.[43]

B. Das (erste) Aufsichts- bzw Vertragsverletzungsverfahren

Eine Untersuchung, die sich mit dem *zweiten* Vertragsverletzungsverfahren als Sanktionsverfahren des Art 228 EGV beschäftigt, wäre unvollständig, würde sie nicht auf das diesem vorangehende „erste Vertragsverletzungsverfahren" im Wege einer „*Aufsichtsklage*" bzw einer „*Vertragsverletzungsklage*"[44] eingehen, das allerdings nur ein prozedural notwendiges „Durchgangsstadium"[45] dafür darstellt. Eine Darstellung letzteren Verfahrens kann an dieser Stelle aber nur in aller Kürze vorgenommen werden.

Hat der EuGH in einem *Aufsichtsverfahren* gem Art 226 (ex-Art 169) EGV oder in einem *Vertragsverletzungsverfahren* gem Art 227 EGV (ex-Art 170) EGV festgestellt, dass ein Mitgliedstaat gegen seine Verpflichtungen aus dem EG-Vertrag verstoßen hat, so ist dieser Mitgliedstaat gem Art 228 (ex-Art 171) Abs 1 EGV verpflichtet, „die Maßnahmen zu ergreifen, die sich aus dem Urteil des Gerichtshofes ergeben".

Dementsprechend werden nachstehend die beiden Klagsarten zur Abstellung einer Vertragsverletzung durch einen Mitgliedstaat gem Art 226 (*Aufsichtsklage* durch die Europäische Kommission) und Art 227 (*Vertragsverletzungsklage* durch einen anderen Mitgliedstaat) kurz dargestellt und danach auch ein kurzer Blick auf bestehende Abwandlungen und Sonderformen des Aufsichts- bzw Vertragsverletzungsverfahrens geworfen.

43 Im MERCOSUR geschah dies sogar im Rahmen des ersten Schiedsspruches des Ständigen Revisionsgericht (TPR); vgl Tribunal Permanente de Revisión, Laudo 1/2007 vom 8. Juni 2007; siehe dazu EuGH-Direction Générale de la Bibliothèque, Recherche et Documentation (ed), Reflets No 3/2007, 9; zur Vorbildwirkung des EuGH für die (Schieds-) Gerichte im MERCOSUR siehe allgemein *Piscitello/Schmidt*, EuZW 2006, 301 ff.

44 Zur Nomenklatur der Klagearten vor dem EuGH Vgl *Schweitzer/Hummer/Obwexer*, Europarecht, Rdnrn 735 ff und Rdnrn 750 ff.

45 *Heidig*, Verhängung (2001), 23.

1. Die Verfahren nach Art 226 und 227 EGV

Die Aufsichts- bzw Vertragsverletzungsverfahren sind als Verfahren der *objektiven Rechtskontrolle* ausgestaltet und dienen daher weder dem Schutz eigener Rechte der Kommission noch dem der Rechte einzelner Unionsbürger. Die Verfahren erfüllen damit eine reine Ordnungsfunktion. Von Aufsichts- bzw Vertragsverletzungsverfahren sind grundsätzlich nur *staatliche* Verstöße erfasst, das Verhalten Privater wird den jeweiligen Mitgliedstaaten aber dann zugerechnet, wenn sie auf deren Verhalten entscheidenden Einfluss ausgeübt haben. Sowohl die Aufsichts- als auch die Vertragsverletzungsklagen sind reine *Feststellungsklagen*.

Das Aufsichtsverfahren gem Art 226 EGV wird zunächst durch ein *informelles* Verfahren eröffnet, im Rahmen dessen eine gütliche Einigung erzielt werden soll. Erhält die Kommission von einem Vertragsverstoß durch einen Mitgliedstaat, wendet sie sich zunächst formlos an diesen, was in der Regel in Form sogenannter *„Paketsitzungen"* geschieht, in denen die Kommission mit dem betroffenen Mitgliedstaat nicht nur dieses, sondern auch noch eine Reihe weiterer offener Probleme bespricht.

Kann in diesem informellen Verfahren kein Einvernehmen erzielt werden, dann eröffnet die Kommission das *formelle* Verfahren, das mit einem *Vorverfahren* (Art 226 Abs 1 EGV) beginnt, an das sich allenfalls das *Hauptverfahren* (Art 226 Abs 2 EGV) anschließt, das mit der Erhebung der Aufsichtsklage durch die Kommission beginnt.[46]

In einigen Fällen ist wegen besonderer Dringlichkeit *kein Vorverfahren* erforderlich. Dies gilt in den nachstehend noch näher darzustellenden Abwandlungen des Sanktionsverfahrens, wie im Rahmen des Beihilfenaufsichtsverfahrens (Art 88 Abs 2 EGV), bei missbräuchlicher Anwendung des nationalen Alleingangs (Art 95 Abs 9 EGV) sowie bei missbräuchlicher Berufung auf Sicherheitsinteressen oder Schutzmaßnahmen (Art 298 Abs 2 EGV).[47] In all diesen Fällen kann der EuGH direkt angerufen werden.

In einem *Vertragsverletzungsverfahren* gem Art 227 EGV existiert hingegen kein informelles Verfahren, da der klagsbereite Mitgliedstaat vor der Erhebung seiner Klage zunächst (offiziell) die Kommission zu befassen hat, die in der Folge eine mit Gründen versehene Stellungnahme zu erlassen hat.[48]

a. Einleitung des Aufsichtsverfahrens durch die Kommission (Art 226 EGV)

Art 226 Abs 1 EGV regelt das *Vorverfahren* nur sehr unvollständig, da er in diesem Zusammenhang lediglich bestimmt, dass die Kommission, bevor sie eine mit Gründen versehene Stellungnahme zu einem vermuteten Vertragsver-

46 Vgl dazu *Schweitzer/Hummer/Obwexer*, Europarecht, Rdnrn 750 ff.

47 Vgl dazu nachstehend Pkt I.B.3.a.

48 Vgl dazu nachstehend Pkt I.B.1.b.

stoß eines Mitgliedstaates abgibt, dem betroffenen Staat „zuvor Gelegenheit zur Äußerung zu geben (hat)".

Führen die *informellen* Kontakte im Rahmen der vorerwähnten „Paketsitzungen" zu keinem Ergebnis, dann leitet die Kommission das *förmliche* Vorverfahren ein, das sich in zwei Abschnitte gliedert, nämlich das

(a) Mahnschreiben und die
(b) mit Gründen versehene Stellungnahme.

Ad (a) Im *Mahnschreiben* beanstandet die Kommission gegenüber der Regierung des betroffenen Mitgliedstaates eine Verletzung des Gemeinschaftsrechts, wobei sie die Beanstandungen nur in allgemeiner Form darlegen und noch nicht rechtlich in allen Details qualifizieren muss. Der Mitgliedstaat kann sich innerhalb der im Mahnschreiben gesetzten, angemessenen Frist – die die Kommission regelmäßig zwischen einem und zwei Monaten festsetzt – zu diesem Vorwurf äußern und versuchen, die gegen ihn erhobenen Beschuldigungen zu entkräften.

Ad (b) Ist die Kommission nach Ablauf der im Mahnschreiben gesetzten Frist von der Rechtfertigung durch den Mitgliedstaat nicht überzeugt und geht daher weiterhin von einem Vorliegen eines Vertragsverstoßes aus, dann gibt sie eine *mit Gründen versehene Stellungnahme* ab. Diese muss neben einer nunmehr notwendigen Darstellung aller rechtlichen Erwägungen, die nach Überzeugung der Kommission eine Vertragsverletzung begründen, auch die Aufforderung enthalten, den Vertragsverstoß binnen angemessener Frist – im Regelfall beträgt diese zwei Monate – abzustellen und danach der Kommission die hierzu ergriffenen Maßnahmen mitzuteilen.

Hat der betroffene Mitgliedstaat bis zum Ablauf der ihm gesetzten Frist den Vertragsverstoß nicht abgestellt, „so kann die Kommission den Gerichtshof anrufen" (Art 226 UAbs 2 EGV). Im Einklang mit der ständigen Judikatur der Gemeinschaftsgerichte verfügt die Kommission dabei sowohl hinsichtlich der Einleitung des Vorverfahrens, als auch der Klagserhebung selbst, über ein rechtlich gebundenes Ermessen, das sie pflichtgemäß auszuüben hat.[49]

Kommt es zur Befassung des EuGH mit einer *Aufsichtsklage* durch die Kommission gem Art 226 EGV, dann darf sich die Klagsschrift der Kommission nur auf die Gründe und Angriffsmittel erstrecken, die bereits Gegenstand des Vorverfahrens waren. Die Beweislast für das Vorliegen einer Vertragsverletzung trägt grundsätzlich die Kommission, es kann aber auch zu einer Umkehr der Beweislast kommen, wenn sich zB ein Mitgliedstaat auf die Unmöglichkeit der Umsetzung einer Richtlinie beruft.[50] Auch in den Fällen, in denen die Vertragsverletzung nach Ablauf der in der Stellungnahme gesetzten Frist

49 Vgl EuGH, Rs C-87/89, *Sonito ua/Kommission*, Slg 1990, I-1981, Rdnr 6 ff.
50 Vgl dazu auch die Ausführungen zu Art 260 Abs 3 AEUV in Pkt II.B.2.

beseitigt wird, ist ein Interesse an der Fortsetzung des Verfahrens regelmäßig zu bejahen.[51]

b. Einleitung des Vertragsverletzungsverfahrens durch einen Mitgliedstaat (Art 227 EGV)

Neben der Kommission, kann aber auch ein Mitgliedstaat einen anderen Mitgliedstaat in einem Vertragsverletzungsverfahren verklagen, wobei in diesem Fall die Rechtsgrundlage Art 227 EGV ist. Bevor ein Mitgliedstaat allerdings gem Art 227 EGV eine Vertragsverletzungsklage gegen einen anderen Mitgliedstaat einbringen kann, muss er die Kommission mit dem behaupteten Vertragsverstoß befassen. Die Kommission gibt daraufhin dem betroffenen Mitgliedstaat in einem kontradiktorischen Verfahren Gelegenheit, sich zu den Vorwürfen zu äußern und erlässt danach eine mit Gründen versehene Stellungnahme, die hinsichtlich des behaupteten Vertragsverstoßes positiv oder negativ ausfallen kann.

Ein Mitgliedstaat kann die Rechtssache erst nach Beendigung dieses Vorverfahrens, oder wenn die Kommission binnen drei Monaten, nachdem sie mit der Sache befasst worden ist, keine Stellungnahme abgegeben hat, vor den EuGH bringen. Keine Klagsvoraussetzung stellt allerdings eine positive Stellungnahme der Kommission im Hinblick auf das vermutete Vorliegen eines Vertragsverstoßes dar.

Im Gegensatz zur *Aufsichtsklage* gem Art 226 EGV, der an sich eine große Bedeutung zukommt, spielt die *Vertragsverletzungsklage* gem Art 227 EGV in der Praxis nur eine untergeordnete Rolle. Bisher sind nur einige wenige Urteile in einem Verfahren gem Art 227 EGV ergangen.

2. Das Verfahren nach Art 228 Abs 1 EGV

Ergeht ein verurteilendes Erkenntnis des EuGH in einem Aufsichts- bzw Vertragsverletzungsverfahren gem Art 226 und 227 EGV, dann hat der verurteilte Mitgliedstaat „die sich aus dem Urteil ergebenden Maßnahmen zu ergreifen" (Art 228 Abs 1 EGV).

Welche Maßnahmen der betroffene Mitgliedstaat zu ergreifen hat, ergibt sich aus dem Tenor des Urteils. Da diese Pflicht an sich alle Organe des verurteilten Mitgliedstaates trifft, können unterschiedliche Organisationseinheiten des jeweiligen Mitgliedstaates damit befasst sein und die Maßnahmen können auch in einem Tun oder einem Unterlassen bestehen.

Das entsprechende (Erst-)Urteil, das gem Art 226 bzw 227 EGV ergangen ist, ist ein Feststellungsurteil, dem keine gestaltende Wirkung zukommt. Dementsprechend ist der EuGH auch nicht befugt, die beanstandete nationale

51 Vgl *Heidig*, Verhängung (2001), 32.

Maßnahme aufzuheben oder abzuändern, ebenso wie er auch nicht eine Verpflichtung des Mitgliedstaates aussprechen kann, den Vertragsverstoß abzustellen. Trotzdem kann der EuGH Hinweise über Art und Ausmaß der zur Abstellung des Vertragsverstoßes möglichen mitgliedstaatlichen Maßnahmen geben, hat dabei aber die Grenze zwischen der erlaubten Konkretisierung der mitgliedstaatlichen Handlungspflichten und einer ihm nicht gestatteten Leistungsanordnung zu beachten.[52]

Art 228 Abs 1 EGV enthält für die Durchführung des verurteilenden Erkenntnisses keine Frist und auch der EuGH selbst kann keine Frist festsetzen.[53] Aus diesem Grunde sind selbst Anträge auf Fristverlängerung seitens des betroffenen Mitgliedstaates unzulässig – der EuGH darf darüber nicht befinden. Aus der Judikatur des EuGH ergibt sich aber die Pflicht, dem Urteil umgehend nachzukommen, sodass mit dem Vollzug des Urteils *unverzüglich* zu beginnen und dieser auch möglichst rasch abzuschließen ist. Damit hat der EuGH im Grund zwei Fristen festgelegt:

(a) zum einen ist die Umsetzung des Urteils sofort in Angriff zu nehmen und
(b) zum anderen ist diese innerhalb kürzestmöglicher Frist abzuschließen. Aus einer einschlägigen Untersuchung geht allerdings hervor, dass die zwischen dem ersten verurteilenden Erkenntnis und der Abgabe der mit Gründen versehenen Stellungnahme im zweiten Verstoßverfahren verstrichene Zeitspanne in den bis dahin vorgelegenen 23 Zweiturteilen zwischen ca 13 Monaten und 19,5 Jahren (!) betrug.[54]

Der betroffene Mitgliedstaat kann sich in diesem Zusammenhang nicht auf „Bestimmungen, Übungen oder Umstände seiner internen Rechtsordnung berufen, um die Nichteinhaltung der aus dem Gemeinschaftsrecht folgenden Verpflichtungen zu rechtfertigen“.[55] Das schließt insbesondere auch den Einwand aus, dass die Umsetzung durch die föderale Struktur des betroffenen Mitgliedstaates als Bundesstaat erschwert wird, eine Feststellung, auf die im Falle Österreichs besonders hinzuweisen ist.

Was nun eine generelle, vom jeweiligen Vertragsverletzungsurteil eventuell unabhängig bestehende Pflicht zu einer *„ex tunc-Regelung“* betrifft, so kann eine solche Pflicht zur rückwirkenden Beseitigung der Folgen des Vertragsverstoßes aus Art 228 Abs 1 EGV nicht erschlossen werden. Der Verpflichtung aus dieser Bestimmung ist mit einer *„ex-nunc-Regelung“* an sich Genüge getan. Auch ist ein Vertragsverletzungsurteil gem Art 226 EGV zwar für die Bejahung des Haftungstatbestandes der gemeinschaftsrechtlichen Staatshaftung

52 Vgl *Ortlepp*, Das Vertragsverletzungsverfahren als Instrument zur Sicherung der Legalität im Europäischen Gemeinschaftsrecht (1987), 113.

53 EuGH, Rs C-568/07, *Kommission/Griechenland*, Slg 2009, I-4505, Rdnr 51.

54 Vgl *Heidig*, Verhängung (2001), 44; siehe dazu auch vorstehend Pkt I.A.1.c.

55 EuGH, Rs C-568/07, *Kommission/Griechenland*, Slg 2009, I-4505, Rdnr 50.

nicht ohne Bedeutung, es stellt aber gerade keine „conditio sine qua non" für die Haftung des Mitgliedstaates dar.[56]

Aus Art 228 Abs 1 EGV folgt daher weder eine allgemeine Verpflichtung zur umfassenden rückwirkenden Beseitigung aller Folgen des Vertragsverstoßes, noch ein allgemeiner, individueller gemeinschaftsrechtlicher Folgenbeseitigungsanspruch. Der EuGH hat daher in diesem Zusammenhang stets klargestellt, dass die rechtswidrigen Folgen eines Verstoßes gegen Gemeinschaftsrecht nur im Rahmen der mitgliedstaatlichen Verfahrensautonomie behoben werden können.[57]

3. Abwandlungen und Sonderformen des Aufsichts- bzw Vertragsverletzungsverfahrens

Neben den allgemeinen, in Art 226 und 227 EGV geregelten Aufsichts- bzw Vertragsverletzungsverfahren kennt der EG-Vertrag

(a) drei *Abwandlungen* und
(b) zwei *Sonderformen* dieser beiden Verfahren.[58]

Eine Nichtbefolgung eines verurteilenden einschlägigen Erkenntnisses des EuGH, die mit einem Sanktionsverfahren beantwortet wird, löst in diesen Fällen allerdings durchaus unterschiedliche Konsequenzen aus.

a. Abwandlungen

Art 88 Abs 2 UAbs 1 und 2 EGV[59] sieht für Verstöße der Mitgliedstaaten im Bereich der staatlichen *Beihilfen* ein spezielles Verstoßverfahren vor. Stellt die Kommission nämlich fest, dass eine von einem Mitgliedstaat gewährte Beihilfe mit dem Gemeinsamen Markt unvereinbar ist oder missbräuchlich angewendet wird, so erlässt sie eine Entscheidung, in der sie dem betreffenden Mitgliedstaat die Umgestaltung oder Aufhebung der Beihilfe innerhalb einer bestimmten Frist verbindlich vorgibt. Geschieht dies nicht, so kann die Kommission und jeder betroffene Mitgliedstaat den EuGH ohne die Zwischenschaltung eines Vorverfahrens unmittelbar anrufen[60].

Nach Art 95 Abs 9 EGV[61] kann die Kommission oder ein Mitgliedstaat den EuGH dann unmittelbar anrufen, wenn sie der Meinung sind, dass ein Mit-

56 Vgl *Cornils*, Der gemeinschaftsrechtliche Staatshaftungsanspruch (1995), 156.
57 EuGH, Rs C-201/02, *Wells*, Slg 2004, I-723, Rdnr 64; vgl *Karpenstein/Karpenstein* in *Grabitz/Hilf* (Hrsg), Kommentar zur EU (Loseblatt), Art 228 EGV, Rdnr 14.
58 Vgl *Heidig*, Verhängung (2001), 55 ff.
59 Nunmehr Art 108 Abs 2 UAbs 2 und 3 AEUV idF des Vertrags von Lissabon.
60 Vgl dazu vorstehend Pkt I.B.1.
61 Nunmehr Art 114 Abs 9 AEUV idF des Vertrags von Lissabon.

gliedstaat seine Befugnis, gegenüber gemeinschaftlichen *Harmonisierungsmaßnahmen* im Bereich des *Binnenmarktes* nationale Bestimmungen mit einem höheren Schutzniveau anzuwenden, missbraucht.

Art 298 UAbs 2 EGV[62] wiederum ermöglicht es der Kommission oder einem Mitgliedstaat, beim EuGH – ebenfalls ohne vorherige Durchführung eines Vorverfahrens – Klage zu erheben, wenn sie der Auffassung sind, dass ein Mitgliedstaat von seinen in Art 296 und 297 EGV vorgesehenen Befugnissen zum Schutz seiner *sicherheitspolitischen* Interessen auf missbräuchliche Weise Gebrauch macht.

Wesentliches Merkmal dieser drei modifizierten Formen bzw Abwandlungen des Aufsichts- bzw Vertragsverletzungsverfahrens ist der Umstand, dass der EuGH ohne die Zwischenschaltung des in Verfahren nach Art 226 und 227 EGV vorgesehenen Vorverfahrens angerufen werden kann. Hinsichtlich der Parteienkonstellation ergeben sich aber keine Abweichungen gegenüber dem allgemeinen Aufsichts- bzw Vertragsverletzungsverfahren.

Was hingegen die Anwendbarkeit des *Sanktionsverfahrens* gem Art 228 Abs 2 EGV auf diese drei Abwandlungen des Vertragsverletzungsverfahrens betrifft, so ist in diesen Fällen vor Klageerhebung das in Art 228 Abs 2 EGV vorgesehene außergerichtliche Vorverfahren verpflichtend durchzuführen. Neben dem eindeutigen Wortlaut – die Sonderregelungen in den drei modifizierten Formen des Aufsichts- bzw Vertragsverletzungsverfahrens werden jeweils nur für die Verfahren gem Art 226 und 227 EGV, nicht aber für das Verfahren nach Art 228 Abs 2 EGV getroffen – streitet aber auch die Überlegung für diese Auslegung, dass sich im Sanktionsverfahren der beklagte Mitgliedstaat allein im Vorverfahren zum Vorwurf der Nichtdurchführung des gegen ihn ergangenen Ersturteils äußern kann, ein prozeduraler Schutz, der diesem nicht genommen werden darf.

b. Sonderformen

Im Gegensatz dazu findet in den in Art 237 lit a) und d) EGV[63] geregelten zwei Verfahren sowohl auf der Kläger- als auch auf der Beklagtenseite gegenüber dem allgemeinen Aufsichts- bzw Vertragsverletzungsverfahren eine Veränderung statt. Diese beiden Verfahren sind daher als echte Sonderformen des normalen Aufsichts- bzw Vertragsverletzungsverfahrens anzusehen.

Nach Art 237 lit a) EGV kann der Verwaltungsrat der EIB – und nicht die Kommission – die Verpflichtungen der Mitgliedstaaten aus der Satzung der EIB im Verfahren des Art 226 EGV durchsetzen. Die Mitgliedstaaten hingegen sind im Verfahren nach Art 227 iVm Art 237 lit a) EGV aktivlegitimiert, da gem

62 Nunmehr Art 348 Abs 2 AEUV idF des Vertrags von Lissabon.

63 Nunmehr Art 271 lit a) und d) AEUV.

Art 311 EGV (auch) das Protokoll über die Satzung der EIB[64] Bestandteil des Vertrages ist, das eine solche Vorgangsweise vorsieht.

Gem Art 237 lit d) EGV kann der Rat der EZB die Erfüllung der sich aus dem EG-Vertrag und der Satzung des ESZB[65] ergebenden Verpflichtungen durch die nationalen Zentralbanken im Verfahren des Art 226 EGV sicherstellen.

C. Das zweite Aufsichts- bzw Vertragsverletzungsverfahren als Sanktionsverfahren

Bis zum Vertrag von Maastricht (1992) blieb der Kommission neben politischen Druckmitteln nur die Möglichkeit, die Nichtbeachtung eines gem Art 171 EGV(alt) gegen einen Staat ergangenen Urteils in einem Aufsichtsverfahren wegen einer Vertragsverletzung mit der Einleitung eines neuen Aufsichtsverfahren zu beantworten.[66] Erstmals wies Generalanwalt Lagrange bereits 1961 in seinen Schlussanträgen in der Rechtssache *Kommission/Italien*[67] auf diese Möglichkeit hin, der EuGH tat dies erst zwanzig Jahre später, nämlich im Jahre 1980 in der Rechtssache *Schaffleisch II*[68]. Auch in allen weiteren „zweiten" Aufsichtsverfahren ging der EuGH implizit davon aus, dass die Kommission bei Nichtbefolgung seines Ersturteils ein weiteres Aufsichtsverfahren gem Art 171 EGV(alt) bzw Art 226 EGV(neu) einleiten kann.

Das Zweitverfahren bezog sich aber nicht auf den ursprünglichen Vertragsverstoß, sondern Verfahrensgegenstand war allein die Verletzung von Art 228 Abs 1 EGV, der den verurteilten Mitgliedstaat dazu verpflichtet, die sich aus dem Vertragsverletzungsurteil ergebenden Maßnahmen zu ergreifen. In der Literatur wurde auch die Möglichkeit der Einleitung eines „dritten" Vertragsverletzungsverfahren angedacht, von der die Kommission auch ein einziges Mal Gebrauch gemacht hatte, indem sie eine weitere, dritte Aufsichtsklage zur Durchsetzung des (Zweit-)Urteils des EuGH in der Rechtssache Altölbeseitigung,[69] einbrachte, die allerdings aufgrund einer Verfahrenseinstellung zu keinem Urteil des EuGH führte.[70]

---

64 Protokoll (Nr 10) über die Satzung der Europäischen Investitionsbank (1957); vgl dazu *Hummer/Obwexer*, EU-Recht (1998), 273 ff; siehe nunmehr Protokoll (Nr 5) über die Satzung der EIB, ABl 2010 C 83, 251.

65 Protokoll über die Satzung des Europäischen Systems der Zentralbanken und der Europäischen Zentralbank, ABl 1992 C 191, 68; siehe nunmehr Protokoll (Nr 4) über die Satzung des ESZB und der EZB, ABl 2010 C 83, 230.

66 Vgl dazu vorstehend Pkt I.A.1.d.

67 Schlußanträge des Generalanwalt *Lagrange* in der Rs 7/61, *Kommission/Italien*, Slg 1961, 735.

68 EuGH, verb Rs 24 und 97/80 R, *Kommission/Frankreich*, Slg 1980, 1319 ff.

69 EuGH, Rs C-366/89, *Kommission/Italien*, Slg 1993, I-4201 ff.

70 Vgl *Heidig*, Verhängung (2001), 61 f.

1. Das Verfahren gem Art 228 Abs 2 EGV

Wie vorstehend bereits erwähnt, wurde durch den Vertrag von Maastricht (1992) in den bisherigen Art 228 EGV ein zweiter Absatz aufgenommen, der nunmehr für den Fall der Nichtbefolgung ein finanzielles Sanktionsverfahren vorsah.

a. Das Vorverfahren und die Klageerhebung

Mit der Einführung des Art 171 Abs 2 EGV(alt), des späteren Art 228 Abs 2, in den EG-Vertrag durch den Vertrag von Maastricht (1992) wurde zum einen die bisherige Praxis der Kommission und des EuGH bezüglich der Durchführung eines „zweiten" Aufsichtsverfahrens ausdrücklich kodifiziert, zum anderen wurde dadurch aber auch die Möglichkeit geschaffen, gegen den säumigen Mitgliedstaat finanzielle Sanktionen zu verhängen. Rechtsgrundlage dafür war – seit dem Inkrafttreten des Vertrages von Maastricht am 1. November 1993 – nicht mehr Art 226 EGV sondern vielmehr die lex specialis des Art 228 Abs 2 EGV, der – trotz paralleler Ausgestaltung der Verfahren – in einigen Passagen unterschiedlich konfiguriert ist.

Das *Verfahren* im Rahmen des Art 228 Abs 2 EGV ist – wie das gem Art 226 EGV[71] – in drei Abschnitte gegliedert:

(a) ein *informelles* Vorverfahren in Form von „Paketsitzungen", sowie
(b) ein *formelles* Vorverfahren, gegliedert in
  (ba) die Versendung eines *Mahnschreibens*, um dem säumigen Mitgliedstaat „Gelegenheit zur Äußerung" zu geben und
  (bb) die Abgabe *einer mit Gründen versehenen Stellungnahme* sowie
(c) die *Klagserhebung*.

Ad (a) Ersteres wird von der Kommission bereits dann eingeleitet, wenn der betroffene Mitgliedstaat ihr nicht in aller Kürze mitteilt, welche Maßnahmen er zur Durchführung des Vertragsverletzungsurteils ergriffen hat. In der jüngeren Praxis richtet die Kommission nämlich bereits innerhalb eines Monats nach der Verkündung des Urteils routinemäßig ein informelles Auskunftsersuchen an den betroffenen Mitgliedstaat, in dem dieser – im Regelfall binnen zwei Monaten ab Urteilsverkündung – ersucht wird, die im Hinblick auf die Umsetzung des Urteils ergriffenen Maßnahmen bekannt zu geben.[72] Im Falle einer unbefriedigenden Antwort richtet die Kommission ein Mahnschreiben an den Mitgliedstaat, womit das (formelle) Vorverfahren eingeleitet wird.

71 Vgl dazu vorstehend Pkt I.B.1.a.

72 *Bundeskanzleramt* (Hrsg), Verfahren gemäß Art 228 EG-Vertrag; Verhängung von Sanktionen – Pauschalbetrag und/oder Zwangsgeld, Rundschreiben vom 17. Juli 2009 (GZ BKA-670.746/0008-V/7/2009), 4.

Ad (b) Dieses *Mahnschreiben* wiederum darf von der Kommission frühestens nach Ablauf der sich aus Art 228 Abs 1 EGV ergebenden *„angemessenen Frist"* – innerhalb derer die Durchführung des Vertragsverletzungsurteil abzuschließen ist – abgesendet werden. Diese wird in der Regel nur einige wenige Monate betragen. Was hingegen die zeitliche Obergrenze betrifft, dh wie lange die Kommission mit der Absendung des Mahnschreibens eigentlich zuwarten darf, so unterliegt diese keiner zeitlichen Begrenzung. Der EuGH selbst – allerdings noch unter der früheren Rechtslage – hat die Einleitung des förmlichen Vorverfahrens mehr als 16 Jahre nach Erlass des (ersten) Vertragsverletzungsurteils (sic) als zulässig erachtet.[73]

Das Mahnschreiben hat die Mitteilung der Beanstandungen, die Ankündigung, dass aus diesem Grund das Sanktionsverfahren eingeleitet wurde sowie die Aufforderung zu enthalten, sich innerhalb einer bestimmten Frist zu den erhobenen Vorwürfen zu äußern – nicht aber muss die Kommission dabei zu Art und Höhe der von ihr errechneten finanziellen Sanktion Stellung beziehen. Sie hat erst bei Anrufung des EuGH gem Art 228 Abs 2 UAbs 2 EGV die Sanktionsart und -höhe „zu benennen".[74]

Gelingt es dem betroffenen Mitgliedstaat nicht, die Bedenken der Kommission wegen seiner mangelnden Erfüllung des Vertragsverletzungsurteils zu zerstreuen, dann gibt sie eine *mit Gründen versehene Stellungnahme* ab, in der sie gem Art 228 Abs 2 UAbs 1 EGV „aufführt, in welchen Punkten der betreffende Mitgliedstaat dem Urteil des Gerichtshofs nicht nachgekommen ist".[75] Hat der Mitgliedstaat bis zum Ablauf der in der mit Gründen versehenen Stellungnahme vorgesehenen Frist die geforderten Maßnahmen nicht getroffen, so „kann die Kommission den Gerichtshof anrufen".[76] Maßgeblicher Zeitpunkt für die Beurteilung einer Vertragsverletzung ist nach ständiger Judikatur des EuGH daher die Frist, die in der von der Kommission gem Art 228 Abs 2 UAbs 1 EGV abgegebenen „mit Gründen versehenen Stellungnahme" festgelegt worden ist.[77] Die Kommission beschließt in diesem Zusammenhang über die Anrufung des EuGH als Kollegialorgan gemeinschaftlich und kann dafür nicht ein einziges Kommissionsmitglied ermächtigen.[78]

73 In der Rechtssache *Schiffsregistrierung I* erging das erste Urteil am 4. April 1974, das Mahnschreiben im Zweitverfahren datiert aber erst vom 21. Mai 1990 (sic); vgl EuGH, Rs C-334/94, *Kommission/Frankreich*, Slg 1996, I-1307; vgl dazu *Heidig*, Verhängung (2001), 78 f.

74 Vgl Art 228 Abs 2 UAbs 2 Satz 2 EGV.

75 Diese Formulierung ist präziser als die Fassung „hierzu" in Art 226 EGV.

76 Art 228 UAbs 2 Satz 1 EGV.

77 Vgl EuGH, Rs C-568/07, *Kommission/Griechenland*, Slg 2009, I-4505, Rdnr 24; EuGH, Rs C-121/07, *Kommission/Frankreich*, Slg 2008, I-9159, Rdnr 22.

78 Zum so „Ermächtigungsverfahren" eines oder mehrerer Mitglieder der Kommission gem Art 4 lit c) iVm Art 13 GO der Kommission vgl *Schweitzer/Hummer/Obwexer*, Europarecht, Rdnrn 484 ff.

Die *imperative* Formulierung des Art 228 Abs 2 UAbs 1 EGV – „so gibt sie", und nicht „sie kann abgeben" – legt nahe, dass die Kommission das förmliche Vorverfahren einleiten muss. Die *diskretionäre* Bestimmung in Art 228 Abs 2 UAbs 2 EGV – „so kann" die Kommission – wiederum deutet darauf hin, dass der Kommission hinsichtlich der Erhebung der Klage grundsätzlich ein rechtlich gebundenes Ermessen zusteht, das sich allerdings je nach den konkreten Umständen des Einzelfalls bis hin zu einer Rechtspflicht zur Klageerhebung verdichten kann.[79]

Ad (c) Die *Klagsschrift* der Kommission darf sich nur auf die Gründe erstrecken, die bereits im Vorverfahren vorgebracht wurden. Sie hat zunächst zu beantragen, dass der EuGH feststellen möge, dass der beklagte Mitgliedstaat gegen seine Verpflichtungen aus Art 228 Abs 1 EGV verstoßen habe, da er dem Ersturteil des EuGH nicht nachgekommen ist. Streitgegenstand im Sanktionsverfahren nach Art 228 Abs 2 EGV ist daher nicht der Verstoß gegen materielles Gemeinschaftsrecht an sich, sondern allein der Verstoß gegen Art 228 Abs 1 EGV. Je nach Klagsantrag der Kommission geht es dabei um die Frage der teilweisen oder vollständigen Nichtbefolgung des Ersturteils des EuGH.

Die Beweislast für den (Fort-)Bestand einer Vertragsverletzung ist im Grunde eine geteilte: Während es Sache der Kommission ist – so wie auch im Verfahren nach Art 226 EGV – die nicht (korrekt) erfolgte Umsetzung des Urteils des EuGH nachzuweisen, muss der betroffene Mitgliedstaat die Angaben der Kommission und deren Konsequenzen „substantiiert und ausführlich" bestreiten.[80] Angesichts der objektiven Rechtsnatur des Sanktionsverfahrens ist die Frage nach einem etwaigen Verschulden des säumigen Mitgliedstaates irrelevant, er könnte sich allein durch den Nachweis der Unmöglichkeit der Erbringung der zu ergreifenden Maßnahmen zur Verwirklichung des Urteils von seiner Umsetzungsverpflichtung befreien.

Die Kommission hat im Klagsantrag auch den Antrag zu stellen, der EuGH möge einen *Pauschalbetrag* in Höhe von (...) Euro bzw[81] ein *Zwangsgeld* in Höhe von (...) Euro verhängen, wobei sie in nachvollziehbarer Weise darzutun hat, warum sie die beantragte finanzielle Sanktion den Umständen nach für angemessen hält. Aus Gründen des Spezialitätsverhältnisses zwischen Art 226 EGV und Art 228 Abs 2 EGV ist die Kommission bei einer Befassung des EuGH gem Art 228 Abs 2 EGV nämlich *verpflichtet*, die Verhängung einer finanziellen Sanktion zu beantragen.

In diesem Zusammenhang ist einmal mehr auf die unterschiedliche Rechtsnatur eines Pauschalbetrags und eines Zwangsgelds hinzuweisen. Während der

79 Vgl *Heidig*, Verhängung (2001), 92 ff, 97 ff und 100.

80 EuGH, Rs C-119/04, *Kommission/Italien*, Slg 2006, I-6885, Rdnr 41.

81 Für die Beantragung einer *kumulativen* Verhängung eines Pauschalbetrags und eines Zwangsgelds siehe nachstehend Pkt I.C.3.

Pauschalbetrag eine auf die Vergangenheit bezogene Geldbuße dafür darstellt, dass ein Mitgliedstaat das Ersturteil nicht befolgt hat, ist das *Zwangsgeld* ein Beugemittel, um die möglichst rasche Beseitigung des rechtswidrigen Zustands, der im Zweiturteil festgestellt wird, zu erzwingen.[82] Da dem Zwangsgeld kein repressiver Charakter innewohnt, kann es dann nicht mehr verhängt werden, wenn der Mitgliedstaat dem verurteilenden Ersturteil bereits nachgekommen ist. Was wiederum die Möglichkeit der kumulativen Verhängung beider finanzieller Sanktionen betrifft, so ergibt sich aus der Bezeichnung „*Pauschal*betrag" schlüssig, dass dieser Betrag lediglich einmal, nämlich pauschal, verhängt werden kann, wohingegen das Zwangsgeld aus mehreren sich addierenden Tages- oder Wochensätzen besteht.

Die unterschiedliche Zielsetzung zwischen Pauschalbetrag und Zwangsgeld war auch der Grund, warum die ältere Literatur beinahe unisono apodiktisch feststellte, „dass vom Gerichtshof stets nur die Verhängung eines der beiden Sanktionsmittel ausgesprochen werden darf".[83] Ganz im Gegensatz dazu erkennt der EuGH neuerdings geradezu eine *Kombinationsbedürftigkeit* beider Arten von finanziellen Sanktionen, um die größtmögliche Effizienz bei der Durchsetzung der von ihm angeordneten Befolgung seiner Urteile zu erreichen. Auch die Kommission teilt diese Schauweise: „*Die Verhängung eines Zwangsgeldes, ohne die Zahlung eines Pauschalbetrages zu verlangen, könnte also als Hinnahme dessen angesehen werden, dass ein Mitgliedstaat ungehindert Verstöße fortsetzt, nachdem der Gerichtshof festgestellt hat, dass er gegen seine Pflichten verstoßen hat*".[84]

Das ist auch der Grund, warum der EuGH – erstmals in der Rechtssache C-304/02,[85] die er im Juli 2005 entschieden hatte, und danach ab der Rechtsache C-109/08 vom Juni 2009 regelmäßig – einen Pauschalbetrag und ein Zwangsgeld *kumulativ* verhängt: für die bisherige Nichtbefolgung des Ersturteils soll der säumige Mitgliedstaat mit einem Pauschalbetrag gebüßt und zur nunmehrigen Umsetzung des Zweiturteils soll er durch ein Zwangsgeld gezwungen werden. In ihrer dritten Mitteilung aus 2005[86] hat die Kommission angekündigt, fortan dem EuGH immer die (kumulative) Verhängung eines Pauschalbetrags und eines Zwangsgelds vorzuschlagen.

b. Das abschließende Urteil

Was das abschließende Urteil des EuGH im Sanktionsverfahren gem Art 228 Abs 2 UAbs 3 EGV betrifft, so sieht die entsprechende Bestimmung die Abweisung einer Sanktionsklage der Kommission nicht vor, sondern regelt nur

82 Vgl dazu nachstehend Pkt I.C.2.a.aa.aaa.
83 *Heidig*, Verhängung (2001), 122 und 138.
84 SEK(2005) 1658, Pkt 10.1.
85 Vgl dazu nachstehend Pkt I.C.3.
86 Vgl dazu nachstehend Pkt I.C.2.a.cc.

die Fälle, in denen der EuGH die Nichtbeachtung des Ersturteils bejaht, dh sie geht allein von der Zulässigkeit und Begründetheit der Klage der Kommission aus. Eine solche Abweisung der Klage könnte sich aber zB aus dem Umstand ergeben, dass die dem Mitgliedstaat seitens der Kommission eingeräumte Frist zur Beantwortung des Mahnschreibens zu kurz bemessen war und die Kommission auch nicht auf die verspätet vorgebrachte Antwort des betroffenen Mitgliedstaates eingegangen ist. Für solche klageabweisenden Urteile des EuGH im Sanktionsverfahren ist daher auf allgemeine Verfahrensgrundsätze zurückzugreifen, gemäß derer bei einer *unzulässigen* Abweisung die Erhebung einer neuerlichen Klage möglich ist, bei einer *unbegründeten* Abweisung hingegen eine erneute Klageerhebung grundsätzlich ausscheidet.[87]

Kommt es im Sanktionsverfahren zu einem der Klage der Kommission stattgebenden Urteil des EuGH und spricht dieser darin eine finanzielle Sanktion aus[88], dann enthält dieses sowohl einen feststellenden als auch einen verpflichtenden Teil. In ersterem wird die Verletzung des Art 228 Abs 1 EGV festgestellt, in letzterem wird der beklagte Mitgliedstaat dazu verurteilt, sowohl für die bisherige Nichterfüllung des Vertragsverletzungsurteils einen Pauschalbetrag als auch für jeden Tag des weiteren Verstoßes gegen Art 228 Abs 1 EGV einen entsprechenden Tagessatz des festgesetzten Zwangsgelds zu entrichten.

Der feststellende Teil des Sanktionsurteils ist als *Feststellungsurteil* zu betrachten, sodass eine Vollstreckung desselben schon begrifflich ausscheidet. Der zur Zahlung der finanziellen Sanktion(en) verpflichtende Teil ist hingegen als *Leistungsurteil* grundsätzlich einer Vollstreckung zugänglich, wobei sich aber die prinzipielle Frage stellt, ob eine Vollstreckung von Urteilen gegenüber Mitgliedstaaten überhaupt möglich ist. Auf diese Frage wird nachstehend eingegangen,[89] zuvor müssen aber noch weitere Verfahrensmodalitäten sowie Fragen der praktischen Handhabung des Sanktionsverfahrens durch die Kommission geklärt und auch die bisherigen Verurteilungen gem Art 228 Abs 2 EGV kurz dargestellt werden.

c. Das Verfahren gem Art 228 Abs 2 UAbs 4 iVm Art 227 EGV

Wie ist nun aber die Rechtslage, wenn ein *Mitgliedstaat* der Ansicht ist, dass ein anderer Mitgliedstaat gegen seine Verpflichtung aus Art 228 Abs 1 EGV verstoßen hat? Auf der Basis der bisherigen Rechtsgrundlage von Art 227 EGV ergab sich diesbezüglich kein Problem, da gemäß dieser wieder ein Vertragsverletzungsverfahren eingeleitet werden konnte. Unter der neuen Bestim-

87 Vgl *Heidig*, Verhängung (2001), 164.

88 Ausnahmsweise könnte der EuGH zwar die Nichtdurchführung des Vertragsverletzungsurteils feststellen, aber dennoch keine Sanktion aussprechen. In diesem Fall wäre sein Urteil gem Art 228 Abs 2 UAbs 3 EGV ein reines Feststellungsurteil.

89 Vgl dazu nachstehend Pkt I.D.

mung von Art 228 Abs 2 UAbs 4 EGV ist es aber fraglich, ob und wie ein Mitgliedstaat ein Zweitverfahren einleiten kann.

Gem Art 228 Abs 2 UAbs 4 EGV lässt das Verfahren gem Art 228 Abs 2 EGV „den Art 227 EGV unberührt". Diese lakonische Bemerkung wirft eine Reihe von Fragen auf. So könnte damit zunächst gemeint sein, dass – unbeschadet der neuen Regelung durch das Sanktionsverfahren gem Art 228 Abs 2 EGV – das Vertragsverletzungsverfahren gem Art 227 EGV auch weiterhin von den Mitgliedstaaten betrieben werden kann, was aber im Grunde nur ein redundanter Gemeinplatz wäre. Richtigerweise ist der Verweis auf Art 227 in Art 228 Abs 2 UAbs 4 EGV wohl so zu verstehen, dass er die Mitgliedstaaten hinsichtlich der Durchführung eines zweiten Vertragsverletzungsverfahrens auf das Verfahren gem Art 227 EGV verweist: die Mitgliedstaaten können daher nach wie vor ein Zweitverfahren wegen Verletzung des Art 228 Abs 1 EGV betreiben, allerdings nur auf der Grundlage des Art 227 EGV und damit ohne die Möglichkeit, eine finanzielle Sanktion zu beantragen. Der Bestimmung des Art 228 Abs 2 UAbs 4 EGV ist daher zu entnehmen, dass den Mitgliedstaaten bei Verletzung des Art 228 Abs 1 EGV durch einen anderen Mitgliedstaat auch nach der Einführung des Art 228 Abs 2 EGV weiterhin die Möglichkeit offen steht, ein Verfahren nach Art 227 EGV zu betreiben, in dem aber wieder nur ein Feststellungsurteil ergehen kann.[90]

d. Die Anwendbarkeit von Art 228 Abs 2 EGV auf die Abwandlungen und Sonderformen des Aufsichts- bzw Vertragsverletzungsverfahren

Was eine eventuelle Anwendbarkeit des Sanktionsverfahrens gem Art 228 Abs 2 EGV auf die beiden vorerwähnten *Sonderformen* des Aufsichts- bzw Vertragsverletzungsverfahrens[91] betrifft, so ist der Verwaltungsrat der EIB befugt, bei Nichtbefolgung eines im Verfahren nach Art 226 iVm Art 237 lit a) EGV ergangenen Urteils des EuGH das Sanktionsverfahren entsprechend einzuleiten, das denselben prozeduralen Regeln wie das Sanktionsverfahren gem Art 228 Abs 2 EGV folgt. Der Verwaltungsrat hat daher, bevor er Klage vor dem EuGH erheben kann, zuvor ein Mahnschreiben zu versenden und eine mit Gründen versehene Stellungnahme abzugeben. Wie bei Art 226 EGV ist zudem das Kollegialprinzip zu beachten, das es erfordert, dass allen Mitgliedern des EIB-Verwaltungsrates die das Verfahren betreffenden Informationen zur Verfügung gestanden haben.

Gegen eine analoge Anwendung des Art 228 Abs 2 EGV auf Aufsichtsverfahren der EIB wird in der Literatur aber eingewendet, dass die Satzung der EIB selbst eine ausdrückliche Sanktionierung von mitgliedstaatlichem Fehlverhalten gestattet: gemäß Art 26 Satz 1 EIB-Satzung kann, soferne ein EU-

90 Vgl *Heidig*, Verhängung (2001), 90 f.

91 Vgl dazu vorstehend Pkt I.B.3.b.

Mitgliedstaat seinen Mitgliedspflichten nicht nachkommt, die Gewährung von Darlehen oder Bürgschaften an diesen Staat durch Entscheidung des Rates der Gouverneure ausgesetzt werden. Diese Sanktionsmöglichkeit steht gleichberechtigt neben dem von Art 237 lit a) vorgesehenen Aufsichtsverfahren.

Anders als im Fall des Art 237 lit a) EGV ist im Falle der Nichtbeachtung eines im Aufsichtsverfahren nach Art 226 iVm Art 237 lit d) EGV ergangenen Urteils des EuGH die Einleitung eines Sanktionsverfahrens gem Art 228 Abs 2 EGV aber ausgeschlossen.[92] Beklagter ist in diesem Verfahren nämlich eine nationale Zentralbank, gegen die eben kein Sanktionsverfahren durchgeführt werden soll – ansonsten hätte dies, da die Strukturdivergenz der Klagearten methodisch ja keinen Analogieschluss zulässt, ja primärrechtlich ausdrücklich angeordnet werden müssen. Die Einleitung eines Zweitverfahrens gem Art 226 iVm Art 237 lit d) EGV bleibt aber möglich.

e. Zulässigkeit des Erlasses einstweiliger Anordnungen im Verfahren nach Art 228 Abs 2 EGV?

Gem Art 243 EGV kann der EuGH in den bei ihm anhängigen Rechtssachen die erforderlichen einstweiligen Anordnungen treffen. Entgegen der in der Literatur (vereinzelt) vertretenen Ansicht,[93] dass im Vertragsverletzungsverfahren der Erlass einstweiliger Anordnungen generell ausgeschlossen sei, kann sich eine solche bei drohenden schweren und irreparablen Schäden auch im Vertragsverletzungsverfahren als „erforderlich“ erweisen, sodass mit der herrschenden Meinung wohl davon auszugehen ist, dass auch im Vertragsverletzungsverfahren der Erlass einstweiliger Anordnungen möglich ist.

Der EuGH kann in einer solchen einstweiligen Anordnung den beklagten Mitgliedstaat aber nur beauftragen, eine bestimmte Handlung einstweilen vorzunehmen oder zu unterlassen, nicht ist er aber befugt, dem Mitgliedstaat eine vorläufige Zahlung eines Zwangsgelds aufzugeben.

2. Die praktische Durchführung des Verfahrens gem Art 228 Abs 2 EGV

a. Die Mitteilungen der Kommission zur Handhabung von Art 228 Abs 2 EGV

Obwohl letztendlich der EuGH mit der Befugnis zur unbeschränkten Nachprüfung über die in Art 228 Abs 2 UAbs 3 EGV vorgesehene Verhängung von finanziellen Sanktionen entscheidet, kommt der Kommission als Hüterin der Verträge iSv Art 211 erster Spiegelstrich EGV eine entscheidende Rolle zu, da sie das Verfahren des Art 228 EGV einleitet, gegebenenfalls den EuGH anruft

92 Vgl *Karpenstein/Karpenstein* in *Grabitz/Hilf* (Hrsg), Kommentar zur EU (Loseblatt), Art 228 EGV, Rdnr 17.

93 Vgl zB *Kort*, DB 1996, 1326.

und die Verhängung eines Pauschalbetrags und/oder eines Zwangsgelds in bestimmter Höhe vorschlägt. Aus Gründen der Transparenz und Vorhersehbarkeit führt die Kommission in einer Reihe von Mitteilungen auf, welche Kriterien sie bei der Festlegung der Höhe der nach ihrem Dafürhalten jeweils angemessenen finanziellen Sanktionen anwenden möchte, die sie dem EuGH vorschlägt.

Die Kommission weist in diesem Zusammenhang darauf hin, dass sie sich bei der Wahl der Kriterien und bei deren Anwendung von der Notwendigkeit leiten lässt, eine wirksame Anwendung des Gemeinschaftsrechts sicherzustellen. Dabei wird sie bemüht sein, ihre Rechtsauffassung gemäß der einschlägigen Judikatur des EuGH entsprechend weiterzuentwickeln. Die Kommission behält sich allerdings vor, von diesen allgemeinen Regeln und Kriterien dann abzuweichen, wenn dies in Einzelfällen berechtigt erscheint und von ihr auch ausführlich begründet wird.

Bisher hat die Kommission drei solche Mitteilungen und zwar in den Jahren 1996, 1997 und 2005 vorgelegt. Da die dritte Mitteilung (2005) der Kommission die beiden früheren ersetzt, ist vor allem auf sie einzugehen. Um aber kurz nachzuzeichnen, wie sich die Praxis der Kommission in der Berechnung der finanziellen Sanktionen entwickelt hat, soll auch ein Blick auf die beiden ersten Mitteilungen geworfen werden.

aa. Erste Mitteilung (1996)

In ihrer ersten Mitteilung zur Anwendung von Art 171 Abs 2 EGV(alt) bzw Art 228 Abs 2 EGV(neu) vom 21. August 1996[94] äußerte sich die Kommission in allgemeiner Weise zu den Kriterien, von denen sie sich bei der Festlegung der konkreten finanziellen Sanktion – Pauschalbetrag und Zwangsgeld – leiten lassen wollte, wobei sie auf folgende drei Kriterien abstellte: (a) die Schwere des Verstoßes, (b) die Dauer des Verstoßes sowie (c) die erforderliche Abschreckungswirkung, um einen neuerlichen Verstoß zu verhindern. Damit hat die Kommission bereits in ihrer ersten Mitteilung alle für ihre Ermessensausübung maßgeblichen Gesichtspunkte angeführt – mit Ausnahme des erst in der zweiten Mitteilung eingeführten Kriteriums der wirtschaftlichen Leistungsfähigkeit des säumigen Mitgliedstaates.

bb. Zweite Mitteilung (1997)

In ihrer zweiten einschlägigen Mitteilung zu Art 171 Abs 2 EGV(alt) bzw Art 228 Abs 2 EGV(neu) vom 28. Februar 1997[95] entwickelte die Kommission die in ihrer ersten Mitteilung nur sehr allgemein festgelegten Kriterien in detaillierter Weise weiter und ergänzt diese, wie eben erwähnt, durch das weitere

94 ABl 1996 C 242, 6 ff.
95 ABl 1997 C 63, 2 ff.

Kriterium der wirtschaftlichen Leistungsfähigkeit des verurteilten Mitgliedstaates.

Das *Zwangsgeld* berechnete die Kommission aus der entsprechenden Summe der Tagessätze, wobei sie die Höhe des Tagessatzes durch Multiplikation folgender vier Elemente berechnete:

(a) (einheitlicher) Grundbetrag,
(b) Schwerekoeffizient,
(c) Dauerkoeffizient und
(d) Länderfaktor „n“.

Auf Kritik in der Literatur stieß dabei lediglich die Berechnung des Länderfaktors „n“, der als Quadratwurzel aus dem Produkt des BIP des betreffenden Mitgliedstaates, dividiert durch das kleinste BIP aller Mitgliedstaaten und der gewichteten Stimmenzahl des betreffenden Mitgliedstaats bei Abstimmungen mit qualifizierter Mehrheit im Rat nach Art 205 Abs 2 EGV, dividiert durch die kleinste gewichtete Stimmenzahl unter den (damaligen) fünfzehn Mitgliedstaaten, errechnet wurde.[96]

Die Kritik richtete sich dabei vor allem auf die Bildung des Verhältnisses der gewichteten Stimmenzahl des betreffenden Mitgliedstaates zur ponderierten Stimmenzahl der anderen Mitgliedstaaten, da diesbezüglich kein Zusammenhang zwischen der wirtschaftlichen Leistungsfähigkeit und der gewichteten Stimmenzahl im Rat erkennbar ist.[97] Die Gewichtung der Stimmen im Rat gem Art 205 Abs 2 EGV erfolgt ja als politischer Kompromiss, der bei jeder Erweiterung der EU neu verhandelt werden muss, wobei die wirtschaftliche Leistungskraft eines Mitgliedstaates zwar durchaus eine Rolle spielt, aber keinesfalls das entscheidende Element darstellt. Dementsprechend wird von den Kritikern, die diesbezüglich die zweite Mitteilung der Kommission (1997) als rechtswidrig ansehen, auch folgende neue Formel vorgeschlagen: Der Länderfaktor „n“ ist das Verhältnis aus dem BIP des betreffenden Mitgliedstaats zu dem BIP des wirtschaftlich schwächsten Mitgliedstaats.[98] Der EuGH ist in seiner Judikatur diesen Überlegungen allerdings nicht gefolgt und hat die von der Kommission vorgeschlagene Berechnungsmethode des Länderfaktors „n“ gebilligt.[99]

Für die Berechnung des *Pauschalbetrags* hatte die Kommission in ihrer zweiten Mitteilung keine eigenständige Berechnungsmethode vorgelegt, sodass in der Literatur vorgeschlagen wurde, die vorstehend erwähnte Methode zur Berechnung des Zwangsgelds auch zur Berechnung des Pauschalbetrages zu übertragen.[100]

96 ABl 1997 C 63, 4, Ziff 4 Fn 12.
97 *Heidig*, Verhängung (2001), 148.
98 *Heidig*, Verhängung (2001), 150.
99 Vgl zB EuGH, Rs C-387/97, *Kommission/Griechenland*, Slg 2000, I-5047, Rdnr 88.
100 Vgl *Heidig*, Verhängung (2001), 154 f.

Im Jahr 2001 legte die Kommission in einer internen Entscheidung den zur Berechnung des Zwangsgelds zu verwendenden Koeffizienten für die Dauer des Verstoßes fest.[101] Je nach Dauer des Verstoßes wird dabei auf den einheitlichen Grundbetrag ein Multiplikatorkoeffizient von mindestens 1 und höchstens 3 angewendet, der ab der Verkündung des nach Art 226 EGV ergangenen Urteils mit 0,10/Monat berechnet wird.[102]

Die in den Mitteilungen von 1996 und 1997 entwickelten Kriterien zur Berechnung der finanziellen Sanktionen wurden vom EuGH in seiner Judikatur bestätigt.[103]

cc. Dritte Mitteilung (2005)

Die dritte Mitteilung der Kommission über die Anwendung von Art 228 EGV vom Dezember 2005[104] erging wenige Monate nach dem Urteil des EuGH in der Rs C-304/02,[105] in der dieser erstmals die *kumulative* Verhängung eines Zwangsgelds und eines Pauschalbetrags ausgesprochen hatte. Sie ersetzt die entsprechenden Mitteilungen aus den Jahren 1996 und 1997. Im Wesentlichen greift sie die Bestandteile der beiden früheren Mitteilungen auf, berücksichtigt jedoch die seither ergangenen Urteile des EuGH – vor allem hinsichtlich des Zwangsgelds und des Grundsatzes der Verhältnismäßigkeit. Außerdem wurde die Methode zur Berechnung der finanziellen Sanktionen aktualisiert und an die Erweiterung der EU auf 25 Mitgliedstaaten angepasst.

Diese gegenwärtig geltende Mitteilung (2005) ist in folgende *vier Kapitel* eingeteilt:

- (a) Allgemeine Grundsätze
  - (aa) Der Pauschalbetrag
  - (ab) Grundsatz der Verhältnismäßigkeit
- (b) Berechnung des Zwangsgelds
  - (ba) Festsetzung des einheitlichen Grundbetrags
  - (bb) Anwendung des Schwerekoeffizienten
  - (bc) Anwendung des Dauerkoeffizienten
  - (bd) Berücksichtigung der Zahlungsfähigkeit des betreffenden Mitgliedstaats
- (c) Berechnung des Pauschalbetrags

---

101 Dok PV (2001)1517 vom 2. April 2001, 2;

102 Vgl dazu SEK(2005) 1658, Punkt 17 und die Randnummern 81, 102 und 108 des Urteils des EuGH in der Rs C-304/02, *Kommission/Frankreich*, Slg 2005, I-6263.

103 Siehe vor allem das Urteil des EuGH in der Rs C-387/97, *Kommission/Griechenland*, Slg 2000, I-5047, Rdnrn 84 bis 92.

104 SEK(2005) 1658; vgl dazu *Pauling*, EuZW 2006, 492 ff; *Thiele*, Europäisches Prozessrecht (2007), 56 ff.

105 Das Urteil des EuGH in der Rs C-304/02, *Kommission/Frankreich*, Slg 2005, I-6263, erging am 12. Juli 2005.

(d) Übergangsregelung.

Zur besseren Orientierung wird diese (Kapitel-)Einteilung der Dritten Mitteilung der Kommission (2005) samt ihren Untergliederungen in den nachstehenden Ausführungen beibehalten.

aaa. Allgemeine Grundsätze

Maßgebend für die Höhe der Sanktion ist der Zweck, der mit ihr verfolgt wird, nämlich die möglichst wirksame Anwendung des Gemeinschaftsrechts. Nach Ansicht der Kommission müssen bei der Festlegung der Sanktion drei Kriterien zugrunde gelegt werden:

- die Schwere des Verstoßes
- die Dauer des Verstoßes sowie
- die erforderliche Abschreckungswirkung, um einen erneuten Verstoß zu verhindern.

Die Sanktionen, die die Kommission dem EuGH vorschlägt, müssen für die Mitgliedstaaten vorhersehbar sein und nach einem Verfahren berechnet werden, bei dem die Grundsätze der Verhältnismäßigkeit und der Gleichbehandlung der Mitgliedstaaten gewahrt werden. Außerdem muss das Verfahren klar und einheitlich sein, da die Kommission gegenüber dem EuGH begründen muss, wie sie den vorgeschlagenen Betrag festgesetzt hat.

Was die Wirksamkeit der Sanktion betrifft, so muss deren Höhe eine abschreckende Wirkung entfalten. Die Verhängung rein symbolischer Sanktionen würde diesem Instrument, das das Vertragsverletzungsverfahren ergänzt, seine nützliche Wirkung nehmen und dem eigentlichen Ziel des Verfahrens, nämlich der Gewährleistung einer uneingeschränkten Anwendung des Gemeinschaftsrechts, zuwiderlaufen.

Unter Haushaltsgesichtspunkten bringen der Pauschalbetrag und das Zwangsgeld, die an die Kommission auf das Konto „Eigenmittel" der Europäischen Gemeinschaften zu zahlen sind, der Gemeinschaft „sonstige Einnahmen" iSv Art 269 EGV und des Beschlusses des Rates über das System der Eigenmittel der Europäischen Gemeinschaften[106] ein.

Ad (aa) Der *Pauschalbetrag*: In ihrer Mitteilung von 1996 vertrat die Kommission noch die Ansicht, dass das Zwangsgeld das geeignetste Mittel ist, um die schnellstmögliche Beendigung des Verstoßes zu erreichen. Die Erfahrung hat jedoch gezeigt, dass die Mitgliedstaaten ihre Verstöße oft erst in einem späteren Stadium, ja sogar in der Endphase des Verfahrens nach Art 228 Abs 2 EGV, abstellen. Daher müssen die finanziellen Sanktionen gem Art 228 EGV nach Ansicht der Kommission überdacht werden. Indem die Kommission

106 Vgl dazu Beschluss 2007/436/EG, Euratom des Rates vom 7. Juni 2007 über das System der Eigenmittel der Europäischen Gemeinschaften, ABl 2007 L 163 17 ff.

dem EuGH nur vorschlägt, ein Zwangsgeld mit Wirkung nach dem ergangenen Urteil gem Art 228 EGV zu verhängen, zieht die verspätete Abstellung des Verstoßes vor Urteilsverkündung keinerlei Sanktion nach sich und es findet daher keine wirksame Abschreckung statt. Die Verhängung lediglich eines Zwangsgelds, ohne gleichzeitig die Zahlung eines Pauschalbetrags zu verlangen, könnte daher als Hinnahme dessen gesehen werden, dass ein Mitgliedstaat ungehindert Verstöße fortsetzt, obwohl der EuGH festgestellt hat, dass er gegen seine Pflichten verstoßen hat.

In seinem bereits mehrfach erwähnten Urteil in der Rs C-304/02, *Kommission/Frankreich*, bestätigte der EuGH, dass beide finanziellen Sanktionen (Zwangsgeld und Pauschalbetrag) für den gleichen Verstoß verhängt werden können, und verhängte erstmals beide Sanktionen *kumulativ*. Der Grund dafür ist eine sachlogische Überlegung: Während dem Pauschalbetrag ein punitiver Charakter innewohnt, ist das Zwangsgeld als Beugemittel zu sehen, sodass beide finanziellen Sanktionen sinnvoller weise nebeneinander verhängt werden sollten.

Die Kommission wird daher von nun an bei der Anrufung des EuGH gem Art 228 EGV stets folgende Sanktionen (kumulativ) vorschlagen:

- die Verhängung eines *Zwangsgelds* für jeden weiteren Tag nach dem Urteil des EuGH gem Art 228 EGV, an dem der betroffene Mitgliedstaat dem Urteil gem Art 226 EGV nicht nachkommt, und
- die Zahlung eines *Pauschalbetrags* zur Ahndung der Fortsetzung des Verstoßes für den Zeitraum nach dem ersten Urteil des EuGH gem Art 226 EGV, in dem der Verstoß festgestellt wurde, bis zum entsprechenden zweiten Urteil des EuGH nach Art 228 EGV.[107]

Die Kommission schließt es allerdings nicht aus, in ganz besonderen Fällen lediglich die Zahlung eines Pauschalbetrages vorzuschlagen. Dieser Ansatz käme beispielsweise in Ausnahmefällen wie dem eines wiederholten „konsumierten“ Vertragsverstoßes oder in dem Fall in Frage, wenn feststeht, dass der Mitgliedstaat alle erforderlichen Maßnahmen getroffen hat, um dem Urteil nachzukommen, aber es unvermeidlicherweise eine gewisse Zeit in Anspruch nimmt, bevor das geforderte Ergebnis eintritt.

Die logische Konsequenz dieses neuen Ansatzes für die Beantragung von Pauschalbeträgen ist die, dass die Kommission die Klage nicht mehr allein deswegen zurückzieht, weil ein Mitgliedstaat nach Anrufung des EuGH und vor Ergehen des Urteils nach Art 228 EGV den Verstoß abstellt.[108] Der EuGH, der aufgrund der Tatsache, dass ein Zwangsgeld gegenstandslos wäre, ein solches auch nicht mehr verhängen könnte, kann jedoch ein Pauschalbetrag zur Ahn-

107 SEK(2005) 1658, Pkt 10.3.

108 SEK (2005) 1658, Pkt 11. und 12.

dung der Dauer des Verstoßes verhängen, da dieser Aspekt des Rechtsstreits ja nicht gegenstandslos geworden ist.

Für die innerstaatlichen Umsetzungserfordernisse bedeutet das, dass die Verhängung finanzieller Sanktionen nicht mehr dadurch vermieden werden kann, dass die Umsetzung des Urteils nach Art 226 EGV unmittelbar vor oder umgehend nach einer Verurteilung gem Art 228 EGV erfolgt, da bereits für die Zeit der Nichtumsetzung zwischen dem Urteil nach Art 226 EGV und jenem nach Art 228 EGV ein *Pauschalbetrag* als Sanktion verhängt werden kann.[109]

Ad (ab) *Grundsatz der Verhältnismäßigkeit*: In seiner jüngeren Judikatur[110] bestätigte der EuGH, dass Sanktionen den Umständen angemessen sein und in Bezug auf den festgestellten Verstoß und auf die Zahlungsfähigkeit des betreffenden Mitgliedstaats verhältnismäßig sein sollten. Unter diesem Gesichtspunkt können aus dem Grundsatz „verhältnismäßiger Sanktionen" vier Folgerungen gezogen werden:

- Erstens wird die Kommission in den Fällen, in denen mehrere Verstoßtatbestände vorliegen, die sich ihrer Ansicht nach ohne weiteres auf klarer und objektiver Grundlage getrennt bewerten lassen – ohne den Zweck des Verfahrens nach Art 228 EGV zu gefährden – eine getrennte Sanktion für jeden Verstoßtatbestand vorschlagen, ohne dass dadurch der Gesamtumfang der vorgeschlagenen Sanktionen im Vergleich zu der vorherigen Praxis erhöht würde. Vielmehr wird der Gesamtumfang der Sanktionen insgesamt eher reduziert, wenn der Mitgliedstaat das Urteil teilweise befolgt, also dem Urteil in Bezug auf einen oder mehrere Tatbestände nachkommt.
- Zweitens wäre nach Dafürhalten des EuGH im Falle der Umsetzung einer rein „ergebnisorientierten" Richtlinienverpflichtung – wie zB die sich aus der Richtlinie 76/160/EWG über die Qualität der Badegewässer[111] ergebende – „eine Sanktion, die etwaige Fortschritte eines Mitgliedstaats bei der Erfüllung seiner Verpflichtungen unberücksichtigt ließe, weder den Umständen angemessen noch verhältnismäßig".[112] Daher verpflichtet sich die Kommission, in solchen Fällen, in denen ohne weiteres eine mathematische Anpassung der Sanktionen an die Fortschritte bei der Einhaltung der Bestimmungen erfolgen kann, dem EuGH eine entsprechende Formel vorzuschlagen.
- Drittens zeigt die Judikatur des EuGH[113] dass unter Umständen der Bezugszeitraum für die Bewertung der andauernden Zuwiderhandlung nach

109 Vgl *Bundeskanzleramt*, Rundschreiben vom 17. Juli 2009, 7.

110 Vgl EuGH, Rs C-387/97, *Kommission/Griechenland*, Slg 2000, I-5047, Rdnr 90; EuGH, Rs C-278/01, *Kommission/Spanien*, Slg 2003, I-14141, Rdnr 41.

111 ABl 1976 L 31, 1.

112 EuGH, Rs C-278/01, *Kommission/Spanien*, Slg 2003, I-14141, Rdnr 49.

113 EuGH, Rs C-278/01, *Kommission/Spanien*, Slg 2003, I-14141, Rdnrn 43 bis 46; EuGH, Rs C-304/02, *Kommission/Frankreich*, Slg 2005, I-6263, Rdnrn 111 und 112.

dem zweiten Urteil des EuGH gem Art 228 EGV oder für die Festlegung des Fälligkeitszeitpunkts des Zwangsgelds den Gegebenheiten entsprechend geändert werden müsste. Wenn nur in regelmäßigen Abständen beurteilt wird, inwieweit eine Vorschrift umgesetzt wurde, muss vermieden werden, dass das Zwangsgeld weiter anfällt, obwohl kein Verstoß mehr vorliegt, weil die Abstellung des Verstoßes noch nicht festgestellt wurde. Die Kommission wird zwar in der Regel weiterhin täglich anfallende Zwangsgelder vorschlagen, doch wird sie in geeigneten Fällen anregen, einen anderen Bezugszeitraum – beispielsweise sechs Monate oder ein Jahr – anzuwenden.
- Viertens kann in Sonderfällen eine Aussetzung des Zwangsgelds gerechtfertigt sein, wie zB in dem Fall, in dem die Mitgliedstaaten glaubhaft angeben, alle erforderlichen Maßnahmen ergriffen zu haben, die Überprüfung dieser Maßnahmen durch die Kommission aber noch einen gewissen Zeitraum in Anspruch nehmen wird. Weiterhin sind ausnahmsweise aber auch solche Fälle denkbar, in denen ein Mitgliedstaat bereits alle erforderlichen Maßnahmen getroffen hat, um dem Urteil des EuGH gem Art 228 EGV nachzukommen, aber es unvermeidlicherweise eine gewisse Zeit in Anspruch nimmt, bevor das geforderte Ergebnis eintritt. In solchen Situationen könnte es angebracht sein, dass der EuGH in seinem nach Art 228 EGV gefällten Urteil die Bedingungen und Voraussetzungen für eine Aussetzung des Zwangsgelds festlegt.

bbb. Berechnung des Zwangsgelds

Das Zwangsgeld ist die im Prinzip in Tagessätzen berechnete Summe, die ein Mitgliedstaat zu zahlen hat, wenn er einem Urteil des EuGH nicht nachkommt, und zwar gerechnet ab dem Tag, an dem das zweite Urteil des EuGH gem Art 228 EGV dem betreffenden Mitgliedstaat zugestellt wird, bis zur Beendigung des Verstoßes. Der Tagesssatz für das *Zwangsgeld* wird wie folgt berechnet:

- Multiplikation eines einheitlichen Grundbetrags (600 € pro Tag)[114] mit einem Schwerekoeffizienten und einem Dauerkoeffizienten;
- Multiplikation dieses Ergebnisses mit einem festen Länderfaktor (Faktor „n")[115], der sowohl die Zahlungsfähigkeit des betreffenden Mitgliedstaats als auch seine Stimmenzahl im Rat berücksichtigt.

Ad (ba) *Festsetzung des einheitlichen Grundbetrags*: Der einheitliche Grundbetrag ist der feste Betrag, auf den die Multiplikatorkoeffizienten angewendet werden. Mit ihm werden Verstöße gegen das Legalitätsprinzip und jeder Fall

114 Vgl dazu nachstehend Pkt I.C.2.a.ccc.
115 Vgl dazu vorstehend Pkt I.C.2.a.bb.

der Missachtung der Urteile des EuGH in allen Rechtssachen nach Art 228 EGV geahndet. Er wird so festgesetzt, dass

- die Kommission bei der Anwendung des Schwerekoeffizienten über einen großen Ermessensspielraum verfügt;
- er für alle Mitgliedstaaten tragbar ist;
- er nach Multiplizierung mit dem Schwerekoeffizienten hoch genug ist, um auf den betreffenden Mitgliedstaat einen hinreichend großen Druck auszuüben.

Der einheitliche Pauschalgrundbetrag wird von der Kommission auf 600 € pro Tag festgesetzt. Dieser Betrag ergibt sich aus dem in der zweiten Mitteilung (1997) bekannt gegebenen einheitlichen Grundbetrag von 500 €, der anhand des BIP-Deflators indexiert und gerundet wurde. Die Kommission wird alle drei Jahre eine entsprechende Inflationsanpassung vornehmen.

Ad (bb) *Anwendung des Schwerekoeffizienten (Sk)*: Der Umstand, dass einem Urteil des EuGH nicht nachgekommen wird, ist bereits an sich ein schwerer Verstoß gegen die rechtstaatlich strukturierte Gemeinschaften. Bei der Berechnung der Höhe der finanziellen Sanktionen wird die Kommission aber auch zwei weitere Gesichtspunkte heranziehen, nämlich die *Bedeutung der gemeinschaftlichen Rechtsvorschriften*, gegen die der Mitgliedstaat verstoßen hat sowie die *Folgen* dieser *Verstösse* sowohl für das *Gemeinwohl* als auch für die *Interessen Einzelner*.

Um zu beurteilen, wie bedeutend die Vorschriften des Gemeinschaftsrechts sind, gegen die verstoßen wurde, orientiert sich die Kommission an der Rechtsnatur und der Tragweite der Vorschriften und weniger an deren Stellung in der Normenhierarchie. So ist ein Verstoß gegen das Diskriminierungsverbot unabhängig davon, ob dabei eine Bestimmung des EG-Vertrages selbst oder bloß eine Verordnung oder Richtlinie verletzt wurde, stets ein schwerer Verstoß. Ebenso stellen Verstöße gegen Grundrechte oder die vier Grundfreiheiten im Binnenmarkt an sich immer schwere Verstöße dar.

Des weiteren kann die (Un-)Klarheit bzw (Un-)Verständlichkeit der verletzten Vorschrift oder der sich darauf beziehenden Judikatur des EuGH ein ausschlaggebender Faktor sein. Ein Mitgliedstaat, der gegen eine klare Norm oder gegen eine gefestigte Rechtsprechung des EUGH verstößt, begeht dementsprechend einen schwereren Verstoß als ein Mitgliedstaat, der eine ungenaue und unübersichtliche Norm des Gemeinschaftsrechts fehlerhaft anwendet, die dem EuGH noch nicht zur Auslegung vorgelegt wurde. Ferner ist gegebenenfalls zu berücksichtigen, dass der Mitgliedstaat die von ihm zur Durchführung des Urteils ergriffenen Maßnahmen für ausreichend hält und sich damit in einer anderen Lage befindet, als ein Mitgliedstaat, der keinerlei Maßnahmen ergriffen hat. Auch wenn es ein Mitgliedstaat bei dem in Art 228

Abs 2 UAbs 1 EGV vorgesehenen Verfahren an loyaler Zusammenarbeit mit der Kommission fehlen lässt, stellt dies einen erschwerenden Umstand dar.

Die Folgen der *Verstöße* für das *Gemeinwohl* oder die *Interessen Einzelner* sind nach dem konkreten Einzelfall zu beurteilen. Beispiele der im Einzelfall zu bewertenden Folgen sind zB mögliche Einbußen an Eigenmitteln der Gemeinschaft, Auswirkungen auf die Funktionsfähigkeit der Gemeinschaft, ernste oder nicht wieder gutzumachende Schäden im Bereich der Volksgesundheit oder der Umwelt, (nicht-)wirtschaftliche Schäden zum Nachteil von Privatpersonen und Unternehmen, einschließlich deren immaterieller Dimensionen etc.

Mit der Berücksichtigung der Interessen Einzelner bei der Festlegung der Sanktion stellt die Kommission aber nicht auf den Schadensersatz ab, der vom dem Geschädigten auf dem innerstaatlichen Rechtsweg eingeklagt werden könnte, sondern es soll dabei vor allem den Folgen des Verstoßes für Privatpersonen und Unternehmen Rechnung getragen werden.

Je nach Schwere des Verstoßes wird auf den einheitlichen Grundbetrag von 600 € pro Tag ein Multiplikatorkoeffizient von mindestens 1 und höchstens 20 angewendet.

Ad (bc) *Anwendung des Dauerkoeffizienten*: Bei der Berechnung des Zwangsgelds wird die Dauer des Verstoßes ab dem ersten Urteil des EuGH gem Art 226 EGV bis zur Entscheidung der Kommission, den Gerichtshof gem Art 228 EGV anzurufen, zugrunde gelegt. Diesem Zeitraum wird durch die Anwendung eines Multiplikatorkoeffizienten auf den einheitlichen Grundbetrag Rechnung getragen. Je nach Dauer des Verstoßes wird auf den Grundbetrag ein Multiplikatorkoeffizient von mindestens 1 und höchstens 3 angewendet, der ab der Verkündung des nach Art 226 EGV ergangenen Urteils des EuGH mit 0,10/Monat berechnet wird. Die Dauer des Verstoßes hat dabei sowohl bei der Berechnung des Zwangsgelds als auch des Pauschalbetrags berücksichtigt zu werden, da jede dieser finanziellen Sanktionen ihre eigene Funktion hat.[116]

Ad (bd) *Berücksichtigung der Zahlungsfähigkeit des betreffenden Mitgliedstaats*: Die Höhe des Zwangsgelds muss sowohl angemessen sein als auch eine abschreckende Wirkung entfalten.

Die abschreckende Wirkung der Sanktion dient einem doppelten Zweck: Die Sanktion muss hinreichend hoch sein, um die zweifache Abschreckungswirkung zu entfalten:

- der Mitgliedstaat soll beschließen, dem Urteil nachzukommen und den Verstoß zu beenden. Die Sanktion muss daher höher sein als der wirtschaftliche Vorteil, den der Mitgliedstaat aus dem Verstoß zieht;
- der Mitgliedstaat soll eine Wiederholung des Verstoßes unterlassen.

116 EuGH, Rs C-304/02, *Kommission/Frankreich*, Slg 2005, I-6263, Rdnr 84.

Die Abschreckungswirkung wird durch den Faktor „n“, einen geometrischen Durchschnittswert, berücksichtigt, der auf dem Bruttoinlandsprodukt (BIP) und der Stimmengewichtung im Rat gem Art 205 EGV beruht. Der Faktor „n“ verbindet die auf dem BIP beruhende Zahlungsfähigkeit und die Stimmenzahl jedes Mitgliedstaates im Rat. Die auf diese Weise ermittelte Formel führt zu einer angemessenen Differenzierung der Mitgliedstaaten nach ihrer Zahlungsfähigkeit.

Der Faktor „n“ ist die Quadratwurzel des Produkts aus den Faktoren, die auf dem BIP und der Stimmenzahl der Mitgliedstaaten im Rat beruhen, und wird nach folgender Formel berechnet:[117]

$$\sqrt{\frac{BIP_n}{BIP_{Lux}} \times \frac{Stimmen_n}{Stimmen_{Lux}}}$$

Der Faktor „n“ bewegt sich zwischen dem kleinsten – Malta – und dem größten – Bundesrepublik Deutschland – Mitgliedstaat und bewegt sich dementsprechend zwischen 0,36 (Malta) und 25,40 (Bundesrepublik). Der Faktor „n“ von Luxemburg als Berechnungsgrundlage ist 1,00,[118] für *Österreich* beträgt dieser 4,84.

Bei der Berechnung des *Tagessatzes* für das *Zwangsgeld* gegen einen Mitgliedstaat wird das Ergebnis aus der Anwendung des Schwere- und des Dauerkoeffizienten auf den einheitlichen Grundbetrag mit dem (unveränderlichen) Faktor „n“ des betreffenden Mitgliedstaats multipliziert.

Angesichts des aller Voraussicht nach proportional höheren BIP-Wachstums der neuen, im Jahr 2004 der EU beigetretenen Mitgliedstaaten, wird die Kommission auf jeden Fall nach drei Jahren eine Anpassung des Faktors „n“ vornehmen. Trotz zwischenzeitlichem Eintritt der Finanzkrise gegen Ende des Jahres 2008 ist es dazu aber bis Ende 2009 noch nicht gekommen.

Die Berechnung des *Tagessatzes* erfolgt somit nach folgender Gesamtformel:[119]

$$Tz = (G \times Sk \times Dk) \times n.$$

Für *Österreich* ergibt sich dementsprechend ein *Zwangsgeld* in der Bandbreite von 2.904 bis 174.240 € pro Tag.

117 Dabei bedeutet: BIP_n = das in Mio € ausgedrückte BIP des betreffenden Mitgliedstaats; BIP_{Lux} = das BIP Luxemburgs; $Stimmen_n$ = die Stimmenzahl des betreffenden Mitgliedstaats im Rat nach der Gewichtung gem Art 205 EGV; $Stimmen_{Lux}$ = Anzahl der Stimmen Luxemburgs.

118 Die Wahl Luxemburgs als von der Kommission gewählte Berechnungsgrundlage hat keinerlei Einfluss auf die relative Höhe der Koeffizienten von zwei bestimmten Mitgliedstaaten.

119 Dabei bedeutet Tz den Tagessatz für das Zwangsgeld, G den Grundbetrag des Zwangsgeldes, Sk den Schwerekoeffizient, Dk den Dauerkoeffizient und n den Faktor zur Berücksichtigung der Zahlungsfähigkeit des betreffenden Mitgliedstaats.

ccc. Berechnung des Pauschalbetrags

Im Gegensatz zum *Zwangsgeld*, das einen säumigen Mitgliedstaat zwingen soll, dem „zweiten" Vertragsverletzungsurteil des EuGH gem Art 228 EGV unbedingt nachzukommen, liegt der Zweck des *Pauschalbetrags* in der Sanktionierung eines Mitgliedstaats, bereits dem ersten verurteilenden Erkenntnis des EuGH im Vertragsverletzungsverfahren gem Art 226 EGV nicht nachgekommen zu sein.[120] Um dem abschreckenden Charakter des Pauschalbetrags und den Grundsätzen der Verhältnismäßigkeit und der Gleichbehandlung der Mitgliedstaaten in vollem Umfang Rechnung zu tragen, schlägt die Kommission dem EuGH eine Berechnungsmethode des Pauschalbetrags vor, die aus folgenden zwei Komponenten besteht:

- einem festen Mindestpauschalbetrag und
- einer Ponderierung, bei der ein Tagessatz mit der Anzahl der Tage, an denen die Zuwiderhandlung nicht abgestellt ist, multipliziert wird – und somit weitgehend mit der Methode zur Berechnung des Zwangsgelds übereinstimmt. Diese Berechnung kommt immer dann zur Anwendung, wenn sich aus ihr ein höherer Betrag als der Mindestpauschalbetrag ergibt.

Bei jeder Anrufung des EuGH gem Art 228 EGV wird die Kommission mindestens einen für jeden Mitgliedstaat anhand des obgenannten Faktors „n" bestimmten *festen Pauschalbetrag* vorschlagen. Mit diesem festen Mindestsatz wird ua auch vermieden, dass rein symbolische Beträge ohne jeden abschreckenden Charakter genannt werden, die die Autorität der Urteile des EuGH eher schwächen als stärken würden.

Der feste *Mindestpauschalsatz* beträgt für Malta 180.000 € und für die Bundesrepublik Deutschland 12,700.000 €. Für Luxemburg beträgt er 500.000 € und für *Österreich* 2,420.000 €. Auch bei ihm wird die Kommission alle drei Jahre eine Inflationsanpassung vornehmen.

Bei einer Überschreitung des Mindestpauschalsatzes schlägt die Kommission dem EuGH vor, den Pauschalbetrag durch Multiplizierung eines Tagessatzes mit der Anzahl der Tage, an denen der Mitgliedstaat dem Urteil nicht nachkommt – gerechnet ab dem Tag der Urteilsverkündung gem Art 226 EGV bis zu dem Tag, an dem die Zuwiderhandlung abgestellt wird bzw in Fällen, in denen die Zuwiderhandlung fortbesteht, dem Tag der Urteilsverkündung gem Art 228 EGV – festzusetzen.

Auch laut Judikatur des EuGH[121] sollte als Tag des Fristbeginns der Tag des Ergehens des ersten Urteils gem Art 226 EGV festgesetzt werden. Ferner muss laut Rechtsprechung des EuGH die Durchführung eines Urteils, das die Ver-

120 Vgl dazu vorstehend Pkt I.C.2.a.cc.aaa.

121 EuGH, Rs C-304/02, *Kommission/Frankreich*, Slg 2005, I-6263, Rdnrn 81, 102 und 108.

letzung festgestellt hat, „sofort in Angriff genommen werden und innerhalb kürzestmöglicher Frist abgeschlossen werden".[122] Zwar muss die Kommission dem Mitgliedstaat eine fallabhängig ausreichende Frist einräumen, um das Urteil umzusetzen, bevor sie eine mit Gründen versehene Stellungnahme gem Art 228 Abs 2 UAbs 1 EGV abgibt, um nicht eine Abweisung der späteren etwaigen Klage zu riskieren. Jedoch ist dann, wenn der Mitgliedstaat eine entsprechend eingeräumte Umsetzungsfrist hat verstreichen lassen, von einer ab dem ersten Urteil gem Art 226 EGV vorliegenden Verletzung der Pflicht des Mitgliedstaats auszugehen, die Durchführung des Urteils sofort in Angriff zu nehmen und innerhalb kürzestmöglicher Frist abzuschließen.

Der bei der Festsetzung des Pauschalbetrags zugrunde zu legende Tagessatz wird weitgehend wie der bei der Festsetzung des Zwangsgelds verwendete Tagessatz berechnet, und zwar durch

- Multiplikation eines einheitlichen Grundbetrags (200 € pro Tag)[123] mit dem Schwerekoeffizienten[124];
- Multiplikation des Ergebnisses mit einem festen Länderfaktor (Faktor „n") – der sowohl die Zahlungsfähigkeit des betreffenden Mitgliedstaats als auch seine Stimmenzahl im Rat berücksichtigt – und der Anzahl der Tage, an denen der Verstoß andauert.

Bei der Berechnung des Pauschalbetrags zieht die Kommission den gleichen Schwerekoeffizienten und den gleichen Faktor „n" wie beim Zwangsgeld heran. Demgegenüber geht sie bei der Berechnung des Pauschalbetrags von einem niedrigeren Grundbetrag aus als beim Zwangsgeld. Ein im Vergleich zum Pauschalbetrag dementsprechend höherer Tagessatz für das Zwangsgeld scheint deswegen angemessen, da der Verstoß eines Mitgliedstaats zum Zeitpunkt eines Urteils gem Art 228 EGV aufgrund des Umstands, dass der Mitgliedstaat zwei aufeinander folgenden Urteilen des EuGH nicht nachgekommen ist, an Schwere zunimmt.

Der Grundbetrag für den Pauschalbetrag wird durch die Kommission auf 200 €/Tag festgesetzt und liegt damit bei bloß einem Drittel des Grundbetrags für das Zwangsgeld. Der Grund dafür liegt in der bereits mehrfach erwähnten Überlegung, dass der Pauschalbetrag die Nichterfüllung eines (ersten) EuGH-Urteils sanktionieren soll, während das Zwangsgeld sich auf die Nichterfüllung zweier EuGH-Urteile bezieht.

Anders als bei der Berechnung des Zwangsgelds wird beim Pauschalbetrag kein Dauerkoeffizient herangezogen, da der Dauer des Verstoßes bereits durch die Multiplizierung eines Tagessatzes mit der Anzahl der Tage, an denen der Verstoß anhält, Rechnung getragen wird.

122 EuGH, Rs C-387/97, *Kommission/Griechenland*, Slg 2000, I-5047, Rdnr 82.

123 Vgl dazu vorstehend Pkt I.C.2.a.bbb.

124 Die Spannbreite des Schwerekoeffizienten bewegt sich zwischen 1 und 20.

Somit wird der *Pauschalbetrag* nach folgender Gesamtformel berechnet:[125]

$$Pb = GbPb \times Sk \times n \times Vd.$$

ddd. Übergangsregelung

Die Kommission wird die in dieser dritten Mitteilung (2005) niedergelegten Regelungen und Kriterien auf alle Entscheidungen zur Anrufung des EuGH anwenden, die sie nach dem 1. Januar 2006 gem Art 228 Abs 2 EGV trifft. Übergangsweise wird sie jedoch in Fällen, in denen die Mitgliedstaaten ihre Zuwiderhandlung im Laufe des Jahres 2006 abgestellt haben, ihrer derzeitigen Praxis entsprechend von der Erhebung einer Klage beim EuGH gem Art 228 EGV absehen. Diese Vorgangsweise wird den Mitgliedstaaten die Möglichkeit geben, ihr künftiges Verhalten rechtzeitig an die neue Politik der Kommission anzupassen.

Ausgehend von den Leitlinien der dritten Mitteilung der Kommission (2005) ergibt sich für *Österreich* dementsprechend ein *Zwangsgeld* in der Bandbreite von 2.904 bis 174.240 €/Tag und ein *Mindestpauschalbetrag* in der Höhe von 2,420.000 €.

Aus den Berechnungskriterien der Kommission ergibt sich aber ganz allgemein, dass eine präzise Einschätzung der Höhe allfälliger Sanktionen gem Art 228 Abs 2 EGV an sich nur schwer möglich ist. Zum einen verfügt die Kommission insbesondere im Hinblick auf den Schwerekoeffizienten über einen weiten Beurteilungsspielraum, zum anderen fließen bei der Bestimmung der finanziellen Sanktionen eine Reihe von Kriterien, wie die Möglichkeit der Rückabwicklung aller Rechtsfolgen des Verstoßes, die Absichten des vertragsbrüchigen Mitgliedstaats, seine Haltung während des Vertragsverletzungsverfahrens sowie seine Einsichtigkeit mit in die Beurteilung ein. Des weiteren ist der EuGH an die Vorschläge der Kommission auch nicht gebunden, selbst wenn er sich regelmäßig an ihnen orientiert.[126]

b. Kontrollbefugnis des EuGH in Bezug auf die Sanktionsvorschläge der Kommission

Sowohl aus dem Wortlaut, als auch aus der Entstehungsgeschichte und der Systematik des Art 228 Abs 2 EGV ergibt sich der Umstand, dass der EuGH nicht an den jeweiligen finanziellen Sanktionsantrag der Kommission gebunden ist. Er entscheidet nach eigenem Ermessen, ob eine Sanktion überhaupt zu verhängen ist und wenn ja, in welcher Höhe diese festzusetzen ist. Da es sich dabei um eine „procédure de pleine juridiction“ des EuGH handelt, grei-

125 Dabei bedeutet Pb den Pauschalbetrag, GbPb den Grundbetrag „Pauschalbetrag“, Sk den Schwerekoeffizient, n den Faktor zur Berücksichtigung der Zahlungsfähigkeit des betreffenden Mitgliedstaates und Vd die anhaltende Dauer des Verstoßes in Tagen.

126 Vgl *Bundeskanzleramt*, Rundschreiben vom 17. Juli 2009, 15.

fen die beiden Rechtsgrundsätze des „ne ultra petita“ und des Verbots der „reformatio in peius“ naturgemäß nicht.[127] Das in Art 228 Abs 2 EGV verankerte Verfahren ist nämlich „ein besonderes gerichtliches Verfahren“, das einem Zivilrechtsverfahren nicht gleichgestellt werden kann, sondern als „Vollstreckungsverfahren“ mit eingeschränkten Verfahrensgarantien anzusehen ist.[128]

Der beklagte Mitgliedstaat kann sich im Sanktionsverfahren gem Art 228 Abs 2 EGV allerdings gegen die Höhe der von der Kommission vorgeschlagenen finanziellen Sanktio(nen) zur Wehr setzen und zB beantragen, dass bei der Berechnung des Zwangsgelds für ihn günstigere Schwere- und Dauerkoeffizienten zugrunde gelegt werden.[129] Aber auch hierüber liegt die Letztentscheidung alleine im Ermessen des EuGH.

Resumiert man die Judikatur des EuGH im Hinblick auf die Verhängung finanzieller Sanktionen, dann lassen sich folgende Kriterien feststellen:

(a) Es ist ausschließlich Sache des EuGH, in jeder Rechtssache und anhand der Umstände des Einzelfalles, sowie nach Maßgabe der ihm erforderlich erscheinenden Abschreckungswirkung, die angemessenen finanziellen Sanktionen zu bestimmen;

(b) Die seitens der Kommission gemachten Vorschläge für die Verhängung finanzieller Sanktionen binden den EuGH nicht, sondern stellen „lediglich einen nützlichen Bezugspunkt“ dar, was im Übrigen auch für die in ihren bisherigen drei Mitteilungen aufgelisteten Leitlinien gilt. Letztere tragen allerdings zur Transparenz, Vorhersehbarkeit und Rechtssicherheit bei der Vorgehensweise der Kommission bei;

(c) Die Verurteilung zu Pauschalbetrag und Zwangsgeld soll auf den betreffenden Mitgliedstaat wirtschaftlichen Zwang ausüben, sodass die Höhe der finanziellen Sanktionen danach zu bemessen ist, welcher Überzeugungsdruck erforderlich ist, damit der fragliche Mitgliedstaat sein Verhalten ändert;

(d) Maßgeblicher Zeitpunkt für die Entscheidung, ob ein Zwangsgeld und/ oder ein Pauschalbetrag verhängt werden soll, ist der Zeitpunkt der Prüfung des Sachverhalts durch den EuGH: hat die Vertragsverletzung bis zu diesem Zeitpunkt angedauert, dann stellt insbesondere die Verurteilung zur Zahlung eines Zwangsgelds ein angemessenes Mittel dar. Im Übrigen ist die Verhängung eines Zwangsgelds nach Art 228 Abs 2 UAbs 3 EGV nur dann gerechtfertigt, solange die Vertragsverletzung durch Nichtdurchführung des Urteils des EuGH fortbesteht;[130]

(e) Die Berechnung des *Zwangsgelds* erfolgt grundsätzlich unter Berücksichtigung der Dauer des Verstoßes, des Grades seiner Schwere und der Zah-

127 Vgl *Heidig*, Verhängung (2001), 157 f.

128 EuGH, Rs C-304/02, *Kommission/Frankreich*, Slg 2005, I-6263, Rdnrn 89 ff.

129 Vgl EuGH, Rs C-387/97, *Kommission/Griechenland*, Slg 2000, I-5047, Rdnr 35.

130 EuGH, Rs C-568/07, *Kommission/Griechenland*, Slg 2009, I-4505, Rdnr 42.

lungsfähigkeit des betroffenen Mitgliedstaats. Dabei berücksichtigt der EuGH, welche Folgen die Nichterfüllung der Verpflichtungen für die privaten und öffentlichen Interessen hat und wie dringend es ist, den betreffenden Mitgliedstaat zu veranlassen, seinen Verpflichtungen nachzukommen;

(f) Die Verhängung eines angemessenen und verhältnismäßigen *Pauschalbetrags* wird vom EuGH unter Berücksichtigung der Dauer des Fortbestandes der Vertragsverletzung seit dem Erlass des verurteilenden Erkenntnisses gem Art 226 EGV sowie der betroffenen öffentlichen und privaten Interessen vorgenommen.[131]

3. Die bisherigen Verurteilungen gem Art 228 Abs 2 EGV durch den EuGH

Bisher kam es zu neun Verurteilungen von Mitgliedstaaten wegen Nichtbefolgung eines Urteils des EuGH gem Art 228 EGV, die nachstehend in aller Kürze dargestellt werden sollen:[132]

(1) Rs C-387/97, *Kommission/Griechenland*, Urteil vom 4. Juli 2000 betreffend Umweltpolitik: Verstoß: Nichtdurchführung des Urteils des EuGH vom 7. April 1992 in der Rs C-45/91 (Unterlassung der Erstellung und Durchführung von Plänen zur Beseitigung giftiger, gefährlicher und sonstiger Abfälle in der Region Chania auf der griechischen Insel Kreta). Sanktion: *Erstmalige* Verhängung eines *Zwangsgelds* in Höhe von 20.000 € pro Tag des Verzugs mit der Umsetzung des Urteils gem Art 226 EGV ab Urteilsverkündung im Verfahren gem Art 228 EGV. Da ein Zeitraum von 8 Monaten erforderlich war, um die Vertragsverletzung vollständig zu beseitigen, belief sich das Zwangsgeld insgesamt auf 5,400.000 €.

(2) Rs C-278/01, *Kommission/Spanien*, Urteil vom 25. November 2003, betreffend Umweltpolitik: Verstoß: Nichtdurchführung des Urteils des EuGH vom 12. Februar 1998 in der Rs C-92/96 (Unterlassung der Ergreifung der notwendigen Maßnahmen zur Sicherstellung der Qualität der Badegewässer, die den in Art 3 der Richtlinie 76/160/EWG enthaltenen Grenzwerten entspricht). Sanktion: Verhängung eines jährlich zu zahlenden Zwangsgelds ab Urteilsverkündung im Verfahren gem Art 228 EGV in Höhe von 624.150 € pro Prozentanteil der spanischen Badegewässer – davon betroffen: 20 %.

(3) Rs C-304/02, *Kommission/Frankreich*, Urteil vom 12. Juli 2005 betreffend Fischereipolitik. Verstoß: Nichtbefolgung des Urteils des EuGH vom 11. Juni 1991 in der Rs C-64/88 (Unterlassung der Durchführung von Kontrollen zur Einhaltung der in den Verordnungen (EWG) Nr 171/83 und Nr. 3094/86 vorgeschriebenen technischen Maßnahmen zur Erhaltung der

131 Vgl dazu *Bundeskanzleramt*, Rundschreiben vom 17. Juli 2009, 9 ff.

132 Vgl dazu *Bundeskanzleramt*, Rundschreiben vom 17. Juli 2009, 12 ff; siehe auch *Steiner*, ZfRV 2008, 154 ff.

Fischbestände in den Jahren 1984 bis 1987). Sanktion: (Erstmalige) *Kumulative Verhängung* eines *Pauschalbetrags* in Höhe von 20,000.000 € und eines *Zwangsgelds* in der Höhe von 57,761.250 € für jeden Sechsmonatszeitraum ab Urteilsverkündung im Verfahren gem Art 228 EGV.

Gegen die an sie gerichtete Aufforderung der Kommission, die vom EuGH verhängten finanziellen Sanktionen zu zahlen, reichte Frankreich am 12. Mai 2006 vor dem Gericht erster Instanz (EuG) Nichtigkeitsklage ein und machte dabei vor allem geltend, dass die streitige Entscheidung wegen Unzuständigkeit der Kommission für nichtig erklärt werden müsse, da nicht sie sondern nur der EuGH zuständig sei, die Zahlung eines Zwangsgelds zu verlangen, da dies die vorherige Feststellung zur Voraussetzung habe, dass der Verstoß andauere. Diese Rs T-139/06 behängt noch vor dem EuG[133] und hat noch nicht zu einer Sachentscheidung geführt.[134]

(4) Rs C-177/04, *Kommission/Frankreich*, Urteil vom 14. März 2006 betreffend Konsumentenschutz/Produkthaftung. Verstoß: Nichtdurchführung des Urteils des EuGH vom 25. April 2002 in der Rs C-52/00 (Unterlassung der Umsetzung verschiedener Bestimmungen der Richtlinie 85/374/EWG zur Angleichung der Rechts- und Verwaltungsvorschriften der Mitgliedstaaten über die Haftung für fehlerhafte Produkte). Sanktion: Verhängung eines *Zwangsgelds* in Höhe von 31.650 € pro Tag des Verzugs mit der Umsetzung des Urteils des EUGH gem Art 226 EGV ab Urteilsverkündung im Verfahren gem Art 228 EGV.

(5) Rs C-70/06, *Kommission/Portugal*, Urteil vom 10. Jänner 2008 betreffend öffentliche Auftragsvergabe. Verstoß: Nichtdurchführung des Urteils des EuGH vom 14. Oktober 2004 in der Rs C-275/03 (Unterlassung der Umsetzung verschiedener Bestimmungen der Richtlinie 89/665/EWG zur Koordinierung der Rechts- und Verwaltungsvorschriften für die Anwendung der Nachprüfungsverfahren im Rahmen der Vergabe öffentlicher Liefer- und Bauaufträge). Sanktion: Verhängung eines *Zwangsgelds* in Höhe von 19.392 € pro Tag des Verzugs mit der Umsetzung des Urteils des EuGH gem Art 226 EGV ab Urteilsverkündung im Verfahren gem Art 228 EGV.

(6) Rs C-121/07, *Kommission/Frankreich*, Urteil vom 9. Dezember 2008 betreffend Umweltpolitik. Verstoß: Nichtdurchführung des Urteils des EuGH vom 15. Juli 2004 in der Rs C-419/03 (Unterlassung der Umsetzung verschiedener Bestimmungen der Richtlinie 2001/18/EG über die absichtliche Freisetzung von GVO in die Umwelt). Sanktion: Verhängung eines *Pauschalbetrags* in Höhe von 10,000.000 €.

133 EuG, Rs T-139/06, *Frankreich/Kommission*, ABl 2006 C 165, 31.

134 Vgl *Schima*, Exkurs: Auswirkungen des Primärrechts auf unter Verstoß gegen das Vergaberecht geschlossene Verträge, in *Schramm/Aicher/Fruhmann/Thienel* (Hrsg), Bundesvergabegesetz 2006. Kommentar (2009), 18.

(7) Rs C-568/07, *Kommission/Griechenland*, Urteil vom 4. Juni 2009 betreffend den Binnenmarkt. Verstoß: Nichtdurchführung des Urteils des EuGH vom 21. April 2004 in der Rs C-140/03 (Fremd- und Mehrfachbesitzverbot für Optikergeschäfte gem Art 43 und 48 EGV). Sanktion: Verhängung eines *Pauschalbetrags* in Höhe von 1,000.000 €.

(8) Rs C-109/08, *Kommission/Griechenland*, Urteil vom 4. Juni 2009 betreffend den Binnenmarkt. Verstoß: Nichtdurchführung des Urteils des EuGH vom 26. Oktober 2006 in der Rs C-65/05 (Unvereinbarkeit des Verbots, elektrische, elektromechanische und elektronische Spiele an öffentlichen und privaten Orten mit Ausnahme von Spielkasinos einzurichten und zu betreiben, mit den Art 28, 43 und 49 EGV sowie mit Art 8 der Richtlinie 98/34/EG idF der Richtlinie 98/48/EG des EP und des Rates über ein Informationsverfahren auf dem Gebiet der Normen und technischen Vorschriften). Sanktion: *Kumulative Verhängung* eines *Pauschalbetrags* in Höhe von 3,000.000 € und eines *Zwangsgelds* in Höhe von 31.536 € pro Tag des Verzugs mit der Umsetzung des Urteils des EuGH gem Art 226 EGV ab Urteilsverkündung im Verfahren gem Art 228 EGV.

(9) Rs C-369/07, *Kommission/Griechenland*, Urteil vom 7. Juli 2009 betreffend staatliche Beihilfen. Verstoß: Nichtdurchführung des Urteils des EuGH vom 12. Mai 2005 in der Rs C-415/03 [Unterlassung der Ergreifung von Maßnahmen zur Rückforderung rechtswidriger und mit dem Gemeinsamen Markt unvereinbarer Beihilfen für eine griechische Fluggesellschaft (Olympic Airlines)][135]. Sanktion: *Kumulative Verhängung* eines *Pauschalbetrags* in Höhe von 2,000.000 € sowie eines *Zwangsgelds* in Höhe von 16.000 € pro Tag des Verzugs mit der Durchführung des Urteils des EuGH gem Art 226 EGV, beginnend nach Ablauf eines Monats ab Urteilsverkündung im Verfahren gem Art 228 EGV.[136]

Ohne dass es bisher zu weiteren Verurteilungen gekommen ist, wurden in der letzten Zeit folgende weitere Verfahren vor dem EuGH gem Art 228 EGV entschieden bzw neue einschlägige Verfahren eröffnet:

(1) Rs C-457/07, *Kommission/Portugal*, Urteil vom 10. September 2009 betreffend Zulassungsverfahren von Bauprodukten. Behaupteter Verstoß: Nichtdurchführung des Urteils des EuGH vom 10. November 2005 in der Rs C-432/03, *Kommission/Portugal*.[137] Der EuGH wies die Klage der Kommission, mit der sie die Zahlung eines Zwangsgeldes in Höhe von 34.542 € für jeden Tag des Verzugs und einen Pauschalbetrag von 6.000 €, multipliziert mit

135 Vgl dazu auch das Urteil des EuG in der Rs T-68/03, *Olympiaki Aeroporia Ypiresies AE/Kommission*, Slg 2007, II-2911.

136 Generalanwalt *Mengozzi* hielt im Gegensatz dazu die von der Kommission beantragten finanziellen Sanktionen gegen Griechenland für zu hoch.

137 EuGH, Rs C-432/03, *Kommission/Portugal*, Slg 2005, I-9665.

der Anzahl der Tage zwischen der Verkündung des Urteils in der Rs C-432/03 und dem Tag der Durchführung dieses Urteils begehrte, aber ab.

(2) Rs C-526/08, *Kommission/Luxemburg*, Urteil vom 29. Juni 2010 betreffend Umweltpolitik. Die Kommission klagte neuerlich nach Art 226 EGV, obwohl es sich nach Ansicht Luxemburgs um eine Klage nach Art 228 EGV hätte handeln müssen, da es im Grunde um die Nichtdurchführung des Urteils des EuGH in der Rs C-266/00, *Kommission/Luxemburg*[138] gehe und einer neuerlichen Klage nach Art 226 EGV (in idem) die Grundsätze der Rechtskraft und des Verbots des ne bis in idem entgegenstünden. Der EuGH gab aber der Klage der Kommission gem Art 226 EGV statt.

(3) Klage der Kommission in der Rs C-407/09 gem Art 228 EGV gegen *Griechenland*, eingereicht beim EuGH am 22. Oktober 2009, wegen Nichterfüllung des Urteils des EuGH in der Rs C-26/07 vom 18. Juli 2007, unter Beantragung der Verhängung eines Zwangsgeldes in Höhe von 72.532,80 € für jeden Tag des Verzugs der Nichterfüllung des gegenständlichen Urteils sowie eines Pauschalbetrages in Höhe von 10.512 € für jeden Tag des Verzugs seit der Verkündung des Urteils in der Rs C-26/07.[139] In dieser Rechtssache ist bisher noch kein Urteil ergangen.

(4) Klage der Kommission in der Rs C-496/09 gem Art 228 EGV gegen *Italien*, eingereicht beim EuGH am 2. Dezember 2009[140], wegen Nichterfüllung des Urteils des EuGH in der Rs C-99/02 vom 1. April 2004, unter Beantragung eines Zwangsgeldes/Tag in Höhe von 285.696 € und eines Pauschalbetrages, der sich aus der Multiplikation eines Tagessatzes von 31.744 € mit der Zahl der entsprechenden Säumnistage ergibt.[141] Noch kein Urteil ergangen.

D. Zwangsweise Durchsetzung von Urteilen des EuGH gem Art 228 Abs 2 EGV?

Was die zentrale Frage der zwangsweisen Durchsetzung von Urteilen, die im zweiten Vertragsverletzungsverfahren gem Art 228 Abs 2 EGV ergangen sind, betrifft, so kommt ihr nicht nur dann Relevanz zu, wenn der verurteilte Mitgliedstaat die ihm auferlegte finanzielle Sanktion tatsächlich nicht liquidiert, sondern eine solche Exekutionsmöglichkeit würde bereits im Vorstadium entsprechende Wirkung entfalten, da eine mögliche Zwangsvollstreckung der Zahlungspflicht auf den säumigen Mitgliedstaat enormen Druck ausüben würde.

138 EuGH, Rs C-266/00, *Kommission/Luxemburg*, Slg 2001, I-2073.

139 EuGH, Rs C-407/09, *Kommission/Griechenland*, ABl 2010 C 11, 16 f.

140 Telefax vom 30. November 2009, sodass noch Art 228 EGV und nicht schon Art 260 AEUV die Rechtsgrundlage für die Klage der Kommission darstellte.

141 EuGH, Rs C-496/09, *Kommission/Italien*, ABl 2010 C 24, 44 f.

Als Mittel dazu kommen entweder

(a) die Vollstreckung des EuGH-Urteils (*mittelbare* Vollstreckung) oder
(b) die Aufrechnung mit Zahlungen der Gemeinschaft (*unmittelbare* Vollstreckung) in Betracht.[142]

Neben diesen beiden direkt-monetären Instrumenten wären aber auch noch

(c) eine Reihe anderer zwangsweiser Durchsetzungsmöglichkeiten, wie zB die erneute Durchführung eines Sanktionsverfahrens gem Art 228 Abs 2 EGV, die Durchführung eines Verfahrens gem Art 7 EUV, die Anwendung völkerrechtlicher Druckmittel sowie die Ausübung politischen Drucks denkbar.

Die einschlägige Literatur ist in Bezug auf die Frage der Vollstreckbarkeit von EuGH-Urteilen gem Art 228 Abs 2 EGV äußerst kontrovers.[143] Nachstehend sollen die jeweiligen Pro- und Kontra-Argumente für die Zulässigkeit der beiden vorstehend erwähnten direkt-monetären Durchsetzungsinstrumente (a) und (b) dargestellt werden, an die sich dann (c) eine kurze Betrachtung der sonstigen denkmöglichen Zwangsmittel anschließt.

1. (Mittelbare) Vollstreckung

Zum einen wird in der Literatur die Auffassung vertreten, dass Sanktionsurteile des EuGH gem Art 228 Abs 2 EGV – soweit sie die Zahlung eines Pauschalbetrags oder eines Zwangsgelds zum Inhalt haben – gem Art 244 iVm Art 256 Abs 2 EGV vollstreckbar sind.[144] Erstens schließt der Wortlaut des Art 244 EGV die Vollstreckbarkeit der EuGH-Urteile nach Art 228 Abs 2 EGV gegenüber Staaten nicht aus, da dieser Artikel ganz allgemein auf Art 256 EGV verweist, dessen Abs 1 zwar die Vollstreckung gegenüber Staaten ausschließt, sich aber nur auf Entscheidungen des Rates und der Europäischen Kommission, nicht jedoch auf Urteile des EuGH bezieht. Zweitens kommt diese Auslegung Ziel und Zweck des Art 228 Abs 2 EGV entgegen, der die Sanktionskompetenz der Gemeinschaft gegenüber den Mitgliedstaaten stärken soll. Drittens würde der Bestimmung des Art 228 Abs 2 EGV ihre nützliche Wirkung genommen, wenn die darauf gestützten Urteile des EuGH nicht vollstreckbar wären. Schließlich würde die fehlende Vollstreckbarkeit derartiger EuGH-Urteile die einheitliche Anwendbarkeit des Gemeinschaftsrechts beinträchtigen.[145]

---

142 Vgl *Obwexer*, ecolex 2000, 763.

143 Vgl zB *Thiele*, Prozessrecht, 59 f und die dort angegebene Literatur.

144 *Borchardt* in *Lenz/Borchardt* (Hrsg), EGV-Kommentar[4] (2006), Art 228 EGV Rdnr 19; *Karpenstein/Karpenstein* in *Grabitz/Hilf* (Hrsg), Kommentar zur EU (Loseblatt), Art 228 EGV Rdnr 19; *Middeke/Szczekalla*, JZ 1993, 288; *Spannowsky*, JZ 1994, 331; *Obwexer*, ecolex 2000, 765.

145 Vgl zB *Obwexer*, ecolex 2000, 766.

Die konträre Argumentation[146] in der einschlägigen Literatur lässt sich folgendermaßen zusammenfassen: obwohl gem Art 256 EGV auch Urteile nach Art 228 Abs 2 EGV denkmöglich vollstreckbar wären, existiert keine Vollstreckungsbefugnis der Gemeinschaft gegen ihre Mitgliedstaaten. Diese Überlegung ergibt sich aus der Grundhaltung und dem Geist des EG-Vertrags und zwar unter zwei Gesichtspunkten. Zum einen respektiert der EG-Vertrag in der sensiblen Frage der Zwangsvollstreckung die Souveränität der Mitgliedstaaten. Zum anderen geht der EG-Vertrag nach wie vor von der prinzipiellen Bereitschaft der Mitgliedstaaten aus, das Gemeinschaftsrecht zu befolgen. Gerichtliche Entscheidungen gegenüber Mitgliedstaaten sind demnach generell als nicht vollstreckbar anzusehen; damit kann aber auch der zur Zahlung verpflichtende Teil eines Sanktionsurteils nach Art 228 Abs 2 EGV nicht vollstreckt werden.[147]

In praxi müsste ja ein Mitgliedstaat, der sich weigert, ein Zwangsgeld oder einen Pauschalbetrag zu bezahlen, auf Antrag der EG hin gegen sich selber (sic) die Zwangsvollstreckung einleiten. In der einschlägigen Literatur wird in diesem Zusammenhang zurecht die Frage gestellt: *„Und was würde geschehen, wenn die zuständige nationale Behörde die Erteilung der Vollstreckungsklausel verweigerte, etwa aus Gründen der Grundrechtsverletzung und der Unverhältnismäßigkeit?“*[148] Die beiden dagegen denkmöglichen Klagen gem Art 226 und 227 EGV würden bestenfalls wieder mit Feststellungsurteilen des EuGH enden, die wiederum nicht vollstreckbar wären.

Einer denkmöglichen Auslegung, dass man bei der Einführung der Sanktionsmöglichkeit des Art 228 Abs 2 EGV durch den Vertrag von Maastricht das Problem der Zwangsvollstreckung im Zusammenhang mit dem Wortlaut des aus der Ursprungsfassung des EWG-Vertrags aus 1957 stammenden Art 244 iVm Art 256 Abs 1 EGV übersehen hat, wird literarisch dadurch entgegengetreten, dass dies spätestens seit der Unterzeichnung des Verfassungs-Vertrags am 29. Oktober 2004 nicht mehr anzunehmen ist.[149] Trotz der einschlägigen Diskussion in der Literatur wurden nämlich die Regelungen in Art 244 iVm Art 256 Abs 1 EGV nahezu wortgleich in Art III-380 iVm Art III-401 Abs 1 des Verfassungs-Vertrags übernommen.[150] Dieser Umstand deutet aber eher darauf hin, dass das Problem der Vollstreckung von Urteilen des EuGH im Gefolge von Art 228 Abs 2 EGV anlässlich der Ausarbeitung des

146 Vgl *Heidig*, Verhängung (2001), 180 ff; *Heidig*, EuR 2000, 762; *Härtel*, EuR 2001, 621; *Steiner*, ZfRV 2008, 158; *Schweitzer*, Art 228 Abs 2 EGV: Schnittstelle von Souveränität und Supranationalität, in *Ipsen/Stüer* (Hrsg), Europa im Wandel, FS *Hans-Werner Rengeling* (2008), 442 ff.

147 *Heidig*, Verhängung (2001), 181 ff.

148 *Schweitzer*, Art 228 Abs 2 EGV, in *Ipsen/Stüer* (Hrsg), FS *Hans-Werner Rengeling*, 443.

149 *Schweitzer*, Art 228 Abs 2 EGV, in *Ipsen/Stüer* (Hrsg), FS *Hans-Werner Rengeling*, 444.

150 Vgl *Pache*, Art III-380 und *Epping*, Art III-401, in *Vedder/Heintschel von Heinegg* (Hrsg), Europäischer Verfassungsvertrag. Handkommentar (2007), 923 und 956 ff.

Vertrages von Maastricht gar nicht übersehen worden war, sondern bewusst so belassen wurde, dass eine Zwangsvollstreckung gegen Mitgliedstaaten eben nicht gewollt ist.

Es ist daher abzuwarten, wie sich diese umstrittene Frage in Zukunft in praxi entwickeln wird. Sollte die Zwangsvollstreckung tatsächlich einmal für zulässig erachtet und auch eingesetzt werden, so müsste sie gem Art 256 Abs 2 und 3 EGV nach den innerstaatlichen Rechtsvorschriften und unter Inanspruchnahme der zuständigen mitgliedstaatlichen Behörden erfolgen.[151]

2. Aufrechnung (unmittelbare Vollstreckung)

Bemerkenswert erscheint in diesem Zusammenhang der Umstand, dass bereits die historisch erste Sanktionsbestimmung gegen einen säumigen Mitgliedstaat, nämlich Art 88 UAbs 3 lit a) EGKSV – wie vorstehend bereits erwähnt[152] – vorgesehen hatte, dass Zahlungen aus dem EGKS-Haushalt, die dem säumigen Mitgliedstaat zugestanden wären, diesem gegenüber ausgesetzt werden können. Damit war aber ein klares Bekenntnis sowie eine Rechtsgrundlage für die Sanktion einer *Aufrechnung* mit Forderungen gegen die Gemeinschaft bzw einer *Zurückhaltung* von Zahlungen der Gemeinschaft gegeben. Interessanterweise übernahmen aber die heute geltenden Sanktionsbestimmungen des Art 228 Abs 2 EGV diese Aufrechnungs- bzw Retentionsmöglichkeit expressis verbis nicht.

Die Ansicht einer Aufrechnung gegen Forderungen bzw einer Retention zustehender Zahlungen aus dem Gemeinschaftshaushalt oder aus den verschiedenen Gemeinschaftsfonds als Form „unmittelbarer Vollstreckung" wird in der Literatur – in Analogie zu Art 88 UAbs 3 EGKSV – vereinzelt vertreten[153] Abgesehen davon, dass diese Regelung seit ihrem Bestehen nicht ein einziges Mal angewendet wurde und daher in der Literatur auch als „dead letter"[154] bezeichnet wurde, setzt ein solcher Analogieschluss eine *Strukturgleichheit* beider Regelungen voraus, die aber gerade nicht existiert, wie bereits vorstehend ausgeführt wurde.[155]

Die Vertreter der Zulässigkeit einer Aufrechnung bzw Zurückbehaltung begründen diese aber auch mit einem Urteil des EuGH,[156] in dem dieser – allerdings in einem anderen Zusammenhang – zur Möglichkeit einer Aufrechnung (vermeintlich) positiv Stellung genommen hat. Ein diesbezüglicher Analogie-

151 Vgl *Schweitzer/Hummer/Obwexer*, Europarecht, Rdnrn 881 ff.

152 Vgl dazu vorstehend Pkt I.A.1.a.

153 Vgl *Karpenstein/Karpenstein* in *Grabitz/Hilf* (Hrsg), Kommentar zur EU, Rdnr 44.

154 Vgl *Bebr*, Development of judicial control of the European Communities (1981), 326.

155 Vgl dazu vorstehend Pkt I.A.1.a.

156 EuGH, Rs C-87/01 P, *Kommission/Conseil des communes et Régions d'Europe*, Slg 2003, I-7617 ff.

schluss bietet sich aber deswegen nicht an, da es sich bei dieser Rechtssache und auch bei der weiteren Rechtssache, auf die erstere verweist,[157] ebenfalls nicht um strukturgleiche Phänomene gehandelt hatte. Es ging dabei nämlich um eine Aufrechnung zwischen der E(W)G und einem Unternehmen, sodass aus dieser Causa lediglich – wenn überhaupt – geschlossen werden kann, dass die Aufrechnung der EG gegenüber einzelnen Privatrechtssubjekten mit dem Gemeinschaftsrecht in Einklang steht – nicht aber eine mögliche Aufrechnung im Falle der Nichtbezahlung von finanziellen Sanktionen gem Art 228 Abs 2 EGV.

Auch die weitere Begründung für die Zulässigkeit einer Aufrechnung, dass diese nämlich als (international) anerkannter Modus – sowohl im Völkerrecht, als auch in den mitgliedstaatlichen Rechtsordnungen[158] – auch im Gemeinschaftsrecht Anwendung finden könnte, geht ins Leere, da wir auch hier wiederum keine strukturgleichen Phänomene vor uns haben, die einen Analogieschluss zulassen würden – ist die Gemeinschaft doch ein „self-contained"-Regime, in dem keine Parallelen zu Instituten des allgemeinen Völkerrechts gezogen werden können.

Darüber hinaus wäre die Bejahung einer Aufrechnungsmöglichkeit dann inkonsequent, wenn man die Auffassung vertritt, dass eine Zwangsvollstreckungsmöglichkeit besteht. Kann nämlich die Zahlungspflicht aus Art 228 Abs 2 EGV per Zwangsvollstreckung durchgesetzt werden, ist eben gerade keine (planwidrige) Regelungslücke vorhanden, die ua mit der analogen Anwendung von Art 88 EGKSV geschlossen werden könnte. Auch die Konstruktion einer Aufrechnungsmöglichkeit mit Hilfe der „implied-powers"-Lehre[159] geht fehl, da sie eine gegebene Erstkompetenz voraussetzen würde, die eben gerade nicht existiert.

Dementsprechend kann daher festgestellt werden, dass eine Aufrechnung der nicht bezahlten finanziellen Sanktionen gegen Forderungen, die dem säumigen Mitgliedstaat gegen den Gemeinschaftshaushalt oder gegen spezielle Gemeinschaftsfonds – wie zB gegen den Europäischen Ausrichtungs- und Garantiefonds für die Landwirtschaft (EAGFL) – zustehen, nicht statthaft ist, da es hierfür an einer konkreten gemeinschaftsrechtlichen Rechtsgrundlage fehlt.[160]

157 EuGH, Rs 250/78, *DEKA/EWG*, Slg 1983, 421 ff.

158 In der Rs C-369/07 sieht der EuGH selbst eine Aufrechnung im Verhältnis zwischen einem Unternehmen und seinem Heimatstaat als durchaus adäquates Mittel zur Rückzahlung einer staatlichen Beihilfe an.

159 *Blumenwitz/Schöbener*, Stabilitätspakt für Europa. Die Sicherstellung mitgliedstaatlicher Haushaltsdisziplin im Europa- und Völkerrecht (1997), 40.

160 *Schweitzer*, Art 228 Abs 2 EGV, in *Ipsen/Stüer* (Hrsg), FS *Hans-Werner Rengeling*, 445.

3. Sonstige, nicht-monetäre Vollstreckungsmöglichkeiten

Des weiteren wird im Schrifttum gelegentlich vertreten, dass bei Missachtung des Sanktionsurteils des EUGH eine nochmalige Durchführung des Verfahrens des Art 228 Abs 2 EGV möglich sei. Wie die Formulierung „diese Maßnahmen" in Art 228 Abs 2 UAbs 1 EGV aber belegt, ist die Einleitung eines Zweitverfahrens nur dann vorgesehen, wenn ein Mitgliedstaat die sich gem Art 228 Abs 1 EGV aus dem Vertragsverletzungsurteil ergebenden Maßnahmen nicht ergriffen hat. Ein zweites Sanktionsverfahren zur Durchsetzung des im ersten Sanktionsverfahren ergangenen Urteils des EuGH scheidet daher aus. Es wird auch argumentiert, dass damit ein erheblicher Autoritätsverlust des EuGH verbunden wäre.[161]

Was die Möglichkeit der Qualifikation der Nichtdurchführung eines verurteilenden Erkenntnisses des EuGH wegen einer Vertragsverletzung als „schwerwiegende und anhaltende Verletzung" der in Art 6 Abs 1 EUV genannten Grundsätze – hier vor allem des Grundsatzes der Rechtstaatlichkeit – iSv Art 7 EUV betrifft, so ist dazu festzustellen, dass eine solche wohl nur dann vorgenommen werden kann, wenn ein Mitgliedstaat über einen längeren Zeitraum hinweg mehrere ihm gegenüber ergangene Sanktionsurteile nicht beachtet. Damit kann aber Art 7 EUV wohl nicht zur Durchsetzung eines einzelnen nicht befolgten Sanktionsurteils herangezogen werden.[162]

Die eventuelle Anwendung völkerrechtlicher Zwangsmaßnahmen durch die anderen Mitgliedstaaten, wie etwa die einer Repressalie bzw Gegenmaßnahme, einer Retorsion oder die der Einwendung der „exceptio non adimplenti contractus" ist im „self-contained"-System des Gemeinschaftsrecht nicht angebracht. Sowohl die ständige Judikatur des EuGH als auch die herrschende Lehre gehen in diesem Zusammenhang davon aus, dass die Eigenständigkeit des Gemeinschaftsrechts jegliche völkerrechtliche Selbsthilfemaßnahme unzulässig macht, sodass völkerrechtliche Durchsetzungsmechanismen im Gemeinschaftsrecht keine Anwendung finden können.[163]

Damit verbleiben den Organen der Gemeinschaft aber nur Druckmittel auf politischer Ebene, um die Befolgung von Urteilen des EuGH gem Art 228 Abs 2 EGV sicherzustellen.

---

161 *Steiner*, ZfRV 2008, 158.

162 Vgl auch *Heidig*, Verhängung (2001), 190.

163 Vgl dazu zB *Heidig*, Verhängung (2001), 192 f.

II. Neueste Entwicklungen – Änderungen durch den Vertrag von Lissabon (2007)

A. Aufsichts- bzw Vertragsverletzungsverfahren (Art 258 und 259 AEUV)

Nach dem Inkrafttreten des Vertrags von Lissabon (2007) zum 1. Dezember 2009[164] wird das bisherige *Aufsichtsverfahren* des Art 226 EGV ohne inhaltliche Änderungen nunmehr in Art 258 des Vertrags über die Arbeitsweise der Union (AEUV) und das *Vertragsverletzungsverfahren* des Art 227 EGV – ebenfalls ohne materielle Änderung – in Art 259 AEUV verankert. Damit sind die beiden Verfahren zur Feststellung einer *ersten* Vertragsverletzung unverändert geblieben.

B. Sanktionsverfahren (Art 260 AEUV)

Im Gegensatz dazu wird das aus Art 228 EGV in den Art 260 AEUV übernommene Sanktionsverfahren bei Nichterfüllung eines Urteils des EuGH, in dem eine Vertragsverletzung festgestellt wurde, in zweierlei Hinsicht verschärft. Zum einen wird

(a) das vorprozedurale Verfahren bis zur Klageerhebung durch die Kommission verkürzt, und zum anderen
(b) kann die Kommission im Falle einer unterbliebenen Mitteilung der Umsetzung einer Richtlinie durch einen Mitgliedstaat bereits bei der Erhebung der Aufsichtsklage gem Art 258 AEUV die Verhängung einer finanziellen Sanktion gegen den säumigen Mitgliedstaat beantragen.[165]

1. Straffung des Verfahrens

Hat ein Staat gegen eine gemeinschaftsrechtliche Verpflichtung verstoßen, dann kann die Kommission gegen ihn gem Art 258 AEUV ein Vertragsverletzungsverfahren einleiten. Kommt es im Zuge dieses Verfahrens zu einer Verurteilung des belangten Staats, dann hat diese gem Art 260 Abs 1 AEUV die Maßnahmen zu ergreifen, die sich aus dem Urteil des EuGH ergeben. Hat der betreffende Mitgliedstaat diese Maßnahmen nach Auffassung der Kommission aber nicht getroffen, dann kann die Kommission gem Art 260 Abs 2 UAbs 1

164 Gem Art 6 Abs 2 des Vertrages von Lissabon (2007) sollte dieser am 1. Januar 2009 in Kraft treten, sofern alle Ratifikationsurkunden hinterlegt worden sind, oder anderenfalls am ersten Tag des auf die Hinterlegung der letzten Ratifikationsurkunde folgenden Monats – das war allerdings erst am 1. Dezember 2009 der Fall.

165 Vgl dazu *Obwexer*, Gerichtssystem und Rechtsschutz, in *Hummer/Obwexer* (Hrsg), Der Vertrag von Lissabon (2009), 258 ff.

AEUV den EuGH anrufen, nachdem sie diesem Staat zuvor Gelegenheit zur Äußerung gegeben hat. In diesem Mahnschreiben hat sie die Höhe des von dem betreffenden Mitgliedstaat zu zahlenden Pauschalbetrags oder Zwangsgelds, die sie den Umständen nach für angemessen hält, zu spezifizieren.

Stellt der EuGH fest, dass der betreffende Mitgliedstaat seinem Urteil nicht nachgekommen ist, so kann er die Zahlung eines Pauschalbetrags oder Zwangsgelds verhängen (Art 260 Abs 2 UAbs 2 AEUV).

Das in Art 260 Abs 2 AEUV verankerte Sanktionsverfahren unterscheidet sich vom bisherigen Sanktionsverfahren gem Art 228 Abs 2 EGV vor allem dadurch, dass in Zukunft im Vorverfahren die mit Gründen versehene Stellungnahme der Kommission entfällt. Dadurch soll das Verfahren gestrafft und die Verfahrensdauer verkürzt werden. Die Kommission hat bereits im Mahnschreiben zur Verhängung eines Pauschalbetrags oder eines Zwangsgelds Stellung zu nehmen und die Höhe der für angemessen erachteten finanziellen Sanktionen vorzuschlagen. Dabei wird sie sich zunächst auf die in ihrer letzten Mitteilung zur Anwendung von Art 228 EGV vom Dezember 2005[166] vertretene Rechtsmeinung stützen, die für alle zukünftigen Nichtbefolgungen eines Urteils des EuGH in Vertragsverletzungsverfahren die *kumulative* Verhängung eines Pauschalbetrags und eines Zwangsgelds vorsieht, obwohl Art 260 Abs 2 UAbs 1 AEUV nach wie vor die bloß *alternative* Verhängung einer der beiden finanziellen Sanktionen vorsieht (sic).

Durch den Entfall der mit Gründen versehenen Stellungnahme muss die Kommission des weiteren bereits im Mahnschreiben eine Frist angeben, innerhalb derer der säumige Mitliedstaat seiner Verpflichtung zur Durchführung des verurteilenden Erkenntnisses des EuGH nachkommen muss. Gemäß ständiger Judikatur des EuGH liegt der maßgebliche Zeitpunkt für die Beurteilung einer Vertragsverletzung iSv Art 228 EGV nämlich am Ende der Frist, die in der mit Gründen versehenen Stellungnahme gesetzt wurde. Diese Frist ist nunmehr bereits im Mahnschreiben zu setzen.

2. Nichtumsetzung von Richtlinien

Art 260 Abs 3 AEUV führt eine völlig neue Sanktion für den Fall gewisser Verstöße im Vorfeld der Nichtumsetzung von Richtlinien gem Art 288 Abs 3 AEUV ein. Dabei können finanzielle Sanktionen gegen einen säumigen Mitgliedstaat verhängt werden, ohne dass die Vertragsverletzung zuvor mit Urteil des EuGH festgestellt worden ist.

Das Sanktionsverfahren gilt dabei aber nicht allgemein bei Verletzung der Umsetzungspflicht von Richtlinien, sondern nur (a) bei *Verletzung* der *Mitteilungspflicht* und (b) nur für Richtlinien, die in einem – ordentlichen oder be-

166 SEK(2005) 1658.

sonderen – „*Gesetzgebungsverfahren*" gem Art 289 Abs 1 und 2 AEUV erlassen worden sind.

Erhebt die Kommission beim EuGH gem Art 258 AEUV gegen einen Mitgliedstaat eine Aufsichtsklage, weil sie der Auffassung ist, dass dieser gegen seine Verpflichtung verstoßen hat, Maßnahmen zur Umsetzung einer gemäß einem Gesetzgebungsverfahren erlassenen Richtlinie mitzuteilen, so kann sie, wenn sie dies für zweckmäßig hält, die Höhe des von dem betreffenden Mitgliedstaat zu zahlenden Pauschalbetrags oder Zwangsgelds benennen, die sie den Umständen nach für angemessen hält (Art 260 Abs 3 UAbs 1 AEUV).

Unterschiedlich zum vorerwähnten Sanktionsverfahren bei Nichterfüllung von Urteilen des EuGH im (gewöhnlichen) Vertragsverletzungsverfahren gem Art 260 Abs 2 UAbs 1 AEUV, in dem die Kommission zur Verhängung von finanziellen Sanktionen Stellung nehmen muss – arg „(...) hierbei benennt sie (...)" – besteht beim Sanktionsverfahren wegen Nichtumsetzung von Richtlinien gem Art 260 Abs 3 UAbs 1 AEUV – arg „(...) kann sie, wenn sie dies für zweckmäßig hält (...)" – ein Ermessen der Kommission, ob sie die Verhängung einer finanziellen Sanktion überhaupt beantragt oder nicht.

Auch ist der EuGH in diesem speziellen Verfahren an den Antrag der Kommission insoweit gebunden, als er die Höhe des von dieser beantragten Pauschalbetrags oder Zwangsgelds – arg „... bis zur Höhe des von der Kommission genannten Betrags ..." – nicht überschreiten darf (Art 260 Abs 3 UAbs 2 AEUV).

Diese Abweichungen vom normalen Sanktionsverfahren des Art 260 Abs 2 AEUV sind vor allem dadurch gerechtfertigt, dass das Verfahren nach Art 260 Abs 3 AEUV auf den bloßen Formalakt der Unterlassung der Mitteilung von Umsetzungsmaßnahmen einer Richtlinie abstellt. Damit sind die finanziellen Sanktionen nicht unmittelbar auf die Umsetzung der Richtlinie an sich, sondern vielmehr auf die Unterlassung der Mitteilung von deren ordnungsgemäßer Umsetzung an die Kommission bezogen. Daher können Sanktionen in diesem Fall selbst dann verhängt werden, wenn die Umsetzung der Richtlinie zwischenzeitlich erfolgt ist und nur die Mitteilung der erfolgten Umsetzung derselben unterblieben ist. Demgegenüber schließt die fristgerechte Mitteilung von Umsetzungsmaßnahmen die Anwendung des Verfahrens gem Art 260 Abs 3 AEUV aus. Dies gilt auch in den Fällen, in denen die Kommission die mitgeteilten Maßnahmen als nicht ausreichend ansieht. Zu klären bleibt allerdings die Frage, wie im Falle einer verspäteten Mitteilung von Umsetzungsmaßnahmen vorzugehen ist, vor allem dann, wenn diese Maßnahmen nach Ansicht der Kommission unzureichend sein sollten.[167]

167 *Obwexer*, Gerichtssystem, in *Hummer/Obwexer* (Hrsg), Vertrag, 261; *Everling*, EuR-Beiheft 1–2009, 82; vgl auch den Beitrag von *Obwexer*, Rechtsquellen des EU-Rechts, vorstehend auf S 98.

Beantragt die Kommission im ersten Vertragsverletzungsverfahren gem Art 260 Abs 3 AEUV gegen einen Mitgliedstaat wegen Verletzung der Mitteilungspflicht betreffend die Umsetzung einer in einem Gesetzgebungsverfahren erlassenen Richtlinie allerdings keine finanziellen Sanktionen, so kann sie im Falle der Nichtdurchführung des eine Vertragsverletzung feststellenden Urteils des EuGH – diese Durchführung muss sofort in Angriff genommen und innerhalb kürzestmöglicher Frist angeschlossen werden – gem Art 260 Abs 2 AEUV ein zweites Vertragsverletzungsverfahren einleiten. In diesem Fall muss sie zur Verhängung von finanziellen Sanktionen aber entsprechend Stellung nehmen.[168]

III. Auswirkungen auf Österreich

Obwohl Österreich denkmöglich durchaus auch noch weitere „zweite Aufsichtsverfahren" – zB im Bereich des Transitverkehrs (sektorales Fahrverbot), der Zweitwohnsitzregelung etc. – drohen könnten, verdient im Moment das gegen Österreich konkret angestrengte Sanktionsverfahren wegen seiner restriktiven Zulassung ausländischer Unionsbürger zum Studium an einheimischen Hochschulen spezielle Beachtung.

A. Sistierung eines zweiten Aufsichtsverfahrens gem Art 228 Abs 2 EGV in Sachen Hochschulzugang durch die Kommission

Im Zuge der Diskussionen bzw Forderungen einzelner Mitgliedstaaten im Rahmen der am 23. Juli 2007 eröffneten Regierungskonferenz (2007) zur Änderung der Verträge gem Art 48 EUV deponierte Österreich seinen Wunsch, im Rahmen der Verhandlungen über den Reformvertrag bzw späteren Vertrag von Lissabon eine nachhaltige Lösung hinsichtlich der Reglementierung des Zustroms ausländischer Studenten an österreichische Universitäten zu erreichen. Ausgangspunkt dafür war die Verurteilung Österreichs durch den EuGH in seinem Urteil vom 7. Juli 2005 in der Rs C-147/03 betreffend die Voraussetzungen des Zugangs zum Hochschulstudium[169], in dem der EuGH festgestellt hatte, dass Österreich gegen seine Verpflichtungen aus dem Gemeinschaftsrecht verstoßen hat, da es nicht die erforderlichen Maßnahmen getroffen hat, um sicherzustellen, „dass die Inhaber von in anderen Mitgliedstaaten erworbenen Sekundarschulabschlüssen unter den gleichen Voraussetzungen wie die Inhaber von in Österreich erworbenen Sekundarschulabschlüssen Zugang zum Hochschul- und Universitätsstudium in Österreich

168 Vgl *Obwexer*, Gerichtssystem, in *Hummer/Obwexer* (Hrsg), Vertrag, 261.
169 EuGH, Rs C-147/03, *Kommission/Österreich*, Slg 2005, I-5969 ff.

haben". Gegenstand des Verfahrens war die Frage der „besonderen Universitätsreife", die zunächst in § 36 Abs 1 UniStG vorgesehen war und danach in § 65 Abs 1 UG 2002 verankert wurde.

Als Reaktion auf dieses Urteil wurde unverzüglich die Novelle BGBl I Nr 77/2005 zum UG 2002 beschlossen, die am 29. Juli 2005 in Kraft getreten ist. In dieser wurde nicht nur durch den eingefügten § 124a UG die Universitätsberechtigungs-VO 1998[170] auch für ausländische Reifezeugnisse anwendbar gestellt, sondern durch § 124b UG auch die Rektoren der österreichischen Universitäten ermächtigt, für die Dauer von drei Jahren, dh vom WS 2005/2006 bis zum WS 2007/2008, für bestimmte Studienrichtungen Zugangsbeschränkungen zu erlassen. Diese betrafen die deutschen bundesweiten „numerus-clausus – Studien Biologie, Pharmazie, Medizin, Psychologie, Veterinärmedizin, Zahnmedizin und Betriebswirtschaftslehre sowie die nicht beschränkten Studien Kommunikationswissenschaften und Publizistik.

Für die *Leopold Franzens Universität Innsbruck* wurde mit VO des Rektorats Ende September 2005 eine entsprechende Zulassungsbeschränkung gem § 124b UG festgelegt,[171] in der der Zugang zu folgenden Studien in Form eines Auswahlverfahren nach der Zulassung beschränkt wurde: Bakkalaureatsstudium Biologie, Diplomstudium Pharmazie, Diplomstudium Psychologie, Diplomstudium Betriebswirtschaft (einschließlich der Diplomstudien Internationale Wirtschaftswissenschaften, Volkswirtschaft und Wirtschaftspädagogik).

Für die *Medizinische Universität Innsbruck* wurde in der Folge am 5. Juli 2006 mit VO des Rektorats über das Verfahren der Zulassung zum Studium[172] eine Vorerfassung der Daten sowie die Vergabe der Studienplätze nach dem „Windhundsystem" festgesetzt.

Im Zuge des massiven Ansturms vor allem deutscher „numerus-clausus-Flüchtlinge" auf die österreichischen Medizinischen Fakultäten trat am 9. Juni 2006 mit der UG-Novelle BGBl I Nr 74/2006 eine Änderung des § 124b UG in Kraft, mittels derer diesem Paragraph die Absätze 5 und 6 hinzugefügt wurden, die die sog „*Safeguard-Klausel*" enthielten. Diese Klausel führte eine dahingehende *Quotenregelung* ein, dass in den betroffenen medizinischen Studien (Human- und Zahnmedizin) 95 % der jeweiligen Gesamtstudienplätze für StudienanfängerInnen EU-BürgerInnen und ihnen gleichgestellten Personen vorbehalten sind. 75 % der jeweiligen Gesamtstudienplätze stehen den InhaberInnen in Österreich ausgestellter Reifezeugnisse zur Verfügung. Gestützt auf diese Ermächtigung zu einer Quotenregelung wurden Ende Juni 2006 mit VO der BMWF[173] die Diplomstudien Humanmedizin und Zahnme-

170 BGBl II 44/1998.

171 Mitteilungsblatt der LFU Nr 2007/2005.

172 Mitteilungsblatt der LFU Nr 155/2005.

173 BGBl II Nr 238/2006 idF BGBl II Nr 345/2006.

dizin als solche Studien festgelegt, in denen eine schwerwiegende Störung der Homogenität des Bildungssystems herrscht, die korrigiert werden muss

Für das Studienjahr 2006/2007 ergaben sich dementsprechend folgende Quoten: 73,1 % für Österreicher und gleichgestellte Studierende, 21,8 % für nicht-österreichische EU-Bürger und 5,1 % für Drittstaater.[174] Da auch die weiteren UG-Novellen 2007[175] und 2008[176] für die Kommission nicht zufrieden stellend formuliert waren, stellte Bildungskommissar *Jan Figel* sofort klar, dass die EU „kein großer Freund von Quoten" ist[177]. Auch die Kommission als Kollegialorgan lehnte diese Quotenregelung ab und leitete ein zweites Aufsichtsverfahren gem Art 228 Abs 2 EGV ein,[178] im Zuge dessen die Kommission am 24. Jänner 2007 ein *Mahnschreiben*[179] an die Republik Österreich übersendete, in dem sie monierte, dass die bisherige gesetzliche Umsetzung des Urteils in der Rs C-147/03 mit dem Gemeinschaftsrecht, vor allem aber mit Art 12 EGV, nicht kompatibel sei. Österreich habe mit seiner „Quotenregelung" gegen die Verpflichtung aus Art 228 Abs 1 EGV verstoßen.

Österreich nahm mit Schreiben vom 25. Mai 2007[180] dazu Stellung und führte dabei ua aus, dass die Kommission – gem der Judikatur des EuGH in seinem Urteil vom 1. Juli 2004 in der Rs C-65/03[181] – ein neues Vertragsverletzungsverfahren gem Art 226 EGV und nicht das Sanktionsverfahren des Art 228 Abs 2 EGV hätte anstrengen müssen. Die Umsetzung des Urteils des EuGH in der Rs C-147/03 sei ja bereits durch die vorerwähnte UG-Novelle BGBl I Nr 77/2005 vom 8. Juli 2005 erfolgt (Rdnr 17 ff).

In einem allfälligen Sanktionsverfahren vor dem EuGH gem Art 228 Abs 2 EGV hätte Österreich uU Chancen gehabt, seine Quotenregelung für Human- und Zahnmedizin beizubehalten. Die in der Quotenregelung enthaltene

---

174 *BM für Wissenschaft und Forschung*, Evaluierung der Auswirkungen des § 124b UG (2002), 28; Vgl allgemein *Ronnweber*, Hochschulzugang in Österreich. Die Folgen des EuGH Urteils in der Sache C-147/03 (2008); *Schulev-Steindl*, JBl 2006, 2; *Ortner*, Das Urteil des Gerichtshofes der Europäischen Gemeinschaften zur besonderen Hochschulreife (Rs C-147/03) und seine Auswirkungen auf den Universitätszugang in Österreich, Diss. Universität Innsbruck (2009), 136 ff.

175 BGBl I 87/2007.

176 BGBl I 134/2008.

177 Gehrer: Drei Viertel der Medizinplätze für Österreicher reserviert, Der Standard vom 14.2.2006, 1.

178 Medizin-Unis: EU-Kommission lehnt Quotenregelung ab, diepresse.com vom 24.1.2007.

179 K(2007) 82, Vertragsverletzungsverfahren Nr 1998/2308 (nicht veröffentlicht).

180 Stellungnahme der Republik Österreich zum Mahnschreiben der Kommission vom 24. Jänner 2007 im Vertragsverletzungsverfahren 1998/2308 betreffend Hochschulzugang, GZ BKA-VV.C-147/03/0011-V/A/8/2007, 1; mit Schreiben vom 28. Februar 2007 [SG (2007) D/172] hatte die Kommission die Frist für die Stellungnahme Österreichs verlängert.

181 EuGH, Rs C-65/03, *Kommission/Belgien*, Slg 2004, I-6427.

indirekte Diskriminierung von EU-Ausländern – die vorerwähnte Quote von 75 % ist zwar unterschiedslos auf alle Unionsbürger anwendbar, belastet aber durch das Abstellen auf ein in Österreich ausgestelltes Maturazeugnis Angehörige anderer Mitgliedstaaten stärker als österreichische Staatsangehörige – könnte nämlich damit gerechtfertigt werden, dass die Quotenregelung auf objektiven Erwägungen beruht und in einem angemessenen Verhältnis zu einem legitimen Zweck steht, der mit ihr verbunden ist. Als objektive Erwägungen kommen sowohl die öffentliche Gesundheit, einschließlich der Wahrung einer ausgewogenen, allen zugänglichen und auf hohem Niveau stehenden ärztlichen Versorgung der Bevölkerung als auch das Recht auf Bildung der InhaberInnen österreichischer Reifezeugnisse in Betracht. Die Quotenregelung ist – im Gegensatz zu den Ergebnissen des EMS-Tests – zweifelsfrei geeignet, diese beiden Ziele zu erreichen und ist darüber hinaus auch noch verhältnismäßig. Im WS 2006/2007 wären nur 46 % der in Wien und in Innsbruck vorhandenen 1.140 Studienplätze an Inhaber österreichischer Reifezeugnisse gegangen, obwohl Österreich zur ordnungsgemäßen Aufrechterhaltung seines Gesundheitssystems jährlich etwa 1.100 AbsolventInnen der Human- und Zahnmedizin benötigt.[182]

Die Zahlen für 2010 sprechen eine noch deutlichere Sprache. Allein an der Universität Innsbruck bewerben sich für die zur Verfügung stehenden 400 Studienplätze für das Medizinstudium 2.715 InteressentInnen, nachdem es im Vorjahr noch 2.425 waren. Unter den BewerberInnen, die am 9. Juli 2010 zum Aufnahmetest antreten werden, befinden sich 1.762 Deutsche, 734 Österreicher, 130 Südtiroler und 89 Kandidaten aus anderen Ländern.[183] Damit machen die österreichischen BewerberInnen lediglich 42 % der bundesdeutschen Bewerbergruppe aus.

Die österreichische Hochschulzugangsproblematik fand ihre – zumindest vorläufige – Lösung aber weder durch eine Nicht-Verurteilung Österreichs in diesem Sanktionsverfahren noch im Rahmen der Regierungskonferenz 2007 zur Ausarbeitung des Reformvertrages selbst, da die Kommission einen Tag vor dem Gipfeltreffen der Staats- und Regierungschefs am 18./19. Oktober 2007 in Lissabon, eine fünfjährige Aussetzung des gegen Österreich bereits laufenden Vertragsverletzungsverfahrens gem Art 228 EGV angeboten hatte, die in den darauf folgenden Wochen von der Kommission auch formell beschlossen wurde[184]. Bundeskanzler *Alfred Gusenbauer* hatte im Vorfeld ange-

182 Vgl dazu iPoint-Universität Innsbruck (Archiv), Gastkommentar vom 29.1.2007: Ass.-Prof. Dr. iur. Walter Obwexer: Hält die Quotenregelung für Medizin?

183 Über 1700 Deutsche. Andrang zum Medizinstudium, Tiroler Kronen-Zeitung, vom 20.3.2010, 16.

184 Vgl *Fülöp*, Regierungskonferenz 2007: Ausgangslage, Arbeitsweise, Ergebnisse, in *Hummer/Obwexer* (Hrsg), Der Vertrag von Lissabon (2009), 87; Unizugang: EU-Kommission bietet Fünfjahresfrist an, www.orf.at vom 17.10.2009; Chronologie: Von

droht, die Zustimmung der Republik Österreich zum Reformvertrag von einer Einigung im Universitäts-Quoten-Konflikt abhängig zu machen.

In einem Schreiben vom 16. Oktober 2007 an den österreichischen BK *Gusenbauer*[185] bot der Präsident der Europäischen Kommission, *José Barroso*, an, dem Kommissions-Kollegium einen Vorschlag zu unterbreiten, aufgrund dessen das bereits gem Art 228 Abs 2 EGV gegen Österreich eingeleitete Verfahren wegen Nichtbefolgung eines Urteils des EuGH auszusetzen und gemeinsam mit Österreich in einem fünfjährigen Zeitraum eine nachhaltige Lösung des Problems des Hochschulzugangs auszuarbeiten sei.

B. Zulässigkeit eines solchen Klagsverzichts durch die Kommission?

Was die juristische Qualität dieser Zusage der Kommission auf Sistierung des von ihr bereits eingeleiteten Verfahrens gem Art 228 Abs 2 EGV betrifft, so ist folgendes zu bemerken. Die Kommission, der gem Art 211 erster Spiegelstrich EGV die Rechtmäßigkeitsaufsicht in der Europäischen Gemeinschaft obliegt, verfügt dabei über ein rechtlich gebundenes Ermessen. Sie muss daher einen ihr zur Kenntnis gebrachten Verstoß gegen das Gemeinschaftsrecht nicht unbedingt anklagen und (weiter-)verfolgen, sondern kann diesen uU auch ungesühnt lassen. Nicht kann sie allerdings verhindern, dass ein nicht-privilegierter Klagebefugter[186], zB ein Student als nichtösterreichischer Unionsbürger, einen negativen Zulassungsbescheid einer österreichischen Universität vor innerstaatlichen Gerichten bekämpft, die daraufhin vor dem EuGH gem Art 234 EGV ein Vorabentscheidungsverfahren in Gang setzen.[187]

---

der Klage bis zur Verfahrensaussetzung, derstandard.at, http://derstandard.at/?url=/?id=2340923.

185 Text in Der Standard vom 18.10.2007; vgl auch *Fischer*, Der Vertrag von Lissabon (2008), 75 f.

186 Vgl dazu *Schweitzer/Hummer/Obwexer*, Europarecht, Rdnr 737; Anfang Oktober berichteten die Medien, dass eine deutsche Medizinstudentin gegen ihre Nichtzulassung klagen wolle (MedUni: Deutsche will Studium einklagen, hhtp://wien.orf.at/stories/312393); *Mandl*, Warum eine deutsche Studentin Österreich verklagt, http://www.spiegel.de/unispiegel/studium/0,1518,581767,00.html); laut Aussage von *Florian Pecenka* (Referatsleiter in EU- und internationalen Angelegenheiten im BMWF) vom 11. Dezember 2008 wurde diese Klage aber wieder zurückgezogen; Vgl *Ortner*, Urteil, 203 Fn 757.

187 Verfehlt ist in diesem Zusammenhang die Rechtsansicht *Ortners*, Urteil, 203, dass ein von einer österreichischen Universität abgewiesener Student die Möglichkeit hätte, „mittels einer Nichtigkeitsklage gem Art 230 EGV an den EuGH heranzutreten" (sic). Es handelt sich dabei ja nicht um die Anfechtung eines sekundären Rechtsaktes der Gemeinschaft, die mit einer Nichtigkeitsklage vorgenommen werden könnte, sondern vielmehr um einen negativen (Zulassungs-)Bescheid einer österreichischen Verwaltungsbehörde.

Das vorlegende (österreichische) Gericht wäre an das Urteil des EuGH in diesem Vorabentscheidungsverfahren gebunden.[188] Falls dieses uU für Österreich negativ ausgehen würde, müsste aber nicht nur Österreich diesem Urteil nachkommen, sondern es wäre wohl auch die Kommission gehalten, ihre „stand-still"-Zusage zurückzuziehen. In der Rs C-415/93 hat in diesem Zusammenhang der EuGH nämlich bereits einmal deutlich gemacht, dass die Kommission keinesfalls die Befugnis hat, „gegen den Vertrag verstoßende Verhaltensweisen zu genehmigen"[189].

IV. Zusammenfassung

Obwohl bereits in Art 88 Abs 3 EGKS-Vertrag (1951) die Möglichkeit einer direkten (Aussetzung von Zahlungen) bzw indirekten (Ergreifung von retorsiven Maßnahmen) Vollstreckung eines verurteilenden Erkenntnisses des EuGH wegen einer Vertragsverletzung durch einen Mitgliedstaat vorgesehen war, wurde eine solche Bestimmung weder in den EWG- (1957) noch in den EAG-Vertrag (1957) übernommen. Es kam allerdings nie zu einer klagsweisen Anwendung von Art 88 Abs 3 EGKSV.

Obwohl der EuGH bereits sehr früh, nämlich im Jahre 1975, darauf hingewiesen hatte, dass es notwendig sei, den EWG-Vertrag dahingehend zu ändern, dass in ihm eine Bestimmung aufgenommen werden sollte, die die Nichtbefolgung eines seiner Urteile entsprechend sanktioniert, war es erst der Regierungskonferenz zur Ausarbeitung einer Politischen Union 1990/91 vorbehalten, in dieser Frage einen Durchbruch zu erzielen.

Erstmals wurde vor nunmehr über fünfzehn Jahren mit dem Inkrafttreten des *Vertrags* von *Maastricht* (1992) im Jahre 1993 die Möglichkeit der Verhängung *finanzieller Sanktionen* im Falle einer Nichtdurchführung eines Vertragsverletzungsurteils im EG-Vertrag expressis verbis primärrechtlich vorgesehen [Art 171 Abs 2 EGV(alt)]. In der Folge wurde durch den *Vertrag* von *Amsterdam* (1997) der Art 171 EGV(alt) zu Art 228 EGV umnummeriert. Aus Art 228 EGV wird in der Folge nach dem Inkrafttreten des Vertrags von Lissabon (2007) am 1. Dezember 2009 der Art 260 des Vertrags über die Arbeitsweise der Europäischen Union (AEUV), wobei es aber nicht nur zu einer entsprechenden Umnummerierung, sondern auch zu erheblichen inhaltlichen Änderungen gekommen ist.

Mit dem Urteil des EuGH in der Rs C-387/97, *Kommission/Griechenland*, wurde im Jahre 2000 zum ersten Mal ein Mitgliedstaat der EU wegen der Nichtdurchführung eines Vertragsverletzungsurteils zur Zahlung eines *Zwangsgelds*

188 Vgl *Streinz*, Verfassungsvertrag und Vertrag von Lissabon: Alter Wein in neuen Schläuchen?, in *Hummer/Obwexer* (Hrsg), Der Vertrag von Lissabon (2009), 457.

189 EuGH, Rs C-415/93, *Bosman*, Slg 1995, I-4921, Rdnr 136.

verurteilt. Damit hat erstmals in der Geschichte des Europarechts ein supranationales Gericht gegen einen Staat finanzielle Sanktionen wegen der Nichtbeachtung einer Verpflichtung zur Umsetzung eines Urteils verhängt.

Fünf Jahre später kam es 2005 in der Rs C-304/02, *Kommission/Frankreich*, erstmals zur *kumulativen* Verhängung der in Art 228 Abs 2 EGV an sich (sprachlich) alternativ vorgesehenen finanziellen Sanktionen eines *Pauschalbetrags* und eines *Zwangsgelds* durch den EuGH. Der Gerichtshof stellte in diesem Zusammenhang auf die unterschiedliche Zielsetzungen der Verhängung eines Pauschalbetrages und eines Zwangsgelds ab, die eine kumulative Verhängung beider finanzieller Sanktionen gem Art 228 Abs 2 EGV geradezu notwendig machen. Seit der Rechtsache C-109/08, die im Juni 2009 entschieden wurde, verhängt der EuGH in Zukunft nur mehr *kumulative* finanzielle Sanktionen (Pauschalbetrag und Zwangsgeld).

Insgesamt verurteilte der EuGH seit 2000 neun Mitgliedstaaten wegen Nichtbefolgung eines seiner Urteile gem Art 228 Abs 1 EGV und verhängte gegen diese Staaten finanzielle Sanktionen. Gegen einige Entscheidungen der Kommission, die den verurteilten Mitgliedstaat zur Zahlung eines Zwangsgelds aufforderten, erhoben die verurteilten Mitgliedstaaten Nichtigkeitsklage gem Art 230 Abs 4 EGV vor dem EuG, wie zB Frankreich in der Rs T-139/06, die allerdings bisher noch nicht entschieden wurde.

Auch gegen Österreich ist bereits ein Sanktionsverfahren gem Art 228 Abs 2 EGV eingeleitet worden. Nachdem Österreich das Urteil des EuGH vom 7. Juli 2005 in der Rechtsache C-147/03 betreffend den Zugang zum Hochschulstudium nicht entsprechend umgesetzt hatte, leitete die Kommission gegen Österreich neuerlich ein Aufsichtsverfahren – nunmehr aber gem Art 228 Abs 2 EGV – ein, erklärte sich in der Folge im Oktober 2007 aber dazu bereit, das Sanktionsverfahren für fünf Jahre zu sistieren, um Österreich damit die Möglichkeit zu geben, eine nachhaltige Lösung der Frage des Zugangs ausländischer Unionsbürger zu österreichischen Hochschulen zu finden.

Obwohl dieser „Klagsverzicht“ der Kommission in der Literatur einigen Bedenken begegnete, ist er aufgrund des der Kommission in diesem Zusammenhang zustehenden rechtlich gebundenen Ermessens, das sie pflichtgemäß auszuüben hat, wohl zulässig, könnte aber durch ein von einem nicht-zugelassenen Studenten als nichtösterreichischer Unionsbürger unterlaufen werden, falls dieser einen negativen Zulassungsbescheid einer heimischen Universität vor innerstaatlichen Gerichten bekämpft, die diese Frage in der Folge dem EuGH gem Art 234 EGV zur Vorabentscheidung vorlegen. An ein in diesem Verfahren unter Umständen für Österreich negativ ausfallendes Urteil wäre in der Folge aber nicht nur Österreich, sondern auch die Kommission gebunden, da diese – wie der EuGH in der Rechtssache *Bosman*[190] deutlich gemacht hat – keinesfalls die Befugnis hat, „gegen den Vertrag verstoßende Verhaltensweisen

190 EuGH, Rs C-415/93, *Bosman*, I-4921.

von Mitgliedstaaten zu genehmigen". Die Kommission müsste daher ihre „stand-still"-Zusage zurückziehen.[191]

Das Sanktionsverfahren gem Art 228 Abs 2 EGV ist – so wie das Aufsichtsverfahren gem Art 226 EGV – in drei Abschnitte gegliedert, nämlich in ein (a) *informelles* Vorverfahren (sog „Paketsitzung"), ein (b) *formelles* Vorverfahren (samt Mahnschreiben und mit Gründen versehener Stellungnahme) sowie der (c) *Klagserhebung*.

Kommt es im Sanktionsverfahren gem Art 228 Abs 2 EGV zu einem verurteilenden Erkenntnis des EuGH und ist in diesem auch eine finanzielle Sanktion – Pauschalbetrag und/oder Zwangsgeld – ausgesprochen, dann enthält dieses sowohl einen feststellenden als auch einen verpflichtenden Teil. In ersterem wird die Verletzung des Art 228 Abs 1 EGV festgestellt, in letzterem wird der beklagte Mitgliedstaat dazu verurteilt, sowohl für die bisherige Nichterfüllung des Vertragsverletzungsurteils einen Pauschalbetrag als auch für jeden Tag des weiteren Verstoßes gegen Art 228 Abs 1 EGV einen entsprechenden Tagessatz des festgesetzten Zwangsgelds zu entrichten.

Obwohl letztendlich der EuGH mit der Befugnis zur unbeschränkten Nachprüfung über die in Art 228 Abs 2 UAbs 3 EGV vorgesehene Verhängung von finanziellen Sanktionen entscheidet, kommt der Kommission als Hüterin der Verträge iSv Art 211 erster Spiegelstrich EGV eine entscheidende Rolle zu, da sie das Verfahren des Art 228 EGV einleitet, gegebenenfalls den EuGH anruft und die Verhängung eines Pauschalbetrags und/oder eines Zwangsgelds in bestimmter Höhe vorschlägt. Aus Gründen der Transparenz und Vorhersehbarkeit hat die Kommission diesbezüglich drei Mitteilungen (1996/1997/2005) erlassen, in denen sie die Kriterien, die sie bei der Festlegung der Höhe der nach ihrem Dafürhalten jeweils angemessenen finanziellen Sanktionen anwenden und dem EuGH vorschlagen möchte, näher spezifiziert.

Die Berechnung sowohl des Pauschalbetrags als auch des Zwangsgelds erfolgt dabei nach einem komplizierten Verfahren, in dem folgende vier Elemente miteinander multipliziert werden: (a) ein (einheitlicher) *Grundbetrag*, (b) ein *Schwerekoeffizient*, ein (c) ein *Dauerkoeffizient* sowie ein *Länderfaktor* „n". Ausgehend von den gegenwärtig geltenden Leitlinien der dritten Mitteilung der Kommission (2005) ergibt sich für *Österreich* dementsprechend ein *Zwangsgeld* in der Bandbreite von 2.904 bis 174.240 € pro Tag und ein *(Mindest-)Pauschalbetrag* in Höhe von 2,420.000 €.

In Bezug auf eine allfällige künftige Verurteilung der Republik Österreich gem Art 228 EGV zur Bezahlung eines Pauschalbetrags und/oder Zwangsgelds sowie die damit einhergehende Kostentragung durch die betroffenen Gebietskörperschaften ist auf § 3 des Finanzausgleich-Gesetzes 2008[192] iVm Art 12 des

191 Ob dies im Lichte der neuesten Judikatur des EuGH der Fall sein könnte, wird nachstehend im Postscriptum kurz angesprochen.

192 BGBl I Nr 103/2007.

vertikalen Konkordats der Bund-Länder-Vereinbarung gem Art 15a B-VG[193] zu verweisen, wonach die jeweils betroffenen Länder bzw Gemeinden zur Tragung jener Kosten verpflichtet sind, die der Republik Österreich in Zusammenhang mit Verfahren vor dem EuGH wegen eines EG-widrigen Verhaltens der Länder bzw Gemeinden erwachsen.[194]

Was die *zwangsweise Durchsetzung* der vom EuGH verhängten finanziellen Sanktionen betrifft, so ist die einschlägige Literatur uneins. Während ein Teil der Autoren davon ausgeht, dass eine solche Exekution an sich möglich ist und entweder in einer *mittelbaren* Vollstreckung – diese müsste allerdings gem Art 256 Abs 2 und 3 EGV vom betroffenen Staat gegen sich selbst eingeleitet und nach dessen innerstaatlichen Rechtsvorschriften und unter Inanspruchnahme der zuständigen nationalen Behörden durchgeführt werden – oder *unmittelbaren* Vollstreckung – durch Aufrechnung gegen eine Forderung an den EU-Haushalt bzw eine Retention zustehender Zahlungen – bestehen kann, verwirft ein anderer Teil diese Möglichkeit. Nach letzterer Ansicht verbleiben den Organen der Gemeinschaft aber nur Druckmittel auf politischer Ebene, um die Befolgung von Urteilen des EuGH gem Art 228 Abs 2 EGV sicherzustellen.

Nach dem Inkrafttreten des Vertrags von Lissabon (2007) zum 1. Dezember 2009 wird das bisherige *Aufsichtsverfahren* des Art 226 EGV ohne inhaltliche Änderungen nunmehr in Art 258 des Vertrags über die Arbeitsweise der Union (AEUV) und das *Vertragsverletzungsverfahren* des Art 227 EGV – ebenfalls ohne materielle Änderung – in Art 259 AEUV verankert. Damit sind die beiden Verfahren zur Feststellung einer *ersten* Vertragsverletzung gleich geblieben.

Im Gegensatz dazu wird das aus Art 228 EGV in den Art 260 AEUV übernommene *Sanktionsverfahren* in zweierlei Hinsicht verschärft. Zum einen wird (a) das vorprozedurale Verfahren bis zur Klageerhebung durch die Kommission durch den Entfall der mit Gründen versehenen Stellungnahme im Vorverfahren verkürzt, und zum anderen (b) kann die Kommission im Falle der Nichtumsetzung einer Richtlinie durch einen Mitgliedstaat bereits bei der Erhebung der Aufsichtsklage gem Art 258 AEUV die Verhängung einer finanziellen Sanktion gegen den säumigen Mitgliedstaat beantragen.

Postscriptum

In der in diesem Zusammenhang vor allem für Österreich, aber auch für Belgien, wichtigen Frage des Zugangs ausländischer Unionsbürger zu inländischen Universitäten sind zwischenzeitlich zum einen zwei weitere Beschwerden gemäß Art 144 B-VG beim Verfassungsgerichtshof anhängig, die sowohl von einer

193 BGBl Nr 775/1992.

194 *Bundeskanzleramt*, Rundschreiben vom 17. Juli 2009, 16.

Innsbrucker Studentin[195] als auch von einem Salzburger Studenten eingebracht wurden. Zum anderen erging Mitte April 2010 in der Rs C-73/08 ein Urteil des Gerichtshofs, das für Österreich teilweise von präjudizieller Bedeutung ist. Auf beide Fragenbereiche soll nachstehend kurz eingegangen werden.

Frau S., eine Österreicherin, hatte sich um die Zulassung zum Bachelorstudium Psychologie an der Leopold Franzens-Universität Innsbruck beworben, wurde aber mit Bescheid des Rektorats vom 23. Dezember 2008[196] sowie auch mit Bescheid des Senats der Universität Innsbruck[197] vom 27. März 2009 zum Studium nicht zugelassen. Gegen diese beiden ablehnenden Zulassungsbescheide brachte Frau S. Beschwerde gem Art 144 B-VG beim VfGH ein, in der sie die Verletzung in Rechten wegen Anwendung rechtswidriger genereller Normen, nämlich des § 2 der Verordnung des Rektorats der Universität Innsbruck betreffend Zugangsregelung gem § 124b Universitätsgesetz 2002[198] für das Bachelorstudium Psychologie im Studienjahr 2008/2009[199] geltend machte. Zur Begründung dafür führte S. aus, dass sie aufgrund der von ihr im Aufnahmetest erreichten Punkteanzahl auf Platz 305 gereiht worden, was bei einer vom Rektorat kapazitätsbezogen festgelegten Aufnahmezahl von 284 Studenten im WS 2008/2009 zu einer Ablehnung ihres Inskriptionsgesuches geführt habe. Laut ihrer Berechnung hätten gem. UG 2002 aber 401 Studienplätze vergeben werden müssen.

Dem VfGH entstanden Bedenken, dass § 2 der Verordnung gesetzwidrig sei. Dementsprechend leitete er am 14. Dezember 2009 von Amts wegen ein Verordnungsprüfungsverfahren gem Art 139 Abs 1 B-VG ein.[200] Der VerfGH geht dabei vorläufig davon aus, dass sich die Universität Innsbruck bei der Zugangsregelung an der Zahl der Erstzulassungen für das WS 2004/2005 hätte orientieren müssen. Diese hatte damals 334 Plätze betragen. Gemäß seiner Ansicht habe die Universität Innsbruck hingegen eine kapazitätsorientierte Festsetzung der Studienplätze ohne Berücksichtigung der Mindestgrenze des UG 2002 vorgenommen. Das Beschwerdeverfahren gem Art 144 B-VG wird nach Abschluss des Verordnungsprüfungsverfahrens fortgesetzt werden.

Auch Herr I. A. hatte sich Anfang Oktober 2007 um Zulassung zum Bachelorstudium der Psychologie[201] für das WS 2007/2008 an der Universität

195 Vgl dazu *Nindler*, Höchstgericht prüft Zugangsbeschränkung. Verfassungsgerichtshof hält Zugangsbeschränkung beim Psychologiestudium in Innsbruck für verfassungswidrig und prüft, Tiroler Tageszeitung, vom 16. Jänner 2010, 4.

196 Z 91918/08.

197 Z 97870/09.

198 BGBl I 120/2002 idF BGBl I 87/2007.

199 Mitteilungsblatt der Universität Innsbruck, ausgegeben am 7. Mai 2008, 42. Stück, Nr 271.

200 B 1098/08–10.

201 Der Vizerektor für Lehre an der Universität Salzburg, Rudolf Mosler, erklärte, dass in Salzburg nur zwei Fächer von Beschränkungen potentiell betroffen sind, nämlich Kom-

Salzburg beworben, wurde aber mit Bescheid des Vizerektors für Lehre vom 9. Jänner 2008 abgewiesen, da er im entsprechenden Aufnahmeverfahren lediglich den 288. Platz belegt hatte, die Zahl der Plätze aber mit 246 limitiert war. Die gegen diesen Bescheid erhobene Berufung wurde mit Bescheid des Senats der Universität Salzburg vom 28. April 2008 abgewiesen.

Gegen den Abweisungsbescheid des Senates erhob Herr I. A. Beschwerde gem Art 144 B-VG an den VfGH und begründete diese damit, dass der VfGH in seinem Erkenntnis vom 7. Oktober 2007[202] ausgesprochen habe, dass bei der Festsetzung der Zahl der Studierenden iSd § 124b Abs 2 UG 2002 von der Zahl der bisherigen StudienanfängerInnen auszugehen sei. Da für das Studienjahr 2005/2006 die Studierendenzahl für die Studienrichtung Psychologie mit 298 festgesetzt, für die Studienjahre 2006/2007 und 2007/2008[203] aber auf 246 gesenkt worden sei, seien diese Verordnungen wegen einer dem 124b UG 2002 widersprechenden Beschränkung der Studienplätze als gesetzwidrig anzusehen. Auch in diesem Verfahren leitete der VfGH am 14. Dezember 2009 ex offo ein Verordnungsprüfungsverfahren ein, da er zum einen den Berechnungsmodus der Studierendenzahl, zum andern aber auch das rechtmäßige Zustandekommen sowie auch die ordnungsgemäße Kundmachung der inkriminierten Verordnung des Rektorates der Universität Salzburg für gesetzwidrig hielt. Das Beschwerdeverfahren gem Art 144 B-VG wird nach Abschluss des Verordnungsprüfungsverfahrens fortgesetzt werden. Den beiden Urteilen des VerfGH kann mit Interesse entgegengesehen werden.

Was das Urteil des Gerichtshofs (Große Kammer) in der belgischen Rs C-73/08, *Nicolas Bressol ua/Gouvernement de la Communauté française*[204] vom 13. April 2010 betrifft, so geht es dabei um ein Vorabentscheidungsersuchen des belgischen Verfassungsgerichtshofs, in dem dieser den Gerichtshof ersucht hatte, zu prüfen, ob die quotenmässige Beschränkung ausländischer (vor allem französischer) Medizinstudenten an belgischen Medizin-Hochschulen – im Umfang von bloß 30 % der heimischen Studenten, wobei die Quote durch Losentscheid aufgefüllt wird – mit den Argumenten der übermässigen Belastung der öffentlichen Finanzen, der verminderten Qualität des erteilten Unterrichts oder der geringeren Qualität des öffentlichen Gesundheitssystems gerechtfertigt werden kann.

Im Gegensatz zu den Schlussanträgen der Generalanwältin *E. Sharpston*, in denen an sich keine expliziten Möglichkeiten der Rechtfertigung dieser restriktiven Zugangsbeschränkungen gesehen wurden, argumentierte der Ge-

---

munikationswissenschaft und Psychologie; vgl *Roither*, Gemeinsam zum freien Hochschulzugang, Salzburger Nachrichten, 3.4.2010, 46.

202 V 28–30/07.

203 Mitteilungsblatt der Universität Salzburg, ausgegeben am 11. April 2007, 30. Stück, Nr 93.

204 Noch nicht in der amtl Slg veröffentlicht.

richtshof um einiges „elastischer“ und sah die Möglichkeit einer diskriminierenden Beschränkung des Hochschulzugangs für ausländische Medizinstudenten unter dem Aspekt, dass diese im Hinblick auf das Ziel des Schutzes der öffentlichen Gesundheit gerechtfertigt sein könnte (Rdnrn 62 ff). Dieses Urteil, das etwas vorschnell als „Freispruch“ für die österreichische Medizinerquote[205] interpretiert wurde, könnte zum einen ja nur zur rechtsanalogen Rechtfertigung der Beschränkungen des Zugangs zum Medizinstudium – und nicht anderer Zugangsbeschränkungen – herangezogen werden und müsste zum anderen seitens der nationalen Gerichte auch so verstanden werden, dass diese anhand einer objektiven, eingehenden und auf konkrete Zahlenangaben gestützten Untersuchung nachzuweisen hätten, dass die öffentliche Gesundheitsversorgung tatsächlich gefährdet ist (Rdnr 71).

Diesbezüglich liegen die Dinge in Österreich aber keineswegs so klar, obwohl bereits eine Reihe von einschlägigen Studien erstellt wurden – und zwar sowohl 2006 vom Österreichischen Bundesinstitut für Gesundheit (ÖBIG) als auch 2007 neuerlich von der ÖBIG sowie der Österreichischen und der Wiener Ärztekammer. Da die Studien zu unterschiedlichen Ergebnissen kommen, liegen zur Zeit keine verlässlichen Daten vor. Fest steht nur, dass laut Ärztekammer zur Zeit 39.278 Ärzte in Österreich arbeiten, von denen 8.467 eine Ordination mit einem Kassenvertrag haben, wohingegen 7.502 als Wahl- oder Wohnsitzärzte ordinieren. Die Anzahl Letzterer hat sich laut *Ernest Pichlbauer*, einem österreichischen Gesundheitsökonom, in der Periode von 1995 bis 2006 mehr als verdoppelt, während die Zahl der Kassenärzte konstant geblieben ist und jene der angestellten Ärzte um 26 % zugenommen hat. *Pichlbauer* schliesst daraus, dass das öffentliche Gesundheitssystem mit seinen Kassenverträgen die vielen Ärzte nicht mehr aufnehmen könne, die notgedrungen immer mehr Wahlarztpraxen eröffnen müssen. Von einem drohenden Ärztemangel könne daher keine Rede sein, bis 2030 gäbe es kein Problem mit der medizinischen Versorgung. Im Übrigen habe Österreich in Relation zur Einwohnerschaft 30 % mehr Ärzte als die Bundesrepublik.[206]

Sowohl die Ärztekammer als auch das BMfWF interpretieren die Zahlen anders, verweisen auf die Überalterung der österreichischen Ärzte und zitieren eine Umfrage unter deutschen Medizinstudenten, laut derer ca 80 % nach Beendigung ihres Studiums wieder nach Deutschland zurückgehen wollen. Beide Einrichtungen orten einen jährlichen Bedarf an neuen Medizinern in Österreich von 800 bis 1500 – zum Vergleich: 2009 schlossen insgesamt 2.036 Studenten ihr Medizinstudium ab. Österreich wird daher in der ihm noch verbleibenden Restzeit von zwei Jahren alles daransetzen müssen, um konsistente Daten im Bereich der Studien mit Zugangsbeschränkungen zu erhalten.

205 „Freispruch“ für Medizinerquote, Salzburger Nachrichten, 14.4.2010, 2.

206 *Wörgetter*, Zweifel an Ärztemangel in Österreich, Salzburger Nachrichten, 15.4.2010, 2.

In diesem Sinne werden die für 2011 zu erwartenden Ergebnisse einer neuerlichen Untersuchung der ÖBIG im Bereich des Medizinstudiums von (vor-) entscheidender Bedeutung sein.

VI. Neue Entwicklungen

Art 50 B-VG: Die neue Integrationsbestimmung des österreichischen Bundesverfassungsrechts

Theo Öhlinger

Literatur: *Bußjäger*, Grenzänderungen und Bundesstaat, ZÖR 2009, 115; *Lindermuth*, Das Recht der Staatsverträge. Eine verfassungsrechtliche Analyse der Neuregelung des Art 50 B-VG durch die Novelle BGBl I 2/2008, ZÖR 2009, 299; *Kumin*, Vertragsänderungsverfahren und Austrittsklausel, in *Hummer/Obwexer* (Hrsg), Die neue Europäische Union nach dem Der Vertrag von Lissabon (2009), 301; *Öhlinger*, Die Übernahme des Reformvertrages in die österreichische Rechtsordnung, in *Hummer/Obwexer* (Hrsg), Der Vertrag von Lissabon (2009); *Öhlinger*, in *Korinek/Holoubek* (Hrsg), Bundesverfassungsrecht. Kommentar, 9. Lfg (2009), Art 50 B-VG; *Potacs*, Zum Rang des Gemeinschaftsrechts gegenüber staatlichem Recht, in *Jabloner/Lucius/Schramm* (Hrsg) Theorie und Praxis des Wirtschaftsrechts, FS René Laurer (2009), 185; *Siess-Scherz*, Staatsverträge und Bundesverfassung: Weiterhin ein nicht ganz unproblematisches Verhältnis, in *Lienbacher/Wielinger* (Hrsg), Jahrbuch Öffentliches Recht 2009 (2009), 77; *Verfassungsgerichtshof der Republik Österreich* (Hrsg), Verfassungstag 2008 (2009); *Bußjäger/Heißl*, Nationaler Souveränitätsanspruch versus autonome Rechtsordnung?, ÖJZ 2008, 307; *Grabenwarter/Ohms*, B-VG, Manz Taschenausgabe[12] (2008); *Felber*, Die politische Diskussion über den EU-Reformvertrag in Österreich, in *Viotto/Fisahn* (Hrsg), Europa am Scheideweg – Kritik des EU-„Reformvertrags“ (2008), 147; *Lienbacher*, Der erste Teil der Verfassungsreform, JRP 2008, 77; *Lienbacher*, Staatsreform, in *Lienbacher/Wielinger* (Hrsg), Jahrbuch Öffentliches Recht 2008 (2008), 23; *Niedobitek*, Der Vorrang des Unionsrechts, in *Niedobitek/Zemanek* (Hrsg), Continuing the European Constitutional Debate, Chemnitzer Europastudien Band 7 (2008), 63; *Obwexer*, Der Vertrag von Lissabon: Auswirkungen auf das öffentliche Recht Österreichs, in *Lienbacher/Wielinger* (Hrsg), Jahrbuch Öffentliches Recht 2008 (2008), 67; *Öhlinger*, Verfassungsänderungen im Eilverfahren, ÖJZ 2008, 825; *Öhlinger*, Soll über den Vertrag von Lissabon in Österreich das Volk abstimmen?, ecolex 2008, 290; *Öhlinger*, Vorrang des EU-Rechts, in *Schroeder* (Hrsg), Europarecht als Mehrebenensystem (2008), 11; *Posch*, Community law and Austrian constitutional law, www.icl-journal.com 4/2008, 272; *Wiederin*, Verfassungsbereinigung, in *Lienbacher/Wielinger* (Hrsg), Jahrbuch Öffentliches Recht 2008 (2008), 45; *Wiederin*, Verfassungsrevision in Österreich, in *Thaler/Stolzlechner* (Hrsg), Verfassungsrevision (2008), 17; *Giegerich*, Verschmelzung der drei Säulen der EU durch europäisches Richterrecht?, ZaöRV 2007, 351; *Öhlinger*, Die Ratifikation des Verfassungsvertrages in Österreich – Anmerkungen zum konstitutionellen Gehalt des Verfassungsvertrages, in *Hummer/Obwexer* (Hrsg), Der Vertrag über eine Verfassung für Europa (2007), 343; *Bezemek*, Hybride Rechtsakte und normative Zuteilungspläne, ZfV 2007, 616 ff; *Öhlinger/Potacs*, Gemeinschaftsrecht und staatliches Recht[3] (2006); *Öhlinger*, Verfassungsrechtliche Grundlagen der EU-Mitgliedschaft Österreichs, in *Hummer/Obwexer* (Hrsg), 10 Jahre EU-Mitgliedschaft Österreichs – Bilanz und Ausblick (2006), 17; *Öhlinger*, Das Völkerrecht und das Europarecht im Österreich-Konvent, in *Akyürek* (Hrsg), Staat und Recht in europäischer Perspektive. FS Heinz Schäffer (2006), 555; *Wiederin*, Gesamtänderung, Totalrevision und Verfassunggebung, in *Akyürek* (Hrsg), Staat und Recht in europäischer Perspektive. FS Heinz Schäffer (2006), 961; *Khol/Konrad*, Bilanz des Österreich-Konvents und Fortsetzung der Verfassungsreform, Österreichisches Jahrbuch für Politik 2005 (2006); *Streinz/Ohler/Herrmann*, Die neue Verfassung für Europa (2005); *Griller*, Völkerrecht und Landesrecht – unter Berücksichtigung des Europarechts, in *Walter/Jabloner/Zeleny* (Hrsg), Hans Kelsen und das Völkerrecht (2004), 83; *Janko*, Gesamtänderung der Bundesverfassung (2004); *R. Winkler*, Integrationsverfassungsrecht (2003); *Peters*, Elemente einer Theorie der Verfassung Europas (2001); *Öhlinger*, Die Übernahme des Vertrages von Amsterdam sowie des Rechts der „Zweiten" und „Dritten Säule" in die österreichische Rechtsordnung, in *Hummer* (Hrsg), Rechtsfragen in der Anwendung des Amsterdamer Vertrages (2001), 223; *Griller*, Die GASP und das Ende der immerwährenden Neutralität, in *Hummer* (Hrsg), Rechtsfragen in der Anwendung des Amsterdamer Vertrages (2001), 261; *Huber*, Europäisches und nationales Verfassungsrecht, VVDStRL 60 (2001), 194; *Rill/Schäffer*, Art 44 B-VG, in *Rill/Schäffer* (Hrsg), Bundesverfassungsrecht, Kommentar, 1. Lfg (2001); *Gamper*, Die verfassungsrechtliche Grundordnung als Rechtsproblem (2000); *Griller*, Der Stufenbau der österreichischen Rechtsordnung nach dem EU-Beitritt, JRP 2000, 273; *Öhlinger*, in *Korinek/Holoubek* (Hrsg), Bundesverfassungsrecht. Kommentar, 1. Lfg (1999); *Tomasovsky*, Verfassungsrechtliche Fragen der Genehmigung des Vertrags von Amsterdam, JRP 1998, 313; *Adamovich/Funk/Holzinger*, Österreichisches Staatsrecht, Bd 1 (1997); *Klecatsky*, Menschenrechte und Grundfreiheiten in der Europäischen Union, in *Reichert-Facilides* (Hrsg), Recht und Europa, Ringvorlesungen am Zentrum für Europäisches Recht, Bd 1 (1997), 63; *Griller*, Verfassungsfragen der österreichischen EU-Mitgliedschaft, ZfRV 1995, 89; *Stolzlechner*, Die Auswirkungen einer Mitgliedschaft Österreichs in der Europäischen Union auf die österreichische Verfassungsordnung, in *Hummer* (Hrsg), Die Europäische Union und Österreich (1994) 163; *Rill*, Möglichkeiten der Teilnahme Österreichs am Gemeinsamen Markt und ihre Konsequenzen für die Harmonisierung des österreichischen Wirtschaftsrechts mit dem der EG, in *Korinek/Rill* (Hrsg), Österreichisches Wirtschaftsrecht und das Recht der EG (1990), 9; *Ringhofer*, Die österreichische Bundesverfassung (1977); *Öhlinger*, Der völkerrechtliche Vertrag im staatlichen Recht (1973).

Judikatur: EuGH, Rs C-105/03, *Pupino*, Slg 2005, I-5285.
VfGH Slg 15.427/1999; 17.065/2003.

Inhalt

I. Vorgeschichte

A. Das EU-Beitritts-BVG

Die verfassungsrechtliche Grundlage des Beitritts Österreichs zur EU bildete ein spezielles Bundesverfassungsgesetz (BVG): das *Bundesverfassungsgesetz über den Beitritt Österreichs zur Europäischen Union* (EU-Beitritts-BVG).[1] Das Besondere an diesem BVG ist es, dass es einer Volksabstimmung unterzogen wurde, weil nach einer weithin akzeptierten Auffassung der EU-Beitritt eine Gesamtänderung der Bundesverfassung im Sinn des Art 44 Abs 3 B-VG bildete. Als eine solche Gesamtänderung gilt eine Aufhebung oder wesentliche Modifikation eines Grundprinzips der Bundesverfassung.[2] Der EU-Beitritt betraf – wegen der massiven Verlagerung von Gesetzgebungskompetenzen auf die EU – vor allem das demokratische Prinzip, darüber hinaus aber auch das bun-

1 BGBl 1994/744; dazu ausführlich *Öhlinger*, EU-Beitritts-BVG, in *Korinek/Holoubek* (Hrsg), Bundesverfassungsrecht, Kommentar, 1. Lfg 1999; *Öhlinger*, Verfassungsrechtliche Grundlagen der EU-Mitgliedschaft Österreichs, in *Hummer/Obwexer* (Hrsg), 10 Jahre EU-Mitgliedschaft Österreichs – Bilanz und Ausblick (2006), 17 ff.

2 Vgl *Rill/Schäffer*, Art 44 B-VG, in *Rill/Schäffer* (Hrsg), Bundesverfassungsrecht, Kommentar, 1. Lfg 2001, Rdnrn 13 ff; *Gamper*, Die verfassungsrechtliche Grundordnung als Rechtsproblem (2000), 83 ff.

desstaatliche sowie das rechtstaatliche Baugesetz der Bundesverfassung.[3] Es handelte sich um die zweite Volksabstimmung über eine bundesgesetzliche Regelung in der Geschichte der Republik überhaupt[4] und um die erste und bislang einzige Abstimmung über eine Gesamtänderung der Bundesverfassung.

Der Inhalt des EU-Beitritts-BVG erschöpft sich in einer Ermächtigung der „bundesverfassungsgesetzlich zuständigen Organe (...), den Staatsvertrag über den Beitritt Österreichs zur Europäischen Union entsprechend dem am 12. April 1994 von der Beitrittskonferenz festgelegten Verhandlungsergebnis abzuschließen" (Art I). Angeordnet wird ferner (Art II), dass dieser Staatsvertrag (nach einem positiven Referendum) „nur mit Genehmigung des Nationalrates und der Zustimmung des Bundesrates hiezu abgeschlossen werden (darf)". Für diese Beschlüsse wurde jeweils eine qualifizierte Mehrheit – Anwesenheit von mindestens der Hälfte der Mitglieder und zwei Drittel der abgegebenen Stimmen – verlangt.

Diese spezifische Form der verfassungsrechtlichen Grundlage des österreichischen EU-Beitritts beruhte auf mehreren Motiven. Zum einen war es in der österreichischen Verfassungslehre umstritten, ob ein völkerrechtlicher Vertrag überhaupt Gegenstand einer Volksabstimmung sein durfte, da die Regelung über die parlamentarische Behandlung verfassungsändernder „Staatsverträge" – der verfassungsgesetzliche Terminus für alle völkerrechtlichen Verträge[5] – zwar auf Art 44 Abs 1 und Abs 2 B-VG (Verfahren der Änderung der Bundesverfassung), nicht aber auch auf Abs 3 B-VG (Volksabstimmung über Gesamt- oder Teiländerungen) verwies (Art 50 B-VG in der damals geltenden Fassung). Strittig war dabei auch, ob ein Staatsvertrag, der eine Gesamtänderung der Bundesverfassung enthält, einer Volksabstimmung bedürfe, oder aber ob eine solche Gesamtänderung durch einen Staatsvertrag gar nicht zulässig sei.[6] Ein Teil der Lehre vertrat freilich schon damals die Auffassung, dass Art 44 Abs 3 B-VG im Hinblick auf seinen Wortlaut (arg: „Jede Gesamtänderung ...") sinngemäß auch für Staatsverträge gelte, die im österreichischen Verfassungssystem eine den formellen Gesetzen gleichwertige Rechtsquelle bilden.[7] Diesen Streitfragen wurde durch ein eigenes BVG als Rechtsgrundlage des Beitritts ausgewichen, das – wie es in der Begründung sinngemäß hieß – den Weg zu

3 Dazu ausführlich *Öhlinger*, EU-Beitritts-BVG, in *Korinek/Holoubek* (Hrsg), Bundesverfassungsrecht, Rdnrn 3 f, mwN.

4 Die erste Volksabstimmung fand am 5. November 1978 über die Inbetriebnahme des Atomkraftwerks Zwentendorf statt.

5 Siehe *Öhlinger*, Art 50 B-VG (Neubearbeitung), in *Korinek/Holoubek* (Hrsg), Bundesverfassungsrecht, Kommentar, 9. Lfg 2009, Rdnrn 12 ff.

6 Siehe zu diesen Kontroversen zuletzt *Wiederin*, Gesamtänderung, Totalrevision und Verfassunggebung, in *Akyürek* (Hrsg), Staat und Recht in europäischer Perspektive. FS Heinz Schäffer (2006), 967.

7 Dazu ausführlich *Janko*, Gesamtänderung der Bundesverfassung (2004), 347 ff, mwN.

der durch den Beitrittsvertrag bewirkten Gesamtänderung der Bundesverfassung ebnen sollte.[8]

Die unklare Verfassungslage in der Frage eines Referendums über einen Staatsvertrag war freilich nicht der einzige Grund für ein spezielles Bundesverfassungsgesetz (BVG) außerhalb des Bundes-Verfassungsgesetzes (B-VG)[9] als Grundlage des EU-Beitritts. Ein weiteres Motiv lag darin, dass das in Art 50 Abs 1 B-VG in der damals geltenden Fassung statuierte Erfordernis der Bezeichnung verfassungsändernder Bestimmungen eines Staatsvertrages in Bezug auf das (durch den Beitrittsvertrag rezipierte) vertragliche Primärrecht der EU als praktisch undurchführbar erachtet wurde. Die Alternative, das EU-Primärrecht zur Gänze in den Verfassungsrang zu heben, stieß dagegen auf ernsthafte Bedenken sowohl aus innerstaatlich-verfassungsrechtlicher Sicht als auch aus der Sicht des Gemeinschaftsrechts. Der innerstaatliche Verfassungsrang des Gemeinschaftsrechts hätte vor allem schwierige Probleme im wechselseitigen Verhältnis des verfassungsrechtlichen Prüfungsmonopols des VfGH, des gemeinschaftsrechtlichen Prüfungsmonopols des EuGH und der aus dem Vorrang des Gemeinschaftsrechts resultierenden Verpflichtung aller staatlichen Gerichte und Verwaltungsbehörden zur Prüfung der Gemeinschaftsrechtskonformität allen innerstaatlichen Rechts aufgeworfen. Schließlich sollte auch die Möglichkeit eines „Erfüllungsvorbehaltes"[10] ausgeschlossen werden.

Die Rechtstechnik des EU-Beitritts-BVG generierte allerdings eine Reihe neuer Fragen. Dieses BVG ermächtigte zum Abschluss eines – in der gültigen Fassung noch gar nicht vorliegenden – Staatsvertrages. Der Inhalt dieses Vertrages bildete wegen der darin (nach nahezu einhelliger Auffassung) inkludierten Gesamtänderung der Bundesverfassung zwar das *Motiv* der Volksabstimmung. Im *Text* dieses BVG wird aber diese Gesamtänderung mit keinem Wort

8 Vgl dazu auch *Rill*, Möglichkeiten der Teilnahme Österreichs am Gemeinsamen Markt und ihre Konsequenzen für die Harmonisierung des österreichischen Wirtschaftsrechts mit dem der EG, in *Korinek/Rill* (Hrsg), Österreichisches Wirtschaftsrecht und das Recht der EG (1990), 15 ff; *Stolzlechner*, Die Auswirkungen einer Mitgliedschaft Österreichs in der Europäischen Union auf die österreichische Verfassungsordnung, in *Hummer* (Hrsg), Die Europäische Union und Österreich (1994), 171.

9 Zu dieser Unterscheidung vgl nachstehend Pkt II.A.

10 Siehe Art 50 (früher: Abs 2, heute: Abs 2 Z 3) und Art 65 Abs 1 B-VG: Der Nationalrat bzw der Bundespräsident können anordnen, dass ein Staatsvertrag durch Erlassung von Gesetzen bzw Verordnungen „zu erfüllen" sei. Damit wird die unmittelbare Anwendbarkeit eines völkerrechtlichen Vertrages ausgeschlossen (siehe *Öhlinger*, Art 50 B-VG, in *Korinek/Holoubek* (Hrsg), Bundesverfassungsrecht, Rdnrn 85 ff). Eine solche Anordnung wäre in Bezug auf Gemeinschaftsrecht unzulässig, weil dieses seine unmittelbare Anwendbarkeit selbst (mit Vorrang gegenüber dem staatlichen Recht) regelt (siehe Pkt III.B.).

angesprochen. Sie lässt sich vielmehr nur über eine Kette von Verweisungen[11] – auf den Beitrittsvertrag und dessen Verweisung auf den EUV und EGV – mittelbar erschließen. Letztlich stellte sich sogar die Frage, ob damit die tatsächlich erfolgte Gesamtänderung der Bundesverfassung in rechtlich gültiger Weise überhaupt erreicht wurde.[12] Diese Frage wurde zwar von der Staatsrechtslehre ziemlich einhellig verneint.[13] Strittig blieb aber die Antwort auf eine Reihe weiterer Fragen, die durch diese Rechtstechnik provoziert wurden. Das betraf etwa den Rang des EU-Rechts im Rahmen der österreichischen Rechtsordnung, das Verfahren künftiger Änderungen des EUV und EGV,[14] ferner die Frage der Verdrängung sonstiger Bestimmungen des B-VG über Staatsverträge. Relevanz hatte letztere Frage vor allem in Bezug auf Art 49 B-VG (Kundmachung von Staatsverträgen) und Art 140a B-VG (Staatsverträge als Gegenstand der verfassungsgerichtlichen Prüfung).[15]

Eine radikale Position ging davon aus, dass Art II des EU-Beitritts-BVG dem Art 50 B-VG in Bezug auf den Beitrittsvertrag zur Gänze derogierte und folgerte daraus, dass dieser Vertrag überhaupt *nicht zu einem Bestandteil der österreichischen Rechtsordnung wurde*.[16] Der Beitrittsvertrag sei nur „Teil des nun auch in Österreich geltenden Gemeinschaftsrechts, … aber kein Teil des österreichischen Rechts". Diese Auffassung lief auf eine bundesstaatliche Konstruktion der EU hinaus, in der das primäre Gemeinschaftsrecht als „Verfassung" der EG die oberste Stufe einer Gemeinschaftsrecht und staatliches Recht umfassenden Rechtsordnung bildet und das staatliche (Verfassungs-)Recht nur mehr eine von der Verfassung der EG delegierte Rechtsschicht darstellt. Mochte eine solche Deutung in Bezug auf die EG in einer rein rechtlichen Sicht noch vertretbar erscheinen, so war sie aber mit dem intergouvernementalen und damit eindeutig völkerrechtlichen Charakter der EU im engeren Sinn

11 *Griller*, ZfRV 1995, 90: „labyrinthartige Verweisungstechnik". Siehe auch die treffende Kritik von *Stolzlechner*, Auswirkungen, in *Hummer* (Hrsg), Die Europäische Union, 171; *Gamper*, Grundordnung, 78 f.

12 Diese Frage stellen unter verschiedenen Aspekten etwa *Stolzlechner*, Auswirkungen, in *Hummer* (Hrsg), Die Europäische Union, 163 ff, sowie *Griller*, ZfRV 1995, 90: („Verfassungswidrigkeit des Beitrittsvorgangs?"), verneinen sie aber im Ergebnis.

13 Anders allerdings *Klecatsky*, Menschenrechte und Grundfreiheiten in der Europäischen Union, in *Reichert-Facilides* (Hrsg), Recht und Europa, Ringvorlesungen am Zentrum für Europäisches Recht, Bd 1 (1997), 74.

14 Vgl dazu nachstehend Pkt I.B.

15 Dazu ausführlich *Griller*, ZfRV 1995, 90 ff; *Öhlinger*, EU-Beitritts-BVG, in *Korinek/Holoubek* (Hrsg), Bundesverfassungsrecht, Rdnrn 10 ff.

16 So *Adamovich/Funk/Holzinger*, Österreichisches Staatsrecht Bd 1 (1997), Rdnr 17.062 (Hervorhebung im Original). Diese Deutung im Ansatz erwägend, aber auf dem Boden der Materialien zum Beitritts-BVG letztlich doch verwerfend *Stolzlechner*, Auswirkungen, in *Hummer* (Hrsg), Die Europäische Union, 173.

(zweite und dritte „Säule")[17] auf keinen Fall mehr vereinbar. Sie hat sich letztlich auch nicht durchgesetzt.[18]

B. Spätere Änderungen des EU-Primärrechts

Das unklare Verhältnis des EU-Beitritts-BVG zu Art 50 B-VG ließ, wie schon gesagt, auch die Frage offen, in welcher rechtlichen Form künftige Änderungen der vertraglichen Grundlagen der EU zu erfolgen haben. Auch wenn man – mit der herrschenden Lehre – nicht von einer vollständigen Derogation des Art 50 B-VG in Bezug auf den Beitrittsvertrag ausging[19], blieb zweifelhaft, inwieweit diese Bestimmung auf künftige Vertragsänderungen anwendbar war.[20] Die einzige verfassungsrechtlich unanfechtbare Lösung bestand daher darin, in den Fällen künftiger Änderungen und Ergänzungen des EU-Primärrechts die Rechtstechnik des Beitritts-BVG zu wiederholen.

In diesem Sinn wurde als erstes das *BVG über den Abschluss des Vertrages von Amsterdam*[21], erlassen. Es kopierte schlicht den zweiten Artikel des Beitritts-BVG: Der Vertrag „darf nur mit Genehmigung des Nationalrates und der Zustimmung des Bundesrates hiezu abgeschlossen werden. Diese Beschlüsse bedürfen jeweils der Anwesenheit von mindestens der Hälfte der Mitglieder und einer Mehrheit von zwei Dritteln der abgegebenen Stimmen". Genau das besagte allerdings auch Art 50 B-VG in der damals geltenden Fassung. Der Sinn dieses besonderen BVG lag aber gar nicht in dem, was es explizit anordnete, sondern in dem, was es gerade nicht sagte. Es sollte damit – wie schon im Fall des Beitritts-BVG – die Anwendung weiterer Bestimmungen des Art 50 B-VG ausgeschlossen werden: neben der Möglichkeit eines (schon gemeinschaftsrechtlich unzulässigen) „Erfüllungsvorbehaltes" vor allem die Verpflichtung zur Bezeichnung verfassungsändernder Bestimmungen. Weil allerdings das BVG-Amsterdam nur den gleichen Rang wie Art 50 B-VG – und nicht den durch die Volksabstimmung vermittelten höheren Rang des Beitritts-BVG – hatte, ließ sich die diesbezügliche Verdrängung des Art 50 B-VG nicht mehr mit der gleichen Eindeutigkeit argumentieren.

Auf diese offenen Fragen gab erst das *BVG über den Abschluss des Vertrages von Nizza*[22], eine explizite Antwort. Es lautete:

---

17 Zur – durch den Vertrag von Lissabon überholten – Unterscheidung von Gemeinschaftsrecht und Unionsrecht im engeren Sinn vgl auch nachstehend Pkt III.B.1.

18 Dazu näher *Öhlinger*, EU-Beitritts-BVG, in *Korinek/Holoubek* (Hrsg), Bundesverfassungsrecht, Rdnrn 14 f.

19 Richtig *Griller*, ZfRV 1995, 93.

20 Dazu ausführlich *Tomasovsky*, JRP 1998, 320 ff; vgl ferner *R Winkler*, Integrationsverfassungsrecht (2003), 25 ff.

21 BGBl I 1998/76.

22 BGBl I 2001/120.

Art I (1) Der am 26. Februar 2001 unterzeichnete Vertrag von Nizza zur Änderung des Vertrages über die Europäische Union, der Verträge zur Gründung der Europäischen Gemeinschaften sowie einiger damit zusammenhängender Rechtsakte darf nur mit Genehmigung des Nationalrates abgeschlossen werden. Der Genehmigungsbeschluss kann vom Nationalrat nur in Anwesenheit von mindestens der Hälfte der Mitglieder und mit einer Mehrheit von zwei Dritteln der abgegebenen Stimmen gefasst werden; Bestimmungen des Vertrages, durch die Verfassungsrecht geändert oder ergänzt wird, brauchen darin nicht als „verfassungsändernd" bezeichnet werden.
(2) Der Vertrag bedarf überdies der Zustimmung des Bundesrates. Der Beschluss kann vom Bundesrat nur in Anwesenheit von mindestens der Hälfte der Mitglieder und mit einer Mehrheit von zwei Dritteln der abgegebenen Stimmen gefasst werden.
(3) Soweit in den Abs 1 und 2 nicht anderes bestimmt ist, sind auf den Vertrag die Bestimmungen des Bundes-Verfassungsgesetzes über Staatsverträge anzuwenden.

Damit wurde explizit klargestellt (Abs 1, letzter Halbsatz), dass allfällige verfassungsändernde, dh der österreichischen Bundesverfassung widersprechende oder diese ergänzende, Bestimmungen im Vertrag von Nizza nicht als solche zu bezeichnen sind. Indirekt wird damit überdies klargestellt, dass verfassungsändernde Regelungen zulässig sind. Der dritte Absatz stellt ferner außer Streit, dass der Vertrag von Nizza – und damit indirekt das gesamte vertragliche Primärrecht der EU – an sich ein Staatsvertrag im Sinn der Bundesverfassung ist, auf den alle einzelnen Regelungen des B-VG über Staatsverträge anzuwenden sind, sofern das BVG-Nizza selbst nicht spezielle Regelungen enthält.

Zugleich wurde damit jene Formel gefunden, die auch in allen weiteren Fällen zu Anwendung kam: siehe das *BVG über den Abschluss des Vertrages über den Beitritt der Tschechischen Republik, der Republik Estland, der Republik Zypern, der Republik Lettland, der Republik Litauen, der Republik Ungarn, der Republik Malta, der Republik Polen, der Republik Slowenien und der Slowakischen Republik zur EU*[23] *und das BVG über den Abschluss des Vertrages über den Beitritt der Republik Bulgarien und Rumäniens zur EU.*[24]

Auch zum Abschluss des Verfassungsvertrages wurde durch ein solches BVG ermächtigt[25]. Kein derartiges BVG wurde dagegen im Zusammenhang mit dem Vertrag von Lissabon erlassen. Die parlamentarische Behandlung dieses Staatsvertrages erfolgte vielmehr bereits auf der Grundlage des durch die

23 BGBl I 2003/53.
24 BGBl I 2006/25.
25 BGBl I 2005/12.

B-VGNovelle BGBl I 2008/2 geänderten Art 50 B-VG, auf den in der Folge näher einzugehen ist.

II. Die B-VG Novelle BGBl I 2008/2

A. Der Österreich-Konvent und seine Fortsetzung

Vom Juni 2003 bis Jänner 2005 tagte der Österreich-Konvent – ein Gremium von 70 Persönlichkeiten (Vertreter der Bundesregierung und der Landesregierungen, Abgeordnete des Europäischen Parlaments, des Nationalrats und des Bundesrats sowie der Landtage, die Präsidenten der Höchstgerichte, Interessenvertreter und Experten des Verfassungsrechts), das sich das Ziel einer umfassenden Reform der Bundesverfassung gesetzt hatte.[26]

Ein zentrales Thema des Österreich-Konvents war die Zersplitterung des österreichischen Bundesverfassungsrechts. Eine Eigenheit dieser Verfassung ist es, dass neben der eigentlichen Verfassungsurkunde – dem Bundes-Verfassungsgesetz (B-VG) – eine Fülle weiterer Verfassungsgesetze (BVG) sowie zahllose Verfassungsbestimmungen im Kontext einfacher Bundesgesetze existieren. Dazu kommen Staatsverträge, die entweder zur Gänze oder in einzelnen Bestimmungen Bestandteile (auch) des österreichischen Bundesverfassungsrechts bilden, ferner Verfassungsbestimmungen in Bund/Länder-Verträgen gemäß Art 15a B-VG. Im Konvent hat man neben ca 60 eigenen Bundesverfassungsgesetzen die unfassbare Zahl von rund 1300 Verfassungsbestimmungen in Bundesgesetzen, Staatsverträgen und Bund/Länder-Verträgen gezählt. Der Konvent hatte sich das Ziel gesetzt, alle diese besonderen Verfassungsgesetze und Verfassungsbestimmungen mit der „Stammurkunde" der Verfassung in einem Dokument zu vereinen. Dieses Ziel wurde zwar nicht erreicht, es wurden aber dazu wesentliche Vorarbeiten geleistet.

Die Beratungen des im Jänner 2005 ohne substanzielles Ergebnis aufgelösten Konvents wurden zunächst in einem besonderen Ausschuss des Nationalrats – ohne viel Elan und Erfolg – fortgesetzt. Schließlich wurde im Programm der Regierung Gusenbauer/Molterer vom Jänner 2007 eine Expertengruppe eingerichtet, die mit der Aufgabe betraut wurde, auf der Grundlage der Konventsberatungen Vorschläge für eine umfassende Verfassungsreform auszuarbeiten. Diese Expertengruppe legte im Juli 2007 den Entwurf einer Verfassungsnovelle vor, die – noch als erster Teilschritt einer großen Reform gedacht (zu der es dann allerdings auch nicht mehr kam) – als einen ihrer Schwer-

26 Näher *Khol/Konrad*, Bilanz des Österreich-Konvents und Fortsetzung der Verfassungsreform, Österreichisches Jahrbuch für Politik 2005 (2006), 431 ff; *Wiederin*, Verfassungsrevision in Österreich, in *Thaler/Stolzlechner* (Hrsg), Verfassungsrevision (2008), 17.

punkte eine weit reichende Verfassungsrechtsbereinigung enthielt.[27] Eben dieser Schwerpunkt wurde, neben einzelnen speziellen Regelungen, im Dezember 2007 in Form einer Novelle zum B-VG, gemeinsam mit einem „Ersten Bundesverfassungsrechtsbereinigungsgesetz (1. BVRBG)“, vom Nationalrat beschlossen und zu Jahresbeginn 2008 veröffentlicht[28].

B. Die Neufassung des Art 50 B-VG

Eine wesentliche Bestimmung dieser Novelle bildet die Neufassung des Art 50 B-VG. Er lautet nunmehr wie folgt:

(1) Der Abschluss von

1. *politischen Staatsverträgen und Staatsverträgen, die gesetzändernden oder gesetzesergänzenden Inhalt haben und nicht unter Art 16 Abs 1 fallen, sowie*
2. *Staatsverträgen, durch die die vertraglichen Grundlagen der Europäischen Union geändert werden,*

bedarf der Genehmigung des Nationalrates.

(2) Für Staatsverträge gemäß Abs 1 Z 1 gilt darüber hinaus Folgendes:

1. *Sieht ein Staatsvertrag seine vereinfachte Änderung vor, so bedarf eine solche Änderung nicht der Genehmigung nach Abs 1, sofern sich diese der Nationalrat nicht vorbehalten hat.*
2. *Gemäß Abs 1 Z 1 genehmigte Staatsverträge bedürfen der Zustimmung des Bundesrates, soweit sie Angelegenheiten des selbständigen Wirkungsbereiches der Länder regeln.*
3. *Anlässlich der Genehmigung eines Staatsvertrages kann der Nationalrat beschließen, in welchem Umfang dieser Staatsvertrag durch Erlassung von Gesetzen zu erfüllen ist.*

(3) Auf Beschlüsse des Nationalrates nach Abs 1 Z 1 und Abs 2 Z 3 ist Art 42 Abs 1 bis 4 sinngemäß anzuwenden.

(4) Staatsverträge gemäß Abs 1 Z 2 dürfen unbeschadet des Art 44 Abs 3 nur mit Genehmigung des Nationalrates und mit Zustimmung des Bundesrates abgeschlossen werden. Diese Beschlüsse bedürfen jeweils der Anwesenheit von mindestens der Hälfte der Mitglieder und einer Mehrheit von zwei Dritteln der abgegebenen Stimmen.

(5) Der Nationalrat und der Bundesrat sind von der Aufnahme von Verhandlungen über einen Staatsvertrag gemäß Abs 1 unverzüglich zu unterrichten.

---

27 Näher *Lienbacher*, JRP 2008, 77 ff.

28 BGBl I 2008/2.

1. Die Eliminierung des Rechtsquellentypus „verfassungsändernder Staatsvertrag"

Das Motiv dieser Neufassung ist ausschließlich eine Rechtsbereinigung: Es geht darum, Verfassungsrecht außerhalb der Stammurkunde des B-VG in Hinkunft nach Möglichkeit zu vermeiden. In diesem Sinn eliminiert die Neufassung des Art 50 B-VG die Rechtsatzform „verfassungsändernder" bzw „verfassungsergänzender Staatsvertrag" aus der österreichischen Rechtsordnung überhaupt. Seit dem In-Kraft-Treten dieser Novelle (1. Jänner 2008) ist es nicht mehr zulässig, Staatsverträge ganz oder teilweise als Verfassungsrecht unvermittelt in die österreichische Rechtsordnung zu inkorporieren. Dem dient auch die Z 1 des Abs 2 des neuen Art 50 B-VG, nämlich die Möglichkeit, ein in einem Vertrag vorgesehenes vereinfachtes Änderungsverfahren ohne Beteiligung des Parlaments durchzuführen, was bislang nur auf Grund einer als Verfassungsbestimmung beschlossenen vertraglichen Regelung als zulässig erachtet wurde.[29] Aus dem gleichen Grund wurden durch diese Novelle die Art 3[30] und 9 Abs 2 B-VG[31] geändert.[32] Enthalten ein Staatsvertrag oder einzelne Bestimmungen eines Staatsvertrages Regelungen, die mit geltendem Bundesverfassungsrecht kollidieren, so bedarf es seit 1. Jänner 2008 einer entsprechenden Änderung des Bundesverfassungsrechts, damit der Staatsvertrag in verfassungskonformer Weise abgeschlossen werden kann. Da es allerdings nach wie vor zulässig ist, spezielle Bundesverfassungsgesetze oder Verfassungsbestimmungen in formellen Bundesgesetzen zu erlassen, könnte eine solche verfassungsgesetzliche Regelung auch darin bestehen, einen völkerrechtlichen Vertrag zur Gänze oder hinsichtlich einzelner Bestimmungen zu Bundesverfassungsrecht zu erklären, so wie dies beispielsweise Art 149 Abs 1 B-VG bezüglich Bestimmungen des Staatsvertrags von Saint-Germain tut.

Gleichzeitig wurden in § 7 des 1. BVRBG[33] eine Reihe von Staatsverträgen im Verfassungsrang sowie der ganz überwiegende Teil der Verfassungsbestimmungen in Staatsverträgen zu „einfachen Staatsverträgen oder Bestimmun-

---

29 Vgl nachstehend Pkt V.

30 Änderungen der Bundesgrenzen durch einen Staatsvertrag. Dazu *Bußjäger*, ZÖR 2009, 115 ff.

31 Wechselseitige Übertragung einzelner Hoheitsrechte zwischen Österreich, anderen Staaten und zwischenstaatlichen Einrichtungen durch Staatsvertrag oder Gesetz sowie vertragliche oder gesetzliche Ermächtigungen zu grenzüberschreitenden Tätigkeiten österreichischer Organe im Ausland oder ausländischer Organe und Organe zwischenstaatlicher Einrichtungen in Österreich einschließlich der Übertragung von Weisungsbefugnissen. Dazu näher *Öhlinger*, Art 9/2 B-VG (Neubearbeitung), in *Korinek/Holoubek* (Hrsg), Bundesverfassungsrecht, Kommentar, 9. Lfg 2009.

32 Näher *Lienbacher*, JRP 2008, 79 f.

33 Fn 28.

gen" herabgestuft.[34] Nicht herabgestufte und auch als nicht mehr geltend deklarierte Staatsverträge und Staatsvertragsbestimmungen behalten allerdings ihren Verfassungsrang. Das betrifft insbesondere die EMRK und ihre Zusatzprotokolle, ferner ua Verfassungsbestimmungen im EWR-Abkommen und Abgabenbefreiungen in Kulturübereinkommen.

2. Die neue Kategorie der „Staatsverträge, durch die die vertraglichen Grundlagen der Europäischen Union geändert werden"

Dieses Motiv einer Verfassungsrechtsbereinigung liegt auch der Einführung einer neuen Kategorie von Staatsverträgen in Abs 1 Z 2 des neuen Art 50 B-VG zugrunde:

„Staatsverträge, durch die die vertraglichen Grundlagen der Europäischen Union geändert werden".

Schon am EU-Beitritts-BVG war kritisiert worden, dass damit „der Weg der Einzelabänderung und damit der weiteren Zersplitterung des Bundesverfassungsrechts, hier sogar der bundesverfassungsrechtlichen Grundordnung, fortgesetzt (wurde). Obwohl die Gelegenheit noch nie so günstig war, versäumt(e) der Bundesverfassungsgesetzgeber damit wahrscheinlich auf Jahre hinaus seine Chance, in einer Art ‚Generalsanierung' die Bundesverfassung auf den Stand der gegenwärtigen Entwicklung des Völker- und Staatsrechts zu bringen".[35] Die Rechtstechnik des EU-Beitritts-BVG hatte vielmehr, wie zuvor dargelegt[36], Sonderverfassungsgesetze für alle weiteren EU-Verträge zur Folge. Mit der generellen Ermächtigung des Nationalrats, EU-Verträge zu genehmigen – und damit die Grundlage ihrer Inkorporation in die österreichische Rechtsordnung zu schaffen[37] – sollen solche Bundesverfassungsgesetze in Zukunft überflüssig werden. Zugleich wurden alle bislang erlassenen Bundesverfassungsgesetze dieser Art aufgehoben (Art 2 § 1 Abs 3 Z 18–22 des 1. BVRBG), ausgenommen allerdings das EU-Beitritts-BVG.

Die parlamentarische Genehmigung dieser neuen Kategorie von „Staatsverträgen" bedarf einer qualifizierten Mehrheit (Anwesenheit der Hälfte der Mitglieder und Mehrheit von zwei Dritteln der abgegebenen Stimmen) sowohl im Nationalrat als auch im Bundesrat (Art 50 Abs 4 B-VG).

34 Dazu näher *Wiederin*, Verfassungsbereinigung, in *Lienbacher/Wielinger* (Hrsg), Jahrbuch Öffentliches Recht 2008 (2008), 64 f.

35 *Stolzlechner*, Auswirkungen, in *Hummer* (Hrsg), Die Europäische Union, 177.

36 Vgl vorstehend Pkt I.B.

37 Dazu generell *Ermacora/Hummer*, Völkerrecht, Recht der Europäischen Union und Landesrecht, in *Neuhold/Hummer/Schreuer* (Hrsg), Österreichisches Handbuch des Völkerrechts, Bd 1 – Textteil[4] (2004), Rdnrn 568 ff.

3. Anwendung auf den Vertrag von Lissabon

Auf der Grundlage des Art 50 Abs 1 Z 2 und Abs 4 B-VG wurde erstmals im Frühjahr 2008 der Vertrag von Lissabon parlamentarisch genehmigt und in der Folge vom Bundespräsidenten gemäß Art 65 Abs 1 B-VG „abgeschlossen".

Dieses Zusammentreffen der Verfassungsnovelle BGBl I 2008/2 und des Vertrags von Lissabon ist freilich ein purer Zufall. Die Novelle ist in keiner Weise mit Blick auf die bevorstehende Ratifizierung des Vertrags von Lissabon erfolgt, sondern beruht auf Vorschlägen des Österreich-Konvents aus dem Jahr 2004, die aber auch damals nicht mit Blick auf die anstehende Ratifizierung des am 29. Oktober 2004 unterzeichneten Verfassungsvertrages erfolgten. Dessen Ratifizierung, auch mit den erforderlichen qualifizierten parlamentarischen Mehrheiten, stellte damals aus österreichischer Sicht noch überhaupt kein innenpolitisches Problem dar. Das Motiv der einschlägigen Vorschläge des Konvents lag vielmehr ausschließlich in der skizzierten Verfassungsrechtsbereinigung.[38]

Im Übrigen besteht eine „Vereinfachung der Ratifikation von EU-Verträgen", die in der Diskussion um den Vertrag von Lissabon der Neufassung des Art 50 B-VG als Absicht vereinzelt unterstellt wurde,[39] zwar darin, dass nunmehr im Nationalrat und im Bundesrat jeweils nur mehr einmal – und nicht wie bislang zweimal, nämlich über ein BVG und sodann erst über den Vertrag selbst[40] – (mit qualifizierter Mehrheit) abgestimmt werden muss. Aber das eigentliche verfassungspolitische Problem der Genehmigung solcher Verträge, nämlich die Frage einer Volksabstimmung, wird durch diese Verfassungsnovelle in einer Weise geregelt, die gerade den Befürwortern einer solchen Abstimmung – und damit den Kritikern der unterstellten „Vereinfachung" – entgegenkommt. Darauf wird noch zurückzukommen sein[41].

38 Zu den einschlägigen Vorschlägen des Konvents siehe *Öhlinger*, Das Völkerrecht und das Europarecht im Österreich-Konvent, in *Akyürek* (Hrsg), Staat und Recht in europäischer Perspektive. FS Heinz Schäffer (2006), 570 f; *Öhlinger*, Grundlagen, in *Hummer/Obwexer* (Hrsg), 10 Jahre, 24 ff; *Lindermuth*, ZÖR 2009, 300 ff.

39 So etwa von *Felber*, Die politische Diskussion über den EU-Reformvertrag in Österreich, in *Viotto/Fisahn* (Hrsg), Europa am Scheideweg – Kritik des EU-„Reformvertrags" (2008), 150.

40 Vgl vorstehend Pkt I.

41 Vgl nachstehend Pkt IV.

III. Die besondere Rechtsqualität des vertraglichen EU-Primärrechts

A. Was sind „Staatsverträge, durch die die vertraglichen Grundlagen der Europäischen Union geändert werden"?

Vorweg ist zu präzisieren, was unter den „vertraglichen Grundlagen der EU" im Sinn des neuen Art 50 Abs 1 Z 2 B-VG zu verstehen ist. Es ist dies das vertragliche Primärrecht der EU: die Gründungsverträge der (früheren) Europäischen Gemeinschaften (EG und EAG) und der (nunmehrigen) Europäischen Union (EU) in ihrer derzeit geltenden Fassung (EUV und AEUV) samt ihren Anlagen, Anhängen, Protokollen und Erklärungen, ferner auch die Beitrittsverträge.[42] Auch allfällige vereinfachte Vertragsänderungen des EU-Primärrechts, soweit sie unter Mitwirkung der Mitgliedstaaten „gemäß ihren verfassungsrechtlichen Vorschriften" erfolgen, fallen unter Art 50 Abs 1 Z 2 B-VG.[43] Soweit allerdings das EU-Primärrecht ein bloßes Widerspruchsrecht nationaler Parlamente vorsieht, handelt es sich nicht um einen „Staatsvertrag" im Sinn des Art 50 B-VG.

Völkerrechtliche Verträge, die ausschließlich die Union abschließt, fallen dagegen überhaupt nicht unter das B-VG. Soweit allerdings das Unionsrecht selbst dabei eine Mitwirkung der Mitgliedstaaten vorsieht, ist eine Subsumtion unter Art 50 Abs 1 Z 2 B-VG dann naheliegend, wenn dadurch das EU-Primärrecht betroffen ist (zB bei einem allfälligen Beitritt der Union zur EMRK gemäß Art 6 Abs 2 EUV).[44] Das bedeutet vor allem eine Genehmigung mit qualifizierter Mehrheit gemäß Art 50 Abs 4 B-VG. Soweit jedoch Rechtsakte (Organbeschlüsse) der EU eine Annahme seitens der Mitgliedstaaten „gemäß ihren verfassungsrechtlichen Vorschriften" erfordern, ohne die vertraglichen Grundlagen der EU irgendwie zu verändern (zB Art 311 AEUV: Eigenmittelbeschluss), ist wohl nicht die Z 2, sondern die Z 1 des Art 50 Abs 1 B-VG anzuwenden (Genehmigung mit einfacher Mehrheit).[45]

---

42 Siehe die Erläuterungen zur RV 314 BlgNR XXIII. GP, 9; ferner *Schweitzer/Hummer/Obwexer*, Europarecht (2007), Rdnr 239.

43 Siehe insb Art 48 Abs 6 UAbs 2 EUV; ferner Art 25 UAbs 2, Art 218 Abs 8 UAbs 2, Art 223 Abs 1 UAbs 2, Art 262 und Art 311 UAbs 3 AEUV sowie Art 40.2. des Protokolls über die Satzung des Europäischen Systems der Zentralbanken und der Europäischen Zentralbank.

44 Zweifelnd *Obwexer*, Der Vertrag von Lissabon: Auswirkungen auf das öffentliche Recht Österreichs, in *Lienbacher/Wielinger* (Hrsg), Jahrbuch Öffentliches Recht 2008 (2008), 83.

45 Dafür spricht auch eine historische Auslegung: Auf solche Beschlüsse wurde vor dem 1. Jänner 2008 Art 50 B-VG in der alten Fassung angewandt; siehe zB den Eigenmittelbeschluss des Rates vom 29. September 2000, BGBl III 2002/70, und dazu die RV 554 BlgNR XXI. GP.

Nicht unter Art 50 Abs 1 Z 2 B-VG fallen weiters völkerrechtliche Verträge, die von Österreich mit anderen EU-Mitgliedstaaten abgeschlossen werden, auch wenn dies im Rahmen der EU erfolgt.[46] Ebenso wenig fallen unter diese Bestimmung Verträge, die von den Mitgliedstaaten und der Union selbst mit dritten Staaten abgeschlossen werden („gemischte Abkommen“). Es geht in diesen Verträgen nicht um die „vertraglichen Grundlagen“ der EU. Es handelt sich daher aus der Sicht des österreichischen Verfassungsrechts um „gewöhnliche“ Staatsverträge im Sinn der Art 50 Abs 1 Z 1 bzw Art 65 Abs 1 B-VG.

B. Die spezifischen Eigenschaften solcher „Staatsverträge" aus der Sicht des EU-Rechts

1. Vorbemerkung: Keine Differenzierung zwischen Gemeinschaftsrecht und Unionsrecht

Das B-VG spricht von „Staatsverträgen, durch die die vertraglichen Grundlagen der Europäischen Union geändert werden“. Die B-VGNovelle 2008 ignoriert damit eine im Zeitpunkt ihrer Erlassung noch bestehende Differenzierung innerhalb des EU-Rechts im (damals) weiteren Sinn, nämlich die Unterscheidung zwischen dem Recht der Europäischen Gemeinschaften (Gemeinschaftsrecht) sowie dem Recht der zweiten und dritten Säule der Europäischen Union als Unionsrecht im engeren Sinn.[47] Inzwischen hat freilich der Vertrag von Lissabon diese Unterscheidung durch eine Verschmelzung der drei Säulen der früheren EU zu einer einzigen „Union“ aufgehoben. Es gibt nun nur mehr das Unionsrecht, das generell jene Strukturmerkmale besitzt, die zuvor lediglich dem Gemeinschaftsrecht zukamen.[48] Die Neufassung des Art 50 B-VG hat diese Verschmelzung gewissermaßen vorweggenommen – dies freilich nicht „in weiser Voraussicht“, sondern in einer Tradition, die das österreichische Verfassungsrecht seit dem EU-Beitritt kennzeichnete.[49]

Mit der Aufhebung der Differenzierung zwischen Gemeinschaftsrecht und Unionsrecht durch den Vertrag von Lissabon lösten sich auch jene Rechtsprobleme auf, die zuvor die neue Bestimmung des Art 50 Abs 1 Z 2 B-VG eben wegen der mangelnden Berücksichtigung dieser Differenzierung aufgeworfen hat: Das primäre Unionsrecht im früheren engeren Sinn konnte nicht jene unmittelbare Geltung oder Anwendbarkeit kraft Unionsrechtes selbst und vor

46 Siehe zu solchen Verträgen *Streinz*, Europarecht[8] (2008), Rdnrn 482 ff.

47 Zu dieser Begrifflichkeit *Öhlinger/Potacs*, Gemeinschaftsrecht und staatliches Recht[3] (2006), 5 ff.

48 Vgl nachstehend Pkt III.B.2. und 3.

49 Weder das Beitritts-BVG noch die späteren Ermächtigungs-BVG (siehe vorstehend Pkt I.B.) differenzierten zwischen Gemeinschaftsrecht und Unionsrecht. Zur Staatsrechtslehre siehe bei Fn 17.

allem nicht jenen (Anwendungs-)Vorrang vor dem gesamten staatlichen Recht einschließlich des staatlichen Verfassungsrechtes beanspruchen, wie sie dem Gemeinschaftsrecht zukamen und von der Neufassung des Art 50 B-VG offensichtlich vorausgesetzt wurden. Seine unmittelbare Anwendbarkeit und sein Rang innerhalb der staatlichen Rechtsordnung bestimmten sich vielmehr – wie bei anderen völkerrechtlichen Verträgen im klassischen Sinn – nach dem staatlichen Verfassungsrecht.[50] Die daraus resultierenden – eher diffizilen – Rechtsprobleme, die die neue generelle, nicht auf einen konkreten Vertrag bezogene Regelung diesbezüglich zunächst aufwarf,[51] sind aber mit dem Vertrag von Lissabon obsolet geworden und können daher hier dahingestellt bleiben.

2. Die – von Art 50 B-VG vorausgesetzten – Strukturmerkmale des Unionsrechts[52]

Das Recht der Union ist durch zwei Strukturmerkmale gekennzeichnet, die es deutlich von Völkerrecht im klassischen Sinn unterscheiden[53]: Es bestimmt selbst den Umfang seiner Anwendung durch staatliche Organe, insbesondere auch seine *unmittelbare Anwendbarkeit* (während die unmittelbare Anwendbarkeit völkerrechtlicher Verträge primär durch das staatliche Verfassungsrecht normiert wird[54]). Im Konfliktfall verdrängt es kraft eigenen Rechts das ihm widersprechende staatliche Recht und besitzt so einen *(Anwendungs-) Vorrang* vor dem staatlichen Recht (während sich auch die Rangfrage des Völkerrechts innerhalb der staatlichen Rechtsordnung nach staatlichem Verfassungsrecht bestimmt[55]). Diese beiden Grundsätze setzen eine *autonome Geltung* des Unionsrechts in den Mitgliedstaaten – gewissermaßen als ein drittes Strukturmerkmal[56] – voraus: Das Unionsrecht gilt von sich aus als solches in

50 Dass es in der Rechtsprechung des EuGH bereits Ansätze gab, auch dem Unionsrecht im engeren Sinn „supranationale" Eigenschaften zuzuerkennen – siehe insb EuGH, Rs C-105/03, *Pupino*, Slg 2005, I-5285 –, kann nunmehr dahingestellt bleiben.

51 Sie finden sich angedeutet bei *Öhlinger*, Art 50 B-VG, in *Korinek/Holoubek* (Hrsg), Bundesverfassungsrecht, Rdnr 67, wo allerdings in Anm 179 auf nähere Ausführungen in einer früheren Fassung des hier vorgelegten Beitrags (der lange vor dem In-Kraft-Treten des Vertrages von Lissabon konzipiert worden war) verwiesen wird. Diese sind mit dem Vertrag von Lissabon hinfällig geworden.

52 Vgl dazu den Beitrag von *Potacs*, Geltung des EU-Rechts in Österreich, vorstehend auf S 115 ff.

53 Zur Frage der Qualifikation des Gemeinschaftsrechts als besonderes Völkerrecht oder als dritte Rechtsordnung *sui generis* ausführlich *Peters*, Elemente einer Theorie der Verfassung Europas (2001), 234 ff.

54 Näher *Öhlinger*, Art 50 B-VG, in *Korinek/Holoubek* (Hrsg), Bundesverfassungsrecht, Rdnr 78.

55 *Öhlinger*, Art 50 B-VG, in *Korinek/Holoubek* (Hrsg), Bundesverfassungsrecht, Rdnr 41.

56 Vgl *Öhlinger*, Verfassungsrecht[8] (2009), Rdnr 140; *Öhlinger/Potacs*, Gemeinschaftsrecht, 55 f.

den Mitgliedstaaten und muss nicht erst – wie Völkerrecht – in die staatliche Rechtsordnung inkorporiert werden.[57]

Diese Strukturmerkmale gelten auch für das primäre Unionsrecht, also die „vertraglichen Grundlagen“ der EU im Sinn des Art 50 Abs 1 Z 2 B-VG.

Die österreichische Bundesverfassung hat sich gegenüber diesen Geltungsansprüchen des Rechts der Union – damals: des Gemeinschaftsrechts – durch das in Form einer Gesamtänderung der Bundesverfassung zustande gekommene EU-Beitritts-BVG[58] geöffnet.[59] Dieses BVG steht nach wie vor in Geltung[60] und wird von der Neufassung des Art 50 Abs 1 Z 2 B-VG vorausgesetzt. Unmittelbare Anwendbarkeit des Gemeinschaftsrechts und nunmehr des gesamten Unionsrechts nach unionsrechtlichen Kriterien sowie der Anwendungsvorrang dieses Rechts sind in Österreich prinzipiell unbestritten. Die Neufassung des Art 50 B-VG hat daran nichts geändert.

3. Das Rangverhältnis von Unionsrecht und Verfassungsrecht

Der Vorrang des Rechts der Union gilt – nach der Rechtsprechung des EuGH zum früheren Gemeinschaftsrecht – auch vor dem nationalen Verfassungsrecht. Die Erklärung (Nr 17) zum Vorrang in der Schlussakte von Lissabon stellt explizit klar, dass dies auch auf das Unionsrecht im Sinn dieses Vertrages zutrifft. In Österreich ist dies – mit einer sogleich zu erörternden Einschränkung[61] – allgemein und im Besonderen auch in der Judikatur des VfGH anerkannt.[62]

Aus diesem Vorrang ergibt sich, dass „Staatsverträge, durch die die vertraglichen Grundlagen der Europäischen Union geändert werden“ – wie Unionsrecht insgesamt – in Österreich auch dann anzuwenden sind, wenn sie dem (Bundes-)Verfassungsrecht widersprechen und in diesem Sinn „verfassungswidrig“ sind. Der Vorrang des Unionsrechts schließt seine gerichtliche Prüfung am Maßstab des Verfassungsrechts aus. Unmittelbar anwendbares primäres Unionsrecht verdrängt vielmehr entgegenstehendes nationales Recht, einschließlich des nationalen Verfassungsrechts.

57 Dazu jüngst etwa *Niedobitek*, Der Vorrang des Unionsrechts, in *Niedobitek/Zemánek* (Hrsg), Continuing the European Constitutional Debate, Chemnitzer Europastudien, Bd 7 (2008), 73.

58 Siehe vorstehend Pkt I.A.

59 Vgl *Potacs*, Zum Rang des Gemeinschaftsrechts gegenüber staatlichem Recht, in FS René Laurer (2009), 191 ff.

60 Vgl vorstehend Pkt II.B.2.

61 Siehe nachstehend Pkt IV.A.1.

62 Siehe VfGH Slg 15.427/1999, 17.065/2003. Dazu *Öhlinger*, Die Ratifikation des Verfassungsvertrages in Österreich – Anmerkungen zum konstitutionellen Gehalt des Verfassungsvertrages, in *Hummer/Obwexer* (Hrsg), Der Vertrag über eine Verfassung für Europa (2007), 349.

Ein Mitgliedstaat der Union wird dadurch allerdings nicht seiner Verpflichtung enthoben, das innerstaatliche Recht an das Unionsrecht anzupassen[63] – eine Verpflichtung, die insbesondere dann zum Tragen kommt, wenn das staatliche Recht die Anwendung des Unionsrechts inhibiert. Darauf ist hier nicht im Detail einzugehen, denn die Neufassung des Art 50 B-VG bringt diesbezüglich keine Änderung der Verfassungslage. Festzuhalten ist hier lediglich, dass für das Verhältnis von Verfassungsrecht und Unionsrecht andere Regeln gelten als für das Verhältnis von Verfassungsrecht und klassischem Völkerrecht.[64] Eben das ist auch der Hintergrund der Differenzierung zwischen „Staatsverträgen" im Sinn des Art 50 Abs 1 Z 1 und „Staatsverträgen" im Sinn des Art 50 Abs 1 Z 2 B-VG.

IV. Volksabstimmung über EU-Verträge

Der EU-Beitritt Österreichs beruhte auf einer Volksabstimmung[65]. Die Verträge von Amsterdam (1997) und von Nizza (2001) sowie die Beitrittsverträge von 2003 und 2006 wurden dagegen ausschließlich auf der Grundlage parlamentarischer Beschlüsse ratifiziert. Die Referenden über den Verfassungsvertrag in Frankreich und den Niederlanden sowie das erste irische Referendum über den Vertrag von Lissabon lösten allerdings auch in Österreich Diskussionen über eine neuerliche Volksabstimmung aus. Diese Thematik hat eine rechtliche und eine politische Seite.

A. Die Rechtsfrage

1. Erfordernis einer Volksabstimmung über eine Gesamtänderung der Bundesverfassung

Der Vorrang des Unionsrechts auch vor dem staatlichen Verfassungsrecht ist – wie schon gesagt – in Österreich allgemein anerkannt. Nach einer ebenfalls allgemein anerkannten Auffassung erstreckt sich dieser Vorrang aber nicht auch auf die Grundprinzipien der Bundesverfassung, die in ihrer Gesamtheit jene verfassungsrechtliche Grundordnung bilden, deren (wesentliche) Modifikation eine „Gesamtänderung der Bundesverfassung" iSd Art 44 Abs 3 B-VG[66] ist. Diese leitenden Verfassungsprinzipien bilden insofern eine Integrations-

63 Siehe *Öhlinger/Potacs*, Gemeinschaftsrecht, 88 ff.

64 Dazu *Öhlinger*, EU-Beitritts-BVG, in *Korinek/Holoubek* (Hrsg), Bundesverfassungsrecht, Rdnrn 77 ff; ferner *Öhlinger/Potacs*, Gemeinschaftsrecht, 115 ff; *Bezemek*, ZfV 2007, 622, insbesonders FN 48 mwN.

65 Vgl vorstehend Pkt I.A.

66 Siehe vorstehend bei Fn 2.

schranke. Mögen daran noch Zweifel bestanden haben, so wird dies gerade durch die B-VG-Novelle 2008 – nämlich durch den Verweis im Abs 4 des neuen Art 50 B-VG auf Art 44 Abs 3 B-VG – außer Streit gestellt. Danach ist eine Änderung der vertraglichen Grundlagen der EU vom Nationalrat mit Zustimmung des Bundesrates „unbeschadet des Art 44 Abs 3 B-VG“ zu genehmigen. Der eindeutige Sinn dieses Verweises auf die Regelung über eine Gesamtänderung der Bundesverfassung ist es, einen EU-Vertrag, der eine solche Gesamtänderung beinhaltet, an eine Volksabstimmung zu binden.

2. Was darf Gegenstand einer Volksabstimmung sein?

Vor der B-VGNovelle 2008 war es, wie schon ausgeführt, umstritten, ob ein Staatsvertrag überhaupt Gegenstand einer Volksabstimmung sein konnte bzw durfte. Dieser Streit war einer der Gründe dafür, im Fall des EU-Beitritts jene zuvor geschilderte Vorgansweise zu wählen, nämlich ein Referendum über ein vom Nationalrat beschlossenes formelles Bundesverfassungsgesetz, das zum Abschluss des Beitrittsvertrags ermächtigte[67].

Durch die Neufassung des Art 50 B-VG wurde die Verfassungslage in diesem Punkt entscheidend verändert. Nunmehr verweist Art 50 nicht mehr auf die Absätze 1 und 2 des Art 44 B-VG (Verfahren einer Verfassungsänderung), weil es ja die Rechtssatzform „verfassungsändernder Staatsvertrag“ gar nicht mehr gibt. Dagegen verweist Art 50 Abs 4 BVG nunmehr explizit auf den Abs 3 des Art 44 B-VG, also auf jene Bestimmung, die für eine „Gesamtänderung der Bundesverfassung“ eine Volksabstimmung verlangt.

Die Erläuterungen der Regierungsvorlage zur B-VG-Novelle 2008[68] gehen davon aus, dass Gegenstand einer einschlägigen Volksabstimmung eine „bundesverfassungsgesetzliche Ermächtigung“ sein müsste und übernehmen damit eine zur früheren Fassung des Art 50 BVG vertretene Auffassung[69]. Diesem schon nach der alten Rechtslage durchaus fragwürdigen Argument[70] wurde aber durch diese Neufassung des Art 50 B-VG der Boden entzogen. Der explizite Verweis im neuen Art 50 auf Art 44 Abs 3 B-VG kann nur dahingehend verstanden werden, dass eine Volksabstimmung unmittelbar über einen Ver-

67 Siehe vorstehend Pkt I.A.

68 RV 314 BlgNR XXIII. GP, 9. Diese Position übernehmen *Lienbacher*, Staatsreform, in *Lienbacher/Wielinger* (Hrsg), Jahrbuch Öffentliches Recht 2008 (2008), 32; *Wiederin*, Verfassungsbereinigung, in *Lienbacher/Wielinger* (Hrsg), Jahrbuch 2008, 55 f; *Grabenwarter/Ohms*, B-VG, Manz Taschenausgabe[12] (2008), Anm 1 zu Art 44 B-VG; *Lindermuth*, ZÖR 2009, 330 f; *Siess-Scherz*, Staatsverträge und Bundesverfassung: Weiterhin ein nicht ganz unproblematisches Verhältnis, in *Lienbacher/Wielinger* (Hrsg), Jahrbuch Öffentliches Recht 2009 (2009), 97.

69 Vgl vorstehend Pkt I.A.

70 Siehe vorstehend bei Fn 7.

trag im Sinn des Art 50 Abs 1 Z 2 B-VG stattfinden darf.[71] Dass im verwiesenen Art 44 Abs 3 B-VG von einer „Beurkundung" des Bundespräsidenten gesprochen wird, Staatsverträge aber nicht (wie Bundesgesetze) beurkundet, sondern vom Bundespräsidenten „abgeschlossen" (ratifiziert) werden – ein früheres Hilfsargument –, kann im Kontext der neuen Rechtslage nicht mehr in überzeugender Weise der Zulässigkeit einer Volksabstimmung über den Vertrag selbst entgegengehalten werden, zumal diese Ratifikation innerstaatlich die Funktion einer „Beurkundung" erfüllt.[72] Gleiches gilt für das Argument, dass nach Art 48 B-VG nur Bundesgesetze, nicht aber auch Staatsverträge mit Berufung auf eine Volksabstimmung kundzumachen sind.[73]

Im Übrigen hätte es auf der Grundlage der Auffassung, dass auch im Zusammenhang einer Gesamtänderung der Bundesverfassung durch einen EU-Vertrag nur über ein formelles, zum Vertragsabschluss ermächtigendes BVG abgestimmt werden dürfe, des expliziten Verweises auf Art 44 Abs 3 B-VG gar nicht bedurft, weil gerade nach der Eliminierung der Rechtssatzform „verfassungsändernder Staatsvertrag" klar ist, dass der Ratifikation eines mit der Verfassung nicht kompatiblen Staatsvertrages durch ein formelles Bundesverfassungsgesetz – sei es als Novellierung des B-VG, sei es als spezielles BVG – der Weg geebnet werden müsste[74] und auf ein solches formelles BVG Art 44 Abs 3 B-VG selbstverständlich anzuwenden ist. Die Auffassung, dass auch im Fall einer Gesamtänderung der Bundesverfassung durch EU-Primärrecht ein eigenes BVG erforderlich wäre, würde also den Verweis auf Art 44 Abs 3 B-VG auf eine bloße Klarstellung reduzieren. Weil es außerdem das Ziel der B-VG-Novelle 2008 war, Sonderverfassungsgesetze in Zukunft möglichst zu vermeiden und sich der Inhalt von EU-Verträgen nur schwer in den Text des B-VG einfügen ließe,[75] ergibt sich auch daraus ein weiteres Argument für die Zulässigkeit von Volksabstimmungen über einen einschlägigen Vertrag selbst: Die Novelle hat konsequent alle im Text des B-VG enthaltenen Postulate nach verfassungsgesetzlichen Regelungen eliminiert[76]. Dem würde es widerspre-

71 Wie hier auch *Adamovich*, Rechtsgutachten zur Frage, ob der Beitritt der Republik Österreich zum sogenannten Reformvertrag als Gesamtänderung der Bundesverfassung im Sinn des Art 44 Abs 3 B-VG anzusehen ist, http://www.hofburg.at/rte/upload/rechtsgut achten_praes_a_d_dr_adamovich.pdf

72 Siehe *Öhlinger*, Der völkerrechtliche Vertrag im staatlichen Recht (1973), 297 ff; *Ringhofer*, Die österreichische Bundesverfassung (1977), 168.

73 Zur Schwäche dieser beiden Argumente schon auf Grund der Rechtslage vor der B-VGNov 2008 vgl *Janko*, Gesamtänderung, 377 ff.

74 Vgl vorstehend Pkt II.B.1.

75 Näher *Öhlinger*, Die österreichische Bundesverfassung unter den Einwirkungen der EU-Mitgliedschaft, in *Jabloner/Lucius/Schramm* (Hrsg), FS Rill (2010), (im Druck). Nicht zufällig wurde bislang ausschließlich der Weg spezieller Bundesverfassungsgesetze gewählt.

76 Vgl vorstehend Pkt II.B.1.

chen, der Neufassung des Art 50 B-VG das implizite zwingende Erfordernis eines solchen BVG zu unterstellen.[77]

Es lässt sich somit nicht ernsthaft bezweifeln, dass ein – eine Gesamtänderung der Bundesverfassung implizierender – „Staatsvertrag über die Grundlagen der EU" selbst den Gegenstand einer Volksabstimmung bilden darf. Die in den Erläuterungen der Regierungsvorlage zur B-VGNovelle 2008 vertretene Auffassung findet in dem – letztlich maßgeblichen – Verfassungstext selbst keine Grundlage. Selbstverständlich wäre aber auch der Weg eines formellen Verfassungsgesetzes, mit dem die Gesamtänderung der Bundesverfassung vorweggenommen wird, zulässig; er ist nur nicht geboten und stünde zu dem von der B-VGNovelle 2008 intendierten Ziel einer Verfassungsbereinigung in einem gewissen Widerspruch.

3. Ist auch ein fakultatives Referendum über einen EU-Vertrag zulässig?

Art 50 Abs 4 B-VG verweist pauschal auf Art 44 Abs 3 B-VG. Eine – offensichtlich nicht bedachte und nicht intendierte – Konsequenz dieser pauschalen Verweisung ist es, dass auch eine fakultative Volksabstimmung über einen keine verfassungsrechtliche Gesamtänderung implizierenden EU-Grundlagenvertrag unter der in Art 44 Abs 3 B-VG normierten Voraussetzung, nämlich auf Verlangen eines Drittels der Mitglieder des Nationalrats oder des Bundesrats, rechtlich zulässig ist. Dieses in dem Verweis auf Art 44 Abs 3 B-VG inkludierte Recht einer qualifizierten parlamentarischen Minderheit würde durch die Auffassung, Gegenstand einer Volksabstimmung dürfe nur ein formelles BVG sein, praktisch frustriert.[78]

Ob Volksabstimmungen über künftige EU-Verträge auch politisch sinnvoll sind, ist freilich eine andere Frage. Es gibt viele Gründe, dies zu verneinen. Die österreichische Diskussion über den Vertrag von Lissabon hat hinreichend deutlich gemacht, dass es zwischen Befürwortern und Gegnern einer EU-Reform keine Waffengleichheit gibt, weder in sachlicher noch in medialer Hinsicht.[79] Die mit Abstand meistverbreitete Tageszeitung Österreichs hat sich auf eine fundamentalkritische Position eingeschworen. Gegner konnten dort die absurdesten Argumente vorbringen – zB dass der Vertrag von Lissabon die Todesstrafe wieder einführen würde. Befürworter des Vertrages konnten nicht mit gleichen Waffen zurückschlagen, weil ihnen jede Übertreibung im Nachhinein auf den Kopf fiele. Man erinnere sich nur an den „Ederer-Tausender" in der Werbung der Bundesregierung für den EU-Beitritt: eine Ankündigung der damaligen Staatssekretärin Brigitte Ederer, eine vierköpfige Familie

77 Richtig *Lindermuth*, ZÖR 2009, 330 f, der aber trotzdem an der Position der Erläuterungen festhält.

78 Richtig *Lindermuth*, ZÖR 2009, 331.

79 Siehe dazu *Öhlinger*, ecolex 2008, 290 f.

würde sich monatlich etwa 1.000 Schilling ersparen. Laut Wikipedia wurde er zum Synonym für die enttäuschten Erwartungen vieler Österreicher, die bei der Abstimmung über den Beitritt noch mit „Ja“ votiert hatten.

Wenn daher in Zukunft eine EU-kritische parlamentarische Minderheit, die über ein Drittel der Mitglieder im Nationalrat oder im Bundesrat verfügt, eine Volksabstimmung über jeden EU-Vertrag – iSd Art 50 Abs 1 Z 2 B-VG – erzwingen kann, so ist es in der Tat berechtigt, sich über die Position Österreichs in der EU Gedanken zu machen. Die Gefahr besteht, dass Österreich eine ähnliche Rolle wie Irland spielen könnte. Es wird daher eine schwierige Aufgabe künftiger Bundesregierungen sein, für Reformvorhaben entweder eine qualifizierte Mehrheit für einen Verzicht auf eine Volksabstimmung oder aber eine Mehrheit der Bevölkerung für den jeweiligen Vertrag zu finden.

Diese berechtigten rechtspolitischen Bedenken sind freilich – rechtsdogmatisch gesehen – kein hinreichender Grund, den in dieser Hinsicht eindeutigen Wortlaut des B-VG durch gewagte Interpretationen aus der Welt zu schaffen.

4. Volksabstimmungen über sonstige Staatsverträge?

In diesem Zusammenhang sei noch auf Folgendes hingewiesen. Die neue Fassung des Art 50 B-VG stellt auf der anderen Seite auch klar, dass über andere Staatsverträge als EU-Grundlagenverträge, nämlich Staatsverträge im Sinn des Art 50 Abs 1 Z 1 B-VG (gesetzändernde oder gesetzesergänzende Staatsverträge), eine Volksabstimmung gemäß Art 44 Abs 3 B-VG nicht zulässig ist. Die Rechtsform des Staatsvertrages steht zur Schaffung von Bundesverfassungsrecht nicht mehr zur Verfügung[80]. Umso weniger ist eine Gesamtänderung der Bundesverfassung in Form eines Staatsvertrages zulässig. Wenn der Inhalt eines Vertrages eine Teil- oder Gesamtänderung der Bundesverfassung impliziert, so hat vorweg eine formell-gesetzliche Änderung der Bundesverfassung im Verfahren nach Art 44 Abs 1 bis 3 B-VG zu erfolgen. Der Verweis in Art 50 Abs 4 auf Art 44 Abs 3 BVG bezieht sich ausschließlich und eindeutig nur auf „Staatsverträge, durch die die vertraglichen Grundlagen der Europäischen Union geändert werden“.[81]

B. Die politische Diskussion über Volksabstimmungen

Sowohl der Verfassungsvertrag (2004) als auch der Vertrag von Lissabon (2007) waren in Österreich Gegenstand von Debatten über eine Volksabstimmung.

---

80 Vgl vorstehend Pkt II.B.1.

81 Näher dazu *Öhlinger*, Art 50 B-VG, in *Korinek/Holoubek* (Hrsg), Bundesverfassungsrecht, Rdnr 59.

Dabei wurde die Diskussion bezüglich des Verfassungsvertrages zunächst ausschließlich auf akademischer Ebene geführt. Mehrere Rechtsexperten erachteten eine Volksabstimmung für verfassungsrechtlich geboten, weil sie speziell in der Vorrangklausel eine Gesamtänderung der Bundesverfassung im Sinn des Art 44 Abs 3 B-VG erblickten. Von anderen Experten wurde dem widersprochen.[82] Die Politik nahm von dieser akademischen Diskussion lange Zeit keine Notiz. Erst nachdem schon das einschlägige, zum Abschluss ermächtigende BVG[83] im Nationalrat einstimmig beschlossen worden war, wurde diese Frage von einzelnen Politikern und Medien aufgegriffen. Die parlamentarische Genehmigung erfolgte dennoch mit überwältigender Mehrheit, dh mit nur einer Gegenstimme im Nationalrat.

Dagegen wurde die Debatte bezüglich des Vertrags von Lissabon von Anfang an nicht nur von den gleichen Medien, sondern auch auf der politischen Ebene geführt. Allerdings waren diesmal nahezu alle Verfassungsexperten – auch im Hinblick auf den Wegfall der Vorrangklausel des Verfassungsvertrages – der Auffassung, dass der Vertrag von Lissabon keine Gesamtänderung der Bundesverfassung beinhalte und daher eine Volksabstimmung verfassungsrechtlich nicht geboten sei.[84]

Erst nach dem Abschluss des Ratifikationsverfahrens wurde vom damaligen Bundeskanzler *Alfred Gusenbauer* und vom Vorsitzenden der SPÖ, *Werner Faymann*, in einem Brief an die Kronen-Zeitung angekündigt, Volksabstimmungen über künftige EU-Verträge, „die die grundlegenden Interessen Österreichs berühren", zu unterstützen – eine Ankündigung, die bekanntlich zum Bruch der Koalitionsregierung und zur Neuwahl des Nationalrats im September 2008 führte. Im neuen Koalitionspakt verpflichteten sich allerdings die Regierungsparteien, einander in dieser Frage nicht zu überstimmen.

Im Zuge des Wahlkampfes gab es auch einen Initiativantrag betreffend ein Verfassungsgesetz, dem gemäß der Abschluss von Staatsverträgen, durch die die vertraglichen Grundlagen der EU geändert werden, zwingend einer Volksabstimmung unterzogen werden müsse, wenn es sich dabei um eine „wesentliche Änderung" des EU-Rechts handle.[85] Dieser Antrag fand im Nationalrat zwar eine (einfache) Mehrheit, nicht aber die für Verfassungsgesetze erforderliche Zweidrittel-Mehrheit. Bemerkenswert ist, dass in dieser Debatte die von der B-VG-Novelle 2008 eröffnete Möglichkeit, über einen EU-Vertrag auf Verlangen eines Drittels der Mitglieder des Nationalrates oder des Bundesrates eine Volksabstimmung durchzuführen, überhaupt nicht zur Kenntnis genom-

82 Zu dieser Diskussion ausführlich *Öhlinger*, Ratifikation, in *Hummer/Obwexer* (Hrsg), Vertrag über eine Verfassung, 348 ff; *Bußjäger/Heißl*, ÖJZ 2008, 310 ff.

83 Siehe Fn 25.

84 Dazu ausführlich *Öhlinger*, Die Übernahme des Reformvertrages in die österreichische Rechtsordnung, in *Hummer/Obwexer* (Hrsg), Der Vertrag von Lissabon (2009), 417 ff.

85 907/A XXIII. GP.

men wurde. Offenbar gingen die sich für ein solches Referendum aussprechenden politischen Parteien noch immer von der früher herrschenden und auch in der RV zur Neufassung des Art 50 BVG vertretenen Auffassung aus – die aber, wie gezeigt, einer genaueren Analyse nicht standhält –, dass de constitutione lata eine Volksabstimmung über einen Staatsvertrag selbst nicht zulässig sei.

Zu erwähnen ist in diesem Zusammenhang auch noch, dass der Präsident des VfGH, *Gerhart Holzinger*, am Verfassungstag 2009 dafür eintrat, alle wichtigen Integrationsschritte der EU Volksabstimmungen in (allen?) Mitgliedstaaten zu unterwerfen.[86] Das alles garantiert, dass bei einer – allerdings so rasch nicht zu erwartenden – „wesentlichen" Änderung des EUV oder des AEUV die Forderung nach einer Volksabstimmung mit Vehemenz erhoben werden wird. Ob dies auch bei einem neuen Beitrittsvertrag, etwa bezüglich Kroatiens, der Fall sein wird, bleibt abzuwarten.

V. Vereinfachte Vertragsänderungen?

Völkerrechtliche Verträge sehen gelegentlich die Abänderbarkeit einzelner ihrer Bestimmungen, Anhänge oder dergleichen in einem vereinfachten Verfahren vor. Es geht dabei in aller Regel um technische Details ohne jede politische Dimension.

Durch die B-VGNovelle BGBl I 2008/2 wurde in Art 50 Abs 2 B-VG auch folgende Bestimmung eingefügt:

1. Sieht ein Staatsvertrag seine vereinfachte Änderung vor, so bedarf eine solche Änderung nicht der Genehmigung nach Abs 1, sofern sich diese der Nationalrat nicht vorbehalten hat.

Diese Bestimmung gilt jedoch nicht auch für vertragliches EU-Primärrecht. Das ergibt sich ganz eindeutig aus der expliziten Einschränkung des gesamten Art 50 Abs 2 B-VG auf „Staatsverträge gemäß Abs 1 Z 1".

Es hat diese neue Regelung des Art 50 Abs 2 Z 1 B-VG aber auch inhaltlich nichts mit jenen „vereinfachten Änderungsverfahren" zu tun, wie sie im neuen EU-Vertrag (Art 48 Abs 6) sowie in mehreren Bestimmungen des AEUV[87] vorgesehen sind. Das dort geregelte Verfahren bezieht sich nämlich nur auf die EU-interne Seite einer Vertragsänderung, verlangt aber die „Zustimmung der Mitgliedstaaten im Einklang mit ihren jeweiligen verfassungsrechtlichen Vorschriften". Es kann kein Zweifel daran bestehen, dass eine auf diese Be-

86 Siehe „Die Presse", 3. Oktober 2009. Es ist bemerkenswert, dass sich genau ein Jahr zuvor am gleichen Ort Bundespräsident *Heinz Fischer* dezidiert gegen Volksabstimmungen über „wesentliche" Änderungen des EU-Rechts ausgesprochen hat; siehe *Verfassungsgerichtshof der Republik Österreich* (Hrsg), Verfassungstag 2008 (2009), 13 f.

87 Siehe Fn 43.

stimmungen gestützte Vertragsänderung in Österreich der parlamentarischen Genehmigung bedarf, und zwar gemäß Art 50 Abs 4 B-VG mit einer qualifizierten Mehrheit sowohl im Nationalrat als auch im Bundesrat, weil dadurch die „vertraglichen Grundlagen der EU“ geändert werden (...).[88]

Die im neuen Art 48 Abs 7 EUV vorgesehenen Ratsbeschlüsse über einen Übergang zu einer qualifizierten Mehrheit oder dem ordentlichen Gesetzgebungsverfahren (Passerelle-Beschlüsse) sind dagegen keine Staatsverträge im Sinn des Art 50 B-VG.[89] Diese Beschlüsse sind allerdings gemäß Art 48 Abs 7 EUV den nationalen Parlamenten zu übermitteln und können von jedem einzelnen dieser Parlamente abgelehnt und dadurch verhindert werden (Eine ähnliche Regelung enthält Art 81 Abs 3 AEUV für bestimmte Bereiche der ehemaligen dritten Säule der EU). Die Frage, ob Art 50 Abs 1 Z 2 B-VG auf solche Organbeschlüsse allenfalls analog anzuwenden ist, kann im Hinblick auf eine im Nationalrat bereits erzielte Einigung zwischen den Regierungsparteien, für diese Mitwirkungsbefugnis der nationalen Parlamente eine verfassungsrechtliche Grundlage im B-VG zu schaffen[90], dahingestellt bleiben.

Unhaltbar ist jedenfalls die in der Diskussion über den Vertrag von Lissabon – ua in dem zuvor[91] erwähnten Initiativantrag 907/A, XXIII. GP, betreffend Volksabstimmungen über EU-Grundlagenverträge – vertretene These, „die Möglichkeit vereinfachter Vertragsänderungen ohne Mitwirkung des Parlaments“ gemäß Art 50 Abs 2 Z 1 B-VG beziehe sich auch und gerade auf das (primäre) EU-Recht. Dieser Initiativantrag sah daher auch eine Aufhebung des Art 50 Abs 2 Z 1 B-VG vor, und zwar in der – in den Erläuterungen so formulierten – Absicht, „die Wirkung des sogenannten vereinfachten Änderungsverfahrens, welches im Vertrag von Lissabon vorgesehen ist, zu entkräften“. Dabei wurden die vereinfachte Vertragsänderung im Sinn des Art 50 Abs 2 Z 1 B-VG und die zum Teil ebenfalls so bezeichneten, aber in der Sache ganz verschiedenen Regelungen des EU-Rechts schlicht verwechselt.[92] Sowohl kraft EU-Rechts selbst als auch auf Grund der in dieser Hinsicht ganz eindeutigen Formulierung des Einleitungssatzes im neuen Art 50 Abs 2 B-VG darf in diesen im EU-Primärrecht vorgesehenen Fällen einer auf EU-Seite vereinfachten Änderung des Unionsvertrages das österreichische Parlament nicht ausgeschaltet werden.

---

88 Vgl auch *Kumin*, Vertragsänderungsverfahren und Austrittsklausel, in *Hummer/Obwexer* (Hrsg), Der Vertrag von Lissabon (2009), 312 f. Anders auf der Grundlage einer anderen Verfassungslage zu Deutschland (in Bezug auf den Verfassungsvertrag) *Streinz/Ohler/Herrmann*, Die neue Verfassung für Europa (2005), 37.

89 Siehe *Kumin*, Vertragsänderungsverfahren, in *Hummer/Obwexer* (Hrsg), Vertrag von Lissabon, 313 ff; *Öhlinger*, Übernahme, in *Hummer/Obwexer* (Hrsg), Vertrag von Lissabon, 417.

90 Siehe den Initiativantrag 978/A XXIV. GP.

91 Fn 85.

92 Dazu auch *Öhlinger*, ÖJZ 2008, 825; *Lindermuth*, ZÖR 2009, 322.

VI. Zusammenfassung

Der äußere Anlass der Neufassung des Art 50 B-VG war ein formaler: Diese Neufassung war Teil eines Programms, die im geltenden Verfassungsrecht vorgegebenen Notwendigkeiten von verfassungsrechtlichen Regelungen außerhalb des B-VG zu beseitigen und bestehende Verfassungsgesetze und Verfassungsbestimmungen außerhalb der Stammurkunde der Bundesverfassung in größerem Umfang zu reduzieren.

Der Effekt, speziell der Änderung des Art 50 B-VG, reicht aber weit darüber hinaus. Durch diese Novelle wurde das EU-Recht stärker in die österreichische Verfassungsordnung eingebunden, als dies zuvor der Fall war. Es wurde der Theorie, dass der EG-Vertrag und sogar der EU-Vertrag keine „Staatsverträge", dh keine völkerrechtlichen Verträge im Sinn der österreichischen Bundesverfassung, sind – und der in dieser Theorie inkludierten Prämisse, dass das Bundesverfassungsrecht nur mehr eine von der EG- bzw EU-„Verfassung" delegierte Rechtsschicht bilde – eine klare Absage erteilt. Auch EU-Verträge sind „Staatsverträge" im verfassungsrechtlichen Sinn, wenn auch solche besonderer Art. Es wurden ferner jene Integrationsschranken außer Streit gestellt, die einen Vorrang des EU-Rechts auch vor den Baugesetzen der Bundesverfassung ausschließen und aus denen sich das Erfordernis einer Volksabstimmung ergibt, wenn ein EU-Vertrag eines dieser Baugesetze verändern sollte. Die Novelle hat gewissermaßen das EU-Recht in die österreichische Verfassungsordnung heimgeholt.

Das österreichische Bundesverfassungsrecht hat damit an europäischer Normalität gewonnen. Es entspricht der europäischen Normalität, den Geltungsgrund des europäischen Rechts – zumindest indirekt über die Gründungs- bzw Beitrittsverträge – im jeweiligen Verfassungsrecht zu verankern sowie die vom Gemeinschaftsrecht beanspruchte unmittelbare Geltung und seinen (Anwendungs-)Vorrang aus der diesbezüglichen Öffnung der jeweiligen Verfassung abzuleiten und konsequenterweise (nur) in den von dieser Verfassung gezogenen Grenzen anzuerkennen.[93] Das konnte zwar auch schon vor der Neufassung des Art 50 B-VG so argumentiert werden, lässt sich aber seitdem klarer als bislang begründen.

Bedenkt man ferner, dass durch diese Novelle die Möglichkeit einer Volksabstimmung über jeden die Grundlagen der EU verändernden Staatsvertrag eröffnet wurde, und dies schon auf Antrag einer (qualifizierten) parlamentarischen Minderheit, so ist die Kritik gerade aus der Sicht jener betont EU-kriti-

93 Siehe *Huber*, Europäisches und nationales Verfassungsrecht, VVDStRL 60 (2001), 214 ff; aus dem jüngeren Schrifttum etwa *Niedobitek*, Vorrang, in *Niedobitek/Zemánek* (Hrsg), European Constitutional Debate, 68 ff; aus österreichischer Sicht *Griller*, Völkerrecht und Landesrecht – unter Berücksichtigung des Europarechts, in *Walter/Jabloner/Zeleny* (Hrsg), Hans Kelsen und das Völkerrecht (2004), 104 ff.

schen – um nicht zu sagen: EU-feindlichen, von einer Angst um den Ausverkauf nationaler Werte getragenen – Position, aus der sie kommt, unberechtigt und letztlich so irrational, wie es diese Position wohl insgesamt ist.

Neuerungen im Zusammenwirken von EU-Recht und nationalem Recht nach dem Vertrag von Lissabon

Angelika Hable

Literatur: *Fülöp*, Die Regierungskonferenz 2007: Ausgangslage, Arbeitsweise, Ergebnisse, in *Hummer/Obwexer* (Hrsg), Der Vertrag von Lissabon (2009), 69; *Karpenstein/Neidhardt*, Bericht über die mündliche Verhandlung des BVerfG zur Vereinbarkeit des VvL mit dem Grundgesetz am 11. und 12. Februar, WHI-Paper 04/2009; *Kumin*, Vertragsänderung und Austrittsklausel, in *Hummer/Obwexer* (Hrsg), Der Vertrag von Lissabon (2009), 301; *Lienbacher*, Ausgewählte Rechtsfragen der Anwendung des Vertrags von Lissabon in Österreich, in *Hummer/Obwexer* (Hrsg), Der Vertrag von Lissabon (2009), 427; *Maurer*, Das ordentliche Gesetzgebungsverfahren, in *Lieb/Maurer* (Hrsg), Der Vertrag von Lissabon, Kurzkommentar (2009); *Schusterschitz*, Rechtsakte und Rechtsetzungsverfahren, in *Hummer/Obwexer* (Hrsg), Der Vertrag von Lissabon (2009), 209; *Bußjäger/Heißl*, Nationaler Souveränitätsanspruch versus autonome Rechtsordnung? Integrationsschranken im Spannungsfeld zur Vorrangjudikatur des EuGH, ÖJZ 2008, 34; *Barrett*, The king is dead, long live the king": the recasting by the Treaty of Lisbon of the provisions of the Constitutional Treaty concerning national parliaments, ELRev 2008, 66; *Bergmann*, Bericht aus Europa: Vertrag von Lissabon und aktuelle Rechtsprechung, DÖV 2008, 305; *Craig*, The Treaty of Lisbon: Process, Architecture and Substance, ELRev 2008, 137; *Craig/de Búrca*, EU Law, Text Cases and Materials (2008); *Dougan*, The Treaty of Lisbon 2007: Winning Minds, not Hearts, CMLR 45, 2008, 617; *Europäisches Parlament*, Entwurf einer Entschließung zum Vertrag von Lissabon, A6–0013/2008; *Herzog/Gerken*, Stop the European Court of Justice, EU Observer, 10. September 2008; *Klingenbrunner/Raptis*, Die Justiziabilität der Grundrechtecharta nach dem Reformvertrag von Lissabon, JRP 2008, 138; *Lengauer*, Der Reformvertrag – Ein bedeutender Schritt in der Herausbildung einer Europäischen Verfassungsordnung, ZfRV 2008, 2; *Obwexer*, Der Vertrag von Lissabon, ecolex 2008, 285; *Papastamkos/Schwab*, Der Vertrag von Lissabon – Stärkung der parlamentarischen Dimension der EU, EuZW 2008, 161; *Papier*, Europas neue Nüchternheit: Der Vertrag von Lissabon, Vortrag an der Humboldt-Universität zu Berlin am 21. Februar 2008; *Posch*, Vorrang des Gemeinschaftsrechts vor Verfassungsrecht (2008); *Streinz*, Europarecht[7] (2008); *Zimmermann*, Von der EU-Verfassung zum Vertrag von Lissabon – Zu den kommunalen Rechten im EU-Reformvertrag, KommJur 2008, 41; *Zeder*, Europastrafrecht – Aktueller Stand, in *Schriftenreihe des Bundesministeriums für Justiz* (Hrsg), Vorarlberger Tage 2007 – Fortbildungsveranstaltung aus Strafrecht (2008), 51; *Azizi*, Rechtsschutz, in *Hummer/Obwexer*, Der Vertrag über eine Verfassung für Europa (2007), 223; *Hoffmeister*, Das Prinzip der Solidarität zwischen den

Mitgliedstaaten im Vertrag von Lissabon, in *Pernice* (Hrsg), Der Vertrag von Lissabon: Reform der EU ohne Verfassung?, (2007), 152; *Pache* in *Vedder/Heintschel von Heinegg* (Hrsg), Europäischer Verfassungsvertrag, Handkommentar (2007), Art I-29; *Rat der EU*, Mandat für die Regierungskonferenz 2007, 11218/07; *Schweitzer/Hummer/Obwexer*, Europarecht (2007); *Thym*, Außenverfassungsrecht nach dem Lissabonner Vertrag, in *Pernice* (Hrsg), Der Vertrag von Lissabon: Reform der EU ohne Verfassung? (2007), 173; *Albin*, Das Subsidiaritätsprinzip in der EU – Anspruch und Wirklichkeit, NVwZ 2006, 629; *v Danwitz*, Wege zu besserer Gesetzgebung in Europa, JZ 2006, 1; *Lenaerts/Corthaut*, Of Birds and Hedges: the Role of Primacy in Invoking Norms of EU Law, ELRrev 2006/31, 287; *Öhlinger/Potacs*, Gemeinschaftsrecht und staatliches Recht[3] (2006); *Papier*, Das Subsidiaritätsprinzip als Bremse des schleichenden Zentralismus in Europa?, Ringvorlesung im Rahmen des studium generale an der Universität Tübingen, 2006; *Ranacher*, Das Subsidiaritätsprinzip in der Rechtsprechung des EuGH, in *Gamper/Bußjäger* (Hrsg), Subsidiarität anwenden: Regionen, Staaten, Europäische Union (2006), 178; *Schäffer*, Vorrang des Gemeinschaftsrechts (2006); *Schäffer*, Gemeinschaftsrechtskonforme Interpretation, in *Holoubek/Lang* (Hrsg), Abgabenverfahrensrecht (2006), 34; *Becker*, Die vertikale Kompetenzordnung im Verfassungsvertrag, in *Jopp/Matl* (Hrsg), Der Vertrag über eine Verfassung für Europa – Analysen zur Konstitutionalisierung der EU (2005), 187; *Calliess*, Die Binnenmarktkompetenz der EG und das Subsidiaritätsprinzip, Göttinger Online-Beiträge zum Europarecht 25/2005; *Koopmans*, Subsidiarity, Politics and the Judiciary, EuConst 1/1 2005, 112; *Oppermann*, Europarecht[3] (2005); *Calliess*, Die Justiziabilität des Subsidiaritätsprinzips im deutschen Bundesstaat und der Europäischen Union – ein Vergleich, Göttinger Online-Beiträge zum Europarecht, 6/2004; *Dashwood*, The Relationship between the Member States and the European Union/European Community, CMLR 2004, 355; *Griller*, Europarechtliche Grundfragen der Mitgliedschaft in der WTO, in *Köck/Lengauer/Ress* (Hrsg), Europarecht im Zeitalter der Globalisierung, FS Peter Fischer (2004), 53; *Nettesheim*, Die Kompetenzordnung im Vertrag über eine Verfassung für Europa, EuR 2004, 512; *Griller*, External Relations, in *de Witte* (Hrsg), Ten Reflections on the Constitutional Treaty for Europe (2003), 133; *Hable*, Handlungsformen und Kompetenzen in der Europäischen Verfassungsdebatte, IEF Working Paper 53, 2003; *Oppermann*, Eine Verfassung für die EU – Der Entwurf des Europäischen Konvents, DVBL 2003, 1165; *Bausili*, Rethinking the methods of dividing and exercising powers in the EU: Reforming subsidiarity and national parliaments, Jean Monnet Working Paper 9, 2002; *Bieber*, Solidarität als Verfassungsprinzip der Europäischen Union, in *v Bogdandy/Kadelbach* (Hrsg), Solidarität und europäische Integration (2002) 47; *v Bogdandy/Bast/Arndt*, Handlungsformen im Unionsrecht, ZaöRV (Sonderdruck) 2002; *Estella de Noriega*, The EU principle of subsidiarity and its critique (2002); *Europäischer Konvent*, Abschlussbericht Gruppe I „Subsidiaritätsprinzip", CONV 286/02; *Europäischer Konvent*, Abschlussbericht Gruppe IV „Rolle der einzelstaatlichen Parlamente", CONV 353/02; *Europäischer Konvent*, Abschlussbericht Gruppe VII „Außenpolitisches Handeln", CONV 459/02; *Europäischer Konvent*, The legal instruments: present system, CONV 162/02; *Europäisches Parlament*, Bericht über die Typologie der Rechtsakte und die Hierarchie der Normen in der Europäischen Union (*Bourlanges*-Bericht), A5–0425/2002; *Europäisches Parlament*, Bericht über die Abgrenzung der Zuständigkeiten zwischen der Europäischen Union und den Mitgliedstaaten (*Lamassoure*-Bericht), A5–0133/2002; *Lenaerts/Desomer*, Bricks for a Constitutional Treaty of the European Union, ELRev 2002, 377; *Magiera*, Zur Kompetenzneuordnung zwischen der EU und den Mitgliedstaaten, Integration 2002, 269; *Pernice*, Eine neue Kompetenzordnung für die Europäische Union, WHI-Paper 15, 2002; *Piris*, Intervention bei der Arbeitsgruppe I (Subsidiarität) des Europäischen Konvents, Arbeitsdokument 4 vom 25.6.2002; *Vedder*, Das System der Kompetenzen der EU unter dem Blickwinkel einer Reform, in

Götz/Martínez Soria (Hrsg), Kompetenzverteilung zwischen der EU und den Mitgliedstaaten (2002), 9; *Europäischer Rat*, Erklärung von Laeken zur Zukunft der Europäischen Union, Anlage 1 der Schlussfolgerungen des Vorsitzes, SN 300/1/01 REV 1; *v Bogdandy/Bast*, Die vertikale Kompetenzordnung der Europäischen Union, EuGRZ 2001, 441; *Griller*, Der Stufenbau der österreichischen Rechtsordnung nach dem EU-Beitritt, JRP 2000, 273; *Rodríguez Iglesias*, Zu den Grenzen der verfahrensrechtlichen Autonomie der Mitgliedstaaten bei der Anwendung des Gemeinschaftsrechts, EuGRZ 1997, 289; *Laufer/Fischer*, Zur Kompetenzverteilung zwischen EU und den Mitgliedstaaten, in *Weidenfeld* (Hrsg), Reform der EU (1995), 214; *Magiera*, Zur Reform der Normenhierarchie im Recht der Europäischen Union, Integration 1995, 197; *Merten,* Subsidiarität als Verfassungsprinzip, in *Merten* (Hrsg), Die Subsidiarität Europas, 1993, 77; *Davy*, Zur Bedeutung des bundesstaatlichen Rücksichtnahmegebots für Normenkonflikte, ÖJZ 1986, 225; *Ipsen,* Europäisches Gemeinschaftsrecht (1972).

Judikatur: EuGH, Rs C-503/07 P, *Saint-Gobain Glass Deutschland GmbH/Kommission*, Slg 2008, I-2217; EuGH, Rs C-440/05, *Kommission/Rat*, Slg 2007, I-9097; EuGH Rs C-432/05, *Unibet*, Slg 2007, I-2271; EuGH, Rs C-355/04 P, *Segi ua/Rat*, Slg 2007, I-1657; EuGH, Rs C-354/04 P, *Gestoras Pro Amnistía ua/Rat*, Slg 2007, I-1579; EuGH, Rs C-310/04, *Spanien gegen Rat*, Slg 2006, I-7285; EuGH, Rs C-176/03, *Kommission/Rat*, Slg 2005, I-7879; EuGH, Rs C-304/02, *Kommission/Frankreich*, Slg 2005, I-6263; EuGH, Rs C-105/03, *Pupino*, Slg 2005, I-5285; EuGH, Rs C-136/03, *Dörr und Unal*, Slg 2005, I-4759; EuGH, Rs C-491/01, *British American Tobacco Investments und Imperial Tobacco*, Slg 2002, I-11453; EuGH, Rs C-50/00P, *Unión de Pequeños Agricultores/Rat*, Slg 2002, I-6677; EuGH, Rs C-376/98, *Deutschland / Parlament und Rat*, Slg 2000, I-8419; EuGH, Rs C-376/98, *Deutschland/EP und Rat*, Slg 2000, I-2247; EuGH, Rs C-84/94, *Vereinigtes Königreich/Rat*, Slg 1996, I-5755; EuGH, Rs C-309/89, *Codorniu/Rat*, Slg 1994, I-1853; EuGH, Rs C-331/88, *The Queen/Ministry of Agriculture, Fisheries and Food, ex parte FEDESA ua*, Slg 1990, 4023; EuGH, Rs C-281, 283 bis 285 und 287/85, *Deutschland ua gegen Kommission*, Slg 1987, 3203; EuGH, Rs C-56/86, *Société pour l'exportation des sucres/OBEA*, Slg 1987, 1423; EuGH, Rs C-33/76, *Rewe*, Slg 1976, 1989; EuGH, Rs 5/73, *Balkan-Import-Export*, Slg 1973, 1091; EuGH, Rs C-11/70, *Internationale Handelsgesellschaft*, Slg 1970, 1125; EuGH, Rs 6/64, *Costa/ENEL*, Slg 1964, 1253; EuGH, Rs C-25/62, *Plaumann/Kommission*, Slg 1963, 213; EuGH, Rs C-8/55, *Federation Charbonnière de Belgique gegen Hohe Behörde der Europäischen Gemeinschaft,* Slg 1956, 297.

Inhalt

I. Einleitung

Die „Spielregeln" zum Zusammenwirken der verschiedenen Handlungsbereiche in einem dezentralen (mehrgliedrigen) Verfassungssystem, wie auch jenem der Europäischen Union (EU), sind regelmäßig Streitpunkt, wenn solche Systeme neu geschaffen oder geändert werden. Dies war auch in den Reformprozessen sichtbar, die zunächst zur Unterzeichnung des *Vertrags über eine Verfassung für Europa* (VVE) und in weiterer Folge zum *Vertrag von Lissabon* (VvL) geführt haben. Sobald die Verantwortung für die Zuständigkeitsverteilung, die Aufteilung und Ausübung von Zuständigkeiten und die Rechtsdurchsetzung zur Disposition stehen, geht es um nichts anderes als um die Verteilung der „Macht im Staate". Mit dem Inkrafttreten des VvL ergeben sich in einigen Bereichen Neuerungen im Zusammenwirken von EU- und nationalem Recht bzw werden Grundlagen dieses Zusammenwirkens, die im Laufe des Integrationsprozesses in der Rechtsprechung entwickelt wurden, erstmals in den Verträgen festgeschrieben.

Der vorliegende Beitrag gibt einen Überblick über einzelne Facetten des Zusammenwirkens von EU-Recht und nationalem Recht bzw von Union und Mitgliedstaaten nach der Rechtslage vor Inkrafttreten des VvL (Kap II) und geht auf die Änderungen des VvL in diesen Bereichen ein (Kap III). Soweit erforderlich werden auch die unterschiedlichen Lösungsansätze beleuchtet, die in den Arbeitsgruppen des Europäischen Konvents diskutiert wurden. Auf Grund der Vielschichtigkeit des Themas wird sich der Beitrag – sowohl in der Darstellung des bisherigen Sachstandes, als auch in der Präsentation der Neuerungen durch den Vertrag von Lissabon – auf folgende Bereiche beschränken, die Eckpunkte des *Zusammenwirkens von EU und Mitgliedstaaten* darstellen.

A. *Die Grundlagen der Kompetenzverteilung zwischen EU und Mitgliedstaaten*
B. *Die Ausübung von Kompetenzen: Die Grundsätze der Subsidiarität und Verhältnismäßigkeit*
C. *Die Ausübung von Kompetenzen: Rechtsakte und Rechtsetzungsverfahren*
D. *Die Geltung von EU-Recht im nationalen Recht; sowie*

E. *Rechtsdurchsetzung und Rechtsschutz.*

In einer Zusammenfassung (Kap IV) werden die Auswirkungen dieser Änderungen dargestellt, einschließlich der Konsequenzen, die ein Scheitern des VvL in den dargestellten Bereichen gehabt hätte.

Vorausgeschickt werden darf, dass es die besondere Natur des Verhältnisses zwischen der EU und ihren Mitgliedstaaten bzw des Zusammenspiels zwischen europäischem und nationalem Recht ist, welche die EU von „traditionellen" Organisationsformen des internationalen Rechts abhebt. Das vom Europäischen Gerichtshof (EuGH) formulierte Konzept der Europäischen Gemeinschaft als *„new legal oder"* und die damit einhergehenden Prinzipien der unmittelbaren Geltung und des Vorrangs von Gemeinschaftsrecht prägen das Verfassungskonzept der EU grundlegend. Sie machen auch die Stärke der EU gegenüber „traditionellen" Strukturen internationaler Organisationen (man denke nur an den Europarat[1]) aus. Und auch wenn sich im Zuge des Integrationsprozesses das Zusammenspiel zwischen Union und Mitgliedstaaten auf weitere Bereiche erstreckt und vertieft hat, sind die Grundlagen dieses Verhältnisses im Wesentlichen unverändert geblieben.[2] Daran ändert auch der VvL nichts. Gleichzeitig bringt dieser Vertrag in einzelnen Bereichen Änderungen mit sich, die dazu beitragen sollen, die Handlungsfähigkeit der Union weiter zu stärken, ansatzweise dem vielfach kritisierten demokratiepolitischen Defizit der EU zu begegnen und die Umsetzung und Anwendung des Unionsrechts zu forcieren.

II. Bisheriger Sachstand

A. Die Grundlagen der Kompetenzverteilung zwischen EU und Mitgliedstaaten

Die Grundprinzipien der konstitutionellen Ordnung der EU, einschließlich des Kompetenzgefüges zwischen Union und Mitgliedstaaten, waren seit jeher nur in einem sehr beschränkten Ausmaß in den Verträgen selbst verankert. Sie wurden hauptsächlich durch die Pionierarbeit des EuGH in seiner Rechtsprechung entwickelt. Dies betrifft vor allem die Prinzipien des Vorrangs und der unmittelbaren Geltung von Gemeinschaftsrecht, die laut Gerichtshof *„die wesentlichen Merkmale der so verfassten Rechtsordnung der Gemeinschaft"* sind.[3] Hingegen enthält der EGV seit dem Vertrag von Maastricht eine expli-

1 Vgl *Hummer*, Der Europarat: Grundlagen, Struktur, Arbeitsweise, Tätigkeitsfelder, Außenbeziehungen, in *Hummer* (Hrsg), Österreich im Europarat 1956–2006. Bilanz einer 50-jährigen Mitgliedschaft – Bd 1 (2008), 1 ff.

2 *Dashwood*, CMLR 2004, 355.

3 EuGH, *Gutachten 1/91*, Slg 1991, I-6079, Rdnr 21.

zite Festschreibung der Grundsätze der Kompetenzverteilung und -ausübung, nämlich das Prinzip der *begrenzten Einzelermächtigung* in Art 5 Abs 1 EGV und die *Prinzipien* der *Subsidiarität* und *Verhältnismäßigkeit* in Art 5 Abs 2 and Abs 3 EGV sowie in Protokoll (Nr 30) über die Anwendung der Grundsätze der Subsidiarität und der Verhältnismäßigkeit (1997) zum EGV.[4]

Der Grundsatz der *begrenzten Einzelermächtigung*, nach dem sich die Zuständigkeit der Union aus den jeweiligen Einzelbestimmungen der Verträge ergibt, bildet die Grundlage der Verteilung der Handlungsbefugnisse und damit der Aufteilung und Begrenzung von Macht.[5] Er ist Ausdruck der Souveränität der Mitgliedstaaten, da die Union für ihr Handeln immer einer ihr in den Verträgen zugewiesenen Rechtsgrundlage bedarf und dabei grundsätzlich auf die vertraglich vorgesehenen Rechtsinstrumente beschränkt ist. Dieser Grundsatz, gemeinsam mit der Regelung zur Änderung der Verträge, manifestiert die Eigenschaft der Mitgliedstaaten als „Herren der Verträge". Aufgrund des in Art 48 EUV(alt) festgelegten Erfordernisses der Ratifikation einer Vertragsänderung durch alle Mitgliedstaaten gemäß ihren verfassungsrechtlichen Vorschriften ist eine Vertragsänderung, und damit eine Ausweitung von Zuständigkeiten, gegen den Willen eines einzelnen Mitgliedstaats nicht möglich.[6]

Diesem klar anmutenden Konzept der Zuständigkeitsverteilung und damit der „Steuerung der Machtverteilung" durch die Mitgliedstaaten steht die Anwendung des Prinzips der begrenzten Einzelermächtigung in Form einer weiten Auslegung der Zuständigkeiten in der Praxis des Unionsrechts gegenüber. Die oftmals beanstandete schleichende Ausdehnung von Gemeinschaftskompetenzen ergibt sich vor allem aus der weiten Auslegung der Handlungsbefugnisse der Gemeinschaft durch das Konzept der „impliziten" Zuständigkeiten („implied powers")[7], dem Effizienzprinzip, sowie der funktionalen Ausrich-

4 Hinzugefügt durch den Vertrag von Amsterdam (1997), nunmehr nach dem Vertrag von Lissabon Protokoll (Nr 2); ABl 2010 C 83, 206 ff.

5 Gemäß Art 5 Abs 1 EGV wird *„die Gemeinschaft (...) innerhalb der Grenzen der ihr in diesem Vertrag zugewiesenen Befugnisse und gesetzten Ziele tätig"*. Der Grundsatz der begrenzten Einzelermächtigung fand seinen Ursprung bereits in Art 249 Abs 1 und Art 7 Abs 1 EGV, welche den Erlass von sekundärem Gemeinschaftsrecht den Organen „nach Maßgabe dieses Vertrags" bzw nach Maßgabe der in diesem Vertrag vorgesehenen Befugnisse" vorsehen. Art 5 EUV bekräftigt die Geltung des Prinzips der begrenzten Einzelermächtigung für alle drei Säulen der EU.

6 Es folgt daraus, dass die EU keine Allzuständigkeit im Sinne einer „Kompetenz-Kompetenz" innehat; vgl dazu für viele *Calliess* in *Calliess/Ruffert* (Hrsg), Kommentar zu EUV/EGV[3] (2007), Art 5 EGV Rdnr 12.

7 EuGH, Rs C-8/55 *Federation Charbonnière de Belgique gegen Hohe Behörde der Europäischen Gemeinschaft,* Slg 1956, 297; EuGH, Rs C-281, 283–285 and 287/85, *Deutschland ua gegen Kommission*, Slg 1987, 3203, Rdnr 28; von Relevanz wurde das Konzept der impliziten Zuständigkeiten insbesondere im Bereich der externen Zuständigkeiten; siehe zuletzt für eine übersichtlichen Darstellung der Rechtsprechung EuGH, *Gutachten 1/03*, Slg 2006, I-1145.

tung vieler Ermächtigungsgrundlagen auf die Zielbestimmungen der Verträge. Letzteres gilt allen voran für die Binnenmarktkompetenz des Art 95 EGV und die Lückenschließungsklausel des Art 308 EGV, welche zu einer dynamischen – und vielfach kritisch beurteilten – Fortentwicklung des Gemeinschaftsrechts beigetragen haben.[8]

Die Regelung des Prinzips der *begrenzten Einzelermächtigung* als Grundsatz der Zuständigkeitsverteilung allein ermöglichte dem Rechtsunterworfenen keine Übersicht über das Zusammenwirken zwischen Union und Mitgliedstaaten hinsichtlich der Aufteilung der Zuständigkeiten und deren Rechtsfolgen. Dies lag zum einen daran, dass die gemeinhin anerkannte Unterscheidung von gemeinschaftsrechtlichen Zuständigkeitskategorien – in ausschließliche, konkurrierende und ergänzende Zuständigkeiten – sowie deren Definition den Verträgen nicht zu entnehmen war, sondern erst in der Rechtsprechung und Lehre entwickelt wurde.[9] Zum anderen war ohne eine Interpretation der einzelnen, in den Verträgen verstreuten Zuständigkeitsnormen keine Zuordnung von Politikbereichen zu diesen Kategorien ersichtlich. Über das Prinzip der begrenzten Einzelermächtigung in Verbindung mit den jeweiligen Kompetenznormen und deren Zuordnung zu Zuständigkeitskategorien lag den Verträgen zwar eine systematische Zuständigkeitsverteilung zugrunde. Für den nicht (Europa-)Rechtskundigen war diese Systematik jedoch nicht klar erkennbar.

Entsprechend der Unübersichtlichkeit und Unklarheit der Zuständigkeitsverteilung in den Verträgen war eine zentrale Forderung der „Laeken-Erklärung" (2001)[10], die Aufteilung der Zuständigkeiten zwischen der Union und

8 Als eine der kritischsten „Stellungnahmen" zu dieser Rechtsentwicklung kann das Maastricht-Urteil des deutschen Bundesverfassungsgerichts, BVerfGE 89, 155, 210 vom 12. Oktober 1993 (Maastricht-Urteil) gelten; vgl auch *Herzog/Gerken*, Stop the European Court of Justice, EU Observer, 10. September 2008.

9 Zum Teil wurden bei den „nicht-exklusiven" Kompetenzen auch konkurrierende, parallele und nicht-regulative Kompetenzen (vgl *v Bogdandy/Bast*, EuGRZ 2001, 447 ff) sowie Kontrollkompetenzen (Wettbewerb, Beihilfen, Grundfreiheiten) unterschieden (vgl *Calliess,* Die Binnenmarktkompetenz der EG und das Subsidiaritätsprinzip, in Göttinger Online-Beiträge zum Europarecht, Nr 25, 2005, 21 f). Für eine Übersicht über die Kompetenzverteilung zwischen EU und Mitgliedstaaten vgl neben anderen *Laufer/Fischer*, Zur Kompetenzverteilung zwischen EU und den Mitgliedstaaten, in *Weidenfeld* (Hrsg), Reform der EU, 1995, 214 ff; *Magiera*, Integration 2002, 269 ff, *Pernice*, Eine neue Kompetenzordnung für die Europäische Union, WHI-Paper 15, 2002, 7 ff, *Vedder*, Das System der Kompetenzen der EU unter dem Blickwinkel einer Reform, in *Götz/Martínez Soria* (Hrsg), Kompetenzverteilung zwischen der EU und den Mitgliedstaaten, 2002, 9 sowie *Europäisches Parlament*, Bericht über die Abgrenzung der Zuständigkeiten zwischen der Europäischen Union und den Mitgliedstaaten (*Lamassoure*-Bericht), A5-0133/2002, 9 ff.

10 *Europäischer Rat*, Erklärung von Laeken zur Zukunft der Europäischen Union, Anlage 1 der Schlussfolgerungen des Vorsitzes, SN 300/1/01 REV 1 (im Folgenden: „Laeken-Erklärung").

den Mitgliedstaaten zu verdeutlichen, zu vereinfachen und im Lichte der neuen Herausforderungen, denen sich die Union gegenübersieht, anzupassen. Eine weitere Aufgabenstellung von Laeken an den Europäischen Konvent bestand in einer Überprüfung, ob im Lichte eines erneuerten Rahmens und unter Einhaltung des Besitzstandes eine Neuordnung der Zuständigkeiten geboten wäre.[11]

B. Die Ausübung von Kompetenzen: Die Grundsätze der Subsidiarität und Verhältnismäßigkeit

Ausschlaggebend für das Zusammenwirken zwischen Unionsrecht und nationalem Recht sind, aufbauend auf der Zuständigkeitsverteilung, die Regelungen zur Ausübung von Kompetenzen durch die Union, die bestimmen, ob und mit welcher Intensität ein „Eingriff" in das nationale Recht erfolgt. Maßgeblich sind in diesem Zusammenhang die *Grundsätze* der *Subsidiarität* und *Verhältnismäßigkeit*, deren Verankerung im Primärrecht durch den Vertrag von Maastricht (1992) als Ausdruck für eine restriktivere Haltung der Mitgliedstaaten bei der Festlegung der Grenzen der Gemeinschaftskompetenz gewertet werden kann.[12] In Zweifel steht bis dato die Wirksamkeit des Susidiaritätsprinzips als Prüfstein, ob die Notwendigkeit einer gemeinschaftlichen Regelung gegeben ist.[13]

Der rechtliche Rahmen zur *Anwendung* des *Subsidiaritätsprinzips* wurde seit dem Vertrag von Maastricht (1992) sowohl inhaltlich als auch in verfahrensrechtlicher Hinsicht zunehmend konkretisiert. Dies erfolgte in einer *Interinstitutionellen Vereinbarung über die Verfahren zur Anwendung des Subsidiaritätsprinzips*[14] und vor allem in dem, mit dem Vertrag von Amsterdam

11 Laeken Erklärung, SN 300/1/01 REV 1, 22.

12 *Magiera*, Integration 2002, 269 ff. Eine erste Ausformung des Subsidiaritätsprinzips („Prinzip der besseren Zielerreichung") wurde zunächst durch die EEA für den Bereich des Umweltrechts in Art 130r Abs 4 EWGV (Art 174 EGV) aufgenommen und durch den Maastricht-Vertrag in veränderter Formulierung als Art 3b Abs 2 EGV in die Grundsätze zur Kompetenzausübung aufgenommen. Auch das Verhältnismäßigkeitsprinzip war vor seiner primärrechtlichen Verankerung bereits Gegenstand der ständigen Rechtsprechung (EuGH, Rs C-56/86, *Société pour l'exportation des sucres/OBEA*, Slg 1987, 1423, Rdnr 28 oder EuGH, Rs C-331/88, *The Queen/Ministry of Agriculture, Fisheries and Food, ex parte FEDESA ua*, Slg 1990, 4023, Rdnr 13).

13 Näheres in *Bausili*, Rethinking the methods of dividing and exercising powers in the EU: Reforming subsidiarity and national parliaments, Jean Monnet Working Paper 9, 2002; *Estella de Noriega*, The EU principle of subsidiarity and its critique (2002); *Oppermann*, DVBL 2003, 1171.

14 Interinstitutionelle Vereinbarung vom 25. Oktober 1993 zwischen dem Europäischen Parlament, dem Rat und der Kommission über die Verfahren zur Anwendung des Subsidiaritätsprinzips, ABl 1993 Nr C 329, 132.

(1997) angenommenen, *Protokoll (Nr 30) über die Anwendung der Grundsätze der Subsidiarität und Verhältnismäßigkeit*. Der inhaltliche Mehrwert dieses Protokolls und vor allem seine Eignung, justiziable Kriterien für eine Subsidiaritätsprüfung zu etablieren, wurden vielfach kritisch beurteilt.[15] Weitere Konkretisierungen für die Prüfung des Subsidiaritätsprinzips bei der Annahme von Rechtsetzungsvorschlägen wurden in jüngerer Zeit im Rahmen der „*Better Regulation-Agenda*" der EU vorgenommen.[16] Vor allem die Kommission setzte sich, im Wege der Selbstbindung, inhaltliche Vorgaben, um die Einhaltung dieses Prinzips bei der Erlassung von Rechtsakten zu gewährleisten. Nichtsdestotrotz ist zu beobachten, dass – wohl auch aufgrund der Flut von Rechtsetzungsvorschlägen – eine tiefer gehende Subsidiaritätsprüfung vielfach nicht vorgenommen und die Begründung für die Einhaltung des Prinzips als Formsache abgehandelt wurde.[17]

Dies mag nicht zuletzt daran liegen, dass aufgrund der praktisch nicht stattfindenden gerichtlichen Kontrolle der Anreiz für eine tiefgehende materielle Prüfung des Subsidiaritätsprinzips nicht gegeben war. Obwohl dieses Prinzip regelmäßig zur Unterstützung mitgliedstaatlicher Klagen gegen die Ausübung von Gemeinschaftskompetenzen herangezogen wurde, hatte es in der Rechtsprechung nie Anlass für die Nichtigerklärung eines Rechtsaktes gegeben.[18] In etlichen Fällen folgerte der Gerichtshof bereits aus dem Vorliegen einer kon-

---

15 Auf der Grundlage des EGV und des Protokolls (Nr 30) sind die Organe an sich primärrechtlich verpflichtet, bei der Ausübung ihrer Befugnisse die Einhaltung des Subsidiaritätsprinzips und die Beachtung des Verhältnismäßigkeitsgrundsatzes zu gewährleisten; kritisch zum inhaltlichen Mehrwert des Protokolls und zur Justiziabilität des Prinzips: *Lienbacher* in *Schwarze*, EU-Kommentar[2] (2008), Art 5 EGV, Rdnrn 35 ff.

16 Maßstäbe zur Subsidiaritätsprüfung werden in den Leitlinien zur Folgenabschätzung konkretisiert; die neueste Version der Leitlinien zur Folgenabschätzung enthält nun nunmehr eine (Anm: wenn auch sehr allgemeine) Fragenliste, die die Dienststellen der Kommission bei der Problemanalyse zu berücksichtigen haben, sowie Leitlinien zur Analyse der Verhältnismäßigkeit und des Zusatznutzens für alle in Erwägung gezogenen Handlungsoptionen (http://ec.europa.eu/governance/better_regulation/impact_en.htm).

17 Vgl etwa *Calliess*, Die Justiziabilität des Subsidiaritätsprinzips im deutschen Bundesstaat und der Europäischen Union – ein Vergleich, Göttinger Online-Beiträge zum Europarecht, 6/2004, 4; *v Danwitz*, JZ 2006, 4; vgl auch den 2009 Bericht des Impact Assessment Boards, der Ergänzungsbedarf zu den Folgenabschätzungen ua bei der Bewertung der Subsidiarität und der praktischen Durchführung von Verhältnismäßigkeitsanalysen diagnostiziert (http://ec.europa.eu/governance/impact/iab/docs/sec_2009_1728_de.pdf).

18 Auch bei dem in diesem Zusammenhang oft herangezogenen Urteil zur Tabakwerberichtlinie war nicht die Subsidiarität, sondern die fehlende Gemeinschaftskompetenz ausschlaggebend für die Aufhebung der Richtlinie (EuGH, Rs C-376/98, *Deutschland/Parlament und Rat*, Slg 2000, I-8419); die Einhaltung des Subsidiaritätsprinzips wurde im Urteil über die zweite Tabakwerberichtlinie ausdrücklich bejaht (vgl EuGH, Rs C-491/01, *British American Tobacco Investments und Imperial Tobacco*, Slg 2002, I-11453).

kurrierenden Gemeinschaftskompetenz zur Angleichung von Rechtsvorschriften die Notwendigkeit einer gemeinschaftsrechtlichen Regelung oder beschränkte seine Prüfung auf das Verhältnismäßigkeitsprinzip.[19] Gestützt wurde dieser Ansatz dadurch, dass dem Gesetzgeber in der Rechtsprechung ein weites Ermessen bei der Ausübung von Rechtsetzungsbefugnissen zuerkannt wurde.[20] Für einen solch weiten gesetzgeberischen Spielraum konnte wiederum die Formulierung des Protokolls (Nr 30) ins Treffen geführt werden, wonach das Subsidiaritätsprinzip als „dynamisches Konzept" zu verstehen ist.[21] Damit wurde aber letztlich nicht nur die „Schrankentrias"[22] als Voraussetzung für ein Tätigwerden der EU gehaltlos, sondern auch die Qualifikation des Subsidiaritätsgrundsatzes als rechtlich verbindliches Kriterium in Frage gestellt.

Schließlich waren damit auch der Rechtsprechung keine wirksamen Prüfkriterien des Art 5 Abs 2 EGV zu entnehmen, an denen sich der Gesetzgeber orientieren müsste, und das Subsidiaritätsprinzip wurde im Ergebnis von vielen Seiten als zahnloses Instrument[23] bzw als politischer und nicht rechtlich durchsetzbarer Grundsatz verstanden.[24] Sowohl in der *Erklärung (Nr 23) zur*

---

19 Für eine übersichtliche Darstellung der Rechtsprechung, siehe *Albin,* NVwZ 2006, 632 ff; vgl auch *Calliess,* in *Calliess/Ruffert* (Hrsg), Kommentar zu EUV/EGV, Art 5 EGV, Rdnr 70; *Koopmans,* EuConst 1/1 2005, 112 ff; *Lienbacher* in *Schwarze,* EU-Kommentar, Art 5 EGV, Rdnr 32; *Ranacher,* Das Subsidiaritätsprinzip in der Rechtsprechung des EuGH, in *Gamper/Bußjäger* (Hrsg), Subsidiarität anwenden: Regionen, Staaten, Europäische Union (2006), 178 ff; anschaulich sind auch die Ausführungen von EuGH-Präsident *Skouris* anlässlich der Subsidiaritätskonferenz in St. Pölten im April 2006 während österreichischer Ratspräsidentschaft (vgl das Thesenpapier von *Skouris,* Die Rolle des Subsidiaritätsprinzips in der Rechtsprechung des Gerichtshofes der EG, http://www.eu2006.at/de/The_Council_Presidency/subsidiarity/documentation/index.html).

20 Nach der Rechtsprechung kann *„die Ausübung einer (Gesetzgebungs-) Befugnis (...) gerichtlich nur darauf überprüft werden, ob ein offensichtlicher Irrtum oder ein Befugnismissbrauch vorliegt oder ob das Organ die Grenzen seiner Befugnis offenkundig überschritten hat"* (vgl EuGH, Rs C-310/04, *Spanien gegen Rat,* Slg 2006, I-7285, Rdnr 96)

21 Gemäß Rdnr 3 des Protokolls (Nr 30) ist das Subsidiaritätsprinzip ein dynamisches Konzept und soll unter Berücksichtigung der im Vertrag festgelegten Ziele angewendet werden. An derselben Stelle wird auch klargestellt, dass das Subsidiaritätsprinzip einer Erweiterung der Befugnisse der Gemeinschaft nicht entgegensteht. Generalanwalt *Geelhoed* schloss daraus, dass der Subsidiaritätsgrundsatz ein dynamisches Konzept sei, *„das der Beurteilung durch den Gemeinschaftsgesetzgeber den notwendigen Raum lässt"* (Schlussanträge in der Rs C-491/01, *British American Tobacco Investments und Imperial Tobacco,* Slg 2002, I-11453).

22 Zur europarechtlichen Schrankentrias: *Merten,* Subsidiarität als Verfassungsprinzip, in *Merten* (Hrsg), Die Subsidiarität Europas (1993), 77 f.

23 *Papier,* Europas neue Nüchternheit: Der Vertrag von Lissabon, Vortrag an der Humboldt-Universität zu Berlin am 21. Februar 2008, 5.

24 vgl etwa *Piris,* Intervention bei der Arbeitsgruppe I (Subsidiarität) des Europäischen Konvents (Arbeitsdokument 4 vom 25.6.2002), siehe auch Europäischer Konvent, Ab-

Zukunft der Union in der Schlussakte von Nizza als auch in der *„Laeken-Erklärung"* erfolgte daher der Auftrag, die Rolle des Subsidiaritätsprinzips für eine bessere Aufteilung und Festlegung der Zuständigkeiten in der EU zu prüfen.[25] In institutioneller Hinsicht wurde im Zusammenhang mit dem Anliegen einer Stärkung der demokratischen Legitimation die Rolle der nationalen Parlamente bei der Einhaltung des Subsidiaritätsprinzips ins Spiel gebracht. Das Verhältnismäßigkeitsprinzip wurde in der *„Laeken-Erklärung"* im Zusammenhang mit der Reform der Handlungsinstrumente auf den Prüfstand gestellt, und zwar dahingehend, ob es auch weiterhin Ausgangspunkt bei der Wahl der Handlungsinstrumente bleiben sollte.[26]

C. Die Ausübung von Kompetenzen: Rechtsakte und Rechtsetzungsverfahren

Die Wahl der Handlungsformen ist bei der Ausübung von Kompetenzen maßgeblich für die Intensität des Eingriffs in das nationale Recht und damit für den verbleibenden Handlungsspielraum der Mitgliedstaaten. Sie kann in der Praxis eine wesentliche Rolle bei der Umsetzung des Subsidiaritäts- und Verhältnismäßigkeitsgrundsatzes im Einzelfall spielen.[27]

In der Architektur der Verträge lassen sich die Handlungsformen als ein im Laufe des Integrationsprozesses „gewachsenes System" charakterisieren, aus welchem insbesondere für den Rechtsunterworfenen bislang keine klaren Strukturen erkennbar waren. Zunächst fanden in den drei Säulen der EU unterschiedliche Handlungsformen Anwendung, die in den Verträgen dementsprechend in unterschiedlichen Bestimmungen festgelegt und definiert waren.[28] Diese Bestimmungen beinhalteten zudem keinen abschließenden Katalog der Handlungsformen. Im Zuge der Vertragsreformen wurden durch Zuständigkeitserweiterungen in verschiedenen Politikbereichen weitere Handlungsformen hinzugefügt, die in den Verträgen genannt aber nicht definiert wur-

schlussbericht Gruppe I „Subsidiaritätsprinzip", CONV 286/02, Rdnr 5; vgl kritisch zur Justiziabilität des Subsidiaritätsprinzips *Lienbacher* in *Schwarze*, EU-Kommentar, Art 5 EGV, Rdnrn 28 ff; *Papier*, Das Subsidiaritätsprinzip als Bremse des schleichenden Zentralismus in Europa?, Ringvorlesung im Rahmen des studium generale an der Universität Tübingen, 2006.

25 Erklärung Nr 23 zum Vertrag von Nizza, Rdnr 5, Laeken Erklärung, SN 300/1/01 REV 1, 22.

26 Laeken Erklärung, SN 300/1/01 REV 1, 22.

27 *Lenaerts/Desomer*, ELR 2002, 377 ff; vgl für die folgenden Ausführungen bereits *Hable*, Handlungsformen und Kompetenzen in der Europäischen Verfassungsdebatte, IEF Working Paper 53 (2003), 4 ff.

28 Art 249 EGV und Art 161 des EURATOM-Vertrages definieren die Handlungsformen der ersten Säule, Art 34 bis 38 EUV jene der PJZS und Art 12 bis 15 EUV jene der GASP.

den.[29] Gleichzeitig etablierten sich in der Praxis Handlungsformen, die keine formell-rechtliche Grundlage im europäischen Vertragswerk fanden.[30]

Ein weiteres Charakteristikum, welches die europäischen Rechtsakte im Vergleich zu jenen staatlicher Systeme auszeichnete, lag in der *Definition* der *Handlungsformen*. Sie unterschieden sich im Sinne einer abstrakten Typologie nicht nach ihrem Urheber, Regelungsgegenstand oder Entstehungsverfahren, sondern nach ihren Rechtswirkungen.[31] Dies hatte zur Folge, dass Verordnung, Richtlinie und Entscheidung, ebenso wie Rahmenbeschlüsse oder Beschlüsse, definitionsgemäß nicht in einem Stufenverhältnis standen. Die Wahl der Handlungsform richtete sich nach der geplanten Intensität des Eingriffs in das Rechtssystem der Mitgliedstaaten, bzw orientierte sich an materiellen Gesichtspunkten, wie dem Bedürfnis nach zusammenhängender Regelung oder der bestmöglichen Einpassung in das Gesamtsystem aus Gemeinschaftsrecht und Mitgliedstaatenrecht.[32]

Die Wahl bzw Wahlmöglichkeit der Handlungsform für den europäischen Gesetzgeber war damit ein ausschlaggebender Parameter für das Zusammenwirken zwischen europäischem und nationalem Recht bei der Ausübung von Zuständigkeiten. Das Mittel der Formbestimmung wurde insbesondere nach einer früheren Auffassung der europäischen Rechtswissenschaft als

29 Dazu gehören ua Haushaltsbeschlüsse nach Art 272 EGV, Leitlinien (Art 14 EGV, Art 128 EGV sowie Art 156 EGV), Allgemeine Orientierungen (Art 111 Abs 2 EGV), Schlussfolgerungen des Europäischen Rates (Art 99 Abs 2 EGV), Anreizmaßnahmen (Art 129 EGV), Fördermaßnahmen (Art 149 Abs 4 EGV, Art 151 Abs 5 EGV, Art 152 Abs 4 lit c EGV, Aktionen (Art 159 Abs 3 EGV), Allgemeine Aktionsprogramme (Art 175 Abs 3 EGV), Mehrjahresprogramme (Art 179 Abs 1 EGV), Berichte und Sonderberichte des Rechnungshofes (Art 248 EGV), Vereinbarungen der Sozialpartner (Art 139 EGV), etc.

30 Davon sind vor allem Beschlüsse umfasst, die einerseits von den regulären Rechtsetzungsorganen (insbesondere im Bereich der Selbstorganisation der Organe, der auswärtigen Beziehungen zur Annahme völkerrechtlicher Abkommen der Union oder zur Festlegung von spezifischen Aktions- oder Förderprogrammen) oder von Kooperationsgremien (Assoziationsräten, Kooperationsräten und Gemeinsamen Ausschüssen, die in externen Gemeinschaftsabkommen vorgesehen sind) erlassen werden. Weitere Formen sind Beschlüsse der Vertreter der Mitgliedstaaten im Bereich des Komplementärrechts, sowie Beschlüsse der Wanderarbeitnehmer-Verwaltungskommission. Ein weiteres Beispiel stellen Interinstitutionelle Vereinbarungen dar. Für eine ausführliche Darstellung siehe *v Bogdandy/Bast/Arndt*, Handlungsformen im Unionsrecht, ZaöRV (Sonderdruck) 2002, 99 ff.

31 *Magiera*, Integration 1995, 197 ff.

32 *Trüe*, System der Rechtsetzungskompetenzen der EG und der EU (2002), 114 f; Pointiert wurde dies in einem Initiativbericht des Europäischen Parlaments in der Form zum Ausdruck gebracht, dass die Rechtsakte der Gemeinschaft *„in nicht zu definierende, sich ständig wandelnde und rechtlich unklare Kategorien"* fallen (*Europäisches Parlament*, Bericht über die Typologie der Rechtsakte und die Hierarchie der Normen in der Europäischen Union (*Bourlanges*-Bericht), A5–0425/2002, Rdnr 23).

wesentlicher Bestandteil der Ermächtigungseingrenzung angesehen und eine systematische Verknüpfung zwischen Kompetenzen und Handlungsformen angestrebt. Danach sollten die Verträge mit der Zuweisung einer Rechtsetzungsbefugnis auch gleichzeitig die dazugehörige Handlungsform festlegen.[33] Mit Einführung der *Einheitlichen Europäischen Akte* (EEA) (1986) änderte sich dieser Ansatz. Mit den darauf folgenden Vertragsrevisionen wurden der Union in vielen Bereichen Rechtsetzungsbefugnisse zugewiesen, ohne spezifische Handlungsformen festzulegen.[34] In diesen Fällen bestand nach herrschender Auffassung ein Formwahlermessen der handelnden Institutionen auf der Grundlage des Verhältnismäßigkeitsprinzips.[35]

Ein weiterer Aspekt, der zur Komplexität des Systems der Rechtsakte und Rechtsetzungsverfahren beitrug, war das *Fehlen* eines kohärenten Systems von Gesetzgebungs- bzw Beschlussfassungsverfahren[36] und einer klaren *Abgrenzung* zwischen *Legislative* und *Exekutive*. Die Zuweisung von Handlungsbefugnissen in den Verträgen beruhte *nicht* auf dem System der *klassischen Gewaltenteilung*; auch die in einem Rechtsstaat üblichen Funktionen der Institutionen wurden in den Verträgen daher nicht entsprechend definiert. Die *legislative Gewalt* lag entweder beim Rat und beim Europäischen Parlament als gemeinsame Gesetzgeber, oder beim Rat allein bzw unter bloßer Beteiligung des Europäischen Parlaments, dies jeweils unter Beteiligung der Kommission im Rahmen ihres Initiativrechts am Rechtsetzungsprozess. Die *ausführende Gewalt*, einschließlich des Rechts Durchführungsvorschriften zu erlassen, wurde – sofern sie im Ausnahmefall der Gemeinschaft zukam[37] – im Einzelfall im jeweiligen Rechtsakt festgelegt. Auf dieser Grundlage oblag sie in

33 *Ipsen,* Europäisches Gemeinschaftsrecht (1972), Rdnr 20/24.

34 *v Bogdandy/Bast/Arndt*, Handlungsformen, ZaöRV (Sonderdruck) 2002, 80; als ausschlaggebend wird von manchen die Einführung des jetzigen Art 95 EGV gesehen, der im Gegensatz zu Art 94 kein Richtliniengebot vorsieht. Vgl nun etwa Art 42, Art 57, Art 95, Art 135, wonach es den Institutionen überlassen bleibt, geeignete „Maßnahmen" zu setzen.

35 *Oppermann*, Europarecht³ (2005), 157 ff; *Craig/de Búrca*, EU Law, Text Cases and Materials (2008), 548 f; *Streinz,* Europarecht⁷ (2008), Rdnrn 167 und 771 ff; in der Rechtsprechung sehen *v Bogdandy/Bast/Arndt* das Urteil des EuGH, Rs 5/73, *Balkan-Import-Export*, Slg 1973, 1091 als wegweisend an (Rdnr 18).

36 Das am häufigsten genutzte Verfahren war jenes der Mitentscheidung nach Art 251 EGV; daneben gab es die Verfahren der Zusammenarbeit (Art 252 EGV), der Zustimmung (Art 192 Abs 1 EGV) und der Anhörung (bzw einfachen Stellungnahme; Art 192 Abs 1 EGV), sowie die nicht ausdrücklich als Verfahrenstypen in den Verträgen vorkommenden Verfahren der Unterrichtung (insb im Bereich der Wirtschafts- und Währungspolitik sowie in Teilbereichen der GASP und der PJZS) und das einfache Verfahren (etwa der Genehmigung von nationalen Beihilfen oder für die Annahme unverbindlicher Rechtsakte).

37 Im System der Verträge lag die Zuständigkeit für die Umsetzung und Anwendung des Unionsrechts grundsätzlich bei den Mitgliedstaaten (Art 10 EGV, Protokoll Nr 30

der Regel der Kommission unter Beteiligung der Mitgliedstaaten im Rahmen der Ausschussverfahren oder konnte „in spezifischen Fällen" dem Rat selbst vorbehalten bleiben.[38] Während sich aus diesem System und der Rechtsprechung Ansätze für eine Hierarchie der Rechtsnormen ergeben können, ging dies für den Rechtsunterworfenen aus den Verträgen nicht explizit hervor.[39] Man könnte auch sagen, dass der Befugnis zur supranationalen Rechtsetzung noch keine typisch staatlich-institutionelle Aufgabenverteilung gegenüber stand.

Ein Anliegen der Verfassungsreform war daher nicht nur eine Vereinfachung der Handlungsformen der Union durch ihre bessere Definition und Verringerung ihrer Anzahl, sondern auch eine deutlichere Unterscheidung zwischen Gesetzgebungs- und Durchführungsmaßnahmen, und damit der Verankerung einer Hierarchie der Rechtsnormen in den Verträgen.[40]

D. Die Geltung von EU-Recht im nationalen Recht

Die Frage des Zusammenwirkens zwischen EU-Recht und nationalem Recht stellt sich schließlich nicht nur bei der Abgrenzung und Ausübung von Zuständigkeiten, sondern auch im Fall einer Kollision der in den verschiedenen Rechtskreisen erlassenen Regelungen. Der Europäische Gerichtshof entwickelte bereits in seiner frühen Rechtsprechung für diesen „Konfliktfall" den Grundsatz des Vorrangs des Gemeinschaftsrechts, gestützt auf den Charakter des Gemeinschaftsrechts als autonome Rechtsquelle, auf das Bestreben, die Ziele des Gemeinschaftsrechts zu verwirklichen und dessen einheitliche Geltung in den Mitgliedstaaten zu gewährleisten.[41]

Uneinigkeit bestand lange Zeit über die Tragweite des Vorrangsprinzips sowie sein Verhältnis zum mitgliedstaatlichen Verfassungsrecht. Während weitgehende Übereinstimmung dahingehend herrscht, dass es sich bei der vom EuGH geschaffenen „Kollisionsregel" um einen Anwendungsvorrang handelt[42], wird die Position des EuGH, dass der *Vorrang* des *Gemeinschaftsrechts*

Rdnr 7 sowie Erklärung Nr 43 zu diesem Protokoll im Anhang zur Schlussakte der Regierungskonferenz von Amsterdam).

38 Art 202 EGV iVm Art 211 vierter Spiegelstrich.

39 Europäischer Konvent, The legal instruments: present system, CONV 162/02, Rdnr 39 ff.

40 Laeken-Erklärung, SN 300/1/01 REV 1, 22.

41 EuGH, Rs 6/64, *Costa/ENEL*, Slg 1964, 1253, 1269 f; die Einführung einer klaren Vorrangregelung ist nicht zuletzt deshalb sehr bemerkenswert, weil etwa die österreichische Rechtsordnung keine vergleichbare Regelung für widersprüchliche Bestimmungen auf Bundes- und Landesebene kennt; vgl *Davy*, ÖJZ 1986, 225 ff.

42 Vgl für viele *Öhlinger/Potacs*, Gemeinschaftsrecht und staatliches Recht^3 (2006), 79 ff; *Schäffer*, Vorrang des Gemeinschaftsrechts (2006), 34 f; *Oppermann*, Europarecht, § 7, Rdnr 12.

auch gegenüber den *Strukturprinzipien* des *nationalen Verfassungsrechts* Geltung findet, nicht uneingeschränkt geteilt.[43] Vielmehr gehen die meisten Mitgliedstaaten – im Gegensatz zum EuGH – davon aus, dass der Vorrang des Gemeinschaftsrechts verfassungsrechtlichen Ermächtigungen entspringt und eine Öffnung der nationalen Rechtsordnung gegenüber der Gemeinschaftsrechtsordnung nicht über diese Ermächtigungen hinausgehen kann.[44] Aus diesem Gegensatz folgte auch der Konflikt zwischen den nationalen Höchstgerichten – insbesondere dem deutschen Bundesverfassungsgericht – und dem EuGH über die Letztentscheidungskompetenz bei behaupteten Grundrechtsverletzungen oder Kompetenzüberschreitungen durch sekundäres Gemeinschaftsrecht.[45] Diese Konflikte sind – angesichts der Judikaturentwicklung der nationalen Höchstgerichte[46] – weitgehend theoretische geworden. Fraglich ist nur, ob sie im Lichte der unverändert progressiven Rechtsprechung des EuGH, der Entwicklung des Sekundärrechts oder des Reformprozesses eine Neuauflage finden könnten.[47]

43 EuGH, Rs C-11/70, *Internationale Handelsgesellschaft*, Slg 1970, 1125; Näheres in *Bußjäger/Heißl*, ÖJZ 2008, 34 ff.

44 Vgl *Schäffer*, Vorrang, 33. Das Bestehen eines „integrationsfesten Kerns" wird in einzelnen Mitgliedstaaten explizit im nationalen Verfassungsrecht vorgesehen, in anderen (so etwa in Österreich) als implizite Grundlage des jeweiligen Beitrittsvertrages verstanden; europarechtlich findet dieser Ansatz unter anderem in der seit dem Vertrag von Amsterdam bestehenden Verpflichtung, die nationale Verfassungsidentität zu schützen eine Stütze [Art 6 EUV, Art 4 EUV(neu)].

45 Vgl BVerfGE 37, 271 vom 29.05.1974 (*Solange I-Beschluss*) zum Grundrechtsschutz und BVerfGE 75, 223 vom 18.4.1987 (*Kloppenburg-Beschluss*) sowie BVerfGE 89, 155 vom 12.10.1993 (*Maastricht-Urteil*) zu den aus Sicht des Bundesverfassungsgerichts bestehenden Grenzen der Gemeinschaftskompetenzen.

46 Besonders anschaulich ist dazu die Rechtsprechung des deutschen Bundesverfassungsgericht in der *„Solange II-Entscheidung"* (BVerfGE 73, 339 vom 22.10.1986) dem *Alcan-Beschluss* (BVerfG NJW 2000, 2015 vom 17.2.2000) und der *Bananenmarkt-Entscheidung* (BVerfGE 102, 147 vom 10.6.2000), mit welchen es seine Gerichtsbarkeit auf die generelle Gewährleistung des unabdingbaren Grundrechtsschutzes beschränkte und mit Verweis auf das Kooperationsverhältnis mit dem EuGH von einer Einzelfallkontrolle der Einhaltung von Grundrechtsschutzes auf europäischer Ebene durch nationale Verfassungsgerichte Abstand nahm; siehe zuletzt BVerfGE 118, 79 vom 13.3.2007 (Treibhausgas-Emissionshandel). Der Anspruch des Bundesverfassungsgerichts in der Maastricht-Entscheidung, im Einzelfall zu prüfen, ob künftige Rechtsakte von EU-Organen über die im Vertrag eingeräumten Hoheitsrechte hinausgehen (BVerfGE 89, 155, 188), wurde später nicht weiterverfolgt.

47 Vgl in diesem Zusammenhang das Verfahren vor dem Bundesverfassungsgericht zur Vereinbarkeit des VvL mit dem Grundgesetz (Organstreitverfahren und Verfassungsbeschwerden betreffend den Vertrag von Lissabon, 2 BvE 2/08, 2 BvE 5/08 ua). In diesem Verfahren kam eine Reaktivierung der „Solange-Kriterien" im Zusammenhang mit dem vom Senat kritisch geprüften Kompetenzübertragungen explizit zur Sprache, und zwar dahingehend, ob diese Kriterien um eine dritten, spezifisch demokratiebezogenen Vor-

Nach herrschender Auffassung ist die unmittelbare Anwendbarkeit von Rechtsakten Voraussetzung für die Vorrangwirkung.[48] Außerhalb des Gemeinschaftsrechts, namentlich in der *Gemeinsamen Außen- und Sicherheitspolitik* (GASP) oder der *Polizeilichen und Justiziellen Zusammenarbeit in Strafsachen* (PJZS), fand der Vorrang damit grundsätzlich keine Anwendung. Zu einem anderen Ergebnis käme man nur, wenn man den Begriff des Vorrangs einem weiteren Verständnis unterstellt und auch die auf diesem Grundsatz aufbauenden Mechanismen zur effektiven Durchsetzung des Gemeinschaftsrechts, einschließlich des Gebots zur gemeinschaftsrechtskonformen Auslegung, darunter subsumiert hätte.[49] Unter Berufung auf die Loyalitätspflicht der Mitgliedstaaten iSv Art 10 EGV erstreckte der EuGH nämlich die Verpflichtung zur gemeinschaftsrechtskonformen Auslegung auch auf Rahmenbeschlüsse der Dritten Säule der EU[50] und ließ damit zum wiederholten Male die Tendenz erkennen, die Förderung einer „Vergemeinschaftung" intergouvernementaler Strukturen voranzutreiben.[51]

Trotz der Bedeutsamkeit des Vorrangprinzips in der europäischen Verfassungsstruktur fehlte seine ausdrückliche Verankerung in den Verträgen, auch wenn, wie es einige Autoren beschreiben, der Vorrang zum im Primärrecht anerkannten *acquis jurisprudentiel* wurde. Eine implizite primärrechtliche Verankerung des Vorrangprinzips konnte nämlich über Z 2 des Protokolls (Nr 30) angenommen werden, sofern darin von den *„vom Gerichtshof aufge-*

behalt ergänzt werden sollten (vgl *Karpenstein/Neidhardt*, Bericht über die mündliche Verhandlung des BVerfG zur Vereinbarkeit des VvL mit dem Grundgesetz am 11. und 12. Februar, WHI-Paper 04, 2009); von Interesse war auch das Urteil des Zweiten Senats (2 BvR 2236/04), mit dem das Gesetz zur Umsetzung des Rahmenbeschlusses über den Europäischen Haftbefehl und die Übergabeverfahren zwischen den Mitgliedstaaten der EU (Europäisches Haftbefehlsgesetz – EuHbG)" für nichtig erklärt wurde; vgl weiters *Herzog/Gerken*, Stop the European Court of Justice, EU Observer, 10. September 2008.

48 Vgl *Öhlinger/Potacs*, Gemeinschaftsrecht, 83; *Posch*, Vorrang des Gemeinschaftsrechts vor Verfassungsrecht (2008), 46 ff; *Griller*, JRP 2000, 276.

49 In einem weiten Verständnis des Vorrangbegriffs könnte man auch die vom EuGH entwickelten, auf dem Anwendungsvorrang aufbauenden Mechanismen zur effektiven Durchsetzung des Gemeinschaftsrechts als vom Vorrangprinzip umfasst sehen; darunter fallen neben dem Gebot zur gemeinschaftsrechtskonformen Auslegung auch die unmittelbare Anwendbarkeit von Richtlinien im Falle mangelnder Umsetzung und die Staatshaftung (vgl *Schäffer*, Vorrang, 31 f, zur Begriffsdefinition des Vorrangs *Posch*, Vorrang, 24 ff).

50 EuGH, Rs C-105/03, *Pupino*, Slg 2005, I-5285; zu einer Diskussion der Erstreckung des Vorrangprinzips auf der Grundlage dieser Rechtsprechung vgl *Lenaerts/Corthaut*, EL-Rev 2006/31, 287 ff; vgl dazu den Beitrag von *Murschetz*, Die rahmenbeschlusskonforme Auslegung des nationalen Rechts, vorstehend auf S 255 ff.

51 Ähnliche Tendenzen lassen sich in den Urteilen zur strafrechtlichen Annexkompetenz des Gemeinschaftsrechts erkennen (EuGH, Rs C-176/03, *Kommission/Rat*, Slg 2005, I-7879; EuGH, Rs C-440/05, *Kommission/Rat*, Slg 2007, I-9097).

stellten Grundsätzen für das Verhältnis zwischen einzelstaatlichem Recht und Gemeinschaftsrecht" die Rede ist.[52] Ein unmissverständliches – im Sinne von auch für den Rechtsunterworfenen nachvollziehbares – Bekenntnis zu diesem Strukturprinzip im Primärrecht erfolgte jedoch nicht.

E. Rechtsdurchsetzung und Rechtsschutz

Als einschlägig für das Zusammenwirken zwischen Unionsrecht und nationalem Recht kann letztlich die Verantwortlichkeit für die Wahrung und Durchsetzung des Gemeinschafts- bzw Unionsrechts, einschließlich der Rechtsschutzmöglichkeiten des Einzelnen gelten. Rechtsschutz wird in der Gemeinschaftsrechtsordnung durch ein Zusammenspiel der europäischen und der nationalen Gerichte gewährleistet. In den Grenzen der ihnen durch die Verträge zugewiesenen Kompetenzen wird der Rechtsschutz durch die europäischen Gerichte wahrgenommen. Daneben kommt dem nationalen Richter eine tragende Rolle bei der Durchsetzung der durch das Gemeinschaftsrecht begründeten Rechte zu. Auch diese Möglichkeiten der Sanktionierung bzw Durchsetzung der vertraglichen und sekundärrechtlichen Verpflichtungen verleihen der EU/EG gegenüber herkömmlichen internationalen Organisationen ihren besonderen Stellenwert

Lücken im Rechtsschutzsystem ergaben sich zunächst aus dem beschränkten direkten Rechtszugang zu den europäischen Gerichten für natürliche und juristische Personen gemäß Art 230 EGV. Aufgrund der engen Auslegung des Kriteriums der *individuellen Betroffenheit* durch den EuGH nach Art 230 Abs 4 EGV wurden Nichtigkeitsbeschwerden Einzelner von den europäischen Gerichten regelmäßig als unzulässig abgewiesen.[53] Eine weniger enge Auslegung der Voraussetzungen des Art 230 Abs 4 EGV hatte der Gerichtshof ausgeschlossen, da „*eine solche Auslegung nicht, ohne dass die den Gemeinschaftsgerichten durch den Vertrag verliehenen Befugnisse überschritten würden, zum Wegfall der fraglichen Voraussetzung, die ausdrücklich im EG-Vertrag vorgesehen ist, führen (kann)*".[54]

52 Vgl *Posch*, Vorrang, 6 mit Verweis auf *Schäffer*, Gemeinschaftsrechtskonforme Interpretation, in *Holoubek/Lang* (Hrsg), Abgabenverfahrensrecht (2006), 57.

53 EuGH, Rs C-25/62, *Plaumann/Kommission*, Slg 1963, 213; EuGH, Rs C-309/89, *Codorniu/Rat*, Slg 1994, I-1853, Rdnr 20; eine Bestätigung der restriktiven Interpretation des Art 230 Abs 4 EGV erfolgte – trotz des Vorschlags für eine rechtsschutzfreundlichere Auslegung des Generalanwalts *Jacobs* – in der EuGH, Rs C-50/00P, *Unión de Pequeños Agricultores/Rat*, Slg 2002, I-6677, Rdnr 36; vgl *Azizi*, Rechtsschutz, in *Hummer/Obwexer* (Hrsg), Der Vertrag über eine Verfassung für Europa (2007), 223 ff.

54 EuGH Rs C-50/00 P, *Unión de Pequeños Agricultores/Rat*, Slg 2002, I-6677, Rdnr 45; damit sei es allein Sache der Mitgliedstaaten „*gemäß Art 48 EUV, das System der Rechtmäßigkeitskontrolle der Gemeinschaftshandlungen allgemeiner Geltung* (...) *gegebenenfalls zu reformieren*".

Fehlt es an einer *„individuellen Betroffenheit“*, bleibt dem Einzelnen nur die Möglichkeit vor dem nationalen Gericht gegen die zur Umsetzung des angefochtenen Rechtsaktes erlassenen nationalen Maßnahmen vorzugehen und in diesem Zusammenhang die Rechtswidrigkeit des betroffenen EU-Rechtsaktes geltend zu machen.[55] Eine Befassung der europäischen Gerichte ist in diesem Fall davon abhängig, dass der nationale Richter „Zweifelsfragen“ über die Vereinbarkeit des nationalen Rechts mit dem EU-Recht im Wege des Vorabentscheidungsverfahrens nach Art 234 EGV den europäischen Gerichten vorlegt. Wurden keine nationalen Maßnahmen in Anwendung eines EU-Rechtsaktes erlassen, ist der Rechtsschutz des Einzelnen zudem davon abhängig, dass in den jeweiligen nationalen Rechtssystemen Rechtsbehelfe zur Verfügung stehen, die eine Prüfung der Gültigkeit eines angefochtenen Rechtsaktes ermöglichen.[56] Dabei liegt es nach ständiger Rechtsprechung grundsätzlich in der Autonomie der Mitgliedstaaten, ein System von Rechtsbehelfen und Verfahren vorzusehen, mit dem die Einhaltung des Rechts auf effektiven gerichtlichen Rechtsschutz gewährleistet werden kann.[57] Neue Klagemöglichkeiten zur Wahrung des Gemeinschaftsrechts müssen grundsätzlich nicht geschaffen werden.[58] Im Ergebnis hängt die Wirksamkeit des Rechtsschutzes

---

55 Nach dem Verständnis des Gerichtshofes wollte der EGV, neben der Möglichkeiten der Direktklage zu den europäischen Gerichten gemäß Art 230 EGV, keine, zu den nach nationalem Recht bereits bestehenden Rechtsbehelfen hinzutretenden Klagemöglichkeiten zur Wahrung des Gemeinschaftsrechts vor den nationalen Gerichten schaffen; vgl zuletzt bspw EuGH, Rs C-503/07 P, *Saint-Gobain Glass Deutschland GmbH/Kommission*, Slg 2008, I-2217, in welcher der EuGH die Klägerin hinsichtlich der Geltendmachung der Rechtswidrigkeit einer streitigen Entscheidung auf Art 234 EGV und den „nationalen Rechtsweg“ verweist.

56 Vgl dazu EuGH, Rs C-50/00, *Unión de Pequeños Agricultores/Rat*, Slg 2002, I-6677, wonach der Gerichtshof die Mitgliedstaaten dabei unter der dem Loyalitätsgrundsatz entspringenden Verpflichtung sieht, die nationalen Verfahrensvorschriften über die Einlegung von Rechtsbehelfen möglichst so auszulegen und anzuwenden, dass natürliche und juristische Personen die Rechtmäßigkeit jeder nationalen Entscheidung oder anderen Maßnahme, mit der eine Gemeinschaftshandlung allgemeiner Geltung auf sie angewandt wird, gerichtlich anfechten und sich dabei auf die Ungültigkeit dieser Handlung berufen können.“

57 Diese Anforderung der Sicherung eines effektiven, gerichtlichen Rechtsschutzes wird durch die Grundsätze der Gleichwertigkeit und der Effektivität konkretisiert, welche die Grenzen der mitgliedstaatlichen „Verfahrensautonomie“ ziehen (EuGH, Rs C-33/76, *Rewe*, Slg 1976, 1989; EuGH, Rs C-432/05, *Unibet*, Slg 2007, I-2271, Rdnr 43); näheres in *Rodríguez Iglesias*, EuGRZ 1997, 289.

58 Vgl *Schweitzer/Hummer/Obwexer*, Europarecht (2007), Rdnr 716; in der Rs C-432/05, *Unibet*, Slg 2007, I-2271, hat der EuGH klargestellt, dass der Grundsatz des effektiven gerichtlichen Schutzes nicht verlangt, im nationalen Recht einen eigenständigen Rechtsbehelf zur Prüfung der Vereinbarkeit nationaler Vorschriften mit dem Gemeinschaftsrecht vorzusehen, solange bestehende Rechtsbehelfe eine entsprechende Prüfung als Vorfrage ermöglichen (Rdnrn 38 ff).

damit auch von der Ausgestaltung und vom Standard der nationalen Prozessordnungen ab.[59]

Neben den dargestellten Rechtsschutzmöglichkeiten des Einzelnen hat die Kommission im Rahmen des Vertragsverletzungsverfahrens (Art 226 ff EGV) die tragende Rolle inne, die Umsetzung des Gemeinschaftsrechts und der dem Einzelnen daraus zukommenden Rechte sicherzustellen. Nicht zuletzt aufgrund der Schwerfälligkeit und Langwierigkeit des zweistufigen Vertragsverletzungsverfahrens und der beachtlichen Zahl nichtbefolgter Ersturteile des Gerichtshofes wurde von Seiten der Kommission immer wieder der Wunsch nach einer effizienteren Vorgehensweise bei der Umsetzung und Anwendung des Gemeinschaftsrechts geäußert.[60]

Weitgehende Autonomie verblieb den Mitgliedstaaten letztlich hinsichtlich der Rechtsdurchsetzung und des Rechtsschutzes in der Zweiten und Dritten Säule, als Ausdruck des intergouvernementalen Charakters dieser Bereiche. Die Gerichtsbarkeit des EuGH erstreckte sich grundsätzlich nicht auf die GASP (Art 46 EUV)[61] und war auch im grundrechtssensiblen Bereich der Dritten Säule nur eingeschränkt gegeben. Gänzlich ausgeschlossen war etwa die Einbringung von Nichtigkeitsklagen durch natürliche oder juristische Personen[62] oder die Geltendmachung von Vertragsverletzungsklagen durch die Kommission.[63]

59 Eine durchsetzbare Verpflichtung zum effektiven Rechtsschutz ist aus der bislang geltenden Rechtslage nicht abzuleiten, auch wenn der Gerichtshof in seiner jüngeren Rechtsprechung die Anforderungen an die Effektivität der nationalen verfahrensrechtlichen Systeme zunehmend verschärft; vgl EuGH, Rs C-432/05, *Unibet;* Slg 2007, I-2271; EuGH, Rs C-136/03, *Dörr und Unal*, Slg 2005, I-4759.

60 Einen ersten Schritt zur Verschärfung des Vertragsverletzungsverfahrens hat der Gerichtshof dadurch gesetzt, dass er die Kombination von Pauschalstrafen und Zwangsgeldern für zulässig erklärte (EuGH, Rs C-304/02, *Kommission/Frankreich*, Slg 2005, I-6263). Aufgrund des Wortlauts von Art 228 Abs 2 EGV war diese Rechtsprechung nicht frei von Bedenken; vgl *Cremer* in *Calliess/Ruffert* (Hrsg), Kommentar zu EUV/EGV[3] (2007), Art 228 EGV, Rdnr 16; vgl dazu den Beitrag von *Hummer,* Finanzielle Sanktionen gegen Mitgliedsstaaten bei Nichterfüllung von EuGH-Urteilen, vorstehend auf S 578.

61 Vgl im Detail *Cremer* in *Calliess/Ruffert*, Kommentar zu EUV/EGV, Art 46 EUV.

62 Vgl Art 35 Abs 6 EUV; Art 35 EUV verleiht dem Gerichtshof auch keinerlei Zuständigkeit für Schadensersatzklagen; vgl EuGH, Rs C-354/04 P, *Gestoras Pro Amnistía ua/Rat*, Slg 2007, I-1579; EuGH, Rs C-355/04 P, *Segi ua/Rat*, Slg 2007, I-1657.

63 Auch die Zuständigkeit des Gerichtshofs für Vorabentscheidungen in diesem Bereich ist an eine Anerkennung durch die Mitgliedstaaten gemäß Art 35 Abs 2 und 3 EUV gebunden; vierzehn Mitgliedstaaten haben die Zuständigkeit des Gerichtshofes durch die Abgabe entsprechender Erklärungen anerkannt; von diesen haben zwölf Mitgliedstaaten sämtliche nationale Gerichte zur Vorlage von Vorabentscheidungsersuchen gemäß Art 35 Abs 3 lit b ermächtigt. Auch wenn der Gerichtshof in seiner jüngeren Rechtsprechung eine weite Auslegung seiner Zuständigkeiten in der Dritten Säule judizierte (vgl

Die bestehenden Lücken im System des Rechtsschutzes und der Rechtsdurchsetzung lagen vor Beginn der Verfassungsreform damit klar zutage. Fraglich war, ob Änderungen in einzelnen Bereichen insgesamt Auswirkungen auf die Verantwortlichkeit über den Rechtsschutz haben sollten. Im deutschen Schrifttum wurde etwa zur Debatte gestellt, ob mit einer Verbesserung des Individualrechtsschutzes vor den europäischen Gerichten die Verantwortung zur Sicherstellung effektiven Rechtsschutzes überhaupt der Unionsebene übertragen werden sollte.[64] Demgegenüber ging der Gerichtshof in seiner Rechtsprechung in die Richtung, die Anforderungen an die Effektivität der nationalen verfahrensrechtlichen Systeme zunehmend zu verschärfen.[65]

III. Neuerungen im Vertrag von Lissabon

A. Die Grundlagen der Kompetenzverteilung zwischen EU und Mitgliedstaaten

Entsprechend dem Auftrag der „Laeken-Erklärung" war die Reform der Kompetenzen ein zentrales Thema des Europäischen Konvents und der Regierungskonferenz 2004. Die Neuerungen des VVE in diesem Bereich wurden im VvL weitgehend unverändert übernommen.[66] Dazu gehört in erster Linie eine übersichtliche Darstellung der Grundprinzipien zur Abgrenzung und Ausübung von Zuständigkeiten in den Gemeinsamen Bestimmungen des EUV [Art 5 EUV(neu)]. Durch die Definition von Zuständigkeitskategorien und die Zuordnung von Politikbereichen zu diesen Kategorien im Ersten Teil („Grundsätze") des AEUV wird eine nachvollziehbare Zuständigkeitsverteilung zwischen Union und Mitgliedstaaten geschaffen.[67] Sowohl die Definition der Zuständigkeitskategorien als auch die Zuordnung von Politikbereichen

---

EuGH Rs C-354/04 P, *Gestoras Pro Amnistía ua/Rat*, Slg 2007, I-1579; EuGH, Rs C-355/04 P, *Segi ua/Rat*, Slg 2007, I-1657; EuGH, Rs C-105/03, *Pupino*, Slg 2005, I-5285) sind die Möglichkeiten für den Einzelnen, die Prüfung der Rechtswidrigkeit eines Unionsrechtsaktes bzw von in Umsetzung des betroffenen Aktes ergangenen nationalen Maßnahmen geltend zu machen, nur sehr beschränkt im Rahmen von Vorabentscheidungsverfahren – soweit überhaupt zulässig – vorhanden.

64 *Pache* in *Vedder/Heintschel v Heinegg* (Hrsg), Europäischer Verfassungsvertrag, Handkommentar (2007), Art I-29, Rdnr 12.

65 Vgl vorstehend Fn 59.

66 Aufgrund der Abkehr vom Verfassungskonzept und dem Festhalten an der Zweiteilung der Verträge wurde Titel III des VVE zu den „Zuständigkeiten der Union" im VvL auf den EUV und den AEUV aufgeteilt.

67 Vgl Teil I, Titel I des AEUV zu den „Arten und Bereichen der Zuständigkeit der Union"; dazu: *Bergmann*, DÖV 2008, 305 f; *Craig*, ELRrev 2008, 144 ff; *Lengauer*, ZfRV 2008, 2 ff.

entsprechen im Wesentlichen der in Rechtsprechung und Lehre zum geltenden Recht entwickelten Auslegung.[68] Unterschieden werden *ausschließliche* (Art 2 Abs 1 und Art 3 AEUV) und *geteilte* (Art 2 Abs 2 und Art 4 AEUV) Zuständigkeiten sowie, als Nachfolge der derzeitigen ergänzenden Kompetenzen, die *Maßnahmen* zur *Unterstützung*, *Koordinierung* oder *Ergänzung* der *Maßnahmen* der *Mitgliedstaaten* (Art 2 Abs 5 und Art 6 AEUV). Getrennten Kategorien unterfallen die für die Mitgliedstaaten besonders sensiblen Bereiche der *Wirtschafts-* und *Beschäftigungspolitik* (Art 2 Abs 3 und Art 5 AEUV) sowie der *GASP* (Art 2 Abs 4 AEUV), welche als einziger Politikbereich noch im EUV [Titel V, Kapitel II EUV(neu)] geregelt ist. An den lediglich vereinzelten Änderungen in der Zuordnung von Politikbereichen zeigte sich, dass die – in der *„Laeken-Erklärung“* angesprochene – Neuordnung der Zuständigkeiten als nicht erforderlich angesehen wurde, bzw nicht konsensfähig war.

Hingegen wird durch etliche Ergänzungen in den Bestimmungen zur Zuständigkeitsordnung und zum Vertragsänderungsverfahren im Vergleich zur RK 2004 ein Paradigmenwechsel in der europäischen Integrationspolitik deutlich, welcher die Souveränität der Mitgliedstaaten stärker in den Vordergrund rückt.[69] Auffallend ist zunächst die Erwähnung des *Prinzips der begrenzten Einzelermächtigung* in nicht weniger als fünf Bestimmungen der Verträge (Art 1, Art 3 Abs 6, Art 4 Abs 1, Art 5 Abs 2 EUV(neu) und Art 7 AEUV). In Art 4 Abs 1 und Art 5 Abs 2 EUV(neu) wird auch die Dimension dieses Prinzips deutlicher gefasst, nämlich dahingehend, dass jede Zuständigkeit, die der Union nicht durch die Verträge übertragen wird, in den ausschließlichen Zuständigkeitsbereich der Mitgliedstaaten gehört.[70] Eine ähnlich gelagerte Klarstellung erfolgt in der Definition der *geteilten Zuständigkeiten*, wonach die Mitgliedstaaten in diesen Bereichen ihre Zuständigkeit wahrnehmen, sofern und soweit die Union ihre Zuständigkeit nicht ausgeübt hat bzw erneut wahrnehmen, sofern die Union entschieden hat, diese nicht mehr auszuüben. Mit dieser Ergänzung werden die Schranken der Unionskompetenz im Bereich

68 Der genaue Umfang der Zuständigkeiten und die Einzelheiten ihrer Ausübung ergeben sich auch weiterhin aus den Bestimmungen der Verträge (Art 2 Abs 6 AEUV). Neu und umstritten war insbesondere die Zuordnung des europäischen Wettbewerbsrechts (die Festlegung der für das Funktionieren des Binnenmarkts erforderlichen Wettbewerbsregeln; vgl Art 3 Abs 1 lit b) als ausschließliche Zuständigkeit (vgl dazu ua *Dougan*, CMLR 2008, 655 f). Diskutiert und letztlich abgelehnt wurde die Gewährleistung der Grundfreiheiten als ausschließliche Unionskompetenz (siehe den ersten Entwurf der Art 11 Abs 1 in CONV 528/03), was nicht zuletzt den Wegfall jeglicher Subsidiaritätskontrolle in diesem Bereich mit sich gebracht hätte.

69 Vgl dazu im Einzelnen auch *Kumin*, Vertragsänderung und Austrittsklausel, in *Hummer/Obwexer* (Hrsg), Der Vertrag von Lissabon (2009), 301 ff.

70 Diese Klarstellung erfolgte ursprünglich bereits in Art I-11 Abs 2 VVE. Durch den VvL wird dieser Ausdruck der Eigenschaft der Mitgliedstaaten als „Herren der Verträge“ auch in Art 4 Abs 1 und Art 5 Abs 2 EUV(neu) übernommen.

der geteilten Zuständigkeit deutlicher gezogen und die strittige Frage der Sperrwirkung des Unionsrechts durch die Ausübung geteilter (konkurrierender) Zuständigkeiten ausdrücklich geregelt.[71] Auch in der Bestimmung zum ordentlichen Vertragsänderungsverfahren [Art 48 Abs 2 EUV(neu)] wird nun hervorgehoben, dass dieses Verfahren sowohl zu einer Ausweitung als auch zu einer Verringerung der Zuständigkeiten der Union führen kann.[72]

All diese Ergänzungen sind nach dem Scheitern des VVE und der dadurch zum Ausdruck gekommenen Skepsis der Bevölkerung als Bekräftigung der mitgliedstaatlichen Souveränität und der Distanz des europäischen Vertragswerks von staatsähnlichen Strukturen zu begreifen. In rechtlicher Hinsicht bedeuten diese Klarstellungen grundsätzlich keine Änderungen in Bezug auf das Zusammenwirken zwischen Unionsrecht und nationalem Recht. Das Prinzip der begrenzten Einzelermächtigung und seine – im VvL nunmehr verdeutlichten – Rechtsfolgen waren in der Rechtsprechung schon bisher Ausgangspunkt für die Zuständigkeitsverteilung zwischen Union und Mitgliedstaaten.[73] Auch nach der bisherigen Definition der konkurrierenden Zuständigkeiten tritt ein mitgliedstaatlicher Kompetenzverlust in Form der Sperrwirkung nur dann ein, „*wenn, soweit und solange die EG regelnd tätig geworden ist*".[74] Unstrittig

---

71 Vgl Art 2 Abs 2 AEUV und die darauf Bezug nehmende Erklärung (Nr 18) zur Abgrenzung der Zuständigkeiten sowie Protokoll (Nr 25) über die Ausübung der geteilten Zuständigkeit zum VvL. In Erklärung (Nr 18) wird klargestellt, „*dass eine Zuständigkeit durch die Union vor allem dann nicht mehr ausgeübt wird, wenn die Organe beschließen, einen Gesetzgebungsakt aufzuheben, insbesondere um die ständige Einhaltung der Grundsätze der Subsidiarität und der Verhältnismäßigkeit besser sicherzustellen.*" Die Kommission gesteht in der Erklärung zu, „*Vorschlägen des Rates für die Aufhebung eines Gesetzgebungsaktes besondere Beachtung zu schenken.*" Das wesentliche Merkmal der geteilten (bislang konkurrierenden) Zuständigkeiten, jenes der Sperrwirkung durch den Erlass einer gemeinschaftsrechtlichen Maßnahme, hat damit mit dem VvL eine Konkretisierung erfahren.

72 Vgl auch dazu Erklärung (Nr 18) in Fn 71.

73 Vgl ua EuGH, Rs C-84/94, *Vereinigtes Königreich/Rat*, Slg 1996, I-5755 oder EuGH, Rs C-376/98, *Deutschland/EP und Rat*, Slg 2000, I-2247.

74 *Calliess* in *Calliess/Ruffert* (Hrsg), Kommentar zu EUV/EGV, Art 5 EGV, Rdnr 35. Zu der in Protokoll (Nr 25) verankerten Sperrwirkung, die sich ausdrücklich nur auf den von einem Rechtsakt jeweils umfassten Anwendungsbereich erstreckt, stellt sich die Frage, ob diese Auswirkungen auf die ERTA-Rechtsprechung zur Begründung impliziter Außenkompetenzen haben könnte. Dagegen spricht, dass diese Rechtsprechung nicht auf der Parallelität der Ausübung interner und externer Zuständigkeiten fußt. Implizite Außenkompetenzen werden (ua) dann angenommen, wenn sich aus einer konkreten Analyse des Verhältnisses zwischen einem geplanten Abkommen und dem geltenden Gemeinschaftsrecht ergibt, dass der Abschluss eines solchen Abkommens die Gemeinschaftsvorschriften *beeinträchtigen kann*. „*Wenn es um die Feststellung geht, ob das mit der Formel „ein Gebiet, das bereits weitgehend von Gemeinschaftsvorschriften erfasst ist"* (EuGH, *Gutachten 2/91*, Rdnr 25 und 26) aufgestellte Kriterium erfüllt ist, muss sich die Analyse nicht nur auf den Umfang der fraglichen Vorschriften, sondern auch auf ihre

erscheint ebenso, dass Vertragsänderungen auch bislang sowohl zu einer Ausweitung als auch einer Verringerung von Zuständigkeiten führen konnten, da die Mitgliedstaaten sich diesbezüglich in Art 48 EUV oder anderen Bestimmungen des Primärrechts keinen inhaltlichen Schranken unterworfen haben.[75] Es stellt sich dennoch die Frage, ob diese Klarstellungen – selbst wenn sie nur als solche politischer Natur gewertet werden können – nicht in der europäischen Gesetzgebung und Rechtsprechung Berücksichtigung finden und bei der Anwendung des Unionsrechts als deutliche Willensäußerung der Mitgliedstaaten für eine restriktivere Auslegung von Unionskompetenzen verstanden werden müsste.

Rein rechtlich gesehen gibt es, neben den bereits genannten Gründen, dazu keine Veranlassung, da dem VvL ein Gebot zur restriktiven Anwendung von Zuständigkeiten, welches zu einem Umdenken in Bezug auf die Reichweite „impliziter Unionskompetenzen" oder auf eine Orientierung nach dem *„effet utile"* führen könnten, nicht zu entnehmen ist. Auch jene Rechtsgrundlagen, die in der bisherigen Praxis des Gemeinschaftsrechts durch ihre finale Ausrichtung maßgeblich zu der progressiven Rechtsentwicklung geführt haben, die Binnenmarktkompetenz und die Lückenschließungsklausel, wurden durch den VvL nicht wesentlich restriktiver gefasst. Während der neue Art 114 AEUV die Formulierung des derzeitigen Art 95 EGV nahezu unverändert übernimmt, beinhaltet Art 352 AEUV als Nachfolgebestimmung des Art 308 EGV inhaltlich zwar einzelne Anpassungen, die jedoch seinen Anwendungsbereich nicht maßgeblich einschränken.[76] Eine restriktivere Auslegung der

---

Natur und ihren Inhalt stützen. Auch sind neben dem aktuellen Stand des Gemeinschaftsrechts auf dem betreffenden Gebiet dessen Entwicklungsperspektiven zu berücksichtigen, wenn sie zum Zeitpunkt der Analyse absehbar sind (vgl in diesem Sinne EuGH, *Gutachten 2/91*, ECR 1993, I-1061, Rdnr 25 und EuGH, *Gutachten 1/03*, Slg 2006, I-1145, Rdnrn 124 ff).

75 Vgl *Cremer* in *Calliess/Ruffert* (Hrsg), Kommentar zu EUV/EGV, Art 48 EUV, Rdnr 4.

76 Die Neuformulierung des Art 308 EGV deutet zunächst sogar auf eine Ausweitung der Zuständigkeiten hin, weil sie nicht mehr auf Maßnahmen im Rahmen des Gemeinsamen Marktes, sondern der Politikbereiche zur Förderung der Vertragsziele ausgerichtet ist. Dafür schließt Art 352 AEUV explizit jegliche Harmonisierung von nationalem Recht in seinem Anwendungsbereich aus. Verschärft wurden zudem die verfahrensrechtlichen Mechanismen zur Eindämmung der Zuständigkeitsausdehnung: Neben dem Einstimmigkeitserfordernis, das beibehalten wurde, werden die nationalen Parlamente auf Vorschläge gemäß Art 352 AEUV besonders aufmerksam gemacht, sodass sie ihr Kontrollrecht zur Einhaltung des Subsidiaritätsprinzips effektiv wahrnehmen können. Diese spezifische Informationspflicht gilt daher (anders als der Frühwarnmechanismus) auch bei nicht-legislativen Rechtsakten, die auf der Grundlage dieser Bestimmung angenommen werden. Statt der bloßen Anhörung ist letztlich gemäß Art 352 AEUV zudem die Zustimmung des Europäischen Parlaments erforderlich (vgl auch die Erklärungen Nr 41 und 42 zur Schlussakte zu Art 352 AEUV).

vertraglichen Rechtsgrundlagen könnte sich damit nur aus einer effektiveren Prüfung des Subsidiaritätsprinzips ergeben.[77]

Im Ergebnis würde die „Kodifikation" der Grundsätze der Zuständigkeitsverteilung und der Definition der Zuständigkeitskategorien grundsätzlich keine Änderungen des Zusammenwirkens zwischen Union und Mitgliedstaaten mit sich bringen. Änderungen in der Zuständigkeitsverteilung ergeben sich hingegen in einzelnen Politikbereichen aus der Modifikation oder Ergänzung von Ermächtigungsgrundlagen oder geänderten Modalitäten der Entscheidungsfindung.[78] Im Rahmen dieses Beitrags soll nur auf zwei Bereiche eingegangen werden, in denen die Zuständigkeiten der Union durch den VvL substanziell gestärkt werden, und zwar die *Außenkompetenzen* und die *PJZS*.

Eine signifikante Ausdehnung der *Außenhandelskompetenzen* der Union folgt zunächst aus der Neufassung des derzeitigen Art 133 EGV. Durch die Aufnahme der ausländischen Direktinvestitionen, sowie der Abkommen über den Handel mit Dienstleistungen und die Handelsaspekte des geistigen Eigentums erstreckt sich die ausschließliche Zuständigkeit der Union im Bereich der Gemeinsamen Handelspolitik nach dem VvL nahezu auf den gesamten Bereich der WTO-Agenda (vgl Art 207 AEUV).[79] Darüber hinaus werden als weitere „Zuständigkeitskategorie" und gewissermaßen als Kodifikation der Rechtsprechung in Art 3 Abs 2 AEUV und Art 216 AEUV die impliziten Außenkompetenzen primärrechtlich verankert.[80] Rein am Wortlaut dieser Bestimmungen gemessen würde sich die Möglichkeit der Begründung impliziter

77 Siehe dazu nachstehend Pkt III.B. zum Frühwarnmechanismus des VvL.

78 Die internen Politikbereiche werden in Teil 3 des AEUV umfassend systematisiert; ebenso werden in Teil 5 über das auswärtige Handeln der Union die externen Zuständigkeiten der Union übersichtlich zusammengefasst. Neue geteilte Zuständigkeiten führt der VvL im Bereich der Energiepolitik (Art 194 AEUV) und der Raumfahrt (Art 189 AEUV) ein; im Bereich der „unterstützenden Zuständigkeiten im Bereich Tourismus (Art 195 AEUV), Sport (Art 165 AEUV) und Katastrophenschutz (Art 196 AEUV). Eine neue Rechtsgrundlage in Art 118 AEUV ermächtigt die Union zu europaweiten Harmonisierungen im Bereich des geistigen Eigentums. Vergrößert wurden auch die Zuständigkeiten im Bereich der öffentlichen Gesundheit (Art 168 AEUV), sowie im Umweltschutz durch den Bereich der Klimapolitik (Art 191 AEUV).

79 Die ausschließlichen Zuständigkeiten der Union nach Art 207 AEUV würden sich im Ergebnis auf Dienstleistungen, die Handelsaspekte des geistigen Eigentums, ausländische Direktinvestitionen, die Vereinheitlichung der Liberalisierungsmaßnahmen, die Ausfuhrpolitik sowie handelspolitische Schutzmaßnahmen erstrecken. Die Ausweitung der Unionszuständigkeit in der Gemeinsamen Handelspolitik war Gegenstand kritischer Auseinandersetzung durch das Bundesverfassungsgericht (vgl dazu *Karpenstein/Neidhardt*, Bericht über die mündliche Verhandlung des BVerfG zur Vereinbarkeit des VvL mit dem Grundgesetz am 11. und 12. Februar, WHI-Paper 04, 2009).

80 Diese beiden Bestimmungen zeugen deutlich von der Schwierigkeit, die komplexe ERTA-Judikatur des EuGH in Vertragssprache zu gießen. Eine anschauliche Wiedergabe dieser Judikatur findet sich in EuGH, *Gutachten 1/03*, Slg 2006, I-1145.

Außenkompetenzen der Union beträchtlich ausweiten. Sie könnten unter anderem bereits dann entstehen, wenn dies in einem verbindlichen Rechtsakt (Art 216 AEUV) oder in einem Gesetzgebungsakt der Union (Art 3 Abs 2 AEUV) vorgesehen ist. Dass eine derart weite Ermächtigung tatsächlich beabsichtigt ist, scheint zweifelhaft, zumal die externen Zuständigkeiten der Union durch die Neufassung der Gemeinsamen Handelspolitik und etliche weitere explizite Rechtsgrundlagen[81] im VvL bereits sehr umfassend sind. Zudem würde eine globale Ermächtigung zur Übertragung von Zuständigkeiten durch Sekundärrechtsakte in Konflikt mit dem Prinzip der begrenzten Einzelermächtigung stehen.[82] Inwieweit sich die Kodifikation der ERTA-Rechtsprechung im VvL letztlich auf die Begründung externen Zuständigkeiten auswirkt, wird sich wohl erst in der Gesetzgebungs- bzw Rechtsprechungspraxis herausstellen. Unverkennbar strebt der VvL jedoch, allein schon im Bereich des Außenhandels, durch die Übertragung ausschließlicher Zuständigkeiten ein einheitlicheres Auftreten der Union auf internationaler Ebene an.

Eine weitere Neuerung stellt die Überführung der bis dato intergouvernemental ausgerichteten *PJZS* in den AEUV dar, die mit dem VvL der Kategorie der geteilten Zuständigkeiten zugeordnet wird. Damit unterliegt nun die Rechtsetzung in diesem Bereich in weiten Teilen dem ordentlichen Gesetzgebungsverfahren und ist – vorbehaltlich einer Übergangszeit – der Rechtsprechung der europäischen Gerichte unterworfen.[83] Für die Mitgliedstaaten bedeutet dies, insbesondere durch den Übergang zu qualifizierter Mehrheit, einen Verlust an Einflussmöglichkeiten in einem sensiblen und sehr dynamischen Bereich des Unionsrechts. Auch die nunmehrige Anwendbarkeit des

81 Geteilte externe Zuständigkeiten kommen der Union in unterschiedlichen Bereichen zu, darunter im Bereich der Umwelt (Art 191 Abs 4 AEUV), Forschung, technologischer Entwicklung und Raumfahrt (Art 180 AEUV), zum Abschluss von Rückübernahmeabkommen von Drittstaatsangehörigen (Art 79 Abs 3 AEUV), Entwicklungszusammenarbeit (Art 209 AEUV), der wirtschaftlichen, finanziellen und technischen Zusammenarbeit (Art 212 AEUV) und der Humanitären Hilfe (Art 214 AEUV).

82 Vgl dazu *Griller*, Europarechtliche Grundfragen der Mitgliedschaft in der WTO, in *Köck/Lengauer/Ress* (Hrsg), Europarecht im Zeitalter der Globalisierung, FS Peter Fischer (2004), 94; für eine solch weite Auslegung würde der Schlussbericht Arbeitsgruppe „Außenpolitisches Handeln“ (VII) des Europäischen Konvents über die Regelung der impliziten Außenkompetenzen sprechen. Danach sollte *„der Vertrag der Union die Zuständigkeit für den Abschluss von Übereinkünften in Fragen übertragen, die unter ihre interne Zuständigkeit fallen, und zwar nach demselben Abstimmungsverfahren im Rat wie bei den internen Rechtsetzungsmaßnahmen (normalerweise Beschlussfassung mit qualifizierter Mehrheit).“* Das dahinter stehende Ziel sollte sein, „der Union das Tätigwerden in einer globalisierten Welt zu erleichtern“ (Europäischer Konvent, Abschlussbericht Gruppe VII „Außenpolitisches Handeln“, CONV 459/02, Rdnr 18).

83 Vgl im Einzelnen Art 10 des Protokolls (Nr 36) über die Übergangsbestimmungen (unten Fn 144).

Vorrangprinzips und der gerichtlichen Kontrolle wird es den Mitgliedstaaten erschweren, sich der Anwendung des Sekundärrechts in diesem Bereich durch Nichtumsetzung zu entziehen. Gleichzeitig könnte sich die verpflichtende Einbindung des Europäischen Parlaments moderierend auf die derzeit eher repressiv, in Richtung Strafverfolgung und Rechtsdurchsetzung, ausgerichtete Zusammenarbeit der Mitgliedstaaten in der PJZS auswirken.[84]

Relevant für das Zusammenwirken zwischen Union und Mitgliedstaaten ist letztlich die Neuregelung zur Vertragsänderung in Art 48 EUV(neu), welche neben einem ordentlichen Vertragsänderungsverfahren die Möglichkeit vereinfachter Vertragsänderungen vorsieht. Wie teils missverständlich angenommen wird, bedeutet dies nicht, dass eine Vertragsänderung künftig ohne die Zustimmung der Mitgliedstaaten bzw deren nationaler Parlamente durchgesetzt werden könnte. Die Vereinfachung bei den Verfahren nach Art 48 Abs 6 und 7 EUV(neu) besteht vor allem darin, dass keine Regierungskonferenz einberufen werden muss, sondern Änderungen mit einstimmigem Beschluss des Europäischen Rates angenommen werden. Die Beschlüsse zur Änderung des Dritten Teils des AEUV (interne Politikbereiche) nach Art 48 Abs 6 EUV(neu) treten erst nach „*Zustimmung der Mitgliedstaaten im Einklang mit ihren jeweiligen verfassungsrechtlichen Vorschriften*", dh nach Ratifikation durch sämtliche Mitgliedstaaten, in Kraft.[85] Die Beschlussvorschläge bei den sog Passerelles-Verfahren gemäß Art 48 Abs 7 EUV(neu)[86] werden vor ihrer Annahme den nationalen Parlamenten übermittelt, die diese Vorschläge innerhalb von sechs Monaten ablehnen können. Damit kommt auch hier jedem nationalen Parlament eine Veto-Möglichkeit zu. Neuerungen beim „ordentlichen Vertragsänderungsverfahren" ergeben sich in institutioneller Hinsicht durch die Übernahme der Konventsmethode, dh der Einbindung vor allem demokratisch-legitimierter Akteure in den Verhandlungsprozess [Art 48 Abs 2 bis 5 EUV(neu)]. Damit kann[87], zumindest beim ordentlichen Vertragsänderungsverfahren, das Mandat

84 Zu einer Bewertung der Entwicklung des Europastrafrechts vgl *Zeder*, Europastrafrecht – Aktueller Stand, in Schriftenreihe des Bundesministeriums für Justiz (Hrsg), Vorarlberger Tage 2007 – Fortbildungsveranstaltung aus Strafrecht (2008), 86.

85 Derartige Beschlüsse dürfen zudem nicht zu einer Ausdehnung der der Union im Rahmen des Primärrechts übertragenen Zuständigkeiten führen.

86 Art 48 Abs 7 („Passerelle-Bestimmung") ermöglicht in Fällen, in denen der AEUV oder Titel V des EUV(neu) (GASP, ausgenommen Beschlüsse mit militärischen Implikationen) die einstimmige Beschlussfassung durch den Rat voraussetzt, eine Überführung zur qualifizierten Mehrheit; werden Gesetzgebungsakte vom Rat gemäß einem besonderen Gesetzgebungsverfahren erlassen, kann der Europäische Rat zudem mit einstimmigem Beschluss die Anwendung des ordentlichen Gesetzgebungsverfahrens festlegen.

87 Der Europäische Rat kann mit einfacher Mehrheit und nach Zustimmung des Europäischen Parlaments von der Einberufung eines Konvents absehen, wenn dieser aufgrund des Umfangs der geplanten Änderungen nicht gerechtfertigt ist [Art 48 Abs 3 UAbs 2 EUV(neu)]. Neu ist auch, dass beim ordentlichen Vertragsänderungsverfahren dem Eu-

für eine Regierungskonferenz, und damit die Grundlage der Verhandlungen, einem breiteren Konsens unterworfen werden. Die Annahme der Vertragsänderungen im Rahmen einer Regierungskonferenz liegt jedoch weiterhin in der Hand der Mitgliedstaaten [Art 48 Abs 4 UAbs 2 EUV(neu)].

Im Ergebnis liegt die große Errungenschaft dieses Kapitels der Verfassungsreform nicht so sehr in materiellrechtlichen Neuerungen gegenüber dem bislang geltenden Rechtsbestand, als vielmehr in der geforderten, besseren Übersichtlichkeit und Klarheit der Kompetenzverteilung zwischen Union und Mitgliedstaaten. Die Grundlagen der Kompetenzverteilung und die Bestimmungen zur Vertragsänderung zeigen – deutlicher als nach bisher geltendem Recht –, dass die Position der Mitgliedstaaten als „Herren der Verträge" auch nach dem VvL unangefochten bliebe. Änderungen sind vielmehr – wie auch schon bei vorangegangenen Vertragsänderungen – in einzelnen Politikbereichen aus der Neufassung von Ermächtigungsgrundlagen und geänderten Abstimmungsmodalitäten zu erwarten.

B. Die Ausübung von Kompetenzen: Die Grundsätze der Subsidiarität und Verhältnismäßigkeit

Wie *v Bogdandy*, *Bast* und *Arndt* zutreffend prognostiziert haben, verschob sich „(i)*n dem Maße, in dem die Diskussion zur Reform der Unionsverfassung hervortreten (ließ), dass eine grundlegende Umgestaltung der Kompetenzverteilung zwischen Union und Mitgliedstaaten kaum konsensfähig ist,* (...) *der Debattenschwerpunkt zunehmend auf die Ausübung der Befugnisse der Union*".[88] Während sich die Verfassungsreform zum Kapitel der Zuständigkeitsverteilung weitgehend auf die Kodifikation des geltenden *acquis* konzentrierte, wurde die Einführung neuer Mechanismen zur Stärkung des Subsidiaritätsprinzips bei der Wahrnehmung von Zuständigkeiten zu einem umso größeren Anliegen. In engem Zusammenhang damit stand das Bestreben, die Rolle der einzelstaatlichen Parlamente im „künftigen Verfassungsvertrag deutlicher anzuerkennen und damit zur Stärkung der demokratischen Legitimation der Union beizutragen.[89]

ropäischen Parlament ein Initiativrecht zukommen würde, der Entwurf von Vertragsänderungen den nationalen Parlamenten durch den Rat zur Kenntnis zu bringen ist [Art 48 Abs 2 EUV(neu)].

88 *v Bogdandy/Bast/Arndt*, Handlungsformen, ZaöRV (Sonderdruck) 2002, 79.

89 Europäischer Konvent, Abschlussbericht der Gruppe IV „Rolle der einzelstaatlichen Parlamente", CONV 353/02, Rdnr 4. Entsprechend formuliert sollte wie im Protokoll zum Amsterdamer Vertrag zum Ausdruck kommen, dass mit diesen Bestimmungen auf europäischer Ebene die Einbindung der einzelstaatlichen Parlamente erleichtert werden soll, ohne dass in verfassungsrechtliche Regelungen auf einzelstaatlicher Ebene eingegriffen wird (Rdnr 5).

In der Arbeitsgruppe Subsidiarität des Europäischen Konvents standen zur Verbesserung der Anwendung des Subsidiaritätsprinzips unterschiedliche Mechanismen zur Debatte, unter anderem die Einsetzung eines politischen Gremiums bzw einer Ad-hoc-Instanz, eines Systems der gerichtlichen ex-ante-Kontrolle oder die Einrichtung einer eigenen *Subsidiaritätskammer* innerhalb des Europäischen Gerichtshofes.[90] Letztlich einigte man sich, mit der Begründung des aus Sicht der Arbeitsgruppe überwiegend politischen Wesens des Subsidiaritätsprinzips darauf, dass auch die Überwachung der Achtung dieses Prinzips *„im Wesentlichen politischer Art sein und vor dem Inkrafttreten der jeweiligen Rechtsakte erfolgen sollte"*.[91] Gleichzeitig sollte die nachträgliche, gerichtliche Kontrolle dieses Prinzips gestärkt werden, indem die Voraussetzungen für die Erhebung einer Klage beim Gerichtshof gelockert werden.

Die auf der Grundlage dieser Vorschläge erarbeiteten Neuerungen des VVE, die Schaffung eines politischen Frühwarnsystems unter Einbeziehung der einzelstaatlichen Parlamente und die Vereinfachung der Klagemöglichkeiten, hat der VvL nahezu unverändert übernommen.[92] Mit der in Protokoll (Nr 1) über die Rolle der nationalen Parlamente in der EU zum VvL primärrechtlich verankerten Informationspflicht und dem in Protokoll (Nr 2) über die Anwendung der Grundsätze der Subsidiarität und der Verhältnismäßigkeit zum VvL geregelten Frühwarnmechanismus haben es die nationalen Parlamente – bei einer ausreichenden Anzahl von Stellungnahmen – in der Hand, entweder eine neuerliche Überprüfung und Begründung eines Gesetzgebungsvorschlags durch die Kommission oder, mit Unterstützung von Rat und Europäischem Parlament, sogar die Einstellung des Gesetzgebungsverfahrens zu erreichen.[93] Hinsichtlich der ex-post Kontrolle des Subsidiaritätsprinzips wird den nationalen Parlamenten gemäß Art 8 des Protokolls (Nr 2) ein Rechtsweg zum EuGH in Subsidiaritätsfragen eröffnet.[94] In materieller Hin-

90 Siehe für diese und weitere Optionen Europäischer Konvent, Abschlussbericht Gruppe I „Subsidiaritätsprinzip", CONV 286/02.

91 Europäischer Konvent, Abschlussbericht Gruppe I „Subsidiaritätsprinzip", CONV 286/02, Rdnr 5.

92 In Abweichung vom VVE sieht der VvL eine Verlängerung der Frist zur Abgabe von Stellungnahmen durch die nationalen Parlamente von sechs auf acht Wochen vor, sowie die Möglichkeit für Rat oder Parlament eine „orange Karte zu ziehen, dh ein Gesetzgebungsverfahren zu beenden, wenn die einfache Mehrheit der nationalen Parlamente einen Einspruch erhebt (Art 7 Abs 3 lit b des Protokolls Nr 2). Die „orange Karte" ging auf einen niederländischen Vorschlag zurück, um den Mechanismus der ex-ante Kontrolle noch um eine Facette wirksamer zu gestalten.

93 Vgl Art 7 Protokoll (Nr 2) über die Anwendung der Grundsätze der Subsidiarität und der Verhältnismäßigkeit; siehe auch *Barrett*, ELRev 2008, 73 ff.

94 Der Wortlaut dieser Bestimmung lässt zwar offen, ob er ein unmittelbar unionsrechtlich begründetes Klagerecht der nationalen Parlamente bzw deren Kammern in Subsidiaritätsfragen statuiert oder es dem Ermessen der Mitgliedstaaten anheimstellt, den nationalen

sicht werden die Rechte der lokalen und regionalen Gebietskörperschaften gestärkt, und zwar sowohl durch die neue Definition des Subsidiaritätsprinzips[95], als auch durch eine aus dem neu gefassten Subsidiaritätsprotokoll abzuleitende Konsultationsverpflichtung der regionalen Parlamente[96] und die Gewährung eines Klagerechts für den Ausschuss der Regionen (AdR).

Eine (potenzielle) Neuerung, die sich aus diesen Kontrollmechanismen für das Zusammenwirken zwischen Union und Mitgliedstaaten ergeben könnte, liegt in der erhöhten Einflussmöglichkeit der nationalen (bzw regionalen) Parlamente auf die Gestaltung des Unionsrechts und damit in dem Anreiz für den nationalen Gesetzgeber zu einer faktischen inhaltlichen Auseinandersetzung mit geplanten Unionsmaßnahmen. Dabei wird es vor allem von der Ausgestaltung der innerstaatlichen Rechtsordnungen und der internen Organisation und Effizienz der nationalen Parlamente abhängen, inwieweit dieses Potenzial des VvL genützt werden kann bzw auch eine entsprechende Einbindung der Gebietskörperschaften ermöglicht wird.[97] Schon jetzt nehmen einzelstaatliche Parlamente, wenn ihnen Befugnisse zur Kontrolle des Handelns ihrer Regierungen auf EU-Ebene zukommen, diese zumeist nicht – oder nur in sehr eingeschränkten Umfang – in Anspruch.[98] In der Praxis ist, vor allem gemessen an der Flut der jährlich angenommenen Rechtsetzungsvorschläge, selbst eine

---

Parlamenten ein solches in ihren Rechtsordnungen einzuräumen. Ausgehend vom Willen der Mitgliedstaaten – gestützt auf die Debatten des Europäischen Konvents – und dem Zweck des Protokolls (Nr 2) wird darauf zu schließen sein, dass das Recht der nationalen Parlamente, den Gerichtshof anzurufen, nicht von einer Ermessensentscheidung einer nationalen Regierung abhängig gemacht werden soll (in diesem Sinn: *Nettesheim*, EuR 2004, 542 f).

95 Vgl die neue Formulierung des Art 5 EUVneu, welche die Verwirklichung von Maßnahmen der Mitgliedstaaten auf regionaler oder lokaler Ebene ausdrücklich einbezieht sowie Art 2 des Protokolls (Nr 2) zum VvL nach dem die Kommission bei ihren Konsultationen „gegebenenfalls der regionalen und lokalen Bedeutung der in Betracht gezogenen Maßnahmen Rechnung zu tragen (hat)“ und nach dessen Art 5 bei den Angaben zu den erwarteten finanziellen Belastungen und zum Verwaltungsaufwand auch die regionale und lokale Ebene zu berücksichtigen ist; für einen weiteren Überblick vgl *Zimmermann*, KommJur 2008, 41 ff.

96 Art 6 des Protokolls (Nr 2) über die Anwendung der Grundsätze der Subsidiarität und der Verhältnismäßigkeit, wonach es den jeweiligen nationalen Parlamenten oder deren Kammern obliegt, „gegebenenfalls die regionalen Parlamente mit Gesetzgebungsbefugnissen zu konsultieren“, wird wohl dahingehend auszulegen sein, dass in Angelegenheiten, die aus inhaltlichen Erwägungen regionale Gesetzgebungsorgane betreffen, da sie insbesondere deren Gesetzgebungsbefugnisse tangieren, eine Konsultationsverpflichtung der nationalen Parlamente bzw deren Kammern besteht. Vgl dazu auch Art 7 Abs 1 UAbs 2 des Protokolls (Nr 2).

97 Vgl *Barrett*, ELRev 2008, 71 f.

98 Europäischer Konvent, Abschlussbericht Gruppe IV „Rolle der einzelstaatlichen Parlamente“, CONV 353/02, Rdnr 11.

achtwöchige Frist für eine substanzielle Prüfung der Einhaltung des Subsidiaritätsprinzips sehr knapp, insbesondere wenn diese Zeit auch für eine Abstimmung zwischen den einzelstaatlichen Parlamenten genützt werden soll, um die nötige „Stimmenanzahl“ zur Auslösung des Frühwarnmechanismus zu erreichen. Von Interesse wird auch die Disziplin der nationalen Parlamente sein, sich in den Stellungnahmen tatsächlich auf Subsidiaritätsfragen zu beschränken, wie es von Protokoll (Nr 2) verlangt wird und wie der europäische Gesetzgeber andernfalls mit Stellungnahmen umgehen wird, die sich auf die vielfach ebenso heiklen Themen der Rechtsgrundlage oder Verhältnismäßigkeit von Rechtsakten erstrecken.[99]

Ausschlaggebend für eine effektive Prüfung des Subsidiaritätsprinzips wird schließlich auch die gerichtliche Kontrolle der Anwendung dieses Prinzips sein. Schon die Möglichkeit der Vorlage von ausschließlich auf die Verletzung des Subsidiaritätsprinzips gegründeten Klagen der einzelstaatlichen Parlamenten bzw des AdR spricht dafür, dass sich der EuGH nach dem VvL tatsächlich mit den materiellen Vorgaben dieses Prinzips auseinandersetzen wird müssen.[100] Bemerkenswert ist jedoch, dass die inhaltlichen Leitlinien des bislang geltenden Protokolls (Nr 30) in das nunmehrige Protokoll (Nr 2) zu einem großen Teil nicht übernommen wurden.[101] Die Neufassung des Subsidiaritätsprotokolls spiegelt damit den Ansatz wider, dem Subsidiaritätsprinzip einen überwiegend politischen Charakter zuzusprechen und zur Verbesserung seiner Anwendung in erster Linie auf verfahrensrechtliche Mechanismen zu setzen.[102] Dadurch bleibt aber offen, auf welche materiellen Kriterien sich der Gerichtshof bei einer allfälligen Neuausrichtung seiner Rechtsprechung stützen wird. Die Anforderungen an den Gesetzgeber, die die im Vertrag vorgegebenen Grundsätze der Subsidiarität und Verhältnismäßigkeit „konkretisie-

99 Vgl für eine detaillierte Analyse *Dougan*, CMLR 2008, 657 ff.

100 Dafür spricht auch, dass das neue Subsidiaritätsprotokoll (Nr 2) keine Bestimmung mehr enthält, die ein dynamisches Subsidiaritätskonzept proklamiert, was für die Annahme eines weiten Ermessensspielraums des Gesetzgebers ins Treffen geführt werden konnte (vgl oben Fn 21); kritisch *Papier*, der nicht davon ausgeht, dass der EuGH nur wegen einer neuen Verfahrensart seine bezüglich des Subsidiaritätsprinzips bislang zurückhaltende Rechtsprechung inhaltlich ändern wird (*Papier*, Subsidiaritätsprinzip, Ringvorlesung im Rahmen des studium generale an der Universität Tübingen, 2006, 16).

101 Vgl vor allem die Leitlinien zur Prüfung des Subsidiaritätsprinzips in Rdnr 5 des Protokolls (Nr 30), sowie die (teils auch das Verhältnismäßigkeitsprinzip berührenden) Vorgaben in Rdnrn 6 und 7.

102 Die ursprüngliche Erwägung des Europäischen Konvents, das Subsidiaritätsprotokoll so anzupassen, dass auf seiner Grundlage jeder Vorschlag für einen Rechtsakt einen „Subsidiaritätsbogen“ mit detaillierten Angaben enthalten solle, der es ermöglicht zu beurteilen, ob das Subsidiaritätsprinzips eingehalten wurde, wurde nicht übernommen (Europäischer Konvent, Abschlussbericht Gruppe I „Subsidiaritätsprinzip“, CONV 286/02, 4).

ren“, sind damit fast ausschließlich in den Mitteilungen und Leitfäden der Kommission zu den Initiativen einer „Besseren Rechtsetzung“ zu finden, welche aber keine rechtlich durchsetzbaren Kriterien etablieren.[103] Von der Wirksamkeit der justiziellen Kontrolle wird wiederum der Antrieb des europäischen Gesetzgebers abhängen, die Notwendigkeit des Unionshandelns auf der Basis des Subsidiaritätsprinzips im Einzelfall tatsächlich zu prüfen.

In vieler Hinsicht wird damit erst die Praxis zeigen, welchen Einfluss die nationalen bzw regionalen Parlamente unter Zugrundelegung der neuen Mechanismen auf die Gestaltung des Unionsrechts nehmen werden und ob das Subsidiaritätsprinzip künftig ein effektiver Prüfstein bei der Ausübung von Zuständigkeiten sein wird. Nicht zu unterschätzen ist, dass das Potenzial der neuen Mechanismen auch in einer Stärkung der Vermittlung zwischen der Union und ihren Bürgern liegt und einen Beitrag für die Verbesserung der demokratischen Legitimation und vielleicht sogar der Identifikation des Einzelnen mit der europäischen Gesetzgebung darstellen könnte. Dies wäre insbesondere dann der Fall, wenn die Verantwortung der nationalen und regionalen Parlamente, sich rechtzeitig gegen zu weit gehende Maßnahmen der Union einzusetzen, tatsächlich wahr- und ernst genommen wird und damit umgekehrt dem in der Politik weithin praktizierten „*Brussels blaming*“ zumindest zum Teil der Boden entzogen wird. Ob auf diese Weise ein neues Zusammenwirken zwischen Unionsrecht und nationalem Recht erreicht werden kann, ist allein aufgrund der rechtlichen Grundlagen des VvL nicht vorhersehbar.

C. Die Ausübung von Kompetenzen: Rechtsakte und Rechtsetzungsverfahren

Die Reform der Rechtsakte und Rechtsetzungsverfahren gestaltete sich für die RK 2007 als besondere Herausforderung. Dem Laeken-Auftrag nach Vereinfachung und größerer Transparenz stand im Mandat für die Regierungskonferenz der klare Auftrag gegenüber, mit der Abkehr vom „Verfassungskonzept“ auch die im VVE vorgesehene Einführung von „Gesetzen“ und „Rahmengesetzen“ aufzugeben und an der geltenden Terminologie festzuhalten.[104] Während damit gerade die Begrifflichkeiten des VVE fallen gelassen wurden, die den Rechtsunterworfenen eine leichtere Identifikation und Erkennbarkeit des Charakters der Handlungsformen ermöglichen sollten, forderte das Mandat, die Neuerungen der RK 2004 ansonsten möglichst unverändert beizubehalten. Im Vergleich zum VVE verliert der VvL damit an Klarheit, insgesamt werden die Anforderungen der Laeken-Erklärung, das System der Rechtsakte und der Rechtsetzungsverfahren einfacher und transparenter zu gestalten, jedoch weitgehend umgesetzt.

103 Vgl dazu vorstehend bei Fn 16.

104 Rat der EU, Mandat für die Regierungskonferenz 2007, 11218/07, Rdnrn 3 und 19.

Die Vereinfachung des Systems der Rechtsakte folgt aus der Einführung eines einheitlichen Katalogs der Handlungsformen für sämtliche Politikbereiche und einer systematischen Einteilung der bindenden Rechtsakte. Die in Art 288 AEUV aufgelisteten Rechtsakte, die an dem bisherigen Instrumentarium von Verordnung, Richtlinie, Beschluss, Empfehlung und Stellungnahme festhalten, stellen nun einen im Wesentlichen[105] abschließenden Katalog der Handlungsformen dar. Die in den Art 12 und 38 EUV enthaltenen Sonderformen der GASP und der PJZS wurden aufgehoben.[106] Die rechtlich bindenden Rechtsakte werden in Gesetzgebungsakte und Rechtsakte ohne Gesetzescharakter unterteilt (Art 289 ff AEUV). Der Charakter als Gesetzgebungsakt ergibt sich dabei allein aus dem Rechtsetzungsverfahren und ist – nach den Anordnungen des Mandats – aus der Bezeichnung des Rechtsaktes selbst nicht erkenntlich.[107] Dafür hält der VvL bei den Rechtsetzungsverfahren an der Terminologie des VVE fest. Statt der derzeit bestehenden Vielzahl von Rechtsetzungsverfahren finden für die Annahme von Gesetzgebungsakten entweder das ordentliche Gesetzgebungsverfahren (Art 289 Abs 1 AEUV) als Regelfall oder besondere Gesetzgebungsverfahren (Art 289 Abs 2 AEUV) Anwendung.[108] Wie schon nach dem bisher geltenden System ist in jeder einzelnen Rechtsgrundlage niedergelegt, welches Verfahren zur Anwendung kommt.[109]

Bei den Rechtsakten ohne Gesetzescharakter (Durchführungsakte im weiteren Sinn) werden *delegierte Rechtsakte* (Art 290 AEUV) und *Durchfüh-*

105 Nicht genannt sind nur die internationalen Übereinkünfte der Union [Art 37 EUV (neu), Art 218 AEUV], interinstitutionelle Übereinkommen (Art 295 AEUV) sowie Austrittsabkommen [Art 50 EUV(neu)].

106 Die Vielzahl von Handlungsformen und Instrumenten in den bislang geltenden Verträgen, deren Rechtswirkungen vielfach unklar sind, werden (nahezu) durchgängig durch die in Art 288 AEUV enthaltenen Handlungsformen ersetzt.

107 In der Rechtsexpertengruppe wurde aus diesen Gründen erwogen, in dem Titel von Gesetzgebungsakten entweder einen Hinweis auf deren Gesetzescharakter („Legislativverordnung“, „Legislativrichtlinie“) oder auf das angewendete Verfahren aufzunehmen; beide Vorschläge wurden letztlich als zu verfassungsähnlich bzw legistisch unbrauchbar abgelehnt; vgl *Schusterschitz*, Rechtsakte und Rechtsetzungsverfahren, in *Hummer/Obwexer* (Hrsg), Der Vertrag von Lissabon (2009), 215.

108 Trotz der Aufgabe des Gesetzesbegriffs wurde bei der Bezeichnung der Rechtsetzungsverfahren die Neuerungen des VVE vollständig übernommen und – in begrifflich inkonsequenter Weise – an der Terminologie „Gesetzgebungsverfahren“ festgehalten.

109 Während das ordentliche Gesetzgebungsverfahren, welches im Wesentlichen dem Mitentscheidungsverfahren entspricht, in Art 294 AEUV horizontal definiert ist, werden die Abstimmungsquoren und die jeweilige Einbindung des EP bei den besonderen Gesetzgebungsverfahren in der jeweiligen Rechtsgrundlage festgelegt. Die Rechtsetzungsverfahren zur Annahme von Rechtsakten ohne Gesetzescharakter sind in den Verträgen nicht weiter definiert und ergeben sich aus den jeweiligen Rechtsgrundlagen. Das Verfahren der Zusammenarbeit (Art 252 EGV) wurde durch den VvL abgeschafft.

rungsrechtsakte (Art 291 AEUV) unterschieden.[110] Erstere können von der Kommission *„zur Ergänzung oder Änderung bestimmter nicht wesentlicher Vorschriften"* eines Gesetzgebungsaktes erlassen werden; letztere werden, sofern es einheitlicher Bedingungen für die Durchführung verbindlicher Rechtsakte bedarf, durch die Kommission oder in Einzelfällen durch den Rat angenommen. Durch die *Bezeichnungspflicht* von delegierten Rechtsakten und Durchführungsrechtsakten im Titel der jeweiligen Rechtsakte wird eine leichtere Erkennbarkeit des Stufenbaus der Handlungsformen – Gesetzgebungsakte, delegierte Rechtsakte, Durchführungsrechtsakte – ermöglicht.[111] Der VvL kommt damit dem Auftrag der Laeken-Erklärung nach, eine Unterscheidung zwischen Gesetzgebungs- und Durchführungsmaßnahmen und eine Hierarchie der Handlungsformen einzuführen.[112]

Die Auswirkungen, die sich aus der Reform der Rechtsakte und Rechtsetzungsverfahren auf das Zusammenwirken zwischen Unionsrecht und nationalem Recht ergeben können, sind vielfältig und nicht in allen Aspekten vorhersehbar. Besonders spannend wird sich die Machtverteilung in dem – in seiner Bedeutung nicht zu unterschätzenden – Bereich der Durchführung des Unionsrechts gestalten. Ein Potential der Hierarchie der Handlungsformen, und vor allem des Konzepts der delegierten Rechtsakte, liegt darin, dass der in der Praxis ungeliebten Detailregelung von Gesetzgebungsakten entgegengewirkt werden kann.[113] Nur grundlegende politische Entscheidungen und die wesentlichen Bestandteile der Rechtsetzung sollen in den Händen des Gesetzgebers bleiben, während der Kommission die Befugnis übertragen wird, bestimmte, *„nicht wesentliche Vorschriften"* eines Gesetzgebungsaktes zu ergänzen und abzuändern. Auch in solch „nicht wesentlichen" Vorschriften delegierter Rechtsakte ebenso wie in Durchführungsrechtsakten können je-

---

110 *Verordnungen*, *Richtlinien* und *Beschlüsse* werden daher, je nach dem anwendbaren Verfahren, als Rechtsakte mit oder ohne Gesetzescharakter angenommen.

111 Letztlich wird durch die Bezeichnungspflicht der Durchführungsakte implizit (mangels Bezeichnung) auch die Erkennbarkeit von Gesetzgebungsakten erleichtert. Eine Unterscheidung zwischen Rechtsakten mit oder ohne Gesetzescharakter wird allerdings in jenen Fällen nicht möglich sein, in welchen die Annahme von Verordnungen, Richtlinien oder Beschlüssen ohne Gesetzescharakter unmittelbar auf eine primärrechtliche Rechtsgrundlage gestützt ist, etwa im Verordnungen im Wettbewerbs- oder Beihilfenbereich oder Beschlüsse im Bereich der GASP.

112 Für eine übersichtliche Darstellung der Neuerungen in diesem Bereich: *Obwexer*, ecolex 2008, 287.

113 Gemäß Art 289 AEUV ist eine Delegation von Rechtsetzungsbefugnissen nur an die Kommission möglich. „Ziele, Inhalt, Geltungsbereich und Dauer der Befugnisübertragung müssen in dem zugrundeliegenden Gesetzgebungsakt ausdrücklich festgelegt sein. Neu ist, dass aufgrund delegierter Rechtsetzungsbefugnis nun explizit Ergänzungen oder Änderungen bestimmter, nicht wesentlicher Vorschriften eines Gesetzgebungsaktes vorgenommen werden dürfen.

doch Regelungen von großer (vor allem wirtschaftlicher) Tragweite für die Mitgliedstaaten getroffen werden.[114]

Es ist daher von erheblicher Bedeutung, wie sich die Regelungen des VvL auf die – nunmehr explizit in Art 291 Abs 1 AEUV normierte – grundsätzliche Zuständigkeit der Mitgliedstaaten zur Durchführung des Unionsrechts auswirken. Zum einen scheint wesentlich, dass die Befugnisse der Kommission bei der Durchführung des Unionsrechts erweitert werden, indem sie – innerhalb der in dem betreffenden Gesetzgebungsakt festgelegten Schranken der Delegation – allein regelungsbefugt wird.[115] Bei der Annahme *delegierter Rechtsakte* besteht nämlich, im Gegensatz zu den *Durchführungsrechtsakten* auf der Grundlage des Komitologiesystems, definitionsgemäß keine Mitwirkungsmöglichkeit der Mitgliedstaaten, was nicht nur zu einem Verlust an Einfluss für die Mitgliedstaaten, sondern möglicherweise auch zu einem Akzeptanzproblem dieser Maßnahmen führen könnte.[116] Zum anderen ist eine klare Abgrenzung zwischen delegierten Rechtsakten und Durchführungsrechtsakten im VvL nicht ersichtlich. Eine Qualifikation, was unter der „Durchführung" von Unionsrecht zu verstehen ist, sieht der VvL ebenso wenig vor wie eine Definition der „nicht wesentlichen Bestandteile" eines Rechtsaktes. Damit bleibt der genaue Anwendungsbereich der delegierten Rechtsakte und die Frage der Abgrenzung zu den Durchführungsrechtsakten offen, bzw der Regelung durch die Praxis und der auf der Grundlage des Art 291 Abs 3 zu erlassenden Komitologieverordnung überlassen.[117]

114 Ein sehr anschauliches Beispiel stellte die in jüngster Zeit umstrittene Abschaffung der traditionellen Glühbirnen dar, welche auf der Basis der „Eco-Design-Richtlinie" 2005/32/EG im Wege des Komitologieverfahrens beschlossen wurde (auf der Grundlage dieser Richtlinie wird im Ausschussverfahren über Prinzipien, Bedingungen und Kriterien für die Festlegung ökologischer Anforderungen einer Vielzahl weiterer Produkte entschieden, die für die Industrie von enormer Relevanz sind). Ein einschlägiges Beispiel sind auch die Ausschussverfahren über nationale Maßnahmen auf Basis der Freisetzungs-RL (RL 2001/18/EG, vgl Art 23, Schutzklausel) zu nennen, wenn Mitgliedstaaten die Verbreitung neuer Gen-Sorten aus umwelt- oder gesundheitspolitischen Gründen zu verhindern suchen.

115 Gemäß Art 290 Abs 2 haben jedoch der Rat oder das Europäische Parlament – jeweils einzeln – die Möglichkeit eine Übertragung zu widerrufen oder ein Inkrafttreten des delegierten Rechtsaktes davon abhängig zu machen, dass Parlament oder Rat innerhalb einer im Gesetzgebungsakt festgelegten Frist keine Einwände erheben.

116 Siehe dazu schon *Schusterschitz*, Rechtsakte, in *Hummer/Obwexer* (Hrsg), Vertrag von Lissabon, 230; auch für Art 290 AEUV haben daher bereits eine Reihe von MS den Wunsch geäußert, eine horizontale Regelung einzuführen, die eine einseitige Verpflichtung der Kommission zur Einberufung von Expertenausschüssen oder anderen Formen der Konsultation vorsehen würde.

117 Unberücksichtigt blieb während der Verhandlungen des VvL – trotz entsprechender Vorbringen in der Rechtsexpertengruppe – dass nach dem Scheitern des VVE durch die Komitologiereform 2006 als Ersatz für die delegierten Rechtsakte das *„Regelungsver-*

Diese Abgrenzung ist aber entscheidend für die Einflussmöglichkeiten der Institutionen bzw der Mitgliedstaaten bei der Durchführung des Unionsrechts. Zu dem bestehenden Spannungsfeld zwischen Kommission, Mitgliedstaaten und Rat gesellt sich nun auch das Europäische Parlament hinzu, welches neben dem Rat im Gesetzgebungsverfahren darauf Einfluss nehmen kann, ob eine Ausgestaltung eines Rechtsaktes im Wege der Delegation oder als Durchführungsrechtsakt erfolgen soll.[118] Im Rahmen der Delegation würden dem Europäischen Parlament Einflussmöglichkeiten zukommen, da es – je nach den Vorgaben des jeweiligen Gesetzgebungsaktes – entscheiden kann, eine Übertragung zu widerrufen bzw ein Inkrafttreten des delegierten Rechtsaktes zu verhindern (Art 290 Abs 2 AEUV). Bei den Durchführungsrechtsakten wird es hingegen, außer bei der Annahme der neu zu verhandelnden Komitologieverordnung, voraussichtlich keine Mitwirkung des Europäischen Parlaments geben. Auch wenn daher die Gewaltenteilung nach dem VvL auf den ersten Blick transparenter erscheint, wird die Zuweisung von Befugnissen zum Erlass von Durchführungsakten damit weiterhin von der Entscheidung des Gesetzgebers abhängen und sich jeweils im Einzelfall entscheiden, welcher Instanz – Kommission, Europäisches Parlament, Rat oder Mitgliedstaaten – die Kontrolle bei der Wahrnehmung von Durchführungsbefugnissen zukommt.

Striktere Vorgaben erhält der Gestaltungsspielraum des Gesetzgebers hingegen bei der Wahl der Handlungsformen. Dem Beispiel des VVE folgend, legt der VvL in etlichen Rechtsgrundlagen, bei denen der EGV dem europäischen Gesetzgeber Wahlfreiheit zwischen den einzelnen Rechtsakttypen überlässt, nun die anzuwendende Handlungsform fest. Insgesamt gesteht der VvL dem Gesetzgeber damit weniger Freiheiten zu als nach dem bislang geltenden System und gestaltet die Art und Reichweite des Eingriffs in die nationale Regelungsbefugnis vorhersehbarer.[119] Sofern die Handlungsform in der

---

fahren mit Kontrolle" (Art 2 Abs 2 iVm Art 5a Komitologiebeschluss (Rat der EU, Beschluss zur Änderung des Beschlusses 1999/468/EG zur Festlegung der Modalitäten für die Ausübung der der Kommission übertragenen Durchführungsbefugnisse, 2006/512/EG, ABl 2006 L 200, 11) eingeführt wurde, welches für „quasi-legislative Maßnahmen" gilt und sachlich damit einen vergleichbaren Anwendungsbereich hat wie der wortgleich aus Art I-36 VVE übernommene Art 290 AEUV (vgl im Detail *Schusterschitz,* Rechtsakte, in *Hummer/Obwexer* (Hrsg), Vertrag von Lissabon, 228).

118 Hier bleibt es gemäß Art 291 Abs 3 AEUV dabei, dass „die Mitgliedstaaten die Wahrnehmung der Durchführungsbefugnisse durch die Kommission kontrollieren", weshalb wohl ein Komitologiesystem in ähnlicher Ausgestaltung wie das bislang bestehende in Anwendung bleiben wird. Es ist daher fraglich, ob die schon länger bestehende Forderung des Europäischen Parlaments nach Teilhabe am Komitologieverfahren von Erfolg gekrönt sein wird (vgl dazu *Schusterschitz*, Rechtsakte, in *Hummer/Obwexer* (Hrsg), Vertrag von Lissabon, 219).

119 Gleichzeitig folgt er aber nicht dem – immer wieder geforderten – System einer Verknüpfung zwischen Kompetenzkategorien und anwendbaren Handlungsformen (vgl

jeweiligen Rechtsgrundlage des AEUV nicht ausdrücklich vorgegeben ist, hält der VvL gemäß Art 296 Abs 1 AEUV an dem Konzept der Wahlfreiheit auf der Basis des Verhältnismäßigkeitsprinzips aber ausdrücklich fest.

Auswirkungen auf das Zusammenwirken zwischen Union und Mitgliedstaaten ergeben sich auch daraus, dass die Anwendung des ordentlichen Gesetzgebungsverfahrens, dh des jetzigen Mitentscheidungsverfahrens, auf insgesamt 85 Rechtsgrundlagen erstreckt wird.[120] Damit wird die Rolle des Europäischen Parlaments als gleichberechtigter Gesetzgeber neben dem Rat – und so die demokratische Legitimation des Unionsrechts – beträchtlich gestärkt, auch wenn ihm nach wie vor keine, den nationalen Parlamenten vergleichbare, Funktion eines Gesetzgebers mit eigenem Initiativrecht zukommt. Das Initiativrecht verbleibt auch nach dem VvL weitgehend in der Hand der Kommission.[121] In diesem Zusammenhang sieht der VvL als Neuerung, die weiteres Potenzial zur Stärkung demokratischer Elemente bieten soll, die Einführung einer Bürgerinitiative vor, die mindestens einer Million Bürgerinnen und Bürger aus einer „erheblichen Anzahl von Mitgliedstaaten" die Möglichkeit gibt, der Kommission Rechtsetzungsvorschläge zu unterbreiten und damit an der europäischen Gesetzgebung teilzuhaben [Art 11 Abs 4 EUV(neu)].[122]

Die Mitgliedstaaten wiederum würden durch den weiteren Anwendungsbereich des ordentlichen Gesetzgebungsverfahrens und den Übergang zur qualifizierten Mehrheit in jenen Rechtsgrundlagen, in welchen der EG-Vertrag derzeit Einstimmigkeit vorsieht, „Vetomöglichkeiten" verlieren. Dies betrifft vor allem den Bereich der derzeitigen Dritten Säule (PJZS), in welchem durch den Übergang von intergouvernemental geprägten Entscheidungsstrukturen auf die „Gemeinschaftsmethode" die deutlichste Wende vollzogen wird.[123]

---

dazu *Becker*, Die vertikale Kompetenzordnung im Verfassungsvertrag, in *Jopp/Matl* (Hrsg), Der Vertrag über eine Verfassung für Europa – Analysen zur Konstitutionalisierung der EU (2005), 195).

120 Nach dem Vertrag von Nizza fand das Mitentscheidungsverfahren in 45 Rechtsgrundlagen Anwendung (Europäisches Parlament, Entwurf einer Entschließung zum Vertrag von Lissabon, A6–0013/2008, Anlage 2; *Maurer*, Das ordentliche Gesetzgebungsverfahren, in *Lieb/Maurer* (Hrsg), Der Vertrag von Lissabon, Kurzkommentar (2009), 46.

121 Nur im Bereich der PJZS kommt gemäß Art 76 lit b AEUV neben der Kommission auch weiterhin den Mitgliedstaaten ein Initiativrecht zu.

122 Die Bürgerinitiative fügt sich in das Kapitel über die demokratischen Grundsätze der Union (Art 8 ff EUVneu) ein, welches auf den Prinzipien der demokratischen Gleichheit, der repräsentativen und partizipativen Demokratie beruht. Als Ausdruck der Stärkung der demokratischen Grundsätze gilt auch die stärkere Rolle der nationalen Parlamente im Gesetzgebungsverfahren bzw bei Vertragsänderungen oder Evaluierungsrechten im Bereich des Raums der Freiheit, der Sicherheit und des Rechts [vgl im Einzelnen Art 12 EUV(neu)].

123 Einstimmigkeit mit Anhörung des Europäischen Parlaments gilt auch weiterhin für Maßnahmen zum Familienrecht mit grenzüberschreitenden Bezügen (Art 81 Abs 3 AEUV) und für Bestimmungen betreffend Pässe, Personalausweise, Aufenthaltstitel

Neben der prinzipiellen Anwendung des ordentlichen Gesetzgebungsverfahrens, findet für Rechtsakte, die nach Inkrafttreten des VvL in der PJZS angenommen werden, der bislang geltende Ausschluss der unmittelbaren Wirkung (für Rahmenbeschlüsse und Beschlüsse, Art 34 Abs 2 lit a und b EUV) keine Anwendung mehr. Für bereits bestehendes Sekundärrecht der PJZS wurde, nach zähen Verhandlungen der Rechtsexpertengruppe in der RK 2007, eine Übergangszeit von fünf Jahren ausgehandelt, nach der die Rechtsdurchsetzungsbefugnisse der Unionsorgane nach dem VvL uneingeschränkt Geltung finden sollen. Dies zeigte deutlich die Sensibilität dieser Neuerungen für einige Mitgliedstaaten.[124] Ebenso wie bereits im VVE wird zudem in besonders sensiblen Bereichen der PJZS einerseits die Möglichkeit für die Mitgliedstaaten vorgesehen, die „Notbremse" zu ziehen, wenn sie grundlegende Aspekte ihrer Strafrechtsordnung berührt sehen und andererseits den „integrationswilligen" Mitgliedstaaten Erleichterungen für die Begründung einer verstärkten Zusammenarbeit gewährt.[125]

Im Ergebnis erhöht sich damit die Wahrscheinlichkeit, dass – zumindest im Bereich der PJZS – einzelne Mitgliedstaaten innerhalb des institutionellen

oder diesen gleichgestellte Dokumente (Art 77 Abs 3 AEUV); im Strafrechtsbereich gilt Einstimmigkeit für die Festlegung von Mindestvorschriften über sonstige spezifische Aspekte des Strafverfahrens (Art 82 Abs 2 lit d), für die Ausweitung der Mindestvorschriften zu Straftaten und Strafen auf weitere Kriminalitätsbereiche (Art 83 Abs 1 AEUV) sowie für Maßnahmen im Zusammenhang mit der Einrichtung einer Europäischen Staatsanwaltschaft (Art 86 AEUV). Im Bereich der polizeilichen Zusammenarbeit unterliegen Maßnahmen über die operative Zusammenarbeit zwischen den zuständigen Behörden der Einstimmigkeit (Art 87 Abs 3 AEUV) sowie hinsichtlich der Tätigkeit von Behörden eines Mitgliedstaates auf dem Territorium eines andere Mitgliedstaates (Art 89 AEUV).

124 Vgl dazu Art 10 des Protokolls (Nr 36) über die Übergangsbestimmungen (unten Fn 144). Die Übergangszeit von fünf Jahren für bestehendes Sekundärrecht ging vor allem auf britischen Wunsch zurück; vgl auch die, nach den Abs 4 und 5 dieser Bestimmung bestehenden Sonderregelungen für das Vereinigte Königreich (zur Behandlung der britischen Opt-Outs in der Rechtsexpertengruppe, vgl *Fülöp*, Die Regierungskonferenz 2007: Ausgangslage, Arbeitsweise, Ergebnisse, in *Hummer/Obwexer* (Hrsg), Der Vertrag von Lissabon (2009), 85. Drei Mitgliedstaaten, dem Vereinigten Königreich, Irland und Dänemark, kommen überhaupt für den gesamten Bereich des Raums der Freiheit, der Sicherheit und des Rechts, einschließlich der PJZS, nach dem VvL Opt-Out-Rechte bzw Möglichkeiten zu [vgl Protokoll (Nr 21) über die Position des Vereinigten Königreichs und Irlands hinsichtlich des Raums der Freiheit, der Sicherheit und des Rechts sowie Protokoll (Nr 22) über die Position Dänemarks].

125 Vgl Art 82 Abs 3 und Art 83 Abs 3 AEUV für den Bereich der gegenseitigen Anerkennung für Mindestvorschriften im Strafverfahren bzw zur Festlegung von Straftaten und Strafen, sowie Art 86 Abs 1 AEUV für die Einrichtung einer Europäischen Staatsanwaltschaft und Art 87 Abs 3 AEUV für die operative Zusammenarbeit zwischen den Polizeibehörden, die beide eine erleichterte Begründung einer *„verstärkten Zusammenarbeit"* ermöglichen, sofern keine Einstimmigkeit im Rat erreicht wird.

Rahmenwerks der Union eine verstärkte Zusammenarbeit begründen. Von Interesse ist in diesem Zusammenhang, dass auch außerhalb der PJZS eine Stärkung von Flexibilitätsmechanismen nach dem VvL insbesondere in den für die Mitgliedstaaten besonders sensiblen Bereichen zu beobachten ist. Durch die Schaffung eines einheitlichen und in Einzelaspekten effizienteren Rahmens für die verstärkte Zusammenarbeit und insbesondere durch die Erstreckung ihres Anwendungsbereichs auf die GASP/GSVP werden Beschlussfassungen zwischen (mindestens neun) integrationswilligen Mitgliedstaaten erleichtert.[126] Daneben sieht der VvL im Bereich der GSVP unterschiedliche Flexibilitätsmechanismen vor, die ein Fortschreiten hin zu einer Gemeinsamen Verteidigungspolitik befördern sollen.[127] Sollten auf diesen Grundlagen Mechanismen der engeren Zusammenarbeit verstärkt Einsatz finden, würde dies eine weitere neue Facette des Zusammenwirkens zwischen Union und Mitgliedstaaten bzw auch zwischen den Mitgliedstaaten untereinander begründen.[128]

Neben einer möglichen Erweiterung von Flexibilitätsmechanismen, und damit einem „Alleingang“ einzelner Mitgliedstaaten, ist letztlich erwähnenswert, dass dem VvL an anderen Stellen wiederum die Forderung nach einer verstärkten Solidarität unter den Mitgliedstaaten zu entnehmen ist, die in unterschiedlichen Politikbereichen zum Tragen kommt. Am deutlichsten findet der Solidaritätsgedanke wohl in der Außenpolitik, in der so genannten *„Solidaritätsklausel“* (Art 222 AEUV) seinen Ausdruck, welche zu solidarischen Maßnahmen im Falle eines Terroranschlags, einer Naturkatastrophe oder einer vom Menschen verursachten Katastrophe aufruft. Daneben findet er sich in unterschiedlichen Ausformungen in diversen Politikbereichen des VvL, etwa im Fremdenrecht, der Wirtschafts- oder der Energiepolitik, wieder.[129] Auch

126 Vgl Art 20 EUV und Art 326 bis 334 AEUV; klargestellt wird insbesondere, dass die verstärkte Zusammenarbeit als „letztes Mittel“ anzuwenden ist, wenn die mit ihr angestrebten Ziele nicht von der Union in ihrer Gesamtheit nicht innerhalb eines vertretbaren Zeitraums verwirklicht werden können (Art 20 EUV); ausdrücklich festgelegt und gestärkt wird der Grundsatz der Offenheit und Inklusivität der verstärkten Zusammenarbeit (Art 328 AEUV) und ermöglicht wird auch die Anwendung der kleinen Passerelle-Bestimmung, dh der Übergang von Einstimmigkeit zu qualifizierten Mehrheitsentscheidungen bzw vom besonderen zum ordentlichen Gesetzgebungsverfahren (Art 333 AEUV).

127 Dazu zählen etwa die Ständige Strukturierte Zusammenarbeit [Art 46 EUV(neu)], die Durchführung von Missionen durch eine Gruppe von Mitgliedstaaten [Art 44 EUV (neu)] oder die Teilnahme an der Europäischen Verteidigungsagentur [Art 45 Abs 2 EUV(neu)].

128 Auf der Grundlage von EUV/EGV (Art 43 ff EUV bzw Art 11 EGV) wurde von den Möglichkeiten einer verstärkten Zusammenarbeit kein Gebrauch gemacht.

129 Vgl im Detail im Bereich der GSVP Art 42 Abs 6 EUV(neu) zur Beistandsverpflichtung, Art 67 Abs 2 AEUV im Bereich Asyl, Einwanderung und Kontrolle an den Außengrenzen, Art 122 AEUV im Bereich der Wirtschaftspolitik bei gravierenden Schwierigkeiten in der Warenversorgung sowie Art 194 AEUV in der Energiepolitik; vgl auch Art 2/

der Solidaritätsgedanke hat, vor allem in Zeiten der Wirtschaftskrise, das Potenzial, das Handeln der Union substanziell zu prägen, wenn er nicht nur als „politisches Statement“ in den Verträgen aufgefasst wird. Manche sehen ihn sogar als Grundsatz, dem ganz wesentliche Funktionen zukommen könnten, nämlich eine verfassungsrechtliche Legitimation für neue Unionszuständigkeiten bereitzustellen, einen verfassungsrechtlichen Maßstab für bestimmte Arten von Unionsgesetzgebung aufzustellen und die verfassungsrechtliche Qualität der Unionsmitgliedschaft zu betonen.[130]

Fazit ist, dass die Reform der Rechtsakte durch die Vereinfachung der Handlungsformen und Rechtsetzungsverfahren jedenfalls einen Transparenzgewinn mit sich bringen wird, auch wenn durch das Fallenlassen des Gesetzesbegriffs die Identifizierbarkeit von Gesetzgebungsakten im Vergleich zum VVE erschwert wurde. Eine Stärkung des Europäischen Parlaments und gleichzeitig ein Rückgang des Einflusses der Mitgliedstaaten sind durch die Einführung des ordentlichen Gesetzgebungsverfahrens als Standard des Rechtsetzungsverfahrens zu erwarten. Hinsichtlich des Zusammenwirkens zwischen Unionsrecht und nationalem Recht bei der Durchführung des Unionsrechts ist eine Klärung der Handlungsbefugnisse, nicht zuletzt aufgrund der unscharfen Abgrenzung zwischen delegierten Rechtsakten und Durchführungsrechtsakten, wohl erst durch die Praxis bzw durch den Erlass einer neuen Komitologieverordnung zu erwarten. Neue Facetten der Zusammenarbeit zwischen Union und Mitgliedstaaten, bzw der Mitgliedstaaten untereinander könnten aus der Stärkung der Flexibilitätsmechanismen und dem an vielen Stellen geforderten Solidaritätsgedanken folgen.

D. Die Geltung von EU-Recht im nationalen Recht

Eine der – jedenfalls in Österreich – meistdiskutierten Änderungen des VVE war die explizite, primärrechtliche Verankerung des *Vorrangprinzips* in Art I-6 VVE. Diese Errungenschaft des VVE fiel der RK 2007 als eines jener Elemente zum Opfer, die als „staatsähnlich“ und daher als mögliche Hürden im Ratifikationsprozess eingestuft wurden.[131] Aus rechtlicher Sicht ändert dieser

Art 3 Abs 3 UAbs 3 EUV(neu), welcher das Ziel der Union festlegt, die Solidarität zwischen den Mitgliedstaaten zu fördern.

130 Vgl im Detail *Hoffmeister*, Das Prinzip der Solidarität zwischen den Mitgliedstaaten im Vertrag von Lissabon in *Pernice*, Der Vertrag von Lissabon: Reform der EU ohne Verfassung? (2007), 156; vgl auch *Bieber*, Solidarität als Verfassungsprinzip der Europäischen Union, in *v Bogdandy/Kadelbach* (Hrsg), Solidarität und europäische Integration (2002), 47 ff.

131 Die ausdrückliche Verankerung des Vorrangprinzips fiel insbesondere dem Widerstand einiger Mitgliedstaaten, allen voran Großbritannien, zum Opfer. Aus diesem Grund wurde bereits im Mandat für die Regierungskonferenz (Rat der EU, Mandat für die Re-

Eingriff freilich nichts, da das Vorrangprinzip durch die Rechtsprechung als eines der tragenden Strukturprinzipien der Union fest etabliert ist. Es kann vielmehr als eines der traurigeren Erkenntnisse des Reformprozesses gelten, dass der Versuch, diesen Grundsatz im Rahmen des VVE transparent zu machen, dazu führten, dass der Vorrang durch einige Stimmen der Öffentlichkeit als (bedrohliche) Neuerung des Verfassungsvertrags erst „entdeckt" wurde.

Nachdem infolge des Scheiterns des VVE die primärrechtliche Verankerung des Vorrangprinzips aufgegeben wurde, beschränkte sich der VvL darauf, in einer Erklärung zur Schlussakte der Regierungskonferenz auf die Geltung des Vorrangprinzips hinzuweisen.[132] Der Erklärung (Nr 17) in der Schlussakte von Lissabon wurde zudem das Gutachten des Juristischen Dienstes des Rates zum Vorrang beigefügt, welches unter anderem hervorhebt, dass die Tatsache, dass der Grundsatz des Vorrangs nicht in den künftigen Vertrag aufgenommen wird, nichts an seiner Existenz und an der bestehenden Rechtsprechung des Gerichtshofs ändert.[133] Der Erklärung (Nr 17) und dem Gutachten des Juristischen Dienstes kommen keine normative Wirkung zu. Sie bestätigen lediglich, dass die fehlende Verankerung des Vorrangs im Primärrecht keine Änderung gegenüber dem bisherigen Zustand darstellt, eine Feststellung, die angesichts der Weitergeltung des bestehenden *acquis communautaire* rein deklaratorischen Charakter hat. Der VvL ändert damit nichts an der Tragweite und der Natur des Vorrangprinzips; er trägt auch nicht zur Lösung des Gegensatzes über die dogmatische Begründung der Vorrangwirkung oder über die Letztentscheidungskompetenz des EuGH bzw der nationalen Höchstgerichte bei Grundrechtsverletzungen oder Kompetenzkonflikten bei.[134]

Für das Zusammenwirken zwischen Unionsrecht und nationalem Recht wesentlich ist hingegen die deutliche Ausweitung des Anwendungsbereichs des Vorrangs durch die Auflösung der Säulenstruktur auf den damit in den AEUV überführten Bereich der derzeitigen Dritten Säule (PJZS). Dies wird vor allem im Hinblick auf die Rechtsdurchsetzung in diesem Politikbereich einschneidende Änderungen mit sich bringen. Demgegenüber ist im Bereich der GASP/GSVP auch weiterhin keine Übertragung von Kompetenzen vorgesehen, die *„mit supranationaler Durchgriffswirkung ausgeübt werden"*, weshalb eine unmittelbare und vorrangige Anwendung des Unionsrechts in

---

gierungskonferenz 2007, 11218/07) ersatzweise die Verabschiedung einer Erklärung zum Vorrang des Unionsrechts vorgesehen; vgl *Bergmann*, DÖV 2008, 306.

132 Die Erklärung (Nr 17) zum Vorrang hält fest, *„dass die Verträge und das von der Union auf der Grundlage der Verträge gesetzte Recht im Einklang mit der ständigen Rechtsprechung des Gerichtshofs der Europäischen Union unter den in dieser Rechtsprechung festgelegten Bedingungen Vorrang vor dem Recht der Mitgliedstaaten haben."*

133 Gutachten des Juristischen Dienstes des Rates vom 22. Juni 2007 in der Fassung des Dokuments 11197/07 (JUR 260); zum Wortlaut siehe Erklärung (Nr 17) zum Vorrang.

134 Vgl dazu vorstehend bei Fn 44 ff.

diesem Bereich – ungeachtet seiner rechtlichen Verbindlichkeit – ausscheidet.[135]

Im Ergebnis büßt der VvL im Vergleich zum VVE damit an Transparenz ein, als er eines der tragenden Prinzipien des Unionsrechts wiederum nur als Verweis auf den *„acquis jurisprudentiel“* sichtbar macht und ihm damit den Stellenwert verwehrt, der ihm nach seiner Bedeutung im Integrationsprozess zukommt.[136] Mit Blick auf die von den Mitgliedstaaten befürchteten politischen Implikationen einer primärrechtlichen Verankerung dieses Prinzips war die im VvL getroffene Lösung, die eine Bekräftigung der Existenz des Vorrangprinzips in seiner geltenden Ausformung beinhaltet, als tragbarer Kompromiss zu werten.

E. Rechtsdurchsetzung und Rechtsschutz

Im Bereich der europäischen Gerichtsbarkeit sind im VvL eine Reihe von Neuerungen vorgesehen, die einerseits eine Stärkung des Rechtsschutzes des Einzelnen mit sich bringen und andererseits eine effektivere Rechtsdurchsetzung durch höhere Anforderungen an die nationalen Prozessordnungen und eine Verschärfung der Sanktionsmechanismen bewirken sollen. Mit anderen Worten werden sowohl die Rechtsakte der Organe und Einrichtungen der Union einer wirksameren Aufsicht durch die Rechtsunterworfenen unterliegen als auch die Mitgliedstaaten bei der Umsetzung und Anwendung des Unionsrechts stärker in die Pflicht genommen.

Hinsichtlich des Individualrechtsschutzes hat bereits die Regierungskonferenz 2004 die „Anregung“ des EuGH übernommen, eine Lockerung der Anforderungen für die Klagebefugnis natürlicher und juristischer Personen nach Art 230 Abs 4 EGV in Angriff zu nehmen. Der VvL hat diese Neuerung unverändert übernommen. Einzelpersonen könnten künftig gegen Rechtsakte mit Verordnungscharakter, die für sie unmittelbar gelten und die keine Durchführungsmaßnahmen nach sich ziehen, Nichtigkeitsklage erheben (Art 263 Abs 4 AEUV). Für solche „Rechtsakte mit Verordnungscharakter“ *entfällt* damit das Kriterium der *individuellen Betroffenheit*; Einzelpersonen müssen

---

135 *Thym*, Außenverfassungsrecht nach dem Lissaboner Vertrag in *Pernice*, Der Vertrag von Lissabon: Reform der EU ohne Verfassung? (2007) 176. Auch rein systematisch separiert sich die GASP infolge der fortbestehenden Trennung zwischen EUV(neu) und AEUV und ihrer (ausschließlichen) Regelung in den Art 21 ff EUV(neu) von den supranationalen Rechtsgrundlagen des AEUV.

136 Demgegenüber könnte es sogar als Rückschritt gegenüber dem bislang geltenden Recht gewertet werden, dass der Verweis auf die „vom Gerichtshof aufgestellten Grundsätzen für das Verhältnis zwischen einzelstaatlichem Recht und Gemeinschaftsrecht“ nicht mehr in der neuen Version des Subsidiaritätsprotokolls [Protokoll (Nr 2) über die Anwendung der Grundsätze der Subsidiarität und der Verhältnismäßigkeit] enthalten ist.

nicht mehr nachweisen, ein durch besondere Eigenschaften oder Umstände hervorgehobener Adressat eines Rechtsaktes mit Verordnungscharakters zu sein.[137]

Erstreckt wird der Rechtsschutz künftig auch auf Handlungen des Europäischen Rates mit Rechtswirkungen gegenüber Dritten (Art 263 Abs 1 AEUV), was nicht zuletzt aufgrund der Anerkennung des Europäischen Rates als Organ der Union als wichtiges rechtsstaatliches Anliegen gewertet werden kann. Angesichts der oft sehr detaillierten Beschlüsse des Europäischen Rates, welche die Handlungen des europäischen Gesetzgebers bzw der Mitgliedstaaten determinieren – etwa bei der gesetzgeberischen und operativen Programmplanung im Justiz- und Inneren-Bereich oder den strategischen Interessen und Ziele im Bereich des Auswärtigen Handelns – ist diese Neuerung von großer Bedeutung.[138] Eine wichtige Ergänzung des VvL sind auch die Rechtsschutzmöglichkeiten gegen Handlungen der Einrichtungen oder sonstigen Stellen der Union mit Rechtswirkungen gegenüber Dritten (Art 263 Abs 1 letzter Satz).[139] Auch mit dieser Zuständigkeitserweiterung können Rechtsschutzlücken geschlossen werden, die sich gerade in politisch sensiblen Bereichen als bedeutsam erweisen können, etwa im Zusammenhang mit Handlungen von Agenturen wie Europol, Eurojust oder allenfalls einer zukünftigen Europäischen Staatsanwaltschaft, die die Rechte Einzelner berühren.

Als eine weitere, wichtige Errungenschaft ist in diesem Zusammenhang auch die Grundrechtecharta zu nennen, die durch einen Verweis in Art 6 Abs 1 EUV(neu) denselben Rang wie Primärrecht erhält. Allein die Verleihung eines primärrechtlichen Rangs für die Grundrechtecharta stellt einen wichtigen symbolischen Mehrwert für die europäische Werteordnung dar, auch wenn die praktischen Auswirkungen noch nicht einschätzbar sind.[140] Ebenso ist aus Art 47 der Charta, der eine allgemeine Gerichtsgarantie vorsieht, eine Ausrichtung der Primärrechtsordnung mit stärkerer Betonung des Rechtsschutzes abzuleiten.

Zusätzlich zur Erweiterung des Gerichtszugangs Einzelner zu den europäischen Gerichten erhöht der VvL auch die Anforderungen an die Mitgliedstaa-

137 Vgl zu den – trotz dieser Lockerung – potentiellen Hürden für den neuen erweiterten Gerichtszugang *Azizi*, Rechtsschutz, in *Hummer/Obwexer* (Hrsg), Vertrag über eine Verfassung, 226 ff.

138 Kritisch zu den Befugnissen des Europäischen Rates im Bereich des Auswärtigen Handelns im VVE: *Griller*, External Relations, in *de Witte* (Hrsg), Ten Reflections on the Constitutional Treaty for Europe (2003), 133 ff.

139 In Art 263 Abs 5 AEUV wurde diesbezüglich festgelegt, dass in den Gründungsakten solcher Einrichtungen und Stellen „besondere Bedingungen und Einzelheiten für die Erhebung von Klagen von natürlichen oder juristischen Personen gegen Handlungen dieser Einrichtungen und sonstigen Stellen vorgesehen werden (können), die eine Rechtswirkung gegenüber diesen Personen haben."

140 *Klingenbrunner/Raptis*, JRP 2008, 144 f.

ten im Bereich des Rechtsschutzes. In der Bestimmung über die institutionelle Struktur der europäischen Gerichtsbarkeit wird unter anderem eine Verpflichtung der Mitgliedstaaten etabliert, *„die erforderlichen Rechtsbehelfe (zu schaffen), damit ein wirksamer Rechtsschutz in den vom Unionsrecht erfassten Bereichen gewährleistet ist“* [Art 19 Abs 1 UAbs 1 EUV(neu)]. Diese Bestimmung könnte als Abkehr vom bisherigen Verständnis der gerichtlichen Zusammenarbeit gesehen werden, nach welcher der EGV, neben den Möglichkeiten der Direktklage nach Art 230 EGV, *„keine, zu den nach nationalem Recht bereits bestehenden Rechtsbehelfen hinzutretenden Klagemöglichkeiten zur Wahrung des Gemeinschaftsrechts vor den nationalen Gerichten schaffen wollte.“*[141] Freilich kann diese Neuerung auch als konsequente Weiterentwicklung der Rechtsprechung über den effektiven gerichtlichen Rechtsschutz betrachtet werden.[142] Mit Art 19 EUV(neu) wird jedenfalls klargestellt, dass ein Eingriff in die Verfahrensautonomie der Mitgliedstaaten dann möglich sein wird, wenn erwiesen ist, dass durch bestehende Rechtsbehelfe in Einzelbereichen ein wirksamer Rechtsschutz nicht gewährleistet ist. Unter diesen Umständen sind die Mitgliedstaaten primärrechtlich verpflichtet, die als erforderlich angesehenen Rechtsbehelfe zu schaffen und damit ihre nationalen Prozessordnungen anzupassen.

Verschärft wird mit dem VvL – als besonderes Anliegen der Kommission in der RK 2004 – auch das Vertragsverletzungsverfahren, und zwar in zweifacher Weise. Durch Art 260 Abs 2 UAbs 1 AEUV wird der Kommission die Möglichkeit eingeräumt, im Falle einer Nichtumsetzung eines EuGH-Urteils bereits nach einmaliger Aufforderung des betreffenden Mitgliedstaates zur Stellungnahme den EuGH neuerlich anzurufen und dabei gleichzeitig die Höhe des Pauschalbetrags oder des Zwangsgeldes für den Fall einer Verurteilung anzugeben. Es entfällt damit das bisherige, zweistufige Vorverfahren nach Art 228 EGV. Gestrafft wird auch das Vertragsverletzungsverfahren bei der Nichtumsetzung von gemäß einem Gesetzgebungsverfahren erlassenen Richtlinien (Art 260 Abs 3 AEUV). Die Kommission kann, sofern sie dies für zweckmäßig hält, bereits bei erstmaliger Klageerhebung die Höhe des von dem betreffenden Mitgliedstaat zu zahlenden Pauschalbetrags oder Zwangs-

141 Vgl zuletzt beispielsweise EuGH, Rs C-503/07 P, *Saint-Gobain Glass Deutschland GmbH/Kommission*, Slg 2008, I-2217, Rdnr 78, in welcher der EuGH die Klägerin hinsichtlich der Geltendmachung der Rechtswidrigkeit einer streitigen Entscheidung auf Art 234 EGV und den „nationalen Rechtsweg“ verweist.

142 Diese kann, auf der Grundlage des Art 10 EGV und der Grundsätze von Effektivität und Gleichwertigkeit, so gelesen werden, dass der Grundsatz des effektiven gerichtlichen Schutzes die Schaffung eigenständiger Rechtsbehelfe zur Prüfung der Vereinbarkeit nationaler Vorschriften mit dem Gemeinschaftsrecht nur solange nicht verlangt, als bestehende Rechtsbehelfe eine entsprechende Prüfung ermöglichen (EuGH, Rs C-432/05, EuGH, Rs C-432/05, *Unibet*, Slg 2007, I-2271, Rdnrn 38 ff; EuGH, Rs C-50/00P, *Unión de Pequeños Agricultores/Rat*, Slg 2002, I-6677, Rdnr 42).

gelds benennen, die sie den Umständen nach für angemessen hält. Wenn der Gerichtshof einen Verstoß feststellt, kann er gegen den betreffenden Mitgliedstaat gleichzeitig die Zahlung dieses Betrags, bis zur Höhe des von der Kommission genannten Betrags, verhängen. Ein zweites Vertragsverletzungsverfahren ist unter diesen Umständen nicht mehr erforderlich.[143]

Die Anwendung von (finanziell schmerzhaften) Sanktionen gegen die Mitgliedstaaten droht daher nach dem VvL deutlich schneller und stärkt den Einfluss der Kommission in ihrer Funktion als Hüterin der Verträge. Diese Neuerung stellt einen weiteren deutlichen Schritt weg von den nach internationalem Recht gebräuchlichen Streitschlichtungsmechanismen im Verhandlungsweg dar. Sie nimmt den Mitgliedstaaten (nicht zuletzt zeitlichen) Spielraum, Lösungen für Umsetzungsdefizite im Rahmen des Vorverfahrens bzw im Fall der Nichtumsetzung von Richtlinien im Rahmen des ersten Vertragsverletzungsverfahrens zu entwickeln bzw zu verhandeln und damit auch Gelegenheit, mitgliedstaatliche Interessen geltend zu machen. Gleichzeitig stellt diese Neuerung einen Ausdruck dafür dar, die europäische Integration unter anderem durch eine raschere und effektivere Durchsetzung von angenommenen Rechtsakten voranbringen zu wollen.

Aus den Änderungen des VvL im Bereich der europäischen Gerichtsbarkeit zeigt sich damit ein deutlicher Fokus auf eine effektivere Rechtsdurchsetzung, die auch unter Einschränkung der nationalen Verfahrensautonomie und des Handlungsspielraums der Mitgliedstaaten bei der Wahrnehmung von Umsetzungsdefiziten erreicht werden soll. Die Verbesserung des Zugangs von natürlichen und juristischen Personen zu den europäischen Gerichten[144] soll also nicht die nationalen Gerichte der Verantwortlichkeit entheben, einen effektiven gerichtlichen Rechtsschutz zu gewährleisten. Die Schließung dieser – schon aus rechtsstaatlicher Sicht lange kritisierten – Rechtsschutzlücken könnte längerfristig dazu beitragen, eine bessere Identifikation des Einzelnen mit dem europäischen Regelwerk zu ermöglichen.

---

143 Vgl dazu den Beitrag von *Hummer*, Finanzielle Sanktionen gegen Mitgliedsstaaten bei Nichterfüllung von EuGH-Urteilen, vorstehend auf S 606.

144 Dies würde nicht zuletzt im Bereich der bisherigen Dritten Säule, der mit der polizeilichen und justiziellen Zusammenarbeit, besonders eingriffsintensive Bereiche umfasst, eine wichtige Rolle spielen. Auch hier würde der EuGH – vorbehaltlich einer fünfjährigen Übergangsfrist im Hinblick auf zum Zeitpunkt des Inkrafttretens des Vertrags existierende Rechtsakte – durch die Abschaffung der bestehenden Ausnahmen bzw Abweichungen seiner Prüfkompetenz, künftig für sämtliche Klagen, Vorabentscheidungsersuchen und Gutachtensanträge zuständig sein [vgl Art 10 Abs 1 bis 3 des Protokolls (Nr 36) über die Übergangsbestimmungen sowie die nach den Abs 4 und 5 dieser Bestimmung bestehenden Sonderregelungen für das Vereinigte Königreich, welches sich während der Rechtsexpertengruppe am massivsten gegen eine Erstreckung des Rechtsschutzes auf den Bereich der PJZS gestellt hatte].

IV. Zusammenfassung und Auswirkungen

Die wichtigsten Ergebnisse der Untersuchung lassen sich thesenhaft wie folgt zusammenfassen:

1. Die Grundsätze der Zuständigkeitsverteilung zwischen Union und Mitgliedstaaten bleiben unverändert. Auch eine Neuordnung der Zuständigkeiten wurde, trotz eines entsprechenden Mandats zur Prüfung in der „Laeken-Erklärung", nicht für notwenig erachtet bzw fand keinen Konsens. Im Vordergrund stand, insbesondere bei der Reform der Kompetenzen als auch der Rechtsakte und Rechtsetzungsverfahren, eine Stärkung der Transparenz und Übersichtlichkeit sowie eine Vereinfachung der bislang geltenden Bestimmungen.
2. Nach dem Scheitern des VVE wurde durch die RK 2007 eine Reihe von Klarstellungen vorgenommen, welche die nationale Souveränität im Rahmen der EU stärker akzentuiert. Darunter fällt eine deutlichere Ausformung des Prinzips der begrenzten Einzelermächtigung, eine klarere Abgrenzung insbesondere der geteilten Zuständigkeiten und eine ausdrückliche Bezugnahme auf die Möglichkeit zur Rückübertragung von Kompetenzen an die Mitgliedstaaten. Eine *rechtliche* Verpflichtung zur restriktiveren Auslegung von Unionszuständigkeiten ist den Verträgen jedoch nicht zu entnehmen. Auch der Anwendungsbereich jener Bestimmungen, die ganz maßgeblich zur dynamischen Fortentwicklung des Gemeinschaftsrechts beigetragen haben, die Binnenmarktkompetenz und die Lückenschließungsklausel, wird durch den VvL nicht wesentlich eingeschränkt.
3. Änderungen des Zusammenwirkens zwischen Union und Mitgliedstaaten sind – wie auch schon bei vorangegangenen Vertragsänderungen – in einzelnen Politikbereichen aus der Neufassung von Ermächtigungsgrundlagen und geänderten Abstimmungsmodalitäten zu erwarten. Eine substanzielle Stärkung von Unionskompetenzen folgt durch den VvL vor allem im Bereich der Gemeinsamen Handelspolitik und der PJZS.
4. Eine restriktivere Auslegung der Zuständigkeitsnormen könnte sich damit nur aus den verstärkten Mechanismen zur Subsidiaritätskontrolle ergeben. Statt einer materiellen Einschränkung der Ermächtigungsgrundlagen setzt der VvL damit auf eine prozedurale Kontrolle der Kompetenzausübung durch das Subsidiaritätsprinzip. Ob dieser Ansatz tatsächlich zu einer restriktiveren Kompetenzausübung durch die Unionsorgane führen wird, wird sich in der Praxis erweisen. Jedenfalls beinhaltet der VvL das Potenzial, durch die frühzeitige Einbindung der nationalen Parlamente den mitgliedstaatlichen Einfluss und die demokratische Legitimation bei der Gestaltung des Unionsrechts zu stärken.
5. Die demokratischen Grundlagen des Vertrags würden auch durch die Einführung des ordentlichen Gesetzgebungsverfahrens als Regelfall verstärkt,

selbst wenn dem europäischen Parlament damit keine, den nationalen Parlamenten vergleichbare, Funktion eines Gesetzgebers mit eigenem Initiativrecht zukommt. Ermöglicht wird nach dem VvL dafür eine Einbindung der Unionsbürger in den Gesetzgebungsprozess durch die Einrichtung der Bürgerinitiative.

6. Eine Vereinfachung der Handlungsformen, eine bessere Abgrenzung von Gesetzgebungs- und Durchführungsmaßnahmen sowie eine Hierarchie der Handlungsformen werden durch die Reform der Rechtsakte und Rechtsetzungsverfahren erreicht. Unklar ist die institutionelle Machtverteilung bei der Durchführung des Unionsrechts nach dem VvL, da die Zuweisung von Handlungsbefugnissen nach wie vor einer Festlegung im Einzelfall überlassen bleibt. Nicht zuletzt aufgrund der unscharfen Abgrenzung zwischen delegierten Rechtsakten und Durchführungsrechtsakten, wird sich das Zusammenwirken zwischen Unionsrecht und nationalem Recht bei der Durchführung des Unionsrechts erst in der Praxis bzw durch den Erlass einer neuen Komitologieverordnung bestimmen.
7. Ein Verlust an Einflussmöglichkeit für die Mitgliedstaaten folgt durch den Übergang zu qualifizierter Mehrheit in zahlreichen Rechtsgrundlagen, in welchen der EGV/EUV Einstimmigkeit vorsah. Gerade im Bereich der ehemaligen Dritten Säule stellt sich damit im Zusammenhang die Frage, ob die aufgrund des Übergangs zu Mehrheitsentscheidungen vorgesehenen Mechanismen der „Notbremse“ und der Erleichterungen zur Begründung einer verstärkten Zusammenarbeit sowie die neuen bzw ausgeweiteten opt-out/opt-in-Regelungen zu einem flexibleren Zusammenwirken zwischen einzelnen Mitgliedstaaten führen werden.
8. Der Ausweitung von Flexibilitätsmechanismen gerade in sensiblen Bereichen des Unionsrechts steht im VvL an anderen Stellen wiederum die Forderung nach einer verstärkten Solidarität unter den Mitgliedstaaten gegenüber, die in unterschiedlichen Politikbereichen zum Tragen kommt und deren Auswirkungen auf das Unionsrecht zum gegenwärtigen Zeitpunkt nicht abschätzbar ist.
9. Bemerkenswert ist letztlich ein Fokus des VvL auf eine effektivere Rechtsdurchsetzung, die einerseits durch eine Verbesserung des Individualrechtsschutzes, und damit einer stärkeren Einbindung des Einzelnen bei der Rechtmäßigkeitskontrolle von Unionsrechtsakten, erreicht wird und andererseits durch höhere Anforderungen an die nationalen Prozessordnungen bei der Gewährleistung effektiven Rechtsschutzes.

Anders als von manchen Politikern und Medien behauptet, bringt der VvL damit keine grundsätzlichen Veränderungen des Verhältnisses zwischen Union und Mitgliedstaaten mit sich und begründet auch keinen europäischen Bundesstaat. Der Union kommt auch nach dem VvL keine Kompetenz-Kompetenz zu, Vertragsänderungen erfolgen nach wie vor einstimmig und nach Ratifikation durch die Mitgliedstaaten. Auch in jenen Fällen der vereinfachten Vertragsänderung, die einen Übergang von Einstimmigkeit zu qualifizierter Mehrheit bzw vom besonderen zum ordentlichen Gesetzgebungsverfahren vorsehen [Art 48 Abs 7 EUV(neu)], sichert das Erfordernis der einstimmigen Beschlussfassung im Europäischen Rat und das Vetorecht der nationalen Parlamente den Einfluss der Mitgliedstaaten.

Auch mit dem Versuch einer klareren Gewaltenteilung im Unionsrecht werden keine Änderungen bewirkt, die der Union einen (bundes)staatlichen Charakter verleihen. Die Aufhebung nationalen Rechts durch die europäischen Gerichte bleibt ausgeschlossen, den Unionsorganen kommen – trotz der Übertragung von Zuständigkeiten in der strafrechtlichen Zusammenarbeit – nach wie vor keine Befugnisse zur Ausübung physischer Zwangsgewalt gegen den Einzelnen im Rahmen der Rechtsdurchsetzung zu. Die EU beruht zudem, im Gegensatz zu staatlichen Systemen, auf freiwilliger Mitgliedschaft, was durch den VvL mit der expliziten Einführung eines Austrittsrechts für die Mitgliedstaaten bekräftigt wird.[145]

Neben der Abkehr vom „Verfassungskonzept“ wurden die Verträge zudem um Klarstellungen angereichert, die die Souveränität der Mitgliedstaaten in den Vordergrund stellen. Auch wenn diese Bestimmungen rechtlich keine Änderungen mit sich bringen, sind sie doch als politische Bekräftigung zu werten, dass die Mitgliedstaaten Willensträger bei der Verteilung und Ausübung von Zuständigkeiten sind, die in der Gesetzgebung und Rechtsprechung Berücksichtigung finden sollten. Kernbereiche staatlicher Hoheitsgewalt, wie insbesondere die GASP oder die Steuerpolitik, bleiben durch Einstimmigkeitserfordernisse bzw durch intergouvernementale Strukturen weiterhin fest in den Händen der Mitgliedstaaten.

Diese Ausführungen sollen nicht in den Hintergrund drängen, dass der Union durch den dynamischen Zuwachs von Kompetenzen im Zuge des Integrationsprozesses (zum Teil ausschließliche) Verantwortlichkeit über die Gestaltung wesentlicher Lebensbereiche zukommt. Auch der VvL trägt durch die Übertragung von Zuständigkeiten an die Union zu einem weiteren Souveränitätsverlust der Mitgliedstaaten bei, und zwar vor allem in dem sensiblen Bereich der Zusammenarbeit im Strafrecht und im Außenhandel.

In beiden Bereichen sind die Auswirkungen dieser Zuständigkeitsübertragungen dennoch differenziert zu betrachten. Im Strafrechtsbereich wird der Verlust des Vetorechts in einzelnen, besonders heiklen Ermächtigungsgrundlagen durch die Möglichkeit eines Vorbehalts („Notbremse“) zugunsten der grundlegenden Aspekte der mitgliedstaatlichen Strafrechtsordnungen ausge-

145 Vgl Art 50 EUV(neu), der erstmals ein geregeltes Verfahren für den Austritt eines Mitgliedstaates aus der Union vorsieht (vgl dazu insb *Kumin*, Vertragsänderungsverfahren und Austrittsklausel, in *Hummer/Obwexer* (Hrsg), Der Vertrag von Lissabon, 301 ff.

glichen.[146] In Frage steht zudem, ob die neuen Abstimmungsmodalitäten, vor allem durch die verpflichtende Einbindung des Europäischen Parlaments, nicht zu einer größeren inhaltlichen Ausgewogenheit der PJZS führen könnten. Gerade aus Sicht des Einzelnen ist auch die Möglichkeit des Rechtsschutzes in diesem eingriffsensiblen Bereichs ein wesentlicher Zugewinn. Auch die Ausweitung von Unionskompetenzen im Bereich der Gemeinsamen Handelspolitik könnte nicht nur unter dem Blickwinkel einer „ungemütlichen" Beschränkung von Souveränitätsrechten[147] im Bereich des Außenhandels gesehen werden, sondern auch als Förderung der Einheitlichkeit und Kohärenz der völkerrechtlichen Vertretung und damit als Stärkung der Verhandlungsposition der Union und ihrer Mitgliedstaaten gegenüber ihren Handelspartnern.

Mit dem Frühwarnmechanismus und der Ausweitung des ordentlichen Gesetzgebungsverfahrens enthält der VvL zudem das Potenzial, die Begrenzungs- und Legitimationsfunktion der Ausübung von Zuständigkeiten durch die Union besser sicherzustellen. Er stärkt die Einflussmöglichkeit jener Institutionen, die traditionell für die Interessen der Bürger eintreten sollten.[148] Auch wenn die Diagnose über die tatsächliche Auseinandersetzung von Parlamentariern mit Rechtsetzungsvorschlägen der EU oft ernüchternd ausfällt, bleibt letztlich wesentlich, dass es demokratisch (direkt) legitimierten Organen ermöglicht wird, rechtswirksam Bedenken über den Inhalt und die Reichweite europäischen Handelns zu äußern. Auf der Suche nach alternativen Mitteln gegen die schleichende Übertragung von Kompetenzen hat sich zudem eine grundlegende Reform der Kompetenzen mit explizit verankerten Souveräni-

146 Zudem ist, soweit die Annexkompetenzen zur Festlegung von Mindestvorschriften für Straftaten und Strafen gemäß Art 83 Abs 2 AEUV betroffen sind, festzustellen, dass bereits die Rechtsprechung des EuGH in diesem Bereich eine „Zuständigkeitsübertragung" an die Gemeinschaft bewirkt hat und damit – ohne entsprechende Vorbehalte – je nach dem zugrundeliegenden harmonisierten Rechtsgebiet einer Annahme im Mitentscheidungsverfahren unterstellt hat.

147 Vgl dazu die Auseinandersetzung über die Ausdehnung der Zuständigkeiten in der Gemeinsamen Handelspolitik nach Art 207 AEUV: *„So fand Lübbe-Wolf in scharfem Kontrast zu Pernice es „nicht gemütlich", dass die Mitgliedstaaten in den WTO-Runden künftig zwar mit 27 Stimmen, aber nur einem Verhandlungsmandat säßen, während Di Fabio die Frage aufwarf, ob Deutschland „im Prozess der Globalisierung nicht ein Instrument aus der Hand" gäbe, das von großer Bedeutung für die Sicherung von Standort und Arbeitsplätzen sei. Pernice entgegnete dem, dass die Wahrnehmung deutscher Interessen „auf der globalen Bühne über die EU vielmals wirkungsvoller" sei, zudem sei den nationalen Interessen bei der Abstimmung auf EU-Ebene Rechnung getragen. Schließlich stehe der auf WTO-Ebene verhandelnde EU-Kommissar unter „ständiger Kontrolle der Vertreter" der Mitgliedstaaten"* (*Karpenstein/Neidhardt*, Bericht über die mündliche Verhandlung des BVerfG zur Vereinbarkeit des VvL mit dem Grundgesetz am 11. und 12. Februar, WHI-Paper 04, 2009, 11).

148 Vgl *Papastamkos/Schwab*, Der Vertrag von Lissabon – Stärkung der parlamentarischen Dimension der EU, EuZW 2008, 161 ff.

tätsvorbehalten der Mitgliedstaaten als politisch noch weniger durchsetzbar und auch systematisch weniger kohärent erwiesen als die im VvL vorgesehenen verfahrensrechtlichen Mechanismen.

Auch ein Blick auf den legistischen Handlungsbedarf, der sich aus den Neuerungen des VvL für die österreichische Rechtsordnung ergibt, bestätigt, dass der Vertrag die Grundlagen des Zusammenwirkens zwischen Union und Mitgliedstaaten nicht verändert und die Baugesetze der österreichischen Verfassung nicht in einer gesamtändernden Art und Weise berührt.[149] (Verfassungs-)gesetzliche Änderungen müssten vorrangig zur „Umsetzung“ jener Neuerungen vorgesehen werden, die die Begrenzungs- und Legitimationsfunktion des Vertrags sicherstellen sollen, nämlich insbesondere zu den Rechten des Parlaments im Rahmen der Subsidiaritätskontrolle.[150]

Als sehr illustrativ erweist sich aus diesen zusammenfassenden Betrachtungen ein Blick auf die Konsequenzen, die ein Scheitern des VvL in den dargestellten Bereichen gehabt hätte. In erster Linie wäre mit dem VvL eine Stärkung von Transparenz und Übersichtlichkeit bei der Darstellung der Grundlagen des Unionsrechts verloren gegangen. Gerade die Gestaltung des Zusammenwirkens zwischen Union und Mitgliedstaaten wird aus dem VvL viel klarer ersichtlich als nach bisher geltendem Recht. Ein weiterer Verlust wäre in der Stärkung der demokratischen und rechtsstaatlichen Garantien gelegen, die der VvL mit sich bringt. Die Einbindung der nationalen Parlamente hätte nach EUV/EGV allenfalls durch die durchgängige Übermittlung von Regelungsvorschlägen und eine Selbstverpflichtung der Kommission, Stellungnahmen der einzelstaatlichen Parlamente zu berücksichtigen, erfolgen können. Die Effektivität einer solchen Vorgehensweise wäre allerdings sehr in Frage gestanden. Gerade jene Neuerungen, die den Äußerungsrechten der Parlamente Zähne verleihen, nämlich das Klagerecht vor dem EuGH und die indirekt damit verbundene Verpflichtung des Gerichtshofes, die Notwendigkeit europäischen Handelns tatsächlich zu überprüfen, wären auf der Grundlage der alten Verträge nicht umsetzbar gewesen. Ebenso hätte die Ausweitung der Direktklagemöglichkeiten für natürliche und juristische Personen und die Erstreckung des Rechtsschutzes auf besonders eingriffssensible Bereiche (PJZS) nicht realisiert werden können.

Die kuriose Schlussfolgerung, die sich daraus ziehen lässt ist, dass die Neuerungen des VvL, einschließlich jener die nur klarstellenden Charakter haben, gerade auch Bedürfnisse ansprechen, die in dem negativen Ausgang der Referenden in Irland sowie in Frankreich und den Niederlanden zum VVE zum Ausdruck kamen. Neben der Unzufriedenheit mit der Regierungs-

149 Vgl dazu die Erläuterungen über den Vertrag von Lissabon, 417 BlgNR 23. GP, 94.

150 Vgl dazu im Einzelnen *Lienbacher*, Ausgewählte Rechtsfragen der Anwendung des Vertrags von Lissabon in Österreich, in *Hummer/Obwexer* (Hrsg), Der Vertrag von Lissabon, 427 ff.

führung im jeweils eigenen Land lag der Ablehnung des europäischen Reformprozesses auch die Wahrnehmung der Bürgerinnen und Bürger zugrunde, dass ihre Interessen in einer abgehobenen Brüsseler Bürokratie nur unzureichend repräsentiert bzw den Interessen von Wirtschaft und Industrie untergeordnet werden. Will man diesen Defiziten ernsthaft begegnen, stellt der VvL nunmehr unzweifelhaft ein besser geeignetes Regelwerk für eine Annäherung der Bürgerinnen und Bürger an die EU dar, als dies nach den bisherigen Verträgen möglich gewesen wäre.

Anhang (Übereinstimmungstabellen)

I. Vertrag über die Europäische Union (EUV)

A. Übereinstimmungstabelle: Vertrag von Maastricht→Vertrag von Amsterdam/Vertrag von Nizza

Vertrag über die Europäische Union (EUV) **(Fassung: Vertrag von Maastricht 1992)**	Vertrag über die Europäische Union (EUV) **(Fassung: Vertrag von Amsterdam 1997 und Vertrag von Nizza 2001)**
TITEL I	TITEL I
Artikel A	Artikel 1
Artikel B	Artikel 2
Artikel C	Artikel 3
Artikel D	Artikel 4
Artikel E	Artikel 5
Artikel F	Artikel 6
Artikel F.1*	Artikel 7
TITEL II	TITEL II
Artikel G	Artikel 8
TITEL III	TITEL III
Artikel H	Artikel 9
TITEL IV	TITEL IV
Artikel I	Artikel 10
TITEL V**	TITEL V
Artikel J.1	Artikel 11
Artikel J.2	Artikel 12
Artikel J.3	Artikel 13
Artikel J.4	Artikel 14
Artikel J.5	Artikel 15

Vertrag über die Europäische Union (EUV) **(Fassung: Vertrag von Maastricht 1992)**	Vertrag über die Europäische Union (EUV) **(Fassung: Vertrag von Amsterdam 1997 und Vertrag von Nizza 2001)**
Artikel J.6	Artikel 16
Artikel J.7	Artikel 17
Artikel J.8	Artikel 18
Artikel J.9	Artikel 19
Artikel J.10	Artikel 20
Artikel J.11	Artikel 21
Artikel J.12	Artikel 22
Artikel J.13	Artikel 23
Artikel J.14	Artikel 24
Artikel J.15	Artikel 25
Artikel J.16	Artikel 26
Artikel J.17	Artikel 27
	Artikel 27a***
	Artikel 27b***
	Artikel 27c***
	Artikel 27d***
	Artikel 27e***
Artikel J.18	Artikel 28
TITEL VI**	TITEL VI
Artikel K.1	Artikel 29
Artikel K.2	Artikel 30
Artikel K.3	Artikel 31
Artikel K.4	Artikel 32
Artikel K.5	Artikel 33
Artikel K.6	Artikel 34
Artikel K.7	Artikel 35
Artikel K.8	Artikel 36
Artikel K.9	Artikel 37
Artikel K.10	Artikel 38
Artikel K.11	Artikel 39

Vertrag über die Europäische Union (EUV) **(Fassung: Vertrag von Maastricht 1992)**	Vertrag über die Europäische Union (EUV) **(Fassung: Vertrag von Amsterdam 1997 und Vertrag von Nizza 2001)**
Artikel K.12	Artikel 40
	Artikel 40a***
	Artikel 40b***
Artikel K.13	Artikel 41
Artikel K.14	Artikel 42
TITEL VIa**	TITEL VII
Artikel K.15*	Artikel 43
	Artikel 43a***
	Artikel 43b***
Artikel K.16*	Artikel 44
	Artikel 44a***
Artikel K.17*	Artikel 45
TITEL VII	TITEL VIII
Artikel L	Artikel 46
Artikel M	Artikel 47
Artikel N	Artikel 48
Artikel O	Artikel 49
Artikel P	Artikel 50
Artikel Q	Artikel 51
Artikel R	Artikel 52
Artikel S	Artikel 53

* Neuer Artikel, eingefügt durch den Vertrag von Amsterdam (1997)
** Neuer Titel, eingefügt durch den Vertrag von Amsterdam (1997)
*** Neuer Artikel, eingefügt durch den Vertrag von Nizza (2001).

Quelle: *Calliess/Ruffert*, EUV/EGV. Das Verfassungsrecht der Europäischen Union, Auflage[3] (2007), XXXIX ff.
http://beck-online.beck.de/?vpath=bibdata%2fkomm%2fCalliesRuffert EUVEGV_3%2fMono%2fcont%2fCalliesRuffertEUVEGV.Verz5.htm

B. Übereinstimmungstabelle: Vertrag von Amsterdam/Vertrag von Nizza→Vertrag von Lissabon

Vertrag über die Europäische Union (EUV) **(Fassung: Vertrag von Amsterdam 1997 und Vertrag von Nizza 2001)**	Vertrag über die Europäische Union (EUV) **(Fassung: Vertrag von Lissabon 2007)**
TITEL I	TITEL I
Artikel 1	Artikel 1
	Artikel 2
Artikel 2	Artikel 3
Artikel 3 (aufgehoben)[1]	
	Artikel 4
	Artikel 5[2]
Artikel 4 (aufgehoben)[3]	
Artikel 5 (aufgehoben)[4]	
Artikel 6	Artikel 6
Artikel 7	Artikel 7
	Artikel 8
TITEL II	TITEL II
Artikel 8 (aufgehoben)[5]	Artikel 9
	Artikel 10[6]
	Artikel 11
	Artikel 12
TITEL III	TITEL III
Artikel 9 (aufgehoben)[7]	Artikel 13
	Artikel 14[8]
	Artikel 15[9]
	Artikel 16[10]
	Artikel 17[11]
	Artikel 18
	Artikel 19[19]
TITEL IV	TITEL IV
Artikel 10 (aufgehoben)[13] Artikel 27a bis 27e (ersetzt)	Artikel 20[14]

Vertrag über die Europäische Union (EUV) **(Fassung: Vertrag von Amsterdam 1997 und Vertrag von Nizza 2001)**	Vertrag über die Europäische Union (EUV) **(Fassung: Vertrag von Lissabon 2007)**
Artikel 40 bis 40b (ersetzt) Artikel 43 bis 45 (ersetzt)	
TITEL V	TITEL V
	Kapitel 1
	Artikel 21
	Artikel 22
	Kapitel 2
	Abschnitt 1
	Artikel 23
Artikel 11	Artikel 24
Artikel 12	Artikel 25
Artikel 13	Artikel 26
	Artikel 27
Artikel 14	Artikel 28
Artikel 15	Artikel 29
Artikel 22 (umgestellt)	Artikel 30
Artikel 23 (umgestellt)	Artikel 31
Artikel 16	Artikel 32
Artikel 17 (umgestellt)	Artikel 42
Artikel 18	Artikel 33
Artikel 19	Artikel 34
Artikel 20	Artikel 35
Artikel 21	Artikel 36
Artikel 22 (umgestellt)	Artikel 30
Artikel 23	Artikel 31
Artikel 24	Artikel 37
Artikel 25	Artikel 38
	Artikel 39
Artikel 47 (umgestellt)	Artikel 40
Artikel 26 (aufgehoben)	

Vertrag über die Europäische Union (EUV) **(Fassung: Vertrag von Amsterdam 1997 und Vertrag von Nizza 2001)**	Vertrag über die Europäische Union (EUV) **(Fassung: Vertrag von Lissabon 2007)**
Artikel 27 (aufgehoben)	
Artikel 27a*** (ersetzt)[15]	Artikel 20
Artikel 27b*** (ersetzt)[15]	Artikel 20
Artikel 27c*** (ersetzt)[15]	Artikel 20
Artikel 27d*** (ersetzt)[15]	Artikel 20
Artikel 27e*** (ersetzt)[15]	Artikel 20
Artikel 28	Artikel 41
	Abschnitt 2
Artikel 17 (umgestellt)	Artikel 42
	Artikel 43
	Artikel 44
	Artikel 45
	Artikel 46
TITEL VI[16]	
Artikel 29 (ersetzt)[17]	
Artikel 30 (ersetzt)[18]	
Artikel 31 (ersetzt)[19]	
Artikel 32 (ersetzt)[20]	
Artikel 33 (ersetzt)[21]	
Artikel 34 (aufgehoben)	
Artikel 35 (aufgehoben)	
Artikel 36 (ersetzt)[22]	
Artikel 37 (aufgehoben)	
Artikel 38 (aufgehoben)	
Artikel 39 (aufgehoben)	
Artikel 40 (ersetzt)[23]	Artikel 20
Artikel 40a*** (ersetzt)[23]	Artikel 20
Artikel 40b*** (ersetzt)[23]	Artikel 20
Artikel 41 (aufgehoben)	
Artikel 42 (aufgehoben)	

Vertrag über die Europäische Union (EUV) **(Fassung: Vertrag von Amsterdam 1997 und Vertrag von Nizza 2001)**	Vertrag über die Europäische Union (EUV) **(Fassung: Vertrag von Lissabon 2007)**
TITEL VII (ersetzt)[24]	
Artikel 43 (ersetzt)[24]	Artikel 20
Artikel 43a*** (ersetzt)[24]	Artikel 20
Artikel 43b*** (ersetzt)[24]	Artikel 20
Artikel 44 (ersetzt)[24]	Artikel 20
Artikel 44a*** (ersetzt)[24]	Artikel 20
Artikel 45 (ersetzt)[24]	Artikel 20
TITEL VIII	TITEL VI
Artikel 46 (aufgehoben)	
	Artikel 47
Artikel 47 (ersetzt)	Artikel 40
Artikel 48	Artikel 48
Artikel 49	Artikel 49
	Artikel 50
	Artikel 51
	Artikel 52
Artikel 50 (aufgehoben)	
Artikel 51	Artikel 53
Artikel 52	Artikel 54
Artikel 53	Artikel 55

1 Im Wesentlichen ersetzt durch Artikel 7 des Vertrags über die Arbeitsweise der Europäischen Union (AEUV) und Artikel 13 Absatz 1 sowie Artikel 21 Absatz 3 Unterabsatz e des Vertrags über die Europäische Union (EUV).

2 Ersetzt Artikel 5 des Vertrags über die Gründung der Europäischen Gemeinschaft (EGV).

3 Im Wesentlichen ersetzt durch Artikel 15 EUV.

4 Im Wesentlichen ersetzt durch Artikel 13 Absatz 2 EUV.

5 Artikel 8 EUV in der Fassung vor dem Inkrafttreten des Vertrags von Lissabon (im Folgenden „bisheriger EUV“) enthielt Vorschriften zur Änderung des EGV. Die in diesem Artikel enthaltenen Änderungen wurden in den EGV eingefügt und Artikel 8 wird aufgehoben. Unter seiner Nummer wird eine neue Bestimmung eingefügt.

6 Absatz 4 ersetzt im Wesentlichen Artikel 191 Absatz EGV.

7 Artikel 9 des bisherigen EUV enthielt Vorschriften zur Änderung des Vertrags über die Gründung der Europäischen Gemeinschaft für Kohle und Stahl. Der EGKS-Vertrag trat am 23. Juli 2002 außer Kraft. Artikel 9 wird aufgehoben und unter seiner Nummer wird eine andere Bestimmung eingefügt.

8 – Die Absätze 1 und 2 ersetzten im Wesentlichen Artikel 189 EGV.
– Die Absätze 1 bis 3 ersetzen im Wesentlichen Artikel 190 Absätze 1 bis 3 EGV.
– Absatz 1 ersetzt im Wesentlichen Artikel 192 Absatz 1 EGV.
– Absatz 4 ersetzt im Wesentlichen Artikel 197 Absatz 1 EGV.

9 Ersetzt im Wesentlichen Artikel 4 des bisherigen EUV.

10 – Absatz 1 ersetzt im Wesentlichen Artikel 202 erster und zweiter Gedankenstrich EGV.
– Die Absätze 2 und 9 ersetzen im Wesentlichen Artikel 203 EGV.
– Die Absätze 4 und 5 ersetzen im Wesentlichen Artikel 205 Absätze 2 und 4 EGV.

11 – Absatz 1 ersetzt im Wesentlichen Artikel 211 EGV.
– Die Absätze 3 und 7 ersetzen im Wesentlichen Artikel 214 EGV.
– Absatz 6 ersetzt im Wesentlichen Artikel 217 Absätze 1, 3 und 4 EGV.

12 – Ersetzt im Wesentlichen Artikel 220 EGV.
– Absatz 2 Unterabsatz 1 ersetzt im Wesentlichen Artikel 221 Absatz 1 EGV.

13 Artikel 10 des bisherigen EUV enthielt Vorschriften zur Änderung des Vertrags zur Gründung der Europäischen Atomgemeinschaft (EAGV). Die in diesem Artikel enthaltenen Änderungen wurde in den Euratom-Vertrag eingefügt und Artikel 10 wird aufgehoben. Unter seiner Nummer wird eine andere Bestimmung eingefügt.

14 Ersetzt auch die Artikel 11 und 11a EGV.

15 Artikel 27a bis 27e des bisherigen EUV über die Verstärkte Zusammenarbeit werden auch durch die Artikel 326 bis 334 AEUV ersetzt.

16 Die Bestimmungen des Titels VI des bisherigen EUV über die polizeiliche und justizielle Zusammenarbeit in Strafsachen (PJZS) werden durch die Bestimmungen des Dritten Teils, Titel V, Kapitel 1, 4 und 5 AEUV ersetzt.

17 Ersetzt durch Artikel 67 AEUV.

18 Ersetzt durch die Artikel 87 und 88 AEUV.

19 Ersetzt durch die Artikel 82, 83 und 85 AEUV.

20 Ersetzt durch Artikel 89 AEUV.

21 Ersetzt durch Artikel 72 AEUV.

22 Ersetzt durch Artikel 71 AEUV.

23 Die Artikel 40 bis 40b des bisherigen EUV über die Verstärkte Zusammenarbeit werden auch durch die Artikel 326 bis 334 AEUV ersetzt.

24 Die Artikel 43 bis 45 und Titel VII des bisherigen EUV über die Verstärkte Zusammenarbeit werden auch durch die Artikel 326 bis 334 AEUV ersetzt.

*** Neuer Artikel, eingefügt durch den Vertrag von Nizza (2001).

Quelle: ABl 2010 C 83, 361 ff.

II. Vertrag zur Gründung der Europäischen Gemeinschaft (EGV)

A. Übereinstimmungstabelle: Vertrag von Maastricht→Vertrag von Amsterdam/Vertrag von Nizza

Vertrag zur Gründung der Europäischen Gemeinschaft **(Fassung: Vertrag von Maastricht 1992)**	Vertrag zur Gründung der Europäischen Gemeinschaft (EGV) **(Fassung: Vertrag von Amsterdam 1997 und Vertrag von Nizza 2001)**
ERSTER TEIL	ERSTER TEIL
Artikel 1	Artikel 1
Artikel 2	Artikel 2
Artikel 3	Artikel 3
Artikel 3a	Artikel 4
Artikel 3b	Artikel 5
Artikel 3c*	Artikel 6
Artikel 4	Artikel 7
Artikel 4a	Artikel 8
Artikel 4b	Artikel 9
Artikel 5	Artikel 10
Artikel 5a*	Artikel 11
	Artikel 11a***
Artikel 6	Artikel 12
Artikel 6a*	Artikel 13
Artikel 7 (aufgehoben)	
Artikel 7a	Artikel 14
Artikel 7b (aufgehoben)	
Artikel 7c	Artikel 15

Vertrag zur Gründung der Europäischen Gemeinschaft **(Fassung: Vertrag von Maastricht 1992)**	Vertrag zur Gründung der Europäischen Gemeinschaft (EGV) **(Fassung: Vertrag von Amsterdam 1997 und Vertrag von Nizza 2001)**
Artikel 7d*	Artikel 16
ZWEITER TEIL	ZWEITER TEIL
Artikel 8	Artikel 17
Artikel 8a	Artikel 18
Artikel 8b	Artikel 19
Artikel 8c	Artikel 20
Artikel 8d	Artikel 21
Artikel 8e	Artikel 22
DRITTER TEIL	DRITTER TEIL
TITEL I	TITEL I
Artikel 9	Artikel 23
Artikel 10	Artikel 24
Artikel 11 (aufgehoben)	
KAPITEL 1	KAPITEL 1
Abschnitt 1 (gestrichen)	
Artikel 12	Artikel 25
Artikel 13 (aufgehoben)	
Artikel 14 (aufgehoben)	
Artikel 15 (aufgehoben)	
Artikel 16 (aufgehoben)	
Artikel 17 (aufgehoben)	
Abschnitt 2 (gestrichen)	
Artikel 18 (aufgehoben)	
Artikel 19 (aufgehoben)	
Artikel 20 (aufgehoben)	
Artikel 21 (aufgehoben)	
Artikel 22 (aufgehoben)	
Artikel 23 (aufgehoben)	
Artikel 24 (aufgehoben)	

Vertrag zur Gründung der Europäischen Gemeinschaft **(Fassung: Vertrag von Maastricht 1992)**	Vertrag zur Gründung der Europäischen Gemeinschaft (EGV) **(Fassung: Vertrag von Amsterdam 1997 und Vertrag von Nizza 2001)**
Artikel 25 (aufgehoben)	
Artikel 26 (aufgehoben)	
Artikel 27 (aufgehoben)	
Artikel 28	Artikel 26
Artikel 29	Artikel 27
KAPITEL 2	KAPITEL 2
Artikel 30	Artikel 28
Artikel 31 (aufgehoben)	
Artikel 32 (aufgehoben)	
Artikel 33 (aufgehoben)	
Artikel 34	Artikel 29
Artikel 35 (aufgehoben)	
Artikel 36	Artikel 30
Artikel 37	Artikel 31
TITEL II	TITEL II
Artikel 38	Artikel 32
Artikel 39	Artikel 33
Artikel 40	Artikel 34
Artikel 41	Artikel 35
Artikel 42	Artikel 36
Artikel 43	Artikel 37
Artikel 44 (aufgehoben)	
Artikel 45 (aufgehoben)	
Artikel 46	Artikel 38
Artikel 47 (aufgehoben)	
TITEL III	TITEL III
KAPITEL 1	KAPITEL 1
Artikel 48	Artikel 39
Artikel 49	Artikel 40
Artikel 50	Artikel 41

Vertrag zur Gründung der Europäischen Gemeinschaft **(Fassung: Vertrag von Maastricht 1992)**	Vertrag zur Gründung der Europäischen Gemeinschaft (EGV) **(Fassung: Vertrag von Amsterdam 1997 und Vertrag von Nizza 2001)**
Artikel 51	Artikel 42
KAPITEL 2	KAPITEL 2
Artikel 52	Artikel 43
Artikel 53 (aufgehoben)	
Artikel 54	Artikel 44
Artikel 55	Artikel 45
Artikel 56	Artikel 46
Artikel 57	Artikel 47
Artikel 58	Artikel 48
KAPITEL 3	KAPITEL 3
Artikel 59	Artikel 49
Artikel 60	Artikel 50
Artikel 61	Artikel 51
Artikel 62 (aufgehoben)	
Artikel 63	Artikel 52
Artikel 64	Artikel 53
Artikel 65	Artikel 54
Artikel 66	Artikel 55
KAPITEL 4	KAPITEL 4
Artikel 67 (aufgehoben)	
Artikel 68 (aufgehoben)	
Artikel 69 (aufgehoben)	
Artikel 70 (aufgehoben)	
Artikel 71 (aufgehoben)	
Artikel 72 (aufgehoben)	
Artikel 73 (aufgehoben)	
Artikel 73 a (aufgehoben)	
Artikel 73b	Artikel 56
Artikel 73c	Artikel 57
Artikel 73d	Artikel 58

Vertrag zur Gründung der Europäischen Gemeinschaft **(Fassung: Vertrag von Maastricht 1992)**	Vertrag zur Gründung der Europäischen Gemeinschaft (EGV) **(Fassung: Vertrag von Amsterdam 1997 und Vertrag von Nizza 2001)**
Artikel 73 e (aufgehoben)	
Artikel 73f	Artikel 59
Artikel 73g	Artikel 60
Artikel 73 h (aufgehoben)	
TITEL IIIa**	TITEL IV
Artikel 73i*	Artikel 61
Artikel 73j*	Artikel 62
Artikel 73k*	Artikel 63
Artikel 73l*	Artikel 64
Artikel 73m*	Artikel 65
Artikel 73n*	Artikel 66
Artikel 73o*	Artikel 67
Artikel 73p*	Artikel 68
Artikel 73q*	Artikel 69
TITEL IV	TITEL V
Artikel 74	Artikel 70
Artikel 75	Artikel 71
Artikel 76	Artikel 72
Artikel 77	Artikel 73
Artikel 78	Artikel 74
Artikel 79	Artikel 75
Artikel 80	Artikel 76
Artikel 81	Artikel 77
Artikel 82	Artikel 78
Artikel 83	Artikel 79
Artikel 84	Artikel 80
TITEL V	TITEL VI
KAPITEL 1	KAPITEL 1
ABSCHNITT 1	ABSCHNITT 1
Artikel 85	Artikel 81

Vertrag zur Gründung der Europäischen Gemeinschaft **(Fassung: Vertrag von Maastricht 1992)**	Vertrag zur Gründung der Europäischen Gemeinschaft (EGV) **(Fassung: Vertrag von Amsterdam 1997 und Vertrag von Nizza 2001)**
Artikel 86	Artikel 82
Artikel 87	Artikel 83
Artikel 88	Artikel 84
Artikel 89	Artikel 85
Artikel 90	Artikel 86
Abschnitt 2 (gestrichen)	
Artikel 91 (aufgehoben)	
ABSCHNITT 3	ABSCHNITT 2
Artikel 92	Artikel 87
Artikel 93	Artikel 88
Artikel 94	Artikel 89
KAPITEL 2	KAPITEL 2
Artikel 95	Artikel 90
Artikel 96	Artikel 91
Artikel 97 (aufgehoben)	–
Artikel 98	Artikel 92
Artikel 99	Artikel 93
KAPITEL 3	KAPITEL 3
Artikel 100	Artikel 94
Artikel 100a	Artikel 95
Artikel 100b (aufgehoben)	
Artikel 100c (aufgehoben)	
Artikel 100d (aufgehoben)	
Artikel 101	Artikel 96
Artikel 102	Artikel 97
TITEL VI	TITEL VII
KAPITEL 1	KAPITEL 1
Artikel 102a	Artikel 98
Artikel 103	Artikel 99

Vertrag zur Gründung der Europäischen Gemeinschaft **(Fassung: Vertrag von Maastricht 1992)**	Vertrag zur Gründung der Europäischen Gemeinschaft (EGV) **(Fassung: Vertrag von Amsterdam 1997 und Vertrag von Nizza 2001)**
Artikel 103a	Artikel 100
Artikel 104	Artikel 101
Artikel 104a	Artikel 102
Artikel 104b	Artikel 103
Artikel 104c	Artikel 104
KAPITEL 2	KAPITEL 2
Artikel 105	Artikel 105
Artikel 105a	Artikel 106
Artikel 106	Artikel 107
Artikel 107	Artikel 108
Artikel 108	Artikel 109
Artikel 108a	Artikel 110
Artikel 109	Artikel 111
KAPITEL 3	KAPITEL 3
Artikel 109a	Artikel 112
Artikel 109b	Artikel 113
Artikel 109c	Artikel 114
Artikel 109d	Artikel 115
KAPITEL 4	KAPITEL 4
Artikel 109e	Artikel 116
Artikel 109f	Artikel 117
Artikel 109g	Artikel 118
Artikel 109h	Artikel 119
Artikel 109i	Artikel 120
Artikel 109j	Artikel 121
Artikel 109k	Artikel 122
Artikel 109l	Artikel 123
Artikel 109m	Artikel 124
TITEL VIa**	TITEL VIII
Artikel 109n*	Artikel 125

Vertrag zur Gründung der Europäischen Gemeinschaft **(Fassung: Vertrag von Maastricht 1992)**	Vertrag zur Gründung der Europäischen Gemeinschaft (EGV) **(Fassung: Vertrag von Amsterdam 1997 und Vertrag von Nizza 2001)**
Artikel 109o*	Artikel 126
Artikel 109p*	Artikel 127
Artikel 109q*	Artikel 128
Artikel 109r*	Artikel 129
Artikel 109s*	Artikel 130
TITEL VII	TITEL IX
Artikel 110	Artikel 131
Artikel 111 (aufgehoben)	
Artikel 112	Artikel 132
Artikel 113	Artikel 133
Artikel 114 (aufgehoben)	
Artikel 115	Artikel 134
TITEL VIIa**	TITEL X
Artikel 116*	Artikel 135
TITEL VIII	TITEL XI
KAPITEL 1****	KAPITEL 1
Artikel 117	Artikel 136
Artikel 118	Artikel 137
Artikel 118a	Artikel 138
Artikel 118b	Artikel 139
Artikel 118c	Artikel 140
Artikel 119	Artikel 141
Artikel 119a	Artikel 142
Artikel 120	Artikel 143
Artikel 121	Artikel 144
Artikel 122	Artikel 145
KAPITEL 2	KAPITEL 2
Artikel 123	Artikel 146
Artikel 124	Artikel 147
Artikel 125	Artikel 148

Vertrag zur Gründung der Europäischen Gemeinschaft **(Fassung: Vertrag von Maastricht 1992)**	Vertrag zur Gründung der Europäischen Gemeinschaft (EGV) **(Fassung: Vertrag von Amsterdam 1997 und Vertrag von Nizza 2001)**
KAPITEL 3	KAPITEL 3
Artikel 126	Artikel 149
Artikel 127	Artikel 150
TITEL IX	TITEL XII
Artikel 128	Artikel 151
TITEL X	TITEL XIII
Artikel 129	Artikel 152
TITEL XI	TITEL XIV
Artikel 129a	Artikel 153
TITEL XII	TITEL XV
Artikel 129b	Artikel 154
Artikel 129c	Artikel 155
Artikel 129d	Artikel 156
TITEL XIII	TITEL XVI
Artikel 130	Artikel 157
TITEL XIV	TITEL XVII
Artikel 130a	Artikel 158
Artikel 130b	Artikel 159
Artikel 130c	Artikel 160
Artikel 130d	Artikel 161
Artikel 130e	Artikel 162
TITEL XV	TITEL XVIII
Artikel 130f	Artikel 163
Artikel 130g	Artikel 164
Artikel 130h	Artikel 165
Artikel 130i	Artikel 166
Artikel 130j	Artikel 167
Artikel 130k	Artikel 168
Artikel 130l	Artikel 169
Artikel 130m	Artikel 170

Vertrag zur Gründung der Europäischen Gemeinschaft **(Fassung: Vertrag von Maastricht 1992)**	Vertrag zur Gründung der Europäischen Gemeinschaft (EGV) **(Fassung: Vertrag von Amsterdam 1997 und Vertrag von Nizza 2001)**
Artikel 130n	Artikel 171
Artikel 130o	Artikel 172
Artikel 130p	Artikel 173
Artikel 130q (aufgehoben)	
TITEL XVI	TITEL XIX
Artikel 130r	Artikel 174
Artikel 130s	Artikel 175
Artikel 130t	Artikel 176
TITEL XVII	TITEL XX
Artikel 130u	Artikel 177
Artikel 130v	Artikel 178
Artikel 130w	Artikel 179
Artikel 130x	Artikel 180
Artikel 130y	Artikel 181
	TITEL XXI
	Artikel 181a***
VIERTER TEIL	VIERTER TEIL
Artikel 131	Artikel 182
Artikel 132	Artikel 183
Artikel 133	Artikel 184
Artikel 134	Artikel 185
Artikel 135	Artikel 186
Artikel 136	Artikel 187
Artikel 136a	Artikel 188
FÜNFTER TEIL	FÜNFTER TEIL
TITEL I	TITEL I
KAPITEL 1	KAPITEL 1
ABSCHNITT 1	ABSCHNITT 1
Artikel 137	Artikel 189
Artikel 138	Artikel 190

Vertrag zur Gründung der Europäischen Gemeinschaft **(Fassung: Vertrag von Maastricht 1992)**	Vertrag zur Gründung der Europäischen Gemeinschaft (EGV) **(Fassung: Vertrag von Amsterdam 1997 und Vertrag von Nizza 2001)**
Artikel 138a	Artikel 191
Artikel 138b	Artikel 192
Artikel 138c	Artikel 193
Artikel 138d	Artikel 194
Artikel 138e	Artikel 195
Artikel 139	Artikel 196
Artikel 140	Artikel 197
Artikel 141	Artikel 198
Artikel 142	Artikel 199
Artikel 143	Artikel 200
Artikel 144	Artikel 201
ABSCHNITT 2	ABSCHNITT 2
Artikel 145	Artikel 202
Artikel 146	Artikel 203
Artikel 147	Artikel 204
Artikel 148	Artikel 205
Artikel 149 (aufgehoben)	
Artikel 150	Artikel 206
Artikel 151	Artikel 207
Artikel 152	Artikel 208
Artikel 153	Artikel 209
Artikel 154	Artikel 210
ABSCHNITT 3	ABSCHNITT 3
Artikel 155	Artikel 211
Artikel 156	Artikel 212
Artikel 157	Artikel 213
Artikel 158	Artikel 214
Artikel 159	Artikel 215
Artikel 160	Artikel 216
Artikel 161	Artikel 217

Vertrag zur Gründung der Europäischen Gemeinschaft **(Fassung: Vertrag von Maastricht 1992)**	Vertrag zur Gründung der Europäischen Gemeinschaft (EGV) **(Fassung: Vertrag von Amsterdam 1997 und Vertrag von Nizza 2001)**
Artikel 162	Artikel 218
Artikel 163	Artikel 219
ABSCHNITT 4	ABSCHNITT 4
Artikel 164	Artikel 220
Artikel 165	Artikel 221
Artikel 166	Artikel 222
Artikel 167	Artikel 223
Artikel 168	Artikel 224
Artikel 168a	Artikel 225
	Artikel 225a***
Artikel 169	Artikel 226
Artikel 170	Artikel 227
Artikel 171	Artikel 228
Artikel 172	Artikel 229
	Artikel 229a***
Artikel 173	Artikel 230
Artikel 174	Artikel 231
Artikel 175	Artikel 232
Artikel 176	Artikel 233
Artikel 177	Artikel 234
Artikel 178	Artikel 235
Artikel 179	Artikel 236
Artikel 180	Artikel 237
Artikel 181	Artikel 238
Artikel 182	Artikel 239
Artikel 183	Artikel 240
Artikel 184	Artikel 241
Artikel 185	Artikel 242
Artikel 186	Artikel 243
Artikel 187	Artikel 244

Vertrag zur Gründung der Europäischen Gemeinschaft **(Fassung: Vertrag von Maastricht 1992)**	Vertrag zur Gründung der Europäischen Gemeinschaft (EGV) **(Fassung: Vertrag von Amsterdam 1997 und Vertrag von Nizza 2001)**
Artikel 188	Artikel 245
ABSCHNITT 5	ABSCHNITT 5
Artikel 188a	Artikel 246
Artikel 188b	Artikel 247
Artikel 188c	Artikel 248
KAPITEL 2	KAPITEL 2
Artikel 189	Artikel 249
Artikel 189a	Artikel 250
Artikel 189b	Artikel 251
Artikel 189c	Artikel 252
Artikel 190	Artikel 253
Artikel 191	Artikel 254
Artikel 191a*	Artikel 255
Artikel 192	Artikel 256
KAPITEL 3	KAPITEL 3
Artikel 193	Artikel 257
Artikel 194	Artikel 258
Artikel 195	Artikel 259
Artikel 196	Artikel 260
Artikel 197	Artikel 261
Artikel 198	Artikel 262
KAPITEL 4	KAPITEL 4
Artikel 198a	Artikel 263
Artikel 198b	Artikel 264
Artikel 198c	Artikel 265
KAPITEL 5	KAPITEL 5
Artikel 198d	Artikel 266
Artikel 198e	Artikel 267
TITEL II	TITEL II
Artikel 199	Artikel 268

Vertrag zur Gründung der Europäischen Gemeinschaft **(Fassung: Vertrag von Maastricht 1992)**	Vertrag zur Gründung der Europäischen Gemeinschaft (EGV) **(Fassung: Vertrag von Amsterdam 1997 und Vertrag von Nizza 2001)**
Artikel 200 (aufgehoben)	–
Artikel 201	Artikel 269
Artikel 201a	Artikel 270
Artikel 202	Artikel 271
Artikel 203	Artikel 272
Artikel 204	Artikel 273
Artikel 205	Artikel 274
Artikel 205a	Artikel 275
Artikel 206	Artikel 276
Artikel 206a (aufgehoben)	
Artikel 207	Artikel 277
Artikel 208	Artikel 278
Artikel 209	Artikel 279
Artikel 209a	Artikel 280
SECHSTER TEIL	SECHSTER TEIL
Artikel 210	Artikel 281
Artikel 211	Artikel 282
Artikel 212*	Artikel 283
Artikel 213	Artikel 284
Artikel 213a*	Artikel 285
Artikel 213b*	Artikel 286
Artikel 214	Artikel 287
Artikel 215	Artikel 288
Artikel 216	Artikel 289
Artikel 217	Artikel 290
Artikel 218*	Artikel 291
Artikel 219	Artikel 292
Artikel 220	Artikel 293
Artikel 221	Artikel 294
Artikel 222	Artikel 295

Vertrag zur Gründung der Europäischen Gemeinschaft **(Fassung: Vertrag von Maastricht 1992)**	Vertrag zur Gründung der Europäischen Gemeinschaft (EGV) **(Fassung: Vertrag von Amsterdam 1997 und Vertrag von Nizza 2001)**
Artikel 223	Artikel 296
Artikel 224	Artikel 297
Artikel 225	Artikel 298
Artikel 226 (aufgehoben)	
Artikel 227	Artikel 299
Artikel 228	Artikel 300
Artikel 228a	Artikel 301
Artikel 229	Artikel 302
Artikel 230	Artikel 303
Artikel 231	Artikel 304
Artikel 232	Artikel 305
Artikel 233	Artikel 306
Artikel 234	Artikel 307
Artikel 235	Artikel 308
Artikel 236*	Artikel 309
Artikel 237 (aufgehoben)	
Artikel 238	Artikel 310
Artikel 239	Artikel 311
Artikel 240	Artikel 312
Artikel 241 (aufgehoben)	
Artikel 242 (aufgehoben)	
Artikel 243 (aufgehoben)	
Artikel 244 (aufgehoben)	
Artikel 245 (aufgehoben)	
Artikel 246 (aufgehoben)	
SCHLUSSBESTIMMUNGEN	SCHLUSSBESTIMMUNGEN
Artikel 247	Artikel 313
Artikel 248	Artikel 314

* Neuer Artikel, eingefügt durch den Vertrag von Amsterdam (1997).
** Neuer Titel, eingefügt durch den Vertrag von Amsterdam (1997).
*** Neuer Artikel, eingefügt durch den Vertrag von Nizza (2001).
**** Kapitel 1, umstrukturiert durch den Vertrag von Amsterdam (1997).

Quelle: *Calliess/Ruffert*, EUV/EGV. Das Verfassungsrecht der Europäischen Union, Auflage[3] (2007), XXXIX ff.
http://beck-online.beck.de/?vpath=bibdata%2fkomm%2fCalliesRuffert EUVEGV_3%2fMono%2fcont%2fCalliesRuffertEUVEGV.Verz5.htm

B. *Übereinstimmungstabelle: Änderung und Umbenennung des Vertrags zur Gründung der Europäischen Gemeinschaft (EGV) Vertrag über die Arbeitsweise der Europäischen Union (AEUV)*

Vertrag zur Gründung der Europäischen Gemeinschaft (EGV) **(Fassung: Vertrag von Amsterdam 1997 und Vertrag von Nizza 2001)**	Vertrag über die Arbeitsweise der Europäischen Union (AEUV) **(Fassung: Vertrag von Lissabon 2007)**
ERSTER TEIL	ERSTER TEIL
Artikel 1 (aufgehoben)	
	Artikel 1
Artikel 2 (aufgehoben)[1]	
	Titel I
	Artikel 2
	Artikel 3
	Artikel 4
	Artikel 5
	Artikel 6
	Titel II
	Artikel 7
Artikel 3 Absatz 1 (aufgehoben)[2]	
Artikel 3 Absatz 2	Artikel 8
Artikel 4 umgestellt	Artikel 119
Artikel 5 (ersetzt)[3]	
	Artikel 9
	Artikel 10
Artikel 6	Artikel 11
Artikel 153 Absatz 2 (umgestellt)	Artikel 12
	Artikel 13[4]
Artikel 7 (aufgehoben)[5]	
Artikel 8 (aufgehoben)[6]	
Artikel 9 (aufgehoben)	
Artikel 10 (aufgehoben)[7]	

Vertrag zur Gründung der Europäischen Gemeinschaft (EGV) **(Fassung: Vertrag von Amsterdam 1997 und Vertrag von Nizza 2001)**	Vertrag über die Arbeitsweise der Europäischen Union (AEUV) **(Fassung: Vertrag von Lissabon 2007)**
Artikel 11 (ersetzt)[8]	Artikel 326 bis 334
Artikel 11 a (ersetzt)[8]	Artikel 326 bis 334
Artikel 12 (umgestellt)	Artikel 18
Artikel 13 (umgestellt)	Artikel 19
Artikel 14 (umgestellt)	Artikel 26
Artikel 15 (umgestellt)	Artikel 27
Artikel 16	Artikel 14
Artikel 255 (umstellt)	Artikel 15
Artikel 286 (ersetzt)	Artikel 16
	Artikel 17
ZWEITER TEIL	ZWEITER TEIL
Artikel 12 (umgestellt)	Artikel 18
Artikel 13 (umgestellt)	Artikel 19
Artikel 17	Artikel 20
Artikel 18	Artikel 21
Artikel 19	Artikel 22
Artikel 20	Artikel 23
Artikel 21	Artikel 24
Artikel 22	Artikel 25
DRITTER TEIL	DRITTER TEIL
	Teil 1
Artikel 14 (umgestellt)	Artikel 26
Artikel 15 (umgestellt)	Artikel 27
Titel I	Titel II
Artikel 23	Artikel 28
Artikel 24	Artikel 29
Kapitel 1	Kapitel 1
Artikel 25	Artikel 30
Artikel 26	Artikel 31
Artikel 27	Artikel 32

Vertrag zur Gründung der Europäischen Gemeinschaft (EGV) **(Fassung: Vertrag von Amsterdam 1997 und Vertrag von Nizza 2001)**	Vertrag über die Arbeitsweise der Europäischen Union (AEUV) **(Fassung: Vertrag von Lissabon 2007)**
Drittel Teil Titel X	Kapitel 2
Artikel 135 (umgestellt)	Artikel 33
Kapitel 2	Kapitel 3
Artikel 28	Artikel 34
Artikel 29	Artikel 35
Artikel 30	Artikel 36
Artikel 31	Artikel 37
Titel II	Titel III
Artikel 32	Artikel 38
Artikel 33	Artikel 39
Artikel 34	Artikel 40
Artikel 35	Artikel 41
Artikel 36	Artikel 42
Artikel 37	Artikel 43
Artikel 38	Artikel 44
Titel III	Titel IV
Kapitel 1	Kapitel 1
Artikel 39	Artikel 45
Artikel 40	Artikel 46
Artikel 41	Artikel 47
Artikel 42	Artikel 48
Kapitel 2	Kapitel 2
Artikel 43	Artikel 49
Artikel 44	Artikel 50
Artikel 45	Artikel 51
Artikel 46	Artikel 52
Artikel 47	Artikel 53
Artikel 48	Artikel 54
Artikel 294 (umgestellt)	Artikel 55

Vertrag zur Gründung der Europäischen Gemeinschaft (EGV) **(Fassung: Vertrag von Amsterdam 1997 und Vertrag von Nizza 2001)**	Vertrag über die Arbeitsweise der Europäischen Union (AEUV) **(Fassung: Vertrag von Lissabon 2007)**
Kapitel 3	Kapitel 3
Artikel 49	Artikel 56
Artikel 50	Artikel 57
Artikel 51	Artikel 58
Artikel 52	Artikel 59
Artikel 53	Artikel 60
Artikel 54	Artikel 61
Artikel 55	Artikel 62
Kapitel 4	Kapitel 4
Artikel 56	Artikel 63
Artikel 57	Artikel 64
Artikel 58	Artikel 65
Artikel 59	Artikel 66
Artikel 60 (umgestellt)	Artikel 75
Titel IV	Titel V
	Kapitel 1
Artikel 61	Artikel 67[9]
	Artikel 68
	Artikel 69
	Artikel 70
	Artikel 71[10]
Artikel 64 Absatz 1 (ersetzt)	Artikel 72[18]
	Artikel 73
Artikel 66 (ersetzt)	Artikel 74
Artikel 60 (umgestellt)	Artikel 75
	Artikel 76
	Kapitel 2
Artikel 62	Artikel 77
Artikel 63 Nummern 1 und 2 und Artikel 64 Absatz 2[12]	Artikel 78

Vertrag zur Gründung der Europäischen Gemeinschaft (EGV) **(Fassung: Vertrag von Amsterdam 1997 und Vertrag von Nizza 2001)**	Vertrag über die Arbeitsweise der Europäischen Union (AEUV) **(Fassung: Vertrag von Lissabon 2007)**
Artikel 63 Nummern 3 und 4	Artikel 79
	Artikel 80
Artikel 64 Absatz 1 (ersetzt)	Artikel 72
	Kapitel 3
Artikel 65	Artikel 81
Artikel 66 (ersetzt)	Artikel 74
Artikel 67 (aufgehoben)	
Artikel 68 (aufgehoben)	
Artikel 69 (aufgehoben)	
	Kapitel 4
	Artikel 82[13]
	Artikel 83[13]
	Artikel 84
	Artikel 85[13]
	Artikel 86
	Kapitel 5
	Artikel 87[14]
	Artikel 88[14]
	Artikel 89[15]
TITEL V	TITEL VI
Artikel 70	Artikel 90
Artikel 71	Artikel 91
Artikel 72	Artikel 92
Artikel 73	Artikel 93
Artikel 74	Artikel 94
Artikel 75	Artikel 95
Artikel 76	Artikel 96
Artikel 77	Artikel 97
Artikel 78	Artikel 98
Artikel 79	Artikel 99

Vertrag zur Gründung der Europäischen Gemeinschaft (EGV) **(Fassung: Vertrag von Amsterdam 1997 und Vertrag von Nizza 2001)**	Vertrag über die Arbeitsweise der Europäischen Union (AEUV) **(Fassung: Vertrag von Lissabon 2007)**
Artikel 80	Artikel 100
Titel VI	Titel VII
Kapitel 1	Kapitel 1
Abschnitt 1	Abschnitt 1
Artikel 81	Artikel 101
Artikel 82	Artikel 102
Artikel 83	Artikel 103
Artikel 84	Artikel 104
Artikel 85	Artikel 105
Artikel 86	Artikel 106
Abschnitt 2	Abschnitt 2
Artikel 87	Artikel 107
Artikel 88	Artikel 108
Artikel 89	Artikel 109
Kapitel 2	Kapitel 2
Artikel 90	Artikel 110
Artikel 91	Artikel 111
Artikel 92	Artikel 112
Artikel 93	Artikel 113
Kapitel 3	Kapitel 3
Artikel 95 (umgestellt)	Artikel 114
Artikel 94 (umgestellt)	Artikel 115
Artikel 96	Artikel 116
Artikel 97	Artikel 117
	Artikel 118
Titel VII	Titel VIII
Artikel 4 (umgestellt)	Artikel 119
KAPITEL 1	KAPITEL 1
Artikel 98	Artikel 120
Artikel 99	Artikel 121

Vertrag zur Gründung der Europäischen Gemeinschaft (EGV) **(Fassung: Vertrag von Amsterdam 1997 und Vertrag von Nizza 2001)**	Vertrag über die Arbeitsweise der Europäischen Union (AEUV) **(Fassung: Vertrag von Lissabon 2007)**
Artikel 100	Artikel 122
Artikel 101	Artikel 123
Artikel 102	Artikel 124
Artikel 103	Artikel 125
Artikel 104	Artikel 126
KAPITEL 2	KAPITEL 2
Artikel 105	Artikel 127
Artikel 106	Artikel 128
Artikel 107	Artikel 129
Artikel 108	Artikel 130
Artikel 109	Artikel 131
Artikel 110	Artikel 132
Artikel 111 Absätze 1 bis 3 und 5 (umgestellt)	Artikel 219
Artikel 111 Absatz 4 (umgestellt)	Artikel 138
	Artikel 133
KAPITEL 3	KAPITEL 3
Artikel 112 (umgestellt)	Artikel 283
Artikel 113 (umgestellt)	Artikel 284
Artikel 114	Artikel 134
Artikel 115	Artikel 135
	KAPITEL 4
	Artikel 136
	Artikel 137
Artikel 111 Absatz 4 (umgestellt)	Artikel 138
KAPITEL 4	Kapitel 5
Artikel 116 (aufgehoben)	
	Artikel 139
Artikel 117 Absätze 1, 2 sechster Gedankenstrick 3 bis 9 (aufgehoben)	

Vertrag zur Gründung der Europäischen Gemeinschaft (EGV) **(Fassung: Vertrag von Amsterdam 1997 und Vertrag von Nizza 2001)**	Vertrag über die Arbeitsweise der Europäischen Union (AEUV) **(Fassung: Vertrag von Lissabon 2007)**
Artikel 117 Absatz 2 erste fünf Gedankenstriche	Artikel 141 Absatz 2
Artikel 121 Absatz 1 (umgestellt) Artikel 122 Absatz 2 Satz 2 (umgestellt) Artikel 123 Absatz 5 (umgestellt)	Artikel 140[16]
Artikel 118 (aufgehoben)	
Artikel 123 Absatz 3 (umgestellt) Artikel 117 Absatz 2 erste fünf Gedankenstriche (umgestellt)	Artikel 141[17]
Artikel 124 Absatz 1 (umgestellt)	Artikel 142
Artikel 119	Artikel 143
Artikel 120	Artikel 144
Artikel 121 Absatz 1 (umgestellt)	Artikel 140 Absatz 1
Artikel 121 Absätze 2 bis 4 (aufgehoben)	
Artikel 122 Absätze 1, 2 Satz 1, Absätze 3, 4, 5 und 6 (aufgehoben)	
Artikel 122 Absatz 2 Satz 2 (umgestellt)	Artikel 140 Absatz 2 Unterabsatz 1
Artikel 123 Absätze 1, 2 und 4 (aufgehoben)	
Artikel 123 Absatz 3 (umgestellt)	Artikel 141 Absatz 1
Artikel 123 Absatz 5 (umgestellt)	Artikel 140 Absatz 3
Artikel 124 Absatz 1 (umgestellt)	Artikel 142
Artikel 124 Absatz 2 (aufgehoben)	
TITEL VIII	TITEL IX
Artikel 125	Artikel 145
Artikel 126	Artikel 146
Artikel 127	Artikel 147
Artikel 128	Artikel 148
Artikel 129	Artikel 149

Vertrag zur Gründung der Europäischen Gemeinschaft (EGV) **(Fassung: Vertrag von Amsterdam 1997 und Vertrag von Nizza 2001)**	Vertrag über die Arbeitsweise der Europäischen Union (AEUV) **(Fassung: Vertrag von Lissabon 2007)**
Artikel 130	Artikel 150
TITEL IX	FÜNFTER TEIL TITEL II
Artikel 131 (umgestellt)	Artikel 206
Artikel 132 (aufgehoben)	
Artikel 133 (umgestellt)	Artikel 207
Artikel 134 (aufgehoben)	
TITEL X	DRITTER TEIL TITEL II KAPITEL 2
Artikel 135 (umgestellt)	Artikel 33
TITEL XI	TITEL X
KAPITEL 1	
Artikel 136	Artikel 151
	Artikel 152
Artikel 137	Artikel 153
Artikel 138	Artikel 154
Artikel 139	Artikel 155
Artikel 140	Artikel 156
Artikel 141	Artikel 157
Artikel 142	Artikel 158
Artikel 143	Artikel 159
Artikel 144	Artikel 160
Artikel 145	Artikel 161
KAPITEL 2	Titel XI
Artikel 146	Artikel 162
Artikel 147	Artikel 163
Artikel 148	Artikel 164
KAPITEL 3	TITEL XII
Artikel 149	Artikel 165
Artikel 150	Artikel 166

Vertrag zur Gründung der Europäischen Gemeinschaft (EGV) **(Fassung: Vertrag von Amsterdam 1997 und Vertrag von Nizza 2001)**	Vertrag über die Arbeitsweise der Europäischen Union (AEUV) **(Fassung: Vertrag von Lissabon 2007)**
TITEL XII	TITEL XIII
Artikel 151	Artikel 167
TITEL XIII	TITEL XIV
Artikel 152	Artikel 168
TITEL XIV	TITEL XV
Artikel 153, Absätze 1, 3, 4 und 5	Artikel 169
Artikel 153, Absatz 2 (umgestellt)	Artikel 12
TITEL XV	TITEL XVI
Artikel 154	Artikel 170
Artikel 155	Artikel 171
Artikel 156	Artikel 172
TITEL XVI	TITEL XVII
Artikel 157	Artikel 173
TITEL XVII	TITEL XVIII
Artikel 158	Artikel 174
Artikel 159	Artikel 175
Artikel 160	Artikel 176
Artikel 161	Artikel 177
Artikel 162	Artikel 178
TITEL XVIII	TITEL XIX
Artikel 163	Artikel 179
Artikel 164	Artikel 180
Artikel 165	Artikel 181
Artikel 166	Artikel 182
Artikel 167	Artikel 183
Artikel 168	Artikel 184
Artikel 169	Artikel 185
Artikel 170	Artikel 186
Artikel 171	Artikel 187
Artikel 172	Artikel 188

Vertrag zur Gründung der Europäischen Gemeinschaft (EGV) **(Fassung: Vertrag von Amsterdam 1997 und Vertrag von Nizza 2001)**	Vertrag über die Arbeitsweise der Europäischen Union (AEUV) **(Fassung: Vertrag von Lissabon 2007)**
	Artikel 189
Artikel 173	Artikel 190
TITEL XIX	TITEL XX
Artikel 174	Artikel 191
Artikel 175	Artikel 192
Artikel 176	Artikel 193
	TITEL XXI
	Artikel 194
	TITEL XXII
	Artikel 195
	TITEL XXIII
	Artikel 196
	TITEL XXIV
	Artikel 197
TITEL XX	FÜNFTER TEIL TITEL III KAPITEL 1
Artikel 177 (umgestellt)	Artikel 208
Artikel 178 (aufgehoben)[18]	
Artikel 179 (umgestellt)	Artikel 209
Artikel 180 (umgestellt)	Artikel 210
Artikel 181 (umgestellt)	Artikel 211
Titel XXI*****	FÜNFTER TEIL TITEL III KAPITEL 2
Artikel 181a*** (umgestellt)	Artikel 212
VIERTER TEIL	VIERTER TEIL
Artikel 182	Artikel 198
Artikel 183	Artikel 199
Artikel 184	Artikel 200
Artikel 185	Artikel 201

Vertrag zur Gründung der Europäischen Gemeinschaft (EGV) **(Fassung: Vertrag von Amsterdam 1997 und Vertrag von Nizza 2001)**	Vertrag über die Arbeitsweise der Europäischen Union (AEUV) **(Fassung: Vertrag von Lissabon 2007)**
Artikel 186	Artikel 202
Artikel 187	Artikel 203
Artikel 188	Artikel 204
	FÜNFTER TEIL
	TITEL I
	Artikel 205
DRITTER TEIL TITEL IX	TITEL II
Artikel 131 (umgestellt)	Artikel 206
Artikel 133 (umgestellt)	Artikel 207
	TITEL III
DRITTER TEIL TITEL XX	KAPITEL 1
Artikel 177 (umgestellt)	Artikel 208[19]
Artikel 179 (umgestellt)	Artikel 209
Artikel 180 (umgestellt)	Artikel 210
Artikel 181 (umgestellt)	Artikel 211
DRITTER TEIL; TITEL XXI	KAPITEL 2
Artikel 181 a (umgestellt)	Artikel 212
	Artikel 213
	KAPITEL 3
	Artikel 214
	TITEL IV
Artikel 301 (ersetzt)	Artikel 215
	TITEL V
	Artikel 216
Artikel 310 (umgestellt)	Artikel 217
Artikel 300 (ersetzt)	Artikel 218
Artikel 111 Absätze 1 bis 3 und 5 (umgestellt)	Artikel 219

Vertrag zur Gründung der Europäischen Gemeinschaft (EGV) **(Fassung: Vertrag von Amsterdam 1997 und Vertrag von Nizza 2001)**	Vertrag über die Arbeitsweise der Europäischen Union (AEUV) **(Fassung: Vertrag von Lissabon 2007)**
	TITEL VI
Artikel 302 bis 304 (ersetzt)	Artikel 220
	Artikel 221
	TITEL VII
	Artikel 222
FÜNFTER TEIL	SECHSTER TEIL
TITEL I	TITEL I
KAPITEL 1	KAPITEL 1
ABSCHNITT 1	ABSCHNITT 1
Artikel 189 (aufgehoben)[20]	
Artikel 190 Absätze 1 bis 3 (aufgehoben)[21]	
Artikel 190 Absätze 4 und 5	Artikel 223
Artikel 191 Absatz 1 (aufgehoben)[22]	
Artikel 191 Absatz 2	Artikel 224
Artikel 192 Absatz 1 (aufgehoben)[23]	
Artikel 192 Absatz 2	Artikel 225
Artikel 193	Artikel 226
Artikel 194	Artikel 227
Artikel 195	Artikel 228
Artikel 196	Artikel 229
Artikel 197 Absatz 1 (aufgehoben)[24]	
Artikel 197 Absätze 2, 3 und 4	Artikel 230
Artikel 198	Artikel 231
Artikel 199	Artikel 232
Artikel 200	Artikel 233
Artikel 201	Artikel 234
	ABSCHNITT 2
	Artikel 235
	Artikel 236

Vertrag zur Gründung der Europäischen Gemeinschaft (EGV) **(Fassung: Vertrag von Amsterdam 1997 und Vertrag von Nizza 2001)**	Vertrag über die Arbeitsweise der Europäischen Union (AEUV) **(Fassung: Vertrag von Lissabon 2007)**
ABSCHNITT 2	ABSCHNITT 3
Artikel 202 (aufgehoben)[25]	
Artikel 203 (aufgehoben)[26]	
Artikel 204	Artikel 237
Artikel 205 Absätze 2 und 4 (aufgehoben)[27]	
Artikel 205 Absätze 1 und 3	Artikel 238
Artikel 206	Artikel 239
Artikel 207	Artikel 240
Artikel 208	Artikel 241
Artikel 209	Artikel 242
Artikel 210	Artikel 243
ABSCHNITT 3	ABSCHNITT 4
Artikel 211 (aufgehoben)[28]	
	Artikel 244
Artikel 212 (umgestellt)	Artikel 249 Absatz 2
Artikel 213	Artikel 245
Artikel 214 (aufgehoben)[29]	
Artikel 215	Artikel 246
Artikel 216	Artikel 247
Artikel 217 Absätze 1, 3 und 4 (aufgehoben)[30]	
Artikel 217 Absatz 2	Artikel 248
Artikel 218 Absatz 1 (aufgehoben)[31]	Artikel 249
Artikel 219	Artikel 250
ABSCHNITT 4	ABSCHNITT 5
Artikel 220 (aufgehoben)[32]	
Artikel 221 Absatz 1 (aufgehoben)[33]	
Artikel 221 Absätze 2 und 3	Artikel 251
Artikel 222	Artikel 252
Artikel 223	Artikel 253

Vertrag zur Gründung der Europäischen Gemeinschaft (EGV) **(Fassung: Vertrag von Amsterdam 1997 und Vertrag von Nizza 2001)**	Vertrag über die Arbeitsweise der Europäischen Union (AEUV) **(Fassung: Vertrag von Lissabon 2007)**
Artikel 224[34]	Artikel 254
	Artikel 255
Artikel 225	Artikel 256
Artikel 225a***	Artikel 257
Artikel 226	Artikel 258
Artikel 227	Artikel 259
Artikel 228	Artikel 260
Artikel 229	Artikel 261
Artikel 229a***	Artikel 262
Artikel 230	Artikel 263
Artikel 231	Artikel 264
Artikel 232	Artikel 265
Artikel 233	Artikel 266
Artikel 234	Artikel 267
Artikel 235	Artikel 268
	Artikel 269
Artikel 236	Artikel 270
Artikel 237	Artikel 271
Artikel 238	Artikel 272
Artikel 239	Artikel 273
Artikel 240	Artikel 274
	Artikel 275
	Artikel 276
Artikel 241	Artikel 277
Artikel 242	Artikel 278
Artikel 243	Artikel 279
Artikel 244	Artikel 280
Artikel 245	Artikel 281
	ABSCHNITT 6
	Artikel 282

Vertrag zur Gründung der Europäischen Gemeinschaft (EGV) **(Fassung: Vertrag von Amsterdam 1997 und Vertrag von Nizza 2001)**	Vertrag über die Arbeitsweise der Europäischen Union (AEUV) **(Fassung: Vertrag von Lissabon 2007)**
Artikel 112 (umgestellt)	Artikel 283
Artikel 113 (umgestellt)	Artikel 284
ABSCHNITT 5	ABSCHNITT 7
Artikel 246	Artikel 285
Artikel 247	Artikel 286
Artikel 248	Artikel 287
KAPITEL 2	KAPITEL 2
	ABSCHNITT 1
Artikel 249	Artikel 288
	Artikel 289
	Artikel 290[35]
	Artikel 291[35]
	Artikel 292
	ABSCHNITT 2
Artikel 250	Artikel 293
Artikel 251	Artikel 294
Artikel 252 (aufgehoben)	
	Artikel 295
Artikel 253	Artikel 296
Artikel 254	Artikel 297
	Artikel 298
Artikel 255 (umgestellt)	Artikel 15
Artikel 256	Artikel 299
	KAPITEL 3
	Artikel 300
KAPITEL 3	ABSCHNITT 1
Artikel 257 (aufgehoben)[36]	
Artikel 258 Absätze 1, 2 und 4	Artikel 301
Artikel 258 Absatz 3 (aufgehoben)[37]	
Artikel 259	Artikel 302

Vertrag zur Gründung der Europäischen Gemeinschaft (EGV) **(Fassung: Vertrag von Amsterdam 1997 und Vertrag von Nizza 2001)**	Vertrag über die Arbeitsweise der Europäischen Union (AEUV) **(Fassung: Vertrag von Lissabon 2007)**
Artikel 260	Artikel 303
Artikel 261 (aufgehoben)	
Artikel 262	Artikel 304
KAPITEL 4	ABSCHNITT 2
Artikel 263, Absätze 1 und 5 (aufgehoben)[38]	
Artikel 263 Absätze 2 bis 4	Artikel 305
Artikel 264	Artikel 306
Artikel 265	Artikel 307
KAPITEL 5	KAPITEL 4
Artikel 266	Artikel 308
Artikel 267	Artikel 309
TITEL II	TITEL II
Artikel 268	Artikel 310
	KAPITEL 1
Artikel 269	Artikel 311
Artikel 270 (aufgehoben)[39]	
	KAPITEL 2
	Artikel 312
	KAPITEL 3
Artikel 272 Absatz 1 (umgestellt)	Artikel 313
Artikel 271 (umgestellt)	Artikel 316
Artikel 272 Absatz 1 (umgestellt)	Artikel 313
Artikel 272 Absätze 2 bis 10	Artikel 314
Artikel 273	Artikel 315
Artikel 271 (umgestellt)	Artikel 316
	KAPITEL 4
Artikel 274	Artikel 317
Artikel 275	Artikel 318
Artikel 276	Artikel 319

Vertrag zur Gründung der Europäischen Gemeinschaft (EGV) **(Fassung: Vertrag von Amsterdam 1997 und Vertrag von Nizza 2001)**	Vertrag über die Arbeitsweise der Europäischen Union (AEUV) **(Fassung: Vertrag von Lissabon 2007)**
	KAPITEL 5
Artikel 277	Artikel 320
Artikel 278	Artikel 321
Artikel 279	Artikel 322
	Artikel 323
	Artikel 324
	KAPITEL 6
Artikel 280	Artikel 325
	TITEL III
Artikel 11 und 11a (ersetzt)	Artikel 326[40]
Artikel 11 und 11a (ersetzt)	Artikel 327[40]
Artikel 11 und 11a (ersetzt)	Artikel 328[40]
Artikel 11 und 11a (ersetzt)	Artikel 329[40]
Artikel 11 und 11a (ersetzt)	Artikel 330[40]
Artikel 11 und 11a (ersetzt)	Artikel 331[40]
Artikel 11 und 11a (ersetzt)	Artikel 332[40]
Artikel 11 und 11a (ersetzt)	Artikel 333[40]
Artikel 11 und 11a (ersetzt)	Artikel 334[40]
SECHSTER TEIL	SIEBTER TEIL
Artikel 281 (aufgehoben)[41]	
Artikel 282	Artikel 335
Artikel 283	Artikel 336
Artikel 284	Artikel 337
Artikel 285	Artikel 338
Artikel 286 (ersetzt)	Artikel 16
Artikel 287	Artikel 339
Artikel 288	Artikel 340
Artikel 289	Artikel 341
Artikel 290	Artikel 342
Artikel 291	Artikel 343

Vertrag zur Gründung der Europäischen Gemeinschaft (EGV) **(Fassung: Vertrag von Amsterdam 1997 und Vertrag von Nizza 2001)**	Vertrag über die Arbeitsweise der Europäischen Union (AEUV) **(Fassung: Vertrag von Lissabon 2007)**
Artikel 292	Artikel 344
Artikel 293 (aufgehoben)	
Artikel 294 (umgestellt)	Artikel 55
Artikel 295	Artikel 345
Artikel 296	Artikel 346
Artikel 297	Artikel 347
Artikel 298	Artikel 348
Artikel 299 Absatz 1 (aufgehoben)[42]	
Artikel 299 Absatz 2 Unterabsätze 2, 3 und 4	Artikel 349
Artikel 299Absatz 2 Unterabsatz 1 und Absätze 3 bis 6 (umgestellt)	Artikel 355
Artikel 300 (ersetzt)	Artikel 218
Artikel 301 (ersetzt)	Artikel 215
Artikel 302 (ersetzt9	Artikel 220
Artikel 303 (ersetzt)	Artikel 220
Artikel 304 (ersetzt)	Artikel 220
Artikel 305 (aufgehoben)	
Artikel 306	Artikel 350
Artikel 307	Artikel 351
Artikel 308	Artikel 352
	Artikel 353
Artikel 309	Artikel 354
Artikel 310 (umgestellt)	Artikel 217
Artikel 311 (aufgehoben)[43]	
Artikel 299 Absatz 2 Unterabsatz 1 und Absätze 3 bis 6 (umgestellt)	Artikel 355
Artikel 312	Artikel 356

Vertrag zur Gründung der Europäischen Gemeinschaft (EGV) **(Fassung: Vertrag von Amsterdam 1997 und Vertrag von Nizza 2001)**	Vertrag über die Arbeitsweise der Europäischen Union (AEUV) **(Fassung: Vertrag von Lissabon 2007)**
SCHLUSSBESTIMMUNGEN	
Artikel 313	Artikel 357
	Artikel 358
Artikel 314 (aufgehoben)[44]	

1 Im Wesentlichen ersetzt durch Artikel 3 EUV.
2 Im Wesentlichen ersetzt durch Artikel 3 bis 6 AEUV.
3 Ersetzt durch Artikel 5 EUV.
4 Übernahme des verfügenden Teils des Protokolls über das Wohlergehen der Tiere.
5 Im Wesentlichen ersetzt durch Artikel 13 EUV.
6 Im Wesentlichen ersetzt durch Artikel 13 EUV und Artikel 282 Absatz 1 AEUV
7 Im Wesentlichen ersetzt durch Artikel 4 Absatz 3 EUV.
8 Auch ersetzt durch Artikel 20 EUV.
9 Ersetzt auch Artikel 29 des bisherigen EUV.
10 Ersetzt auch Artikel 36 des bisherigen EUV.
11 Ersetzt auch Artikel 33 des bisherigen EUV.
12 Artikel 63 Nummern 1 und 2 EGV wurde durch Artikel 78 Absätze 1 und 2 AEUV und Artikel 64 Absatz 2 wird durch Artikel 78 Absatz 3 AEUV ersetzt.
13 Ersetzt auch Artikel 31 des bisherigen EUV.
14 Ersetzt auch Artikel 30 des bisherigen EUV.
15 Ersetzt auch Artikel 31 des bisherigen EUV.
16 – Artikel 140 Absatz 1 übernimmt den Wortlaut des Artikels 121.
– Artikel 140 Absatz 2 übernimmt den Wortlaut des Artikels 122 Absatz 2 Satz 2.
– Artikel 140 Absatz 3 übernimmt den Wortlaut des Artikel 123 Absatz 5.
17 – Artikel 141 Absatz 1 übernimmt den Wortlaut des Artikel 123 Absatz 3.
– Artikel 141 Absatz 2 übernimmt den Wortlaut der fünf ersten Gedankenstriche des Artikels 117.
18 Im Wesentlichen ersetzt durch Artikel 208 Absatz 1 Unterabsatz 2 Satz 2 AEUV.
19 Absatz 1 Unterabsatz 2 Satz 2 ersetzt im Wesentlichen Artikel 178 EGV.
20 Im Wesentlichen ersetzt durch Artikel 14 Absätze 1 und 2 EUV.
21 Im Wesentlichen ersetzt durch Artikel 14 Absätze 1 bis 3 EUV.
22 Im Wesentlichen ersetzt durch Artikel 11 Absatz 4 EUV.
23 Im Wesentlichen ersetzt durch Artikel 14 Absatz 1 EUV.
24 Im Wesentlichen ersetzt durch Artikel 14 Absatz 4 EUV.
25 Im Wesentlichen ersetzt durch Artikel 16 Absatz 1 EUV und die Artikel 290 und 291 AEUV.
26 Im Wesentlichen ersetzt durch Artikel 16 Absätze 2 und 9 EUV.
27 Im Wesentlichen ersetzt durch Artikel 16 Absätze 4 und 5 EUV.
28 Im Wesentlichen ersetzt durch Artikel 17 Absatz 1 EUV.
29 Im Wesentlichen ersetzt durch Artikel 17 Absätze 3 und 7 EUV.
30 Im Wesentlichen ersetzt durch Artikel 17 Absatz 6 EUV.

31 Im Wesentlichen ersetzt durch Artikel 295 AEUV.
32 Im Wesentlichen ersetzt durch Artikel 19 EUV.
33 Im Wesentlichen ersetzt durch Artikel 19 Absatz 2 Unterabsatz 1 EUV.
34 Absatz 1 Satz 1 wird im Wesentlichen ersetzt durch Artikel 19 Absatz 2 Unterabsatz 2 EUV.
35 Ersetzt im Wesentlichen den Artikel 202 dritter Gedankenstrich EGV.
36 Im Wesentlichen ersetzt durch Artikel 300 Absatz 2 AEUV.
37 Im Wesentlichen ersetzt durch Artikel 300 Absatz 4 AEUV.
38 Im Wesentlichen ersetzt durch Artikel 300 Absätze 3 und 4 AEUV.
39 Im Wesentlichen ersetzt durch Artikel 310 Absatz 4 AEUV.
40 Ersetzt auch die Artikel 27a bis 27e, 40 bis 40b und 43 bis 45 des bisherigen EUV.
41 Im Wesentlichen ersetzt durch Artikel 47 EUV.
42 Im Wesentlichen ersetzt durch Artikel 52 EUV.
43 Im Wesentlichen ersetzt durch Artikel 51 EUV.
44 Im Wesentlichen ersetzt durch Artikel 55 EUV.

Quelle: ABl 2010 C 83, 366 ff.